中国机构编制史

上

鹿谓慧 燕生东 著

齊鲁書社

图书在版编目（CIP）数据

中国机构编制史 / 鹿谞慧，燕生东著. -- 济南：齐鲁书社，2021.10

ISBN 978-7-5333-4305-7

Ⅰ.①中… Ⅱ.①鹿… ②燕… Ⅲ.①国家机构—编制—史料—中国 Ⅳ.①D691.2

中国版本图书馆CIP数据核字(2020)第270988号

策划编辑：李军宏
责任编辑：赵自环　周　磊　陈晓萱
责任校对：王其宝
装帧设计：郭　靓　李　生

中国机构编制史

ZHONGGUO JIGOU BIANZHI SHI

鹿谞慧　燕生东　著

主管单位	山东出版传媒股份有限公司
出版发行	齊魯書社
社　　址	济南市英雄山路189号
邮　　编	250002
网　　址	www.qlss.com.cn
电子邮箱	qilupress@126.com
营销中心	（0531）82098521　82098519　82098517
印　　刷	山东新华印务有限公司
开　　本	880mm×1240mm　1/32
印　　张	35
插　　页	6
字　　数	950千
版　　次	2021年10月第1版
印　　次	2021年10月第1次印刷
印　　数	1–1000
标准书号	ISBN 978-7-5333-4305-7
定　　价	288.00元（上下册）

前　言

中国机构编制史是研究国家机构、职官与职能发展变化及其发展规律的一门学科。国家机构编制主要围绕如何巩固王权、皇权等政权而不断发展变化。这种变化主要表现在国家中枢机构的不断调整上。当皇权与相权产生矛盾,当相权对皇权构成威胁时,皇帝就会将身边的服务机构与服务人员由内宫推上前台,使其逐步变成国家的中枢机构。当这一中枢机构对皇权构成威胁时,又会被新的中枢机构所取代。地方政权也是同样。在地方政权高一级的机构出现尾大不掉从而对中央政权构成威胁时,最高统治者就会加以调整。当调整失败,皇帝也就会被取代。在地方机构编制中,县一级政权机构之所以延续两千余年不变,一个重要原因是其对皇权构不成威胁。国家机构编制围绕皇权而不断变化调整,可以说是中国古代机构编制史的一条规律。

中国机构编制经历了一个由萌芽到完善、由粗放到健全、由不规范到规范、由不统一到统一、由没有章法到有章可循的历史演进过程。同时也经历了由精简到膨胀、由膨胀到精简的不同发展时期。总的来说,在中国机构编制发展史上,绝大多数朝代基本上都遵循了国家机构编制精简的原则。历代统治者都能明白这样一个简单的道理:只有国家机构编制精简,才能减少国家的财政开支,才能降低百姓的负担。国家财政负担减少了,老百姓的负担减轻了,国家政权才能巩固。在中国机构编制史上,也出现过两个机构编制膨胀期,分别是魏晋南北朝与元朝时期。其他时期虽然也有机构膨胀,但不是主流。

先秦夏商周三代特别是周代,虽然已经初步建立了行使国家职能所必需的职官,但还没有像秦汉时期那样,有规范和法制性的国家机构编制管理。春秋战国时期的各个诸侯国,虽然设立了诸多机构与职官,但是国家机构与职官设置缺少法定性。秦汉政权的建立,使得中国机构编制走上了法制轨道。中央机构编制是三公九卿制度,地方机构编制是郡县制度。无论是三公九卿制度,还是郡县制度,都已经具有法定性,并得到了严格遵守。这一时期国家机构编制的最大特点就是实行精简的原则。

三国两晋南北朝时期,国家机构编制进入膨胀阶段。在这一时期,豪门士族当政,无论谁上台,都必须满足豪门士族做官的欲望。豪门士族除了追求财富和奢侈糜烂的生活,他们的官欲也极度膨胀。为了满足他们做官的欲望,魏晋南北朝时期各朝代都打破了国家机构编制的法定性限制,扩大机构编制。对于这一阶段的机构编制膨胀,时人用“十羊九牧”给予形象的概括。机构编制膨胀满足了豪门士族的欲望,也加快了这个腐朽集团的灭亡步伐。

隋唐是中国机构编制发展史上的第二个重要时期。这一时期的重要标志就是三省六部制度的确立。三省六部是国家行政机构编制的主体框架机构。秦汉的九卿制度虽然被保留下来,但是其职能与地位已经大不如当初。隋唐五代十国之后的宋代继续坚持了国家机构编制精简的原则,但是,宋代使职差遣制度的实行,将国家各级机构变成了“闲曹”。官、职、差遣制度的实行虽然有利于权力的高度集中,有利于巩固皇权,但这种制度的长期实行也培养了大批冗官闲曹。

到了元代,国家机构编制进入了第二个膨胀期。元代表面看来由三省制变为一省制，中枢机构精简，但实际上元代机构编制的膨胀程度可与魏晋南北朝时期相提并论。元朝的建立者虽然是一个马背上的民族，但是当他们跳下战马管理国家的时候，感受到了做官的尊贵以及做官给自己带来的巨大好处。为了满足做官需要，历代奉行的机构精简原则在此时被彻底打破，各个机构的编制名额一再被突破。

继元代之后的朱明政权，作为皇帝的朱元璋深知元代国家机构膨胀、官员贪赃枉法给百姓所造成的危害之深。为了维护皇权，朱元璋取消丞相制，实行六部治国。六部治国，在皇帝与六部之间，缺少上情下达的中枢机构，使得皇帝疲于应付，力不从心，于是产生了内阁。到了明中期之后，内阁成了明代中央政权事实上的中枢机构。但是，内阁无论是在机构设置上，还是官员的配备上，都无法与前代的丞相与三省长官相比。首辅虽然在很多时候成为事实上的宰相，甚至比前朝宰相的权力还大，但在国家机构编制上不像六部尚书那样名正言顺。在国家机构编制设置上，明代坚持了精简的原则。无论是中央政权，还是地方机构，人员配制都比较精简。甚至由于皇帝消极怠工，致使许多中枢机构长官长期缺位，得不到任命。明代虽然政府机构精简，但是宦官机构非常庞大，宦官为患也较前朝更烈。

清王朝是少数民族建立的政权，为了保证自己的绝对统治，在职官设置上虽实行满汉双轨制，但实际掌权的还是满族官员。清代虽然解决了宦官干政问题，但又建立了一个庞大机构——内务府。机构编制双轨制与专门安置满族官员的内务府，培养了众多游手好闲的八旗子弟，最后清王朝不得不依靠汉族官僚与汉族知识分子。但总的来说，清代的整个机构编制是比较精简的。然而此时封建社会已经走向末世，清朝统治集团也更加保守，封建机构编制已经不能促进社会经济发展，虽然光绪皇帝也想改变不合时宜的国家机构编制,但被顽固守旧的慈禧太后扼杀了。清王朝失去了机构编制改革的良好时机,当不得不对封建机构编制进行变革时,大势已去,只剩下颁布退位诏书一条路子。

继清之后的北洋政权,虽然当权者与前清有着千丝万缕的联系,但受当时改革大潮与西方文官制度的影响,还是建立了一套新型的国家机构编制。北洋军阀虽然统治时间较短,但在较短的时间建立了一套国家机构编制法律体系。

国民政府建立了更为完备的国家机构编制法律体系。国民政府一建立,就开始了国家机构编制法规建设,先后制定了《中华民国国民政府组织法》《中华民国国民政府军事委员会组织法》《中华民国国民政府司法院组织法》《中华民国国民政府行政院组织法》《中华民国国民政府考试院组织法》《中华民国国民政府立法院组织法》《中华民国国民政府监察院组织法》等上百个法规。国民政府每个机构都有专门的组织法或组织条例,从中央到地方机构编制,都有法可依,有章可循。在战乱的年代,国民政府能够建立起比较完备的国家机构编制法规体系,实属不易。但在这里需要说明的是,国民政府国家机构编制法规体系的建立与其实际执行情况是两回事。

国家机构编制是国家进行有效的行政管理不可缺少的重要内容。看一个政权机构组织是否成熟完善,行政管理是否高效、是否对国家的发展起促进作用,关键看其国家机构编制设置是否合理、科学、规范,是否具有法定性,是否坚持了机构编制精简的原则。先秦是中国机构编制缺乏法制性与规范性的时期。正是由于国家机构编制没有法制性与规范性,在这一时期产生了中国第一部国家机构编制专著——《周官》(即《周礼》)。但是,《周官》的机构编制设想有很多地方都脱离了秦汉国家机构实际,加上秦王朝奉行法家思想,在焚书坑儒的大形势下,带有浓厚儒家色彩的《周官》官制设想自然也就无法实行。

国家机构编制是一个古老的命题，但在社会科学诸学科的研究范畴中，尚缺少应有的地位。历代对于国家机构编制都高度重视，很多朝代包括近代北洋军阀与国民政府统治时期，都高度重视国家机构编制的管理与建设，都对国家机构编制作了很多法律性的规定。国家虽然高度重视国家机构编制建设，但是学术界对于国家机构编制的研究仍少有人问津。可以说，国家机构编制到目前为止，仍然是一片亟待开垦的领域。对中国机构编制史进行系统全面的研究，找出国家机构编制的特点及其规律，吸取中国历代在国家机构编制设置上成功的经验，对于国家机构编制管理将大有裨益。

目　录

前　言 …… 1

第一章　先秦机构编制 …… 1
　第一节　先秦历史发展概况 …… 1
　第二节　先秦中央机构编制 …… 5
　第三节　先秦地方机构编制 …… 30
　第四节　《周官》——机构编制设想及评价 …… 36
第二章　秦汉机构编制 …… 67
　第一节　秦汉历史发展概况 …… 67
　第二节　秦汉中央机构编制 …… 72
　第三节　秦汉地方机构编制 …… 123
第三章　三国两晋南北朝机构编制 …… 151
　第一节　三国两晋南北朝历史发展概况 …… 151
　第二节　三国两晋南北朝中央机构编制 …… 157
　第三节　三国两晋南北朝地方机构编制 …… 229
第四章　隋唐五代十国机构编制 …… 250
　第一节　隋唐五代十国历史发展概况 …… 250
　第二节　隋代中央机构编制 …… 258
　第三节　隋代地方机构编制 …… 273

第四节　唐代中央机构编制 …… 276
第五节　唐代地方机构编制 …… 332
第六节　五代十国机构编制 …… 346
第五章　宋代机构编制 …… 352
第一节　宋代历史发展概况 …… 352
第二节　宋代中央机构编制 …… 356
第三节　宋代地方机构编制 …… 415
第六章　辽金机构编制 …… 439
第一节　辽金历史发展概况 …… 439
第二节　辽金中央机构编制 …… 446
第三节　辽金地方机构编制 …… 499
第七章　元代机构编制 …… 519
第一节　元代历史发展概况 …… 519
第二节　元代中央机构编制 …… 524
第三节　元代地方机构编制 …… 629
第八章　明代机构编制 …… 648
第一节　明代历史发展概况 …… 648
第二节　明代中央机构编制 …… 654
第三节　明代地方机构编制 …… 732
第九章　清代机构编制 …… 758
第一节　清代历史发展概况 …… 758
第二节　清代中央机构编制 …… 765
第三节　清代地方机构编制 …… 826
第十章　晚清机构编制 …… 869
第一节　晚清政治发展概述 …… 869
第二节　晚清中央新设机构编制 …… 872
第三节　晚清地方机构编制 …… 910

第十一章　北洋政府机构编制 …………………………… 922
第一节　北洋政府历史发展概况 ………………………… 922
第二节　南京中华民国临时政府机构编制 ……………… 927
第三节　北洋政府中央机构编制 ………………………… 935
第四节　北洋政府地方机构编制 ………………………… 980
第十二章　国民政府机构编制 …………………………… 1000
第一节　国民政府历史发展概况 ………………………… 1000
第二节　国民政府中央机构编制 ………………………… 1003
第三节　国民政府地方机构编制 ………………………… 1087

后　记 ………………………………………………………… 1109

第一章　先秦机构编制

第一节　先秦历史发展概况

国家机构是阶级的产物,是国家的产物。有了阶级,就产生国家。国家产生之后,必然要产生与之相适应的国家管理机构。作为国家象征的机构编制,也有一个由简陋简单到复杂完善的过程。

中国历史上阶级与国家产生的具体道路,以及较长时期内的存在形式,有其独特之处,即血缘性的家族组织较长时期作为社会基层单位存在着。生活在黄河流域的先民,依托自然条件,在以使用木石为标志的生产力发展水平较低阶段,创造了一定的剩余产品,在此基础上,社会内部逐渐产生了阶级,形成了国家。夏禹结束了华夏部落联盟统治,建立了中国历史上第一个国家——夏王朝。夏启"即天子之位,是为夏后帝启"[(1)]。夏王朝统治时间大约在公元前21世纪至公元前17世纪。夏后帝启通过武力剪除了对自己即位不满的氏族。"夏后帝启崩,子帝太康立。"[(2)]太康的地位并不稳固,不久,太康失国。这一方面有太康本身的原因,另一方面也与国家刚刚建立,还没有形成一套管理镇压机构有直接关系。夏王朝一直到少康复辟,才基本巩固下来。世袭制的国家制度逐渐被人们所接受。夏王朝最后一个国王是桀,"桀为无道,暴戾顽贪,天下颤恐而患之。言者不同,纷纷分分"[(3)]。商族首领"汤修

德，诸侯皆归汤，汤遂率兵以伐夏桀”。汤灭掉夏桀之后，“乃践天子位，代夏朝天下”。(4)

商王朝统治时间大约在公元前17世纪至公元前11世纪。商的祖先是契，商是夏的一个诸侯，商的活动区域在今河北、山东、河南一带。从出土的甲骨文可以看出，商王朝的统治主要借助神的力量。商汤任命伊尹为相。汤的孙子太甲由于娇生惯养，即位之后不遵守汤所制定的制度，被伊尹关禁闭三年。三年之后，太甲痛改前非，“诸侯咸归殷，百姓以宁”，太甲死后被尊为“太宗”。(5)殷中期发生了“九世之乱”，在继承人问题上不停争斗，导致“殷衰”“诸侯莫朝”。殷的国都不停地迁徙，直到“盘庚迁殷”，从奄（今山东曲阜）迁到殷（今河南安阳小屯），国都才固定下来，最终形成了让世人瞩目的“殷墟”。盘庚迁都之后，商王朝的经济、政治、文化得到大发展。安阳殷墟的发现证明了这一时期商王朝的发展。

周武王因为“纣昏乱暴虐滋甚”，遂率领诸侯进行讨伐，与殷纣王的军队战于牧野。殷纣的军队虽众，但是皆无战心，武王入殷，他们纷纷倒戈，周武王乘胜追击，直捣殷纣王的国都朝歌。“武王至商国，商国百姓咸待于郊”，武王“膺更大命，革殷，受天明命”。(6)西周王朝继承了商代的分封制，通过各种分封措施，将各个诸侯牢牢控制在周天子之下。周王朝的建立使中国奴隶制社会达到鼎盛时期，国家机构得到加强与完善。“溥天之下，莫非王土。率土之滨，莫非王臣。”(7)但自昭王以后，西周开始走向下坡路，由盛转衰。周昭王“南巡狩不返，卒于江上。其卒不赴告，讳之也”(8)。国君不明不白地死于沉船，周王朝竟然不敢告诉诸侯，讳莫深焉。周厉王“暴虐侈傲，国人谤王”。周厉王对于人民的不满采取高压政策，三年以后，国人“乃相与畔，袭厉王。厉王出奔于彘”(9)。到周幽王时，社会矛盾进一步激化，周幽王被诸侯攻杀，西周灭亡，东周开始。

西周嫡长子世袭制得到确立，保证了统治者最高阶层核心力量的稳固和王权的顺利传承。在国家机构设置上,西周比商代更加复杂和完善,出现了以太师、太保等执政大臣为核心的太史寮和卿事寮两大机构。而在此之前,在国家管理上,几乎就没有什么管理机构,一个职官就是一个机构,就是一级政府。

公元前771年,周幽王被犬戎杀死之后,其子周平王于次年将国都东迁,从西安迁到洛阳。这一年也就是中国历史上春秋战国时期的开始。西周时期,西周王朝无论是在经济上还是在军事上都比较强大,各个诸侯国的力量相对弱小。秦襄公驱逐犬戎,护送平王东迁,成了周王室的功臣,八百里秦川就成了秦的国土。在周王东迁这件事上,秦是最大的赢家。周王自东迁之后,原有的国土失去,洛阳对于周王朝来说,是一块陌生的土地,而且这里早已形成多个强大的国家,很多诸侯国对于落势的周王朝似乎并不怎么尊敬。周王朝东迁之后地位大大下降,而王室内部还是不停争斗,在王位继承上不断发生内部动乱。史书所说的“春秋无义战”首先是从东周王室内部开始的。公元前367年,东周王朝发生内乱,韩国与赵国乘其内乱,将其分为西周与东周两个小国。西周国在公元前256年被秦国所灭。王室内部权臣也是争权夺利不断,以致出现了大臣争斗、周襄王丧事无人料理的现象。不但周王无法处理大臣内部的矛盾,甚至王室大臣的矛盾还需要诸侯国出面进行调节。这样,周王室的地位在诸侯中一落千丈,诸侯再也不把周王室放在眼里。楚国一向被视作蛮夷,却在公元前706年(鲁桓公六年)向周桓王要求提升楚国爵位级别。周桓王还在拿老眼光看待楚国,不予理睬。楚国国君熊通大怒,自己提升为王。楚国后来的国王——楚庄王竟然陈兵边境,问九鼎轻重。中原其他诸侯也对周王室多有大不敬。郑庄公派人将周王室大片麦子割走,郑国将军还“射王中肩”。晋文公向周襄王“请隧”,死后用天子之礼下葬,这就等于向周襄王当面要王位。周襄王不敢发怒,只能忍气吞声。

公元前633年(鲁僖公二十七年),晋文公战败楚国,与诸侯会盟,邀请周襄王来参加。周王室不再被诸侯视为周天子,而是被看作诸侯的一员。

周王室江河日下,各诸侯国却是日趋强大,你争我夺,弱肉强食。据《春秋》记载,春秋初期大大小小的诸侯国有181个,到了春秋晚期,仅剩下12个。12个诸侯国分别是:齐、秦、晋、楚、郑、鲁、宋、卫、陈、蔡、曹、燕。

在春秋时期,周王室虽然为诸侯所不敬,但是周天子的名分还在,而且诸侯争霸还不时打出“尊王攘夷”的旗号。进入战国之后,再也没有人出来“尊王”。春秋时期有十二诸侯,进入战国则变成了七国争霸。这一时期不但周天子更得不到尊敬,诸侯王也遇到了危险。晋国就被三个家臣瓜分,一个晋国变成了韩、赵、魏三个诸侯国。一度称霸的越国也被楚国所灭。在七国争雄的战争中,楚国最为强大。当诸侯相争到最后,一国的强大不仅表现在国土的宽广、经济实力的雄厚、军事力量的强大上,还表现在政治制度、机构的先进上。政治制度、机构先进了,就能吸引来人才,培育出将才,为一国的富强打下基础,为争霸提供实力。所以,春秋战国之后,各国相继进行了变法。李悝在魏国,申不害在韩国,吴起在楚国,公仲连在赵国,邹忌在齐国,商鞅在秦国,相继进行了变法。这些变法的共同特点就是论功行赏与奖励耕战,以达到富国强兵、加强中央政权之目的。商鞅在变法中实行“宗室非有军功论,不得为属籍”。宗室如果没有军功,就不能享有宗室的特权和荣耀。“有军功者,各以率受上爵”(10),建立军功的,授以上等爵位。商鞅变法为秦国最终统一中国奠定了基础。进入战国,诸侯不再是争霸,而是兼并。争霸只是让诸侯承认自己的霸主地位,而且还打出“尊王”的旗号,并不以消灭对方为目的。而七国争雄的兼并战争则是以消灭对方为目的。为了不被对方消灭,弱小的诸侯国就采取合纵以对付连横。合纵主要是对付强秦,而连横则主要是秦国对付山东六国。秦国变法最彻底,统治秦国的几乎都是外来的新兴地主阶层,而不像其他六国那样,多是本国贵族掌权。无论是秦国还是六国,都以富国强兵、战胜对手为中心。在这种政治形势下,出现了空前的"百家争鸣"的民主氛围。春秋战国时期的百家争鸣说明,民主自由思潮在中国古代就曾绽放出绚丽的光彩。

第二节 先秦中央机构编制

一、夏商周中央机构编制

夏(前 2070—前 1600)是中国历史上第一个奴隶制王朝,探索、了解中国的机构编制,应当从夏朝开始,但是迄今尚未发现夏代的文字和一件确凿无疑属于夏朝的文物,而文献记载的夏朝史又寥寥无几。见于记载的夏朝职官虽有"六卿"、车正、牧正、庖正、兽臣、仆夫等,但是,很多职官名称显然是后人附会。更重要的是,夏朝虽然有了一些职官,但是不像后代那样,既有职官,又有机构。

商(约前 1600—约前 1046)是中国历史上第二个奴隶制王朝。商代甲骨文的辨识,再辅以其他一些较为可信的文献记载,为我们窥探其官吏制度提供了条件。

周武王灭商,建立了西周王朝(约前 1046—前 771)。周为中国第三个奴隶制王朝,也是封建文人倍加推崇的王朝。"周因于殷礼",西周统治者承袭商朝各种政治制度并加以发展,使统治机构比商王朝更为完备。

(一)夏代中央机构职官

夏代的最高统治者为"后",亦称"夏后"。作为第一个奴隶制社会政权的统治者,夏后必然要设置一些执行自己命令的官员,但这些官员归属于哪一机构,恐怕夏代还没有明确的概念。当时的社会生产力极度落后,所以,当时的中央职官也都是与农业、畜牧业有关的职官,比如稷就是管理农业的官员。其他还有被史学家称为外廷政务官的御、大理、啬夫、遒人、太史令等。但是这些官都是后代史书所载,尚缺乏夏代的出土资料佐证。

(二)商代中央机构职官

商朝的最高统治者是王。出土的甲骨文有诸多王令的记载,如"王令多尹垦田于西,受禾"(11),"王令妇好从侯告伐夷"(12)。从出土的甲骨文与铜器铭文可以看到,商朝已经有众多的官名,据陈梦家《殷虚卜辞综述》,有臣正、尹、多尹、卜、多卜、巫、作册、作册右史、多马、多服、宰、宗、子等。这些官名有的属于王朝外廷政务官,有的属于王朝内廷事务官,有的是史官,有的是卜官。特别是卜官,是商王朝的重要职官。商王在进行重大活动时,都要通过卜辞来决定是否可以进行。商王统治区域职官称为"百僚、庶尹"(13)"殷正百辟"(14),百僚、百辟,说明商代中央职官已经为数不少。尹为一级职官的首长,凡是某一机构的最高主官都称为尹。最高的尹就是伊尹。

"尹",《说文》:"尹,治也……握事者也。"即尹含治理之意,以尹称人则指握事、治事之人,也就是一种官称。尹作为一种古老的纯粹的官名,本身并无职位高低之别,从商王的辅佐到各级官吏都有称尹的。就尹的职掌来看,与后代的相近。商汤时的伊尹本来是有莘氏陪嫁的奴隶,因为炒得一手好菜,深得商汤的喜欢,被商汤任命为尹,主持国政。伊尹不但辅佐商汤,而且在商汤去世之后又立商汤的孙子太甲为王。当太甲违背商汤的法度时,伊尹果断将其放逐,三年之后,看到太甲已经悔悟,将其接回,"授之政"。尹作为一种官职,有大有小,大就是伊尹之大,可以为相;小,则是普通职官,专管具体事务,如小尹。就像“臣”这种官职一样,有等级不同之臣。从出土的甲骨文中可以看到,尹是出现最多的官职,有束尹、右尹、多尹、族尹、三尹等。[15]《尔雅·释言》说:“尹,正也。”由此看来,“尹”作为官名,当是一种泛称,各级握事、治事掌权的主官均可称尹。

商代中央王朝的一般政务官主要有“多尹”。多尹也称“尹”“诸尹”,有时称“多君”,是为王朝各项政务服务的官员。从甲骨文卜辞中可知他们负责督率农田耕垦、土建工程、军事活动等,往往是商王咨询的对象,对王朝军国大事有发言权,能参与王朝飨礼,地位较高。[16]这些多尹对王朝政事有发言权和执行一定职责之权,当是分管王朝各种政务的职官。

以大量的“臣”字作为官称,是商代机构职官制度的一个特点。从甲骨文金文的有关记载来看,臣并不是纯粹的官名,其身份很复杂,称谓有臣、小臣、多臣、臣某等多种。甲骨文金文资料所反映的臣,主要作为分管王室某方面具体事务的一般官吏官称,作为辅佐大臣的不多。严格意义上讲,作为辅佐官吏称“臣某”或“臣”,并不表明臣是辅佐的官称,而是表明其为辅佐,是由商王的近侍臣官提升而来。比如成汤时代的伊尹本为有莘氏的媵臣,得到商王赏识,被“汤举任以国政”[17]。伊尹为商王辅佐之前,曾是商王的厨子,或以其聪明才智而受宠升任管理厨子的一般近侍臣官,所以担任辅佐之后,其官称或“尹”或“臣”。辅佐的伊尹称“尹”,可能表明伊尹为辅佐官之主官,称小臣则当表明其由近侍臣跃升而来。商王大戊时的辅佐“臣扈”当与伊尹一样是以近侍臣的身份辅佐商王的。

商代是一个崇拜神权的时代。作为商王,不论干什么事情,都要先卜,征求天意。巫也就成为商代专门的神职官吏。卜巫类神职官员是神的体现者，他们负责沟通神与人的联系，宣示神意，同时他们也是上层社会不可多得的“文化人”。神职的重要地位及丰富的知识才能使卜巫类神职官吏容易被起用为辅佐职官。不但巫是神职，就是商王的其他主要辅佐官也都具有神职的职能。

商王朝辅佐职官有两个明显的特点。其一，商王的辅佐官均赋有神职。辅佐重臣中，不仅有专职神事人员——巫，而且尹、保、臣等也都赋有神职。在殷商时代，神权具有至高无上的地位，殷商诸王每事必卜，每日必祭。现已发现的殷墟甲骨文约有 15 万片，就是殷人神权崇拜的真实记录。在这种神权统治的时代，商王辅佐重臣均赋有神职是很自然的。“神权”既然是商代社会意识形态的最高权威，那么作为商王辅佐重臣的，即便不是专职卜巫官吏，也必然精通神职事务。专门的神职官员有贞人、巫等，国家的重大活动往往由这些贞人、巫来决定。甲骨文的辞要由他们来宣读，他们代表上天来宣示，任何人都必须得听从。其二，尚未形成固定的辅佐官专职职官及机构。辅佐重臣的官名，除资历深、威望高，并辅佐和监护幼主的老臣称“保”外，其他“尹”“臣”“巫”等官名皆非辅佐官专称。这就从名称上反映了官无常职、临事而设的实际。这样的职官设置，自然也就谈不上有什么机构。需要有人管理某项工作，就设立某个职官，而不像后代很多时候那样，设置一个机构来管理各项工作。再从辅佐官的来源来看，神职人员的长官和商王的近侍臣官中因种种原因受宠者，当是辅佐官的基本来源，而这些人跃升为辅佐，往往根据商王的意志而定，具有极大的随意性。设官分职随意性强，缺乏明确的机构和固定分职，正是早期官制中的必然现象。商朝虽然是奴隶社会，但是在官员的任用上并没有严格的身份界限。像伊尹只是有莘氏的媵臣，但因为有治国的才能，就被商汤任用为尹，委以治国重任。所以，奴隶社会虽然落后，但不像后世那样，进入统治阶级的行列有着严格的身份限制。在商代,对于妇女参政做官也不像后代很多时候那样予以歧视。武丁的妻子妇好不但被封侯,与其他诸侯一起朝觐商王,而且可以带兵打仗。

商代管理具体事务性的官员有“小藉臣”:“己亥卜,贞令[illegible]小藉臣。”(18)“贞惠[illegible]乎小众人臣。”(19)这些小藉臣、小众人臣就是管理具体事务的官员。除此之外,还有具体管理某项事务的职官,如“牧”。“牧”字在甲骨文中是出现比较多的字之一。

农业是商周社会的主要生产部门,畜牧业是重要的生产部门。商代的畜牧业已经较夏代更为发达,所以,商代从事畜牧管理的官员比较多。商代有了专门的畜牧场,就需要有专人来管理。畜牧对商代统治者来说,是物质生活的重要来源。商代有小藉臣管理农田耕种,小稓臣专管庄稼收割,小众人臣专管农业生产者——众人。还有牛臣负责管理豢养和提供牛牲,牧则司理牛羊豕等垦牧养殖事业。西周的农业已有一定的分工,政权对农牧业的管理业已初具规模。在卜辞中有“右牧”“中牧”“易牧”等,还有“二牧”“三牧”“九牧”等。(20)各种牲畜管理都有不同的职官,比如有多马亚、马亚、多马、马小臣、牛正等。“惠毳司”(21),“惠豕司”(22),“盂犬告鹿,其比,禽”(23)。

商代的田猎不仅为人们提供部分生活资料,具有经济意义,同时又是军事演习和巡防的重要方式。所以,殷商王朝很重视田猎,设专职官吏进行管理。这种官叫“犬”,主要职责是考察山林鸟兽活动行踪,及时向王朝报告并引导猎队进行狩猎。此类官员除称“犬”之外,尚有“夷犬”“画犬”“成犬”等名称,这些名称均是由猎区加上“犬”这一官名构成的。(24)因为这类官员较多,所以统称为“多犬”。

在手工业方面,商周实行“工商食官制”,官营手工业发展水平较高,王朝分设职官进行管理。商代专管手工业的官吏,甲骨文叫

“司工”[(25)]。

商代的军事性职官有：师长、亚与戍等，《尚书·盘庚下》有“邦伯师长，百执事之人”，《尚书·酒诰》有“惟亚惟服”。

负责伺候商王的官员有宰。武丁即位，“三年不言，政事决定于冢宰”[(26)]。

商代的宗教文化官吏主要是巫、贞卜、作册，为王朝处理占卜和祭祀事务是其主要职掌。巫职偏重以巫术沟通人神，其地位有高低之分。地位高的可参与占卜命龟，地位低的参与以巫术祈雨降神的活动。贞卜官员主要掌握王朝的占卜事宜，用占卜来沟通人神，对商王朝的军国大事起实际的参谋作用。甲骨文中有“多卜”“左卜”之称，似乎商王朝不仅有庞大的贞人集团，而且有相应的贞卜机构。[(27)]从出土的几万枚甲骨册文来看，这些甲骨文绝不是少数几个人就能完成的，需要有一支专业队伍。作册主管司理典籍和册命，甲骨卜辞反映，武丁朝已出现册命举措。[(28)]巫、作册、贞卜等神职官员固然以从事宗教活动、沟通人神为主要职务，但他们又是当时的文化人，也具有一定的科学知识。他们观测天文物候，掌握文字，厘定历法，通晓礼制，娴于乐舞，并以此教育贵族子弟。所以，他们又是当时的文化教育职官。

商代管理王朝内廷事务的官员主要有宰、臣。宰见于殷墟卜辞的有宰丰。[(29)]从甲骨文的记载看，这些宰的活动均属随商王田猎、祭祀之类，显然宰系商王近臣，与内廷事务有关。宰、臣虽然是内廷事务官，但是他们在许多时候也掌握着外廷政务，有时候还代替商王执政。小臣类官吏，从甲骨卜辞的有关资料看，他们主要从事组织王室的各项生产活动，另外也参与攻治甲骨，参加祭祀典礼，跟随商王出征，以使者身份传达王命，侍奉商王的日常生活等。商朝是农业国家，甲骨文中有众多管理农业的小臣：有管理监督种黍的小臣；有管理田庄的小耤臣；有管理奴隶的小众人臣；有管理庄稼收获的小耤臣;有管理养马奴隶的小多马羌臣等。小臣既管理内廷事务,又参与王朝外廷的"祀与戎"等大事。所以,商代的内外廷职官无明确界限,难以分清。

(三)周代中央机构编制

到了周代,中央机构越来越明确,而且中央机构职官被固定下来,有了中央机构"卿事寮"与"太史寮",寮就相当于后来的府、衙门或者近代的部。

西周的官吏制度比商朝更强调宗法血缘,嫡长子是宗法制度不可替代的长者。西周建国,立即开始"封邦建国",周武王分封的众多诸侯国中,除了少数的异姓之人,多数都是姬姓子弟。《左传·昭公二十八年》记载:分封的诸侯"兄弟之国者十有五人,姬姓之国者四十人"。还有一些留在京城辅佐周天子。这些诸侯国构成了西周的社会基础。不但周王分封诸侯主要是自己的亲属子弟,各诸侯国之内的分封更是自己的直系亲属。周王分封诸侯被称为"建国",诸侯分封子弟被称为"立家"。无论是周天子的分封,还是诸侯的分封,都世代相传,"百世不迁"。

西周最高行政长官为"三公",辅佐周天子。在周成王时,召公为太保,周公为太傅,太公为太师。《史记·燕召公世家》说:"其在成王时,召公为三公。"从三公来看,他们都是为西周的建立立下汗马功劳、德高望重、权势很大的王佐重臣,为百官之首。正因为三公有辅佐天子之责,所以,太保、太傅、太师职官为历代所沿袭设立,常常成为辅佐皇帝或太子的职官。但在封建机构编制中,太保、太傅、太师多数时期是一种最高荣誉职务。三公是天子身边的重臣,不但为百官所妒,也为天子所忌。周公尽管对周成王忠心耿耿,但后期不得不"奔楚"避祸。很显然,太保、太傅、太师手下都有一批辅助官员,协助他们处理各种政务。虽然缺少文字材料记载,但并不是说太保、太傅、太师作为国家的最高职官，就没有专门处理公务的衙门与办事人员。

从西周金文来看，西周王朝形成了辅政机构“卿事寮”和“太史寮”，两大官署的长官卿为周天子辅政。卿事寮与太史寮可以称作西周王朝中央机构三公之下的二级机构。卿事寮的职掌，主管“三事”和“四方”。铭文讲周成王授卿事寮给周公子明保，命令他主管“三事四方”。明保接受卿事寮而“尹三事四方”，说明卿事寮的职能就是主管“三事四方”。所谓“三事”，即文献所载的“三事大夫”(30)，是王畿以内官员的总称；所谓“四方”，文献称“邦君诸侯”或“外服”(31)，是指王畿以外统治四方的诸侯。卿事寮既然主管中央和地方各级官吏，当然也就主管中央和地方的政务。这一主管中央和地方各级官吏及其政务的官署就是当时中央王朝的辅佐官署。

太史寮掌管册命、制禄、图籍、记录国家大事、祭祀、祝卜、礼制、时令、天文、历法等。孔传本《尚书》序：“召公为保，周公为师，相成王为左右。”《尚书·康王之诰》记载康王行即位之礼：“太保(即召公奭)率西方诸侯入应门左，毕公率东方诸侯入应门右。”召公与毕公并领东西方诸侯，郭沫若、杨宽认为毕公是以太史之职与召公共秉国政。(32)太史寮是兼管神职与人事的机构，可以说它既是周王朝的专门官署，又是周王朝的辅佐官署。

卿事寮的长官简称卿或卿士，其正式官职，西周初期是太师、太保，西周中期以后是大师，其属官是“三有司”，即司马、司徒、司空。

太史寮的长官是太史。西周早期，两寮长官共秉国政。成康之际，周天子的辅佐重臣有太师周公、太保召公，地位仅次于周、召二公的是太史毕公。(33)

在西周，除了三公，还有伯、侯等大臣。《尚书·顾命》记载成王临终，召见群臣，写临终遗命："乃同召太保奭、芮伯、彤伯、毕公、卫侯、毛公、师氏、虎臣、百尹、御事。"《尚书·顾命》所列之人，显然都是成王手下的重要大臣。如果不是身边的重臣，是很难在成王临终之时接受顾命的。从这里我们看到，周代中央官僚机构除了三公之外，其下就是侯、伯层级。

辅政机构较明确地分为卿事寮和太史寮是西周中央机构编制最突出的发展变化。之所以出现这样的变化，既是社会生产力发展、人们认识自然和改造自然的能力增强所致，又与周族人重人事、轻鬼神的文化传统分不开。随着社会的发展，商代晚期神权已相对衰落，反映在官制上就是辅佐官吏系统已现政事官与神职官分类之端倪。《尚书·洪范》记述了周武王克商的第二年拜访殷贵族箕子，向他请教"彝伦攸叙"的经过。箕子向周武王讲了许多治理天下的道理，其中一项重要内容是"稽疑"，即解决疑问。作为纣王叔父的箕子说明了当各个方面意见出现分歧时，殷人判断凶吉的原则有三点：第一，如果某件事神职人员一致赞同，那么只要殷王、卿士、庶民三方中的任何一方赞同，就是吉，哪怕王反对也没有关系。第二，如果神职人员意见不一致，结果将是处理内事吉利，处理外事凶险。第三，如果神职人员意见一致，但王、卿士、庶民等方面意见相反，那么"静"即无所作为才吉利，反之则凶。这说明在决定军国大事时，神职人员的作用仍旧占据第一位，但已不能单方面决定一切，同时还说明辅佐商王决定军国大事的官吏已有政务官即卿士和神职官的区分。偏僻西陲的"小邦周"从战胜"大殷邦"的经验总结中悟出："天命"不可恃，可恃者唯有自己的努力；人心的向背对事之成败具有至关重要的决定作用。这些教训使周人心目中的神权地位大为下降，轻鬼神、重人事的文化精神增长。在这种前提下，周承殷末官制并加以发展而正式形成治民官与神职文化官两大机构。在神权占统治地位的时代，政务官与宗教神职官合一,体现出神权对军国大事的支配决定作用。一俟官吏出现二者的分离,就意味着神权对政权的支配作用开始下降。所以,尽管国之大事“在祀与戎”,西周早期、中期为两寮长官共秉国政,但是太史的地位要次于太师、太保等卿事寮长官。并且随着社会的发展,太史寮及其职官地位一直呈下降趋势。西周中晚期,逐渐过渡到权臣卿士执政,这在很大程度上反映了史祝卜类宗教神职官地位下降的事实,标志着政事社会进入更加分明的阶段。

西周中期,仍为两寮长官共秉国政。杨宽先生认为,共秉国政的大师、尹氏分别为卿事寮、太史寮的官长。[34]到西周晚期,逐渐出现一人主两寮的现象。宣王时期的毛公被任命总理卿事寮与太史寮,总管国家与王家的内外大事,并兼管公族、三有司、小子、师氏、虎臣等。[35]三有司即司土、司马、司工,文献写作司徒、司马、司空。三有司为三公的直属机构。

司徒主管民事。《左传》载成王时,分封康叔于殷墟,“聃季授土,陶叔授民”[36]。杜注:“陶叔,司徒。”可见司徒主掌民事。从金文记载看,司徒既掌庶民的籍田劳作,也管林、虞、牧等农牧业官员,还管理卜事及军事。[37]西周实行兵民合一的军事制度,平时劳作的庶人,战时就成为披坚执锐的徒卒。所以,司徒职掌民事就主要体现为平时主管征发徒役,也管劳役和田地耕作,战时则可率兵作战。结合文献,金文所反映的司徒管理卜事则为兼职。

司马职掌军事。《说文》:“马,武也。”《荀子·王制》:“司马知师旅、甲兵、乘白之数。”这些文献记载都说明司马是武事之官。西周有关司马的铭文中,有一些反映司马职司武事的,而大量的则是司马在册命礼中充任傧佑。在西周册命礼中,傧佑与受命者在职务上有统属关系,傧佑往往是受命者的上级长官[38],而司马为“佑”所引导的受命者一般属武职官吏,金文资料亦证明西周王朝司马是权重位高的军事职官。

司空主管土地,也监管土木建筑工程。《诗·大雅·绵》绘声绘色地描述了古公亶父率领周族营建新居时,由司徒召集众人,在司空的领导下兴建土木的情景。

司徒、司空、司马这几种职官起源很早。其中,司马的产生可能要早于西周。在殷商时期,由于以马为动力的战车就是武装水平的标志,因此人们就以马称呼战车,并代称武装,而率领武装的职官也就名为"马"。在殷墟卜辞中,经常能见到马、马亚、马小臣等职官。这些含有"马"字的职官均为率领武装驰骋疆场的武官。司马这种职官的渊源当上溯于殷代的"马亚""多马亚""马小臣"。而司徒、司空当属周制,在古公亶父时已有这两种职官。古公亶父迁都到周原,"乃召司空,乃召司徒,俾立家室"(39),《尚书》之《牧誓》《立政》诸篇则反映出西周初年王朝职官中有司徒、司空。

司寇,甲骨文与西周早期金文都没有这一官名,最早带有司寇的铭文是西周中期的《南季鼎》。一般人根据《周礼》认为司寇是与司徒、司空、司马并列的职掌刑政的官员,但实际情况并非如此。因为古代兵刑不分,也没有明确固定的法律条文,所以执法也就没有专门的官吏。据学者考证,西周职掌刑罚诉讼之事的可以是司徒、司空、司马,也可以是番生、毛公之类的辅佐权臣。(40)也就是说,在西周,司寇虽然受理诉讼之事,但并非专职刑政的官吏。司寇不仅不是专职刑政的官吏,而且地位较低,是司空的属官。(41)制定法律条文,以法治讼,设专职管理,乃是春秋战国以后的事情。因此,《周礼》所反映的情况当是东周的制度。

西周职掌宗教文化教育的官吏形成了以史官为中心的系统,归属太史寮,其主要职官有内史、作册、作命内史、内史尹、作册尹等史官。史官的主要职责是掌阴阳天时礼法,在王朝各种宗教活动中充当交通人神的桥梁,记录和代宣王命,箴王阙,备顾问。(42)宗教文化官吏除史官外,还有从事祝告祈福的祝(43)、从事占卜的卜[44]。上述宗教文化职官也负责对贵族子弟的教育。

田猎在西周社会经济生活和军事活动中仍具有重要作用，所以设有“司王囿”[45]“犬”[46]“迹人”[47]等专管田猎，这类官基本上是沿袭商代而设置的。

宰是管理内廷事务的总管家。根据金文，宰的职掌有两个方面：一是管理王室内外，传达宫中之命[48]；二是在册命礼中做傧佑或代王赏赐臣下[49]。

王室内廷事务官还有：虎贲，负责王室的警卫安全，属于武官；缀衣，掌管王室的衣冠服饰；趣马，掌管王室车舆马匹；百司，掌管王室各种具体事务；等等。

西周时期，宰的权势有逐渐增强的趋势。金文资料反映，在西周早期政治生活中，宰还不是活跃的重要人物，但到中晚期，他们在政治生活中的地位日益重要起来。[50]西周中期，宰时常在册命典礼中充任傧佑，表明其有较高地位。[51]《诗·小雅·十月之交》讽刺幽王时祸国殃民的朝廷大臣，同时列举了七位此类大臣，宰名列第三，已是地位仅次于司徒的朝廷大臣。宰的权势地位的变化，当与王权的强化分不开。随着王权的发展，近臣、小臣演变为重臣、大臣，可以说是中国古代机构编制发展的一条规律。

膳夫的基本职掌是掌管王的膳馐以及祭祀时有关膳食的事项。膳夫与宰同样处于君侧，与周王关系密切，是周王的亲信。其职掌也随王权强化而逐步超出原来的范围，经常参与一些政务活动，地位日益重要起来。据《诗·小雅·十月之交》《大克鼎》《梁其钟》等文献、金文资料，在西周后期膳夫也成为朝廷重臣之一。

宰、膳夫成为朝廷重臣，往往为周王个人意志所决定，还没有发展到制度化的朝廷重臣之列。

小臣作为内廷职官，其职掌范围已远不及殷代宽泛，殷代掌管王室经济的各类小臣，在西周已有相当部分被新的职官取代，西周王朝内廷小臣主要司理周王日常生活和有关礼仪[52]。

以上涉及管理各类经济事务的官吏，诸如百工、田甸、林、牧、虞等，不仅是王朝的经济事务官，也可视为内廷经济事务官，因为王室经济和王朝经济难以划分出确切界限。

从公元前770年周平王东迁洛邑，到公元前221年秦始皇统一中国，是中国历史上的春秋（前770—前476）和战国（前475—前221）时期。这是一个由统一的西周进入分裂而又逐渐走向统一的时代，是奴隶社会向封建社会转变的时代，也是中国社会政治、经济、文化向前发展的时代。在这一社会剧烈变化的时代，国家机构编制也随着社会各个领域的变动而发生相应变化，在变化的总趋势中，春秋、战国因不同的历史特点而呈现出不同的阶段性变化。

二、春秋时期中央机构编制

春秋时期，王室衰微，列国争霸，各国逐渐摆脱周王室的束缚，变革传统的不合时宜的机构编制，以适应对外争霸、对内发展的需要。各诸侯国都形成了一套自己的机构职官，因而这一时期的机构职官变得纷繁复杂。虽然如此，中原各国的机构在职官名称上还是大多沿用西周的名称，但其职掌权能有些变化。

春秋时期中央机构编制具有以下特点：

（1）最高执政官地位的确立。

春秋时期中央机构的变化首先表现在各国中央机构总领全局首领官的名称变化上。三公等职官不再为各国所采用，而代之以新的职官，比如齐国称“相”，晋国称“元帅”，郑国称“当国”，楚国称“令尹”，等等。这些职官往往都是由权势贵族充任，而且世代相传。当然，也有一些开明的诸侯国由前任推荐新一任执政官。郑国的子产虽然是由前任推荐，但是子产死后，他的儿子大叔继任为执政。

执政官总揽全国大权，协助国君治理国家，和平时期是政府首脑，战争时期就是全国的统帅。执政者必须是文武全才。楚国的子文推荐子玉为令尹，蒍贾认为："子玉刚而无礼，不可以治民，过三百乘，其不能以入矣。"[53]作为最高执政官不仅要有治民的才能，还要有指挥打仗的帅才。可以说，诸侯国不管大小，都有一个负全责的最高执政官。而一个国家的强盛往往由最高执政官的才能所决定。比如齐桓公之所以能够称霸，是因为管仲当了相，郑国因为有子产执政而成为强国。

(2)国家机构职官职能日渐明确。

西周虽然已经出现了三有司，司徒、司马、司空等机构与职官，分别主管民事、军事及田地、土木工程建筑，但是他们的地位并不是很高。从文献和金文资料来看，他们通常只是分管某方面具体政务的一般政务官，而到春秋时期，随着各诸侯国日益加紧开疆拓土和抢夺劳动力，具体掌管军、民及土地的职官地位相应重要起来。《左传·襄公二十五年》记载郑国攻破陈国，"子美(子产)入，数俘而出。祝祓社，司徒致民，司马致节，司空致地"。杜注："节，兵符。"战败国的司徒献出户口簿，司马献出兵符，司空献出土地册，以示投降。可见，职掌军、民、地的"三有司"与开疆拓土、争夺劳动力的军事斗争有着直接密切的联系。随着各国开疆拓土日趋激烈，"三有司"也相应被推至显职要位。春秋时期多数诸侯国的"三有司"都成为执政卿。鲁国以司徒、司马、司空为执政卿，其中司徒最尊，为上卿，司空、司马次之，为亚卿。[54]郑国的执政官有当国、为政、司徒、司空、司马。[55]宋的执政六卿为右师、左师、司马、司徒、司空、司寇。[56]

楚国则以令尹、司马执政。楚国机构职官与中原诸国不同，自成一体。初以莫敖、令尹执政；春秋中叶，受中原各国机构官制的影响，设司马一职，遂以令尹、司马为政。(57) 在楚国，司徒还有助手——左徒与右徒。除了左、右徒，还有其他助手。司徒已经既是一种职官，又是一个国家机构。当然，司徒作为国家机构，职官远没有后代那样多。

晋文公以前，晋国以司空、司徒、司马、太师、太傅当政，文公时始以三军将佐为执政六卿，六卿中以中军将者为最尊。六卿制建立以后，司空、司马便由卿降为大夫，成为六卿属官。(58)

司马作为军队的高级将官，自然也既是一种职官，又是一种机构。在楚国，司马的地位最高，被人称为“令尹之偏”“王之四体”(59)，司马成为地位仅次于令尹的将官。司马的地位是由春秋争霸的形势所决定的。在战争年代，军事决定一切，作为军事将官的司马自然也就高其他机构与职官一等。

春秋争霸，一个诸侯国的霸权地位是由各个方面的综合因素决定的，第一是军队数量的多少，第二是国家的政治因素，是保守还是落后，第三是国土的宽狭、百姓的多少。一个小国只能当大国的附庸，很难成为霸主。这样，管理国土的司空也就成为国家的一个重要机构。作为司空，不仅主管国家的国土，与国君、相、司马等官员想方设法扩大国家的土地面积，还负责土木建设。国家的强大离不开城墙的高大与坚固。

(3) 司寇地位日趋重要。

西周时，司寇虽然有权受理讼罚之事，但尚不是专职刑政官，并且还隶属于司空。春秋时期，随着社会向前发展，随着统治者争权斗争日益激烈和民众的地位不断提高，法律条文的随意性、神秘性逐渐被摈除，新的成文法已作为一项重要制度出现。一些国家纷纷“铸刑书”“铸刑鼎”，将刑法公布于众。随着成文法的出现及司法事务的逐渐增多，司法权逐渐专职化，组成专职官吏来执行法律，以法治讼势在必行。因此，司寇逐渐成为专掌刑罚的官吏。

《左传·襄公二十一年》载,“鲁多盗”,季孙对臧武仲说:“子为司寇,将盗是务去。”《左传·庄公二十年》也载“夫司寇行戮”,足见这时的司寇已是专掌刑罚的职官。由于司法权专职化,司寇专掌刑罚,所以其地位也相应得以提高。春秋时期,各国的司寇一般仅次于司徒、司马、司空,成为大夫级的官吏。司寇地位的提高,表明法治已经被统治者所重视。

(4)宗教神职官地位下降。

伴随着治军、治民、治法机构与职官地位的提高,宗教神职职官地位逐渐下降。

西周时期神权统治支配一切的现象不复存在,但鉴于当时以木石工具为标志的生产力水平低下,人们认识自然和社会的能力极为有限,宗教神权仍在社会生活中占有重要地位。“国之大事,在祀与戎”(60),西周的两寮执政反映了宗教神职官吏在政治生活中仍有相当重要的作用及相应的地位。时至春秋,情况发生了很大变化。随着社会生产力的发展,人们对自然的认识能力得以增强;平民及奴隶的反抗,天子式微,诸侯、卿大夫势力崛起,旧有的等级秩序已逐渐崩溃,社会历史的这一系列变动促使人们认识人类社会的能力也大为增强。人们认识自然和人类社会的能力大为增强,神权力量急剧下降。“民,神之主也”(61);“国将兴,听于民;将亡,听于神”(62)。“重民轻天”的社会思潮在春秋之际出现,正是神权力量急剧下降在意识形态领域的反映。这在官制机构上引起的连锁反应,就是宗教神职官吏的地位、权势下降。曾在西周王朝作为最高官署之一的太史寮已在春秋之际销声匿迹,以太史为首的各种宗教神职官吏地位大为下降。史官职守局限于掌管历法,参与国家重要盛典,记载国家大事,搜集整理文化典籍等,其他祝、卜之类的宗教事务官仅在国家各种典礼中充当司仪媒介。总之,宗教神职官吏一般不再直接参与军政大事的商议与决策了。

(5)外交官员——行人地位的提高。

在西周时期，各诸侯国无权相互交往。东周之后，周王朝的地位大不如以前，各个诸侯国相互交往多了起来，也就有了负责各国关系的外交官——行人。《管子·小匡》有："升降揖让，进退闲习，辨辞之刚柔，臣不如隰朋，请立为大行。"春秋各国都有外交官员行人。如《左传·襄公二十六年》晋行人子员，《左传·文公十二年》"秦行人夜戒晋师"，《左传·昭公十一年》"楚执郑行人良霄"，《左传·昭公二十三年》"晋人执我行人叔孙婼"。行人负责外交工作，经常往返于各诸侯国之间，往往也就成为各诸侯国首先侵害的对象。当时国与国之间的交往还没有后来的两国相争不斩来使的惯例，更没有像当代这样的外交官豁免权。春秋时期各个诸侯国交往频繁，行人的工作也就显得非常繁忙，也为一些善于辞令的官员提供了用武之地。行人一方面同各诸侯国打交道，另一方面充当一国的发言人。《谷梁传》称："行人者，挈国之辞也。"(63) 子产当政，以公孙挥为行人："乃问四国之为于子羽(公孙挥)，且使多为辞令。"(64) 行人经常与各国联系交往，这就需要有翻译人员。所以，行人作为一种职官必须有自己的随员，有自己的机构。

(6)宰职地位的变化。

春秋时期，各国沿用西周宰这一职官，多称"太宰"。在春秋时期，太宰的地位很重要，有的甚至执掌国柄。《左传·隐公十年》记载鲁大夫羽父要杀桓公，征求太宰的意见，可见鲁国在春秋初年以太宰为最高官。《国语·齐语》记载："桓公自莒反于齐，使鲍叔为宰，辞曰：'臣，君之庸臣也。君加惠于臣，使不冻馁，则是君之赐也。若必治国家者，则非臣之所能也。'"韦昭注："宰，太宰。"齐桓公以鲍叔牙为太宰，就是让鲍叔牙治理国家，可见春秋初年的宰官可以成为实际的执政者。《左传·桓公二年》载，宋太宰华督"已杀孔父而弑殇公……遂相宋公"。华督时，宋国盖以太宰为政。到春秋中叶,“太宰(冢宰)仅为尊称,其实际地位已降低”[(65)]。各个诸侯国掌权的都是以上官员,掌管大权的不再是太宰。

春秋时期,促使宰地位变化的主要原因,一是国君权力下降,二是统治机构日益完善,设官分职日益明确。春秋时期,各国太宰当是因袭西周王朝的宰发展而来,主管公室内外事务是其基本职责。《左传·襄公九年》记载宋国发生大火,火灾中各类职官各司其职,太宰西鉏吾主管国库,司宫、巷伯等宫官也归其管辖,由此可见太宰基本职掌之一斑。太宰除职司公室内外事务外,一般情况下,还参与出纳国君之命,出使列国等政务。[(66)]太宰的基本职掌说明其为诸侯国公室之总管。太宰既为公室总管,在设官分职尚不十分明确的情况下,以其常在国君左右的特殊身份参与政务活动是制度所允许的正常情况。太宰既是公室总管,又往往以国君近侍身份参与政务,其地位重要也是顺理成章的。虽然如此,太宰参政的实际地位又不像“三有司”及司寇那样为制度所固定,其实际权力的大小往往有赖国君个人意志决定。齐桓公欲以鲍叔为宰治国,实乃齐桓公个人的意向,因为当时齐国制度中的执政是“天子之二守”,即国、高二氏。[(67)]可见设官分职不十分明确的制度使宰地位重要,而国君的意志更能决定宰的显赫与否。决定宰重要地位的两个前提条件一旦发生变化,太宰的地位就必然发生相应的变动。

整个春秋时期,职官制度日趋发展,职官机构趋于完备,臣仆式的宫廷内官与司徒、司马、司空、司寇等治民官的分职日趋明确。到战国时,出现了职掌内廷事务的专门机构——少府,产生了分管军政的将相,这正是先秦时期设官分职日趋完备的必然结果。太宰在设官分职日趋明确的情况下,逐渐脱离政务而专司宫廷事务,地位无疑要随之下降。另一方面,春秋中后期,各诸侯国卿大夫实力急剧膨胀,拥有政治、军事实力的强宗大族把持朝政的局面渐渐出现，公室地位日益下降，国君权力日益削弱，作为公室总管的太宰也就逐渐失去凭国君意志参与执政或职掌军国要事之可能。

但是，以太宰为首的服务国君的机构仍然是一个庞大的机构。除了太宰，还有太史、仆大夫、卜人、卜士、府人、廪人、司铎、司宫等。春秋时期各个诸侯国盛行音乐，一般国君都有乐官乐队。最为著名的是“钟鼓乐队”，主要由编钟、镈、鼓等组成。乐官有师、大师、乐尹等。

三、战国时期中央机构编制

战国时代是“上无天子”的时代，周天子已经成为历史，剩下的各国诸侯人人都想贵为天子。

战国时期是继春秋以来新旧社会变革最激烈的阶段。争霸战争愈演愈烈，规模越来越大。为了应付日益频繁而激烈的战争局面，各国不仅需要强大的由国君直接掌握的常备军，而且还需要一套完整的统治机构，以便及时有效地动员全国的人力和物力进行战争。各诸侯国内，自春秋中后期开始，国君与卿大夫之间争权夺利的矛盾斗争已一步步将奴隶制的宗法职官制度推向绝境，客观上促使一种新的统治方式及统治机构产生。经过激烈的变革，封建生产关系已先后在各国建立，新型的生产关系客观上也要求与之相适应的统治机构。为适应以上诸方面的变化，新的君主集权官僚体制逐渐形成。在这里需要充分肯定的是商鞅变法。商鞅变法给血缘宗法官制致命一击，打破了世卿世禄制度，废除了旧贵族的世袭特权，使得有才能的人得以进入管理层。在商鞅变法下，形成了一套全新的官吏管理机构。君主集权制下的官僚机构，以相和将为首脑。从设官分职的角度讲，这套官僚机构的重要特点就是官分文武：相，作为文官之长管理行政；将，则作为武官之长掌握军权。春秋以前,官吏基本上是文武不分,各国执政首领正卿或上卿,在平时是最高政务官,在战时则为最高军事长官。如鲁国的司徒,郑国的当国、为政,宋国的右师、左师,齐国的二守,晋国的中军将均如此。到战国时期,由于各国统治范围日益扩大,政务也相应繁多,官僚统治机构日趋复杂庞大。在这种形势下,只有军政分工才可能使统治机构高效运转。官分文武既适应了当时政务与军务分工的客观需要,使文才武将各尽所能,同时又便于君主集权。因为文武分职使大臣权力分散,有利于大臣互相制约和监督,能有效地防范和制止大臣独揽大权而威胁君权。尉缭子说:"官分文武,惟王之二术也。"(68)

君主集权制是战国时期各种社会制度激烈变革的必然产物,而新的职官制度又是君主集权制的必然结果和保证。新的职官制度有的尽管保留了西周甚至商代的职官名称,但更多的是新的职官,有很多新的职官被历代延续下来了。

1. 相

机构沿革

相是官僚机构的"百官之长"(69),中原各国中央官僚机构均设有相,称为相邦或相国(铜器铭文中,相国都称相邦,传世古书上的相国当是西汉时为避高祖刘邦的名讳而称相国),也统称为"宰相"(70)。相有相助、赞助的意思。史籍中关于舜相尧、禹相舜、伊尹相汤、管仲相桓公等记载,其所谓"相"均取义于相助、辅助,用作动词并非官名。西周、春秋时在诸侯国之间交往中有所谓傧相,"出接宾曰摈(傧),入赞礼曰相"(71)。这类"相"指赞礼司仪,或是对承担此任务者的专称,也不是正式官名。相作为官名,当始于春秋后期齐景公设置左、右相。(72)这时齐国的左、右相虽然是最高执政者的官称,但它们仍同国、高"二守"一样,只是执政卿大夫世袭的官职，与战国时期国君可以自由任免的相不同，并且左、右相尚未文武分职。春秋末年，三晋开始设置直接由国君任免的相，例如赵国在赵简子时，解狐曾推荐其仇人为相[(73)]，韩国在韩康子时以段规为相[(74)]。

战国时期，各国的国君为了加强集权，都陆续设相职，亲自任命有才干者任之。齐、魏、赵、韩首先设立了由国君亲自任免的相。如在魏文侯时，除魏成子为相外，先后又以翟璜、李悝为相。齐威王时，以邹忌、田婴为相。赵烈侯时，以公仲连为相。韩烈侯时，以韩傀为相。秦国偏处雍州，社会发展较迟，相的设置较晚。商鞅变法时，其最高执政官仍是大良造。秦设丞相始于秦武王二年（前309），"初置丞相，樗里疾、甘茂为左右丞相"[(75)]。战国时，唯楚国仍以令尹为最高执政官，终战国之世，未曾设相。令尹实际就是相，只是称呼不同而已，职能是一样的。

机构职能

相或丞相都有辅助之意，作为文官之首，辅佐国王治理百官。"相也者，百官之长也。"[(76)]荀子对于相或丞相的职能作了系统的概括："相者，论列百官之长，要百事之听，以饰朝廷臣下百吏之分，度其功劳，论其庆赏，岁终奉其成功以效于君，当则可，不当则废。"[(77)]相的职能就是品评、评断百官功绩，确定百官的职分。

相还有廷议召集人的职能。战国时期各个国家的重大活动都要由国王在王宫召集文武百官进行廷议。"今也王公大人……蚤朝晏退，听狱治政，终朝均分而不敢怠倦。"[(78)]这是召开廷议研究重大国策。更多时候，君王单独召集相或者将研究国家大政方针。

机构编制

各个国家的相或者丞相一般设一人，抑或是设立左、右相。根据相或丞相的职能，相应有自己的办公机构与办事属员。但是，未见史书记载。《周官》虽然对于冢宰的属官有详细的记载，但是难以作为凭据,只能作为参考。后代的胥吏有府、史、胥、徒的记载,相府至少要有这类胥吏办事人员。如果相没有一批办事人员,他根本就不可能完成对百官的“论”“饰”与庆赏等职能,更何况还有众多的行政事务需要相来处理。

2. 将

机构沿革

将也称将军,为中央官僚机构的武官之长。将作为官名,始于春秋。晋文公时作三军:“乃使郤縠将中军,郤溱佐之。使狐偃将上军,让于狐毛而佐之。……使栾枝将下军,先轸佐之。”(79)这里的“将某军”即统率某军之意。由于统帅军队为将军,以后就逐渐称统率军队的人为“将”。这时称为将军的晋卿虽然是军队的统帅,但同时也是行政上的执政官。童书业先生考证“至春秋末叶,新兴士夫既起,武士有转成文士之兆,战国以后文武分职之制乃见萌芽”(80)。新兴的士大夫往往成为新萌芽的君主集权官制下的选任对象,春秋末年新兴士大夫中出现的武士转文士之兆,正反映了国家统治机构中已开始出现军政分工。中央官僚机构明确出现文武分职,分设相、将,则始于春秋末年的三晋。

到战国时期,各国的政务已普遍文武殊途,中央官僚机构在设相的同时也置将。如魏文侯先后以魏成子、翟璜、李悝为相(81),而以乐羊、公孙痤、翟角为将(82);齐威王曾以邹忌、田婴为相(83),而以田忌、申缚、章子为将(84)。

唯有秦国设相较晚,将军的设置也较六国为后。秦穆公设置丞相后,文武殊途尚不明显,甘茂为相还率军作战(85)。到秦昭王时,丞相才逐渐专事文职,成为文官之长,大良造成为武官之长。秦设置将,始于秦昭王时(86),但将军不是固定专职,往往出征时由国君临时委派。秦的将军或大将军是战时高级统兵官的统称。

机构职能

将的职能就是“将”军，带领军队打仗。春秋战国时期的“将”初为动词，为“统率”“率领”之义。

机构编制

同相一样，将作为国家的最高军事统帅，史书也没有属官记载，但似乎将的属官比相的属官更明确一些。最高统帅都有一批将领。

3. 御史

机构沿革

战国时，魏、韩、齐、秦等国均设有此官，当时御史本属于国君秘书性质的职官。别国使者来献国书，往往由御史替国君接受[87]，两国国君相会，各有御史随王在场记录。《史记·廉颇蔺相如列传》记秦赵渑池之会：“赵王鼓瑟，秦御史前书曰：‘某年月日，秦王与赵王会饮，令赵王鼓瑟。’”秦王击缻，“相如顾召赵御史书曰：‘某年月日，秦王为赵王击缻。’”《秦律》规定，掌司法的廷尉每年要到御史处核对刑律。这些资料说明御史是保管文书档案、负责记录且与国君十分接近的文秘类职官。由于御史为国君掌文书档案，又与国君接近，所以御史对于官吏的评价就常为国君所接受。久而久之，御史就逐渐成为国君耳目而具有监察性质。齐威王宴请淳于髡，髡不敢无节制饮酒，是因为“执法在傍，御史在后”[88]。御史是在职司秘书外已带有监察性质的职官。秦统一中国后，三公中的御史大夫还是秘书兼监察性质的职官，当是由战国时代的御史发展而来。

机构职能

战国时期的御史可以说具有双重职能，第一是国君的秘书，负责为国君掌管文书档案资料，第二监督文武百官，对文武百官的言行尤其是对不利于国君的言行进行监视。当然，作为御史，不可能像后代的御史监督监察范围那样广，对战国时期的御史来说，主要还是监督监视相与将，因为监察毕竟不是他们的主要职能。御史的主要职责还是充当国君的秘书。

机构编制

同将、相一样，御史也没有机构编制的记载。主要原因在于，无论是春秋还是战国时期，政府机构还不完善，不像后代那样，政府不但有机构，而且有严格的编制。但有一点可以肯定，御史作为国君的秘书，肯会不会是一人。

4. 尉

机构沿革

作为军官的尉，始于春秋的晋国。晋的上、中、下三军都设有尉，因为中军地位最高，中军的尉又称元尉，元是大的意思。到战国时，赵国在将军之下又设有国尉。[89]秦于昭王时曾在大良造下设国尉，例如秦将白起，即由左更“迁为国尉”，又由国尉迁大良造[90]。秦国设相后，大良造曾一度为武官之长，后来大良造演变为爵位之称，而国尉则转化为中央主持军事的长官。秦在统一中国后常以太尉掌管全国军事，便是沿用国尉这一职官而来的。

机构职能

同将一样，尉的职能也是将兵，领兵打仗。

机构编制

同将一样，尉在战国时期虽然是诸侯国的最高军事指挥官，但是没有法定机构编制。当然，这并不是说，尉就没有自己的属官。

5. 郎中

机构沿革

战国时期，齐、赵、韩、秦等国都设置郎中[91]，郎中可以说是战国时期新设立的一种机构和职官。

机构职能

郎中的基本职能有二：其一是近侍与参谋。《韩非子》一书中，郎中往往与“左”“右”连称，为君主心腹之要臣。其二是执兵守卫。战国时期郎中的上述基本职能直接为秦汉时期的郎中令所承袭。不过，战国时期的郎中还是因人而设，人员不多，尚未形成一套完整的编制。

机构编制

战国时期的诸多职官尽管都由数人甚至一批官员组成，但是因为缺乏这方面的编制资料，所以我们无法比较准确地描绘出其机构编制人数，只能省略。

6. 卫尉

战国时期秦已经设置此职官，秦汉时统辖卫士、守卫宫门的卫尉当本此。

7. 仆

春秋时，各国都有仆或仆大夫，战国时期魏、韩、齐、秦等国都有仆(92)。春秋战国时期的仆或仆大夫职掌君王舆马(93)，与秦汉时期的太仆大致相同。

8. 廷尉

其职掌是管理刑狱，为最高司法官。战国时期各国的最高刑政官，三晋沿用司寇之名(94)，齐国称士师(95)，楚国设有廷理，唯秦国设廷尉。李斯在秦兼并六国前“官至廷尉”(96)。秦汉掌刑狱之廷尉当直接承袭于此。

9. 主客

战国时，齐有主客，其职为掌礼仪宾客。《史记·滑稽列传》

载，齐威王“以(淳于)髡为诸侯主客”。主就是典的意思。秦汉时主要职掌为管理接待少数民族及有关礼仪。

10. 内史

战国时期，秦、赵已有内史。《史记·赵世家》记载赵烈侯时，徐越以“节财俭用，察度功德”而进位内史，可见赵内史职掌与财务有关。《秦简》所抄专讲内史职务的法律条文《内史杂》11则，内容大部分与库房、钱粮、苑囿关系密切(97)，说明战国时期秦的内史是掌财政的，其职掌范围包括物资、官府手工业、财贸、苑囿等方面。秦汉治粟内史，当由战国时代的内史演变而来。

11. 少府

战国时，韩有少府，当时韩国有少府所造的强弓劲弩(98)。秦时少府有属官佐弋，掌弋射(99)，汉武帝改为佽飞(100)。初，汉少府有所谓六尚：尚衣、尚冠、尚食、尚浴、尚席、尚书。战国时期韩国已有典衣、典冠(101)、尚宰、尚浴(102)。而少府属官影响于秦汉以后中央机构最重要的是尚书。战国时，齐秦有尚书(103)，齐的尚书也作掌书(104)。魏有主书，主与尚同义，主书即尚书。秦汉少府属官尚书盖由战国时期主书、尚书、掌书等演变而来。

第三节 先秦地方机构编制

一、殷商西周地方机构编制

夏、商、周三代没有像秦汉以后那样的地方行政机构。夏、商、周三代一直是国中有国的国家行政管理体制。夏、商、周是最高级别的王国，在王国之下则是大小不等的侯国。这些侯国既是一个小国，又是一级地方行政管理机构。这些侯国不像后代的郡县那样，对中央政权是关系密切统一的上下级关系。侯国与王国的关系，由于侯国的领导人与王国的领导人——后、王、天子的血缘不同，而表现出不同的关系。这种关系可以说有远有近，有的属情同手足的血缘关系，有的虽然没有血缘关系，但是要比血缘关系近，比如商王武丁与妇好是夫妻关系。由于各个侯国的侯与王国的王都是世袭的，随着世袭制的延长，这种血缘关系也就日渐疏远。这样，夏、商、周中央所赖以存在的血缘关系也就渐渐失去向心力。除了以血缘关系为主体的侯国，还有些侯国是当初建立王国的功臣，有的是当初国王的亲戚，有的甚至是前代国王的后代，这些与国王没有血缘关系，但有其他联系的侯国，随着时间的久远，彼此关系也日渐疏远。还有的则是因为实力弱小，不得不臣服。这些侯国也就变成了王国的敌人。夏、商、周三代以侯国为地方行政管理机构的弊端直到春秋战国时期才让统治者有所觉悟。

（一）商代地方行政长官

根据《尚书·酒诰》所反映的内容，商代制度中商王朝外服的长官即地方行政长官有侯、甸、男、卫、邦伯几种。

邦伯，甲骨文中称“方伯”，是远离王畿地区的方国首领。一般而论，方国实际上是与商王朝并存的国家，由于种种原因向商王朝表示臣服后，其首领就被商王朝封为“邦伯”。这类方国离王畿很远，邦伯独立性强，与王朝的关系很不稳定，往往根据商王朝的力量消长，或叛或附，或友或敌。

侯、甸、男、卫是商王朝派驻某地的地方行政官，其与商王朝的关系较邦伯与王朝的关系要密切。侯就是王朝派驻边地的“斥候”，主要职掌为军事侦察，报告军情。卫是王朝派驻地方的军事长官，是捍卫王朝的要职。侯、卫皆可视为王朝的地方军事长官，但有内外分工的不同。侯一般地处边地,以侦探、报告军情为主要职责。甸是王朝派驻农业区“治田入谷”的地方农业官。男亦作“任”,本职是为王任事,职务范围不甚明确,盖为军事、农事以外的事务官。[105]侯、甸、男、卫被王朝派驻各地从事武装守卫和农田畜牧的经济垦殖业,各有武装和生产人手,常驻一地并世袭职业。随着政治、经济、军事实力的增长,后来逐渐演变为独立性质的诸侯。

(二)西周的地方政区与职官

偏处西陲的蕞尔小邦周克商成功之后,不仅占据了“大邦殷”的旧地,而且扩展了势力范围,领土广袤,仅靠中央王朝难以控制。为了对广大地区进行有效统治,周王朝实行了“封建亲戚,以藩屏周”的分封制度。通过分封,周王同姓、母弟和异姓功臣于各要冲地区建立了封国。周王朝通过血缘关系及姻亲关系加强王朝与封国的联系。周天子似乎意识到这种以血缘关系和姻亲关系所建立的王国会随着时间推移而关系疏远,遂又以“命卿”之制[106],巡狩、设监等方式加强对封国的控制与管理。封国的“报政”[107]王朝、贡纳、从王出兵等政治、经济、军事义务则包含着封国对王朝的政治从属关系,所以封国可视为西周王朝的地方政权。但是封国毕竟与后世统一的中央政权下的地方政区不同,封国具有较强的独立性、封闭性,有自己独立的政治、经济、军事制度,基本上模仿中央职官机构设官分职。封国与中央王朝之间的政治、经济、军事纽带狭窄脆弱,彼此缺乏牢固的直接关系。

封国即西周王朝的地方政权,封国首领诸侯就是地方长官,大大小小的诸侯必须按规定向周王室纳贡、服役,朝觐周王,率兵从王出征,藩屏周室。但是,大小诸侯与后世统一王朝下的地方长官实在不能相提并论。周代分封制下的诸侯是世袭君主,并且在国内享有几乎完全不受限制的政治、经济、司法、宗教祭祀等世袭特权,而后世的郡县行政长官则完全没有这些特权。

二、春秋战国时期的地方机构与职官

郡、县

机构沿革

春秋战国时期,地方政区发生了巨大变化,在中央集权制逐步形成的过程中,郡、县逐渐取代分封制下的采邑而作为由中央政府直接统治的地方政区出现,尤其是秦代创立的郡县制度,更是一种经得起历史检验的地方制度。

郡、县从出现到形成一套完整的地方行政制度过程,贯穿了整个春秋战国时期。在列强争霸称雄的时代,各国边境既是对外扩张的起点,又易于为别国所蚕食。所以,各强国都十分重视边地。春秋初年,秦、晋、楚等大国的新兼并之地,往往不再分给卿大夫为采邑,而是设置直接由国君控制的县,以加强边境地区的军事防御。《左传·成公七年》载楚围宋之役,"子重请取于申、吕(二县)以为赏田"。申公巫臣说:"不可。此申、吕所以邑也,是以为赋,以御北方。若取之,是无申、吕也,晋、郑必至于汉。"楚王便没有答应子重。可见,申、吕之类的县已有别于国君赏赐给臣下的采邑,成为国君直接控制的边防军事重地。县最初主要作为直属于国君的边防军事重镇,虽然内含国君集权的因素,但还有分封制的残余。县长官虽由国君任命,但是可世袭。如楚之申县,第一任县令为申公斗班,第二任县令为申公斗克。晋之原县,第一任县令为大夫赵衰,第二任为赵同。申、原二县长官均系父子相承。后来随着中央集权制的因素在各国逐渐增长,直属国君的县之长官也就可以经常替换。这一点在晋国的县制中较为明确。以温县为例,晋文公时以狐溱为县长官,晋襄公时把温县赐给了阳处父。晋景公时郤至为温县之长，郤氏被灭族，温县暂归公室。至晋平公时，温县属赵氏。晋定公时，温县又落入范氏党羽手中。温县易主之频繁是显而易见的。正是由于县的设置不仅有利于边地的防御，而且有利于国君权力的提高，所以诸侯国国君将边地设县的措施逐步推广到本国内地，往往是在某些被消灭的卿大夫家族旧有采邑上设立直属国君的县，由国君委派官员管理。到战国时，各诸侯国已经普遍设县。

郡的设立，始于春秋末期。当时，晋国又在边地设郡以御戎狄。随后，中原各国皆在边境地区设立郡。到战国中后期，由于兼并战争空前激烈，中原各诸侯国在所有边境地区都设置郡。至战国末，各诸侯国除国都所在地区外，其他地区皆普遍设郡。需要说明的是，初期的郡级别比县小，是县的下级。公元前 493 年，晋国赵简子在进行战前动员时说："克敌者，上大夫受县，下大夫受郡。"(108)到战国时，郡则成了县的上级。一般一郡要辖十几个甚至几十个县。如魏国的上郡辖 15 个县(109)，赵国的上党郡辖 24 个县(110)，赵国的代郡辖 36 个县(111)。

郡、县统属关系始于春秋战国之交。当初，边陲之郡地广人稀，随着社会经济的发展，边地逐渐繁荣起来，人口增长，一郡之长难以兼顾，只能分县而治，才有利于巩固边境防务。其后，腹地之县也因经济开发而缩小，县的数目增加，国君直接管辖有所不便，于是，仿照边地设置，在县以上设置郡以统辖。到战国末年，除齐国无郡之名而由"五都"辖县外，诸侯国大都以郡辖县，出现郡、县两级行政区。

春秋战国时期，各国县以下逐渐形成乡、里或连、闾等地方基层组织。《吕氏春秋 · 怀宠》提到的基层组织是乡和里。《韩非子 · 八经》里涉及的地方基层组织是连和闾。《秦简》已经证实，战国时代的秦国，县以下分设乡、里，里以下民众按照什五编制。

机构职能

郡、县作为地方行政机构，其最初职能就是守卫各国兼并所得的土地，所以，郡长官取名“郡守”或“太守”。吴起“守西河而秦兵不敢东乡，韩、赵宾从”[112]。由于郡的设置最初都是为了利于攻守，所以最初郡的长官均以武官担任。郡长官太守（郡守）的职责是守卫一郡之土，县长官的职能则主要是管理一县的社会治安与生产发展。

机构编制

郡设守、太守或郡守。如李悝曾经担任上地守[113]，秦昭王任命李冰为蜀守，任命任鄙为汉中太守。守或太守、郡守属吏有吏、佐、群官等。《秦简・置吏律》有“县、都官、十二郡免除吏及佐、群官属”的律文。

县长官为县令（长），县长官属官有县丞、县尉、县司马、县司空等。

县令是一县最高行政长官。县的长官一般称令，或者称大夫、守、尹、县啬夫。大县称令，小县为长。县令（长）的属官有令史。令史主要协助县令处理一切公务，还有调查案件、率领兵卒捉拿人犯等治狱任务。[114]

县丞，《秦简》常常令、丞并提，可见丞地位仅次于县令。丞主管民政，包括赋税征收和亲自审理案件。县丞的属官有丞史。

县尉，主管一县军务，包括征派县内兵役和劳役。[115]其属官有尉官吏、士吏等。

县司马，掌一县之马政。[116]古代作战，马匹是重要的军事力量，一个国家的强大，主要看其战车有多少乘，战马有多少匹，所以，各县都设置司马具体负责马匹管理。其属官有司马令史和司马令史掾。

县司空，主管县内土木工程，因为各种工程多是使用刑徒，所以司空也监管司法。[117]其属官有司空佐史、工师、士吏等。

从春秋战国时期的县制我们可以看到，自从县设立之日起，县令的职掌就比较明确。其属官设置也比任何一级行政体制都清楚。无论是县令长，还是其属官，在设置上都有明确的规定，尤其是秦朝更是进行了法律性的规定。这种法律规定被严格执行了两千多年。历朝历代都实行县长负责制，坚持县级管理机构精简的原则，县官只有一个。从未设立副职。即使在“十羊九牧”的南北朝后期，县官也只有一人，在中国政治最黑暗的北洋军阀统治时期，虽然有滥设职官的机会，也没有出现县官泛滥成灾的现象。

地方基层官，乡有三老、廷掾[118]，里有里正，伍有伍老。

据上述可见，各国的统治机构，从国到郡、从郡到县、从县到乡，已形成一个庞大而有系统的统治网络，由君主牢牢提控着主纲，进而层层控制着整个国家。统一中央集权体制下的地方机构已初具规模，为秦汉封建专制主义集权体制的地方机构的发展奠定了基础。

第四节 《周官》
——机构编制设想及评价

一、关于《周官》

夏、商、周三代可以说是中国机构编制的萌芽时期，在这一时期，虽然有了后、王、天子与其他职官名称，但是国家机构还是非常简单、粗放，更谈不上机构编制的法制性。因为三代本身就不是法治社会。但是，春秋战国时期，出现了一部反映周代国家机构编制的经典专著——《周官》。

关于《周官》的记载，最早见于《史记·封禅书》：“《周官》曰，冬日至，祀天于南郊，迎长日之至；夏日至，祭地祇。”“自得宝鼎，上与公卿诸生议封禅。封禅用希旷绝，莫知其仪礼，而群儒采封禅《尚书》《周官》《王制》之望祀射牛事。”

《周官》出现在汉景帝时期。“河间献王德以孝景前二年立，修学好古，实事求是。从民得善书，必为好写与之，留其真，加金帛赐以招之。繇是四方道术之人不远千里，或有先祖旧书，多奉以奏献王者，故得书多，与汉朝等。……献王所得书皆古文先秦旧书，《周官》《尚书》《礼》《礼记》《孟子》《老子》之属，皆经传说记，七十子之徒所论。”(119) 根据《汉书》的记载，《周官》最早发现是在汉景帝时期，为河间献王刘德最早发现。河间献王将《周官》献给了朝廷，被收藏在太史令府，使司马迁有机会对《周官》进行认真阅读。当然，阅读研究《周官》的不止司马迁一人，还有众多的儒生。正因如此，所以当汉武帝要举行封禅，苦于不懂封禅礼仪时，众儒生才提出按照《周官》所记载的礼仪举行封禅仪式。在以后很长一段时间内，出现在学者著述中的都是《周官》的名称。为适应王莽篡汉的需要，刘歆将《周官》改作《周礼》，后经东汉郑玄作注，唐贾公彦作疏，《周礼》才最终成为定本。随着封建统治的发展，《周礼》的地位更加尊崇，被列入了“十三经”的行列。虽然《周礼》成了封建文人的圣经，但在很长一段时间内，一些文人还是习惯于称《周官》而不称《周礼》。对于将《周官》改为《周礼》，一些有见识的文人并不以为是。如清代的孙诒让认为：《周礼》讲的都是官政之法，《仪礼》讲的是礼之正经。作为官政之书，将其改为《周礼》实在是牵强附会与阉割篡改。《周官》所记载的内容实在是与周礼风马牛不相及。奇怪的是，王莽虽被公认为奸臣，王莽政权更是昙花一现，但为适应复古篡汉需要，“发得《周礼》，以明因监”，得到了历代统治者与封建文人的认可。不但得到封建文人的认可，就是当代出版界与文人们也都以《周礼》为周礼。即便谁都知道《周礼》的本来名称是

《周官》,但谁也没有想到要纠正过来。而当我们在研究中国历代机构编制时,如果继续沿袭《周礼》的名称,笔者认为这实在是有悖作者的初衷。

对《周官》的创作年代,众说纷纭,莫衷一是。多数观点认为《周官》一书当创作于春秋战国时期。我们知道,春秋战国时期是中国思想开放的时期,凡是有才华、有思想的人,无不想尽情展示自己的才华,施展自己的抱负。在争霸争雄的时代,在百家争鸣的时代,可以说研究涉及方方面面,官制更是为各国诸侯所注重。那些想干一番治国平天下事业的志士,无不想在诸侯中博得一官半职,以展才能。这样,出现《周官》也就不足为奇了。据专家学者结合周代金文研究,《周官》中的许多职官与西周金文中的职官相吻合。《天官》中 64 种职官,与西周金文相同或相近的有 19 种职官;《地官》中 80 种职官,有 26 种职官相吻合;《春官》中 71 种职官,有 13 种职官相吻合;《夏官》中 74 种职官,有 27 种职官相吻合;《秋官》中 67 种职官,有 11 种职官相吻合。这说明《周官》的作者对于周代的官职比较清楚。他不仅是一个有丰富学识的学者,而且一定在周代官场待过一段时间,担任过一定的职务。作者结合自己的官场实际,加上自己对国家机构编制的设想,描绘出一幅国家机构编制图。估计作者向诸侯推荐过自己的国家机构编制图,但是这幅国家机构编制图过于复杂,各个诸侯国都无法按照这幅国家机构编制图设定机构职官编制。诸侯争霸争雄,需要更多的人投入战场作战,根本就没有财力养活如此多的官吏。当国家统一以后,需要大量国家职官的时候,或者作者已经去世,或者作者的思想观点与统治阶级的思想观点相矛盾(秦国占统治地位的思想是法家思想,而《周官》作者的思想显然是儒家思想),所以焚书坑儒发生之后,《周官》销声匿迹也就很自然了,直到汉景帝时期才被发现。此时,虽然儒家思想不再受排挤,但是也不受重用。汉武帝信奉的是法家思想，自然《周官》所设想的国家机构编制也就无法为国家接受。王莽出于篡权的需要，给予《周官》高度评价，将其改为《周礼》，并将《周官》中的职官在中央机构实施。汉代的国家机构编制名称已经被人们所接受，代之以陌生的机构编制职官名称难以被官场所接受，也难以为老百姓所认识，这成为王莽新朝的诸多混乱情况之一。王莽的这种倒行逆施换来的是其政权的覆灭与他本人的身败名裂，以及《周官》的被阉割。

二、《周官》机构编制

《周官》开宗明义，提出国家建立中央机构编制的指导思想："惟王建国，辨方正位，体国经野，设官分职，以为民极。乃立天官冢宰，使帅其属而掌邦治，以佐王均邦国。"[120]《周官》将中央机构分为天官冢宰、地官司徒、春官宗伯、夏官司马、秋官司寇、冬官考工六大中央机构。这一指导思想在介绍每个机构之前都要重复一遍，以示其重要性。

这一思想被二十四史之《百官志》或《职官志》奉为指导思想，尽管在表述上有所不同，但其基本思想是一致的。

"惟王建国，辨方正位，体国经野，设官分职，以为民极"，在《周官》作者看来，国家的任何一个机构设置都必须遵循这一指导思想。设官分职的目的，就是"以为民极"。郑玄注《周礼》："极，中也。令天下之人各得其中，不失其所。"国家设立国家机构，设官分职，目的是治民，治民首先所设机构与职官要中正公允。只有国家所设机构与职官中正中允，才能治民。中正与中允是对机构与官员的最基本要求，也就是说，国家所设机构与职官必须做到没有私心，公正执法，中允执政，让百姓各得其所，享受设官分职的好处。机构与职官的设立决不能仅仅从政权自身考虑，必须从民众利益考虑。《周官》所反复强调的“设官分职，以为民极”的思想是难能可贵的，可以说是中国古代机构编制的指导思想，是古代政治思想的精华。

“设官分职，以为民极”作为国家机构编制的指导思想，其含义是多方面的。第一，要求设官分职，所设官员要中正、中允。第二，设官分职要让民感受到公正、给百姓带来中允。但是，让统治者做到这一点是很难的。历代设官分职首先考虑的是皇权。刘邦当初分封异姓王是为了屏藩，汉景帝削藩，同样是为了巩固皇权。整个封建社会中枢机构的设立与不断变化，无不是为了巩固皇权。第三，惟王建邦，也就是国家机构编制在中央、在皇帝，任何地方政府都无权增设机构编制。

1. 天官冢宰

机构职能

冢宰职能：“掌建邦之六典，以佐王治邦国：一曰治典，以经邦国，以治官府，以纪万民；二曰教典，以安邦国，以教官府，以扰万民；三曰礼典，以和邦国，以统百官，以谐万民；四曰政典，以平邦国，以正百官，以均万民；五曰刑典，以诘邦国，以刑百官，以纠万民；六曰事典，以富邦国，以任百官，以生万民。”

冢宰以八法治理政府官员：“一曰官属，以举邦治；二曰官职，以辨邦治；三曰官联，以会官治；四曰官常，以听官治；五曰官成，以经邦治；六曰官法，以正邦治；七曰官刑，以纠邦治；八曰官计，以弊邦治。”

以八则治理都城：“一曰祭祀，以驭其神；二曰法则，以驭其官；三曰废置，以驭其吏；四曰禄位，以驭其士；五曰赋贡，以驭其用；六曰礼俗，以驭其民；七曰刑赏，以驭其威；八曰田役，以驭其众。”

以八柄诏告君王驾驭群臣：“一曰爵，以驭其贵；二曰禄，以驭其富；三曰予，以驭其幸；四曰置，以驭其行；五曰生，以驭其福；六曰夺，以驭其贫；七曰废，以驭其罪；八曰诛，以驭其过。”

以八统诏告君王驾驭万民：“一曰亲亲，二曰敬故，三曰进贤，四曰使能，五曰保庸，六曰尊贵，七曰达吏，八曰礼宾。”

以九职使用万民：“一曰三农，生九谷。二曰园圃，毓草木。三曰虞衡，作山泽之材。四曰薮牧，养蕃鸟兽。五曰百工，饬化八材。六曰商贾，阜通货贿。七曰嫔妇，化治丝枲。八曰臣妾，聚敛疏材。九曰闲民，无常职，转移执事。”

以九赋聚敛财贿：“一曰邦中之赋，二曰四郊之赋，三曰邦甸之赋，四曰家削之赋，五曰邦县之赋，六曰邦都之赋，七曰关市之赋，八曰山泽之赋，九曰弊余之赋。”

以九式节度财政开支：“一曰祭祀之式，二曰宾客之式，三曰丧荒之式，四曰羞服之式，五曰工事之式，六曰币帛之式，七曰刍秣之式，八曰匪颁之式，九曰好用之式。”

以九贡保证国家财政开支：“一曰祀贡，二曰嫔贡，三曰器贡，四曰币贡，五曰材贡，六曰货贡，七曰服贡，八曰斿贡，九曰物贡。”

以九两连缀邦国百姓：“一曰牧，以地得民。二曰长，以贵得民。三曰师，以贤得民。四曰儒，以道得民。五曰宗，以族得民。六曰主，以利得民。七曰吏，以治得民。八曰友，以任得民。九曰薮，以富得民。”

这是历代对机构职能最详细的描绘。我们之所以说是描绘，是因为《周官》中央机构编制从来就没有存在过，其职能也自然就是“乌托邦”了。

《周官》对于小宰、宰夫、宫正、宫伯等职官职能也作了详细的规定。

机构编制

大宰，卿一人。小宰，中大夫二人。宰夫，下大夫四人。上士八人，中士十六人，旅下士三十二人。府六人，史十二人，胥十二人，徒一百二十人。宫正，上士二人，中士四人，下士八人，府二人，史四人，胥四人，徒四十人。宫伯，中士二人，下士四人，府一人，史二人，胥二人，徒二十人。膳夫，上士二人，中士四人，下士八人，府二人，史四人，胥十二人，徒一百二十人。庖人，中士四人，下士八人，府二人，史四人，贾八人，胥四人，徒四十人。内饔，中士四人，下士八人，府二人，史四人，胥十人，徒一百人。外饔，中士四人，下士八人，府二人，史四人，胥十人，徒一百人。亨人，下士四人，府一人，史二人，胥五人，徒五十人。甸师，下士二人，府一人，史二人，胥三十人，徒三百人。兽人，中士四人，下士八人，府二人，史四人，胥四人，徒四十人。渔人，中士二人，下士四人，府二人，史四人，胥三十人，徒三百人。鳖人，下士四人，府二人，史二人，徒十六人。腊人，下士四人，府二人，史二人，徒二十人。医师，上士二人，下士四人，府二人，史二人，徒二十人。食医，中士二人。疾医，中士八人。疡医，下士八人。兽医，下士四人。酒正，中士四人，下士八人，府二人，史八人，胥八人，徒八十人。酒人，奄十人，女酒三十人，奚三百人。浆人，奄五人，女浆十五人，奚一百五十人。凌人，下士二人，府二人，史二人，胥八人，徒八十人。笾人，奄一人，女笾十人，奚二十人。醢人，奄一人，女醢二十人，奚四十人。醯人，奄二人，女醯二十人，奚四十人。盐人，奄二人，女盐二十人，奚四十人。幂人，奄一人，女幂十人，奚二十人。宫人，中士四人，下士八人，府二人，史四人，胥八人，徒八十人。掌舍，下士四人，府二人，史四人，徒四十人。幕人，下士一人，府二人，史二人，徒四十人。掌次，下士四人，府四人，史二人，徒八十人。

大府，下大夫二人，上士四人，下士八人，府四人，史八人，贾十六人，胥八人，徒八十人。玉府，上士二人，中士四人，府二人，史二人，工八人，贾八人，胥四人，徒四十八人。内府，中士二人，府一人,史二人,徒十人。外府,中士二人,府一人,史二人,徒十人。

司会,中大夫二人,下大夫四人,上士八人,中士十六人,府四人,史八人,胥五人,徒五十人。司书,上士二人,中士四人,府二人,史四人,徒八人。职内,上士二人,中士四人,府四人,史四人,徒二十人。职岁,上士四人,中士八人,府四人,史八人,徒二十人。职币,上士二人,中士四人,府二人,史四人,贾四人,胥二人,徒二十人。司裘,中士二人,下士四人,府二人,史四人,徒四十人。掌皮,下士四人,府二人,史四人,徒四十人。

内宰,下大夫二人,上士四人,中士八人,府四人,史八人,胥八人,徒八十人。内小臣,奄上士四人,史二人,徒八人。阍人,王宫每门四人。寺人,王之正内五人。内竖,倍寺人之数。九嫔。世妇。女御。女祝四人,奚八人。女史八人,奚十六人。典妇功,中士二人,下士四人,府二人,史四人,工四人,贾四人,徒二十人。典丝,下士二人,府二人,史二人,贾四人,徒十二人。典枲,下士二人,府二人,史二人,徒二十人。内司服,奄一人,女御二人,奚八人。缝人,奄二人,女御八人,女工八十人,奚三十人。染人,下士二人,府二人,史二人,徒二十人。追师,下士二人,府一人,史二人,工二人,徒四人。屦人,下士二人,府一人,史一人,工八人,徒四人。夏采,下士四人,史一人,徒四人。

在众多职官中,只有大宰具有“佐王治邦国”的职能,小宰只是一个“内务府总管”,而宰夫、大府、内府、外府、司会、司书、职内、职岁、职币等职官则属于王宫管理人员。其他职官大体上可分为以下几类:第一类是王宫底层管理人员,有宫正、宫伯、内宰、内小臣、阍人、寺人、内竖等。第二类是掌管饮食服务的职官,比如膳夫、庖人、内饔、外饔、亨人、腊人、醢人等,属于厨师之列。兽人、渔人、鳖人等则属于后勤采购人员。笾人和醢人包括酒正、酒人、浆人、盐人、幂人等则属餐桌服务人员。这一类职官除了服务王、王后和太子的饮食外，还负责供给宾客、祭祀以及丧事等所需饮食。第三类是王宫服饰制作人员，如司裘、缝人、追师、屦人等。第四类是王宫医务人员，如医师、疾医、疡医、兽医等职。第五类是王宫君王、王后就寝服务人员，如宫人、掌舍、幕人、掌次等。第六类是后宫服务人员，如九嫔、世妇、女御、女祝、女史、典妇功、典丝、典枲等。第七类为王宫的杂务人员，如甸师、玉府、掌皮、染人、夏采等。

在整个天官系统，卿只有 1 人，上大夫 4 人，下大夫 12 人。用现代话来说，即只有这些人是政务官或是领导职务，其他都是事务官。上士、中士、下士共计 323 人，那些府、史、胥、徒则属于胥吏之属，共计 2700 余人。

《周官》冢宰的机构编制当时看上去非常庞大，但是在明代、清代，是再正常不过的职官编制了。

学者对天官冢宰的所属职官进行了分析。作为国家的第一机构天官，作为天官之长、六官之首的大宰，尽管“掌建邦之六典”，佐王治理邦国，掌理王国“八法”“八则”“八柄”“八统”“九职”“九赋”“九式”“九贡”“九两”，然而天官系统的属官与天官“治官”职掌毫无关系。斯维至说：“曩读《周礼》，觉其言冢宰之权能极尊，而细按所属，则凡庖人、宫人、世妇、女御等，殆皆王之小臣，可谓头大尾小，殊不相称。”(121) 蒋伯潜说，天官“以掌宫中事务者为最多，凡寝舍、膳食、饮料、服装、医药、妇寺，皆统于天官，次则为掌财货会计者。可见天官一方统摄六官，一方兼掌杂务，恰似现代各机关中之总务处焉”(122)。

天官机构编制虽然令今人不可思议、不可理解，但是我们必须看到，两千年之后，这些职官在明、清两代皇宫宦官机构二十四衙门与内务府机构中都有了。看来《周官》的作者对于周代王宫非常熟悉，本人甚至有可能就是其中的一名职官，或者是一名司会、司书之类的小官。这样的经历使他能够对王宫的职官（服务人员）有比较清楚的了解。但由于其官职低微，对于王室的决策层缺乏更详细的了解，所以，尽管对于职官的职能有独到的见解与丰富的想象，但是对天官的真正机构难以进行合理的编制，只有用王宫服务人员来代替。

2. 地官司徒

机构职能

大司徒职能："掌建邦之土地之图，与其人民之数，以佐王安扰邦国。以天下土地之图，周知九州之地域广轮之数，辨其山林、川泽、丘陵、坟衍、原隰之名物。而辨其邦国都鄙之数，制其畿疆而沟封之，设其社稷之壝而树之田主，各以其野之所宜木，遂以名其社与其野。"

小司徒职能："掌建邦之教法，以稽国中及四郊都鄙之夫家九比之数，以辨其贵贱、老幼、废疾。"

无论是大司徒还是小司徒，都有诸多职能，不一一列举。地官大司徒的主要职能是掌土地和人民："掌建邦之土地之图，与其人民之数。"这是其主要职能，还有更多的职能，比如教育等。小司徒作为大司徒的助手，协助大司徒工作，其主要职能也不外乎是民政。地官的职能类似于以后六部之中的户部。

机构编制

地官司徒设：大司徒，卿一人。小司徒，中大夫二人。乡师，下大夫四人。上士八人，中士十六人，旅下士三十二人。府六人，史十二人，胥十二人，徒一百二十人。

《周官》将地官称为"教官之属"，但是我们看到，教育并不是大司徒及其属官的主要职能。除了上述官员，"教官之属"还有很多。

乡老,二乡则公一人。乡大夫,每乡卿一人。州长,每州中大夫一人。党正,每党下大夫一人。族师,每族上士一人。闾胥,每闾中士一人。比长,五家下士一人。封人(聚士为封),中士四人,下士八人,府二人,史四人,胥六人,徒六十人。鼓人(主教六鼓四金,为教官),中士六人,府二人,史二人,徒二十人。舞师(主教野人之舞),下士二人,胥四人,舞徒(给徭役能舞的人)四十人。牧人,下士六人,府一人,史二人,徒六十人。牛人,中士二人,下士四人,府二人,史四人,胥二十人,徒二百人。充人(饲养肥畜的人),下士二人,史二人,胥四人,徒四十人。载师(收税的人),上士二人,中士四人,府二人,史四人,胥六人,徒六十人。闾师(掌管六乡税收的官),中士二人,史二人,徒二十人。县师(主掌田野赋贡),上士二人,中士四人,府二人,史四人,胥八人,徒八十人。遗人(将物送人),中士二人,下士四人,府二人,史四人,胥四人,徒四十人。均人(均平土地),中士二人,下士四人,府二人,史四人,胥四人,徒四十人。

师氏(以道教育人),中大夫一人,上士二人,府二人,史二人,胥十二人,徒一百二十人。保氏(以道安人),下大夫一人,中士二人,府二人,史二人,胥六人,徒六十人。司谏(谏,正,以道正人),中士二人,史二人,徒二十人。司救(救,禁,以礼防禁人过),中士二人,史二人,徒二十人。调人(调和人际矛盾),下士二人,史二人,徒十人。媒氏(媒人),下士二人,史二人,徒十人。司市(市官之长),下大夫二人,上士四人,中士八人,下士十六人,府四人,史八人,胥十二人,徒一百二十人。质人(平抑物价),中士二人,下士四人,府二人,史四人,胥二人,徒二十人。廛人(百姓居住区域之官),中士二人,下士四人,府二人,史四人,胥二人,徒二十人。胥师(平定货物),二十肆则一人,皆二史。贾师(定物价),二十肆则一人,皆二史。司虣(主在市虣乱),十肆则一人。司稽,五肆则一人。胥，二肆则一人。肆长，每肆则一人。泉府（钱），上士四人，中士八人，下士十六人，府四人，史八人，贾八人，徒八十人。司门（主城门开关），下大夫二人，上士四人，中士八人，下士十六人，府二人，史四人，胥四人，徒四十人。每门下士二人，府一人，史二人，徒四人。司关（掌货物之节，以连门市），上士二人，中士四人，府二人，史四人，胥八人，徒八十人。每关下士二人，府一人，史二人，徒四人。掌节（行人通行证件），上士二人，中士四人，府二人，史四人，胥二人，徒二十人。遂人（王国百里之外称遂，有六遂），中大夫二人。遂师，下大夫四人。上士八人，中士十六人。旅下士三十二人。府四人，史十二人，胥十二人，徒一百二十人。遂大夫，每遂中大夫一人。县正，每县下大夫一人。鄙师，每鄙上士一人。酂长，每酂中士一人。里宰，每里下士一人。邻长，五家则一人。旅师，中士四人，下士八人，府二人，史四人，胥八人，徒八十人。稍人，下士四人，史二人，徒十二人。委人（掌敛草薪之赋），中士二人，下士四人，府二人，史四人，徒四十人。土均（掌平土地政令），上士二人，中士四人，下士八人，府二人，史四人，胥四人，徒四十人。草人（掌土地改良），下士四人，史二人，徒十二人。稻人（掌稻种下地），上士二人，中士四人，下士八人，府二人，史四人，胥十人，徒百人。土训（以远方土地所产异物告知于王），中士二人，下士四人，史二人，徒八人。诵训（训说四方），中士二人，下士四人，史二人，徒八人。山虞（度知山之大小及产物之官），每大山，中士四人，下士八人，府二人，史四人，胥八人，徒八十人；中山，下士六人，史二人，胥六人，徒六十人；小山，下士二人，史一人，徒二十人。林衡（度山麓大小及物产），每大林麓，下士十二人，史四人，胥十二人，徒一百二十人；中林麓，如中山之虞；小林麓，如小山之虞。川衡（度知川之远近宽窄与物产），每大川，下士十二人，史四人，胥十二人，徒一百二十人；中川，下士六人，史二人，胥六人，徒六十人；小川，下士二人,史一人,徒二十人。泽虞(度泽之大小与物产),每大泽大薮,中士四人,下士八人,府二人,史四人,胥八人,徒八十人;中泽中薮,如中川之衡;小泽小薮,如小川之衡。迹人(掌邦田之政),中士四人,下士八人,史二人,徒四十人。丱人(金玉开采),中士二人,下士四人,府二人,史二人,胥四人,徒四十人。角人(征敛之官),下士二人,府一人,徒八人。羽人(征敛之官),下士二人,府一人,徒八人。掌葛(征敛之官),下士二人,府一人,史一人,胥二人,徒二十人。掌染草(春秋征敛染草),下士二人,府一人,史二人,徒八人。掌炭(掌征收炭物之官),下士二人,史二人,徒二十人。掌荼(茅莠),下士二人,府一人,史一人,徒二十人。掌蜃(大蛤),下士二人,府一人,史一人,徒八人。囿人(苑之官),中士四人,下士八人,府二人,胥八人,徒八十人。场人(祭祀整理场地之官),每场下士二人,府一人,史一人,徒二十人。廪人(米仓之官),下大夫二人,上士四人,中士八人,下士十六人,府八人,史十六人,胥三十人,徒三百人。舍人(掌宫中用谷),上士二人,中士四人,府二人,史四人,胥四人,徒四十人。仓人(掌粟米入仓),中士四人,下士八人,府二人,史四人,胥四人,徒四十人。司禄(掌班禄),中士四人,下士八人,府二人,史四人,徒四十人。司稼(种谷之官),下士八人,史四人,徒四十人。舂人(掌女奴),奄二人,女舂抌二人,奚五人。饎人(掌炊之官),奄二人,女饎八人,奚四十人。槁人(掌内外朝冗食之官),奄八人,女槁,每奄二人,奚五人。

地官主官为大司徒,助手为小司徒。大司徒的属官有些让人眼花缭乱。《周官》作者将凡是与土地、百姓、税收、教育有关的职官都进行了罗列设想。据专家统计,大司徒有 77 个属官,主要分为八类。第一类是掌基层各级政教的官,其中有掌都郊六乡各级政教的乡师、乡老、乡大夫、州长、党正、族师、闾胥、比长八职;有掌郊外野地六遂各级政教的遂人、遂师、遂大夫、县正、鄙师、酂长、里宰、邻长八职。第二类是掌征赋税、力役的官，有载师、闾师、县师、遗人、均人、旅师、稍人、委人、土均、角人、羽人、掌葛、掌染草、掌炭、掌荼、掌蜃等。第三类是掌管山林、川泽、场圃、矿藏等的官，有山虞、林衡、川衡、泽虞、迹人、丱人、囿人、场人等。第四类是指导农业生产的官，有草人、稻人、司稼等。第五类是掌管粮食及仓储的官，有廪人、仓人、司禄、舂人、饎人、槁人等。第六类是掌管市政（市场管理）及门关的官，有司市、质人、廛人、胥师、贾师、司虣、司稽、胥、肆长、泉府、司门、司关、掌节等。第七类是掌管教育的官（其中包括教王、贵族子弟、万民等），有师氏、保氏、土训、诵训、司谏、司救等。第八类是服务于祭祀的官，有封人、鼓人、舞师、牧人、牛人、充人等。除此之外，还有为民调解仇怨的调人、掌民婚姻的媒氏等。

同天官一样，地官的领导职数也是非常精简。卿只有 1 人，中大夫 7 人，其中每州中大夫 1 人。下大夫 15 人，每党、每县下大夫各 1 人，其他都是事务官，士 525 人。府、史、胥、徒等近 4000 人。地官实际是地方行政编制，这种地方行政编制分为州、县两级。

从地官司徒所属职官的职能与编制我们可以看到，《周官》作为一种国家机构编制的著作，在机构设置上更多考虑民生，考虑百姓的利益。司徒及其属官所掌看似小事，实际都是关系国计民生的大事。这说明《周官》的机构编制思想是一种平民思想。当编制国家机构计划的时候，更多的是考虑老百姓的利益，无论是天官、地官，还是其他职官系统，考虑的是与百姓利益相关的机构职官设置，这是与以后的统治者在编制国家机构计划时最大的不同。封建社会在职官设置上更多的是考虑皇家的利益，北洋军阀考虑的是军阀的利益，中国国民党则更多考虑党派的利益，从涉及民生的职官相比较来说，远不如《周官》。

3. 春官宗伯

机构职能

春官大宗伯职能："掌建邦之天神、人鬼、地示之礼，以佐王建保邦国。以吉礼事邦国之鬼神示，以禋祀祀昊天上帝，以实柴祀日、月、星、辰，以槱燎祀司中、司命、飌师、雨师，以血祭祭社稷、五祀、五岳……"

小宗伯职能："掌建国之神位，右社稷，左宗庙。兆五帝于四郊，四望、四类亦如之。兆山川丘陵坟衍，各因其方……凡天地之大灾，类社稷、宗庙，则为位。凡国之大礼，佐大宗伯。凡小礼，掌事，如大宗伯之仪。"无论是大宗伯还是小宗伯，都有诸多职能。宗伯实际就是后代的礼部。可以说，后代礼部的很多礼仪职能都与《周官》有渊源。

机构编制

大宗伯，卿一人。小宗伯，中大夫二人。肆师，下大夫四人。上士八人，中士十六人，旅下士三十二人，府六人，史十二人，胥十二人，徒一百二十人。郁（郁金香草）人，下士二人，府二人，史一人，徒八人。鬯人，下士二人，府一人，史一人，徒八人。鸡人，下士一人，史一人，徒四人。司尊彝，下士二人，府四人，史二人，胥二人，徒二十人。司几筵，下士二人，府二人，史一人，徒八人。天府，上士一人，中士二人，府四人，史二人，胥二人，徒二十人。典瑞，中士二人，府二人，史二人，胥一人，徒十人。典命，中士二人，府二人，史二人，胥一人，徒十人。司服，中士二人，府二人，史一人，胥一人，徒十人。典祀，中士二人，下士四人，府二人，史二人，胥四人，徒四十人。守祧，奄八人，女祧，每庙二人，奚四人。世妇，每宫卿二人，下大夫四人，中士八人，女府二人，女史二人，奚十六人。内宗，凡内女之有爵者。外宗，凡外女之有爵者。冢人，下大夫二人，中士四人，府二人，史四人，胥十二人，徒一百二十人。墓大夫，下大夫二人，中士八人，府二人，史四人，胥二十人，徒二百人。职丧，上士二人，中士四人，下士八人，府二人，史四人，胥四人，徒四十人。大司乐，中大夫二人。乐师，下大夫四人，上士八人，下士十六人。府四人，史八人，胥八人，徒八十人。大胥，中士四人。小胥，下士八人。府二人，史四人，徒四十人。大师，下大夫二人。小师，上士四人。瞽蒙，上瞽四十人，中瞽百人，下瞽一百六十人。视瞭三百人。府四人，史八人，胥十二人，徒一百二十人。典同，中士二人，府一人，史一人，胥二人，徒二十人。磬师，中士四人，下士八人，府四人，史二人，胥四人，徒四十人。钟师，中士四人，下士八人，府二人，史二人，胥六人，徒六十人。笙师，中士二人，下士四人，府二人，史二人，胥一人，徒十人。镈师，中士二人，下士四人，府二人，史二人，胥二人，徒二十人。韎师，下士二人，府一人，史一人，舞者十六人，徒四十人。旄人，下士四人，舞者众寡无数，府二人，史二人，胥二人，徒二十人。籥师，中士四人，府二人，史二人，胥二人，徒二十人。籥章，中士二人，下士四人，府一人，史一人，胥二人，徒二十人。鞮鞻氏，下士四人，府一人，史一人，胥二人，徒二十人。典庸器，下士四人，府四人，史二人，胥八人，徒八十人。司干，下士二人，府二人，史二人，徒二十人。大卜，下大夫二人。卜师，上士四人。卜人，中士八人，下士十六人，府二人，史二人，胥四人，徒四十人。龟人，中士二人，府二人，史二人，工四人，胥四人，徒四十人。菙氏，下士二人，史一人，徒八人。占人，下士八人，府一人，史二人，徒八人。簭人，中士二人，府一人，史二人，徒四人。占梦，中士二人，史二人，徒四人。视祲，中士二人，史二人，徒四人。大祝，下大夫二人，上士四人。小祝，中士八人，下士十六人。府二人，史四人，胥四人，徒四十人。丧祝，上士二人，中士四人，下士八人，府二人，史二人，胥四人，徒四十人。甸祝，下士二人，府一人，史一人，徒四人。诅祝，下士二人，府一人，史一人，徒四人。司巫，中士二人，府一人，史一人，胥一人，徒十人。男巫，无数。女巫，无数。其师，中士四人。府二人，史四人，胥四人，徒四十人。大史，下大夫二人，上士四人。小史，中士八人，下士十六人。府四人，史八人，胥四人，徒四十人。冯相氏，中士二人，下士四人，府二人，史四人，徒八人。保章氏，中士二人，下士四人，府二人，史四人，徒八人。内史，中大人一人，下大夫二人，上士四人，中士八人，下士十六人，府四人，史八人，胥四人，徒四十人。外史，上士四人，中士八人，下士十六人，胥二人，徒二十人。御史，中士八人，下士十六人。其史一百二十人，府四人，胥四人，徒四十人。巾车，下大夫二人，上士四人，中士八人，下士十六人，府四人，史八人，工百人，胥五人，徒五十人。典路，中士二人，下士四人，府二人，史二人，胥二人，徒二十人。车仆，中士二人，下士四人，府二人，史二人，胥二人，徒二十人。司常，中士二人，下士四人，府二人，史二人，胥四人，徒四十人。都宗人，上士二人，中士四人，府二人，史四人，胥四人，徒四十人。家宗人，如都宗人编制。

春官是“礼官”，即掌礼事的官，春官系统共有 70 个职官。春官大宗伯与其他职官系统不同的是领导职务多，除了大宗伯是卿外，还有宫卿 2 人，中大夫与下大夫的编制也比其他职官系统多。中大夫 5 人，下大夫 23 人，士 460 余人，府、史、胥、徒等 3000 余人。

大宗伯属官大体分为七类。第一类是掌礼仪的官，有肆师、郁人、鬯人、鸡人、司尊彝、司几筵、典瑞、典命、司服、典祀、守祧、世妇、内宗、外宗、冢人、墓大夫、职丧、都宗人、家宗人等。第一类职官人数最多，充分反映了春官作为礼仪机构的特点。第二类是掌乐事的官，有大司乐、乐师、大胥、小胥、大师、小师、瞽蒙、视瞭、典同、磬师、钟师、笙师、镈师、韎师、旄人、籥师、籥章、鞮鞻氏、典庸器、司干等。因为乐事是礼仪活动的重要组成部分，礼仪通过各种乐事表现出来。第三类是掌卜筮的官,有大卜、卜师、龟人、菙氏、占人、簭人、占梦、视祲等。第四类是祝巫之官,有大祝、小祝、丧祝、甸祝、诅祝、司巫、男巫、女巫等。第五类是掌史及星历的官,有大史、小史、冯相氏、保章氏、内史、外史、御史等。第六类是掌车旗的官,有巾车、典路、车仆、司常等。第七类为天府,职掌宗庙宝器以及吏治文书的收藏。

从春官机构的职能与人员分工我们可以看到,春官实际就是后代的礼部。在以后的许多朝代,礼部的职能与官员不比《周官》春官的编制少。无论是奴隶社会,还是封建社会,都特别重视礼仪治国。用礼仪规范人们的活动,规范人们的一言一行,从而达到巩固统治的目的。治理国家以礼教为先,反映了周代的特点。

4. 夏官司马

机构职能

夏官大司马职能:"掌建邦国之九法,以佐王平邦国。制畿封国,以正邦国;设仪辨位,以等邦国;进贤兴功,以作邦国;建牧立监,以维邦国;制军诘禁,以纠邦国;施贡分职,以任邦国;简稽乡民,以用邦国;均守平则,以安邦国;比小事大,以和邦国。"《周官》还对不同时期大司马的职能作了规定。其对于大司马的职能叙述比较详细,但对小司马职能的叙述则非常简单,故专家研究小司马资料有缺失。不但小司马资料有缺失,军司马、舆司马、行司马、掌疆、司甲五职官资料也有缺失。《周官》经历了动乱的年代,不知道经过多少代的流传,才在汉景帝时期面世,中间难免会有丢失。

机构编制

大司马,卿一人。小司马,中大夫二人。军司马,下大夫四人。舆司马,上士八人。行司马,中士十六人。旅下士三十二人。府六人,史十六人,胥三十二人,徒三百二十人。《周官》的军队编制:一万二千五百人为军，周王六军，大国三军，次国二军，小国一军。军将司马都是命卿。二千五百人为一师，师帅皆中大夫；五百人为旅，旅帅皆下大夫；百人为卒，卒长皆上士；二十五人为两，两司马皆中士；五人为伍，伍皆有长。一军设二府，六史，胥十人，徒百人。

司勋，上士二人，下士四人，府二人，史四人，胥二人，徒二十人。马质，中士二人，府一人，史二人，贾四人，徒八人。量人，下士二人，府一人，史四人，徒八人。小子，下士二人，史一人，徒八人。羊人，下士二人，史一人，贾二人，徒八人。司爟，下士二人，徒六人。掌固，上士二人，下士八人，府二人，史四人，胥四人，徒四十人。司险，中士二人，下士四人，史二人，徒四十人。掌疆，中士八人，史四人，胥十六人，徒一百六十人。候人，上士六人，下士十二人，史六人，徒一百二十人。环人，下士六人，史二人，徒十二人。挈壶氏，下士六人，史二人，徒十二人。射人，下大夫二人，上士四人，下士八人，府二人，史四人，胥二人，徒二十人。服不氏，下士一人，徒四人。射鸟氏，下士一人，徒四人。罗氏，下士一人，徒八人。掌畜，下士二人，史二人，胥二人，徒二十人。司士，下大夫二人，中士六人，下士十二人，府二人，史四人，胥四人，徒四十人。诸子，下大夫二人，中士四人，府二人，史二人，胥二人，徒二十人。司右，上士二人，下士四人，府四人，史四人，胥八人，徒八十人。虎贲氏，下大夫二人，中士十二人，府二人，史八人，胥八十人，虎士八百人。旅贲氏，中士二人，下士十六人，史二人，徒八人。节服氏，下士八人，徒四人。方相氏，狂夫四人。大仆，下大夫二人。小臣，上士四人。祭仆，中士六人。御仆，下士十二人，府二人，史四人，胥二人，徒二十人。隶仆，下士二人，府一人，史二人，胥四人，徒四十人。弁师，下士二人，工四人，史二人，徒四人。司甲，下大夫二人，中士八人，府四人，史八人，胥八人，徒八十人。司兵，中士四人，府二人，史四人，胥二人，徒二十人。司戈盾，下士二人，府一人，史二人，徒四人。司弓矢，下大夫二人，中士八人，府四人，史八人，胥八人，徒八十人。缮人，上士二人，下士四人，府一人，史二人，胥二人，徒二十人。槁人，中士四人，府二人，史四人，胥二人，徒二十人。

戎右，中大夫二人，上士二人。齐右，下大夫二人。道右，上士二人。大驭，中大夫二人。戎仆，中大夫二人。齐仆，下大夫二人。道仆，上士十二人。田仆，上士十二人。驭夫，中士二十人，下士四十人。校人，中大夫二人，上士四人，下士十六人，府四人，史八人，胥八人，徒八十人。趣马，下士，皂一人，徒四人。巫马，下士二人，医四人，府一人，史二人，贾二人，徒二十人。牧师，下士四人，胥四人，徒四十人。廋人，下士，闲二人，史二人，徒二十人。圉师，乘一人，徒二人。圉人，良马，匹一人；驽马，丽一人。职方氏，中大夫四人，下大夫八人，中士十六人，府四人，史十六人，胥十六人，徒一百六十人。土方氏，上士五人，下士十人，府二人，史五人，胥五人，徒五十人。怀方氏，中士八人，府四人，史四人，胥四人，徒四十人。合方氏，中士八人，府四人，史四人，胥四人，徒四十人。训方氏，中士四人，府四人，史四人，胥四人，徒四十人。形方氏，中士四人，府四人，史四人，胥四人，徒四十人。山师，中士二人，下士四人，府二人，史四人，胥四人，徒四十人。川师，中士二人，下士四人，府二人，史四人，胥四人，徒四十人。邍师，中士四人，下士八人，府四人，史八人，胥八人，徒八十人。匡人，中士四人，史四人，徒八人。撢人，中士四人，史四人，徒八人。都司马，每都，上士二人，中士四人，下士八人，府二人，史八人，胥八人，徒八十人。家司马，各使其臣，以正于公司马。

夏官机构共设有 69 种职官，最高长官为大司马，其次为小司马。夏官实际是《周官》所设想的兵部。在周官中，夏官大司马也是机构比较多的，其中卿 1 人，中大夫 12 人，下大夫 48 人，士 400

余人。夏官可以说是领导职务最多的机构。夏官属官虽然都属军职,但是也有很大区别,具体可分为四类:第一类是掌军事或与军事有关的职官,有司勋、环人、挈壶氏、诸子、司右、司兵、司戈盾、司弓矢、槁人、戎右、戎仆、掌固、司险、候人、都司马、虎贲氏、旅贲氏等。第二类是掌天下邦国者,包括邦国的封建、疆域的划分、协调各国的关系、通财利、一度量、徕远民、致方贡等,有职方氏、量人、土方氏、怀方氏、合方氏、训方氏、形方氏、山师、川师、邍师、匡人、撢人等。这一类可属于准军职人员。第三类是掌养马及马政者,有校人、趣马、巫马、牧师、廋人、圉师、圉人、马质等。第三类可属于军队后勤保障人员。第四类是为王掌车御驾人员,有齐右、道右、大驭、齐仆、道仆、田仆、驭夫等。因为保证王的出行安全属于大司马的职责,所以,王驾扈从人员也就列入大司马职官系列。当然,我们也必须看到,很多王宫服务人员也都被《周官》划入军人的序列,未免使司马职官有些紊乱。很显然,夏官司马作为军事机构,其他众多的府、史、胥、徒等设想不符合军队的实际,不符合军队的需要。这样的军队编制很难为统治者所接受。但总体来说,夏官还是为后代兵部的设立提供了借鉴。

5. 秋官司寇

机构职能

大司寇职能:"掌建邦之三典,以佐王刑邦国,诘四方。一曰,刑新国用轻典;二曰,刑平国用中典;三曰,刑乱国用重典。以五刑纠万民:一曰野刑,上功纠力;二曰军刑,上命纠守;三曰乡刑,上德纠孝;四曰官刑,上能纠职;五曰国刑,上愿纠暴。……凡邦之大事,使其属跸。"

大司寇职掌刑法,职能是全面的,既惩治违法诸侯,又惩治违法百姓。惩罚诸侯用三刑,惩治百姓则用五刑。

小司寇职能："掌外朝之政，以致万民而询焉。一曰询国危，二曰询国迁，三曰询立君。……以五刑听万民之狱讼，附于刑，用情讯之。至于旬，乃弊之，读书则用法。……以五声听狱讼，求民情：一曰辞听，二曰色听，三曰气听，四曰耳听，五曰目听。以八辟丽邦法，附刑罚：一曰议亲之辟，二曰议故之辟，三曰议贤之辟，四曰议能之辟，五曰议功之辟，六曰议贵之辟，七曰议勤之辟，八曰议宾之辟。以三刺断庶民狱讼之中：一曰讯群臣，二曰讯群吏，三曰讯万民，听民之所刺宥，以施上服下服之刑。"小司寇作为大司寇的副手，还负责掌询万民和群臣，登记民数上报天府，每年孟冬时节向周王汇报百姓人数。

司寇还有更多职能，不一一而举。

机构编制

秋官设大司寇，卿一人。小司寇，中大夫二人。士师，下大夫四人。乡士，上士八人，中士十六人。旅下士三十二人。府六人，史十二人，胥十二人，徒一百二十人。遂士，中士十二人，府六人，史十二人，胥十二人，徒一百二十人。县士，中士三十二人，府八人，史十六人，胥十六人，徒一百六十人。方士，中士十六人，府八人，史十六人，胥十六人，徒一百六十人。讶士，中士八人，府四人，史八人，胥八人，徒八十人。朝士，中士六人，府三人，史六人，胥六人，徒六十人。司民，中士六人，府三人，史六人，胥三人，徒三十人。司刑，中士二人，府一人，史二人，胥二人，徒二十人。司刺，下士二人，府一人，史二人，徒四人。司约，下士二人，府一人，史二人，徒四人。司盟，下士二人，府一人，史二人，徒四人。职金，上士二人，下士四人，府二人，史四人，胥八人，徒八十人。司厉，下士二人，史一人，徒十二人。犬人，下士二人，府一人，史二人，贾四人，徒十六人。司圜，中士六人，下士十二人，府三人，史六人，胥十六人，徒一百六十人。掌囚，下士十二人，府六人，史十二人，徒一百二十人。掌戮，下士二人，史一人，徒十二人。司隶，中士二人，下士十二人，府五人，史十人，胥二十人，徒二百人。罪隶，一百二十人。蛮隶，一百二十人。闽隶，一百二十人。夷隶，一百二十人。貉隶，一百二十人。布宪，中士二人，下士四人，府二人，史四人，胥四人，徒四十人。禁杀戮，下士二人，史一人，徒十二人。禁暴氏，下士六人，史三人，胥六人，徒六十人。野庐氏，下士六人，胥十二人，徒一百二十人。蜡氏，下士四人，徒四十人。雍氏，下士二人，徒八人。萍氏，下士二人，徒八人。司寤氏，下士二人，徒八人。司烜氏，下士六人，徒十六人。条狼氏，下士六人，胥六人，徒六十人。修闾氏，下士二人，史一人，徒十二人。冥氏，下士二人，徒八人。庶氏，下士一人，徒四人。穴氏，下士一人，徒四人。翨氏，下士二人，徒八人。柞氏，下士八人，徒二十人。薙氏，下士二人，徒二十人。硩蔟氏，下士一人，徒二人。翦氏，下士一人，徒二人。赤犮氏，下士一人，徒二人。蝈氏，下士一人，徒二人。壶涿氏，下士一人，徒二人。庭氏，下士一人，徒二人。衔枚氏，下士二人，徒八人。伊耆氏，下士一人，徒二人。大行人，中大夫二人。小行人，下大夫四人。司仪，上士八人，中士十六人。行夫，下士三十二人，府四人，史八人，胥八人，徒八十人。环人，中士四人，史四人，胥四人，徒四十人。象胥，每翟，上士一人，中士二人，下士八人，徒二十人。掌客，上士二人，下士四人，府一人，史二人，胥二人，徒三十人。掌讶，中士八人，府二人，史四人，胥四人，徒四十人。掌交，中士八人，府二人，史四人，徒三十二人。掌察，四方中士八人，史四人，徒十六人。掌货贿，下士十六人，史四人，徒三十二人。朝大夫，每国上士二人，下士四人，府一人，史二人，庶子八人，徒二十人。都则，中士一人，下士二人，府一人，史二人，庶子四人，徒八十人。都士，中士二人，下士四人，府二人，史四人，胥四人，徒四十人。

从以上职官可知，秋官大致分为六类。第一类是掌刑法狱讼的官：士师、乡士、遂士、县士、方士、讶士、司刑、司刺、司厉、司圜、掌囚、掌戮、布宪、禁杀戮、禁暴氏等。第二类是掌各种禁令的官：雍氏（掌沟渎之禁）、萍氏（掌水禁）、司寤氏（掌宵禁）、司烜氏（掌火禁）、野庐氏（掌路禁）、修闾氏（掌国中路禁）、衔枚氏（禁喧哗）等。第三类是掌隶民的官：司隶、蛮隶、闽隶、夷隶、貉隶等。第四类是掌司盟约的官：司约、司盟二职。第五类是掌接待四方宾客的官：大行人、小行人、司仪、行夫、环人、象胥、掌客、掌讶、掌交等。第六类是掌辟除的官：蜡氏、冥氏、庶氏、穴氏、翨氏、薙氏、翦氏、赤发氏、蝈氏、壶涿氏、庭氏等。除此之外，还有负责统计民数的司民，掌为王和公、侯、伯、子、男出巡时"执鞭以趋辟"的条狼氏，掌有关矿物开采的职金，掌除草木造田的柞氏，掌供祭祀之杖和杖函的伊耆氏，掌供犬牲的犬人等。这类职官很难归到哪一类。从第四类我们可以看到，这些职官几乎与刑罚无关。《周官》在秋官（实际包括其他五官）的设想上力求全面，反而显得混乱，没有章法。整个秋官机构设卿 1 人，中大夫 4 人，下大夫 8 人，士近 350 人，其余均是府、史、胥、徒等。

秋官作为司法机构，与其他机构一样，官员高度精简，但胥吏人员则过度烦琐，而且很多官员并不属于司法机构人员。

《周官》六官缺一官，所以，后人将《考工记》塞进《周官》，凑齐六官之数。显然，《考工记》与作为古代机构编制专著的《周官》相去甚远，在此我们不予论述。因为本书是《中国机构编制史》，研究的是中国古代国家机构编制，《考工记》与古代机构编制主旨不符。

《周官》的价值在于它是中国历史上第一部机构编制专著，对国家机构编制的规范性和法定性进行了探索和研究，确立了机构编制的指导思想。《周官》国家机构编制设置在指导思想上首先从百姓利益考虑，而不是首先从统治集团利益考虑，这一点是难能可贵的。但是，我们也必须看到，《周官》在机构编制设想上显然脱离了春秋战国实际，自然也就难以为各诸侯国所接受。

总之，先秦机构编制虽然很不完善，几乎就没有完整意义上的国家机构编制，一个职官就是一级国家机构，这是先秦机构编制的最大特点，但是，让我们意想不到的是，在这一时期产生了中国第一部国家机构编制专著——《周官》。由于《周官》本身的原因和儒家长期统治的原因，以及周代这一历史时期被儒家文人理想化，《周官》的本来面目被厚厚的历史灰尘掩盖起来。多少年来，研究历史的几乎都是文人，文人研究历史有其得天独厚的优势，但也有其先天的不足，就是他们大多对于国家机构编制缺乏了解。这种情况使得他们无法从机构编制的角度研究《周官》，而且还戴着儒家的有色眼镜分析研究《周官》，最终将《周官》改头换面、肢解阉割。《周官》虽然被封建文人列入“十三经”的行列，成为封建文人的“圣经”，但是，其本身的价值被掩盖起来。

《周官》作为中国历史上第一部有价值的机构编制专著，其地位无论怎样评价都不为过。

首先，在先秦法制还不完善的形势下，《周官》探索了一条国家机构编制立法的新途径，对国家机构职官、职能与编制设置进行了有意义的积极探索，希望国家在机构编制设置上有法可依。应该说，在这一点上，《周官》作者的思想是非常超前的。正由于《周官》思想太超前，其所反映的机构编制内容也就显得脱离实际。《周官》作者所设想的机构编制在春秋战国时期根本就无法实现。表面来看，《周官》的职官设置过于琐碎，过于复杂，不符合官场实际，但是我们从后来的国家机构编制情况中看到，很多朝代的国家机构职官设置远比《周官》多得多。我们说《周官》的机构编制脱离官场实际，其中一个原因就是，在官场，历来都是主政者说了算，他们很难接受别人的意见。《周官》幻想依法治国，这种超前的思想脱离了春秋战国的实际，也脱离了封建社会皇权高于一切的实际。

其次,《周官》所反映的职能决定职官的思想,仍然是中国机构编制所应遵循的指导思想。让每一个官员都有其职能,使职能成为职官的存在前提,这是《周官》所反映的指导思想。《周官》对于每一个职官的职能都进行了明确的界定,哪怕是一个微小的职务,都有其职能。《周官》让每一个职官时时想着自己的职能,去履行自己的职能。这样,让每个职官不但自觉履行自己的职能,而且还不能随便扩大自己的职能。因为扩大职能必然会扩大官员队伍,扩大官员队伍势必要增加人民的负担。《周官》之所以不厌其烦地对国家机构职官进行勾画设计,笔者认为这恐怕也与作者目睹国家官员不断增加而又没有规划有关。

再次,尽管《周官》被封建文人所阉割,但还是发挥了其机构编制专著的职能。《周官》在历史上产生了深远的影响。继《周官》之后,汉代又出现了《汉官》一书。显然,《汉官》的创作受《周官》的影响。《周官》对于后代机构编制也产生了深刻的影响。王莽篡权就利用了《周官》,为其篡权活动披上了一件合法的外衣。武则天的周朝,许多职官也使用了《周官》中的名称。还有一些朝代也使用了《周官》的机构编制。《周官》中的许多职官名称被历代所沿用。到了封建社会中期,《周官》只剩下其封建礼制教育的职能,这又与封建社会的发展与封建中央集权统治的需要分不开。当封建统治越来越走向没落的时候,《周官》所反映的机构编制思想也就越来越不适应统治者的需要。一本著作的历史价值不在于它是否被社会、被当权者所采纳接受,而在于它所反映和体现的价值理念。

注释:

(1)(西汉)司马迁:《史记》卷二,中华书局1959年版,第83页。

(2)(西汉)司马迁:《史记》卷二,第85页。

(3)《吕氏春秋·慎大览第三》。

(4)(西汉)司马迁:《史记》卷二,第88页。

(5)(西汉)司马迁:《史记》卷三,第99页。

(6)(西汉)司马迁:《史记》卷四,第124、126页。

(7)(清)王先谦:《诗三家义集疏》卷一八,中华书局1987年版,第739页。

(8)(西汉)司马迁:《史记》卷四,第134页。

(9)(西汉)司马迁:《史记》卷四,第142页。

(10)(西汉)司马迁:《史记》卷六八,第2230页。

(11)《甲骨文合集》33209。

(12)《甲骨文合集》6480。

(13)金兆梓:《尚书诠译·酒诰》,中华书局2010年版,第197页。

(14)《大盂鼎》。

(15)郭沫若:《甲骨文合集》,中华书局1982年版。

(16)以上多尹、多君的职掌情况见于《甲骨文合集》9472正、33209、32980、31981、5611正、24136、27894、24132、24135、24137。

(17)(西汉)司马迁:《史记》卷三,第94页。

(18)《甲骨文合集》5603。

(19)《甲骨文合集》5597。

(20)《甲编》1131,《甲骨文合集》1309,《天理》519。

(21)《甲骨文合集》19884。

(22)《甲骨文合集》19209。

(23)《甲骨文合集》27921。

(24)参见《克盨》《扬簋》。

(25)《甲骨文合集》5628正。

(26)(西汉)司马迁:《史记》卷三,第102页。

(27)董作宾:《安阳侯家庄出土之甲骨文字》,载《田野考古报告》1936年第1册。

(28)《甲骨文合集》20332。

(29)参见《殷契佚存》518,《甲骨文合集》35501,宰甫参见《宰甫簋》。

(30)参见《尚书·立政》,(清)王先谦:《诗三家义集疏》卷一七,第684页。

(31)(清)王先谦:《诗三家义集疏》卷一七,第684页,《尚书·酒诰》。

(32)郭沫若:《周官质疑》,收入《金文丛考》;杨宽:《西周中央政权机构剖析》,《历史研究》1984年第1期。

(33)杨宽:《西周中央政权机构剖析》;杨宽:《西周王朝公卿的官爵制度》,《人文杂志》丛刊1984年第2辑。

(34)杨宽:《西周中央政权机构剖析》。

(35)参见《毛公鼎》。

(36)(清)孙星衍:《尚书今古文注疏》,中华书局2004年版,第355页。

(37)参见《曶壶》《曶鼎》。

(38)陈汉平:《西周册命制度研究》,学林出版社1986年版。

(39)(清)王先谦:《诗三家义集疏》卷二一,第838页。

(40)张亚初、刘雨:《西周金文官制研究》,中华书局1986年版。

(41)参见《扬簋》。

(42)赖长扬、刘翔:《两周史官考》,《中国史研究》1985年第2期。

(43)参见《禽簋》。

(44)参见《曶鼎》。

(45)参见《谏簋》。

(46)参见《司晨鼎》。

(47)参见《周礼·地官·司徒》,《文渊阁四库全书》第90册,台湾商务印书馆1983年版,第686页。

(48)参见《蔡簋》。

(49)参见《师遽方彝》《师望簋》。

(50)张亚初、刘雨:《西周金文官制研究》。

(51)杨宽先生认为:金文中作“右”的宰,是卿一级的高官。见《西周史研究》,《人文杂志》丛刊1984年第2辑。

(52)参见《小臣麦鼎》《小臣守簋》。

(53)杨伯峻:《春秋左传注·僖公二十七年》,中华书局 2012 年版,第 445 页。

(54)《左传·昭公四年》。

(55)杨伯峻:《春秋左传注·襄公二年》,第 922 页。

(56)杨伯峻:《春秋左传注·文公七年》,第 556 页。

(57)杨伯峻:《春秋左传注·僖公二十六年》,第 442 页。

(58)杨伯峻:《春秋左传注·襄公十九年》,1045 页。

(59)杨伯峻:《春秋左传注·襄公三十年》,第 1178 页。

(60)杨伯峻:《春秋左传注·成公十三年》,第 861 页。

(61)杨伯峻:《春秋左传注·僖公十九年》,第 382 页。

(62)杨伯峻:《春秋左传注·庄公三十二年》,第 252 页。

(63)《谷梁传·襄公十一年》。

(64)杨伯峻:《春秋左传注·襄公三十一年》,第 1191 页。

(65)童书业:《春秋左传研究》,上海人民出版社 1980 年版。

(66)《左传·成公十年》,《左传·襄公十一年》。

(67)杨伯峻:《春秋左传注·僖公十二年》,第 341 页。

(68)徐勇:《尉缭子·吴子》卷三,中州古籍出版社 2010 年版,第 73 页。

(69)(清)王先谦:《荀子集解》卷九,中华书局 1988 年版,第 224 页;许维遹:《吕氏春秋集释》卷一九,中华书局 2010 年版,第 541 页。

(70)(清)王先慎:《韩非子集解》卷一九,中华书局 2003 年版,第 460 页。

(71)《周礼·秋官司仪》注,《文渊阁四库全书》第 90 册,第 686 页。

(72)参见《左传·襄公二十五年》;《史记·齐太公世家》,《史记》卷三二,第 1502 页。

(73)(清)王先慎:《韩非子集解》卷一二,第 306 页。

(74)徐元诰:《国语集解》卷一五,中华书局 2002 年版,第 455 页。

(75)(西汉)司马迁:《史记》卷五,第 209 页。

(76)许维遹:《吕氏春秋集释》卷一九,第 541 页。

(77)(清)王先谦:《荀子集解》卷九,第 224 页。

(78)吴毓江:《墨子校注》卷九,中华书局 1993 年版,第 425 页。

(79)杨伯峻:《春秋左传注·僖公二十七年》,第446页。

(80)童书业:《春秋左传研究》。

(81)参见《史记·魏世家》《汉书·艺文志》。

(82)参见《战国策·魏策一》。

(83)参见《史记·田敬仲完世家》。

(84)参见《战国策·齐策一》。

(85)参见《史记·樗里子甘茂列传》。

(86)《史记·穰侯列传》:“昭王即位,以(魏)冉为将军,卫咸阳。”这是秦设将军的最早记载。

(87)参见《战国策·韩策一》。

(88)(西汉)司马迁:《史记》卷一二六,第3199页。

(89)参见《史记·廉颇蔺相如列传》。

(90)(西汉)司马迁:《史记》卷七三,第2331页。

(91)参见《战国策》之《赵策》《韩策》《燕策》等。

(92)参见《吕氏春秋》。

(93)《左传·襄公三十一年》:“仆人巡宫,车马有所。”

(94)(西汉)司马迁:《史记》卷四三,第1783页。

(95)《孟子·公孙丑下》。

(96)(西汉)司马迁:《史记》卷八七,第2546页。

(97)参见《秦简》104至109。

(98)(西汉)司马迁:《史记》卷六九,第2250页。

(99)(西汉)司马迁:《史记》卷六,第229页。

(100)(西汉)司马迁:《史记》卷六,第229页。

(101)《韩非子·二柄》。

(102)《韩非子·内储说下》。

(103)《新序·刺奢》《战国策·秦策五》。

(104)许维遹:《吕氏春秋集释》卷二〇,第576页。

(105)以上根据《国语·周语》韦注,《逸周书·职方解》孔晁注,《周礼·职方氏》《礼记·王制》贾疏,并参见王贵民《商朝官制及其历史特点》等。

(106)《礼记·王制》载:“大国三卿,皆命于天子。”“次国三卿,二卿命于天子。”《左传·僖公十二年》《左传·成公二年》也有“命卿”的记载。

(107)(西汉)司马迁:《史记》卷三三,第1524页。

(108)杨伯峻:《春秋左传注·哀公二年》,第1614页。

(109)(西汉)司马迁:《史记》卷五,第206页。

(110)《战国策·齐策二》。

(111)《战国策·秦策一》。

(112)《史记·孙子吴起列传》。

(113)《韩非子·内储说上》。

(114)《秦简·封诊式》。

(115)参见《秦简》中之《效律》和《秦律杂抄》。

(116)《秦律杂抄》。

(117)《秦律杂抄》。

(118)《秦律杂抄》。

(119)(东汉)班固:《汉书》卷五三,中华书局1962年版,第2410页。

(120)以下未注明出处者,均引自《十三经注疏·周礼注疏》,中华书局2009年版。

(121)斯维至:《两周金文所见职官考》,《中国文化研究汇刊》1947年第7卷。

(122)蒋伯潜:《十三经概论》,上海古籍出版社1983年版,第272页。

第二章 秦汉机构编制

第一节 秦汉历史发展概况

秦国自嬴政登上王位之后，在李斯的协助下，已经成为战国最强大的国家，积极开展统一六国的战争。公元前230年灭韩，公元前228年灭赵，公元前222年灭燕，公元前225年灭魏，公元前223年灭楚，公元前221年灭齐，结束了诸侯割据称雄的时代，建立了第一个中央集权制国家。中央集权国家的建立，开创了一代新型封建国家机构。秦王朝统一六国，前后用了不到十年时间，可谓是顺应了国家统一的潮流。

秦统一后，在要不要实行郡县制上展开了一场大辩论。丞相王绾等主张实行分封制，独廷尉李斯力排众议，主张实行郡县制。这场辩论名义上是要不要郡县制，实质是要不要中央集权制。最终，李斯的观点得到了秦始皇的赞同。为了进一步巩固中央集权制政权，秦始皇积极向周边扩张，筑起东起辽东、西至嘉峪关的万里长城，派兵南略百越，打通了岭南与中原的道路。在国内政策上，施行"黔首自实田"，让百姓自陈田亩，确定其土地私有。秦始皇根据李斯的建议，又实行"书同文"、"车同轨"、统一度量衡等一系列制度。秦始皇幻想通过一系列制度的建立，以保证其皇位传至万世。统一的秦王朝，"六合之内，皇帝之土。西涉流沙，南尽北户。东有东海，北过大夏。人迹所至，无不臣者”[1]。但是，秦始皇并没有看到，自战国之后的百姓经过多年的战争动乱，急需休养生息，应尽量少动用民力、武力，更不可进行大的工程建设。秦始皇过于相信皇帝的权威，利用国家政权的强制力去进行与民力极不相称的各种工程与劳役。秦始皇去世后，依靠阴谋登位的二世胡亥变本加厉地推行秦始皇的虐民暴政，而且还把矛头指向朝廷重臣与宗室子弟。胡亥只宠信指鹿为马的奸臣赵高，使自己陷入极端孤立的境地。沉重的徭役负担与严苛的法律逼迫得百姓不得不揭竿而起。陈胜、吴广起义敲响了秦王朝的丧钟。

陈胜吴广起义成了燎原的星星之火，之后各地也都纷纷起兵，以抗暴秦。公元前206年，秦王子婴向首先入关的刘邦投降，中国第一个中央集权制政权只存在了15年。秦王朝灭亡了，但是秦代所建立的中央集权制、三公九卿制、郡县制并没有成为秦王朝的陪葬品。

秦王朝灭亡之后，紧接着是楚汉相争。楚汉之争前后进行了四年，公元前202年，刘邦打败了项羽，建立了汉朝，做了皇帝，史称西汉。刘邦在治理国家上奉行无为而治、与民休息的政策，以医治战争创伤。刘邦非常明智，并没有因为秦王朝的短命而抛弃秦王朝所建立的中央集权制、三公九卿制与郡县制。如果说刘邦在国家机构编制的设置上有不足之处的话，那就是他一方面继承、完善了秦代的中央集权制制度，另一方面在剪灭异姓王的同时，分封了众多的同姓王。在初封时，这些同姓王年龄尚小，并无野心。到文帝时，野心便逐渐暴露出来，有的驱逐了皇帝派去的官员，终于在景帝时爆发了“七国之乱”。汉景帝平定叛乱之后，借机改革王国官制，以加强中央集权统治。

高祖刘邦之后的惠帝时期，实际掌权的是吕后，仍然奉行黄老的无为而治,轻徭薄赋,节俭省刑,从而促进了社会发展。在此期间,虽然刘氏与吕氏宗族发生了激烈的争斗,但是国家无为而治的基本国策并没有发生改变。继吕氏之后的文帝、景帝继续奉行黄老的无为而治,从而迎来了“文景之治”。到汉武帝即位的时候,“汉兴七十余年之间,国家无事,非遇水旱之灾,民则人给家足,都鄙廪庾皆满,而府库余货财。京师之钱累巨万,贯朽而不可校。太仓之粟陈陈相因,充溢露积于外,至腐败不可食。众庶街巷有马,阡陌之间成群……”(2)汉武帝利用文景之治以来积累的经济基础开展了反击匈奴的战争。但是战争没进行几年,财政经费就捉襟见肘,战争军费开支造成了国家财政危机。财政困难不解决,就无法赢得战争的胜利。为了解决财政困难,汉武帝打破了商人不得做官的祖训,起用大商人孔仅、东郭咸阳与商人家庭出身的桑弘羊做官理财。桑弘羊采取盐铁官营、均输、平准、酒榷等一系列经济政策,将私人盐铁业收归国有。作为交换条件,朝廷起用这些商人做官。汉武帝的这种以商制商政策取得了成功,解决了庞大的军费不足问题。汉武帝在商人做官方面进行了成功的尝试,但随着他的驾崩,这种尝试也就结束了。

汉武帝是一个有雄才大略的皇帝,一方面要建立先辈所没有建成的武功,另一方面还要实现文治盛世。为了实现文治武功,汉武帝在国家机构编制上进一步加强了中央集权统治,削弱丞相的权力,同时选用了一些精明强干的官员直接听命于己,称之为“内朝官”。他们直接对皇帝负责,并参与朝政,处理政务,从而加强了皇权。本来是一人之下、万人之上的丞相成了危途,甚至有人因当丞相而吓得痛哭流涕。很多丞相成了汉武帝招之即来、挥之即去的仆人,皇宫内部的服务官员却成了权力很大的显官。汉武帝制定了《左官律》《附益法》《推恩令》,对王国官吏任用作了新的规定,废除了一些诸侯国,解决了诸侯割据称雄的现象。汉武帝还加强了对地方官吏的考课，每郡设一刺史，负责对官员的监督。在这里需要说明的是，笔者认为，汉武帝并不是像历史学家所说的那样“罢黜百家，独尊儒术”，而只是给儒家一个粉饰盛世的角色。提出“罢黜百家，独尊儒术”的董仲舒，汉武帝并没有重用他，他的观点也没有为汉武帝所采纳。汉武帝只给董仲舒一个江都王相的职位，负责教育辅政江都王。从江都王的表现可以看出，董仲舒的江都王相担任得是不成功的。儒家出身的公孙弘虽然位居丞相，但丞相只是摆设。汉武帝时期真正掌权的是法家人物，如商人后代桑弘羊与法吏张汤等人。儒家所倡导的仁义之道无法抑制“兼并豪党之徒”(3)。汉武帝要建立文治武功只能依靠法家与将军。国家机构编制在汉武帝时期出现了一个大拐点。汉武帝到了晚年，意识到自己所追求的文治武功加重了百姓的负担，使得社会出现了不安定因素，遂颁布了中国皇帝的第一份“罪己诏”——“轮台诏”。汉武帝去世后，儒家思想取得统治地位，在盐铁会议上，儒家与法家进行了激烈的辩论。盐铁会议为春秋战国兴起的百家争鸣时代划上了句号。(4)

汉武帝之后的霍光辅政虽然给西汉带来短暂的“昭宣中兴”，但是也为外戚主政擅政创造了条件。自昭、宣以降，外戚更加强势，作为外戚的王莽更是毫不客气地建立“新”朝，取代了汉朝。深受儒家思想教育的王莽执政之后进行了各种改革，在国家机构编制方面则参照《周官》，在中央政府设置四辅、三公、四将、九卿和六监，在地方分为九州、一二五郡、二二〇三县，州设州牧，郡按爵位大小设卒正、连率和大尹，县设县宰。

王莽新政带来的是各地的农民起义，绿林、赤眉、铜马等起义军风起云涌。23 年，王莽做了起义军的刀下鬼，“新朝”结束。25 年，刘秀在洛阳建立东汉政权，是为光武帝。刘秀鉴于西汉外戚篡权的历史教训，首先做的就是加强中央集权统治。比如，取消丞相,削弱三公权力,扩大尚书台职权,政务由自己直接发号施令;对于跟随自己南征北战的功臣则予以厚禄,但不许他们参与政治;内外大臣由自己直接任命,对于这些大臣也提出近似苛刻的要求;同时禁止宗室诸王结党营私。为了加强对地方政权的控制,将西汉负责监察职能的刺史改为州地方长官,可不通过三公直接向皇帝汇报工作。

继光武帝之后的汉明帝仍坚持严惩不法官吏,以加强中央集权。但是,导致西汉农民起义的社会矛盾并没有解决,因为推翻"新朝"建立的东汉仍然是豪族地主阶级掌权。之后的汉章帝则成了"宽厚长者",外戚、宦官、官僚集团开始操纵权柄,政治走向黑暗。和帝即位,窦太后临朝称制,外戚窦宪独揽朝政,培植党羽,利用刺客刺杀正直官吏。92 年,和帝与宦官郑众合谋杀死窦宪。郑众也因此封侯参政。东汉开始了外戚、宦官集团互相倾轧、轮流执政的黑暗历史。东汉中期以后,皇室贵族、官僚贵族与豪强地主相互结合,更加腐败。到桓、灵时期,政治更加腐败不堪,汉灵帝公开卖官,外戚梁冀不但权倾当朝,而且竟然干起杀人越货的强盗勾当。"穷极满盛,威行内外,百僚侧目,莫敢违命,天子恭己而不得有所亲豫。"(5) 东汉末,外戚何进欲杀宦官,反遭暗算。袁绍起兵大杀宦官两千余人,凉州豪强董卓趁机进京赶走袁绍。外戚、宦官集团覆灭,地方豪强集团乘机而起,割据混战,最后出现了三国鼎立局面。但是,东汉所形成的门阀士族统治一直延续到隋代才受到致命打击。

秦始皇建立的各种制度,经两汉的改进与充实,更加完备周密,保证了中央集权制的巩固与发展。此后,统一成为历史的主流,虽也曾出现过或长或短的暂时分裂,也只不过是历史的插曲。秦汉时期的各种制度,特别是国家机构编制也为后世所承袭,成为历代封建王朝仿效的榜样。

第二节　秦汉中央机构编制

1. 朝廷与皇帝

机构沿革

秦汉时期，中央政府机构称朝廷，是国家最高权力与行政机关。朝廷由皇帝、三公诸卿等组成，朝廷的首脑是皇帝。皇帝这一称呼始于秦始皇。在这之前，中国国君的称号在不同时期有着不同的称呼。夏朝国君称后，有着浓厚的氏族社会的烙印。氏族社会传说的人物有后稷、后羿等。《孟子·滕文公上》赵岐注解："夏禹之世，号夏后氏。后，君也。禹受禅于君，故夏称后。"夏朝国君称王或称后并没有严格的区分。商和周称王或天子。夏以前的时代或称皇称帝，相传有三皇五帝，被春秋战国时的人们奉为理想明君。公元前 221 年，秦始皇统一中国，以为"德兼三皇，功包五帝"(6)，应当称"皇帝"，才与自己的功德相配。秦始皇幻想他的江山永世长存，自称"始皇帝"，日后他的子孙用数字计算，二世、三世以至千万世，无穷无尽传下去。历史没有按照秦始皇的意志发展，他建立的王朝只传了两世就被推翻了。但是，他所首创的"皇帝"这一称号在中国保持了两千多年，直到封建制度彻底覆灭。

机构职能

皇帝既是政府首脑，又是国家元首，对内对外全权代表国家，是国家的象征。皇帝具有无上的权威、绝对的权力。为了显示皇帝的权威，相应制定了无数烦琐的制度和细则。如称呼，"朕"在先秦是第一人称代词，无论贵贱，谁都可以使用，但从秦始皇开始，"朕"变成了皇帝的专用语，其他人若胆敢称朕，就是大逆不道，就是犯了杀头之罪。"陛下"本来是对人的尊称，"陛"是台阶，称人"陛下"，表示谦卑，意思是我不敢直接靠近你，只能站在台阶下与你说话。但自秦以后，陛下也只能专称皇帝。皇帝的命令称“制”、称“诏”（重大方针政策性质的命令称“制”，一般事务性命令称“诏”）。此外，诸如服饰、车马、用具等都有严格的规定。皇帝使用的样式和规格，其他人不能使用，用了就是僭越，就要杀头。刘邦刚当皇帝时，认为秦朝的礼仪规定太复杂，决定全部废除。后来宴会上文武百官争功豪饮，喝醉了狂呼乱叫，有的还拔出剑来乱砍，秩序一片混乱。刘邦虽然生气，但是面对酒鬼又无可奈何。博士叔孙通给他出主意，为他制定出大臣觐见皇帝进退起坐的礼节、仪式细则。经过演习训练，再做给刘邦看。结果整个场面秩序井然，庄严肃穆，彰显了皇帝的尊严。刘邦高兴万分，并声称今天才体会到做皇帝的尊贵。

皇帝的权力是无限的。他集军、政、财大权于一身，举凡立法、司法、行政、监察等无所不统。皇帝的每一句话都是法律，文武百官必须无条件服从。朕即国家，国家即朕。能够对皇帝权力稍有约束的是在同一王朝中前代皇帝制定的法律与行政准则，这对后代皇帝来说就是祖宗成法，一般必须遵守。汉高祖刘邦在世时曾规定：“非刘氏而王，天下共击之。”[(7)] 整个汉朝基本没有异姓王（吕后封她的侄子为王，遭到群臣的反对，被认为是非法，她一过世，被封的王便被杀了。东汉曹操逼汉献帝封自己为魏王，当时汉王朝已经名存实亡，故是特例）。除此之外，就再也没有可以限制皇权的准则了。

总之，皇帝至高无上，统管一切，主宰百事。皇帝这种绝对权威、无限权力在整个封建专制集权制度中没有丝毫削弱，如果说它有变化的话，那也是越来越得到加强。这种皇权的绝对化不仅是中国封建制度的悲哀，也是中国历史的悲哀，因为它深刻影响了之后的其他社会制度。这种皇权绝对化导致了封建社会两千多年的绝对统治，也导致了中国社会生产力的长期落后甚至停滞不前。

同时，皇帝的无比尊贵使得皇位成为最危险的职位，也造成了诸多皇帝的悲剧。造成这种悲剧的原因是多方面的，比如其中之一是儒家思想。儒家思想文化本来是一种较为先进、民主的思想文化，而一旦变成了封建国家的统治指导思想，就失去了其进步意义，渐渐变成一种保守甚至腐朽的思想文化。中国封建官僚制度的发展演变，主要是围绕强化皇权这一轴心在运动，这是我们了解中国古代机构编制必须把握的一条基本线索。

机构编制

朝廷是最庞大的机构。朝廷设皇帝一人，皇帝只有一人，国无二主。皇帝是封建国家的第一编。除了皇帝，还有众多的机构职官服务于皇帝。因为朕即天下，可以说，国家机构编制都是朝廷的机构编制，都属于皇帝的管辖范围，只是机构名称、职能与职官编制不同罢了。汉高祖刘邦曾经设立太上皇。太上皇虽属皇帝之列，但地位与权势不可与皇帝相提并论，太上皇只能由皇帝的父亲担任。无论是秦汉，还是之后的各个朝代，设立太上皇的朝代并不多，尤其是由没有当过皇帝的父亲担任太上皇，只有汉高祖刘邦这一时期是个例外。

2. 三公与三府

三公之名，西周已有，但具体内涵，其说不一。有的指太师、太傅、太保，有的指“天子之相”，有的指司马、司徒、司空。(8) 以上三说尽管出入很大，但均以三公为天子之下的最高官员的说法则是一致的。因在秦以前，官吏等级大体有公、卿、大夫、士四个等级，公、卿均为高官，而公又在卿之上。

秦汉以丞相、太尉、御史大夫为三公，不过其间也有变化。秦汉初期，人们习惯上把丞相、御史大夫、太尉称为三公，实际三者之间地位悬殊。西汉成帝绥和元年（前8）时，改御史大夫为大司空，与大司马、丞相为三公。“古者民朴事约，国之辅佐必得贤圣，然犹则天三光，备三公官，各有分职。今末俗之弊，政事烦多，宰相之材不能及古，而丞相独兼三公之事，所以久废而不治也。宜建三公官，定卿大夫之任，分职授政，以考功效……于是上赐曲阳侯（王）根大司马印绶，置官属，罢票骑将军官，以御史大夫何武为大司空，封列侯，皆增奉如丞相，以备三公官焉。”(9) 大司空“金印紫绶，禄比丞相”(10)。丞相（司徒）、御史大夫（司空）和太尉（大司马）三足鼎立，并为三公。哀帝时，以大司马、大司徒、大司空为三公；东汉光武帝以太尉、司马、司空为三公。这些改变自然不只是名称上的变换，主要反映了当时的政局变化以及加强皇权的需要，为了抑制相权，将单一的丞相制改为群相制，不失为一项好措施。这种办法为历代所沿袭。

汉代公的官署称府，中央机构有三府。三府即丞相府、太尉府、御史府，是中央政权的决策机构，上承皇帝旨意并以皇帝名义向全国发号施令。三府长官丞相、太尉、御史大夫，对皇帝来说是幕僚性质，相当于秘书长、参谋长之类，但对其下属机构而言，又是仅次于皇帝的政、军、监察首长。三府和三公，是朝廷最重要的机构和官员。行政、军事、监察三足鼎立，构成秦汉官制的铁三角。

2－1. 丞相

机构沿革

丞相是战国时期就有的官职，秦武王最初设置。在此之前，一般称相。秦之丞相有左、右二员，实际即正相、副相。秦以左为上，则左相为正相。秦国的丞相与其他各国的丞相有很大的不同。各国的丞相绝大多数由本国贵族担任，秦国的丞相则全部是外地人。秦国的丞相制度彻底废除了“世卿世禄”制，这种丞相制度是一种前所未有的具有革命性的国家机构变革，是对宗法血缘制度的一种彻底否定。六国之所以被秦国所统一，就在于他们在国家机构变革上不彻底。尽管丞相权力很大,但他只是王(皇帝)的手下,不管权力有多大,王(皇帝)根据需要随时可以将他免职。即使像吕不韦那样的权相,被尊为“仲父”,秦始皇一声令下,也能将他免职。

汉承秦制,区别在于以右为尊,以右相为正相。不过,汉代许多时候只设丞相一员,当然也就无所谓左右了。

丞相尊称相国,这有两种情况:一是非正式的。对辅助国君的最高行政长官都可以称相国,如楚国的令尹。另一种是正式任命的,如吕不韦原为丞相,秦王嬴政即位,“尊吕不韦为相国,号称‘仲父’”(11)。汉高祖十一年,萧何设计协助吕后杀死韩信,去掉刘邦的心腹之患,刘邦“使使拜丞相(萧)何为相国,益封五千户,令卒五百人一都尉为相国尉”(12)。相国与丞相职务完全一样,但相国地位更尊。相国原称相邦,西汉人为避汉高祖刘邦之讳,改称相国。孝惠高后时期设左、右丞相,文帝设一丞相。哀帝元寿二年(前1)改丞相为大司徒,东汉建武二十七年(51),光武帝诏令去掉“大”,只称司徒。汉献帝时,董卓以太尉进相国。虽然有了相国职官,但是司徒之职仍然存在。建安十三年(208)恢复丞相,以曹操为丞相。

机构职能

丞是承受,相是辅助。丞相就是承受皇帝的命令,辅助皇帝处理国家大事。因此,《汉书·百官公卿表》说:“相国、丞相,皆秦官,金印紫绶,掌丞天子,助理万机。”《史记·陈丞相世家》载陈平的话说:“宰相者,上佐天子理阴阳,顺四时,下育万物之宜,外镇抚四夷诸侯,内亲附百姓,使卿大夫各得任其职焉。”丞相历来被认为是百官之长,是皇帝之下权力最大、职责最重的官员。

汉宣帝对于丞相的职能曾这样说过:“夫宣明教化,通达幽隐,使狱无冤刑,邑无盗贼,君(丞相)之职也。”(13)

汉成帝对于丞相的职能作了这样的规定:“盖丞相以德辅翼国

家,典领百僚,协和万国,为职任莫重焉。”[14]

《后汉书》对于司徒的职能是这样记载的:“司徒,公一人。本注曰:掌人民事。凡教民孝悌、逊顺、谦俭,养生送死之事,则议其制,建其度。凡四方民事功课,岁尽则奏其殿最而行赏罚。凡郊祀之事,掌省牲视濯,大丧则掌奉安梓宫。凡国有大疑大事,与太尉同。世祖即位,为大司徒,建武二十七年,去‘大’。”

从丞相的职能我们可以看到,其职能宏观的多,具体的少。但具体到每个丞相又是无所不管、无所不统的。

丞相的职权主要有:

第一,总领朝议与百官奏事。秦汉有朝议制度。凡军国大事,如立君、立储、祭祖先、祭天地、封赠、赏功、立法、边防等,经皇帝授权,由丞相主持,大臣参加,在丞相府集体讨论商议,这就是朝议。朝议结果,由丞相领衔上奏,请皇帝最后裁决。朝议也有丞相自行主持的,这种情况较少,多是在立新君时。如汉初迎立代王刘恒当皇帝,向刘恒报告大臣意见,便由陈平领衔上奏。

百官奏事的奏章均须先送丞相府,经拆读审议,然后转呈皇帝。丞相府设有专人管理此事。这样,丞相不仅对制定国家的大政方针有举足轻重的作用,而且负责处理具体行政事务,成为实际权力核心,这便与绝对皇权产生了冲突,使皇权与相权发生矛盾。加强皇权必然要削弱相权。因此,汉武帝以后,丞相的权力便逐渐被剥夺,随之而来的是中朝官(皇帝侍从官)的兴起。有时皇帝还对丞相痛下杀手立威。汉武帝时期丞相更换如走马灯,“丞相府客馆丘虚而已,至(公孙)贺、(刘)屈氂时坏以为马厩、车库、奴婢室矣”[15]。百官之首的丞相哪里还有当年的威风与尊贵!至东汉,则“虽置三公,事归台阁”[16],这是秦汉丞相职权的重要变化。等到丞相有了权力,西汉也结束了。

第二,选拔任用官吏。秦汉时期,丞相选用官吏的权力很大,丞相推举的人大多会被批准。汉武帝时，田蚡为丞相。一次，田蚡进宫向皇帝奏事，说了很长时间都是任用什么人当什么官，其中有的人无任何官爵，也被任用为郡国守相。汉武帝听了很不高兴，挖苦田蚡说：你要用的人用完了没有？我也想任命几个人为官！公孙弘为丞相，采纳董仲舒的建议，“大开萧相国（何）求贤之路，广选举之门”[(17)]，“于是起客馆，开东阁以延贤人”[(18)]。这些都反映了丞相选官用人之权。不过，丞相选用官吏，似乎只局限于三公以下的官员。汉宣帝时，丞相黄霸推荐史高为太尉，宣帝很不满，派人责问：任命将相是朕的职责，你凭什么超越职权推举？！

第三，监察百官，执行诛罚。丞相属官有司直，就是专管监察百官的。汉景帝时，申屠嘉任丞相，内史晁错为出入方便，凿开文帝庙外的围墙，申屠嘉认为晁错大不敬，奏请诛杀晁错，未得准许，事后生气，对下属说：我后悔没先杀了晁错再报告。武帝时，丞相田蚡报告，灌夫在家乡颍川横行霸道，老百姓十分痛恨，准予拷问。武帝说：这是你丞相职责范围的事，为什么要请示？这说明丞相有监察百官、执行诛罚的职权。

第四，负责郡国上计与考核。上计制度，从西汉萧何开始，转归丞相府负责。汉武帝以后，丞相府职权开始削弱，上计随之改为皇帝近臣尚书主管，但在形式上仍由丞相主持。东汉，丞相改为司徒，已成虚位，而“司徒袁逢受计，计吏数百人皆拜伏庭中，莫敢仰视”[(19)]。

丞相除通过计书考核地方官吏外，也常用其他方法。魏相任丞相，派自己的僚属到郡国各地实地考察，了解情况，黄霸则委托其他官员询问上计吏。这些虽未形成定制，但表明考核官员也是丞相的职责。

正因为丞相位尊权重，所以从丞相设立之时起就与皇权发生了矛盾。萧何为相，许多时候在处理问题上与刘邦相左，有时候刘邦也不得不迁就萧何。从汉武帝开始,皇帝就开始削弱相权。在汉武帝这位雄才霸主面前,丞相就成了“小伙计”,招之即来,挥之即去,甚至成为一种最为危险的职官。汉武帝时期的丞相绝大多数都不得善终,刘屈氂虽然是皇族为相,也被汉武帝判处腰斩。丞相成为危途,有的人听说让自己当丞相甚至吓得流泪。皇权与相权之争,贯穿于整个封建社会的始终。在霍光辅政时期,霍光以大司马、大将军、录尚书事掌握朝中大权,前后两任丞相唯唯诺诺,不敢有任何不满的表示。到汉成帝时,改御史大夫为司空,与大司马、丞相同为宰相之职。三公同为丞相,将丞相的职权一分为三,大大削弱了丞相的地位与权力。其间,三公名称有所变化。比如在王莽时期,以司空为三公。哀帝元寿二年(前1),改丞相为大司徒。到光武帝时,将内朝机构尚书台变成了最高权力机构,丞相则纯粹成了摆设。汉献帝即位,董卓由太尉进位相国。建安十三年(208)罢三公,设置丞相、御史大夫,恢复了丞相制。三公没了实权,但地位还是尊贵。皇帝设立丞相,本来是为了巩固皇权,但是丞相的特殊位置又必然在权力问题上与皇帝发生矛盾。于是,在封建社会,自始至终存在着皇权与相权的权力之争。有时,尽管没有丞相的名称,但尚书令、阁臣又成了事实上的丞相。皇帝与尚书令和阁臣的权力斗争,事实上也是皇权与相权的斗争。

机构编制

丞相作为皇帝的主要助手,既是一种职官,又是一级机构。丞相有专门的衙门,名称就是丞相府。丞相府的主要官员有司直与长史。

司直,协助丞相管理对官员的监察检举,秩比二千石。“武帝元狩五年初置司直,秩比二千石,掌佐丞相举不法。”(20)可以说,丞相的重要职责由司直承担了。汉武帝设立司直,显然是为了削弱丞相的权力。汉武帝不信任丞相,但是有些工作又必须有人去做,于是设立职位比较高的司直分丞相之权。因此,司直不仅是丞相府的属官,也属于朝廷官员,有直接处理地方违纪官员的权力。地位在司隶校尉前面,名列中二千石官员的前面。东汉建武十八年(42),取消司直。

长史是丞相府掾史的首领,负责管理丞相府所有官吏的日常工作安排,为千石官吏。长史实际就是丞相府的秘书长。长史不但主持丞相府的日常工作,有时还代替丞相出席朝议。

丞相府其他属官有:东曹掾、西曹掾,都是六百石。东曹九人,外放就是州刺史;西曹五人,升迁就是侍中。其他曹掾有丞相征事、丞相史、丞相少史、集曹掾、奏曹、议曹、侍曹、主簿、从史、令史、计相、计室掾史等。曹掾各有分工,有的按照丞相的安排,有的则根据自己的分工直接进行某项工作。汉代丞相府各个时期内部编制变化较大,办事官吏最多的时候有三百人之多。卫宏《汉官旧仪》:"丞相吏员三百八十二人:史二十人,秩四百石;少史八十人,秩三百石;属百人,秩二百石;属史百六十二人,秩百石。"《后汉书·百官志》载:丞相府有"掾属三十一人。令史及御属三十六人"。东汉丞相府(司徒)编制明显减少。这与东汉抑制相权、尚书台权力增大有着直接关系。

2-2. **御史大夫**

机构沿革

御史大夫由御史发展而来。战国时期,秦、韩、赵、魏等国均有御史若干人,为王侍从,常在王的左右掌管文书与记事,因接近国君,实际起着秘书与监察作用,地位并不高。秦统一后,尊御史之长为大夫,称御史大夫,成为丞相的副手,任重职大,是朝廷核心成员之一。与丞相一样,御史大夫也有自己的"衙门",御史大夫府与丞相府被称为"二府"或"两府",国家机器的运转就靠两府的运作。

汉武帝以后,中朝官尚书权力逐渐发展,御史大夫的职权也和丞相一样，随之削弱。成帝时，御史大夫改名大司空，和丞相平起平坐，成了名副其实的三公。御史大夫的地位虽然提高了，但实权已经旁落。东汉光武帝改大司空为司空，而司空的职权专管水利建筑，与西汉御史大夫的性质完全不同。“司空，公一人。本注曰：掌水土事。凡营城起邑、浚沟洫、修坟坊之事，则议其利，建其功。凡四方水土功课，岁尽则奏其殿最而行赏罚。”(21)汉献帝时，又设立了御史大夫，但已经不是原来的御史大夫职官，只是一种官职，没有秦汉之时御史大夫的职权。所以，御史大夫，只是在秦与西汉时期是一种与丞相并列的职官。

机构职能

秦汉御史大夫是仅次于丞相的行政长官。《汉书·百官公卿表》：“御史大夫，秦官，位上卿，银印青绶，掌副丞相。”御史大夫的职权是“掌副丞相”，即协助丞相处理政务：“御史大夫内承本朝之风化，外佐丞相统理天下，任重职大，非庸材所能堪。”“高皇帝以圣德受命，建立鸿业，置御史大夫，位次丞相，典正法度，以职相参，总领百官，上下相监临，历载二百年，天下安宁。”(22)

御史大夫的具体职权主要有：

第一，掌管文书档案与图籍。秦代文书档案分别保存在丞相府、御史府之中。文书档案是国家进行管理统治的重要材料，所以，当时文书档案材料的地位远远要比今天所说的文书档案重要得多。文书档案是治理国家的根本和依据，只有中央政府机构才能拥有。正因如此，刘邦入关，诸将都去府库争抢金帛财物，“（萧）何独先入收秦丞相、御史律令图书藏之”(23)。有了这些文书档案，萧何得以全面了解、掌握全国的地理、人口、民情以及管理国家的各种法规。张仓在秦当御史，主管四方文书，熟悉“天下图书计簿（计书）”，萧何特任他在丞相府“领主郡国上计”；以后张仓又因此升任御史大夫。这些都证明管理档案文书与图籍是御史大夫的分内职责。掌管文书档案与图籍，是御史大夫的重要职能之一。

正因御史大夫主管四方文书，皇帝的制、诏往往经御史转呈相府，再下达郡国。汉高祖十一年求贤诏："御史大夫（周）昌下相国，相国酂侯（萧何）下诸侯王。"[24]这类事情在西汉不胜枚举，由此可见御史大夫职责之重要。

第二，监察下官，检举违法。时人称御史大夫为"典法大臣"，不仅指担任这一职务的人熟悉法律条令，更主要的是指他们有权监察检举违法。御史大夫的这种权力很大，即使是丞相府的事，有时也由御史大夫审查，因此，御史大夫在这方面的权力又超越丞相。武帝时，御史大夫张汤受到信任，汉武帝与张汤谈话，一直谈到日西斜，丞相在一旁连句话都插不上。"丞相取充位，天下事皆决汤。"

御史中丞是御史大夫最重要的属官，虽然俸禄不高，但是所处职位重要，"掌兰台秘书，外督部刺史，内领侍御史，受公卿章奏，纠察百僚，休有光烈"[25]。由此可见，御史中丞负责的工作不少，而且都是重要工作，属于皇帝身边的亲近之臣。正因为御史中丞是皇帝的亲近之臣，其职权也就不同于其他官员。"御史亚长曰中丞，贰大夫，以领其属。汉仪，大夫副丞相，以备其阙，参维国纲，鲜临府事，故中丞专焉。"[26]

御史中丞的主要职能有四项：第一项，掌管皇家图书。兰台是皇家图书馆，国家的主要档案资料、图书都收藏在兰台。第二项，外督部刺史。对外督查十三部州刺史，视察检举郡御史。这些御史都是朝廷派往各郡监督郡守的监察官员，御史中丞则是这些御史的顶头上司。第三项，内领侍御史。第四项，举劾按章。"马严拜御史中丞，举劾按章，申明旧典，奉法察举，无所回避，百僚惮之。"[27]因为举劾按章主要在朝内纠察文武百官，故御史中丞被称为"中执法"。总之，御史中丞的主要职能是执法监察。御史中丞因为地位特殊,有单独的大印。

机构编制

御史大夫府与丞相府一样,也有众多的属官。《汉书·百官公卿表》:御史大夫"有两丞,秩千石。一曰中丞,在殿中兰台,掌图籍秘书,外督部刺史,内领侍御史员十五人,受公卿奏事,举劾按章"。御史大夫因为是副丞相,需要处理的国家大事很多,御史中丞就成了御史大夫府实际主持工作的首长。

《汉官旧仪》说:"御史员四十五人,皆六百石。其十五人衣绛,给事殿中,为侍御史,宿庐在石渠门外,二人尚玺,四人持书给事,二人侍前,中丞一人领。余三十人留寺,理百官事也。"

侍御史分曹办事:"侍御史,案二汉所掌,凡有五曹:一曰令曹,掌律令;二曰印曹,掌刻印;三曰供曹,掌斋祠;四曰尉马曹,掌厩马;五曰乘曹,掌护驾。"(28)

御史大夫其他属官有御史掾、御史属、主簿、少史、柱下史、御史中丞从事等。

东汉御史大夫(大司空)主要属官有:长史1人,千石。掾属29人,令史及御属42人。

2-3. **太尉**

机构沿革

秦汉时期,国家军事长官,秦称国尉,汉称太尉。不过,秦之国尉地位不如汉之太尉高。太尉是三公,秩禄比丞相;国尉不是三公,秩禄比丞相低得多。而且秦国的国尉也不是常设,带领军队出征打仗的也往往不是国尉,或是内史,或是少府。比如秦二世派出镇压项梁义军的将军就是少府章邯。

在汉代,太尉不像丞相那般固定。汉高祖两置太尉,又两罢太尉;吕后以周勃为太尉;文帝即位仅三年,即罢太尉。景帝为平定七国叛乱,以周亚夫为太尉,仅四年又罢。武帝即位,置太尉,第二年又罢。从汉高祖到汉武帝，百余年间，太尉一职或罢或置凡五次。太尉的名称，武帝改为大司马，东汉光武帝仍称太尉，灵帝以后大司马与太尉并置。

太尉罢置无恒，官名屡易，反映了这一职务既重要又不为皇帝所放心。太尉的设置往往是出于军事行动的需要，在皇权绝对至上的时代，皇帝最担心的就是军权落入他人之手，所以当军事行动结束，就立即罢废。即使在设置太尉的时候，也尽量限制太尉的权力，哪怕担任太尉的是皇族成员。汉武帝以后，改太尉为大司马、大将军，但也只是一个领兵作战的将军，班师回朝后，大将军就成了加官，成了称号。所以，在封建社会，实际掌握军权的是皇帝，包括那些大将军、骠骑将军、将军，也只能是在出征打仗时有权，那是皇帝赋予的权力。一旦战争结束，权力也就没有了。到汉宣帝时，"太尉官罢久矣，丞相兼之，所以偃武兴文也"(29)。到了东汉，建武二十七年(51)改为太尉，太尉的地位提高，超过了丞相(司空)。《后汉书·郑弘传》载："(郑弘)为太尉。时举将第五伦为司空，班次在下。每正朔朝见，弘曲躬而自卑。帝问知其故，遂听置云母屏风，分隔其间，由此以为故事。"

机构职能

太尉的职权是"掌武事"，这很笼统。"武事"的要害是领兵、发兵的权力，但太尉都不掌握。汉代军队由将军统率，直接听命于皇帝。没有皇帝的命令，太尉一兵一卒也调不动，连军营也进不去。太尉周勃要剪除诸吕，进不了北军(京师警卫军)驻地，后来靠掌管符节的纪通协助，拿到了符节，假称有皇帝的命令，才进入北军夺取了军权。西汉太尉，基本上是皇帝的军事顾问或参谋长，实际事务不多，可以说地位很高，职权很虚。但在出现紧急情况时，太尉一旦掌握了兵权，便很有权威。汉初除诸吕后，代王刘恒被大臣拥立为皇帝，已正式即位，刘恒去未央宫受到阻拦，派人告诉周勃。

周勃亲自前往，撤走警卫，刘恒才进去。正因如此，文帝登基三年，就撤销太尉。

东汉太尉具体职掌："太尉，公一人。本注曰：掌四方兵事功课，岁尽即奏其殿最而行赏罚。凡郊祀之事，掌亚献；大丧则告谥南郊。凡国有大造大疑，则与司徒、司空通而论之。国有过事，则与二公通谏争之。世祖即位，为大司马。建武二十七年，改为太尉。"(30) 太尉主兵政，负责考核武官的政绩，报告皇帝，根据优劣决定赏罚。东汉太尉还往往录(总领)尚书事，这就不仅掌兵政，也管民政，权力超过司徒、司空。表面看来太尉权力增大，其实是权力重心移到中朝。太尉职权之所以转重是由于录尚书事，否则，即使是三公，也不过是虚位而已。

机构编制

太尉作为三公，也有自己的衙门与属官。一般来说，西汉太尉衙门官吏比东汉少。但是东汉太尉地位高于司徒、司空，这样，东汉太尉衙门的属官远比其他衙门要多，以代替丞相府的职能。根据《后汉书·百官志》记载，太尉衙门有长史一人，具体管理太尉衙门诸曹事，属于千石官员。

太尉府掾史属官有二十四人。

西曹掾，主掌太尉府吏署用，秩比四百石，其他掾曹比三百石或二百石，称之为公府掾。在汉初，掾史的任命由皇帝决定，百石掾史则由太尉自己辟除；东曹掾，主掌两千石长史升迁及军吏，秩比四百石；户曹掾，主管民户、祠祀、农桑，秩比三百石(以下诸曹均为秩比三百石)；奏曹掾，主掌奏疏议事务；辞曹掾，主掌官司词讼事务；法曹掾，主掌邮驿科程事务；尉曹掾，主掌卒徒转运事务；贼曹掾，主掌缉捕盗贼事务；决曹掾，主掌罪犯审决事务；兵曹掾，主掌兵事事务；金曹掾，主掌货币、盐铁事务。除了曹掾，还有黄阁主簿、令史等办事人员。令史分为阁下令史、记室令史、门令史以及其他令史。这些令史属于办事人员,一般秩级比较低,为一百石。从太尉属吏职能可以看到,东汉太尉不仅是军事主官,更主要是执掌政务。

到了汉末,曹操当了丞相,太尉顿失其权,太尉的属官也都变成了丞相的属官。

3. 诸寺与诸卿

秦汉时期,中央机构分为两个等级,第一等级:丞相(司徒)、御史大夫(司空)、太尉(司马)。第二等级为诸寺,各寺长官称卿。汉有九寺之称,或以为九卿指九个高官,即奉常(太常)、郎中令(光禄勋)、卫尉、太仆、廷尉(大理)、大鸿胪(典客)、宗正、治粟内史(大司农)、少府。但秦汉的卿,实际不止九个,除上述外,执金吾、三辅首脑等,也称九卿。《汉书·百官公卿表》载:"自太常至执金吾,秩皆中二千石。"东汉人刘熙认为,秦与"汉置十二卿:一曰太常,二曰太仆,三曰卫尉,四曰光禄勋,五曰宗正,六曰执金吾,七曰大司农,八曰少府,九曰鸿胪,十曰廷尉,十一曰大长秋,十二曰将作大匠"[31]。因此,九卿之九,当是虚指,不必过于拘泥,这里称诸寺与诸卿。

3-1. 太常(奉常)

机构沿革

秦代称奉常,汉景帝时改称太常。意思是主持向天地和祖先祈福,保佑"国家盛大,社稷长存,故称太常"[32]。《汉书·百官公卿表》记载:"奉常,秦官,掌宗庙礼仪,有丞。景帝中六年,更名太常。"

机构职能

太常"掌礼仪祭祀,每祭祀,先奏其礼仪;及行事,掌赞天子。每选试博士,奏其能否。大射、养老、大丧,皆奏其礼仪。每月前晦，察行陵庙”[33]。

太常的职能有三。

第一，主持祭祀。

太常（奉常）的前身是西周的宗伯，宗伯乃祭祀（祭天、祭地、祭祖先）之官。古代政权，神权分量极重，祭祀成为国家头等大事。

第二，管理陵庙。

陵，陵寝；庙，宗庙。宗庙就是古代天子、诸侯祭祀祖先的地方，陵寝是帝王墓地的宫殿建筑，这在古代都是十分神圣庄严的地方。平时有官员常住，进行日常祭奠，并认真保护宗庙陵寝的一草一木，使之不受任何侵犯。太常（奉常）既主持祭祀，故全面负责管理陵庙，也是很自然的事。

第三，负责文化教育。

古代文化，最重礼乐。所谓“移风易俗，莫善于乐；安上治民，莫善于化”[34]。太常主管祭祀，而祭祀的各种礼仪极其繁杂苛严，但这是太常的工作重心。

汉代教育，中央有太学，是太常下属机构。太学有博士，是太常的属官。博士的任务有二：一是“教弟子”（学生），传授知识；二是“国有疑事，掌承问对”[35]，当顾问。太学的弟子，无论是选拔还是教育，乃至任命做官，都由太常负责。如果选人不当，太常得受处分。

机构编制

太常（奉常）属于清要职官，手下有众多的属官。随着时间的推移，列入列祖列宗的人数越来越多，管理祭祀活动的官员也就越来越多。“初，高祖时，令诸侯王皆立太上皇庙。至惠帝，尊高帝庙为太祖庙。景帝尊孝文庙为太宗庙，行所尝幸郡国各立太祖、太宗庙。至宣帝本始二年，复尊孝武庙为世宗庙，行所巡狩亦立焉。凡祖宗庙在郡国六十八，合百六十七所。而京师自高祖下至宣帝，与太上皇、悼皇考各自居陵旁立庙,并为百七十六。”除此之外,还有诸多皇后与太子的陵寝等,数不胜数。“一岁祠,上食二万四千四百五十五。用卫士四万五千一百二十九人,祝宰乐人万二千一百四十七人,养牺牲卒不在数中。”(36)估计这些参加祭祀活动的人员多数都是从各个衙门临时抽调的,太常衙门不可能有这么多官员。从参加祭祀活动的人员可看出,汉代对于祭祀之重视。光参加活动的士兵就有四万五千多人,一般的寺卿难以组织如此大规模的祭祀活动。难怪太常卿为第一卿。

太常除了太常卿,还有太常丞,属于太常卿的助手。《汉书·百官公卿表》记载:“属官有太乐、太祝、太宰、太史、太卜、太医六令丞,又均官、都水两长丞,又诸庙寝园食官令长丞,有廱太宰、太祝令丞、五畤各一尉。又博士及诸陵县皆属焉。”太常丞,秩比千石;太史令一人,六百石;博士祭酒一人,六百石;博士十四人,秩比六百石;太祝令一人,六百石;太宰令一人,六百石;太予乐令一人,六百石;高庙令一人,六百石;世祖庙令一人,六百石。在这些六百石官员中又有各自必需的属官,各令均设有丞及其他属官,太史令属官设有二丞,分管明堂与灵台。各个陵庙除了令、丞,还设有校长。校长主掌陵庙安全保卫。《汉书·百官公卿表》还记载:“博士,秦官,掌通古今,秩比六百石,员多至数十人。”除此之外,还有其他属官:太常掾、太常掌故、礼官大夫、曲台署长、太史掌故、史书令史、写书官、待诏、大曲星等。随着时间的推移,进入陵庙的皇族人员也就随之增多,这就需要不断增加管理人员。每个皇族的陵园不但配备管理陵庙的官员,还配备保护陵园的士兵,太常成为最为庞大的机构。

对于太常的编制,《汉官》有更详细的记载:

太常员吏八十五人,其十二人四科,十五人佐,五人假佐,十三人百石,十五人骑吏,九人学事,十六人守学事。太史待诏三十七人,其六人治历,三人龟卜,三人庐宅,四人日时,三人易筮,二人典禳,九人籍氏、许氏、典昌氏,各三人,嘉法、请雨、解事各二人,医二人。太史灵台待诏四十一人,其十四人候星,二人候日,三人候风,十二人候气,三人候晷景,七人候钟律。一人舍人。太祝员吏四十一人,其二人百石,二人斗食,二十二人佐,二人学事,四人守学事,九人有秩。百五十人祝人,宰二百四十二人,屠者六十人。太宰明堂丞一人,二百石。员吏四十二人,其二人百石,二人斗食,二十三人佐,九人有秩,二人学事,四人守学事。宰二百四十二人,屠者七十三人,卫士一十五人。太予乐令员吏二十五人,其二人百石,一人斗食,七人佐,十人学事,四人守学事。乐人八佾舞三百八十人。高庙员吏四人,卫士一十五人。世祖庙员吏六人,卫士二十人。先帝陵每陵食监一人,秩六百石。监丞一人,三百石。中黄门八人,从官二人。

《汉官》所述太常编制可以作为参考。

3-2. 郎中令(光禄勋)

机构沿革

秦置郎中令,汉武帝时改称光禄勋,建安末又称郎中令,官名虽有变化,而基本职能依旧。秦二世时,赵高为郎中令,自称“在上位,管中事”,这就不仅是守门户,整个宫中之事都在其管辖之内。二世诛杀大臣及诸公子,赵高是唯一策划人。当时,“二世常居禁中(皇宫),与(赵)高决诸事。其后公卿希得朝见”(37)。赵高虽是特例,但也反映了郎中令的职责绝不是仅守门户而已,郎中令的属官配置,表现得尤为明显。

郎,古通廊。郎中即廊下、廊内。秦时殿上不许携带武器,警卫人员都执戟廊下。侍从人员,除当值者外,其余都在廊内待命。郎中,即指在廊下、廊内的警卫、侍从官员。郎中令是郎中的首长,官名由所率领的官员而来。

勋，是阍（守门人）的意思。光禄，指守卫宫殿门户的官。称光禄勋，是从所掌职责命名。

机构职能

郎中令的职责是"掌宿卫宫殿门户"[38]。"掌宫殿门户及主诸郎之在殿中侍卫。"[39]这或许是指最初设置时的情况。郎中令负责侍从警卫，与皇帝亲近，地位权力提升很快。

机构编制

郎中令（光禄勋）机构庞大，属官众多。除郎中令（光禄勋）与丞外，主要有三部分：

第一，大夫。

郎中令有"太中大夫、中大夫、谏大夫，皆无员，多至数十人。武帝元狩五年初置谏大夫，秩比八百石，太初元年更名中大夫为光禄大夫，秩比二千石，太中大夫秩比千石如故"[40]。从这里可知，郎中令属官之大夫比博士祭酒地位还高，博士祭酒是六百石，大夫则是八百石。大夫的主要职责是"掌议论""顾问应对，无常事，唯诏令所使。凡诸国嗣之丧，则光禄大夫掌吊"。[41]大夫有"闲职"之称，但因常参加国家有关大政方针的讨论，很受人重视。

第二，郎官。

郎有议郎、中郎、侍郎、郎中，其中议郎地位最高，职掌与大夫相同，但级别比大夫低。中郎、侍郎、郎中统称郎官，主要任务是轮流值班，"凡郎官皆主更直执戟，宿卫诸殿门，出充车骑"[42]。

五官中郎将一人，比二千石。五官中郎，比六百石，无定员。五官侍郎，比四百石，无定员。五官郎中，比三百石，无定员。左中郎将，比二千石。中郎，比六百石。侍郎，比四百石。郎中，比三百石。右中郎将，比二千石。中郎，比六百石。侍郎，比四百石。郎中，比三百石。均无定员。虎贲中郎将，比二千石。左右仆射、左右陛长各一人,比六百石。仆射,掌管虎贲郎习射。陛长,掌管朝会虎贲值班。虎贲中郎,比六百石。虎贲侍郎,比四百石。虎贲郎中,比三百石。节从虎贲,比二百石。皆无定员。羽林中郎将,比二千石。羽林郎,比三百石。均无定员。羽林左监一人,六百石。丞一人。羽林右监一人,六百石。丞一人。奉车都尉,比二千石。无定员。驸马都尉,比二千石。无定员。骑都尉,比二千石。无定员。

郎官队伍很大,人数多至千员。《汉书·百官公卿表》载:"郎中有车、户、骑三将。""秩皆比千石。"《初学记》载:"郎中令属官,有五官中郎将,左右中郎将,曰三署。署中各有中郎。议郎、侍郎、郎中,皆无定员,多至千人。主执戟卫宫陛,及诸虎贲郎羽林皆属焉。谓之郎中令者,言领诸郎而为之令长。"

第三,谒者。

"谒者掌宾赞受事,员七十人,秩比六百石,有仆射,秩比千石。"(43)谒者的任务就是行礼时当司仪和通报,接待客人,因此要求谒者仪表端正,声音洪亮。

对于谒者的编制,《后汉书·百官志》作了详细的记载:"谒者仆射一人,比千石。……常侍谒者五人,比六百石。本注曰:主殿上时节威仪。谒者三十人。其给事谒者,四百石。其灌谒者郎中,比三百石。本注曰:掌宾赞受事,及上章报问。将、大夫以下之丧,掌使吊。本员七十人,中兴但三十人。"

郎中令改为光禄大夫之后编制:

光禄大夫,比二千石,无定员。太中大夫,千石,无定员。中散大夫,六百石,无定员。谏议大夫,六百石,无定员。议郎,六百石,无定员。谒者仆射一人,比千石。常侍谒者五人,比六百石。其给事谒者,四百石。其灌谒者郎中,比三百石,定员七十人,中兴时期只有三十人。初为灌谒者,满岁为给事谒者。

3－3. 卫尉

机构沿革

卫尉，秦官。汉景帝时，曾一度改名为中大夫令，但时间很短。王莽时期，将卫尉寺改为太卫。

机构职能

卫尉“掌宫门卫士，宫中徼循事”(44)。“卫尉主宫阙之内，卫士于垣下为庐，各有员部。凡居宫中者，皆施籍于门，案其姓名。若有医巫僦人当入者，本官长吏为封启传，审其印信，然后内之。人未定，又有籍，皆复有符。符用木，长二寸，以当所属两字为铁印，亦太卿炙符，当出入者，案籍毕，复齿符，乃引内之也。其有官位得出入者，令执御者官，传呼前后以相通。从昏至晨，分部行夜，夜有行者，辄前曰：‘谁？谁？’若此不懈，终岁更始，所以重慎宿卫也。”(45)

卫尉是皇宫的警卫长官，其主要职掌是保卫皇宫，这和郎中令（光禄勋）有些相近，但二者的分工是清楚的，有明显的区别。郎中令除警卫外，还负责侍从，而卫尉是专职警卫；郎中令负责殿内，卫尉负责殿外。

卫尉的具体职能是：

第一，统率南军。汉代中央禁军有南军、北军，北军保卫京师，南军保卫皇宫，卫尉是南军的统帅。第二，负责宫门及宫墙周围安全。宫殿各门两旁，派卫士列队交戟（执戟相交）以显示威武，同时禁止人员非法进入。又在皇宫四周墙下的小屋中，派卫士值班住宿，以备非常。第三，徼巡宫中。宫中安全，除定点警戒外，还有流动巡逻，均由卫尉负责。

机构编制

卫尉作为皇帝的警卫官员，手下官员有卫尉丞，是卫尉的主要助手，总领卫尉衙门，秩比千石。

下设公车司马令一人，六百石，丞、尉各一人。南宫卫士令一人，六百石，丞一人。北宫卫士令一人，六百石，丞一人。旅贲令一人，丞一人。左、右都候各一人，六百石，丞各一人。宫掖门，每门设司马一人；南宫南屯司马一人；宫门苍龙司马一人；玄武司马一人；北屯司马一人；北宫朱爵司马一人；东明司马一人；朔平司马一人，均是比千石。

汉朝的皇宫除了未央宫外，还有长乐宫、建章宫、甘泉宫等。这些宫也都设有卫尉。比如著名飞将军李广就曾担任未央宫卫尉，程不识为长乐宫卫尉。卫尉属官令、丞、司马达千余人。诸屯、卫、候司马二十二人。东汉诸屯、卫、候司马变化较大。设左、右都候各一人，六百石，丞各一人。诸宫掖门各设司马一人。南宫南屯司马，守卫平城门，有军官九人，卫士一百零二人，宫门苍龙司马，守卫东门，有军官六人，卫士四十人。玄武司马，守卫玄武门，军官二人，卫士三十八人。北屯司马，守卫北门，军官二人，卫士三十八人。北宫朱爵司马，守卫南掖门，军官四人，卫士一百二十四人。东明司马，守卫东门，军官十三人，卫士一百八十人。朔平司马，守卫北门，军官五人，卫士一百一十七人。

3－4. **太仆**

机构沿革

太仆之名，源于西周。西周太仆，为众仆之长，只是下大夫，地位不高，掌出纳王命及接受群臣奏章。周王外出，则为王驾车前驱。西周又有校人、中大夫，负责马匹的饲养及训练。秦将校人的职能归太仆，并将太仆提升为卿，地位显著提高。太仆不再统管上传下达等具体事务。

机构职能

第一，掌车马。

《汉书·百官公卿表》："太仆，秦官，掌舆马。"《后汉书·百官志》称："天子每出，奏驾上卤簿用；大驾，则执驭。"皇帝出巡，随员众多，队伍庞大，各类人员车马的先后次序，各人所处的位置，统一由太仆规定指挥。皇帝参加重大典礼，太仆亲自为皇帝驾车。这些职能使得太仆得以成为皇帝身边的近臣，这一点是其他公卿所无法企及的。

第二，管马政。

马在古代社会生活及战争中具有重要作用。皇宫人员出行需要大量马匹，而这些马匹都需要饲养、训练，才能保证皇宫人员的出行安全。而且，在古代，马匹是重要的军队装备，一个国家的强大往往是由拥有多少战车与战马决定的。饲养、训练马匹成为一项十分繁重的任务，太仆的职能也就显得尤为重要。景帝始造苑马以广用，"天子（武帝）为伐胡故，盛养马，马之往来食长安者数万匹"[46]。汉武帝时期，"厩马有四十万匹。时匈奴数寇边，遣卫青、霍去病发十万骑，并负私从马，凡十四万匹，穷追，大破匈奴。汉马死者十余万匹，匈奴虽病远去，而汉亦马少，无以复往。于是，汉久不北击匈奴。数岁，灭两越。是时天子巡边，亲至朔方，勒兵十八万骑，以见武节"[47]。与匈奴作战，是国家经济实力的较量，是国家军事实力的较量，更是古代作战工具——马匹多少的较量。谁拥有的战马多，谁的军事力量就强大。

机构编制

太仆寺设太仆卿一人，太仆属官有太仆丞，协助太仆总理曹事。大厩令、未央厩令、家马厩令、车府令、路軨厩令、骑马厩令、骏马厩令，均属六百石官员。这些官员到了东汉就被撤销了，除了诸多厩令，还有监长、丞。西汉有龙马、闲驹、橐泉、承华等监。每监设监长、监丞各一人。汉代不但在京城设有马监，在边地也都设有马苑，豢养军马。《汉官仪》记载："牧师诸苑三十六所，分置西、北边，分养马三十万头。"三十万头马匹，自然需要大量的管理人员。

到了东汉，归属少府的考工令划归太仆寺。考工令掌管武器制造，设考工令一人，六百石。左、右丞各一人。大厩令、未央厩令、家马厩令、车府令、路軨厩令、骑马厩令、骏马厩令等，只保留车府令一人，六百石，丞一人。大厩、未央、家马厩各设令一人，六百石，各设丞五人，尉一人。[48]以后增设左骏令、厩，别主乘舆御马，不久省并。设立牧师菀，设令官，主管养马，分在河西六郡界中，中兴皆撤销。汉阳设有流马菀，但以羽林郎监领。

《汉官》对太仆员吏编制有如下记载：

> 太仆员吏七十人，其七人四科，一人二百石，文学八人百石，六人斗食，七人佐，六人骑吏，三人假佐，三十一人学事，一人官医。考工员吏百九人。车府员吏二十四人。未央厩员吏七十人，卒驺二十人。长乐厩员吏十五人，卒驺二十人，苜蓿苑官田所一人守之。

3－5. **廷尉（大理）**

机构沿革

秦汉中央司法机构称廷尉。廷，平也；尉，罚也。廷尉有公正执法判案的意思，故名。汉景帝中元六年（前144），改为大理。武帝建元四年（前137）恢复廷尉。哀帝元寿二年（前1）又改为大理，王莽改为作士。东汉光武帝恢复廷尉。建安中期又改为大理。在秦汉以前，主管刑罚的官员在各个时期、各个诸侯国称呼不一，周代有大司寇，春秋时期很多诸侯国也称司寇，如孔子就曾担任过鲁国的司寇。但也有很多侯国以“理”名官。“理，治狱官也。”[49]“《始皇本纪》廷尉李斯，《韩诗外传》晋文公使李离为理，《吕氏春秋》齐宏章为大理，《说苑》楚廷理，《新序》石奢为大理。是各国皆名理，或名大理，独秦称廷尉也。”[50]秦代以法官为廷尉，更体现了法治精神。颜师古说：“廷，平也，治狱贵平，故以为号。”也就是断理案件贵在公平，公正。

机构职能

廷尉的主要职责是"掌刑辟"。包括审判定罪与解释法律。《后汉书·百官志》:"廷尉,卿一人,中二千石。本注曰:掌平狱,奏当所应。凡郡国谳疑罪,皆处当以报。"西汉有"张释之为廷尉,天下无冤民;于定国为廷尉,民自以不冤"(51)之说,这自然是对公正法官的美誉,在历代封建社会,包括近代社会,有很多公正执法、为民执法的法官,同时也反映了廷尉在司法方面有相当大的权力。在汉武帝时期,廷尉不但断狱,还平狱,接受各种案件的上诉。

机构编制

廷尉寺除了设廷尉外,属官有廷尉正。廷尉正类似于其他诸卿的丞,地位仅次于廷尉。其次是廷尉左监、右监。宣帝时又增设廷尉左、右平,专门负责审理案件。廷尉其他属官有廷尉史、奏谳掾、奏曹掾、文学卒史、从史、书佐、行冤狱使者、治狱使者等。

汉武帝时期设立中都监狱二十六所,东汉光武帝只保留廷尉与洛阳诏狱。

《汉官》廷尉员吏编制:员吏一百四十人,其中十一人四科,十六人二百石廷吏,文学十六人百石,十三人狱史,二十七人佐,二十六人骑吏,三十人假佐,一人官医。

3-6. **大鸿胪(大行令)**

机构沿革

典客,秦官,景帝中元六年(前144)改为大行令,武帝太初元年(前104)改为大鸿胪。王莽改为典乐,东汉恢复为大鸿胪。最初,置郡国邸,属少府,中间又归中尉,以后划归大鸿胪。郡国邸就是国家设立的接待各国诸侯的招待所,主要负责接待,因为大鸿胪主管宾客接待,所以将郡国邸划归大鸿胪。

机构职能

典客,顾名思义是主管有关宾客接待事务的官员。郎中令的属官有谒者,也负责接待宾客,但二者的地位和职掌是有显著区别的。典客属卿,谒者是卿的属官。谒者接待一般客人,典客接待的是诸侯和少数民族首领,是贵客。所以,《后汉书·百官志》云:"掌诸侯及四方归义蛮夷。其郊庙行礼,赞导,请行事,既可,以命群司。请王入朝,当郊迎,典其礼仪。及郡国上计,匡四方来,亦属焉。皇子拜王,赞授印绶。及拜诸侯、诸侯嗣子及四方夷狄封者,台下鸿胪召拜之。王薨则使吊之,及拜王嗣。"这些贵客到京师,参加各种祭祀典礼,他们的一举一动,都有人大声传话引导,以免失礼。鸿,声也;胪,传也。因此又称大鸿胪。大鸿胪主要负责外宾接待。诸侯王进京,大鸿胪要到郊外迎接,皇子封王,负责代表皇帝授予印绶,封拜诸侯、封拜诸侯嗣子以及封授四方少数民族,都属于大鸿胪的职责范围。包括各个郡国的上计吏也由大鸿胪负责接待。负责接待各个郡国上计吏的是郡邸长丞。

机构编制

大鸿胪除了大鸿胪卿,属官有:大鸿胪丞,总署曹事,在西汉秩千石,在东汉秩比千石。行人令、译官令、别火令、郡邸长、使主客、大鸿胪文学、大行卒史、大行治礼丞等,这些官员秩级比较低,都是百石小吏。大鸿胪还有诸多办事人员。《后汉书·百官志》载:"大行令一人,六百石,本注曰:主诸郎。丞一人。治礼郎四十七人。"《后汉书·百官志》注引《汉官》:大行令有"员吏四十人","其四人四科,五人二百石,文学五人百石,九人斗食,六人佐,六人学事,十二人守学事"。《汉官》大鸿胪员吏编制:员吏五十五人,其六人四科,二人二百石,文学六人百石,一人斗食,十四人佐,六人骑吏,十五人学事,五人官医。改为大行令后编制为:

员吏四十人。其四人四科,五人二百石,文学五人百石,九人斗食,六人佐,六人学事,十二人守学事。

3-7. 宗正

机构沿革

宗正,秦官,它的前身是西周的小宗伯。小宗伯为中大夫,是大宗伯的属官,“掌三族之别”(三族,即父辈的兄弟、自己的兄弟、儿子的兄弟),“以辨亲疏”[52]。秦始皇幻想他一姓江山万世永存,特别看重皇族血统,设宗正,位列诸卿,专管皇族事务,而以宗庙祭祀属奉常,将西周大宗伯的职掌一分为二,并大大提高了小宗伯的地位。实际上,从秦汉统治者的角度来讲,他们对于皇族地位远没有后世的封建统治者那样将其抬到一种惊人的高度。宗正在九卿之中只排列在大鸿胪之后,大司农之前,而明清时则排列在中央各个机构最前面。

机构职能

秦汉宗正的职责是“掌亲属”,这也包括皇族和外戚,比小宗伯掌“三族”的范围也有所扩大。

秦汉皇族外戚成员都有专门的花名册登记,凡登记了的便叫有属籍。根据属籍所在与皇族的亲疏远近,可以享受不同的特殊待遇,如免除赋税徭役;新君即位,赐马一至八匹;立皇后,赐予爵位等。汉代非刘氏不王,王国的诸侯王都属皇族,但他们的子孙有嫡庶长幼之别,必须有专门的记录,这关系到王位的继承。有属籍的人犯罪,处髡刑(古代一种剃去头发的刑罚)以上,均须先告知宗正,由宗正报皇帝,经批准后,才能判决;而判罪的人,则开除属籍。所有这些,均归宗正管理。郡国上计吏,每年也要向宗正汇报各地宗室的名籍(花名册)。

机构编制

宗正属官有宗正丞,主管曹事,西汉秩千石,东汉秩比千石。都司空令,除了督造砖瓦,还负责宗室犯罪之人的关押。关押宗室犯罪的为都司空狱,窦婴就曾被关押在都司空狱。各个公主也都有归宗正管理的官吏,有家令、家丞、门尉、主簿、仆、私府长等。因为是管理宗室的官员,级别也都比较高,家令都是六百石官吏,只有家丞是三百石。这些官员编制各个时期变化较大。东汉撤销都司空令、丞,也就是说撤销了单独关押皇族犯罪人员的监狱。

《汉官》宗正员吏编制为:

员吏四十一人,其六人四科,一人二百石,四人百石,三人佐,六人骑吏,二人法家,十八人学事,一人官医。诸公主主簿一人,秩六百石。仆一人,秩六百石。私府长一人,秩六百石。家丞一人,三百石。直吏三人,从官三人。

3-8. 大司农(治粟内史)

机构沿革

治粟内史,秦官。西汉初年沿用治粟内史作为财政机构。景帝后元初年(前143)改称大农令。武帝太初元年(前104)改称大司农。王莽执政时期先改名羲和,后改名纳言。东汉恢复大司农。大司农的地位由于汉武帝对匈奴用兵,也就显得重要起来。秦汉财政机构有两个,一个称大司农,一个是少府。大司农掌管国家财政,其收入用于国家财政开支,少府则是皇帝的私人管家,其收入用于皇宫私人开支。“大用由司农,小用由少府。”(53)

机构职能

《后汉书·百官志》对于大司农(治粟内史)的职掌作了比较详细的描述:“掌诸钱谷金帛诸货币。郡国四时上月旦见钱谷簿,其逋未毕,各具别之。边郡诸官请调度者,皆为报给,损多益寡,取相给足。”

大司农的职能是“掌钱谷”。谷,指粮食;钱,是货币。古代社会,经济生活简单,男耕女织是国民经济的主要内容,掌钱谷,实际意味着负责国家财政经济的一切事务。大司农首先是要负责国家钱谷的收入和支出。大司农的属官有太仓令丞和都内令丞,前者专管粮食收存与支出,后者专管钱币收支。其次,大司农还负责控制物价,调剂运输货物、盐铁专卖等。汉代是我国封建社会中第一个强盛的王朝,特别是汉武帝时期,连年对外用兵,军费开支亿万,全靠大司农筹措。在汉武帝的支持下,桑弘羊实行一种新的财政经济政策——均输平准,发展国家商业经济,施行盐铁官营,以商制商。“汉连出兵三岁……费皆仰大农。”“天子北至朔方,东封泰山,巡海上,旁北边以归。所过赏赐,用帛百余万匹,钱金以巨万计,皆取足大农。”汉武帝的新经济政策的制定者就是桑弘羊,执行机构就是大司农。新经济政策执行的结果是“民不益赋而天下用饶”(54),为汉武帝的文治武功起了重要保障作用。

机构编制

负责财政的主官,秦代叫治粟内史,助手则称治粟内史丞。汉代则叫大司农。大司农设大农令一人。大司农属官叫大司农丞,也叫大司农中丞,均为两人。西汉秩千石,东汉秩比千石。大司农还有一个重要职官搜粟都尉。搜粟都尉实际是一个副部级机构,主持大司农的日常工作。大司农部丞,六百石,在汉武帝时,设立大司农部丞数十人,分部主持各郡国税收诸事宜。大司农部丞各个时期设置多少不一,最多的是汉武帝时期,其属官有太仓令、丞,均输令、丞,平准令、丞,都内令、丞,籍田令、丞,斡官长、丞,铁市长、丞,郡国诸仓长、丞,郡国农监、丞,郡国都水、丞,盐官、铁官、导官令、丞,大司农史,大司农斗食等。

除此之外,西汉还在边地设有农都尉、属国都尉、护田都尉、屯田校尉、渠犁田官、北假田官、候农令、守农令、劝农掾等。

东汉实行财政部门下放,大农令机构编制较西汉大为减少。各个郡国的盐官、铁官下归各个郡国管理,洛阳市长、荥阳敖仓划归河南尹。大司农设卿一人,中二千石,丞一人,比千石,部丞一人，六百石。太仓令一人，六百石，丞一人。平准令一人，六百石，丞一人。导官令一人，六百石，丞一人。

《汉官》大司农的员吏编制为：

员吏百六十四人，其十八人四科，九人斗食，十六人二百石，文学二十人百石，二十五人佐，七十五人学事，一人官医。太仓员吏九十九人。平准员吏百九十人。导官员吏百一十二人。廪牺丞一人，三百石。员吏四十人，其十一人斗食，十七人佐，七人学事，五人守学事，皆河南属县给吏者。洛阳市市长一人，秩四百石。丞一人，二百石，明法补。员吏三十六人，十三人百石啬夫，十一人斗食，十二人佐。又有楫棹丞，三百石，别治中水官，主水渠，在马市东，有员吏六人。

3 -9. 少府

机构沿革

少府，秦官，主管皇帝财政收支。和大司农（治粟内史）一样，也是从西周的太府发展而来。在周代，天子的财政和国家的财政是混在一起的，都由太府掌管。从秦开始，将二者分开，大司农（治粟内史）专管国家财政，少府则专管皇帝财政。大司农（治粟内史）的收入主要是田地税收，支出则为军国所需（官吏俸禄、军费以及救济自然灾害等），即所谓“大用”。少府则主管皇帝的“小用”。实际上，小用并不小，少府的收入主要是山海池泽的税收，支出则是皇帝的吃、穿、用，即所谓的“小用”。王莽时期将少府改为共工。东汉恢复少府名称。

在中国封建社会中央机构编制中，少府是一个特殊的机构，它在秦汉只是皇宫的服务部门，但就是因为是服务皇帝的，以后的国家中枢机构很多都是从少府中衍生出来的。这可以说是少府与其他机构的不同之处，而很多中央机构不是被其他机构所取代，就是名存实亡，变成了闲衙门。

机构职能

“掌山海池泽之税，以给共养”[55]，《后汉书·百官志》“本注曰：掌中服御诸物，衣服宝货珍膳之属”。对于少府的职能，《汉官仪》讲得更为详细：“少府掌山泽陂池之税，名曰禁钱，以给私养，自别为藏。少者，小也，故称少府。秩中二千石。大用由司农，小用由少府，故曰小藏。”[56]《汉书·食货志》亦说：“山川园池市肆租税之入，自天子以至封君汤沐邑，皆各为私奉养，不领于天子之经费。”少府即供小用之府（古代藏文书和财物的地方叫府），但实际少府收入并不少，甚至比大司农收入还要高。“汉定以来，百姓赋敛，一岁为四十余万万，吏俸用其半，余二十万万，藏于都内，为禁钱，少府所领园地作务之八十三万万，以给宫室供养诸赏赐。”[57]少府的实际税收收入远远高于大司农。

少府的职能远不止为皇帝提供山泽陂池税收，作为皇宫的服务总管，实际上皇宫的各种服务都属于其职责范围。作为少府属官的尚书令，就是由原来的“主发书”不断扩张，逐渐成为后代的中枢机构，尚书令成了百官之首——宰相。

机构编制

少府机构之庞大，属官之众多，在诸卿中名列第一。

《汉书·百官公卿表》载，少府有六丞，而其他诸卿一般则只有一至二丞。少府设六丞，说明所管事多，分工细，需要多一些助手辅助。少府六丞，总署曹事，在西汉，少府丞是千石，到东汉为秩比千石。

少府手下有一个重要机构，就是尚书台。尚书台尚书令秩六百石，到了东汉，就成了千石官员。尚书令手下有尚书仆射，如果尚书令不在，就由尚书仆射主持工作。其他属官有尚书（六百石），左、右丞（四百石），尚书郎，尚书侍郎（东汉置，四百石），尚书令史（二百石）。关于尚书台，在下面还将单独论述。符节令

（六百石），其属官有尚符玺郎中（四百石）、符节令史（二百石）。太医令（六百石），属官有药丞、方丞，三百石。太官令（六百石），属官有左丞、甘丞、汤百丞、果丞（均为四百石）。除了这些，还有乐府令、考工室令、左戈令、居室令、中书谒者令、黄门令、尚方令宦者令等。总之，作为皇宫的服务机构，少府是一个庞大的机构。当然，这种庞大也只是相对而言，与后代中央服务机构相比，还是精简得多。

少府还有庞大的直属机构——上林苑。上林苑由水衡都尉管理。水衡都尉是在汉武帝元鼎二年（前115）设立的。水衡都尉设立之后，少府管辖的好几项重要职能就交给了水衡都尉。《汉书·百官公卿表》载："水衡都尉，武帝元鼎二年初置，掌上林苑，有五丞。属官有上林、均输、御羞、禁圃、辑濯、钟官、技巧、六厩、辩铜九官令丞。又衡官、水司空、都水、农仓，又甘泉上林、都水七官长丞皆属焉。上林有八丞十二尉，均输四丞，御羞两丞，都水三丞，禁圃两尉，甘泉上林四丞。"水衡都尉主上林，是一个重要职官。《史记·平准书》载："初，大农筦盐铁官布多，置水衡，欲以主盐铁；及杨可告缗钱，上林财物众，乃令水衡主上林。上林既充满，益广。"水衡都尉同少府一样，都是皇帝的私人财务总管。水衡都尉同少府一样，也是吏员众多。

东汉少府机构编制虽然较西汉有所减少，但也属庞大机构。

少府设卿一人，中二千石，丞一人，比千石。太医令一人，六百石，药丞、方丞各一人。太官令一人，六百石，左丞、甘丞、汤官丞、果丞各一人。守宫令一人，六百石，丞一人。上林苑令一人，六百石，丞、尉各一人。侍中，比二千石。无定员。中常侍，千石无定员，后增秩比二千石。黄门侍郎，六百石，无定员。小黄门，六百石，宦官，无定员。黄门令一人，六百石，丞、从丞各一人，宦官。黄门署长、画室署长、玉堂署长各一人。丙署长七人，皆四百石，黄绶,宦官。中黄门冗从仆射一人,六百石,宦官。中黄门,比百石宦官,无定员。掖庭令一人,六百石,左、右丞,暴室丞各一人,宦官。永巷令一人,六百石,丞一人,宦官。御府令一人,六百石,丞、织室丞各一人,宦官。祠祀令一人,六百石,丞一人,宦官。钩盾令一人,六百石,丞、永安丞各一人,三百石,苑中丞、果丞、鸿池丞、南园丞各一人,二百石,宦官。濯龙监、直里监各一人,四百石。中藏府令一人,六百石,丞一人。内者令一人,六百石,左、右丞各一人。尚方令一人,六百石,丞一人。东汉少府多为宦官。

据《汉官仪》,少府设尚书令一人,千石,尚书仆射一人,六百石,尚书六人,六百石,分客曹为南主客曹、北主客曹,凡六曹,每曹六人,左、右丞各一人,四百石,侍郎三十六人,四百石,令史十八人,二百石。符节令一人,六百石,尚符玺郎中四人。符节令史,二百石。

御史中丞[58]一人,千石,治书侍御史二人,六百石。侍御史十五人,六百石。兰台令史,六百石。

东汉在机构编制上对少府还有重大调整,将考工室划归太仆,都水下放各个郡国。水衡都尉并于少府,取消水衡属官令、长、丞、尉二十余人。少府六丞,取消五丞。撤销汤官、织室令,只设丞。上林苑撤销十池监,胞人长丞,宦者、昆台、佽飞三令,二十一丞。

应该说光武帝对于少府机构的精简是非常明智的,大大缩减了皇宫服务官员编制,有利于国家财政开支的减少,也有利于百姓负担的减轻。

3－10. **中尉(执金吾)**

机构沿革

中尉,秦官。汉武帝时改称执金吾,王莽时改为奋武。东汉恢复执金吾。执金吾,即手执铜制武器保卫皇帝,防止发生意外(一说，吾，大棒）。

机构职能

中尉（执金吾）的主要职责：第一，"掌徼循京师"，即维持治安，卫戍京师。"（中尉）旧掌京师盗贼，考按疑事，郅都、宁成、王温舒、减宣等，皆截理横噬，虎而冠者也，一切理辨，亦旋诛黜。后汉掌宫外戒，司非常水火之事。月三绕行宫外，及主兵器。自中兴，但专侥循，不与他政。"(59) 中尉和卫尉的分工是：卫尉负责皇宫内，中尉负责皇宫外。中央禁军南军的任务是保卫皇宫。卫尉是南军的当然统帅；北军保卫京师，中尉自然是北军的当然统帅。

第二，"天子出行，职主先导"。就是皇帝外出，骑马走在前面，充当仪仗队并负责警卫，其场面非常壮观。据《后汉书·百官志》注引《汉官》载："执金吾缇骑（执金吾下属侍从卫骑，因穿橘红色衣服乘马，故名。）二百人，（持戟）五百二十人，舆服导从，光满道路，群僚之中，斯最壮矣。"汉光武帝刘秀在没有当皇帝时，曾经见过这种场面，十分羡慕地说：当官就当执金吾。

第三，拘捕犯官或不法者。缇骑的平常任务就是逮捕罪犯，后世称逮捕犯官的官骑为缇骑即由此而来。汉景帝诛杀晁错，就是派中尉拘捕执行的。

机构编制

中尉（执金吾）属官有两丞、侯、司马、千人等。除此之外，还有中垒令、丞（掌管宫中垒门），寺户令、丞（掌门禁），都船令、丞（治水官员），武库令、丞（掌管兵器），左辅都尉、右辅都尉（巡逻保安）等。

3－11. 将作大匠（将作少府）

机构沿革

将作大匠，秦代叫将作少府，西汉初年也称将作少府，西汉景帝改名将作大匠，东汉因之。

机构职能

将作大匠的职掌,《汉书·百官公卿表》云:"掌治宫室。"《后汉书·百官志》则曰:"掌修作宗庙、路寝、宫室、陵园土木之功,并树桐梓之类列于道侧。"总之,将作大匠(将作少府)负责工程建筑,包括建筑附近的绿化。封建帝王,为图舒适豪华,总不断新建、改建宫室。每个帝王即位,都要给自己准备后事,修建陵墓。每个皇帝去世,又得给他建庙。这些工程都十分庞大,统一由将作大匠(将作少府)负责。秦始皇修建阿房宫、骊山墓,动用150万人,引起人民反抗,是导致秦朝迅速灭亡的原因之一。

机构编制

将作大匠属官有将作大匠丞、左中候、右中候、石库令、东园主章令、左校令、右校令、前校令、后校令、中校令、丞等。东汉之后,将作大匠的属官有所减少。

4. 中朝官

中朝又称内朝,中朝官之称,是与外朝官相对而言的。

朝官分中外,始自汉武帝。汉武帝因丞相权力太大,开始重用身边的亲近侍从。于是,那些本来在朝廷中没有什么地位和权力的官员,甚至不属于国家编制的皇宫服务侍从人员,只因皇帝信任,权势不断膨胀,地位也随之上升,逐渐形成一个独立的系统。"中朝,内朝也。大司马左右前后将军、侍中、常侍、散骑、诸吏为中朝。丞相以下至六百石为外朝也。"(60)《汉书·百官公卿表》以"加官"的名称对中朝官职官作了详细介绍:"侍中、左右曹、诸吏、散骑、中常侍,皆加官,所加或列侯、将军、卿大夫、将、都尉、尚书、太医、太官令至郎中,亡员,多至数十人。侍中、中常侍得入禁中,诸曹受尚书事,诸吏得举法,散骑骑并乘舆车。给事中亦加官,所加或大夫、博士、议郎,掌顾问应对,位次中常侍。中黄门有给事黄门，位从将大夫。皆秦制。”我们看到，这些中朝官（加官）中的朝官指的是皇帝的近卫侍臣，包括大将军、将军以及授予侍中、常侍、左右曹（诸曹）、诸吏、给事中等加官称号的官员。这些官员绝大多数本来就是外朝官，但因为有了加官的称号，可以自由进出宫中，便成为中朝官。

这些中朝官直接参与重大决策，成为皇帝的参谋助手。《汉书·严朱吾丘主父徐严终王贾传》载：“擢助为中大夫。后得朱买臣、吾丘寿王、司马相如、主父偃、许乐、严安、东方朔、枚皋、胶仓、终军、严葱奇等，并在左右。是时征伐四夷，开置边郡，军旅数发，内改制度，朝廷多事，娄举贤良文学之士。公孙弘起徒步，数年至丞相。开东阁，延贤人与谋议，朝觐奏事，因言国家便宜。上令助等与大臣辩论，中外相应以义理之文，大臣数诎。”汉武帝想要做什么事情，在大臣那里得不到支持，就派出身边的官员与大臣们辩论。这些侍臣都是能言善辩之人，那些大臣自然不是他们的对手，最后只有遵皇帝的意见去办。

外朝官指丞相以下官员，包括诸卿及其下属官员。

4－1. **大将军（将军）**

机构沿革

将军之名，始于春秋，本指统兵的将军。战国以后，常为武将的尊称。到汉代，将军才成为正式官名。在汉代最尊贵的是大将军。汉武帝前期的大将军有韩信、窦婴、卫青。汉武帝之后，霍光、王凤、王根、王莽都担任过大将军，权倾一时，有的甚至颠覆了汉朝。东汉以后，担任大将军的多了起来，光武帝以吴汉大将军为大司马，景丹为骠骑大将军，位在公下。明帝以弟东平王为骠骑将军，位在公上。和帝以舅窦宪为车骑将军，征匈奴，位在公下，因为有功，迁大将军，位在公上。安帝以舅邓骘为车骑将军征之，还迁大将军，位如窦宪。“自安帝政治衰缺，始以嫡舅耿宝为大将军，常在京都。顺帝即位，又以皇后父、兄、弟相继为大将军，如三公焉。”担任大将军的一般都是皇亲国戚。按理说，他们都是皇亲国戚，应该维护汉朝统治才是，但他们恰恰是皇权的最大威胁。

机构职能

大将军、骠骑将军“掌征伐背叛”(61)。“典京师兵卫。四夷屯警。”(62)

“两汉以来，大将军之官，内秉国政，外则仗钺专征，其权任出宰相之右。”(63)《汉书·百官公卿表》说将军“掌兵及四夷”，是就战时而言，因此不常置。平时则为皇帝的侍卫武官。

武帝以后，大将军常“录（总领）尚书事”，权力超过丞相，成为实际的执政大臣。汉武帝死后，霍光以大将军录尚书事辅佐幼主昭帝，“政事一决于光”(64)。这种情况，东汉更是常有，比如窦宪、梁冀等，都是显赫一时，权势非三公可比。窦宪为大将军威震天下，梁冀任大将军“入朝不趋，剑履上殿，谒赞不名，礼仪比萧何”(65)。相反，那些名义上的司徒、司空，因为没有机会录尚书事，只能是闲员一个。

机构编制

秦汉将军，名号繁杂，以大将军地位最尊，另有骠骑、卫将军、车骑、前后左右等将军。

在西汉，比将军低一级的是将，或别将。将之下的中级军官为校尉和都尉。无论是将军还是校尉，都有向皇帝推荐官员的权力。这些将军所推荐的官员往往都是自己的幕僚，因为将军一般都有自己的幕府。“（东平宪王苍）为骠骑将军，置长史掾吏员四十人，位在三公上。”《后汉书》特别加一注：“四府掾史皆无四十人，今特置以优之也。”(66)窦宪拜“车骑将军，金印紫绶，官属依司空，以执金吾耿秉为副，发北军五校、黎阳、雍营、缘边十二郡骑士，及羌胡兵出塞”。对于《后汉书》中所说“官属依司空”，注释：“依，准也。

长史一人,千石;掾属二十九人,令史及御属三十二人。"这就是因为窦宪为车骑将军,就按照司空的编制标准配置属官。属官最高的是千石长史。其他属官二十九人,办事的胥吏是三十二人。这是窦宪出征之前的属官编制,当出征归来,成了大将军,衙门机构编制又发生变化。"宪威权震朝庭,公卿希旨,奏宪位次太傅下,三公上;长史、司马秩中二千石,从事中郎二人六百石,自下各有增。"(67)因为窦宪位在三公上,所以配置的属官也是高规格的,长史、司马都是中二千石。长史由千石升为中二千石,成了卿官。

大将军的地位要高于车骑将军,配置的属官肯定要高于后者。

将军的衙门称为幕府。不但大将军、车骑将军有幕府,就是一般的将军也都有自己的幕府。对于将军们的幕府编制,《后汉书·百官志》也有详细的记载:"长史、司马皆一人,千石。本注曰:司马主兵,如太尉。从事中郎二人,六百石。本注曰:职参谋议。掾属二十九人。令史及御属三十一人。本注曰:此皆府员职也。又赐官骑三十人,及鼓吹。"

大将军营五部,部校尉一人,比二千石;军司马一人,比千石。部下有曲,曲有军候一人,比六百石。曲下有屯,屯长一人,比二百石。其不置校尉部,但军司马一人。又有军假司马、假候,皆为副贰。其别营领属为别部司马,其兵多少各随时宜。门有门候。

其余将军,置以征伐,无员职,亦有部曲、司马、军候以领兵。

其职吏部集各一人,总知营事。兵曹掾史主兵事器械。禀假掾史主禀假禁司。又置外刺、刺奸,主罪法。

4-2. 尚书

机构沿革

尚书之职,秦代就有。"秦时,少府遣吏四人在殿中,主发书,谓之尚书。尚犹主也。"(68) 如淳曰:"主天子物曰尚,主文书曰尚书。"(69) 这说明,尚书最初不过是殿中主管文书收发的办事员。在前面我们提到，尚书是少府的属官，只是皇帝的一个传达人员而已。

从汉武帝开始，削弱相权，加强皇权，常用尚书办事，尚书作用开始增大。有时或以宦官为尚书，则称中书，司马迁被处以宫刑后，就担任过中书令。不过，汉武帝时中书令地位很低，司马迁称自己"亏形为扫除之隶"(70)而感到羞耻和痛心。汉成帝建始四年(前29)开始设置尚书五人"一人为仆射，四人分为四曹，通掌图书、秘记、章奏之事及封奏，宣示内外而已，其任犹轻"。

武帝以后，尚书权力迅速膨胀，大将军录尚书事，则成为朝廷最有权威的官员。将军录尚书事，亦为决策集团核心成员。元帝时，石显为中书令，"事无小大，因显白决，贵幸倾朝，百僚皆敬事显"(71)。

东汉光武帝刘秀亲见西汉覆灭。他即位之后，虽然保留了三公为首、诸卿分职的中央政府机构，但为了把权力集中在自己手中，成立尚书台，作为正式的政府机构，通过尚书台控制国家最高权力。国家大政方针都是皇帝与尚书台官员商量好了，然后下发司徒、司空与太尉(司马)三府。尚书台成为决策机构，三府只是执行成命而已。尚书办事机构称为尚书台。尚书又称为台官，因为尚书在禁中办公，又称为中台。尚书台与外台的谒者、宪台的御史，称为三台。《通典》这样归纳尚书台："后汉，(尚书)则为优重，出纳王命，敷奏万机，盖政令之所由宣，选举之所由定，罪赏之所由正。斯乃文昌天府，众务渊薮，内外所折衷，远近所禀仰。"

汉代初期，虽然有了尚书的曹名，但是不以为号，汉灵帝以侍中梁鹄为选部尚书，从此开始有了尚书曹名，"总谓之尚书台，亦谓之中台"(72)。但是，尚书还不是独立的机构，属于少府。

机构职能

尚书由原来皇帝的传达人员，"在殿中主书""掌通章奏"渐渐变成“读奏”，发展成为拆阅奏章、裁决章奏、下达奏章的职官。尚书不但参与国家机密，出纳王命，而且渐渐把丞相、御史大夫的许多职权也夺去了。尚书还掌握了人事大权。《汉旧仪》载：“旧制：令六百石以上，尚书调；拜迁四百石长相至二百石，丞相调。”尚书的权力已经高于丞相，丞相的任命管理权限只限二百石至四百石官员。尚书还有监督、弹劾高官的职权，人臣所言不善，尚书即加以弹劾，权力凌驾于三公之上。“今之三公，虽当其名而无其实，选举诛赏，一由尚书，尚书见任，重于三公。”(73)“今陛下之有尚书，犹天之有北斗也。斗为天喉舌，尚书亦为陛下喉舌。斗斟酌元气，运平四时。尚书出纳王命，赋政四海，权尊執重，责之所归。”(74)尽管尚书权重，但是其秩级比较低，秩千石。尚书因为权重，机构也日趋庞大，成为朝廷最有权威的官员。

机构编制

随着尚书权力的日渐扩大与尚书台机构的正式确立，尚书台从幕后走向台前，尚书编制也逐渐健全起来。尚书台主官是尚书令，其次是尚书仆射。“仆射，服秩印绶与令同。案汉本置一人，至汉献帝建安四年，以执金吾荣郃为尚书左仆射，仆射分置左右，盖自此始。”(75)

除了尚书令和左、右仆射，尚书台其他编制有诸曹尚书。秦时已有左、右曹诸吏，到汉武帝时期，设立诸曹尚书，成帝时定为四曹。光武帝时增为六曹。“尚书六人，六百石。本注曰：成帝初置尚书四人，分为四曹：常侍曹尚书主公卿事；二千石曹尚书主郡国二千石事；民曹尚书主凡吏上书事；客曹尚书主外国夷狄事。世祖承遵，后分二千石曹，又分客曹为南主客曹、北主客曹，凡六曹。左右丞各一人，四百石。本注曰：掌录文书期会。左丞主吏民章报及驺伯史。右丞假署印绶，及纸笔墨诸财用库藏。侍郎三十六人，四百石。本注曰：一曹有六人，主作文书起草。令史十八人，二百石。

本注曰：曹有三，主书。后增剧曹三人，合二十一人。”(76)

对于尚书编制，各史书说法不一，但有一点是肯定的，汉代尚书已经分曹办事，而且已经分为六曹，到了汉献帝时，已经有了以曹任命官员的说法。

尚书丞。秦置尚书丞一人，西汉成帝设尚书丞四人，东汉改为左、右丞各一人。尚书丞“掌录文书期会。左丞主吏民章报及驺伯史。右丞假署印绶，及纸笔墨诸财用库藏”(77)。

尚书郎。西汉尚书郎编制很少，《汉官仪》记载尚书郎有四人，“及光武分尚书为六曹之后，合置三十四人，秩四百石，并左右丞为三十六人。郎主作文书起草，更直五日于建礼门内”(78)。尚书郎为国家的后备干部队伍。“台郎显职。仕之通阶。今或一郡七八，或一州无人。宜令均平，以厌天下之望。”(79)

令史。令史为秦汉各个衙门办事人员的统称，比如在丞相府有丞相令史，尚书台令史也是属于级别比较低的小吏。东汉尚书令史有十八人，为二百石，分曹办事，主要从事文字工作。后来增加剧曹，令史增至二十一人。

皇帝身边的机构除了尚书台，还有众多的职官，有的属于服务人员，有的属于备顾问的参谋，汉武帝时期这类职官逐渐增多，主要是适应汉武帝文治武功的需要。

4－3. **侍中**

在周代就已出现，在汉代成为加官。

“侍中，古官也……周时号常伯……秦取古官，置侍中之职……汉因之，多以为加官……侍帷幄，受顾问，拾遗于左右，大驾出则负玺以从，小则参乘。”(80)

“侍中，左蝉右貂，本秦丞相史，往来殿中，故谓之侍中。分掌乘舆服物，下至亵器虎子之属。武帝时，孔安国为侍中，以其儒者，特听掌御(坐)唾壶，朝廷荣之。至东京时，属少府，亦无员。驾出，

则一人负传国玺，操斩蛇剑乘，与中官俱止禁中。”“侍中秩千石。”(81)

汉侍中为加官。凡侍中、左右曹、诸吏、散骑、中常侍皆为加官。加官也就是封给某某官员的另一种官职。侍中本身并不是什么国家职官，不属于国家正式机构编制序列。侍中本身也没有级别高低之分，但是因为是伺候皇帝的官员，就显得比其他官员尊贵。“所加或列侯、卿大夫、将、都尉、尚书、太医、太官令至郎中，多至数十人。侍中、中常侍得入禁中，诸曹受尚书事，诸吏得举法。”侍中可以加给诸侯，可以加给公卿大臣，还可以加给普通的官员。即使是一般的官员，如果加上侍中的加官，也立刻会身价倍增。有了侍中的加官，就可以随时出入宫禁，就可以随时在皇帝身边。而其他高官如果没有皇帝的召见，是不能随便出入宫禁的。能够被任命为侍中的条件是：“旧儒高德，学识渊懿，仰瞻俯视，切问近对，喻旨公卿，上殿称制，秉笏陪见。”(82)侍中的地位在尚书令、仆射之下，尚书之上。

侍中因为在皇帝身边，地位重要，自然不是一般人能担任的。西汉担任侍中的一般分为几类：第一类是皇亲国戚，第二类是文学之士，第三类是宠臣，第四类是功臣子弟。东汉担任侍中的多是功臣子弟，不管是什么人，只要被加官侍中，就可以参与决策，地位就发生了变化。“五官属光禄勋，不得上朝谒，兼左、右曹诸吏，得上朝谒。”(83)

侍中为“汉代亲近之职”，其职能“分掌乘舆服物，下至亵器虎子之属”，“出则参乘、佩玺、抱剑”。(84)侍中多数时候充当皇帝的顾问。他们一般文化水平较高，能言善辩，当皇帝要做某件事情，遇到大臣们有不同意见时，就让侍中与他们辩论。即使有文化的公孙弘也被侍中们辩得哑口无言。汉武帝要在河套地区筑城，以御匈奴，但是御史大夫公孙弘多次上书反对，认为河套地区是无用之地,不值得在那里筑城。汉武帝让侍中朱买臣与他辩论。朱买臣"发十策,弘不得一。弘乃谢曰:'山东鄙人,不知其便若是,愿罢西南夷、苍海,专奉朔方。'"(85)

侍中最后发展为侍中省,侍中也就成为宰相之一。

4-4. 散骑、中常侍、散骑常侍

在秦与西汉时期,设散骑与中常侍,都属于加官,也就是说,他们也不属于国家的正式机构编制序列。到东汉,散骑与中常侍,合并为散骑常侍。

"秦置散骑,又置中常侍散骑,并乘舆车后。中常侍得入禁中。皆无员,并为加官。汉东京初省散骑,而中常侍因用宦者。魏文帝黄初初,置散骑,合于中常侍,谓之散骑常侍。"(86)散骑就是皇帝的侍卫官员。东汉中常侍则属宦官系列,如汉末有十常侍把持朝政。但是,中常侍在西汉时期肯定不是宦官系列。如果属于宦官,不会用来作为加官。朝廷不会将一个宦官职务加给一个士人职官。汉武帝时期就非常明确,用士人称尚书令,用宦者则用中书令的称呼。司马迁就因为宫刑而被汉武帝任命为中书令。也正因如此,虽然汉武帝重新任用司马迁,但司马迁并不以之为荣。

4-5. 给事中

给事中也是一种加官,作为加官,"所加或大夫、博士、议郎,掌顾问应对,位次中常侍"(87)。

对于给事中的职能,卫宏《汉旧仪》说得更加明确:"诸给事中,日上朝谒,平尚书奏事,分为左右曹,以有事殿中,故曰给事中。多名儒、国亲为之,掌左右顾问。"(88)这就和一般的散骑随从有别。同时,因"有事殿中",负有具体的实际责任,所以,孔光在免去丞相职务后,因被加给事中,仍"与闻政事"。一般加给事中的都是三公九卿等。加上给事中,就可以入朝"辅政",与闻政事。加给事中的既可以是大臣,也可以是普通官员,这里面关键是"给事"。汉代的张安世,因为父亲的关系担任了郎官,但是因为能写文章,“给事尚书”。颜师古解释说:“于尚书中给事也。给,供也。”[89]张安世是张汤的儿子,只是一个普通的郎官,因为给事尚书,成为有职有权的官员。在汉代,还有很多大臣或者普通官员加官给事中的。终军以谒者加给事中,宣帝时期田延年以大司农加给事中,魏相以御史大夫加官给事中,不一而举。给事中常常是根据需要给某个官员加官,所以,给事中无定员,不像外朝官那样,有着固定的编制名额限制。

除了给事中,还有给事黄门,也属于加官性质的官。“凡禁门黄闼,故号黄门,其官给事于黄闼之内。”[90]

给事黄门,《宋书·百官志》对其职能与编制作了介绍:“给事黄门侍郎,四人。与侍中俱掌门下众事。郊庙临轩,则一人执麾。”“秦曰给事黄门,无员,掌侍从左右,汉因之。汉东京曰给事黄门侍郎,亦无员,掌侍从左右,关通中外,诸王朝见,则引王就坐。”

4-6. **诸曹、诸吏**

诸曹又称左右曹。诸曹、诸吏作为加官,大约始于汉武帝。《汉书·成帝纪》注引应劭语:“《百官表》诸吏得举法案劾,职如御史中丞。武帝初置,皆兼官所加,或列侯、将军、卿大夫为之,无员也。”《通典·职官》载:“武帝时,左右曹诸吏分平尚书奏事,知枢要者始领尚书事。”朝中官员如果加上左右曹或者诸吏的加官就得到了接触皇帝的机会,不但有权,而且秩级也得到提升。“元帝崩,成帝即位,征(张)禹、(郑)宽中,皆以师赐爵关内侯,宽中食邑八百户,禹六百户,拜为诸吏光禄大夫,秩中二千石,给事中,领尚书事。”张禹不但拜为诸吏,还是给事中,领尚书事,这就成了实实在在的权臣。

但是我们看到,自东汉以后,诸曹与诸吏便逐渐消失了,而尚书、侍中、给事中逐渐从内朝官转为外朝官,并代替了丞相、太尉与司空,成为中央主要机构与职官。

汉代内朝官的发展变化是皇帝与中央权力机构长期斗争的产物。一方面,中央最高权力部门长官要维护中央国家机构编制的法定性,使国家统治在法律规定的范围内行使,这就需要依靠国家机构编制限制皇帝的权力。另一方面皇帝又不想自己的权力受到约束,于是皇帝就利用自己至高无上的权力,突破对自己权力的束缚。皇帝无法打破国家机构对自己权力的制约,就不断提升身边侍卫服务人员的权力,想办法让身边没有编制的宫廷服务人员变成有国家编制的官员。于是,本来是服务人员的侍臣,一步一步变成了执掌国柄的权臣,使得国家机构编制发生重大变化。内朝官逐渐走出内宫,变成了外朝官。内朝机构变成了中央机构。

5. 太子宫与皇太后宫、皇后宫职官

5－1. 太子宫

机构沿革

秦代建立之后,秦始皇宣布:“朕为始皇帝。后世以计数,二世三世至于万世,传之无穷。”(91)但是秦始皇并没有预设太子,并没有提前安排接班人,没有让官员们都知道哪个儿子是接班人,以致他突然去世之后,让自己身边的胡亥与赵高有机可乘,夺取了皇位。秦始皇虽然有理想的接班人扶苏,但是因为没有将其明确立为太子,胡亥即位以后,扶苏首先就被逼死,导致秦国二世而终。刘邦吸取秦二世亡故的教训,及早设立了接班人太子。刘邦宠爱戚夫人而欲另立太子的时候,遭到了所有大臣的反对。太子是储君,皇位的继承人,皇帝为了培养太子,专门为太子配备了一套机构与职官。太子宫的职官往往成为朝廷的后备人员,太子即位之后,太子宫的官员也都身居要职。汉代的太子宫官机构为历

代沿袭,虽然清代不预设太子,但是还沿袭保留了太子机构詹事府。

机构职能

太傅、少傅是太子宫最重要的官员。“汉魏故事,太子于二傅执弟子礼,皆为书不曰令,少傅称臣,而太傅不臣。”(92)担任太子太傅、少傅的都是德高望重之臣,而且多是名儒硕士。太子太傅地位尊崇,“位次太常”,职掌辅导太子,礼如师,不领官属。“太子少傅,二千石。本注曰:亦以辅导为职,悉主太子官属。”(93)

太子太傅与少傅的共同职能就是均为太子的师傅。不同之处是,少傅有管理太子宫属官的职权,而太傅只是单纯辅导太子。

机构编制

太子宫官编制除了太傅、少傅外,还有太子詹事,《宋书·百官志》:“汉西京则太子门大夫、庶子、洗马、舍人属二傅,率更令、家令、仆、卫率属詹事,皆秦官也。后汉省詹事,太子官属悉属少傅,而太傅不复领官属。”太子门大夫,二人,六百石。太子庶子,无定员(94),太子洗马十六人(95),太子舍人二十人(96),“舍人,秦官也,汉因之,比郎中,选良家子孙。后汉无员,更直宿卫,如三署郎中”(97),太子率更令丞各一人,家令丞各一人。太子仆一人、太子中盾一人、太子卫率长丞各一人、太子仓令一人、太子食官令一人、太子厩长一人、太子门大夫二人、太子中庶子五人等。

太子詹事,秩真二千石。率更令、丞,秩千石。家令、丞,秩千石。太子仆,秩千石。中盾,秩四百石。卫率长、丞,秩千石。太子门大夫,二人,六百石,职比郎将。中庶子,五人,六百石。洗马,十六人,秩比谒者,从官吏子弟中适合担任者中选拔。舍人,二十人,从良家子弟中选拔。厨、厩长、丞,这些官员有的负责警卫,有的负责门户,有的负责与朝廷的来往事宜,有的负责饮食、马匹、出行。到了东汉,太子宫的职官更加完备。

5-2. 皇太后宫官

机构沿革

在皇帝年幼的时候，往往容易出现太后专权的现象。太后主权是秦汉的特点。汉代很多时候，皇帝即位年幼，这就给年轻的皇太后掌权创造了条件。当皇帝年幼的时候，皇太后的权势超过了皇帝。“东京皇统屡绝，权归女主，外立者四帝（谓安、质、桓、灵），临朝者六后（章帝窦太后、和熹邓太后、安思阎太后、顺烈梁太后、桓思窦太后、灵思何太后），莫不定策帷帟，委事父兄，贪孩童以久其政，抑明贤以专其威。”(98) 正因如此，皇太后宫职官不容忽视。在西汉，太后宫有长信宫、长乐宫。皇太后宫官员称皇太后卿。整个汉代，很多皇帝都由太后掌权。很多时候，可以说是政出后宫，皇帝从皇太后那里领了懿旨，再到朝议时宣布。母后干政往往造成外戚擅权。后宫官员都是秉承太后的懿旨，太后在政权中的作用不容忽视。

机构职能

太后宫少府掌管宫内事务，太仆掌管车马舆服，卫尉负责警卫。

机构编制

在景帝以前，太后宫主官是詹事，景帝之后称少府。少府与太仆、卫尉合称“太后三卿”。其他属官有少府丞、太仆丞、卫尉、私府令、车府令、永巷令、丞等。太后宫的官员一般都由宦官担任。但是太后三卿一般都由士人担任。

5-3. 皇后宫官

机构沿革

皇后宫又称中宫。皇后是太子的母亲，皇帝去世，太子就能即皇帝位，所以，皇后宫在诸宫中极为尊贵。正因如此，汉代皇后充满了变数，在废立皇后上刀光剑影，你死我活，稍有不慎，就会失去皇后宝座，被打入冷宫，甚至被杀。钩弋夫人就因为汉武帝要立她的儿子刘弗陵为太子而被逼自杀。皇后的地位往往影响国舅的地位，皇后得宠，国舅就擅权，皇后失宠，国舅也就失势。皇后决定着家族的命运。作为国舅来说，也不甘轻易失去大权。围绕着皇后的废立，整个汉代，尤其是东汉，充满了腥风血雨。光武帝鉴于王莽篡权的教训，不但限制太后，更限制皇后宫官编制。一般来说，皇后无法擅政，国戚却可以擅权。当皇帝去世之后，幼子登基，皇后的身份也发生了变化，由皇后变成太后。皇后失去了丈夫，也就失去了制约她的力量，不但为其擅政创造了条件，也为外戚擅权跋扈提供了便利的机会。

机构职能

在秦汉初期，皇后宫主要官员有詹事（少府）、将行与卫尉。在景帝中元六年（前144），改将行为大长秋，与卫尉、太仆同为皇后卿。这些官员都是由士人而不是由宦官担任。詹事负责宫内事务，将行（大长秋）负责宫外联络，卫尉则负责警卫。

机构编制

皇后宫官除了詹事、将行（大长秋）、卫尉三卿外，其他属官编制有：大长秋丞、中长秋、私府令、丞，私府令秩千石，与皇帝御府令相同。永巷令、丞（永巷主要关押犯错的宫女与失宠的皇后），仓令、丞，厩令、丞，祠祀令、丞，这些官员一般秩在六百石以上。东汉以后皇后宫官员大大减少，有大长秋一人，二千石。中宫仆一人，千石。中宫谒者令一人，六百石。中宫尚书五人，六百石。中宫私府令一人，六百石。中宫永巷令一人，六百石，丞一人。中宫黄门冗从仆射一人，六百石。中宫署令一人，六百石。仓令、丞各一人，厩令、丞各一人，祠祀令、丞各一人，食官令、丞各一人。这些官员多数是宦官。

秦汉中央机构编制表

机构	职官	职能	编制	备注
丞相府	丞相、相国 司直 长史 东曹掾、西曹掾	掌丞天子，助理万机 掌佐丞相，举不法	2人 1人 1人 员吏382人	汉哀帝改为司徒，汉献帝改为丞相
太尉府	太尉 长史 掾史	掌武事 掌诸曹事	1人 1人 掾史24人	东汉掾史35人
御史大夫府	御史大夫 御史中丞 御史 御史掾、御史属、主簿、少史、柱下史、御史中丞	掌副丞相 掌兰台秘书，外督部刺史，内领侍御史，受公卿奏章，纠察百僚 掌律令、刻印、斋祠、厩马、护驾等	1人 2人 45人	
太常寺	太常卿 太常丞 太史令、博士祭酒、博士、太祝令、太宰令、太予乐令、高庙令、世祖庙令、丞等	掌礼仪祭祀	1人 1人 令丞各1人，博士数十人	秦称奉常 有的令有二丞
郎中寺（光禄勋）	郎中令 郎中令丞 太中大夫、中大夫、谏大夫 议郎、中郎、侍郎、郎中 谒者等	掌宿卫宫殿门户	1人 1人 无定员 无定员 5人	

（续表）

机构	职官	职能	编制	备注
卫尉寺	卫尉卿 卫尉丞 公车司马令、丞，丞、尉。南宫卫士令、丞。北宫卫士令、丞。旅贲令、丞。左右都候、丞等	掌宫门卫士，宫中徼循事	1人 1人 各设令、丞，尉、司马若干人	
太仆寺	太仆卿 太仆丞 大厩令、未央厩令、家马厩令、车府令、路軨厩令、骑马厩令、骏马厩令等	掌舆马 协助太仆总理曹事	1人 1人 若干人	
廷尉寺	廷尉卿 廷尉正 廷尉左监、右监，廷尉左、右平等 廷尉史、奏谳掾、奏曹掾等	掌刑辟	1人 1人 各1人 若干人	中间多次改为大理
大鸿胪寺	大鸿胪卿 大鸿胪丞 行人令、译官令、别火令、郡邸长、使主客、大鸿胪文学、大行卒史、大行治礼丞等	掌诸侯及四方归义蛮夷 总署曹事	1人 1人 员吏55人	景帝时期曾改为大行令 员吏编制各史书记载不一
宗正寺	宗正卿 宗正丞 都司空令等	掌亲属 主管曹事	1人 1人 员吏41人	《汉官》所列编制

（续表）

机构	职官	职能	编制	备注
大司农（治粟内史）	大农令 大司农丞 搜粟都尉、大司农部丞、太仓令、丞，均输令、丞，平准令、丞，都内令、丞，籍田令、丞，斡官长、丞，铁市长、丞，郡国诸仓长、丞，郡国农监、丞，郡国都水、丞，盐官、铁官、导官令、丞等	掌诸钱谷金帛诸货币 主持各郡国税收诸事宜，盐铁、平准、均输等	1人 2人 各1人 员吏164人	秦与汉初称治粟内史 大司农丞又叫大农中丞 《汉官》编制
少府寺	少府卿 丞 尚书令、丞 尚书、左右丞、尚书郎、尚书侍郎、符节令、太医令、太官令等 侍中、中常侍等 给事中等 水衡都尉	掌山海池泽之税，以给供养 掌通章奏 侍帷幄，受顾问 主上林	1人 6人 各1人 36人 无定员 无定员	 成帝设尚书曹，置四尚书，光武帝置六尚书
中尉（执金吾）	中尉 丞 候、司马、都尉、千人等	掌徼循京师	1人 2人	
将作大将（将作少府）	将作大匠 丞 左中候、右中候、石库令等	掌治宫室	1人 1人 若干人	

第三节　秦汉地方机构编制

秦汉地方政权，基本上是郡县两级。汉代有王国，相当于郡，故常并称郡国。汉代又有刺史，为监察官。刺史就其职能来说，它属于国家的派出机构，还不属于行政机构。刺史职权逐渐膨胀，置属设官，东汉时期成为地方政权的最高机构。就整个秦汉时期来看，刺史主要是监察官。

1. 三辅衙门(河南尹)

机构沿革

京师属天子脚下，与一般的郡有所不同，是特殊行政管理区，在机构编制上也与一般的郡有区别。秦以内史治京师，汉初因之。景帝分左、右内史，将京师一分为二；武帝再二分为三：京兆尹、左冯翊、右扶风，统称三辅。三辅治所均在长安城，辖区包括京城及其周围各县。三辅相当于郡，但因其朝廷所在，地位重要，故不称郡而分别称京兆尹、左冯翊、右扶风。三府长官不称太守（郡守）而以地区之名为称。三辅长官的官阶较一般的太守要高，与诸卿相同。三辅调任太守，属于降职，太守调任三辅，则属于升迁。只有政绩突出的太守才能升任三辅。当时有不少公卿是由三辅升任，有的则是在升迁之前就曾担任过三辅长官，以试其能，然后任命。三辅长官因在天子脚下，京师官宦子弟麇集，所以，三辅也不好干。

机构职能

掌治京师。关于其职能，我们可以参看郡守（太守）的职能。郡守（太守）的职能可以说与三辅职能大部分相同，不同之处在于，三辅市政管理的职能多一些，应付朝廷的事务多一些。

机构编制

三辅长官有不同的属官。共同的就是三辅都有秩六百石的丞。

京兆尹属官有长安市令、丞，长安厨、令，都水长、丞，铁官长、丞。其他属官有主簿、贼捕掾、督邮、门下督等职官。

左冯翊属官有廪牲令、丞、尉，左都水长、丞，铁官长、丞，云垒长、丞，长安四市长、丞。

右扶风属官有令、丞，右都水长、丞，铁官长、丞，厩长、丞。除此之外，三辅也都具备其他各郡所应有的操掾属吏，而且这些操掾属吏秩都比其他郡要高，甚至连狱吏的秩都要高一些。

东汉之后，迁都洛阳。掌治京师的为河南尹。原来的三辅因为陵庙所在，继续保留京师地位，但级别降了一级，由中二千石降为二千石，等同一般太守。《汉官六种》记载："河南尹员吏有九百二十七人，十二人百石。诸县有秩三十五人，官属掾史五人，四部督邮吏部掾二十六人，案狱仁恕三人，监津渠漕水掾二十五人，百石卒史二百五十人，文学守助掾六十人，书佐五十人，修行二百三十人，干小史二百三十一人。"

河南尹属官廪牲令，有丞一人，三百石。员吏四十人，其十一人斗食，十七人佐，七人学事，五人守学事。

河南尹洛阳市长一人，秩四百石。丞一人，二百石。员吏三十六人，其中十三人为百石啬夫，十一人为斗食，十二人佐。洛阳市长属下还有楫棹櫂丞，三百石，主掌水渠。楫棹丞属下有员吏六人。

2. 州刺史

机构沿革

秦代无"州"这一级别。秦代的监御史为郡的属官，位列守、尉之下,但是因为有“掌监郡”的职能,所以地位重要。汉初沿袭秦代监郡的体制,但不是御史,而是由丞相府的官员执行秦代监御史的职能。“丞相遣史分刺州,不常置。”(99)“惠帝三年,相国奏遣御史监三辅不法事:有辞讼者,盗贼者,铸伪钱者,狱不直者,徭赋不平者,吏不廉者,吏苛刻者,逾侈及弩力十石以上者,作非所当服者,凡九条。”(100)在丞相派出官员监察的同时,御史大夫也派出监察御史分巡郡国。由于政出多门,自然出现扯皮现象,所以,从汉武帝时期开始便取消丞相与监察御史,分头派人监察郡国,将全国分为十三州部。汉武帝所设立的州部并不是一级政府机构,而是监察区。十三州部即十三个监察区。每州派刺史一人。十三州部刺史直接受御史大夫管辖,主要任务是监察二千石。刺史虽然负有监察监督二千石的职能,但刺史本人级别很低,只是六百石官员。可以说,以小制大是汉武帝的发明。汉武帝的以小制大被后代很多王朝所袭用。汉成帝绥和元年(前8),改刺史为州牧。哀帝建平二年(前5)改州牧为刺史。哀帝元寿二年复改为州牧。王莽以复古著称,自然使用州牧的名称。建武十八年(42)改为刺史。汉灵帝中平五年(188)又改刺史为州牧。刺史与州牧改来改去,绝不仅仅是名称的改变,实际是中央与地方权力斗争的表现。刺史的职能是对地方官员的监督、监察,州牧则是地方官员对地方的治权。刺史的特点是监察,州牧的特点是牧民。随着州牧刺史的变更,刺史的权力越来越大。刺史权力逐渐扩大,开始干预地方行政并固定治所,属员增多,建立办事机构。州由监察区变为行政区,刺史由中央派出的监察官变为地方政权最高行政长官,凌驾于郡国守相之上。这是一个相当长的过程,真正完成这个过程,是在东汉后期。在此之前,刺史主要是监察官。刺史由原来国家派出的监察官变为地方高级行政长官,其秩级也发生了变化,由六百石升为中二千石。州刺史管理数郡之地,民政、财政、军权一手独揽,成为雄踞一方的诸侯。

机构职能

刺史的主要职能是监察，一察二千石，二察强宗豪右。“刺史班宣，周行郡国，省察治状，黜陟能否，断治冤狱，以六条问事，非条所问，即不省。一条，强宗豪右田宅逾制，以强凌弱，以众暴寡。二条，二千石不奉诏书遵承典制，倍公向私，旁诏守利，侵渔百姓，聚敛为奸。三条，二千石不恤疑狱，风厉杀人，怒则任刑，喜则淫赏，烦扰刻暴，剥截黎元，为百姓所疾，山崩石裂，袄祥讹言。四条，二千石选署不平，苟阿所爱，蔽贤宠顽。五条，二千石子弟恃怙荣势，请托所监。六条，二千〔石〕违公下比，阿附豪强，通行货赂，割损正令也。”(101)可见刺史督查对象主要是郡国守相，其次是强宗豪右，包括诸侯王。超出六条规定，刺史无权过问。刺史所监察的内容，不仅关系到国家机构官员的廉洁勤政，同时也关系到百姓的切身利益。官员和豪强不法，受害的还是普通百姓。刺史之设，完全是实施监察，虽监察权力很大，但无任何行政权。刺史督查，是奉诏行事，刺史是中央的派出官员，而不是地方官，但刺史的督查对象在地方。

机构编制

十三州部每州设刺史一人，汉初省监御史，由丞相派员分别监察地方，惠帝时一度复置，但亦为时甚短。由于刺史不是国家所确立的地方高级长官，所以，在属官的设置上也与郡县不同。州刺史在刚刚设立的时候，并没有固定的办公场所，属官很少。随着刺史权力的增大，属官编制不断增多，其重要属官有别驾、治中、兵曹从事史、部从事史、主簿、录阁下众事、门亭长、功曹书佐、律令师、月令师等，分别负责军事、钱粮、文书、人事等事务。

汉代刺史由监察官向地方最高行政长官的转变，是汉代中央政权与地方政权势力长期斗争的必然结果。从刺史的监察六条可以看到，汉代最高统治者皇帝对于地方二千石和地方豪强的不法行为是非常清楚的，如任其发展，不但危害百姓利益，更会危害朝廷。所以，专门设立十三州部刺史监督、监察。两汉以刺史督查地方，对于整顿吏治、加强中央集权，确有一定积极作用。不少守正不阿的刺史受到百姓的赞颂。但随着地方二千石与地方豪强势力的增大，他们便不甘心自己的权力受到约束，就想方设法改变刺史的监察职能。于是，就出现了刺史与州牧名称的不断转换。刺史绝不甘心长期担任只得罪人而没有实权的刺史，他们不但要想办法监察官员，还要牧民。最终州牧取代了刺史，成为地方最高行政长官。刺史在机构编制上已经开始逐步为监察官向行政长官的转变创造了条件。当这一转变完成之后，汉代的地方行政体制便由郡、县二级制变成了州、郡、县三级制。刺史在西汉前期，因为职能只是监察，不但居无定所，没有固定的衙门驻地，哪里发生了问题，就到哪里处理问题，而且也没有掾属，即使有也很少。很多时候，到了哪个郡国，就选择所在郡国曹掾协助自己处理案件。从汉元帝开始才为刺史设置属官。“元帝时，丞相于定国条州大小，为设吏员，治中、别驾、诸部从事，秩皆百石，同诸郡从事。”(102)此时的刺史机构编制少得可怜，配备的吏员都是低秩级的，都是百石小吏，而且这些吏员都是刺史自己辟除。此时，国家只是给了刺史自行辟除百石小吏的权力。自行辟除的吏员一是秩级低，二是不属于国家的正式职官编制。随着刺史地位的提高与刺史作为地方最高行政长官地位的逐步确立，刺史吏员地位也逐步提升，而且吏员也逐渐增多。不但有别驾等官，还有长史、司马、校尉、都尉。实现行政职能转变的刺史（州牧）辖郡数量最少的四个，最多的十二个。刺史（州牧）就成了实实在在的地方诸侯，成了汉王朝的掘墓人。

3. 司隶校尉

机构沿革

与刺史职能类似、设置时间差不多的还有司隶校尉。

司隶校尉本是汉武帝为追查巫蛊案[103]而临时设置的，后来成为督查三辅（京兆尹、右扶风、左冯翊）、三河、弘农七郡的监察官。司隶校尉的设置比刺史要晚。武帝元封五年（前106）初置部刺史，司隶校尉则设立于征和四年（前89）。“司隶校尉，周官，武帝征和四年初置。持节，从中都官徒千二百人，捕巫蛊，督大奸猾。后罢其兵。察三辅、三河、弘农。元帝初元四年去节。成帝元延四年省。绥和二年，哀帝复置，但为司隶，冠进贤冠，属大司空，比司直。”[104]司隶校尉完成了缉捕巫蛊与大奸猾之后，并没有撤销，而是负责监察三辅与三河、弘农七郡。这样，司隶校尉就与刺史具有同样的职能了。

机构职能

对于司隶校尉的职能，《汉书·百官公卿表》只有简单的一句话：“察三辅、三河、弘农。”《后汉书》则较为明确，“掌察举百官以下及京师近郡犯法者”。“（司隶校尉）职在典京师，外部诸郡，无所不纠。封侯、外戚、三公以下，无尊卑。入宫，开中道称使者。每会，后到先去。”[105]汉代外戚犯法比较严重，监察外戚也就成为司隶校尉的主要职能之一。“（邓太后）诏告司隶校尉、河南尹、南阳太守曰：‘每览前代外戚宾客，假借威权，轻薄謥詷，至有浊乱奉公，为人患苦。咎在执法怠懈，不辄行其罚故也。今车骑将军骘等虽怀敬顺之志，而宗门广大，姻戚不少，宾客奸猾，多干禁宪。其明加检敕，勿相容护。’自是亲属犯罪，无所假贷。”[106]

司隶校尉与刺史虽然职能相同，但是权力要比刺史大，因为他们所监察的对象不同。同属监察官，但司隶校尉的地位要比刺史高。

机构编制

司隶校尉属官有从事史与假佐。

"从事史十二人。本注曰：都官从事，主察举百官犯法者。功曹从事，主州选署及众事。别驾从事，校尉行部则奉引，录众事。簿曹从事，主财谷簿书。其有军事，则置兵曹从事，主兵事。其余部郡国从事，每郡国各一人，主督促文书，察举非法，皆州自辟除，故通为百石云。假佐二十五人。本注曰：主簿录阁下事，省文书。门亭长主州正。门功曹书佐主选用。孝经师主监试经。月令师主时节祠祀。律令师主平法律。簿曹书佐主簿书。其余都官书佐及每郡国，各有典郡书佐一人，各主一郡文书，以郡吏补，岁满一更。"(107)

4. 郡府与郡守

机构沿革

秦统一后，在全国设36郡，后增至48郡。郡的官署称郡府，汉朝人或称本朝、郡朝，乃至尊称朝廷。(108)秦郡府的长官称郡守，汉改称太守。"郡守，秦官，掌治其郡，秩二千石。有丞，边郡又有长史，掌兵马，秩皆六百石。景帝中二年更名太守。"(109)

机构职能

太守（郡守）职能，《后汉书·百官志》："凡郡国皆掌治民，进贤劝功，决讼检奸。常以春行所主县，劝民农桑，振救乏绝。秋冬遣无害吏案讯诸囚，平其罪法，论课殿最。岁尽遣吏上计。并举孝廉。"《后汉书·百官志》还注引胡广语："秋冬岁尽，各计县户口垦田，钱谷入出，盗贼多少，上其集簿。丞尉以下，岁诣郡，课校其功。功多尤为最者，于廷尉劳勉之，以劝其后。负多尤为殿者，于后曹别责，以纠怠慢也。诸对辞穷尤困，收主者，掾吏关白太守，使取法,丞尉缚责,以明下转相督敕,为民除害也。”“太守专郡,信理庶绩,劝农赈贫,决讼断辟,兴利除害,检举郡奸,举善黜恶,诛讨暴残。”(110)

太守上承朝廷诏令,下理所属各县,全权负责一郡政务。其主要职责:

第一,劝民农桑,救孤扶困,促进人口增长。

发展当地经济可以说是郡守的首要任务。汉代在发展经济上采取的是与民休息、无为而治的政策,国家尽量不搞劳民工程,以保证百姓“齐出南亩”,每年郡守要将本郡经济发展情况上报朝廷,称之为上计。对于本郡鳏寡孤独贫困农民要进行救助,保证本郡人丁增长。战后的西汉人口减少,增加人丁成为郡守的重要考核指标。

第二,自命僚属。

秦汉时期,郡府的官员有两类,一是郡守(太守)及其主要助手郡丞、郡尉(都尉),他们是执行政务的,级别也比较高,属地方长吏,由朝廷任免。除此之外,其他一般幕僚或属官,即负责具体事务的郡吏,郡守(太守)有权自行任命。任命的方式,或召(召见)、或请(邀请)、或署(暂任),郡守(太守)可根据不同情况自由选择。郡守(太守)自命僚属,为其履行职责提供了很大方便。从整个封建社会来看,几乎绝大多数朝代地方长官都有自行聘用僚属的权力。尽管朝廷赋予地方长官自行聘用僚属的权力,但从史书记载中,很少发现有地方长官滥用职权、拼命扩大僚属的现象。各个朝代的地方长官都自觉地把僚属的聘用人数控制在一定范围之内,表现出地方长官的执政公心与公允。即使在吏治最腐败黑暗不堪的朝代,地方长官也都能做到这一点。

第三,选拔推荐人才。

汉代规定,郡守(太守)任职一年以上,便须举荐本郡贤能到朝廷任职,以补充官吏。这有两种情况,一是根据皇帝诏令,选拔荐举某方面人才。二是按照当时规定的科目,每年举荐如孝廉、贤良方正、茂才卓异、文学明经等,若发现人才,郡守(太守)当面鼓励,并派车送往京师。推荐的人才如果真的优秀,郡守受赏。若有人才所举不实,郡守(太守)受罚,甚至免官,表现出汉代对人才的高度重视。这种对人才的高度重视对以后的王朝启发很大,许多王朝都像汉朝一样,要求地方官员推荐人才。在西汉,地方长官选拔推荐官员比较公正严谨,为国家推荐了大批人才。到了东汉末期,地方长官选拔荐举官员泛滥,成为选拔近亲、亲信的主要手段。

第四,发布政令。

秦汉郡守(太守)可根据当地风土民情自行制定某些政令(当时称条教、教条或条式)公布施行。这些政令涉及范围很广,包括鼓励农桑、种树蓄养、补充律令、整顿风俗以及发展文化教育等。郡守(太守)某些卓有成效的政令,还常被推广到全国,如西汉蜀郡文翁的"修起学官"、东汉山阳秦彭发展农业"所立条式"等。

第五,赏罚、司法与监察。

秦汉郡守(太守)对所属吏民有赏罚、司法与监察之权。《后汉书·百官志》载太守职掌明确指出:"掌治民,进贤劝功,决讼检奸。""进贤劝功",就是议论赏罚。郡守(太守)属官有功曹,专管这方面的事。"决讼"就是司法断案,属官有决曹主管其事。"检奸"就是监察。郡守监察的对象主要是各县令长。在春天的时候,郡守就会巡行所属各县,或者公开,或者微服私访,对各县令长的工作进行监督考察。有时也派出属官督邮进行巡行监察。属官督邮,专司监察。《三国演义》中就有一章"张翼德怒鞭督邮"。

第六,专杀之权。

按正规法令，郡守（太守）无权批准杀人，吏民罪重至死，亦需上报朝廷批准。但有时因情况特殊，太守也可专杀。“广汉郡盗贼群起……上事拜河东都尉赵护为广汉太守，以军法从事。”(111)以军法从事，就意味着他有专杀之权。“济南瞯氏宗人三百余家，豪猾，二千石莫能制，于是景帝拜（郅）都为济南守。至则诛瞯氏首恶，余皆股栗。”(112)到了东汉，太守不但可以对普通人有专杀之权，甚至对县令也有专杀之权。皇帝赋予他们先斩后奏的权力。

第七，将兵之权。

郡守（太守）的军事助手都尉，其职责是“掌佐守典武职甲卒”。既然是“佐守”（协助郡守）主管本部“武职甲卒”，说明统率郡兵之权主要在郡守（太守）。

不过郡守（太守）虽然将兵，但无权擅自发兵。郡守（太守）发兵，必须要有皇帝的虎符。只要皇帝的虎符与自己的虎符相吻合，郡守（太守）就可发兵。遇到紧急情况，来不及上报，郡守（太守）也可权宜发兵，事后向皇帝汇报。郡守（太守）如果没有虎符擅自发兵，轻则降级免官，重则斩首。如上党太守公孙戎奴因没有报告便发兵进攻匈奴而被免官。不过，东汉以后，情况发生变化，建武中期，撤销都尉，将都尉之权划归太守，太守直接将兵。东汉后期，为了镇压农民起义，郡守自行发兵成了常有的事。东汉末年，太守不但将兵、发兵之权兼有，而且自行募兵，成立自己的私人武装，最后很多太守成了诸侯王，造成地方割据，军阀混战。

第八，掌地方财政。

汉代地方财政经费主要是由中央从各郡的赋税中划拨。此外，属于各郡的公田和山泽之利，收入亦归郡府。凡属郡府的收入，郡守有权自行支配。

郡尉，汉景帝时改称都尉，是郡守的军事副手，级别比郡丞和边郡的长史都高。“都尉，治盗贼甲卒兵马”，“典兵禁，备盗贼”。[113]郡尉协助郡守分管军事,郡内的一切军事行动,包括军事训练、考核以及郡内治安等,概由郡尉负责。

郡守(太守)属官郡丞协助郡守管理民政,《宋书·百官志》指出,“守治民,丞佐之”。长史协助郡守管理军政,卫宏《汉旧仪》指出,边郡“置长史一人,掌兵马;丞一人,治民;当兵行,长史领”。郡丞和长史除协助郡守(太守)处理郡事外,在郡守暂缺或因病不能任事时,也可以代理郡守(太守)理事。

机构编制

郡府除郡守外,主要属官有郡丞。边疆的郡,还有长史。郡丞和长史,都是郡守的主要助手。

郡尉与长史虽然都是协助郡守处理军事,但长史只在边郡设立,郡尉则是各郡都置。郡尉作为郡守(太守)的属官,与其他属官不同的是,有专门的衙门,都尉衙门叫都尉府。都尉一般不同郡守同一治所。所以,《汉书·地理志》夹注多标明某郡某县某都尉治。都尉不但有自己的衙门,还有众多的属官都尉丞,是六百石官员。可见都尉地位比长史要高得多。边境诸郡,因防务需要,郡兵多于内地,太守也直接领兵,由长史率领。

郡守(太守)衙门与朝廷机构一样,也是分曹办事。有功曹、五官掾、督邮掾、户曹、比曹、时曹、田曹、水曹、仓曹、金曹、集曹、漕曹、法曹、兵曹、尉曹、贼曹、决曹、辞曹、医曹、主簿和学官(学官为各郡国管理学校教育的官员,汉代各个郡都设立学校。学官又称校官)等。比曹官低一级的是令史和掾吏。有些曹官和掾吏是太守自己聘用的。

在太守属官中,功曹是地位最高的。“功曹众吏之率”“功曹之官,相国是也”。[114]功曹成为太守的最得力的助手,很多时候,太守将郡中大事直接交给功曹处理。功曹还有推荐官员的权力。

五官掾也是太守的重要属官之一。五官掾没有固定的分工,但是协助功曹与诸曹处理郡中政务，属于近代的“无任所大使”，没有功曹，他就接替功曹的职务，其他曹出缺，他又干其他曹的工作。

郡守（太守）属吏中负责监察的是督邮掾。除了督邮掾还有督邮曹掾、督邮书掾，简称督邮。督邮的职责为监察所属县政，属于专职监察官员，还可以缉捕盗贼、押送囚犯等。《后汉书》卷二五《卓茂传》注引《续汉志》曰：“督邮掾。以察诸县也。”督邮虽不由朝廷任命，但职掌监察县政，责任重大，被称为太守的耳目。在郡府中，地位也高，有“督邮，功曹之极位”(115)之说。在两汉，郡对县实施监察，也分若干监察区，称为部。一郡少则两部，或有三部、四部乃至五部（中东南西北）。每部设督邮一人，分部巡行，唯不监察本人家所在之部。这也是一种回避，因为督邮与其他属吏一样，一般都是本地人。

主簿为郡守（太守）的“办公室主任”，主记室史是太守的“文字秘书”，少府则是郡守（太守）的“财务总管”。除此之外，郡守（太守）衙门还有诸多属吏。

郡守诸曹除了主持工作的曹官，各个曹官根据自己所分工的工作，也都有自己的属吏，有的属吏达几十人。“阁下及诸曹各有书佐，干主文书。”这些书佐不但级别低，待遇也低，称之为“斗食”。“一百石奉，月十六斛。斗食奉，月十一斛。佐史奉，月八斛。”(116)这些佐史类似当代没有编制的临时工。但是这些“临时工”不在少数。《汉官》载：河南尹员吏九百二十七人。对于各个郡员吏职数，《晋书·职官志》载：“郡国户不满五千者，置职吏五十人，散吏十三人；五千户以上，则职吏六十三人，散吏二十一人；万户以上，职吏六十九人，散吏三十九人。”散吏用现在的话说，就是不在编人员。在汉代，散吏被称为“冗从”。当郡中事务多，忙不过来的时候，这些散吏就承担其他曹掾的工作。看来汉代无论是对于中央职官，还是地方职官的编制人数都有着严格的限制，谁也不能突破，这些散吏就成为郡守在人手不够时可供调遣的人。

另外，出产盐铁的郡，还设立专门的盐官与铁官，置盐铁令、长、丞，级别与县令、长相同。

边郡牧区则设立六牧师苑令。

5. 县廷与县令、长

机构沿革

县直属于郡，是基层地方政权。官署称县廷，或简称廷，有时也称寺。

县的长官称县令、县长，“万户以上为令”“减万户为长”。这是就一般情况而言，也有户口虽然不多，但是县的长官称令的，而人口众多的县反而称长，这与该县的地理环境位置及所派长官的官阶品级高低有关。也就是说，即使不满万户，但地理位置重要，长官级别高，长官也可称县令。但总体来说，县令、长是由所辖县的人数户口多少决定的。汉代地广人稀，增加人口是统治者的当务之急。

汉代的县有平、剧之区别。剧县就是问题比较多的县。善于治剧的县令不但提拔快，而且秩级也比平县县令、长要高。尹赏“以郡吏察廉为楼烦长。举茂材，粟邑令。左冯翊薛宣奏赏能治剧，徙为频阳令”(117)。尹赏本来只是一个郡吏，也就是一个曹官，被察廉提升为县长，又被察举茂材，升为县令。不但县令、长有区别，就是令与令之间也有区别，尹赏又因为能治剧，就从粟邑县令提升为频阳县令。

机构职能

县令、县长的职责，《汉书·百官公卿表》云：“掌治其县。”《后汉书·百官志》本注则曰：“掌治民，显善劝义，禁奸罚恶，理讼平贼,恤民时务,秋冬集课,上计于所属郡国。"由此可见,县令、长的职责,总体来说是全面负责一县事务,无论巨细。"掌治其县",其重点在社会治安与赋税。"显善劝义,禁奸罚恶,理讼平贼",是指稳定社会秩序,处罚犯罪,维持治安,以巩固封建王朝统治;"恤民时务,秋冬集课,上计于所属郡国",则是救济贫穷,关注民生,每到年终,还要向郡国报告本县"户口垦田,钱谷入出,盗贼多少"[118],这是考核县官政绩的基本依据。政绩优异突出的,给以慰问勉励,政绩差的则要受到责罚乃至处罚。

县令、长还有一个重要职能,就是以礼和法教化百姓,劝民向善,也就是宣传普法教育工作,教育百姓尊礼守法,弃恶向善。这样的事例在史书上都有不少的记载。

机构编制

县级机构从其建立起,就与其他机构有着不同之处。县作为一级地方政府机构,不但设有县令长,还设有其他职官。封建社会早期的国家机构往往是一个职官就是一个机构,而县廷则是一个机构群体。

县令、长的主要助手有县丞、县尉,是县廷中除令长之外地位最高的官员,属于"长吏",与地位很低的"少吏"有着显著的区别。县丞"秩四百石至二百石,是为长吏"[119]。

县丞的职责,除协助县令、长处理一县政务外,还"主刑狱囚徒"。东汉县丞"署文书,典知仓狱"[120],说明县丞在一县之中,职权是较大的。县丞不完全是协助县令、长,本身有独立处理仓、狱事务的权力,而仓、狱又是县廷的重要工作之一。仓实际就是县级财政工作,也就是说县丞兼任财政和司法工作。

县尉"主盗贼。凡有贼发,主名不立,则推索行寻,案察奸宄,以起端绪"[121]。县尉主要职责就是负责维护一县治安。与此相关联,徭役的征调以及役卒和刑徒的劳作,也由县尉管理。县尉编制，一般来说，大县、剧县设左、右尉，小县、平县只设尉一人。汉长安城则属例外，设四县尉。东汉洛阳县尉编制也是四人。

县尉和郡尉一样，也有自己的治所和官署。《水经注》卷三五《江水》载：阳岐山东边有城，是原华容县县尉旧治，俞口北岸有小城，是原监利县县尉的治所。县尉有治所，也有自己的官署和属吏，这表明县尉虽是县令、长的主要助手，但其职权也有一定的独立性。

县廷其他属吏有功曹。功曹为县廷的主吏，汉代的丞相萧何在秦时就曾担任沛县功曹。功曹对外可以代表县令、长，有权指挥游徼、亭长。功曹之下有户曹、田曹、时曹、仓曹、金曹、集曹、法曹、水曹、兵曹、尉曹、贼曹、廷掾、将作掾、邮书掾、道桥掾、库啬夫、狱掾史、狱司空、主簿等。这些曹掾都是与郡守衙门对应的，但职数要比郡少得多。除了这些，还有一些更低一级的员吏，如佐史、书佐、循行、干、小史等。可以说，县一级衙门的编制从汉代起就规范起来。

另外，在县以下还有乡、亭、里、什、伍等行政组织，行使部分政权职能。“凡县户五百以上置乡，三千以上置二乡，五千以上置三乡，万以上置四乡。”(122)

乡直属县，有三老、啬夫、游徼。三老掌教化（教育感化百姓），三老虽然不是正式官员，但地位很高，不但县令、长要尊重他，就是皇帝对于他们也非常重视。三老一般都是由乡里德高望重有文化的长者担任。啬夫管理、审理诉讼和征收赋税，游徼负责流动巡逻，维持一乡的治安。

城市无乡，县下即亭；乡亦有亭，为乡村集镇，是中央与郡国文书传送的驿站和乡官治所，与县城的亭有所不同。乡亭亦直属县，亭长由县廷任命。亭长的职责和游徼相同，都是维持地方治安。区别在于游徼流动巡逻，负责一乡；亭长则管本亭范围之事。

6. 王国机构

机构沿革

汉初地方政权，除郡之外，还有王国。王国实际上是与郡并行的。

在楚汉战争中，汉高祖刘邦因军事、政治上的需要，曾封韩信、彭越、英布等异姓为王。消灭项羽之后，刘邦不得不承认既成事实。异姓王拥兵自重，割据一方，这让刘邦很不放心。刘邦费了很大精力，为他们制造了种种罪名，才将他们逐个解决。

刘邦在剪除异姓王的同时，认为秦朝之所以迅速灭亡，原因在于中央政权太孤单，当国家出现危机的时候，没有同姓的诸侯王出来帮忙。所以，刘邦又封自己的子弟九人为王，想依靠这些同姓王藩卫中央。另外，又封功臣一百多人为侯，以赏功勋并争取他们继续效忠汉朝政权。

当时的王国，“夸州兼郡，连城数十，宫室百官同制京师”[(123)]。在封国内，诸侯王拥有一切权力，除王国的太傅、相国、中尉由朝廷派遣外，其余百官，诸侯王均有任免权。实际上，一个王国就是一个独立小国。“汉初立诸王，因项羽所立诸王之制，地既广大，且至千里。又其官职傅为太傅，相为丞相，又有御史大夫及诸卿，皆秩二千石，百官皆如朝廷。国家唯为置丞相，其御史大夫以下皆自置之。至景帝时，吴、楚七国恃其国大，遂以作乱，几危汉室。”[(124)]“汉法，二千石缺，辄言汉补，大王逐汉所置，而请自置相、二千石。”[(125)]“梁王以至亲故，得自置相、二千石，出入游戏，僭于天子。”[(126)]多数王国的丞相由朝廷任命，在管理上，诸侯王容易与丞相发生矛盾。就地位而言，丞相无法与诸侯王相比，很多王国的丞相往往被诸侯王排挤走。刘邦本来是要刘姓子弟拱卫皇室，但恰恰是这些诸侯王给朝廷制造了一个又一个麻烦。王国与中央政府的矛盾愈演愈烈，终于爆发了吴楚七国叛乱。吴楚七国叛乱为汉景帝处理中央政府与各个王国间的矛盾提供了机会，加强了中央政府的权力。随后出现的强势梁国虽然将汉景帝弄得焦头烂额，但是毕竟没有引发动乱。汉武帝施行推恩令，削弱王国的势力，强化了中央政府的权力。并对各王国作了很多限制性规定，比如，诸侯王不得使用天子仪制，二百石以上官员要由中央政府任命。诸侯王没有虎符不得擅自发兵，不得私藏亡人、亡命，定期朝贡，定期返回等。这一系列措施有效约束了诸侯王的骄横不臣之心。

机构职能

王国机构与郡守不同，其职能大约可分为几项：第一，治民。这种治民与郡守一样，为天子处理各种民政事务。这种治民在吴楚七国叛乱之前，是各个诸侯王的职能，汉景帝之后，将治民的权力交给了中央政府派出的内史。吴楚七国叛乱之后，汉景帝“遂令诸王不得治民，令内史主治民，改丞相曰相，省御史大夫、廷尉、少府、宗正、博士官。武帝改汉内史、中尉、郎中令之名，而王国如故，员职皆朝廷为署，不得自置。至（汉）成帝省内史治民，更令相治民，太傅但曰傅”[127]。第二，辅政。当初诸侯王设立的时候，都很年幼，所以设立太傅（傅）加以辅导教育。汉武帝之后，辅政更是成为傅与相的首要职能。“傅、相、中尉皆以辅正为职……傅、相以下，不能辅导，有正法。”[128]王国傅与相，尤其是相，对诸侯王既有辅政之责，又有谏诤与举奏的任务。相的这一职能往往与诸侯王发生冲突，但由于诸侯王与皇帝的特殊关系，再加上一些诸侯王狡诈，相很难当好。比如赵王刘彭祖“立六十余年，相二千石无能满二岁，辄以罪去，大者死，小者刑。以故二千石莫敢治”[129]。第三，“统众官”[130]。统众官与郡守职能差不多。景帝时期统众官的是内史。内史秩二千石，治国如郡太守、都尉职事。调除吏属，相、中尉、傅不得与国政，辅王而已。当有为，移书告内史。内史见傅、相、中尉，礼如都尉。内史的地位显然高于傅、相与中尉。成帝以后，撤销内史，统众官的职能就由相来承担。第四，统兵与警卫。这一职能主要由中尉来承担。中尉为武职，主要职责是维持王国治安并督查军吏。官秩相当于傅和相，也有与傅、相共同辅导诸侯王的责任，诸侯王犯法，傅、相连坐。

机构编制

太傅、傅。傅，是师傅，即诸侯王的老师。诸侯王在受封时，年龄都小，故设太傅匡正辅导，进行管教。太傅虽然不干预政事，但为王师，地位尊贵重要。太傅主要职责是管教，所以，当诸侯王违法，太傅必须谏诤或上奏朝廷，否则，诸侯王犯法，太傅就要连坐。

丞相、相。惠帝时称丞相，景帝时改称相。相是王国仅次于诸侯王的最高行政长官，相当于太守。和太守一样，相要全面负责王国的一切事务；与太守不同的是，多一层与诸侯王的关系。在这方面，相又同太傅，也有责任对王进行辅导并谏诤或举奏。诸侯王犯法，相和太傅一样，将受连坐。

中尉。中尉一职，景帝后曾一度废止，成帝时复置。史书常常“傅、相、中尉”并提，朝廷发布诏令文书，也往往是“傅、相、中尉”并列。

王国的重要属官还有御史大夫。御史大夫设置时间比较短，七王叛乱之后，景帝取消了王国御史大夫。内史也是重要属官，因为太傅、丞相主要职责是辅王，内史实际就代替了相的职务。郎中令也是诸侯王的重要属官，他是诸侯王最亲近的参谋长，重大事情往往是诸侯王与郎中令商议定夺。郎中令级别也比较高，秩二千石。汉武帝减为千石，以后又减为六百石。郎中令属官有大夫、中大夫郎中、中郎、侍郎等。除此之外，王国与朝廷一样，还有卫尉、大行、廷尉、少府、太仆、宗正、博士、都尉、校尉等。王国麻雀虽小五脏俱全。这些职官，在七国叛乱之前，都是各诸侯王自己任免，之后，景帝将诸侯王的管理任免权收归中央，诸侯王不再管理王国行政。随着王国规模的缩小，诸侯王的用人权被取消，王国机构编制也就越来越少。据《后汉书·百官志》，王国机构编制主要有相、傅各一人，中尉一人。这些都属于二千石与秩比二千石，其他都是六百石以下的官员，有尚书、大夫、谒者、乐礼长、卫士长、医工长、永巷长、祠祀长、郎中等。

7. 诸侯机构

在汉代初期，封了众多的诸侯。汉初的诸侯都有自己的机构编制，自己设置官吏，征收赋税。之后对诸侯王的限制增强，到东汉更为严格。到了东汉，负责诸侯内务管理的已经不是官员，而是家臣。《后汉书·百官志》："其家臣，置家丞、庶子各一人。"其他员吏有门大夫、行人、洗马、舍人。

秦汉机构编制是精简的，为历代王朝开了一个好头。西汉，自丞相至佐史，共十三万零二百八十五人。东汉大大压缩编制，全国各级官吏共计七千五百六十七人。

秦汉地方机构编制表

机构	职官	职能	编制	备注
州衙门	刺史	省察治状，黜陟能否，断治冤狱	1人	汉代设十三部州 各个时期职官设置前后不一
	治中、别驾、诸部从事史、长史、司马、校尉、都尉等		各1人	
	司隶校尉	掌察举百官以下及京师近郡犯法者	1人	
	从事史		12人	
	功曹从事、别驾从事、簿曹从事		各1人	
	假佐		25人	

（续表）

机构	职官	职能	编制	备注
郡府	太守（郡守） 郡丞、长史、功曹、五官掾、督邮、户曹、比曹、时曹、田曹、水曹、仓曹、金曹、集曹、漕曹、法曹、兵曹、尉曹、贼曹、决曹、辞曹、医曹、主簿等	总理郡政	1人 各1人	各个曹官根据需要配置属吏
三辅衙门	京兆尹、左冯翊、右扶风、河南尹 长安市令、丞等；廪牲令、丞、尉等；掌畜令、丞等。	掌治京师	各1人 若干人	河南尹为东汉职官
县廷	县令、长 县丞、县尉、功曹、户曹、田曹、时曹、仓曹、金曹、集曹、法曹、水曹、兵曹、尉曹、贼曹、廷掾、将作掾、邮书掾、道桥掾、库啬夫、狱掾史、狱司空、主簿等	掌治民，显善劝义，禁奸罚恶，理讼平贼，恤民时务，秋冬集课，上计于所属郡国	1人 各1人	大县二尉
王国	傅、相、长史、中尉、郎中令等	治民、辅政	各1人	

总之,秦汉建立了中国封建社会以三公九卿制与郡县首长负责制为主体的国家机构编制体系。这一国家机构编制体系,表现出其法定性和规范性,这种法定性和规范性得到了皇帝与各级官吏的共同遵守,为以后各朝代开了一个好头。机构与职官设置的法定性与规范性杜绝了机构泛滥成灾。王莽为了篡汉,大搞复古官制,滥设机构与职官以笼络知识分子,结果身败名裂。滥设机构与职官,满足的是极少数人的利益,侵害的是绝大多数人民的利益。秦汉机构编制在中国机构编制发展史上,是一种导向与坐标,隋唐的三省六部制、明清的内阁制,都是在三公九卿制的基础上发展起来的,尤其是在地方机构编制上,历朝历代省级机构虽然多有变化,但是县级机构始终如一。县级机构经历了历朝历代的历史检验,被证明是一种适合中国国情的地方机构体制。县级机构从其建立之日起,就明确了县令、长负责制。在这种县令、长负责制的体制下,县级机构设立充分体现了效能与精简的原则。无论是郡太守还是县令、长,无论是剧县还是平县,不管公务多么繁忙,地方长官都不能增加机构和职官。公务繁忙的地方长官可以招募幕僚,但不能用幕僚占用国家职官名额,充分体现了国家机构编制的严肃性和法定性。

秦汉在国家机构编制管理上为后代做了垂范,但也存在诸多弊端。

第一,在严格遵守国家机构与职官设置法定性与严肃性的同时,最高统治者又表现出极大的随意性。受封建皇权高度集中影响,朝廷在对国家机构编制严格管理的同时,也具有较强的人治特征。对官员们来说,国家机构编制具有不可更改的法定性,但对皇帝来说,则具有很大的随意性。皇帝为了强化皇权,往往根据自己的需要,将本来属于国家机构的职能剥离出来,移交给身边的侍从官员,用侍从服务机构代替国家机构。最后,这些侍从机构变成了国家正式机构,变成了中枢机构。

第二,太后宫参与国家管理。太后不但决定朝政,还有与朝臣一样的属官。这些属官往往站在太后的立场上干预朝政。太后干政带来的外戚擅权,不利于吏治的清明。当外戚对皇权构成威胁时,皇帝无法依靠大臣的帮助消除外戚的威胁,只有依靠宦官,这种处理方式只能是前门拒虎,后门引狼,宦官得道同样无法无天,加剧了吏治的黑暗。

第三,服务皇宫的机构过于庞大混杂,职能混乱。本来皇宫服务机构与太后宫、皇后宫、太子宫机构已经很庞大,又为国家机构赋予皇室服务的职能,比如太常、太仆、宗正、少府、将作大匠等,这些机构虽然属于国家机构编制序列,其职能却是服务皇宫。这些机构还有众多的下属服务机构,比如规模庞大的上林苑等。这些机构与职官占去了整个国家机构编制的将近一半,充分体现了封建制度家天下的特点。

这三大弊端尽管历朝历代统治者都清清楚楚,但又都被继承下来,甚至有过之而无不及。

注释:

(1)(西汉)司马迁:《史记》卷六,中华书局1959年版,第245页。

(2)(西汉)司马迁:《史记》卷三〇,中华书局1959年版,第1420页。

(3)(西汉)司马迁:《史记》卷三〇,中华书局1959年版,第1420页。

(4)参见拙文《汉武帝时期三大经济思想异同论》,《经济问题探索》1984年第11期;《浅谈汉武帝的以商制商》,《光明日报》1994年1月31日。

(5)(南朝宋)范晔:《后汉书》卷三四,中华书局1965年版,第1185页。

(6)(东汉)蔡邕:《独断》,《文渊阁四库全书》第850册,第76页。

(7)(西汉)司马迁:《史记》卷九,中华书局1959年版,第400页。

(8)(东汉)班固:《汉书》卷一九上,中华书局1962年版,第722页。

(9)(东汉)班固:《汉书》卷八三,中华书局1962年版,第3404~3405页。

(10)(东汉)班固:《汉书》卷一九上,中华书局1959年版,第725页。

(11)(西汉)司马迁:《史记》卷八五,中华书局1959年版,第2509页。

(12)(西汉)司马迁:《史记》卷五三,中华书局1959年版,第2017页。

(13)(东汉)班固:《汉书》卷八九,中华书局1962年版,第3634页。

(14)(东汉)班固:《汉书》卷八二,中华书局1962年版,第3374页。

(15)(东汉)班固:《汉书》卷五八,中华书局1962年版,第2623页。

(16)(南朝宋)范晔:《后汉书》卷四九引《昌言·法诫》篇,中华书局1965年版,第1657页。

(17)《全汉文》卷二四。

(18)(东汉)班固:《汉书》卷五八,中华书局1962年版,第2621页。

(19)(南朝宋)范晔:《后汉书》卷八〇下,中华书局1965年版,第2632页。

(20)(东汉)班固:《汉书》卷一九上,中华书局1962年版,第725页。

(21)(南朝宋)范晔:《后汉书·百官志一》,中华书局1965年版,第3561~3562页。

(22)(东汉)班固:《汉书》卷八三,中华书局1962年版,第3391、3405页。

(23)(东汉)班固:《汉书》卷三九,中华书局1962年版;(西汉)司马迁:《史记》卷五三,中华书局1959年版,第2014页。

(24)(东汉)班固:《汉书》卷一下,中华书局1962年版,第73页。

(25)(唐)徐坚:《初学记》卷一二,中华书局2004年版,第290页。

(26)《历代职官表》卷一八引。

(27)(北宋)李昉:《太平御览》卷二二五,《文渊阁四库全书》第895册,第202页。

(28)(唐)房玄龄:《晋书》卷二四,中华书局1974年版,第738页。

(29)(东汉)班固:《汉书》卷八九,中华书局1962年版,第3634页。

(30)(南朝宋)范晔:《后汉书·百官志一》,中华书局1965年版,第3557页。

(31)(宋)徐天麟:《西汉会要》卷三一,中华书局1957年版,第292页。

(32)(东汉)应劭:《汉官仪》;(南朝宋)范晔:《后汉书》卷一上"更始元年

注”,中华书局1965年版,第4页。

(33)(南朝宋)范晔:《后汉书·百官志二》本注,中华书局1965年版,第3571页。

(34)(唐)玄宗注,(清)顺治、雍正注:《御注孝经》卷六,海南出版社2012年版,第335页。

(35)(南朝宋)范晔:《后汉书·百官志二》,中华书局1965年版,第3572页。

(36)(东汉)班固:《汉书》卷七三,中华书局1962年版,第3116页。

(37)(南朝宋)范晔:《后汉书·百官志》;(西汉)司马迁:《史记》卷六,中华书局1959年版,第271页。

(38)(东汉)班固:《汉书·百官公卿表》本注,中华书局1962年版;(南朝宋)范晔:《后汉书·百官志二》,中华书局1965年版,第3574页。

(39)(唐)徐坚:《初学记》卷一二,中华书局1962年版,第304页。

(40)(南朝宋)范晔:《后汉书·百官志》;(东汉)班固:《汉书》卷一九上,中华书局1962年版,第727页。

(41)(东汉)班固:《汉书·百官公卿表》;(南朝宋)范晔:《后汉书·百官志二》,中华书局1965年版,第3577页。

(42)(南朝宋)范晔:《后汉书·百官志二》,中华书局1965年版,第3575页。

(43)(东汉)班固:《汉书》卷一九上,中华书局1962年版,第727页。

(44)(南朝宋)范晔:《后汉书·百官志二》,中华书局1965年版,第3579页。

(45)(唐)欧阳询等:《艺文类聚》卷四九《职官·卫尉》;(清)孙星衍:《汉官六种》,中华书局1990年版。

(46)(东汉)班固:《汉书》卷二四下,中华书局1962年版,第1161页。

(47)(唐)杜佑:《通典》卷二五,中华书局1988年版,第150页。

(48)(东汉)班固:《汉书·百官公卿表》;(南朝宋)范晔:《后汉书·百官志二》,中华书局1965年版,第3581页。

(49)《礼记·月令篇》,《文渊阁四库全书》第115册,第354页。

(50)(清)孙楷:《秦会要订补》,中华书局1959年版,第206页。

(51)(东汉)班固:《汉书》卷七一,中华书局1962年版,第3043页。

(52)《周礼·春官·大宗伯》,《文渊阁四库全书》第90册,第332页。

(53)《北堂书钞》卷五四《设官部·少府》;(清)孙星衍:《汉官六种》,中华书局1990年版。

(54)(东汉)班固:《汉书》卷二四下,中华书局1962年版,第1175页。

(55)(东汉)班固:《汉书》卷一九上,中华书局1962年版,第731页。

(56)(清)孙星衍:《汉官仪》卷上,中华书局1990年版,第135页。

(57)(北宋)李昉:《太平御览》卷六二七,《文渊阁四库全书》第898册,第688页。

(58)《后汉书·百官志》:"本注曰:御史大夫之丞也。旧别监御史在殿中,密举非法。及御史大夫转为司空,因别留中,为御史台率,后又属少府。"

(59)(唐)杜佑:《通典》卷二八,中华书局1988年版,第788~789页。

(60)(东汉)班固:《汉书》卷七七注孟康语,第3253页。

(61)(南朝宋)范晔:《后汉书·百官志一》,中华书局1965年版,第3563页。

(62)(南朝宋)范晔:《后汉书·百官志一》注引蔡质《汉仪》。

(63)(元)马端临:《文献通考》卷五九。

(64)(东汉)班固:《汉书》卷六八,中华书局1962年版,第2932页。

(65)(南朝宋)范晔:《后汉书》卷三四,中华书局1965年版,第1183页。

(66)(南朝宋)范晔:《后汉书》卷四二,中华书局1965年版,第1433页。

(67)(南朝宋)范晔:《后汉书》卷二三,中华书局1965年版,第818页。

(68)(唐)杜佑:《通典》卷二二,中华书局1988年版,第587页。

(69)(东汉)班固:《汉书》卷二,中华书局1962年版,第86页。

(70)(东汉)班固:《汉书》卷六二,中华书局1962年版,第2728页。

(71)(东汉)班固:《汉书》卷九三,中华书局1962年版,第3726页。

(72)(唐)杜佑:《通典》卷二二,中华书局1988年版,第587页。

(73)(南朝宋)范晔:《后汉书》卷四六,中华书局1965年版,第1565页。

(74)(南朝宋)范晔:《后汉书》卷六三,中华书局1965年版,第2076页。

(75)(唐)房玄龄:《晋书》卷二四,中华书局1974年版,第730页。

(76)(南朝宋)范晔:《后汉书·百官志三》,中华书局1965年版,第3597页。

(77)(南朝宋)范晔:《后汉书·百官志三》,中华书局1965年版,第3597页。

(78)(唐)房玄龄:《晋书》卷二四,中华书局1965年版,第731~732页。

(79)(南朝宋)范晔:《后汉书》卷五八,中华书局1965年版,第1872页。

(80)(唐)徐坚:《初学记》,中华书局2004年版,第279~281页。

(81)(清)孙星衍:《汉官六种·汉官仪上》,中华书局1990年版,第137页。

(82)(唐)杜佑:《通典》卷二一,中华书局1988年版,第545页。

(83)(清)孙星衍:《汉官六种·汉官旧仪上》,中华书局1990年版,第33页。

(84)(唐)杜佑:《通典》卷二一,中华书局1988年版,第545页。

(85)(东汉)班固:《汉书》卷五八,中华书局1962年版,第2619页。

(86)(南朝)沈约:《宋书》卷四〇,中华书局1974年版,第1244页。

(87)(东汉)班固:《汉书》卷一九上,中华书局1962年版,第739页。

(88)《唐六典》卷八《门下省》;《汉官六种》,中华书局1990年版。

(89)(东汉)班固:《汉书》卷五九,中华书局1962年版,第2647页。

(90)(唐)杜佑:《通典》卷二一,中华书局1988年版,第549页。

(91)(西汉)司马迁:《史记》卷六,中华书局1959年版,第236页。

(92)(唐)杜佑:《通典》卷三〇,中华书局1988年版,第820页。

(93)(南朝宋)范晔:《后汉书·百官志四》,中华书局1965年版,第3608页。

(94)《汉旧仪》云:"中庶子五人,职如侍中,秩六百石;庶子秩比四百石,如中郎,无员。"

(95)《汉书》卷一九上注:"张晏曰:'先马,员十六人,秩比谒者。'"

(96)(唐)杜佑:《通典》卷三〇,中华书局1988年版,第822页。

(97)(唐)杜佑:《通典》卷三〇,中华书局1988年版,第827页。

(98)(南朝宋)范晔:《后汉书》卷一〇上,中华书局1965年版,第401页。

(99)(东汉)班固:《汉书》卷一九上,中华书局1962年版,第741页。

(100)《玉海》卷六五《诏令·律令上·汉九条》引《唐六典》。

(101)(东汉)班固:《汉书》卷一九上注引《汉官典职仪》,中华书局1962年版,第742页。

(102)(清)孙星衍:《汉官六种·汉官仪上》,中华书局1990年版,第150页。

(103)巫蛊,是古代流行的一种迷信,以为用巫术诅咒及将木偶埋入地下,可以害人。武帝晚年多病,疑为左右巫蛊所致,佞臣江充诬陷太子刘据,太子怒杀江充及胡巫,武帝派兵追捕,太子起兵反抗。激战五日,死伤数万。后太子兵败自杀,史称"巫蛊之祸"。巫蛊案即调查审理与此案件有牵连的人和事。

(104)(东汉)班固:《汉书》卷一九上,中华书局1962年版,第737页。

(105)(南朝宋)范晔:《后汉书·百官志四》注引蔡质《汉仪》,中华书局1965年版,第3614页。

(106)(南朝宋)范晔:《后汉书》卷一〇上,中华书局1965年版,第423页。

(107)(南朝宋)范晔:《后汉书·百官志四》,中华书局1965年版,第3613~3614页。

(108)《太平御览》卷二六四引谢承《后汉书》载:汝南太守宗资嘱功曹范滂让李颂代理文学史,滂曰:"颂洿秽小人,不宜染污朝廷。"

(109)(东汉)班固:《汉书》卷一九上,中华书局1962年版,第742页。

(110)(清)孙星衍:《汉官六种》,中华书局1990年版,第20页。

(111)(东汉)班固:《汉书》卷八三,中华书局1962年版,第3393页。

(112)(东汉)班固:《汉书》卷九〇,中华书局1962年版,第3647页。

(113)(东汉)卫宏:《汉旧仪》;《后汉书·百官志》。

(114)(东汉)王充著,张宗祥校注:《论衡校注》卷一六,中华书局1990年版,第709页。

(115)(唐)杜佑:《通典》卷三三,中华书局1988年版,第915页。

(116)(南朝宋)范晔:《后汉书·百官志五》,中华书局1965年版,第3632~3633页。

(117)(东汉)班固:《汉书》卷九〇,中华书局1962年版,第3673页。

(118)(南朝宋)范晔:《后汉书·百官志五》,中华书局1965年版,第3623页。

(119)(东汉)班固:《汉书》卷一九上,中华书局1962年版,第742页。

(120)(南朝宋)范晔:《后汉书·百官志五》,中华书局1965年版,第3623页。

(121)(南朝宋)范晔:《后汉书·百官志五》,中华书局1965年版,第3623页。

(122)《续后汉书·职官》。

(123)(东汉)班固:《汉书》卷一四,中华书局1962年版,第394页。

(124)(南朝宋)范晔:《后汉书·百官志五》,中华书局1965年版,第3627页。

(125)(东汉)班固:《汉书》卷四四,中华书局1962年版,第2137页。

(126)(东汉)班固:《汉书》卷五二,中华书局1962年版,第2394页。

(127)(南朝宋)范晔:《后汉书·百官志五》,中华书局1965年版,第3627页。

(128)(东汉)班固:《汉书》卷四七,中华书局1962年版,第2218页。

(129)(东汉)班固:《汉书》卷五三,中华书局1962年版,第2420页。

(130)(东汉)班固:《汉书》卷一九上,中华书局1962年版,第741页。

第三章　三国两晋南北朝机构编制

第一节　三国两晋南北朝历史发展概况

三国两晋南北朝时期，从公元220年曹丕代汉，到公元589年隋灭陈，重新统一中国，共369年。中国历史在这一时期，基本上处于战乱与封建割据的分裂状态。

东汉末年，各地乘机崛起的地主豪强势力，共同以武力镇压了黄巾农民起义。之后，相互之间又展开了激烈的兼并战争，完全瓦解了秦汉以来形成的一统国家躯壳，使中国历史进入了封建割据的大分裂时期。黄巾农民起义，并没有给自西汉以来形成的地主豪强势力致命性的打击，反而为地主豪强控制国家政权创造了条件。黄巾农民起义，只是结束了东汉刘姓的皇权统治，国家进入了一个豪强士族掌握国家权力的特殊阶段。在此阶段，尽管各封建王朝更迭十分频繁，但士族操纵国家政治的实质没有改变。这一现象，直接影响到了三国两晋南北朝时期各封建王朝的政治制度与国家机构编制。

在镇压黄巾起义的过程中，东汉刺史、郡守典兵成为制度，州牧既握有军、政、财大权，又有广土众民，实力雄厚。于是，在董卓之乱的推动下，袁绍、曹操、孙策等势力纷纷而起。中央政权变得徒有虚名，皇帝纷纷蒙尘，惶惶如丧家之犬。经过这些豪强之间剧烈的兼并战争,曹操统一了北方。建安十三年(208)曹操在赤壁遇到孙、刘两家的联合抵抗,赤壁大战奠定了三国鼎立的大趋势。赤壁大战之后,孙刘两家联盟分裂。刘备向西部发展,在川蜀形成割据势力。东吴则在长江以南形成势力范围。建安二十五年(220),曹操死后,曹丕逼迫汉献帝禅让帝位,建国为魏,都洛阳,史称曹魏。曹丕的"禅让式"夺权不是他的发明,西汉的王莽就最早使用过。曹丕的这种禅让式夺权在整个三国两晋南北朝时期,多次被复制演绎。公元221年,刘备在西蜀自立为帝,国号为汉,史称蜀汉。小心谨慎的孙权看到刘备称帝,于第二年称吴王,公元229年,才正式称帝,国号为吴,史称孙吴。最终形成了以曹丕、孙权、刘备为首的三股最大的割据势力,分别建立了魏、吴、蜀三足鼎立的封建政权,历史上称作"三国"。

三国时期,是一个相对短暂的稳定时期。魏、吴、蜀社会经济都有不同程度的发展。为了加强封建中央集权制的社会基础,曹操录用所谓"不仁不孝,有治国才能"的人做官,反对地方豪强集团隐瞒依附农民,这在一定程度上缓和了阶级矛盾,为曹魏政权的建立打下了基础。曹操起用一大批没有社会地位的人担任国家官吏。曹操对于地方豪强势力也进行了严厉打击。但是,曹魏政权也是士族政权,它不仅没有触动士族的根基,相反,它也是依靠士族才得以巩固和发展起来的。到了曹丕执政时期,曹魏抑制豪强的正义性已经荡然无存,曹丕为了换取豪强士族对政权的支持,与豪强士族代表陈群达成妥协,以九品中正制取代曹操"唯才是举"的用人路线。曹魏政权从此完全依赖豪强士族的支持。豪强士族支持了曹魏政权,也颠覆了曹魏政权。

吴、蜀两国政权的创建和发展过程,虽然与魏有所不同,但在依靠豪强士族这一点上,也都是相同的。东吴虽然是依靠渡江豪强士族实力建立起来的,但是,孙权鉴于豪强士族在国家政权中的强大势力,一直对豪门士族心怀戒心。西蜀的建立者虽然都是外来人,但是他们主要依靠川蜀士族维持统治。

士族统治的最大特点是互不相容,都想兼并对方。本来三国所形成的状况是谁都没有统一中原的实力,但是实力最弱的西蜀,一直幻想着统一中原。连年不断的战争使本来就财力不支的西蜀,变得更加积贫积弱,不堪一击。如果没有诸葛亮的六出祁山、姜维的九伐中原,西蜀或许还能长期割据下去。比较明智的东吴则一直采取守势,不主动出击,更没有吞灭曹魏的雄心,从而延迟了自己的灭亡。魏元帝景元四年(263),司马昭派钟会、邓艾伐蜀,刘禅投降,蜀汉亡国。司马昭死后,儿子司马炎也学着曹丕的样子,逼迫魏元帝举行禅让仪式,将皇位让给他。司马炎建立晋,史称西晋。曹魏凡五帝,四十六年而亡。

公元280年,在中国南北经济得到明显恢复和发展的基础上,晋武帝司马炎最后灭吴,统一了中国。对于曹魏的灭亡,西晋总结经验是由于没有宗室的屏卫,当司马氏逼宫禅让时,没有强有力的藩王反击。所以,司马炎当了皇帝,大封宗室为王,一下子封了二十七个诸侯王。由于西晋政权是由皇族司马氏、诸王公、外戚和豪门士族组成的,建立之初,虽然也实行了一些有利于统一的积极措施,但西晋的统治者没有经历过大规模农民起义的教训,政权建立本来就是由于司马氏三代相继掌握曹魏的军政大权,靠高级士族拥护而取得的。所以,西晋从建国开始,皇帝生活糜烂,诸侯王的贪婪、高级士族的贪暴、土地的兼并也极为严重。在这种腐朽糜烂的政风之下,一些有眼光、有才识的有识之士,无可奈何,只能崇尚空谈。士族统治的最大特点就是乱,可以说,从司马炎死之后,整个西晋朝廷一直动乱不止。士族的贪婪使得土地高度集中,沉重地打击了农民,而且失去土地的大批农民被赶进地主家园,成为依附于大地主的所谓依附农民。土地所有权是政治权力的源泉,土地的兼并必然导致统治阶级内部在政治上争权夺利。赵王伦废除惠帝,自立为帝,引发“八王之乱”。八王之乱接着又是三王之乱,齐王司马冏与长沙王司马乂、河间王司马颙在洛阳城厮杀了三天三夜。齐王兵败被杀,长沙王又开始擅权。此时河间王与长沙王有了矛盾,联合成都王司马颖一同进攻长沙王。长沙王兵败被杀。成都王到了洛阳,将后事安排好后押着惠帝回到邺城,邺城俨然又成了都城。河间王大将张方则将宫中美女一万余人洗劫一空西去。成都王在邺城成了太上皇,东海王司马越在洛阳联合其他诸侯王进攻成都王。成都王兵败逃亡洛阳,被河间王大将张方俘虏,将惠帝接到长安。以后,各个诸侯王争斗不断。与西晋政权处于对立状态的北方各少数民族,也趁西晋统治集团内部相互争斗、实力削弱之际,纷纷起义。在各族人民反抗西晋统治的斗争中,内迁的匈奴、鲜卑、羯、氐、羌等少数民族的上层统治者,纷纷起兵,趁火打劫。晋惠帝永安元年(304),匈奴贵族刘渊在左国城(今山西方山南村)称汉王;惠帝死后,司马炽即位,改元永嘉。刘渊、石勒、刘曜、王弥不停攻略西晋。永嘉五年(311)六月,刘曜、王弥攻陷洛阳,怀帝被俘,洛阳被焚烧,史称“永嘉之乱”。愍帝司马邺即位长安,不久,长安失守,317 年,愍帝投降,西晋灭亡。北方进入匈奴、鲜卑、羯、氐、羌五个少数民族入侵中原的“五胡十六国”时期。从公元 291 年“八王之乱”,到公元 439 年北魏统一北方为止,前后约 150 年间,作为中国经济文化中心的黄河流域,进入到几乎是遭彻底破坏的至暗时期。

公元 317 年,西晋宗室琅邪王司马睿,以江南地区最高军政长官的身份,依靠流亡到南方的北方士族,并在南方地区士族的支持下,在建康(今江苏南京)建立偏安一隅的晋政权,史称东晋。司马睿依靠豪门士族登上皇帝宝座,所以,整个东晋都是由侨居南方的士族执政。遭受战乱的北方士族并没有收复失去领土的思想,而是更加腐化堕落，苟安江左，争权夺利，横行乡里，鱼肉百姓，激化了君主与宰相的矛盾、士庶矛盾、侨姓士族与吴姓士族的矛盾。淝水之战的胜利，使得东晋统治集团内部争斗进一步加剧。公元420年，东晋大将刘裕废东晋，自立为帝，建立宋。此时，北方北魏兴起，北魏太武帝统一了北方，转向江南，而南方刘宋则是皇室内讧，给他人以可乘之机。萧道成灭宋，建立齐国。萧齐也是内讧不断。萧衍灭齐建立梁国。萧衍死后，梁国四分五裂，被陈霸先建立的陈所取代。陈霸先虽然是寒门庶族出身，知道前代之所以失国，他的后代陈后主却是荒淫无度，只知享受，不想治国，最终亡于隋。

南方宋、齐、梁、陈四个朝代，历时160多年，史称“南朝”。

南朝160余年，只换了四个王朝，相比较来说，还算安定，北朝则是战乱不断，腥风血雨。北方“五胡十六国”最早建国的是刘渊，称汉王。刘曜即位后灭西晋，319年迁都长安，改国号为赵，史称“前赵”。前赵为“羯胡”石勒所灭。330年石勒定都襄国（今河北邢台），史称“后赵”。鲜卑族慕容廆称鲜卑大单于，子慕容皝改称燕王。慕容皝的后代政治腐败，为前秦所败。357年，苻坚即位，之后统一了北方。前秦在淝水之战后走向下坡路。此后，北方先后建立了十个割据政权。398年，拓跋珪定都平城（今山西大同），为北魏道武帝。北魏太武帝拓跋焘先后灭大夏、北燕、北凉，统一了北方。不久，北魏分裂为东魏和西魏。550年，高洋代魏称帝，国号为齐，史称北齐。北齐577年为北周所灭。宇文觉代魏称帝，国号周，史称北周。不久，北周大权便落入外戚杨坚手中。直到公元581年，杨坚取代北周政权，建立隋朝，并在589年灭了南朝的陈王朝，才结束了从西晋末年以来近200年的分裂割据局面，重新统一了中国。总之，在三国两晋南北朝时期，围绕着皇权的争斗充满了腥风血雨，比任何一个朝代都残酷复杂，不知道有多少人卷入权力斗争的大厮杀。任何一个朝代的灭亡,大都伴随着皇族被斩尽杀绝。曾经显赫一时的司马家族,在八王之乱后,已经被逐出名门士族的行列。很多与皇族关系密切的豪门士族也在劫难逃。这些豪门士族与皇权既相辅相成,又相克相残。皇帝既需要这些豪门士族的支持,但又不甘心他们的专横跋扈。为了削弱他们的权力,皇帝就提升、重用身边出身卑微的小官。这些本来是服务人员的官员一旦成为中枢机构成员,又给皇帝带来新的威胁。皇帝继续提升身边其他的服务人员,使他们成为另一支制衡力量。这就演绎了魏晋南北朝中央机构编制的特点。内廷服务机构一个个走向台前,成为国家的中枢管理机构。这些新的中枢管理机构逐渐代替了秦汉的三公九卿制度。原来的加官成为实权职官,而权势无比的高官——三公成为没有实权的官员,九卿职能也大多被尚书省所取代,成了闲衙门。

三国、两晋的封建王朝都是由手握军事重权的权臣通过各种非正常手段建立的。这些权臣在未称帝之前,都网罗了一批幕僚和将领,组成了一套与国家职官队伍并行的机构,并自由行使职权。历史上称这些权臣所独自掌握的政权为"霸府"。及至权臣取得帝位,霸府成为新王朝的行政中枢。由于霸府的存在,不少官职是在非常时期由权臣根据当时政治、经济、军事形势的需要临时设置的,具有非正规性,不属于国家正式编制序列。但是,当新王朝建立后,这些官职又被承认,从而固定下来,成为国家正式机构编制,进一步加剧了南北朝国家机构的膨胀。三国两晋南北朝的皇帝幻想通过扩大机构编制而提拔更多的效忠自己的忠臣,结果提拔重用的都是自己的掘墓人。这些官员多数出身豪门士族,他们脑子里只有豪强士族,做官只是为了门阀的利益。离皇帝近的权臣有取代皇帝的野心,离皇权远的官员无不想着立下拥戴之功,离皇权更近一些。

第二节 三国两晋南北朝中央机构编制

一、三国两晋南北朝中央机构的演变

三国两晋南北朝长期动乱与封建割据的状况，决定了这个时期国家机构编制变化的剧烈。但从总的发展趋势看，处于汉唐两个朝代之间的三国两晋南北朝时期，国家机构编制的演变，又呈现出明显的承上启下与继往开来的特点。

三国两晋时期，国家机构编制最重要的变化就是中枢机构，即直接辅佐皇帝，掌握国家核心机密并参与制定和发布国家政策、政令机构的变化。

南北朝国家机构在很大程度上继承了魏、晋国家机构，但由于南朝政治混乱，历史继承关系不同，其国家机构编制也有不少改革。另外，北朝是少数民族统治者建立的政权，又与南朝存在着很大的差异。北朝的国家机构编制一方面反映出少数民族政治、经济、文化发展的特点，另一方面也表现出其受到汉民族文化，尤其是汉民族国家机构编制的深刻影响。

(1)皇权的卑微与相权的转移。

在我国封建时代，皇帝是国家的元首，宰相是政府的首脑。三国两晋南北朝时期长期处于四分五裂状态，皇权卑落，相权转移，中央集权制受到很大程度的削弱。

在这一时期，门阀盛行，豪门士族把持国柄，皇帝只是豪门士族谋取政治利益与经济利益的工具，皇权较秦汉时大为卑落。豪门士族有其宗族、宾客、门生、故吏、部曲、佃客和奴隶，以及大量的土地、山泽和庄园，为其社会和经济的基础。他们凭借九品中正制，不需要任何才能，就可以平流进取，任职高官。他们又凭借九品中正制巩固政治上的地位。《南齐书·王俭列传》中说:“自是世禄之盛,习为旧准,羽仪所隆,人怀羡慕,君臣之节,徒致虚名。贵仕素资,皆由门庆,平流进取,坐至公卿,则知殉国之感无因,保家之念宜切。”对此,《南史》评论道:在国家分裂、政局动荡的年代里,国君的更迭,不过是将一家物予另一家耳!当皇帝对豪门士族权势稍有不利,皇帝的位置就危险了。这些豪门士族只考虑自己的利益,不管改朝换代,只要自己有高官做、有财发就行,哪里想到去忠君报国。他们不但不会为君赴难,还会落井下石、趁火打劫。皇权卑落危险至此,皇位继承制度自然异常混乱。中国历代皇帝世系,晋代最为混乱。两晋 155 年共 15 位帝王,其中父子相传者六帝,兄终弟及者五帝,叔死侄继者一,侄崩叔继者一,甚至帝废而叔立者亦有之。当皇帝甚至成了最危险的差事。南朝近 170 年,共有 24 人称帝,被杀的有十四人,两人被废,一人投降。很多皇帝都是危险的摆设。

从东汉到三国两晋南北朝,有一个共同的特别现象,就是宰相既无定员,无定名,也无定职。国家在机构编制上无宰相,而事实上又有此官。皇权害怕相权,但相权与皇权又如影随形。凡是总揽大权的,必加上“录尚书事”的称号。因为其他宰相可能不处理日常事务,也可能不问小事,而录尚书事则是一切公文都必须经他核阅。

西汉时期丞相总领百官,九卿分治天下事。东汉三公总理政务,九卿分隶于三公;中世以后,事归台阁,三公就只作为优礼大臣的崇高官位,但不掌实权。东汉末年曾一度罢去三公。魏初复置,有太傅、太尉、司徒、司空,但都不理朝政,虚有其名。而任此职者,又多是年迈老朽之辈。可见当时作为宰辅之位的三公,虽有备员,但职权已经转移,成了坐而论道之官。曹丕即帝位之后,立即以他的幕僚长为中书监及中书令,这就是中书监、中书令成为实际上宰相的起源。因为曹操曾任汉末丞相,所以魏不再设立丞相,这是鉴于相权过重会左右朝政之故。但事实上,不设丞相,并不等于就没有一人之下万人之上的宰相。

晋代丞相时设时废,省置不一。晋代曾八公并置,以太宰、太傅、太保为上公,又有太尉、司徒、司空、大司马、大将军,共八公。但皆属遵命之官,而非掌握实权、行使命令之官。八公的设立最能反映晋代政治的腐朽没落,为了满足豪门士族的官欲与虚荣心,三公编制不够用,竟然增加到八公,而且还不包括中枢机构官员。八公仍然无法满足士族做官的需要,又增加了位从公。

自后历经宋、齐、梁、陈,三公之官职,继承未改,用以尊礼老臣及德高望重的大臣。北朝与南朝相同,均置三公,作为优崇之位。北周以太师、太傅、太保为三公,又置少师、少傅、少保为副,谓之三孤。而以大冢宰为天官,司徒为地官,大司马为夏官,司空为冬官,如《周官》之制。其后宣帝时又置天、地、夏、秋四官为四辅官。

从东汉到三国两晋南北朝,相权的转移实际上有一个渐进的历史过程。早在东汉光武帝时,就鉴于西汉末年皇帝失权、权臣操纵国柄的教训,虽然仍置三公,但将其权力移到了台阁,以尚书台代替相府,使之成为国家行政事务最高管理机关。尚书台长官尚书令、尚书仆射职权极重,成了事实上的宰相。原来的宰相三公,此时只是徒有虚名的备员而已。所以,魏晋以后,尚书省、中书省、门下省相继出现,其总揽朝政的过程,就是皇帝为了防止大权旁落而采取的削弱宰相权力的过程,是信任近臣以加强皇权的结果。无论魏晋还是南北朝的统治者,代表的都是豪强士族的利益,而根本就不去考虑人民群众的利益,一个个也都成为短命的王朝。

三国两晋南北朝时期相权的日益削弱,是与皇权企图努力得以加强相辅而行的。宰相权力的转移,逐步结束了中央政府的三公九卿体制,开创了三省六部体制。三国两晋南北朝时期,正是这一体制的转换阶段，随之出现的，就是三省机构。

(2)三省制度的产生。

三省制度的形成与发展，以及权力关系的演变，大致是东汉政归尚书，魏晋政归中书，南北朝则政归门下。

尚书省原本是皇帝的秘书班子，但因其有亲聆王命的权力，地位就日渐重要。从西汉末年成立尚书台，到东汉时国家朝政均由台阁管理，尚书台成为国家实质上的最高行政管理机关。到三国曹魏时，尚书台才最终从少府机构中分离出来，成为完全独立的中央政府机构。尚书台由皇帝指定亲信大臣兼理录尚书事，权力极大，甚至可以总揽并裁决军政大事，是皇帝之下握有实权的最高长官，被正式称为“宰相”。但是，录尚书事并非常设，常设的台长是尚书令，尚书令也具有“宰相”之称。尚书令以下设有协助其处理事务的左、右仆射，具体执行政务的左、右丞，各曹尚书及其他属官。

西晋时，尚书台权力更大，尚书之职日益显贵，尚书郎甚至可以出任太守。随着尚书台地位的日益加重，到南朝刘宋时，已有“尚书省”的称谓。到南朝梁时，正式称尚书省，并设六曹尚书。而北朝尚书正式称为省，则从北齐开始。可见，在南北朝时期，作为中央政府最高行政管理机构的尚书台，已正式称为尚书省了。尚书令是事实上的宰相，“省”是宰相机构。皇帝要取消相权，甚至忌讳宰相的名称，但是又身不由己地创造了新的宰相。宰相只是换了一个新的名称——尚书令。

中书省的设置，是在曹丕称帝以后。为了加强应付曹魏政权内外的斗争，同时也为了牵制日益发展的尚书令的权力，维护以皇权为中心的封建君主专制政权，曹魏将原来的秘书监改为中书省，设中书监、中书令。中书监、中书令在秦汉时只不过是掌管宫中书记的小官吏，而且一般由宦官担任，曹丕时则改为由士人担任。由于中书更接近皇帝，负责起草诏书圣旨，审理奏章，掌管机密档案，所以权力不断增加。中书省成立后，凡出纳王命、覆奏大小事宜的权力，就逐渐由尚书省移交到中书省。形成这种态势的原因，不外乎皇帝害怕大权旁落。从西汉武帝以来的历史发展可以发现，贴近皇帝左右的大臣，不断发展成为政治的中枢，这就犯了封建皇帝的大忌。尚书本来只是皇帝一人的近臣，一旦演变成为掌管中央政府的宰相，权尊势隆，皇帝就开始对其疏远。到了魏末，尚书省成了执行机关，而中书省成为出令机构，中书令又成了事实上的宰相。

晋代中书监、中书令在名与实两方面俱可称为宰相。东晋中书监、令多由诸公担任，权力更重。随着朝廷权力中心由尚书省向中书省转移，中书令的权力逐渐超过了录尚书事及尚书令。大臣如果由中书监、令出任尚书令，往往感到官场失意。如果由尚书令出任中书监、令，又往往春风得意，视为提升重用。

至南朝，刘宋时中书监仍居宰相之任，总理朝政。梁、陈时，中书监、令的权任更重，地位愈贵。但由于南朝皇帝多数为出身寒门的武人，他们对于士族权贵把持国家大权，存有很大的戒心。所以，自刘宋以后，中书之权逐渐转移到了中书舍人手中。天子对高门华族的尊官无法指挥，倚重寒门出身的中书舍人，因而在宋、齐、梁、陈时代，中书舍人得号"恩幸"，拥有很高的威望。梁、陈时，大凡国家政事，一并由中书省负责，原来的尚书诸曹，总领国内机要，而尚书只能听命。

中书省这种演变趋势，是因为魏晋以来，士族高门基本上垄断和把持了中书监、令之位，于是南朝君主才在中书省中任用寒门近臣，寄以心腹之任。人寒微则政事勤，位卑下则易控制。这就是南朝以来中书舍人逐渐把握权柄的原因。

北魏、北齐也设有中书省，其监、令同有宰相之称，但总体比较，北朝因侍中之权特重，加上设有丞相，中书权势不及南朝炙手可热。

总之，中书省在三国两晋南北朝时期，由管理尚书奏章、传递文书的机构，变成发布政令、操纵实权的机构。

门下省的形成，是皇帝唯恐中书省权势过大，逐渐采取的钳制办法。在魏、晋时，侍中参与国家大政，并逐渐发展成为独立的决策机构。

作为门下省长官的侍中，在秦时只是侍从和为皇帝顾问文学、天象、礼仪的小官，因其职掌殿内往来奏事和侍从皇帝，故谓之侍中。汉武帝时侍中职权逐渐提高，东汉中叶建置侍中寺，隶属少府。侍中因其常在皇帝左右，故而得以代皇帝批阅尚书奏事。到三国曹魏时，侍中已和尚书共同参议国事，甚至在尚书之前。晋代则发展成为门下省，所主管的政事不断扩大，凡军国大政，皇帝都要征询侍中的意见，门下省的地位显然比尚书省、中书省更为重要，其职权已很像宰相。

魏晋以来置侍中四人，每当皇帝上朝，侍中与散骑常侍居于皇帝左右，备天子顾问咨询，拾遗补缺。南朝宋、齐、梁、陈各代置侍中四人，总掌国家核心机密，拥有参断裁决之权，侍中已成为宰相之一。天子对侍中的信任，远胜于徒有虚名的三公。

北朝尤其重用门下省，多以侍中辅政。北魏、北齐并置侍中六人，掌献纳、谏正、进御之职，参与诸公论决政事。北周初置御伯，后改称纳言，也由侍中充任。

侍中之下，设置给事黄门侍郎四人，散骑常侍四人，给事中和谏议大夫数人至数十人不等。魏晋以来，黄门侍郎实际上成为门下省副长官，出入禁中，近侍帷幄，与侍中共同管理门下省诸事。南朝齐时称侍中为“门下”，而称黄门侍郎为“小门下”。北魏时黄门侍郎甚至掌管机要，参议大事，有“小宰相”之称。魏晋时又设置散骑常侍，与侍中、黄门侍郎共同平章尚书奏事。晋时对此官的人选十分重视，不亚于对侍中的选拔。

可见，门下省作为独立的决策机构，始于晋，至南北朝正式居于宰相之任。

三省制对于封建国家政事政务的推行实现，是有其合理性与优越性的。三省制度把制令机关——中书、封驳审议机关——门下，与行政事务机构——尚书，置于既分工又合作的关系之中，并且明确了政务机关与事务机关的职责，这表明国家机构已经发展到了相当高的水平，是中国封建社会中典范化的制度。由于三省长官各为握有实权的宰相，这样，中国的丞相制度便由秦汉的独相制发展到群相制。相权的分割，反映了在国家处于动荡分裂状态下，统治者不断削弱相权以加强君权的举措。三省长官的互相牵制，不仅有利于维护以皇权为中心的封建专制统治，而且便于统治者谋划与决策军国大事。

国家机构的变化，首先从中央机构表现出来，因为中央机构，尤其是中央核心机构，都与皇权有着直接的关系。一旦这个机构对皇权构成威胁时，皇帝就会疏远这个机构，再创造出一种机构来。越是混乱的时期，皇权越没保障，越没保障，越不断地产生新的机构与职官。三省制的产生就是如此。

三省制度的形成，以及由此产生的中枢机构的调整，是三国两晋南北朝时期国家机构编制最重要的变化。

(3)诸卿制度的衰微。

秦汉时权大任重的九卿，到了三国两晋南北朝时期，虽仍拥有一定权力，但其职权逐渐被削弱。晋初曾有将其完全废除或部分合并精简的打算，但一是由于当时国家四分五裂，九卿机构的沿袭旧章可以作为权宜之计；二是因为士族当权，公卿世家平流进取升官的众多，留下这些机构正好可以安置这些多余的不学无术之徒。

所以，虽然九卿制度衰微了，机构却依然庞大，职官人数众多。机构增多，人浮于事，但仍无法满足豪门士族做官的需求。豪门士族追求的就是做官发财。他们利用士族地位垄断国家机构，把国家政权变成士族私有财产。

三国两晋南北朝时期，诸卿制度衰微的重要标志是存废无常。职权多被太常卿、光禄卿、太仆卿、卫尉卿、宗正卿、司农卿、鸿胪卿等替代。只有廷尉卿和少府卿机构比较稳定，职权变化不大。

诸卿衰微的原因，一是国家机构的发展，政务事务范围不断扩大，这些原有的机构职能退化。二是该时期动荡不定的封建割据状态，造成军权高于一切，皇权旁落，因而主要以皇家事务为职能权力的九卿制度随之被破坏。三是三省制度的形成，制约了士族权柄，也弥补了九卿制度衰微而造成的中央政府机构效能的削弱。三国两晋南北朝时期，九卿中唯有廷尉、少府二卿未受到削弱，正是因其职掌刑狱与财政之故。相比较来说，廷尉与宫内关系稍远一些，不是直接服务皇宫的部门。

综上所述，三国两晋南北朝时期，相权的转移，三省制的形成，九卿制度的衰微，是这一历史时期国家机构编制变化最重要的标志。这是三国两晋南北朝国家机构编制的最大特点。另外，三国两晋以后，因为动乱频繁，军事占有重要地位，所有身居要职的职官中，多半带有将军称号，但不一定带兵。其中特别尊贵者或最有实力的权臣，则加以大将军的称号。这是三国两晋南北朝机构编制的另一显著特点。

二、曹魏中央机构编制

三国两晋南北朝时期长期动乱与封建割据的状况，决定了这个时期政府机构变化的剧烈。但从总的发展趋势看，处于汉唐两个朝代之间的三国两晋南北朝时期，政府机构的组织和职官制度的演变，又呈现出明显的承上启下与继往开来的特点。曹操所建立的魏国，属于东汉的属国，所以，魏国的一系列机构编制都是东汉的机构编制。当曹丕逼着汉献帝禅让之后，魏国就成了新的曹魏。但是曹魏的机构编制都是曹操所建立起来的，所以，曹操建立的魏国机构编制也就随之变换为曹魏的国家机构编制。可以说，曹魏机构编制与两汉机构编制有着传承的关系。曹魏虽然存在的时间短暂，但是在机构编制上既有传承也有发展与创新。研究中国机构编制时，曹魏的发展创新是不能忽视的。

魏、吴、蜀三国国家机构编制，基本上是东汉政府国家机构编制的缩影，但也有一些变化，其中最大的变化是中枢之权从三公归向尚书台，并且从魏开始，官职以品级定高下次第。曹魏机构职官品级制度为历代所沿袭并加以完善。集中叙述曹魏机构编制，亦可由此了解吴、蜀国家机构编制。蜀汉、孙吴国家机构编制可以说没有多少新意，与曹魏大同小异。在中枢机构上，蜀汉与曹魏的最大不同就是一个设立丞相，一个不设立丞相。蜀汉设立丞相主要是因为在政治上、军事上对于诸葛亮的依赖性。曹魏虽然有时不设立丞相，但司马氏父子又是事实上的权相。曹魏虽然在国家机构编制上建立了新的机构，将侍中、门下、尚书设立为国家中枢机构，对原来的三公职能进行打压限制，但由于新的机构还没有权威性，旧的国家机构三公威风犹在。吴国虽然士族势力强大，但由于尚未形成左右大局的权臣，孙权本人又是强势守成之主，国家机构相对稳定。这就是三国时期国家机构编制的特点。

三国时期中枢官制的变化，最重要的是中书监的设置、尚书台的独立和侍中地位的上升，为后世的三省制奠定了基础。而少府及光禄勋的职权范围大为缩小。

1. 三公

机构沿革

曹魏以司徒、太尉、司空为三公，但如前所述，都不担任实际职务，也不参与朝政。左右光禄大夫，汉属光禄勋，魏晋提高为“位从公”，在三公之下，多为加官，以示显要，不再隶属光禄勋。

机构职能

东汉的三公是丞相，但是自曹操当了魏王之后，东汉也就名存实亡，国家政权都在魏王机构编制体制下运作。作为深知丞相权重的曹操，自然不想有一个权臣辅佐魏王。曹操给予这些高官以尊位，但是不允许他们参与朝政。这样，曹魏的三公几乎就没有什么职权。但是到了曹魏后期，丞相（相国）设不设置，已经不是曹氏说了算的事情。“司马昭之心，路人所知也”的司马昭，就担任了曹奂的相国。

机构编制

三公虽然已经不再参与朝政，但是其架子还在，都有自己的属官。三公的属官有：长史一人，千石，第六品。司马一人，千石，第六品，掌兵马。从事中郎二人，千石，第六品，掌参谋决策。主簿一人，第七品。掾属舍人十人。

这些都是没有什么权势的三公开府编制，权倾当朝的司马昭，身为相国，其开府编制自然不同他官。《宋书》卷三九《百官上》载，魏元帝咸熙中，司马昭担任相国，相国府编制为：相国府置中卫将军、骁骑将军、左右长史、司马、从事中郎四人，主簿四人，舍人十九人，参军二十二人，参战十一人，掾、属三十三人。东曹掾、属各一人；西曹属一人，户曹掾一人，属二人；贼曹掾一人，属二人；金曹掾、属各一人；兵曹掾、属各一人；骑兵掾二人，属一人；车曹掾、属各一人；铠曹掾、属各一人；水曹掾、属各一人，集曹掾、属各一人，法曹掾、属各一人，奏曹掾、属各一人，仓曹属二人，戎曹属一人，马曹属一人，媒曹属一人，合为三十三人。散属九人，凡四十二人。

2. 门下省

机构沿革

门下省侍中，“本丞相史也，使五人往来殿内东厢奏事，故谓之侍中”。汉代的侍中归属少府。“汉侍中冠武弁大冠，亦曰‘惠文冠’，加金珰，附蝉为文，貂尾为饰。便繁左右，与帝升降。”“贵子弟荣其观好，至乃襁抱，坐受宠位，贝带脂粉，绮襦纨绔。”汉灵帝熹平六年(177)设立侍中寺，至此侍中寺成为一个独立的机构。但是其职能仅仅是“负国玺”。“法驾出，则多识者一人负国玺，操斩白蛇剑，参乘；余皆骑，在乘舆后。”到汉献帝时，门下侍中的地位发生变化，“殿内门下众事皆掌之”。侍中不再是皇帝的侍从，侍中人选“皆旧儒高德，学识渊懿，仰瞻俯视，切问近对，喻旨公卿，上殿称制，秉笏陪见”[(1)]。此时的侍中已经都是饱学之士，自然就无法充当侍卫。卢植为侍中，董卓要废除皇帝，只有卢植“正色止之”。到曹魏之时，侍中地位尊贵起来，渐有取代三公之势。

机构职能

侍中的主要职责就是陪侍皇帝左右，备天子顾问咨询，拾遗补缺，并与散骑常侍一起，在皇帝登殿时服侍左右，皇帝有什么疑问，他们随时做出解答。侍中随时规谏得失，同时作为门下主官节制其他各类皇帝侍从。

机构编制

东汉侍中无定员，光武帝时期参加讲经辩论的有五十席。曹魏置侍中四人。这属于固定的侍中，除此之外还有加官的侍中，无定员。其他职官有太中大夫、中散大夫、谏议大夫、议郎、给事黄门侍郎与给事中等。太中大夫、中散大夫、谏议大夫、议郎本来都是皇帝身边的文职侍从，属于光禄勋，曹魏都划入侍中寺编制。给事黄门侍郎编制四人，给事中有的是正式编制，有的则是加官。

3. 尚书台

机构沿革

两汉尚书台一直是少府的内设机构，曹魏开始，尚书台从少府中独立出来，由内廷部门转为外朝机构。曹魏的尚书台与汉代的录尚书事不是一个概念。录尚书事只是一种加官，加给哪个官员，哪个官员就成了有权的高官，就成了丞相。或者说录尚书事成了丞相（宰相）的一个符号。虽然叫录尚书事，但并不是尚书台的编制。他们的职务甚至与尚书台风马牛不相及。东汉以六曹尚书与尚书令、尚书仆射为“八座”，曹魏则以五曹尚书、尚书令以及左、右仆射为“八座”。

机构职能

尚书令“案行文书”[(2)]，“奏正分职，料简名实”[(3)]。具体说来，就是掌管选举官员，总典纪纲，出征则以行台随从。在五曹尚书中，吏部曹尚书权力最大，“选才之职，专任吏部”[(4)]。左民尚书沿袭汉代民曹尚书，职能“掌缮理、功作、盐池、苑囿”[(5)]。客曹尚书掌祠祭与迎来送往。五兵尚书掌中兵、外兵、骑兵、别兵与都兵。度支尚书“专掌军国支计”[(6)]。曹魏的五曹尚书职能实际都是汉代九卿的职能，随着尚书台成为国家的正式机构编制，其逐渐取代了九卿的行政职能。

机构编制

尚书台长官为尚书令，尚书令官品为三品，官秩为千石，编制一人。尚书令属官有尚书仆射，三品，官秩六百石，编制为一至二人，二人时为左、右仆射。尚书令缺位时，以左仆射代之。尚书台分为吏部、左民、客曹、五兵、度支五曹，每曹各设尚书一人，官品为三品，官秩为六百石。

五曹尚书之下设尚书左、右丞各一人，六品。左丞主管尚书台内禁令执行、宗庙祠祭、朝议礼制。右丞掌管台内库藏庐舍及各种器用之物，督催记录远道文书表章奏事。

尚书丞之下设尚书郎，六品，四百石，编制二十三人，分别为殿中、吏部、驾部、金部、虞曹、比部、南主客、祠部、度支、库部、农部、水部、仪曹、三公、仓部、民曹、二千石、中兵、都兵、外兵、别兵、考功、定课二十三曹郎，分管各类军政具体事务。在诸郎中，最为显贵的是殿中与吏部尚书郎。在东汉，“八座受成事，决于郎，下笔为诏策，出言为诏命”(7)。而曹魏的尚书郎已经没有了“下笔为诏策，出言为诏命”的职能。

尚书台胥吏有令史二十一人。

4. 中书省

机构沿革

中书省的设立也是曹魏机构编制的特点。“中书之官旧矣，谓之中书省，自魏晋始焉。”曹魏之前的中书，也同尚书一样，属于少府的内设机构。曹操设立秘书令，“典尚书奏事”(8)。曹丕即位之后，感尚书台权力太大，设立中书省，以秘书左丞刘放为中书监，右丞孙资为中书令。中书监、中书令并掌机密，均为三品官。中书省掌管例行公事，若有密诏下达州郡和边防将领，多由中书省拟发诏书。草拟诏书原归尚书台，尚书台不但掌制令，还掌执行，可谓是权倾一时。自从设置中书监、中书令，中书省遂掌机要，同时评议尚书奏事，尚书不能掌制令，成为执行机关，权力小了许多。尚书省之所以职权小了，就是因为不能再典掌机要，草拟诏命。这样，中书监、令就成为真宰相。曹魏黄初初年设立通事郎，后改通事郎为中书侍郎。

机构职能

《通典·职官·尚书省》称:“魏置中书省,有监、令,遂掌机衡之任,而尚书之权渐减矣。”中书省除了掌机要,还对尚书台具有监督之责。

机构编制

中书监、令之下有中书侍郎四人,均为五品官。再下为中书通事舍人,一人,七品官。中书通事舍人也叫舍人、通事。

5. 秘书省

机构沿革

秘书省建于汉末桓帝时期。主要掌管宫中图书与秘籍,很快废除。曹操担任魏王之后,又设立秘书令。魏文帝曹丕“分秘书,立中书”,改秘书令为秘书监,设立中书令、秘书监负责管理宫禁内的图书,称之为内阁,御史台管理宫禁外的图书,称之为兰台,也就是外台。一开始秘书监属于少府管理,明帝景初年间(237—239),秘书省成为独立机构。秘书省实际就是国家图书馆。当然,古代国家图书馆的地位非今日图书馆所能比。

机构职能

秘书省职能有:图书管理,“典尚书奏事”,参与军国大事的决策。秘书省除了掌管图书古籍的收集保管外,还有整理考校之责,因此,担任秘书监的多为有深厚文化底蕴的文人。

机构编制

秘书省设秘书监、丞和秘书郎、校书郎等职官。秘书监为第三品。

门下省、尚书台、中书省,可以说是曹魏国家机构编制最有特点的机构。曹魏与两汉不同之处,就是使三公成为名誉职务,不再参与国家政务,而将三省从少府中独立出来,取代三公,使其成为国家中枢机构。

曹魏在将三省确定为国家的中枢机构之后,同时还保留了秦汉九卿制度。但是,曹魏的九卿已经大不如汉。

在这里首先需要介绍的是御史台。

6. 御史台

机构沿革

西汉御史大夫为御史府的主官。从汉成帝开始,御史府的地位日趋没落。“成帝时,御史府吏舍百余区,井水皆竭,又其府中列柏树,常有野乌数千栖宿其上,晨去暮来,号曰‘朝夕乌’。”(9) 御史府之冷落由此可见。汉成帝改御史大夫为大司空,秩比丞相,但御史大夫已经与御史台没有任何关系,掌管御史台的是御史中丞。也就是说,真正主管监察工作的是御史中丞而不是御史大夫。哀帝建平二年(前5)恢复御史大夫。东汉初年,废御史大夫,中间曾恢复御史大夫职官。在东汉,御史府改称御史台,又称“兰台寺”。御史中丞与尚书令、司隶校尉称为“三独坐”。曹魏一度撤销御史中丞,改中丞为宫正,后恢复御史中丞,设御史八人。但曹魏的皇帝竟然不知道御史是干什么的。“当大会殿中,御史簪白笔,侧陛而坐。帝问左右:‘此何官也? 何主?’辛毗曰:‘此谓御史,旧时簪笔以奏不法,当如今者,直备位,但眊笔耳。’”(10) 御史成了朝廷的摆设,曹魏后期的监察工作效果如何也就可想而知。御史机构成虚设反映了魏晋官场的腐败与中枢机构的没落。

机构职能

御史台为监察机构,下设治书执法与治书侍御史。治书执法“掌劾奏”,治书侍御史“掌律令”。(11)

机构编制

御史台设中丞一人,第四品,治书执法与治书侍御史,第六品。

御史八人。

7. 太常寺

职掌同汉代，主持宗庙，在诸卿中与光禄卿位居前列，为上卿。设卿一人，三品。丞一人，主簿一人。属官有博士，分别是太常博士、五经博士、协律都尉、太乐令丞等，名虽不同，实则一职。又有三老、五更。魏文帝于黄初五年(224)正式在洛阳建立太学，制定五经课试办法。置太学博士祭酒一人，五品；太学博士十九人，直接主管教育。太学祭酒就成为太常卿的属官。除此之外，太常卿属官还有太史令、太庙令、太乐令、明堂令、诸陵令与协律校尉等令、丞。魏晋之时，皇帝命运悲惨，皇室也卑微，宗庙制度荒废，传统的祭祀活动地位下降，很多祭祀活动也不能举行，太常卿无事可做，其下属少卿、丞、主簿等员，也只能赋闲。

8. 光禄勋寺

掌宫殿门户，设卿一人，三品，下有丞一人，第七品。所属有左右虎贲、羽林中郎将、守宫令、守宫丞、掖庭令、掖庭丞、清商令、清商丞、暴室令、华林园令等。魏晋以来，光禄勋不再居禁中，不再掌三署郎，只在外宫朝会，几乎没有多少重要职能，只需点卯列名而已。

9. 卫尉寺

掌徼巡事，即掌管宫门屯兵，守夜巡逻，城门禁卫。设卿一人，三品，丞一人，第七品。属官有公车司马令、卫士令等。

10. 太仆

掌舆马。卿一人，三品。下设丞一人，第七品。属官有车府令、丞，考工令、左右丞，乘黄厩令、丞，骅骝厩令、丞，典牧令、丞，牧官都尉，典虞都尉等。

11. **廷尉**

主刑罚狱讼。三国时期，各国均置大理，后改为廷尉。设卿一人，三品。属官有少卿、廷尉正、廷尉监、廷尉平，以及主簿、狱丞、司直、律博士、明法掾、槛车督等员。而以正、监、平三属官最为重要。

12. **大鸿胪**

掌诸侯及四方部族朝贡，郡国上计献策，封拜诸侯，吊谥护表。设卿一人，三品。属官有少卿、丞、主簿、客馆令等员，但皆是清闲之职。

13. **宗正**

管皇族宗人图牒，掌管皇室亲属及宗室犯法者。宗正一般都由皇族之人担任，但曹魏是例外，郑袤、羊祜、王览、朱整等，都曾担任宗正。设卿一人，三品。丞一人，第六品。

14. **大司农**

掌金谷钱帛，郡国计簿，边郡调度。卿一人，三品。丞一人，第六品。部丞一人。属官有太仓令、太仓丞、导官令、导官丞等。

15. **少府**

掌王室财政及御服用诸物和珍宝膳食等事，职权较重。卿一人，三品。丞一人，第六品。属官有材官校尉、太医令、太医丞、太官令、太官丞、上林苑令、上林苑丞、御府令、丞。另有钩盾令，中仓府令，尚方中、左、右三令，平准令，下皆有丞。

魏中央职官其他列卿还有：

执金吾，掌宫廷以外警卫事宜，并管兵器，有丞一人，属官有武库令。

将作大匠，掌土木建筑，有丞一人，属官有右校令。

都水台，曹魏增设都水台，主管全国舟船水利设施建设。都水台设都水使者，第四品；都水参军，第七品；都水使者令史，第八品。以后又设置水衡都尉，第四品，“主天下水军舟船器械”(12)。河堤谒者，左、右、前、后、中五水衡。都水台其他属官有主簿、录事等。

宫卿有太后三卿：卫尉、少府、太仆。皇后有大长秋。太子有太子太傅、少傅、詹事等。

曹魏中央机构编制简表

机构	职官	职能	编制	品级
相府	相国(大丞相) 中卫将军、骁骑将军 左、右长史			第一品 第四品 第六品
侍中	侍中 太中大夫 中散大夫 谏议大夫 议郎	陪侍皇帝左右，掌规谏	4 人	第三品
尚书台	尚书令 尚书仆射 各曹尚书	掌管选举官员，总典纪纲	1 人 2 人 5 人	第三品 第三品 第三品
中书省	中书监、令 中书侍郎	掌机衡之任	1 人 4 人	第三品 第五品
秘书省	秘书监 秘书左、右丞 秘书郎	典尚书奏事	1 人 各 1 人	第三品 第六品 第六品

（续表）

机构	职官	职能	编制	备注
御史台	御史中丞	主监察	1人	第四品
寺监	略			

三、两晋中央机构编制

西晋、东晋时期，政治腐败黑暗，国内战乱不已，其国家机构大体沿袭曹魏旧制，没有多大的创新，只有少数变化。

无论是魏还是晋，都是士族当政。士族在当时是一个腐朽的寄生群体，他们追求的是权力、金钱与名望。如果说晋代士族有什么变化的话，那就是其腐朽性表现得更加充分，更加淋漓尽致。士族在经济上掠夺、占有大量土地和劳动力，在政治上按门第高低分享特权。曹魏的九品中正制将选拔官员的权力交给士族，这就为豪门士族垄断国家政权创造了条件。经济与政治上的强势，并没有给士族带来什么优势，而是使其更加腐朽堕落。士族注重门第和身份的高低，不学无术，生活腐化。他们的腐朽性在国家机构编制上也充分反映出来。司马氏统治集团一个个都以追求权势、金钱为目的，原来的丞相与三公已经满足不了他们的官欲与虚荣心，于是创造了丞相与八公并置的机构编制。霸府政治在晋代盛行，开府设第成了地位尊贵的象征。与权贵地位显赫、生活糜烂相对的是皇帝的傀儡无能，朝不虑夕，仰人鼻息。

1. 丞相

机构沿革

从汉武帝之后，皇帝鉴于丞相权重，很少设立丞相，到了汉献帝时期,以曹操为丞相,但也是不得已之举。“丞相、相国,并秦官也。晋受魏禅,并不置,自惠帝之后,省置无恒。为之者,赵王伦、梁王肜、成都王颖、南阳王保、王敦、王导之徒,皆非复寻常人臣之职。”(13)晋惠帝改司徒为丞相,后又罢丞相复置司徒,以后省置不一。无论是叫丞相,还是称司徒,都是实实在在的丞相。西晋担任丞相的几乎都是晋武帝封的诸侯王。晋武帝本来是吸取自己逼宫曹魏皇帝无人相助的教训而封了众多的诸侯王,结果这些诸侯王就像自己当年对待曹氏皇帝一样对待自己的子孙。这些诸侯王利用任丞相之机,大权独揽,上胁天子,下压群臣,酿成多次内乱和诸王混战。西晋诸王对待皇帝,一个个都如曹操对待汉献帝一般。所以,晋朝的皇帝虽然贵为皇帝,日子却着实可怜。

机构职能

西晋的丞相权力远比汉代丞相权力要大,可以说一国之政,无所不管。西晋与汉末相去不远,曹操擅权对于他们来说,并不生疏,都会依样画葫芦。

机构编制

丞相属于极品官。丞相一般都置有众多僚属。西晋时,诸王都建有自己的霸府,有众多的幕僚。当诸王当了宰相,这些幕僚便取得国家正式编制,成为国家的正式官员。赵王司马伦为相国,相府设有左、右长史,司马,从事中郎四人,参军二十人,主簿、记室督、祭酒各四人,掾属四十人。属官东西曹又置掾属四十人。琅邪王司马睿(即晋元帝)为丞相时,属官除了长史、录事、记室掾属外,各曹设有二十个掾属,诸如东曹、西曹、刑狱、城局、水曹等掾属。

2. 八公

机构沿革

丞相以下,有所谓八公。“晋受魏禅,因其制,以安平王孚为太宰,郑冲为太傅,王祥为太保,义阳王望为太尉,何曾为司徒,荀顗为司空,石苞为大司马,陈骞为大将军,凡八公同时并置,唯无丞相焉。”(14)秦汉三公有太师,西晋避司马师之讳,采用《周官》官名,以太宰代替太师,与太傅、太保皆为上公。太宰、太傅、太保都开府。次于上公的是三公,即汉魏以来的太尉、司徒、司空,也是有职无权,只表示对大臣的尊崇而已。三公之次为“两大”,即大司马、大将军,合称八公。

机构职能

论道经邦,燮理阴阳。

机构编制

八公为第一品。八公虽然论道经邦,燮理阴阳,但是每公都开府设第,建衙设曹,而且属官级别还比较高,长史一人,秩千石;西东阁祭酒、西东曹掾、户仓贼曹令史各一人;御属阁下令史、西东曹仓户贼曹令史、门令史、记室省事令史、阁下记室书令史、西东曹学事各一人。除此之外,司徒增设左右长史、主簿、左西曹掾属各一人;司空增设导桥掾一人。如果加兵司马、将军衔,则增设司马一人,从事中郎二人,主簿、记室督各一人,舍人四人;兵曹、铠曹、士曹、营军、刺奸、帐下都督、外都督、令史各一人。如果三公为持节都督,增设参军六人。此为西晋八公,东晋诸公公府设置长史、仓曹掾、户曹掾、东西阁祭酒各一人,主簿、舍人各二人,御属二人,令史无定员,还有很多属官。尽管三公只是“论道经邦,燮理阴阳”,没有什么实质性的工作,衙门机构编制却非常完备,反映了两晋政治的腐败。

八公以下有“位从公”之名。殇帝最早于延平元年(106),以郑骘为车骑将军,仪同三司。曹魏黄权以车骑将军开府仪同三司。凡开府仪同三司的,均为位从公。开府是指开设府第,设官置吏;仪同三司是说仪仗同于太尉、司徒、司空。西晋的骠骑、车骑、卫将军、伏波、抚军、都护、镇军、中军、四征、四镇、龙骧、典军、上军、辅国等将军,左右光禄、光禄三大夫等,都可以开府仪同三司。这就是说,除了八公,还有众多官员享受位从公开府的待遇。位从公开府设"长史、西阁、东阁祭酒、西曹、东曹掾、户曹、仓曹、贼曹属各一人;加兵者又置司马、从事中郎、主簿、记室督各一人,舍人四人;为持节都督者,置参军六人"[15]。豪门士族的虚荣心在开府上得到了满足。他们追求排场和官位,根本就不考虑国家机构编制的严肃性。作为皇帝来说,权臣要求开府仪同三司自然必须答应。开府仪同三司就等于将诸王的霸府幕僚正式列入了国家机构编制。由于有公与位从公,晋代国家机构编制迅速膨胀。

对八公和位从公来说,虽然平时无事可干,但一旦加"录尚书事"即可总领百官,"职无不总",绝不仅仅是"论道经邦,燮理阴阳"。如果录尚书事加上"总录"二字,那就权力大得不得了。录尚书事可能是一人,也可能是几人,但是总录尚书事就只有一人。到晋惠帝时,太宰河间王司马颙、太傅东海王司马越创造了"皆录三省尚书秘书事",朝中所有部门都录着,比总录的权力还要大。这样的丞相,权力比当年曹操还要大。在这样的丞相权势下,晋惠帝的日子如何,可想而知。

晋代八公与位从公开府编制一般是:"凡位从公以上,置长史、西阁、东阁祭酒、西曹、东曹掾、户曹、仓曹、贼曹属各一人;加兵者又置司马、从事中郎、主簿、记室督各一人,舍人四人;为持节都督者,置参军六人。安平献王孚为太宰,增掾、属为十人,兵、铠、士、营军、刺奸五曹皆置属,并前为十人也。杨骏为太傅,增祭酒为四人,掾、属为二十人,兵曹分为左、右、法、金、田、集、水、戎、车、马十曹,皆置属,则为二十人。赵王伦为相国,置左右长史、司马、从事中郎四人,参军二十人,主簿、记室督、祭酒各四人,掾、属四十人。

东西曹又置属，其余十八曹皆置掾，则四十人矣。凡诸曹皆置御属、令史、学干，御属职录事也。”

对于这些公与位从公来说，他们开府绝不仅仅是衙门排场，更有实际利益。“诸公及开府位从公者，品秩第一，食奉日五斛。太康二年，又给绢，春百匹，秋绢二百匹，绵二百斤。元康元年，给菜田十顷，田驺十人，立夏后不及田者，食奉一年。置长史一人，秩一千石；东西阁祭酒、西东曹掾、户仓贼曹令史属各一人；御属阁下令史、西东曹仓户贼曹令史、门令史、记室省事令史、阁下记室书令史、西东曹学事各一人。给武贲二十人，持班剑。给朝车驾驷、安车黑耳驾三各一乘，祭酒掾属白盖小车七乘，轺车施耳后户、皂轮犊车各一乘。”(16)国家机构的扩充不但增加了国家机构编制，还增加了国家的财政开支。国家财政开支的增加，也就意味着人民负担的加重。

晋代不但八公与位从公待遇优厚，就是其他官员也都有丰厚的待遇，也都开府设第，配备职官。

3. 中书省

机构沿革

曹魏分秘书监，另置中书省，秘书监只负责保管图书秘籍，中书省典掌机要，草拟诏命。西晋沿袭曹魏制度，继续设立中书省。《通典》讲，中书监、令“常管机要，多为宰相之任”。中书监、令上朝有专车，因和峤为中书令，看不惯荀勖为人，不愿与之同车，武帝只好单独为和峤派专车。缪播担任中书令，专管诏命，“朝事莫不谘之。人君之所取信于人臣下，无以尚也”。魏晋以来，中书监、令“以其地在枢近，多承宠任，是以人固其位，谓之‘凤凰池’焉”(17)。正因如此，中书官员谁都不愿意离开凤凰池。中书监荀勖由中书监迁任尚书令，就大发牢骚“夺我凤凰池”。中书省职尊权重，中书监、令往往被豪门士族所把持，即使年老多病，不能行动，也不愿离开，甚至交给儿子主持中书省的事务。

机构职能

“掌赞诏命，记会时事，典作文书。”中书监、令的职能就是名副其实的宰相职权。所以，《通典》总结说：“中书职掌诏命，非轻才所能独任。自晋建国，尝命宰相参领。中兴以来，益重其任，故能王言弥徽，德音四塞者也。”(18)

机构编制

中书省设中书监及中书令，均为正三品，秩千石。中书监、令虽然级别相同，但事实上监比令地位要高。中书侍郎四人，第四品，通事舍人若干人，第七品。中书侍郎“副掌王言”，为中书省副长官。琅邪王司马睿称帝之后，以相府舍人刘超为中书舍人。一开始，中书舍人因为品级很低，不为豪门士族所看重，但因为中书舍人是皇帝最信任的人，皇帝很多事情都交给中书舍人去干，这一职务渐渐又成了显职。《初学记》称：“通事舍人，自晋宋以来，唯掌呈奏，宣王言，甚用事。”中书通事舍人之所以被重用，是因为他们级别很低，都是出身庶族，皇帝要利用庶族官员制衡士族权贵。中书省下还有主事、令史等，级别较低。

4. 门下省

机构沿革

侍中之名，在秦代就已有之。秦汉称之为侍中曹，侍中为加官，秩比二千石。汉代的侍中可以说无所不干，有的侍中还负责为皇帝端痰盂。汉末，侍中无定员，汉献帝确定侍中为六人，黄门侍郎六人。嘉平六年(254)改侍中曹为侍中寺。当然，由曹改为寺，已经不是由齐王曹芳说了算，而是由司马氏来决定。正式称为“门下省”，则始于晋。

机构职能

侍中的职权是参与机要，值侍天子左右，备顾问应对献策。天子出巡则负责掌天子印玺，位尊而权重，也是事实上的宰相。侍中还常常代表皇帝与公卿们辩论朝政。他们的观点往往代表着皇帝的意志，公卿们不得不考虑。能够与公卿辩论的当然都是才学之士，如竹林七贤的山涛就曾是晋武帝的侍中。

机构编制

门下省置侍中四人，三品，给事黄门侍郎四人，五品。如用以加官，则无定员。侍中是门下省正长官，给事黄门侍郎则是副长官。作为加官的官职还有诸常侍、给事中等，其职为共同平议尚书奏事。东晋时废止。门下省下属有散骑省，长官为散骑常侍，三品。散骑省虽然名为省，但隶属门下省。散骑省除了散骑常侍，还有散骑侍郎（第四品）、给事中（第五品）、通直散骑常侍、员外散骑侍郎和"奉朝请"。员外散骑常侍、员外散骑侍郎、奉朝请没有编制名额限制。正由于散骑省机构庞杂，人员众多，职能也开始向文书档案倾斜，所以，到南朝刘宋时散骑省被集书省所取代。

5. 尚书省(台)

机构沿革

尚书台最早只是少府下面的一个机构，人员六七人，职能为收发保管文书。汉武帝开始，尚书地位开始重要起来。到东汉，尚书台由六七个人的小单位发展成由六曹组成的大衙门。由尚书令、左右仆射、尚书、尚书侍郎组成中枢机构。曹魏时期，中书独立，"掌赞诏命，记会时事，典作文书"[19]。"魏置中书省，有监、令，遂掌机衡之任，而尚书之权渐减矣。"[20]晋沿魏制，接着门下省成立，掌赞导众事，顾问应对。[21]这样，权重一时的尚书省职能发生了重大变化，“举国机要，悉在中书；献纳之任，又归门下；而尚书但听命受事而已”[22]。尚书省决策职能没有了，职能范围却扩大了，人员急剧扩充，成为国家的政务中心机构，而不再是服务皇宫的少府下属机构。两晋沿袭曹魏机构编制，也设立尚书台，为政务执行机构。

机构职能

职掌国家政务执行。尚书令“主赞奏事，总领纪纲，无所不统”。[23]晋代尚书职能范围扩大了，所以人员急剧扩充。吏部曹掌管选举，三公尚书掌刑狱。西晋客曹尚书负责朝贺，东晋祠部尚书掌庙祧之礼。驾部尚书掌车驾。晋初设屯田尚书，太康初改为田曹尚书与屯田郎，到东晋时撤销。屯田尚书、田曹尚书负责屯田。度支尚书量计运漕，决定庙算。五兵尚书则掌军队。

机构编制

西晋、东晋尚书令编制均为一人，第三品；仆射一名或者两名，第三品；曹尚书第三品。西晋初年尚书分别是：吏部、三公、客曹、驾部、屯田、度支六曹。中间也有数目或名称的变化。西晋太康年间尚书分别是：吏部、殿中、五兵、田曹、度支、左民六曹。西晋末年，仍是六曹尚书，东晋则设吏部、祠部、五兵、左民、度支五曹尚书。两晋吏部曹尚书都是首曹尚书。西晋以来，用人大权被豪门士族所把持，用人专看门第，看父辈的官资，不讲才学，寒门庶士根本就没有提升的机会。尚书属官，在尚书仆射以下，有左、右丞，第六品。列曹尚书之下，有尚书郎，第六品，分曹主事。“武帝罢农部、定课，置直事、殿中、祠部、仪曹、吏部、三公、比部、金部、仓部、度支、都官、二千石、左民、右民、虞曹、屯田、起部、水部、左右主客、驾部、车部、库部、左右中兵、左右外兵、别兵、都兵、骑兵、左右士、北主客、南主客，为三十四曹郎。后又置运曹，凡三十五曹，置郎二十三人，更相统摄。及江左，无直事、右民、屯田、车部、别兵、都兵、骑兵、左右士、运曹十曹郎。”[24]

以后又减去虞曹、二千石二曹，使左、右、南、北主客为主客曹，左右中兵、左右外兵合并为中兵、外兵二曹。省减主客、起部、水部三曹。经过几次省减合并，最后剩下殿中、祠部、吏部、仪曹、三公、比部、全部、仓部、度支、都官、左民、驾部、库部、中兵、外兵十五曹，每曹设一曹郎。尚书省的具体工作都是尚书郎主持，所以，尽管尚书郎级别低，但还是为许多士人所看重。在尚书郎中，最为看重的还是吏部的尚书郎。很多门阀士族一般都是做高官，都想当吏部的尚书郎。西晋尚书郎有三十五人之多。东晋偏安江南，国土狭小，尚书省各曹不得不进行裁减，裁减后仍然有十五尚书郎。尚书郎实际就是各部司长，与后世相比，两晋尚书郎的职数仍属精简。东汉时期，尚书省只有令史十八人。晋代尚书省有都令史八人，正令史一百二十人，书令史一百三十人。尚书省除了尚书令、左右仆射、左右丞、各曹尚书及尚书郎外，光令史类官员就有二百五十八人。尚书省成了庞大的政务机构。

与曹魏一样，晋代也有“录尚书事”。西晋时期，何邵、王戎、张华、裴楷、杨济、和峤、司马越等，以太傅录尚书事。贾充以太尉录尚书事，王浑以司徒录尚书事，司马颖以大将军录尚书事。在晋惠帝时期，太宰河间王司马颙、太傅东海王司马越，“皆录三省尚书秘书事”，除了皇帝，所有朝廷中央机构都录。晋代也有两录、三录的，到了东晋，还有六录、七录的。这就不仅仅是录尚书事，而是有权力、有机构就录。录尚书事成为权力的象征。

6. 御史中丞

机构沿革

两晋沿袭曹魏旧制，以御史中丞为台主。虽然晋代的御史台机构编制要比曹魏健全得多，官员配置更是比曹魏要多，但是，两晋都是豪门士族掌权，他们是不会让御史台监督他们的。更何况两晋御史台的机构编制并不是为了国家的廉政，而是为了让豪门士族做官。两晋都是豪门士族绝对统治的朝代，所以，虽然国家设立了监察机构，但只是摆设，根本不能约束士族高官的违法乱纪与贪赃枉法。余姚县令查处士族大家荫户二千余户，县令还没有来得及处理，就遭到士族的反对，县令被免职了。因为两晋代表的是士族利益，当有人威胁到士族利益，自然要被免职。

机构职能

掌律令、诏狱及廷狱罪罚不当者。御史台还有督司百僚之责，凡是皇太子以下的文武百官，只要在“行马”之内违纪的，皆得纠弹。行马指的是宫廷、官署衙门前拦阻人马通行的栅栏，代指宫廷，也就是宫廷官署官员违纪的，御史台都可以纠弹，宫廷以外的官员违纪则属于司隶校尉的职权范围。但御史台的职能是一回事，士族政治则是另一回事。

机构编制

御史台长官为御史中丞，四品，中丞属官有治书侍御史四人，后裁二人，六品。侍御史九人，侍御史分理十三曹：吏曹、课第曹、直事曹、印曹、中都督曹、外都督曹、媒曹、符节曹、水曹、中垒曹、营军曹、法曹和算曹。西晋还设殿中侍御史四人，东晋时裁减为二人。

7. 秘书省（监）

机构沿革

秘书省为国家图书馆，晋武帝将秘书省并入中书省，改秘书丞为中书秘书丞。晋初将秘书省所掌图书分为甲、乙、丙、丁四部，设四个秘书郎分掌。因为掌管国家图籍，所以，秘书郎成为清要之职，但是秘书郎职数有限，不是随便什么人都可以得到的。晋代虽然是中国政治腐朽时期，但仍然有人不去谋取有权有势的衙门，而喜欢任清要之职，由此看来，两晋还不属于吏治最黑暗时期。晋惠帝永平元年（291），秘书省从中书省独立，改名秘书监。秘书监从宫中移出。

机构职能

“秘书典综经籍，考校古今”[(25)]，主书写勘校图籍，“虽非要剧，然好学君子亦多求为之”[(26)]。秘书郎“掌中外三阁经书，覆校残缺，正定脱误”[(27)]。

机构编制

秘书省（监）设秘书丞二人，为第六品，秘书郎四人，第六品。秘书郎也称“秘书郎中”，秘书省（寺）属官还有校书郎、令史、正字录事、儒林郎、文林郎、楷书郎等职官。

8. 著作省

著作省为曹魏明帝太和年间（227—232）设立。著作省隶属于中书省。西晋将著作省改属秘书省，称为“秘书著作”。著作省置著作郎一人，第六品。著作郎俗称“大著作”。佐郎八人，主掌国史修撰。无论是著作郎还是佐郎，要求条件都很高，必须要有较高的写作水平。著作郎多由文采出众的高官兼任。

同曹魏一样，两晋虽然有了中书、门下、尚书与散骑省，为了安排门阀士族，九卿机构也都保留下来，但其职权逐渐被三省剥夺，东晋的桓温发出了这样的感叹：“今事归内台，则九卿为虚设，皆宜省并。”[(28)]桓温是东晋权臣，连他都认为九卿为虚设，应该撤销而没能撤销，这说明国家是否需要是次要的，关键是腐败的当权者需要。九卿之所以没有被省并，是因为其适用于门阀士族执政。无论是两晋，还是南北朝，都利用九卿机构安置了大批士族闲人冗官。正因如此，九卿被称为“外寺”。

9. **太常**

两晋太常居列卿之首，长官为卿，第三品。“晋以太常等九卿（即汉九卿）兼将作大匠、太后三卿、大长秋皆为列卿。”(29) 太常“职典天地，兼掌宗庙”(30)。按理来说，这是封建社会的大事，但是从惠帝以来，晋代皇帝就非常辛苦，毫无尊严可言，皇帝尚且如此，那祖宗庙宇自然更无法顾及。自晋惠帝以来，“不常亲郊，经杂事难，制度废弛”(31)。虽说太常职不可缺，实际有无皆可。连皇帝都懒得进行祭祀活动，太常也成了可有可无的官职。太常属官有太常丞，曹魏时为秩比千石，两晋为第七品。所属有太常主簿、博士、协律校尉，又有太学博士、祭酒，还有太祝令丞、太史令、太庙令、太乐令、鼓吹令、诸陵令等。各令均为第七品。

10. **光禄勋**

光禄勋设卿、少卿各一人。卿，第三品，统虎贲中郎将、羽林中郎将、冗从仆射、羽林左监、五官左右中郎将及东园匠令、太官令、御府令、守宫令、黄门令、掖庭令、清商令、华林园令、暴室令诸令。其职掌同于曹魏，但由于上述很多职官移交中书、尚书、门下，剩下的部门都远离皇室，不被重视，只是“外宫朝会，则以名到”(32)。东晋哀帝兴宁二年（364）将光禄勋合并到司徒，孝武帝宁康元年（373）恢复。光禄勋属官有丞，第七品，太官署令，第八品。

11. **卫尉**

汉朝的卫尉掌宫门警卫，但是晋代的卫尉是“掌冶铸”(33)，已经与卫尉的名字风马牛不相及。卫尉卿，第三品，属官有少卿、卫尉丞和主簿，下有武库令、公车令、诸冶令、卫士令、城门校尉等，除了卫士令与城门校尉掌守卫任务外，其他主管兵器制造。另有左右都侯、南北东西督冶掾。在晋朝，江南有冶令三十九，冶户五千三百五十户。东晋时省减了卫尉这一职官。

12. **太仆**

太仆置卿一人，第三品，主掌太仆，属官有少卿、主簿等。西晋太仆变化不大，事务还比较多，这与其职掌有关。太仆辖有典农、典虞都尉、典虞丞、左右中典牧都尉、车府典牧，及乘黄厩、骅骝厩、龙马厩等令。东晋太仆不常设。西晋很多太仆内设机构到东晋以后不见记载，可能取消了。

13. **廷尉**

两晋沿曹魏制度，设立廷尉，主刑罚狱讼，属官有廷尉正、廷尉监、廷尉平，并有律博士等。廷尉被桓温认为是九卿之中“职不可缺”的二卿之一。自晋以来，廷尉正、监、平，铜印墨绶，朝服法冠，出门有白盖小车，在九卿之中还算显赫，被称为“廷尉三官”。审判案件时，三官均为必须出庭审判的法官。廷尉其他属官还有左、右狱丞，负责监狱管理。除了左、右狱丞，晋代还设有律博士。

14. **大鸿胪**

所辖有大行、典客、园池、华林园等。又有青宫列丞、邺玄武苑丞。大鸿胪卿，第三品。汉大鸿胪掌诸侯及四方外族事务，晋之大鸿胪职掌已经远不如汉朝，主要管理“胡事”。东晋时省置无常，有外事活动，就让他官兼充，无外事活动则取消。大鸿胪属官有少卿、鸿胪丞、主簿、典客令等。

15. **宗正**

掌皇族宗人图牒，统太医令史，又有司牧掾。宗正一开始还属显赫官职，晋武帝让扶风王司马亮兼理宗正，随着皇权式微，宗正一职也就不为时人所重视。东晋哀帝时将宗正并入太常，其他下属机构也进行了分解，太医令改归门下省。曾经显赫的皇族管理机构沦落至此，皇帝地位也就可想而知。

16. 大司农

统太仓、籍田、导官三令，襄国都水长，东西南北部护漕掾。东晋哀帝时省并都水，孝武帝时又复置。大司农属官有司农丞、主簿、太仓令、导官令、平准令、籍田令、钩盾令等。各个令之下又都设丞。

17. 少府

设少府卿、丞、主簿等官。少府卿统材官校尉，中、左、右三尚方，有中黄令（中藏府名）、左右藏令、左校令、甄官令（管砖瓦建筑材料）、平准令、奚官令（掌守宫人员看病就医、罪罚处理、死后安葬等）等，有左校坊、邺中黄左右藏、油官等丞。少府虽然还是服务宫廷的机构，但其地位已远不如秦汉。然而少府又是一个很特殊的机构，特殊就特殊在少府产生了三个宰相机构——尚书、中书和门下三省。这是九卿中其他衙门所不曾有的。在魏晋时期，尚书省、中书省、门下省，还有御史台，都从少府中分离出来，尚书令、侍中、中书以及黄门侍郎、御史中丞，不再是少府的属官，而成为少府的上司，成为权势无比的宰相。这一切源于皇权与相权的矛盾，源于皇权的式微。

其他职官有：将作大匠，有事则置，无事则罢。此外还有符节御史、谒者仆射、都水使者等。太后三卿为卫尉、太仆、少府。皇后卿为大长秋。太子卿为太傅、少傅。

晋代中央机构编制简表

机构	职官	职能	编制	品级
相府	丞相(司徒) 左、右长史 司马 从事中郎 参军	总一国之政	1人 2人 1人 4人 20人	第一品 第四品 第五品 第五品 第六品
八公	太宰 太傅 太保 太尉 司徒 司空 大司马 大将军	论道经邦,燮理阴阳	1人 1人 1人 1人 1人 1人 1人 1人	第一品 第一品 第一品 第一品 第一品 第一品 第一品 第一品
侍中	侍中 黄门侍郎 散骑常侍 散骑侍郎 给事中	掌傧赞威仪,备切问近对,拾遗补阙	4人 4人 若干人 若干人 若干人	第三品 第五品 第三品 第五品 第五品
尚书省(台)	尚书令 尚书仆射 尚书	任总机衡,事无大小,咸归令仆	1人 1人或2人 6人	第三品 第三品 第三品
中书省	中书监、令 中书侍郎	掌机衡之任	各1人 4人	第三品 第五品
御史台	御史中丞	主监察	1人	第四品
寺监	略			

四、南朝中央机构编制

宋、齐、梁、陈相继建都建康(今南京),这一时期被称为“南朝”。

南朝官制，大体沿用魏晋之制，但由于四朝政治混乱，南朝的统治者为了维护自己的统治，不断调整中央机构编制，掌权的豪强士族集团则不停地扩大编制，让更多的士族豪强做官，做高官。

1. 三师、三公

三师即太师（或称太宰）、太保、太傅。三公即太尉、司徒、司空。南朝三师、三公虽然贵为一品，但已无实权，是坐而论道之官，也没有实际职务，基本属于赠官。与三公情况相同的是大司马、大将军、丞相、相国等设置，这些虽然也是一品高官，但多数都成为赠官。大司马、大将军并不管军事，真正掌握兵权的是都督中外诸军事。南朝的三师三公也同晋代一样，都要开府，都要开府仪同三司。

三师三公开府编制："江左以来，诸公置长史、仓曹掾、户曹属、东西阁祭酒各一人，主簿、舍人二人，御属二人，令史无定员。领兵者置司马一人，从事中郎二人，参军无定员；加崇者置左右长史、司马、从事中郎四人，掾、属四人，则仓曹增置属，户曹置掾，江左加崇，极于此也。"增加开府职官编制，成为三师三公尊崇的象征。

太尉府开府编制："掾、属二十四人，西曹主府吏署用事，东曹主二千石长吏迁除事，户曹主民户祠祀农桑事，奏曹主奏议事，辞曹主辞讼事，法曹主邮驿科程事，尉曹主卒徒转运事，贼曹主盗贼事，决曹主罪法事，兵曹主兵事，金曹主货币盐铁事，仓曹主仓谷事，黄阁主簿省录众事。御属一人，令史二十二人。御属主为公御，令史则有阁下、记室、门下令史，其余史阙。案掾、属二十四人，自东西曹凡十二曹，然则曹各置掾、属一人，合二十四人也。"

司徒开府编制："掾、属三十一人，御属一人，令史三十五人。"

司空开府编制："掾二十九人，御属一人，令史三十一人。司空别有道桥掾。其余张减之号，史阙不可得知也。"(34)

2. 丞相

刘宋首先任命南郡王刘义宣为丞相，“宋齐梁陈，并相因习，或为丞相，或为相国，多非寻常人臣之职”。担任丞相或者相国的，都不是一般的人臣。这些丞相“或掌机密，或录尚书，或综朝权，或管朝政，或为侍中，或给事中，或受顾命，皆为宰相”[(35)]。也就是说，他们成为宰相，并不是因为他们当了丞相或者相国，而是因为他们兼任了其他职务，如有的掌机密，有的录尚书，有的担任了侍中，有的甚至是给事中。在南朝，丞相已经与其本来的意义相去甚远。如果当了丞相，而没有兼任其他职务的话，也是员外郎一个，只是叫法不同罢了。当然，能够担任丞相、相国的，“多非寻常人臣”。

《通典》这样总结魏晋以来的丞相：“自魏晋以来，宰相但以他官参掌机密，或委知政事者则是矣，无有常官。其相国、丞相，或为赠官，或则不置，自为尊崇之位，多非人臣之职。其真为宰相者，不必居此官。”[(36)]真正的宰相不一定当丞相，当丞相的多数不是宰相。丞相成为赠官，只是一种称呼、一种尊称。而真正的宰相不一定有丞相的称号，这正是相权转移的现实。这在当世看来，是多么不可思议，但这又是三国两晋南北朝的事实。

3. 尚书省

机构沿革

在魏、晋之时，尚书机构称尚书台，到南朝刘宋时，已有尚书省之称，但尚书台已经成为习惯称呼，人们在通常讲话中还是称尚书台。如果说南朝在机构编制上有什么可圈可点的话，就是尚书省所辖七部已经比较明确了。到了南北朝后期，尚书省不再执行决策的职能，而成为中央政府的最高行政管理机构。七尚书中，权力最大的是吏部尚书，掌管铨选。由于南朝豪强士族占据绝对统治地位，所以，铨选也就是根据所谓的名门望族门第的高低来决定官职的大小。担任吏部尚书的多是士族大家之人，一般家庭出身的即使有才能但如果不是江南豪门士族也很难担任此职。王、谢家族有的祖孙三代担任吏部尚书。他们担任吏部尚书自然没有任何公正可言。有时候皇帝为了与豪门士族争夺用人权，也任用寒门出身的官员，但是他们根本无法长期担任下去。在豪门士族的垄断下，尽管南朝各个时期经济都非常困难，但是官员只增不减。他们根本不考虑国家的前途，不考虑国家财政与百姓的承受能力，而只考虑士族的利益。也正因如此，无论是魏晋，还是北朝、南朝各个朝代，几乎都是短命的王朝。总结历史的经验，凡是用人腐败的王朝，盛产贪官，无不短命而亡。

机构职能

尚书省为“庶绩之枢机”(37)。《通典》称“举国机要，奚在中书；献纳之任，又归门下；而尚书但听命受事而已”。尚书省正是因为听命受事，而成为国家的中枢行政机构。吏部尚书主管官员的选拔。因为主持铨选，必须要熟悉豪门士族的《百氏谱》，要按照《百氏谱》来铨选官员。萧齐武帝想任命萧鸾为吏部尚书，但是有人反对，理由是萧鸾虽然很有才能，但对于《百氏谱》不清楚，不能当吏部尚书，武帝只好作罢。熟悉《百氏谱》的必然是出身豪门士族家庭的人，这样，吏部尚书就一直为豪门士族所把持。左户尚书“掌户籍，兼知工官之事”(38)。因为左户尚书掌管工官之事，事情较少，实际职能就只剩下户籍，这又与度支尚书职能相近。南朝起部尚书负责土木工程修建事务，这项职能往往使得起部尚书有事则设，无事则省。度支尚书主管财政，如果起部尚书撤销，其职能则划归度支尚书。晋代祠部尚书“掌庙祧之礼”，南朝客曹则沿袭了晋代祠部尚书的职能。南朝虽然沿袭晋代五兵尚书的名称，但是刘宋、萧齐五兵尚书的职能只管中兵、外兵。萧梁则管中兵、外兵、骑兵三曹。刘宋武帝设都官尚书，管都官、水部、库部、论功四曹。

机构编制

尚书省设尚书令一人，左、右仆射各一人，置吏部、祠部、度支、左户、都官、五兵、起部七尚书。尚书令虽然是三品官，却是事实上的宰相，"省"则成为宰相机构。尚书令、仆射、尚书均是第三品，千石。刘宋曹郎有殿中、祠部、吏部、仪曹、三公、比部、金部、仓部、度支、都官、左民、驾部、库部、中兵、外兵、骑兵、主客、起部、水部，共十九曹郎。中间曹郎设置也有变化，但变化不大，最后定为二十曹郎。南齐也是二十曹郎，萧梁则是二十三曹郎。萧齐在天监三年(504)在曹郎之上增设尚书侍郎。尚书侍郎是由工作满两年的曹郎升用的。陈代沿袭萧齐制度，在列曹尚书之下设侍郎、郎中。陈代共有二十一曹。

尚书省还设有左、右丞，第六品，四百石。左丞主台内禁令，寝庙祠祀，朝仪礼制，选用署吏，急假兼纠弹之事。右丞掌兵士百工补役死叛考代，年老疾病解遣，其内外诸库藏谷帛等事务。左右司郎中、郎官在宋、齐、梁、陈四朝各有不同。除了侍郎还有员外郎、都事主事令史、令史等。武库令，一人。车府令，一人，丞一人。上林令，一人，丞一人。材官将军，一人，司马一人。

4. 中书省

机构沿革

曹魏设中书监、令掌典诏诰，西晋中书监、令与侍郎同掌诏令，东晋初则是中书舍人"出纳王命"。这说明，作为中书省，其权力也在不断下移。从一开始中书监、令独掌制令，到与助手侍郎同掌制令，再到中书舍人"出纳王命"，权力逐渐由一把手移向二把手，最后连普通办事人员也出纳王命。这与中书省长官一直由士族权贵把持有直接的关系。南朝的中书省同其他机构一样，也是一直被豪门士族所把持。宋武帝刘裕虽然出身寒门，但是他无法在朝廷和地方削弱士族的权力，不让他们把持中书省，只能通过加大中书通事舍人的权力，与士族抗衡。很多出身寒门的官员被任命为中书通事舍人，宋武帝将国家政务直接交给他们办理。原来被士族看不起的中书通事舍人成了要职。刘宋通过扩大中书通事舍人职权来制约豪门士族。孝武帝即位，戴法兴、戴明宝、蔡闲为中书舍人，"专管内务，权重当时"。孝武帝刘骏"亲览朝政，不任大臣，而腹心耳目，不得无所委寄"(39)。

机构职能

掌"赞诏命，记会时事，典作文书"(40)。

机构编制

南朝各代一般均设中书监、令各一人，中书侍郎若干人。刘宋设中书通事舍人四人，"凡有陈奏，皆舍人持入，参决于中"。萧齐设"中书通事舍人四员，各住一省，时谓之'四户'，权倾天下"(41)。萧齐武帝设置中书舍人四人，梁朝、陈朝也都设置中书舍人。梁、陈二朝"国之政事，并由中书省。省有中书舍人五人，领主书十人，书吏二百人。（书吏不足，并取助书。）分掌二十一局事，各当尚书诸曹，并为上司。总国内机要，而尚书唯听受而已"(42)。中书舍人取代了中书监、令。中书舍人从不为士族所重，到掌管诏诰，兼理国政，是南朝皇权与士族势力斗争的结果。

5. 门下省

机构沿革

汉代有侍中曹，曹魏也设置侍中曹，将散骑与中常侍合并为散骑曹，设散骑常侍与给事中。侍中、黄门侍郎与散骑常侍、侍郎"共同平尚书奏事"。嘉平六年（254），改侍中曹为侍中寺，长官为侍中和给事黄门侍郎。晋代改侍中寺为门下省。南朝也都沿袭门下省机构编制。侍中，在汉代被称为“亲近之职”，一般都选用面容姣好者，刘宋选用侍中也是如此。萧齐的侍中也多是“美姿容者”。南朝时，侍中已经开始掌握国家核心机密，拥有参议决策之权，成为宰相之一了。而皇帝对于侍中的信任，又远胜过对三公和尚书省及中书省长官的信任。侍中同时又是皇帝的亲信侍卫，原来卫尉、少府所属的很多机构都归于门下。侍中是皇帝的侍卫机构，担任侍中的往往都是美男子，这些美男子很多成了皇帝的男宠。时人称侍中为门下，称黄门侍郎为小门下。由此可见南朝上层政治之腐败。

机构职能

“掌奏事，直侍左右，应对献替”，平尚书奏事。

机构编制

南朝侍中四人，第三品，给事黄门侍郎四人，第三品，“与侍中俱掌门下众事”。散骑常侍四人，给事中和谏议大夫数人至数十人不等。侍中秩比二千石，黄门侍郎则是六百石。公车令，一人，“凡吏民上章，四方贡献，及征诣公车者，皆掌之”(43)。太医令，一人，丞一人。骅骝厩丞，一人。

6. 集书省

机构沿革

南朝刘宋设置集书省。集书省置散骑常侍、通直散骑常侍各四人，员外散骑常侍、给事中、奉朝请，均无定员。就是因为无定员，才成为皇帝安排闲官的大好场所。萧齐之时，光奉朝请就有600多人。

机构职能

“讽议左右，从容献纳。”“侍从左右，献纳得失，省诸奏闻文书。意异者，随事为驳。集录比诏比玺；为诸优文策文，平处诸文章诗颂。”[44]

机构编制

刘宋以散骑常侍久任者为祭酒散骑常侍，秩比二千石。散骑常侍、通直散骑常侍各四人。员外散骑常侍，无定员。给事中，无定员。奉朝请，无定员。驸马都尉，秩比二千石。萧齐设“六散骑”、给事中、奉朝请、驸马都尉。萧梁沿袭刘宋机构，以散骑常侍久任者为祭酒，“与侍郎高功者一人，对掌禁令，纠诸逋违”[45]。集书省设散骑常侍、通直散骑常侍、散骑侍郎、通直散骑侍郎各四人。员外散骑常侍、员外散骑侍郎、给事中、奉朝请，无定员。陈代散骑常侍为三品，中二千石。通直及员外常侍并为第四品，二千石；散骑侍郎，千石，第五品。通直散骑侍郎，千石，第六品；给事中，六百石；员外散骑侍郎四百石，均为第七品。集书省的设置就等于在已有中书、门下、尚书三个宰相机构的同时，又多了一个准宰相衙门。这些机构的设置一方面是因为南朝的最高统治者为了与士族争夺权力，另一方面也说明南朝统治者虽然只是小国之君，但很会在机构设置上讲排场。

7. 秘书省

机构沿革

晋代设秘书监，刘宋沿袭晋制，亦设立秘书监。萧梁将秘书监改为秘书省，陈代沿袭。在南朝，秘书省更是成为清要之职，不是一般人物能担任的职务，往往是威望极高的侨姓士族才能担任。凡是担任秘书郎的，很快就能升迁。南朝梁规定，要担任尚书令和左、右仆射，必须先担任秘书郎。

机构职能

掌中外三阁经书，校阅脱误。

机构编制

秘书监（省）设丞一人，秘书郎四人。按规定，秘书郎必须要由文化水平很高的文人充任，但由于南朝士族统治，担任秘书郎的往往不是才学之士，而多是江左贵游少年，也就是士族少年郎。秘书郎成为这些贵游少年郎攀登高官的阶梯。秘书郎之下是著作郎。其他朝代有秘书校书郎、秘书正字，但南朝未见记载。

同两晋一样，九卿虽然已经没有多少职能，绝大部分职能被尚书省所取代，但是九卿制度还是被完整保留下来。南北朝时期九卿如同桓温所说，除了太常、廷尉职不可缺，其他都是虚设之位。这些虚设职位尽管其职能已经被其他机构所代替，但是，与之相关的机构不但被保留下来，而且有所增添。梁武帝增设了太府、宗正、太舟三卿，九卿变成了十二卿。以十二卿象征一年四季，太常卿在梁朝属于“春卿”。

8. **太常卿**

职掌宗庙事务。在诸卿中，太常卿与光禄勋位居前列，为上卿，下属有少卿、丞、主簿等。然而六朝时局多变，制度废弛，其职已属清闲。其原因，一是国家动乱不定，政权交替频繁，君位既轻，职掌祭祀宗庙牌位的仪式也就显得不那么神圣；二是南北朝时期佛教盛行，传统的中国伦理观念及表现形式之一的祭祀活动，也必然受到一定的冲击。桓温所认为的不可或缺的太常除了能显示皇族的地位，实际已经成为闲散机构。

太常卿还监管太学及国子监。太常卿属官有太常丞，为第七品，另有太常主簿、太常博士、太史令、太祝令、太庙令、太乐令、明堂令、鼓吹令、诸陵令与协律校尉等令、丞。

9. **光禄卿**

职掌守卫宫殿门户。因为职掌宫廷门户，所以，汉代的光禄勋是一个非常重要的机构。到两晋时，光禄勋职权开始卑落，远离皇宫，光禄勋官员不再是皇家官员的后备队伍。其中很多职官转到中书、门下、尚书三省。原来隶属光禄勋的太官署令划归门下侍中。守宫署令、暴室令、华林园令、掖庭令则归属将作大匠。光禄卿原为光禄勋，梁武帝天监七年（508）改光禄勋为光禄卿，属官有少卿、丞、光禄大夫、中散大夫等。下掌三署郎。三署为五官署、左署、右署，由郡举孝廉以补三署郎，分为中郎、议郎、侍郎、郎中四等，多至万人。光禄卿虽然可有可无，却安排了近万数的闲散人员。建康城可谓满街是"郎"。职能被大大削减的光禄卿衙门就安置如此众多的官员，整个南朝的机构编制之泛滥可想而知。

10. 卫尉卿

职掌宫门屯兵，警夜巡昼，城门禁卫。卫尉长官为卫尉卿，属官有少卿、丞、主簿及武库令等。在两晋时，卫尉的职能就发生了很大变化，南朝宋孝武帝孝建元年（454）复置卫尉卿，掌管皇宫禁卫。萧齐置卫尉"掌宫城管钥"。梁朝卫尉卿属于"秋卿""掌宫门屯兵"。下属机构武库令"掌甲兵及吉凶仪仗"[46]。

11. 太仆卿

职掌舆马。宋、齐不设，只有在祭祀时设一太仆执辔，事毕即省去。梁、陈设太仆，为夏卿，位视黄门侍郎。统辖南马牧、左右牧、龙厩、内外厩。太仆除了太仆卿，还有少卿、丞、主簿等。太仆下属机构乘黄署、车府令、典厩署、典牧署等，整个南朝时期变化较大，这种变化主要表现在归属上。

12. 廷尉卿

职掌刑罚诉讼。属官有少卿、正、监、平，以及主簿、狱丞、司直、律博士、明法掾、槛车督等，而以正、监、平三属官最为重要，三官均为必须出庭审判的法官。南朝刘宋廷尉正、廷尉监为秩千石，平六百石。

13. **鸿胪卿**

掌诸侯朝觐、导护赞拜等宾客之礼。下设少卿、丞及主簿等官员，但皆属清闲之职。自东晋至南朝刘宋萧齐，有事则令他官兼充，无事则省。梁朝则将鸿胪卿列入十二卿之列，属于“冬卿”。

14. **宗正卿**

统皇族宗人图牒。宋、齐不置，梁时加置，属“春卿”，与曹尚书平级。

15. **司农卿**

掌皇室财政。属官有丞、材官校尉、左右尚方令丞、东南冶令、平准令丞等。司农卿一直不受重视，到南朝萧梁时职权较重，列为“春卿”，与散骑常侍平级。司农卿下属机构太仓令、导官令、平准令、籍田令、钩盾令，在整个南朝省置无常。

16. **少府卿**

南朝刘宋的少府“掌中服御之物”，属官有左右尚方、御府、东南冶、平准等令、丞。萧齐少府“管掌市易，与民交关，有吏能者，皆更此职”(47)。萧齐的少府机构早已不是秦汉之时的少府，可以说是国家的商业机构。萧梁的少府为“夏卿”，与尚书左、右丞一个等级。少府卿下属机构有材官校尉、尚方令、诸冶令、左右藏署、甄官署等。南朝各个朝代也是省置不一。

17. **将作大匠**

刘宋不设，其他三代均设。掌土木建筑，有丞为属。其他各代也是省置无常，萧衍天监七年(508)改将作大匠为大匠卿，属于“秋卿”，与太仆平级，掌土木之功。

18. 都水台(太舟卿)

刘宋沿袭晋制，设置都水台，主掌舟航堤渠。中间曾经废止，到孝建元年(454)复置都水台，置都水使者。萧齐、萧梁沿袭宋制，天监七年(508)改都水使者为“太舟卿”，属于“冬卿”，也属于十二卿，只是最后一位。这一机构的设置与南方水乡有着直接的关系。

19. 太府卿

萧梁置设，宋、齐不设，掌金帛府帑。太府统左、右藏令。上库丞，掌太仓与南北市令，关津亦归其管辖。这些职能部门都属于司农、少府。太府的很多职能与少府交叉。梁朝的太市令，为四品，级别比较高。

以上诸卿职权多被替代，职掌未变、机构较为稳定的只有廷尉和少府二卿。究其原因，一因诸卿职掌多以皇家事务为主，随着国家机器的发展，国务活动范围的扩大，这些机构的职能必然衰退；二因国家处于四分五裂的封建割据状态，政局不稳，军权高于一切，皇权卑落，而以皇家事务为其职的诸卿制度也必然遭到破坏，而廷尉及少府，由于职掌刑狱与皇家财政的缘故，所以能保持其地位。总体说来，南朝诸卿由于豪门士族的统治，使得尚书、中书、侍中三省权力急剧膨胀，与这种膨胀相适应的则是诸卿权势的卑落。此长彼消可以说是南朝中央行政中枢机构的特点。

南朝诸卿虽然可有可无，但机构编制依然庞大，关键在于它适应了南朝士族集团做官发财的需要。

20. 御史台

南朝监察机构，中央仍是御史台，又叫宪台。它是中央最高监察机关，其长官为御史中丞。南朝的御史中丞为御史台的台主。御史台又简称“兰台”“南台”“南司”。南朝御史中丞权力较大，宋孝武帝规定：中丞与尚书令分道行走，御史中丞行走，内外众官都得让路。御史中丞确有震肃百僚的威仪。御史中丞虽然有威仪，但也只是“清要官”，担任御史中丞的都是寒族，士族大家不屑为之，因为御史中丞是个得罪人的差使。综观汉魏六朝监察制度的演变，自御史大夫在东汉哀帝时改为大司空以后，权势实际上已开始削弱。到了曹魏初年，魏明帝以天子大会殿中之时，竟不知御史是何官。其职权由此可想而知。到了南朝，御史中丞多不能久居其位。要想保住其位，只有避重就轻，避贵劾贱，舍纲纪而举微过。

御史中丞属官有治书侍御史二人，分统诸曹。殿中侍御史掌殿中禁卫内事。南朝各代侍御史、御史因豪强士族控制朝政，皇帝多数为傀儡，以御史中丞区区四品小官，何以触动达官显贵？两晋南朝时期政治腐败与御史无权、监察不力大有关系。

总的来说，宋、齐、梁、陈四朝中央机构编制有很多共性，变化不大。

五、北朝中央机构编制

从公元386年北魏王朝建立，到公元581年隋代北周的近二百年时间为北朝。北魏、东魏、西魏、北齐、北周五代，是少数民族统治者建立的政权。北朝的政治制度一方面反映出少数民族社会政治、经济、文化发展的特点，另一方面也表现出汉民族文化的深刻影响，表现在国家机构编制上，则更趋汉族模式。北朝首先是从北魏开始的。北魏在机构编制上是先有职官，后有机构。比如北魏最早任命的右长史燕凤、郎中令许谦，虽然有了长史与郎中令，并不是就有了此类机构，大多数职官还是鲜卑部落旧有名称。一直到北魏太武帝神䴥元年(428)三月，“置仆射、左右丞及诸曹尚书十余人，各居别寺”[48]。在此之前，很多职官有了，但并没有机构。北魏在国家机构编制上主要是学习晋制，其最大特点就是国家机构编制职官官品增加了“从”这一级别。“后魏置九品，品各置从，凡十八品。自四品以下，每品分为上下阶，凡三十阶。”[49]官品分九等，始于曹魏，而细化为十八品，则始于北魏。北朝诸国，都是少数民族所建立，这些少数民族几乎就没有国家机构编制的概念，只是在与汉族地区进行的战争中，才了解了一些汉族国家机构编制情况，开始模仿汉族机构官制。“余官杂号，多同于晋朝。建国二年，初置左右近侍之职，无常员，或至百数，侍直禁中，传宣诏命。皆取诸部大人及豪族良家子弟仪貌端严，机辩才干者应选。又置内侍长四人，主顾问，拾遗应对，若今之侍中、散骑常侍也。”[50]北魏国家机构编制的规范，始于孝文帝制定的《后职令》。

1. 三师、三公、两大

据孝文帝的《后职令》，三师为太师、太保、太傅，三公为太尉、司徒、司空，两大为大司马、大将军，称之为“八公”。显然，北魏的八公来自晋代国家机构编制。同晋代一样，北魏的八公也基本上是无实权，属位尊而权轻之官。较为特别的是北周的司马、司徒、司空为六官之一，不为八公。这又是模仿《周官》。北魏、西魏、东魏三师不开府，三公、两大，虽然没有实权，但都开府设第，设置属官，以满足这些高官的虚荣。三公、两大属官有长史、司马、谘议参军、从事中郎、主簿、掾属、录事参军、功曹、记室、户曹、中兵曹军等。长史为“主吏”，司马为“主将”。北齐则是三师、三公、两大均开府设第。北齐机构编制沿袭北魏。北齐三师、三公、两大开府机构编制：长史、司马、谘议参军、从事中郎、掾属、主簿、录事、功曹、记室、户曹、仓曹、中兵、外兵、骑兵、长流、城局、刑狱等参军事。东西阁祭酒及参军事，法、墨、田、水、铠、集、士等曹行参军等。北周虽然设有三公，但是不见机构编制记载。

2. 丞相

北朝与南朝不同的是丞相的设立。曹魏与两晋南朝基本上不设丞相，或者将丞相作为加官、赠官，丞相很少有掌军国之政实权的。北朝政权都是少数民族建立的政权，他们对于汉族机构编制不甚清楚，并不知道丞相权重的危害。当南朝都在削弱丞相的权力时，北朝各代不但没有想到削弱丞相的权力，反而加大丞相的权力。北周不但有左右丞相、相国，还有大丞相。北魏以太尉乙浑为丞相，"位居诸王上，事无大小，皆决于浑"[51]。还有北魏的尔朱荣、东魏的高洋、西魏的宇文泰等，都是一代权相。这些丞相、相国，正像史书所说，皆非寻常人臣。北朝政权没有限制相权的概念，为这些权相篡政创造了条件。北周大象二年（580），以杨坚为大丞相，也就决定了北周的命运。因为丞相、相国权势无比，作为相府机构自然更是庞大。

当中原政权中枢机构出现相权移向三省之后，北朝各代也相继建立了三省。

3. 尚书省

机构沿革

北朝各代在国家机构编制上都是仿照南朝，但北周不设尚书省。北魏前期尚书省尚书有殿中、南部、北部、吏部、仪曹、都官、库部。后期尚书分别是吏部、殿中、祠部（仪曹）、七兵、都官、度支。后期的吏部成为第一尚书,而且由七部并为六部。北魏前期,虽然没有"录尚书事"的称呼,但是有大臣"通署三十六曹"[52]"总三十六曹事"[53]等,这实际就是一种录尚书事。从孝文帝开始,有了"录尚书事"的称号。东魏、西魏、北齐也都有录尚书事。北齐的录尚书定员为一人,"位在(尚书)令上,掌与令同,但不纠察"[54]。北齐录尚书总理六尚书事,称为都省,也称北省。因为北周实行《周官》之制,故没有录尚书事。北朝在尚书令之上,置录尚书一职,常以丞相及其他官员录尚书事,因而成为实际上的宰相。

机构职能

国家行政执行机关,总理六尚书事。在北朝,北齐尚书省职能编制最为明确。吏部"掌褒崇、选补等事";考功"掌考第及秀孝贡士等事";主爵"掌封爵等事";殿中"掌驾行百官留守名帐,宫殿禁卫,供御衣仓等事";仪曹"掌吉凶礼制事";三公"掌五时读时令,诸曹囚帐,断罪,赦日建金鸡等事";驾部"掌车舆、牛马厩牧等事";祠部"掌祠部医药,死丧赠赐等事";主客"掌诸蕃杂客等事";虞曹"掌地图,山川远近,园囿田猎,肴膳杂味等事";屯田"掌藉田、诸州屯田等事";起部"掌诸兴造工匠等事";五兵"掌诸郡督告身、诸宿卫官等事";右中兵"掌畿内丁帐、事力、蕃兵等事";左外兵"掌河南及潼关以东诸州丁帐,及发召征兵等事";右外兵"掌河北及潼关以西诸州";都兵"掌鼓吹、太乐、杂户等事";都官"掌畿内非违得失事";二千石"掌畿外得失等事";比部"掌诏书律令勾检等事";水部"掌舟船、津梁,公私水事";膳部"掌侍官百司礼食肴馔等事";度支"掌计会,凡军国损益、事役粮廪等事";仓部"掌诸仓帐出入等事";左户"掌天下计帐、户籍等事";右户"掌天下公私田宅租调等事";金部"掌权衡量度、外内诸库藏文帐等事";库部"掌凡是戎仗器用所须事"。[55]

机构编制

北魏设录尚书事一人，尚书令一人，左右仆射各一人[56]，“北齐仆射，职为执法，置二则为左、右仆射，皆与令同，左纠弹而右不纠弹”[57]，左、右丞各一人。北朝尚书各代编制不同，北魏设五尚书，北齐设六尚书。北魏尚书下设二十四曹，北齐设二十八曹，西魏设三十六曹。北齐在尚书之下设左、右丞。左丞掌吏部、考功、主爵、殿中、仪曹、三公、祠部、主客、左右中兵、左右外兵、都官、二千石、度支、左右户等十七曹。右丞掌驾部、虞曹、屯田、起部、兵部、比部、水部、膳部、仓部、金部、库部等十一曹。二十八曹共设郎中三十人，其中吏部、三公曹各设郎中二人。吏部、仪曹、三公、虞曹、都官、二千石、比部、左户曹，除了郎中，还可根据工作量设掌故与主事员。西魏尚书分管三十六曹。北朝各曹除了郎中，一般都设“代人”令史一人，译令史一人，书令史一人。

魏晋南北朝尚书省设置情况一览表

时代	尚书省设置情况
曹魏	吏部、左民、客曹、五兵、度支
西晋初年	吏部、三公、客曹、驾部、屯田、度支
西晋太康年间	吏部、殿中、五兵、田曹、度支、左民
东晋	吏部、祠部、五兵、左民、度支
南朝	吏部、祠部、度支、左民、都官、五兵、起部
北魏前期	殿中、南部、北部、吏部、仪曹、都官、库部
北魏后期	吏部、殿中、祠部(仪曹)、七兵、都官、度支
北齐	吏部、殿中、祠部、五兵、都官、度支

北周实行《周官》之制，天官大冢宰卿就是吏部尚书，地官大司徒卿就是度支尚书，春官大宗伯卿就是后来的礼部尚书，夏官大司马卿就是后来的兵部尚书，秋官大司寇卿就是后来的刑部尚书，冬

官大司空卿就是后来的工部尚书。

4. 中书省

机构沿革

北魏、北齐设中书省，北魏中书称“西台”。中书省置中书监、中书令等职。北周不置中书省，但置内史大夫二人，其职掌同于中书监、令。相对而言，北朝的中书监、令虽然都参与机密事务，但因为北朝都设有丞相，而且丞相不但地位高，权势也大，这样，中书监、令的地位不如南朝，中书舍人更不如南朝之权大气盛。

机构职能

北魏中书省的职能是“出纳王言，兼总文诰”[58]，以后又增加了编修国史和测试秀才、孝廉的职能。北朝中书省的职能不像魏晋南朝明确，因为北朝有宰相掌权，不可能再有像魏晋南朝那样的中书省权力。北朝的中书虽然有时也掌机密，但没有一个像魏晋南朝的，东魏高澄“辅政”，为了监视孝静帝，以崔季舒为中书侍郎，自己也担任中书监，“移门下机事总归中书”。这只是个例。北齐承袭魏制，中书省“管司王言”，兼司“进御之音乐”。

机构编制

据北魏《前职令》，中书监为从一品中，位次尚书省左右仆射。中书令，正二品中，位次于列曹尚书。中书侍郎，正四品上，中书舍人，从六品上。北魏《后职令》，中书监，从二品。中书令，正三品。中书侍郎，从四品。中书舍人，正六品。北魏中书省还设有大量的博士。太武帝拓跋焘统一北方后，“偃武修文”，征召各地名士文人数百人进平城，任命为中书博士，一次就达三十五人，这是任何朝代所不曾有过的。当然，众多汉族人涌进平城，参与朝政，也让他们付出了沉痛的代价。很多汉族士族，如崔浩等家族都被灭族。北齐沿袭魏制，置中书监、令各一人，中书侍郎四人。中书舍人、中书主书各十人。北周没有中书省官职，在春官府设置内史中大夫二人，掌王言，职如中书监、令。内史中大夫之下小内史下大夫三人，职比中书侍郎。小史上士二人，职比中书舍人。总之，北朝中书远没有两晋南朝中书权重，谈不上相职。

5. 门下省

机构沿革

北魏在建国初期，就设有“左、右近侍之职”。左右近侍“无常员”，多的时候达到数百人。近侍“侍直禁中，传宣诏命”。孝文帝设置侍官一百二十人，“侍直左右，出内诏命”(59)。因为近侍编制多，设有“内侍长”四人，管理内侍。皇始元年(396)，道武帝“初建台省，置百官”(60)，仿效南朝建立外朝三省制。北魏、北齐均设侍中，北周则置御伯，后改称纳言，实际上就是门下省长官侍中之职。北朝时尤其重用门下省，多以侍中辅政。

机构职能

掌献纳、谏正及进御之职，参与诸公论决国政。在北齐，职掌朝纲大政者，多是侍中。

机构编制

北魏置侍中、黄门侍郎各四人，北齐并置侍中六人。北魏侍中为从一品中，这是实实在在的丞相待遇。黄门侍郎为正三品中。侍中、黄门侍郎被时人称为小宰相。北齐门下省机构庞大，已经成为名副其实的宰相机构。属官有录事四人，通事令史、主事令史各八人。下设六局：左右局、尚食局、尚药局、主衣局、斋帅局、殿中局。北周没有门下省之名称，太官府则为门下省，官员有御伯中大夫、下大夫。御伯中大夫职同侍中，下大夫职同黄门侍郎。北周武帝宇文邕改御伯为“纳言”。

6. 秘书省

机构职能

北魏沿袭南朝，设立秘书省，北齐则沿袭魏制。北周实行《周官》制度，但是在春官中所设置的外史下大夫掌管书籍，就是秘书省的职能。秘书省实际就是国家图书馆。

机构职能

典司经籍。

机构编制

北魏秘书省设秘书监，主持秘书省的工作。北魏《前职令》秘书监为从二品中阶，秘书丞，正四品下，《后职令》正五品上阶。北魏秘书郎四人，《后职令》为正七品下阶。北齐设监、丞各一人，秘书郎中四人，校书郎十二人，正字四人。北魏北齐秘书监统领著作省著作郎二人，佐郎八人，校书郎二人。北魏《前职令》著作郎从五品上，《后职令》正七品下阶。北周在春官府设著作中士四人，职同著作佐郎。

7. 集书省

机构沿革

南朝刘宋将门下省的散骑省独立出来设立集书省。北魏在国家机构编制上都是沿袭南朝，也设立集书省。北齐沿袭魏制，设立集书省。

机构职能

掌讽议左右，从容献纳。

机构编制

北魏设散骑常侍四人，侍郎四人；通直散骑常侍、侍郎，员外散骑常侍、侍郎各六人。又设司空、主客、太仓、库部、都牧、太乐、虞曹、宫舆、覆育少卿官。光爵、骁游、五校、中大夫、散员士官。侍官一百二十人。

北齐集书省设散骑常侍、通直散骑常侍各六人，谏议大夫七人，散骑侍郎六人，员外散骑常侍二十人，通直散骑侍郎六人，给事中六人，员外散骑侍郎一百二十人，奉朝请二百四十人。又领起居省散骑常侍、通直散骑常侍、散骑侍郎、通直散骑侍郎各一人，校书郎二人。

到了隋代，集书省合并到门下省。

北魏、北齐都在中央设置九卿，但名称略有不同，北周则无九卿而有六官。

北魏九卿是：太常、光禄勋、卫尉、太仆、廷尉、大鸿胪、宗正、大司农、少府。北魏《前职令》以太常、光禄勋、卫尉为“三上卿”，从一品下；太仆、廷尉、大鸿胪、宗正、大司农、少府为“六卿”，正三品上。虽然同为九卿，但是六卿与三上卿有较大区别。少卿也是正三品上。北齐以太常、光禄、卫尉、太仆、大理（即廷尉）、鸿胪、宗正、司农、太府为“九寺”，各寺长官为卿，卿下属官设少卿、丞各一人，每寺设置功曹、五官、主簿、录事等职官。九卿职掌略同于南朝。

六、北周机构编制

在三国两晋南北朝时期，就官制与国家机构编制而言，最有特色的是北周的六官制度。北周的六官制度是中国国家机构编制史上的一个倒退。六官制度源于《周官》（即《周礼》）。在汉代，王莽为了篡权，推行国家机构编制复古，将《周官》改为《周礼》，并推行所谓周代的国家机构编制。

北周的六官国家机构编制为西魏八柱国之一的宇文泰所建立。南北朝时期东晋门阀士族日趋没落，被关陇军事贵族集团所取代。关陇军事贵族集团起源于代北武川，初建于关中。关陇军事贵族集团为西魏八柱国宇文泰（李世民曾外祖父）、元欣、李虎（李渊祖父）、李弼（李密曾祖父）、赵贵、于谨、独孤信（杨坚岳父）、侯莫陈崇。宇文泰对于汉魏官制弊端认识深刻，命汉族官僚苏绰、卢辩选用更为合适的国家机构编制。苏绰、卢辩提出以《周礼》国家机构编制改造西魏的汉魏国家机构编制。苏绰、卢辩的建议得到宇文泰的赞同，于西魏恭帝三年（556）正式实行六官国家机构编制。实际掌握西魏政权的宇文泰死后，长子宇文觉继任大冢宰，自称周公。次年初，他废西魏恭帝自立，国号周，都长安（今陕西西安），史称北周。宇文觉继续实行六官国家机构编制。按照《周礼》建立的六官国家机构编制对于曹魏的官阶不称品而称命，将官阶分为九命，第一阶为九命，第九阶为一命，以九命为第一等，共十八个等级，与曹魏官品等级正好相反。太师、太傅、太保为三公，正九命。少师、少傅、少保为三孤，正八命。禄秩以石计算。三公三孤虽然职崇位隆，但只是“论道之官”，不与实政，只是名誉职务，没有办事机构，不能开府设衙，中央政务由按《周礼》设置的“六官”主持。

除了三公三孤，北周还设有四辅。四辅为大前疑、大右弼、大左辅、大后丞。这些职官对于今人来说，已经是非常陌生的职官。大前疑虽然陌生，却事出有典。《尚书大传》说：“古者，天子必有四邻，前曰疑，后曰丞，左曰辅，右曰弼。天子有问无以对，责之疑；可志而不可志，责之丞；可正而不可正，责之辅；可扬而不可扬，责之弼。”“大象元年（579），春正月癸巳……初置四辅官，以上柱国大冢宰越王盛为大前疑。”“以大司马随国公杨坚为大后丞。”到了同年七月，以大后丞随国公杨坚为大前疑。

西魏除了三公三孤与四辅，还设置了大丞相府，大丞相府设立大丞相、相国。

1. 大丞相府

机构沿革

自魏晋以来，丞相已经成为皇权的克星，为皇家所忌，北周皇帝虽然意识到了这一点，仍然设置了权势极大的大丞相。《通典》曰："自魏晋以来，相国、丞相，多非寻常人臣之职。"大象二年(580)五月庚午，"以柱国、汉王赞为上柱国、右大丞相，上柱国、扬州总管、隋公杨坚为假黄钺左大丞相……帝居谅暗，百官总己以听于左大丞相"[61]。九月壬子，丞相去左右之号，随国公杨坚为大丞相。大定元年(581)二月庚申，大丞相随王杨坚为相国。杨坚当了相国，北周的末日也就来临了。

机构职能

总百揆。

机构编制

北周大丞相府设在正阳宫。大丞相府设大丞相或相国一人。大丞相府是一个庞大的机构，属官有：大丞相府长史、司马、司录、从事内郎、府掾、府属、主簿、东阁祭酒、谘议参军、录事参军、功曹参军、记室参军、户曹参军、仓曹参军、兵曹参军、外兵曹参军、礼曹参军、乐曹参军、法曹参军、刑狱参军、城局参军、墨曹参军、铠曹参军、士曹参军、田曹参军、宾曹参军、参军事、行参军、掌细作署、典签。除此之外，大丞相府还有武官帐内亲信大都督、帐内亲信都督、帐内虞侯大都督、帐内虞侯都督。

2. 天官府

机构沿革

从西魏开始，宇文泰就复古西周官制，按照《周官》设想，建立了西魏六官国家机构编制，宇文邕取代西魏建立北周后，继续奉行宇文泰所建立的六官国家机构编制。北周六官国家机构编制第一官为天官府。按照《周官》所说:“惟王建国,辨方正位,体国经野,设官分职,以为民极。乃立天官冢宰,使帅其属而掌邦治,以佐王均邦国。”北周初年,宇文护任太师、大冢宰,政自护出,军政大权操在宇文护一人手里。“五府总于天官。”周武帝宇文邕亲政以后,无法容忍宇文护的专横擅权,于建德元年(572)诛杀宇文护,任其弟大司马齐王宇文宪为大冢宰。《周书·齐炀王宪传》载,武帝以宪“威名过重,终不能平,虽遥授冢宰,实夺其权也”。从大司马迁大冢宰,应该说是升了官,而传记说“实夺其权”,因为大司马有军权,升为大冢宰后,武帝没有颁给他“五府总于天官”的诏令,大冢宰只能算是宫内有名无实的大臣。公元 574 年,以柱国谯王宇文俭为大冢宰。宇文俭不久病死,宇文邕又任命上柱国越王宇文盛为大冢宰。宇文赟即位后,以上柱国大冢宰越王宇文盛为大前疑,以酆王宇文贞为大冢宰,宇文贞为杨坚所害。周静帝宇文阐即位后,于公元 580 年以上柱国秦王宇文贽为大冢宰。不久,又以秦王宇文贽为大右弼,以大丞相随国公杨坚加大冢宰,“五府总于天官”。从北周大冢宰转换如走马灯,就可以看到大冢宰的权势之大。到了杨坚担任大冢宰,就已经不是北周皇帝说了算的事,北周政权也就结束了。

机构职能

掌邦治,总百揆,建邦之六典,佐皇帝治邦国。大冢宰的职能就是宰相的职能。大冢宰不仅具有宰相的职能,而且五府总于天官。五府长官所决定的国家大事,最后都由天官大冢宰定夺。

机构编制

天官府设立大冢宰卿一人,正七命。小冢宰上大夫二人,正六命。天官府都上士,正三命。司会中大夫,正五命。[62]司会上士,正三命。司会中士,正二命。司会旅下士,正一命。司书上士,正三命。宗师中大夫,正五命。小宗师下大夫,正四命。小宗师上士,正三命。小宗师中士，正二命。宗正上士，正三命。宗正中士，正二命。宗正下士，正一命。左右宫伯中大夫，正五命。左右小宫伯下大夫，正四命。左右宫伯都上士，正三命。左右中侍上士，正三命。左右侍上士，正三命。左右侍中士，正二命。左右前侍中士，正二命。左右后侍中士，正二命。左右骑侍下士，正一命。左右宗侍下士，正一命。左右庶下士，正一命。左右勋侍下士，正一命。御正上大夫，四人，正六命。御正中大夫，正五命。小御正下大夫，正四命。小御正上士，正三命。小御正中士，正二命。(63)主寝上士，正三命。主寝中士，正二命。司服上士，二人，正三命。司服中士，二人，正二命。纳言中大夫，二人，正五命。纳言下大夫，二人，正四命。纳言上士，正三命。纳言中士，正二命。(64)给事上士，正三命。给事中士，六十人，正二命。(65)掌式上士，正三命。掌式中士，正二命。(66)主玺下士，四人，正一命。(67)膳部中大夫，一人，正五命。小膳部下大夫，正四命。小膳部上士，正三命。小膳部下士，正一命。内膳上士，二人，正三命。内膳中士，四人，正二命。主食十二人。(68)食医下士，正一命。外膳上士，正三命。外膳中士，正二命，外膳下士，正一命。典庖中士一人，正二命。典庖下士，正一命。典饎中士，正二命。典饎下士，正一命。酒正中士，二人，正二命。酒正下士，四人，正一命。肴藏中士，一人，正二命。肴藏下士，一人，正一命。掌醢中士一人，正二命。掌醢下士，十二人，正一命。司鼎俎中士，正二命。司鼎俎下士，正一命。掌冰中士，正二命。掌冰下士，正一命。太医下大夫，正四命。小医下大夫，正四命。小医上士，正三命。主药下士，六人，正一命。医正上士，正三命。医正中士，正二命。医正下士，正一命。医生三百人。疡医上士，正三命。疡医中士，正二命。疡医下士，正一命。(69)太府中大夫，正五命。太府上士，一人，正三命。(70)玉府上士，正三命。玉府中士，正二命。内府上士，正三命。内府中士，正二命。外府上士，二人，正三命。外府中士，二人，正二命。左府上士，正三命。左府中士，正二命。右府上士，正三命。右府中士，正二命。缝工上士，正三命。缝工中士，正二命。染工上士，一人，正三命。染工中士，正二命。计部中大夫，一人，正五命。小计部下大夫，正四命。小计部上士，正三命。[71]掌纳上士，正三命。掌纳中士，正二命。掌出上士，正三命。掌出中士，正二命。司内上士，正三命。小司内中士，正二命。内小臣奄中士，正二命。内小臣奄下士，正一命。内司服奄中士，正二命。内司服奄下士，正一命。典妇功奄中士，正二命。典妇功奄下士，正一命。巷伯中士，正二命。巷伯下士，正一命。

3. 地官府

机构沿革

宇文泰在西魏执政期间，行《周官》制度，建立天官、地官、春官、夏官、秋官、冬官。六官各置一府，长官称卿，合为六卿，均正七命。地官府长官为大司徒卿。按照《周官》所云："惟王建国，辨方正位，体国经野，设官分职，以为民极。乃立地官司徒，使帅其属而掌帮教，以佐王安扰邦国。"北周孝闵帝宇文觉于557年"以大司徒赵郡公李弼为太师"。这说明李弼曾经担任大司徒。北周明帝武成元年（559）太师李弼去世，明帝"以大宗伯、梁国公侯莫陈崇为大司徒"[72]。这说明李弼虽然被提升为太师，但是还担任大司徒之职，因为太师只是名誉职务。直到李弼去世，明帝才任命大宗伯梁国公侯莫陈崇为大司徒。

机构职能

"大司徒掌建邦土地之图，与其人民之数，以佐王安扰邦国。以天下土地之图，周知九州之地域广轮之数，辨其山林、川泽、丘陵、坟衍、原隰之名物。而辨其邦国都鄙之数，制其畿疆而沟封之，设其社稷之壝而树之田主，各以其野之所宜木，遂以名其社与其野。乃分地职，奠地守，制地贡，而颁职事焉，以为地法而待政令。小司徒掌建邦之教法，以稽国中及四郊都鄙之夫家九比之数，以辨其贵贱老幼废疾，凡征役之施舍，与其祭祀饮食丧纪之禁令。凡国之大事致民，大故致余子。岁终则考其属官之治成而诛赏，令群吏正要会而致事。”这是《周礼》大司徒之职能。《通典·职官·司徒》云：“后周以司徒为地官，谓之大司徒卿，掌邦教，职如《周礼》。”

机构编制

地官府设大司徒卿一人，正七命。小司徒上大夫二人，正六命。民都中大夫二人，正五命。民部吏上士，正三命。民部吏中士，正二命。乡伯中大夫，正五命。小乡伯下大夫，正四命。小乡伯上士，正三命。小乡伯中士，正二命。乡大夫每乡下大夫，正四命。乡正上士，正三命。乡正中士，正二命。州长每州上士，正三命。州长每州下士，正二命。左右遂伯每方中大夫，正五命。小遂伯下大夫，正四命。小遂伯上士，正三命。小遂伯中士，正二命。遂大夫每遂下大夫，正四命。遂正上士，正三命。遂正中士，正二命。(73)稍伯每方中大夫，正五命。小稍伯下大夫，正四命。小稍伯上士，正三命。小稍伯中士，正二命。(74)稍大夫每稍下大夫，正四命。稍正上士，正三命。稍正中士，正二命。县伯每方中大夫，正五命。小县伯下大夫，正四命。小县伯上士，正三命。小县伯中士，正二命。县大夫每县下大夫，正四命。县正上士，正三命。县正中士，正二命。畿伯每方中大夫，正五命。小畿伯下大夫，正四命。小畿伯上士，正三命。小畿伯中士，正二命。畿大夫每畿下大夫，正四命。畿正上士，正三命。畿正中士，正二命。党正每党旅下士，正一命。载师中大夫，正五命。小载师下大夫，正四命。小载师上士，正三命。司封中士，正二命。司封下士，正一命。司农上士，一人，正三命。司农中士，一人，正二命。司均上士，正三命。

司均中士,正二命。司赋上士,正三命。司赋中士,正二命。司役上士,正三命。司役中士,正二命。(75)掌盐每地中士,正二命。掌盐下士,正一命。掌遗中士,正二命。掌堰下士,正一命。典牧中士,正二命。典牧下士,正一命。典牛中士一人,正二命。典牛下士,正一命。师氏中大夫,正五命。小师氏下大夫,正四命。小师氏上士,正三命。保氏下大夫,一人,正四命。保氏上士,正三命。司谏上士,正三命。司谏中士,正二命。司救上士,正三命。司救中士,正二命。司媒上士,正三命。司媒中士,正二命。土训中士,正二命。土训下士,正一命。诵训中士,正二命。诵训下士,正一命。司仓中大夫,正五命。司仓下大夫,一人,正四命。小司仓上士,一人,正三命。(76)舍人上士,正三命。司禄上士,正三命。(77)神仓中士,正二命。神仓下士,正一命。黍仓中士,正二命。黍仓下士,正一命。稷仓中士,正二命。稷仓下士,正一命。稻仓中士,正二命。稻仓下士,正一命。豆仓中士,正二命。豆仓下士,正一命。麦仓中士,正二命。麦仓下士,正一命。米仓中士,正二命。米仓下士,正一命。盐仓中士,正二命。盐仓下士,正一命。典曲中士,正二命。典曲下士,正一命。典舂中士,正二命。典舂下士,正一命。典硙中士,正二命。典硙下士,正一命。司门下大夫,正四命。小司门上士,正三命。掌节中士,正二命。掌节下士,正一命。宫门中士,一人,正二命。宫门下士,一人,正一命。(78)城门中士,一人,正二命。城门下士,一人,正一命。司关中士,正二命。司关下士,正一命。司市下大夫,一人,正四命。小司市上士,一人,正三命。均工中士,正二命。均工下士,正一命。平准中士,正二命。平准下士,正一命。泉府中士,正二命。泉府下士,正一命。虞部下大夫,一人,正四命。小虞部上士,正三命。山虞中士,正二命。山虞下士,正一命。泽虞中士,正二命。泽虞下士,正一命。林衡中士,正二命。林衡下士,正一命。川衡中士,正二命。川衡下士,正一命。掌禽中士，正二命。掌禽下士，正一命。掌囿中士，正二命。掌囿下士，正一命。掌炭中士，正二命。掌炭下士，正一命。掌薪中士，正二命。掌薪下士，正一命。掌刍中士，正二命。掌刍下士，正一命。

4. 春官府

机构沿革

春官机构在宇文泰执政的西魏时期就已经设立。孝闵帝宇文觉元年(557)，"以大司马、河内公独孤信为太保"(79)。独孤信正月被任命为大宗伯，二月份就因罪免职。武成元年(559)，明帝宇文毓"以大宗伯、梁国公侯莫陈崇为大司徒，大司寇、高阳公达奚武为大宗伯"(80)。保定四年(564)北周武帝宇文邕改礼部为司宗。北周武帝建德二年(573)，宇文邕"以柱国周昌公侯莫陈琼为大宗伯"。第二年侯莫陈琼出任秦州总管。577年，以郑国公达奚震为大宗伯。大象二年(580)北周静帝宇文阐"以小宗伯、竟陵公杨慧为大宗伯"。北周的皇帝多短命，六大官府的官员任职时间也都短暂，几乎就是走马灯似的变换不停。

机构职能

掌邦礼，以佐王和邦国。北周为少数民族政权，北周皇帝不但依靠汉族士人，还依赖突厥、鲜卑等少数民族军阀权贵，在邦礼上就照顾这些权贵的礼仪，正像《隋书》所说的那样，"后周欲招来西域，又有拜胡天制，皇帝亲焉。其仪并从夷俗，淫僻不可纪也"。所谓拜胡天制，即火袄教的拜日月星辰。礼仪对于少数民族政权来说，也就显得尤为重要。

机构编制

春官府设大宗伯卿一人，正七命。小宗伯上大夫二人，正六命。春官府都上士，正三命。司宗中大夫，正五命。司宗上士，正三命。司宗中士，正二命。司宗旅下士，正一命。守庙中大夫，正五命。小守庙下大夫，正四命。小守庙上士，正三命。小守庙下士，正一命。典祀中大夫，一人，正五命。小典祀下大夫，正四命。小典祀上士，正三命。司几筵中士，正二命。司几筵下士，正一命。司樽彝中士，正二命。司樽彝下士，正一命。掌郁中士，正二命。掌郁下士，正一命。司鬯中士，正二命。司鬯下士，正一命。司牺中士，正二命。司牺下士，正一命。司鸡中士，正二命。司鸡下士，正一命。司郊上士一人，正三命。司郊中士一人，正二命。司郊下士一人，正一命。司社中士一人，正二命。司社下士一人，正一命。掌次上士，正三命。掌次下士，正一命。内史上大夫一人，正六命。内史中大夫二人，正五命。小内史下大夫二人，正四命。小内史上士二人，正三命。小内史中士，正二命。小内史下士，正一命。[81]御史上士，正三命。御史中士，正二命。御史下士，正一命。外史下大夫，正四命。外史上士，正三命。[82]著作上士二人，正三命。著作中士四人，正二命。校书下士十二人，正一命。礼部下大夫，正四命。小礼部上士，正三命。典瑞中士，正二命。典瑞下士，正一命。典服中士，正二命。典服下士，正一命。司寂上士，正三命。司寂中士，正二命。司玄中士，正二命。司玄下士，正一命。治礼中士一人，正二命。治礼下士一人，正一命。司谒中士，正二命。司谒下士，正一命。太史中大夫[83]一人，正五命。太史上士，正三命。小史下大夫，正四命。小史上士，正三命。冯相上士，正三命。冯相中士，正二命。保章上士，正三命。保章中士，正二命。乐部中大夫，正五命。小乐部下大夫，正四命。小乐部上士，正三命。小乐部中士，正二命。太学博士下大夫六人，正四命。太学助教上士六人，正三命。小学博士上士，正三命。小学助教中士，正二命。乐师上士一人，正三命。乐师中士一人，正二命。乐胥中士，正二命。乐胥下士，正一命。司歌中士，正二命。司歌下士，正一命。

司钟磬中士，正二命。司钟磬下士，正一命。司鼓中士，正二命。司鼓下士，正一命。司吹中士，正二命。司吹下士，正一命。司舞中士，正二命。司舞下士，正一命。籥章中士，正二命。籥章下士，正一命。掌散乐中士，正二命。掌散乐下士，正一命。典夷乐中士，正二命。典夷乐下士，正一命。典庸器中士，正二命。典庸器下士，正一命。太卜下大夫，正四命。小卜上士，正三命。龟占中士，正二命。龟占下士，正一命。筮占中士，正二命。筮占下士，正一命。梦占中士，正二命。梦占下士，正一命。视祲中士，正二命。视祲下士，正一命。太祝下大夫，一人，正四命。小祝上士，正三命。司巫中士，正二命。司巫下士，正一命。丧祝中士，正二命。丧祝下士，正一命。甸祝中士，正二命。甸祝下士，正一命。诅祝中士，正二命。诅祝下士，正一命。神士中士，正二命。神士下士，正一命。司车辂下大夫，正四命。小司车辂上士，正三命。典路中士，正二命。典路下士，正一命。司车中士，正二命。司车下士，正一命。司常中士，正二命。司常下士，正一命。夏采下大夫，正四命。小夏采上士，正三命。守陵每陵上士一人，正三命。守陵每陵中士，正二命。掌墓中士，正二命。守墓下士，正一命。职丧中士，正二命。职丧下士，正一命。

5. 夏官府

机构沿革

夏官大司马主掌军权，是六官府举足轻重的重要机构。大司马之职，在汉初为太尉之职。汉武帝元狩四年（前119）始设立大司马，之后省置不一。《唐六典·兵部尚书》云："后周依周官，置大司马卿一人。"公元557年，北周孝闵帝宇文觉以"柱国、中山公护为大司马"(84)。之后，孝闵帝对宇文护不放心，改任宇文护为大冢宰，以柱国博陵公贺兰祥为大司马。北周武帝保定二年（562），大司马贺兰祥去世，周武帝以柱国蜀国公尉迟迥为大司马。北周武帝天和三年(568)，宇文邕以大司马蜀国公尉迟迥为太保，以柱国齐国公宇文宪为大司马。宇文宪任职时间最长，达四年之久。周武帝杀了宇文护，认为宇文宪是宇文护平时所信任的人，忌其威名过重，改授大冢宰。大冢宰虽然名义上是提升了，但因失去军权，而且没有总五府，实际是削去其权。建德元年(572)，宇文邕以齐国公宇文宪为大冢宰，绥德公陆通为大司马。陆通不久去世，宇文邕又以大司空赵国公宇文招为大司马。建德六年(577)，宇文邕以侯莫陈芮为大司马。这些担任大司马的不是皇帝的亲戚，就是宇文氏家族近人。等到杨坚担任大司马，北周的末日也就不远了。

机构职能

掌军政。

机构编制

大司马卿一人，正七命。小司马上大夫二人，正六命。夏官府都上士，正三命。职方中大夫，正五命。小职方下大夫，正四命。小职方上士，正三命。土方中士，正二命。土方下士，正一命。山师中士，正二命。山师下士，正一命。川师中士，正二命。川师下士，正一命。怀方中士，正二命。怀方下士，正一命。训方中士，正二命。训方下士，正一命。吏部中大夫，一人，正五命。小吏部下大夫，一人，正四命。小吏部上士，正三命。(85)司士中大夫，正五命。司士上士，正三命。司士中士，正二命。司勋中大夫，正五命。司勋下大夫，正四命。司勋上士，一人，正三命。司勋中士，正二命。(86)司录上士，正三命。司录中士，正二命。左右武伯中大夫，各一人，正五命。左右小武伯下大夫，正四命。左右小武伯上士，正三命。左右虎贲率上士，正三命。左右虎贲率卒长中士，正二命。左右虎贲卒长下士，正一命。左右旅贲率上士，正三命。左右旅贲率卒长中士，正二命。左右旅贲率卒长下士，正一命。左右射声率上士,正三命。左右射声率卒长中士,正二命。左右射声卒长下士,正一命。[87]左右骁骑率上士,各二人,正三命。左右骁骑率卒长中士,正二命。左右骁骑卒长下士,正一命。左右羽林率上士,各二人,正三命。左右羽林率卒长中士,各二人,正二命。左右羽林率卒长下士,正一命。左右游击率上士,正三命。左右游击率卒长中士,正二命。左右游击卒长下士,正一命。兵部中大夫,正五命。小兵部下大夫,正四命。小兵部上士,正三命。武环率下大夫,二人,正四命。武环率上士,正三命。武环卒长下士,正一命。武候率下大夫,二人,正四命。武候率上士,正三命。武候卒长下士,正一命。司固上士,正三命。司固中士,正二命。司火中士,正二命。司火下士,正一命。司辰中士,正二命。司辰下士,正一命。大驭中大夫,正五命。小驭下大夫,正四命。戎驭下大夫,正四命。斋驭下大夫,正四命。道驭上士,正三命。田驭上士,正三命。衔枚中士,正二命。衔枚下士,正一命。司右中大夫,正五命。小司右下大夫,正四命。小司右上士,正三命。小司右中士,正二命。戎右下大夫,正四命。斋右下大夫,正四命。宾右上士,正三命。道右上士,正三命。田右上士,正三命。司射下大夫,正四命。小司射上士,正三命。司仗上士,正三命。司仗中士,正二命。驾部中大夫,一人,正五命。小驾部下大夫,正四命。小驾部上士,一人,正三命。左右厩上士,各一人,正三命。左右厩中士,正二命。左右厩闲长下士,正一命。典牝上士,一人,正三命。典牝中士,一人,正二命。典驼中士,一人,正二命。典驼下士,正一命。典羊中士,一人,正二命。典羊下士,正一命。兽医上士,正三命。兽医中士,正二命。兽医下士,正一命。武藏中大夫,一人,正五命。小武藏下大夫,一人,正四命。司袍袄中士,正二命。司袍袄下士,正一命。司弓矢中士,正二命。司弓矢下士,正一命。司甲中士,正二命。司甲下士,正一命。司矟中士,正二命。司矟下士,正一命。

司刀盾中士，正二命。司刀盾下士，正一命。

6. 秋官府

机构沿革

秋官府也就是后来的刑部，主管刑狱。《唐六典·刑部尚书》云："后周依《周官》，置大司寇卿一人。"《通典·职官·刑部尚书》亦云："后周有秋官大司寇卿，掌刑邦国。"西魏宇文泰建立六官制度，即任命立下赫赫战功的心腹将领于谨为大司寇。"六官建，拜大司徒。"(88)建德元年(572)，北周武帝宇文邕"以荥阳公司马消难为大司寇。四年闰十月，以大司寇荥阳公司马消难为梁州总管。六年五月庚辰，以柱国、独孤永业为大司寇"。宣政元年(578)八月丙戌，"以柱国、永昌公椿为大司寇"(89)。大象二年(580)，北周静帝宇文阐以杞国公宇文椿为大司寇。

机构职能

掌刑邦国。

机构编制

秋官府设大司寇卿一人，正七命。小司寇上大夫，二人，正六命。秋官府都上士，正三命。司宪中大夫，二人，正五命。司宪上士，二人，正三命。司宪中士，正二命。司宪旅下士，八人，正一命。刑部中大夫，正五命。小刑部下大夫，一人，正四命。(90)小刑部上士，正三命。小刑部下士，正一命。司刺上士，正三命。司刺中士，正二命。乡法上士，正三命。乡法中士，正二命。遂法上士，正三命。遂法中士，正二命。(91)稍法上士，正三命。稍法中士，正二命。县法上士，正三命。县法中士，正二命。(92)畿法上士，正三命。畿法中士，正二命。方宪上士，正三命。方宪中士，正二命。掌囚中士，正二命。掌囚下士，正一命。掌朝下大夫，正四命。小掌朝上士，正三命。掌察上士，正三命。掌察中士，正二命。掌察下士，正一命。司约中士，正二命。司约下士，正一命。司盟下士，正一命。职金中士，正二命。职金下士，正一命。掌璧中士，正二命。掌璧下士，正一命。司厉中士，正二命。司厉下士，正一命。布宪中大夫，正五命。布宪下大夫，正四命。小布宪上士，正三命。修闾中士，正二命。修闾下士，正一命。掌墐中士，正二命。掌墐下士，正一命。禁杀戮中士，正二命。禁杀戮下士，正一命。禁游中士，正二命。禁游下士，正一命。禁暴中士，正二命。司寤中士，正二命。司寤下士，正一命。蕃部中大夫，正五命。(93)小蕃部下大夫，正四命。小蕃部上士，正三命。小蕃部下士，正一命。掌交上士，正三命。掌交中士，正二命。司匡上士，正三命。司匡中士，正二命。宾部中大夫，正五命。小宾部下大夫，一人，正四命。小宾部上士，一人，正三命。司仪上士，一人，正三命。司仪中士，二人，正二命。东掌客上士，一人，正三命。东掌客中士，正二命。南掌客上士，一人，正三命。南掌客中士，正二命。西掌客上士，一人，正三命。西掌客中士，正二命。北掌客上士，一人，正三命。北掌客中士，正二命。司行下士，正一命。掌讶中士，正二命。掌讶下士，正一命。司环中士，正二命。司环下士，正一命。野庐中士，正二命。野庐下士，正一命。象谓中士，正二命。象谓下士，正一命。掌货贿中士，正二命。掌货贿下士，正一命。司要下大夫，正四命。小司要上士，正三命。司煊中士，正二命。司煊下士，正一命。伊耆氏中士，正二命。伊耆氏下士，正一命。司调下大夫，正四命。司调中士，正二命。司调下士，正一命。司柞中士，正二命。司柞下士，正一命。司薙中士，正二命。司薙下士，正一命。田正下大夫，正四命。小田正上士，正三命。掌犬中士，正二命。掌犬下士，正一命。司迹中士，正二命。司迹下士，正一命。弋禽中士，正二命。弋禽下士，正一命。捕兽中士，正二命。捕兽下士，正一命。掌皮中士，正二命。掌皮下士，正一命。弭妖中士，正二命。弭妖下士，正一命。翦蠹中士，正二命。翦蠹下士，正一命。庶蠹中士，正二命。庶蠹下士，正一命。司隶下大夫，正四命。小司隶上士，正三命。掌罪隶中士，正二命。掌罪隶下士，正一命。掌夷隶中士，正二命。掌夷隶下士，正一命。掌蛮隶中士，正二命。掌蛮隶下士，正一命。掌戎隶中士，正二命。掌戎隶下士，正一命。掌狄隶中士，正二命。掌狄隶下士，正一命。掌徒中士，正二命。掌徒下士，正一命。

7. 冬官府

机构沿革

《周官》自汉景帝时期问世，就缺最后一官。汉家皇帝虽然悬赏重金，仍然未能得到。后人将《考工记》补进《周官》，于是有了六部之工官。《周礼·天官》云："大宰之职，掌建邦之六典。……六曰事典，以富邦国，以任百官，以生万民。"由此可见，《周官》所设计的第六官是经济主管部门。所以，郑玄云："司空之篇亡，以三隅反之，则事典司空之职也。"《通典·职官·工部尚书》："后周有冬官大司空卿，掌五材九范之法。"(94) 周明帝宇文毓二年（558）五月乙未，以大司空梁国公侯莫陈崇为大宗伯。武成元年（559）五月辛亥，以柱国辅城公邕为大司空。(95) 保定四年（564），北周武帝宇文邕以柱国卫国公宇文直为大司空。一年后，以宇文直为襄州总管，以柱国安武公李穆为大司空。建德元年（572）宇文邕提升李穆为太保，以赵国公宇文招为大司空。同年，以宇文招为大司马，第二年，以柱国雁门公田弘为大司空。建德二年（573）以上庸公陆腾为大司空。建德三年，以上庸公陆腾为泾州总管。建德六年（577）以郧国公韦孝宽为大司空。宣政元年（578），宇文邕以柱国扬国公毕王宇文贤为大司空。大象元年（579），周静帝宇文阐以宇文贤为雍州牧，大象二年以齐国公于智为大司空。

北周的皇帝寿命都比较短，执政时间也少，六官府长官也变化频繁。

机构职能

掌邦事，营城郭都邑，立社稷宗庙，造宫宅器械，监百工。(96)

机构编制

冬官府设大司空卿一人，正七命。小司空上大夫二人，正六命。冬官府都上士，正三命。工部中大夫，二人，正五命。(97)工部上士，正三命。工部中士，正二命。工部旅下士，正一命。匠师中大夫，一人，正五命。(98)小匠师下大夫，一人，正四命。小匠师上士，一人，正三命。小匠师中士，正二命。内匠上士，正三命。内匠中士，正二命。外匠上士，正三命。外匠中士，正二命。司量中士，正二命。司量下士，正一命。司准中士，正二命。司准下士，正一命。司度中士，正二命。司度下士，正一命。掌材上士，二人，正三命。掌材中士，二人，正二命。掌材下士，正一命。司木中大夫，正五命。(99)小司木下大夫，正四命。小司木上士，正三命。车工中士，正二命。车工下士，正一命。角工中士，正二命。角工下士，正一命。彝工中士，正二命。彝工下士，正一命。器工中士，正二命。器工下士，正一命。弓工中士，正二命。弓工下士，正一命。箭工中士，正二命。箭工下士，正一命。庐工中士，正二命。庐工下士，正一命。司土中大夫，正五命。小司土下大夫，正四命。小司土上士，正三命。复工中士，正二命。复工下士，正一命。陶工中士，一人，正二命。陶工下士，一人，正一命。涂工中士，正二命。涂工下士，正一命。司金中大夫，正五命。小司金下大夫，正四命。小司金上士，正三命。小司金中士，正二命。典丱中士，正二命。典丱下士，正一命。治工中士，一人，正二命。治工下士，正一命。铸工中士，正二命。铸工下士，正一命。锻工上士，正三命。锻工中士，正二命。锻工下士，正一命。函工上士，正三命。函工中士，正二命。函工下士，正一命。雕工中士，正二命。雕工下士，正一命。司水

中大夫，一人，正五命。[100]小司水下大夫，正四命。小司水上士，正三命。[101]典壅上士，正三命。典壅中士，正二命。典壅下士，正一命。掌津中士，正二命。掌津下士，正一命。舟工中士，一人，正二命。舟工下士，正一命。典鱼中士，正二命。典鱼下士，正一命。典灥中士，正二命。典灥下士，正一命。司玉下大夫，正四命。小司玉上士，正三命。小司玉中士，正二命。�工中士，正二命。琏工下士，正一命。磬工中士，正二命。磬工下士，正一命。石工中士，正二命。石工下士，正一命。司皮下大夫，正四命。小司皮上士，正三命。裘工中士，正二命。裘工下士，正一命。履工中士，正二命。履工下士，正一命。鞄工中士，正二命。鞄工下士，正一命。韗工中士，正二命。韗工下士，正一命。韦工中士，正二命。韦工下士，正一命。胶工中士，正二命。胶工下士，正一命。毳工中士，正二命。毳工下士，正一命。司色下大夫，一人，正四命。小司色上士，正三命。司色上士，正三命。缋工中士，正二命。缋工下士，正一命。漆工中士，正二命。漆工下士，正一命。油工中士，正二命。油工下士，正一命。司织下大夫，一人，正四命。小司织上士，正三命。弁工中士，正二命。弁工下士，正一命。织丝中士，正二命。织丝下士，正一命。织彩中士，正二命。织彩下士，正一命。织枲中士，正二命。织枲下士，正一命。织组中士，正二命。织组下士，正一命。司卉下大夫，正四命。小司卉上士，正三命。竹工中士，正二命。竹工下士，正一命。籍工中士，正二命。籍工下士，正一命。罟工中士，正二命。罟工下士，正一命。纸工中士，正二命。纸工下士，正一命。

北周国家机构编制除了六官，还有一些其他职官机构，在此就不一一列举。

北周的六官机构编制与王莽的机构编制一样，充满着复古色彩，让人一时难以明白某些职官是干什么的，感到非常陌生。王莽复古官制是为了篡汉，是典型的复古。北周六官制度同样是对《周官》的完整复制。北周在复制《周官》时，考虑到财政问题，适当对《周官》做了一些压缩。实际上，由于南北朝离西周相去久远，《周官》所设置的职官很多已经远远不符合南北朝的实际需要，宇文氏统治集团完全可以进行大大压缩，但是宇文氏并没有做到，仍然是机械地复制照搬。这也是北周国家机构编制的失误之处。

北周六官机构编制与王莽的复古还有所不同。王莽是在汉代政权已有国家编制的基础上复古，目的是抛弃汉代国家机构编制。北周六官机构编制则是宇文氏进入汉族统治区域，为了融入汉族习俗，而做出的可行性选择。这种选择的前提就是取得汉族士人的认可，又可减少国家机构编制数额，以减少国家的财政开支。通过国家机构编制，让大批鲜卑族将领有官做，能发财，又吸引众多汉族士人加入到统治集团之中来。在中国历史上，在较短的时间内出现了两次周官机构编制，虽然有共性的东西，但还是有所区别的。两次周官机构编制的出现，历史背景也有所不同。北方几个具有代表性的少数民族匈奴、鲜卑、羯、羌、氐五大部落，利用西晋的混乱，先后侵入中原，建立政权。一开始，这些少数民族政权领导人对汉族人一般比较残忍，采取“胡汉分治”。当他们意识到这种胡汉分治行不通的时候，便开始转变思维，转变治国理念，认识到民族之间的争斗是没有出路的。互相残杀只能是两败俱伤，不如互相包容，主动融入，接受汉族的文化和生活方式，融入汉族生活之中。许多“胡人”按照汉族习惯，将少数民族姓氏改成汉族姓氏。如北魏皇族拓跋氏改为元姓。其他少数民族将领也都按照要求改为汉姓。无论是北魏，还是西魏、北周皇帝，都鼓励与汉族通婚，禁止“胡人”同族通婚等。北魏孝文帝拓跋宏还力主将都城迁往洛阳。这些都有力促进了魏晋以来的民族大融合。在民族大融合中,北方少数民族政权还都按照汉族的传统改革官制。通过废除本民族的首领制度,既提高了国家管理效能,也吸收了大批汉族官员,得到汉族知识分子对少数民族政权的认同。宇文泰所建立的北周六官制度,虽然就官制而言,是复古倒退,就民族大融合而言,却是功不可没。虽然周官制度的很多职官名称在历史上存在过,但是周官制度并没有在周代真正实行过。但无论如何,北周六官制度、北周六官机构编制的建立,对于魏晋南北朝时期的民族大融合发挥了重要作用。就促进民族大融合来说,北周六官机构编制无论怎样评价都不会过高。民族大融合给汉族输入了新鲜血液,使汉民族变得更加包容强大,才有了中华民族伟大复兴——盛唐。(102)

北朝亦设有监察机构,但其名称与南朝不太一样,其情况为:

8. 御史台

或称南台。北魏孝文帝时设御史中尉,亦即中丞,掌督百司群僚。南台亦曰"南司",即兰台或御史台。其下属有治书御史、御史、殿中侍御史等。北魏侍御史职权同于魏、晋,掌察举非法行为,受百官奏事。北周不设御史中丞,设司宪中大夫二人,属秋官府,其职相当于御史中丞。下属司宪中士,相当于众御史。

比较而言,北朝监察机构的作用要比南朝发挥得大,因为北朝为少数民族政权,在其政权中,并未形成中原汉民族社会中的自东汉以来便已存在的豪门士族门阀势力。这种门阀势力,对国家的监察有着强大的抵制作用,因此南朝的政治相对北朝来说,更加黑暗和腐败。但是北魏以后,分成东西魏,鲜卑将领与河北、山东士族也无法无天起来,监察机构也就失去作用。北齐取代东魏之后,改御史中尉为御史中丞,从三品,掌"察纠弹劾"。属官有治书侍御史二人,从五品;侍御史八人,从七品;殿中侍御史、检校御史,各十二人,正八品;录事,从九品。除此之外,还有其他员吏。北齐皇权强大,御史台权威也高。为了限制御史台滥用职权,还规定尚书与御史中丞一起执行监察权。尚书台左仆射就负责纠弹百官。总体来说,北朝监察机构比南朝监察机构所发挥的作用要大,南朝由于士族统治,监察机构几乎是形同虚设。中国的重新统一,不由南朝而是由北朝发展起来的新力量完成,其原因绝非偶然。

第三节 三国两晋南北朝地方机构编制

一、三国两晋南北朝地方机构编制概述

中国古代地方行政机构,恐怕没有比三国两晋南北朝时期更为复杂混乱的了。东汉以来,州郡机构军民两政浑然不分、合二为一的趋势,最终演变成军民双轨制。至永嘉之乱后,北方由于少数民族的特点和军事形势的不同,又实行了一些特殊制度。地方行政机构的紊乱,既是三国两晋南北朝时期国家长期得不到统一的原因之一,也是它的必然结果。

三国两晋南北朝时期,地方政府机构基本上是州、郡、县三级制度。州设刺史,郡设太守,县设令长。另外,还有封国存在,王国长官称内史,诸侯国长官称相。

国家的分裂和行政体制的混乱,必然造成地方行政区划的混乱,于是,州郡数目不断增多。西汉末年,全国有州 13 个,西域都护府 1 个,郡国 103 个,县 1587 个,直到东汉末年变化也不大。三国之时,魏的州郡多沿汉旧制,没有什么变化,蜀国之郡已是新旧各半,吴国之郡则是新过于旧。西晋统一后,设州 19 个和西域长史府,郡国 172 个,县 1232 个,与三国数大体相

等，但比汉代，州、郡数量都有所增加。永嘉之乱使北方出现了十六国大混乱，人口流动频繁，行政区划已不可辨识。在南方，东晋以后宋、齐、梁、陈相继兴替，政局动荡，行政区划更加紊乱。三国时吴有3州，44郡，337县，南朝各州、郡、县成倍增加。

中原地区的连年战乱，使人口大量南迁。据学者统计，从西晋怀帝永嘉年间(307—312)至刘宋时，南渡人口约90万，占当时政府统计户口的六分之一，这还不包括南渡人口中豪门士族的荫户和部曲。这些豪门士族成为东晋及南朝的统治基础之一。为了安置南渡人口，也为了安抚这些士族，政府或在南方地区设置与原来士族在北方地区相应的州、郡、县，或在新开辟的地方设置北方的州、郡、县，称为侨州、侨郡、侨县。侨州郡县因此而起。由于侨迁的人口多集中在徐、扬、荆、益等州，所以从东晋至南朝刘宋时，侨州郡县多集中在从长江上游的梁、益至中游的荆、襄一带，东到下游的江淮地区。由于南渡人口侨迁时没有组织，不可能一州、一郡的人口南逃到同一地区，而往往是北方某一州、郡的流民散居于南方的几个州、郡。这样，便有了多处名称相同的侨州、侨郡，从而造成了地方机构的混乱。如南齐时，江南有南徐州，淮南有北徐州，北魏在同时也有南徐州。随后，南梁又有东徐州，东魏有北徐州。这些徐州都是应徐州迁来侨民的要求设立的。侨州郡县的产生，使东晋以来州、郡、县数目成倍于前代。

这些侨州郡县，基本上是只有机构，安置了大批官员，却没有实地。有些实郡领侨县，而有些侨郡又领实县，变化无常。这样，州、郡、县的隶属关系大为混乱。可以说，南朝的地方机构，几乎没有规律可言。

元嘉年间(424—453)，北魏太武帝大兵南进，青、冀、徐、兖都已失守，刘宋就在钟离(今安徽凤阳板桥镇)设立徐州，在淮阴设立北兖州，在赣榆设立青州、冀州。但是，这些区域很快又丢失。虽然徐州已不属刘宋管辖地域，但还是在扬州划出一块地，设立南徐州，又在南徐州的地面上设立南兖州，在扬州的西半部设立豫州。所以，南朝的地名很难从字面上理解。到了梁朝，好大喜功的梁武帝更是析地设州，共设州 107 个。一个偏安的梁朝比西晋的州还多出 88 个。南朝陈疆域比吴还小，长江以北均为北朝，但州数竟是吴的 22 倍，郡是吴的 4 倍，县也有 2 倍。南朝的扩州增郡不仅仅是小国之君的好大喜功，更主要的还是反映了豪门士族做官的虚荣与欲望。中央机构尽管不停地扩编，或者说根本就没有编制员额的限制，但还是不能满足豪门士族对官位的需求，只有另辟新径，析地扩州。多设一个州就可以安排一个刺史。南朝皇帝还没有一州可以设多个刺史的思路。增设一个州、一个郡，就可以安排一批人做官。一般来说，州的扩张大于郡，郡的扩张又大于县的扩张。之所以如此，是因为县级别低，那些豪门士族谁也不屑于去当县令。生活在刘宋的陶渊明因为家境没落，只能当无人愿干的县令。

东晋末年和刘宋之初，政府为了便于税收和加强地方行政、治安管理，曾实行过所谓的“土断”政策，就是依界土断，撤销侨州、侨郡、侨县，整顿户籍，调整地方机构建设。由于士族势力的抵制，此举以政府的失败而告终，侨州侨郡侨县仍按“惯性”任其发展。州、郡、县三级行政机构，是三国两晋南北朝时的基本地方体制，但到南北朝末期，随着州郡数目增多，相当一部分州、郡已有名无实。机构编制泛滥，豪门士族即使有明白人，也已无法解决，要解决，只能依靠改朝换代，隋代统一中国后机构编制泛滥问题就解决了。

在中央国家机构编制上，北朝一直学习、模仿南朝，在地方国家机构编制上更是如此。北魏有州 111，郡 519，县 1352，一州所统不到五郡，一郡所领不到三县。北齐有 97 州，160 郡，365 县。北周有州 211，郡 508，县 1124，每州、郡下统不过有一二郡、县，甚至有的郡只有其名，而不辖县。将北周的州与梁朝的州加起来，共计 318 个。汉朝共有 13 州，西晋共有州 19 个，南北朝却有 318 个。国家的省级政权有 318 个，再加上郡级机构，地方机构设置空前泛滥。

北朝后期名义上还是三级制，却只有州刺史和县令、长是到任理事的，中间一级郡的长官太守并不上任理事，只是领取若干俸禄而已，实际上变成了二级制。这种状况导致后来的隋朝撤销了郡，只剩下州、县二级。

三国两晋南北朝的历史表明，州郡数目越多，中央集权就越受到削弱，百姓也就越不堪重负。从这一点，也能看出当时的国家政权机构尾大不掉、政局动荡的情况。

二、三国两晋南北朝地方机构编制

（一）三国曹魏地方机构编制

曹魏实行州、郡、县三级地方机构制度。

1. 州

机构沿革

三国时期，天下相对稳定，但战争并未间歇。因此常常使将军领州刺史之职，或者给刺史加以将军之号。这一制度最早源于汉代守尉互兼之制。魏初，在边境各州复置“都督诸州军事”，有的还统领刺史。这样，一州之内，既有刺史，又有都督，两者共治一州，必然发生摩擦。而且当时军权在乱世高于一切，都督往往以军干政，侵夺刺史职内之权。于是，为了避免这一点，朝廷始定二者互兼之制，一身二任。

曹魏沿袭汉制，设立司隶校尉管辖京城周围之郡。曹魏司隶校尉统辖河南、河东、河内、弘农、平阳五郡。

机构职能

刺史掌州事。刺史巡行所部郡国，每年派计吏到京师奏事。缘边境诸州，在刺史之外，并置领军都督。

司隶校尉除掌管一州之政，还负责监察，“虽在外司，时政损益，当世与夺，无不综典”(103)。

机构编制

州置刺史。

刺史属官有治军从事、别驾从事、功曹从事、簿曹从事、兵曹从事、郡国从事、文学从事、武猛从事、督邮、主簿、帐下督、门亭长、书佐、计吏等。还有大中正一人，掌品评人物。大中正一般都由当地士族大家担任，他们虽然不属于国家的正式编制，却主管铨叙，掌握用人大权。吏部并不是真正管官的官，任命管理权在大中正手里。当然，吏部尚书也都是豪门士族出身。其他庶族出身的人不能干，也干不了。

2. 郡

机构沿革

曹魏各郡置太守，洛阳因为是都城，则设河南尹，二千石，第三品。曹魏太守一般都领兵，凡是领兵的太守，加将军称号。魏明帝将郡分为剧、中、平三等。

机构职能

掌一郡之政。

机构编制

郡设太守一人。太守属官有郡丞，其边郡之丞叫长史，兼郡中正。都尉，大郡二人，小郡一人。曹魏郡都尉比二千石，第五品。

郡丞，六百石，第八品。司马一人。太守及都尉属吏大致相同，有功曹掾、五官掾、上计掾、门下掾、文学掾、文学祭酒、督邮、主簿、主记、门下书佐、纲纪、循行等，多者200余人。

3. 县

县置令、长，有丞、尉。大县置尉二人，属吏有诸曹掾史，与郡制相同。

县下之乡置有秩、三老、啬夫。

曹魏亦分封王侯。其王国置相，职同太守，下有与郡相似的职官系统。公国制度如同王国。侯国置相，职同县令，其政权机构大体与县一样。

三国时，魏、蜀、吴三国均有屯田，用以供给军用。凡屯田部民皆在郡县管辖之外。曹魏典农中郎将统辖屯田农民，设典农校尉、典农都尉主管郡、县屯田。曹魏末，罢屯田官，诸典农官改为郡太守。典农都尉改为县令、长。

（二）两晋地方机构与职官

与汉魏一样，两晋也实行州、郡、县三级制。

1. 州

机构沿革

东晋之后，形成军府制。一般州刺史都要加将军名号。加了将军名号就可以领兵，就可以开府设置僚属。如果没有加将军名号，就是单车刺史。汉朝规定，刺史三年进京一次，向皇帝汇报工作。进京时乘坐传车（驿车），故称单车刺史，又叫轻车刺史。晋代虽然也叫单车刺史，但已经与汉代有所不同。晋代的单车刺史，只是相对于那些领兵开府的刺史而言。

机构职能

掌一州之政。

机构编制

州置刺史。州刺史一般设置两套班子，一套班子是州吏，管理民政事务，一套班子是将军府的府吏，管理军政事务。州府机构属官一般是别驾、治中、主簿、西曹、门下、录事、户曹、记室、书佐、循行、干、小史、五官掾、功曹史、功曹书佐、循行小史等。将军府府吏有：长史、司马、录事参军、功曹参军、仓曹参军、户曹参军、中兵参军、府功曹、主簿等。这样，就形成了一州两府，以后不但州是两府，郡一级也是两府。

2. 郡

机构沿革

在晋朝，郡太守与州刺史一样，也要加将军名号，如果太守不加将军名号，就会感到耻辱。东晋对于太守的任命，不是考虑这个人是否能够胜任，而是“惟以恤贫为先”，照顾让哪个人发财。虽然规定郡太守任期六年，很多郡太守任期不到六年，就发了财，“富足而退”。太守发财如此容易，刺史肯定更加便当。吏治如何可想而知。

机构职能

掌一郡之政。

机构编制

郡置太守。河南郡为国都所在，置河南尹，其地位高于一般郡太守。下置郡尉、主簿、主记室、门下贼曹、议生、门下史、录事史、书佐、循行、干、小史、五官掾、功曹史、功曹书佐等。郡国皆置文学掾。各郡还都设立中正，主管官员的品评选用。当然，这些中正都是豪门士族，都属于有权有势的编外人员。

晋代将郡分为三等。郡户口不满五千者，设职吏五十人，散吏十三人；五千户以上，设职吏六十三人，散吏二十一人；万户以上，职吏六十九人，散吏三十九人。

3. 县

郡下是县，大县置令，小县置长。县令长属吏有县尉、主簿、录事史、主记室史、门下书佐、游徼、五官、功曹、户曹、法曹、金曹、仓曹、贼曹、兵曹、史曹掾、史、干等。西晋规定，如果没有担任县令的经历，就不得担任京官。

县下设乡。乡置啬夫、治书史、史、佐、正。里置里史、校官掾。

两晋也都有诸侯王国，分为大中小三等，都有军队，大国三军，次国二军，小国一军，以中尉领兵。王国设置傅、友、文学各一人。改郡太守为内史，以统王国庶政，省减了相与仆。内史之下是郎中令、中尉、大农，号称三卿。大国置左右常侍各一人，侍郎二人，典书、典祠、典卫、学官令各一人，治书四人。又有谒者、中大夫令、舍人等，皆由王国自选其文武官员。

次为郡国郡侯，如同小王国。县有县侯，亦置一军。公侯以下置官属，随国大小而异。

西晋地方机构编制简表

机构	职官	职能	编制	品级
州	刺史 别驾 治中从事 诸曹从事 主簿	掌一州之政	1人	领兵者四品，不领兵者五品
郡	太守 主簿 功曹史 五官掾 主记室等	掌一郡之政		第五品（二千石）

（续表）

机构	职官	职能	编制	品级
县	县令(长) 主簿 功曹等	掌一县之政	1人	千石县令第六品,六百石县令第七品 第九品

（三）南朝地方机构编制

1. 州

机构沿革

南朝地方机构的设置如魏晋，实行州、郡、县三级制度，为固定的地方政权体制。州、郡地方政权机构，一般都实行双轨制，即分军民两政。军事设武官都督、将军、使持节等。民事设刺史、郡守等文官。但在整个三国两晋南北朝时，刺史、郡守等多以武将兼任，这是后来魏晋南北朝时期一切分裂割据和阴谋叛乱的根源。即使文人担任刺史，也要加上将军名号。

南朝宋文帝时规定年满30岁方可担任刺史，任期六年。宋孝武帝取消年龄限制，任期改为三年。南朝皆有州郡长官自行委任本籍人充当州郡属吏，但别驾、治中由于地位重要，则由中央任命。

机构职能

掌一州之政。

机构编制

州设刺史。下设有别驾从事、治中从事、主簿、功曹、西曹书佐、录事、省事、记室、朝直、干、门亭长、麾下都督、祭酒从事、部传从事、学官等职。重要的为别驾、治中和主簿。别驾掌官吏及选举等，是刺史的助手。治中主管众曹文书事。主簿为刺史掌节杖文书,传令检校,是喉舌耳目之任,心腹之寄。州的军事长官有将军。将军府设有“阁内”,置主簿、祭酒、曹掾、录事、功曹及长史、典签帅。长史及典签帅虽然地位卑微,但权任极重,对民事的干预最多。由于州府有两套班子,造成州府组织机构十分庞大。据史料记载,南朝刘宋规定荆州府置将不得超过二千人,吏不得超过一万人,其他州置将不得超过五百人,吏不得超过五千人。小小的州,顶多也就是一个或两三个县的面积,官吏有好几千人,真是像当时人所形容的那样:十羊九牧。

南朝的州刺史属官一般级别较高,因为安排豪门士族级别不能过低。“别驾官品,扬州视黄门郎(宋品第五),南徐州视散骑常侍。”(104)

南朝均像曹魏、两晋一样,在州郡设立大中正。中正都是被士族所垄断,他们所推荐的人员也都是士族之家,寒门子弟根本就入不了他们的范围。梁武帝专门设立“州望”,主掌搜集推荐人才。

2. 郡

设太守一人,同刺史一样,南朝的郡太守也常加将军、护军、假节、持节、使持节等称号。凡加将军号者,设置军民两府,设立两套办公机构。机构编制一如州制。

3. 县

南朝大县设令,小县置长。下设县丞、县尉、主簿、功曹等。由于国家长期处于战乱和分裂中,县令、长除劝民农桑、惩治猾盗豪强外,也随时局变化而拥有一定的兵权,甚至可以加将军名号。

南朝刘宋地方机构编制简表

机构	职官	职能	编制	品级
州	刺史 别驾从事 治中从事 主簿 西曹书佐 祭酒从事 议曹从事 部郡从事	掌一州之政	1人	带兵者四品，不带兵者五品
郡	太守 丞 主簿 功曹史 五官掾	掌一郡之政	1人	六百石
县	县令(长) 丞 尉 主簿 功曹	掌一县之政	1人 1人	千石县令第六品，六百石县令第七品

（四）北朝地方机构编制

1. 州

机构沿革

北朝亦实行州、郡、县三级制。

北魏地方政权分州、郡、县三级制。州分上州、中州、下州，郡分上郡、中郡、下郡，县也分上县、中县、下县。北齐的地方政权机构也是分州、郡、县三级，但每一级又分九等，过于复杂。比如州分上上州、上中州、上下州、中上州、中中州、中下州、下上州、下中州、下下州，显得过于复杂。与南朝相同，由于国家分裂，战乱不定，地方机构的设置与统属关系也极为混乱，有的州所领不过一二郡，一郡所辖只一二县，甚至有空张郡目不辖县者。

北朝州府机构与南朝无异，也实行军民两套班子，两府建置与南朝相比大同小异。北周官制虽改用《周官》制定的六官体制，但地方政府机构未大改，仍沿用魏晋体制。

机构职能

掌一州之政。

机构编制

同南朝一样，北朝也是地方机构编制泛滥。北魏天赐年间规定：州置刺史三人，宗室一人，外姓二人。北魏对他族之人存有顾忌，所以地方长官之设置，均用皇族人士监临，而以他姓二人相互制约，以便于巩固拓跋氏的统治。

北魏各个时期的刺史品第也各不相同，上州刺史为正三品，中州刺史为从三品，下州刺史为正四品。一州设三个刺史，在中国机构编制史上，仅北魏一例。刺史之下属官：长史、司马、录事、功曹、仓曹、中兵、参军、主簿，及诸掾史、从事、令、史等。

中央政府所在之州称司州，其地位及官吏地位与编制高于其他州。

北朝州、郡、县机构编制多少根据州、郡、县的级别而定。比如北齐上上州胥吏为 393 人，以下州递减十人。郡、县也是如此设置。虽然如此，但由于北朝州、郡、县实在太多，就是这些掾吏数额，对百姓来说也是不堪重负。据专家考证，北朝官员数字大得惊人。北魏初年以州牧亲近之人担任胥吏，并拟定了六条制度进行约束。由于三国两晋南北朝时期不论南方北方，各封建王朝均由世家大族把持，所以州郡僚佐任职者仍不免为本地世家大族子弟，有的年龄在十几岁甚至在襁褓之中就充任州郡府吏。乐府诗“十五府小吏，二十朝大夫”应是当时真实的政治生活反映。

这仅仅是政府一套班子，再加上军府一套班子，北朝地方机构编制的泛滥程度可想而知。

因为州郡泛滥成灾，刺史太多，也就不为人所重视。

2. 郡

机构沿革

三国两晋南北朝时期，郡都是设置太守一名。而京师所在地，魏、西晋、北魏的河南郡，东晋南朝的丹阳郡，则分别称河南尹、丹阳尹。分封的王国以内史职掌太守之权任。因京师为中央所在地，所以多派得力官吏掌管。

太守如果加将军称呼，都是开设两府，一为郡府，一为军府。一个治民，一个管军。郡的军民两政双轨制，与州一致。

京师所在郡不置太守，设尹，其地位高于其他郡太守。

机构职能

掌一郡之政。

机构编制

郡置太守。北魏有三太守，其制如州。郡置郡丞、中正、光迎功曹、光迎主簿、五官省事、录事及诸曹掾佐等属官。

3. 县

机构沿革

北魏从皇始元年(396)开始设置县令、长。北魏县的面积几乎等同于现在的村。天赐元年(404)撤销百户以下的县。因为县小，北魏的县如果县令、长能够治理好一县之盗贼，可以兼治二县，如果能治理好二县，可以兼治三县。实际上，就是四县五县也没有汉代一县人口多、面积广。县令、长如果能够兼治三县，三年以后就可以升任郡守。

机构职能

掌一县之政。

机构编制

郡下设县，县置令、长。北魏县令、长为三人，制同州郡。县令、长为八品。下置丞、中正、光迎功曹、光迎主簿、录事，及西、户、金、相、兵五曹掾，市长等掾。由于北朝的州、郡、县分等级，所以其官员设置数额也不一致，依等减员。北朝之县小得可怜，即使依等减员，也是人满为患。因为北朝的县无论是从区域面积，还是从人口来说，都只相当于汉代的亭，甚至比亭还小。

总之，三国两晋南北朝时期，是一个以豪强士族与少数民族贵族为主体的封建割据时期。这一时期，具有以下几个特点：

第一，三国两晋南北朝时期是中国封建中枢机构由独相制向群相制，由丞相制向三省制的转折时期。在这时期，皇帝的尊严被漠视。国君的更迭，不过是将一家物予另一家耳。尽管皇位成了危险的职位，但封建军阀还是不断发动政变，依靠武力取得皇位。当这些军阀取得皇权之后，就千方百计巩固皇权，以免重蹈覆辙。一幕幕逼宫戏，迫使他们不断地在国家机构编制上动脑筋、想办法，让自己身边的人掌握国家中枢权力，这就使得本来无职无权的内廷服务人员一步步走向台前，成为朝廷重臣，取代了位高权重的丞相。皇宫服务机构变成了朝廷中枢机构，这些机构取代了原来的中枢机构。可以说，三国两晋南北朝时期虽然时间短暂，局势也非常混乱，却是中国机构编制史上一个重要的历史时期。

第二，三国两晋南北朝时期是中国历史上豪强士族统治最腐败的时期。我们说三国两晋南北朝时期是中国历史最腐败的时期，其根据不是这个时期贪官的多少及老百姓的受害程度，而是这个时期的政治最腐败。虽然皇权不断更替，甚至很多皇帝也是庶族出身,也具有理想抱负,但他们都对腐朽没落的豪强士族无可奈何,明明知道豪强士族不利于皇权的巩固,但还得依靠士族。这些豪强士族追求的是高官,追求的是腐朽糜烂的生活,脑海里从来就没有考虑国家的利益、百姓的利益。他们利用九品中正制,控制着用人大权。在士族统治下,几乎就没有用人公正可言,朝政自然也就谈不上公正。一个国家的政权一旦失去了公正,也就失去了正义,失去了民意,失去了其存在的价值。南朝皇权依靠士族门阀而建立,也多因士族门阀而灭亡。当皇帝出现危机的时候,那些士族门阀根本无人出来效忠皇帝,因为整个官僚集团都是为士族门阀而做官,而根本就没有皇权的概念。

第三,三国两晋南北朝时期是中国机构编制史上的第一个膨胀期。春秋战国时期虽然诸侯征战,但各种官制正在逐步建立,不存在国家机构膨胀问题。秦汉比较重视国家机构编制的法律性与严肃性,国家机构精简,从中央到地方,都没有滥设机构的问题。从魏晋开始,豪门士族门阀掌权,这是一个腐朽的集团,他们把国家机构编制变成了满足自己腐朽生活的工具,国家机构编制开始膨胀,进入南北朝时期,出现恶性膨胀。在晋代,就已经有官员意识到国家机构的膨胀,并有人提了出来。山涛之《山公启事》就提出了解决官场膨胀的办法。太元六年(381),晋代曾经进行了一次人员精简,也只是减少了一些胥吏人员。荀勖提出:“省吏不如省官,省官不如省事,省事不如清心。”晋代清谈误国,没有人拿出具体办法去付诸行动。国家机构编制成为豪强士族与少数民族权贵用来满足官欲、满足私利的工具。在这一时期,不但中央国家机构膨胀,就是地方政权机构也急剧膨胀,被人讥讽为“十羊九牧”。在中国机构编制史上,第一次出现了州、郡、县三个一把手的怪现象。北魏虽然在接受魏晋南朝机构编制上比后面的几个朝代要完善得多,但是在地方机构编制上一州设立三个刺史,为后代造成了恶劣的影响。南朝刘宋荆州府光将军就设置一两千人。加上各个州军的将军，不但官员泛滥成灾，将军也多如牛毛。三国两晋南北朝虽说是中国机构编制第一个膨胀期，但像后代那样的贪官还真不多。魏晋清谈，也讲究名声。

第四，三国两晋南北朝既是中国机构编制发展史上的第一个膨胀期，也是机构编制发展史上的一个重要历史时期。首先，中国历史上的重要制度——三省制是在这一时期初步形成的。其次，吏、户、礼、兵、刑、工六部制也是在这一时期形成的。再次，三国两晋南北朝虽然建立了新的中央中枢机构，秦汉的九卿职能被六部所取代，九卿制度却被保留继承下来。在机构编制设置上，统治者总是只设不撤，光增不减，因为这直接牵涉到官僚集团的切身利益。尽管三国两晋南北朝时期是中国机构编制史上最混乱的朝代，豪门士族把持大权，政治浑浊，吏治黑暗，但就国家机构编制而言，也并非乏善可陈，而有其可圈可点之处，那就是三省六部制的设立。

注释：

(1)(唐)杜佑:《通典》卷二一，中华书局1988年版，第546页。

(2)(晋)陈寿:《三国志》卷二二，中华书局1959年版，第644页。

(3)(晋)陈寿:《三国志》卷二三，中华书局1959年版，第673页。

(4)(晋)陈寿:《三国志》卷二一，中华书局1959年版，第623页。

(5)(唐)杜佑:《通典》卷二二，中华书局1988年版，第601页。

(6)(唐)杜佑:《通典》卷二三，中华书局1988年版。

(7)(唐)杜佑:《通典》卷二二，中华书局1988年版，第604页。

(8)(唐)杜佑:《通典》卷二一，中华书局1988年版。

(9)(唐)杜佑:《通典》卷二四，中华书局1988年版，第658页。

(10)(唐)杜佑:《通典》卷二四，中华书局1988年版，第669页。

(11)(南朝)沈约:《宋书》卷四〇，中华书局1974年版，第1251页。

(12)(南朝)沈约:《宋书》卷四〇,中华书局 1974 年版,第 1252 页。

(13)(唐)房玄龄:《晋书》卷二四,中华书局 1974 年版,第 724 页。

(14)(唐)房玄龄:《晋书》卷二四,中华书局 1974 年版,第 725 页。

(15)(南朝)沈约:《宋书》卷三九,中华书局 1974 年版,第 1222 页。

(16)(唐)房玄龄:《晋书》卷二四,中华书局 1974 年版,第 726 页。

(17)(唐)杜佑:《通典》卷二一,中华书局 1988 年版,第 561 页。

(18)(唐)杜佑:《通典》卷二一,中华书局 1988 年版,第 561 页。

(19)(唐)杜佑:《通典》卷二一,中华书局 1988 年版。

(20)(唐)杜佑:《通典》卷二二,中华书局 1988 年版,第 588 页。

(21)(唐)杜佑:《通典》卷二一,中华书局 1988 年版,第 546 页。

(22)(唐)杜佑:《通典》卷二二,中华书局 1988 年版。

(23)(唐)杜佑:《通典》卷二二,中华书局 1988 年版,第 592 页。

(24)(唐)房玄龄:《晋书》卷二四,中华书局 1974 年版,第 732 页。

(25)(唐)李林甫:《唐六典》卷一〇《秘书省》注,中华书局 1992 年版,第 296 页。

(26)(北宋)李昉:《太平御览》卷二三三。

(27)(唐)徐坚:《初学记》,中华书局 2004 年版,第 297 页。

(28)(唐)杜佑:《通典》,中华书局 1988 年版,第 468 页。

(29)(唐)杜佑:《通典》卷二五,中华书局 1988 年版,第 690 页。

(30)(北宋)李昉:《太平御览》卷二二八,《文渊阁四库全书》第 895 册,第 225 页。

(31)《北堂书钞》卷五三《职官 · 太常》引《晋起居注》。

(32)(南朝)沈约:《宋书》卷三九《百官志上》,中华书局 1974 年版,第 1229 页。

(33)(唐)杜佑:《通典》卷二五,中华书局 1988 年版,第 700 页。

(34)(南朝)沈约:《宋书》卷三九《百官志上》,中华书局 1974 年版,第 1220 ~ 1222 页。

(35)(唐)杜佑:《通典》卷一九,中华书局 1988 年版,第 490 页。

(36)(唐)杜佑:《通典》卷二一,中华书局 1988 年版,第 538 页。

(37)(南朝)沈约:《宋书》卷六,中华书局1974年版,第114页。

(38)(唐)李林甫:《唐六典》卷三《户部尚书》注,中华书局1992年版,第63页。

(39)(南朝)沈约:《宋书》卷九四,中华书局1974年版,第2303页。

(40)(唐)杜佑:《通典》卷二一,中华书局1988年版,第561页。

(41)(唐)杜佑:《通典》卷二一,中华书局1988年版,第563页。

(42)(唐)杜佑:《通典》卷二一,中华书局1988年版,第559页。

(43)(南朝)沈约:《宋书》卷四〇,中华书局1974年版,第1243页。

(44)(唐)魏徵:《隋书》卷二六,中华书局1973年版,第722页;(唐)杜佑:《通典》卷二一,中华书局1988年版。

(45)(唐)魏徵:《隋书》卷二六,中华书局1973年版,第722页。

(46)(唐)魏徵:《隋书》卷二七,中华书局1973年版,第756页。

(47)(梁)萧子显:《南齐书》卷五三,中华书局1974年版,第920页。

(48)(唐)杜佑:《通典》卷二二,中华书局1988年版,第589页。

(49)(唐)杜佑:《通典》卷一九,中华书局1988年版,第481页。

(50)(北齐)魏收:《魏书》卷一一三,中华书局1974年版,第2971页。

(51)(北齐)魏收:《魏书》卷六,中华书局1974年版,第126页。

(52)(北齐)魏收:《魏书》卷二四,中华书局1974年版,第621页。

(53)(北齐)魏收:《魏书》卷四四,中华书局1974年版,第987页。

(54)(唐)魏徵:《隋书》卷二七,中华书局1973年版,第752页。

(55)北魏《前职令》,左右仆射为从一品中阶,《后职令》,尚书仆射为从二品。

(56)(唐)杜佑:《通典》卷二二,中华书局1988年版,第596页。

(57)(唐)杜佑:《通典》卷二二,中华书局1988年版,第596页。

(58)(北齐)魏收:《魏书》卷三三,中华书局1974年版,第777页。

(59)(北齐)魏收:《魏书》卷一一三,中华书局1974年版,第2974页。

(60)(北齐)魏收:《魏书》卷二,中华书局1974年版,第27页。

(61)(唐)李延寿:《北史》卷一〇,中华书局1974年版,第381页。

(62)司会中大夫为天官府重要职务,其职能是“副总六府事”。薛善“迁司会中大夫,副总六府事。加授京兆尹,仍治司会。出为隆州刺史”。杨坚担任北周大冢宰后,仍然让心腹将领郑译“兼领天官都府司会,总六府事”。

(63)御正职能,胡三省《通鉴》注:“《周书·申徽传》曰:‘御正,任专丝纶。’中书舍人之职也。”北周宣帝宇文赟大象元年(579)传位于周静帝宇文阐,自称天元皇帝,所居称天台,置内史、御正上大夫。

(64)《周书·武帝纪》云:保定四年“六月庚寅,改御伯为纳言”。“纳言下大夫,掌贰纳言上大夫之职。”

(65)后周天官府置给事中士六十人,掌理六经及诸文志,给事于皇帝左右。

(66)《隋书·田仁恭传》:“在周,以明经为掌式中士。”

(67)《通典·职官·符宝郎》云:“后周有主玺下士,掌国玺之藏。”

(68)《唐六典·尚食局》云:“后周有内膳上士二人、中士四人。凡进食必先尝之。”

(69)孙诒让:“疡医,若今之外科医也。”

(70)《通典·职官·太府卿》:“后周有太府中大夫,掌贡赋货贿,以供国用,属大冢宰。”《唐六典·太府寺丞》:后周太府上士一人,亦丞之任也。

(71)杜佑云:“计相,殆今度支之任。”《唐六典·尚书刑部·比部郎中》云:“魏氏置,历晋、宋、齐、后魏、北齐皆有郎中。后周天官府有计部中大夫,盖其任也。”

(72)(唐)令狐德棻:《周书》卷四,中华书局1971年版,第57页。

(73)杜预:“五鄙为县,五县为遂。”

(74)郑玄曰:“距王城三百里曰稍。”

(75)《通典·食货·赋税》:“司役掌力役之政令。”

(76)《唐六典·司农卿·太仓署》:“后周地官府有司仓下大夫一人。”

(77)郑玄疏:“主班禄。”也就是主管工资薪俸制定。

(78)《周礼》天官阍人掌管宫门,“阍人掌守王宫之中门之禁……以时启闭……掌扫门庭”。北周宫门中士则属于地官府。

(79)(唐)李延寿:《北史》卷九,中华书局1974年版,第332页。

(80)(唐)令狐德棻:《周书》卷四,中华书局1971年版,第57页。

(81)《唐六典·中书省》曰:“后周春官府置小内史下大夫二人,此其任也。”《通典·职官·中书省》曰:“后周有小史上士二人,此其任也。”

(82)《唐六典·黄门侍郎》曰:“后周春官府置外史,掌书王言及动作,以为国志,即其任也。又有著作二人,掌缀国录,盖起居、著作自此分也。”《通典·职官·门下省》曰:“后周有外史,掌书王言及动作之事,以为国志,即起居之职。又有著作二人,掌缀国录,则起居注、著作之任,自此而分也。”《唐六典·秘书省》曰:“后周春官府置外史下大夫,掌书籍,此秘书监之任也。”

(83)《唐六典·秘书省·太史局》云:“后周春官府置太史中大夫一人,掌历家之法。”

(84)(唐)令狐德棻:《周书》卷三,中华书局1971年版,第46页。

(85)《通典·职官·吏部尚书》云:“后周有吏部中大夫一人,掌群臣及诸子之簿,辨其贵贱与其年岁,岁登下其损益之数,依六勋之赏,颁禄之差。小吏部下大夫一人,掌贰吏部之事。领司勋上士等官,属大司马。”

(86)《唐六典·尚书吏部·司勋郎中》云:“后周夏官有司勋上士一人,掌六勋之赏。”《通典·职官·吏部尚书》云:“后周吏部有司勋上士一人,掌六勋之赏,以等其功,如古之主爵。”王仲荦先生考证:北周之初,司勋但置上士一人,中士若干人,隶于吏部。其后戎车屡动,攻城野战之功日多,簿领日繁,一曹之掌,或且不足以周给,故别为一司,置中大夫、下大夫以专典其事。

(87)《汉书·百官公卿表》云:“射声校尉掌待诏射声士。”服虔云:“工射者也。冥冥中闻声则中之,因以名也。”

(88)(唐)令狐德棻:《周书》卷一五,中华书局1971年版,第248页。

(89)(唐)令狐德棻:《周书》卷七,中华书局1971年版,第116页。

(90)《通典·职官·大理卿》云:“后周有刑部中大夫,掌五刑之法。”《唐六典·刑部尚书·侍郎》云:“后周秋官府有小刑部下大夫一人。”

(91)《周礼》:“遂士中士十有二人。”“遂士,掌四郊,各掌其遂之民数,而纠其戒令,听其狱讼,察其辞。”郑玄云:“国中,谓其地距王城百里内也。”

(92)郑玄曰:“距王城三百里至四百里曰县。”《周礼》所谓县与现代县之定义是有区别的。

(93)《通典·职官·鸿胪卿》云:“后周司寇有蕃部中大夫,掌诸侯朝觐之叙。”

(94)《唐六典·工部尚书》曰:“后周依《周官》,置大司空卿一人。”

(95)(唐)令狐德棻:《周书》卷四,中华书局1971年版,第55、57页。

(96)《全唐文·环济要略》,见王仲荦《北周六典·冬官府第十二》,中华书局1979年版。

(97)郑玄云:“工师,司空之属官也。”王仲荦先生考证:按后汉尚书有民曹,主缮修功作盐池园苑。晋宋以来,有起部尚书而不常置,每营宗庙宫室,则权置之,事毕则省。北齐起部亦掌工造。西魏有工部尚书。……工部尚书之名,始见于西魏也。《通志·职官·工部尚书》曰:后周“有工部中大夫二人,承司空之事,掌百工籍而理其禁令”。

(98)贾公彦云:“地官之考称乡师,春官之考称肆师,秋官之考称士师,唯有天官之考称宰夫。夏官之考称军司马,自外皆称师。此经乡师是司徒考,明匠师亦是司空考。”王仲荦先生考证:北周以司会为天官之考,民部为地官考,礼部为春官考,军司马为夏官考,司宪为秋官考,冬官之属有匠师,而以工部为冬官之考,盖与姬周又微有异。《唐六典》曰:“后周有匠师中大夫一人,掌城郭、宫室之制及诸器物度量。”

(99)《唐六典》云,后周“有司木中大夫一人,掌木工之政令”。《通典·职官·将作监》曰,后周“有司木中大夫,掌木工之政令”。

(100)《唐六典·尚书工部·水部郎中、员外郎》云:“后周冬官府有司水中大夫。”

(101)《唐六典·尚书工部·水部郎中、员外郎》云:“后周冬官府有小司水上士,则水部员外郎之任也。”

(102)北周机构编制所引用资料,凡未注明出处者,均引自王仲荦先生《北周六典》,中华书局1979年版。

(103)(晋)陈寿:《三国志》卷二八,中华书局1959年版,第787页。

(104)(唐)杜佑:《通典》卷三二,中华书局1988年版,第890页。

第四章 隋唐五代十国机构编制

第一节 隋唐五代十国历史发展概况

隋王朝是继承北周而建立起来的封建王朝。隋朝的建立，标志着中国第一个机构编制膨胀期的结束。隋朝的建立者杨坚，其父杨忠是北周的功臣，女儿杨丽华则是周宣帝的皇后。580 年，周宣帝病死，继位的周静帝才 8 岁，无力控制政局。杨坚在刘昉、郑译、元谐、宇文忻等官僚的支持下，以大丞相身份辅政。北周的军政大权落入了杨坚手中。北周的一些地方总管不服杨坚的大权独掌，纷纷发动叛乱。581 年，杨坚相继平定了相州（今河南安阳）、郧州（今湖北安陆）、益州（今四川成都）等地总管发动的叛乱，废周自立，建国号为隋，改元开皇，定都长安。杨坚即隋文帝。

自三国以降至南北朝，是中国政治最黑暗的时期。这种黑暗的集中表现就是豪门士族门阀政治。在这种腐朽政治下，豪门士族把持着国家政权的各级重要职官，那些士族军人家庭与豪门士族相互勾结，控制着国家权力，形成中国最黑暗的门阀统治。“后魏迁洛，有八氏十姓，咸出帝族。又有三十六族，则诸国之从魏者；九十二姓，世为部落大人者，并为河南洛阳人，其中国士人，则第其门阀，有四海大姓、郡姓、州姓、县姓。及周太祖（宇文泰）入关，诸姓子孙有功者，并令为其宗长，仍撰谱录，纪其所承。又以关内诸州,为其本望。”[(1)]为这种所谓的名门望族相适应,统治关中的西魏仿行《周礼》,实行六官制度,之后的北周继续采行六官制度。六官制度早已落伍,只是这些豪门士族为了标榜自己政权的正统而采用之罢了。“北周后期,在中央政权组织形式方面,表面上尽管是《周礼》的一套六官制度,实际却还是依靠着魏晋以来所形成的三省制度在发挥封建地主阶级专政的作用。”[(2)]北周政权虽然已经看到了豪门士族统治带给国家的危害,并进行了一些改革,但是自周宣帝去世后,继位的周静帝显然无法纠正士族统治的弊政。这项任务只能由新建立的王朝——隋与唐来承担。隋文帝于开皇九年(589)灭掉南方的陈朝,结束了自西晋“八王之乱”以来近三个世纪战乱不断的政权割据,全国实现了重新统一。隋王朝在中国历史上具有重要地位,不但表现在实现了秦朝以来最重要的统一壮举,而且还表现在隋统一中国后,在政治制度、机构编制、选拔任用官吏上,进行了一系列的重大改革。隋文帝废除了北周的六官制度,恢复汉魏以来的三省制度,并对九卿制度进行调整,在地方政治体制中,取消郡制,实行州、县二级建制。在用人上更是彻底堵死了豪门士族的仕途之路,废除九品中正制,实行科举制。科举制取消了豪门士族世代为官的特权,那些士族子弟自丧失做官特权以后,由于本身多不学无术,但一个个又都自夸门第高贵,不能适应社会的发展,逐渐没落下来。

隋文帝之后,隋炀帝穷奢极欲。浩大的仁寿宫工程,使上万丁役死亡。他每年出巡,从行的官吏、宫女、民夫达几十万人,人民身上的负担达到无法承受的地步。隋炀帝又发动了征服高丽的战争,更加重了人民的负担,全国四处爆发农民起义。

隋王朝在农民起义的烈火中灭亡。公元 618 年,李渊在长安称帝,建立了李唐王朝。公元 626 年,李世民在玄武门发动政变,当了皇帝,是为唐太宗。唐太宗为抑制魏晋以来的门阀士族,重新厘定《氏族谱》,新的氏族谱以跟随唐王起兵的家族为上等氏族,将旧有门阀士族排除在外。关陇新贵代替了魏晋以来的门阀士族。

唐太宗即位以后,认真总结隋王朝用人不当、穷奢极欲亡国的经验教训,励精图治,起用了一大批德才兼备的治国人才。在贞观君臣的努力下,迎来了"贞观之治"。在用人上,唐太宗主张"为官择人,唯才是待""苟或不才,虽亲不用""官在得人,不在员多"(3)。为了保证政得其人,唐太宗建立了一套严格的官吏管理制度。"贞观之治"为唐王朝的长治久安奠定了基础。

在"为官择人""官在得人,不在员多"的思想指导下,唐朝的机构编制得到有效控制,彻底扭转了魏晋南北朝时期机构膨胀、冗员泛滥、十羊九牧的状况。唐朝的各级机构编制高度精练,为历代做了示范,并大多为历代所沿袭。机构编制精简的直接作用就是国家财政开支的减少,国家财政开支的减少使得人民赋税减轻,人民赋税的减轻直接带来的是社会经济的复苏与繁荣。正因如此,才有了贞观之治。"高祖、太宗之时,用物有节而易赡,水陆漕运,岁不过二十万石,故漕事简。"(4)对于整个中央财政来说,一年只有二十万石,应该说是比较少的。关中地区,包括洛阳地区,一直是北方的经济中心,从三国之后,经济中心开始南移。虽然经济中心南移了,但是政治中心一直还在北方。政治中心离不开经济中心作为支撑。封建经济是自然经济,自然经济的生产力是低下的,这就需要政府机构编制与封建生产力相适应。而隋朝之所以灭亡,就是自认为强大无比,不考虑百姓的经济承受力,朝廷大兴土木,百姓不堪重负,结果到处揭竿而起,隋文帝建立的比较合理的政府机构也因为隋炀帝的倒行逆施而很快灭亡。唐朝机构编制精简,政府官员比较少,这就大大减少了国家的财政开支,减轻了百姓的负担,也就为国家的长治久安提供了安全保障。

唐太宗去世之后,唐高宗即位,朝中大权逐渐转移到皇后武则天手中。公元683年，高宗去世，太子李显即位，武则天临朝称制。690年，武则天即位后改唐为周。武则天打击门阀士族，大量提拔庶族地主为官。在用人上不拘一格，既要求官员们推荐人才，又鼓励他们自荐，对于不称职的官员，则严惩不贷。

公元705年，宰相张柬之发动宫廷政变，逼武则天退位，让位于李显。中宗时期，吏治黑暗，纳贿卖官。在政局动荡不安的形势下，唐玄宗即位。玄宗采取了一系列措施巩固皇权，改革吏治，迎来了开元之治。唐玄宗在励精图治的同时，也埋下了祸根。本来庶族地主取代了豪门士族，有利于经济的发展，但是安史之乱后形成的藩镇割据成为唐王朝的重要威胁。“自唐兴以来，边帅皆用忠厚名臣，不久任，不遥领，不兼统，功名著者往往入为宰相。……及开元中，天子有吞四夷之志，为边将者十余年不易，始久任矣。”唐玄宗接受李林甫的建议，使用“胡人”为边帅，诸道节度使都成了“胡人”。安史之乱的爆发，使唐王朝从顶峰上跌落下来。“东周之地，久陷贼中，宫室焚烧，十不存一。百曹荒废，曾无尺椽，中间畿内，不满千户。井邑榛棘，豺狼所嗥。……人烟断绝，千里萧条。”(5)唐朝的财政原来不完全依赖江南，现在北方如此萧条，只有全部依赖江南，但是运河航运也因战争原因和藩镇的割据阻挠，多处无法连接。宝应元年(762)，唐代宗以通州节度使刘晏为户部侍郎兼京兆尹，进行改革。刘晏的改革主要是经济上的改革，希望恢复漕运，但是受到沿河藩镇的武力阻挠，问题一直没有得到很好解决。

唐玄宗统治后期宠信重用宦官，宦官不但干政，还监军，握有军权。得到皇帝宠信的宦官把持朝政，朝官则在皇帝的支持下进行反击。这种斗争又称南衙、北司之争(朝官衙门在南面皇城，宦官办事机构在北面宫城，故名)。永贞革新失败，宪宗被宦官杀死，宦官势力已达到皇帝无可奈何的地步。很多时候，皇帝成为典兵宦官的傀儡。想有所作为的皇帝不甘自己被宦官所包围控制，就利用朝臣诛杀宦官，但过不了多久，这些皇帝又离不开宦官，又落入宦官的控制之中。除了南衙北司权力斗争，还有牛僧孺与李德裕两党官僚集团之争。“牛李党争”又加剧了唐王朝局势的动荡和吏治黑暗。牛李两党之争，实际是门阀士族与寒门庶族在朝廷用人权上的斗争。这种争斗严重影响了国家权力机构的正常运行。最后，唐王朝在黄巢起义的打击下土崩瓦解。

唐朝中期以后的皇帝无法解决朝廷的权力斗争，也无法解决豪门士族残余，黄巢起义彻底解决了朝廷的权力斗争与宦官专权，同时将豪门士族横扫殆尽。

唐王朝在中国历史上是一个影响巨大的朝代。唐沿隋制，与隋相比，又多有创新，比较全面地继承发展和完善了专制主义中央集权的国家制度。唐朝使中国古代官制基本定型，中央政府机构的六部制从此成为封建国家政权机构的基本组织形式，并一直延续到清末。原来的职官体系中新出现的一些使职，掌握了中央和地方的大权。这种状况直接影响到了宋代的职官制度。

唐朝末年，藩镇割据势力进一步发展。到公元 907 年，唐朝灭亡后，在中原黄河流域一带，先后建立了后梁、后唐、后晋、后汉、后周五个朝代，史称“五代”。五代相继统治黄河流域的同时，在南方和河东地区，还先后建立了十个割据政权，史称这十个割据政权为“十国”。五代十国，是唐代安史之乱以后藩镇割据局面的延续和扩大。

后梁、后唐、后晋、后汉、后周五代凡 53 年(907—960)。后梁的建立者朱全忠，原来是黄巢农民起义军的将领。唐中和二年(882)，朱全忠叛变降唐后被任命为宣武节度使，成了藩镇。天祐四年(907)，朱全忠废掉唐哀帝自立，国号梁，建都开封，史称后梁，以区别于历史上南朝时期的梁朝。后梁建立后，朱全忠为争夺权力，与河东军阀沙陀贵族李克用长期混战。乾化二年(912)朱全忠被其子朱友珪杀死后，政局更为混乱。

后唐的建立者是河东军阀李克用的儿子李存勖。后梁龙德三年(923)十月，李存勖率兵攻灭后梁，建国号为唐，定都洛阳。李存勖称帝后重敛急征，致使四方饥馑，军士匮乏，不久发生兵变，其本人也死于流矢。其继任者李克用的养子李嗣源改其弊政，国家政治经济有一定起色，但后唐国内相互攻杀重起。后唐清泰三年(936)，河东节度使石敬瑭(沙陀人)以割让燕云十六州(今河北、山西的北部和内蒙古的一部分)、岁贡绢帛 30 万匹和认辽朝君主耶律德光为父皇帝等条件，取得辽兵的援助，推翻后唐，取得政权，国号为晋，迁都开封，史称后晋。石敬瑭称帝后，为入贡辽朝加紧了对人民的搜刮，稍不如意，契丹主就遣使斥责。石敬瑭死后，其侄石重贵即位，听从宰相景延广的建议，不向辽称臣，并准备武力抗击辽朝。947 年，辽兵攻入开封，晋亡。石敬瑭割让给辽国的燕云十六州，成为以后辽国南下攻略中原的基地，北方地区的广大人民因此而遭受了深重苦难。

当辽兵攻入开封时，后晋河东节度使刘知远(沙陀人)在晋阳(今山西太原)称帝。辽兵北退后，他又很快进入中原地区，在开封建都，改国号为汉，史称后汉。刘知远称帝不久便病死，其子刘承祐即位。刘承祐诛杀大臣，天雄节度使郭威起兵反抗，杀死刘承祐而亡后汉。

951 年，郭威在开封称帝，国号为周，是为后周。郭威出身贫家，知道民间疾苦，称帝后虚心纳谏，保持节俭生活。他吸取前面四朝过分信任藩镇武夫的教训，留心搜罗人才，重用文臣参与机谋，并留心革除弊政，社会生产得到了发展。954 年，郭威死去，养子柴荣继位，他就是历史上有名的周世宗。周世宗在郭威改革的基础上继续改革政治，发展生产，训练军队，并开始了统一全国的战争。周世宗的改革为全国统一奠定了基础。959 年,周世宗柴荣病死,大将赵匡胤乘即位君主年幼,发动兵变夺取政权,后周灭亡。

五代在不断交替的时候,各地藩镇骄横自重的局面没有多大改变,大多拥兵自重,成为一方诸侯。“五代之乱,朝廷威令不行;藩帅劫财之风,甚于盗贼,强夺枉杀,无复人理。李匡俦为晋军所败,遁沧州,随行辎重妓妾奴仆甚众,沧州卢彦威杀之于景州,尽取其赀。……成德节度使董温其为契丹所掳,其牙将秘琼杀其家而取其赀。琼为齐州防御使,道出于魏,范延光伏兵杀之,以戍卒误杀闻。后延光叛而又降,挈其帑归河阳,杨光远使子承勋推之堕水死,尽取其赀。杨光远后亦叛而复降,其故吏奚取其宝货名姬善马,献李守贞。”(6) 这些藩帅可以说是无情无义,心狠手辣,嗜财如命,一个个又都没有好下场。在这种情况下,北方百姓的遭遇也就可想而知。藩帅杀一帅,立一帅,如同儿戏,而且这些藩帅因为手中有军队,立帅为君成功概率很高。在拥帅立君频繁的情况下,那些被拥立为君的藩帅也是战战兢兢,随时担心手下的藩帅再立他人。所以,当赵匡胤黄袍加身之后,首先做的就是杯酒释兵权。

五代在黄河流域更迭的同时,在南方和河东地区先后存在的十个割据政权是:吴、南唐、前蜀、后蜀、吴越、楚、闽、南汉、南平和北汉。

吴国的开创者是杨行密。902 年,唐昭宗封当时任淮南节度使的杨行密为吴王,都扬州,占地 27 州,包括今江苏、安徽、河南的淮河以南地区,以及湖北东南部和江西全部。919 年,丞相徐温等奉杨行密的后继者杨溥为天子,国号大吴。吴政权实权受徐温控制。

937 年,吴丞相徐温养子徐知诰废吴皇帝杨溥自立,国号唐,建都金陵,史称“南唐”。徐知诰改姓名为李昪。其子李璟即位后东灭闽、西灭楚，占地30余州，广袤数千里，是南方最大的割据政权。到后主李煜时，南唐为北宋所灭。

前蜀的建立者是王建。903年，唐封当时的剑南节度使王建为蜀王，拥有西川、东川和汉中46州之地。907年，后梁建立后，王建在成都称帝，国号蜀。为区别于后蜀孟知祥所建蜀朝，史称前蜀。子王衍继位后，奢侈荒淫，刻剥人民，925年为后唐所灭。

后唐灭蜀后，任宗室至亲李克用的侄女婿孟知祥为剑南节度副大使，驻守成都，管理蜀之故地。孟知祥入成都后整顿吏治，减少苛捐杂税，生产有所发展，并攻占了东川。934年，在后唐接近尾声之际，孟知祥在成都称帝，国号仍用大蜀，史称后蜀。孟知祥死后，子孟昶继位。他夺取了后晋的凤州及秦、成、阶三州，疆域至此基本与前蜀相等。965年为宋所灭。

吴越的创建者为钱镠。因军功，钱镠被唐昭宗任命为镇海、镇东两军节度使，拥有两浙苏南13州之地。907年，后梁封钱镠为吴越王，都杭州，是独立的政权。吴越与吴、南唐相邻，统治区包括今浙江和江苏的太湖流域。这里生产发展，经济繁荣，吴越传至钱俶降宋。

楚的建立者是马殷。唐武安军节度使马殷割据湖南。907年，后梁封马殷为楚王，都于潭州（今湖南长沙），辖潭、沣、衡、道等20余州，统治区相当于今湖南省大部分及广西东北部广大地区。927年，后唐又封马殷为楚国王，中原各朝都对他进行笼络。马殷也极力结交中原各王朝以为外援，使邻国不敢侵犯。马殷死后，诸子纷争，951年被南唐所灭。

闽的创立者是王审知。王审知原为唐威武军节度使，据福州。907年，后梁封他为闽王，据有泉、汀等五州之地。王审知当政期间提倡节俭，奖励农业，开辟海港，建立学校，对促进福建地区经济文化发展起到了推动作用。王审知死后，闽内乱不休，945年被南唐所灭。

南汉为刘隐所建。刘隐原为唐清海军节度使，据广州一带。907 年，后梁封他为大彭郡王。其弟刘龑继位后扩大势力范围，据有广州及潮、容、邕、韶诸州，统治区域相当于今广东省全境和广西南部。917 年，刘龑称帝，建都广州，并于次年定国号汉，史称南汉。南汉君主奢侈残暴，971 年为宋朝所灭。

南平的建立者是高季兴。907 年，高季兴任后梁荆南节度使，924 年被后唐封为南平王，据有今湖北荆州、公安一带。963 年为北宋所灭。

北汉的建立者刘崇是后汉建立者刘知远的弟弟，北汉实际上是后汉政权的延续。951 年，郭威代汉后，刘崇因其子刘赟（新立后汉皇帝）被杀而迅速据有河东并、汾、忻、代等 12 州之地，并在太原称帝，仍用国号为汉，史称“北汉”。十国有九国在南方，只有北汉在山西。北汉虽土地贫瘠，百姓贫困，内供军国，外奉契丹，但仍延续至 979 年，被北宋灭亡。

十国政权几乎都是藩帅所立，即使北汉也是藩帅立国。虽然南方也是原来的藩帅立国，但是不像五代那样频繁、那样残忍，这就给农民的生产创造了便利条件，所以，五代十国虽然都源于诸侯藩帅争斗，但南方相比较来说，要比北方战乱少得多。但总体来说，五代十国时期是动荡、混乱的。武人在朝代更替和政权割据中是决定性的力量，军事行动在一定程度上是最重要的手段。此特点决定了该时期的官吏管理制度与机构编制带有以军事行动为中心的特点。

第二节　隋代中央机构编制

隋文帝杨坚即位之后，“改周之六官，其所制名，多依前代之法”[7]。隋文帝建立的隋朝，虽然是承继北周，但是果断废除了北周六官制度。隋文帝延续汉魏官制机构，在中央设置三师、三公等名誉职务。中央机构设置五省，即尚书省、内史省、门下省、秘书省、内侍省。在五省当中，最有职权的是尚书省、门下省、内史省（即中书省）。三省互相牵制，以利于皇帝最后集权。秘书省虽然地位很高，但不属于权力要害部门，内侍省则属于宦官服务机构。

隋代其他中央机构有御史台、都水台、太常寺、光禄寺、卫尉寺、宗正寺、太仆寺、大理寺、鸿胪寺、司农寺、太府寺、国子寺、将作寺等寺与左右卫、左右武卫、左右武侯、左右领、左右监门、左右领军等军事机构。

1. 尚书省

机构沿革

尚书省在东汉称尚书台，为决策和号令机构，但是东汉的尚书省只是中央机构之一，不是丞相机构。隋代的尚书省则是政务执行机构，“掌出纳王命，敷奏万机。令总统之”[8]。尚书省成为宰相机构。在南朝时，尚书省的下属机构有吏部、祠部、度支、左民、都官、五兵、起部七曹，北齐尚书省有殿中、吏部、祠部、度支、都官、五兵六曹。南北朝时各曹虽然叫法不一样，但其职能大致相同。比如南朝的吏部职掌在北齐分掌于吏部、殿中与都官。南朝的祠部职掌在北齐分掌于祠部与殿中曹。南朝的左民职掌在北齐则分在度支、祠部曹。南朝与北齐名称和职能最一致的就是五兵。隋文帝对于前代各部名称进行厘正，分别是吏部、礼部、兵部、都官、度支、工部。尚书省置令、左右仆射各一人，与吏部、礼部、兵部、都官、度支、工部尚书称为八座。左仆射判吏、礼、兵三部事，右仆射判度支、都官、工部三部事，是为六部制。六部尚书分掌全国政务，自隋定型。总之,隋代的尚书省是一个机构完整的中枢政务部门,与前代有重要区别。

机构职能

尚书省作为国家的政务行政机构,不但执行皇帝的各种谕旨,而且根据皇帝的谕旨向有关衙门提出贯彻落实的指示。尚书省的职能主要通过六部来落实。

尚书省六部内设机构有:吏部下设吏部、考功、司勋、主爵四司。礼部下设礼部、祠部、主客、膳部四司。兵部下设兵部、职方、驾部、库部四司。都官下设都官、刑部、比部、司门四司。度支下设度支、户部、金部、仓部四司。工部下设工部、屯田、虞部、水部四司。吏部、礼部、兵部、都官、度支、工部六司为头司,其他都是子司,共计二十四司。尚书省六部所属二十四司机构在隋代统一明确下来。

吏部。吏部司职掌文官阶品、朝集、禄赐告身与选补流外官,由郎中二人负责。员外郎二人,一人掌选院,检勘选人文书。吏部司在选曹之南,又称为"判南曹"。另一名员外郎掌本司日常事务,称为"判曹务"。考功司主掌文武百官的考核。司勋司主掌文官的勋级。主爵司主掌封爵。

礼部。礼部司协助尚书、侍郎职掌礼乐、学校、衣冠、符印、表疏、图书、册命、祥瑞、铺设与百官、宫人丧葬之礼。祠部司掌祭祀、享祭、天文、漏刻、国忌、庙讳、卜筮、医药、僧尼等政令。膳部司职掌陵庙祭品与祭具的规格制度,诸王以下常食、小食及藩客食宿安排。主客司掌各藩国朝聘、接待、赏赐事务。

兵部。兵部司职掌兵马名籍、武官阶品与选授。职方司职掌地图、城隍、镇戍、烽候、防人道路的远近与边地少数民族的归化。驾部司职掌舆辇、驿传、马牛、杂畜等簿籍政令。库部司职掌兵器、卤簿、仪仗政令。

度支。度支司职掌会计、课役与粮库。户部司职掌全国计帐、户籍及公私田宅租调。金部司职掌度量衡和诸库财物出入与会计核算。仓部司职掌各粮仓保管与进出库核算。

都官。都官司职掌俘隶簿录衣粮医药,办理狱囚的诉免。刑部司辅佐尚书、侍郎职掌律法,审核大理寺与全国所判刑名案件。比部司职掌内外赋敛、经费、俸禄、公廨、勋赐、赃赎、徒役、课程、逋欠之物与军资、械器、和籴、屯收所入。司门司掌门籍、关桥及道路、过所拦遗物事。

工部。工部司佐尚书、侍郎职掌城池土木工役程式。屯田司职掌全国屯田及在京文武官员的职田与公廨田。虞部司职掌京都衢巷、苑囿、山泽、草木及百官、藩客蔬菜柴草供应与狩猎。水部司职掌渡口、船舻、桥梁、堤堰、沟洫、捕鱼、漕运等事务。

六部二十四司职能在隋代明确下来,以后各代虽有变化,但是变化不大。

机构编制

尚书省设尚书令一人,正二品,左、右仆射从二品。

六部以尚书为主官,各部设尚书一人,正三品,各司设侍郎主持司务,员外郎为助手,侍郎正四品上,员外郎从五品。由于各个司职能不同,侍郎职数也不同。吏部司侍郎二人、员外郎二人,主爵司侍郎一人,司勋司侍郎二人,考功司侍郎一人。礼部司、祠部司侍郎各一人,主客司、膳部司侍郎各二人。兵部司、职方司侍郎各二人,驾部司、库部司侍郎各一人。都官部都官司侍郎二人,刑部司、比部司侍郎各一人,司门司侍郎二人。度支司、户部司侍郎各二人,金部司、仓部司侍郎各一人。工部司、屯田司侍郎各二人,虞部司、水部司侍郎各一人。各司共计三十六侍郎。各部除了侍郎,还有众多员外郎。隋炀帝即位后,改侍郎为六部尚书的副手,各司设郎为主官。每司增设曹郎各二人。都司郎各一人,品级同曹郎,掌都事之职。都事为正八品,分隶六尚书。诸司各设主事,令史则根据各曹任务情况而设,每十令史设一主事,不满十人的也设一人。

2. 门下省

机构沿革

“门下”原意是黄门之下,黄门为宫殿内殿之门。能够出入宫殿内殿之门的官员,都是传达皇帝圣旨的近臣。在这些官员中最有影响力的就是侍中。东汉末开始设置侍中寺,成为皇帝身边侍中的机构衙门。从晋代开始称门下省。南北朝时,皇帝为了限制中书省大权独揽,对于中书省发出的指令,皇帝都要征求身边侍中的意见,门下省又成为权重部门。门下省受到皇帝宠信,九卿地位卑落,九卿的很多职能划归门下省。

机构职能

门下省的主要职能就是纳王言,掌管封驳。炀帝将吏部所属的给事郎划归门下省,掌管审读奏案。门下省不但纳王言,而且管理宫廷内部事务。门下省有殿内、御府、尚食、尚药等局。

机构编制

门下省最高长官为纳言,二人,正三品;给事黄门侍郎四人,正四品上;散骑常侍、通直散骑常侍各四人,从三品;谏议大夫七人,正五品;散骑侍郎四人;员外散骑常侍六人;通直散骑侍郎四人,从五品;员外散骑侍郎二十人,正七品。奉朝请四十人,从七品下。录事、通事令史各六人,正九品;给事二十人。城门局校尉二人,直长四人。尚食局典御二人,直长四人,食医四人。尚药局典御二人,侍御医、直长各四人,医师四十人。符玺、御府、殿内局、监各二人,直长各四人。

3. 内史省

机构沿革

内史省即中书省。中书省始于曹魏，曹丕篡汉之后废除秘书令，置中书省，设中书监与中书令，典掌机密，撰拟诏敕。到了晋代，中书省的地位进一步提升，被称为“凤凰池”。南北朝时期，中书省仍然是掌管机要，而且兼管撰修国史、礼乐、判决疑案。为便于皇帝发布谕旨，中书省衙门一般设于内廷，中书省官员给人以内廷侍从的印象。正因如此，隋代将中书省改名为内史省。

机构职能

隋炀帝取消中书监与令，将中书省撰修国史的职能划归秘书省，将礼乐职能划归太常寺，将兼理疑案的职能划归大理寺，内史省专掌拟定诏令，成为纯粹的出令机构。内史省与门下省同掌机要，共议国政，并负责撰拟审查诏令，签署章奏，有封驳之权。

机构编制

内史省设内史监一人，正三品；内史令二人，正三品；内史侍郎（中书侍郎）四人，正四品下；舍人八人，正六品上；通事舍人十六人，从六品上；主书十人，从八品下；录事四人，正九品。

尚书令与内史令、门下省的侍中组成宰相班子。尚书令因为位尊权重，一般不授人，在隋代，只有杨素担任过尚书令，但隋文帝还对他疑心重重。这样，尚书省左、右仆射就成了宰相。宰相在一起参议国事，如果其他官员参加，需要有皇帝专门加给的官衔，比如隋炀帝时期的裴矩、裴蕴加衔“知政事”，与宰相们一起参议国政。

4. 秘书监

机构沿革

秘书监在东汉桓帝时期设立，主掌图书、古今文字、考核文字等事务。当时的秘书监属于太常寺的下属机构。曹魏设置秘书令,职能发生变化,职掌尚书奏事。魏文帝时改中书令,职掌机要,又设秘书监,职掌图书管理。隋代也设立秘书监。

机构职能

隋代的秘书监职能与曹魏秘书监相同,职掌国家图书、撰修国史与天文历法。秘书监直属机构有著作曹与太史曹。著作曹掌修国史,太史曹掌测验天文、考定历法。

机构编制

秘书监设监一人,正三品;秘书丞一人,正五品上;秘书郎四人,正七品下;校书郎十二人,正九品上。正字四人,正八品;录事二人,正八品。著作曹设郎二人,从五品;佐郎八人,校书郎二人,从六品。正字各二人。太史曹设令、丞各二人,司历二人,监候四人。其他还有历法、天文、漏刻、视祲博士与生员。

隋炀帝将秘书监降为从三品,增置少监一人,从四品,升著作郎为正五品,减校书郎为十人。改太史局为监,从五品,又减丞为一人。增加司辰师八人,监候十人。不久改太史监、少监为令、少令,升秘书郎为从五品,增加佐郎四人,从六品。增设儒林郎十人,正七品。文林郎二十人,从八品。校书郎员四十人,楷书郎员二十人,从九品。

5. 殿内省

机构沿革

隋文帝承北齐旧制,设置殿内监,隶属门下省。大业三年(607),将门下省的尚食、尚药、御府、殿内监诸局与太仆寺的车府、骅骝署分出,设立殿内省。隋代初期设立内侍省,是专门管理宦官的机构。内侍省下属机构有尚食、掖庭、宫闱、奚官、内仆、内府六局。设内侍、内常侍各二人,内给事四人,内谒者监六人,内寺伯二人，内谒者十二人，寺人六人，伺非八人。隋炀帝改内侍省为长秋监，设令、少令，都由士人担任，下属机构缩减为掖庭、宫闱、奚官三署。

机构职掌

殿内省职能为服务皇宫，主要人员都是宦官。

机构编制

殿内省置监一人，正四品。少监一人，从四品。丞一人，从五品。奉车都尉十二人，奉御二人，正五品。直长，正七品。尚食直长六人，尚药直长四人，尚衣直长四人，尚舍直长八人。除了直长，还有食医员、侍御医、司医、医佐员。尚乘局设左、右六闲，直长十四人，奉乘十人。尚辇直长四人，掌辇六人。城门设校尉一人，正五品，后改为城门郎四人，从六品。

6. 御史台

机构沿革

北魏侍御史和殿中侍御史“昼则外台受事，夜则番直内台”(9)，隋代沿袭了北魏的这一制度。隋将南北朝御史中丞改为御史大夫。隋炀帝即位之后废除御史宫中值班，让御史值宿外台。御史离开宫禁，成为独立的监察机构。隋炀帝又设立司隶台，与谒者台、御史台同为监察机构。以后撤销司隶台，只保留了司隶台的从事，也不常设。

机构职掌

御史台的职能是监察文武百官。这一职能在隋文帝执政时期得到较好的坚持，一些正直的御史不但敢于弹劾一般官员，还敢于对宰相进行弹劾。御史台还出巡监军。司隶台职掌巡察，监察京畿和郡县地方官员。别驾主察京畿，刺史主察地方。“一察品官以上理政能不。二察官人贪残害政。三察豪强奸猾，侵害下人，及田宅逾制，官司不能禁止者。四察水旱虫灾，不以实言，枉征赋役，及无灾妄蠲免者。五察部内贼盗，不能穷逐，隐而不申者。六察德行孝悌，茂才异行，隐不贡者。”[10] 每年二月，御史乘轺车巡查郡县，十月回朝上奏巡查情况。谒者台掌奉诏出使，持节按察，受冤枉而申奏之。御史台、司隶台、谒者台三管齐下，监督监察。

机构编制

御史台设御史大夫一人，从三品，大业五年(609)降为正四品。治书侍御史二人，从五品下；监察御史十六人，从七品；侍御史，正七品；殿内侍御史十二人，正八品下；主簿、录事员各二人，正八品下。

谒者台设大夫一人，从四品；司朝谒者二人，从五品；丞一人，主簿、录事各一人。通事谒者二十人，从六品，议郎二十四人，通直三十六人，将事谒者三十人，谒者七十人。以后撤销议郎、通直、将事谒者、谒者等员，设员外郎八十员，散骑郎，从五品，二十人。承议郎，正六品，通直郎，从六品，各三十人。宣德郎，正七品，宣义郎，从七品，各四十人。征事郎，正八品；将仕郎，从八品；常从郎，正九品；奉信郎，从九品，各五十人。这些郎均为在编正员，既有俸禄，也有官品。其他则为散员郎，无员无禄。

司隶台设大夫一人，正四品；别驾二人，从五品；刺史十四人，正六品；诸郡从事四十人，作为刺史的助手。丞，从六品；主簿，从八品；录事，从九品，各一人。

隋代中央机构御史台之下为九寺。这九寺分别是太常、光禄、卫尉、宗正、太仆、大理、鸿胪、司农、太府九寺。九寺与六部虽然没有行政上的隶属关系，但是九寺要接受六部的节制。

7. 太常寺

太常寺为礼仪机构，掌陵庙群祀、礼乐仪制，天文术数衣冠之属，主官为卿，正三品；少卿，正四品。其他属官有丞、五官、主簿、录事，另有博士四人、协律郎二人、奉礼郎十六人。太常寺下属机构有郊社、太庙、诸陵、太祝、衣冠、太乐、清商、鼓吹、太医、太卜、廪牺等署。每署设令一人。太乐、太医设令二人。每署设丞一人，郊社、太乐、鼓吹三署则设二人，郊社署设典瑞四人。太祝署设太祝二人。太乐署、清商署各有乐师员，太乐署八人，清商署二人。鼓吹署设哄师二人。太医署设主药二人，医师二百人，药园师二人，医博士二人，助教二人，按摩博士二人，祝禁博士二人等员。太卜署有卜师二十人，相师十人，男觋十六人，女巫八人，太卜博士、助教各二人。相博士、助教各一人。

太常寺因为掌管礼仪，而礼仪又为封建皇帝所注重，所以太常寺的职官设置也就显得比其他政府机构庞大，地位也高，为九寺之首。

8. **光禄寺**

光禄寺在汉代职能为守卫宫殿门户，到北齐职能增加，职掌膳食、帐幕、器物、宫殿门户，隋代的光禄寺则只管膳食。光禄寺设卿、少卿各一人，丞三人。光禄寺下属机构有太官、肴藏、良酝、掌醢等署。每署设令、太官三人，肴藏、良酝各二人，掌醢一人。丞、太官八人，肴藏、掌醢各二人，良酝四人。太官又有监膳十二人，良酝设掌酝五十人，掌醢设掌醢十人。

9. **卫尉寺**

卫尉寺负责宫廷的保卫。卫尉寺设卿、少卿各一人，丞二人。下属机构有公车、武库、守宫等署。每署设令，公车一人，武库、守宫各二人。丞，公车一人，武库二人。

10. **宗正寺**

宗正寺设卿、少卿各一人，丞二人，主簿二人，录事二人。宗正寺没有下属机构。隋代的宗正寺还不像清代地位那样尊贵，排在中央各个衙门的前头，隋代的宗正寺只排在卫尉寺的后面太仆寺的前面。

11. **太仆寺**

太仆寺负责车马备置。在太仆寺设置上，隋沿袭北齐制度，设卿一人，炀帝时增加少卿一人，这样，隋少卿二人，丞三人，录事二人，兽医博士一百二十人。太仆寺下设骅骝、乘黄、龙厩、车府、典牧、牛羊等署。骅骝、龙厩、典牧、牛羊署设令二人，乘黄、车府署一人。

12. **大理寺**

大理寺为中央最高审判机关。大理寺设卿、少卿各一人，丞二人，录事二人，正、监、评各一人，司直十人，律博士八人，明法二十人，狱掾八人。大理寺没有下属机构。

13. **鸿胪寺**

鸿胪寺职掌少数民族朝会与丧礼吊祭。鸿胪寺设卿、少卿各一人，丞二人。鸿胪寺下属机构有典客、司仪、崇玄三署。典客、司仪署设令二人，崇玄署设令一人。典客署设掌客十人，司仪署设掌仪二十人。

14. **司农寺**

司农寺职掌仓库、苑囿、屯田。司农寺设卿、少卿各一人，丞五人。司农寺下属机构有太仓、典农、平准、廪市、钩盾、华林、上林、导官等署。每署设令二人,钩盾、上林署设令三人,华林署设令一人。太仓署设米禀督二人,谷仓督四人,盐仓督二人,京市肆长四十人,导官署设御细仓督二人,曲面仓督二人。

15. **太府寺**

太府寺职掌财货贸易与营造器物。太府寺设卿、少卿各一人,丞六人。太府寺下属机构有左藏、左尚方、内尚方、右尚方、司染、右藏、黄藏、掌冶、甄官等署。每署设令二人,左、右尚方则四人,黄藏署一人。每署设丞四人,左尚署八人,右尚署六人,黄藏署一人。

隋代中央机构除去以上九寺还有五监。

16. **国子监**

晋代设国子学,属于太常寺。北齐国子学脱离太常,称国子寺。隋代初期也设立国子寺,隋炀帝改为国子监,作为国家教学工作的最高管理机构。国子监设祭酒一人。属官有主簿、录事各一人。下属机构有国子、太学、四门、书学、算学,各设博士,其中国子、太学、四门博士各五人,书学、算学各二人。助教,国子、太学、四门各五人,书学、算学各二人。

17. **少府监**

秦汉时期的少府掌山海池泽之藏,为皇宫的总务机构。魏晋时期少府的大部分职能划归殿中省与门下省。少府成为皇宫的制作加工厂。北魏改少府为太府寺,隋炀帝将太府寺的部分职能划出来设立少府监。少府监设监一人,从三品,少监一人,从四品。丞从五品,二人。下属机构有左尚、右尚、内尚、司织、司染、铠甲、弓弩、掌冶等署。不久改监、少监为令、少令。司织与司染合并为织染署，撤销铠甲、弓弩署。

18. **将作监**

隋代初年沿袭北齐旧制设立将作寺，开皇二十年(600)改为将作监。将作监职掌土木工程建设，设将作大匠一人，后改将作大匠为将作大监。丞、主簿、录事各二人。下属机构有左、右校署，设令各二人；丞，左校四人，右校三人；监作，左校十二人，右校八人。

19. **长秋监**

隋代前期设内侍省，隋炀帝改为长秋监，设令一人，正四品，少令一人，从五品，丞二人，正七品，并用士人。改内常侍为内承奉，设内承奉二人，正五品；给事改为内承直，编制四人，从五品，士人宦官兼用。原来内侍省下设尚食、掖庭、宫闱、奚官、内仆、内府等局。隋炀帝进行合并，设掖庭、宫闱、奚官等三署，并参用士人。长秋监设内侍二人，从四品上；内常侍各二人，正五品上；内给事四人；内谒者监六人；内寺伯二人；内谒者十二人；寺人六人；伺非八人。

20. **都水监**

隋初沿北齐旧制设立都水台，都水台长官为都水使者。隋炀帝改都水台为都水监，为水利管理机构。都水监设使者及丞各二人，参军三十人，河堤谒者六十人，录事二人。掌船局都水尉二人，分管诸津上津设尉一人，丞二人，中津设尉、丞各一人，下津设典作一人、津长四人。

总体来说，隋代的中央机构编制非常精简，无论是职官人数，还是服务皇宫的机构编制，都不是很多。隋代为唐代做出了榜样，唐代为历代做出了示范。

隋代中央机构编制简表

机构	职官	职能	编制	备注
尚书省	尚书令 尚书左右仆射	出纳王命、敷奏万机	1人 各1人	正二品 从二品
吏部	尚书 吏部司侍郎 主爵司侍郎 司勋司侍郎 考功司侍郎	职掌文官阶品、朝集、禄赐告身与选补流外官	1人 2人 1人 2人 1人	正三品
礼部	尚书 礼部司侍郎 祠部司侍郎 主客司侍郎 膳部司侍郎	掌礼乐、学校、衣冠、符印、表疏、图书、册命、祥瑞、铺设、百官、祭祀、享祭等政令	1人 1人 1人 2人 2人	正三品
兵部	尚书 兵部司侍郎 职方司侍郎 驾部司侍郎 库部司侍郎	兵马名籍、武官阶品与选授、地图、舆辇、驿传、兵器、卤簿、仪仗政令	1人 2人 2人 1人 1人	正三品
度支部	尚书 度支司侍郎 户部司侍郎 金部司侍郎 仓部司侍郎	会计、课役与粮库、计帐、户籍及公私田宅租调、度量衡和诸库财物出入与会计核算等	1人 2人 2人 1人 1人	正三品
都官部	尚书 刑部司侍郎 比部司侍郎 都官司侍郎 司门司侍郎	职掌律法,审核大理寺与全国所判刑名案件,俘隶簿录衣粮医药,办理狱囚的诉免等	1人 1人 1人 2人 2人	正三品
工部	尚书 工部司侍郎 屯田司侍郎 虞部司侍郎 水部司侍郎	职掌城池土木工役程式	1人 2人 2人 1人 1人	正三品

（续表）

机构	职官	职能	编制	备注
门下省	纳言 给事黄门侍郎 散骑常侍 通直散骑常侍 谏议大夫 散骑侍郎 员外散骑常侍 通直散骑侍郎 员外散骑侍郎	纳王言，掌管封驳	2人 4人 4人 4人 7人 4人 6人 4人 20人	正三品 正四品上 从三品 从三品 正五品
内史省	内史监 内史令 内史侍郎 舍人	掌机要，共议国政	1人 2人 4人 8人	正三品 正三品 正四品下 正六品上
秘书监	秘书监 少监 秘书丞	国家图书、撰修国史与天文历法	1人 1人 1人	隋炀帝置
御史台	御史大夫 治书侍御史 谒者台大夫 司朝谒者 司隶台大夫 别驾	监察文武百官	1人 2人 1人 2人 1人 2人	从三品，后降为正四品 从五品下 从四品 从五品 正四品 从五品
太常寺	太常寺卿 少卿	掌礼仪	1人 1人	
光禄寺	光禄寺卿 少卿 丞	掌膳食	1人 1人 3人	
卫尉寺	卫尉寺卿 少卿 丞	宫廷保卫	1人 1人 2人	

（续表）

机构	职官	职能	编制	备注
宗正寺	宗正寺卿 少卿 丞	掌宗室	1人 1人 2人	
太仆寺	太仆寺卿 少卿 丞	车马备置	1人 2人 3人	
大理寺	大理寺卿 少卿 丞	掌审理案件	1人 1人 2人	
鸿胪寺	鸿胪寺卿 少卿 丞	少数民族朝会与丧礼吊祭	1人 1人 2人	
司农寺	司农寺卿 少卿 丞	仓库、苑囿、屯田	1人 1人 5人	
太府寺	太府寺卿 少卿 丞	掌财货贸易与营造器物	1人 1人 6人	
五监（略）				

第三节　隋代地方机构编制

南北朝各朝地方机构极为紊乱，机构重叠，名目滥立。尤其是南朝，置有侨州、侨县，往往是“或地无百里，数县并置；或户不满千，二郡分领”，民少官多、十羊九牧的状况导致国家资财的大量耗费。针对这种情况，隋文帝对地方政权的设置进行了大规模的调整。开皇三年（583），隋文帝下令废除郡级地方行政机构，改为州、县两级制，合并州县，裁汰了一大批冗官，节约了政府开支，提高了行政效率。在隋朝建立之初,全国共有州 201 个、郡 508 个、县 1124 个。当隋炀帝大业三年(607)改州为郡的时候,全国有郡 190 个,县 1255 个。这样的改革合并举措是需要很大气魄来完成的。原先州、郡两级合起来是 709 个,现在一下子缩减为 190 个,如果没有对国家负责、对老百姓负责的精神,是很难进行如此大刀阔斧的改革的。这种改革合并与南北朝的"十羊九牧"以及后来的机构滥设相比,更符合历史发展趋势。隋朝之所以能进行如此改革,关键在于乘改朝换代的东风。

隋朝地方行政体制改革不仅是要减少州、郡数量,还减少州、郡官吏数额。隋朝规定,九品以上僚佐,州、县长官不得自行聘用,改由中央任命,吏部考核。当然,隋朝还允许州、县长官在国家核定的正式职官编制内,自聘部分属吏。但对于自行聘用的属吏也进行数额限制。隋朝的地方机构改革是在隋文帝主持下进行的,隋炀帝继续完成了隋文帝的改革。隋炀帝虽然在历史上备受争议,但他在地方机构改革上功不可没,后代大都无法比拟。

在州(郡)县两级管理体制的基础上,隋代又设立了派出机构——行台尚书省,简称行台省,凡是辖区内的州(郡)县长官都受其节制。行台省的主官是尚书令,次官为仆射。行台省尚书令一般都由亲王担任。行台重要属官有尚书左、右丞与诸曹侍郎。

1. **雍州**

雍州为特殊建置,设牧。雍州牧属官有别驾、赞务、州都、郡正、主簿、录事、西曹书佐、金曹、户曹、兵曹、法曹、士曹从事以及部郡从事、武猛从事等员与佐史。整个雍州衙门官员与胥吏共计五百二十四人。

2. **京兆郡**

京兆郡为京畿,尹为郡最高长官。属官有丞、正、功曹、主簿、金、户、兵、法、士等曹佐与佐史等，共计二百四十四人。

京兆郡所辖大兴、长安为京县，在机构编制上与其他县有所不同，县长官为令，属官有丞、正、功曹、主簿、西曹、金曹、户曹、兵曹、法曹、士曹与佐史，县衙门共计一百四十七人。

隋初州、县各分为九等，如州有上上州、下下州等，后改州、县为上、中、下三等。根据各个州、县的等级不同，其机构编制也有区别。

上上州设州刺史一人，属官有长史、司马、录事参军事、功曹、户、兵等曹参军事，法、士曹等行参军、典签、光初主簿、郡正、主簿、西曹书佐、祭酒从事、部郡从事、仓督、市令、丞与佐史等。各种职官共计三百二十三人。

上中州与上上州职官相同，但是属官编制减少十二人，共计三百一十一人。上下州与上中州相比，减去十六人，属官编制为二百九十五人。中上州与上下州相比减去二十九人，属官编制为二百六十六人。中中州机构编制与中上州相比减去二十人，属官编制为二百四十六人。中下州机构编制与中中州相比减二十人，属官编制为二百二十六人。下上州机构编制与中下州相比减三十二人，属官编制为一百九十四人。下中州机构编制与下上州相比减去十五人，属官编制为一百七十九人。下下州机构编制与下中州相比，减去十二人，属官编制为一百六十七人。

隋炀帝改州为郡后，郡设太守，属官有丞、尉、正、光初功曹、光初主簿、县正、功曹、主簿、西曹，金、户、兵、法、士曹与市令等员以及佐史。一郡最高编制为一百四十六人。这较上上州的三百二十三人，减少职官编制一百七十七人，一下子减去一半还要多，比下下州的属官编制一百六十七人还要少二十一人。上中郡机构编制与上上郡相比，属官减少五人，是一百四十一人。上下郡机构编制与上中郡相比减少四人，是一百三十七人。中上郡机构编制与上中郡相比减少十九人,属官编制是一百二十二人。中中郡机构编制与中上郡相比减少十人,属官编制为一百一十二人。中下郡机构编制与中中郡相比减少五人,属官编制为一百零七人。下上郡机构编制与中下郡相比减少十九人,属官编制为八十八人。下中郡机构编制与下上郡相比减少五人,属官编制为八十三人。下下郡机构编制与下中郡相比减少六人,属官编制为七十七人。

隋代县设县令,为一县最高行政长官。属官有丞、尉、正、光初功曹、光初主簿、功曹、主簿、西曹,金、户、兵、法、士等曹佐与市令胥吏等。上等县属官编制共计九十九人。上等县的编制比下下郡还多二十二人。上中县机构编制与上上县相比,属吏减少四人,属吏编制为九十五人。上下县机构编制与上中县相比减少五人,属吏编制为九十人。中上县机构编制与上下县相比减少十人,属吏编制为八十人。中中县机构编制与中上县相比减少五人,属吏编制为七十五人。中下县机构编制与中中县相比减少五人,属吏编制为七十人。下上县机构编制与中下县相比减少十二人,属吏编制为五十八人。下中县机构编制与下上县相比减少六人,属吏编制为五十二人。下下县机构编制与下中县相比减少五人,属吏编制为四十七人。这样的机构编制是值得我们去深思的。

总体来说,隋代无论是中央机构编制还是地方机构编制,较南北朝都是巨大的进步。隋代的机构编制厘正为以后的朝代开了一个好头,各个朝代基本上都能像隋代那样,无论是在中央机构编制还是地方机构编制上,都能遵循精简的原则。隋代的机构编制为唐代所因循并被历代所沿袭。

第四节 唐代中央机构编制

同汉承秦制一样,唐代也是沿袭隋制。“唐之官制,其名号禄秩虽因时增损,而大抵皆沿隋故。”(11) 在隋朝官制的基础上,唐朝建立了一套由三省、六部、九寺、五监组成的机构编制体系。到了后期,又建立了“使职差遣”制度。使职差遣本来是朝廷为了某项工作而临时安排官员,以后发展成为一种制度,并且剥夺了中央某些部门的权力,伴随使职差遣制度产生的便是赫赫有名的节度使。节度使成为一方诸侯,成为危害唐朝中央安全的藩镇。

唐代的三省是中书省、门下省、尚书省。中书掌草拟诏令,门下掌审查、封驳,尚书掌贯彻执行。这就是说中书省、门下省是决策机构,尚书省是执行机构。在三省中,中书省与门下省关系最为密切,它们合称“北省”,而尚书省称为“南省”。南北之分固然以其治所的地方不同而来(高宗时为便于处理政务,将中书、门下二省从皇城迁进大明宫内,而尚书省仍在皇城内,由于皇城在大明宫西南方向,故通常称尚书省为“南省”,中书、门下为“北省”),但主要因其在中枢机构中的不同作用而有区别。三省长官均为宰相,但是因为李世民曾经担任过尚书令,所以,大臣们谁也不敢担任尚书令,这样就以尚书左、右仆射为尚书省最高长官,左、右仆射就成了宰相。杜淹以吏部尚书参议朝政,魏徵以秘书监参与朝政,因为他们的职务不是宰相,专门给他们加上“参议得失”和“参知政事”的名称就成了宰相。仆射李靖本来是宰相,因为有病要求辞职,唐太宗让他三两天去中书门下一次“平章事”,于是,宰相又有“平章事”的名称。李勣官职是太子詹事,皇帝让他参与宰相政务,给他加了一个“同中书门下三品”,意思是等同侍中、中书令,于是,“同中书门下三品”也成了宰相。以后又有“同中书门下平章事”的名称。宰相的办公机构是政事堂。最初三省长官议事的政事堂在门下省,裴炎由门下侍中迁任中书令,于是将政事堂又设在中书省。

唐代宰相办公衙门为政事堂,政事堂与秦汉的丞相府又不一样。不像秦汉的丞相制，丞相只有一人，唐代的宰相是群相制，可以是多人，由几个衙门的长官组成。这就决定了宰相编制的不固定性，今天三人，明天可能就是四人，甚至五人。作为宰相的办公机构政事堂，在这个时期是在门下省，到另一个时期就到了中书省。政事堂内设机构有：吏房、枢机房、兵房、户房、刑礼五房，分曹以主众务。

1. 中书省

机构沿革

前面提到，中书省在曹魏时期就已经出现，当时还不是显赫衙门，但很快就成为中枢权势机构。之所以如此，是因为中书省是内廷机构，掌管机要，直接接触皇帝，皇帝的谕旨都是通过中书省发出。隋代，将中书省改为内史省，职能并没有变化。唐武德三年(620)将内史省改为中书省，长官称中书令，龙朔年间改称西台，长官称西台右相，光宅年间改为凤阁，长官称内史令，开元初年称紫微省，长官称紫微令，不久又改为中书省，长官称中书令。唐代的中书省分为中书外省和内省。衙门设在宫内的称内省，位于宣政殿西侧，设在外朝的，称之为外省。

机构职能

中书省中书令“掌佐天子执大政，而总判省事”(12)。中书省掌制令决策，门下省掌封驳审议。凡军国大政，必由中书省定策，草为诏敕，交门下省审议覆奏，然后才交尚书省颁布执行。各级衙门上奏皇帝的大事也都由中书令呈交皇帝审批。《新唐书》对于中书省的职能作了详细的记载：“凡王言之制有七：一曰册书，立皇后、皇太子，封诸王，临轩册命则用之；二曰制书，大赏罚、赦宥虑囚、大除授则用之；三曰慰劳制书，褒勉赞劳则用之；四曰发敕，废置州县、增减官吏、发兵、除免官爵、授六品以上官则用之；五曰敕旨，百官奏请施行则用之;六曰论事敕书,戒约臣下则用之;七曰敕牒,随事承制,不易于旧则用之。皆宣署申覆,然后行焉。大祭祀,则相礼;亲征纂严,则戒饬百官;临轩册命,则读册;若命于朝,则宣授而已;册太子,则授玺绶。凡制诏文章献纳,以授记事之官。"中书省所管之事都是朝廷大事。侍郎为中书省副长官,中书舍人负责起草诏书,其中由一名资格最老的判本省杂事,也就是主持工作,称之为阁老。由一人专门起草皇帝的诏书,称之为知制诰。知制诰可以列席宰相会议,充当记录员,允许在政事堂就餐。如果不是中书舍人而是其他官员兼职起草诏书,则称兼知制诰。为了及时起草诏书,中书舍人都在中书省轮流值班。有时候中书舍人不直接起草,而是口授或者拟草稿,由主书代笔。中书舍人还参议表章,辅助宰相判案。同时还根据每人的分工负责一部的奏报,称之为分押尚书六曹。

中书舍人还有其他职能:"大朝会,诸方起居,则受其表状;大捷、祥瑞、百僚表贺亦如之。册命大臣,则使持节读册命;将帅有功及大宾客,则劳问。与给事中及御史三司鞫冤滞。"

机构编制

中书省设中书令二人,正二品。侍郎二人,正三品。舍人六人,正五品上。主书四人,从七品上。主事四人,从八品下。令史二十五人,书令史五十人,能书四人,蕃书译语十人,乘驿二十人,传制十人,亭长十八人,掌固二十四人,装制敕匠一人,修补制敕匠五十人,掌函、掌案各二十人。右散骑常侍二人,正三品下。右谏议大夫四人,正四品下。右补阙六人,从七品上。右拾遗六人,从八品上。起居舍人二人,从六品上。楷书手四人,典二人。通事舍人十六人,从六品上。令史十人,典谒十人,亭长十八人,掌固二十四人。

中书省还有直属机构集贤殿书院与史馆。

1－1. 集贤殿书院

机构沿革

太宗即位以后，非常重视知识分子，命京官五品以上的，轮流在中书、门下两省住宿值班，以备随时请教疑难问题。永徽中期，命弘文馆学士一人，每日待制武德殿西门，以备询问。文明元年（684），诏京官五品以上没有实职的清官，每天由一人待制章善门和明福门。先天末年，又命朝集使六品以上二人，随仗待制。在永泰年间，很多勋臣被免去节度使职务，都待制于集贤门，有十三人。开元五年（717），唐玄宗在乾元殿组织编写四部书，设乾元院使，置刊正官四人，以一人判事；押院中使一人，掌出入宣奏，领中官监守院门。知书官八人，分掌四库书。开元六年（718），乾元院更名丽正修书院，设院使及检校官，改修书官为丽正殿直学士。开元八年（720），增加文学直学士与修撰、校理、刊正、校勘官。开元十一年（723），置丽正院修书学士。开元十三年（725），改丽正修书院为集贤殿书院。集贤院五品以上为学士，六品以下为直学士。集贤院由宰相一人兼任学士知院事，常侍一人为副知院事。

机构职能

书院职掌“刊缉经籍。凡图书遗逸、贤才隐滞，则承旨以求之。谋虑可施于时，著述可行于世者，考其学术以闻。凡承旨撰集文章、校理经籍，月终则进课于内，岁终则考最于外”[(13)]。

机构编制

集贤院设学士、直学士、侍读学士、修撰官等官。集贤院各个时期的职官变化较大，很多时候安置了一批没有职务的高官。除了以上职官，还有校书四人，正九品下。正字二人，从九品上。中使一人，孔目官一人，专知御书检讨八人，知书官八人，书直、写御书手九十人，画直六人，装书直十四人，造笔直四人，拓书六人，典四人，判院一人，押院中使一人。集贤殿书院可谓一个庞大的创作机构。

1－2. 史馆

史馆职掌撰修国史。史馆于贞观三年(629)设立,归门下省,以宰相莅修撰。开元二十年(732),李林甫以宰相监修国史,将史馆移交中书省。史馆设修撰四人,或由高官兼任,或由写作水平很高的官员学者担任。下设令史二人,楷书十二人,写国史楷书十八人,楷书手二十五人,典书二人,亭长二人,掌固四人,熟纸匠六人。

2. 门下省

机构沿革

武德初年,唐沿隋制设立门下省,主掌封驳,长官称侍中。武德元年(618)改侍中为纳言,三年改称侍中。龙朔二年(662)改为东台,长官称左相,咸亨元年(670)改为门下省,长官称侍中,武后光宅元年(684)改为鸾台,长官称纳言,神龙初年改为侍中。

机构职掌

《唐六典》卷八《门下省》对侍中的职掌作了这样的规定:"掌出纳帝命,缉熙皇极,总典吏职,赞相礼仪,以和万邦,以弼庶务,所谓佐天子而统大政者也。"《新唐书·百官二》对门下省的职能更作了详细记载:"掌出纳帝命,相礼仪。凡国家之务,与中书令参总,而颛判省事。下之通上,其制有六:一曰奏钞,以支度国用,授六品以下官,断流以下罪及除免官用之;二曰奏弹;三曰露布;四曰议;五曰表;六曰状。自露布以上乃审,其余覆奏,画制可而授尚书省。行幸,则负宝以从,版奏中严、外办;还宫,则请降辂、解严。皇帝斋,则请就斋室;将奠,则奉玉、币;盥,则奉匜、取盘,酌罍水,赞洗;酌泛齐,受虚爵,进福酒,皆左右其仪。飨宗庙,进瓒而赞酌郁酒;既祼,赞酌醴齐。籍田,则奉耒。四夷朝见,则承诏劳问。临轩命使册皇后、皇太子,则承诏降宣命。慰问、聘召,则莅封题。发驿遣使,则给鱼符。凡官爵废置、刑政损益,授之史官;既书,复莅其记注。职事官六品以下进拟,则审其称否而进退之。”

侍中作为宰相,权力不谓不大,其职能集中体现在封驳二字上。封就是封还皇帝的圣旨,如果认为皇帝的圣旨有不妥之处,就封还中书省重拟。驳就是驳正大臣们的奏章,对于不合适的奏章逐一进行驳正。具体负责的就是给事中。无论是中书省还是门下省都有谏官,职能就是进谏。谏官有散骑常侍和谏议大夫、补阙、拾遗,都是官分左右,左属门下省,右属中书省。为了便于谏官进行工作,唐太宗规定:“中书门下及三品以上入内平章国计,必使谏官随入,得闻政事。”(14) 所以谏官有权参与政事。谏官参与政事,一是在廷议的时候当面直言得失。二是上封事,书面陈述朝政得失。谏官上封事不得联合署名,而且要求每月都要上封事。门下省还负责皇帝的起居记录与朝廷会议记录,门下省负责此项工作的是起居郎,中书省负责此工作的是起居舍人。“掌录天子起居法度。天子御正殿,则郎居左,舍人居右。有命,俯陛以听,退而书之,季终以授史官。贞观初,以给事中、谏议大夫兼知起居注,或知起居事。每仗下,议政事,起居郎一人执笔记录于前,史官随之。其后,复置起居舍人,分侍左右,秉笔随宰相入殿;若仗在紫宸内阁,则夹香案分立殿下,直第二螭首,和墨濡笔,皆即坳处,时号螭头。”(15) 门下省还负责掌管各种大印和符节,具体管理的是符宝郎。

机构编制

门下省设侍中二人,正二品。门下侍郎二人,正三品。左散骑常侍二人,正三品下。左谏议大夫四人,正四品下。给事中四人,正五品上。录事四人,从七品上。主事四人,从八品下。令史二十二人,书令史四十三人,甲库令史十三人,能书一人,传制二人,亭长六人,掌固十四人,修补制敕匠五人,装潢一人。起居郎领令史三人，赞者六人。左补阙六人，从七品上。左拾遗六人，从八品上。典仪二人，从九品下。城门郎四人，从六品上。有令史二人，书令史二人。符宝郎四人，从六品上。有令史二人，书令史三人，主宝二人，主符四人，主节四人。

2－1. 弘文馆

弘文馆为门下省直属机构，设立于武德四年（621），最初名字叫修文馆，武德九年改为弘文馆。弘文馆设学士。贞观元年，下诏京官职事五品以上喜欢读书者二十四人，在弘文馆学习深造，由禁中学问高深者进行教授，以后又设讲经博士。弘文馆就成了培养人才的地方。武则天执政后，以宰相兼领馆务，号馆主，另有一给事中判馆事。神龙元年（705），为避孝敬皇帝名讳，改弘文馆为昭文馆，第二年改为修文馆。开元七年改为弘文馆。弘文馆设学士（五品以上官员）、直学士（六品以下官员）、文学直馆等，都由他官兼任。校书郎二人，从九品上，掌校理典籍、刊正错谬。令史二人，楷书十二人，供进笔二人，典书二人，拓书手三人，笔匠三人，熟纸装潢匠八人，亭长二人，掌固四人。

3. 尚书省

机构沿革

秦时就有了尚书的名称。“少府遣吏四人在殿中，主发书，谓之尚书。”(16) 尚是主的意思。汉武帝时称中书，由宦者担任。汉成帝建始四年（前29）取消中书宦者，又设尚书五人，一人为仆射，四人分为四曹，掌管图书、秘记、章奏与封奏。《通典》引李固语：“陛下之有尚书，犹天之有北斗也。斗为天喉舌，尚书亦为陛下喉舌。斗斟酌元气，运平四时；尚书出纳王命，赋政四海。”隋朝沿袭南北朝旧制，设尚书省。唐沿隋制，在长安承天门大街东侧设尚书省。因为尚书省在中书、门下省之南，故称南省。尚书省的名称在唐代发生了几次变化，龙朔年间改称中台，咸亨年间又恢复尚书省。光宅年间改称文昌台、都台，神龙时期恢复为尚书省。尚书省虽然名称发生变化，但其职能没有变化。

机构职掌

尚书省是唐代行政中枢执行机构，中书、门下两省下发的敕令都由尚书省直接下发中央各个衙门及地方衙门，或者将敕令再制定出贯彻意见下发各个衙门执行。对于中央各个衙门以及地方衙门所奏获得敕令批准的文件则进行评定，有没有推广落实的可能性，如果不妥，奏请皇帝批准再实行。

尚书省不但有都省衙门，还有六部衙门，机构众多，人员庞大，为了提高办事效率，实行合署办公。尚书都省尚书令、左右仆射、左右丞的办公场所，称为都堂。都堂设左右司，左边有吏部、户部、礼部三司，归左司管辖；右边有兵部、刑部、工部，归右司管辖。左右司的职能就是勾稽各个衙门的公文，对于各类公文的签发与核检都有时间规定要求。左右司不但勾稽本省公文，对于全国各个衙门的公文也都有勾检之责。可以说，尚书都省是国家行政机关的总汇。

机构编制

尚书省设尚书令一人，正二品。左、右仆射各一人，从二品。左丞一人，正四品上；右丞一人，正四品下。各部郎中各一人，从五品上。员外郎各一人，从六品上。都事各六人，从七品上。主事各六人，从八品下。胥吏编制：令史各十八人，书令史各三十六人，亭长各六人，掌固各十四人。

因为唐太宗担任过尚书令，无人敢再任此职，尚书省左、右仆射就成了宰相。但到了后期，由于尚书省是政令执行机关，渐渐被排除在宰相序列之外。尚书左、右仆射不能以宰相身份参决政务，尚书省六部又各有尚书主持工作，尚书省左、右仆射也就成了安排退休宰相或老臣的闲职。

尚书省下属直属机关为六部，尚书省的工作职能主要通过六部来实行。

隋代的六部顺序为吏部、礼部、兵部、都官、度支、工部，不久将度支改为民部，都官改为刑部。唐初武德年间，根据《武德令》，六部的顺序是：吏部、礼部、兵部、民部、刑部、工部。贞观年间，根据《贞观令》，六部的顺序是吏部、礼部、民部、兵部、刑部、工部。到唐高宗时为避唐太宗的名讳，改民部为户部。武则天光宅元年(684)，按照《周礼》六官制定的六部顺序是吏部、户部、礼部、兵部、刑部、工部。武则天所确立的六部顺序在后来多数朝代没有变化，但是在清代发生了变化，礼部跃居户部前面。越是进入封建社会的末期，封建礼制也越被重视，尽管对国家的进步没有用处，地位却越来越重要。从六部顺序的变化可以看到，变化不大的是吏部与工部。吏部因为管官，被称为天官，吏部的官员地位也比其他部要高，吏部尚书可以是宰相，吏部侍郎也比其他五部侍郎高一级。吏部侍郎是正四品上，其他五部侍郎是正四品下。光宅元年(684)，改吏部为天官。从唐代开始，吏部又有了天官的称号，并在戏剧舞台上一直被沿用。天官这一称号不仅反映了其地位高，同时反映了其职能的重要。封建经济一直是自然经济，不重视商业、手工业，所以管工的工部也就一直是殿军。整个六部共有二十四司，每个部四个司，每司的第一司为子司。

3－1. 吏部

机构沿革

唐代吏部名称多有变化，在龙朔年间改为司列，咸亨年间又改称吏部，光宅年间改称天官，神龙年间恢复吏部。天宝年间改为文部，至德年间恢复吏部。在开元以前，科举考试由吏部主持，开元二十四年(736)移交礼部。

机构职掌

吏部"掌天下官吏选授、勋封、考课之政令"[17]，国家关于职官铨选之典，封爵册勋之制，权衡殿最之法，都归其管辖。吏部下设吏部、司封、司勋、考功四司，掌管全国文官的选授、勋封、考课等。唐代一般三品以上官员由皇帝亲自任命，五品以上由宰相提名请皇帝批准，六品以下官员由吏部根据其资历、功劳、才能、德行、言辞、书判、身材等诸方面的优劣"注拟"，并报门下省审复后授于职务。吏部司为二十四司第一司，称为子司，掌文官阶品、朝集、禄赐、给假告身与流外官的选用。该司有两个郎中具体负责司内业务，一人主持文官阶品、朝集、禄赐、给假告身与流外官事务，因为单位在选曹南面，故称之为"判南曹"，另一位郎中则主管司内本身的内部事务，称之为"判曹务"。司封司在各个时期名称变化不一，隋唐初期称主爵，龙朔年间称司封，咸亨年间称主爵，垂拱年间又改为司封，神龙年间改称主爵，到开元年间恢复司封，一直未改。司封司主管封爵、朝会、赐予事务。司勋司主掌文官勋级事宜。考功司掌管文武百官的考核。

机构编制

吏部设尚书一人，正三品；侍郎二人，正四品上。各司设郎中一至二人，正五品上；员外郎二人，从六品上。考功司郎中、员外郎各一人。吏部司主事四人，司封司主事二人，司勋司主事四人，考功司主事三人，从九品上。吏部胥吏编制：吏部司令史三十人，书令史六十人，制书令史十四人，甲库令史十一人，亭长八人，掌固十二人；司封司令史四人，书令史九人，掌固四人；司勋司令史三十三人，书令史六十七人，掌固四人；考功司令史十五人，书令史三十人，掌固四人。

3 -2. **户部**

机构沿革

隋代户部的名称为度支部，不久改度支为民部，唐显庆年间改称度支,龙朔年间称司元,咸亨年间称度支,光宅年间称地官,唐高宗时期为户部。随着部名称的改变,其司名称也随着发生变化。

机构职能

户部“掌天下土地、人民、钱谷之政、贡赋之差”。户部为子司,“掌户口、土田、赋役、贡献、蠲免、优复、姻婚、继嗣之事,以男女之黄、小、中、丁、老为之帐籍,以永业、口分、园宅均其土田,以租、庸、调敛其物,以九等定天下之户”(18)。度支司“掌天下租赋、物产丰约之宜、水陆道涂之利,岁计所出而支调之,以近及远,与中书门下议定乃奏”。金部司掌“天下库藏出纳、权衡度量之数,两京市、互市、和市、宫市交易之事,百官、军镇、蕃客之赐,及给宫人、王妃、官奴婢衣服”,同时兼管两京(京兆、河南尹)市场交易。仓部司掌管“天下库储,出纳租税、禄粮、仓廪之事。以木契百,合诸司出给之数,以义仓、常平仓备凶年,平谷价”。

机构编制

户部设尚书一人,正三品;侍郎二人,正四品下。各司设郎中、员外郎一至二人。郎中,正五品上;员外郎从六品上。户部司巡官二人,主事四人,从九品上。度支司主事二人,从九品上。金部司主事三人,从九品上。仓部司主事三人,从九品上。户部胥吏编制:户部司令史十七人,书令史三十四人,计史一人,亭长六人,掌固十人;度支司令史十六人,书令史三十三人,计史一人,掌固四人;金部司令史十人,书令史二十一人,计史一人,掌固四人;仓部司令史十二人,书令史二十三人,计史一人,掌固四人。

3 -3. **礼部**

机构沿革

唐沿隋制,六部之中就有礼部。礼部龙朔年间改称司礼,咸亨年间恢复礼部,光宅年间称春官,神龙年间恢复礼部名称。

机构职能

礼部掌全国礼仪、祭祀、教育与贡举政务。礼部司为子司,“掌礼乐、学校、衣冠、符印、表疏、图书、册命、祥瑞、铺设,及百官、宫人丧葬赠赙之数”;祠部司“掌祠祀、享祭、天文、漏刻、国忌、庙讳、卜筮、医药、僧尼之事”(19);膳部司掌陵庙祭品与祭具的规格以及诸王与蕃客住宿食物的供应等事务;主客司掌前朝后裔(主要是隋杨氏与北周宇文氏)与各藩国朝聘、接待、给赐事务。同时,本来由吏部考功员外郎主持的科举考试,后来因嫌其地位太轻,改由礼部侍郎专职主持考试。

机构编制

礼部设尚书一人,正三品;侍郎一人,正四品下。郎中,正五品上;员外郎,从六品上,每司各一人。礼部司主事二人,祠部司主事二人,膳部司主事二人,主客司主事二人,都是从九品上。胥吏编制:礼部司令史五人,书令史十一人,亭长六人,掌固八人;祠部司令史六人,书令史十三人,掌固四人;膳部司令史五人,书令史十一人,亭长六人,掌固八人;主客司令史四人,书令史九人,掌固四人。

3-4. **兵部**

机构沿革

兵部沿隋制而设,在龙朔年间改为司戎,咸亨年间又恢复兵部。光宅年间改称夏官,神龙年间恢复兵部。天宝年间称武部,至德年间恢复兵部。

机构职能

兵部掌武选、地图、车马、甲械之政。凡是将军出征,祭告太庙,授予斧钺;如果军不从令,大将专决,出征归来,上报其罪。凡是发兵,降敕书于尚书,尚书下文符。兵部设郎中二人,一人“判帐及武官阶品、卫府众寡、校考、给告身之事”;一人“判簿及军戎调遣之名数,朝集、禄赐、假告之常”。员外郎一人掌管贡举与兵部内部事务,一人判南曹,掌管岁选解状,则核簿书、资历、考课。郎中与员外郎都是尚书、侍郎的副手。兵部司作为子司,掌兵马名籍、武官阶品与选授。职方司掌地图、城隍、镇戍、烽候、防人道路远近及周边少数民族归化之事。驾部司掌舆辇、车乘、传驿、厩牧马牛杂畜等簿籍。库部司掌戎器、卤簿、仪仗事务。[20]

机构编制

兵部设尚书一人,正三品;侍郎二人,正四品下。各司设郎中、员外郎一至二人。郎中,正五品上;员外郎从六品上。职方司、驾部司、库部司郎中、员外郎各一人,兵部司主事四人,职方司主事二人,驾部司主事二人,库部司主事二人,都是从九品上。胥吏编制:兵部司令史三十人,书令史六十人,制书令史十三人,甲库令史十二人,亭长八人,掌固十二人;职方司令史四人,书令史九人,掌固四人;驾部司令史十人,书令史二十四人,掌固四人;库部司令史七人,书令史十五人,掌固四人。

3－5. **刑部**

机构沿革

刑部在龙朔年间改称司刑,咸亨年间恢复刑部,光宅年间改称秋官,神龙年间恢复刑部,天宝年间改称宪部,至德年间恢复刑部。

机构职掌

刑部掌律令、刑法、徒隶、按覆谳禁政务。刑部司为子司,辅佐尚书、侍郎掌律法,按覆大理寺及全国报上来的审理案件,与御史中丞、大理寺卿组成“三司”会审重大案件,代表国家发布大赦令。都官司掌俘虏簿录,给衣粮医药,审理其诉讼案件。对囚犯及没入官府为奴的,到了一定时间免除其奴隶身份。比部司掌通会内外赋敛、经费、俸禄、公廨、勋赐、赃赎、徒役课程、逋欠之物,及军资、械器和籴、屯收所入事务。司门司掌门禁关卡出入登记等事务。

机构编制

刑部设尚书一人，正三品；侍郎一人，正四品下。郎中，正五品上；员外郎从六品上。刑部司设郎中、员外郎各二人，都官司设郎中、员外郎各一人，比部司、司门司设郎中、员外郎各一人。刑部司主事四人，都官司主事二人，比部司主事四人，司门司主事二人，都是从九品上。胥吏编制：刑部司令史十九人，书令史三十八人，亭长六人，掌固十人；都官司令史九人，书令史十二人，掌固四人；比部司令史十四人，书令史二十七人，计史一人，掌固四人；司门司令史六人，书令史十三人，掌固四人。

3－6. 工部

机构沿革

工部在龙朔年间改称司事，咸亨年间恢复工部，光宅年间改称冬官，神龙年间恢复工部。

机构职能

工部掌山泽、屯田、工匠、诸司公廨纸笔墨之事。工部司作为子司“掌经营兴造之众务。凡城池之修浚，土木之缮葺，工匠之程式，咸经度之。凡京师、东都有营缮，则下少府、将作，以供其事”。屯田司职掌“天下屯田之政令。凡边防镇守，转运不给，则设屯田，以益军储”。虞部司职掌“京城街巷种植，山泽苑囿，草木薪炭，供顿田猎之事”。水部司职掌“天下川渎陂池之政令，以导达沟洫，堰决河渠。凡舟楫溉灌之利，咸总而举之”。(21)

机构编制

工部设尚书一人，正三品；侍郎一人，正四品下。郎中一人，正五品上；员外郎从六品上。工部司设郎中、员外郎各一人，为尚书、侍郎副手。屯田司、虞部司、水部司设郎中、员外郎各一人。工部司主事三人，屯田司主事二人，虞部司主事二人，水部司主事二人，都是从九品上。胥吏编制：工部司令史十二人，书令史二十一人，计史一人，亭长六人，掌固八人；屯田司令史七人，书令史十二人，计史一人，掌固四人；虞部司令史四人，书令史九人，掌固四人；水部司令史四人，书令史九人，掌固四人。

4. 秘书省

机构沿革

东汉桓帝延熹二年(159)，设置秘书监，属太常寺，职掌禁中图书秘文，以后并入中书。晋惠帝时，设置秘书寺，掌中外二阁图书。梁武帝改秘书寺为秘书省，秘书省直属机构有著作曹。武德四年(621)，改著作曹为著作局，龙朔年间改为兰台，光宅年间改称麟台，神龙年间恢复为秘书省。秘书省另一直属机构司天台也是多次变化名称，武德四年改太史监为太史局，隶秘书省，龙朔二年(662)，改太史局为秘书阁局。武后光宅元年(684)，改太史局为浑天监，接着又改为浑仪监，长安二年(702)，恢复为太史局。景龙二年(708)，改太史局为太史监，景云元年(710)又改为太史局。司天局在隶属关系上也是多次变换。

机构职掌

秘书省掌邦国经籍图书之事。秘书省直属机构有著作局与司天台：著作局职掌撰写碑志、祝文、祭文，司天台职掌察天文，稽历数。

机构编制

秘书省设监一人，从三品；少监二人，从四品上；丞一人，从五品上。秘书郎三人，从六品上。校书郎十人，正九品上。正字四人，正九品下。典书四人，楷书十人，令史四人，书令史九人，亭长六人，掌固八人，熟纸匠十人，装潢匠十人，笔匠六人。

著作局设著作郎二人，从五品上。著作佐郎二人，从六品上。校书郎二人，正九品上。正字二人，正九品下。楷书五人，书令史一人，书吏二人，掌固四人。

司天台设司天监一人，正三品。少监二人，正四品上。丞一人，正六品上。主簿二人，正七品上。主事一人，正八品下。令史五人，天文观生九十人，天文生五十人，历生五十五人。

春官、夏官、秋官、冬官、中官正，各一人，正五品上。副正各一人，正六品上，掌司四时，各司其方之变异。

五官保章正二人，从七品上。五官监候三人，正八品下，五官司历二人，从八品上，掌历法及测景分至表准。

五官灵台郎各一人，正七品下，掌候天文之变。五官挈壶正二人，正八品上；五官司辰八人，正九品上；漏刻博士六人，从九品下，掌知漏刻。

从秘书省的机构编制我们可以看到，唐代对于知识分子非常重视。司天监是正三品，少监是正四品，春官、夏官、秋官、冬官、中官正是正五品上。制定历法、观察天文的也是七品官。春官、夏官、秋官、冬官、中官正都是高级知识分子。

5. 御史台

机构沿革

御史台在秦、汉时期称御史府，东汉改为宪台，魏、晋、宋改称兰台，梁、陈、北朝都称御史台，唐沿隋制。唐高宗龙朔二年(662)，改御史台为“宪台”，武后时期改御史台为“左肃政台”，并增设右肃政台。先天二年(713)恢复御史台。到唐玄宗时期，御史台机构与编制设置固定下来，并确立了台院、殿院、察院三院治事制度。在隋初及唐初，御史台只管揭发，并且只要根据传闻即可奏劾，不需要举出什么证据，更不受诉讼。自贞观以后，御史台也受理词讼，并且设置了“台狱”，纠举之前往往要“推复理尽，然后弹之”(22)。

机构职能

御史台“掌持邦国刑宪典章，以肃正朝廷。中丞为之贰。凡天下之人,有称冤而无告者,与三司讯之。凡中外百僚之事,应弹劾者,御史言于大夫。大事则方幅奏弹之,小事则署名而已。若有制使覆囚徒,则与刑部尚书参择之。凡国有大礼,则乘辂车以为之导”[23]。御史台第一项职能是察举百官,纠举百僚。侍御史掌纠举百官与入阁承诏,知推、弹杂事。侍御史如果弹劾的是大官,则要报告御史大夫、中丞知道,他们都要签名画押,共同承担责任。如果弹劾的是小官或者案子不大,则不用告知御史大夫或者中丞,直接弹劾。很多时候,御史台的官员直接在朝廷会议上弹劾官员。御史台第二项职能就是推鞫狱讼。御史大夫或中丞所接受百姓上诉的案子或者皇帝交办的案件,会同中书省、门下省长官,组成专门班子受理,叫作“三司受事”。根据御史大夫与御史中丞的意见,侍御史、给事中与中书舍人共同审理案件,称之为小三司。御史台的第三项职能是在朝廷重大典礼活动中,纠察殿廷供奉仪式,还担任推按、巡查及监莅出纳等任。如果皇帝出巡,则随从出巡,检校文物亏失。第四项职能就是出使巡按,包括对州、县的巡查以及对屯田、铸铁、馆驿、岭南选补、太仓与太府出纳等监察。御史台直属机构有三院:台院、殿院、察院,分别由侍御史、殿中侍御史、监察御史领之,称为“三院御史”。台院侍御史主要负责对百官的纠劾与重要案件的审理。殿院侍御史主要负责朝堂会议官员的纠举,察院侍御史主要负责外出巡按。外出巡按主要察官人善恶;察户口流散,籍帐隐没,赋役不均;察农桑不勤,仓库减耗;察妖猾盗贼,不事生业,为私蠹害;察德行孝悌,茂才异等,藏器晦迹,应时用者;察黠吏豪宗兼并纵暴,贫弱冤苦不能自申。如果有战事,也要外出巡按,检查俘获的俘虏数量,审查功劳大小,上奏皇帝。

机构编制

御史台设御史大夫一人,正三品;中丞二人,正四品下。台院侍御史六人,从六品下。殿中侍御史九人,从七品下。监察御史十五人，正八品下。主簿一人，从七品下。录事二人，从九品下。主事二人。胥吏编制：台院令史七十八人，书令史二十五人，亭长六人，掌固十二人。殿院令史八人，书令史十八人。察院计史三十四人，令史十人，掌固十二人。

6. 太常寺

机构沿革

隋沿北齐设置太常寺，唐沿袭，龙朔时期改为奉常寺，太常寺卿、少卿改为奉常寺正卿与奉常寺大夫。咸亨年间恢复太常寺。光宅年间改为司礼寺，神龙年间又恢复太常寺。

机构职能

太常寺属于礼仪机构，掌礼乐、郊庙、社稷事务。名目繁多的礼仪活动，构成封建统治的重要内容，唐朝还属于封建礼仪较少的朝代，但是这类机构还是不少。太常寺直属机构有两京郊社署、太乐署、鼓吹署、太医署、太卜署、廪牺署、汾祠署等，具体负责各种礼乐、祭祀活动。

机构编制

太常寺设卿一人，正三品；少卿二人，正四品上。丞二人，从五品下。主簿二人，从七品上。博士四人，从七品上。太祝六人，正九品上。奉礼郎二人，从九品上。协律郎二人，正八品上。录事二人，从九品上。胥吏编制：礼院修撰、检讨官各一人，府十二人，史二十三人，谒者十人，赞引二十人，赞者四人，祝史六人，赞者十六人。太常寺、礼院礼生各三十五人，亭长八人，掌固十二人。

两京郊社署设令各一人，从七品下；丞各一人，从八品上。府二人，史四人，典事五人，掌固五人，门仆八人，斋郎百一十人。

太乐署设令二人，从七品下；丞一人，从八品下；乐正八人，从九品下。府三人，史六人，典事八人，掌固六人，文武二舞郎一百四十人，散乐三百八十二人，仗内散乐一千人，音声人一万二十七人。

鼓吹署设令二人，从七品下；丞二人，从八品下；乐正四人，从九品下。府三人，史六人，典事四人，掌固四人。

太医署设令二人，从七品下；丞二人，医监四人，并从八品下；医正八人，从九品下。府二人，史四人，主药八人，药童二十四人，药园师二人，药园生八人，掌固四人，医师二十人，医工百人，医生四十人，典药一人，针工二十人，针生二十人，按摩工五十六人，按摩生十五人，咒禁师二人，咒禁工八人，咒禁生十人。医博士一人，正八品上；助教一人，从九品上。针博士一人，从八品上；助教一人，针师十人，从九品下。按摩博士一人，按摩师四人，从九品下。咒禁博士一人，从九品下。

太卜署设令一人，从七品下；丞二人，从八品下。卜正、博士各二人，从九品下。卜助教二人，卜师二十人，巫师十五人，卜筮生四十五人，府一人，史二人，掌固二人。

廪牺署设令一人，从八品下。丞二人，正九品下。府一人，史二人，典事二人，掌固二人。

汾祠署设令一人，从七品下。丞一人，从八品上。府二人，史四人，庙干二人。

三皇五帝以前帝王、三皇、五帝、周文王、周武王、汉高祖、两京武成王庙设令一人，从六品下。丞一人，正八品下。录事一人，府二人，史四人，庙干二人，掌固四人，门仆八人。

从太常寺的编制我们可以看到，其占用的编制较多。太常寺成了六部九寺中最大的衙门。

7. 光禄寺

机构沿革

汉代设光禄勋，北齐设置光禄寺，职掌膳食、帐幕、器物、宫殿门户。隋唐沿袭均设立光禄寺。在龙朔二年(662),改光禄寺为司宰寺,咸亨年间恢复光禄寺。武后光宅年间改为司膳寺,神龙年间恢复光禄寺。光禄寺下属机构:太官署、珍羞署、良酝署、掌醢署。光禄寺也是一个庞大的服务机构,不但官员多,服务人员也多。

机构职能

掌酒醴膳羞之政,凡是祭祀与朝会宴席都由光禄寺安排。太官署掌供祠宴朝会膳食。珍羞署掌供祭祀、朝会、宾客之庶羞,榛栗、脯脩、鱼盐、菱芡等。良酝署掌各种酒酿。掌醢署掌油盐酱醋等物。

机构编制

光禄寺设卿一人,从三品。少卿二人,从四品上。丞二人,从六品上。主簿二人,从七品上。录事二人,府十一人,史二十一人,亭长六人,掌固六人。

太官署设令二人,从七品下。丞四人,从八品下。府四人,史八人,监膳十人,监膳史十五人,供膳二千四百人,掌固四人。

珍羞署设令一人,正八品下。丞二人,正九品下。府三人,史六人,典书八人,饧匠五人,掌固四人。

良酝署设令二人,正八品下。丞二人,正九品下。府三人,史六人,监事二人,掌酝二十人,酒匠十三人,奉觯一百二十人,掌固四人。

掌醢署设令一人,正八品下。丞二人,正九品下。府二人,史二人,主醢十人,酱匠二十三人,酢匠十二人,豉匠十二人,菹醯匠八人,掌固四人。

8. 卫尉寺

机构沿革

汉代卫尉寺职掌宫门守卫,魏晋以后,宫廷警卫工作被武卫将军所代替，卫尉变成皇帝仪卫机构，隋唐也是如此。在唐龙朔年间，卫尉寺改称司卫寺，卫尉寺卿与少卿改为司卫寺正卿与司卫寺大夫，咸亨年间恢复卫尉寺。光宅年间又改为司卫寺，但是长官仍然称卿与少卿，神龙年间恢复卫尉寺。

机构职能

卫尉寺职掌器械与文物，也就是各种仪仗。卫尉寺大事承制敕，小事则听于尚书省。遇有祭祀活动与朝会，提供羽仪、节钺、金鼓、帷幕、茵席等。凡是供应宫卫的，第二年再使用，如果坏了则让少府负责修理。卫尉寺下属三署，武库署掌兵器收藏，以供仪仗使用。唐代在两京均设有武库署。武器署掌“掌外戎器。祭祀、巡幸，则纳于武库”(24)。守宫署掌供帐幕、毡褥、床垫、几席等。这些物品根据使用的规定年限到时更换，如果不到期坏了，相关人员就要受处罚。

机构编制

卫尉寺设卿一人，从三品。少卿二人，从四品上。丞二人，从六品上。主簿二人，从七品上。录事一人，府六人，史十一人，亭长四人，掌固六人。

两京武库署设令各二人，从六品下。丞各二人，从八品下。监事各一人，正九品上。府各六人，史各六人，典事各二人，掌固各五人。

武器署设令一人，正八品下。丞二人，正九品下。监事二人，府二人，史六人，典事二人，掌固四人。

守宫署设令一人，正八品下。丞二人，正九品下。府二人，史四人，掌设六人，幕士八十人，掌固四人。

9. 宗正寺

机构沿革

宗正寺在唐代曾经几次更名，龙朔年间改为司宗寺，宗正寺卿与少卿改为司宗寺正卿与司宗寺大夫,咸亨年间恢复宗正寺。光宅年间改为司属寺,神龙年间又恢复宗正寺。

机构职能

宗正寺掌天子族亲属籍,以别昭穆,领陵台、宗玄二署。天子宗亲的属籍最早归吏部司封司,后归宗正寺。宗正寺虽然主管皇亲国戚事务,但毕竟是皇家内部事务,所以,唐朝并没有因为宗正寺掌管的是皇族事务,就像明清那样,将宗正寺排在中央各个衙门的前面,以显示皇族地位的重要性。这是唐朝与历代的不同之处。唐代皇帝虽然贵为天子,但并没有认为皇族比国家重要,自然也就没有将管理皇族事务的宗正寺视为高于所有政府机构的衙门。领台郎掌守卫皇帝陵墓。诸太子庙掌太子庙洒扫与祭祀,还负责京都诸观名数与道士帐籍、斋醮之事。唐朝信奉道教,所以专门设立崇玄署管理道观。

机构编制

宗正寺设卿一人,从三品;少卿二人,从四品上。丞二人,从六品上。主簿二人,从七品上。知图谱官一人,修玉牒官一人,知宗子表疏官一人,录事二人,府五人,史五人,亭长四人,掌固四人。京都太庙斋郎各一百三十人,门仆各三十三人,主簿、录事各二人。

诸陵台设令各一人,从五品上。丞各一人,从七品下。建初、启运、兴宁、永康陵,令各一人,从七品下;丞各一人,从八品下。陵台录事各一人,府各二人,史各四人,主衣、主辇、主药各四人,典事各三人,掌固各二人,陵户各三百人,昭陵、乾陵、桥陵增百人。诸陵录事各一人,府各一人,史各二人,典事各二人,掌固各二人,陵户各百人。

诸太子庙设令各一人,从八品上;丞各一人,正九品下。录事各一人。令掌洒扫开阖之节,四时享祭焉。府各一人,史各二人,典事各二人,掌固各一人。

诸太子陵设令各一人，从八品下；丞各一人，从九品下。录事各一人，府各一人，史各二人，典事各二人，掌固各一人，陵户各三十人。

崇玄署设令一人，正八品下；丞一人，正九品下。府二人，史三人，典事六人，掌固二人，崇玄学博士一人。

10. 太仆寺

机构沿革

太仆寺沿隋制而设，龙朔年间改为司驭寺，咸亨年间恢复太仆寺，光宅年间改为司仆寺，神龙年间又恢复太仆寺。

机构职能

太仆寺掌厩牧、辇舆之政，下设乘黄、典厩、典牧、车府四署及诸牧监。乘黄署掌供车辂及驯驭之法。凡是皇帝出巡，行前四十日，率领驾车人员进行调试。行前二十天在内侍省调试。监督检查监牧籍帐，年终汇总，上报驾部作为考课材料。典厩署掌饲马牛，给养杂畜。典牧署掌诸牧杂畜给纳及酥酪脯腊之事。车府署掌王公以下车辂及驯驭方法。太仆寺还有众多的牧监，掌管马匹的饲养。

机构编制

太仆寺设卿一人，从三品。少卿二人，从四品上。丞四人，从六品上。主簿二人，从七品上。录事二人，府十七人，史三十四人，兽医六百人，兽医博士四人，学生百人，亭长四人，掌固六人。

乘黄署设令一人，从七品下。丞一人，从八品下。府一人，史二人，驾士一百四十人，羊车小史十四人，掌固六人。

典厩署设令二人，从七品下。丞四人，从八品下。府四人，史八人，主乘六人，典事八人，执驭百人，驾士八百人，掌固六人。

典牧署设令二人，正八品上。丞六人，从九品上。府四人，史八人,监事八人,典事十六人,主酪五十人,驾士百六十人,掌固四人。

车府署设令一人,正八品下。丞一人,正九品下。府一人,史二人,典书四人,驭士一百七十五人,掌固六人。

诸牧监。上牧监设监各一人,从五品下。副监各二人,正六品下。丞二人,正八品上。主簿各一人,正九品下。录事各一人,府各三人,史各六人,典事各八人,掌固各四人。中牧监设监一人,正六品下。副监一人,从六品下。丞一人,从八品上。主簿,从九品上。录事各一人,府各二人,史各三人,典事各五人,掌固各四人。下牧监设监一人,从六品下。副监一人,正七品下。丞一人,正九品上。主簿,从九品下。录事各一人,府各三人,史各六人,典事各六人,掌固各二人。

南使、西使设丞各三人,从七品下;录事各一人,从九品下。南使、西使,录事各一人,府各五人,史各九人。北使、盐州使,设丞各二人,从七品下;录事各一人,府各五人,史各九人。

东宫九牧监设丞二人,正八品上;录事一人,从九品下。录事、史各一人,府三人,史六人。

马匹一直是封建社会的主要交通工具,所以,太仆寺的机构编制也比其他衙门要多。

11. 大理寺

机构沿革

唐沿隋制,设大理寺,龙朔年间改为详刑寺,咸亨年间又恢复大理寺,光宅年间改为司刑寺,神龙年间又恢复大理寺。

机构职能

大理寺职掌对囚犯的审判,凡是罪行达到流放、死刑的案件,都要上报刑部,再由中书、门下复核。大理寺还负责审理州县报上来的疑案以及刑部转过来的死刑案件。这是唐代大理寺与清代大理寺的不同之处。清代大理寺主要负责刑部所审理案件的复核工作。大理寺正负责审核大理寺丞所审理的案件，若发现有断刑不当，依法予以改正。大理寺丞则负责对案件的审理量刑。

机构编制

大理寺设卿一人，从三品；少卿二人，从五品下；正二人，从五品下；丞六人，从六品上；主簿二人，从七品上；狱丞二人，从九品下；司直六人，从六品上；评事八人，从八品下。录事二人。

在九寺之中，作为司法审判机构的大理寺属于编制最少的衙门之一，就其职能而言，与刑部重复。也可能是这个原因，在机构编制设置上，人数比其他衙门要少。也正因如此，大理寺的职能在后来发生了变化。大理寺的职能是司法，但是没有内设机构，不像服务皇室的衙门内设机构庞大，人员编制众多。

12. 鸿胪寺

机构沿革

鸿胪寺沿隋制而设，龙朔二年（662），改鸿胪寺为司文寺，鸿胪寺卿与少卿改为司文寺正卿与司文寺大夫，咸亨年间恢复鸿胪寺。武后光宅元年（684），改名为司宾寺，主官称卿与少卿。神龙年间又恢复鸿胪寺。

机构职能

鸿胪寺掌宾客及凶仪之事。宾客主要指的是外国来宾与边疆少数民族地区客人。凡是来京的周边少数民族地区首领，根据其地位高下，给予不同等级的接待安排。对于各个藩国的封赏也是由鸿胪寺安排，对于海外来唐人员的会见安排与回国行程、食宿、赏赐都由鸿胪寺具体执行。无论藩国，还是海外来宾所带来的礼物接收都有不同的规定。鸿胪寺除了外事活动管理，还掌管各种丧葬活动，包括皇帝、皇太子，皇帝五服之内人员与三品以上大臣的丧葬活动，都由鸿胪寺安排主持。鸿胪寺内设机构典客署、司仪署。典客署负责隋代二王后裔的版籍管理与各种外宾接待。司仪署掌各类凶礼丧葬活动安排。

机构编制

鸿胪寺设卿一人，从三品；少卿二人，从四品上；丞二人，从六品上；主簿一人，从七品上。录事二人，府五人，史十人，亭长四人，掌固六人。

典客署设令一人，从七品下；丞三人，从八品下；典客十三人，府四人，史八人，掌固二人；掌客十五人，正九品上。

司仪署设令一人，正八品下；丞一人，正九品下；司仪六人，府二人，史四人，掌设十八人，斋郎三十三人，掌固四人，幕士六十人。

13. 司农寺

机构沿革

唐沿隋制，设立司农寺，受户部的领导。龙朔二年（662），改司农寺为司稼寺，咸亨年间恢复司农寺。

机构职能

司农寺作为国家的财政事务机构，“掌仓储委积之事”[25]。司农寺直属机构除了上林、太仓、钩盾、导官四署，还有诸多粮仓、司竹、宫苑、盐池等。司农寺掌管京城百官的俸禄发放，以及朝会、祭祀所需。上林署掌苑囿园池，种植瓜果蔬菜，供应朝会、祭祀及尚食诸司使用。很显然，司农寺职能与户部有交叉之处。钩盾署掌管供应薪炭、鹅鸭等物品。司农寺不但是国家财务行政机构，而且是皇宫服务机构，在内设机构和编制上都比其他衙门要庞大。

机构编制

司农寺设卿一人，从三品；少卿二人，从四品上；丞六人，从六品上；主簿二人，从七品上。录事二人，府三十八人，史七十六人，计史三人，亭长九人，掌固七人。

上林署设令二人，从七品下；丞四人，从八品下。监事十人，府七人，史十四人，典事二十四人，掌固五人。

太仓署设令三人，从七品下；丞五人，从八品下。监事八人，府十人，史二十人，典事二十四人，掌固八人。

钩盾署设令二人，正八品上；丞四人，正九品上。监事十人，府七人，史十四人，典事十九人，掌固五人。

导官署设令二人，正八品下；丞四人，正九品上。监事十人，府八人，史十六人，典事二十四人，掌固五人。

太原、永丰、龙门等仓每仓设仓监一人，正七品下；丞二人，从八品上。录事一人，府三人，史六人，典事八人，掌固六人。龙门等仓仓监一人，正七品下；丞二人，从八品上。录事一人，府二人，史四人，典事六人，掌固四人。

司竹监设监一人，从六品下；副监一人，正七品下；丞二人，正八品上。录事一人，府二人，史四人，典事三十人，掌固四人，苇园匠一百人。

庆善、石门、温泉汤等监每监设监一人，从六品下；丞一人，正七品下。录事一人，府一人，史二人，掌固四人。

京都诸宫苑总监设监各一人，从五品下；副监各一人，从六品下；丞各二人，从七品下；主簿各二人，从九品上。录事各二人，府各八人，史各十六人，亭长各四人，掌固各六人，兽医各五人。

京都诸园苑监、苑四面监设监各一人，从六品下；副监各一人，从七品下；丞各二人，正八品下。录事各一人，府各三人，史各六人，典事各六人，掌固各六人。

九成宫总监设监一人，从五品下。副监一人，从六品下。丞一人，从七品下。主簿一人，从九品上。录事一人，府三人。

诸盐池监设监一人,正七品下。录事一人,史二人。

诸屯设监一人,从七品下。丞一人,从八品下。录事一人,府一人,史二人,典事二人,掌固四人。每屯设屯主一人,屯副一人,主簿一人,录事一人,府三人,史五人。

14. 太府寺

机构沿革

隋朝沿北周机构编制设立太府寺,隋炀帝大业三年(607)分太府寺为少府监,太府寺只是国家的金帛保管出纳机构。唐沿隋制,龙朔二年(662)改太府寺为外府寺,太府寺卿与少卿改为外府寺正卿与外府寺大夫,咸亨年间又恢复为太府寺。光宅元年(684)改为司府寺,神龙年间又恢复太府寺。

机构职能

太府寺掌财货、廪藏、贸易,总京都四市、左右藏、常平七署。从其职能看,太府寺类似于现在的工商管理局,但是还负责各地向朝廷的贡赋与百官俸禄。太府寺内设机构有两京诸市署,掌财货交易、度量器物,辨其真伪轻重。市场都有标志性建筑标识,有专门的市场管理人员。左藏署掌管钱帛、杂彩保管储存。右藏署掌管金玉、珠宝、铜铁、骨角、齿毛、彩画的保管。常平署掌管平籴、仓储、出纳等事务。

机构编制

太府寺设卿一人,从三品;少卿二人,从四品上;丞四人,从六品上;主簿二人,从七品上。录事二人,府二十五人,史五十人,计史四人,亭长七人,掌固七人。

两京诸市署设令一人,从六品上;丞二人,正八品上。录事一人,府三人,史七人,典事三人,掌固一人。

左藏署设令三人,从七品下;丞五人,从八品下;监事八人,府九人，史十八人，典事十二人，掌固八人。

右藏署设令二人，正八品上；丞三人，正九品上；监事四人，府五人，史十二人，典事七人，掌固十人。

常平署设令一人，从七品上；丞二人，从八品下；监事五人，府四人，史八人，典事五人，掌固六人。

太府寺不但人员编制较多，而且级别也不是很低，毕竟是管理京城经济贸易的机构。

从九寺的级别可以看到，它们都属于“低半格”单位，有的属于内宫的直属局，有的则属于六部的二级单位。

唐代中央机构除了五省九寺还有五监。隋代五监为少府监、长秋监、国子监、将作监、都水监。唐代五监为国子监、少府监、将作监、军器监、都水监。

15. 国子监

机构沿革

郑玄注《周礼》，“国子，公卿大夫之子弟”。国子就是公卿大夫子弟的称谓，国子监就是公卿大夫子弟学校。在晋代设立国子寺，与太学同属太常。北齐国子寺脱离太常寺而独立，成为专门管理教学的机构。隋初亦称国子寺，管辖国子、太学、四门、书、算五学。隋炀帝改国子寺为国子监，为全国最高学校管理机构。唐沿隋制，设立国子监。在龙朔年间国子监改为司成馆，祭酒曰大司成，司业曰少司成。咸亨年间恢复国子监。垂拱元年（685），改国子监为成均监，神龙年间又恢复为国子监。

机构职能

国子监作为国家最高教学管理机构，掌儒学训导之政。国子监下设国子、太学、广文、四门、律、书、算七学，较隋代增加两学。国子学招收三品以上官员子弟与国公子孙及从二品以上曾孙子弟为生员。太学招收五品以上官员与郡县公主子孙以及从三品官员曾孙为学生。广文馆招收国子学生业进士者为生员。四门馆招收七品以上官员子弟与侯、伯、子、男子弟及庶人子弟为俊士生者为学生。律学和算学招收八品以下官员及庶人子弟。在国子监上学的基本上都是高官子弟与皇亲国戚子弟。

机构编制

国子监设祭酒一人,从三品;司业二人,从四品下;丞一人,从六品下;主簿一人,从七品下;录事一人,从九品下;府七人,史十三人,亭长六人,掌固八人。

国子学设博士五人,正五品上;五经博士二人,正五品上;助教五人,从六品上。直讲四人,典学四人,庙干二人,掌固四人。

太学设博士六人,正六品上;助教六人,从七品上;典学四人,掌固六人。

广文馆设博士四人,助教二人。

四门馆设博士六人,正七品上;助教六人,从八品上;直讲四人,典学四人,掌固六人。

律学设博士三人,从八品下;助教一人,从九品下;典学二人。

书学设博士二人,从九品下;助教一人,典学二人。

算学设博士二人,从九品下;助教一人,典学一人。

因为所教学生不同,级别也有很大差异,同样都是博士,有的是正五品上,有的是正六品上,还有的是从九品下,差别很大。从博士的品级高低可以看出各门学的地位。

16. 少府监

机构沿革

少府设立比较早,在战国时期即有少府,秦汉时期的少府主要供应宫廷所需,掌管山海池泽收入。魏晋以后少府由独立机构划归殿中省与门下省，成为皇室制造物品的生产机构。隋炀帝分太府寺职能设立少府监。武德初，取消少府监，将其直属机构划归太府寺，贞观元年恢复少府监。龙朔二年改少府监为内府监，咸亨年间恢复少府监。武后垂拱元年改为尚方监，神龙年间又恢复少府监。

机构职能

少府监掌百工技巧之政。少府监作为皇家制造机构，主管提供皇帝器御、后妃服饰及郊庙圭玉、百官仪物等，也就是说，少府监主要从事奢侈品及日常用品生产。少府监还负责对外贸易管理。少府监直属机构有中尚、左尚、右尚、织染、掌冶五署与诸冶、铸钱、互市等监。

机构编制

少府监设监一人，从三品；少监二人，从四品下；主簿二人，从七品下；录事二人，从九品上。府二十七人，史十七人，计史三人，亭长八人，掌固六人。少府监实际是一个“大工厂”，各类工匠达六七千人之多。

中尚署设令一人，从七品下；丞二人，从八品下。监作四人，从九品下。府九人，史十八人，典事四人，掌固四人。

左尚署设令一人，从七品下；丞五人，从八品下。监作六人，府七人，史二十人，典事十八人，掌固十四人。

右尚署设令二人，从七品下；丞四人，从八品下。监作六人，府七人，史二十人，典事十三人，掌固十人。

织染署设令一人，正八品上；丞二人，正九品上。监作六人，府六人，史十四人，典事十一人，掌固五人。

掌冶署设令一人，正八品上；丞二人，正九品上。监作二人，府六人，史十二人，典事二十三人，掌固四人。

诸冶监设令各一人，正七品下；丞各一人，从八品上。监作四人(太原冶监监作二人),录事一人,府一人,史二人,典事二人,掌固四人。

诸铸钱监设监各一人,副监各二人,丞各一人,监事各一人。监由所在地方都督、刺史监管。副监与丞为判司,监事以参军及县尉兼任。录事各一人,府各三人,史各四人,典事各五人。一开始全国共有铸钱监七个,会昌年间增至八个,以后取消三个。

互市监每监设监一人,从六品下;丞一人,正八品下。录事一人,府二人,史四人,价人四人,掌固八人。

17. 将作监

机构沿革

隋朝初年沿袭北齐旧制设立将作寺,开皇二十年(600)改为将作监。唐朝沿袭隋制亦设立将作监,龙朔年间改为缮工监,设大监、少监,咸亨年间恢复将作监。光宅年间改将作监为营缮监,神龙年间恢复为将作监。天宝十一载(752),改大匠为大监,少匠为少监。

机构职能

将作监掌土木工匠之政。将作监直属机构有左校、右校、中校、甄官等署,百工等监。大明宫、兴庆宫、上阳宫、中书、门下、六军仗舍、闲厩,谓之内作;郊庙、城门、省、寺、台、监、十六卫、东宫、王府诸廨,谓之外作。左校署掌梓匠之事,右校署掌版筑、涂泥、丹垩、匽厕之事,中校署掌供舟军、兵械、杂器,甄官署掌琢石、陶土之事,供石磬、人、兽、碑、柱、碾、硙、瓶、缶之器,敕葬则供明器。

机构编制

将作监设监一人,从三品;少监二人,从四品下;丞四人,从六品下;主簿二人,从七品下。府十四人,史二十八人,计史三人,亭长四人,掌固六人,各种工匠一万三千人。

左校署设令二人,从八品下;丞一人,正九品下。府六人,史十二人，监作十二人。

右校署设令二人，正八品下；丞三人，正九品下。府五人，史十人，典事二十四人。

中校署设令一人，从八品下；丞三人，正九品下。府三人，史六人，典事八人，掌固二人。

甄官署设令一人，从八品下；丞二人，正九品下。监作四人，府五人，史十人，典事十八人。

百工、就谷、库谷、斜谷、太阴、伊阳监各设监一人，正七品下；副监一人，从七品下；丞一人，正八品上。监作四人，监、少监各一人，丞四人，主簿一人，录事一人，府一人，史三人，典事二十人。

18. **军器监**

机构沿革

武德初年，设武器监一人，正八品下，掌兵仗、厩牧。少监一人，丞二人，主簿一人。武德七年(624)废武器监，八年复置，九年又取消。贞观六年(632)，取消武器监，改弓弩署为弩坊署，甲铠署为甲坊署。开元三年(715)置军器监，十一年(723)将军器监改为甲弩坊，隶少府，十六年又恢复为监。

机构职能

军器监掌管将士盔甲兵器弩箭制造，制造的各类军器按时输送武库。弩坊署掌出纳矛槊、弓矢、排弩、刃镞、杂作及工匠，甲坊署掌出纳甲胄、筋角、杂作等物品。

机构编制

军器监设监一人，正四品上；丞一人，正七品上；主簿一人，从八品下；录事一人，从九品下。府八人，史十二人，亭长二人，掌固四人。

弩坊署设令一人，正八品下；丞一人，正九品下。府二人，史五人，典事二人。

甲坊署设令一人，正八品下；丞一人，正九品下。有府二人，史五人，典事二人。

19. 都水监

机构沿革

武德初年，取消都水监，降格为署。贞观六年(632)恢复都水监，改都水令为都水使者。龙朔二年(662)，改都水监为司津监，使者为监。武后垂拱元年(685)，改都水监为水衡监，使者为都尉。开元二十五年(737)，都水监成为独立机构，不再隶属于将作监。都水监所设立舟楫署，因为大运河无法运行，其功能也就失去了，于开元二十六年(738)撤销。

机构职能

掌川泽、津梁、渠堰、陂池之政，直属机构有河渠、舟楫署与诸津监署。河渠署掌河渠、陂池、堤堰、鱼醢之事。诸津掌天下津济舟梁。

机构编制

都水监设使者二人，正五品上；丞二人，从七品上；主簿一人，从八品下。录事一人，府五人，史十人，亭长一人，掌固四人。

河渠署设令一人，正八品下；丞一人，正九品上；河堤谒者六人，正八品下。府三人，史六人，典事三人，每渠及斗门长一人，掌固三人，鱼师十二人。

诸津各设令一人，正九品上；丞二人，从九品下。录事一人，府一人，史二人，典事三人，津吏五人，桥丁各三十人，匠各八人。

20. 殿中省

机构沿革

殿中省与中书省、门下省、尚书省、内侍省是隋代的五大省，在中央机构衙门序列中，位居前列。在封建社会，机构排列顺序是非常严格的，哪个在前，哪个在后，都有规定的顺序，不得逾越。但是本书是介绍历代机构编制的，必须根据每个机构在国务活动中的作用来研究，自然没有必要按照封建社会最高统治者的规定来划定各个机构衙门的顺序。因此，本书将殿中省、内侍省以及东宫机构编制放在最后介绍。

殿中省是掌管皇帝衣食住行的服务性机构。隋代在门下省设立殿内监，大业三年（607）将门下省的尚食、尚药、御府、殿内各局与太仆寺的车府、骅骝两署独立出来组建殿内省。唐武德元年（618）改称殿中省。龙朔年间改为中御府，咸亨年间恢复为殿中省。

机构职能

殿中省“掌天子服御之事”[26]，是为皇帝服务的机构，负责皇帝的饮食起居与方方面面。殿中省长官为监，直属机构有尚食、尚药、尚衣、尚乘、尚舍、尚辇六局，尚食局掌管皇帝的常膳，尚药局掌管皇帝疾病的治疗与御药的研制，尚衣局掌管皇帝的服冕，尚舍局掌管殿庭祭祀、汤沐、灯烛、洒扫等事务，尚乘局掌管内廷马厩马匹的优劣识别与训练，尚辇局掌舆辇。

机构编制

殿中省设监一人，从三品；少监二人，从四品上；丞二人，从五品上；主事二人，从九品上。令史四人，书令史十二人，左右仗、千牛各十人，亭长、掌固各八人。

尚食局设奉御二人，正五品下；直长五人，正七品上；食医八人，正九品下。

尚药局设奉御二人，正五品下；直长二人，正七品上；侍御医四人，从六品上；司医五人，正八品下；医佐十人，正九品下。书令史二人，书吏四人，主药十二人，药童三十人，按摩师四人，咒禁师四人，合口脂匠二人，掌固四人。

尚衣局设奉御二人，从五品上；直长四人，正七品下。书令史三人，书吏四人，主衣十六人，掌固四人。

尚舍局设奉御二人，从五品上；直长六人，正七品下。书令史三人，书吏七人，掌固十人，幕士八十人。

尚乘局设奉御二人，从五品上；直长十人，正七品下；奉乘十八人，正九品下；习驭五百人，掌闲五千人，兽医七十人，掌固四人，司库一人，正九品下；司廪一人，正九品下。书令史六人，书吏十四人。

尚辇局设奉御二人，从五品上；直长三人，正七品下；尚辇二人，正九品下。书令史二人，书吏四人，掌扇六十人，掌翰三十人，主辇七辇各六人，奉舆十五人，掌固六人。

除了服务皇帝的机构官员，还有服务内宫的人员，这些内宫服务人员既有机构也有官品。

21. 尚宫局

机构沿革

隋朝初年内宫职官设立六尚：尚宫、尚仪、尚服、尚食、尚寝、尚功，隋炀帝将六尚改为六局。唐沿隋制，也在后宫设立六局，与隋代一样，这些女官也都有品级，而且品级还都不低。俗话说，相府家奴七品官，在后宫伺候皇后与皇帝的女官更是不乏七品。在编制上，历代对于各级衙门职数都从严控制，对于服务皇宫的人员限制却是非常宽松。

机构职能

内宫六局都有不同的职能，尚宫局掌导引中宫，内设机构有司记、司言、司簿、司闱四司。司记司掌印，凡是宫内诸司簿书出入目录，都要审核之后才能发放。司言司掌宣传启奏。司簿司掌宫人名册禀赐。司闱司掌宫闱钥匙。尚宫局类似外官的吏部。尚仪局掌礼仪起居,内设机构有司籍、司乐、司宾、司赞四个司。司籍司掌四部经籍、笔札几案。司乐司掌率乐人习乐,陈悬、拊击、进退。司宾司掌宾客朝见、宴会赏赐。司赞司掌朝见宴会赞相。尚仪局类似于外官的礼部。尚服局掌供内服用采章数目,内设机构有司宝、司衣、司饰、司仗四个司。司宝司掌瑞宝、符契、图籍。司衣司掌衣服首饰。司饰司掌膏沐巾栉。司仗司掌羽仪仗卫。尚服局类似于外官的户部。尚食局职掌供膳馐品齐,内设机构有司膳、司酝、司药、司饎四个司。尚寝局职掌燕寝进御次序,内设机构有司设、司舆、司苑、司灯四个司。司设司掌帏帐茵席、扫洒张设。司舆司掌舆辇、伞扇、羽仪。司苑司掌园苑种植蔬果。司灯司掌灯烛。尚寝局类似于外官的兵部。尚功局职掌女功程课,内设机构有司制、司珍、司彩、司计四个司。司制司掌衣服裁缝,司珍司掌宝货,司彩司掌缯锦丝枲之事,司计司掌支度衣服、饮食、薪炭。尚功局类似于外官的工部。内官六局共计是二十四个司,与外官六部二十四司相对应。

机构编制

尚功局设尚宫二人,正五品。司记二人,正六品;典记二人,正七品;掌记二人,正八品;女史六人。司言二人,正七品;典言二人,正八品;掌言二人,正八品;女史四人。司簿二人,正六品;典簿二人,正七品;掌簿二人,正八品;女史六人。司闱六人,正六品;典闱六人,正七品;掌闱六人,正八品;女史四人。

尚仪局设尚仪二人,正五品。司籍二人,正六品;典籍二人,正七品;掌籍二人,正八品;女史十人。司乐四人,正六品;典乐四人,正七品;掌乐二人,正八品;女史二人。司宾二人,正六品。典宾二人,正七品;掌宾二人,正八品;女史二人。司赞二人,正六品;典赞二人,正六品;掌赞二人,正六品;女史二人。

尚服局设尚服二人,正五品。司宝二人,正六品;典宝二人,正七品;掌宝二人,正八品;女史四人。司衣二人,正六品;典衣二人,正七品;掌衣二人,正八品;女史四人。司饰二人,正六品;典饰二人,正七品;掌饰二人,正八品;女史二人。司仗二人,正六品;典仗二人,正七品;掌仗二人,正八品;女史二人。

尚食局设尚食二人,正五品。司膳四人,正六品;典膳四人,正七品;掌膳四人,正八品;掌醖二人,正八品;女史四人。司醖二人,正七品;典醖二人,正七品;女史二人。司药二人,正六品;典药二人,正七品;掌药二人,正八品;女史四人。司饎二人,正六品;典饎二人,正七品;掌饎二人,正八品;女史四人。

尚寝局设尚寝二人,正五品。司设二人,正六品;典设二人,正七品;掌设二人,正八品;女史四人。司舆二人,正六品;典舆二人,正七品;掌舆二人,正八品;女史二人。司苑二人,正六品;典苑二人,正七品;掌苑二人,正八品;女史二人。司灯二人,正六品;典灯二人,正七品;掌灯二人,正八品;女史二人。

尚功局设尚功二人,正五品。司制二人,正六品。典制二人,正七品;掌制二人,正八品;女史二人。司珍二人,正六品;典珍二人,正七品;掌珍二人,正八品;女史六人。司彩二人,正六品;典彩二人,正七品;掌彩二人,正八品;女史二人。司计二人,正六品;典计二人,正七品;掌计二人,正八品;女史二人。

另外,在宫官中还设有宫正一人,正五品,职掌对宫官、宫女的戒令、纠禁、谪罚。属官有司正二人,正六品;典正二人,正七品;女史四人。

这些宫官最高的正五品,最低的正八品,没有九品官,其品级比很多州县长官还要高。尽管这些宫官也都有品级,但本质上还是服务人员,宫官与外官的品级含金量差别太大。其职位也只能在宫中起作用。

22. 内侍省

机构沿革

在西汉，宫官多用士人，东汉以后开始使用宦官为宫官。晋代设置大长秋卿作为后宫官，以宦官担任。隋初改为内侍省，隋炀帝改为长秋监，长秋监主官为令与少令。长秋监官员既用宦官，也用士人。唐朝恢复为内侍省。龙朔年间改为内侍监，光宅年间改为司宫台，神龙年间又恢复为内侍省。《旧唐书》说："中官之贵，极于此矣。若有殊勋懋绩，则有拜大将军者，仍兼内侍之官。德宗置左、右神策、威远等禁兵，命中官掌之。每军置中尉一人，宦者为之。自李辅国、鱼朝恩之后，京师兵柄，归于内官，号左、右军中尉。将兵于外者，谓之观军容使。而天下军镇节度使，皆内官一人监之。"宦官典兵始于唐代，宦官危害朝政也是唐代甚于前朝。内侍省作为宦官机构，在初唐，宦官还不是很多，有官品的也有数量规定，而且还规定，"内侍省不立三品官"，宦官的任务是"门阁守御、廷内扫除、禀食而已"[27]。但从唐中宗复位以后，宦官人数急剧增加，光授予七品以上的宦官就有一千人之多。当国家吏治腐败之后，机构编制也就腐朽了起来。宦官成了皇后、皇子与公主夺权的得力助手。皇帝更是对宦官宠信无比，安史之乱与宦官得宠不无关系。安史之乱之后，宦官势力进一步膨胀，皇帝授予宦官更大的权力，派宦官以皇帝使职的身份监军，称为监军使，目的是监视各地节度使。将军出征也派宦官监视，称之为观军容使。

机构职掌

内侍省"掌在内侍奉、出入宫掖宣传之事"。具体负责命妇们的进宫朝会，安排朝见皇后的班次位置，其中有一宦官内寺伯专掌纠察诸不法之事。内侍省直属机构有掖庭、宫闱、奚官、内仆、内府五局。内侍省主官为内侍，副主官为内常侍。"内给事掌判省事。

凡元正、冬至群臣朝贺中宫，则出入宣传。凡宫人衣服费用，则具其品秩，计其多少，春秋二时，宣送中书。”掖庭局职掌宫禁女工之事。宫闱局职掌“侍奉宫闱，出入管钥”(28)，凡是宫闱外出内里的重大活动，宫闱局都得参与。奚官局职掌所属工役、宫官品命。凡是宫人有疾病，则供其医药，死亡则根据其官品规格处理丧葬事务。内仆局职掌中宫车辆出入导引。内府局职掌中宫仓库保管出纳。

机构编制

内侍省设内侍四员，从四品上；内常侍六人，正五品下；内给事八人，从五品下；主事二人，从九品下。令史八人，书令史十六人；内谒者监六人，正六品下；内谒者十二人，从八品下；内寺伯二人，正七品下。

掖庭局设令二人，从七品下；丞三人，从八品下；宫教博士二人，从九品下；监作四人，从九品下。令史四人，计史二人，书令史八人。

宫闱局设令二人，从七品下；丞二人，从八品下。令史三人，书吏六人，内阍人二十人，内掌扇十六人，内给使无常员。

奚官局设令二人，正八品下；丞二人，正九品下。书令史三人，书吏六人，药童四人。

内仆局设令二人，正八品下；丞二人，正九品下。书令史二人，书吏四人，驾士二百人。

内府局设令二人，正八品下；丞二人，正九品下。书令史二人，书吏四人。

23. 东宫官

机构沿革

东宫为太子居住的地方，历代皇帝都对太子高度重视，设立了专门的机构辅佐太子，包括太子的学习与饮食起居及安全保卫。

东宫制度自成体系，形成一套独立的机构编制体系。隋代沿袭汉代东宫机构，变化较大。唐沿隋制，也建立了一套完备的东宫机构。隋代取消詹事府，武德初年恢复詹事府，唐太宗对于东宫官员更是高度重视，规定以宰相兼任太子宾客。龙朔二年(662)将詹事府改为端尹府，武后光宅元年(684)改为宫尹府，神龙年间恢复詹事府。

机构职能

东宫太子太师、太傅、太保“掌辅导皇太子”。太师、太傅、太保地位最高，太子见他们要以师礼相待，他们坐下之后太子才能坐下。少师、少傅、少保“掌晓三师德行，以谕皇太子，奉太子以观三师之道德”。少师、少傅、少保的地位仅次于太师、太傅、太保。太子宾客“掌侍从规谏，赞相礼仪，宴会则上齿”。侍读掌讲导经学。东宫直属机构有詹事府，掌统三寺、十率府政务，为宫官综合领导机构。

左春坊掌侍从赞相，驳正启奏。直属机构有司经、典膳、药藏、内直、典设、宫门六局。司经局“掌经籍，出入侍从”。典膳局掌进膳、尝食。药藏局掌和医药。内直局掌符玺、衣服、伞扇、几案、笔砚、垣墙。典设局掌汤沐、灯烛、汛扫、铺设。宫门局掌宫门管钥。

右春坊掌侍从、献纳、启奏。家令寺掌饮膳、仓储。直属机构有食官、典仓、司藏三署。食官署掌饮膳、酒醴。典仓署掌九谷、醯醢、庶羞、器皿、灯烛。司藏署掌库藏财货出纳、营缮。率更寺掌宗族次序、礼乐、刑罚及漏刻政务。仆寺掌车舆、乘骑、仪仗、丧葬，下属机构有厩牧署。厩牧署掌车马、闲厩、牧畜。

太子警卫机构有太子左右率府，“掌兵仗、仪卫”。亲府、勋府、翊府三府，“掌其府校尉、旅帅及亲、勋、翊卫之属宿卫，而总其事”。太子左右司御率府职掌与太子左右率府相同。太子左右清道率府掌昼夜巡警。太子左右监门率府掌诸门禁卫。太子左右内率府“掌千牛供奉之事”。

除此之外，东宫还有崇文馆。崇文馆为太子专门的学馆，“掌经籍图书，教授诸生”(29)。

机构编制

东宫宫官有太子太师、太傅、太保各一人，从一品。少师、少傅、少保各一人，从二品。太子宾客四人，正三品。这些官员都是由朝廷高官兼任。

詹事府设太子詹事一人，正三品；少詹事一人，正四品上；丞二人，正六品上；主簿一人，从七品上；录事二人，正九品下；司直二人，正七品上。令史一人，书令史二人，亭长四人，掌固六人。

左春坊设左庶子二人，正四品上；中允二人，正五品下；司议郎二人，正六品上；左谕德一人，正四品下；左赞善大夫五人，正五品上；录事一人，从八品下；主事二人，从九品下。令史六人，书令史十二人，传令四人，掌仪二人，赞者三人，亭长三人，掌固十人。

崇文馆设学士二人，校书郎二人，从九品下。乾元初年以宰相为学士，总馆事，贞元八年（792），崇文馆隶属左春坊。馆生十五人，书直一人，令史二人，书令史二人，典书二人，拓书手二人，楷书手十人，熟纸匠一人，装潢匠二人，笔匠一人。

司经局设太子洗马二人，从五品下；文学三人，正六品下；校书四人，正九品下；正字二人，从九品上。书令史二人，书吏二人，典书四人，楷书二十五人，掌固六人，装潢匠二人，熟纸匠、笔匠各一人。

典膳局设典膳郎二人，从六品下；丞二人，正八品上。书令史二人，书吏四人，主食六人，典食二百人，掌固四人。

药藏局设药藏郎二人，从六品下；丞二人，正八品上。书令史一人，书吏二人，侍医四人，典药二人，药童六人，掌固四人。

内直局设内直郎二人，从六品下；丞二人，正八品下。令史一人，书吏三人，典服十二人，典扇八人，典翰八人，掌固六人。

典设局设典设郎四人,从六品下;丞二人,正八品下。书令史二人,书吏四人,幕士二百四十五人,掌固十二人。

宫门局设宫门郎二人,从六品下;丞二人,正八品下。书令史一人,书吏二人,门仆百人,掌固四人。

右春坊设右庶子二人,正四品下;中舍人二人,正五品下;太子舍人四人,正六品上;通事舍人八人,正七品下。右谕德一人,正四品下;右赞善大夫五人,正五品上;录事一人,从八品下;主事二人,从九品下。令史九人,书令史十八人,传令四人,典谒四人,亭长六人,掌固十人。

家令寺设家令一人,从四品上;丞二人,从七品下;主簿一人,正九品下。录事一人,府十人,史二十人,亭长四人,掌固四人,杂匠百人。

食官署设令一人,从八品下;丞二人,从九品下。府二人,史四人,掌膳四人,供膳一百四十人,奉觯三十人。

典仓署设令一人,从八品下;丞二人,从九品下。府三人,史五人,园丞二人,史二人。

司藏署设令一人,从八品下;丞二人,从九品下。府三人,史四人,计史一人。

率更寺设令一人,从四品上;丞一人,从七品上;主簿一人,正九品下。录事一人,府三人,史四人,漏刻博士三人,掌漏六人,漏童二十人,典钟、典鼓各十二人,亭长四人,掌固四人。

仆寺设仆一人,从四品上;丞一人,从七品上;主簿一人,正九品下。进马十一人,录事一人,府三人,史五人,亭长三人,掌固三人。

厩牧署设令一人,从八品下;丞二人,从九品下;典乘四人,从九品下。府三人,史六人,翼驭十人,驾士十五人,掌闲六百人,兽医十人,主酪三十人。

太子左右率府设率各一人，正四品上；副率各二人，从四品上；长史各一人，正七品上。

录事参军事各一人，从八品上；仓曹参军事、兵曹参军事、胄曹参军事、骑曹参军事各一人，从八品下；司阶各一人，从六品上；中候各二人，从七品下；司戈各二人，从八品上；执戟各三人，散长上各十人，从九品下。录事一人，府一人，史一人。仓曹，府一人，史二人。兵曹、胄曹，府各二人，史三人。骑曹，府五人，史七人。亭长、掌固各二人。

亲府、勋府、翊府每府设中郎将各一人，从四品上；左、右郎将各一人，正五品下。兵曹参军事各一人，从九品上；亲卫，从七品上；勋卫，正八品上；翊卫，从八品上；校尉各五人，从六品上；旅帅各十人，正七品下；队正各二十人，从八品上；录事一人，府、史各一人。

太子左、右司御率府设率各一人，正四品上；副率各二人，从四品上；长史各一人，正七品上；录事参军事各一人，从八品上；仓曹参军事、兵曹参军事、胄曹参军事、骑曹参军事各一人，从八品下；司阶各一人，中候各二人，司戈各二人，执戟各三人。亲卫、勋卫、翊卫三府中郎将以下，如左右卫率府。录事一人，史二人，仓曹，府一人，史二人，兵曹，府二人，史三人，胄曹，府、史各二人，亭长一人，掌固二人。

太子左、右清道率府设率各一人，副率各二人，长史各一人，录事参军事各一人，从八品上。仓曹参军事、兵曹参军事、胄曹参军事各一人，从八品下。左、右司阶各一人，左、右中候各二人，左、右司戈各一人，左、右执戟各三人。亲卫、勋卫、翊卫三府中郎将以下，品级同左、右卫率府。录事一人，史二人，亭长二人，掌固二人，仓曹，府一人，史二人，兵曹，府二人，史三人，胄曹，府二人，史二人。

太子左、右监门率府设率各一人，正四品上；副率各一人，从四品上；长史各一人，录事参军事各一人，正九品上；兵曹参军事各一人，正九品下，兼领仓曹；胄曹参军事各一人，正九品下。监门直长七十八人，从七品下。录事一人，史二人，亭长一人，掌固二人。兵曹，府二人，史二人，胄曹，府二人，史三人。

太子左右内率府设率各一人，正四品上；副率各一人，从四品上；长史各一人，录事参军事各一人，正九品上；兵曹参军事各一人，正九品下，兼领仓曹；胄曹参军事各一人，正九品下；千牛各四十四人，从七品上；备身二十八人，主仗四十人，录事一人，史二人，兵曹，府一人，史二人，胄曹，府一人，史一人。

23－1. **太子内官**

良娣二人，正三品；良媛六人，正四品；承徽十人，正五品；昭训十六人，正七品；奉仪二十四人，正九品。

司闺二人，从六品，掌导引妃及宫人名簿。属官有掌正、掌书、掌筵。掌正三人，从八品，掌文书出入、管钥、纠察推罚，女史三人。掌书三人，从八品，掌符契、经籍、宣传、启奏、教学、禀赐、纸笔，女史三人。掌筵三人，从八品，掌幄帟、床褥、几案、舆伞、汛扫、铺设。司则二人，掌礼仪参见，总管掌严、掌缝、掌藏。掌严三人，掌首饰、衣服、巾栉、膏沐、服玩、仗卫，女史三人。掌缝三人，掌裁纫、织绩，女史三人。掌藏三人，掌财货、珠宝、缣彩。司馔二人，掌进食先尝，总管掌食、掌医、掌园，女史四人。掌食三人，掌膳羞、酒醴、灯烛、薪炭、器皿，女史四人。掌医三人，掌方药、优乐，女史二人。掌园三人，掌种植蔬果，女史二人。

总之，东宫机构是一个庞大的机构，它的机构编制几乎就是中央机构编制的一个缩影。太子一旦即位成为天子，东宫机构就会顺利接班，主掌朝政。这也是东宫机构庞大的一个原因。

24. 王府官

机构沿革

唐朝与前代一样，各个王府的重要职官都由朝廷派出的官员担任，其他一般官员则由各亲王任用。武德中期，在亲王府设师一人、常侍二人、侍郎四人，职掌表启书疏，赞相礼仪。舍人四人职掌通传引纳。谒者二人、舍人二人，正五品下，职掌谘议参军事。高宗、中宗时期，秦王府长史以宰相兼之，魏、雍、卫王府以尚书兼之，徐、韩二王为刺史兼任。景云二年(711)，改师为傅，开元二年(714)取消，不久又恢复，取消常侍、侍郎、谒者、舍人等职官。

机构职能

王府官员不同职官有不同职能。傅掌辅正过失。谘议参军事掌订谋议事。友掌侍游处，规讽道义。侍读、文学掌校典籍。东、西阁祭酒掌礼贤良、导宾客。长史、司马皆掌统府僚、纪纲职务。其他各种事务也都有专职担任。

机构编制

傅一人，从三品；谘议参军事一人，正五品上；友一人，从五品下；侍读无定员；文学一人，从六品上；东、西阁祭酒各一人，从七品上；长史一人，从四品上；司马一人，从四品下；掾一人，属一人，正六品上；主簿一人，记室参军事二人，录事参军事一人，皆从六品上；录事一人，从九品下。功曹参军事、户曹参军事、兵曹参军事、骑曹参军事、法曹参军事、士曹参军事各一人，正七品上。参军事二人，正八品下；行参军事四人，从八品上；典签二人，从八品下。

24－1. 亲事府

亲事府设典军二人，正五品上；副典军二人，从五品上；掌校尉以下守卫、陪从。校尉五人，从六品上；旅帅，从七品下；队正，从八品下;队副,从九品下。自旅帅以下,编制根据亲事多少而定。

24-2. **帐内府**

帐内府设典军二人,正五品上;副典军二人,从五品上;校尉五人,从六品上;旅帅,从七品下;队正,从八品下;队副,从九品下。府一人,史一人,帐内六百六十七人。

24-3. **亲王国**

亲王国设令一人,从七品下;大农一人,从八品下;掌判国司。尉一人,正九品下;丞一人,从九品下。学官长、丞各一人,掌教授内人。食官长、丞各一人,掌营膳食。厩牧长、丞各二人,掌畜牧。典府长、丞各二人,掌府内杂事。长都是正九品下,丞都是从九品下。典卫八人,舍人四人,录事一人,府四人,史八人。

24-4. **公主邑司**

公主邑司设令一人,从七品下;丞一人,从八品下;掌公主财货、禀积、田园。主簿一人,正九品下;录事一人,从九品下;史八人,谒者二人,舍人二人,家史二人。(30)

唐代还实行使职差遣制度。在唐代初期,朝廷经常派遣官员到各地巡视了解民情。贞观初年派遣大使十三人巡视各州。贞观八年(634)派出十道黜陟大使,对各地官员进行监督黜陟。贞观二十年(646)设置巡察使,以后又设经略使。各个时代的皇帝也都根据自己的需要派出各种使职。这种使职最大的特点就是不属于单独的机构,也没有衙门与编制,往往是完成一个使职任务之后,使职也就结束。从武则天执政开始,使职差遣制度有了进一步的发展。这主要是原来的机构编制法定性过于严苛,作为最高统治者的皇帝也无法突破,很多机构无法应对出现的新问题,为了便于自己的统治,便于集中皇权,皇帝便不断使用使职差遣来解决问题。使职差遣最大的特点就是皇帝根据需要派出自己的心腹,甚至宦官去处理政务,这些心腹官员和宦官按照国家法定的机构编制规定,都不可能迅速得到提拔。但使职差遣不存在资历问题，皇帝可以根据自己的需要，打破各种官场资历限制，想提拔谁就提拔谁，想重用谁就重用谁。安史之乱后，出现了众多的使职。这些使职有度支使、户部使、盐铁使、节度使、观察使、枢密使、宣徽使等。度支使、户部使与盐铁使是主管财政事务的专使。他们的工作本来是户部的事情，但是朝廷为了应付庞大的财政开支，将户部的三项工作分离出来，设立使职解决财政问题。节度使与观察使本来是负责监察工作，独立出来之后，成了主管数州的地方诸侯。枢密使与宣徽使则是因皇帝对地方诸侯不信任所设置的由宦官担任的一种使职，也是宦官势力膨胀的结果。以上几种使职都是唐代最重要的使职。其他还有众多临时性的使职，名目繁多，花样百出。一言以蔽之，唐代的使职差遣反映了唐代中后期政务的混乱以及官场矛盾的复杂。

这些使职差遣的最大特点就是没有国家机构编制。既然是没有国家的正式编制，也就显得名不正言不顺。但在家天下的时代，这些似乎不是很大的难题。在封建社会，皇帝的每一句话都是圣旨，但是圣旨不能代替国家的法定机构编制。皇帝无法突破国家的法定机构编制，只有采取变通，通过使职差遣的形式来解决。所以，使职差遣制度的实行，从本质上来说，是皇帝对国家法定机构编制的对抗与破坏。对于最高统治者来说，他们最在乎的是用人权。皇帝虽然具有至高无上的用人权力，但对很多皇帝来说，他们仍然认为国家的机构编制严重束缚了他们的用人权力，甚至认为不是皇帝说了算，而是臣下说了算，是国家的各个职能部门说了算。由于用人权力受到约束，皇帝的经济利益无法得到满足，他们就认为皇权受到了威胁，就要采取各种方式打破这种威胁。这只是对一些明智的帝王而言，对于一些昏庸的帝王来说，他们热衷于使职差遣，只是为了自己穷奢极欲的帝王生活。任何皇帝都认为自己的权威至高无上，都不想有任何的约束。所以，当机构编制对他们的权威构成束缚的时候,在无法废除这些机构编制的时候,皇帝就开始绕开国家机构编制,随心所欲地安排亲信干自己喜欢的事情,以满足自己的私欲。如果说唐代前期的使职差遣数量少,还有一定意义的话,那么到了中期以后,使职差遣已经泛滥,完全失去了进步意义,而且走向其反面。

使职差遣制度的实行,带来的是国家正式机构的职能被剥离,很多机构与职官成了闲曹,无事可干,他们正常的工作却被他官代替。比如监选使负责监督南选之事,监考使则负责审核官吏的考绩。这样,吏部的很多职能被使职代替了。使职差遣虽然有利于皇权的集中,但同时也削弱了国家正式机构职能,而且制造了唐王朝的掘墓人——节度使、枢密使与宣徽使。节度使虽然不属于国家的法定机构,其衙门也没有正式的编制,但是他们因为有后台——皇帝的支持,就可以通过雇佣幕僚的方式进行权力运作。

从以上可以看到,尽管唐代在职官设置上具有严肃的法定性,但这种法定性只是对文武百官而言。作为最高统治者的皇帝,当他们看到这种职官对自己的权威构成威胁时,就千方百计削弱它。这种机构职官的随时因需设立,不仅导致官员增多,更多的是滋生了腐败,削弱了机构编制的严肃性与法定性。本来已经有机构、有官员从事这项工作,但被皇帝破坏了,使得从事这项工作的官员成了闲官。不但吏部、户部的很多职能被度支、户部、盐铁转运使所取代,三省的很多职能也被使职取代。负责财政的使职有户口使、租庸使、青苗使、税地钱使、营田使、苑内营田使、出纳使等五花八门的使职。地方行政权更是被节度使和观察使所取代。在使职差遣制度下,国家正常的权力机关逐渐变成闲曹。地方行政体制也由州、县两级制变成了道、州、县三级制。在使职差遣制度下,宦官势力得以膨胀,形成了完全由宦官控制的监军系统。除此之外,由于枢密使和宣徽使也都由宦官担任,宦官掌握了皇宫政令的承宣传达,使得中书拟旨、门下封驳流于形式,本来是正常的中央管理体制遭到破坏,被皇帝所创造的职官所取代。由于枢密使掌握了王命的承宣传达,无论是皇帝的圣旨,还是地方主官大臣的意见,都大打折扣。正是宦官掌握监军,掌管枢密使与宣徽使,才使得皇权被宦官控制起来。皇帝到了关键时刻还得依靠不被信任的朝臣解围,但还是有皇帝因此丧命。皇帝依靠宦官,但是原有的机构编制没有给宦官掌握朝政的权力与机会,皇帝打破国家机构编制,给宦官掌权创造了机会,也就为唐朝的最终灭亡创造了条件。如果仅仅有宦官干政,还不可能最终让唐朝覆灭,使职差遣制度下的节度使制度与唐代宦官制度共同为唐朝的灭亡铺平了道路。使职差遣制度表面看来加强了皇帝对权力的控制,但使职差遣的泛滥恰恰削弱了皇权,甚至最终葬送了皇权。正是使职差遣制度造成了尾大不掉的节度使,成为皇权的最大威胁。唐朝的州面积比较小,对朝廷构不成威胁,但是道节度使往往统治着好几个州,甚至十几个州,有足够的经济和军事力量与中央政权抗衡。安禄山首先向唐王朝发难。唐朝廷费了九牛二虎之力,平定了安禄山的叛乱,但是并没有吸取教训,并没有在地方机构设置上采取果断措施。唐王朝设立节度使,本来是为了控制地方,结果控制地方的节度使终结了唐王朝的历史。

安禄山叛乱之后的使职差遣更加泛滥,节度使的权力与势力更加强大。安史之乱后的使职差遣大体分为三个体系:

第一,军政体系。

在这一体系下,主要有以下使职:

观风俗使、黜陟使、巡察使、按察使、巡抚使、存抚使。这些使职的职能主要是监察,一般设在中唐以前。以后出现了"使持节"名堂的都督,使得使职发生了一个重要变化,就是节度使。节度使不但专管一方的军事,而且掌管一方的民事,不像以前的都督虽然

掌管一方的军事，但只是兼管一州民政。（本章第五节专门论述）

第二，财政体系。

在这一体系下，主要有以下使职：

度支使、户口使、户部使、租庸使、青苗使、税地钱使、营田使、苑内营田使、庄宅使、长春宫使、九成宫使、出纳使、检阅使、监太仓使、监左藏库使、延资库使、诸州库使、粮料使、供军使、支度使、木炭使、两税使、钱税使、榷茶使、铸钱使、市舶使、和籴使、盐池使、税盐使、榷盐使、榷税使、盐铁使、水运使、海运使、水陆运使、转运使、发运使等。这些财政系统的使职，有的根据它们的名称就能看出其职能，有的则很难从其名字知道其职能。比如检阅使从字面理解还以为是检阅部队的使职，实际是检查阅视仓库的使职。在众多使职下，作为国家财政机构的户部，几乎成了空架子。大事小事几乎都是皇帝安排使职去做，户部官员大多成了闲官。

第三，宦官系统。

唐代的皇帝大多宠信宦官，那些宠信宦官的皇帝最后多受其害。宦官担任的使职也是五花八门，最为要害的就是枢密使。枢密使掌管国家机密，尤其是军事机密。在原先宰相办公机构政事堂就有机密房，宰相亲自掌管。“唐代宗永泰中，置内枢密使，始以宦者为之，初不置司局，但有屋三楹，贮文书而已。其职掌惟承受表奏于内中进呈；若人主有所处分，则宣付中书门下施行而已。”(31) 显然，枢密使的设立是为了对付宰相，皇帝有什么旨意，便安排枢密使宣示中书门下，宰相只有执行的份，再也看不到唐初的中书拟旨、门下封驳的体制了。

其次是宣徽使。宣徽使的任务是宣达皇帝的特殊徽旨与恩赐等。以后皇帝有什么旨意都安排宦官宣达，所以又增加了宣徽南院使与宣徽北院使。宣徽使不但奉旨到处出头露脸，而且还参与中书决策。

除了枢密使、宣徽使，还有众多使职。有内庄宅使、宫苑使、五坊宫苑使、内苑使、栽接使、教坊使、梨园使、五坊使、中尚使、内作使、文思使、毡房使、染坊使、进食使、尚食使、御厨使、酒坊使军器使、弓箭库使、营幕使大盈库使、丰德库使、飞龙使、小马坊使、客省使、阁门使、鸿胪礼宾使、翰林使、学士使、少阳院使、十王宅使、六宅使、宫市使、皇城使、桥陵使，等等。这些使职已经不是唐人所说的二十四使所能涵盖。这些使职有的对内，有的对外，有的是为了监视翰林院的官员，有的是联系太子与诸王。有的由宦官担任，有的是由得到皇帝宠信的高官担任，比如深受皇帝宠信的杨国忠就担任了四十余项使职，担任使职的多少成了皇帝宠信多少的象征。皇帝只要宠信谁，就给谁安排使职。使职代替了唐代国家机构的正式职官，使职泛滥严重破坏了国家机构编制。这样的结果是削弱了国家机关的行政执行能力。表面上增加了皇帝的权力，让皇帝看上去至高无上，但是也为推翻皇帝埋下了伏笔。国家机构编制维护了皇权，但是皇帝滥用机构编制的权力，最终变成了皇权的克星。

唐代中央机构编制简表

机构	职官	职能	编制	备注
中书省	中书令 侍郎 舍人	掌佐天子执大政，而总判省事，掌制令决策	2人 2人 6人	
门下省	侍中 门下侍郎 左散骑常侍 左谏议大夫 给事中	出纳帝命，缉熙皇极，总典吏职，赞相礼仪，以和万邦，以弼庶务	2人 2人 2人 4人 4人	
尚书省	尚书令 左、右仆射 左丞 右丞	行政中枢执行机构	1人 1人 1人 1人	因唐太宗担任过尚书令，无人再担任

（续表）

机构	职官	职能	编制	备注
吏部	尚书 侍郎 郎中	掌天下官吏选授、勋封、考课之政令	1 人 2 人 5 人	
户部	尚书 侍郎 郎中	掌户口、土田、赋役、贡献、蠲免、优复、姻婚、继嗣之事	1 人 2 人 5 人	
礼部	尚书 侍郎 郎中	掌礼仪、祭享、贡举之政	1 人 1 人 4 人	 每司 1 人
兵部	尚书 侍郎 郎中	掌武选、地图、车马、甲械之政	1 人 2 人 5 人	
刑部	尚书 侍郎 郎中	掌律令、刑法、徒隶、按覆谳禁政务	1 人 1 人 5 人	
工部	尚书 工部司侍郎 屯田司侍郎 虞部司侍郎 水部司侍郎 郎中	掌山泽、屯田、工匠、诸司公廨纸笔墨之事	1 人 1 人 1 人 1 人 1 人 4 人	 每司 1 人
秘书省	秘书监 少监 丞 著作郎 司天监 少监 春官、夏官、秋官、冬官、中官正	掌邦国经籍图书之事	1 人 2 人 1 人 2 人 1 人 2 人 各 1 人	
御史台	御史大夫 中丞	掌持邦国刑宪典章，以肃正朝廷	1 人 2 人	
太常寺	太常寺卿 少卿 丞	掌礼乐、郊庙、社稷事务	1 人 2 人 2 人	

（续表）

机构	职官	职能	编制	备注
光禄寺	光禄寺卿 少卿	掌酒醴膳羞之政	1 人 2 人	
卫尉寺	卫尉寺卿 少卿	掌器械与文物	1 人 2 人	
宗正寺	宗正寺卿 少卿 诸陵台令	掌天子族亲属籍，以别昭穆	1 人 2 人 若干人	
太仆寺	太仆寺卿 少卿	掌厩牧、辇舆之政	1 人 2 人	
大理寺	大理寺卿 少卿 正	掌对囚犯的审判	1 人 2 人 2 人	
鸿胪寺	鸿胪寺卿 少卿	掌宾客及凶仪之事	1 人 2 人	
司农寺	司农寺卿 少卿	掌仓储委积之事	1 人 2 人	
太府寺	太府寺卿 少卿	掌财货、廪藏、贸易	1 人 2 人	
国子监	祭酒 司业 国子学博士 五经博士	掌儒学训导之政	1 人 2 人 5 人 2 人	
少府监	少府监 少监	掌百工技巧之政	1 人 2 人	
将作监	将作监 少监	掌土木工匠之政	1 人 2 人	
军器监	军器监	掌将士盔甲兵器弩箭制造	1 人	
都水监	使者	掌川泽、津梁、渠堰、陂池之政	2 人	

（续表）

机构	职官	职能	编制	备注
殿中省	监 少监 丞 奉御	掌天子服御之事	1人 2人 2人 12人	 每局2人
内侍省	内侍 内常侍 内给事	掌在内侍奉、出入宫掖宣传之事	4人 6人 8人	
东宫官	太子太师、太傅、太保 少师、少傅、少保 太子宾客 太子詹事 少詹事 左庶子 中允 左谕德 左赞善大夫 太子洗马 右庶子 中舍人 右谕德 右赞善大夫 家令 率更寺令 仆 左、右府率 副率 亲府、勋府、翊府中郎将 左、右郎将 左、右司御率府率 副率 左、右监门率府率 副率 左、右内率府率 副率	掌辅导皇太子 掌晓三师德行，以谕皇太子，奉太子以观三师之道德	各1人 各1人 4人 1人 1人 2人 2人 1人 5人 2人 2人 2人 1人 5人 1人 1人 1人 各1人 各2人 各1人 各1人 各1人 各2人 各1人 各1人 各1人 各1人	

注：本表所列均为五品以上职官。

第五节　唐代地方机构编制

唐代是一个幅员广袤的封建王朝，其统治区域内，由于中原地区和边疆少数民族地区在社会历史、经济发展程度等方面有所不同，反映在机构编制上也有差别。

总体来说，唐代地方行政机构编制，安史之乱以前是州（府）、县二级建置。唐代将隋朝的郡改为州。据贞观十三年（639）的统计，唐有州358个。州是唐朝封建国家统治地方最重要的一级地方政权。安史之乱以后是道、州（府）、县三级建置。府是州的别名，设在首都和陪都所在地之府，与州地位相同，边疆少数民族地区则设置都护府。

唐代地方政权，安史之乱以前较为严整，中央与地方关系处理得比较得当，安史之乱后则逐渐走向外重内轻、尾大不掉的割据局面。

1. 三都府

机构沿革

自秦、汉以来，西安、洛阳、太原均为州，隋置总管都督，通名为府。唐定都长安，故以雍州京兆府为西京，统称为西都；河南府在地理上为襟带之地，是东周、东汉、魏、晋及后魏的故都，所以作为东都。太原府，本为并州，是唐高祖李渊起兵发祥之地，故定为北都。后来又陆续设有凤翔、成都、河中、江陵、兴德等府。其设置，是因为这些地方皇帝曾驻留过，曾具有陪都或临时首都的地位。京城长官，秦代称内史，汉代初称内史，后称尹，隋为内史。武德元年（618），雍州设牧一人，由亲王担任，日常工作由长史主持，长史就成了京城的最高长官。太宗征伐高丽，设京城留守，以后皇帝经常外出不在京都，专门设置留守，以右金吾大将军为副留守；唐开元初年，设上都京兆府、东都河南府、北都太原府，即著名的“三都府”，改京兆、河南府长史为尹，通判府务，如果没有牧，府尹则主持政务。开元十一年(723)，太原府也设置尹与少尹，以尹为留守，少尹为副留守，称之为三都留守。

机构职能

三府之中，京兆府最为重要，所谓“京兆尹，天下取则之地”(32)，是全国学习的楷模。

三都府长官掌“宣德化，岁巡属县，观风俗、录囚、恤鳏寡”(33)。三府长官的职能主要有五项，第一项是宣扬朝廷德化，也就是思想教育宣传工作。第二项是每年巡察属县，对属县官员进行监督监察。第三项是了解、观察风俗民情，移风易俗。第四项是法律审判，对各种违法犯罪进行审理判刑。第五项是民政工作，抚恤鳏寡孤独。

机构编制

都府设牧各一人，从二品；西都、东都、北都、凤翔、成都、河中、江陵、兴元、兴德府设尹各二人，从三品；司录参军事二人，正七品；录事四人，从九品上。功、仓、户、兵、法、士等六曹参军事各二人，正七品下；参军事六人，正八品下；执刀十五人，典狱十八人，问事十二人，白直二十四人，经学博士一人，从八品上；助教二人，医药博士一人，助教一人。除此之外，还有府、史等胥吏。

2. 节度使

机构沿革

唐朝初年总辖地方军政的长官为都督刺史，睿宗景云二年(711)以贺拔延嗣为凉州都督，充河西节度使，节度使开始成为正式官职。开元年间，出于边防的需要，在边疆地区与沿海地区先后设立了安西、朔方、范阳、平卢等九个节度使。这些节度使持有皇帝发给的旌节，不但管军，还治民，而且节度使与都督府的不同在于，节度使管数州甚至十几州，其管辖区域就成了一个大行政区。本来中央政府直辖州，州无论是从地理、经济、人口等诸方面，都对朝廷构不成威胁，但是有的节度使辖数州甚至十几州，成了标准的一方诸侯。唐朝设立节度使的本意是为了加强对地方尤其是边境地区的监督控制，结果适得其反，创造了藩镇诸侯。节度使的设立改变了唐朝的州(府)县两级行政管理体制，这样，就在州(府)县之上增加了一级道的机构衙门。唐朝早期的道本来是一种地理区域划分，以后作为一种监察道。派出的使职比如观风俗使、黜陟使、巡察使、按察使、巡抚使、存抚使都带有监察巡抚的职能，中唐以后出现的节度使不但管军，还治民，而且所管辖范围广泛，逐渐坐大，形成了令中央无可奈何的藩镇，这样，就改变了唐朝地方州(府)县二级行政管理体制，变成了道、州(府)、县三级行政管理体制。尽管道一级没有取得国家法定认可，但它确实是一级政府管理机构。安禄山之乱后，各个地方纷纷效法建立节度使，不过，很多节度使已经不是由朝廷任命了，而是自行任命。这些节度使的设立不再是为了地区安全，而是为了扩充地盘，扩充势力范围。这些节度使一般都加以军号，比如朔方军(灵武)节度使。

机构职能

节度使"掌总军旅，颛诛杀"。节度使上任向皇帝辞行，皇帝"赐双旌双节。行则建节、树六纛，中官祖送，次一驿辄上闻。入境，州县筑节楼，迎以鼓角，衙仗居前，旌幢居中，大将鸣珂，金钲鼓角居后，州县赍印迎于道左"。节度使可谓八面威风。节度使一般都兼观察使，这就是说节度使不但管军，还负责对属官的监察。

机构编制

节度使虽然是权势无比的一方诸侯，但毕竟不是国家的正式机构编制。所以，节度使在机构编制上不像州、县那样有内设机构，职官也没有官品，除了少数的官员是朝廷派遣的，绝大多数都是自己雇的临时工。

节度使在驻地也都筑有牙（衙）城，作为节度使的衙门。因为节度使一般都是兼观察使与刺史，所以，节度使衙门都分为三个厅：节度厅、观察厅和刺史厅。

节度使属官有行军司马、副使、判官、支使、掌书记、推官、巡官、衙推各一人，同节度副使十人，馆驿巡官四人。节度使手下武官有兵马使、都教练使、都指挥使、牙内指挥使、亲从指挥使、先锋使、武锋使、开道指挥使、排阵使等。

在唐代，除了节度使、观察使，还有名目繁多的其他官职，只要有一项工作，就必然会安排一种使职去完成。比如在地方还有防御使、团练使、经略使、镇遏使、宁朔大使、五府大使、镇守使、防城使、巡边使等，在各个道还有宣慰使、宣谕使、慰谕使、宣抚使、简点使、计会使、祭祀使、劝农使、捕蝗使、招募使、和解使、招谕使、抚慰使、通合使、和好使、和番使、入番使、和亲使、吊祭使、册封使、迎接使、侦察使、纳降使、征兵使、会盟使，等等。总之，中唐以后，无官不使。中唐所患上的这种“使职病”，遗传了不知多少代。在这诸多使职当中，对唐王朝来说，最致命的则是节度使。

3. 州衙门

机构沿革

秦统一六国之后，实行郡县制，全国置三十六郡。汉则以州统郡。隋代将州分为九等，“（开皇）三年（583）四月……罢郡，以州统县，改别驾、赞务，以为长史、司马”[34]。隋炀帝即位后，罢州置郡。武德年间改郡为州。“开元中，定天下州府，自京都及都督、都护府之外，以近畿之州为四辅。其余为六雄（郑、陕、汴、绛、怀、魏六州为六雄)、十望(宋、亳、滑、许、汝、晋、洺、虢、卫、相十州为十望)、十紧及上、中、下之差。"[35]州长官为刺史。

机构职能

刺史职掌"清肃邦畿,考核官吏,宣布德化,抚和齐人,劝课农桑,敦敷五教"。刺史每年都要巡视所属各县,观察当地风俗民情,询问当地社会发展情况,审讯羁押囚犯,抚恤鳏寡孤独,查阅人丁户口,掌握百姓疾苦,推荐优秀人才,如果发现管辖区域内有"笃学异能闻于乡闾者",要向朝廷荐举。有不孝悌,悖礼乱常,不遵守法律的,要予以缉拿惩罚。所属官吏公廉下己,清直守节,必须谨慎加以考察。同样,对那些贪贿谄谀、求名徇私的属官,也要谨慎加以考察,将他们的材料记录在案,作为将来年终考核惩罚的依据。对于那些表现特好与表现极差的官吏则要随时上奏朝廷。对于所查狱讼疑议、兵甲兴造便宜、符瑞尤异,也要随时上报。正常事务则上报尚书省。对于孝子顺孙、义夫节妇,其事迹在当地有影响的,也要及时上报,对他们进行表彰。对孝悌力田,又有文化知识的,要多征求他们的意见。对于所属各县政务需要改进的,允许他们便宜从事。如果是亲王兼任刺史或者是都督兼任刺史无法离开巡察属县的,委托上佐代为巡察。刺史属官尹、少尹、别驾、长史、司马都是刺史的主要副手,他们的职责是"以纲纪众务,通判列曹。岁终则更入奏计"。其他属官"司录、录事参军掌勾稽,省署钞目,监符印。功曹、司功掌官吏考课、祭祀、祯祥、道佛、学校、表疏、医药、陈设之事。仓曹、司仓掌公廨、度量、庖厨、仓库、租赋、征收、田园、市肆之事。户曹、司户掌户籍、计帐、道路、逆旅、婚田之事。兵曹、司兵掌武官选举、兵甲器仗、门户管钥、烽候传驿之事。法曹、司法掌刑法。士曹、司士掌津梁、舟车、舍宅、百工众艺之事。市令掌市廛交易、禁斥非违之事。经学博士掌《五经》教授诸生。医药博士以百药救民疾病"[36]。

机构编制

上州刺史衙门设刺史一人，从三品；别驾一人，从四品下；长史一人，从五品上；司马一人，从五品下；录事参军事一人，从七品上；录事三人，从九品上。司功参军事一人、司仓参军事一人、司户参军事二人、司兵参军事一人、司法参军事一人、司士参军事一人，皆从七品下。参军事四人、典狱十四人、问事八人、白直二十四人，从九品上；丞一人、佐一人、史二人、帅三人、仓督二人，从八品下；经学博士一人，从八品下；助教二人，学生六十人。医学博士一人，正九品下。助教一人，学生十五人。

中州（户满二万户为中州）刺史衙门设刺史一人，正四品上[37]；别驾一人，正五品下；长史一人，正六品上；司马一人，六品上；录事参军事一人，正八品上；录事一人，从九品上。司兵、司功、司仓、司户、司法、司士等六曹参军事各一人，均正八品下。六曹均有佐史，参军事三人，正九品上。执刀十人，典狱十二人，问事六人，白直十六人，市令一人，丞、佐各一人，史、帅、仓督各二人。经学博士一人，正九品上，助教一人。医药博士一人，从九品下，助教一人。

下州（不满二万户为下州）刺史衙门设刺史一人，正四品下；别驾一人，从五品上；司马一人，从六品下；录事参军事一人，从八品上；录事一人，从九品下；司仓、司户、司法三曹参军事[38]各一人，从八品下，随曹有佐史数人。参军事一人，从九品下；典狱八人，问事四人，白直十六人，市令一人，佐、史各一人，帅二人，仓督一人。经学博士一人，正九品下；助教一人，医学博士一人，从九品下。

州之下还有军，军设使，由刺史兼任，其他属官有副使、推官、衙官、州衙推、军衙推。五千人以上的军设副使一人，万人以上设营田副使一人。

在天宝年间，改州为郡，刺史为太守。“自是州郡史守更相为名,其实一也。”[39]

4. 县衙门

机构沿革

自秦代设县以后,县一直被历代所沿袭。自隋以后,县的等级分类进一步细化。隋朝将县的等级分为九等。开皇十四年(594)将县九等改为四等。隋炀帝以大兴、长安、河南、洛阳四县为上京县。唐朝将万年、长安、河南、洛阳、太原、晋阳六县,谓之京县。京兆、河南、太原三府所辖诸县谓之畿县。诸州之县又分上县、中县、下县等。这种划分又是与州的等级划分相对应的。县的等级决定县令的品级,唐代上京县县令为正五品上,京县县令为正六品上,上县县令为从六品上,中县县令为正七品上,下县县令为从七品下。所以,县令并不都是“七品芝麻官”。

机构职能

县令掌导风化,察冤滞,听狱讼。凡民田收授,县令给之。每岁季冬,行乡饮酒礼。籍帐、传驿、仓库、盗贼、堤道,虽有专官,皆通知。一县之政,县令无所不管。县丞为县令的助手,与县尉分判众曹,掌管各种税收。

机构编制

京县设县令一人,正五品上;丞二人,从七品;主簿二人,从八品上;录事二人,从九品下;佐二人,史四人,尉六人,从八品下;司功佐三人,史六人,司仓佐四人,史八人,司户佐五人,史十人,司兵佐三人,史六人,司法佐五人,史十人,司士佐四人,史八人;典狱十四人,问事八人,白直十八人,博士一人,助教一人。

畿县设县令一人,正六品下;丞一人,正八品下;主簿一人,正九品上;尉二人,正九品下。录事二人,史三人;司功佐三人,史五人,司仓佐四人,史七人,司户佐四人,史七人,帐史一人,司法佐四人,史八人;典狱十四人,问事四人,白直十人,市令一人,佐一人,史一人,帅二人,经学博士一人,助教一人。

上县设县令一人,从六品上;丞一人,从八品下;主簿一人,正九品下;尉二人,从九品上。录事二人,史三人,司户佐四人,史七人,帐史一人,司法佐四人,史八人;仓督二人,典狱十人,问事四人,白直十人,市令一人,佐、史各一人,帅一人,博士一人,助教一人。

中县设县令一人,正七品上;丞一人,从八品下;主簿一人,从九品上;尉一人,从九品下。录事一人,史四人,司户佐三人,史五人,帐史一人,司法佐二人,史六人;仓督一人,典狱八人,问事四人,白直八人,博士一人,助教一人。

中下县设县令一人,从七品下;丞一人,正九品下;主簿一人,从九品上;尉一人,从九品下。录事一人,司户佐二人,史三人,帐史一人,司法佐二人,史四人;典狱六人,问事四人,白直八人,市令一人,佐、史各一人,帅二人,博士一人,助教一人。

下县设县令一人,从七品下;丞一人,正九品下;主簿一人,从九品上;尉一人,从九品下。录事一人,司户佐二人,史四人,帐史一人,司法佐一人,史四人;典狱六人,问事四人,白直八人,市令一人,佐一人,史二人,帅二人,博士一人,助教一人。

从各个等级的编制来看,不但县令的品级不同,而且属官的品级也不同,配置的编制人员也有区别。不但流内官有区别,而且流外胥吏也有区别。畿县所有人员八十余人,品级官员连县令算上只有五人。下县编制更少,只有四十三人,品级官员四人,其他都是胥吏办事人员。

5. 军镇

机构沿革

在唐代,很多地方还设有军镇,军镇主官为镇将。军镇分上、中、下三等，全国共设上镇二十个，中镇九十个，下镇一百三十五个。镇将手下有一批属官，而且这些属官品级也都比较低，属于基层军官。根据唐代规定，军镇，两万人以上置司马一人，正六品上；仓曹、兵曹参军事各一人，从七品下。不够两万的，司马从六品上，仓曹、兵曹参军事正八品上。但是这些镇将属官都在国家机构编制之内，而那些位高权重的节度使、观察使等虽然属于皇帝钦差，却都没有列入国家正式机构编制序列。

机构职掌

军镇职掌地方防御。军镇仓曹参军事，掌仪式、仓库、饮膳、医药、付事、句稽、省署钞目、监印、给纸笔、市易、公廨等。不设仓曹的，这些职能由兵曹兼掌。兵曹参军事，掌防人名帐、戎器、管钥、差点及土木兴造之事。

机构编制

上镇设镇将一人，正六品下；镇副二人，正七品下；仓曹参军事、兵曹参军事各一人，从八品下。使、副使各一人，录事一人，史一人，仓曹佐一人、史二人，兵曹佐、史各二人，仓督一人、史二人。

中镇设镇将一人，正七品上；镇副一人，从七品上；兵曹参军事一人，正九品下。使、副使各一人，录事一人，兵曹佐一人、史四人，仓督一人、史二人。

下镇设镇将一人，正七品下；镇副一人，从七品下；兵曹参军事一人，从九品下。使、副使各一人，录事一人，兵曹佐一人、史二人，仓督一人、史一人。

除了三镇还有三戍。戍分上、中、下三等。唐代上戍有十一个，中戍八十六个，下戍二百四十五个。上戍设戍主一人，正八品下；戍副一人，从八品下；佐一人、史二人。中戍设戍主一人，从八品下，史二人。下戍设戍主一人，正九品下，史一人。

唐代各个关隘也都设有官员管理。全国共设关二十六个，有驿道的为上关，没有驿道的为中关和下关。各关职掌“禁末游，察奸慝”。凡行人车马出入，都要进行盘查，缉拿坏人。关丞掌“付事、句稽、监印、省署钞目，通判关事”[40]。上关设令一人，从八品下；丞二人，正九品下；录事一人，府二人，史四人，典事六人。中关设令一人，正九品下；丞一人，从九品下；录事一人，府二人，史二人，典事四人。下关设令一人，从九品下；府一人，史、典事各二人。

五岳（东岳泰山、西岳华山、南岳衡山、北岳恒山、中岳嵩山）、四渎（长江、黄河、淮河、济水）各设令一人，正九品上，职掌五岳四渎的祭祀。有祝史三人，赍郎各三十人。

以上官员品级虽低，但都属于国家机构的正式编制。

6. 大都督府

机构沿革

都督在南北朝时期为大行政区的军政长官，全称为都督某某等州诸军事。北周时期称总管，隋沿周制，亦称总管。总管一州之政而兼督诸州军事。隋朝设置并、益、扬、荆四州大总管。唐沿隋制，也设置总管，总领一州与监管诸州军事。武德五年（622），设洛、荆、并、幽、交州大总管府，武德七年（624）改大总管府为大都督府，总管府为都督府。管十州以上的为上都督府，不满十州的为都督府。贞观十三年（639）全国共有四十一个都督府。睿宗景云二年（711）合并都督府为二十四个，分为三等。扬、益、并、荆四州为大都督府；其他为中都督府和下都督府。开元元年（713）规定，户满两万以上为中都督府，不满两万为下都督府。开元年间共有洛阳、荆州、并州、幽州、交州、潞州六大都督府。

机构职能

都督府的主要职能是“以总军戎”[41]，也就是说以军事为主，其次是督察，纠察所管州县官员善恶。“掌所管都督诸州城隍、兵马、甲仗、食粮、镇戍等。”(42) 这是军事,行政职能则与刺史相同。都督府管数州之军,但是管民只能管一州之民。都督府所在地之州民政归其管辖,其他州的民政则不属于其管辖范围。

机构编制

大都督府设都督一人,从二品;长史一人,从三品;司马二人,从四品下;录事参军事二人,正七品上;录事二人,从九品上。功、仓、户、兵、法、士六曹参军事,功曹、士曹各一人,其他各曹二人,均为正七品下。市令一人,从九品上。典狱十六人,问事十人,白直二十四人,丞一人,佐一人,史二人,仓督二人,均为流外胥吏。其他有经学博士一人,从八品上;助教二人,医学博士一人,从八品下;助教一人。

中都督府设都督一人,正三品上;别驾一人,正四品下;长史一人,正五品上;司马一人,正五品下;录事参军事一人,从七品下;录事二人,从九品上;功、仓、户、兵、法、士六曹参军事各一人,均为从七品上;参军事四人,从八品上;市令一人,从九品上。典狱十四人,白直二十人,丞一人,佐一人,史二人,帅三人,仓督二人;经学博士一人,从八品下;助教二人,医药博士一人。

下都督府设都督一员,从三品;别驾一人,从四品下;长史一人,从五品上;司马一人,从五品上;录事参军事一人,从七品上;录事二人,从九品下;功、仓、户、兵、法、士六曹参军事各一人,从七品下;参军事三人,从八品下;市令一人,从九品上;典狱十二人,问事六人,白直十六人,丞二人,佐一人,史二人,帅二人,仓督二人;经学博士一人,从八品下;助教一人,医学博士一人,助教一人。

7. 大都护府

机构沿革

都护府,一般设置于边疆地区。“都护”之意本为监察,都护府的主要职责是抚慰和监督唐朝周边少数民族地区。

在唐朝前期，先后灭东、西突厥和高丽，边疆少数民族纷纷内附。太宗和高宗年间，唐朝疆域东至黑水都督府窟说部（库页岛），西至安西府（包括今咸海、阿姆河流域），南至唐林州（古罗江包括在内），北至坚昆府（今贝加尔湖地区），成为当时世界上疆域最辽阔的大一统帝国。为了加强统治，巩固一统帝国，唐初统治者仿效汉代西域都护府的建置，从太宗到武后时期，由西北、北方、东北以至南方，先后设置了安西、北庭、蒙池、昆陵（以上属陇右道）、单于、安北（以上属关内道）、安东（属河北道）、安南（属剑南道）等八个都护府。到唐玄宗开元、天宝年间，只剩下安西、北庭、单于、安北、安东、安南六个都护府。

机构职能

《新唐书》介绍都护府职掌为“掌统诸蕃，抚慰、征讨、叙功、罚过，总判府事”。《旧唐书·职官三》对都护府的职能也作了类似的总结：“掌抚慰诸蕃，辑宁外寇，觇候奸谲，征讨携贰。”都护府的职能有共同之处，就是安抚少数民族，维护边疆安全。

机构编制

大都护府设大都护一人，从二品；副大都护二人，从三品；副都护二人，正四品上；长史一人，正五品上；司马一人，正五品下；录事参军事一人，正七品上；录事二人，从九品上；功曹参军事、仓曹参军事、户曹参军事、兵曹参军事、法曹参军事各一人，正七品下；参军事三人，正八品下。

上都护府都护一人，正三品；副都护二人，从四品上；长史一人，正五品上；司马一人，正五品下；录事参军事一人，正七品下；功曹参军事、仓曹参军事、户曹参军事、兵曹参军事各一人，从七品上；参军事三人，从八品上。

唐代地方机构编制简表

机构	职官	职能	编制	备注
三都府	牧(留守) 尹 司录参军事 录事 功、仓、户、兵、法、士六曹参军事 参军事 经学博士 助教 医药博士 助教	掌宣德化,岁巡属县,观风俗、录囚、恤鳏寡	1人 各2人 2人 4人 各2人 6人 1人 2人 1人 1人	亲王担任无牧则尹为最高长官
都督府	大都督 长史 司马 录事参军事 录事 功、仓、户、兵、法、士六曹参军事 市令 经学博士 助教 医学博士 助教	总军戎	1人 1人 2人 2人 2人 各2人(功曹、士曹各1人) 1人 1人 2人 1人 1人	本表为大都督府编制
都护府	大都护 副大都护 副都护 长史 司马 录事参军事 录事 功曹参军事、仓曹参军事、户曹参军事、兵曹参军事、法曹参军事 参军事	掌统诸蕃,抚慰、征讨、叙功、罚过,总判府事	1人 2人 2人 1人 1人 1人 2人 各1人 3人	本表为大都护府编制

（续表）

机构	职官	职能	编制	备注
节度使	节度使 行军司马 节度副使 判官 支使 掌书记 推官 巡官	掌总军旅，颛诛杀	1 人 1 人 10 人 1 人 1 人 1 人 1 人 1 人	
州衙门	刺史（太守） 别驾 长史 司马 录事参军事 录事 司功参军事 司仓参军事 司户参军事 司兵参军事 司法参军事 司士参军事 参军事 经学博士 助教 医学博士 助教	掌清肃邦畿，考核官吏，宣布德化，抚和齐人，劝课农桑，敦敷五教	1 人 1 人 1 人 1 人 1 人 3 人 1 人 1 人 2 人 1 人 1 人 1 人 4 人 1 人 2 人 1 人 1 人	本表州编制为上州编制
县衙门	县令 丞 主簿 录事 尉 司户佐 司法佐	掌导风化，察冤滞，听狱讼	1 人 1 人 1 人 2 人 2 人 4 人 4 人	本表为上县县衙编制

注：本表所列为有品级职官。

第六节 五代十国机构编制

五代十国的出现是唐代藩镇割据的必然结果。唐玄宗宠信重用外藩，宠信重用杨国忠，宠信重用宦官，结果酿成安史之乱。唐玄宗虽然依靠一些节度使平定了安史之乱，但是并没有从中吸取唐朝致乱的教训。直到后期，唐朝的皇帝才明白过来，唐朝之所以致乱，与藩镇有着直接的关系，但是，这些皇帝已经没有权威与力量制约藩镇。使职差遣制度的实行，使得中央各部，甚至包括中书、门下省都失去了往日的权威，已经无法像初唐那样协助皇帝进行有效的中央权力运作。唐朝后期的皇帝还想通过军队控制局势，于是，枢密使便成为最重要的权力部门。但是皇帝们选用宦官担任枢密使。至后梁开平元年（907）五月，改枢密院为崇政院，命敬翔为院使，设判官一人，后改设副使一人。开平二年十一月，设崇政院直学士二员，选有政术文学者为之，其后又改为直崇政院。五代皇帝都是执掌军政大权的节度使。这些节度使倒是非常明白唐朝之所以灭亡是因为有众多令朝廷无可奈何的藩镇。当他们建立政权之后，首先要做的就是削藩。但是，节度使已经形成一种强大的地方割据势力，削藩的结果是政权的不断更替。后梁、后唐、后晋、后汉、后周一个个都成了短命的王朝。

这些短命的王朝根本就没有时间对国家机构进行改革，只有延续唐朝的机构编制。这个时期的机构编制不像其他朝代那样，有比较详细的历史记录，《旧五代史》对于百官的记载非常简单，几乎就没有机构编制的系统介绍，涉及某个机构也只是片言只语。我们无法对五代十国的机构编制作详细系统的介绍，而且这一时期的机构编制在中国机构编制史上没有代表性。所以，我们只对最有代表性的枢密院作一介绍。

枢密院

机构沿革

枢密使最早设立于唐代宗永泰年间。刚刚设立的枢密使还没有什么权力,而且没有衙门名称,只有简单的三间房子。设置枢密使本来是皇帝为了制约相权的手段,但是没有想到枢密使最后成了对付皇权的工具。宦官利用枢密使上呈下达的有利条件,对上蒙骗,对下“矫诏”发号施令。宦官不但利用枢密使的职权控制皇帝,还与朝廷大臣地方藩镇勾结,发动政变,皇帝设立枢密使不但没有制约相权,反而被相权与枢密使所制约。枢密使不但是皇帝的传令官,而且参与任命或惩处宰相大臣,还参与宰相会议,决策朝廷大事。真正认识到枢密使副作用的朱全忠,在夺取唐朝大权之后将枢密院改为崇政院。无论是叫枢密院,还是叫崇政院,都是位崇于宰相的机构。后唐灭后梁之后,将崇政院恢复为枢密院,长官为枢密使。从后唐一直到后周,都是枢密院。郭崇韬担任枢密使,宰相在他面前俯首听命。后晋桑维翰担任枢密使,宰相在他面前也是畏首畏尾,不敢多说话。后汉郭威担任枢密使,手握重兵,最后推翻后汉,当了皇帝,建立后周。枢密使的设立是皇帝为了制约相权所设,却成了皇权的克星。直到宋朝建立,赵匡胤总结经验教训,杯酒释兵权,令武将交出兵权,让文臣担任枢密使,枢密院才真正成为国家的稳定机构。

机构职能

枢密院的具体职掌是:“备顾问,参谋议,于禁中承上旨,宣于宰相而行之。宰相非进对时有所奏请及已受旨应复请者,皆具记事因崇政院以闻,得旨则复宣于宰相。”(43) 皇帝的圣旨直接由枢密使接旨,然后向宰相宣读。这样,宰相与皇帝就隔了层枢密使。枢密院作为直接承命于皇帝的中枢机构,其主要职能就是管理军事机密、边防事务,与中书省并称“二府”,同为最高国务机关。后唐的枢密院使权力甚至大于宰相。此职一般由文官担任,但有时也用武人。北宋建立后沿用此制,略有变通。枢密院本来是军事机构,变成了决策与军事混合机构。“枢密之任既重,而宰相自此失其职也。”(44)枢密院之所以超过宰相成为最重要的中枢机构,根本原因就在于它是主掌军队的机构。自中唐以后,军事将领往往不甘寂寞,拥兵自重,动辄就想改朝换代,而且也确实是不断地改朝换代,所以使得枢密院成为凌驾于宰相之上的军事机构。这种情况直到赵匡胤时期才得到扭转。

机构编制

枢密院设枢密使为长官。枢密使成为实际意义上的宰相。判官一人,后改为副使一人,直学士二人。

整个五代十国无论是中央机构还是地方机构多沿袭前代,如果说有特点的话,那就是武将决定文臣的命运,决定皇帝的命运。所以,处在这样的时代,作为皇帝,不对当时的机构编制情况下一番狠功夫,很难厘顺。

总之,隋唐时期是整个封建社会国家机构编制发展的重要时期,在这时期建立了以三省六部为主体,以九寺五监为辅助机构的中央国家机构与州(府)县两级地方管理机构体系。唐朝的兴盛与有一套比较合理的中央机构与地方机构编制有着直接的关系。在三省制的中央管理体制下,中央政府各个机构各司其职,各负其责,高效运作。在这种体制下,各个机构官员很少有冗员闲员,而且无论是中央政府机构编制,还是地方政府机构编制,都是精练的、精简的,都是对国家负责的,对百姓负责的,而不是仅对皇帝负责。我们看到,朝廷的各个机构衙门在编制上几乎没有庞杂的现象。唐王朝从兴盛走向衰败,最后被藩镇所推翻,都与精练的中央地方政府机构编制被破坏有着直接的关系。国家本来有三省六部九寺五监处理正常的国家事务，但是最高统治者在无法打破国家机构编制的情况下，乱设使职，用使职来强化自己的权力，用使职代替三省六部及九寺的职能，造成国家职官资源的严重浪费。在地方行政机构编制中，就当时的经济地理与人口状况而言，就封建自然经济基础而言，州(府)县二级制的管理体系，是比较合适的。但最高统治者为了加强对地方的控制，增加了道一级行政机构。当然，唐朝派出节度使的初衷并非想在州之上设一级管理机构，但它事实上成了一级行政管理机构。尽管由节度使职掌的道一级行政管理机构没有国家机构编制的法定依据，但它从中唐之后就迅速膨胀起来。节度使不但管军，还治民。原来节度使只是兼任一个州的刺史，到了后期，凡是节度使军事区域内的民政，都成了他的管辖范围。节度使成了藩镇，成了独立王国。当时机一到，这些藩镇摇身一变，就成了诸侯国。

唐代的整个国家机构适合封建社会的经济发展需要。这套机构具有国家法定性，任何人都无法突破，当皇帝要突破这套机构编制体系限制的时候，也只能用使职来解决。隋唐机构编制为历代树立了榜样，那就是国家机构编制必须坚持法治的原则，必须坚持精简的原则。如果违背了法治与精简的原则，必然自食其果。国家可以通过军队及其他司法机构，稳定政权于一时，但绝对无法保证长久稳定。

注释：

(1)(唐)魏徵：《隋书》卷三三，中华书局 1973 年版，第 990 页。

(2)王仲荦：《北周六典》前言，中华书局 2007 年版，第 4 页。

(3)(宋)司马光：《资治通鉴》卷一九二，中华书局 1956 年版，第 6043 页。

(4)(宋)欧阳修、宋祁：《新唐书》卷五三，中华书局 1975 年版，第 1365 页。

(5)(后晋)刘昫：《旧唐书》卷一二〇，中华书局 1975 年版，第 3457 页。

(6)(清)赵翼：《廿二史劄记校证》，中华书局 2013 年版，第 293 页。

(7)(唐)魏徵:《隋书》卷二八,中华书局1973年版,第773页。

(8)(唐)魏徵:《隋书》卷二六,中华书局1973年版,第721页。

(9)(元)马端临:《文献通考》卷五三,中华书局2011年版,第1563页。

(10)(唐)魏徵:《隋书》卷二八,中华书局1973年版,第797页。

(11)(宋)欧阳修、宋祁:《新唐书》卷四六,中华书局1975年版,第1181页。

(12)(宋)欧阳修、宋祁:《新唐书》卷四七,中华书局1975年版,第1210页。

(13)(宋)欧阳修、宋祁:《新唐书》卷四七,中华书局1975年版,第1212页。

(14)(宋)王溥:《唐会要》卷五五,中华书局1995年版,第948页。

(15)(宋)欧阳修、宋祁:《新唐书》卷四七,中华书局1975年版,第1208页。

(16)(唐)杜佑:《通典》卷二二,中华书局1988年版,第587页。

(17)(后晋)刘昫:《旧唐书》卷四三,中华书局1975年版,第1818页。

(18)(宋)欧阳修、宋祁:《新唐书》卷四六,中华书局1975年版,第1192~1193页。

(19)(宋)欧阳修、宋祁:《新唐书》卷四六,中华书局1975年版,第1194~1195页。

(20)(宋)欧阳修、宋祁:《新唐书》卷四六,中华书局1975年版,第1196~1199页。

(21)(后晋)刘昫:《旧唐书》卷四三,中华书局1975年版,第1840~1841页。

(22)《唐六典》卷三〇,中华书局2014年版。

(23)(后晋)刘昫:《旧唐书》卷四四,中华书局1975年版,第1862页。

(24)(宋)欧阳修、宋祁:《新唐书》卷四八,中华书局1975年版,第1249页。

(25)(宋)欧阳修、宋祁:《新唐书》卷四八,中华书局1975年版,第1259页。

(26)(宋)欧阳修、宋祁:《新唐书》卷四七,中华书局 1975 年版,第 1217 页。

(27)(宋)欧阳修、宋祁:《新唐书》卷二〇七,中华书局 1975 年版,第 5855 页。

(28)(后晋)刘昫:《旧唐书》卷四四,中华书局 1975 年版,第 1871 页。

(29)(宋)欧阳修、宋祁:《新唐书》卷四九上,中华书局 1975 年版,第 1294 页。

(30)本章唐代机构编制资料来源于欧阳修、宋祁《新唐书》与刘昫《后唐书》,后不赘述。

(31)(元)马端临:《文献通考》卷五八,中华书局 2011 年版,第 1713 页。

(32)(宋)王谠:《唐语林》卷三"方正"条,上海古籍出版社 1978 年版,第 75 页。

(33)(宋)欧阳修、宋祁:《新唐书》卷四九下,中华书局 1975 年版,第 1311 页。

(34)(唐)魏徵:《隋书》卷二八,中华书局 1973 年版,第 792 页。

(35)(唐)杜佑:《通典》卷三三,中华书局 1988 年版,第 909 页。

(36)(后晋)刘昫:《旧唐书》卷四四,中华书局 1975 年版,第 1919 ~ 1920 页。

(37)《新唐书》与《旧唐书》在职官品级上有很多差异,本书此页参照《旧唐书》。

(38)《新唐书》有司田参军事。

(39)(唐)杜佑:《通典》卷三三,中华书局 1988 年版,第 908 页。

(40)(宋)欧阳修、宋祁:《新唐书》卷四九下,中华书局 1975 年版,第 1321 页。

(41)(后晋)刘昫:《旧唐书》卷四三,中华书局 1975 年版,第 1834 页。

(42)(唐)杜佑:《通典》卷三二,中华书局 1988 年版,第 894 页。

(43)(宋)司马光:《资治通鉴》卷二六六,中华书局 1956 年版,第 8674 页。

(44)(宋)欧阳修:《新五代史》卷二四,中华书局 1974 年版,第 257 页。

第五章　宋代机构编制

第一节　宋代历史发展概况

唐代后期的藩镇割据，导致唐亡与五代十国战乱。后周建立政权之后，虽然进行改革，局势出现转机，但是各地军阀执政，仍然是危机四伏。后周显德六年（959），后周世宗柴荣病死，继位的恭帝只有七岁，无力控制局势。显德七年（960）正月初一，忽然传来惊人消息，辽国联合北汉大举入侵。垂帘听政的符太后吓得不知所措，征求宰相范质的意见。范质推荐赵匡胤挂帅出征，并被授予可以调动全国兵马的大权。赵匡胤统率大军至陈桥驿（今河南封丘东南陈桥镇）却驻军不前。在赵光义与赵普的策划下，士兵给假装醉酒的赵匡胤一件黄袍加身。赵匡胤兵不血刃就夺取了后周政权。赵匡胤担任节度使的藩镇是宋州（今河南商丘），遂以宋为国号，定都开封（东京、汴梁），史称北宋。宋朝政权虽然建立，但当时在南方和北方仍存在着南唐、吴越、南汉、荆南、后蜀、北汉等割据政权。就是在北宋统治区内，也有不少节度使割据一方，既有土地，又有百姓、甲兵和财赋；中央政权里面，特别是在军队中，一批在后周时同赵匡胤地位相当的将领仍然手握重兵，对皇权构成威胁。赵匡胤一方面采取战争方式，征服不服从的地方节度使，另一方面采取和平方式，杯酒释兵权，让一批高级将领交出兵权，尽情安享荣华富贵。然后开始了统一战争，先后统一了割据江南的各国诸侯。宋太祖对降将、降王也采取不杀不贬、授以高官厚禄的办法。这一措施，对于宋代的统一起了巨大的促进作用。宋代几乎没费多大气力就统一了南方各国。

作为后周昔日的节度使及殿前督点检，赵匡胤非常清楚自唐朝末年至五代十国地方军阀对国家政权构成的威胁，自己就是因为手握兵权，略施小计便来了一个黄袍加身，建立了宋。亲信将领都交出了兵权，但是其他将帅就没有把握了。为了巩固皇权，宋太祖和宋太宗采取了一系列措施，整理和重建官僚制度，以加强专制主义中央集权。

首先，吸取唐末教训，坚决削减州郡（府、州、军、监）长官的权力，不许他们兼任一个州郡以上的职务。地方高级长官不允许武官担任，只能由文人担任，而且也都不掌兵权，州郡的兵权收归朝廷。不但军权收归中央，就是财权和司法权也都收归朝廷。在任官制度上采取官、职、差遣分授制度，并且重文轻武，规定州郡长官由文臣担任。为了监督地方大员，长官之外另设“通判”，赋予特殊的权力，使其互相牵制。后来又把全国划分为十五路，陆续在各路设安抚使、转运使、提点刑狱、提举常平司等，路与州、县的官员由皇帝差遣，属于临时指派，地方官员流动性大，一般“三年一替”。这样知州的权力被加以分割与限制，无法对中央政权构成威胁。当然，这种做法的后遗症也是很大的。

其次，在机构编制上对中央主要官员进行整合。为了分割宰相的权力，在宰相之下增设“参知政事”作为副职。秦汉丞相一直是独相制，三省确立之后，是群相制，但都没有设立副相。以参知政事为副宰相，这是宋代的独创。宋代还把唐末五代的枢密使和三司使定为常员，以枢密使分割宰相的军政大权，以三司使分割宰相的财政大权。枢密使、三司使取得国家机构的正式编制，成为法定机构，而不再是“临时工”，这样就使得枢密使、三司使的权力与宰相不相上下。宰相虽然贵为宰相，但是其权力已经大打折扣，皇帝达到了大权操纵自如的目的。因为宋代重文轻武，作为军事机构的枢密使也就不像前代那样受重用。三司使虽然有了编制，地位也得到提高，但毕竟只是财政部门，不可能对国家构成威胁。

再次，禁军不再设置最高统帅。赵匡胤撤销殿前督点检、副督点检及侍卫马步军正、副都指挥使的职位，而且把禁军两司分为三衙，即殿前司与侍卫马军司、侍卫步军司。宋太祖于公元 961 年杯酒释兵权，解除了禁军主要将领石守信、高怀德等人的兵权后，起用一些资历较浅、容易驾驭的人来担任三衙的将领，对这些人仍然严加控制，处处防范，并时常加以调动。同时，实行“更戍法”，禁兵的驻屯地点，每隔几年就更调一次，将领却不能随着军队的换防调动，使得“兵无常将，将无常师”，以防止军队兵变和武人拥兵自立。

最后，将使职差遣制度化。中唐之后虽然使职差遣越来越多，但还没有制度化。宋代为了强化中央集权，防止出现尾大不掉的情况，不但没有取消或者改进唐代的使职差遣，而是进一步发展，将其作为一种机构编制管理制度。宋代虽然也设置了与历代大同小异的机构编制，但在使职差遣制度化下，国家正常机构的职官几乎都成了“员外郎”，如果得到差遣，就是一个实官，如果没有差遣，就是闲员一个。

为了维护中央集权，宋太祖、宋太宗建立了庞大的国家机器，同时也造就了大批冗官冗吏。在这种机构编制管理体制下，官员们只知道领取俸禄，因循守旧，安于享乐，不思进取，机构叠床架屋，人浮于事。国家表面歌舞升平，实际已经是积贫积弱，迫使一些有志官吏不停地变法。但是，因循守旧、不思进取、安于现状的官员太多，势力太强大，使得每次变法都归于失败。

庆历年间,范仲淹在仁宗支持下,对用人制度进行变革。规定官员无有勋德善状,不得晋秩,无有政绩,不得晋升;淘汰"非才、贪浊、老儒"官吏。但是庆历新政昙花一现,范仲淹因"朋党"之嫌去职离京。

继范仲淹之后,王安石又进行变法。王安石变法主要是经济上的变革,涉及官制的是科举制度改革。宋神宗在变法的基础上,又进行了"元丰改制",试图淘汰那些无职无事、只领空饷的冗官冗吏,借以提高国家机构的办事效率。随着神宗的病逝,王安石变法与元丰改制也归于失败。王安石变法的失败,标志着宋朝吏治彻底走向腐败而不可救药。由于国家积贫积弱,军队缺乏作战能力,面对外敌入侵,宋廷一方面采取被动防御,另一方面苟且偷安,以岁币换和平。明明澶渊之战宋军打了胜仗,辽国陷入腹背受敌的不利境地,宋廷却与辽缔结"澶渊之盟",规定宋每年送给辽岁币银10万两、绢20万匹,让辽撤兵。皇帝不思进取,耽于享受,宋徽宗则是这种腐败政治的代表,他纵容蔡京、童贯等人公开明码卖官。明码卖官打乱了国家机构的正常编制,北宋官员数额急剧增长。宋徽宗即位八年,官员比以前增加了十倍,国家财政开支也日益增多,进一步加重了人民的负担,自然会导致农民起义。宋廷只知道满足部分官员的利益,让官员们过得舒舒服服,根本不考虑水能载舟亦能覆舟的道理。宋廷依靠官员们的力量镇压了一次又一次农民起义,却没有力量对付外来入侵。昏庸的宋徽宗也自食其果,于公元1127年当了金朝的俘虏,北宋灭亡。

同年五月,赵构即位。不久在临安建立了南宋半壁江山。从南宋开始,百姓的共同心愿就是驱除金国,收复失地,还我河山。在抗金斗争中,也涌现出了无数的仁人志士。但似乎最高统治者并不想收复失地,更不想迎回二帝。说实话,徽、钦二帝实在没有迎回来的必要,但是失去的大片国土,是必须应该收复的。宋高宗不是想着收复失地，而是担心几个抗金将领会成为自己管不了的节度使，于是与秦桧一起策划将抗金名将韩世忠、张浚、岳飞削去兵权。当国家最需要良将的时候，宋高宗来了个自毁长城，在他的默许下，秦桧以莫须有的罪名将岳飞杀害。像岳飞这样的将领，如果没有高宗的同意，秦桧根本就没有权力判处他的死刑。为了收复失去的国土，南宋朝廷出现两种截然不同的观点。在整个南宋时期，用人的根本标准就是主战还是主和。在这种用人路线的指导下，造就了一代大忠大奸人物，主降派始终占据上风。宋孝宗鉴于秦桧独相误国的教训，对于宰相和参知政事频繁更换，虽有利于皇权巩固，但不利于政局稳定。自宋孝宗之后，朝政又为之一变，皇权削弱，相权得到加强，权相韩侂胄、史弥远把持朝政达 40 年，奸相贾似道权倾两朝。这些权相似乎谁都没有想过国家的统一。南宋到了后期，虽然还有一些在史上留下美名的人物，比如文天祥、陆秀夫等，但总体来说，南宋的指导思想是苟安，以维持南宋小朝廷为宗旨。整个机构编制也是服务于这一指导思想。在这种指导思想下，南宋朝廷既无法调动官员抗击外敌入侵的积极性，也无法得到百姓的由衷拥护。各级官员不是想着恢复失土，而是继续在杭州过着纸醉金迷的生活。当南宋朝廷面对的敌人是金国的时候，勉强还能划江而治，但遇到势力更加强大的蒙古族士兵时，只有一败涂地。公元 1279 年，张世杰崖山兵败，陆秀夫负末代皇帝赵昺投海而死，南宋亡。

第二节　宋代中央机构编制

为了消除造成封建割据和威胁皇权的各种因素，宋代在中央政权机构和职官设置上，注意了文臣、武将、皇后、外戚、宗室、宦官等六种人的专权，制定出一套包括集中政权、兵权、财权、司法权在内的各种制度。在中央机构编制上，宋承唐制，但又有自己的特点。宋代中央机构长官最大的特点就是“三师、三公不常置，宰相不专任三省长官”。三公三师不常置，各代都是如此，其差异只是设置多少的问题。从汉以后，三公三师已经成为一种最高名誉职务，往往是对高官或者宠信高官的赏赐。宋代官制机构的第二个特点就是全部实行使职差遣制度。在宋代的前期，台、省、寺、监，官无定员，无专职，也没有职责，在其位难以谋其政，各个衙门的工作则由皇帝差遣他官主判。各个衙门正像《宋史·职官志》所总结的那样：“虽有正官，非别敕不治本司事，事之所寄，十亡二三。故中书令、侍中、尚书令不预朝政，侍郎、给事不领省职，谏议无言责，起居不记注；中书常阙舍人，门下罕除常侍，司谏、正言非特旨供职亦不任谏诤。至于仆射、尚书、丞、郎、员外，居其官不知其职者，十常八九。其官人受授之别，则有官、有职、有差遣。官以寓禄秩、叙位著，职以待文学之选，而别为差遣以治内外之事。”宋代的官员“以登台阁、升禁从为显宦，而不以官之迟速为荣滞；以差遣要剧为贵途，而不以阶、勋、爵邑有无为轻重”。在这种体制下，不像唐朝那样，三省长官就是宰相，宋代的三省长官如果没有皇帝加给的“同中书门下平章事”，就是闲员一个。所以，宋代中枢机构宰相虽然也是一个群体，但又不像唐代的群体宰相那样固定。“尚书省天下之大有司，而废为闲所。”(1)元丰改制之后，宋代的机构编制发生重大变化，但随着神宗的去世，宋代机构编制又恢复原样，绍圣时期开始部分恢复元丰官制。南宋以后，机构编制又有变化。

1. 中书门下

机构沿革

所谓“宰执”，即宰相与执政的统称。宋代宰相承隋唐之制，仍是集体。宋朝“中书门下”为宰相的办公机构，中书令、门下侍中，虽然是中书门下长官，但不是宰相，因为没有加上“同中书门下平章事”，不能主持中书门下的工作。在宋初，只有赵普的门下侍中带平章事，是宰相。所以，宋代的宰相必须在皇帝任命时加上“同中书门下平章事”。当然，并不是所有人加上“同中书门下平章事”就是宰相，其他人虽然加了衔，但只是“使相”。宋朝规定，亲王、枢密使、留守、节度使兼侍中、中书令、同平章事等，虽然都是宰相，但并不主持宰相的工作，所以称之为“使相”。使相是授予皇族高官的一种名誉职务，并不是真正的宰相，并不参与国家大政，也不签署敕书。使相也是一种“赠官”。

宋代宰相制度有五次变动：

第一次是宋初到宋神宗元丰以前。宰相沿袭唐代仍称同中书门下平章事，设中书、枢密、三司分掌政、军、财三大政务，宰相之权为枢密使、三司使所分领，同时又设参知政事作为副相互为牵制。相权日益削弱，而皇权由此加强。这样，作为宰相机构的三省制，在宋代进入其衰落期，职权转移，三省制名存实亡日益显现出来。

第二次是宋神宗元丰五年（1082）开始的官制改革，史称元丰改制。元丰改制撤销中书门下，恢复唐初三省制度。《宋史·职官志》称：“凡命令之出，中书宣奉，门下审读，然后付尚书颁行，而密院被旨者，亦录付门下，此神宗官制也。”(2) 置三省长官——尚书令、中书令和门下侍中。不过这三个官职只是虚设，从不授人。又仿照唐制，用尚书左、右仆射代行尚书省的职权。尚书右仆射兼中书侍郎，代行中书令的职权，他们是正宰相。参知政事的名称被取消，而增设了四名副宰相，即门下侍郎、中书侍郎、尚书左丞、尚书右丞。

第三次是宋徽宗政和年间（1111—1117）。蔡京任宰相，自称“太师”，总领门下、中书、尚书三省之事，改尚书左、右仆射为“太宰”“少宰”，由太宰兼门下侍郎，少宰兼中书侍郎。这个宰相是一个有实权的宰相，门下侍郎和中书侍郎本来同为宰相，因为蔡京总领门下、中书、尚书三省，门下、中书侍郎就成了宰相的副手。钦宗靖康年间，废除太宰和少宰，改为尚书左仆射和右仆射。

第四次是南宋高宗建炎三年（1129），正式以尚书左仆射和右仆射兼同中书门下平章事，为正宰相，又将门下侍郎和中书侍郎改为参知政事，为副宰相，并取消尚书左、右丞的官称，大体上恢复了宋初的制度。

第五次是孝宗乾道八年（1172），又改左、右仆射兼同中书门下平章事为左、右宰相，参知政事照旧。除去中书令、侍中、尚书令的虚称。门下并入中书，称中书门下。左、右宰相主中书事，兼尚书省之长，六部直属于宰相，尚书省之制已废于无形，实际上是三省合一。从此，左右宰相成为全国最高的行政长官，尚书省只掌握六部，奉命执行政务。

这里将上述变化中宰相名称列表如下，以便检索：

职别	时间				
	宋初	神宗元丰改制	徽宗政和中	高宗建炎三年后	孝宗乾道八年后
正	同中书门下平章事（或同中书门下二品）	尚书左仆射兼门下侍郎、尚书右仆射兼中书侍郎	太宰兼门下侍郎，少宰兼中书侍郎	尚书左仆射同中书门下平章事，尚书右仆射同中书门下平章事	左丞相 右丞相
副	参知政事	门下侍郎、中书侍郎、尚书左右丞	门下侍郎、中书侍郎、尚书左右丞	参知政事	参知政事

宋朝为牵制宰相，增设了副丞相——参知政事。宋初，参知政事的地位比较低，“上欲为赵普置副而难其名称，召翰林学士承

旨陶谷问曰：'下丞相一等者何官？'对曰：'唐有参知机务，参知政事'"。于是"以枢密直学士、兵部侍郎薛居正、吕余庆并本官参知政事，不宣制，不押班，不知印，不升政事堂，止令就宣徽使厅上事。殿廷别设砖位于宰相后，敕尾署衔降宰相数字，月俸杂给皆半之"[(3)]。太宗至道元年(995)下诏："宰相与参政轮班知印，同升政事堂。押敕齐衔，行则并马，自寇准始，以后不易。"[(4)]参知政事与宰相具有同等的权力。参知政事在唐代就有，但非常制，更不是副宰相，而宋代所设参知政事，则成为宰相的副职。参知政事"掌副宰相，毗大政，参庶务"[(5)]。王安石变法就是以参知政事的副宰相职务进行的。元丰实行新官制，废除参知政事，设门下、中书二侍郎。建炎三年(1129)，复以门下、中书侍郎为参知政事。乾道八年(1172)，改尚书省左、右仆射为左、右丞相，其参知政事如故。

机构职能

"宰相之职佐天子，总百官，平庶政，事无不统。"宋代宰相的职能是"平章军国重事"。《宋史·职官志》所记述的宰相职能有三点：第一，佐天子。辅佐天子行使皇帝的职能，整个封建社会只有丞相或者宰相才有这种职能。尤其是在皇帝年幼不能理政的时候，宰相佐天子的职能显得尤为重要。宋代宰相佐天子的职能已经大打折扣。实际上，从汉武帝开始，丞相与宰相的佐天子职能就已经打了折扣。赵匡胤更是削弱、限制宰相的职能，不过，遇上忠心耿耿的老臣赵普，他也由衷佩服，不能不接受他的劝告。赵匡胤要制作一个薰笼，交代下去，很长时间还没有办好。赵匡胤发怒了，这么点小事竟然这么些天还没有办好送来，对赵普发起牢骚：我在民间买个薰笼也就是几十文钱的事情，当了皇帝反而不如当老百姓好办了。赵普劝说：这是规定，再说这些规定(条贯)也不是为皇上一人制定的，而是为你的后代子孙制定的。如果都想制造奢侈品，没有各个机构的逐级审批，不经过台谏的弹奏，那后代的皇帝要奢侈起来岂不是太容易了吗？赵匡胤一听非常高兴，要求赵普多制定这样的条贯。第二，总百官。宰相总百官自然是文武百官的首领，只有首领才能管理百官。“总百官”简单的三个字，宣示了宰相一人之下万人之上的权威。第三，平庶政。朝廷各个衙门的工作都要由宰相最后来平定。应该说赵普的宰相当得是比较好、比较称职的，但是当赵光义当了皇帝后，还是闲置了他一段时间。宋代宰相的职权虽然大大削弱，但还是出了一些专横跋扈、权势无比的权相，比如蔡京、王黼以太师总三省事，三日一朝，赴都堂治事。宰相总领三省，这是其他朝代不曾有过的。南宋的韩侂胄、贾似道、史弥远专权跋扈，比秦汉丞相权力还要大。

机构编制

宋代的宰相人数各个时期不一，不像唐代有固定的职官属于宰相职位。神宗新官制，于三省置侍中、中书令、尚书令，以官高不除人，而以尚书令之贰左、右仆射为宰相。左仆射兼门下侍郎，以行侍中之职；右仆射兼中书侍郎，以行中书令之职。政和中，改左、右仆射为太宰、少宰，仍兼两省侍郎。靖康中，复改为左、右仆射。建炎三年(1129)，吕颐浩请参酌三省之制，左、右仆射并加同中书门下平章事，门下、中书二侍郎并改为参知政事，废尚书左、右丞。高宗从之。乾道八年(1172)，诏尚书左、右仆射可依汉制改为左、右丞相。“近承诏旨，改左、右仆射为左、右丞相，令删去侍中、中书、尚书令，以左、右丞相充。缘旧左、右仆射非三省长官，故为从一品。今左、右丞相系充侍中、中书、尚书令之位，即合为正一品。”(6) 参知政事，副宰相，正二品。参知政事有时一人，有时多人。在很多时候，参知政事的权力甚至比宰相权力还要大。

除了宰相、参知政事，还有众多的使相。比如有的亲王、枢密使、留守、节度使，皇帝也给他一个兼侍中、中书令、同平章事，他们都官升一级,成了宰相。但是这些宰相与上面的宰相是有区别的,他们只是同平章事,而不是宰相们的平章国事、平章军国重事。使相"不预政事,不书敕,惟宣敕除授者,敕尾存其衔而已"(7)。一个"同"字显示了使相与宰相的巨大差异。自元丰改制,使相又有了"开府仪同三司"的名称,意思是这些官员的衙门在仪制上如同中书门下。如韩绛就是以开府仪同三司加检校太傅、镇江军节度使,出判大名府。当然,韩绛不同于其他的使相,因为他还有一个判大名府的差遣。在韩绛诸多职务中,只有判大名府是有权的实际职务。作为使相,在各个时期,人数更是有差异。在宋代,能够纳入宰相编制系列的还有三司使。三司使作为国家财政长官,地位仅次于宰相与枢密使,所以称之为计相。当然,枢密使也属于宰相的行列。

宋代的宰相严格来说,也是一种使职差遣。不管你当什么样的官,如果皇帝不让你平章政事,你的官位再大,也不是宰相。所以,宋代的宰相不像唐代有固定的官职为相。宋代与唐代不同的是,宰相有固定的衙门——政事堂。唐代的宰相衙门政事堂往往随着宰相出于哪个部门而变更,而宋代的宰相衙门则不属于任何一个机构。宋代宰相办公衙门称为"中书门下",又称政事堂、都堂等。枢密院作为中央最高军事机构,与政事堂合称东、西"二府"。"三司"(户部、盐铁、度支)主管财政,号称"计省",长官为"三司使",号称"计相",地位仅次于"二府"。二府三司各自独立,互不统属,直接对皇帝负责,构成最高辅政机关。

政事堂直属机构有五房:孔目房、吏房、户房、兵礼房、刑房等。各设堂后官三人,共计十五人。太宗淳化四年(993),压缩堂后官员,每堂只保留一人,另设"都提点五房公事"一人,孔目房、吏房和兵礼房各设录事、主书、守当官各一人。户房设录事一人,主书三人,守当官四人。刑房设录事一人,主书三人,守当官五人。除此之外，还有主事房和勾销房，主事房设主书一人。真宗年间，五房编制又有所变化，变化不大。宋代各房统称“制敕院”，堂后官称为堂吏。因为他们直接听从宰相的指令，容易接近皇帝，都是朝廷的高级官吏。这些堂后官只要愿意外任地方官，都能得到好差遣，但是堂后官都是中书门下的高级官吏，很多人习惯了当京官，而不愿外任。

2. 门下省

机构沿革

宋代的门下省是沿袭唐代旧制。门下省，又称“左省”。长官名义上是门下侍中，但很少委任过，实际上是有名无职。副长官是门下侍郎，另外又委派一名给事中担任“权判门下省事”，掌管“供御宝，亲祀、大朝位设位版、赞拜拜表，外官及流外［官］较考，诸司覆奏挟名，年满斋郎转补，覆奏文官母妻叙封，覆麻请画”(8)。门下侍郎没有职权，只是挂名。其属官有左散骑常侍、左谏议大夫、左司谏、左正言以及给事中等。北宋前期，门下省的内设机构分五房：孔目房、吏房、户房、兵礼房、刑房；以后增加主事、勾销二房。兵礼房一分为二。元丰改制以门下、中书外省为后省，重新恢复三省的实际地位和职权，门下省专司审议，但自门下侍郎成为尚书左仆射（宰相）的兼职或副宰相的专职后，便不再和门下省本身的职事相关了。这就是说，门下侍郎并不管门下的工作，他的真正职责是宰相或者副宰相。在整个宋代，不要以为他担任什么职务，就是什么衙门的官员。往往在这个衙门主持工作的，并不是这个衙门的职官。北宋前期，门下省无事可干，内设机构不多，元丰改制后，门下省内设机构与官员增加。门下省分设十房：吏房、户房、礼房、兵房、刑房、工房、开拆房、章奏房、制敕库房、催驱房。从元祐三年（1088）开始压缩门下省编制员额，要求根据其他中央机构员额减四分之一。绍圣二年(1095),确定门下与中书省编制名额为一百人。绍圣四年,三省吏员编制名额又恢复到元丰七年的。门下省除了十房,还有封驳、通进司与都进奏院。

机构职能

门下省掌"受天下之成事,审命令,驳正违失,受发通进奏状,进请宝印。凡中书省画黄、录黄,枢密院录白、画旨,则留为底。及尚书省六部所上有法式事,皆奏覆审驳之"(9)。这些工作给事中负责读,侍郎负责省,侍中负责审。发现有舛误应举驳者,大则论列,小则改正。凡是从内宫发来的文书,都要记录登记。各地来的章奏,受理之后交付通进,皇帝审阅颁旨后,分送该管机构办理。对于吏部拟定的六品以下职事官,给事中审核其任职经历与功状,侍中引验审察,如果认为有不合程序或者材料有假的,要进行奏参。

对于迁改爵秩、加叙勋封、四选拟注奏钞,发现有错误,退送尚书省。对于刑部大理寺所判案件,进行复核,如果发现有量刑不当的,或者有冤枉的,则依法进行驳正。

门下省侍中"掌佐天子议大政,审中外出纳之事"。宋代虽然对于侍中的职掌作了明确的规定,但侍中真正"掌佐天子议大政"的并不多,侍中的职能都由"他官兼领,而实不任其事",以左仆射兼门下侍郎代行掌佐天子议大政,别置侍郎以佐之。从南宋开始,设立左、右丞相,侍中就取消了。作为门下省侍中的副手——侍郎也是职责明确,"掌贰侍中之职,省中外出纳之事"。但是侍郎并不管侍郎的分内事,"南渡后,复置参知政事,省门下侍郎不置"(10)。左散骑常侍、左谏议大夫、左司谏、左正言为监察官员,掌规谏讽喻。凡朝政阙失、大臣至百官任非其人、三省至百司事有违失,皆得谏正。给事中分管六房,掌读中外出纳,及判后省之事。凡是政令有失当之处,除授官员不当,加以论奏驳正。凡是章奏,审查登记,对错误的则予以纠正。

给事中元丰改制后称为门下后省，分管吏、户、礼、兵、刑、工六房与五案。上案掌管宝礼及朝会所行事；下案掌管收发文书；封驳案掌管封驳及试吏，验证官吏功过；谏官案掌管关报文书；记注案掌管录起居注。起居郎掌记天子言动。皇帝御殿，起居郎则在一旁侍立，皇帝出巡则随行，大朝会则与起居舍人对立殿下螭首两侧。凡是朝廷命令大赦、礼乐法度增减因革、赏罚劝惩、群臣进对、文武臣除授及祭祀宴享、临幸引见之事，四时气候、四方符瑞、户口增减、州县废置，都要做好记录，交给著作官，以作史书。

门下省机构众多，隶属给事中的通进司掌受三省、枢密院、六曹、寺监百司奏牍，文武近臣表疏及章奏房所领天下章奏案牍。以上所有文奏都由通进司登记上奏皇帝。给事中隶属的进奏院则掌受诏敕及三省、枢密院宣札，六曹、寺监百司符牒，颁发诸路。

门下省还有一个登闻检院，隶属谏议大夫；登闻鼓院则隶属司谏、正言，掌受文武官及士民章奏表疏。凡言朝政得失、公私利害、军期机密、陈乞恩赏、理雪冤滥，及奇方异术、改换文资、改正过名的，如果无法进入通进司上达皇帝，可先到登闻鼓院击鼓鸣冤，登闻鼓院必须立即受理。如果在登闻鼓院得不到处理，则到登闻检院申诉。

机构编制

门下省设侍中一人，正一品；侍郎一人，正二品；左散骑常侍一人，正三品；给事中四人，正四品；左谏议大夫，从四品；起居郎一人，从六品；左司谏一人，正七品；左正言一人，从七品。胥吏编制四十九人：录事、主事各三人，令史六人，书令史十八人，守当官十九人。门下外省胥吏编制十九人：令史一人，书令史二人，守当官六人，守阙守当官十人。

3. 中书省

机构沿革

宋代中书省又称右省。唐朝的中书令是宰相,宋代的中书令则有名无职。副长官为中书侍郎,也是一个挂名,朝廷又另派一名中书舍人"判中书省事",掌握中书省的职权。中书省的职能只是提供郊祀和皇帝的册文,幕职州县官考校,斋郎、室长、各司官员的年满覆奏等一般事务,几乎就不涉及政令机要。中书令和中书侍郎,还不如一个中书舍人。中书舍人主持中书省的工作,而中书省长官中书令与中书侍郎则无事可干。从宋朝的三省已经很难看到唐代三省决策、封驳和执行的影子。"中书省但掌册文、覆奏、考帐;门下省主乘舆八宝,朝会板位,流外考较,诸司附奏挟名而已。"(11)由于中书省几乎就是闲差衙门,所以人员编制也不多,设官十一人,有中书令、侍郎、右散骑常侍各一人,中书舍人四人,右谏议大夫、起居舍人、右司谏、右正言各一人,内设机构只有白院、甲库、玉册府。白院胥吏有令史六人,甲库胥吏有令史二人,驱使官各一人。玉册府有镌字官、玉册官、彩画官各一人。元丰改制后,恢复唐代中书省职能,中书省专司取旨出令。但自中书侍郎成为尚书右仆射(宰相)的兼职或副宰相的专职后,便不再和中书省本身的职事相关。元丰改制后,以中书省为后省。中书省内设机构增多,设吏、户、兵、礼、刑、工、主事、班簿、制敕库房。元丰六年(1083),增设点检房。吏四十五人,内计录事三人,主事四人,令史七人,书令史十四人,守当官十七人。徽宗年间,中书省官吏人员增加较快。在以后的几个皇帝在位期间,中书省官吏内设机构与人员也有所变化。南宋时期,贾似道当政,在中书省设立机速房,设属官二人,统制与统领十人,使臣九十人,行遣提点文字四人,书写文字四人,监印官二人。

中书省还设有舍人院。元丰改制后，舍人院用"中书外省"官印，所以，舍人院又称中书外省。设中书舍人六人，后减为四人。舍人院倒是成了中书省有职有权的单位。

建炎三年(1129)，中书、门下省合二为一。中书省胥吏编制为录事、主事、令史、书令史、守当官，共计四十三人；门下省胥吏编制为录事、主事、令史、书令史、守当官，共计四十六人。两省守当官各是一百人，存留一百五十人，裁减五十人。裁减人数按四六分，中书省六分，门下省四分。中书省除了中书令、中书侍郎，属官有右散骑常侍、中书舍人、右谏议大夫、起居舍人、右司谏、右正言等。

机构职能

中书省"掌进拟庶务，宣奉命令，行台谏章疏、群臣奏请兴创改革，及中外无法式事应取旨事。凡除省、台、寺、监长贰以下，及侍从、职事官，外任监司、节镇、知州军、通判，武臣遥郡横行以上除授，皆掌之"。中书令"掌佐天子议大政，授所行命令而宣之。祀大神祇则升坛，享宗庙则升阼阶而相其礼。临轩册命则读册。建储则升殿宣制，持册及玺绶以授太子。大朝会则诣御坐前奏方镇表及祥瑞"。就中书令的职能而言，中书令与唐代一样，是名正言顺的宰相，但是宋廷并没有真正任命过。中书令只是一种赠官。元丰改制后，以右仆射兼中书侍郎行中书令之职，另增加一名侍郎为助手，侍郎掌贰令之职，中兴以后，设左、右丞相，省令不置。

侍郎作为中书省的第二把手，"参议大政，授所宣诏旨而奉之。凡大朝会则押表及祥瑞案。临轩册命则押册引案，以所奏文及册书授令。四夷来朝则奏其表疏，以贽币付有司"。南宋以后，复设参知政事，中书侍郎就不再设立。

中书舍人"掌行命令为制词，分治六房，随房当制，事有失当及除授非其人，则论奏封还词头"(12)。

起居舍人职掌与门下省起居郎相同，负责御前记录。

右散骑常侍、右谏议大夫、右司谏、右正言与门下省职掌相同，不同的是门下称左，中书省称右。

检正官，五房各一人，掌纠正省务。

中书诸房职能：吏房掌官员的除授、考察、升黜、赏罚、废置、荐举、假故、一时差官文书。户房掌废置升降郡县、调发边防军需、给贷钱物。礼房掌郊祀陵庙典礼、后妃皇子公主大臣封册、科举考官、外夷书诏。兵房掌除授诸蕃国王爵、官封。刑房掌赦宥及贬降、叙复。工房掌营造计度及河防修闭。六房对应尚书省的六部。主事房掌文书收发。班簿房掌百官名籍具员。制敕库房掌编录供检敕、令、格、式及架阁库。催驱房掌督察稽违。点检房掌省察差失。

机构编制

宋代中书省已经大不如唐代，其人员编制也就显得较少。

中书省设中书令一人，正一品；中书侍郎、右散骑常侍一人，正三品；中书舍人四人，正四品；右谏议大夫一人，从四品；起居舍人一人，从六品；右司谏一人，正七品；右正言一人，从七品。共计十一人。

元丰改制后，中书后省编制：右散骑常侍、右谏议大夫、右司谏、右正言各一人，中书舍人六人，起居舍人一人。中书后省各房胥吏四十五人，其中录事三人，主事四人，令史七人，书令史十四人，守当官十七人。中书外省胥吏十九人，其中令史一人，书令史二人，守当官六人，守阙守当官十人。

徽宗时期胥吏增加录事六人，主事四人，令史九人，书令史十人，守当官十四人，检校诸房文字二人。制敕库发司二人，贴司一人。架阁库手分一人，纸库提举本库录事一人，手分二人。吏房左选守阙守当官六人，右选五人，户房六人，礼房五人，兵房四人，刑房上房六人，下房七人，工房五人，知杂房一人等。徽宗时期虽然编制增加，但也主要是增加胥吏编制，官员编制没有多大突破。在哲宗绍圣三年（1096），一下子增加守缺守当官一百人。

高宗建炎初年，中书后省设中书舍人六人。下设吏房左选右选、兵、工、礼、刑上下等房与上、下、制诰、记注四案。诸房与四案点检一人，令史二人，守当官五人，守阙守当官二人。当时高宗刚刚登基，人员匮乏，以致宰相们不得不亲自处理文件，忙得不可开交。

建炎三年（1129）将中书与门下省并为一。中书省录事、主事、令史、书令史、守当官共四十三人；门下省录事、主事、令史、书令史、守当官共四十六人。

4. 尚书省

机构沿革

尚书省又称“都省”。尚书省虽然沿袭隋唐官制，但是已经与隋唐差异很大。其长官名义上是尚书令，还有左、右仆射，左、右丞等，但尚书令从不委任，而另外委派诸司三品以上官员或学士一员任“权判尚书都省事”。其职权是总辖吏、户、礼、兵、刑、工等六部二十四司，并主管议定官员谥号、祠祭、受誓戒、在京文武官员封赠、注甲发付选人、二十四司人吏迁补等事。尚书省的实权职能没有了。自元丰改制，不设侍中、中书令，以左仆射兼门下侍郎，右仆射兼中书侍郎，行侍中、中书令职事。元丰改制，提升左右丞的级别为执政。元丰五年（1082）五月，下诏左、右仆射与左右丞共治省事。元丰六年（1083），都司设置御史房。元丰七年（1084），在都司御史房设置记录簿，专门记录御史、六曹官纠察事件的多少，以此进行考核，决定年终的升降。政和年间改左仆射为太宰，右仆射为少宰。靖康元年（1126），恢复左、右仆射。南渡后，设左、右丞相，取消左、右仆射。南宋设置参知政事，取消左、右丞。建炎三年(1129),削减左、右司郎官两人,设中书门下省检正诸房公事二人。次年,中书门下检正撤销,尚书省左、右司郎官恢复四人编制。

北宋前期,尚书省内设机构和人员较少,有都事、主事、令史、驱使官、散官等。元丰改制后,尚书省左仆射兼门下侍郎,右仆射兼中书侍郎,为正宰相,以尚书左右丞为副宰相。尚书省的内设机构有吏、户、礼、兵、刑、工、开拆、催驱、制敕、奏钞、班簿、案钞、御史等房。绍圣年间尚书省内设机构又发生变化。高宗建炎三年,尚书省设吏房、户房、工房、刑房、监印房、奏钞房、职杂房、开拆房、制敕房。以后增加到十六房。这些房有催驱三省房、催驱六曹房、御史房、刑封桩房、营田等房。尚书省各房增加,胥吏也跟着增加,共有胥吏二百多人。总之,只要皇帝一换,机构职能就有变化。这些内设机构的变化都是随着尚书省职权的升降而变化的。尚书省有权了,机构就增多;尚书省成了摆设,机构就减缩。

尚书省机构变化不大的是都司、六部、二十四司以及各寺监。

尚书省都司分左、右司,元丰之前,左、右都司郎中、员外郎为寄禄官。寄禄官只是表明官员资历待遇,并不实际主持工作,不属于职事官。元丰改制后,设郎官与员外郎四人,寄禄官成为职事官。都司官吏人员最少。

属于尚书省的其他机构和临时机构整个北宋时期变化较大,这种变化主要反映在元丰改制时期。

熙宁初年,编修《三司令式》,参知政事王安石主管制定三省编制,设提举修敕令二人。宣和中期增至七人。靖康初期,减为三人。删定官,无常员。大观三年(1109),将六曹删定官并入详定一司敕令所。

熙宁二年(1069)设立制置三司条例司,“掌经画邦计,议变旧法以通天下之利”(13)。知枢密院陈升之、参知政事王安石主管制置三司条例司，属官有苏辙、程颢等。不久，陈升之为相，提出撤销制置三司条例司，皇帝不同意，欲将该司划归中书，王安石请以枢密副使韩绛主持该司。熙宁三年，在判大名府韩琦的提议下，将制置三司条例司划归中书省。

编修条例司，熙宁初年设立，熙宁八年（1075）撤销。

经抚房，专掌边事，宣和四年（1122）设立，宣和六年撤销。

还有一些权臣提议设立的临时性机构，随着这些权臣的失宠，也都很快撤销。

机构职能

尚书省“掌施行制命，举省内纲纪程式，受付六曹文书，听内外辞诉，奏御史失职，考百官庶府之治否，以诏废置、赏罚”[(14)]。尚书省所属六部：吏部、户部、礼部、兵部、刑部、工部。凡是六部不能决定的事情，都由尚书省裁定。尚书省审察吏部注拟文武官及封爵承袭、赐勋定赏。如果朝廷有疑难之事，则召集百官商议决定。

尚书令作为尚书省的最高长官，“掌佐天子议大政，奉所出命令而行之”。大事三省一起议决，小事尚书省独议，与尚书仆射、左右丞分班论奏。如果中书、门下省下的决议有不当的则与左右仆射、左右丞一起上奏。尚书令的任命与三师、三公、侍中、中书令一样，都是皇帝册拜。但是尚书令同唐代的尚书令一样，唐代的尚书令因唐太宗担任过，没有人敢任此职，宋代的“尚书令，太宗皇帝曾任，今宰相之官已多，不须置”。宣和七年（1125），虽然皇帝下诏设置尚书令一职，但也只是一个虚名，从来就没有任命过。

尚书省左、右仆射“掌佐天子议大政，贰令之职，与三省长官皆为宰相之任”。因为宋代不设尚书令，所以，尚书省左、右仆射的职能也是“掌佐天子议大政”，尚书省左丞、右丞则是“掌参议大政，通治省事，以贰令、仆射之职”。[(15)]

机构编制

尚书省设尚书令一人，正一品；左右仆射各一人，从一品；左右丞，正二品；左右司郎中，正六品；员外郎一人，从六品。内设机构有十房，编制六十四人，其中都事三人，正八品；主事六人，从八品；令史十四人，从八品；书令史三十五人，从八品；守当官六人。

尚书省所辖六部二十四司分属左司和右司。左司掌管吏、户、礼三部，右司掌管刑、兵、工三部。

4－1. **吏部**

机构沿革

宋代沿袭隋唐旧制，在尚书省设立吏部，作为管官的第一部。但是，在使职差遣制度下，吏部管官只是形式。虽然叫吏部，但在很多时候并不管官，他们的职能被其他官员所代替。有些时候，吏部尚书、侍郎还不如一个给事中的权力大。如果吏部尚书有权力的话，多数也都是皇帝给他一个其他差遣，去管理其他部门，方可是一个实职，但他的职务已经不是吏部尚书，而是使职。吏部尚书、侍郎只能算个官职，但不是差遣。只有差遣才是实实在在的官员。主持吏部工作的是"判吏部事"二人。判吏部事的官员一般都是带职京朝官和无职事的升朝官。这些官员因为经常参见皇帝，自然受到信任，并被委以重任。宋太祖时，设立流内铨（铨选司、铨司），委派"权判流内铨事"二人，专管考试选人、判决案例和拟定差遣等事务。判流内铨事二人，不是吏部官员，而是以御史知杂以上官员充任，掌节度判官以下州府判司、诸县令佐拟注对扬、磨勘功过之事。宋太祖还设立"判吏部南曹"一人，选用担任过知州的升朝官或担任过一任通判的馆职人员担任。三班院，委派"知三班院事"或"勾当三班院事"。判部事二人，以带职京朝官或无职事朝官充任。宋太宗又设立了磨勘院（分磨勘京朝官和磨勘幕职州、县官院），负责对京外官和选人进行考核，官员任职期满必须经过磨勘才能提拔任命。随后,磨勘京朝官院改为“审官院”,磨勘幕职州、县官院改为“考课院”,太宗还设置“京朝官差遣院”负责对少卿监以下京朝官注拟差遣。太平兴国中期,设立差遣院,设知院二人,以御史知杂以上官员充任。淳化四年(993),差遣院并入审官院。神宗熙宁三年(1070)设置审官西院,主管武臣阁门祗侯以上到诸司使的磨勘、注拟差遣等事。又改审官院为审官东院,主管文臣京朝官以下考核功过、叙其爵秩、注拟差遣等事。两院置知院、同知院各一人,主簿二人。北宋初期还有一个机构是官告院,负责原吏部、兵部所主管的妃嫔、王公、文武百官、内外命妇封赠的告身。原来文官吏部盖印、武官兵部盖印、王公命妇司封司盖印,现在统由官告院负责。元丰改制将铨注之法划归吏部,撤销审官东院而改为吏部尚书左选,主管寄禄官在京朝官各职任非中书除授的文臣;撤销审官西院而改为吏部尚书右选,主管升朝官以上和职任非枢密院除授的武臣;撤销三班院而改为吏部侍郎右选,主管副尉以上到义郎的武臣。从此以后,以上文、武官员的选试、注拟、资任、升迁、叙复、荫补、考课的政令以及封爵、策勋、赏罚、殿最的制度,都归吏部掌管。[16]但随着王安石变法的失败,使职差遣制度又恢复了,吏部官员又成了员外郎。宋代的皇帝就是这样,为了控制用人大权,随便设立机构取代吏部。皇帝权力在宋代得到空前强化,但皇权并没有得到真正强化。

哲宗元祐初年,设立“权尚书”,享受“守侍郎”待遇。设“权侍郎”,享受谏议大夫待遇。权尚书和权侍郎从没有担任过给事中、中书舍人及待制人员中选任。高宗建炎四年(1130)规定,权侍郎任职满二年,转为真侍郎。

机构职能

吏部掌文武官吏选试、拟注、资任、迁叙、荫补、考课之政令,封爵、策勋、赏罚、殿最之法。吏部尚书左选,掌管文臣京朝官以上及职任非中书省除授官员。尚书右选掌管武臣升朝官以上及职任非枢密院除授的官员。凡是初任至幕职州县官,由侍郎左选掌管。凡是副尉以上至从义郎,由侍郎右选掌管。对于文武官员不隶属左、右选,而其职务系由中书省、枢密院任命的,其任命诰敕,由吏部办理手续。需要说明的是,吏部这些职能,在元丰改制前都是由其他机构与官员来执行的。

吏部尚书掌文武二选之法令而奉行其制命。凡是官员,序位有品,寓禄有阶,列爵有等,赐勋有给,分任有职,选官有格,考其功过,计其岁月,辨其位秩,按序提升。宋代这种只重资历的用人制度,使得宋代官场暮气沉沉,缺乏生机。文武官员的选授、封爵、功赏、课最之事,虽然有专官分管其事,但最后都要汇总到尚书,尚书审查验实最后敲定。侍郎作为尚书的助手,分管左、右选。左选掌文官,右选掌武臣。

吏部下辖二十四司的本部、司封、司勋、考功四个司。司封司掌官封、叙赠、承袭之事。司勋掌勋赏之事。考功司掌文武官选叙、磨勘、资任、考课之政令。

机构编制

吏部设吏部尚书一人,从二品;侍郎一人,从三品;郎中二人,从六品;员外郎二人,正七品。司封、司勋、考功各一人,官告院主管官一人。左选设八案,胥吏编制三十人,右选设六案,胥吏编制十六人,分别是主事、令史、书令史、守当官。

南宋绍兴八年(1138),六曹设权尚书,享受“守侍郎”待遇。侍郎二人,分左、右选。又尚书左、右选各设郎中一人,侍郎左右选各设郎中一人,司封、司勋、考功司各设一人。左选设十二案:六品、七品、八品、九品、注拟、名籍、掌阙、催驱、甲库、检法、知杂、奏荐赏功司。胥吏编制:主事一人,令史二人,书令史九人,守当官十一人,正贴司十六人,私名十二人,楷书二人,法司一人。右选设十案:大夫、副使、修武、注拟掌阙、奏荐赏功、开拆、名籍、甲库、法司、知杂。胥吏编制:主事一人,令史二人,书令史九人,守当官十二人,正贴司八人,私名十人,法司一人。

4 -2. **户部**

机构沿革

隋唐户部一直是国家的财政部门,但是到了唐代中期以后逐渐发生变化,职能渐渐被三司剥夺。宋代的户部更是可怜,“国初以天下财计归之三司,本部无职掌,止置判部事一人,以两制以上充,以受天下上贡,元会陈于庭”。户部只剩下一个空名,职能就是接受各地给朝廷的上贡礼品,将各地上贡礼品陈列于庭。元丰改制,厘正机构,“罢三司归户部左、右曹,而三司之名始泯矣”,将掌天下人户、土地、钱谷之政令,贡赋、征役之事归于户部。“以版籍考户口之登耗,以税赋持军国之岁计,以土贡辨郡县之物宜,以征榷抑兼并而佐调度,以孝义婚姻继嗣之道和人心,以田务券责之理直民讼,凡此归于左曹。以常平之法平丰凶、时敛散,以免役之法通贫富、均财力,以伍保之法联比闾、察盗贼,以义仓振济之法救饥馑、恤艰厄,以农田水利之政治荒废、务稼穑,以坊场河渡之课酬勤劳、省科率。”

机构职能

尚书、侍郎“掌军国用度,以周知其出入盈虚之数。凡州县废置,户口登耗,则稽其版籍;若贡赋征税,敛散移用,则会其数而颁其政令焉”。左曹掌诸路州县户口升降,民间立户分财,科差人丁,典卖屋业,陈告户绝,索取妻男之讼;农田及田讼,务限奏丰稔,验水旱虫蝗,劝课农桑,请佃地土,令佐任满赏罚,缴奏诸州雨雪,检按灾伤逃绝人户;受纳、驱磨、隐匿、支移、折变;诸州楼店务房廊课利,僧道免丁钱及土贡献物;诸军酒课,比较增亏,知、通等职位姓名,人户买扑盐场酒务租额酒息,卖田投纳牙契。右曹掌常平、农田水利及义仓赈济，户绝田产，居养鳏、寡、孤、独之事。

机构编制

户部因为几乎没有什么职能，编制也就很少。元丰改制后，官员编制为十三人。尚书一人，从二品；侍郎二人，从三品；郎中，从六品；员外郎，正七品。郎中、员外郎，左、右曹各二人，度支、金部、仓部各二人。胥吏编制，左曹四十人，右曹三十人。

度支司设六案，胥吏五十一人。金部司设六案，胥吏编制六十人。仓部司设六案，胥吏编制二十四人。在各个时期，官员变化较小，胥吏编制也有所变化。

4－3. **礼部**

机构沿革

礼部虽然是礼仪机构，但是宋初的礼部并不负责礼仪事务，只是掌管科举，奏补太庙郊社斋郎等事。即使是这部分职能也不由礼部的官员负责，而是由皇帝派一官员“判礼部事”，主持礼部的日常事务。主管礼仪的是宋初设立的太常寺礼院。到真宗时期，设立礼仪院，主管礼仪之事。礼仪院设判院一人，以枢密院使、参知政事充任；知院，以诸司三品以上官员充任。元丰改制，撤销太常寺礼院，将其职权划归礼部。建炎三年，将鸿胪寺、光禄寺并归于礼部，太常寺、国子监划归礼部。本部设五案：礼乐、贡举、宗正奉使帐、封册表奏、检法。

机构职能

礼部掌管礼乐、祭祀、朝会、宴飨、学校、科举之政令。礼部下设礼部、祠部、主客、膳部司。礼部司为本部，主掌礼部日常事务，祠部司掌天下祀典、道释、祠庙、医药之政令。主客司掌接待四夷来宾。膳部司掌牲牢、酒醴、膳羞之事。除以上职能，礼部还下设礼乐、贡举、宗正奉使帐、封册表奏宝印、检法、知杂、开拆案。

机构编制

元丰改制前的礼部编制非常少，只设判部一人，主管科举，如果朝廷派遣官员知贡举，则判礼部事就自然取消。科举工作结束，以知贡举官中地位最低的人主判礼部事。元丰改制后，礼部官员编制是十人，尚书一人，从二品；侍郎一人，从三品；郎中，正六品；员外郎，正七品。郎中、员外郎四司各一人。胥吏编制是：礼乐、贡举、宗正奉使帐、封册表奏、检法五案设主事和令史四十五人，以后又减去四人。建炎以后，礼部四个司，每个司设胥吏五十四人。孝宗隆兴元年(1163)，本部设主事、令史各一人，书令史九人，守当官四人，贴司十二人，私名三人。

4－4. **兵部**

机构沿革

兵部同其他各部一样，在宋代初期，都是挂名。枢密院掌管军事政令，武臣铨选归三班院和审官院西院负责，兵部只管皇帝仪仗、卤簿、武学、义勇弓箭手等事，委任"判兵部事"二人，具体管理兵部事务。在真宗时期判兵部事减为一人。兵部因为无事可干，不但官员少，胥吏也很少，令史九人，甲库令史二人，驱使官一人。神宗熙宁八年(1075)增设"同判"一人，主簿二人，勾当公事官十人。元丰三年(1080)，撤销勾当公事官。元丰改制，兵部设立职官十人。但是因为有枢密院的存在，宋代的兵部远没有其他朝代兵部那样的职能。

机构职能

"掌兵卫、仪仗、卤簿、武举、民兵、厢军、土军、蕃军，四夷官封承袭之事，舆马、器械之政，天下地土之图。"从这些我们可以看到，此时的兵部较原来只掌科举与民兵、仪仗等，增加了许多新的职能，但还是不管军队用兵打仗。

"尚书掌兵卫、武选、车辇、甲械、厩牧之政令。以天下郡县之图而周知其地域。凡陈卤簿，设仗卫，饬官吏整肃，蕃夷除授，奉行其制命。凡军兵以名籍统隶者，阅习按试，选募迁补，及武举、校试之事，皆总之。”(17)侍郎为尚书的副手，郎中、员外郎协助尚书、侍郎处理兵部事务。遇到大的礼仪活动，尚书充当卤簿使；大的祭祀活动，准备祭祀所需要的鱼牲等物品；上朝则与侍郎执班簿对立。兵部下设兵部、职方、驾部、库部四部。兵部掌内部事务。职方掌天下图籍，以周知方域之广袤及郡邑、镇寨道里远近，各地物产、风俗、历史沿革等，遇到闰年，造图以进。对于归附的周边地区国家，安排所属管辖诸州，为其分配土地钱粮。驾部掌管舆辇、车马、驿置、厩牧事务。库部掌管卤簿、仪仗、戎器、供帐以及国家武库。

机构编制

元丰改制前，只设判兵部事二人，主持兵部事务。元丰改制后，设尚书一人，从二品；侍郎一人，从三品；四司郎中各一人，正六品；员外郎各一人，正七品。兵部本部设九案，建炎三年(1129)设十案：赏功、民兵卫、厢兵、人从看详、帐籍告身、武举、蕃官、开拆、知杂、检法。胥吏编制：主事、令史各一人，书令史六人，守当官十人，贴司二十人，私名五人，守阙习学九人。乾道年间裁减胥吏编制，共设胥吏三十人。职方司置三案，设胥吏五人。架部司置设六案，设胥吏十三人。库部司置四案，设胥吏九人。

4－5. 刑部

机构沿革

宋代初期，沿袭隋唐旧制，设置刑部。同其他部一样，刑部也是设判部事一人，以升朝官充任，而刑部官员不管刑部的事。太宗淳化元年(990)设详议官六人，以京官或升朝官充任，后减为三人，到真宗年间增加一人。元丰元年设立大理狱。在设立刑部的同时，太宗淳化二年(991)又设立审刑院，设知院事一人，掌审理大理寺所判案件。宋代的司法程序是：凡是上报的案件，先由大理寺审理完毕，报审刑院，审刑院知院与详议官核定之后，上报中书，中书上奏天子论决。在这套程序中，唯独没有刑部的事情。大中祥符二年（1009），设纠察刑狱司，设纠察官二人，凡是在京刑狱，判处徒刑以上及时上报；如果案件审理未尽或拖延时间，要追覆其案，“详正而驳奏之”。凡是判处死刑的案件，都要进行审理，以免出现冤案。元丰三年八月，将省审刑院划归刑部。以审刑院知院官判刑部，掌详议、详覆司事。刑部主判官为同判刑部，掌详断司事，审刑议官为刑部详议官。这就等于刑部被审刑院兼并了，只是保留了刑部的名称。元丰改制后的刑部官员编制为十三人，尚书一人，侍郎二人，郎中与员外郎各二人。下设三司，设郎中与员外郎各一人。部机关胥吏有主事一人，令史一人，书令史九人，守当官八人，贴司十八人。刑部司设制勘、体量、叙复等案，详覆案则下放各路，隶属提刑司，原详议司划归大理寺。哲宗元祐年间精简比部司都官一人，以都官兼司门，恢复详覆案。建炎三年（1129）朝廷机构进行大精简，刑部郎官只设二人，胥吏也减少一半。绍兴以后，刑部内设机构开始恢复，胥吏编制为三十五人。孝宗隆兴年间，刑部编制为侍郎一人，郎中二人，都官与比部共设郎中一人。胥吏编制是：主事一人，令史四人，书令史九人，守当官八人，正贴司十八人。以后因为财政原因，各个时期都进行精简，不但精简官员，还精简胥吏，很多时候连主官尚书都不设立。南宋朝廷还比较聪明，财政一有困难就精减官员，以减少开支，而不是只考虑官员的饭碗。南宋虽然进入末世，但仍能精减官员，也是难得。

机构职能

掌刑法、狱讼、奏谳、赦宥、叙复之事。凡断狱本于律，律所不该，以敕、令、格、式定之。

尚书掌天下刑狱之政令。“凡丽于法者，审其轻重，平其枉直”(18)，应定夺、审覆、除雪、叙复、移放，由尚书定决。凡是制勘、体量、奏谳、纠察、录问，则由侍郎主持，而郎中、员外郎分掌其事。审核有司更正制定的法规条文，是否适当可行。对于审理的案件量刑有失轻重，有能驳正的，给予奖励。如果遇到大赦，则侍郎授赦书付有司宣读，释放囚犯。

郎中、员外郎分左、右厅，掌详覆、叙雪。都官掌徒流，配隶。比部掌勾覆中外帐籍。司门掌门关、津梁、道路禁令及废置移复。

法律规定的这些刑部职能很多并没有落实，没有司法权的刑部，又如何行使其司法职能？

机构编制

刑部设尚书一人，从二品；侍郎二人，从三品；郎中，从六品；员外郎，正七品。郎中、员外郎刑部司各二人，都官、比部、司门司各一人。

刑部司设十二案，胥吏编制五十二人。绍兴后，设案十三个，胥吏编制三十五人。

都官司设四案，胥吏编制十八人。隆兴元年（1163），裁减胥吏员额，胥吏编制十二人。淳熙十三年（1186），又减三人。比部司设案五个，胥吏编制一百零一人。司门司设案两个，胥吏编制五人。

4 -6. **工部**

机构沿革

宋初的工部同其他各部一样，只设判工部事一员，所属屯田、虞部、水部的职权全部划归“三司”，工部职权很小，几乎就成了闲衙门。元丰改制，恢复原工部职能与编制。

改制后的工部下设工部、屯田、虞部、水部四司。官员编制十人。尚书、侍郎各一人，工部、屯田、虞部、水部郎中、员外郎各一人。元祐元年（1086），精简水部郎官一员。绍圣元年（1094），屯田、虞部由郎中一人兼管。建炎三年，工部郎中兼管虞部，屯田郎中兼管水部。建炎年间将将作监、少府监、军器监划归工部。当时国家营建任务很少,主要是制造作战用的兵器。绍兴二年(1132),专门设立作院制造盔甲兵器,由工部侍郎担任提点,郎中、员外郎逐旬进行检查。皇帝警卫部队所使用的军器又都由工部制造,工部成了任务较重的衙门。隆兴元年,将工部、屯田、虞部、水部四司合一,设郎中一人兼领。

机构职能

工部掌天下城郭、宫室、舟车、器械、符印、钱币、山泽、苑囿、河渠之政。尚书掌百工水土之政令,稽其功绪以诏赏罚,总四司之事。制作、营缮、计置、采伐所用财物,按规定程式交给有司办理,郎中、员外郎协助尚书处理以上事务。屯田郎中、员外郎掌屯田、营田、职田、学田、官庄之政令,及其租入、种刈、兴修、给纳事务。虞部郎中、员外郎掌山泽、苑囿、场冶之事,凡是金、银、铜、铁、铅、锡、盐等,均归其管辖。水部郎中、员外郎掌沟洫、津梁、舟楫、漕运之事,也就是掌管各项水利工程。工部直属机构有军器所与文思院。

机构编制

工部设尚书一人,从二品;侍郎一人,从三品;本部和屯田、虞部、水部四司郎中、员外郎各一人。郎中从六品,员外郎正七品。军器所提点官二人和提辖、监造官各二人,干办、受给、监门官各一人。文思院负责制造金银、犀玉等器物,设提辖官一人,监官三人。工部胥吏编制:本部司设六案,工作、营造、材料、兵匠、检法、知杂案,又专设御前军器案,胥吏编制四十二人。屯田司设三案,胥吏编制八人。虞部司设四案,胥吏编制七人。水部司设六案,胥吏编制十三人。在绍兴年间,几次裁减胥吏员额,四司共设胥吏三十三人。

军器所设提点官二人,提辖、监造官各二人,干办、受给、监门官各一人。文思院设提辖官一人,监官三人。

以上为六部编制，除此之外，六部还设监门官一人，掌司门钥。主管架阁库，掌储藏帐籍文案一人。宣和年间撤销管干架阁库官，绍兴十五年（1145）重新设置，吏、户部各派一人，礼、兵部共派一人，刑、工部共派一人，官衔是“主管尚书某部架阁库”。

5. 枢密院

机构沿革

唐代宗时期，设置枢密使，由宦官担任。从五代开始，枢密使由士人担任。后梁设立崇政院，设崇政使为最高长官。后唐改为枢密院，长官为枢密使。枢密使主管军事，担任枢密使的都是皇帝的心腹，所以，枢密使的权力也就越来越大，其权力甚至超过宰相。枢密院的设立，使得“宰相之外，复有宰相，三省之外，复有一省矣”。宋代初期的枢密院为总理全国军务的最高机构，简称“枢府”，“与中书门下共掌文、武二柄”(19)，也称为东、西“二府”。枢密使与宰相对掌文武大权，他们相互之间没有隶属关系。枢密院长官同宰相的资历地位相近，枢密使同宰相、三省官一样，可直接向皇帝禀奏请旨。枢密院在中书北面，大印印有“东院”“西院”文字，但对外使用的是东院印。庆历年间，边境用兵，知制诰富弼提出，边事系国安危，不当专委枢密。仁宗深表同意，令枢密院与中书同议用兵之事。但是枢密院往往与中书省意见不一致。庆历年间实行宰相兼枢密使。元丰改制，有官员提出将枢密院废除，其职能划归兵部。宋神宗没有同意，“祖宗不以兵柄归有司，故专命官以统之，互相维制，何可废也？”宋神宗认为枢密使乃是辅弼，不是出使之官，设置知院、同知院二人，作为枢密使的副手。元祐初年，设签书院事、同签书枢密院事。政和六年（1116），以宦官童贯权签书枢密院河西、北面房事。政和七年，以童贯带同签书枢密院事的官衔宣抚陕西、河东、河北三路，因为元丰官制无同签书枢密院事官衔，改为权领枢密院。宋代的枢密使与中书的关系越来越不正常，常常是战守安危之际，中书主打，枢密使主守，出现许多贻误军国大政的弊端，直至徽、钦二帝被俘，北宋军队瓦解。宋朝皇帝专门建立枢密院，对枢密使寄予厚望，在关键时刻，枢密使作为国家的最高军事长官，却是误国，不能担当起保卫国家的大任。南宋建立初期，高宗对军队进行重新编制，使枢密院一度闲置。宋高宗另设御营司，由宰相等兼任御营使和御营副使。建炎四年（1130），高宗又罢去御营使，以宰相兼任知枢密院事，恢复了枢密院旧制。“至开禧，以宰臣兼使，遂为永制。”[20]

机构职能

枢密院“掌军国机务、兵防、边备、戎马之政令，出纳密命，以佐邦治”。“凡侍卫诸班直、内外禁兵招募、阅试、迁补、屯戍、赏罚之事，皆掌之。以升拣、废置揭帖兵籍；有调发更戍，则遣使给降兵符。除授内侍省官及武选官，将领路分都监、缘边都巡检使以上。”[21]审官西院具体管理军官的任用。都承旨、副都承旨掌承宣旨命，通领院务。枢密院十二房北面房掌河北、河东路吏卒，北界边防、国信事。河西房掌陕西路、麟、府、丰、岚、石、隰州及保德军吏卒，西界边防、蕃官。支差房掌调发军队，湖北路边防及京东、京西、江、淮、广南东路吏卒，迁补殿侍，选亲事官。在京房掌殿前步军司事，支移兵器，川陕路边防及畿内、福建路吏卒、军头、皇城司卫兵。教阅房掌中外校习，封桩阙额请给，催督驿递及湖南路边防。广西房掌招军捕盗赏罚，广南西路边防及两浙路吏卒。兵籍房掌诸路将官差发禁兵、选补卫军文书。民兵房掌三路保甲、弓箭手。吏房掌差将领武臣知州军、路分都监以上及差内侍官文书。知杂房掌杂务。支马房掌内外马政并坊院监牧吏卒、牧马、租课。小吏房掌两省内臣磨勘功过叙用，大使臣以上历任事状及校尉以上改转迁遣。

枢密使还有诸多职能。枢密院成为真正的最高军事机构,而兵部只是一个历史遗留下来一时还不想撤销的机构。

机构编制

枢密院设枢密使一人,从一品;知枢密院事一人,正二品;同知枢密院事一人,正二品;枢密院副使一人,从二品;签书枢密院事一人,从二品。同签书枢密院事、枢密使知院事,这些都是枢密院的差遣官员,"佐天子执兵政",其他官员有同知、副使、签书。"国初,官无定制,有使则置副,有知院则置同知院,资浅则用直学士签书院事。"(22)

其他还有都承旨一人,从五品;承旨一人,正六品;副都承旨一人,正六品;枢密院检详诸房文字,从六品;副承旨一人,正七品;诸房副承旨五人,正七品;计议官、编修官,正八品,详复官、都统制、副都统制等。

宋初枢密院十二房胥吏编制:主事五人,守阙主事二人,令史十四人,书令史十九人。这些属于高级衙门的高级胥吏,品级为从八品。守阙书令史三人,正九品,正名二十八人。元丰改制后胥吏编制:主事五人,守阙主事二人,令史十三人,书令史十五人,南宋胥吏编制:主事五人,令史十四人,书令史二十人,守阙令史二十人,守阙贴房一百至二百六十六人,正名贴房二十至二十八人。

6. 宣徽院

机构沿革

宣徽院最早设立于唐中叶,分南、北两院,以宦官担任南北宣徽使。五代诸国也多设立宣徽院。宋也同样设立宣徽院。宋以检校为宣徽使,以枢密院副使兼宣徽南、北两院使。元丰改制,撤销宣徽院,将宣徽院的职能划归有关省、寺。宣徽使作为一种职官却保留下来,成为用来安排勋旧官僚的兼职,成为一种皇帝对臣下的恩宠。机构撤销了,职官却还一直保留,有人提出意见。元祐六年(1091)宋哲宗以冯京为宣徽使,在此之前,太子少师张方平也是以兼宣徽使致仕。《宋史》卷一六二载,中书舍人韩川提出反对意见:“祖宗设此官,礼均二府,以待勋旧,未尝带以致仕。且宣徽,武官也;宫保,文官也,不宜混并。”但是宋哲宗并没有接受韩川的意见,仍然让冯京兼宣徽院使致仕。到了南宋,不再有宣徽使之职。到了元代,宣徽院被滥用到极致。

机构职能

总领皇宫内诸司及三班内侍名籍。兵案、胄案掌管赏赐群臣新史、诸司使至崇班、内供侍奉官、诸司工匠兵卒名籍、三班以下迁补、假故、鞫劾等。皇宫服务人员的选用是宣徽院的重要职能。仓案掌管春秋及圣节大宴、节度使的授予仪式与皇帝的恩赐、上元节的张灯、四时祠祭以及契丹朝贡等。胄案掌管郊祀、御殿、朝谒、皇帝赐宴、国忌活动的安排。

机构编制

宣徽院设宣徽使、副使各一人。胥吏编制:都勾押官、勾押官各一人,前行三人,后行十二人。

7. 三司使

机构沿革

三司指的是盐铁、度支、户部。三司又叫“计省”,是北宋前期最高财政机构。三司使“位亚执政,目为计相”,其地位级别俸禄与参知政事、枢密使相同。太平兴国八年(983),将三司使所管事务一分为三,设盐铁使、度支使、户部使。淳化四年(993),又罢三使,重设三司使一人,另设盐铁副使、度支副使和户部副使,三司使总领三部。同时将全国分十道:河南、河东、关西、剑南、淮南、江南东、江南西、两浙、广南。在汴梁以东的道称左计,在汴梁以西的道称右计，设左计使、右计使分掌。不久又设总计使判左、右计事，左、右计使判十道事。五年，罢十道左右计使，恢复三部使。咸平六年（1003），撤销三部使，恢复三司使。三司使权力过分集中，不但掌管财政，还掌管三司系统官员的任免考核，在经济上更是高度集权，也就带来诸多弊端。元丰改制将三司使撤销，其职能划归户部和工部。元丰改制虽然废除了三司，其职权归于户部、工部管辖，但是财用大计毕竟不是户部所能尽办，因此，北宋末期又有总领财赋官及经总制使分别掌之。

北宋前期，中书门下主管民政，枢密院主管军政，三司主管财政，三者鼎足而立，彼此不相知，而大权集中于皇帝一身。元丰改制后，宰相实际上兼管财政。南宋时，宰相兼任枢密使，又兼管部分财政。这样，宰相重新握有民政、财政和部分军政，使得南宋出现了众多的权相、奸相。

机构职能

三司使总管全国各地之贡赋和国家财政，掌“邦国财用之大计，总盐铁、度支、户部之事，以经天下财赋而均其出入焉”。“盐铁，掌天下山泽之货，关市、河渠、军器之事，以资邦国之用。度支，掌天下财赋之数，每岁均其有无，制其出入，以计邦国之用。户部，掌天下户口、税赋之籍，榷酒、工作、衣储之事，以供邦国之用。”(23)

机构编制

三司设三司使一人，副使一人，判官、盐铁使、度支使、户部使、三部副使各一人，三部判官各三人。左计使、右计使各一人，三部孔目官各一人，都勾押官各一人，勾覆官各四人。三部勾院判官各一人。盐铁院、度支院、户部院勾覆官各一人。都理欠司判司官一人，开拆司判司官一人。衙司管辖官二人，勾当公事官二人。三司推勘公事一人。勾当诸司、马步军粮料院官各一人。勾当马步军专勾司官一人。在三司下面还有众多的子司，这些子司也都需要众多的官员与胥吏来管理运行。

三司官品未见记载，胥吏编制人数亦未见记载，可能是三司机构存在于前期，所以《宋史·职官志》未有记载。

8. 御史台（谏院）

机构沿革

宋代中央监察机关，沿袭唐制，称为御史台，下设三院："一曰台院，侍御史隶焉；二曰殿院，殿中侍御史隶焉；三曰察院，监察御史隶焉。"(24)御史台设有御史大夫和御史中丞。宋初御史大夫不设正员，只作为加官，授予其他官员。而且，宋初也不重视御史台的工作，"御史不能弹奏"(25)，直到宋真宗才开始重视御史台的工作。宋真宗大中祥符六年（1013），任命翰林学士王曾"摄御史大夫为考制度使"。这里的御史大夫只是王曾的一种兼衔，真正的职权职务也是差遣——考制度使。元丰改制后，御史大夫和检校御史大夫都被罢去，御史中丞便成为御史台的真正长官，称为台长；副长官是御史知杂事。下面还有殿中侍御史（监察御史）、推官（二名）等。

台院，下设侍御史，宋初无定员，元丰改制，正式定员二人，正七品。殿院，宋初无定员，而且经常被安排其他差事，元丰改制，定员二人，规定不再派遣他职，专门从事殿院职责。察院，宋初也是无定员，其间多次变化，直到元丰三年，规定设御史六人。宋朝初年的御史无定员，而且经常被临时差遣，这一方面说明宋朝对监察官员的不重视，另一方面说明监察工作的随意性。在宋仁宗时，要选拔资历较浅但有才干的人员担任御史，但是符合条件的不多。宋神宗熙宁三年（1070），以秀州军事判官李定为太子中允，权监察御史里行，负责起草圣旨的知制诰认为李定资历太浅，拒绝起草任命李定为太子中允的圣旨。

在宋初，谏院并没有独立的办公机构，也不属于御史台。由中书、门下两个左右拾遗充任判谏院事。下设左右谏议大夫、左右补缺、左右拾遗。左谏议大夫、左补缺、左拾遗属于门下省的官员，右谏议大夫、右补缺、右拾遗则属于中书省。很多谏议大夫谏诤并不是他们的工作，而只是文官本官阶的称号。需要的时候，再差遣他官，得到谏院的差遣，就是谏官。如果得不到谏院的差遣，即使官衔是左右谏议大夫、左右补缺、左右拾遗，也不能行使谏官的职能，因为皇帝并没有赋予你谏官的差遣。更重要的是谏院没有固定的办公地点，“谏官无治所”(26)。谏官没有办公场所自然不被人看重。直到门下省搬到新的衙门，谏院才在门下省原址办公，才算有了正式的办公场所。宋真宗时，正式在门下省设立谏院，在门下和中书省设置谏官六人，不再兼任其他职务，也不再使职差遣。元丰改制，设左、右散骑常侍各一人，正三品。左、右谏议大夫各一人，从四品。左、右司谏各一人，正七品。左、右散骑常侍因为级别高，从不授人，左右谏议大夫就成为谏院的最高长官。

御史台与谏院都属于监察性质，因其职位特殊，这些官员往往要由皇帝亲自任命，不允许宰相执政举荐。几任皇帝都曾下旨，宰相不得荐举台谏官。到了仁宗庆历年间还规定，凡是现任宰执荐举过的官员，不得任命为台官，称之为“祖宗之制”。在宋代，虽然戏剧舞台上有黑脸包公，但是在监察上，远没有其他朝代做得好，更是无法与明代相比。

机构职能

御史台“掌纠察官邪，肃正纲纪。大事则廷辨，小事则奏弹”。“凡祭祀、朝会，则率其属正百官之班序。”遇到朝会或朝廷有大的活动，便安排御史二人充左、右巡使，纠察各种不合礼仪的官员。右巡使巡察文官，左巡使巡察武官，“分其职掌，纠其违失，常参班簿、禄料、假告皆主之”。如果有祭祀活动，则兼监祭使，掌受誓戒致斋，检视纠劾。

殿中侍御史掌以仪法纠百官之失。凡大朝会及朔望、六参，则东西对立，弹其失仪者。监察御史掌察六曹及百司之事，纠其谬误，大事则奏劾，小事则举正。“台官职在绳愆纠谬，自宰臣至百官，三省至百司，不循法守，有罪当劾，皆得纠正。”一个衙门，一个官员被纠察次数的多少，将作为年终单位与个人考核的依据，“岁终条具殿最，以诏黜陟”(27)。

机构编制

御史大夫，从二品，不设置，只是作为加官。元丰改制后，取消御史大夫一职。

中丞一人，从三品，为台长；侍御史一人，从六品，为御史中丞的副手。殿中侍御史二人，监察御史六人，从七品；检法一人，从八品；主簿一人，正九品。胥吏编制：前司主管班次二人，正副引赞官二人，入品知班三人，知班五人，书令史四人，驱使官四人，法司二人，六察书吏九人，贴司五人，通引官三人。

三京留司御史台管勾台事各一人。令史二人，知班、驱使官、书吏各一人。

9. 翰林学士院

机构沿革

宋代沿用唐制，设立翰林学士院，为中央文职机构之一。能入翰林院任职的，都是一些文学之士，资格最老的称翰林院学士承旨，其下称翰林学士、知制诰。宋代“有官、有职、有差遣”，职就是指的翰林院官员。翰林院承旨不常设，其他也无定员。一些老臣也都进入翰林学士院，宋代能够担任高官的，也都是饱学之士。有宋一代，没有一定的文化素养，是很难担任朝廷要职的。整个宋代，重文轻武，对于文人特殊优待，也就培养了一批文人高官。

唐代的翰林学士，是皇帝的亲信顾问，地位重要，宋朝的翰林学士则只是一种清要显职。“凡初命为学士，皆遣使就第宣诏旨召入院。上日，敕设会从官，宥以乐。”进入翰林院，如果没有被授予学士，称之为“直院学士”。因为翰林学士缺员，由他官来担任，则称为“学士院权直”。“凡他官入院未除学士，谓之直院；学士俱阙，他官暂行院中文书，谓之权直。”有宋一代，所有机构都实行使职差遣，但是翰林学士院没有实行，一直是文人研究学问的地方，所以元丰改制，虽然多数部门都进行改制，但翰林学士院还是盛唐旧制。“自国初至元丰官制行，百司事失其实，多所厘正，独学士院承唐旧典不改。”(28)在宋代，翰林学士院的职官是一种高贵的学位与职官，有些官员虽然带着翰林学士的官衔，但并不一定是翰林学士院的人，有些翰林学士虽然是翰林院的官员，但并不一定在翰林院工作。“太宗初，以著作佐郎吕文仲为侍读。真宗咸平二年，以杨徽之、夏侯峤并为翰林侍读学士，始建学士之职。其后，冯元为翰林侍读，不带学士；又以高若讷为侍读，不加别名，但供职而已。天禧三年，张知白为刑部侍郎，充翰林侍读学士、知天雄军府，侍读学士外使自知白始。元丰官制，废翰林侍读、侍讲学士不置，但以为兼官。然必侍从以上，乃得兼之，其秩卑资浅则为说书。”(29)宋代翰林院一些官职被高官所兼，是一种重视文化知识的体现。翰林院官员不仅做学问，他们还被派遣外任。“景德四年，以翰林侍讲学士邢昺知曹州，侍讲学士外使自昺始。”(30)在宋代，还有一种“殿学士”，如资政殿大学士、观文殿大学士，更是一种对有文化修养、资历很深、威望很高官员的尊衔，这些人一般都是皇帝的顾问。这些尊衔一般不轻易授人。这些学士、殿学士，表现了宋朝皇帝对高级知识分子的尊崇。这也是有宋一代重视知识的具体体现。宋代凡是任命学士，皇帝都要派遣使者到本人家中宣读皇帝的诏命，然后学士与使者一起入翰林院。当天皇帝还要敕令在翰林院设宴招待，并享受乐队奏乐的高级待遇。元丰开始，凡是任命的翰林学士都佩以鱼袋。宋代只有六品以上官员才能佩戴鱼袋。宋代虽然国势不强，但是政治环境宽松，对知识分子高度重视，对官员也没有残酷斗争，无情打击。虽然派系纷争不断，但是官员受到的处分也只是罢官，或者放到外地做官。司马光、王安石虽然在政治上水火不相容，但是谁也没有将谁置于死地。这是历代政权所不及的，更是政党政治所无法比拟的。正因如此，宋代所创立的宋词文化也是历代所难以企及的。

机构职能

翰林院的职权是负责起草朝廷的制诰、赦敕、国书以及宫廷所用文书，还侍皇帝出巡，备顾问，实际是皇帝的秘书处和参谋官员。“翰林学士承旨、翰林学士、知制诰、直学士院、翰林权直、学士院权直，掌制、诰、诏、令撰述之事。凡立后妃，封亲王，拜宰相、枢密使、三公、三少，除开府仪同三司、节度使，加封，加检校官，并用制；赐大臣太中大夫、观察使以上，用批答及诏书；余官用敕书；布大号令用御札；戒励百官、晓谕军民用敕榜；遣使劳问臣下，口宣。凡降大赦、曲赦、德音，则先进草；大诏命及外国书，则具本取旨，得画亦如之。”(31)翰林院官员绝不仅仅是研究学问，更是皇帝的文字机要秘书班子。

崇政殿说书掌进读书史，讲释经义，备顾问应对。观文殿大学士、学士，资望极峻，没有职务，没有职掌，唯一的任务就是出入侍从皇帝以备顾问。观文殿大学士，是为了安置退休的宰相，只有当过宰相的，才能授予观文殿学士的头衔。观文殿大学士“资望极峻，无吏守，无职掌，惟出入侍从备顾问而已”。贾昌朝由使相右仆射、观文殿大学士判尚书都省。观文殿置大学士，从贾昌朝开始。“自是曾任宰相者，出必为大学士。”翰林院的观文殿大学士成为宰相的后备人才。资政殿大学士也是为安顿当过宰相官员而设置的职务。"宋庠罢参知政事,仁宗眷之厚,因加此职。自钦若后,非宰相而除者,惟庠一人。"(32)宋庠因为只是副宰相,被仁宗任命为资政殿大学士属于破例。端明殿学士则多是现任高官的兼衔。

机构编制

翰林学士院由众多的殿阁组成,各个殿阁又都由诸多学士、直学士、待制等官员组成。所以,翰林学士院官员众多,充分体现了宋代文人执政的特点。

观文殿学士,翰林、资政、保和殿大学士,翰林学士承旨,翰林学士,资政、保和、端明殿学士,龙图、天章、宝文、显谟、徽猷、敷文阁学士,枢密直学士,均为正三品。龙图、天章、宝文、显谟、徽猷、敷文阁直学士,均为从三品。保和殿、龙图、天章、宝文、显谟、徽猷、敷文阁待制,均为从四品。集英殿修撰为正六品,右文殿修撰、秘阁修撰为从六品。侍讲,直龙图、天章、宝文阁,为正七品,直显谟、徽猷、敷文阁、崇政殿说书为从七品。直秘阁为正八品等。

翰林院这些职官设置于不同的年代,有的不是长期性的职官,变化较大。有宋一代,学士最能反映宋代官员的文化水平,也成为官员的追求与做官为宦的奋斗目标。

10. 秘书省

机构沿革

宋初,设置三馆,在汴梁长庆门北,称之为西馆。太平兴国初,建立三馆书院。太平兴国三年(978),将三馆书院改为崇文院,并将西馆图书移交崇文院。崇文院东廊为集贤书库,西廊分四部,为史馆书库。大中祥符八年(1015),又建立崇文院外院,设检讨、校勘等职官。检讨以京朝官充任,校勘自京朝、幕职至选人选用。以内侍二人为勾当官,掌管三馆图籍,孔目官、表奏官、掌舍各一人。监书库内侍一人,兼监秘阁图籍孔目官一人。端拱元年(988),在崇文院中堂建秘阁,收藏三馆书籍真本与内出古画墨迹。淳化元年(990),在三馆设直阁、校理,以朝官充任,以诸司三品、两省五品以上官一人判阁事。元丰改制,将崇文院划归秘书省管理。南宋初期,秘书省一直没有设立,直到绍兴元年(1131)设立秘书省,设权秘书监或少监一员,秘书丞、著作郎各一员,校书、正字各二人。绍兴三年(1133),设立国史院,重修神宗、哲宗实录,左仆射吕颐浩任提举国史,右仆射朱胜非监修国史。绍兴四年,设直史馆与检讨、校勘各一人,修撰官二人,校勘官无定员。绍兴五年(1135),仿效唐代十八学士制度,秘书省设监、少监、丞各一人,著作郎、秘书郎各二人,校书郎、正字通十二人。绍兴二十八年(1158),神宗实录、哲宗实录完成,又诏修三朝正史,重设国史院。重设的国史院以宰臣监修,侍从官兼同修。第二年,以宰臣任提举,下设修国史、同修国史各二人,编修官二人。又设都大提举诸司官、承受官,诸司官各一人。以上官员从内侍省官中选任。乾道二年(1166),设立实录院,修撰钦宗实录。乾道四年(1168)钦宗实录完成,又开始撰钦宗正史。

机构职能

秘书省掌古今经籍图书、国史实录、天文历数之事,这些职能由日历所、国史实录院、太史局等来完成。

机构编制

秘书省设监一人,正四品;少监一人,从五品;丞一人,从七品;著作郎一人,从七品;著作佐郎二人,正八品;秘书郎二人,校书郎四人,正字二人,均为从八品。胥吏编制:都孔目官、副孔目官二人,四库书直官二人,表奏官、书库官各一人,守当官二人,正名楷书五人,守阙一人,正贴司及守阙各六人,监门官一人,专知官一人。秘书省直属单位还有日历所,掌编修日历。会要所负责修国朝会要、实录。太史局掌测验天文、考定历法。太史局设令、正,春官正、夏官正、中官正、秋官正、冬官正与丞、直长、灵台郎、保章正等。国史实录院设提举国史、监修国史、提举实录院、修国史、同修国史、史馆修撰、同修撰实录院修撰、同修撰、直史馆、编修官、检讨官、校勘、检阅、校正、编校官等。胥吏编制：点检文字一人，书库官八人，楷书四人。

11. 太常寺（太常礼院）

机构沿革

宋初，太常寺也是由他官判寺。判寺无定员，以两制以上官员充任。设丞一人，以担任礼官时间长、职位最高的充任。国家已经有了礼仪机构太常寺，但又设置太常礼院。太常礼院虽然隶属太常寺，但太常寺又对它没有管辖权。太常礼院设判院、同知院四人，太常寺与太常礼院事务互不往来。康定元年（1040），设立判寺、同判寺，开始兼管太常礼院事务。元丰改制后，才恢复太常寺的职能。建炎年间进行机构精简，但只有太常与大理未减，可见礼仪在宋代地位之重要。

机构职能

太常寺掌礼乐、郊庙、社稷、坛壝、陵寝。宋代礼分吉礼、宾礼、军礼、嘉礼、凶礼。太常寺掌各种礼的制度仪式。祭祀有大祠，有小祠。祭祀使用的牺牲、币玉、酒醴、荐献、器服，都有等级；祭祀用的各种乐律、乐舞、乐章，都有规定要求。总之，封建社会宫廷礼仪烦琐，这一切礼仪规范都由太常寺来行使。如果太常寺对于某些礼乐做出修改，要上报礼部。太常寺还负责太医政令的制定，并按时颁行。太常寺设九案。礼仪案掌讨论大庆典礼、神祠道释、袭封定谥、检举忌辰。祠祭案掌大中小祠祀差行事官并酒齐、币帛、蜡烛、礼料。坛庙案掌行室坛、庙域、陵寝。大乐案掌大乐教习乐舞、鼓吹、警场。法物案掌给纳朝、祭服。廪牺案掌岁中祠祭牲牢羊豕涤室。太医案掌臣僚陈乞医人，补充太医助教等。掌法案与知杂案并掌本寺条制杂务。博士掌讲定五礼仪式，如果对某些礼仪进行改革则必须依据审议。

机构编制

太常寺设卿一人，正四品；少卿一人，从五品；丞一人，从七品；博士四人，正八品；主簿一人，从八品；协律郎、奉礼郎、太祝各一人，均从八品。公案五个，胥吏编制十一人。太常寺各个时期编制变化较大。建炎初，取消丞、簿，只设博士一人。绍兴三年(1133)，又设丞一人。九年，增添博士一员。十年，设主簿一人。十五年，设籍田令，接着又设太社令。隆兴元年(1163)，减博士一人，主簿一人，将光禄寺并入太常，取消丞。第二年恢复丞与簿。胥吏编制：设赞引使二人，正礼直官二人，副礼直官二人，正名赞者七人，守阙赞者七人，私名赞者七人，胥吏一人，胥佐四人，贴司一人，书表司一人，祠祭局供官十二人，祭器司供官十人，乐正三人，鼓吹令一人。本寺天乐祭器库专知官一人，库子二人，圆坛大乐礼器库专知官一人，库子一人。

太常寺下属机构有提点管干郊庙祭器所、南郊太庙祭器库、提点朝服法物库所、朝服法物库、南郊什物库、太庙什物库、教坊及钤辖教坊所、诸陵祠坟所、太医局。太医局设丞、教授。大晟府设大司乐、典乐、大乐令、主簿、协律郎。

12. 殿中省

机构沿革

宋初，殿中省设判省事一人，以无职事朝官充任。虽然设有六尚局，但并不是殿中省的事务。殿中省只是掌郊祀、元日、冬至天子御殿，及禘祫后庙、神主赴太高，供具伞扇等。殿中省同秘书监一样，都是寄禄官。元丰中期，想建立殿中省衙门，但是宫中又没有地方。徽宗时期,有大臣提出恢复殿中省六尚,以体现皇帝的至尊。徽宗找出前朝的《殿中省图》,令三省建立殿中省。

机构职能

殿中省掌供奉天子玉食、医药、服御、幄帟、舆辇、舍次之政令。直属机构有六局:尚食局掌膳羞之事,尚药局掌和剂诊候之事,尚酝局掌酒醴之事,尚衣局掌衣服冠冕之事,尚舍局掌次舍幄帟之事,尚辇局掌舆辇之事。御药院掌按验秘方、以时剂和药品,以进御及供奉禁中药用。尚衣库掌管驾头服御伞扇。内衣物库掌管锦绮、绫罗、色帛、银器、腰束带料。新衣库掌管锦绮、杂帛、衣服之物,以备给赐及邦国仪注之用。朝服、法物库掌管百官朝服、诸司仪仗物品。

机构编制

殿中省设监一人,少监、丞各一人,提举六尚局及管干官一人,御药院勾当官,无定员,典八人,药童十一人,匠七人。尚衣库使、副使各一人,监官二人,典一人,匠四人,掌库十人。内衣物库监官二人,典八人,掌库三十一人。新衣库监官二人,典十人,掌库五十五人。朝服、法物库监官二人,典三人,掌库三十人。

13. 宗正寺(大宗正司)

机构沿革

宋代的宗正寺也是沿袭隋唐旧制而设。因为宗正寺是管理皇族事务的衙门,所以宗正寺官员都是皇族官员。宗正寺虽然管理皇族事务,但在使职差遣制度下,也得他官判寺事。一开始以宗姓两制以上的官员二人判寺事,以后以宗姓朝官以上知丞事。宗正寺掌奉诸庙诸陵荐享之事与皇族之籍。无论是丞,还是主簿,也都由赵氏宗姓担任,通署寺事。最初宗正寺卿、少卿,一般任命常参官判寺事。大中祥符八年(1015),以兵部侍郎赵安易兼任宗正寺卿，判寺事赵世长改为知寺事。元丰改制后，宗正寺卿、少卿不再专由皇族官员充任，由大宗正司管理皇族事务。南宋之后，宗正寺卿不常设，少卿一人，以太常寺卿兼任。绍兴三年(1133)，复设少卿一人。五年复设宗正寺丞。十年设主簿，隆兴元年(1163)全部取消。次年，又恢复丞与主簿。嘉定九年(1216)，以宗学划归宗正寺。宗正寺有一个重要机构玉牒所，于淳化年间设立。咸平初年，命赵安易、梁周翰编属籍，大中祥符六年(1013)，以知制诰刘筠、夏竦为修玉牒官。元丰改制，隶属宗正寺。南宋之后，玉牒所一度不设，到绍兴十二年(1142)才恢复。设提举一人或二人，以宰相执政兼任，以侍从官一人兼修纂，宗正卿、少卿监同修纂。虽然玉牒所由高官充任，但是几经遭难的皇族早已没有了当初的尊贵。

景祐三年(1036)，设立大宗正司，以皇兄宁江军节度使濮王知大宗正事，皇侄彰化军节度观察留后赵守节同知大宗正事。元丰改制，设知大宗正事与同知大宗正事各一人，选宗室团练、观察使以上有德望者充任，丞二人，以文臣京朝官以上充任。

为了管理宗族事务，根据宗亲分布情况，先后设立外宗正司(南京)、西外宗正司(西京)。中兴以后，以位高在宗族中的尊者判大宗正事，又设置知大宗正丞，以文臣充任，掌纠合宗亲而检防训饬，同时负责南班宗室磨勘、迁转、袭封、请给、房奁、分析财产等皇族事务。

机构职能

宗正寺卿“掌叙宗派属籍，以别昭穆而定其亲疏”。宗正寺修纂之事，其别有五：玉牒是以编年之体叙帝系而记其历数，凡政令赏罚、封域户口、丰凶祥瑞之事都要加以记载；属籍则是记载同姓之亲而第其服纪之戚疏远近；宗藩庆系录，辨谱系之所自出，序其子孙而列其名位品秩；仙源积庆图，考定世次枝分派别而系以本宗；仙源类谱，序男女宗妇族姓婚姻及官爵迁叙而著其功罪、生死。

大宗正司则掌纠合族属而训之以德行、道艺，受其词讼而纠正其愆违，有罪则先劾以闻；法例不能决者，由皇帝裁定。大宗正司主要掌管皇族内部教育与违法犯罪之事。

机构编制

宗正寺设卿一人，正四品；少卿一人，从五品；丞一人，从七品；主簿一人，从八品。下设属籍与知杂二案。胥吏编制：胥长一人，胥史一人，胥佐二人，楷书二人，贴书二人。

大宗正司有知大宗正司与同知大宗正司，胥吏十一人。

14. 光禄寺

机构沿革

北宋前期，光禄寺卿与少卿只是作为寄禄官的官阶，光禄寺的具体工作由皇帝派官判寺。设府史四人，驱使官二人，供官十五人。元祐初，撤销该寺太官令，两年后恢复。崇宁三年（1104），设尚食局，太官令只负责祠事。光禄寺其他机构有法酒库、内酒坊、太官物料库、翰林司、牛羊司、牛羊供应所、乳酪院、油醋库、外物料库等。元丰改制后，设卿、少卿、丞、主簿各一人。下设五案与十局。高宗以后，光禄寺划归礼部，到孝宗时，太常寺又成为独立机构。

机构职能

光禄寺卿“掌祭祀、朝会、宴飨酒醴膳羞之事，修其储备而谨其出纳之政”[33]。凡是祭祀活动，要做好五齐、三酒、牲牢、郁鬯及尊彝、笾豆、簠簋、鼎俎、铏登等工作。祭祀活动结束，将各种供品上呈天子，然后分发给其他人员享用。

机构编制

光禄寺设卿一人，从四品；少卿一人，正六品；丞一人，正八品；主簿一人，从八品。胥吏编制十人。

15. 卫尉寺

机构沿革

汉代的卫尉寺作为九寺之一,被历代沿袭,但宋代的卫尉寺职能大变,或者说只是保留了卫尉寺的名称。元丰改制前卫尉寺设判寺一人,以郎官充任。卫尉寺所管的武库归内库管理,守卫皇宫的职能则归仪鸾司,"本寺无所掌"。元丰改制后,这些职能才划归卫尉寺。卫尉寺所属机构有:内弓箭库、南外库、军器弓枪库、军器弩剑箭库、仪鸾司、军器什物库、宣德楼什物库、左右金吾街司、左右金吾仗司、六军仪仗司。中兴之后,卫尉寺被撤销,并入工部。

机构职能

元丰改制前的卫尉寺所有职能都被使职差遣所代替,卫尉寺成了闲衙门。元丰改制后,恢复了卫尉寺的职能,掌仪卫兵械、甲胄之政令。凡内外作坊送来的兵器,进行验收检查之后藏于武库,对不符合标准的武器则要对相关人员进行处罚。每季派遣官员巡视检查,年终将所藏武器数量登记上报兵部。卫尉寺还掌管卤簿仪仗与皇宫巡逻,纠察不符合礼仪的行为。宴享宾客,提供幕帘、茵席,对有损坏的移交少府、军器监进行维修。从这些职能可以看到,宋代的卫尉寺已经远不是汉代的卫尉寺。

机构编制

卫尉寺设卿一人,从四品;少卿一人,正六品;丞一人,正八品;主簿一人,从八品。内设四案,胥吏编制十人。

16. 太仆寺

机构沿革

元丰改制前,太仆寺也是以他官判寺事。判寺事以朝官以上官员充任。但是宋初的太仆寺也与汉魏隋唐相差很大。本来归太仆寺的邦国厩牧、车舆之政令归属群牧司、骐骥院,太仆寺只管天子五辂、属车，后妃、王公车辂。元丰改制后，划出去的职能重归太仆寺。元祐二年(1087)规定，太仆寺所属各个群牧司，饲养马匹直属太仆寺管辖，太仆寺向枢密院汇报工作，不再经尚书省及驾部。崇宁二年(1103)，又规定太仆寺不治外事，各群牧监划归尚书驾部；马政事务归枢密院所隶机构。太仆寺成了纯粹的服务机构。中兴之后，太仆寺被撤销，并入兵部。

机构职能

太仆寺卿掌车辂、厩牧之令。国家有大的礼仪活动，提供辇辂、属车。在活动之前对参加活动所需马匹进行调试。“凡仪仗既陈，则巡视其行列。后妃、亲王、公主、执政官应给车乘者，视品秩而颁之。总国之马政，籍京都坊监、畿甸牧地畜马之数，谨其饲养，察其治疗，考蕃息损耗之实，而定其赏罚焉。死则敛其鬃尾、筋革入于官府。凡阅马，差次其高下，应给赐则如格。岁终钩覆帐籍，以上驾部。若有事于南北郊，侍中请降舆升辂，则卿授绥。”“车辂院掌乘舆、法物，凡大驾、法驾、小驾供辇辂及奉引属车，辨其名数与陈列先后之序。”(34)

机构编制

太仆寺设卿一人，从四品；少卿一人，正六品；丞一人，正八品；主簿一人，从八品。设案五个。胥吏编制十八人。下属机构群牧司设制置使一人，使一人，副使一人，都监二人，判官二人，都勾押官一人，勾押官一人，押司官一人。鞍辔库使、副使、监官各二人，勾管一人，典五人，掌库十四人。

17. 大理寺(附审刑院)

机构沿革

宋初大理寺作为司法机关，设升朝官判寺一人，兼少卿事一人。在宋太祖建隆二年(961)，以工部尚书窦仪兼判大理寺事，大理寺官员反而不能管理本寺事务。大理寺审理上报案件,但不治狱。大理寺除了卿与少卿,还有大理正、丞和评事。这些官员也都由皇帝差遣,一般都是常参官判大理正,京官判大理寺丞,称之为“详断官”。原来详断官有六人,熙宁五年(1072)增加到十二人。七年,又增设详断习学官十四人,详覆习学官六人。元丰元年(1078)设立大理狱。元丰改制后,将刑部详议司划归大理寺。大理寺设左断刑、右治狱。元祐三年(1088),撤销右治狱。绍圣二年(1095),恢复右治狱。左断刑设磨勘、宣黄、分簿三案,设司四个:表奏议司、开拆司、知杂司、法司。另有详断案八房与敕库。右治狱设案四个:左右寺案、驱磨、检法、知杂。又有开拆、表奏二司及左右推。

大理寺作为审判机构,有宋一代就其存在的合理性一直议论未停。宋代审判机构除了刑部、审刑院外,还有开封府,这样就使得大理寺能审理的案件很少,有的朝官就主张撤销大理寺。大理寺虽然没有被撤销,但其内设机构编制撤销了不少。南宋建炎年间,精减大理寺官员,保留断刑、治狱少卿和寺正各一人,断刑寺正由原来的六人减为三人,治狱寺丞减二人,断刑司直兼治狱司直,撤销主簿和治狱司直。胥吏减少三分之一。以后儿次减大理寺编制。

大理寺所审案件,送审刑院然后一同署名上报朝廷。审刑院设六详议官为审判官员,胥吏人员十二人。景祐三年(1036)规定,详议官缺,从大理寺详断官任满者中选任。因为大理寺详断官没有任职期满,只好从以前担任详断官或详覆官人员中选任。

宋代除了专门的司法机构,御史台也有司法审判职能。盐铁、度支与户部三司也设有判官、推官等司法审判官员。宋代是多头司法的朝代,尽管如此,司法官员仍未泛滥成灾。这归功于宋代文人执政的吏治清明。

机构职能

大理寺卿掌折狱、详刑、鞫谳之事。左断刑掌天下奏劾命官、将校及大辟囚以下有疑请求复审的案件。右治狱掌在京百司事当推治，或特旨委勘及系官之物应追究的案件。少卿分领其事，而卿总领。凡刑狱应审议的案件，上刑部。奉旨审理的案件及重大案件，大理寺卿要同属官请封奏裁。“若狱空或断绝，则御史按实以闻。”(35)

机构编制

大理寺编制在各个时期变化较大。宋代初期，以升朝官判寺事，另设权少卿事。其他官员有大理正一人，从七品；丞一人，正八品；评事一人，正八品。大理正以常参官兼任，京官兼任大理寺丞。详断官由六人增加到十一人。真宗咸平二年(999)，详断官定编为八人。太宗时期增设检法官与法直官二人。神宗熙宁五年(1072)，详断官定编为十人。熙宁七年(1074)，设详断习学官十四人，详覆习学官六人。元丰改制后，置卿一人，从四品；少卿二人，正六品；正二人，推丞四人，断丞六人，司直六人，评事十二人，主簿二人。左断刑设卿一人，少卿一人，正一人，丞二人，司直一人，正八品；评事二人，正八品；主簿二人，从八品。胥吏编制：胥长一人，胥史三人，胥佐三十人，贴书六人，楷书十四人。右治狱设少卿一人，正一人，丞二人。胥吏编制：前司胥史一人，胥佐九人，表奏司一人，贴书三人，左右推胥史二人，胥佐八人，般押推司四人，贴书四人。南宋高宗建炎三年(1129)，精简大理寺官员与胥吏。左断刑、右治狱设少卿各一人，其他官员也都大幅度裁减，胥吏减去三分之一。这也是南宋为适应抗金的需要与财政困难所迫。孝宗隆兴元年(1163)再次削减胥吏。到乾道四年(1168)，大理寺官员深感官员与胥吏人数太少，提出恢复元丰旧制，之后虽然人数有所增加，但也无法达到元丰编制。大理寺编制的不断缩减，也从另一方面说明其职能的削弱。

18. 鸿胪寺

机构沿革

宋前期鸿胪寺也同其他寺一样，都是由他官判寺事。判寺事一般由朝官以上官员充任。其他属官有府史三人，驱使官一人。鸿胪寺在前期只管祭祀朝会部分官员、蕃客、进奉官、僧道等的陪同与官员去世之后的封赠事宜。元丰改制后才增加了部分职能。鸿胪寺下属机构有往来国信所、都亭西驿及管干所、礼宾院、怀远驿、中太一宫与建隆观提点所、在京寺务司及提点所、传法院、左右街僧录司、同文馆及管勾所。中兴后，废鸿胪寺，并入礼部。

机构职能

鸿胪寺卿掌四夷朝贡、宴劳、给赐、送迎之事，及国之凶仪、中都祠庙、道释籍帐除附之禁令。这就是说鸿胪寺不但是一个外事礼宾机构，而且是一个宗教管理机构。“凡四夷君长、使价朝见，辨其等位，以宾礼待之，授以馆舍而颁其见辞、赐予、宴设之式，戒有司先期办具；有贡物，则具其数报四方馆，引见以进。诸蕃封册，即行其礼命。若崇义公承袭，则辨其嫡庶，具名上尚书省。其周嵩、庆、懿陵庙，命官以时致享。若凶仪之节，宗室以服，臣僚以品，辨其丧纪而诏奠临赙赠之制。礼应成服，则卿掌赞导之仪，葬则预戒有司具卤簿仪物。”(36) 国信所掌大辽使者交聘之事。都亭西驿及管干所掌河西蕃部贡奉之事。礼宾院掌回鹘、吐蕃、党项、女真等国朝贡馆设及互市译语之事。怀远驿掌南蕃交州，西蕃龟兹、大食、于阗、甘、沙、宗哥等国贡奉之事。中太一宫、建隆观提点所，掌殿宇斋宫、器用仪物、陈设钱币之事。在京寺务司及提点所掌诸寺葺治之事。传法院掌译经润文。左、右街僧录司掌寺院僧尼帐籍及僧官补授之事。同文馆及管勾所掌高丽使命。

机构编制

鸿胪寺设卿一人,从四品;少卿一人,正六品;丞一人,正八品;主簿一人,从八品。下设四案,胥吏编制九人。

19. 司农寺

机构沿革

宋代前期司农寺设判寺事二人,以两制、朝官以上人员充任,主簿一人,掌管供籍田九种,大中小祀供豕及蔬果、明房油,与平粜、利农之事。

熙宁二年(1069),设制置条例司,派遣诸路提举官推行常平法,司农寺主管常平法的贯彻落实,增设司农丞、主簿,而农田水利、免役、保甲等法,均属司农寺。一开始以太子中允吕惠卿判司农寺,后改为同判寺胡宗愈为兼判。四年,以御史知杂邓绾判寺,曾布同判。元丰四年,减司农丞一,主簿三。元丰改制后,寺监不处理外事,司农寺所管农田水利、免役、保甲业务划归户部右曹。元祐八年(1093),复设提辖修仓所,绍圣元年(1094),将该所划归将作监。四年,取消主簿,增加丞一人。政和六年(1116),浙西诸州各设排岸一人,“掌九谷廪藏之事,以给官吏、军兵禄食之用。凡纲运受纳及封桩支用,月具数以报司农”[37]。草场十二处,掌管京畿牧监所需饲秣。排岸司四个,掌水运纲船输纳雇直之事。园苑四个:玉津、瑞圣、宜春、琼林苑,掌种植蔬菜以待供进,修饬亭宇以备游幸宴设。下卸司,掌受纳纲运。都曲院,掌造曲,供应宫内酒库酿酒用料。水磨务,掌水硙磨麦,以供尚食及内外之用。内柴炭库,掌诸薪炭,以给宫城及宿卫班直军士薪炭席荐之物。炭场,掌储炭以供百司之用。建炎三年(1129),撤销司农寺,将其业务划归户部仓部。建炎四年,恢复司农寺。但司农寺官员编制在绍兴年间才逐步恢复到位。

机构职能

司农寺卿掌分储委积之政令,总苑囿库务出纳。凡是京都官吏禄廪,确定粮食等级;诸路每年送往京师的粮食,检查验收之后收入仓库。每月要将库存粮食数量上报,亏欠粮食之数上报户部仓部。凡是各地因为雨雪天气不能按时送达或者所送粮食超过规定数额的,进行登记。对各个苑囿向宫内所提供的各种菜蔬,通知他们提前准备。对于皇帝举行亲耕籍田仪式,司农寺卿奉耒耜,仪式结束,少卿率属官与老百姓再一起耕种完毕。

机构编制

司农寺各个时期编制变化较大。前期设判寺事二人,主簿一人。胥吏编制:府史一人,驱使官四人,常平案前行一人,后行八人。熙宁年间因为推行常平法,设判寺事三人,丞四人,主簿三人。元丰年间设丞一人,正八品;主簿三人,从八品。南宋时期设卿一人,从四品;少卿一人,正六品;丞一人,正八品;主簿一人,从八品。胥吏编制:胥长一人,胥史二人,胥佐五人,贴书四人。

20. 太府寺

机构沿革

宋初,太府寺设判寺事一人,以两制或现任朝官充任,同判寺一人,以京朝官充任。因为廪藏贸易、四方贡赋、百官俸给等业务都归三司,太府寺只是掌供祠祭香币、帨巾、神席,及校造斗升衡尺而已,几乎形同闲衙门。元丰改制后,太府寺正常职能恢复。元祐初,以仓部郎官印发文钞,三年,划归太府寺。北宋后期太府寺机构庞大,有左藏东西库、内藏库、奉宸库、祇候库、元丰库、布库、茶库、杂物库等库,粮料院、审计司、都商税务、都提举市易司、杂买务、杂卖场、榷货务、交引库、抵当所、和剂局、惠民局、店宅务、石炭场、香药库等。南宋建炎年间撤销太府寺,将其业务划归户部金部。绍兴元年,恢复太府寺丞。“绍兴元年,复以章亿守太府寺丞,措置印给茶盐钞引,续添置丞二员。”钞引也就是纸币,也就是说太府寺负责纸币发行。四年,恢复卿、少卿。十年,又恢复主簿。太府寺内设机构有的也恢复,主要有:粮料院、审计司、左藏东西库、交引库、祗候库、和剂局、惠民局。

机构职能

太府寺卿掌邦国财货之政令,及库藏、出纳、商税、平准、贸易之事。凡四方贡赋送到京师,太府寺负责检查验收,藏之国库。内藏所藏,用于非常之用,左藏所藏,以供经常之费。这些经常之费就包括官吏与官兵的俸禄。供应宫内的物品则根据宫中所需,随时供奉。太府寺还掌管对于商贾税收。太府寺是一个综合商业管理部门。左藏东西库,掌受四方财赋保管。内藏库“掌受岁计之余积,以待邦国非常之用”[38]。奉宸库掌供内庭,凡金玉、珠宝、良货赌藏。祗候库,掌管钱帛、器皿、衣服,以备传诏颁给及殿庭赐予。布库掌管各地输纳之布。茶库掌管江、浙、荆湖、建、剑茶茗。杂物库掌管内外杂输物品。粮料院掌管廪禄发放。审计司掌管审核各库收藏物品。都商税务掌收京城商旅税收。都提举市易司掌管提点贸易货物。市易上界,掌管收集市场卖不出的商品,等待时机销售。市易下界掌管飞钱给券,以通边籴。杂买务掌管和市百物,凡宫禁、官府所需,以时供纳。杂卖场掌管“内外币余之物,计直以待出货”。榷货务掌管折博斛斗、金帛。交引库掌管给印出纳交引钱钞之事。抵当所掌管以官钱听民质取而济其缓急。和剂局、惠民局掌管修合良药,出卖以济民疾。店宅务掌管官屋及邸店出售与修造。石炭场掌管石炭买卖。香药库掌管出纳外国贡献及市舶香药、宝石之事。

机构编制

太府寺设卿一人,从四品;少卿一人,正六品;丞二人,正八品;

主簿二人，从八品。设案九个，胥吏编制六十五人。

21. 国子监

机构沿革

国子监在元丰前期，也是以他官判监事，选两制或带职升朝官二人判监事，不设祭酒。国子监属于国家高等学府，国子监官员都是各类高官以使职差遣判监事，宋代的高官都是高级文人，能够胜任。国子监设直讲八人，以京官、选人充任，掌以经术教授诸生，无定员。淳化五年(994)，直讲以京朝官充任。其后又将讲书、说书，以幕职、州县官充任。讲书与说书，皇祐中期，编制八人，每人各专一经。丞一人，以京朝官或选人充，掌钱谷出纳之事。主簿一人，以京官或选人充，掌文簿以勾考其出纳。熙宁年间国子监分为三学，生徒二千八百人。“隶籍有数，给食有等，库书有官，治疾有医。”(39)元丰改制，设祭酒、司业等官。徽宗崇宁年间，国子监职官：司业一人，丞一人，博士十人，学正五人，学录五人。大观元年，设国子博士四人，国子正、录各二人，太学、辟雍博士二十人，国子、太学每经一人，辟雍二人。建炎三年(1129)，国子监并入礼部。高宗绍兴十三年(1143)，重建太学，设置学官。孝宗时设祭酒、司业、正、录、书库官。国子博士一人，太学博士三人，正、录各二人。

在国子监诸学科中，武学设置较晚。庆历三年(1043)，在武成王庙设立武学，不久中止。熙宁五年(1072)，枢密院提出重设武学。南渡以后，武学开始为南宋所重视，绍兴十六年(1146)，修建武学。绍兴二十六年(1156)，设武学博士、学谕各一人。

国子监还设有宗学。参加宗学学习的都是皇室子弟。宗学设博士、教授等职官。

机构职能

国子监祭酒掌国子、太学、武学、律学、小学之政令。

太学学生实行"太学三舍考选法",简称"三舍法"。太学学生分为三等。初进太学第一年要进行预科补习,称之为外舍。考试合格,升入内舍学习,内舍学习两年,考试合格,升入上舍,又是学习两年。这就是说,太学学制是五年。在此期间,每月都有考试。这些考试由太学学官出题,称之为"私试"。每年二月底三月初,由朝廷派遣官员对外舍和内舍生进行考试,太学派出两名官员陪考,称之为"公试"。考试合格升入内舍。由外舍升入内舍称为"外优"。内舍生升入上舍,为"内优"。内舍生还可以参加上舍试。上舍试每两年举行一次,由朝廷派员主考,不但考题难,而且也隆重。考试成绩分为优、平、否三等。优、平合格,否为不合格。内舍生若上次取得优等,这次考试又取得优等,升为上等上舍,如果一优一平,则升为中等上舍。如果是两平,或者是一优一否,或者一否一优,可补为下等上舍,称为"赤脚升"。凡是上等上舍,予以释褐授官。释褐授官的意思就是脱去布衣,穿上官服,成为朝廷官员。原来只是太学学生,现在成了官员。考试成绩最高的称为"释褐状元",或"两优状元",赐进士出身,授予官职与榜眼、探花相同,一般来说授予京官,有时也授予幕职官。中等上舍,可以免去州试与省试,直接参加殿试。下等上舍,可以免去州试,直接参加省试。在理宗时期,增加两优录取人数,由一人增加到三人。中等上舍不用参加殿试,就可以释褐授官。下等上舍不用参加省试,直接参加殿试。祭酒每年以舍生升降多少,对学官进行赏罚。如果皇帝视察国子监,祭酒则率领学官与生员进行迎接。

太学博士掌分经讲授,考校程文,以德行道艺训导学生。学校训导职掌与博士相同。正、录掌举行学规,凡是违反监规的,根据情节,给以五等处罚。武学博士、学谕掌以兵书、弓马、武艺训练学生。律学博士掌传授法律及校试。小学职事教谕掌训导及考校责罚。

机构编制

国子监设祭酒一人，从四品；司业一人，正六品；丞一人，正八品；主簿一人，从八品。太学博士十人，正八品。元丰三年，太学博士每经设二人。正、录各五人，正九品；武学博士二人，律学博士、正各一人，正九品。除此之外，还有考校训导一人，职事学录五人。各个时期，国子监也有变化，但变化不大，不像其他监寺。

22. 少府监

机构沿革

宋代的少府既无法与隋唐相比，更无法与秦汉时的少府相比。少府监主管的进御器玩、后妃服饰、雕文错彩工巧事务划归文思院与后苑造作所。少府监只掌造门戟、神衣、旌节，郊庙诸坛祭玉、法物，铸牌印朱记，百官拜表案、褥之事。就是这点简单的职能，也得以朝官判监事。元丰改制后，少府监的职能得到恢复。

机构职能

少府监掌百工伎巧之政令。凡是乘舆服御、宝册、符印、旌节、度量权衡之制，祭祀、朝会展采备物，皆由少府监掌管。少府监实际就是服务皇宫的制作工厂，所属文思院掌造金银、玉器，金采、绘素装钿，以供舆辇、册宝、法物器服之用。绫锦院掌织纴锦绣，以供乘舆服饰之用。染院掌染丝枲币帛。裁造院掌裁制服饰。文绣院掌纂绣，以供乘舆服御及宾客祭祀之用。因为皇宫所需物品多，少府监也就任务繁重，用工也多，光崇宁三年就招绣工三百人。另外还有南郊祭器库、太庙祭器法物库，掌祠祭器服物品。

机构编制

少府监设监一人，从四品；少监一人，从六品；丞一人，从八品；主簿一人，从八品。少府监设案四个，胥吏八人。南郊祭器库监官二人，太庙祭器法物库监官二人，旌节官二人，铸印篆文官二人，诸州铸钱监监官各一人。

23. 将作监

机构沿革

北宋前期，将作监与其他机构一样，都是由皇帝派官判监事，判监事都是朝官。唐代的将作监土木工匠及京都缮修归工部，宋代划归三司修造案主管，将作监只负责祠祀时供省牲牌、镇石、炷香、盥手、焚版币之事，除了祭祀活动，平时几乎就是闲衙门一个。元丰改制后，将作监土木工程职能得到恢复。宣和五年（1123），将营缮所划归将作监。南宋建炎三年（1129），将将作监并入工部。绍兴三年（1133），恢复将作监，设将作监丞。绍兴十年，设主簿一人。十一年，按照司农寺、太府寺规格，将作监设卿、少卿等职官。隆兴初期，宫室没有营缮任务，职能很少，掌管百工器用制作的文思院划归工部，将作监只设丞一人，其他职官位置都空在那里。乾道以后，官员增多，但是又没有编制，于是，其他台省任职时间长的或者是地方长官有郡望的，就安排在将作监。将作监"自是号为储才之地"，虽然安排的官员多了，但是营缮事务，还是依靠府尹等衙门来完成。将作监纯粹成了安排年老官员的"养老院"与官员等待升迁的"中转站"。

相比秦汉，九卿不但没有减少，反而增加了，关键在于这些机构替皇帝安排了闲员，不但得到高官的拥护，更得到皇帝的认可。这正是秦汉三公九卿作为中央机构在职能失去之后仍然在封建中央机构中长期存在的原因。历代机构膨胀的根源在皇帝、在中枢重臣。宋代的鸿胪寺、太府寺、少府监、将作监等机构职能缩减，成了可有可无的闲衙门，原因也在此。

机构职能

将作监掌宫室、城郭、桥梁、舟车营缮与土木工匠板筑造作政令。负责工程，雇佣大量人员，掌管工程款的发放，还负责疏通沟渠。每年将所有工程开支列表上报工部。内设机构修内司，掌宫城、太庙缮修。东西八作司，掌京城内外缮修。竹木务，掌修诸路水运材植与抽算诸河商贩竹木，作为内外营造之用。事材场，掌计度材物，前期朴斫，供应内外营造。窑务，掌陶为砖瓦，供应缮营及瓶缶器物。丹粉所，掌烧变丹粉，供应粉刷装饰。作坊物料库第三界，掌储积材物。退材场，掌京城内外退弃材木。帘箔场，掌抽算竹木、蒲苇，供应建筑帘箔。将作监虽然多数时候是空闲衙门，但是下设机构不少。

机构编制

将作监设监一人，从四品；少监一人，丞二人，从八品；主簿二人，从八品。将作监设五案，胥吏编制二十七人。

24. 军器监

机构沿革

元丰前期，兵器制造归三司胄案管，官无专职。熙宁六年(1073)，撤销胄案，按照唐制设立军器监，以从官总判。元丰改制后，设监、少监掌管军器监。南宋建炎三年(1129)，军器监并入工部，东西作坊、都作院并入军器所。绍兴三年(1133)，恢复军器监，设丞一人为军器监主官，将划归工部的业务重新划归军器监。绍兴十一年(1141)，设军器监与少监。十四年，以朝奉大夫赵子厚守军器监，宗室为寺监长、贰自此始。整个南宋军器监变化较大，而且军器监长官常常被差遣，比如淳熙二年(1175)，钱良臣以少监总领淮东财赋。嘉定十四年(1221)，岳珂以军器监总饷淮东。“监居其间，事务稀简，特为储才之所焉。”[(40)]军器监作为国家武器制作领导机构，其自身职能得不到充分发挥，而“事务稀简”，被史学家讽为“储才之所”，根本原因在于南宋统治者“苟安”。军工生产主管单位无事可干，由此可见，南宋皇帝根本就没有收复中原的想法。

机构职能

军器监职掌监督缮治兵器什物。根据弓矢、干戈、甲胄、剑戟等兵器特点，安排不同作坊进行生产，将所生产的兵器检查验收输送武库，并经常派官进行检查。东西作坊，掌造兵器、旗帜、戎帐、什物。作坊物料库，掌收铁锡、羽箭、油漆等物品。皮角场，掌收皮革、筋角，以供作坊之用。

机构编制

军器监设监一人，正六品；少监一人，从六品；丞二人，从八品；主簿一人，从八品。内设五案，胥吏编制十三人。

25. 都水监

机构沿革

北宋三司设有河渠案，主管水利事务。嘉祐三年（1058），设立都水监，设判监事一人，以员外郎以上官衔官员充任，同判监事一人，以朝官以上充任；丞二人，主簿一人，以京朝官充任。其中丞一人常年在外负责水利工程，时间长的甚至三年。在澶州（今河南濮阳）设局，称为外监。元丰改制后，设都水使者一人，丞二人，主簿一人。元丰八年（1085），将提举汴河堤岸司划给都水监。元祐四年（1089），设外都水使者。元祐五年规定，南、北外都水丞三年为一任。元符三年（1100），撤销北外都水丞，将其所管事务划归漕臣，不久又恢复。宣和三年（1121），撤销南、北外都水丞。建炎三年（1129），设都水监使者一人。绍兴九年（1139），恢复南、北外都水丞。十年，撤销都水监，将其业务划归工部。

机构职能

都水监都水使者掌管中外川泽、河渠、津梁、堤堰疏凿浚治。

直属机构街道司，掌辖治道路人兵，若遇到皇帝车驾行幸，则提前修治，对积水进行疏导。

机构编制

都水监因为掌管水利，官员编制也较其他衙门要多。设都水使者一人，正六品；丞二人，从八品；主簿一人，从八品；都提举官八人，监埽官一百三十五人。都水监设案七个，胥吏编制三十七人。

26. 司天监（太史局）

北宋前期，司天监设监一人，少监、丞一人，从八品；主簿一人，从八品。春官正、夏官正、中官正、秋官正、冬官正、灵台郎、保章正、挈壶正，正八品。元丰改制后，撤销司天监，设立太史局，隶属秘书省。但是职官与职能没有发生变化，只是衙门名称变了。在诸多寺监衙门中，司天监是唯一一个不以他官判监事的机构。司天监（太史局）掌察天文祥异，钟鼓漏刻，写造历书，供诸坛祀祭告神名版位画日。司天监（太史局）还设礼生四人、历生四人，掌测验浑仪、同知算造等。

27. 东宫官

同历代一样，宋代的东宫官署也是一个庞大的机构。可以说，朝廷重要官员都在太子宫兼任官职。太子太师、太傅、太保，太子少师、少傅、少保都是历代沿袭不变的职官。这六个职官既是太子宫的最高职官，又是对朝廷重臣的封赏职务，也是这些朝廷重臣一生的荣耀与骄傲。在宋代初期，这些职官并不常设。宋仁宗设少师、少傅、少保各一人。李昉任参政只能兼掌太子宾客，升了宰相后，才让他兼任太子少傅。太子宫六官成了宰相或致仕高官的兼职。当然，也有太子宫专职的六官，比如丁谓兼少师，冯拯兼少傅，曹利用兼少保，他们当时都是东宫官。史书说："若太子太师、太傅、太保，以待宰相官未至仆射者，及枢密使致仕，亦随本官高下除授。太子少师、少傅、少保，以待前执政，惟少师非经顾命不除。"(41)

太子宾客为太子宫的主要职官，皇太子见太子宾客，必先拜，而且要降阶迎送。至道元年(995)，开始设立宾客二人，以他官兼任。天禧四年(1020)，以参知政事任中正、枢密副使钱惟演、参知政事王曾兼任太子宾客，由执政兼任东宫官至此开始。以后执政兼任宾客时断时续。从仁宗开始设立太子詹事二人，神宗、钦宗也是设二人，皆以他官兼任。乾道元年(1165)，设詹事二人。乾道七年，以敷文阁直学士王十朋、敷文阁待制陈良翰为太子詹事，不兼他官，专职詹事。太子左庶子、右庶子、左谕德、右谕德，在宋代前期不常设，根据需要而设，多以他官兼领。仁宗、神宗时期设庶子、谕德各二人。钦宗设一人，孝宗设右庶子、右谕德各一人。乾道元年与七年，各设一人。开禧三年(1207)，设左庶子、左谕德。第二年开始左、右都设。太子侍读、侍讲，神宗开始各设一人。乾道、淳熙、开禧按照神宗例各设一人。至道元年设太子宾客二人，以他官兼任。

仁宗为太子设太子詹事二人。神宗、钦宗为太子也是设太子詹事二人，皆以他官兼任，登位就取消。乾道元年，庄文太子立，设太子詹事二人。七年，光宗正储位，以敷文阁直学士王十朋、敷文阁待制陈良翰为太子詹事，不兼他官。景定元年，度宗升储，以杨栋兼詹事。

太子左庶子、右庶子、左谕德、右谕德不常设，往往是根据所立太子的兴趣而设，而且多是兼领。仁宗、神宗当太子时，设庶子、谕德各二人。钦宗为太子设一人。绍兴三十二年(1162)，孝宗以建王为皇太子，设右庶子、右谕德各一人。乾道元年(1165)及七年，各置一人。开禧三年(1207),景献太子立,头一年除左虚右,明年,左、右始并置。

太子侍读、侍讲,神宗当太子时各设一人。乾道、淳熙、开禧,各依神宗例并设二人。太子中舍人、舍人,至道、天禧年间各设一人。神宗、钦宗也是如此。嘉定年间设二人。

总体来说,宋代东宫职官编制较为杂乱,设置随意性很大,不像其他朝代那样规范。

28. 亲王府

有傅、长史、司马、谘议参军、友、记室参军、王府教授、小学教授等,这些职官有的设立,有的没有设立。但是各个亲王府职官总数都比较庞大。英宗时期,自率府副率以上八百余人,奉朝请四百余人,而教官只有六人,所以英宗在各亲王府增设教授官,并对增设教授官作了规定。

第三节　宋代地方机构编制

宋代的地方机构编制,如上所谈到的,基本沿袭唐制。宋太宗后来把全国分为若干路,路相当于唐代的道、元代的省。这样,宋代的地方机构主要为路、州、县三级。必须指出的是,宋代的地方行政单位名称是非常复杂的,路之下有府、州;府、州之外有军、监。府有与节度军号同的,也有不同的;节度州有不改府的,升府之后也有不立节度军号的。其中路作为一级地方机构是中央的派出机构。在县以下,也都设有管理机构,比如在人口集中的城镇,设镇、寨,作为基层机构。乡村则实行乡里制。与当代不同的是乡里的官员没有编制,也就不属于国家的正式职官。

在地方机构中,分为两类,一类是地方行政机构,如府、州(军、监）、县，一类是派出机构，如路。因为宋代在地方设置的派出机构门类众多，所以，我们在介绍宋代地方机构编制时，分两部分来介绍。

一、宋代地方行政机构

府在唐代设置比较严，一般是京城或者皇帝原来驻守过的地方，升格为府，以突出府与其他州地位的不同。到了宋代，对于府的设置相较来说要宽松得多。唐代的府有十个，宋代的府有三十四个。在这诸多府中，开封府可谓第一府。开封府为东京，西京为河南府（洛阳），南京为应天府（宋城），北京为大名府（大名）。除了以上四府，还有次府，有太原、江宁府、杭州等。到了南宋，虽然地区缩小了，府的数目却增加了，设有四十二府。在研究宋代地方机构编制时，我们首先需要研究的是开封府。

1. 开封府

机构沿革

后周都城在开封，赵匡胤陈桥兵变，夺取后周政权，也就将都城设在开封。开封府在天子脚下，“自建隆以来，为要剧之任。至熙宁间，增给吏禄，禁其受赇，省衙前役以宽民力，厘折狱讼归于厢官”。也就是说，开封府的官员要比其他府官员的俸禄多，以防止他们受贿。元祐元年（1086），设新城内左、右二厢。元祐四年，撤销二厢。崇宁三年（1104），根据蔡京的建议，撤销权知府，设开封牧一人、尹一人，专总府事，少尹二人，分左右，作为开封府的二府。开封牧以皇子充任。尹以文臣充任，地位在六曹尚书之下，侍郎之上。开封牧与开封尹不常设。少尹在左、右司郎官之下，列曹郎官之上。开封府设士、户、仪、兵、刑、工六曹。开封府所属开封、祥符两县也按此设置。以后开封府衙门搬到旧尚书省衙门。因为宋太宗、真宗曾经担任过开封府尹，从至道年间开始，凡是担任开封知府的，前面必加一个“权”字。权是代理之意，意思是开封府尹皇帝担任过，作为臣下不敢再任此职，只能代理职务。开封府六曹各设曹官一人，在蔡京担任开封府的时候，曹官增加到十六人。开封府辖十八县，二十四镇。

机构职能

开封府“掌尹正畿甸之事，以教法导民而劝课之”。凡是在京城发生的狱讼案件都归开封府审理，“小事则专决，大事则禀奏”。按照管理权限，开封府审理的案件要上报刑部与大理寺，但是奉旨承办的案件则不需要报告刑部与大理寺。缉捕盗贼，维护京城社会治安是开封府的重要职责，京城人员的户口、赋役也都属于开封府管辖。除此之外，开封府对于朝廷举行的大礼祭祀活动，也都要参加，做好道路桥梁的整治保安，安排官员引导线路，也就是安全保卫。判官、推官负责案件的审理。“日视推鞫，分事以治，而佐其长。领南司者一人，督察使院，非刑狱讼诉则主行之。”(42)司录参军掌管户口与婚姻诉讼及各曹的文件材料。左右军巡使、判官各掌管京城争斗与审理。左右厢公事干当官掌管检覆推问，一般的打架斗殴事件直接处理。

机构编制

开封府虽然设牧，但没有任命，尹一人，从三品，也不常设。设权知府一人，以待制以上官员充任。属官有判官、推官四人，从六品；司录参军一人，正七品。功曹、仓曹、户曹、兵曹、法曹、士曹参军事各一人，正八品。左右军巡使、判官各二人，从八品；左右厢公事干当官四人。除此之外，还有令佐、训练、征榷、监临、巡警等职官。开封府设案六个，胥吏编制六百人。

2. 临安府

机构沿革

临安府,即杭州,建炎三年(1129),改为临安府。临安府知府兼浙西同安抚使。乾道七年(1171),皇太子领尹事,取消临安府通判、签判职官。设少尹一员,少尹的职权就好比知府,负责处理民事案件,处理完毕汇报太子,隔一天则率僚属到宫中汇报工作。临安府设判官二员、推官三员。判官比通判,推官比幕职官。乾道九年,皇太子不再担任尹事,临安府知府、通判、签判、推判官并依旧置。淳熙三年(1176),取消备摄官,但是允许知府聘任缉捕使臣十二人,听候差使六人。嘉泰四年(1204),临安府设添差不厘务总管路钤二十人,州钤辖、路分都监、副都监二十人。正、副将十五人。安抚司准备将领十五人,州都监以下十人。共计编制八十人。不久减去总管路钤五人。开禧三年(1207),减去总管、路分都监六人。从临安府的职官编制,我们可以看到,军事成为当时临安府的主要政务。

机构职能

临安府"掌畿甸之事,籍其户口,均其赋役,颁其禁令"。临安城内外又分南、北、左、右厢,各置厢官,主掌民事诉讼。厢类似于当代市辖区。厢官由京朝官亲民资序人充任,以后在城内取消厢官,只在城外设置。使臣十人,职掌缉捕在城内的盗贼。五酒务监官,为财政官员。临安城分六都监界,掌巡防烟火。总辖,掌管御前朝旨文字,凡是御宝、御批、实封有所取索,则随时提供;办理省、台、寺、监、监司符牒及管下诸县及仓场等送来的公事。遇到国家大的祭祀活动及其他活动,随事应办,提供礼料;会聚陈其幄帟,人使往来,提供舟船。

机构编制

临安府设少尹一人,通判、签判(全称签书节度判官厅公事)一至三人,从六品。节度推官、观察推官、观察判官、录事参军、左司理参军、右司理参军、司户参军、司法参军各一人,正七品。临安府设案六个,分别是:士、户、仪、兵、刑、工案。户案分上、中、下案,其他内设机构有免役案、常平案、上下开拆司、财赋司、大礼局、国信司、排办司、修造司。胥吏编制:点检文字、都孔目官、副孔目官、节度孔目官、观察孔目官各一名,磨勘司主押官、正开拆官、副开拆官各一人,下名开拆官二名,押司官八人,前后行守分二十一人,贴司三十人。

开封、临安以下其他府称之为次府,次府设牧、尹、少尹、司录、户曹、法曹、士曹、司理、文学、助教。府牧府尹及以下职官职能与开封府相同。"尹阙则知府事一人,以朝官及刺史以上或诸司使充。"

次府与开封府、临安府相比,级别低一些,其胥吏编制也就少一些。

3. 州衙门

机构沿革

宋朝的州相当于秦汉的郡,郡在隋唐以后改为州。宋太祖吸取中唐与五代节度使割据的教训,在杯酒释兵权之后,征求赵普的意见,如何防止诸侯割据。赵普说:"列郡以京官权知,三年一替,则无虞。"(43)于是,赵匡胤又将诸镇节度使召集到京城开会,赐给他们府第留在京城,给他们优厚的待遇,让他们享受荣华富贵,然后派出朝臣代替节度使出守各州,官衔全称是"权知某州军州事"。"权知某州军州事"这个官衔是宋代的发明创造,是赵匡胤的独创,是前代所不曾有过的。尽管这些知州也都像前代一样,既管军又治民,似乎权力很大,但都是代理性的、临时性的。因为是代理性的、临时性的,自然也就没有坐大的机会,更不敢不听皇帝的调遣。

宋代的知州不但在身份上是临时性的，而且同中央机构的所有职官一样，都得有了皇帝的差遣，才能行使知州的职能。《宋史》称："军谓兵，州谓民政焉。"得到知州差遣，可能是高官，也可能是低一级的官员。根据各种担任知州的官员品级的不同，知州又分为不同的等级，有"判某州""充某州""权知某州"与"权发遣某州"。宋代无官不是差遣，得不到差遣，不管你的职务多高，都是"员外郎"。为了监督制约知州，宋代还在每州设"权通判某州军州事"，即通判，与知州互相牵制、监督。通判这种官的权位有些特殊，论官位，在知州之下；论职权，不但可与知州同理一州之政（宋朝规定，州府公事须经知州与通判同时签名方可下发），而且通判作为皇帝的耳目，所在州官有功过及职事修废，可直接通达皇帝。所以不能说通判就是知州的副职，视之为"监州"更符合其身份。

宋代的州分为上、中、下三等。参照唐制，户口在三万户以上为上州，两万户以上为中州，两万户以下则为下州。除户口因素外，还以各州军事政治地位酌情定其等次。州升府这些因素也是重要条件。下州如果不满万户，则不设通判，如果是武臣担任知州，则要设立通判。南方的小州，还有试秩通判兼知州的。北宋初期设州二百九十七个，神宗熙宁八年（1075）减为二百四十二个。宋代的州按人口划分为上、中、下三等，按州的地位又分为节镇州、防御州、团练州与刺史州四个等级。

知州一般都由文官担任，担任知州的条件也比较高，必须是殿试前三名或者是省元、太学释褐状元。从宋神宗开始，知州任用条件稍微放宽了一些。乾德二年（964）还规定，如果没有担任过知州的，不得任为郎官。到南宋后期，"吏部条法"还规定，担任两届通判的，可以选任知州。北宋知州一般都是文人，南宋以后因为要与金国打仗，知州开始兼用武臣。文臣担任要州知州兼任带路兵马钤辖，武臣一人担任副钤辖；文臣担任次要知州兼任带路兵马都监，武臣一人担任副都监。绍兴三年(1133)，取消知州兼任带路分钤辖、都监。绍兴期间比较重视知州劝农，凡是知州都“带劝农公事”，对于在劝农上有显著成绩的，中书省做好记录，“特加擢用”。

机构职能

知州“总理郡政，宣布条教，导民以善而纠其奸慝，岁时劝课农桑，旌别孝悌；其赋役、钱谷、狱讼之事，兵民之政皆总焉。凡法令条制，悉意奉行，以率所属；有赦宥则以时宣读，而班告于治境；举行祀典；察郡吏德义材能而保任之，若疲软不任事，或奸贪冒法，则按劾以闻；遇水旱，以法振济，安集流亡，无使失所”[44]。

知州，作为一州之长，负责向辖境百姓宣布朝廷政令，教育百姓向善，惩罚犯罪，纠正邪恶，管理户口赋役、钱谷，审理案件，决断属县知县无法决定的案件，考核官员德行，向朝廷推荐，发现官员懈怠或者违法乱纪，奏请朝廷惩处，遇到水旱灾害，抚恤赈济百姓，对于所属县，出现祥瑞之事或者百姓孝义值得称道，及时上报朝廷等。可以说，知州对于一州之政，无所不管，无所不统。在元丰前期，知州有权判处死刑案件，从元丰年间开始，取消了知州死刑终审权，知州在判处人犯死刑之后，要报本路提刑司批准，方可执行。宋代对于知州所兼武职也有具体的规定。泸州、潭州、广州、桂州、雄州知州，兼安抚使、兵马钤辖。沿边州郡，或当一道冲要，兼兵马钤辖、巡检，或带沿边安抚、提辖兵甲、沿边溪洞都巡检。元丰改制，知州失去兵权。实际上，从宋初，知州的职能就被多方分解了，财赋被转运司与常平司掌管，司法被提刑司掌管，本身的工作还有一个制约的通判。知州表面权力很大，但实际上其职能被多个职官分解，根本无法形成自己的势力范围。

通判作为一州第二把手，不但主管一州财政，还参与司法。凡兵民、钱谷、户口、赋役、狱讼听断之事，可否裁决，与知州一起签名方可施行。一州之政，离不开通判，通判这样的职能已经不是“通判为之贰”了。元祐元年（1086），诏令知州系帅臣，其军事公务不许通判同管。如有军旅之事，通判则专管钱粮，与知州“协力拘催，以入于户部”。宋朝皇帝为了利用通判监督制约知州，不断给通判增加行政职能。对于一州职官，通判更有监督监察的权力。除了与知州对重大事务进行签字画押外，还要巡行所属各县。在很多时候，通判比知州的权力还要大。知州的权力，通判几乎都有，通判的权力知州却没有。朱熹说：“本朝立法，以知州为不足恃，又置通判分掌财赋之属。”(45)

知州诸曹职能：录事参军掌州院庶务，监督检查诸曹稽违；户曹参军掌户籍赋税、仓库受纳；司法参军掌议法断刑；司理参军掌讼狱勘鞫。教授掌“课试之事，而纠正不如规者”(46)。

州的下属机构有：州院（又称州衙）、通判厅、签厅、签判厅（判官厅）、教授厅、节推厅、察推厅、录事厅、司理院、司户厅、司法厅、路钤厅、州钤厅、路分厅、支盐厅、巡辖递捕厅等。在这些机构中，通判厅是最重要的机构。

机构编制

知州衙门设知州一人，从五品（冀、兖、青、徐、扬、荆、豫、梁、雍州牧为从二品，其他州有的知州是三品，有的是从四品，这里的知州都是普通州）；通判一人，从八品（有的州通判设二至三人，通判虽然权力很大，但是级别很低，这是赵匡胤的以小制大）。

通判全称“权通判某州军州事”。一般来说，府州都设立通判，重要的州设立两个通判，甚至更多。宋徽宗为了安置多余闲官，设立“添差通判”，添差有编外之意，所以添差通判并不问事。到南宋时，一州的添差通判多达三人。宋代对于通判的任用，总体来说，要求比较严，原来军、监的判官也可以兼任通判，后来规定军、监判官不得兼任通判，担任馆职者可以带职出任通判，京朝官两任或三任知县的，可以升任通判。宋徽宗规定，凡是武臣出任知州，不得选宗室为通判。“吏部条法”对通判的任用作了详细的规定。

宋代知州的属官分为三种，一种是幕职官，一种是曹官，还有一种就是胥吏。

幕职官：有签书判官厅公事，两使、防、团、节度推判官，节度掌书记，观察支使等。签书判官厅简称签厅，又称“都厅”，为一州幕职官办公场所。签书判官厅公事简称签书判官或签判，从八品。这些职官根据州的大小情况与知州职务繁简而设，一般来说重要的州、公务比较忙的州，设置得就多一些、全一些，普通州设置少一些。他们的任务就是协助知州处理政务，“总理诸案文移，斟酌可否”(47)。政和年间改签书判官厅公事为司录，建炎又恢复。如果州小不设通判，则晋升一名判官为签书判官，行使通判职能。一般来说，小州推官与判官并不同时设立，或以判官兼司法，或以推官兼支使。南宋以后，知州衙门有些职官冗员增多，增设添差判官，也就是编外判官。

曹官：录事参军、户曹参军、司法参军、司理参军，从八品。另外各州还设教授一人，主管一州教学之政。

以上很多官员并不一定每州都设，通常根据州户口多寡及事务繁简酌情增减。

胥吏编制：孔目官、衙前、勾押官、开拆官、散从官、粮料官、手力、院虞候、贴书、典书、库子、门子、推级、杖直、狱子、弓手等。总之，宋代胥吏名堂很多。胥吏在宋代称为“公吏”，公吏包括两部分，一部分是公人，一部分是吏人。公人负责具体杂务，吏人主要从事衙门的文字工作。

4. **军**

宋代沿袭唐、五代旧制,在军事要地不置州而设军。“地要不成州而当津会者,则为军,以县兼军使。”(48)宋代的军比州要低,比县要高。军的长官称知军事或军使。因为军的管理区域无法与州相比,在机构编制上也就比州要少得多。

5. **监**

在唐与五代就有监的设置,宋代沿袭未变。如果说军的设置是因为地当津会,那么监则是因为特殊的物产而设。这些地方一般都是坑冶、铸钱、产盐、牧马之地。宋代监的地位比唐五代要高,管辖区域也广。监的职权超过了知县,有的还管辖数县。宋代的监逐年增多,到元丰年间达到五十六个。宋代的监第一等级同下州,第二等级是隶属府州的监,也就是县级监,第三等级隶属于县。这些监一般都管辖一定数量的民户,所以监也就具有行政职能。由于监的等级不同,其机构编制也就有差异,其机构自然无法与作为一级地方政府的府州县相比。

6. **县衙**

机构沿革

宋代县制沿秦汉以来常制,不过其长官多是皇帝差遣文臣充任,故其县令又称知县事,简称知县。建隆元年(960),全国之县分八等:赤、畿、望、紧、上、中、中下、下县。以后取消中下县这一等级。赤县和畿县是京县的等级,其余则按户口多寡分等级。四千户以上为望县,三千户以上为紧县,二千户以上为上县,一千户以上为中县,不满一千户为下县。对于知县的任命条件,宋代各个时期变化不大,从宋神宗开始,选人磨勘改为京朝官后,必须担任知县，称为“须人”。南宋“吏部条法”对于知县任用作了详细规定：第一，改官后考试书、判合格；第二，奏补京官曾历两任，年三十岁以上，无过犯，有监司知州荐举；第三，使臣试换京官，曾历两任四考；第四，六十岁以上的不准任用为知县。从南宋开始，因为战争，知县多差武臣，绍兴以后专用文臣，只有边远地区溪洞处，由武臣担任。乾道以后，非常重视知县的任期，确定知县以三年为任，不够两任不得任命为监察御史。初次做官必须担任知县。乾道六年（1170）又规定，知县在任没有两考的经历，这一段担任知县的经历就不能算为实历。嘉定十二年（1219）规定，知县实历九考，有政声无过犯、荐举人员合格，即使不够两任的经历，改官的时候也可以不再担任知县，授予签判或干官。

宋代初期，共有1806个县，仁宗时期有县1262个，神宗八年则是1135个。

机构职能

知县掌总治民政、劝课农桑、平决狱讼。有德泽禁令，则宣布于治境。凡户口、赋役、钱谷、赈济、给纳之事皆归其掌管，按时造户版及催理二税。如有水旱灾伤之情，则根据情况对百姓进行蠲免。如果老百姓因为水旱流离失所，则进行抚存安集，无使失业。有孝悌行义闻于乡闾的人，将其事迹上报于州，用以教化百姓以励风俗的改进。有戍兵的知县则兼兵马都监或监押。

机构编制

知县，三京赤县、畿县令，为正八品；上中下县令为从八品。县丞一人，从八品（县丞的设立有宋一代变化较大，如熙宁四年规定：“诸路州、军繁剧县，令户二万已上增置丞一员，以幕职官或县令人充。”(49)但很多时候不设县丞，一般赤、畿、望、紧县才能够设立县丞，不设县丞的县，其职能由主簿兼任），主簿一人，京畿县从八品，其他正九品。宋代主簿也是根据县的大小而设，一般来说，大县设主簿，小县一般不设。如开宝三年（970）规定，县千户以上置令、簿、尉；四百户以上置令、尉，令兼主簿事；四百户以下置簿、尉，以主簿兼知县事。中兴后规定，各县设置主簿，掌出纳官物、销注簿书。凡是不设县丞的县，由主簿兼理县丞事务。尉一人，正九品。对于尉的设置，建隆三年规定，每县设尉一人，在主簿之下。至和二年（1055），开封、祥符两县各增设县尉一人。凡是不设主簿的县，则尉兼任。中兴年间，沿边诸县常常以武臣为尉。隆兴年间，大县设立二尉。

同州一样，各个县也都有一批胥吏。县的胥吏主官为押司，其他胥吏与州衙门相同，只是名额要比州衙门少得多。

宋代县以下还有镇、寨官。凡居民稠密处设镇，镇设监官，掌管商税及镇里民政等事务。凡地形险要之处设寨，寨官又叫知寨（如果寨筑城堡，又称知城），《水浒传》中的花荣就是知寨。知寨负责招收民兵，教习武艺，用以防备盗贼。在边远及少数民族地区，县下设巡检司，训练甲兵，巡防境内城邑，缉捕盗贼。

熙宁变法时，王安石推行保甲法，构建农村最基层的组织。保甲法规定，十家为一保，一般都是由地方最富裕人家之长为保长。十大保为一都保，都保同样是由当地的富裕有威望者担任。保甲组织规定，无论主户客户，凡家有两丁，除非有病或残疾，则编为保丁一人，保丁置备弓箭，练习武艺。大保内轮差保丁巡查，遇有盗贼，击鼓报警，各户互相策应。同保内有人犯罪，保内人户必须告发，如果知而不举，则连坐追究责任。

除此之外，宋代在五岳、四渎、东海、南海诸庙各设立庙令、庙丞。这些庙令、庙丞都归知县管辖。一般担任庙令、庙丞的都是退休的地方官员，负责庙宇的修葺与保管。

二、地方派出机构

1. 路

机构设置

唐代后期，无论是节度使，还是观察使管辖的地区，都称为道。唐代的道是一级地方政权机构，这级机构不仅治民，还管军。宋代初期，沿袭唐代的道，在全国设立派出机构——道。至道三年(997)将道改为路。全国共设十五路。仁宗时分为十八路。元丰改制后，扩大为二十四路。南宋虽然疆域少了一半，还设十六路。路的划分，起初并非作为行政区划而设置，而是中央的派出机构。由使职差遣制度所决定，路一级的机构编制不成体制，设官无定员，甚至连驻地、辖境、名称都随意变动。

路的机构主要有四个监司：帅，即安抚使司；漕，即转运使司；宪，即提点刑狱司；仓，即提举常平司。除此之外，还有众多的机构，诸如发运使、招讨司、提举学事司、总领所等。这些机构互不统属，相互独立，职能明确，构成了路一级的机构编制体系。它们都是一级衙门，但都是朝廷的派出机构，而不是像州、县那样，是自成体系的具有统属关系的一级衙门。

安抚使司，俗称“帅司”，宋代沿袭唐制而设。真宗时设安西、泾、渭等十二个州军安抚经略使。此时的安抚使司职能是安抚百姓，有很多安抚使任务完成之后，回京交差，结束任职。有的安抚使司则长期保留下来，如河东、河北、陕西、广东等路的安抚使司就成为常设机构。真宗时安抚使是一路高级军政长官，虽然由文臣担任，但往往带都马步军都总管衔，统辖军队，掌管兵民、军事、兵工工程等事务，配备武臣一人为副手。安抚使允许便宜行事，辟置僚属、将佐。南宋以后，几乎每路都设立安抚使，而且还兼管民政，成为一方大员。

转运使司,俗称“漕司”。唐朝就设有转运使,主要根据某种特殊需要而设。宋太祖开国之初就设立随军转运使。此时的转运使只是为了某项任务而设。从太宗开始,在各路正式设立转运使,主要掌管一路财政,转运使的全称是“某路诸州水陆计度转运使”。转运使不仅掌管财政,还有考核属官之权。转运使司设转运使、转运副使、转运判官。原则上,这些官员都是从升朝官以上官员中选派。三种官职并不是各个路都予以配备,多数有使,无副使,或者无判官。元丰初年,河北、淮南、京东、京西及陕西路分为两路,“钱谷听其移用”。大观中期,陕西转运使设四人。政和中期,陕西减为三人。熙、秦两路各二人。到了南宋后期,一般只设转运副使和判官。转运使与判官的选任一般都要有担任过知州和通判的经历,而且对于他们的年龄也作了规定。

提点刑狱司,管一路司法。宋初,朝廷就经常差遣官员分赴各路提点刑狱。提点刑狱设一至二人。如果设二人,必有一人为武臣担任,称“同提点刑狱”。提点刑狱的设立引得官场多有诟病,所以时设时废,最终在仁宗时期确立下来。淳化二年(991),差遣十名常参官充当“诸路转运司提点刑狱公事”。景德四年(1007),提点刑狱成为独立的与转运司平行的一路司法机构。熙宁初年,神宗以武臣难以胜任提点刑狱,取消武臣担任同提点刑狱。担任提点刑狱必须要有担任知州或者两任通判的经历,要有政绩,并且没有犯过错误。中书门下和枢密院各司官吏以及伎术官员不得出任提点刑狱。熙宁六年(1073),设诸路提刑司检法官。绍圣初年,提刑司兼管坑冶事务。宣和初,江西、广东增设武提刑一人。中兴期间,因盗贼猖獗,诸路增加武臣提刑使一人,建炎四年取消。南宋以后并不是各路都设提刑司,而是根据事务的多少而设。比如绍兴初,两浙路因疆封阔远,设提刑使二人,而淮南东路则取消了提刑使,以提举茶盐官兼管提刑司。乾道六年(1170),诸路均设武臣提刑一人。南宋时期各路提刑司变化较大。

提举常平司。太宗淳化年间,各地设立常平仓。真宗年间的常平仓由转运司管辖,直属司农寺。仁宗年间,不再由司农寺领导,而直接归转运司管辖。熙宁初年,设提举河北、陕西路常平司。不久,各路都设置提举官。神宗年间设立各路"提举常平广惠仓兼管勾内田水利差役事"。哲宗年间撤销常平司,绍圣年间恢复。元祐初取消提举常平司,将其职能划归提点刑狱司。绍圣初期恢复提举常平司。中兴后,将提举常平司与提举茶盐司合并为提举常平茶盐司。建炎元年,将常平司划归提刑司。建炎二年,又恢复常平司。绍兴年间设立经制司,改常平官为经制某路干办常平等公事。不久撤销经制司,恢复常平司。绍兴十五年(1145),将提举茶盐官改充提举常平茶盐公事。整个有宋一代提举常平司,官员设置比较复杂,对此官要求也比较高,对于属吏的任用也有很高的标准。

机构职能

安抚使司、转运使司、提点刑狱司、提举常平司四个机构职能各有不同。

安抚使司"掌一路兵民之事",也就是安抚使既掌军又治民。安抚使一般都要配一个武臣助手,协助主管军队。宋代还规定安抚使闻风言事。在诸司当中,安抚使权力最大,上马管军,下马治民,但是这些安抚使都是文人,直接接受皇帝的差遣节制,而且没有财权,没有司法权,就职能来说侧重于安抚,不是一级综合衙门。正由于如此,宋朝的安抚使没有成为像唐朝那样的割据一方的节度使。地方诸侯离不开军队,离不开财政,军队离开了财政做后盾,就一事无成。而唐代的诸侯节度使,无不是牢牢控制着当地财政。而宋代的安抚使尽管看上去既管军又治民,但是没有经济基础。建炎元年(1127),以守臣“既带安抚,又兼制置,及许便宜,权之要重,拟于朝廷”,于是停止其便宜制置军事,其他刑狱、财赋等政务自有提刑司与转运司主管,安抚使不能染指。

转运使司“掌经度一路财赋,而察其登耗有无,以足上供及郡县之费”。转运使每年都要到所属州县“检察储积,稽考帐籍,凡吏蠹民瘼,悉条以上达,及专举刺官吏之事”(50)。转运使不但掌管一路财赋,还负责对所属官吏的监督监察。中兴后,对于转运使的职能又作了规定:掌一路财赋之入,按岁额钱物斛斗之多寡,而察其稽违,督其欠负,以供于上。对所属州县财用丰歉,民情休戚,官吏勤惰,都要访问以向朝廷汇报。如果国家有军事行动,则供应军粮,并且派官随军押运粮草。转运使司设置最早,事权最重,不仅经管一路财赋,还要巡察辖境,稽考簿籍,举劾官吏。因此,久而久之,转运使便成为事实上的监司官。正因如此,为了防止转运使权力膨胀,皇帝一般差遣品秩不是很高的官员充任。而这些地方长官如知府、知州很可能过去就是转运使的上司。由此看来,转运使在职权上虽然较为重要,在体制上却不能以下属来对待知州,甚至知县。转运使虽然有权,但是资历浅,只能按照皇帝的吩咐干活。

提点刑狱司的职能是“掌察所部之狱讼而平其曲直,所至审问囚徒,详覆案牍,凡禁系淹延而不决,盗窃逋窜而不获,皆劾以闻,及举刺官吏之事”(51)。与转运使一样,提刑使不但掌管司法,还兼管监察。提刑司虽然掌握一路司法大权,但只是一个职能单一的衙门。

提举常平司“掌常平、义仓、免役、市易、坊场、河渡、水利之法,视岁之丰歉而为之敛散,以惠农民。凡役钱,产有厚薄则输有多寡;及给吏禄,亦视其执役之重轻难易以为之等。商有滞货,则官为敛之,复售于民,以平物价。皆总其政令,仍专举刺官吏之事"[52]。提举常平茶盐司,除了常平司的职能又增加了给卖钞引、禁止私贩、按劾不法的职能。

宋代路的四大司共同职能就是监察,他们都要定期向皇帝汇报地方官员的情况。

机构编制

安抚使司设安抚使,属官有参谋官、参议官、勾当公事、管勾机宜文字、管勾书写机宜文字、准备将领、准备差遣、准备使唤、指使、听候使唤、听候差使、亲兵将领、措置招捉捕盗官、兵马副总管、兵马钤辖、兵马都监、将、副将、队将、押队、训练官等。

转运使司设转运使、副使、判官、勾当公事、管勾文字官、准备差遣、准备差使、指使、守次押纲官等。勾当公事与管勾文字官要从京朝官知县人选中选任。南宋以后,因为避高宗赵构的讳,勾当公事改称干办公事。胥吏编制有:勾押官、主管文字、干办官、前行、后行等。

提刑司设提点刑狱一至二人,属官有检法官、干办官。胥吏编制人员不详。

提举常平司设常平官一人,属官有勾当官、管勾官、干办官。胥吏编制不详。

安抚使司、转运使司、提点刑狱司、提举常平司四个机构互不统属,直接受朝廷节制,权力却是各有侧重。可以说,四个系统互不管辖,职权又不相同,所以其长官办事往往不能做到认真负责,自然就出现了许多紊乱现象。

无论是四大司官员,还是其他使职,因为是派遣机构,所以,这些官员都没有规定品级。他们的品级是原来所任职的品级。同样都是安抚使或转运使,品级可能有着很大的差异。有的是四品官,有的可能是五品官。还有很多使职虽然是知州、知县的上级,品级却比他们低很多。这可以说是宋代官场的一大特色。

宋代受唐代影响,也是喜欢设置各种使职。除了上面的四大司,还有众多的使职。

2. 节度使

宋代的节度使与唐中期以后及五代的节度使截然不同,虽然保留了其官称,但已经不是地方诸侯。节度使没有职能,其事务全部由本州知州、通判兼总管所取代。而且宋代的节度使也无定员,根据皇帝的需要而定。节度使毕竟是无职无权的职官,多设几个,少设几个,不影响国家机构编制。节度使虽然无权,礼遇却是与执政相同。授予节度使的仪式是高规格的,非常隆重,“其礼尤异,以待宗室近属、外戚、国婿年劳久次者”。对于唐人来说,只有殿帅才能授以节度使,被授予者或功勋显著,或为前任宰相。宋代的节度使也像唐代一样,以节度使兼中书令,或侍中,或中书门下平章事,皆谓之“使相”,“以待勋贤故老及宰相久次罢政者”(53)。也就是说,这些节度使都是有职无权的使相。元丰改制后,这些节度使的称号又换了新的名称——开府仪同三司。比如元丰八年(1085),任命镇江军节度使、检校太傅韩绛为开府仪同三司、判大名府。元祐五年(1090),任命太师、平章军国重事文彦博为开府仪同三司、守太师、充护国军山南西道节度使致仕。

到了北宋后期,能够得到节度使的人员越来越杂,越来越多。崇宁五年(1106),司空、左仆射蔡京被任为开府仪同三司、安远军节度使、中太一宫使。殿帅高俅,内侍童贯、梁师成也被任为节度使。还有很多皇亲国戚也被任为节度使,节度使不再是宰相勋臣的专利。为了设置众多的节度使,宋代将州升格为节度使镇,有的文臣勋将官拜两镇节度使,还有的官拜三镇节度使。韩琦、文彦博、吕颐浩官拜两镇节度使,韩世忠、张俊官拜三镇节度使。“诸将勋名有兼两镇、三镇者,实为希阔之典。”(54)

同样都是节度使，在唐代是唐王朝的掘墓人，在宋代则变成了对功勋卓著老臣的奖赏。

3. 总领

总领为南宋官职，掌管措置移运应办诸军钱粮，以朝臣充任，主要任务是筹措诸州军粮。建炎年间，张浚出使川、陕，用赵开总领四川财赋，从此有了总领官衔。

绍兴十一年（1141），皇帝收取诸帅之兵改为御前军，分屯诸处，设置三总领，以朝臣充任。三总领还有一个官衔，“专一报发御前军马文字”[55]。这样总领不但掌管粮饷，还能参与军政事务，地位在转运副使之上。淮东总领驻镇江，掌管镇江诸军钱粮；湖广总领驻鄂州，掌管鄂州、荆南、江州诸军钱粮；淮西总领驻建康，掌管建康、池州诸军钱粮。绍兴十五年（1145），恢复四川总领，驻利州，掌管兴元、兴州、金州诸军钱粮。共四总领。属官有干办公事、准备差遣。四川又有主管文字二员。淮东、淮西总领分差粮料院、审计司、榷货务、都茶场、御前封桩甲仗库、大军仓、大军库、赡军酒库、市易抵当库、惠民药局等。湖广总领有给纳场，四川总领有分差粮料院、审计院等。

淳熙元年（1174），设诸路州军通判，专门主管拘催诸州钱粮。四总领胥吏编制：淮东九人，淮西、湖广十人，四川二十人。

4. 提举坑冶司

掌管“收山泽之所产及铸泉货，以给邦国之用。岁有定数，视其登耗而赏罚之”[56]。其职能主要是炼铜铸币。宋初设提举坑冶司一人，元丰年间增加为二人。分置两司：驻饶州提举坑冶司掌管江东、淮、浙、福建等路，驻虔州提举坑冶司掌管江西、湖、广等路。属官有干办公事二人，检踏官六人，称铜官、催纲官各一员。

5. 提举市舶司

掌海外商船贸易之事，“以来远人，通远物”。元祐初年，在福建路泉州设提举市舶司。大观元年(1107)，在浙江、广东、福建三路设市舶提举官。建炎初年，撤销福建、浙江市舶司，划归转运司，不久又恢复。乾道初年，撤销浙江提举市舶司，将其职能划归所属知州、通判、知县、监官，由转运司总领。

6. 提举学事司

职掌一路州县学政，每年巡视所属州县州县学，考核师儒优劣与生员勤惰。崇宁二年(1103)设立，宣和三年(1121)撤销。

使职差遣是宋代官制的特点，所以宋代使职特别多，除了上述职官还有经略安抚史、发运史、都转运使、招讨史、招抚使、抚谕史、镇抚史、观察使等。一般是机构称司，长官称使。有些使职是临时的，有些则是长期的。无论是临时的还是长期的，由于其职能单一，无法与其他衙门发生隶属关系，也就无法形成割据势力。

总之，宋代统治者为了扩大以皇权为中心的中央集权统治，吸取、借鉴前代的经验教训，制定了一套具有宋代特色的机构编制体系，在置官上以便于皇帝控制为前提，摆脱了藩镇割据的噩梦。尤其是在地方机构编制上，实行两种制度，一种是地方固有的行政编制体系，以州、县为主体。州、县是宋代政权的中下层机构，这一机构对于国家构不成威胁。一种是派出编制体系。派出机构——路，由于管辖区域广，有足够的势力对朝廷构成威胁，但因为实行派出机构编制，使得路这一级政权无法对中央形成威胁，而且将路一级的军政、民政、财政、司法等，都变为独立的派出机构，即使有一级派出机构想要造反也力不从心。但是，宋代的机构编制体系也带有本身的诸多弊端，宋代的最高统治者对待官员采取宽松的管理制度，在整个宋代，几乎就没有发生图谋推翻政权的大案。皇帝为了皇权的稳固，不惜耗费国家巨额的财政开支，让一批官员无所事事。为了让官员们有官做，有俸禄可拿，在全面实行使职差遣制度的同时，继续保留着旧有机构衙门，使得国家机构臃肿，冗员众多，官员不思进取，不想振作，只知享乐。所以，当遇到强敌入侵，便一败涂地，无法收拾。国家虽有忠臣，但是无力回天。但是我们也必须看到，宋代皇帝无论是对官员，还是对百姓的宽松的政策，为宋代文化事业的繁荣奠定了基础。

宋代的使职差遣制度将国家官员分成了两部分，一部分官员忙碌得不可开交，另一部分官员则无所事事，安于清闲。这不仅是对国家人才的一种浪费，也是对国家财力的一种浪费。使职差遣制度虽然保证了皇权的巩固，却不能保证国家不受外敌的侵犯。如果宋代在政权巩固之后就取消使职差遣制度，不失为上策。宋代的文官制度繁荣了宋代的文化事业，却忽视了当国家危难之际勇于担当的武将的培养。当国家需要良将时，使得国无良将。

宋代的机构编制还告诉我们：国家机构编制弹性很大，国家在任何时候都必须保持机构编制的精简高效，而宋代的统治者恰恰忽视了这一点。秦汉之九卿早已被中央政府其他机构所取代，宋代还继续保留下来，根本原因就在于它符合皇帝安置官员的需要，符合官员做官的需要，符合官员发财的需要。在封建社会，任何政权都是如此，他们首先必须考虑皇族的利益，然后考虑官僚集团的利益，最后才考虑老百姓的利益，在国家机构编制设置上更是如此。

注释：

(1)(元)脱脱：《宋史》卷一六一，中华书局1977年版，第3769页。

(2)(元)脱脱：《宋史》卷一六一，中华书局1977年版，第3779页。

(3)(南宋)李焘:《续资治通鉴长编》卷五,中华书局 2004 年版,第 125 页。

(4)(元)脱脱:《宋史》卷一六一,中华书局 1977 年版,第 3775 页。

(5)(元)脱脱:《宋史》卷一六一,中华书局 1977 年版,第 3775 页。

(6)(元)脱脱:《宋史》卷一六一,中华书局 1977 年版,第 3773 ~ 3774 页。

(7)(元)脱脱:《宋史》卷一六一,中华书局 1977 年版,第 3774 页。

(8)(清)徐松:《宋会要辑稿》卷五八《职官一》,中华书局 1957 年版,第 2372 页。

(9)(元)脱脱:《宋史》卷一六一,中华书局 1977 年版,第 3776 页。

(10)(元)脱脱:《宋史》卷一六一,中华书局 1977 年版,第 3777 页。

(11)(元)脱脱:《宋史》卷一六一,中华书局 1977 年版,第 3768 页。

(12)(元)脱脱:《宋史》卷一六一,中华书局 1977 年版,第 3782 ~ 3785 页。

(13)(元)脱脱:《宋史》卷一六一,中华书局 1977 年版,第 3792 页。

(14)(元)脱脱:《宋史》卷一六一,中华书局 1977 年版,第 3787 页。

(15)(元)脱脱:《宋史》卷一六一,中华书局 1977 年版,第 3789 页。

(16)(元)脱脱:《宋史》卷一六三,中华书局 1977 年版,第 3831 页。

(17)(元)脱脱:《宋史》卷一六三,中华书局 1977 年版,第 3855 页。

(18)(元)脱脱:《宋史》卷一六三,中华书局 1977 年版,第 3859 页。

(19)(元)马端临:《文献通考》卷五八,浙江古籍出版社 2007 年版,第 523 页。

(20)(元)脱脱:《宋史》卷一六二,中华书局 1977 年版,第 3801 页。

(21)(元)脱脱:《宋史》卷一六二,中华书局 1977 年版,第 3797 页。

(22)(元)脱脱:《宋史》卷一六二,中华书局 1977 年版,第 3800 页。

(23)(元)脱脱:《宋史》卷一六二,中华书局 1977 年版,第 3807 ~ 3808 页。

(24)(元)脱脱:《宋史》卷一六四,中华书局 1977 年版,第 3869 页。

(25)(南宋)李焘:《续资治通鉴长编》卷二二,中华书局 2004 年版,第 496 页。

(26)(宋)王栐:《燕翼诒谋录》卷四,中华书局 1981 年版,第 34 页。

(27)(元)脱脱:《宋史》卷一六四,中华书局 1977 年版,第 3871 ~ 3872 页。

(28)(元)脱脱:《宋史》卷一六二,中华书局 1977 年版,第 3812 页。

(29)(元)脱脱:《宋史》卷一六二,中华书局 1977 年版,第 3813 页。

(30)(元)脱脱:《宋史》卷一六二,中华书局 1977 年版,第 3814 页。

(31)(元)脱脱:《宋史》卷一六二,中华书局 1977 年版,第 3811 页。

(32)(元)脱脱:《宋史》卷一六二,中华书局 1977 年版,第 3817 页。

(33)(元)脱脱:《宋史》卷一六四,中华书局 1977 年版,第 3891 页。

(34)(元)脱脱:《宋史》卷一六四,中华书局 1977 年版,第 3893 ~ 3894 页。

(35)(元)脱脱:《宋史》卷一六五,中华书局 1977 年版,第 3900 页。

(36)(元)脱脱:《宋史》卷一六五,中华书局 1977 年版,第 3903 页。

(37)(元)脱脱:《宋史》卷一六五,中华书局 1977 年版,第 3905 页。

(38)(元)脱脱:《宋史》卷一六五,中华书局 1977 年版,第 3907 页。

(39)(元)脱脱:《宋史》卷一六五,中华书局 1977 年版,第 3911 页。

(40)(元)脱脱:《宋史》卷一六五,中华书局 1977 年版,第 3921 页。

(41)(元)脱脱:《宋史》卷一六二,中华书局 1977 年版,第 3822 ~ 3823 页。

(42)(元)脱脱:《宋史》卷一六六,中华书局 1977 年版,第 3942 页。

(43)(宋)王君玉:《国老谈苑》卷一,中华书局 2012 年版,第 47 页。

(44)(元)脱脱:《宋史》卷一六七,中华书局 1977 年版,第 3973 页。

(45)(宋)黎靖德:《朱子语类》卷一〇六,中华书局 1986 年版,第 2651 页。

(46)(元)脱脱:《宋史》卷一六七,中华书局 1977 年版,第 3976 页。

(47)(元)脱脱:《宋史》卷一六七,中华书局 1977 年版,第 3975 页。

(48)(宋)高承:《事物纪原》卷七《州郡方域部第三十五》,中华书局 1989 年版,第 358 页。

(49)(元)脱脱:《宋史》卷一六七,中华书局 1977 年版,第 3977 ~

3978 页。

(50)(元)脱脱:《宋史》卷一六七,中华书局 1977 年版,第 3964 页。

(51)(元)脱脱:《宋史》卷一六七,中华书局 1977 年版,第 3967 页。

(52)(元)脱脱:《宋史》卷一六七,中华书局 1977 年版,第 3968 页。

(53)(元)脱脱:《宋史》卷一六六,中华书局 1977 年版,第 3946 页。

(54)(元)脱脱:《宋史》卷一六六,中华书局 1977 年版,第 3947 页。

(55)(元)脱脱:《宋史》卷一六七,中华书局 1977 年版,第 3959 页。

(56)(元)脱脱:《宋史》卷一六七,中华书局 1977 年版,第 3970 页。

第六章　辽金机构编制

第一节　辽金历史发展概况

辽是由北方少数民族契丹建立的政权。

公元六七世纪，契丹居住在潢水（今辽宁西拉木伦河）和土河（今内蒙古老哈河）一带，过着随寒暑逐水草的游牧渔猎生活。一开始，他们在这一地区置东、西、南、北四楼为政治中心，没有固定的都城。这时，中原地区正是盛唐时代。唐贞观十二年（638），契丹人归附唐朝。唐伐高丽，契丹出兵相助。唐在原契丹地区置松漠府，以契丹首领窟哥为都督，使持节十州诸军事，赐姓李。以各部落首领辱纥主为刺史。窟哥借助唐朝的力量，实现了对契丹各个部落的统一。但是自窟哥死后，其孙李尽忠叛唐。武则天借助突厥将叛乱平定下来。

唐玄宗开元时，契丹内部耶律氏控制契丹各部，开始了建立制度、设置官署的政权建立阶段。他们刻木为契，穴地为牢，将旧有的八部划为二十部。

开元二年（714），李尽忠投降突厥，其弟李失活则率领契丹各部落脱离突厥，归附唐朝。唐朝廷重新设立松漠府，以李失活为都督，封松漠郡王。之后，松漠契丹内部争斗不断，最后汗位被遥辇氏所取代。遥辇氏统领契丹八部：旦利皆部、乙室活部、实活部、纳尾部、频没部、内会鸡部、集解部、奚嗢部。每部设有夷离堇为首领。“唐会昌中，幽州张仲武表其王屈戍，请赐印篆为奉国契丹之印。”“八族之长皆号大人，称刺史。”唐朝赐其首领屈戍“奉国契丹之印”。遥辇氏此时属于原始社会的末期，而唐王朝也已走向没落。唐朝在松漠府设长史一人作为监督。松漠府的建立使契丹可汗对汉族人机构编制有了初步的了解，受汉族地区机构编制的影响，遥辇氏可汗也建立了管理机构：“遥辇九帐大常滚司”与九个“宫分”。前者为遥辇氏契丹的最高管理机构，宫分则是管理可汗私产的机构。遥辇氏可汗虽然为可汗，但是掌握八部实权的则是契丹泥礼氏。泥礼是辽太祖耶律阿保机的始祖。

唐天复元年（901），耶律阿保机被立为“夷离堇”，代替遥辇氏，成为契丹首领。“耶律阿保机者，怙强好勇，不受诸侯之代，吞侵邻部，兵力渐盛。”[(1)]耶律阿保机还与后唐李克用在云中会盟，结为兄弟。契丹人在对汉族地区的掠夺中不但掠夺了大量的财富，还了解了汉族中央机构与地方机构编制情况，便毫不吝啬地将汉族人职官封给早期投靠契丹的汉族人。这些汉族人为耶律阿保机出谋献策，后梁贞明二年（916），耶律阿保机在龙化州（今内蒙古赤峰八仙筒附近）建立契丹国，称天皇帝，建元神册，国号契丹，以燕人韩延徽为宰相，康默记、韩知古等为佐命功臣。耶律阿保机也就是辽太祖。契丹国掠夺中原的财富和人口，在草原上按照中原模式建立城郭以安置掠来的汉族人。显然，这样决策，那些早期投靠契丹人的汉族官僚起了重要作用。阿保机在任用汉族人管理的同时，对契丹人仍然实行部落联盟式的管理。

神册三年（918），辽太祖耶律阿保机在潢水以北正式建都城，称为皇都（后改称上京）。阿保机率领契丹军马开始对周围的各民族部落征战，先后吞并了室韦、奚、渤海等族，并对掳掠来的各民族人民，采取州、县制度进行统治。阿保机在契丹境内设置了一些与河北地区同名的州、县，用以安置汉族人，并使其保持汉族习俗，从事农业。耶律阿保机灭亡渤海国之后，实力大增。耶律阿保机改渤海国为东丹国，以长子耶律信为东丹国“人皇王”。东丹国的汉族化程度远比契丹要高，其机构编制比契丹国还要汉族化。渤海国“其王数遣诸生诣京师太学，习识古今制度”[2]。耶律阿保机设立五京、十五府、六十二州。模仿唐代国家机构编制设立三省六部。契丹作为少数民族，由于有汉族国家机构编制为楷模，迅速进入封建社会。

阿保机在建立辽国之后，使用了从唐朝燕蓟地区掠去的许多汉族知识分子，为辽朝制定了一些封建的典章制度。辽太宗(927—947)耶律德光即位后，正是五代十国纷乱时期。天显十一年(936)，后唐河东节度使石敬瑭为解兵临城下之危，以称子、割让燕云十六州为条件，乞求耶律德光出兵助其反对后唐。这对耶律德光来说，是千载难逢的机会，遂亲率五万骑兵，援助石敬瑭，在晋阳城下击败后唐军，立石敬瑭为后晋皇帝。接着，率军南下上党，助石敬瑭灭后唐。石敬瑭兑现承诺，称小自己十岁的辽太宗耶律德光为父皇帝，自称儿皇帝，割让燕云十六州。十六州是：幽(今北京)、蓟(今天津蓟县)、瀛(今河北河间)、莫(今河北任丘)、涿(今河北涿州)、檀(今北京密云)、顺(今北京顺义)、新(今河北涿鹿)、妫(音归，原属河北怀来县，州址已被北京延庆官厅水库所淹没)、儒(今北京延庆)、武(今河北宣化)、蔚(今山西灵丘)、云(今山西大同)、应(今山西应县)、寰(今山西朔州东)、朔(今山西朔州)。石敬瑭还每年进奉帛三十万匹。石敬瑭割让燕云十六州，不仅失去中原大片领土，更失去了防御契丹入侵的天然屏障。更重要的是契丹得到“燕云十六州”，促使辽政权快步走上封建化道路。这时，中国历史正处于“五代十国”的藩镇割据时期。

会同年间，辽太宗耶律德光率兵攻克后晋都城开封。耶律德光进入开封,开封城的繁华与后晋皇宫的富丽堂皇,让他大开眼界,他决定不再返回北国,而在开封做中原皇帝。后改国号为“辽”,定皇都为上京(今内蒙古巴林左旗)。从太祖灭渤海国,到太宗侵占燕云十六州,辽的国势已十分强盛,疆域已东到今日本海,西至内蒙古中部,南到渤海(今天津海河、山西雁门关一带),北至黑龙江。耶律德光统治时期,辽朝便制定了“胡”汉分治的制度,即所谓“以国制治契丹,以汉制待汉人”。其具体办法是:统治契丹族和其他游牧民族的官员,一律用契丹贵族,办事处所设在皇帝的牙帐之北,称为北面官。凡是属于“宫、帐、部族、属国”和“兵机、武诠、群牧”范围内的政务,都由他们负责。统治汉族人和旧渤海国的,杂用汉族官吏和契丹贵族,办事处所设在皇帝牙帐之南,称为南面官。凡属于“汉人州、县、租赋、军马之事”和“文诠、丁赋之政”,都由他们负责。需要说明的是,契丹的机构编制仍然不属于封建机构编制。有了宰相,并不等于有了宰相机构,契丹的国家机构是不健全的国家机构。

耶律德光于进入开封不久病逝,世宗即位。世宗耶律阮任用贤臣耶律屋质,进行一系列改革,将太宗时的南面官和北面官合并,成立南北枢密院,废除具有部落联盟影子的南、北大王,后来南北枢密院合并,形成一个枢密院。契丹虽然建立了国家,但是国家机构编制管理并没有跟上,这样,无论是皇权的地位还是政府机构的运作都无法适应国家发展的需要。辽世宗的这些改革使辽朝飞跃性地进入封建社会,实现了从部落联盟向中央集权的转变。但辽世宗晚年任用奸佞,朝政不修,政治腐败。辽天禄五年(951)九月,世宗被耶律察割所杀。从此以后,辽代政权进入内部争斗动荡时期。辽代围绕皇位继承所发生的骨肉相残是由皇位制度的初建与契丹世选可汗制度的矛盾所引起的。契丹在可汗的选举上一直是由部落联盟酋长——夷离堇推选,而皇帝制度则是要由皇帝本人确定世袭。这种因为皇权而骨肉相残的争斗愈演愈烈,有时辽代统治者为了皇位继承甚至还要征求宋朝的意见。

辽圣宗时期,在萧太后的主持下,进行了改革,励精图治,注重农桑,兴修水利,减少赋税,整顿吏治,训练军队,使辽百姓富裕,国势强盛。1009 年圣宗亲政后,延续萧太后执政政策,反对严刑峻法,严惩贪官。对外则不断对宋朝用兵,成为宋王朝的劲敌,迫使宋朝廷不得不与之缔结澶渊之盟,以岁币换和平。宋每年贡辽岁币银十万两、绢二十万匹,双方各守疆界,互不骚扰,成为兄弟之邦。辽代的中央管理体制是与其他朝代不同的管理体制,辽代是皇权与后权并行的朝代,在很多时候,太后的权力比皇帝的权力还要大。之所以有澶渊之盟,萧太后在其中起了很大的作用。在皇权与后权的结合上,辽代是做得比较好的一个朝代。皇帝与太后共掌国政,保证了皇帝部落与太后部落的联合,使得皇权在诸部落中形成优势,从而巩固了皇权。

圣宗之后,辽急剧走向下坡路,宫廷又开始争斗不已,原来臣服的女真族首领完颜阿骨打也开始叛辽。辽天祚帝通过非正常手段即位后,已经是众叛亲离。天庆十年(1120),金攻克辽上京,而辽朝内部又因为皇位继承问题而爆发内乱,天祚帝杀长子耶律敖卢斡。保大四年(1124),辽大部分土地被金占领,退出漠外,保大五年(1125)二月,天祚帝在应州被俘,辽为崛起的金所灭。辽共历九世,凡 218 年。

辽亡后,耶律大石西迁到中亚楚河流域,建立西辽。1211 年,屈出律篡位。1218 年,西辽被蒙古所灭。辽在与中原和西方各国的交往中,融汇众长,卓有成效地促进了契丹政治、经济和文化各个方面的迅速发展。

辽在较短的时间内从部落氏族社会过渡到奴隶社会,并在向封建社会跃进的同时统治了中国北部,密切了各族人民之间的联系,促进了民族融合,为开发蒙古地区和中国东北地区发挥了重要的作用。他们创造了灿烂的文明,留下了契丹辉煌的历史。

辽中央机构实行"胡汉"分治的南、北面官体制,而地方行政机构,从阿保机开始建置州、县,到后来的设官分职,大体上采用唐制,分设刺史、县令,也有节度使、观察使、防御使等名号。在地方行政机构中,还有一种"头下军州"。头下军州是辽特别设置的一种行政机构,又称投下。契丹贵族在初期的征服战争中,劫掠了大量的人口,他们将这些人口聚集起来,建立州县城堡等组织,称为头下。到十世纪末,辽中央集权的趋势已日益加强。

金朝是女真族于公元 1115 年建立的政权。女真族原名黑水靺鞨,五六世纪以来,居住于今黑龙江与松花江流域以及长白山麓,在八九世纪役属于渤海国。在辽灭渤海国后,又受辽的统治,处于原始部落的历史阶段。公元十二世纪,女真族的完颜部落开始取得部落联盟世袭酋长的权力。

公元 1114 年,完颜阿骨打举兵反辽,大败辽兵,遂在第二年称帝建元,是为金太祖,正式建立金朝,定都会宁府(今黑龙江哈尔滨阿城区南白城)。十年之后,即在公元 1125 年,灭辽并乘机侵犯北宋。1127 年,金攻破开封,把徽、钦二帝俘虏北去,遂灭北宋。

在金政权建立之初,女真族的社会已向着奴隶制发展,那时的金政权是一个奴隶主政权。到它灭亡辽,特别是颠覆北宋之后,金既吞并辽的旧境,又侵占黄河以北的大片土地,在这些地区,受到高度发展的封建主义政治、经济和文化的影响,很快转化成为封建政权。金王朝建立以后,在女真族官吏制度的基础上,借鉴辽宋政权机构编制,"参用辽宋为帝制"(3) 建立起作为阶级压迫机关的国家政治制度,如封建皇权专制制度、勃极烈制度、军事制度和法律制度等。到金熙宗(1135—1149)时,封建专制制度完全建立起来,废除了勃极烈制度,采用北宋的政治制度,在皇帝以下建立起从中央到地方的封建统治机构。在中央，设三师三公，以为论道辅弼之官；设六部尚书，总理行政；设枢密院（行兵时则为元帅府）管理军政；设御史台和谏院作为最高监察机构。在地方，仍沿用宋制，分路、府、州、县四级。在官吏管理上，则采用汉族人的一套办法，如尊孔、科举取士等。金熙宗之后的完颜亮全面推行汉族国家机构编制。他首先将金都城从上京迁到燕京。重用汉族人，采用汉族人政权机构编制。金作为少数民族政权，同其他少数民族政权一样，他们虽然采用汉族机构编制，但是对汉族人并不是真正的信任放心。

女真皇族也与契丹皇族一样，围绕皇权不停地展开政变厮杀。金海陵王完颜亮通过政变杀死金熙宗，登上皇位。完颜亮称帝后，迁都中都，起用渤海、契丹、汉族人，以扩大政权的基础，巩固统治。随后又迁都燕京。完颜亮全力准备侵略宋朝的战争，同时大建宫宇，搜刮百姓，残暴的统治给百姓带来深重灾难，民不聊生。正隆六年（1161）十月，东京留守曹国公完颜雍即位于辽阳，改元大定，是为金世宗。这时完颜亮还在南进征宋，而金军亦十分厌战，重要将领耶律元宜部反戈，元宜及其部下射杀海陵王于帐前，海陵王死于瓜州渡。

上台后的金世宗虽然对海陵王大加贬低，但是对其执政期间的政策并没有多大的变化。“至海陵庶人，虽淫暴自强，然英锐有大志，定官制、律令皆可观。又擢用人材，将混一天下。功虽不成，其强至矣。”(4)

金海陵王重用的是汉族官僚知识分子，继海陵王之后的金代统治者虽然并没有废除海陵王时代的机构编制，掌权的却是女真贵族与早就归降金王朝的燕京地区的大族。金代统治者重用女真官吏，而对汉族知识分子则采取不信任、不重视态度。在金代最好的章宗统治时期，“大臣执政，多有文采学问可取，能吏直臣皆得显用，政令修举，文治烂然，金朝之盛极矣。然学止于词章，不知讲明经术为保国保民之道，以图基祚久长，又颇好浮侈，崇建宫阙，外戚小人多预政，且无志贤高蹈，阴尚夷风；大臣惟知奉承，不敢逆其所好，故上下皆无维持长世之策，安乐一时，此所以启大安、贞祐之弱也”(5)。金朝刚刚建立，就已经显现出衰亡的征兆。在封建社会，像辽、金这样凭借武力快速崛起，“兴也勃焉，亡也忽焉”的王朝，不乏其例。

金成为南宋的劲敌，但是金同样遇到危险的敌人，这就是崛起的蒙古。伴随着蒙古势力的兴起，金为了躲避蒙古的进攻，将都城从燕京迁到开封。金也与其他朝代一样，无法避免官员的腐败。金的腐败不仅表现在官员的贪污受贿上，还表现在政治的黑暗上，官员只追求享受，没有进取心。“南渡之后，为宰执者往往无恢复之谋，上下同风，止以苟安目前为乐。凡有人言当改革，则必以生事抑之。每北兵压境，则君臣相对泣下，或殿上发叹吁，已而敌退解严，则又张具会饮黄阁中矣。每相与议时事，至其危处，辄罢散曰：‘俟再议。’已而复然。因循苟且，竟至亡国。……宰执用人，必先择无锋芒、软熟易制者，曰‘恐生事’。故正人君子多不得用，虽用亦未久，遽退闲。”(6)在这样的政风下，女真又岂能长久统治。到公元1234年，金朝为蒙古军队所灭。金从阿骨打建立，到哀宗时灭亡，传帝九世，凡119年。

第二节 辽金中央机构编制

一、辽代中央机构编制

辽代机构编制有几个显著特点：一、“蕃汉”并行，自成体系。即官分南、北两制，以契丹机构编制治契丹人，以源于后唐、后晋、北宋的机构编制治汉族人。《辽史·百官志》说:辽代“官制,分北、南院。北面治宫帐、部族、属国之政,南面治汉人州县、租赋、军马之事”。“胡汉”分治的北、南面机构编制的确立,是辽代中央政权组织的重要特点。二、名实不一,复杂多变。这是由在民族大融合中,各民族的语言互相渗透、影响,同时在理解上也容易发生歧义造成的。三、机构编制疏略,记载混乱。这是由其社会形态发展程度低、社会组织比较粗糙造成的,加上文化落后,在模仿学习汉族机构编制上不到位,各种制度也不可能有细致、准确的记载,后世的史载必然发生错误。辽代的一些职官是根据宋朝官制设置的,汉族人有什么职官,辽人就设立什么职官与机构,这也是不争的事实。

正如《辽史·百官志》所说:“契丹旧俗,事简职专,官制朴实,不以名乱之,其兴也勃焉。”《辽史·百官志》的评价可谓恰如其分。契丹文字简单,本身又是原始社会的末期,其机构却一下子跳跃到封建社会,那种简陋的氏族管理体制难以适应社会政治制度的发展。契丹能够跟上急剧变化的社会形势,得益于辽太祖耶律阿保机能够顺应形势,学习借鉴汉族的机构编制。辽太宗耶律德光则是最早实行南北官制的帝王,“官分南、北,以国制治契丹,以汉制待汉人”。辽太宗学习汉族人的机构官制,立足于契丹人社会形态发展的实际,强调精简高效的原则,没有诸多制度约束,“此辽所以兴也”(7)。

契丹国制简朴,国家机构编制简单。就国家机构而言,比较完备的还是在占领了燕云十六州之后,保留下来的汉族王朝国家机构。

契丹族最早的国家机构被称为“北面官制”。

(一)北面官国家机构

辽代北面官国家机构编制系统,由大于越府、宰相府、枢密院、诸帐官、部族与属国之官等机构组成。

1. 大于越府

机构沿革

《辽史》卷五六《仪卫志》记载，辽太祖耶律阿保机的仲父担任遥辇氏的于越，“太祖仲父述澜，以遥辇氏于越之官，占居潢河沃壤，始置城邑，为树艺、桑麻、组织之教，有辽王业之隆，其亦肇迹于此乎?”述澜即耶律释鲁。这是最早记载的于越职官。耶律阿保机在担任于越之前，担任大跌烈府夷离堇。显然，于越的地位要高于大跌烈府夷离堇。耶律阿保机正是从于越的位置走上契丹王位的。耶律曷鲁拥立耶律阿保机登上王位，被耶律阿保机任命为于越。在抵抗北宋赵光义北伐时，射伤赵光义的耶律休哥也被任命为于越。据统计，整个辽代，共有十人担任过于越。看来于越确实像《辽史》所说，“非有大功德者不授”。但是，这些于越绝非像《辽史》所说，都是尊官，是坐而论道之职。如果耶律阿保机仅仅是坐而论道、没有实权的于越，那就绝对不会被人拥立为王。

机构职能

契丹于越“贵官，无所职。其位居北、南大王上，非有大功德者不授”。大于越府是一个辅弼机构，以备皇帝咨询顾问。“于越”是契丹语，有如汉语的“太傅”。《辽史》中说，于越属于坐而论道之官，类似三师三公。实际上，类比三师三公，只是比其地位之高之崇，作为少数民族政权，不可能设立一个没有职权的最高级官员。

机构编制

《辽史》虽然有大于越和大于越府，但是，作为机构的大于越府究竟有多少属官，没有记载。在此，我们无法进行遐想，但有一点是肯定的，作为一人之下万人之上的于越，其衙门机构职官不在少数,这是不争的事实。而且于越绝不像《辽史》所说的那样,“犹南面之有三公”。汉族三公或者三师是一个群体,而于越只有一人,权力就像秦汉的丞相,一人之下万人之上。秦汉及以后的三师三公由多人组成,辽之大于越则只有一人,决定了其说话的权威性、主宰性。

2. 宰相府

机构沿革

辽代宰相的设立,显然是学习唐与五代的职官。《辽史》卷八五《萧塔列葛传》载,萧塔列葛八世祖只鲁,在遥辇氏统治时期,因为与安禄山作战有功,被封为北府宰相。辽代国家机构编制分为北面官与南面官两大系统,宰相府属于北面官系统。宰相府又有南、北两府之分,这是因为辽太祖时将“迭剌夷离堇”(汉语意为统军马之大王的意思)分为北、南二大王。所以,两府与两院,实际上就是辽的中枢机构。两府指北府与南府,两院指北院与南院。两府两院分统契丹各部落联盟。需要说明的是,这里的南府绝不是南面官,仍属于契丹人的中央机构编制。两府两院只是契丹早期的机构编制,与后来的北、南面官不是一个概念。北、南面官的确立应是在辽取得燕云十六州之后的事情。在两府中,北府长官称北府宰相,由皇族官员担任;南府长官称南府宰相,由后族充任(契丹族皇后亦参与军政大事)。后来汉族官员地位提高,也可担任两府宰相。两府宰相都不是辽所属诸部的成员,平时要居朝中参与政要。从中也可以看出,辽代宰相与中原汉族王朝的宰相是不同的,辽的宰相带有很强的部落联盟首领的味道,或者说只是部落首领换上汉族官员的时髦称呼。所以,不能以汉族人的宰相机构去理解辽的宰相职能,也不能以宰相掌佐军国之大政,就认为辽有宰相机构。

机构职能

“掌佐理军国之大政。”

机构编制

北宰相府设北府左宰相、北府右宰相、总知军国事、知国事。以上人员由“皇族四帐世预其选”。

南宰相府设南府左宰相、南府右宰相、总知军国事、知国事。以上人员由“国舅五帐世预其选”。

也就是说北宰相府是皇族机构，南府是皇后机构。在辽代，太后、皇后与皇帝一样参与朝政，所以有专门的机构安排国舅家族的人员。国府与后府都属于同等的国家中枢机构。在辽代很多时候，后权不亚于皇权。

3. 北大王院与南大王院

机构沿革

与北宰相府、南宰相府一样，辽代还设有北大王院与南大王院。两院大王平时居朝中参政，另设知北、南院大王事、太师、太保等官员，分治两部驻地的居民。

北大王院与南大王院最初的契丹名称为迭剌部夷离堇。耶律阿保机将夷离堇改为北南院。辽太宗耶律德光将夷离堇改为大王。这对契丹来说，是国家机构编制的一大进步，标志着契丹由原始部落向国家机构编制的转变，是将契丹国家机构编制与汉族国家机构编制接轨的重要形式。

机构职能

北大王院“分掌部族军民之政”；北院都统军司“掌北院从军之政令”；北院详稳司“掌北院部族军马之政令”；北院都部署司“掌北院部族军民之事”。

南大王院“分掌部族军民之政”；南院都统军司“掌南院从军之

政令”；南院详稳司“掌南院部族军马之政令”；南院都部署司“掌南院部族军民之事”。[8]

机构编制

北大王院设北院大王、知北院大王事、北院太师、北院太保、北院司徒、北院司空、北院郎君。北院都统军司设北院统军使、北院副统军使、北院统军都监。北院详稳司设北院详稳、北院都监、北院将军、北院小将军。北院都部署司设北院都部署、北院副部署。

南大王院设南院大王、知南院大王事、南院太师、南院太保、南院司徒、南院司空、南院郎君。南院都统军司设南院统军使、南院副统军使、南院统军都监。南院详稳司设南院详稳、南院都监、南院将军、南院小将军。南院都部署司设南院都部署与南院副部署。南、北两院，南大王院在职官上更接近汉族机构职官。

4. 契丹枢密院

机构沿革

枢密院最初设立于唐代中叶，枢密使都是由宦宦担任。从五代开始，枢密使由士人担任。辽代的枢密院设立比较晚，“太祖初有汉儿司，韩知古总知汉儿司事。太宗入汴，因晋置枢密院，掌汉人兵马之政，初兼尚书省”[9]。耶律德光于大同元年(947)入汴，看到了后晋有枢密院，立马仿效，在契丹设立这一机构，并且任命李崧为枢密使。汉族的枢密院是军事主管机构，但是契丹往往是军政不分家，所以，契丹的枢密院不但管军，还主政，而且辽设立了北、南枢密院。北枢密院即契丹枢密院。契丹枢密院因其牙帐在大内帐殿的北面，所以称北枢密院，而南枢密院则是因为其牙帐在大内殿之南，故称南枢密院。契丹枢密院不但管民主军，还兼理司法。契丹枢密院成为辽代真正的宰相机构。一国两个宰相机构显然与汉族政权的宰相差别很大,这主要与契丹皇族与后族共掌国政的历史传统分不开。从汉代以后,汉族政权开始限制皇后家族干政,甚至制定了严格的规定,但对契丹族来说,太后主政是再正常不过的事情。太后主政根本不像汉族人那样还要垂帘,而是直接参与国家大事的决策。这与契丹国家的历史渊源有关。契丹是由各个部落组成,而太后或者皇后往往都出身于实力强大的部落。哪个部落家族的女人成了太后或者皇后,自然就会成为哪个部落首领的代表,参与国家大政方针的决策。为了有效参与国事活动而设立了专门的国家机构。前面提到,大于越的任命一般都是对于有特殊贡献的人,这样的官员比较少,所以,大于越府在各个时代并不是经常设立的机构,而宰相府与北、南大王院实际是换了新名称的部落联盟。这样,国家的真正权力机构也就非枢密院莫属了。契丹每一个部落就是一级军事组织,辽圣宗时期,有三十四个部落。辽代最高统治者既要学习汉族的机构编制,又必须让这些部落首领都能有个职官安排。所以,辽代的枢密院机构比任何一个朝代都庞大,以安置部落首领。五代枢密院的职官几乎全部被辽代借鉴,而且辽还创造了新的职官。

机构职能

北枢密院"掌兵机、武铨、群牧之政,凡契丹军马皆属焉"。

南枢密院"掌文铨、部族、丁赋之政,凡契丹人民皆属焉"。

虽然都叫枢密院,但因为有北、南之别,职能也就表现出巨大的区别。正像元好问所总结的那样:"北衙不理民""南衙不主兵"。同样都是枢密院,却出现截然不同的职能,对此,学者们进行了不同的研究,还有的否认元好问的论点。实际上,辽代在机构编制上不像汉族那样规范,汉族政权积累了数朝数代上千年的经验,具有规律可循,而辽代在机构编制上还属于摸索学习阶段。而且他们在学习汉族机构编制上,又不能不考虑到本民族的特点。辽是由不同的部落组成的，他们在机构编制上必须考虑到各个部落首领与他们手下人的安排。这些部落首领也都希望自己有一个汉族官员称呼，辽代最高统治者在机构编制设置上，只好设置两个同样的机构，只是在职能上有所区别。在权力分配上，辽代统治者更注意各个部落之间的平衡，既要平衡权力，还要平衡部落首领的虚荣心理。

机构编制

契丹北枢密院设北院枢密使、知北院枢密使事、知枢密院事、北院枢密副使、知北院枢密副使事、同知北院枢密使事、签书北枢密院事、北院都承旨、北院副承旨、北院林牙、知北院贴黄、给事北院知圣旨头子事、掌北院头子、北枢密院敞史、北院郎君、北枢密院通事、北院掾史。

北枢密院中丞司设北南枢密院点检中丞司事、总知中丞司事、北院左中丞、北院右中丞、同知中丞司事、北院侍御。

契丹南枢密院设南院枢密使、知南院枢密使事、知南院枢密事、南院枢密副使、知南院枢密副使事、同知南院枢密使事、签书南枢密院事、南院都承旨、南院副承旨、南院林牙、知南院贴黄、给事南院知圣旨头子事、掌南院头子、南枢密院敞史、南院郎君、南枢密院通事、南院掾史。

南枢密院中丞司设北南枢密院点检中丞司事、总知中丞司事、南院左中丞、南院右中丞、同知中丞司事、南院侍御。

5. 宣徽北院

机构沿革

辽代宣徽北院设立于辽太宗会同元年（938），沿袭唐、五代旧制。《文献通考》卷五八载："唐置宣徽南、北院使，有副使（宦者严季实、杨复恭皆尝为之）。梁因之，后唐省副使。院在枢密院北,二使共院而各设厅事。使各一人,以检校官为之,或领节度及两使留后,阙则枢密副使一人兼领。二使亦有兼枢密副使、签书枢密院者。南院使资望比北院使稍优,然事皆通掌,只用南院印。”

宣徽北院衙门紧挨着枢密院,这样就显得与枢密院关系密切。宣徽院下设四案:兵案、骑案、仓案、胄案。

机构职能

对于宣徽北院的职能,《辽史》是这样概括的:“掌北院御前祇应之事。”宣徽院虽然是皇帝的服务机构,类似于秦汉的少府,但是宣徽院还能领兵打仗。这种情况不但发生在辽代,就是在秦代也是如此,奉命镇压楚国之后项梁起义的领兵主将就是少府章邯。

机构编制

宣徽北院设北院宣徽使、知北院宣徽事、北院宣徽副使、同知北院宣徽事。

6. 大惕隐司

机构沿革

耶律阿保机即位后,于后梁开平二年(908)设置大惕隐司,“始置惕隐,典族属,以皇弟撒剌为之”[(10)]。惕隐,也称梯里已。大惕隐司是辽代模仿汉制宗正设置的最早的国家机构之一。“惕隐,典族属官。即宗正职也。”[(11)]大惕隐司与汉制宗正不同的是,前者只管皇族,不管皇戚,而管理皇亲国戚的则另有机构,为“大国舅司”。耶律阿保机首先设立大惕隐司说明他要突出皇族在诸部落中的特殊地位。“太祖有国,首设此官,其后百官择人,必先宗姓。”选拔任用官员,首先要从皇族成员中任用。大惕隐司对于族人也提出很高的要求:“国家三父房最为贵族,凡天下风化之所自出,不孝不义,虽小不可为。”

机构职能

“掌皇族之政教。”掌皇族之政教的大惕隐司对辽来说,是重要机构。国家的重要官员都属于大惕隐司管理的宗姓之人。辽毕竟是从原始部落转化而来,在官员的任命管理上保留着部落联盟的特征。

机构编制

大惕隐司设惕隐、知惕隐司事、惕隐都监。

7. 夷离毕院

机构沿革

契丹建国前,部落中处理纠纷的长老称夷离毕,《辽史》卷一一六称,夷离毕即参知政事,说明夷离毕地位之重要,将夷离毕与汉族的参知政事相比拟。契丹建国后,朝中设夷离毕院,掌管司法刑狱。但是,从《辽史》记载可看到,夷离毕不但掌刑狱,处理契丹各个部落之间的纠纷,而且还负责皇宫的土木工程。夷离毕院还负责接待宋朝的使者。宋朝的使者归来,介绍夷离毕情况,说夷离毕类似宋朝的参知政事。

机构职能

“掌刑狱。”除了掌刑狱,还有皇帝赋予的其他职能,这就要看担任夷离毕的官员身份。夷离毕院得名自部落处理纠纷的长老夷离毕,如果掌管夷离毕院的部落长老资格比较老,其权力就大。夷离毕主要处理各个部落之间发生的刑狱案件,在夷离毕任职的都是各部落的长老一级的人物。

机构编制

夷离毕院设夷离毕、左夷离毕、右夷离毕、知左夷离毕事、知右夷离毕事、敞史、选底等。

官分左右，显然是受汉族官制的影响。

8. 大林牙院

机构沿革

契丹语称文士为林牙，大林牙院实际就是翰林院。辽以翰林为林牙，耶律大石是天庆五年（1115）进士，曾任职翰林应奉，不久升承旨，所以称呼他为大石林牙。不但大林牙院设有林牙，其他一些机构也都设有林牙。“客省局、器物局、太医局、医兽局。有四局都林牙。”大林牙院林牙一般加“北面”二字，因其主掌契丹语文书，而汉文书则由南面官的翰林院掌管，这也是与翰林院的区别。

机构职能

“掌文翰之事。”文翰之事非常宽泛，起草诏书、朝廷文书、修国史，甚至谏诤都属于林牙职能。这一点，在《辽史》中可以找到很多佐证。

机构编制

大林牙院设北面都林牙、北面林牙承旨、北面林牙、左林牙、右林牙等职。

9. 敌烈麻都司

机构沿革

敌烈麻都司为契丹礼仪机构，同其他少数民族一样，契丹也有一个美丽的传说：契丹始祖奇首可汗与天女相遇结为夫妻。契丹人在木叶山建有始祖庙。

机构职能

“掌礼仪。”敌烈麻都司的“掌礼仪”就是每年祭木叶山，祭山也就是祭祖先。

机构编制

敌烈麻都司设敌烈麻都、总知朝廷礼仪、总礼仪事。

10. 北面御帐官

机构沿革

契丹是少数民族，在唐代仍处于原始社会后期阶段，当耶律阿保机建立契丹国的时候，虽然称国，但是无城。《辽史》说："辽之先世，未有城郭、沟池、宫室之固，毡车为营，硬寨为宫，御帐之官不得不谨。出于贵戚为侍卫，著帐为近侍，北南部族为护卫，武臣为宿卫，亲军为禁卫，百官番宿为宿直。奉宸以司供御，三班以肃会朝，硬寨以严晨夜。"正因如此，辽代的北面御帐官，也就是御帐官显得尤为重要，侍卫人员也多。辽代的北面诸帐官分为御帐官、皇族帐官、诸帐官三类。

机构职能

侍卫司"掌御帐亲卫之事"；北护卫府"掌北院护卫之事"；南护卫府"掌南院护卫之事"；奉宸司"掌供奉宸御之事"；三班院"掌左、右、寄班之事"；宿卫司"专掌宿卫之事"；宿直司"掌轮直官员宿直之事"；硬寨司"掌禁围枪寨、下铺、传铃之事"；皇太子惕隐司"掌皇太子宫帐之事"。

机构编制

侍卫司设侍卫太师、侍卫太保、侍卫司徒、侍卫司空、侍卫。

近侍局设近侍直长、近侍、近侍小底。

近侍详稳司设近侍详稳、近侍都监、近侍将军、近侍小将军。

北护卫府设北护卫太师、北护卫太保、北护卫司徒。

总领左右护卫司设总领左右护卫。

左护卫司设左护卫太保、左护卫。

右护卫司设右护卫太保、右护卫。

南护卫府设南护卫太师、南护卫太保、南护卫司徒。

奉宸司官名未详。

三班院设左班都知、右班都知、寄班都知、三班院祇候。

宿卫司设总宿卫事（也叫典宿卫事）、总知宿卫事、同掌宿卫事、宿卫官。

禁卫局设总禁卫事、禁卫长。

宿直司设宿直详稳、宿直都监、宿直将军、宿直小将军、宿直官、宿直护卫。

硬寨司设硬寨太保。

皇太子惕隐司设皇太子惕隐。

辽代北面官机构除了以上机构，还有诸多机构。其中重要的有北面著帐官。无论是遥辇氏统治时期，还是契丹国、辽统治时期，其统治集团都是由部落组成。这些部落之间，包括本部落内部，往往为了汗位或者其他利益发生争斗。失败者自然会受到汗王的严惩，将他们的家属“没入瓦里”。奇怪的是，这些因为犯罪受到严惩的家人，对他们的惩罚是让他们担任汗王或者部落首领的警卫。“叛逆家属没为著帐，执事禁卫，可为寒心。”也正因如此，“辽世所以多变起肘腋”。惩罚了谋反者，再惩罚他们的后代担任汗王、部落首领的警卫，岂不是为他们的后代复仇创造了条件？管理这些犯罪家属的机构就是北面著帐官。北面著帐官设有著帐郎君节度使、著帐郎君司徒。其下有祇候郎君详稳司、左祇候郎君班详稳司、右祇候郎君班详稳司、笔砚局、牌印局等。

北面官系统还有皇太后祇应司、皇太妃祇应司。北面皇族帐官有大内惕隐司，设大内惕隐、知大内惕隐事、大内惕隐都监，掌皇族四帐政务。大横帐常衮司掌管太祖皇帝后九帐皇族事务，设横帐常衮、横帐太师、横帐太保、横帐司空、横帐郎君、横帐知事。其他各个皇族也都设有机构。这些机构看上去很有趣，是部落名称与汉族职官的结合。舍利司掌皇族军政，设舍利详稳、舍利都监、舍利将军、舍利小将军。大国舅司则掌管皇后太后家族政务。

大国舅司也是一个庞大的机构，掌国舅乙室已、拔里二帐之事。在机构设置上，亦属部落名称与汉族职官合璧，设乙室已国舅大翁帐常衮、乙室已国舅小翁帐常衮、拔里国舅大父帐常衮、拔里国舅少父帐常衮、国舅太师、国舅太保、国舅太尉、国舅司徒、国舅司空等。

北面部族官分为部族官、属国官两部分，分掌辽国所属少数民族和与辽国有来往的属国事务。

辽代部族官实际是辽代地方政权机构。部族官有四大王府（为大部落），四十九节度（为小部落）；在叫部落的时候，最高首领为夷离堇，以后改称大王。每个部落设大王。大王之下有左宰相、右宰相、太师、太保、太尉、司徒。这些职官在称部落时期统称惕隐。

小的部落改称节度使司，节度使司设节度使、节度副使、节度判官。称部落时期则是部落详稳司，设部族详稳、部族都监、部族将军、部族小将军。

节度使司之下为石烈。石烈类似于当代的乡，设石烈夷离堇。

小的部族设部族司徒府。部族司徒府设部族司徒、部族司空。

除此之外，还有各种畜牧畋渔职官。这些机构可分为以下几类：

坊，如鹰坊、铁坊等，设坊使、副使。契丹称呼是详稳司、详稳、都监。

局官有客省局、器物局、太医局、医兽局，各设局使、副使。

契丹为游牧民族，各路设有群牧使司，职官有太保、侍中、敞史。

总典群牧使司设总典群牧部籍使、群牧都林牙。群牧司设群牧使、群牧副使。

除此之外，还有一些职官，不一而足。从以上职官可以看到，契丹对于太师、太保、司徒、司空等职官在汉族国家机构中的地位不是很清楚，所以，在使用的时候也显得很随意。辽代之所以对各个部落首领任以太师、太保、侍中等职官，也是受唐代北方各个节度使的影响。唐代河北的节度使，朝廷往往给他们授以太师、太保、侍中等加官，所以，契丹最高统治者也给那些部落首领以同类职官。只不过，唐代属于加官，对辽来说，则是效仿罢了。辽代属国官有女真国等十九国大王府，高丽、室韦、突厥等五十八国王府，八部大王府，渤海等部官四部分组成。

（二）南面官机构编制

契丹在与唐朝及五代政权交往中，只要发现汉族政权的职官种类，就立马效仿。“耶律杨六为太傅，知有三师矣。忽古质为太尉，知有三公矣。于斡古得为常侍，刘泾为礼部尚书，知有门下、尚书省矣。库部、虞部、仓部员外出使，则知备郎官列宿之员。室昉监修，则知国史有院。程翥舍人，则知起居有注。邢抱朴承旨，王言敷学士，则知有翰林内制。张幹政事舍人，则知有中书外制。大理、司农有卿，国子、少府有监，九卿、列监见矣。金吾、千牛有大将，十六列卫见矣。太子上有师保，下有府率，东宫备官也。节度、观察、防御、团练、刺史，咸在方州，如唐制也。”

契丹在学习中建立了北面官机构编制，也建立了南面官机构编制。如果说北面官机构编制的建立纯粹是学习模仿，那么南面官机构编制的建立，就不能用模仿学习来简单概括了。尤其是辽在取得燕云十六州之后，不改变燕云十六州的机构编制。这些地方官员隶属关系改变后都官升几级，皆大欢喜。虽然给他们一个梦寐以求的高官，还是原来的职务，但笼络了一大批官员。南面官机构编制的建立，反映了辽代统治者的高瞻远瞩，“诚有志帝王之盛制，亦以招徕中国之人也”[(12)]。

辽代南面官机构编制不像北面官机构编制那样，更不像其他朝代那样，机构编制有明确的法律规定。辽代统治者往往看到汉族一种职官，就设置一种职官，而且这种职官常常是为某个汉族人安排设置的。《辽史》这样记载历史："刘泾为礼部尚书，知有门下、尚书省矣。"有了这一职官，并不等于说就有这一机构。对于南面官机构编制的叙述，其难处也就在这里。

南面官机构正式设立是在耶律德光吞并"燕云十六州"后，采用唐朝旧制，设南面三省、六部、台、院、寺、监、诸卫、东宫等机构。辽的三师即太师、太傅、太保，三公即太尉、司徒、司空，三师三公均为加官，官位至尊，不轻易授拜。虽说不轻易授拜，也只是相对于汉族政权而言。在契丹部族里官封三师的，大有人在，好在他们也不清楚三师究竟是什么职官。在小部族也设有司空、司徒。看来很多契丹人也不知道官衔大小，只要是汉族官衔就行。作为辽统治者上层也不是很清楚，比如在某路群牧使司就设有太保、侍中。虽然官封太保、侍中，并不见得知道与胥吏敞史有何区别。一般来说，少数民族政权在设官授职方面还是比较慷慨的。

1. 枢密院

机构沿革

辽太祖初年，设立"汉儿司"，由韩知古总领其事，负责对汉族地区的管理。耶律德光灭晋到了汴梁，才知道枢密院这一机构，于是，建立主管汉族人事务的枢密院。耶律德光在南面官机构设置上，并没有完全按照唐五代的机构编制进行设置，而是进行了大的简化变革。唐五代的枢密院是纯粹的军事主管衙门，汉族枢密院兼尚书省，不但主军，还管民，是南面官的宰相中枢机构。太宗耶律德光取得燕云十六州后，南北开疆五千里，分置南面汉官左右相、参知政事、枢密院直学士主治汉事，州、县、中书、门下共一省，兼礼部。有堂后主事、守当官各一人,尚书省并入枢密院,有副都承旨、吏房、兵房、刑房承旨、户房、厅房,即工部也,主事各一员。(13)其后尚书省扩大并成为独立的国家中央政府机构,置尚书令、左右仆射、左右丞,下设吏、户、礼、兵、刑、工六部。各部均设尚书、侍郎为正副长官,设郎中、员外郎分主各司政务。应该说辽代在枢密院的设立上最有创意,不受汉族枢密院的束缚。枢密院本来是一个军事领导机构,辽将其变成国家综合中枢机构。将汉族的三省一院合四为一,保证了政令畅通。

机构职能

掌汉族人兵马之政,兼尚书省事。

机构编制

枢密院设枢密使、知枢密使事、知枢密院事、枢密副使、同知枢密院事、知枢密院副使事、枢密直学士、枢密都承旨、枢密副承旨。辽代的枢密院机构编制并不像其他朝代那样规范明确,始终如一。某项职官在这个时期存在,但当担任此项职务的官员去世或者调离之后,这个职官也就可能不存在了。不但枢密院如此,就是其他机构也有很多类似情况。机构编制缺乏法定性与规范性,这是辽代机构编制的特点。

枢密院内设机构有吏房承旨、兵刑房承旨(史愿《亡辽录》称:"尚书省并入枢密院,有副都承旨,吏房、兵房、刑房承旨。")、户房主事、厅房即工部主事(《亡辽录》载:"户房、厅房,即工部也,主事各一员。")。

2. 中书省

机构沿革

辽的中书省,初名政事省,长官为政事令,辽太祖以韩延徽为政事令。政事令改为中书令后,辽太宗耶律德光任命韩知古为中书令。会同五年(942)任命赵延寿为政事令。兴宗重熙十三年(1044)改政事省为中书门下。《辽史·营卫志中》称:"文官县令、录事以下更不奏闻,听中书铨选;武官须奏闻。"

机构职能

辽代的决策机构在北面官,南面官只管理汉族事务,所以,辽代的中书省已不能与唐代相比,职掌仅有册封太子时跪读册文,宋朝使节进礼物时上殿启事等职能而已。

机构编制

政事省有政事令、大丞相、左右丞相、参知政事等官和六部。改为中书省后,出现过中书令、大丞相、左右丞相、知中书省事、中书侍郎、中书省令史、同中书门下平章事、参知政事、中书舍人等官名,是只管理汉族事务的行政机构。其办事机构,辽还沿袭唐朝政事堂制度,设"堂后官"主事、守当官及令史。中书省权虽不重,但中书令、大丞相、左右丞相、平章事等官多以贵族担任。可以说,设置这些机构更多的是为了满足契丹贵族做官和笼络汉族官僚的需要,就其职能来说,中书省实在不能算是中枢机构。

辽代中书省还设有中书舍人院,设中书舍人。右谏院设右谏议大夫、右补阙、右拾遗。

3. 门下省

机构沿革

辽太宗灭后晋之后,曾沿用后晋门下省机构设官。辽太宗之后有门下平章事、门下侍郎、门下侍郎平章事及侍中、常侍、给事中、起居舍人等职官,但有些只是虚衔。与唐代的门下省不同,辽代的门下省纯粹是对汉族国家机构编制的学习模仿。辽门下省虽有"登闻鼓院""匦院"等机构,也都是徒有其名。

机构职能

辽代门下省很难说是一级正规的国家中枢机构,其职能也很难用唐五代门下省职能进行说明。所以,《辽史·百官志》在介绍南面官时,几乎都没有机构职能这一项。这种现象不仅表现在门下省一个机构,在其他机构编制介绍上也是如此,而相比较来说,北面官职能就比较明确。看来辽之皇帝很聪明,封了汉族人做高官,并没有给予其职能。那高官只是虚职,是没有实际权力的高官。作为国家机构来说,如果仅有机构与职官,而没有职能,这个机构就不是完整意义上的国家机构。这种机构只是象征意义上的国家机构,或者说是为了模仿学习,为了安置汉族官员而设置,简直就是后代的顾问班子。当然,对于后代的顾问机构来说,有的顾问没有多少职能,有的则是权力极大,国家重大决策、重大人事变化,都是由顾问决定。顾问甚至比担任实职的官员权力还要大。

机构编制

门下省设侍中、常侍、散骑常侍、给事中、门下侍郎。

门下省起居舍人院设起居舍人、知起居注、起居郎。

左谏院设左谏议大夫、左补阙、左拾遗。

通事舍人院设通事舍人。

符宝司设符宝郎。

4. 尚书省

在耶律阿保机时代,曾经设立左、右尚书。但是,对于辽代尚书省的情况,《辽史》的作者看来没有辽代官方的资料,只能依据某人曾经担任尚书省的某种职务以确定这个机构的存在。根据《辽史》资料,辽代尚书省有尚书令、左仆射、右仆射、左丞、右丞、左司郎中、右司郎中、左司员外郎、右司员外郎。

尚书省见于史料的有吏部尚书、兵部尚书、工部尚书、礼部郎中、虞部郎中与礼部员外郎。可以说,无论是尚书省,还是尚书省所属六部,在辽代已经不是唐宋时期的尚书省。尚书省在国家中枢机构中，已经变得可有可无，变得只见其职官，不见其机构编制与职能。从《辽史》可看到，辽代的尚书省六部远不如唐宋五代规范完整。这不仅是辽代对汉族机构编制学习模仿不到位，而且是尚书省作为国家中枢行政机构走向消亡的开始。当进入元代，尚书省被中书省所取代，退出国家机构编制舞台，其下属机构——六部却一直存在下去，而到了明代，六部地位进一步提高，成了"六部治国"。

5. 御史台

机构沿革

辽政权在得到燕云十六州之后，于会同元年(938)模仿汉制设立御史台，设御史大夫与御史中丞。唐五代的御史大夫职掌监察，但辽所设立的御史大夫与御史中丞并没有什么实际职能，只是看到汉族政权有一个御史大夫高官就设置了御史大夫。辽代任命的御史大夫耶律和尚是一个酒鬼，"嗜酒不事事，以故不获柄用"。别人劝他少喝酒，他回答："吾非不知，顾人生如风灯石火，不饮将何为?"[14]御史台掌权的是御史中丞。御史台只有南面官有，而北面官则无。北面官无监察。看来监察也只是针对汉族官员。

机构职能

职掌监察。可以说，辽代的御史台没有什么具体职能，至于其监察职能，远远无法与唐代相提并论。

机构编制

御史大夫一人，御史中丞一人，侍御史二人，殿中侍御史二人，监察御史二人。

6. 翰林院

机构沿革

南面官翰林院具体什么时间设立不得而知，在耶律德光大同元年(947)以和凝为翰林学士。但是,有了翰林院学士,并不说明就已经有了翰林院。辽代的职官机构设置往往是为了给某个汉族官员或者契丹官员一项职官,并不是说就有了这一机构。准确说来,南面官各个衙门职官的设立多是在辽太宗耶律德光取得燕云十六州之后,有些则是在辽灭后晋攻占汴梁之后,从汴梁的衙门知道了汉族政权的诸多机构,才根据所见增设机构,或者只设职官而不见机构。翰林院机构的设立也属同样。兴宗重熙十三年(1044)翰林都林牙为耶律庶成,估计南面官翰林院在重熙之前就已经设立。

机构职能

北面官大林牙院“掌文翰之事”,南面官翰林院职能相同,但是南面翰林院“掌天子文翰之事”。二字之差表现出南、北翰林院职能上的巨大差别。也就是说大林牙院只是从事普通的文翰工作,而南面翰林院则是皇帝的秘书班子,起着中书侍中的作用。辽代明智的皇帝都清楚地认识到,要治理国家,还得需要汉族官僚知识分子出谋划策。翰林院也参与管理汉族事务,如上奏朝廷复决的案件,翰林院官员也可参加审议。

机构编制

南面官翰林院设翰林都林牙、南面林牙(带林牙称呼的都是契丹人)、翰林学士承旨、翰林学士、翰林祭酒、知制诰。

翰林院下属有翰林画院,设翰林画待诏。翰林院还设有翰林医官。“天祚保大二年(1122)见提举翰林医官李奭。”

翰林院直属机构还有国史院。国史院设监修国史、史馆学士、史馆修撰、修国史。

辽代还模仿汉族政权建立了两殿两馆一阁。两殿是宣政殿与观书殿,设宣政殿与观书殿学士。两馆是昭文馆与崇文馆。昭文馆设直学士,崇文馆设大学士。一阁为乾文阁,设乾文阁学士。

7. 宣徽院

机构沿革

宣徽院设立于太宗会同元年(938),但当时的宣徽院,还没有北、南之分。太宗以后,随着辽政权机构的逐步完善,宣徽院分为北、南两院。辽代的宣徽院虽然沿袭唐五代旧制,但是宣徽院官员已经不是宦者,而是士人,而且还有汉族、契丹人之分。一般来说,辽代北面官的地位和权力大于南面官,虽然宣徽北院比宣徽南院设立要晚,但其地位与权力超过了宣徽南院。

机构职能

宣徽北院"掌北院御前祇应之事",宣徽南院"掌南院御前祇应之事"。"皇帝四时巡守,契丹大小内外臣僚并应役次人,及汉人宣徽院所管百司皆从。"[15]宣徽院的主要职能就是服务皇室。

机构编制

宣徽院设宣徽使、知宣徽院事、宣徽副使、同知宣徽使事、同知宣徽院事。

宣徽院直属机构内省,设内省使、内省副使。内藏库设内藏库提点。内侍省设黄门令,内谒者,内侍省押班,内侍左厢押班,内侍右厢押班,契丹、汉儿、渤海内侍都知,左承宣使、右承宣使。内库设都提点内库。尚衣库设尚衣库使。汤药局设都提点、勾当汤药。客省设都客省、客省使、左客省使、右客省使、客省副使。四方馆设四方馆使、四方馆副使。引进司设引进使。点签司设同签点签司事。礼信司设勾当礼信司。礼宾使司设礼宾使。

对于唐五代的卿监制度以及宫官制度,辽代也都加以仿效。辽代卿监制度的仿效,是没有规则的仿效。有的机构设有职官,有的则没有职官。辽代并没有完备的卿监制度。见诸史籍的有太常寺、崇禄寺(光禄寺,避耶律德光的讳,改光禄寺为崇禄寺)、宗正寺、太仆寺、大理寺、鸿胪寺、司农寺。监有秘书监、司天监、太府监、少府监、将作监、都水监。在这些寺监中，机构编制稍微全一点的有太常寺、大理寺、司天监与国子监等。太常寺设博士、赞引、太祝、奉礼郎、协律郎。大理寺设提点大理寺、大理正。司天监设太史令、司历、灵台郎、挈壶正、五官正、丞、主簿、五官灵台郎、保章正、监候、司辰、刻漏博士、典钟、典鼓。国子监设祭酒、司业、监丞、主簿、博士、助教。辽统治者一方面保留了旧有的契丹部落统治时期原有的制度，另一方面沿用唐、宋发达的国家机构编制，利用汉族人喜做官的心理，几乎把唐以及宋朝廷的高级职官名称都搬了过来，用在那些汉族人身上，满足他们的虚荣心理，从而调动他们的积极性以服务辽统治者。

二、金代中央机构编制

金立国前尚处于氏族社会后期，其社会组织与辽代一样，以部落联盟为主，在各个部落走向统一的时候，开始产生了职官，但其制度十分简单。金中央机构编制的演变和发展，大致有三个阶段：

第一阶段是金太祖太宗时代的勃极烈制度。金建国后，太祖仍保留了部落时代的这一制度。金太祖完颜阿骨打称帝前，称“都勃极烈”，其属官均称勃极烈，仅在勃极烈之前加上各种称号，以示高低之别。“其官长，皆称曰勃极烈，故太祖以都勃极烈嗣位，太宗以谙版勃极烈居守。谙版，尊大之称也。其次曰国论忽鲁勃极烈，国论言贵，忽鲁犹总帅也。又有国论勃极烈，或左右置，所谓国相也。其次诸勃极烈之上，则有国论、乙室、忽鲁、移赉、阿买、阿舍、昊、迭之号，以为升拜宗室功臣之序焉。其部长曰孛堇，统数部者曰忽鲁。”(16)“勃极烈”是女真语，即治理众人之意，是女真的尊官。勃极烈既有贵族部落议事会的性质，又是辅佐统治机构。勃极烈之次，为谙版勃极烈，为皇帝继承人。其次为国论、乙室、忽鲁等勃极烈，都是政府最重要的官员。国论勃极烈，相当于国相，有时亦置左、右国论勃极烈。后来又陆续增加了各种勃极烈，赋予不同的职掌。这些勃极烈都是都勃极烈或谙版勃极烈封赏宗室功臣的班序。这些只有本部落才明白的职官，连金代的统治者都感到太原始，难以体现最高统治者的尊贵，到金熙宗时就果断废除了。

第二阶段是熙宗（1135—1148 在位）即位后的金代国家机构。金熙宗在与辽代的征战中，认识了辽代的国家机构职官，又了解到辽代的国家机构都是向汉族人学来的。金熙宗对于辽代国家机构非常崇拜，决定改用辽、宋机构编制，废除勃极烈制度，“参用辽、宋为帝制”(17)，金代机构编制才成体系。无论是匈奴、契丹、女真，还是其他各个少数民族，他们不仅向往汉族的传统文化与农耕经济，作为统治者来说，他们更喜欢汉族多年形成的国家机构编制。学习效法汉族机构编制成为少数民族政权的唯一选择。起初，金代以三省事权位最高，次为尚书省的左、右丞相；中书令与侍中则在丞相之下，由丞相兼任。中书、门下二省的侍郎，位在尚书左、右丞之下，且多为虚设。

第三阶段是海陵王（1149—1160 在位）时确立的尚书省一省制。海陵王虽然通过政变手段推翻金熙宗的统治，对金熙宗的所作所为大加贬低，对于金熙宗的国家机构编制改革却没有贬义，只是稍作调整。海陵王正隆元年（1156）罢中书、门下省，只保留尚书省。自尚书省以下，设院、台、府、司、监、局、署、所，各统其属，各司其职，并有职有编制定员，官员人数固定。这一点，金代的国家机构编制明显要比辽代成熟。这种一省制体制很有金代特色，且一直延续到金末。金海陵王在完善巩固金代国家机构上，为金代的发展奠定了基础。“海陵庶人，虽淫暴自强，然英锐有大志，定官制、律令皆可观。又擢用人材，将混一天下。功虽不成，其强

至矣。”(18)

1. 三师三公

金朝的中枢及中央机构是从旧的勃极烈议事会转变而来的，它的中枢制令机构与中央执行机构职权的区分并不明显，相比之下，由皇族组成的三师三公，还可以算是具有中枢机构的性质。一般担任三师三公的不是皇帝的叔叔就是兄弟。如完颜宗弼，也就是金兀术，就担任过太师。金太宗完颜晟于天会十三年(1135)任命完颜粘罕为太保。三师为太师、太傅、太保；三公为太尉、司徒、司空。三师的职能是：“师范一人，仪刑四海。”三公的职能是：“论道经邦，燮理阴阳。”金代的三师三公虽然看上去也是加官，但不是坐而论道之官，各设一人。三师权力很大，三师之太师兼尚书令。

2. 尚书省

机构沿革

女真实行猛安谋克制度，上上下下都称勃极烈。当金国攻克燕京之后，再用女真族的勃极烈制度管理居住燕云十六州的汉族人，显然是行不通的。汉族人对于上上下下的勃极烈，既看不起，也不适应。“汉官之制，自平州人不乐为猛安谋克之官，始置长吏以下。天辅七年(1123)以左企弓行枢密院于广宁，尚踵辽南院之旧。天会四年(1126)，建尚书省，遂有三省之制。至熙宗颁新官制及换官格，除拜内外官，始定勋封食邑入衔，而后其制定。然大率皆循辽、宋之旧。”

金代在设立尚书省的同时，还设立行台尚书省。天会十五年(1137)十一月，熙宗下诏废除齐国，在汴京设行台尚书省，以宗弼领行台尚书省事。原齐宰相张孝纯为权行台左丞相，萧保寿奴为右丞相，温敦师中为左丞，张通古为右丞。天眷元年(1138)九月，又改燕京枢密院为行台尚书省。天德二年(1150)十二月,海陵王下令废除行台尚书省,将一切政令收归朝廷。正隆元年(1156),废除中书、门下二省,只保留尚书省。“海陵庶人正隆元年罢中书门下省,止置尚书省。自省而下官司之别,曰院、曰台、曰府、曰司、曰寺、曰监、曰局、曰署、曰所,各统其属以修其职。职有定位,员有常数,纪纲明,庶务举,是以终金之世守而不敢变焉。”尚书省成为皇帝控制下的唯一最高权力机构。从曹魏以来形成的三省中枢机构在金代变成了尚书省一省独大。海陵王被杀后,继任者金世宗完颜雍虽然对海陵王进行了彻底的清算,但对于海陵王的机构编制保存下来。世宗大定二十八年(1188),金全部在职官员一万九千七百人。明昌四年(1193)在职官员一万一千四百九十九人。女真族官员四千七百零五人,汉族官员六千七百九十四人。到泰和七年(1207),在职官员达到四万七千余人,是金世宗时期官员总数的三倍。金政权国家机构编制急剧膨胀。

世宗即位后,承袭熙宗、海陵王时的改制,于大定二年(1162)“详定新制度”,以尚书令,左、右丞相和平章政事为宰相,左、右丞,参知政事为执政官。

机构职能

尚书令“总领纪纲,仪刑端揆”。左丞相、右丞相、平章政事“掌丞天子,平章万机”。左丞、右丞、参知政事“为执政官,为宰相之贰,佐治省事”。左司“掌本司奏事,总察吏、户、礼三部受事付事,兼带修起居注官,回避其间记述之事”。右司“掌本司奏事,总察兵、刑、工三部受事付事,兼带修注官,回避其间记述之事”。尚书省通过左司、右司管理六部。

机构编制

尚书省设尚书令一人,正一品。左丞相、右丞相各一人,从一品。平章政事二人,从一品。左丞、右丞各一人,正二品。参知政事二人，从二品。

左司，郎中一人，正五品。员外郎一人，正六品。都事二人，正七品。右司，郎中一人，正五品。员外郎一人，正六品。都事二人，正七品。尚书省祗候郎君管勾官，从七品。

架阁库管勾一人，正八品，“掌总察左右司大程官追付文牍，并提控小都监给受纸笔”。同管勾一人，从八品。

尚书省胥吏编制：女真令史三十五人，左司二十人，右司十五人。大定二十四年（1184）为三十人，进士十人，宰执子、宗室子十人，密院台部统军司令史十人。汉族令史三十五人，左司二十一人，右司十四人。省译史汉族十四人，左、右司各七人。女真译史十四人，左、右司各七人。通事八人，左、右司各四人。高丽、夏国、回纥族译史四人，左、右司各二人。诸部通事六人。曳剌二十人。走马郎君五十人。

提点岁赐所，左右司郎中、员外郎兼任。

堂食公使酒库，掌受给岁赐钱，总领库事，设使一人，从八品。副使一人，正九品。

直省局，“掌都堂之礼及官员参谢之仪”。设局长一人，从八品。副局长一人，正九品。管勾尚书省乐工，从九品。

2－1. **吏部**

机构沿革

金代在设立尚书省的同时，也设立了六部与其他中央机构。六部为尚书省直属机构。

机构职能

吏部掌文武选授、勋封、考课、出给制诰之政。以才行劳效，比仕者之贤否；以行止、文册、贴黄簿，制名阙之机要。正七品以上，以名上省，听制授。从七品以下，每至季月则循资格而拟注，自八品以上则奏，以下则否。郎中二人，一人掌文武选、流外迁用、官吏差使、行止名簿、封爵制诰；一人掌勋级酬赏、承袭用荫、循迁、致仕、考课、议谥之事。员外郎分判曹务及参议事，所掌与郎中同。主事掌知管差除、校勘行止，分掌封勋资考之事，选事则通署，与受事付事、检勾稽失省署文牍，兼知本部宿直、检校架阁。

机构编制

吏部设尚书一人，正三品。侍郎一人，正四品。郎中二人，从五品。员外郎二人，从六品。主事四人，从七品。

胥吏编制：令史六十九人，其中女真族二十九人。译史五人，通事二人。泰和八年(1208)，增加令史十人。

架阁库，大定二十一年(1181)六月设，以主事兼管。设管勾一人，正八品。掌吏、兵两部架阁，兼检校吏部行止。同管勾一人。

官诰院，设提举二人，以吏部郎中、翰林修撰各一人充任。

2－2. **户部**

机构职能

郎中以下，皆以一人掌户籍、物力、婚姻、继嗣、田宅、财业、盐铁、酒曲、香茶、矾锡、丹粉、坑冶、榷场、市易等事，一人掌度支、国用、俸禄、恩赐、钱帛、宝货、贡赋、租税、府库、仓廪、积贮、权衡、度量、法式、给授职田、拘收官物与照磨计帐等事。榷货务，掌发卖给随路香茶盐钞引。交钞库，掌诸路交钞及检勘钱钞、换易收支之事。印造钞引库掌监视印造勘覆诸路交钞、盐引，兼提控抄造钞引纸。

机构编制

户部设尚书一人，正三品。侍郎二人，正四品。郎中三人，从五品。员外郎三人，从六品。主事五人，从七品。女真司二人，汉人司三人，兼提控编附条格、管勾架阁等事。胥吏编制：令史七十二人，其中女真族十七人。译史五人，通事二人。

架阁库，设管勾一人，正八品。同管勾，从八品。检法，从八品。勾当官五人，正八品。干办官十人，从七品。

榷货务使一人，从六品。副使，从七品。

交钞库使一人，从七品。副使，从八品。判官，正九品。都监，二人。

印造钞引库使一人，从八品。副使，正九品。判，正九品。

抄纸坊使一人，从八品。副使，正九品。判，从九品。

交钞库物料场场官，正九品。

随处交钞库抄纸坊使一人，从八品。

平准务使一人，从六品。副使，从七品。勾当官六人。

2－3. **礼部**

机构职能

掌礼乐、祭祀、燕享、学校、贡举、仪式、制度、符印、表疏、图书、册命、祥瑞、天文、漏刻、国忌、庙讳、医卜、释道、四方使客、诸国进贡、犒劳张设之事。

机构编制

礼部设尚书一人，正三品。侍郎一人，正四品。郎中一人，从五品。员外郎一人，从六品。主事二人，从七品。胥吏编制：令史十五人，其中女真族五人。译史二人，通事一人。

左三部检法司，司正二人，正八品，掌披详法状。检法二十二人，从八品。

右三部检法司编制与左三部相同。

惠民司令一人，从六品，掌修合发卖汤药。直长，正八品。都监，正九品。

2－4. **兵部**

机构职能

掌兵籍、军器、城隍、镇戍、厩牧、铺驿、车辂、仪仗、郡邑图志、险阻、障塞、远方归化之事。

机构编制

兵部设尚书一人,正三品。侍郎一人,正四品。郎中一人,从五品。员外郎二人,从六品。主事二人,从七品。胥吏编制:令史二十七人,其中女真族十二人。译史三人,通事二人。

四方馆使一人,正五品。副使,从六品。掌提控诸路驿舍驿马并陈设器皿等事。

法物库使一人,从六品。副使,从七品。掌卤簿仪仗车辂法服等事。直长,正八品。泰和三年(1203)撤销。

承发司管勾,从七品。同管勾,从八品。

武卫军都指挥使司都指挥使一人,从三品。副都指挥使二人,从四品。副都一人,从四品。判官一人。

2-5. **刑部**

机构职能

"掌律令格式、审定刑名、关津讥察、赦诏勘鞫、追征给没等事。""掌监户、官户、配隶、诉良贱、城门启闭、官吏改正、功赏捕亡等事。"

机构编制

刑部设尚书一人,正三品。侍郎一人,正四品。郎中一人,从五品。员外郎二人,从六品。主事二人,从七品。胥吏编制:令史五十一人,其中女真族二十二人,译史五人,通事二人。架阁库管勾一人,正八品。同管勾一人,从八品。

直属机构万宁宫提举司提举,从六品。同提举,从七品。本把五人。

庆宁宫提举司提举,正七品,兼龙门县令。同提举,正八品,兼仪鸾监。

2-6. **工部**

机构职能

"掌修造营建法式、诸作工匠、屯田、山林川泽之禁、江河堤岸、道路桥梁之事。”工部直属机构修内司“掌宫中营造事”。都城所“掌修完庙社及城隍门钥、百司公廨、系官舍屋并栽植树木工役等事”。祗应司“掌给宫中诸色工作”。甄官署“掌劚石及埏埴之事”。上林署“掌诸苑园池沼、种植花木果蔬及承奉行幸舟船事”。

机构编制

尚书一人,正三品。侍郎一人,正四品。郎中一人,从五品。员外郎一人,从六品。主事二人,从七品。胥吏编制:令史十八人,其中女真族四人。译史二人,通事一人。覆实司管勾一人,从七品。右三部检法司司正二人,正八品。检法二十二人,从八品。

工部直属机构修内司,大定七年(1167)设,使一人,从五品。副使一人,从六品。直长二人,正八品。部役官四人,正八品。受给官二人,正八品。

都城所提举,从六品。同提举,从七品。左、右厢官各二人,正八品。受给官二人,正八品。

祗应司提点,从五品。令,从六品。丞,从七品。直长,正八品。

甄官署令,从六品。丞,从七品。直长,正八品。

上林署提点,从五品。令,从六品。丞,从七品。直长二人,正八品。花木局都监、同监。

3. 枢密院

机构沿革

天辅七年(1123),金开始在广宁府设置枢密院。天会三年(1125),金攻克辽燕山地区,以左企弓为枢密使,后以刘彦宗为枢密使。天会二年,金为伐宋设立都元帅府。都元帅府设都元帅一人,从一品;左副元帅一人,正三品;右副元帅一人,正二品;元帅左监军一人，正三品；元帅左监军一人，正三品；右都监一人，从三品；经历一人，都事一人，知事一人，均为正七品；检法一人，从八品。胥吏编制：女真族令史十二人，汉族令史六人。译史三人，其中女真译史一人，通事女真族三人，汉族二人。正隆六年(1161)，海陵王伐宋，设立三道都统府、左右领军大都督、三十二总管。泰和六年(1206)改为元帅府，设平南抚军上将军等。泰和八年又恢复枢密院。

机构职能

"掌凡武备机密之事。"都事"掌受事付事、检勾稽失省署文牍、兼知宿直之事"。知法"掌检断各司取法之事"。

机构编制

枢密使一人，从一品。枢密副使一人，从二品。签书枢密院事一人，正三品。同签枢密院事一人，正四品。经历一人，从五品。都事一人，正七品。架阁库管勾一人，正八品。知法二人，从八品。

胥吏编制：枢密院令史，女真族十二人，汉族六人，三品官子弟四人，吏人转补二人。译史三人，通事三人，回纥族译史一人，曳剌十五人。

4. 大宗正府

机构沿革

金代也同历代一样，设立大宗正府。但是大宗正府对于围绕皇权的争斗并没有什么制约作用。大宗正府于泰和六年(1206)改为大睦亲府。金代设立大宗正府的目的与历代不同，历代是为了彰显皇族与国戚的尊贵，定期修牒，以区别亲疏。金代设立大宗正府主要目的是防范宗族对皇位的窥觑。一旦有皇族之人对皇位有非分之想，就会被毫不留情地镇压。

机构职能

"掌敦睦纠率宗属钦奉王命。"

机构编制

设判大宗正事一人，从一品，由皇族中属亲者充任，泰和六年，因为大宗正府改为大睦亲府，判大宗正司也就随之改为判大睦亲事。同判大宗正事一人，从二品，泰和六年改为同判大睦亲事。同签大宗正事一人，正三品，泰和六年改为同签大睦亲事。大宗正丞二人，从四品。一人于宗室中选能干者充任，一人不限亲疏，分司上京长贰、兼管治临潢以东六司属，泰和六年改为大睦亲丞。知事一人，从七品。检法，从八品。

5. 御史台

机构沿革

金代沿袭辽代也设立御史台。辽代南面官御史台未设殿中侍御史和监察御史，金代则把台院、殿院、察院三院合署为御史台。金代的御史台基本承袭唐、宋旧制。

机构职能

“掌纠察朝仪、弹劾官邪、勘鞫官府公事。凡内外刑狱所属理断不当，有陈诉者付台治之。”御史台不仅掌管监察，还负责各地上诉、审诉案件，这又是与辽代御史的一大区别。历代各地有诉讼案件大都由大理寺处理。侍御史、治书侍御史“掌奏事、判台事”。殿中侍御史“每遇朝对立于龙墀之下，专劾朝者仪矩，凡百僚假告事具奏目进呈”。监察御史“掌纠察内外非违、刷磨诸司察帐并监祭礼及出使之事”。实际上御史台的职能多数得不到落实，尤其是那些皇族高官违法，多难以被纠察。“国朝虽设谏官，徒备员耳，每遇奏事皆令回避。或兼他职，或为省部所差，有终任不觌天颜、不出一言而去者。虽有御史，不过责以纠察官吏、照刷案牍、巡视仓库而已，其事关利害或政令更革，则皆以为机密而不闻。”(19) 金代御史台所存在的这种现象可以说在历朝历代普遍存在，非金代所独有，这可说是皇权统治的普遍现实。更确切地说，御史台是为官员设置的。

机构编制

御史台设御史大夫一人，从二品。御史中丞一人，从三品。侍御史二人，从五品。治书侍御史二人，从六品。殿中侍御史二人，正七品。监察御史十二人，正七品，大定二年（1162）八人，承安四年（1199）十人，承安五年两司各添十二人。典事二人，从七品。架阁库管勾一人，从八品。检法四人，从八品。狱丞一人，从九品。胥吏编制：令史女真十三人，内班内祗六人，终场举人七人。汉族十五人，内班内祗七人，终场举人八人。译史四人，内班内祗二人，终场举人二人。通事三人。

6. 宣抚司

金代也同宋代一样，设立宣抚司。相比较来说，宣抚司的设置要比其他机构晚得多。泰和六年（1206）设置陕西路宣抚使，节制陕西右监军、右都监兵马公事。八年，改陕西宣抚司为安抚司。以后山东东西、大名、河北东西、河东南北、辽东、陕西、咸平、隆安、上京、肇州、北京等地也设置宣抚司。宣抚司设宣抚使一人，从一品。副使，正三品。

7. 司农司

机构沿革

金代最初设立劝农使司，劝农使司（司农司）设劝农使一人，正三品。副使一人，正五品。泰和八年（1208）撤销，贞祐间复置。兴定六年（1222）撤销劝农司，改立司农司。新成立的司农司不但掌劝课天下力田，而且负责监察地方官员。“卿以下迭出巡案，察官吏臧否而升黜之。使节所过，奸吏屏息，十年之间民政修举，实赖其力。”司农司本职工作没做好，监察工作却是有成绩。司农司的监察职能与其本身的劝农职能实在是风马牛不相及。看来国家机构的名称只是一个符号，关键在于赋予它什么样的职能。

机构职能

掌劝课天下力田之事，兼采访公事。采访公事就是监察。

机构编制

大司农一人，正二品。卿三人，正四品。少卿三人，正五品。知事二人，正七品。

8. 三司

机构沿革

金代对于宋代国家机构编制的学习比辽代要全面。事实证明，宋代所设立的三司是不成功的，金政权不可能认识不到这一点。金章宗泰和八年(1208)将户部改为三司，兼管户部中的劝农、盐铁、度支三科政务，成为中央最高财经机构，不久即罢。其编制为：三司各设使一人，从二品；副使一人，正三品。另有签三司事、同签三司事、判官、规措审计官等。其中，劝农司置大司农一人，正二品；司农卿三人，正四品，掌按察官员的优良与否，负责或升或黜。可见，劝农使司更重要的职能并非管理农业，而是督察官吏。贞祐年间，三司撤销。历代统治者都是如此，虽然监察上层流于形式，但对于下级的监察都高度重视。

机构职能

掌劝农、盐铁、度支，兼管监察。

机构编制

三司设三司使一人，从二品。副使一人，正三品。签三司事一人，正四品。同签三司事一人，正五品。判官三人，从六品。规措审计官三人，正七品。知事二人，正七品。以识女真文字、汉字的人员充任。勾当官二人,正八品。照磨吏人七人。管勾架阁库一人,正八品。胥吏编制:三司令史五十人,其中女真族十人,汉族四十人。译史二人。通事二人。知法三人,从八品。女真族知法一人。

9. 殿前都点检司

机构沿革

宋代有殿前都点检,负责皇帝警卫。赵匡胤就是北周的殿前都点检,掌握皇帝禁军,而利用禁军发动陈桥兵变。赵匡胤当了皇帝,认识到这一职务的危险性,立马将殿前都点检司这一机构撤销。被宋代弃之不用的机构也被金代重新建立起来。金代殿前都点检司设立于天眷元年(1138)。金代的殿前都点检司是一个庞大的机构,不但负责皇帝皇宫的警卫,还负责宫内所有事务。宫籍监、近侍局、器物局、尚厩局、尚辇局、鹰坊、武库署、武器署等官署都属于殿前都点检司管辖。金代的殿前都点检司机构编制被后代的清朝内务府发挥到极致。

机构职能

主管侍卫亲军及宫中事宜。

机构编制

殿前都点检司长官为殿前都点检,兼侍卫将军都指挥使,正三品。殿前左副都点检,从三品,兼侍卫将军副都指挥使。殿前右副都点检,从三品,兼侍卫将军副都指挥使,掌宫掖及行从。殿前都点检判官,从六品。知事一人,从七品。

殿前左卫将军,殿前右卫将军,殿前左卫副将军,殿前右卫副将军,掌宫禁及行从宿卫警严,总领护卫。

符宝郎四人,掌御宝及金银等牌。左、右宿直将军八人,从五品。左、右振肃,正七品。宫籍监提点,正五品。监,从五品。副监,从六品。丞,从七品。直长二人,正八品。近侍局提点,正五品。使,从五品。副使,从六品。直长,正八品。奉御十六人。奉职三十人。器物局提点,正五品。使,从五品。副使,从六品。直长,正八品。都监,正九品。同监,从九品。尚厩局提点,正五品。使,从五品。副使,从六品。直长一人。掌厩都辖,正九品。副辖,从九品,无定员。尚辇局使,从五品。副使,从六品。直长,正八品。典舆都辖,从九品。收支都监,正九品。本把,四人。鹰坊提点,正五品。使,从五品。副使,从六品。直长,正八品,无定员。管勾,从九品,无定员。武库署令,从六品。丞,从七品。直长二人,正八品。武器署提点,从五品。令,从六品。丞,从七品。直长,正八品,或二人。顿舍官二人,正八品。

10. 宣徽院

机构沿革

宋代有宣徽院,金代也设立宣徽院。宣徽院是服务皇帝的机构,因此编制庞大。

机构职能

“掌朝会、燕享,凡殿庭礼仪及监知御膳。”直属机构有拱卫直使司,“掌总统本直,谨严仪卫”。客省,“掌接伴人使见辞之事”。引进司,“掌进外方人使贡献礼物事”。阁门,东上阁门使“掌签判阁门事”,西上阁门使“掌赞导殿庭礼仪”,阁门通事舍人“掌通班赞唱、承奏劳问之事”,承奉班都知“掌总率本班承奉之事”,内承奉班押班,“掌总率本班承奉之事”,御院通进“掌诸进献礼物及荐享编次位序”。

机构编制

宣徽院设左宣徽使,正三品。右宣徽使,正三品。同知宣徽院事,正四品。同签宣徽院事,正五品。宣徽判官,从六品。

拱卫直使司设都指挥使,从四品。副都指挥使,从五品。钤辖,正六品。都辖,从九品。

客省使,正五品。副使,从六品。

引进司使,正五品。副使,从六品。

阁门东上阁门使二人,正五品。副使二人,正六品。签事一人,从六品。西上阁门使二人,正五品。副使二人,正六品。签事一人,从六品。阁门祗候二十五人。阁门通事舍人二人,从七品。承奉班都知,正七品。内承奉班押班,正七品。御院通进四人,从七品。

尚衣局提点,正五品。使,从五品。副使,从六品。都监,正九品。直长,正八品。同监,从九品。

仪鸾局提点,正五品。使,从五品。副使,从六品。直长四人,正八品。收支都监二人,正九品。同监二人,从九品。司吏二人。

尚食局提点,正五品。使,从五品。副使,从六品。直长一人,正八品。都监三人,正九品。生料库都监、同监各一人。收支库都监、同监各一人。

尚药局提点,正五品。使,从五品。副使,从六品。直长,正八品。都监,正九品。果子都监、同监各一人。

太医院提点,正五品。使,从五品。副使,从六品。判官,从八品。管勾,从九品。

御药院提点,从五品。直长,正八品。都监,正九品。同监,从九品。

教坊提点,正五品。使,从五品。副使,从六品。判官,从八品。谐音郎,从九品。

内藏库使,从五品。副使,从六品。直长一人。

头面库都监,正九品。同监,从九品。

段匹库都监，正九品。同监，从九品。

金银库都监，正九品。

杂物库都监，正九品。同监，从九品。

宫闱局提点，正五品。使，从五品。副使，从六品。直长，正八品。

内侍局令二人，从八品。丞二人，从九品。局长二人，从九品。

内侍寄禄官中常侍，正五品。给事中，从五品。内殿通直，正六品。黄门郎，从六品。内谒者，正七品。内侍殿头，从七品。内侍高品，正八品，无定员。内侍高班，从八品。

典卫司令，正七品。丞，从七品。

孝靖宫令，从八品。丞，正九品。

懿安家令，从八品。丞，正九品。

宫苑司令，从六品。丞，从七品。直长，正八品，一人。

尚酝署令，从六品。丞，从七品。直长，正八品，二人。

典客署令，从六品。丞，从七品。

侍仪司令，从六品。直长，正七品。

同历代统治者一样，金代虽然对国家机构编制进行从严控制，但是对于服务皇宫的机构编制一点都不吝啬，相当宽松。宣徽院除了以上有官品的官员，还有众多无品级的服务人员。光内侍局属下都监、同都监就有近百人。从秘书监书画局都监是正九品品级来看，内侍局都监同都监也应是九品官员。

11. 秘书监

金代秘书监也是一个比较庞大的机构。秘书监下设著作局、笔砚局、书画局、司天台。秘书监为皇帝的御用文化机构。

机构职能

专掌校勘秘书监文籍。秘书郎掌经籍图书。著作局掌修日历。笔砚局掌御用笔墨砚等事。书画局掌御用书画纸札。司天台掌天文历数、风云气色,密以奏闻。

机构编制

秘书监设监一人,从三品。少监一人,正五品。丞一人,正六品。秘书郎二人,正七品。校书郎一人,从七品。

著作局设著作郎 人,从六品。著作佐郎一人,正七品。

笔砚局设直长二人,正八品。

书画局设直长一人,正八品。都监,正九品。

司天台设提点一人,正五品。监一人,从五品。少监一人,从六品。判官,从八品。教授旧设二人,正大初年省一人。在籍学生七十六人,汉族五十人,女真族二十六人。司天管勾,从九品。

12. **国子监**

机构职能

国子监掌学校。国子学、太学掌教授生员、考艺业。

机构编制

国子监设祭酒一人,正四品。司业一人,正五品。丞二人,从六品。

国子学设博士二人,正七品。助教二人,正八品。女真族、汉族各一人。教授四人,正八品。国子校勘,从八品。国子书写官,从八品。

太学设博士四人,正七品。助教四人,正八品。

13. **太府监**

机构沿革

辽南面官设太府监,金沿袭辽制。太府监下设左右藏、支应所、太仓、酒坊、典给署、市买司等机构。

机构职能

“掌出纳邦国财用钱谷之事。”左藏库“掌金银珠玉、宝货钱币”。右藏库“掌锦帛丝绵毛褐、诸道常课诸色杂物”。支应所“掌宫中出入、御前支赐金银币帛”。太仓“掌九谷廪藏、出纳之事”。酒坊“掌酝造御酒及支用诸色酒醴”。典给署“掌宫中所用薪炭冰烛,并管官户”。市买司“掌收买宫中所用果实生料诸物”。

机构编制

太府监设监一人,正四品。少监一人,从五品。丞二人,从六品。左藏库设使一人,从六品。副使一人,从七品。本把四人。右藏库设使一人,从六品。副使一人,从七品。本把四人。支应所设都监二人,正九品。太仓设使一人,从六品。副使一人,从七品。酒坊设使一人,从八品。副使一人,正九品。典给署设令一人,从六品。丞一人,从七品。直长一人,正八品。市买司设使一人,从八品。副使一人,正九品。

14. 少府监

机构沿革

金代少府监也是沿袭辽代机构。少府监在大定十一年(1171)一度撤销,二十一年(1181)复设。少府监下设尚方、织染、文思、裁造、文绣等署。少府监内设机构各个时期亦有调整,并入其他机构。各署均有众多工人,尤其是女工。

机构职能

掌邦国百工营造之事。尚方署“掌造金银器物、亭帐、车舆、床榻、帘席、鞍辔、伞扇及装钉之事”。图画署(明昌七年并入祗应司)“掌图画缕金匠”。裁造署“掌造龙凤车具、亭帐、铺陈诸物,宫中随位床榻、屏风、帘额、绦结等,及陵庙诸物并省台部内所用物”。文绣署“掌绣造御用并妃嫔等服饰及烛笼照道花卉”。织染署“掌织纴、色染诸供御及宫中锦绮币帛纱縠”。文思署“掌造内外局分印合、伞浮图金银等尚辇仪鸾局车具亭帐之物并三国生日等礼物，织染文绣两署金线”。

机构编制

少府监设监一人，正四品。少监一人，从五品。丞二人，从六品。尚方署设令一人，从六品。丞一人，从七品。直长，正八品。图画署设令一人，从六品。丞一人，从七品。直长，正八品。裁造署设令一人，从六品。丞一人，从七品。直长，从八品。文绣署设令一人，从六品。丞一人，从七品。直长，正八品。织染署设令一人，从六品。丞一人，从七品。直长，正八品。文思署设令一人，从六品。丞一人，从七品。直长，正八品。

15. 军器监

机构沿革

军器监于承安二年(1197)设立，泰和四年(1204)撤销，将军器监甲坊署、利器署合并为军器署，隶属兵部。至宁元年(1213)恢复军器监。贞祐三年(1215)将隶属大兴府的军器库划归军器署。大定五年(1165)设军器库。军器署于兴定二年(1218)更名利器署，划归军器监。

机构职能

掌修治邦国戎器之事。军器库“掌收支河南一路并在京所造常课横添和买军器”。利器署“掌修弓弩刀槊之属”。

机构编制

军器监设监一人，从五品。少监一人，从六品。丞一人，从七品。直长，正八品。

军器库设使一人，正八品。副使一人，正九品。利器署设令一人，从六品。丞一人，从七品。直长，正八品。

16. 都水监

机构沿革

金代在夺取汴梁之后，整个黄河流域就成为金的国土，水利也就成为金政权不得不考虑的事情，于是，设立都水监以掌管水利。金代的都水监虽然沿袭宋代机构名称，但是职官不再是都水使者，而是都水监，官员的品级也比宋代要高。担任都水监的不仅有汉族官员，也有女真人、渤海人。金代的水利机构职能管理缺乏系统，多头管理。金代统治者并不像汉族统治者那样重视水利，都水监看上去更像是为机构设置而设置。但有一点应该肯定，金代不但在中央机构设置都水监，而且还设置分监，在重要的河道都设置专官负责管理，特别是在城市设立街道司，管理城市雨水疏通清理。这是金代与其他朝代的不同之处。街道司可以说是中国最早的市政管理局。

机构职能

掌川泽、津梁、舟楫、河渠之事。街道司掌洒扫街道、修治沟渠。都巡河官掌巡视河道、修完堤堰、栽植榆柳等河防之事。都水监还掌管部分漕运。

机构编制

都水监设监一人，正四品。少监二人，从五品。丞二人，正七品。掾，正八品。勾当官四人。

街道司设管勾一人，正九品。

都巡河官，从七品。都巡河官下设散巡河官。比如黄汴都巡河官下辖河阴、雄武、荥泽、原武、阳武、延津六处巡河官。都水监还有众多的巡河官，分散在各个水津口岸。

17. 太常寺

机构沿革

太常寺设立于皇统三年(1143)。直属机构有太庙、廪牺、郊社、诸陵、大乐等署。

机构职能

掌礼乐、郊庙、社稷、祠祀之事。太庙署"掌太庙、衍庆、坤宁宫殿神御诸物,及提控诸门关键,扫除、守卫,兼廪牺令事"。廪牲署"掌荐牺牲及养饲等事"。郊社署"掌社稷、祠祀、祈祷并厅舍祭器等物"。太常寺的很多职能与宣徽院、太府监交叉。因为都是属于服务皇宫的机构,自然显得机构职能重叠。

机构编制

太常寺设卿一人,从三品。少卿一人,正五品。丞一人,正六品。博士二人,正七品。检阅官一人,从九品。检讨二人,从九品。太祝,从八品。奉礼郎,从八品。协律郎,从八品。

太庙署设令一人,从六品。丞一人,从七品。廪牺署设令、丞,由太庙令、丞兼任。郊社署设令一人,从六品。丞一人,从七品。武成王庙署设令一人,从六品。丞一人,从七品。诸陵署设提点山陵,正五品,由涿州刺史兼任。令,从六品。丞一人,从七品。直长,正八品。园陵署设令一人,宛平县丞兼任。贞祐二年(1214)园陵迁大兴县境,由大兴县令、丞兼任。大乐署设令一人,从六品。丞,从七品。乐工部籍直长一人,正八品。大乐正,从九品。大乐副正,从九品。

18. 大理寺

机构沿革

天德二年(1150)设立。

机构职能

掌审断天下奏案、详谳疑狱。

机构编制

大理寺设卿一人，正四品。少卿一人，从五品。正一人，正六品。丞一人，从六品。司直四人，正七品。评事三人，正八品。知法十一人，从八品。女真族司五人，汉族司六人。明法二人，从八品。

19. 审官院

机构沿革

宋代有审官院，金代也设立审官院。宋代审官院是使职差遣制度的产物，而金代并不实行使职差遣制度，也设立了审官院。审官院设立于承安四年（1199），大概金统治者了解了宋代审官院设立的背景，明白金代根本就不需要使职差遣制度，于是于大安二年（1210）撤销审官院。

机构职能

掌奏驳除授失当事。随朝六品、外路五品以上官员除授，都要送审官院审批。补阙、拾遗、监察官员虽然级别较低，只有七品，也要送审官院审批。御批官员也要告知审官院，但是吏部除授官员不必送审官院。

机构编制

知院一人，从三品。同知审官院事一人，从四品。掌书四人，女真族、汉族各二人。

20. 谏院

宋代设有谏院，金代也模仿加以设置，但是统治者很难听得进别人的意见，更何况谏诤。虽然谏院只是摆设，安排了一批官员却是不争的事实。金代的谏院也设左谏议大夫、右谏议大夫，皆正四品。左司谏、右司谏，皆从四品。左补阙、右补阙，正七品。左拾遗、右拾遗，正七品。

21. 弘文院

机构职能

掌校译经史。

机构编制

弘文院设知院一人，从五品。同知弘文院事，从六品。校理，正八品。

22. 登闻鼓院

机构职能

掌奏进告御史台、登闻检院理断不当事。

机构编制

登闻鼓院设知登闻鼓院一人，从五品。同知登闻鼓院事一人，正六品。知法二人，从八品。女真族、汉族各一人。

23. 登闻检院

机构职能

掌奏御进告尚书省、御史台理断不当事。

机构编制

知登闻检院一人，从五品。同知登闻检院一人，正六品。知法，从八品。女真族、汉族各一人。

24. 记注院

机构职能

修起居注，掌记言、动。

机构编制

金代虽有记注院机构,但并没有编制,直到贞祐三年(1215)才规定,以左、右司首领官兼修记注。

25. 集贤院

贞祐五年(1217)设立。集贤院的设立,可以说是没有目的性。唐代集贤院的设立是为了编撰经、史、子、集四部书,金代只是得知汉族有集贤院这一机构,也就不加考究而设立了集贤院,所以连职能也没有。这反映了金代机构编制的盲目性。只是为设机构而设机构,为安排官员而设机构。

机构编制

知集贤院一人,从四品。同知集贤院一人,从五品。司议官,正八品,无定员。谘议官,正九品,无定员。

26. 益政院

正大三年(1226)设于内庭,以学问渊博、议论宏远者兼任。每天有两人以上轮流值班,备顾问,讲《尚书》《通鉴》《贞观政要》。名义上讲经筵,实际为内相。金代统治者仅仅为了学习,就设立专门机构益政院。统治者要学习,随便内宫哪个衙门都是学习场所。讲经筵只是形式,备顾问才是根本。

27. 国史院

机构沿革

金代国史院也是随意而设,以谏官兼修国史,金章宗明昌元年(1190)才规定谏官不兼修国史。

机构职能

掌监修国史事。

机构编制

国史院设监修国史一人，修国史一人。同修国史二人，女真族、汉族各一人。编修官，正八品，女真族、汉族各四人。检阅官，从九品。书写，女真族、汉族各五人。修《辽史》刊修官一人，编修官三人。

28. 翰林学士院

机构沿革

金代翰林学士院设立于天会十三年（1135）。天德三年（1151），对于翰林学士院自侍读学士至应奉文字作了编制规定，通设汉族十人，女真族、契丹族各七人。完颜亮死后，编制有所变化。

机构职能

掌制撰词命。

机构编制

翰林学士承旨，正三品，贞祐三年（1215）升为从二品。翰林学士，正三品。翰林侍读学士，从三品。翰林侍讲学士，从三品。翰林直学士，从四品，无定员。翰林待制，正五品，无定员。翰林修撰，从六品，无定员。应奉翰林文字，从七品。

29. 武卫军都指挥使司

机构沿革

大定二十九年（1189）设立武卫军，编制六十人，设兵马一人，副都二人，因嫌兵马职位低，设都指挥使，为正四品。承安三年（1198）升为从三品。副都也由正五品升为从四品。武卫军都指挥使司隶属兵部。

机构职能

掌防卫都城，警捕盗贼。

机构编制

都指挥使一人,从三品。副都指挥使二人,从四品。副都一人,从四品。判官一人。

30. 钤辖司

机构职能

掌管辖军人、防卫警捕之事。

机构编制

钤辖十人,正六品。都钤辖四人,从七品。都将二十人,从九品。

31. 卫尉司

大安元年(1209)设立。

机构职能

掌总中宫事务。金代卫尉职能恢复了西汉卫尉职掌。左常侍“掌周护导从仪仗之事。”

机构编制

卫尉司设中卫尉一人,从三品;副尉,从四品。左常侍,从五品。右常侍,从五品。常侍官:护卫三十人,奉引八十人,伞子四人,执旗二人。

给事局使一人,正七品。副使一人,正八品。内谒者兼司宝二人,从六品。奉阁十人,阁直二十人。

掖庭局设令一人,正九品,掌皇后宫事务,而汉之掖庭则是皇宫的内部监狱。丞一人,从九品。

32. 东宫官 宫师府

同历代王朝一样,作为少数民族建立的政权,尽管他们掌权往往是由部落联盟会议首领共同决定的,但是当他们当了皇帝之后,一个个又都想着将皇位传给自己的后代，不想再由部落联盟首领会议决定，而像汉族人那样，确定太子，继承皇位。但是受根深蒂固的传统习惯影响，各个部落的首领又不甘心皇帝世袭。即使作为皇帝的近亲，也都对皇位垂涎三尺。这些近亲追求皇位的欲望与冲动比其他部落首领还要大。在他们看来，他们都有登上皇位的机会，于是，演绎了一幕又一幕你死我活的惨剧。海陵王就是通过非正常手段从金熙宗那里得到皇位的。他为了将皇位传给子孙，于天德四年(1152)设立宫师府，辅佐太子，设立三师、三少、詹事院詹事、三寺、十率府等庞大机构。但是他同样没有保证将自己夺来的皇位传下去。

机构职能

太子太师、太子太傅、太子太保、太子少师、太子少傅、太子少保"掌保护东宫，导以德义"。詹事院"掌总统东宫内外庶务"。左右卫率府率"掌周卫导从仪仗"。左右监门"掌门卫禁钥"。仆正"掌车马厩牧弓箭鞍辔器物等事"。左谕德、右谕德"掌赞谕道德、侍从文章"。

机构编制

太子太师、太子太傅、太子太保，正二品。太子少师、太子少傅、太子少保，正三品。

詹事院太子詹事，从三品。少詹事，从四品。左谕德、右谕德，正五品。左赞善、右赞善，正六品。内直郎，正七品。左右卫率府率，从五品。左右监门，正六品。仆正，正六品。副仆，正七品。仆丞，正九品。掌宝二人，从六品。典仪，从六品。赞仪，从七品。侍正，正七品。侍丞，正八品。典食令，正八品。丞，正九品。侍药，正八品。奉药，正九品。掌饮令，正八品。丞，正九品。家令，正八品。家丞，正九品。司经，正八品。副，正九品。司藏，从八品。副，从九品。司仓，从八品。副，从九品。中侍局都监，正九品。同监，从九品。

33. 亲王府

机构沿革

金代各个亲王府也都设有机构。

机构职能

傅“掌师范辅导、参议可否，若亲王在外，亦兼本京节镇同知”。长史“掌警严侍从、兼总统本府之事”，明昌三年(1192)改。司马掌“同检校门禁、总统府事”。

机构编制

傅，正四品。府尉，从四品。长史，从五品。司马，从六品。文学二人，从七品。记室参军，正八品。

34. 太后两宫机构

太后两宫宫官机构设置比较晚，于正大元年(1224)设立。设卫尉，从三品。副卫尉，从四品。左典禁、右典禁，从五品。奉令，正七品。奉丞，正八品。太仆，正六品。副仆，正七品。门卫二人，正六品。典宝二人，正六品。谒者二人，从六品。阁正，从七品。阁丞，正八品。食官令，正八品。食官丞，正九品。宫令，正八品。宫丞，正九品。医令，正八品。医丞，正九品。饮官令，正八品。饮官丞，正九品。主藏，正八品。副主藏。主廪，从八品。副主廪。

在金代还有三个特殊的机构，提举卫绍王家属、提举镐厉王家属、提控巩国公家属。他们的任务就是监视卫绍王、镐厉王与巩国公的后代。前二者各设提举一人，从六品；同提举，从七品。后者则设提控与同提控。

金代中央机构编制简表

机构	职官	职能	编制	品级
尚书省	尚书令	总领纪纲，仪刑端揆，掌丞天子，平章万机	1人	正一品
	左丞相		1人	从一品
	右丞相		1人	从一品
	平章政事		2人	从一品
	左丞		1人	正二品
	右丞		1人	正二品
	参知政事		2人	从二品
	左司郎中		1人	正五品
	右司郎中		1人	正五品
吏部	吏部尚书	掌文武选授、勋封、考课、出给制诰之政	1人	正三品
	侍郎		1人	正四品
	郎中		2人	从五品
户部	户部尚书	掌户籍、物力、婚姻、继嗣、田宅、财业、盐铁、酒曲、香茶、矾锡、丹粉、坑冶、榷场、市易等事	1人	正三品
	侍郎		2人	正四品
	郎中		3人	从五品
礼部	尚书	掌礼乐、祭祀、燕享、学校、贡举等	1人	正三品
	侍郎		1人	正四品
	郎中		1人	从五品
兵部	尚书	掌兵籍、军器、城隍、镇戍、厩牧、铺驿等	1人	正三品
	侍郎		1人	正四品
	郎中		1人	从五品
刑部	尚书	掌律令格式、审定刑名、关津讥察、赦诏勘鞫、追征给没等	1人	正三品
	侍郎		1人	正四品
	郎中		1人	从五品
工部	尚书	掌修造营建法式、诸作工匠、屯田等	1人	正三品
	侍郎		1人	正四品
	郎中		1人	从五品
枢密院	枢密使	掌武备机密	1人	从一品
	枢密副使		1人	从二品
	签书枢密院事		1人	正三品
	同签枢密院事		1人	正四品
	经历		1人	从五品

（续表）

机构	职官	职能	编制	品级
大宗正府	判大宗正事	掌敦睦纠率宗属钦奉王命	1 人	从一品
	同判大宗正事		1 人	从二品
	同签大宗正事		1 人	正三品
	大宗正丞		2 人	从四品
御史台	御史大夫	掌纠察朝仪、弹劾官邪、勘鞫官府公事	1 人	从二品
	御史中丞		1 人	从三品
	侍御史		2 人	从五品
司农司	大司农	掌劝课天下力田之事，兼采访公事	1 人	正二品
	卿		3 人	正四品
	少卿		3 人	正五品
三司	三司使	掌劝农、盐铁、度支，兼管监察	1 人	从二品
	副使		1 人	正三品
	签三司事		1 人	正四品
	同签三司事		1 人	正五品
宣徽院	左、右宣徽使	掌朝会、燕享、殿庭礼仪及监知御膳	各 1 人	正三品
	同知宣徽院事		1 人	正四品
	同签宣徽院事		1 人	正五品
拱卫直使司	都指挥使		1 人	从四品
	副使指挥使		1 人	从五品
	客省使		1 人	正五品
	引进司使		1 人	正五品
	阁门东上阁门使		2 人	正五品
	尚衣局提点		1 人	正五品
	使		1 人	从五品
	仪鸾局提点		1 人	正五品
	使		1 人	从五品
	尚食局提点		1 人	正五品
	使		1 人	从五品
	尚药局提点		1 人	正五品
	使		1 人	从五品
	太医院提点		1 人	正五品
	使		1 人	从五品
	御药院提点		1 人	从五品
	教坊提点		1 人	正五品
	使		1 人	从五品

（续表）

机构	职官	职能	编制	品级
秘书监	监 少监 司天台提点 监	掌校勘秘书监文籍	1 人 1 人 1 人 1 人	从三品 正五品 正五品 从五品
太府监	监 少监	掌出纳邦国财用钱谷之事	1 人 1 人	正四品 从五品
少府监	监 少监	掌邦国百工营造之事	1 人 1 人	正四品 从五品
审官院	知院 同知审官院事	掌奏驳除授失当事	1 人 1 人	从三品 从四品
太常寺	卿 少卿	掌礼乐、郊庙、社稷、祠祀之事	1 人 1 人	从三品 正五品
大理寺	卿 少卿	掌审断天下奏案、详谳疑狱	1 人 1 人	正四品 从五品
下略				

第三节　辽金地方机构编制

一、辽代地方机构编制

辽在建国之前为游牧民族，社会组织多由注重血缘关系的部落组成，无所谓地方机构。随着唐朝“松漠府”的设立，契丹人对于唐代地方机构编制也有了一定了解，契丹部落的夷离堇虽然也称“节度使”，但他们本质上还是部落首领。阿保机建国后，为了加强对汉族地区的统治，以州、县机构对汉人进行治理；同时对契丹人仍采用契丹的“国制”。对汉族地区的管理基本上是传统的民政管理制度，也就是汉族地方机构编制。对契丹人则保持着原来的部族、属国的统治方法，也就是军政管理制度。

1. 五京道

机构沿革

辽代地方机构编制第一级为道。

道，又称五京道。其中，上京临潢府，在今内蒙古巴林左旗；东京辽阳府，在今辽宁省辽阳市；南京析津府，在今北京西南；中京大定府，在今内蒙古宁城县；西京大同府，在今山西省大同市。辽以此五京为中心，将全国划分为上京、东京、中京、南京、西京五道，亦称五路。辽代的五京道，显然是受宋代路一级机构编制的影响，或者说是学习宋代地方机构编制模式。但是由于五京道是辽代中央分治的区域，采取分权而治的办法，因而还不能算是严格意义上的地方机构。因为辽代从来就没有汉族的地方管理机构编制模式，所以，辽的道或者路，与宋代有所区别。不过，整个辽代大部分时间与宋代同期，以后不免又受到宋代地方机构编制的影响。在五京道这一级行政机构，随着对宋代路一级机构编制的认识和了解，不断增加新的机构。宋代路一级行政机构采取三权分立。如前所述，辽的道也采取三权分立制度：辽代所设都总管承袭唐代的都督府，相当于宋代路中的“帅司”安抚使司，掌一道之军权；处置使司掌一道司法监察大权，相当于宋代路中的“宪司”提点刑狱司；管理地方财政的机构名称比较乱，仅南京道为转运使司，其他各道名称均不一，上京道为盐铁使司，东京道为户部使司，中京道为度支使司，这些都相当于宋代路中的“漕司”转运使司。作为地方机构编制，缺乏统一的规范性的称呼，不能不说是辽代机构编制的一个弱点，也是其地方机构尚不成熟的标志。

机构职能

五京道作为地方最高管理机构，一方面它有着地方政府机构的职能，另一方面它又有着中央派出机构的特点。

机构编制

五京道设官建置不一。五京所设机构有宰相府、内省司、诸使、留守司兼府尹、都总管府、都虞候司、警巡院、处置使和学校等。设有宰相的有东京、中京、南京，三京设左、右相和左、右平章事。设内省司的为上京和东京。至于五京诸使则有上京盐铁使司、东京户部使司、中京度支使司、南京三司使司和转运使司、西京计使司等。五京长官称府尹，多以留守兼任。留守下面的属官有副留守、知某京留守事、少尹、同签某京留守事、留守判官、某京留守推官等。

需要说明的是，这些职官并不是每个京道都设，各个京道差异很大，表现出辽代机构编制的不规范与缺乏法律性。五京道比较规范的机构是都虞候司与警巡院、处置使司。都虞候司有上京都虞候司、东京都虞候司、南京都虞候司、西京都虞候司、中京都虞候司。各个都虞候司设都虞候。五京警巡院设警巡使与警巡副使。五京处置使司设处置使。

五京太学分别是上京学、东京学、中京学、南京学、西京学。各京学设博士、助教各一人。

五京道设置不同的机构有：上京置城隍使司，设上京皇城使。东京设渤海承奉官、渤海承奉都知押班。辽阳大都督府设辽阳大都督。东京安抚使司设东京安抚使。东京军巡院设东京军巡使。中京文思院设中京文思使。中京路按问使司设中京路按问使。中京巡逻使司设中京巡逻使。中京大内都部署司设中京大内都部署、中京大内副部署。

南京宣徽院设南京宣徽使、知南京宣徽院使事、知南京宣徽院事、南京宣徽副使、同知南京宣徽院事。南京处置使司设燕京管内处置使。南京侍卫亲军马步军都指挥使司设南京侍卫亲军马步军都指挥使、南京马步副指挥使。南京侍卫亲军马军都指挥使司设南京马军都指挥使、南京马军副指挥使。南京侍卫亲军步军都指挥使司设南京步军都指挥使、南京步军副指挥使。云州宣谕招抚使司设云州管内宣谕招抚使。

黄龙府设知黄龙府事、同知黄龙府事、黄龙府判官、黄龙府侍卫亲军马步军都指挥使、黄龙府侍卫亲军都指挥使、黄龙府侍卫亲军副指挥使、黄龙府侍卫马军都指挥使、黄龙府侍卫步军都指挥使、黄龙府侍卫马军副指挥使、黄龙府侍卫步军副指挥使。黄龙府学设博士、助教。

兴中府设知兴中府事、同知兴中府事、兴中府判官。兴中府学设博士、助教。

辽代道一级机构虽然只有五个,各个道在机构编制上却表现得很不统一,说明辽代中央政权在地方机构编制设置上缺乏权威性。或者说最高统治者往往是根据需要设置机构与职官,并没有从规范性与统一性上去规定地方行政机构编制。正像《辽史·百官志》所称:"上京为皇都,凡朝官、京官皆有之;余四京随宜设官,为制不一。大抵西京多边防官,南京、中京多财赋官。"

2. 州

机构沿革

辽代道之下为州。辽代的州与宋代的州不同,宋代州的长官为知州,辽则沿袭唐制,州的长官为节度使。中京高州、东京益州等地区有观察州、团练州、防御州、刺史州,分别设观察使、团练使、防御使、刺史,多沿唐制,但是不常设。设立节度使的州叫节度州,设立刺史的州则叫刺史州。

机构职能

掌一州之政。滞狱使、按察诸道刑狱使、采访使,主平理庶民事务，体恤民情。

机构编制

辽代五京道诸州机构名称各不相同，分别是：

上京道：怀州奉陵军节度使司、庆州玄宁军节度使司、泰州德昌军节度使司、长春州韶阳军节度使司、仪坤州启圣军节度使司、龙化州兴国军节度使司、饶州匡义军节度使司、徽州宣德军节度使司、成州长庆军节度使司、懿州广顺军节度使司、渭州高阳军节度使司、镇州建安军节度使司。

东京道：开州镇国军节度使司、保州宣义军节度使司、辰州奉国军节度使司、兴州中兴军节度使司、海州南海军节度使司、渌州鸭渌军节度使司、显州奉先军节度使司、乾州广德军节度使司、贵德州宁远军节度使司、沈州昭德军节度使司、辽州始平军节度使司、通州安远军节度使司、双州保安军节度使司、同州镇安军节度使司、咸州安东军节度使司、信州彰圣军节度使司、宾州怀化军节度使司、懿州宁昌军节度使司、苏州安复军节度使司、复州怀德军节度使司、祥州瑞圣军节度使司。

中京道：成州兴府军节度使司、兴中府彰武军节度使司、宜州崇义军节度使司、锦州临海军节度使司、川州长宁军节度使司、建州保静军节度使司、来州归德军节度使司。

南京道：幽州卢龙军节度使司、平州辽兴军节度使司。

西京道：云中大同军节度使司、云内州开远军节度使司、奉圣州武定军节度使司、蔚州忠顺军节度使司、应州彰国军节度使司、朔州顺义军节度使司。

各节度州置节度使司，设节度使、节度副使、同知节度使事、行军司马、军事判官、掌书记、某马步军都指挥使、副指挥使、某马军指挥使、副指挥使、某步军指挥使、副指挥使等。

观察州置观察州司，设观察使、副使、观察判官、博士、助教等。

团练州置团练使司，设团练使、副使、团练判官、博士、助教等。

防御州置防御使司，设防御刺史、副使、防御判官、博士、助教等。

刺史州设刺史、同知州事、录事参军、博士、助教。

3. 头下军州

机构沿革

头下军州也叫投下军州。头下军州是辽代一种特殊的机构编制。辽代在对汉族地区以及渤海地区的军事掠夺中，不但掠夺了大量的财物，更俘获了大批的汉族人口。一般来说，谁掠夺的人口，就归谁所有。能够掠夺人口的，都是诸王、外戚、大臣，以及国舅、公主等。他们把掠夺来的汉族人、渤海人，单独划出地方范围来安置。这些汉族人、渤海人就成了辽代皇帝、诸王、国舅们的私人财产——奴隶。辽上京、中京及东京地区地广人稀，在这里安置了大批战俘。对于这些战俘居住区，辽统治者将其命名为头下军州（投下军州）。“头下军州，皆诸王、外戚、大臣及诸部从征俘掠，或置生口，各团集建州县以居之。横帐诸王、国舅、公主许创立州城，自余不得建城郭。朝廷赐州县额。其节度使朝廷命之，刺史以下皆以本主部曲充焉。官位九品之下及井邑商贾之家，征税各归头下，唯酒税课纳上京盐铁司。”(20) 一般来说，在对汉族人的掠夺中，除了诸王、外戚、大臣、国舅、公主外，一些将领也掠夺了一些汉族人口，这些汉族人就成了他们的私奴，但是将领不能建立城郭安置俘虏。头下军州主要分布在今天的辽宁省与吉林省接壤的辽河以西至阜新一带地区。见诸史书的头下军州有徽州、成州、懿州、渭州、壕州、原州、福州、横州、凤州、遂州、丰州、顺州、闾州、松州、豫州、宁州，共计十六州。在诸州中，最大的是景宗女秦晋大长公主所建的徽州，有一万户。

机构职能

掌管所属头下军州民政。

机构编制

头下军州属于节度使州的，节度使由朝廷任命，其他官员包括刺史州刺史，全部由头下军州的主人从部曲中任命。这些职官有刺史、同知、判官、司军、知法、军辖。除此外，还有抄事、公使等胥吏。这样一来，辽代地方机构编制，既有国家编制，也有私人编制。

4. 县

辽代官分北、南面的体制也用于地方。北面官治理契丹游牧部落、属国，南面官则置汉族人州、县。凡县皆置县令一人，主持全县政务。各县设县丞一人，作为县令副贰。置主簿一人，掌文书簿册，置县尉一人，主捕盗之事。各个县设县学，县学设博士、助教。

5. 奚王府与东丹国

奚王府与东丹国是辽代奚族和渤海国的特殊建置。奚王府，在奚王以下，设宰相二人，常衮二人，其五部官员有太师、太保，统军有详稳。东丹国以辽朝皇帝长子为王，沿渤海国旧制设左右大相、左右次相及平章等官。

除此之外，辽朝的地方机构还有一些独特之处：

一是地方机构中，有的州下面又有属州，有的属州辖县，有的属州不辖县，不辖县的属州实际似县。这种现象以前从未有过，发展到后来便有了直隶州与散州之分。就县而言，县之上为府州，县有属于府管辖的，有属于州管辖的，也有属于节度州与刺史州管辖的，没有定制，十分混乱。

二是斡鲁朵所辖州、县。斡鲁朵是皇帝、皇后的宫殿、行帐所在地。辽代约有十二宫一府。宫府所辖州县就成了皇帝、皇后的私产。

三是边防城。主要在辽的西北边境，为了防御而设置的州、军、城。这些边防州实际上并非地方机构一级建置，完全是为了国防需要而设，不承担普通州、县所纳赋税责任。

在地方机构中，辽代还设置了一些临时性的机构。这些机构职能各有不同，有的以"平理庶狱，采摭民隐"为主，如分决诸道滞狱使、按察诸道刑狱使、采访使。财赋机构有某州钱帛都点检、长春路钱帛司、辽西路钱帛司、平州路钱帛司等。转运司有山西路都转运使司、奉圣州转运使司、蔚州转运使司、应州转运使司、朔州转运使司、保州转运使司、西山转运使。转运司职官有转运使、某转运副使、同知某转运使、某转运判官。显然这些机构与职官的设置受宋代影响。

二、金代地方机构编制

金代地方机构的设置情况，既受辽代的影响，又受宋的影响，因而比较复杂。金沿辽制，建五京府，置十四总管府，二十路，三十六节镇。金在辽后，基本上沿袭了辽的五京，名称未变，只是升会宁府（今黑龙江哈尔滨阿城区）为上京后，便将辽上京改为北京。另外，金代一般称辽的南京为燕京，灭北宋后又有汴京（今河南开封）共七京。而政治中心在上京会宁府。受中原宋制的影响，地方机构分为路、州（府）、县三级制。

1. 大兴府

机构沿革

贞元元年（1153），金海陵王完颜亮迁都燕京，定为中都，府名为大兴。大兴府为京城所在地，作为地方机构，地位尤为重要。大兴府不但掌一府之政，而且兼领本路兵马督总管府事。如果皇帝巡幸，则要随驾巡行，另置留守、同知留守事、副留守负责大兴府政务。留守、同知留守事、副留守则由同知、少尹、总管判官兼任。

机构职能

大兴府尹“掌宣风导俗、肃清所部，总判府事，兼领本路兵马都总管府事”。总管判官“掌纪纲总府众务，分判兵案之事”。府判“掌谘议参佐、纠正非违、纪纲众务，分判吏、礼、工案事”。

机构编制

大兴府设尹一人，正三品。同知一人，从四品。少尹一人，正五品。总管判官一人，从五品。府判一人，从五品。推官二人，从六品。知事，正八品。都孔目官，女真司一人，汉人司一人。六案司吏七十五人，其中女真族十五人，汉族六十人。司吏分掌六案，各置孔目官一人（女真司吏若十二人以上，分设六案，不够十二人则设三案，五人以下设一案，通掌六案事）。知法三人，从八品，女真族一人，汉族二人。抄事一人，公使百人，女真族教授一人。

东京、北京、上京、河东东西路、山东东西路、大名、咸平、临潢、陕西统军司、西南招讨司、西北路招讨司、婆速路、曷懒路、速频、蒲与、胡里改、隆州、泰州、盖州机构编制与大兴府相同。各府州置医院，设医正一人，医工八人。

2. 五京留守司

机构沿革

同辽代一样，金代也设立五京：上京、北京、东京、南京、西京。五京均设留守司。

机构职能

留守“带本府尹兼本路兵马都总管”。同知留守事“带同知本府尹兼本路兵马都总管”。副留守“带本府少尹兼本路兵马副都总管”。都总管判官“掌纪纲总府众务、分判兵案之事”。这是五京留守与大兴府在职能上的最大不同。大兴府尹兼本路兵马都总管府事，而五京留守不但兼府尹，还兼本路兵马都总管。大兴府是两套机构编制，而五京则是三套班子。

机构编制

留守一人，正三品。同知留守事一人，正四品。副留守一人，从四品。留守判官一人，从五品。都总管判官一人，从五品。推官一人，从六品。司狱一人，正八品。胥吏编制：女真族司吏，上京二十人，北京十三人，东京十人，南京、西京各五人。汉族司吏，三十万户以上六十人，二十五万户以上五十五人，十万户以上四十人，七万户以上三十五人，五万户以上三十人，三万户以上二十四人，不及万户十人。译人，上京、北京各三人，东京、西京、南京各二人。通事二人。知法，女真族、汉族各一人，南京汉族二人。抄事一人，掌抄录事目、书写法状。公事百人。

五京留守司因驻守城市，还设有一些城市管理机构。根据各个城市情况，这些机构编制设置情况也不一样。

京城门收支器物使，贞祐元年(1213)设立，每城一面设一人，正八品，十四人。开阳门、宣仁门、安利门、平化门、通远门、宜照门、利川门、崇德门、迎秋门、广泽门、顺义门、迎朔门、顺常门、广智门共十四门尉，从七品。副尉，正九品。

上京提举皇城司提举一人，从六品。同提举一人，从七品。司吏一人。

南京提举京城所提举一人，正七品。同提举一人，从七品。管勾一人，正八品。受给官一人。壕寨官一人。

皇城使一人，正八品。副使一人，正九品。

管勾北太一宫、同乐园二人，正八品。

3. 路总管府

机构沿革

金代在五京设立留守司的同时，也设立了路总管府。五京也是五路，虽然都是管辖一地，却是两套管理机构。金代地方机构之路沿袭辽宋的道和路。每路除了设置留守司外，还设兵马都总管府，辖本路兵马。总管府由所在地的府尹兼任，即兼管本府行政。都总管等职官则分别兼府尹、同知府尹、少尹。

机构职能

都总管“掌统诸城隍兵马甲仗，总判府事”。同知都总管、副都总管“掌通判府事，惟婆速路同知都总管兼来远军事兵马”。总管判官“掌纪纲总府众务，分判兵案之事”。府判“掌纪纲众务，分判户、礼案，仍掌通检推排簿籍”。推官“掌同府判，分判工、刑案事”。五京还设立警巡院，警巡院“掌平理狱讼、警察别部，总判院事”。

机构编制

总管府设都总管一人，正三品。同知都总管一人，从四品。副都总管一人，正五品。总管判官一人，从六品。府判一人，从六品。推官一人，正七品。知法一人。胥吏编制：司吏，女真族，山东西路十五人，大名十四人，山东东路、咸平府、临潢府各十二人，曷懒路、河北西路各十人，婆速路十一人，河北东路八人，河东南北路、京兆、庆阳、临洮、凤翔、延安各四人。汉族司吏，十八万户以上编制四十二人，十五万以上编制四十人，十三万以上编制三十八人，十万以上编制三十五人，七万以上编制三十二人，五万以上编制二十八人，三万以上编制二十二人，不及三万户编制二十人，婆速路、曷懒路各二人。译人，咸平三人，河北东西、山东东西、曷懒、大名、临潢府各二人，余各一人。通事，婆速、曷懒路高丽通事一人，临潢北部通事一人，部落通事一人，小部落通事二人，庆阳府通事一人。

抄事一人。公使八十人。临潢别置移剌十三人。

警巡院设使一人,正六品。副使一人,从七品。判官二人,正九品。胥吏编制:女真族,中都三人,上、东、西三京各二人,其他各一人。汉族,中都十五人,南京九人,西京八人,东京六人,北京五人,上京四人。

4. 按察司

机构沿革

按察司为一路司法机构,其前身是提刑司。承安三年(1198)将上京、东京等提刑司合并为提刑使,兼宣抚使劝农采访事。副使、判官兼宣抚副使、判官。以后改宣抚使为安抚使,各设安抚判官一人、提刑一人。安抚司"掌镇抚人民、讥察边防军旅、审录重刑事"。安抚判官不带劝农采访事衔,则专管千户谋克。承安四年(1199),提刑司改为按察司,贞祐三年(1215)设监察采访。泰和八年(1208),金朝廷因转运司权力太轻,各州县官不害怕,不能按时征收钱粮为由,以诸路按察使兼转运使,副使兼同知,签按察司事兼转运副使。

机构职能

按察司"掌审察刑狱、照刷案牍、纠察滥官污吏豪猾之人、私盐酒曲并应禁之事,兼劝农桑,与副使、签事更出巡案"。上京、东京等路按察司"镇抚人民、讥察边防军旅之事,仍专管猛安谋克,教习武艺及令本土纯愿风俗不致改易"。

机构编制

使一人,正三品。副使,正四品。签按察司事一人,正五品。判官二人,从六品。知事,正八品。添按察判官一人,从六品。添知事一人。知法二人,从八品。胥吏编制:书史四人,书吏十人,抄事一人,公使四十人。

各路按察司编制有所不同,上京、东京等路按察司设使一人,正三品。副使二人,正四品。签安抚司事,正五品。签按察司事,正五品。知事兼安抚司事,正八品。知法四人,从八品。胥吏编制:书史四人,上京、东京书吏十八人,女真族十二人、汉族六人。中都、西京,女真族五人,汉族五人。北京、临潢,女真族三人,汉族五人。南京,女真族二人,汉族七人。山东,女真族三人,汉族七人。大名,女真族三人,汉族六人。抄事一人,公使十人。

5. 府

机构沿革

金代路之下为府与州。府分为总管府与散府。府尹兼总管的称总管府,不兼总管的则是散府。

机构职能

府判"掌纪纲众务,分判吏、户、礼案事,专掌通检推排簿籍"。推官"掌同府判,分判兵、刑、工案事"。

机构编制

府设尹一人,正三品。同知一人,正四品。少尹一人,正五品。府判一人,从六品。推官一人,正七品。府教授一人。知法一人。

胥吏编制:女真族编制不管府大小皆设三人。汉族胥吏编制十六万户以上四十人,十四万户以上三十八人,十二万户以上三十五人,十万户以上三十二人,七万户以上三十人,五万户以上二十五人,三万户以上二十人,不到三万户十七人。译人一人,通事一人,抄事一人,公使七十人。

6. 州

机构沿革

金代仿照宋制,将州分为节镇、防御、刺史三等,只是少了团练州。金代节镇州、防御州、刺史州差距很大。节镇州节度使为从三品，防御州为从四品，刺史州为正五品。无论是节镇州、防御州还是刺史州，均分上、中、下三等。等级的区别主要体现在胥吏编制多少上。

机构职能

节镇州节度使“掌镇抚诸军防刺，总判本镇兵马之事，兼本州管内观察使事”。节度判官“掌纪纲节镇众务、佥判兵马之事，兼判兵、刑、工案事”。观察判官“掌纪纲观察众务，分判吏、户、礼案事，通检推排簿籍”。

防御州防御使“掌防捍不虞、御制盗贼”，其他职能与府尹相同。同知防御使事“掌通判防御使事”。判官“掌签判州事，专掌通检推排簿籍”。

刺史州刺史职能与府尹相同，“掌纪纲众务，分判吏、户、礼案事，专掌通检推排簿”并兼掌“防捍不虞、御制盗贼”。签判州事“专掌通检推排簿籍”。

机构编制

节镇州设节度使一人，从三品。同知节度使一人，正五品。副使一人，从五品。节度判官一人，正七品。观察判官一人，正七品。知法一人，州教授一人，司狱一人，正八品。诸府节镇录事司设录事一人，正八品。判官一人，正九品。胥吏编制：女真族，隆州十四人，盖州十二人，泰州十一人，其他州多者八至十人，一般三人，最少二人。汉族胥吏编制与府编制相同。译人一人，通事二人，抄事一人。公使人，上镇七十人、中镇六十五人、下镇六十人，蒲与、胡里改、速频州各二十人。

防御州设防御使一人，从四品。同知防御使事一人，正六品。判官一人，正八品。知法，从九品。州教授一人。司军，从九品。军辖兼巡捕使，从九品。胥吏编制：女真族一人，汉族五万户以上州二十人，依次递减。译人一人，通事一人，抄事一人。公使，上州六十人、中州五十五人、下州五十人。

刺史州设刺史一人，正五品。同知一人，正七品。通判州事判官一人，从八品。司军，从九品。知法一人。军辖兼巡捕使，从九品。胥吏编制：女真族，韩、庆、信、滦、蓟、通、澄、复、沈、贵德、涿、利、建州与来远军各三人，其他州各二人。抄事一人。公使，上州五十人、中州四十五人、下州四十人(汉族胥吏无记载)。

7. 县衙

机构沿革

金代也是辽宋县制，将各县分为赤县、次赤县(亦叫剧县)、次剧县、上县、中县、下县。县的等次主要以户口多少而定。金朝共有683县。金代规定，县二万五千户以上为次赤县(剧县)，二万户以上为次剧县，在诸京周围的县为京县。自京县而下，以万户以上为上，三千户以上为中，不满三千户为下。中县以下不置县丞，以主簿与县尉通领巡捕事。下县则不置县尉，以主簿兼任。

机构职能

掌养百姓、按察所部、宣导风化、劝课农桑、平理狱讼、捕除盗贼、禁止游惰，兼管常平仓及通检推排簿籍，总判县事。

机构编制

赤县(大兴、宛平县)设令一人，从六品。丞一人，正八品。主簿一人，正九品。尉四人，正八品。胥吏编制十人，公使十人。

次赤县(剧县)设令一人，正七品。丞一人，正九品。主簿一人，正九品。尉一人，正九品。

其他诸县设令一人，从七品。丞一人，正九品。主簿一人，正九品。尉一人，正九品。

胥吏编制：中县胥吏八人，下县胥吏六人，公使皆十人。

州、县以下，还有镇、城、堡、寨等建制，分别设知镇、知城、知堡、知寨。知镇、知城、知堡、知寨，从七品。显然，这些建制是受宋代的影响。

各道府州县还设有司狱，负责监狱管理。设司狱一人，正九品。司吏一人，公使二人，典狱二人，狱子若干人。

在女真族居住地区，金代实行猛安制度。

猛安为从四品，掌修理军务、训练武艺、劝课农桑，其他职能如同防御刺史。属吏有司吏四人，译人一人。

猛安之下为谋克。谋克为从五品。掌抚辑军户、训练武艺。职能如同县令，但是品级要比县令高得多。剧县县令只有正七品，而谋克为从五品。

金代还设有诸部族节度使。节度使为从三品。统制各部，镇抚诸军，其他职能与州节度相同。诸部族节度使设副使一人，从五品。判官一人。知法一人。司吏四人，女真族人、汉族人各半。通事一人，译人一人，挞马若干人。

节度使之下为乣。每乣设详稳一人，从五品。掌守戍边堡，其他职能与谋克相同。么忽一人，从八品。

乣之下为移里堇司，为女真族基层单位。移里堇司设移里堇一人，从八品，分掌部族村寨事。司吏，女真族一人、汉族一人。

调节女真部族矛盾的官员为秃里，从七品。掌部落词讼、防察违背等事。女真族司吏一人，通事一人。

在女真族居住地区还有一个机构——群牧所，掌检校群牧畜养蕃息之事。群牧所女真语“乌鲁古”。群牧所设提控诸乌鲁古一人，正四品。使一人，从四品，女真语称“乌鲁古使”。副使一人，从六品。判官一人，正八品。知法一人，从八品。女真族司吏四人，译人一人，挞马十六人，使八人，副五人，判三人。

金代地方机构编制简表

机构	职官	职能	编制	品级
大兴府	府尹	掌宣风导俗、肃清所部，总判府事，兼领本路兵马都总管府事	1人	正三品
	同知		1人	从四品
	少尹		1人	正五品
	总管判官		1人	从五品
	府判		1人	从五品
留守司	留守	带本府尹兼本路兵马都总管	1人	正三品
	同知留守事		1人	正四品
	副留守		1人	从四品
	留守判官		1人	从五品
	都总管判官		1人	从五品
路总管府	都总管	掌统诸城隍兵马甲仗，总判府事	1人	正三品
	同知都总管		1人	从四品
	副都总管		1人	正五品
按察司	按察使	掌审察刑狱	1人	正三品
	副使		1人	正四品
	签按察司事		1人	正五品
府	府尹	掌纪纲众务，分判吏、户、礼案事	1人	正三品
	同知		1人	正四品
	少尹		1人	正五品
州（节镇州）	节度使	掌镇抚诸军防刺，总判本镇兵马之事	1人	从三品
	同知节度使		1人	正五品
	副使		1人	从五品
	节度判官		1人	正七品
	观察判官		1人	正七品
	知法		1人	正八品
	教授		1人	正八品
	司狱		1人	正八品
	录事		1人	正八品
	判官		1人	正九品
防御州	防御使	掌防捍不虞、御制盗贼	1人	从四品
	同知防御使事		1人	正六品
	判官		1人	正八品
	知法		1人	从九品
	州教授		1人	从九品

（续表）

机构	职官	职能	编制	品级
刺史州	刺史 同知 判官 司军	掌纪纲众务，分判吏、户、礼案事	1人 1人 1人 1人	正五品 正七品 从八品 从九品
县	赤县令 丞一人 主簿一人 尉 次赤县（剧县）令 诸县令	养百姓、按察所部、宣导风化、劝课农桑	1人 1人 1人 4人 1人 1人	从六品 正八品 正九品 正八品 正七品 从七品

注：节度州与防御州执法品级不同。节度州知法正八品，防御州知法为从九品。

金代无论是中央机构编制还是地方政权编制基本上沿袭了辽、宋制度，但远比辽要完善得多。金代在机构编制上与辽宋也有不同之处。这个不同之处，就是地方机构双层编制，一个地方机构，两套编制。金代的地方机构编制更注重的是防御性。防御性也就是军事性。金代的防御当然是防御汉族人，防御南宋。金代的防御性只是沿用辽宋的防御名词，更多的是进攻性。金代无论是中央还是地方政权都侧重于防御。

金代统治集团同辽代一样，争斗不止。无论是契丹，还是女真，他们在国家机构编制上，积极学习汉族国家机构编制，不断用汉族机构编制代替自己的部落首领制度，这一点是值得肯定的。民族大融合，不仅是生活习惯的融合，更主要的还是国家机构编制的大融合。无论是辽代国家机构编制，还是金代国家机构编制，他们对于中华民族统一融合都发挥了积极的促进作用。

总之，辽金机构编制与隋、唐、宋的机构编制相比有其先天不足，但辽代官分南北，以北面官治理契丹人，以南面官治理汉族人，不能不说是辽代机构编制的成功之处。对于辽代“以国制治契丹，以汉制待汉人”的策略，学术界一直都有争论，笔者认为，这是符合辽代实际的。辽在取得燕云十六州之后，不可能将统治集团成员全部换成契丹官员，首先在语言上不通，其次，契丹人毕竟不熟悉汉族官制，要治理这些汉族人必须依靠汉族官员。为了调动汉族官僚与知识分子服务辽国的积极性，必须按照汉族机构编制安排他们。实际上，辽代统治者也是这样做的，他们并不在乎汉族官员原来所任职官的高低，只要需要，对辽朝的皇帝来说，随时随地就可以授人。这样的例子，在《辽史》中可以说是数不胜数。当然，无论是南面官，还是北面官，主导者都是皇帝。元好问所说的“北面不理民，南面不治军”也不是绝对的。金代“参用辽、宋为帝制”，使得金代机构编制要比辽代完善得多。由于有了辽宋机构编制的蓝本，金少走了很多弯路，为金击败辽奠定了基础，同时也使金成为南宋的又一个强劲对手。辽宋国家机构编制让女真人感受到了做官的尊严与做官带来的巨大好处，这就使得女真人在权力面前充满了争斗。官场的腐朽让女真族高官热衷于权力争夺，在对付外敌入侵上却成了懦夫。

注释：

(1)(宋)王溥:《五代会要》卷二九，中华书局1998年版，第347页。

(2)(宋)欧阳修、宋祁:《新唐书》卷二一九，中华书局1975年版，第6182页。

(3)(元)郝经:《陵川集》卷一〇《读金太祖睿德神功碑》。

(4)(金)刘祁:《归潜志》卷一二，中华书局1983年版，第136页。

(5)(金)刘祁:《归潜志》卷一二，中华书局1983年版，第136页。

(6)(金)刘祁:《归潜志》卷七，中华书局1983年版，第70页。

(7)(元)脱脱:《辽史》卷四五，中华书局1974年版，第685~686页。

(8)(元)脱脱:《辽史》卷四五，中华书局1974年版，第690~693页。

(9)(元)脱脱:《辽史》卷四七,中华书局1974年版,第773页。

(10)(元)脱脱:《辽史》卷一,中华书局1974年版,第3页。

(11)(元)脱脱:《辽史》卷一一六,中华书局1974年版,第1534页。

(12)(元)脱脱:《辽史》卷四七,中华书局1974年版,第772页。

(13)《三朝北盟会编·政宣上帙》。

(14)(元)脱脱:《辽史》卷八九,中华书局1974年版,第1354页。

(15)(元)脱脱:《辽史》卷三二,中华书局1974年版,第375页。

(16)(元)脱脱:《金史》卷五五,中华书局1975年版,第1215~1216页。

(17)(元)郝经:《陵川集》卷一〇《读金太祖睿德神功碑》。

(18)(金)刘祁:《归潜志》卷一二,中华书局1983年版,第136页。

(19)(元)脱脱:《金史》卷一〇九,中华书局1975年版,第2404~2405页。

(20)(元)脱脱:《辽史》卷三七,中华书局1974年版,第448页。

中国机构编制史

（下）

鹿谞慧　燕生东　著

齊魯書社

第七章 元代机构编制

第一节 元代历史发展概况

在金与南宋争斗期间，蒙古草原上的铁木真开始崛起，他经过十多年的战争统一了蒙古草原各个部落。蒙古族在唐朝时被称为“蒙兀室韦”，原居住在今内蒙古自治区的额尔古纳河上游，约在八世纪时开始西迁，游牧于斡难河（今称鄂嫩河）、怯绿连河（今作克鲁伦河）之间。公元十一、十二世纪时，当时的蒙古族还只是蒙古草原上许多大小部落中的一个。到了漠北各部落统一以后，“蒙古”才成为草原各部的通称。

蒙古族最早推行的是大汗制度。汗由氏族首领会议“忽里台”推选。大汗具有至高无上的权威。1206年，铁木真在蒙古族贵族与将领参加的忽里台（大聚会）会议上，被推举为大汗，号成吉思汗。这样，蒙古部落就形成了以大汗为中心的政权机构。在蒙古大汗之下的政权权力机构编制非常简单，大汗之下有千户长、百户长与牌子头。千户之上有左右万户和中军万户。这些万户都是统军的将领。成吉思汗建立了自己的护卫军——“怯薛”。一开始，怯薛只有一千人，以后发展到一万人。怯薛不仅负责护卫大汗，而且负责大汗的生活、产业和行政事务。怯薛不仅是侍卫，而且是大汗的参谋助手、侍臣和传令兵，大汗的命令往往通过怯薛传达下去。怯薛不但保卫成吉思汗的安全,还要行军作战,更重要的是,它成为成吉思汗培养征战掠土的军人与各级官员的摇篮。无论是军人,还是地方官员,大都出身于成吉思汗的怯薛。除了这些军官组织,成吉思汗还有处理政务与司法的大断事官(札鲁忽赤),大断事官之下设有众多的小断事官,处理各种具体事务。泰和八年(1208)成吉思汗叛金自立,开始进攻金国的北方,并迅速占领长城以北的广大地区。1213 年突破长城防线,进入黄河平原。1215 年成吉思汗占领了金国中都。天兴二年(1233)蒙宋联军攻破蔡州城,在战火中继位的金末帝完颜承麟死于乱军之中,金国灭亡。金从阿骨打建国,到哀宗亡国,传帝九世,立国 119 年。

蒙古上层经过一番内讧之后,权力最后落到蒙哥手中。蒙哥掌握大汗之权后,一方面严厉清除自己的对手,另一方面迅速展开对南宋的战争。蒙哥的军队受到南宋军队的强烈抵抗。蒙哥之弟忽必烈从吐蕃攻入云南,灭大理国,对南宋形成了南北夹击之势。蒙哥在进攻四川的战争中,于 1259 年在四川合州钓鱼山(今重庆合川区)受伤病死。忽必烈正在进军鄂州,得到消息,立即返回漠南开平(今内蒙古正蓝旗境内)召开由部分贵族、将领参加的忽里台,自立为汗。而镇守蒙古本土的忽必烈的弟弟阿里不哥也宣布自己为汗,兄弟之间展开数年的残酷争夺战,最后以阿里不哥失败而告终。

忽必烈即位之后,于至元八年(1271)改国号为元。"自古有国家者未若我朝之盛大者矣。盖闻世祖皇帝初易大蒙古之号而为大元也,以为古之有国者,或以所起之地或因所受之封,为不足法也,故谓之元焉,元者也,大也,大不足以尽之,而谓之元者,大之至也。"(1) 忽必烈将都城从哈拉和林迁到大都(今北京)。忽必烈非常重视利用汉族知识分子,按照这些知识分子的建议,推行"汉法",也就是建立汉族机构编制管理制度。元朝官制渐渐走上正轨。这时候好多怯薛已经不是侍卫，而是侍中。一些汉族怯薛逐渐为皇帝所信任，向皇帝提出种种建议。元朝的很多官制与制度都是这些汉族怯薛提议而被皇帝采纳的。忽必烈解决了内部问题之后，又发动了对南宋的战争。至元十一年（1274），命伯颜大举伐宋。至元十三年，攻下临安。至元十六年消灭了流亡在崖山的南宋残余势力，最终实现了大一统。在灭南宋之后，元朝的疆域北逾阴山，西极流沙，东尽辽东，南越海表，成为空前的大帝国。在元朝统治期间，中国是当时世界上最强大、最富庶的国家之一。但由于元朝政权是在军事暴力基础上建立起来的，所以又是中国封建社会后期一个最野蛮、最黑暗的朝代。

元朝领土较之唐朝更为广阔，为了便于控制，元朝政府除以今河北、山东、山西等地为“腹里”外，还设置了岭北、辽阳、河南、陕西、四川、甘肃、云南、江浙、江西、湖广等“行中书省”，简称“行省”或“省”。

忽必烈在统一战争中利用蒙古族人尚武的传统优势，所向无敌，在财政和国家机构编制建设上却不是行家里手。他重用色目人阿合马。阿合马从中统初便主管中央财政。阿合马迎合统治者的贪婪性格，多方搜刮，得到忽必烈的信任，权势日重，独擅朝政。至元十九年（1282），大都发生了王著、高和尚刺杀阿合马事件。此后，忽必烈又先后任用卢世荣、桑哥专理财政，都以失败而告终。同期，忽必烈接连派遣军队远征日本、安南、占城、缅甸与爪哇，都遭遇失败。元朝统治者在国家统一之后，不是医治国家的战争创伤，而是不断对外发动战争。里里外外接连不断的战争，需要巨额的财政开支，这势必会加重人民的负担，又迫使人民进行一次又一次的起义反抗。国家的统一并没有给人民带来安定，社会更加动荡不安。

元代统治者对汉族进行残酷的镇压与掠夺，对南方汉族采取一种极端的歧视政策，将南方汉人列入四等人中的最下一等，迫使汉族不得不进行一次又一次的反民族压迫起义。当权的蒙古族贵族似乎更为热衷权力争斗，所以，尽管国家统一了，但是蒙古族高层内部的争斗一直不断。继忽必烈之后的各个皇帝也是争权夺利不断，而且皇帝对于蒙古族贵族与权臣的擅权跋扈无可奈何。这些贵族与权臣几乎就没有忠臣思想，对升官发财、卖官鬻爵却精通在行。元皇帝没有考虑如何使元朝天下繁荣发展，只知道过把皇帝瘾。元武宗"赐予无节，迁叙无法，财用日耗，名爵日滥"，"流民未还，官吏并缘侵渔，上下因循，和气乖戾"。[(2)]也有极少数的皇帝想有所作为，但往往不能左右局势，因为整个元代都是权贵掌握着各级政权，如果没有他们的配合，皇帝也无可奈何。权贵们时不时就发动兵变，有时还出现两个皇帝的现象，政局之乱可想而知。不但贵族与皇帝如此，就是皇族之内也是你争我夺，兵变暗杀不断。元代的多数皇帝都是通过非正常途径上台，他们上台之后就完全依靠扶持自己的权臣，而那些权臣也都认为有功于皇帝，"挟震主之威，肆意无忌"[(3)]。燕铁木儿一家两代把持朝政，其子唐其势位居中书省左丞相，曾称："天下本我家天下也，伯颜何人而位居吾上。"新登基的元顺帝利用唐其势与伯颜的矛盾，除掉了唐其势。伯颜掌权以后，"独秉国钧，专权自恣，变乱祖宗成宪，虐害天下，渐有奸谋"。"伯颜自领诸卫精兵，以燕者不花为屏蔽，导从之盛，填溢街衢。而帝侧仪卫反落落如晨星。势焰薰灼，天下之人惟知有伯颜而已。"[(4)]伯颜自认为有拥立之功，也就不把皇帝放在眼里，出行仪仗比皇帝还要威风。无奈的元顺帝只好拉拢伯颜的侄子脱脱。元顺帝在脱脱的支持下，罢免了伯颜，然后清算了前任皇帝文宗图帖睦尔。脱脱担任右丞相，他在元代虽然是个不错的丞相，但也一度失宠。而此时元代吏治黑暗，经济更是一团糟，统治者利用滥发纸币掠夺百姓。民间流传的歌谣反映了元代的真实情况："堂堂大元,奸佞专权,开河变钞祸根源,惹红巾万千。官法滥,刑法重,黎民怨。人吃人,钞买钞,何曾见。贼做官,官做贼,混贤愚,哀哉可怜。”(5)到至正年间,元代民族矛盾进一步激化,到处都是农民起义。至正十一年(1351)刘福通红巾军在颍上(今安徽颍上)首先举旗造反。面对四处的农民起义,元代地方官员与军队将领互不协调,根本不从国家整体利益考虑,而只考虑自己的利益,而且在最后时刻还在互相争斗。不但元代地方官吏互不协调,中央政权更不协调。脱脱率四十万大军征讨红巾军,中途元顺帝将脱脱罢免。元大都上层矛盾日趋尖锐。扩廓帖木儿奉皇太子之命去了太原。皇太子要求督师平定红巾军,元顺帝不同意,令其还朝。丞相孛罗帖木儿被杀,扩廓帖木儿领兵讨伐红军,“分省以自随,官属之盛,几与朝廷等”(6)。皇太子欲领兵平定江南红巾军,元顺帝不许,当元顺帝命令皇太子领兵出征的时候,太子又拒绝了,不但皇太子不为国着想,几个手握重兵的将领还在互相提防,抽时机就给对方一击。国家危在旦夕,朝廷还在酝酿扶持太子政变。当朱元璋的大军困住元大都的时刻,几乎就没有勤王的部队,不但没有,还有的乘机对元顺帝勒兵要挟。就因为元统治集团已腐败不堪,元朝的大都被朱元璋军队轻而易举地拿下,元代结束。

元代在机构编制上,突出了蒙古人、色目人的特权地位,上上下下都被蒙古族人与色目人把持着。元朝机构编制草创于太宗时代,主事者为耶律楚材。元世祖时,又命刘秉忠定官制。耶律楚材依辽之制,置中书,不设尚书。于是,元朝中央政府机构就只有中书省、御史台和枢密院。

元朝以中书省一省制代替沿袭已久的三省制,主要目的在于加强封建国家的统治效能。用中书省一省制代替三省制,这是元朝国家机构编制的一大特点,重新确立了宰相制度。元朝虽然确立中书省长官的丞相地位,但是,很多时候中书省长官无法统一政令。皇帝主要还是依靠怯薛参与政事，各个部门的长官要见皇帝也要通过怯薛。元代并不是绝对不设尚书省，曾三次设尚书省，不过时间均不长就被撤销了。除了财政的原因之外，也有权臣企图立尚书省与中书省分争权力的因素。整个元朝，权臣往往不以大局为重，在朝会上各执己见，互不相让，有时候连朝会都不欢而散。整个元朝从中央体制上就没有形成合力，地方机构的情况更是可想而知。

元代依靠武力取得政权，他们没有像北魏那样，吸取先进的汉文化，实现民族大融合。他们总是提防着汉民族，表现在国家机构编制上则是对汉民族充满了歧视与不信任，这就无法调动汉族官员共同参与对国家的管理，形不成合力。但无论如何，元朝奠定了中国地域广阔的基础。

第二节　元代中央机构编制

元代是以武力征服汉民族后迅速向封建社会过渡的，因此，其政治制度、经济制度等都处于由简单粗疏向复杂严密的转化之中。同金代一样，元代在中枢和中央官制中，制令机构与行政机构的区分也不明显，甚至无法确定有一个单独的制令机构。元朝虽然也同金朝一样，设置了三公（太师、太傅、太保），但这只是虚衔，地位虽高，并无实权。

《元史》对于元代初期的机构编制情况进行了很有特色又符合其实际的概述："元太祖起自朔土，统有其众，部落野处，非有城郭之制，国俗淳厚，非有庶事之繁，惟以万户统军旅，以断事官治政刑，任用者不过一二亲贵重臣耳。及取中原，太宗始立十路宣课司，选儒臣用之。金人来归者，因其故官，若行省，若元帅，则以行省、元帅授之。草创之初，固未暇为经久之规矣。"(7) 早期的元代几乎没有什么机构编制，都是原始部落，没有城郭，没有政务繁简之说。上层除了大汗，就是万户与断事官。成吉思汗建国之初，任命失吉忽秃忽为“也可札鲁忽赤”，也就是大断事官，并规定：“如今初定了普百姓，你与我做耳目，但凡你的言语，任谁不许违了。如有盗贼诈伪的事，你惩戒着，可杀的杀，可罚的罚。百姓每分家财的事，你科断着，凡断的了事，写在青册上，以后不许诸人更改。”(8) 成吉思汗不像汉族皇帝那样，颁布的圣旨语意深奥难懂，而是采用朴实的语言，这也是元朝皇帝的特点。此时的大断事官只有两项职能：司法与民事。司法主持犯罪刑罚，民事则是财产分家。此时成吉思汗的统治范围仍然局限于蒙古族统治区。窝阔台汗当了皇帝，又任命失吉忽秃忽为中州断事官。此时大断事官已具有丞相的特征，所以，汉族人称大断事官为丞相。大断事官虽然已经具有丞相的职能，但还不是严格意义上的丞相，还属于部族断事官。汗与断事官处理政务，落实政务则由宣差去完成。宣差也就是使者。“自皇帝或国王处未者，所过州县及营兵头目处，悉未尊敬，不问官之高卑，皆分庭抗礼，穿戟门坐于州郡设厅之上，太守亲跪以效劳；宿于黄堂厅事之内，鼓吹、旗帜、妓乐郊外迎送之”，宣差又称“宣差勘事官。”(9) 这些被汉族人称为使者的宣差，因为有勘事的职能，就不是普通的使者了。随着元朝疆土的急剧扩张，宣差已经无法传达汗的旨意，元朝皇帝就利用自己的警卫人员——怯薛充当传旨官。克烈部人镇海和契丹人耶律楚材为必阇赤。镇海掌汗廷大印“宣命之宝”。直到征服金国，元才初步建立了一套中央与地方官制机构。“总政务者曰中书省，秉兵柄者曰枢密院，司黜陟者曰御史台。”中书省、枢密院、御史台构成了元代的三大中枢机构。其他中央机构“则有寺，有监，有卫，有府”。地方机构有行省、行台、宣慰司、廉访司，属于派出机构。牧民机构则是路、府、州、县。“官有常职，位有常员，其长则蒙古人为之，而汉人、南人

贰焉。”(10)

1. 中书省

机构沿革

太宗三年,“始立中书省,改侍从官名。以耶律楚材为中书令,粘合重山为左丞相,镇海为右丞相”(11)。虽然有了中书省,但其他机构尚未设立,用中书省一省制代替传统的三省制,这是元朝国家机构编制的一大特点。一省制取代了唐宋的群相制,重新确立了宰相制度。

元代早期的丞相是断事官和必阇赤。耶律楚材与镇海同为必阇赤,掌握皇帝政令的发出。元代规定,文书“行于回回者,则用回回字,镇海主之”,“行于汉人、契丹、女真诸亡国者,只用汉字,移剌(耶律)楚材主之;却又于后面年月之前,镇海亲写回回字,云付与某人,此盖专防楚材,故必以回回字为验,无此则不成文书”。《黑鞑事略》还有这样的记载:“在燕京宣德州,见有历书亦印成册。问之,乃是移剌(耶律)楚材自算自印造自颁行,鞑主亦不知之也。”(12)元朝皇帝对于耶律楚材自主编定的历书不一定像《黑鞑事略》作者那样亲眼看见,但应该有所耳闻,所以,在耶律楚材发的文书后面让镇海写上回回字,以作制约。

元代的中书令可以追溯到成吉思汗时代的“也可札鲁忽赤”(大断事官)。札鲁忽赤实际就是元代早期的宰相职务。在也可札鲁忽赤之下,还设有若干札鲁忽赤,作为也可札鲁忽赤的助手。忽必烈曾以太子兼中书令。至元十年(1273)以皇太子行中书令。大德十一年(1307)以皇太子领中书令。延祐三年(1316)复以皇太子行中书令。实际上,太子兼中书令往往不能到中书省主持工作,主持工作的还是丞相。很多时候,太子并不兼中书令。这就使得中书令成了虚衔。元代取消了门下省与尚书省,只设中书省,表面上机构减少了，但是丞相比任何一个朝代都多。中统元年(1260)，设丞相一人，后设右丞相二人，左丞相二人。中统二年(1261)，丞相增置五人。至元七年(1270)，立尚书省，置丞相二人。至元八年(1271)，撤销尚书省，仍设丞相二人。至元二十四年(1287)，复设尚书省，至元二十九年，又撤销尚书省，专任一相。忽必烈在设立中书省的同时，在燕京设立行中书省，职官有丞相、平章政事与参知政事。燕京行中书省虽然是中书省的派出机构，但是因为忽必烈住在开平，燕京行中书省主持汉族地区的所有政务，这样中书省长官与行中书省长官都成了丞相，而且也确实都称丞相，并且两省的丞相都在四人以上。中统三年以后，两省丞相合并为一省。忽必烈还是一个比较明智的皇帝，在他执政期间，任用了很多汉族官员担任丞相或者平章政事、参知政事。丞相成了一个以右丞相为主体的相群，中书省有平章政事五人，右丞二人，左丞一人，参知政事二人。大德三年(1299)又增设左丞相。左右丞相，加上平章政事二人，左、右丞与参知政事二人，合称八府。左丞相虽然与右丞相一个品级，但是元代尚右，右丞相是首相，左丞相只能算是副相。所以称右丞相为大丞相。从武宗之后，中书省丞相职官泛滥，中书省丞相达到十四人，御史大夫四人。忽必烈之后，丞相几乎全是蒙古族人或者色目人，尤其是右丞相必须由蒙古族人来担任，汉族人只能当参知政事。在太宗时期开始设右丞相一人、左丞相一人。武宗至大二年(1309)，复设尚书省，设丞相二人，中书丞相二人。四年，尚书省仍归中书省，从此以后，中书省一省独大的格局固定下来。文宗至顺元年，专任右相。

元代的断事官一开始并不属于中书省。断事官是蒙古国的传统职官，一般地位很高，由“御位下及中宫、东宫、诸王各投下怯薛丹等人为之”。人员编制也比较多，至元二十八年(1291)，十八位下置三十六员，并入中书。三十一年，增二员。中书省的断事官与枢密院、御史台、宗正府、刑部的断事官合称“五府”。断事官都是皇帝身边的怯薛，以及皇后、太子诸王手下的怯薛，他们皆为护卫亲信。

元代也存在皇权与相权的矛盾，而且这种矛盾非常残酷，担任中书省丞相的人常常专横跋扈，作威擅权，甚至控制皇帝。皇帝为了掌握大权就依靠怯薛参与政事。强势一点的皇帝就依靠其他权臣或者采取政变的形式将权臣消灭。其他权臣上台之后又是如此。权臣更喜欢拉帮结伙发动政变。

机构职能

中书令的职能是“典领百官，会决庶务”，中书令往往由太子担任，而太子担任中书令只是挂名，中书令“典领百官，会决庶务”也成了虚的。真正掌握中书省大权的是右丞相与左丞相。右丞相与左丞相“统六官，率百司，居令之次。令缺，则总省事，佐天子，理万机”。从其职能可看到，右丞相与左丞相居于中书令之次，但由于中书令不常设，或者设了只是挂名，这样，右丞相与左丞相不但统领所属六官（六部），而且统率百司，“佐天子，理万机”，一人之下万人之上。

平章政事“掌机务，贰丞相，凡军国重事，无不由之”。平章政事作为丞相的助手，居贰丞相，主要职能是掌管机要事务，凡是军国重事，无不参与决策制定。平章政事是元代中书省的二把手。

右丞与左丞则为副宰相，“裁成庶务，号左右辖”。参知政事“副宰相以参大政，而其职亚于右、左丞”。参知政事也是副宰相，其职能是参大政，职权次于右、左丞。在元代，丞相与平章政事被称为丞相，而右、左丞与参知政事则被称为副宰相或执政，也称为宰执。

这些构成元代中书省所谓的八府，他们的职能就是议政和奏事。对于国家大事，由这些丞相与宰相一起开会议决，议决之后没有不同意见，则向皇帝上奏。如果有些事情难以统一，则由右丞相最后定决。“自中统建元以来，中书省官少即五六员，多则七八员，列坐一堂，凡政事议行之际，所见异同，互相轩轾，待其国相可否之，然后为定。”[(13)]上奏是丞相们的重要职能。能够有上奏之权与机会的都是丞相与怯薛出身的宰相，他们都是天子近臣，但他们往往利用上奏之权，假传圣旨。他们甚至将要上奏的事情隐瞒起来，而将自己要办的事情以皇帝圣旨的名义传达下去。“中书庶务，同僚一二近侍，往往不俟公议，即以上闻”[(14)]，“况今省台奏事，多则三人，少则一人，其余同僚皆不得预。有一人得旨而出，众人懵然不知者；有众人欲奏，而得入之人抑不上闻者”[(15)]。这就为丞相专权创造了条件。元代跋扈专权的丞相不断涌现，与这种奏事制度也有着直接的关系。破坏中书群相议事制度的恰恰是那些蒙古权臣。

中书省左右司的职能是“参赞宰臣，决理政务”[(16)]。

断事官掌刑狱审判。客省使“掌直省舍人、宣使等员选举差遣之事”。直省舍人“掌奏事给使差遣之役”。照磨“掌磨勘左右司钱谷出纳、营缮料例，凡数计、文牍、簿籍之事”。[(17)]

机构编制

中书省设中书令一人，但由于中书令由太子担任，也就成了虚衔。右、左丞相各一人，正一品；平章政事四人，从一品；右丞一人，正二品；左丞一人，正二品；参知政事二人，从二品；参议中书省事四人，正四品。

左司郎中二人，正五品；员外郎二人，正六品；都事二人，正七品。左司分管吏、户、礼三部，辖吏礼房九科：南吏、北吏、贴黄、保举、礼、时政记、封赠、牌印、好事科。知除房五科：资品、常选、台院选、见阙选、别里哥选科。户杂房七科：定俸、衣装、羊马、置计、田土、太府监、会总科。科粮房六科：海运、儹运、边远、赈济、事故、军匠科。银钞房二科:钞法与课程科。应办房二科:饮膳与草料科。胥吏编制:令史二人,蒙古族书写二十人,回族书写一人,汉族书写七人,典吏十五人。

右司郎中二人,正五品;员外郎二人,正六品;都事二员,正七品。右司分管兵、刑、工三部,辖兵房五科:边关、站赤、铺马、屯田、牧地科。刑房六科:法令、弭盗、功赏、禁治、枉勘、斗讼科。工房六科:横造军器、常课段匹、岁赐、营造、应办、河道科。胥吏编制:令史二人,蒙古族书写三人,回族书写一人,汉族书写一人,典吏五人。

中书省胥吏编制:监印二人(掌监视省印,有中书令则置)。知印四人。怯里马赤四人。蒙古族必阇赤(译史,类似于今天的文字秘书)二十二人,左司十六人,右司六人。汉族省掾六十人,左司三十九人,右司二十一人。回族省掾十四人,左司九人,右司五人。宣使五十人。省医三人。玉典赤四十一人。在这些胥吏中,又有各种名堂,比如汉人左司省缘,有提控掾二人,勾销一人,贴黄一人,知除六人,礼八人,征收总房二人,应办二人,杂房十一人,银钞户差四人,会总一人,奏事一人。

断事官,掌刑政,正三品,四十一人。首领官:经历一人,知事一人。胥吏编制:蒙古族必阇赤二人,令史十二人,回族令史一人,怯里马赤二人,知印二人,奏差八人,典吏一人。

客省使四人,正五品,副使二人,正六品。令史二人。直省舍人二人。检校官四人,正七品。书吏六人。

照磨一人,正八品。典吏八人。

管勾一人,正八品。典吏八人。

架阁库管勾一人,正八品。典吏十人。蒙古族架阁库兼管勾一人,典吏二人。回族架阁库管勾一人,典吏二人。

元代中书省不但丞相多,而且胥吏也多。元代官场的特点是吏治天下。作为中枢机构的中书省，丞相们多是文盲武夫官僚，动嘴能力强，具体办事能力极差，所有工作必须依靠胥吏来完成。无论是中书省，还是其他各类机构，上上下下，都是如此。胥吏也就格外受重视。

元代中枢机构没有尚书省，只有中书省，这样，在前代归尚书省管辖的六部就直属中书省。

1－1. **吏部**

机构沿革

中统元年(1260)，元代设立中书省，但是其他机构并没有设立起来。随着政务的需要，于中统二年(1261)在中书省设立左、右两部。以吏、户、礼为左三部，设尚书二人，侍郎二人，郎中四人，员外郎六人。至元元年(1264)，设立吏礼部，设尚书三人，侍郎仍为二人，郎中四人，员外郎三人。至元三年(1266)，又恢复为左三部。至元五年(1268)，又分为吏礼部，尚书仍是二人，侍郎、郎中、员外郎各一人。至元七年(1270)，开始设立尚书六部。吏部设尚书一人，侍郎一人，郎中二人，员外郎二人。至元八年(1271)，又将吏部与礼部合为吏礼部，设尚书、侍郎、郎中各一人，员外郎二人。至元十三年(1276)，又单独分设吏部，尚书增至七人，侍郎三人，郎中二人，员外郎四人。至元十九年(1282)，尚书裁为二人，侍郎一人，郎中一人，员外郎二人。至元二十一年(1284)，设尚书三人，侍郎一人，郎中、员外郎没有变化。至元二十三年(1286)，定六部尚书、侍郎、郎中、员外郎编制各二人。至元二十八年(1291)，增尚书为三人，主事三人。尚书定为三人，这是元代吏部的特色。虽然历代吏部已有成规，但是元代在模仿学习上还是比较曲折。

机构职能

吏部“掌天下官吏选授之政令。凡职官铨综之典，吏员调补之格，勋封爵邑之制，考课殿最之法，悉以任之”[(18)]。除此之外，吏部设立考功堂。吏部考功堂设立于大德元年(1297),“故凡资序之扬历,功过之殿最,或以姓氏,或以地望,或以致身之途,类聚而群分,纲撮而目睹者,旧为四千六百七十四,今所增秩七百六十有八。研磨有方,封职有令。用则启牍,而观之了然……有奸欺则按诘之”[(19)]。吏部主事三人,二人负责考功、磨勘,一人作为皇帝出巡的扈从,“画诺、赞佐、调齐、均平,人法并用,使事物各得其理”[(20)]。

机构编制

吏部设尚书三人,正三品;侍郎二人,正四品;郎中二人,从五品;员外郎三人,从六品。胥吏编制:主事三人,蒙古族必阇赤三人,令史二十五人,回族令史二人,怯里马赤一人,知印二人,奏差六人,蒙古族书写二人,铨写五人,典吏十九人。

1-2. **户部**

机构沿革

中统元年(1260),以吏、户、礼为左三部,设尚书二人,侍郎二人,郎中四人,员外郎六人。至元元年(1264),户部从左三部独立出来,设尚书三人,侍郎、郎中四人,员外郎三人。至元三年(1266),将户部划归为左三部。至元五年(1268),又分为户部,设尚书一人,侍郎、郎中各一人,员外郎二人。至元七年(1270),户部开始列为六部之一,设尚书一人,侍郎二人,郎中二人,员外郎二人。至元十三年(1276),增设尚书一人,侍郎、郎中、员外郎如故。至元十九年(1282),郎中、员外郎增至四人。至元二十三年(1286),六部尚书、侍郎、郎中确定编制为二人。第二年,考虑到户部所掌事务较他部繁忙,增设尚书二人。成宗大德五年(1301),削减尚书一人,员外郎减一人。这样,户部尚书、郎中、员外郎各设三人。元代统治者虽然缺乏合力,在发财上却有很多方法。元代的户部既发挥了前代户部的特点,又有自己的长处,户部比任何一个朝代的编制都多。元代统治者一掌权就设立交钞提举司，于中统元年(1260)开始印“中统元宝交钞”。元代的统治者用几张纸就把老百姓手中的物品掠夺到自己手中。至元十七年(1280)设畏兀儿境内宝钞提举司，至元二十四年(1287)，设江南四省宝钞提举司与陕西宝钞提举司。为了发行宝钞，在燕京行中书省设立诸路宝钞都提举司，并提升主管官员达鲁花赤（达鲁花赤，蒙古语为镇守者的意思。元代在各种行政机构中都设有达鲁花赤。达鲁花赤级别等级不一，有的级别很高，有的则是一般职务）级别为正四品，增副达鲁花赤、提控案牍各一人，以后又增加提控案牍一人。诸路宝钞都提举司设司吏十二人，蒙古必阇赤一人，回族令史一人，奏差七人。

户部除了诸路宝钞都提举司，还有一个重要财政机构，督漕运使司。督漕运使司设立于中统二年(1261)，最初的名字是军储都转运使司，设都转运使与副使。中统三年(1262)撤销军储都转运使司，改诸路监榷课税所为诸路转运司。至元五年(1268)改诸路转运司为漕运司，十二年(1275)，改为都漕运司。至元十九年(1282)，升京畿都漕运使司为正三品机构。至元二十四年(1287)，京畿都漕运使司分为内外两运司，京畿都漕运使司为内司，编制不变，掌管“在京诸仓出纳粮斛，及新运粮提举司站车攒运公事”(21)。济宁都漕运司为外司，“领接运海道粮事”。户部的其他机构还有掌税课提举司、转运司等。

机构职能

尚书“掌天下户口、钱粮、田土之政令。凡贡赋出纳之经，金币转通之法，府藏委积之实，物货贵贱之直，敛散准驳之宜，悉以任之”。“都提举万亿宝源库，掌宝钞、玉器。”都提举万亿广源库，掌香药、纸札等物品。都提举万亿赋源库，掌丝绵、布帛等物品。(22)还有掌税收职能的大都宣课提举司。

机构编制

户部设尚书三人,正三品;侍郎二人,正四品;郎中二人,从五品;员外郎三人,从六品;主事八人,从八品。胥吏编制:蒙古族必阇赤七人,令史六十一人,回族令史六人,怯里马赤一人,知印二人,奏差三十二人,蒙古族书写一人,典吏二十二人,司计官四人。

下属机构:都提举万亿宝源库,设都提举一人,正四品;提举一人,正五品;同提举一人,从五品;副提举一人,从六品;知事一人,从八品。胥吏编制:提控案牍一人,司吏二十三人,译史二人,司库四十六人。

都提举万亿广源库,设都提举一人,正四品;提举一人,正五品;同提举一人,从五品;副提举一人,从六品;知事一人,从八品。胥吏编制:提控案牍二人,司吏十二人,译史一人,司库十三人。

都提举万亿绮源库,设都提举一人,正四品;提举一人,正五品;同提举一人,从五品;副提举二人,从六品;知事一人,从八品。胥吏编制:提控案牍一人,司吏二十二人,译史一人,司库二十六人,内参用色目二人。

都提举万亿赋源库,设都提举一人,正四品;提举一人,正五品;同提举一人,从五品;副提举二人,从六品;知事一人,从八品。胥吏编制:提控案牍一人,司吏十七人,译史一人,司库十五人,内参用色目二人。

四库照磨兼架阁库,设管勾一人,从九品。

提举富宁库,设提举一人,从五品;同提举一人,从六品;副提举一人,从七品。胥吏编制:吏目一人,其后司吏增至六人,译史一人,司库八人。

诸路宝钞都提举司,设达鲁花赤一人,正四品;都提举一人,正四品;副达鲁花赤一人,正五品;提举一人,正五品;同提举二人,从五品;副提举二人,从六品;知事一人,从八品;照磨一人,从九品。

胥吏编制:提控案牍一人,司吏十二人,蒙古族必阇赤一人,回族令史一人,奏差七人。

宝钞总库,设达鲁花赤一人,从五品;大使一人,从五品;副使三人,正七品。胥吏编制:司吏七人,译史一人,司库五十人。

印造宝钞库,设达鲁花赤一人,正七品;大使二人,从七品;副使二人,正八品。

烧钞东西二库,设达鲁花赤一人,正八品;大使一人,从八品;副使一人,从九品。

行用六库,设提领一人,从七品;大使一人,从八品;副使一人,从九品。

大都宣课提举司,设提举二人,从五品;同提举一人,从六品;副提举一人,从七品。胥吏编制:提控案牍一人,司吏六人。大都宣课提举司下属机构马市、猪羊市设提领一人,从七品;大使一人,从八品;副使一人,从九品。牛驴市、果木市设提领一人,从七品;大使一人,从八品;副使一人,从九品。鱼蟹市设大使一人,副使一人。煤木所设提领一人,从八品;大使一人,从九品;副使一人。

大都酒课提举司,设提举一人,从五品;同提举二人,从六品;副提举二人,从七品。胥吏编制:提控案牍二人,司吏五人。

抄纸坊,设提领一人,正八品;大使一人,从八品;副使二人,从九品。

印造盐茶等引局,设大使一人,副使一人,攒典、库子各一人。

万亿四库,设都提举万亿库,一人,正四品。

京畿都漕运使司,设运使二人,正三品;同知二人,正四品;副使二人,正五品;判官二人,正六品;经历一人,正七品;知事一人,从八品。胥吏编制:提控案牍兼照磨二人,令史二十一人,译史二人,回族令史一人,通事一人,知印二人,奏差十六人,典吏二人。

京畿都漕运使司下属机构新运粮提举司,正五品机构,设达鲁花赤一人,都提举一人,同提举二人,副提举一人。胥吏编制:吏目一人,司吏八人,奏差十二人。京师二十二仓,正七品机构。万斯北仓、万斯南仓、千斯仓、永平仓、永济仓、惟亿仓、即盈仓、大有仓、屡丰仓、积贮仓,每仓设监支纳一人,正七品;大使二人,从七品;副使二人,正八品。丰穰仓、广济仓、广衍仓、大积仓、既积仓、盈衍仓、相因仓、顺济仓每仓各设监支纳一人,正七品;大使一人,从七品;副使二人,正八品。通济仓、广贮仓、丰润仓、丰实仓四仓,每仓各设监支纳一人,正七品;大使一人,从七品;副使一人,正八品。通惠河运粮千户所,正五品机构,设中千户一人,中副千户二人。

都漕运使司,设运使二人,正三品;同知二人,正四品;副使二人,正五品;运判三人,正六品;经历一人,从七品;知事一人,从八品。胥吏编制:提控案牍二人(一人兼照磨),司吏三十三人,通事、译史各一人,奏差十六人,典吏一人。

都漕运使司下属机构:河西务十四仓,正七品机构。永备南仓、永备北仓、广盈南仓、广盈北仓、充溢仓各设监支纳一人,正七品;大使二人,从七品;副使二人,正八品。崇墉仓、大盈仓、大京仓、大稔仓、足用仓、丰储仓、丰积仓,恒足仓、既备仓各设监支纳一人,正七品;大使一人,从七品;副使一人,正八品。通州十三仓,正七品机构,有年仓、富有仓、广储仓、盈止仓、及秭仓、乃积仓、乐岁仓、庆丰仓、延丰仓各设监支纳一人,正七品;大使二人,从七品;副使二人,正八品。足食仓、富储仓、富衍仓、及衍仓各设监支纳一人,正七品;大使一人,从七品;副使一人,正八品。河仓十七个,用从七品印。馆陶仓、旧县仓、陵州仓、傅家池仓各设监支纳一人,从七品;大使一人,从八品;副使一人。秦家渡仓、尖冢西仓、尖冢东仓、长芦仓、武强仓、夹马营仓、上口仓、唐宋仓、唐村仓、安陵仓、四柳树仓、淇门仓、伏恩仓各置监支纳一人,从八品;大使一人,从九品；副使一人。直沽广通仓，正七品机构，设大使一人。

荥阳等纲，共计三十个：济源、陵州、献州、白马、滏阳、完州、河内、南宫、沂莒、霸州、东明、获嘉、盐山、武强、胶水、东昌、武安、汝宁、修武、安阳、开封、仪封、蒲台、邹平、中牟、胶西、卫辉、浚州、曹濮州，每纲设押纲官二人，正八品（元代每三十只船为一纲）。

檀景等处采金铁冶都提举司，正四品机构，设提举一人，正四品；同提举一人，正五品；副提举一人，从六品。

大都河间等路都转运盐使司，正三品机构，设转运盐使二人，正三品；同知一人，正四品；副使一人，正五品；运判二人，正六品。首领官：经历一人，从七品；知事一人，从八品；照磨一人，从九品。下设盐场二十二所，每场设司令一人，从七品；司丞一人，从八品。

山东东路转运盐使司，正三品机构，设运判一人。下设盐场十九所，每场设司令一人，从七品；司丞一人，从八品；管勾一人，从八品。

河东陕西等处转运盐使司，正三品机构，设运判二人。下属机构有解盐场，设管勾一人，正九品；同管勾一人，从九品。河东等处解盐管民提领所，设正提领一人，从八品；副提领一人，从九品。安邑等处解盐管民提领所，设正提领一人，从八品；副提领一人，从九品。

整个户部编制最为庞大，这也充分反映了元代统治者重利的特点。重利并不是重视发展经济，而纯粹是与民争利，它与汉武帝、桑弘羊的以商制商政策还有区别。

从户部的编制可以看到，元代在机构编制上毫不吝啬，一个户部就有三个尚书，司局级职官有六十多个，这是任何一个朝代都没有的。这一方面反映了元代重利心切，另一方面反映了元朝人贪恋官位，“三品机构”是元朝人的发明。尚书本身是三品官员，在户部之下设立的正三品机构就有五个之多。

1 -3. **礼部**

机构沿革

中统元年(1260),以吏、户、礼为左三部,设尚书二人,侍郎二人,郎中四人,员外郎六人。至元元年(1264),分立为吏礼部,设尚书三人,侍郎二人,郎中四人,员外郎四人。至元七年(1270),礼部单独设立,设尚书一人,侍郎一人,郎中二人,员外郎四人。至元八年(1271),又合并为吏礼部。至元十三年(1276),礼部又独立成部。至元二十三年(1286),确定六部尚书、侍郎、郎中、员外郎编制各为二人。本来属于礼部的机构,因为礼部一直不是独立机构,这些机构多归其他衙门管辖,到此时才将其划归礼部。比如仪凤司至元八年称玉宸院,至元二十年(1283)改为仪凤司,隶属宣徽院,至元二十五年(1288)划归礼部。成宗元贞元年(1295),增加尚书一人,主管会同馆。

机构职能

礼部"掌天下礼乐、祭祀、朝会、燕享、贡举之政令。凡仪制损益之文,符印简册之信,神人封谥之法,忠孝贞义之褒,送迎聘好之节,文学僧道之事,婚姻继续之辨,音艺膳供之物,悉以任之"。侍仪司掌朝会、即位、册后、建储、奉上尊号及外国朝觐之礼。拱卫直都指挥使司掌控鹤六百余户,及仪卫之事。仪凤司掌乐工、供奉、祭飨事务。会同馆职掌接待引见诸番蛮夷峒官朝贡使者。[23]会同馆实际是礼部的外交部。因为这一职能对一个国家来说非常重要,所以专门设一个尚书主管这项工作。

从礼部职能可以看到,元代虽然沿袭了唐宋的礼部设置,但是与唐宋礼部在职能上有着很大的区别。

机构编制

礼部设尚书三人,正三品;侍郎二人,正四品;郎中二人,从五品;员外郎二人,从六品。胥吏编制:主事二人,蒙古族必阇赤二人,令史十九人,回族令史二人,怯里马赤一人,知印二人,奏差十二人,典吏三人。

礼部左三部照磨所,设照磨一人,正八品;典吏八人。

侍仪司设侍仪使四人,正三品;知侍仪事二人,正四品。首领官:典簿一人,从七品。属官:承奉班都知一人,正七品;通事舍人十六人,从七品;侍仪舍人十四人,从九品。胥吏编制:令史二人,译史一人,通事一人,知印一人。直属机构:法物库设提点一人,从五品;大使一人,从六品;副使一人,从七品;直长二员,正八品。

拱卫直都指挥使司,设达鲁花赤一人,正三品;都指挥使四人,正三品;副指挥使二人,从三品;佥事二人,正四品。首领官:经历一人,从七品;知事一人,从八品。胥吏编制:令史四人,译史一人,通事、知印各一人,奏差二人。控鹤百户所,共十三所,从七品。仪从库,从七品,掌收仪卫器仗。大使一人,从七品;副使一人,从八品。

仪凤司设大使五人,从三品;副使四人,从四品。首领官:经历一人,从七品;知事一人,从八品。胥吏编制:令史二人,译史、通事、知印各一人。仪凤司直属机构五个,云和署,正七品机构,设署令二人,署丞二人,管勾二人,协音一人,协律一人,书史二人,书吏四人,教师二人,提控四人。安和署,正七品机构,设署令二人,署丞二人,管勾二人,协音一人,协律一人,书史二人,书吏四人,教师二人,提控四人。常和署,正九品机构。设署令一人,署丞二人,管勾二人,教师二人,提控二人。天乐署,从六品机构。设署令二人,署丞二人,管勾二人,协音一人,协律一人,书史二人,书吏四人,教师二人,提控四人。广乐库,从九品机构,设大使一人,副使一人。

教坊司达鲁花赤一人,正四品;大使三人,正四品;副使四人,正五品;知事一人,从八品。胥吏编制:令史四人,译史、知印、奏差各二人,通事一人。直属机构三个:兴和署,从六品机构,设署令二人,署丞二人,管勾二人。祥和署,从六品机构,设署令一人,署丞一人,管勾一人。广乐库,从九品机构,设大使一人,副使一人。

会同馆,礼部尚书领会同馆事一人,正三品;大使二人,从四品;副使二人,从六品。胥吏编制:提控案牍一人,掌书四人,蒙古必阇赤一人,典给官八人。收支诸物库,从九品机构,大使一人,副使一人。

铸印局,正八品机构,设大使一人,副使一人,直长一人。

白纸坊,从八品机构,设大使一人,副使一人。

掌薪司,正七品机构,司令一人,正七品;司丞二人,正八品;典吏一人。

礼部虽然是一个正三品机构,但光正三品官员就有近二十人。这是历代不曾有过的。

1－4. 兵部

机构沿革

中统元年(1260),以兵、刑、工为右三部,设尚书二人,侍郎二人,郎中五人,员外郎五人,总领三部之事。至元元年(1264),单独设立工部,以兵刑为一部,设尚书四人,侍郎三人,郎中五人,员外郎五人。至元三年(1266),又合并为右三部。至元五年(1268),恢复为兵刑部,设尚书二人,削减侍郎二人,郎中五人,员外郎一人。至元七年(1270),六部单独设部,设尚书一人,侍郎三人,郎中一人,员外郎一人。至元八年(1271),与刑部又合为兵刑部。至元十三年(1276),兵部单独设部。至元二十三年(1286),确定兵部编制为尚书、侍郎、郎中、员外郎各二人。至治三年(1323),增加尚书一人。

机构职能

兵部“掌天下郡邑邮驿屯牧之政令。凡城池废置之故,山川险易之图,兵站屯田之籍,远方归化之人,官私刍牧之地,驼马、牛羊、鹰隼、羽毛、皮革之征,驿乘、邮运、祗应、公廨、皂隶之制,悉以任之”[24]。兵部的职能与宋代一样,没有用兵的职能,只是掌管邮驿屯牧之类的小事情,用兵之权都归枢密院。从兵部的具体职能看,它更像一个当代的畜牧局、军队的后勤部。内设机构大都陆运提举司,是个后勤供应站,掌管两都陆运粮斛。管领随路打捕鹰房民匠总管府,掌管皇帝打猎事宜。管领本投下大都等路打捕鹰房诸色人匠都总管府,掌管哈赞大王打猎事务。随路诸色民匠打捕鹰房等户都总管府,掌管别吉大营盘事及管领大都路打捕鹰房所属猎户。管领本位下打捕鹰房民匠等户都总管府,掌别吉大营盘城池阿哈探马儿一应差发、薛彻干定王事务。这些机构与职能最能反映蒙古族尚武狩猎的习性,所以也成为兵部的职能之一。

机构编制

兵部设尚书三人,正三品;侍郎二人,正四品;郎中二人,从五品;员外郎二人,从六品。胥吏编制:主事二人,蒙古族必阇赤二人,令史十四人,回族令史一人,怯里马赤一人,知印二人,奏差八人,典吏三人。

兵部下属机构:大都陆运提举司设提举二人,从五品;副提举一人,从七品。胥吏编制:吏目一人,司吏六人,委差十人。海王庄、七里庄、魏家庄、腊八庄四所,各设提领一人,用从九品印。

管领随路打捕鹰房民匠总管府,从三品机构。设达鲁花赤一人,总管一人,副总管二人,经历、知事各一人,提控案牍一人,胥吏令史六人。

管领本投下大都等路打捕鹰房诸色人匠都总管府,正三品机构,设达鲁花赤二人,总管一人,同知一人,副总管一人,知事一人,提控案牍一人。胥吏编制:令史四人,译史二人,奏差二人,典吏一人。

管领本投下大都等路打捕鹰房诸色人匠都总管府下属机构东

局织染提举司，从五品机构，设达鲁花赤一人，提举一人，副达鲁花赤一人，副提举一人，提控案牍一人，司吏二人。

随路诸色民匠打捕鹰房等户都总管府，从三品机构，设达鲁花赤一人，总管一人，同知一人，经历一人，知事一人，提控案牍兼照磨一人。胥吏编制：令史六人，译史一人，知印通事一人，奏差二人。

管领本位下打捕鹰房民匠等户都总管府，正三品机构，设达鲁花赤一人，总管一人，副达鲁花赤一人，同知一人，副总管一人，判官一人。胥吏编制：经历一人，知事一人，提控案牍兼照磨一人，令史六人，译史、通事、知印各一人。

从兵部的编制可以看出，兵部官员众多，其目的就是安排一批蒙古人当官。

1-5. 刑部

机构沿革

中统元年(1260)，以兵、刑、工为右三部，设尚书二人，侍郎二人，郎中五人，员外郎五人。以郎中、员外郎各一人，专管刑部事务。至元元年(1264)，工部独立，兵刑仍为一部，设尚书四人，侍郎二人，郎中四人，员外郎五人。至元三年(1266)又恢复为右三部。至元七年(1270)，单独设部，设尚书一人，侍郎一人，郎中一人，员外郎二人。至元八年(1271)，改为兵刑部。至元十三年(1276)，又改为刑部。至元二十三年(1286)，确定六部编制，尚书、侍郎、郎中、员外郎各限定二人。大德四年(1300)，增加尚书一人。首领官为主事三人。

机构职能

"掌天下刑名法律之政令。"大辟审理按覆，系囚详谳，孥收产没之籍，捕获功赏之式，冤讼疑罪审辨，狱具制度，律令拟定等。[25]

机构编制

刑部设尚书三人，正三品；侍郎二人，正四品；郎中二人，从五品；员外郎二人，从六品。胥吏编制：蒙古族必阇赤四人，令史三十人，回族令史二人，怯里马赤一人，知印二人，奏差十人，书写三人，典吏七人。

下属机构司狱司，设司狱一人，正八品；狱丞一人，正九品；狱典一人，部医一人。司籍所设提领一人，同提领一人。

1－6. 工部

机构沿革

中统元年（1260），工部属于右三部，设尚书二人，侍郎二人，郎中五人，员外郎五人，其中员外郎有二人专门负责工部事务。至元元年（1264），工部独立为部，设尚书四人，侍郎三人，郎中四人，员外郎五人。至元三年（1266），又归入右三部。至元七年（1270）自立为部，设尚书二人，侍郎二人，郎中三人，员外郎五人。至元二十三年（1286），确定工部编制为尚书、侍郎、郎中、员外郎各二人。二十四年（1287），以曹务繁冗为由，增加尚书二人。至元二十八年（1291），削减尚书一人。随着工部本身的变化，它的内设机构也不断发生变化。

机构职能

工部掌天下营造百工之政令。凡城池修浚、土木缮葺、材物给受、工匠程式、铨注局院司匠官员等事务皆总之。诸色人匠总管府，掌管百工技艺。茶迭儿局总管府，管领诸色人匠造作等事务。工部下属机构众多，不过，这些机构都属于专业机构，不像其他部有些职官人浮于事。工部因为下属机构多，人员编制也就多，仅次于户部。

机构编制

工部设尚书三人，正三品；侍郎二人，正四品；郎中二人，从五品;员外郎二人,从六品。首领官:主事五人。胥吏编制:蒙古族必阇赤六人,令史四十二人,回族令史四人,怯里马赤一人,知印一人,奏差三十人,蒙古族书写一人,典吏七人,司程官四人,右三部照磨一人,典吏七人。

左右部架阁库,正八品机构,设管勾二人,典吏十二人。

诸色人匠总管府,正三品机构,设达鲁花赤一人,总管一人,同知二人,副总管二人,经历一人,知事一人,提控案牍一人。胥吏编制:令史五人,译史一人,奏差四人。诸色人匠总管府直属机构十一个:梵像提举司,从五品机构。提举一人,同提举一人,副提举一人,吏目一人。出蜡局提举司,从五品机构,设提举一人,同提举一人,副提举一人,吏目一人。铸泻等铜局,从七品机构,设大使一人,副使一人。银局,从七品机构,设大使一人,直长一人。镔铁局,从八品机构,设大使一人。玛瑙玉局,从八品机构,设直长一人。石局,从七品机构,设大使一人,管勾一人。木局,从七品机构,设大使一人,直长一人。油漆局,设副使一人,用从七品印。诸物库,正九品机构,设提领一人,副使一人。管领随路人匠都提领所设提领一人,大使一人。

诸司局人匠总管府,正三品机构,设达鲁花赤一人,总管一人,副达鲁花赤一人,同知一人,副总管一人,经历一人,知事一人,提控案牍一人,令史四人。直属机构六个:收支库,正九品机构,设大使一人。大都毡局,从七品机构,设大使、副使各一人。大都染局,从九品机构,设大使一人。上都毡局,从五品机构,设大使一人,副使一人。隆兴毡局,设大使一人,副使一人。剪毛花毯蜡布局,设大使一人,副使一人。

提举右八作司,正六品机构,设提举二人,同提举一人,副提举一人,吏目一人,司吏九人,司库十三人,译史一人,秤子一人。

提举左八作司,正六品机构,设提举二人,同提举一人,副提举一人，吏目一人，司吏九人，司库十三人，译史一人，秤子一人。

诸路杂造总管府，正三品机构，设达鲁花赤一人，总管一人，同知一人，副总管一人，知事一人，提控案牍一人，令史六人，译史一人。

帘网局设大使一人，副使一人。收支库，设大使一人，副使一人。

茶迭儿局总管府，正三品机构，设达鲁花赤一人，总管一人，同知一人，知事一人，提控案牍一人，司吏四人。直属机构：诸司局，用从七品印，设提领一人，相副官二人。收支库，设提领一人，大使、副使各一人。

大都人匠总管府，从三品机构，设达鲁花赤一人，总管一人，同知一人，经历一人，提控案牍一人，令史十人，通事一人。直属机构四个：绣局，用从七品印，设大使一人，副使一人。纹锦总院，设提领一人，大使一人，副使一人。涿州罗局，设提领一人，大使一人。尚方库，设提领一人，大使、副使各一人。

随路诸色民匠都总管府，正三品机构，设达鲁花赤一人，总管一人，同知一人，副总管一人，经历一人，知事一人，提控案牍一人，照磨一人。胥吏编制：令史八人，译史二人，知印、通事各一人，奏差四人。直属机构有五个：织染人匠提举司，从七品机构，设达鲁花赤一人，提举一人，同提举一人，副提举一人，吏目一人。杂造人匠提举司，从七品机构，设达鲁花赤一人，提举一人，同提举一人，副提举一人，吏目一人。大都诸色人匠提举司，从五品机构，设达鲁花赤一人，提举一人，同提举一人，副提举一人，吏目一人。大都等处织染提举司，从五品机构，设达鲁花赤一人，提举一人，同提举一人，副提举一人，吏目一人。收支诸物库，从七品机构，设提领一人，大使一人，副使一人，库子二人。

提举都城所，从五品机构，设提举二人，同提举二人，副提举二人,吏目一人,照磨一人。直属机构左右厢,设官四人,用从九品印。

受给库,正八品机构,设提领一人,大使一人,副使一人。

符牌局,正八品机构,设大使一人,副使一人,直长一人。

旋匠提举司,从五品机构,设提举一人,副提举一人。

撒答剌欺提举司,正五品机构,设提举一人,副提举一人,提控案牍一人。

别失八里局,从七品机构,设大使一人,副使一人。

忽丹八里局,设大使一人,给从七品印。

平则门窑场,设提领一人,大使一人,副使一人,给从六品印。

光熙门窑场,设提领一人,大使一人,副使一人,给从八品印。

大都皮货所,设提领一人,大使一人,副使一人,用从九品印。

通州皮货所,设提领一人,大使一人,副使一人,用从九品印。

晋宁路织染提举司,设提举一人,照略案牍一人。

冀宁路织染提举司、真定路织染提举司,各置设举一人,同提举一人,副提举一人,照略案牍一人。直属机构有二个:开除局,设大使一人,副使一人,照略案牍一人。真定路纱罗兼杂造局,设大使一人,副使一人。

南宫、中山织染提举司,各设提举一人,同提举、副提举一人,照略案牍一人。

中山刘元帅局,设大使一人,副使一人。

中山察鲁局,设大使一人,副使一人。

深州织染局,设大使一人,副使一人,照略案牍一人。

深州赵良局,设大使一人,副使一人。

弘州人匠提举司,设提举一人,同提举一人,副提举一人,照略案牍一人。

纳失失毛段二局,设院长一人。

云内州织染局，设大使一人，副使一人，照略案牍一人。

大同织染局，设大使一人，副使一人，照略案牍一人。

朔州毛子局，设大使一人。

恩州织染局，设大使一人，副使一人，照略案牍一人。

恩州东昌局，设提领一人。

保定织染提举司，设提举一人，同提举一人，副提举一人，照略案牍一人。

大名人匠提举司，设提举一人，同提举一人，副提举一人，照略案牍一人。

永平路纹锦等局提举司，设提举一人，同提举一人，副提举一人，照略案牍一人。

大宁路织染局，设大使一人，副使一人，照略案牍一人。

云州织染提举司，设提举一人，同提举一人，副提举一人，照略案牍一人。

顺德路织染局，设大使一人，副使一人，照略案牍一人。

彰德路织染人匠局，设大使一人，副使一人，照略案牍一人。

怀庆路织染局，设大使一人，副使一人，照略案牍一人。

别失八里局，设官一人。

宣德府织染提举司，设提举一人，同提举一人，副提举一人，照略案牍一人。

东圣州织染局，设院长一人，局副一人。

宣德八鲁局，设提领一人，副使一人。

东平路疃局，设直长一人。

兴和路荨麻林人匠提举司，设提举一人，同提举一人，副提举一人，照略案牍一人。

阳门天城织染局，设提领一人，副使一人，照磨案牍一人。

巡河提领所，设提领二人，副提领一人。

以上为元代六部的机构编制情况。从上面可以看出，元代的六部与唐宋的六部有着明显的不同。元代的六部虽然在排列顺序上与历代一样，地位却有了很大的差异。吏部虽然还是位居天官第一部，但从职能与机构编制上很难看出尊贵，至于本该事务繁忙的刑部似乎也显得冷冷清清。在六部当中地位最低的工部却成了最强势的部，可以说历代没有一个工部像元代的工部那样强势。主管经济的户部与工部都得到空前的强化。不但吏部看上去冷清，就是在封建社会把祭祀看得非常重要的礼部，看上去也无事可干。兵部更是国家的要害之部，但是自枢密院产生之后，兵部就日渐冷清，元代更是如此。所以，元代六部虽然是“朝廷之手足”，与其他朝代相比，地位却是大不一样。中书省高官众多，六部尚书也比历代多。工部不但有三个尚书，尚书为三品高官，直属三品机构也有五个，从三品机构一个，从五品机构两个。除了三品、五品机构，元代还发明了“给从六品印”“用从九品印”就是享受几品官待遇，这是元代的发明。所以，这种情况使得皇帝连一些尚书都不认识。元代权臣奸相也多，比如阿合马、桑哥等。丞相多，尚书多，在实际工作中，难免出现掣肘。

2. 枢密院

机构沿革

枢密院设立于中统四年（1263）。在此之前，元代的军事行动一直是由大汗与宗王、万户开会议定。枢密院的设立使得元代的军事行动有了统一的指挥机构。枢密院设枢密使一人，枢密副使二人，佥书枢密事一人。在至元时期，枢密使由忽必烈的第二子燕王、中书令真金兼任。枢密使名义上是枢密院最高长官，但并不参决军务，实际主持工作的是枢密副使。至元七年（1270），设同知枢密院事一人，院判一人。至元二十八年（1291），设知院一人，增加院判一人。大德十年(1306),增加知院二人,同知五人,副枢五人,佥院五人,同佥三人,院判二人。至大三年(1310),设知院七人,同知二人,副枢二人,佥院一人,同佥一人,院判二人。延祐四年(1317),以分镇北边,增加知院一人。延祐五年(1318),增加同知一人。

为了处决军府狱讼,于至元元年(1264)设立断事官二人。至元八年(1271),增加断事官二人。至元十九年(1282),增加断事官一人。至元二十年(1283),又增加断事官二人。大德十一年(1307),增加断事官四人。皇庆元年(1312)削减二人,确定枢密院断事官编制为八人。

至元十四年(1277),设立客省使,置大使一人。至元十六年(1279),增加一人。至元二十一年(1284),设副使一人。延祐五年(1318),增加副使一人。天历元年(1328),又增副使一人。除了枢密院,元代还设有行枢密院,如西川行枢密院、江南行枢密院、甘肃行枢密院、河南行枢密院、岭北行枢密院等。这些枢密院设置时间不一,往往是根据需要而设,不久就撤销。元代的枢密院因为主管军事,都是蒙古族人担任主管,汉族人连次要官员都不能充任。刘秉忠是忽必烈的心腹参谋,也只是"同议枢密院事",而且从此之后,汉族人就难以同议枢密院事了。

机构职能

枢密院掌天下兵甲机密军务。凡是宫禁宿卫、边庭军翼、征讨戍守、简阅差遣、举功转官、节制调度,统由枢密院掌管。"凡蒙古、汉军并听枢密节制。统军司、都元帅府,除遇边面紧急事务就便调度外,其军情一切大小公事,并须申覆。合设奥鲁官,并从枢密院设置。"[26]枢密院的职能与兵部不可同日而语。枢密院不但掌管军队的调遣作战,而且主管军官的任免奖惩。连皇帝的警卫部队都归枢密院指挥。兵部尚书与枢密院主官在级别上更是无法相提并论。枢密院知院为从一品，兵部尚书只是三品大员。

机构编制

枢密院设知院六人，从一品；同知四人，正二品；副枢二人，从二品；佥院二人，正三品；同佥二人，正四品；院判二人，正五品；参议二人，正五品；经历二人，从五品；都事四人，正七品；承发兼照磨二人，正八品；架阁库管勾一人，正九品；同管勾一人，从九品。胥吏编制：掾史二十四人，译史十四人，通事三人，司印二人，宣使十九人，铨写二人，蒙古族书写二人，典吏十七人，院医二人。

客省大使二人，从五品；副使二人，从六品；令史二人。

断事官八人，正三品；经历一人，从七品。胥吏编制：令史六人，译史一人，通事、知印、奏差、典吏各一人。

右卫卫官：都指挥使三人，正三品；副都指挥使二人，从三品；佥事二人，正四品；经历二人，从七品；知事二人，照磨一人，均为从八品。胥吏编制：令史七人，译史、通事、知印各一人。右卫下属机构十五个：镇抚所，设镇抚二人。行军千户所十，正五品机构，设达鲁花赤十人，副达鲁花赤十人，千户十人，副千户十人，弹压二十人，百户二百人，知事十人。弩军千户所，正五品机构，设达鲁花赤一人，千户一人，弹压二人，百户十人。屯田左右千户所二，正五品机构，设达鲁花赤二人，千户二人，弹压二人，百户四十人。教官二人，蒙古语教授一人，儒学教授一人。

左卫卫官：都指挥使二人，正三品；副都指挥使二人，从三品；佥事二人，正四品；经历二人，从七品；知事二人，照磨一人，均为从八品。胥吏编制：令史七人，译史、通事、知印各一人。下属机构十五个：镇抚所，设镇抚二人。行军千户所十，正五品机构，设达鲁花赤十人，副达鲁花赤十人，千户十人，副千户十人，弹压二十人，百户二百人，知事十人。弩军千户所一，正五品机构，设达鲁花赤一人，千户一人，弹压二人，百户十人。屯田左右千户所二，正五品机构,设达鲁花赤一人,千户二人,弹压二人,百户四十人。教官二人,蒙古语教授一人,儒学教授一人。

中卫卫官:都指挥使三人,正三品;副都指挥使二人,从三品;佥事二人,正四品;经历二人,从七品;知事二人,承发架阁照磨一人,均为从八品。胥吏编制:令史七人,译史、通事、知印各一人。下属机构十五个:镇抚所,镇抚二人。行军千户所十,正五品机构,设达鲁花赤十人,副达鲁花赤十人,千户十人,副千户十人,弹压二十人,百户二百人,知事十人。弩军千户所一,正五品机构,设达鲁花赤一人,千户一人,弹压二人,百户十人。屯田左右千户所二,正五品机构,设达鲁花赤二人,千户二人,弹压二人,百户四十人。教官二人,蒙古语教授一人,儒学教授一人。

前卫卫官:都指挥使三人,正三品;副都指挥使二人,从三品;佥事二人,正四品;经历二人,从七品;知事二人,承发架阁照磨一人,均为从八品。胥吏编制:令史七人,译史、通事、知印各一人。下属机构十七个。镇抚所,设镇抚二人。行军千户所十,正五品机构,设达鲁花赤十人,副达鲁花赤十人,千户十人,副千户十人,弹压二十人,百户二百人。弩军千户所一,正五品机构,设达鲁花赤一人,千户一人,弹压二人,百户十人。屯田千户所二,正五品机构,达鲁花赤二人,千户二人,弹压二人,百户四十人。门尉二人,平则门尉一人,顺承门尉一人。教官二人,蒙古语教授一人,儒学教授一人。

后卫卫官:设都指挥使三人,正三品;副都指挥使二人,从三品;佥事二人,正四品;经历二人,从七品;知事二人,照磨一人,均为从八品。胥吏编制:令史七人,译史二人,知印一人,通事二人。直属机构十四个。镇抚所,设镇抚二人。行军千户所十,正五品机构,设达鲁花赤十人,副达鲁花赤十人,千户十人,副千户十人,弹压二十人,百户二百人。弩军千户所一,正五品机构,设达鲁花赤一人，千户一人，弹压二人，百户十人。屯田千户所一，正五品机构，设达鲁花赤一人，千户二人，弹压二人，百户四十人。教官二人，蒙古语教授一人，儒学教授一人。

除此之外，枢密院还有众多的下属机构。从左右前后中卫可以看到，所有军事主官都是由蒙古族担任。

3. 御史台

机构沿革

御史台与中书省、枢密院为元代三大中枢机构。

元代御史台设立于至元五年（1268），在中央机构中御史台属于设立比较晚的。御史台设官七人，御史大夫从二品，中丞从三品，侍御史从五品，治书侍御史从六品，典事从七品，检法二人，狱丞一人。“立御史台，以右丞相塔察儿为御史大夫，诏谕之曰：‘台官职在直言，朕或有未当，其极言无隐，毋惮他人，朕当尔主。’仍以诏谕天下。”[27]至元六年，“立四道按察司”，以后不断增加，灭南宋之后，进一步扩大监察机构，在全国设立行御史台。至元十四年（1277），设立江南行御史台，以监临东南诸省，统制各道宪司，而总诸内台。一开始设御史大夫、中丞、侍御史、治书侍御史各一人，统淮东、淮西、湖北、浙东、浙西、江东、江西、湖南八道提刑按察司。至元十五年（1278），增江南湖北、岭南广西、福建广东三道。至元二十三年（1286），以淮东、淮西、山南三道，划归御史内台管辖。至元三十年（1293），增海北海南一道。大德元年（1297），定为江南诸道行御史台，设官九人，以监江浙、江西、湖广三省，统江东、江西、浙东、浙西、湖南、湖北、广东、广西、福建、海南十道。从至元十四年（1277）开始，在全国先后建立二十四道提刑按察司。至元二十一年（1284），升御史大夫为从一品，中丞为正三品，侍御史为正五品，治书为正六品。至元二十七年（1290），御史大夫以下品从各升一等，设置蒙古族经历一人。大德十一年（1307），升御史中丞为正二品，侍御史为从二品，治书侍御史为正三品。皇庆元年（1312），增御史中丞为三人，第二年减一人。至治年间确定御史台编制为：御史大夫二人、中丞二人、侍御史二人、治书侍御史二人。元代御史台是历代规模最大的，职官编制也是最多的，但是其监督监察效果是最小的。尽管"省官人每做贼说谎，教百姓每生受来。御史台官人每也不曾察得，他每也做贼来"。中书省与各个部门办什么事"都要肚皮（贿赂）"，不但行省官员做贼，各衙门官员做贼，就是那些胥吏"令史每做贼说谎的不得知来"[28]。于是，忽必烈将提刑按察司改为肃政廉访司。但是随着元代政治愈加腐败，将提刑按察司改为肃政廉访司又如何能解决问题。忽必烈设置御史台是为了廉政，然而御史台的高官为了受贿称银子方便，外出查案竟然带着秤。

机构职能

御史台掌纠察百官善恶、政治得失。殿中司职掌"凡大朝会，百官班序，其失仪失列，则纠罚之；在京百官到任假告事故，出三日不报者，则纠举之；大臣入内奏事，则随以入，凡不可与闻之人，则纠避之"。察院则"司耳目之寄，任刺举之事"[29]。

机构编制

御史台设御史大夫二人，从一品；中丞二人，正二品；侍御史二人，从二品；治书侍御史二人，正三品；经历一人，从五品；都事二人，正七品；照磨一人，正八品；承发管勾兼狱丞一人，正八品；架阁库管勾兼承发一人，正九品。胥吏编制：掾史十五人，译史四人，知印二人，通事二人，宣使十人，台医二人，蒙古族书写二人，典吏六人，库子二人。

殿中司，设殿中侍御史二人，正四品。胥吏编制：知班四人，通事、译史各一人。

察院,设监察御史三十二人,正七品,书吏三十二人。

江南诸道行御史台,设御史大夫一人,从一品;中丞二人,正二品;侍御史二人,从二品;治书侍御史二人,正三品;经历一人,从五品;都事二人,正七品;照磨一人,正八品;承发管勾兼狱丞一人,正八品;架阁库管勾一人,正九品。胥吏编制:令史十六人,译史四人,回族掾史、通事、知印各二人,宣使十人,典吏、库子、台医等。

江南诸道行御史台察院,设御史二十八人,正八品;书吏二十八人。

陕西诸道行御史台察院,设御史大夫一人,从一品;御史中丞二人,正二品;侍御史二人,从二品;治书侍御史二人,正三品;经历一人,从五品;都事二人,正七品;照磨一人,正八品;架阁库管勾一人,正九品;承发司管勾兼狱丞一人,正八品。胥吏编制:掾史十二人,蒙古族必阇赤二人,回族掾史一人,通事二人,知印一人,宣使十人,典吏五人,库子二人。

陕西诸道行御史台察院,设监察御史二十人,正七品;书吏二十人。

肃政廉访司,二十二道,每道设廉访使二人,正三品;副使二人,正四品;佥事四人(两广、海南二人),正五品;经历一人,从七品;知事一人,正八品;照磨兼管勾一人,正九品。胥吏编制:书吏十六人,译史、通事各一人,奏差五人,典吏二人。

元代御史台机构之庞大,仅次于枢密院。元代御史台光三品以上官员就达到六十二人,这可以说是开创了历代御史机构的纪录。但是,御史台庞大,并不能解决腐败问题。整个社会腐败,作为监察机构的御史台自然不会出淤泥而不染,有的甚至有过之而无不及。元代虽然有几个刚直的汉族监察官员,但大都下场悲惨。

4. 大司农司

机构沿革

至元七年(1270)设立大司农司,至元十四年(1277)撤销,以按察司兼领劝农事。至元十八年(1281),改立农政院。至元二十年(1283),又改立务农司,设达鲁花赤一人,务农使一人,同知二人。同年,改务农司为司农寺,设达鲁花赤一人,司农卿二人,司丞一人。至元二十三年(1286),恢复为大司农司,正二品机构。大德元年(1297),增加领大司农事一人。皇庆二年(1313),大司农司升格为从一品,并增加大司农一人。大司农司籍田署在机构撤销后划归太常寺,至元二十三年(1286),大司农司恢复。

机构职能

大司农司掌农桑、水利、学校与饥荒等政务。下属机构籍田署掌耕种籍田,以奉宗庙祭祀。供膳司"掌供给应需,货买百色生料,并桑哥籍入赀产"[(30)]。

机构编制

大司农司设大司农四人,从一品;大司农卿二人,正二品;少卿二人,从二品;大司农丞二人,从三品;经历一人,从五品;都事二人,从七品;架阁库管勾一人,照磨一人,并正八品。胥吏编制:掾史十二人,蒙古族必阇赤二人,回族掾史一人,知印二人,通事一人,宣使八人,典吏五人。

籍田署设署令一人,从六品;署丞一人,从七品;司吏一人。

供膳司设达鲁花赤一人,提点一人,并从五品;司令一人,正六品;丞一人,正七品;吏一人。

辅用库,设大使一人,正九品;副使一人。

兴中州等处油户提领所,设提领一人,从九品;大使一人,副使一人。

蔚州面户提领所，设提领一人，副使一人。

永平屯田总管府，从三品机构，设达鲁花赤一人，总管一人，同知一人，知事一人，司吏四人。所辖昌国、济民、丰赡三署，各设署令一人、署丞一人、直长一人、吏目二人、吏二人。

5. 翰林国史院

机构沿革

中统元年(1260)，以金朝进士王鹗为翰林学士承旨，为忽必烈负责撰写制诰圣旨。虽然任命了翰林学士承旨，但并没有翰林院。至元元年(1264)设立翰林国史院，至元六年(1269)，确定翰林国史院编制：设承旨三人，学士二人，侍读学士二人，侍讲学士二人，直学士二人。至元八年(1271)，提升翰林院规格为从二品。至元十六年(1279)，增设侍读学士一人。至元十七年(1280)，增设承旨二人。至元二十年(1283)，将集贤院与翰林院合并为翰林国史集贤院。至元二十一年(1284)，增设学士二人。至元二十三年(1286)，增侍讲学士一人。至元二十六年(1289)设官吏五人，掌管教习亦思替非文字。至元二十七年(1290)，增加承旨一人。大德九年(1305)，将翰林国史集贤院升格为正二品，改典簿为司直，设都事一人。至大元年(1308)，设承旨九人。皇庆元年，将翰林国史集贤院又提升一级为从一品，改司直为经历。

机构职能

翰林国史院的职掌仍然是“纂修国史，典制诰，备顾问”[31]。“天子出御经筵，则劝讲进读，启沃圣心；退则䌷绎前闻，以待访问。任重而地亲。上所识擢，必勋阀近臣、儒林大老，与一时名人魁士，实侍从之高选，非他有司比也。”[32]

机构编制

翰林国史院设承旨六人，从一品；学士二人，正二品；侍读学士二人，从二品；侍讲学士二人，从二品；直学士二人，从三品。属官：待制五人，正五品；修撰三人，从六品；应奉翰林文字五人，从七品；编修官十人，正八品；检阅四人，正八品；典籍二人，正八品；经历一人，从五品；都事一人，从七品。胥吏编制：掾史四人，译史、通事、知印各二人，蒙古族书写五人，书写十人，接手书写十人，典吏三人，典书二人。

6. 蒙古翰林院、蒙古国子监、蒙古国子学

机构沿革

至元十二年(1275)分设蒙古翰林院，设承旨一人，直学士一人，待制二人，修撰一人，应奉四人，写圣旨必阇赤十一人，令史一人，知印一人。至元十八年(1281)，增加承旨一人，学士三人，蒙古族必阇赤四人。至元二十九年(1292)，增加承旨一人，侍读学士一人，知印一人。至元三十年(1293)，增加管勾一人。大德五年(1301)，将蒙古翰林院升格为正二品。九年，设司直一人、都事一人。皇庆元年(1312)，将蒙古翰林院提升为从一品，官员编制二十八人，胥吏编制二十四人。延祐二年(1315)，改司直为经历。

蒙古国子监于至元十四年(1277)设立，设司业一人。至元二十九年(1292)，按照汉族国子监的机构编制设祭酒、司业、监丞。至元八年(1271)，设京师国子学；延祐四年(1371)，将蒙古国子学升为正三品，延祐七年(1320)又降为从三品。主要任务就是教育随朝百官、怯薛台、蒙古、汉族官员子弟的学习。

内八府宰相，大德九年(1305)设立，以灭怯秃等八人充任。内八府宰相，有职无权，只是名誉职务。内八府宰相是元代因人设职所设立的专门机构。既是职官也是机构，专门为了安置蒙古族贵胄子弟。之所以称之为内八府宰相，是因为“其贵似侍中，其近似门下，故特宠之以是名。虽有是名，而无授受宣命，品秩则视二品

焉”[33]。这可以说是元代皇帝滥用皇权乱设机构的一种典型表现。因人设职、因利滥设机构，元代造成了中国历史第二次机构编制膨胀。

机构职能

蒙古翰林院“掌译写一切文字，及颁降玺书，并用蒙古新字，仍各以其国字副之”[34]。蒙古翰林院虽然地位很高，但由于蒙古新字起步较晚，也不发达，所以，蒙古翰林院也只能充当译写文字的任务。

蒙古国子监的主要任务就是教育蒙古族百官子弟。

内八府宰相“掌诸王朝觐傧介之事。遇有诏令，则与蒙古翰林院官同译写而润色之”[35]。

机构编制

蒙古翰林院设承旨七人，从一品；学士二人，正二品；侍读学士二人，从二品；侍讲学士二人，从二品；直学士二人，从三品；待制四人，正五品；修撰二人，从六品；应奉五人，从七品；经历一人，从五品；都事一人，从七品；承发架阁库管勾一人，正九品。胥吏编制：必阇赤十四人，掾史三人，通事一人，译史一人，知印二人，书写一人，典吏三人。

蒙古国子监设祭酒一人，从三品；司业二人，正五品；监丞一人，正六品；令史一人，必阇赤一人，知印一人。

蒙古国子学，设博士二人，正七品；助教二人，教授二人，并正八品；学正、学录各二人，典书一人，典给一人。

7. 集贤院

机构沿革

元代初期，集贤院与翰林国史院为同一官署。至元二十二年(1285)，集贤院单独分离，设大学士三人，学士一人，直学士二人，典簿一人,吏属七人。至元二十四年(1287),增设学士一人,侍读学士一人,待制一人。不久将集贤院升格为正二品机构,设院使一人,正二品;大学士二人,从二品;学士三人,从二品;侍读学士一人,从三品;侍讲学士一人,从三品;直学士二人,从四品;司直一人,从五品;待制一人,正五品。至元二十五年(1288),增加都事一人,从七品;修撰一人,从六品。元贞元年(1295),增加院使一人。大德十一年(1307),集贤院升格为从一品,设院使六人,经历二人。至大四年(1311),取消院使六人。皇庆二年(1313),取消汉人经历一人。集贤院表面上是集贤才之所,实际是道家的管理机构。至元十三年(1276),正一道首领张宗演与弟子张留孙北上朝见忽必烈,至元十五年(1278),"制授张留孙江南诸路道教都提点"[36],至元二十五年(1288),以张留孙预议集贤院事,大德十一年(1307)又以张留孙为知集贤院事,领诸路道教事。

机构职能

集贤院"掌提调学校、征求隐逸、召集贤良,凡国子监、玄门道教、阴阳祭祀、占卜祭遁之事,悉隶焉"[37]。从其职能我们看到,元代的集贤院可谓大杂烩,管理学校,征求隐士,召集贤良,还管理国子监。实际这些都是幌子,真正的职能是玄门道教。

机构编制

大学士五人,从一品;学士二人,正二品;侍读学士二人,侍讲学士二人,并从二品;直学士二人,从三品;经历一人,从五品;都事二人,从七品;待制一人,正五品;修撰一人,从六品;兼管勾承发架阁库一人,正八品。胥吏编制:掾史六人,译史、知印各二人,通事一人,宣使七人,典吏三人。

元代无论是翰林国史院,还是集贤院,对于其官员的配置都是高规格的。这样虽然得到极少数知识分子的拥护,但是整个国策如果只代表元统治集团的利益,必然就会失去绝大多数人的支持。

8. 国子监

机构沿革

至元初年，以许衡为集贤馆大学士、国子祭酒，教授国子与蒙古大姓四怯薛。选七品以上朝官子孙为国子生，三品以上朝官可以荐举民间子弟俊秀者入学，作为陪堂生伴读。元代的国子监更是名副其实的贵族子弟学校，其他朝代的国子监虽然主要招收官员子弟，但是也招收一些庶民子弟作为陪衬，元代连陪衬也不需要。

机构职能

国子监祭酒"掌学之教令"，担任国子监祭酒的都是德高望重的儒家学者。

机构编制

国子监设祭酒一人，从三品；司业二人，正五品；监丞一人，正六品；典簿一人，令史二人，译史、知印、典吏各一人。

8-1. 国子学

为国子监所属正七品机构。至元二十四年(1287)，国子学学生名额为二百人，伴读二十人。至大四年(1311)，生员为三百人。延祐二年(1315)，增加生员一百人，伴读二十人。

机构职能

掌教授生徒、考校儒人著述、教官所业文字。

机构编制

国子学设博士二人，助教四人。大德八年(1304)增加助教二人，学正二人，学录二人，典给一人。

国子监还有一个直属机构为兴文署，从六品机构，设署令一人，以翰林修撰兼任；署丞一人，以翰林应奉兼任；设典簿一人，从七品；典吏一人。至治二年(1322)取消。

9. 宣政院

机构沿革

蒙古族是一个信奉佛教的民族，所以，专门设有高规格的管理佛教与周围少数民族事务的机构——宣政院。元朝军队能够打败宋朝军队，主要盟军就是色目人。民族问题对于一个少数民族政权来说，尤为重要。中统元年（1260），忽必烈以梵僧八思八为帝师，授以玉印，统释教[38]。至元元年（1264）“立总制院，而领以国师”[39]。“总制院者，掌浮图氏之教，兼治吐蕃之事。”[40]至元十七年，“立都功德使司，从二品，掌奏帝师所统僧人并吐蕃军民等事”[41]，由总制院使兼领功德使司。至元二十五年（1288），“因唐制吐蕃来朝见于宣政殿之故，更名宣政院”[42]。宣政院设院使二人，同知二人，副使二人，参议二人，经历二人，都事四人，管勾一人，照磨一人。至元二十六年（1289），设断事官四人。至元二十八年（1291），增设佥院、同佥各一人。同年在杭州设行宣政院，掌管江南各省佛教事务。以后行宣政院多次被撤销又被恢复。元贞元年（1295），增设院判一人。大德四年（1300），取消断事官。至大初年，取消院使一人。至治三年（1323），设院使六人。天历二年（1329），撤销功德使司将其划归宣政院。至顺二年（1331）设立京畿山后道、河东山右道、辽东山北道等道、路广教总管府，掌管僧尼之政。同时各个行省、路、府、州、县也都设有管理僧道的机构。至元元年（1264）撤销功德使司。

元代的宣政院从机构的名称上，看不出是一个宗教管理部门，更不会令人将其想象成是一个庞大的机构。元代对宗教高度重视是事实，元代借崇释教兼管吐蕃之名滥设机构也是不争的事实。

宣政院是从一品衙门，是标准的宰相机构。宣政院内设机构光五品以上的职官就有十九个，有些机构虽然没有明确标明是几品，但对应其他机构也可以确定，当是五品以上机构。宣政院不像六部九寺是元代所独有的机构，六部九寺内设机构、职官因前朝有规定，而无法进行大的突破，而宣政院为前朝所无，想设多少机构就设多少机构，想置多少职官就置多少职官。宣政院三品以上高官有四十余人。而这些高官多是目不识丁的蒙古族人与色目人，且多是武夫粗人，其管理能力可想而知。

机构职能

“掌释教僧徒及吐蕃之境而隶治之。遇吐蕃有事，则为分院往镇，亦别有印。如大征伐，则会枢府议。其用人则自为选。其为选则军民通摄，僧俗并用。”(43)

机构编制

宣政院设院使十人，从一品；同知二人，正二品；副使二人，从二品；佥院二人，正三品；同佥三人，正四品；院判三人，正五品；参议二人，正五品；经历二人，从五品；都事三人，从七品；照磨一人，管勾一人，并正八品。胥吏编制：掾史十五人，蒙古族必阇赤二人，回族掾史二人，怯里马赤四人，知印二人，宣使十五人，典吏若干人。

断事官四人，从三品，经历、知事各一人，令史五人，知印、奏差、译史、通事各一人。

客省使，从五品机构，设大使二人，副使一人。

大都规运提点所，正四品机构，设达鲁花赤一人，提点一人，大使一人，副使一人。

上都规运提点所，正四品机构，设达鲁花赤一人，提点一人，大使一人，副使一人，知事一人。

大都提举资善库，从五品机构，设达鲁花赤一人，提举一人，同提举一人，副提举一人。

上都利贞库，从七品机构，设提领一人，副使一人。

大济仓，设监支纳一人，大使一人。兴教寺，设管房提领一人。

吐蕃等处宣慰司都元帅府，从二品机构，设宣慰使五人，经历二人，都事二人，照磨一人，捕盗官二人，儒学教授一人，镇抚二人。下属机构：脱思麻路军民万户府，正三品机构，设达鲁花赤一人，万户一人；副达鲁花赤一人，副万户一人；经历一人，知事一人，镇抚一人。西夏中兴河州等处军民总管府，正三品机构，设达鲁花赤一人，总管一人，同知一人，治中一人，府判一人，经历一人，知事一人。属官：税务提领，宁河县官，宁河脱脱禾孙五人，宁河弓甲匠达鲁花赤。

洮州元帅府，从三品机构，设达鲁花赤一人，元帅二人，知事一人。

十八族元帅府，从三品机构，设达鲁花赤一人，元帅一人，同知一人，知事一人。

积石州元帅府，从三品机构，设达鲁花赤一人，元帅一人，同知一人，知事一人，脱脱禾孙一人。

礼店文州蒙古汉军西番军民元帅府，正三品机构，设达鲁花赤一人，元帅一人，同知一人，经历、知事各一人，镇抚二人，蒙古奥鲁官一人，蒙古奥鲁相副官一人。

礼店文州蒙古汉军奥鲁军民千户所，从五品机构，设达鲁花赤一人，千户一人，副千户一人，总把五人，百户八人。

礼店文州蒙古汉军西番军民上千户所，正四品机构，设达鲁花赤一人，千户一人，百户一人，新附千户二人。

礼店阶州西水蒙古汉军西番军民总把二人。

吐蕃等处招讨使司，秩正三品，招讨使二人，知事一人，镇抚一人。下属机构：脱思麻探马军四万户府，正三品机构，设万户五人，千户八人，经历一人，镇抚一人。脱思麻路新附军千户所，从五品机构，设达鲁花赤一人，千户一人，副千户一人。文扶州西路南路底牙等处万户府，从三品机构，设达鲁花赤一人，万户二人。

凤翔等处千户所，从五品机构，设达鲁花赤一人，千户一人，百户二人。

庆阳宁环等处管军总把一人。

文州课程仓粮官一人。

岷州十八族周回捕盗官二人。

常阳帖城阿不笼等处万户府，从三品机构，设达鲁花赤一人，千户一人。

阶文扶州等处番汉军上千户所，正五品机构，设达鲁花赤一人，千户二人。

贵德州，设达鲁花赤、知州各一人，同知、州判各一人，脱脱禾孙一人，捕盗官一人。

必呈万户府，设达鲁花赤二人，万户四人。

松潘宕叠威茂州等处军民安抚使司，正三品机构，设达鲁花赤一人，安抚使一人，同知一人，佥事一人，经历、知事、照磨各一人，镇抚一人。

静州茶上必里溪安乡等二十六族军民千户所，设达鲁花赤一人，千户一人。

龙木头都留等十二族军民千户所，设达鲁花赤一人，千户一人。

岳希蓬萝卜村等处二十二族军民千户所，设达鲁花赤一人，千户一人。

折藏万户府，设达鲁花赤一人，万户一人。

吐蕃等路宣慰使司都元帅府，设宣慰使四人，同知二人，副使一人，经历、都事各二人，捕盗官三人，镇抚二人。

朵甘思田地里管军民都元帅府，设都元帅一人，经历一人，镇抚一人。

刺马儿刚等处招讨使司，设达鲁花赤一人，招讨使一人，经历一人。

奔不田地里招讨使司，设招讨使一人，经历一人，镇抚一人。

奔不儿亦思刚百姓，设达鲁花赤二人。

碉门鱼通黎雅长河西宁远等处军民安抚使司，正三品机构，设达鲁花赤一人，安抚使一人，同知一人，副使一人，佥事一人，经历、知事、照磨各一人，镇抚二人。

六番招讨使司，设达鲁花赤一人，招讨使一人，经历一人，知事一人。

天全招讨使司，设达鲁花赤一人，招讨二人，经历、知事各一人。

鱼通路万户府，设达鲁花赤一人，万户二人，经历、知事各一人。黎州隶之。

碉门鱼通等处管军守镇万户府，设达鲁花赤一人，万户二人，经历、知事各一人，镇抚二人，千户八人，百户二十人，弹压四人。

长河西管军万户府，设达鲁花赤一人，万户二人。

长河西里管军招讨使司，设招讨使二人，经历一人。

朵甘思招讨使一人。

朵甘思哈答李唐鱼通等处钱粮总管府，设达鲁花赤一人，总管一人，副总管一人，答剌答脱脱禾孙一人，哈里脱脱禾孙一人，朵甘思瓮吉剌灭吉思千户一人。

亦思马儿甘万户府，设达鲁花赤一人，万户二人。

乌思藏纳里速古鲁孙等三路宣慰使司都元帅府，设宣慰使五人，同知二人，副使一人，经历一人，镇抚一人，捕盗司官一人。下属机构：纳里速古儿孙元帅二人，乌思藏管蒙古军都元帅二人，担里管军招讨使一人，乌思藏等处转运一人，沙鲁思地里管民万户一人，搽里八田地里管民万户一人，乌思藏田地里管民万户一人，速儿麻加瓦田地里管民官一人,撒剌田地里管民官一人,出蜜万户一人,瞀笼答剌万户一人,思答笼剌万户一人,伯木古鲁万户一人,汤卜赤八千户四人,加麻瓦万户一人,札由瓦万户一人。牙里不藏思八万户府,达鲁花赤一人,万户一人,千户一人,担里脱脱禾孙一人。迷儿军万户府,达鲁花赤一人,万户一人,初厚江八千户一人,卜儿八官一人。

廪给司,从七品机构,掌诸王诸蕃各省四方边远使客饮食供应。至元十九年(1282)设置,设提领、司令、司丞各一人。

10. 崇福司

机构沿革

崇福司作为宗教管理机构,设立于至元二十六年(1289),延祐二年(1315),升崇福司为崇福院,设领院事一人,撤销合并也里可温掌教司七十二所,将其业务全部划归崇福院。延祐七年,恢复为崇福司。

机构职能

崇福司掌管马儿、哈昔、列班、也里可温、十字寺祭享等事务。元代称基督教教徒和教士为也里可温。"马儿"是景教教主的尊称,"哈昔"的意思是长老,"列班"的意思是教师。

机构编制

崇福司设使四人,从二品;同知二人,从三品;副使二人,从四品;司丞二人,从五品;经历一人,从六品;都事一人,从七品;照磨一人,正八品。胥吏编制:令史二人,译史、通事、知印各一人,宣使二人。

11. 宣徽院

机构沿革

至元十五年(1278)设宣徽院,设院使一人,同知、同佥各二人,主事二人，照磨一人。至元二十年（1283），将宣徽院升格为从二品，增加院使一人，设经历二人、典簿三人。至元二十三年（1286），再次提升宣徽院为正二品，设院判二人，取消典簿，设都事三人。至元三十一年（1294），设院使四人。大德二年（1298），增加同知二人。大德三年，又升从一品。大德四年，设副使二人。皇庆元年（1312），增设院使三人。元代的宣徽院是一个庞大的机构，光禄寺等都划归宣徽院。至元十五年（1278），取消都提点，设立光禄寺，设卿一人，少卿三人，主事一人，照磨一人，管勾一人。至元二十年（1283），改光禄寺为尚酝监，正四品。至元二十三年（1286），恢复光禄寺，设卿二人，少卿、丞各一人。至元二十五年（1288），光禄寺划归中书省管辖。至元三十一年（1294），又划归宣徽院。中统四年设大都尚饮局，为从六品机构。设大使、副使各一人，至元十二年（1275），增加副使二人。至元十五年（1278），升为从五品，设提点一人。至元三十一年（1294）设尚舍监。至大元年（1308）改为尚舍寺，正三品。至大四年（1311），又改为尚舍监，随后又恢复为尚舍寺。延祐三年（1316），降为正四品机构。宣徽院还有阑遗监、尚食局等众多机构。如果说中书省是行政机构，枢密院是军事机构，御史台是监察机构，那么宣徽院就是元廷的综合服务机构。在宋代，宣徽院只是一个职官很少的机构，元代变成了职官庞大的大衙门。金代的宣徽院机构编制已经膨胀，元代的宣徽院更加膨胀。

机构职能

“掌供玉食。凡稻粱牲牢酒醴蔬果庶品之物，燕享宗戚宾客之事，及诸王宿卫、怯怜口粮食，蒙古万户、千户合纳差发，系官抽分，牧养孳畜，岁支刍草粟菽，羊马价直，收受阑遗等事，与尚食、尚药、尚酝三局，皆隶焉。”

光禄寺职掌“起运米曲诸事，领尚饮、尚酝局，沿路酒坊，各路布种事”。大都尚饮局掌酝造皇帝用酒，大都尚酝局则负责为诸王百官酿酒。

尚舍寺职掌“行在帷幕帐房陈设之事，牧养骆驼，供进爱兰乳酪”[44]。

这些职能包含了皇宫与各级蒙古衙门生活供应的方方面面。

机构编制

宣徽院设院使六人，从一品；同知二人，正二品；副使二人，从二品；佥院二人，正三品；同佥二人，正四品；院判二人，正五品；经历二人，从五品；都事三人，从七品；照磨一人，承发架阁库一人，并正八品。胥吏编制：掾史二十人，蒙古族必阇赤六人，回族掾史二人，怯里马赤二人，知印二人，典吏六人，蒙古族书写二人。

光禄寺编制：卿四人，正三品；少卿二人，从四品；丞二人，从五品；主事二人，从七品。胥吏编制：令史八人，译史、知印各二人，通事一人，奏差二十四人，典吏三人，蒙古族书写一人。

大都尚饮局，设提点一人，从五品；大使一人，正六品；副使二人，正七品。

上都尚饮局，设提点一人，从五品；大使一人，正六品；副使一人，正七品。

大都尚醖局，设提点一人，从五品；大使一人，正六品；副使二人，正七品；直长一人，正八品。

大都醴源仓，设提举一人，从六品；大使一人，从七品；副使一人，正八品。

上都醴源仓，设大使一人，从九品；直长一人。

尚珍署，设达鲁花赤一人，令一人，并从五品；丞一人，正七品；吏目一人。

安丰怀远等处稻田提领所，设提领二人，从九品。

尚舍寺，正四品机构，设太监二人，少监二人，监丞二人，知事二人。

诸物库，设提领一人，大使一人，副使一人。

阑遗监，设太监一人，正四品；少监二人，正五品；监丞二人，正六品；知事一人，从八品；提控案牍一人，从九品。胥吏编制：令史五人，译史一人，知印兼通事一人，奏差五人。

尚食局，设提点二人，从五品；大使一人，正六品；副使二人，正七品；直长一人，正八品。直属机构大都生料库，设提点二人，从五品；大使二人，正六品；副使三人，正七品。上生料库，从五品机构，设提点一人，从五品；大使一人，正六品；副使二人，正七品；直长一人，正人品。大都太仓、上都太仓，各设提举一人，正六品；大使一人，从六品；副使一人，从七品。大都、上都柴炭局，各设达鲁花赤一人，正七品；大都大使一人，上都大使二人，各正七品；副使各二人，正八品；直长各一人，典吏各一人。

尚牧所，设提举二人，从五品；同提举一人，从六品；副提举一人，从七品；吏目一人。

沙糖局，设达鲁花赤一人，从五品；提点一人，从五品；大使一人，正六品；副使一人，正七品。

永备仓，设提点一人，从五品；大使一人，正六品；副使一人，正七品。

丰储仓，设大使一人，从九品。

淮东淮西屯田打捕总管府，设达鲁花赤一人，正三品；总管一人，正三品；同知一人，正五品；府判一人，正六品；经历一人，从七品；知事一人，从八品；提控案牍一人，从九品；司吏六人。

淮安州屯田打捕提举司、高邮屯田打捕提举司、招泗屯田打捕提举司、安东海州屯田打捕提举司、扬州通泰屯田打捕提举司、安丰庐州等处打捕提举司、镇巢等处打捕提举司、塔山徐邳沂州等处山场屯田提举司，每司各设达鲁花赤一人，提举一人，并从五品；同提举一人，从六品；副提举一人，从七品；吏目二人。

柴墟东西口、海州新坝、北砂太仓、安河桃源、大湖东西口、时堡兴化、高邮宝应、汶湖等处以及云山白水、安东州抽分场提领所,每所各设提领一人,同提领一人,副提领一人。

满浦仓,设大使一人,正八品;副使一人,正九品。

圆米棋子局、软皮局,各设提领一人,同提领一人,副提领一人。

手号军人打捕千户所,设达鲁花赤一人,上千户一人,上副千户一人,弹压一人。

龙庆栽种提举司,设达鲁花赤一人,提举一人,并从五品;同提举一人,从六品;副提举一人,从七品。

弘州种田提举司,设达鲁花赤一人,提举一人,并正六品;同提举一人,正七品;副提举一人,正八品;直长一人。

丰闰署,设达鲁花赤一人,令一人,俱从五品;丞一人,从六品;直长一人,正八品。

提领所七处,每所各设正、同、副提领各一人,掌九品印。

建宁北苑武夷茶场提领所,提领一人。

太禧宗禋院,从一品机构,设院使都典制神御殿事六人,同知兼佐仪神御殿事二人,副使兼奉赞神御殿事二人,佥院兼祗承神御殿事二人,同佥兼肃治神御殿事二人,院判供应神御殿事二人,参议二人,经历二人,都事二人,管勾、照磨各一人,掾史二十人,译史四人,知印二人,怯里马赤二人,宣使十五人,断事官四人,客省使大使、副使各二人。

隆禧总管府,正三品机构,设达鲁花赤一人,总管一人,副达鲁花赤一人,同知一人,治中一人,判官一人,经历一人,知事、照磨各一人,令史六人,译史、知印各一人,怯里马赤一人,奏差四人。

福元营缮司,正五品机构,设达鲁花赤一人,司令一人,大使一人,副使一人,吏目一人,司吏一人。

普安智全营缮司，正五品机构，设达鲁花赤一人，司令一人，大使、副使各一人，吏目一人，司吏一人。

祐国营缮都司，正四品机构，设达鲁花赤一人，司令一人，大使、副使各一人，知事一人，提控案牍一人。

平松等处福元田赋提举司，正五品机构，设达鲁花赤一人，提举一人，同提举、副提举各 人。

田赋提举司，正五品机构，设置提举一人、同提举一人、副提举一人。

资用库，设提领一人，大使一人。

万圣库，设提领一人，大使一人，副使一人。

会福总管府，正三品机构。设达鲁花赤一人，总管一人，同知一人，治中一人，府判一人，经历、知事、提控案牍各一人，令史八人，译史、通事、知印各一人，奏差四人。

仁王营缮司，正五品机构。设达鲁花赤一人，司令一人，大使一人，副使一人。

襄阳营田提举司，从五品机构。设达鲁花赤一人，提举一人，同提举一人，副提举一人。

江淮等处营田提举司，从五品机构。设达鲁花赤一人，提举一人，同提举一人，副提举一人。

大都等路民佃提领所，设提领一人，大使、副使各一人。

会福财用所，从七品机构，设提领一人，大使一人，副使二人。

崇祥总管府，正三品机构，设达鲁花赤一人，总管一人，副达鲁花赤一人，同知、治中、府判各一人，经历、知事、提控案牍兼照磨各一人，令史六人，译史、知印各一人，怯里马赤一人，奏差四人。

永福营缮司，正五品机构，设达鲁花赤一人，司令一人，大使一人，副使一人，都目一人。

昭孝营缮司，正五品机构，设达鲁花赤一人，司令一人，大使、副使各一人。

普庆营缮司,正五品机构,设达鲁花赤一人,司令一人,大使、副使各一人。

崇祥财用所,设提领一人,大使、副使各一人。

永福财用所,设提领、大使、副使各一人。

镇江稻田提举司,设达鲁花赤、提举、同提举、副提举各一人。

汴梁稻田提举司,设达鲁花赤、提举、同提举、副提举各一人。

平江等处田赋提举司,设达鲁花赤、提举、同提举、副提举各一人。

冀宁提领所,设提领二人。

隆祥使司,正三品机构,设司使四人,同知、副使、司丞各二人,经历一人,都事二人,照磨兼架阁一人,令史十人,译史、通事、知印各二人,宣使十人,典吏六人。

普明营缮都司,正四品机构,设达鲁花赤、司令、大使、副使各一人,知事一人,提控案牍一人。

集庆万寿营缮都司,正四品机构,设达鲁花赤、司令、大使、副使各一人,知事、提控案牍各一人。

元兴营缮都司,正四品机构,设达鲁花赤一人,司令、大使、副使各一人,知事、提控案牍各一人。

宣农提举司(后改为提举司),从五品机构,设达鲁花赤、提举、同提举、副提举各一人。天历二年,以大都等处田赋提举司隶隆祥总管府。

护圣营缮司,正五品机构,设达鲁花赤、司令、大使、副使各一人。

平江善农提举司,从五品机构,设达鲁花赤、提举、同提举、副提举各一人。

善盈库,设提领一人,大使、副使各一人。

荆襄等处济农香户提举司，正五品机构，设达鲁花赤、司令、提举、同提举、副提举各一人。

龙庆州等处田赋提领所，正九品机构，设提领、副提领各一人。

平江集庆崇禧田赋提领所，设提领、同提领、副提领各一人。

集庆崇禧财用所，设大使、副使各一人。

寿福总管府，正三品机构，设达鲁花赤、总管、副达鲁花赤、同知、治中、府判各一人，经历、知事、案牍照磨各一人，令史六人，知印、通事、译史各一人，奏差四人，典吏二人。

万安营缮司，正五品机构，设达鲁花赤、司令、大使、副使、都目各一人。

万宁营缮司，正四品机构，设达鲁花赤、司令、大使、副使、都目各一人。

收支库，设提领一人，大使一人。

延圣营缮司，正五品机构，设达鲁花赤、司令、大使、副使、都目各一人。

诸物库，设提领一人，大使一人。

宣徽院因为是服务皇帝与蒙古族人的，所以不但机构多，而且级别也高，其职官几乎占了整个国家机构的四分之一。在宋代，宣徽院只设宣徽使与副使，而且还都由枢密院副使兼任。而元代的宣徽院光三品大员就有四十多人。这说明，元代统治者从来就没有把国家利益放在第一位，他们脑子里只有皇族与蒙古族各级官员以及色目人的利益，其目的就是让更多的蒙古族人加官晋爵。从宣徽院所设机构，我们还可以看到，凡是能给统治者带来利益的行业，他们都设立机构垄断起来，把整个国家利益据为己有。一个政权，如果只想着升官发财，则这样的政权是注定不会长久的。

12. 太常礼仪院

机构沿革

太常寺成立于中统元年(1260),设寺丞一人。至元二年(1265),由翰林院兼摄太常寺。至元九年(1272),太常寺成为独立机构,设卿一人,正三品,少卿以下五人。至元十三年(1276),将侍仪司并入太常寺。至元十四年(1277),增设博士一人。至元十六年(1279),增设法物库子,掌公服法服库藏。至元二十年(1283),太常寺升格为正三品。至大元年(1308),将太常寺改升为太常礼仪院,设官十二人,正二品。至大四年,又恢复为太常寺,正三品。延祐元年(1314),又改升为太常礼仪院,正二品,以大司徒兼领。至大七年,降为从二品。天历二年(1329),又升为正二品。太常礼仪院下属机构有太庙署、郊祀署、社稷署、大乐署等。

机构职能

太常礼仪院掌大礼乐、祭享宗庙社稷、封赠谥号等事务。

机构编制

太常礼仪院设院使二人,正二品;同知二人,正三品;佥院二人,从三品;同佥二人,正四品;院判二人,正五品;经历一人,从五品;都事一人,从七品;照磨兼管勾承发架阁一人,正八品。属官有:博士二人,正七品;奉礼郎二人,奉礼兼检讨一人,并从八品;协律郎二人,从八品;太祝十人,从八品;礼直管勾一人,从九品。胥吏编制:令史四人,通事、知印、译史各二人,宣使四人,典吏三人。

太庙署,设令二人,从六品;丞一人,从七品。郊祀署,设令二人,从六品;丞二人,从七品。社稷署,设令二人,从六品;丞一人,从七品。大乐署,设令二人,从六品;丞一人,从七品。

13. 典瑞院

机构沿革

中统元年，设符宝郎二人，至元十六年(1279)，设立符宝局，正六品机构。至元十七年(1280)，升为正五品。至元十八年(1281)，符宝局改为典瑞监，为正三品机构。至元二十年(1283)，降为正四品，取消卿二人。至元二十九年(1292)，又恢复为正三品，大德十一年(1307)，典瑞监升为典瑞院，为正二品机构。

机构职能

掌宝玺、金银符牌。

机构编制

典瑞院设院使四人，正二品；同知二人，正三品；佥院二人，从三品；同佥二人，正四品；院判二人，正五品；经历二人，从五品；都事二人，从七品；照磨兼管勾承发架阁库一人，正八品。胥吏编制：令史四人，译史四人，知印、通事各一人，宣使四人，典吏三人。

14. 太史院

机构沿革

太史院早期叫太史局，至元十五年(1278)，改为太史院，有太史令等官七人。至大元年，太史院升为从二品，设官十人。延祐三年(1316)，又升为正二品，设官十五人。就太史院官员的级别来说，元代太史院官员是历代级别最高的。在官员的品级设置上，有元一代，是最慷慨大方的。不仅表现在太史院上，在所有机构设置上都是如此。

机构职能

太史院掌天文历数。

机构编制

太史院设院使五人，正二品；同知二人，正三品；佥院二人，从三品;同佥二人,正四品;院判二人,正五品;经历一人,从五品;都事一人,从七品;管勾一人,从九品。胥吏编制:令史三人,译史一人,知印二人,通事一人,宣使二人,典吏二人。

15. 太医院

机构沿革

中统元年(1260)设立太医院,主官为提点太医院事。至元二十年(1283),改太医院为尚医监,为正四品机构。至元二十二年(1285)又恢复为太医院,设提点四人,院使、副使、判官各二人。大德五年(1301),太医院升格为正二品,设官十六人。大德十一年(1307),增加院使二人。皇庆元年(1312),增加院使二人。皇庆二年(1313),又增加院使一人。

机构职能

太医院"掌医事,制奉御药物,领各属医职"。太医院所辖广惠司"掌修制御用回回药物及和剂,以疗诸宿卫士及在京孤寒者"。(45)

机构编制

太医院设院使十二人,正二品;同知二人,正三品;佥院二人,从三品;同佥二人,正四品;院判二人,正五品;经历二人,从七品;都事二人,从七品;照磨兼承发架阁库一人,正八品。胥吏编制:令史八人,译史二人,知印二人,通事二人,宣使七人。

大都、上都回回药物院,设达鲁花赤一人,大使二人,副使一人。

御药院,设达鲁花赤一人,从五品;大使二人,从五品;副使三人,正七品;直长一人,都监二人。

御药局,设达鲁花赤一人,从五品;局使二人,从五品;副使二人,正七品。

行御药局，设达鲁花赤一人，从五品；大使二人，从五品；副使三人，正七品。

御香局，设提点一人，从五品；司令一人。

上都惠民司，设提点一人，从五品；司令一人。

医学提举司，设提举一人，从五品；副提举一人。

太医院还有诸多下属职官与机构，不一而举。

16. 奎章阁学士院

机构沿革

元代既有翰林院，又设立了奎章阁学士院，而且该院级别不低，是正二品机构。元代的机构特点是对于各个机构的品级规格都定得很高，让有虚荣心的官员从心理上得到满足。这些高官大员对政权的实际作用如何不得而知。奎章阁设立于天历二年（1329），在大都兴圣殿西边的奎章阁内，“搜罗中外才俊置其中”[46]。奎章阁学士院设大学士二人，正三品。不久升为学士院，大学士也升格为正二品。至正元年（1341），奎章阁改名为宣文阁。

机构职能

奎章阁学士院的职能与翰林院的职能有所不同，但也有相似之处。就是为皇帝选择、提供经史之书，考究帝王之治。在这方面，一些学士也确实发挥过积极作用。但是，这些汉族学士受到一些蒙古族权贵的嫉恨，皇帝也无可奈何。奎章阁群玉内司掌管奎章图书宝玩以及皇帝常御之物，也就是皇帝的私人阅览室与赏玩之所；艺文监，以蒙文翻译儒家图书以及图书校勘等；监书博士则负责品定书画的真伪优劣；艺林库掌藏贮书籍；广成局掌传刻经籍及印刷。著名的《经世大典》就是由奎章阁学士们编纂完成的。

机构编制

奎章阁学士院设大学士四人，正二品；侍书学士二人，从二品；

承制学士二人，正三品；供奉学士二人，正四品。首领官：参书二人，典签二人，照磨一人。胥吏编制：内掾四人，译文内掾二人，知印二人，怯里马赤一人，宣使四人，典书五人。属官：授经郎二人。

群玉内司设监司一人，正三品；司尉一人，从三品；亚尉二人，正四品；佥司二人，从四品；司丞二人，正五品；典簿一人，正七品。胥吏编制：令史二人，知印一人，怯里马赤一人，奏差、典吏各二人，给使八人，司膳四人。

艺文监设大监检校书籍事二人，从三品；少监同检校书籍事二人，从四品；监丞参检校书籍事二人，从五品；典簿一人，照磨一人，令史四人，译史一人，怯里马赤一人，奏差二人，典吏三人。

监书博士二人，正五品；书吏一人。

艺林库，设提点一人，从六品；大使一人，副使一人，正七品；库子二人，本把二人。

广成局，设大使一人，从七品；副使一人，正八品；直长二人，正九品；司吏二人。

17. 太仆寺

机构沿革

中统四年(1263)，设立群牧所。至元十六年(1279)，改群牧所为尚牧监。至元十九年(1282)，又改太仆院。至元二十年(1283)，改太仆院为卫尉院。至元二十四年(1287)，撤销卫尉院，设立太仆寺。又另设尚乘寺以管鞍辔事务，太仆寺只负责阿塔思马匹。至元二十五年(1288)，太仆寺隶属中书省，设提调官二人。大德十一年(1307)，改为太仆院。至大四年(1311)，改为太仆寺。

机构职能

太仆寺与其他朝代的太仆寺职能相比大大缩小，只负责“阿塔思马匹，受给造作鞍辔之事”(47)。

机构编制

太仆寺设卿二人，从二品；少卿二人，从四品；丞二人，从五品。胥吏编制：经历、知事、照磨、管勾各一人，令史七人，译史、知印、通事各二人，奏差四人，回族令史一人，典吏二人。

18. 尚乘寺

机构沿革

尚乘寺设立比较晚，在至元二十四年（1287）撤销卫尉院之后，才设立尚乘寺。大德十一年（1307），尚乘寺升为尚乘院，为从二品机构。至大四年恢复为尚乘寺。延祐七年（1320），降为从三品机构。尚乘寺直属机构为资乘库，设立于至元十三年（1276），比尚乘寺设立的时间还要早。至元二十年（1283），划归卫尉。至元二十四年（1287），划归尚乘寺，掌收支鞍辔等物。

机构职能

尚乘寺“掌上御鞍辔舆辇，阿塔思群牧骟马驴骡及领随路局院鞍辔等造作，收支行省岁造鞍辔，理四怯薛阿塔赤词讼，起取南北远方马匹等事”(48)。

机构编制

尚乘寺设卿四人，正三品；少卿二人，从四品；丞二人，从五品。经历、知事、照磨、管勾各一人。胥吏编制：令史六人，译史二人，知印二人，通事二人，奏差五人，典吏二人。

资乘库，从五品机构，设提点四人，从五品；大使三人，正六品；副使四人，正七品；库子四人。

19. 长信寺

机构沿革

长信寺，大德五年（1301）设立。至大元年（1308），改升为长信院。至大四年（1311），恢复为长信寺，设卿五人，少卿一人，以宦官充任。延祐七年(1320),削减寺卿、少卿各一人。下属机构有怯怜口诸色人匠提举司。

机构职能

长信寺"领大斡耳朵怯怜口诸事",怯怜口诸色人匠提举司,"领大都、上都二铁局并怯怜口人匠,以材木铁炭皮货诸色,备斡耳朵各枝房帐之需",大都铁局与上都铁局"掌斡耳朵上下往来造作妆钉房车"。(49)

机构编制

设卿四人,正三品;少卿二人,从四品;寺丞二人,从五品;经历、知事各一人,令史六人,译史、知印各二人,通事一人,奏差四人。怯怜口诸色人匠提举司,从五品机构,设达鲁花赤一人,提举、同提举、副提举各一人,吏目一人,司吏四人。大都铁局,从五品机构,设大使一人,副使一人,直长一人。上都铁局,设大使一人,副使一人。

20. 长秋寺

机构沿革

皇庆二年设立。直属机构怯怜口诸色人匠提举司,至大元年(1308)设立。

机构职能

掌"武宗五斡耳朵户口钱粮营缮诸事"(50)。怯怜口诸色人匠提举司掌正宫造作工程与武宗军上北来人匠。

机构编制

长秋寺设寺卿五人,正三品;少卿二人,从四品;寺丞二人,从五品;经历、知事各一人,令史六人,译史、知印各二人,通事一人,奏差四人。怯怜口诸色人匠提举司,设达鲁花赤一人,同提举、副提举各一人,吏目一人,司吏四人。怯怜口诸色人匠提举司,设达鲁花赤一人,提举一人,同提举、副提举各一人,吏目一人,司吏二人。虽然都叫怯怜口诸色人匠提举司,但是两个机构,前者“掌正宫造作之役”,后者“掌领武宗军上北来人匠”。

21. 承徽寺

机构沿革

至治元年(1321)设立,属于皇后管辖机构,其直属机构有两个怯怜口诸色人匠提举司,于至治三年设立。

机构职能

承徽寺掌答儿麻失里皇后位下钱粮营缮等事。

机构编制

承徽寺设寺卿五人,正三品;少卿二人,从四品;寺丞二人,从五品;经历、知事各一人,令史六人,译史、知印各二人,通事一人,奏差四人。两个怯怜口诸色人匠提举司,正五品机构,各设达鲁花赤一人,提举、同提举、副提举各一人,吏目一人,司吏三人。

22. 长宁寺

机构沿革

至治三年(1323)设立,属元英宗皇后管辖机构。

机构职能

长宁寺掌英宗速哥八剌皇后位下户口钱粮营缮等事务。

机构编制

长宁寺设寺卿六人,正三品;少卿二人,从四品;寺丞二人,从五品;经历、知事各一人,吏属令史六人,译史、知印各二人,怯里马赤一人,奏差四人。

23. 长庆寺

机构沿革

泰定元年(1324)设立。

机构职能

掌成宗斡耳朵及常岁管办禾失房子、行幸怯薛台人等衣粮事务。

机构编制

长庆寺设寺卿六人，正三品；少卿二人，从四品；寺丞二人，从五品；经历、知事各一人，令史六人，译史、知印各二人，怯里马赤一人，奏差四人。

24. 宁徽寺

机构沿革

天历二年(1329)设立，为正三品机构。

机构职能

隶属八不沙皇后位下。

机构编制

设寺卿六人，正三品；少卿四人，从四品；丞二人，从五品；经历、知事各一人。

25. 太府监

机构沿革

中统四年(1263)设立。至元四年(1267)，为宣徽太府监，掌管内府藏库。至元八年(1271)，升为正三品。大德九年(1305)，改为太府院，为从二品机构，设院判，士人宦官参用。至大四年(1311)，改为太府监。太府监内藏库至元二年(1265)设立于上都。至元十九年(1282)，在大都设立机构，以宦官来管理。左、右藏库至元十九年(1282)设立。

机构职能

太府监领左、右藏等库，掌钱帛出纳。内藏库，掌管出纳御用诸王段匹纳失失纱罗绒锦南绵香货诸物。右藏库掌收支金银宝钞只孙段匹、水晶玛瑙玉璞诸物。左藏掌收支常课和买纱罗布绢丝绵绒锦木绵铺陈衣服诸物。

机构编制

太府监设太卿六人,正三品;太监六人,从三品;少监五人,从四品;丞五人,正五品。经历、知事、照磨各一人。胥吏编制:令史八人,译史三人,通事、知印各一人,奏差四人。

内藏库设提点四人,从五品;大使二人,正六品;副使二人,正七品。右藏设提点四人,从五品;大使二人,正六品;副使二人,正七品。左藏设提点四人,从五品;大使二人,正六品;副使二人,正七品。

26. 度支监

机构沿革

元代初期,设置孛可孙,主管马驼粮草。因为蒙古族是马背上的民族,所以马驼粮草至关重要,至元八年(1271),以重臣领孛可孙。至元十三年(1276),取消孛可孙,以宣徽院兼其任。至大二年(1309),改立度支院。至大四年(1311),改为度支监。

机构职能

度支监掌给马驼刍粟。

机构编制

度支监设卿三人,正三品;太监二人,从三品;少监三人,从四品;监丞二人,从五品。经历二人,知事一人,提控案牍一人,照磨兼管勾一人。胥吏编制:令史十四人,译史四人,通事、知印三人,奏差四人,典吏五人。

27. 利用监

机构沿革

利用监于至元十年(1273)设立。至元二十年(1283)撤销,至元二十六年(1289)恢复。大德十一年(1307),改为利用院。至大四年(1311),恢复为利用监。直属机构资用库,至元二年设立,归太府寺。至元十年(1273),划归利用监。

机构职能

掌出纳皮货衣物事务。

机构编制

利用监设卿八人,正三品;太监五人,从三品;少监五人,从四品;监丞四人,正五品。经历、知事、照磨、管勾各一人。胥吏编制:令史八人,译史二人,通事、知印各一人,奏差六人,典吏三人。直属机构:资用库,设提点二人,从五品;大使三人,正六品;副使五人,正七品;库子五人。怯怜口皮局人匠提举司,正五品机构,设提举二人,同提举一人,提控案牍一人。杂造双线局,从八品机构,设大使、副使、直长、典史各一人。熟皮局,设大使、副使、直长各一人。软皮局,设大使、副使、直长各一人。斜皮局,设副使二人。貂鼠局提举司,从五品机构,设提举一人,同提举、副提举各一人。貂鼠局,设副使二人,直长一人。染局,设副使一人,直长一人,管勾一人。熟皮局,从七品机构,设大使一人,副使一人,典史一人,司吏一人。

28. 中尚监

机构沿革

至元十五年(1278)设尚用监,至元二十年(1283)取消。至元二十四年(1287),改设中尚监。至元三十年(1293),分设两都滦河三库怯怜口杂造等九司局,由中尚监总管。至大元年(1308),中尚监升为院。至大四年(1311),恢复中尚监,参用宦官三人。

机构职能

掌大斡耳朵位下怯怜口各项业务,领资成库毡作,供内府陈设帐房帘幕车舆雨衣之用。

机构编制

设监卿八人,正三品;太监二人,从三品;少监二人,从四品;监丞二人,正五品。胥吏编制:经历、知事、照磨各一人,令史七人,译史三人,通事二人,知印二人,奏差五人。资成库,设提点三人,从五品;大使三人,正六品;副使三人,正七品。

29. 章佩监

机构沿革

至元二十二年(1285)设立。至大元年,升格为章佩院,为从二品机构。至大四年(1311),恢复为章佩监,正三品机构。

机构职能

掌宦者速古儿赤所收御服宝带。直属机构:御带库,"掌系腰偏束等带并绦环诸物,供奉御用,以备赐予"。异珍库,"掌御用珍宝、后妃公主首饰宝贝"。[51]

机构编制

设监卿五人,正三品;太监四人,从三品;少监二人,从四品;监丞二人,正五品。胥吏编制:经历、知事、照磨各一人,令史七人,译史二人,通事二人,奏差四人。

御带库,从五品机构,设提点三人,从五品;大使三人,正六品;副使二人,正七品。

异珍库,从五品机构,设提点三人,从五品;大使三人,正六品;副使二人,正七品。

30. 经正监

机构沿革

至大四年(1311)设立。

机构职能

掌营盘纳钵及标拨各投下草地,兼理有关词讼。

机构编制

设太卿一人,正三品;太监二人,从三品;少监二人,从四品;监丞二人,正五品。胥吏编制:经历、知事各一人,令史八人,译史四人。

31. 都水监

机构沿革

中统四年(1263)设立漕运河渠司,主管各地水利工程。至元二十八年(1291)设立都水监。至元二十九年(1292),将河道提举司划归都水监。大德六年(1302),都水监升格为正三品。延祐七年(1320),降为从三品机构。直属机构为大都河道提举司。

机构职能

掌治河渠并堤防水利桥梁闸堰事务。

机构编制

设都水监二人,从三品;少监一人,正五品;监丞二人,正六品。经历、知事各一人。胥吏编制:令史十人,蒙古族必阇赤一人,回族令史一人,通事、知印各一人,奏差十人,壕寨十六人,典吏二人。

大都河道提举司,设提举一人,从五品;同提举一人,从六品;副提举一人,从七品。

32. 秘书监

机构沿革

秘书监于至元九年(1272)设立。秘书监丞由大臣奏荐,选世家名臣子弟充任。这些所谓的世家名臣子弟自然都是蒙古贵族子弟。大德九年(1305),秘书监升为正三品,给银印。延祐元年

(1314),定置秘书监设卿四人,参用宦官二人。

机构职能

掌历代图籍与阴阳禁书。

机构编制

设卿四人,正三品;太监二人,从三品;少监二人,从四品;监丞二人,从五品;典簿 人,从七品;著作郎二人,从六品;著作佐郎二人,正七品;秘书郎二人,正七品;校书郎二人,正八品;辨验书画直长一人,正八品。胥吏编制:令史三人,知印、奏差各二人,译史、通事各一人,典书二人,典吏一人。

33. 司天监

机构沿革

中统元年(1260),因金朝旧制,设立司天台。至元八年(1271),以上都承应阙官,增设行司天监。至元十五年(1278),另设太史院,与司天台并立,历法归太史院,学校归司天台。至元二十三年(1286),设行司天监。至元二十七年(1290),又设行少监。皇庆元年(1312),升司天监为正四品机构。延祐元年(1314),特升司天监为正三品。延祐七年(1320),恢复为正四品。

机构职能

掌历象之事。

机构编制

设提点一人,正四品;司天监三人,正四品;少监五人,正五品;丞四人,正六品;提学二人,教授二人,并从九品;学正二人,天文科管勾二人,算历科管勾二人,三式科管勾二人,测验科管勾二人,漏刻科管勾二人,并从九品;阴阳管勾一人,押宿官二人,司辰官八人,天文生七十五人,知事一人。胥吏编制:令史二人,译史一人,通事兼知印一人。

34. 回回司天监

机构沿革

元世祖时,征召回族懂天文历象的学者,虽然征召札马剌丁等一批人,但并没有设立机构。至元八年(1271),设置回回司天台,为从五品机构。皇庆元年(1312),改回回司天台为回回司天监,为正四品机构。延祐元年(1314),升格为正三品。延祐二年,命秘书卿提调监事。延祐四年,又降为正四品。

机构职能

掌观象衍历。

机构编制

设提点一人,正四品;司天监三人,正四品;少监二人,正五品;监丞二人,正六品;教授一人,天文科管勾一人,算历科管勾一人,三式科管勾一人,测验科管勾一人,漏刻科管勾一人,阴阳人十八人,知事一人。胥吏编制:令史二人,通事兼知印一人,奏差一人。

35. 大都留守司

机构沿革

至元十九年(1282),撤销宫殿府行工部,模仿唐宋设立大都留守司,兼本路都总管,知少府监事。至元二十一年(1284),另设大都路都总管府,专门处理民事,将少府监划归留守司。皇庆元年,单独设立少府监。延祐七年(1320),撤销少府监,以留守兼理少府监事。大都留守司也是一个庞大的机构。

机构职能

大都留守司"掌守卫宫阙都城,调度本路供亿诸务,兼理营缮内府诸邸、都宫原庙、尚方车服、殿庑供帐、内苑花木及行幸汤沐宴游之所,门禁关钥启闭之事"。留守司修内司,职掌修建宫殿及大都造作工程事务。祗应司,"掌内府诸王邸第异巧工作,修禳应办寺观营缮”。器物局，“掌内府宫殿、京城门户、寺观公廨营缮及御用各位下鞍辔、忽哥轿子、帐房车辆、金宝器物，凡精巧之艺、杂作匠户，无不隶焉”。仪鸾局，“掌殿庭灯烛张设之事及殿阁浴室门户锁钥，苑中龙舟，圈槛珍异禽兽，给用内府诸宫太庙等处祭祀庭燎，缝制帘帷，洒扫掖庭”。(52)

机构编制

大都留守司设留守五人，正二品；同知二人，正三品；副留守二人，正四品；判官二人，正五品；经历一人，从六品；都事二人，从七品；管勾承发架阁库一人，正八品。胥吏编制：照磨兼覆料官一人，部役官兼壕寨一人，令史十八人，宣使十七人，典吏五人，知印二人，蒙古族必阇赤三人，回族令史一人，通事一人。

其下属机构修内司，从五品机构，设提点一人，大使一人，副使一人，直长五人，吏目一人，照磨一人，部役七人，司吏六人。大木局，从八品机构，设提领七人，管勾三人。小木局，从八品机构，设提领二人，同提领一人，副提领三人，管勾二人，提控四人。泥厦局，从八品机构，设提领八人，管勾二人。车局，从八品机构，设提领二人，管勾一人。妆钉局，从八品机构，设提领二人，同提领二人。铜局，从八品机构，设提领一人，同提领一人，管勾一人。竹作局，设提领二人，提控一人。绳局，设提领二人。

祗应司，从五品机构，设大使一人，从五品；副使一人，正七品；直长三人，正八品；吏目一人，司吏二人。油漆局，设提领五人，同提领、副提领各一人。画局，设提领五人，管勾一人。销金局，提领一人，管勾二人。裱褙局，提领一人。烧红局，提领二人。

器物局，从五品机构，设大使一人，从五品；副使一人，正七品；直长二人，正八品；吏目一人，司吏二人。铁局，设提领三人，管勾三人，提控一人。减铁局，管勾一人，提控二人。盒钵局，提领二人。成鞍局，提领三人。羊山鞍局，提领一人，提控一人。网局，提领二人，管勾一人。刀子局，提控二人。旋局，提领二人。银局，提领一人。轿子局，提领一人。采石局，从七品机构，设大使、副使各一人。山场，提领一人，管勾五人。

大都城门尉，正六品机构，设尉二人，副尉一人，大都城门共有十一门。

犀象牙局，从六品机构，设大使、副使、直长各一人，司吏一人。

雕木局，设提领一人。

牙局，设提领一人，管勾一人。

大都四窑场，从六品机构，设提领、大使、副使各一人。南窑场，设大使、副使各一人。西窑场，设大使、副使各一人。琉璃局，设大使、副使各一人。

凡山采木提举司，从五品机构，设达鲁花赤、提举各一人，并从五品；同提举一人，正七品；副提举一人，正八品；吏目一人，司吏六人。

上都采山提领所，从八品机构，设提领、副提领、提控各一人。

凡山宛平等处管夫匠所，设提领二人，同提领二人，管领催车材户提领一人。

器备库，从五品机构，设提点一人，从五品；大使一人，从六品；副使二人，正七品；直长四人，正八品。

甸皮局，正七品机构，设大使一人，

上林署，从七品机构，设署令、署丞各一人，直长一人。

养种园，设提领二人。

花园，设管勾二人。

苜蓿园，设提领三人。

仪鸾局，正五品机构，设轮直怯薛大使四人，正五品；副使二人，从六品；直长二人，正八品；都目一人，书吏二人，库子一人。烛刺赤，设提领八人，提控四人。水手，提领二人。针工，提领一人。

蜡烛局，提领一人。木场，提领一人，大使一人，副使一人。

大都路管领诸色人匠提举司，从五品机构，设提举一人，从五品；同提举一人，正七品；副提举一人，正八品；吏目一人，司吏二人。真定路、东平路管匠官，从七品机构，每路设大使一人，副使一人。保定路、宣德府管匠官，从七品机构。保定路设大使一人，副使一人，管匠官一人。宣德府设大使二人。大名路管匠官，从七品机构，设大使一人，管匠官三人。晋宁、冀宁、大同、河间四路管匠官，从七品机构，每路设大使、副使各一人。收支库，正九品机构，设提点一人，大使一人，副使二人，直长二人，库子二人。诸色库，从八品机构，设大使一人，副使一人，司库二人。太庙收支诸物库，从八品机构，设大使、副使各一人，司库四人。南寺、北寺收支诸物二库，从七品机构，设提领、大使各一人，副使二人。

广谊司，正三品机构，设司令二人，正三品；同知二人，正四品；副使二人，正五品；判官二人，正六品；经历、知事各二人，照磨一人。

36. 武备寺

机构沿革

至元五年（1268），立军器监。至元二十年（1283）立卫尉院，改军器监为武备监。至元二十一年（1284），改监为寺。大德十一年（1307），升为院。至大四年（1311），复为寺。

机构职能

掌缮治戎器，兼典受给。

机构编制

设卿四人，正三品；同判六人，从三品；少卿四人，从四品；丞四人，从五品；经历、知事各一人，照磨兼提控案牍一人，承发架阁库管勾一人，辨验弓官二人，辨验筋角翎毛等官二人，令史十三人。

寿武库,从五品机构,设提点二人,从五品;大使二人,正六品;副使四人,正七品;库子十人。

利器库,从五品机构,设提点三人,从五品;大使二人,正六品;副使三人,正七品;库子十人。

广胜库,从五品机构,设达鲁花赤一人,大使、副使各一人,库子一人。

大同路军器人匠提举司,从五品机构,设达鲁花赤一人,提举一人,并从五品;同提举一人,正七品;副提举一人,正八品。其属:丰州甲局,设院长一人;应州甲局,设院长一人;平地县甲局,设院长一人;山阴县甲局,设院长一人;白登县甲局,设头目一人;丰州弓局,设使一人;赛甫丁弓局,设头目一人。

平阳路军器人匠提举司,正六品机构,设达鲁花赤一人,提举、同提举、副提举各一人。其属:本路投下杂造局,设大使一人,副使一人;绛州甲局,设大使一人。

太原路军器人匠局,正七品机构,设达鲁花赤一人,局使一人,副使一人,吏目一人。

保定军器人匠提举司,从六品机构,设达鲁花赤、提举、同提举、副提举各一人。其属:河间甲局,设院长一人;祈州安平县甲局,设院长一人;陵州箭局,设头目一人。

真定路军器人匠提举司,从六品机构,设达鲁花赤、提举、同提举、副提举各一人。其属:冀州甲局,设院长一人。

怀孟河南等路军器人匠局,正七品机构,设局使、局副各一人。其属:怀孟路弓局,设院长一人。

汴梁路军器局,正七品机构,设局使、局副各一人。其属:常课弓局,设院长一人;常课甲局,设院长一人。

益都济南箭局,正七品机构,设局使一人。

彰德路军器人匠局,正七品机构,设大使一人,副使一人。

大名军器局，正七品机构，设大使、副使各一人。

上都甲匠提举司，从五品机构，设提举、同提举、副提举各一人。其属：兴州白局子甲局，设院长一人；兴州千户寨甲局，设院长一人；松州五指崖甲局，设院长一人；松州胜安甲局，设院长一人。

辽河等处诸色人匠提举司，从五品机构，设达鲁花赤、提举、同提举各一人。其属：辽盖弓局，设大使、副使各一人；盖州甲局，设局使一人。

上都杂造局，正七品机构，设大使、副使各一人。

奉圣州军器局，从七品机构，设大使、副使各一人。

蔚州军器人匠提举司，正六品机构，设达鲁花赤、提举、同提举、副提举各一人。

宣德府军器人匠提举司，正六品机构，设达鲁花赤、提举、同提举、副提举各一人。

广平路甲局，设院长一人。

东平等路军器人匠提举司，从五品机构，设达鲁花赤、提举、同提举、副提举各一人。

通州甲匠提举司，正六品机构，设达鲁花赤、提举、同提举、副提举各一人。

蓟州甲匠提举司，正五品机构，设达鲁花赤、提举、同提举、副提举各一人。

欠州武器局，从五品机构，设大使、副使各一人。

大都甲匠提举司，正六品机构，设达鲁花赤、提举、同提举、副提举各一人。

大都箭局，从七品机构，设大使、副使各一人。

大宁路军器人匠提举司，从六品机构，设达鲁花赤、提举、同提举、副提举各一人。

丰州杂造局，正六品机构，设达鲁花赤、大使、副使各一人。

归德府军器局，设院长一人。

汝宁府军器局，设院长一人。

陈州军器局，设院长一人。

许州军器局，从七品机构，设大使、副使各一人。

咸平府军器人匠局，从七品机构，设达鲁花赤、大使、副使各一人。

大都弓匠提举司，正五品机构，设达鲁花赤、提举、同提举、副提举各一人。其属：双搭弓局，设大使、副使各一人；成吉里弓局，设大使、副使各一人；通州弓局，设院长一人。

大都弦局，设大使、副使各一人。

隆兴路军器人匠局，设达鲁花赤、大使、副使各一人。

平滦路军器人匠局，设大使、副使各一人。

大都杂造局，设提领二人。

37. 上都留守司兼本路都总管府

机构沿革

元代初期，设置开平府。中统四年（1263），改开平府为上都路总管府。至元三年（1266），又发留守司印。至元十九年（1282），改为上都留守司兼本路都总管府。

机构职能

上都留守司兼本路都总管府品级职掌与大都留守司相同，并且兼治民事。如果皇帝车驾还大都，则领上都诸仓库事务。修内司掌营修内府事务。祗应司掌妆銮油染裱褙事务。上都留守司兼本路都总管府下属机构众多，职能各有不同。

机构编制

上都留守司兼本路都总管府设留守六人，正二品；同知二人，正三品；副留守二人，正四品；判官二人，正五品。经历二人，都事四人,照磨兼管勾一人。胥吏编制:令史四十四人,译史六人,回族令史三人,通事、知印各二人,宣使十二人。

修内司,职掌营修内府事务,设大使一人,从五品;副使三人,正七品;直长三人,正八品。

祗应司,职掌妆銮油染裱褙事务,设大使一人,从五品;副使二人,正七品;直长三人,正八品。

器物局,职掌造铁器,内府营造钉线事务,从五品机构,设大使一人,副使一人,直长二人。

仪鸾局,正五品机构,设大使二人,副使三人,直长二人。

兵马司,正四品机构,设指挥使三人,副指挥使二人,知事一人,提控案牍一人,司吏八人。

警巡院,正六品机构,设达鲁花赤一人,警巡使一人,副使二人,判官二人,司吏八人。

开平县,正六品机构,设达鲁花赤一人,尹一人,丞一人,主簿一人,尉一人,典史一人,司吏八人。

平盈库,设大使一人,副使一人。

万盈库,设达鲁花赤、监支纳、大使、副使各一人。

广积仓,设达鲁花赤、监支纳、大使、副使各一人。

万亿库,正五品机构,设达鲁花赤一人,提举一人,同提举、副提举各一人,提控案牍一人,司吏六人,译史一人。

行用库,设提点一人,大使一人,副使一人。

税课提举司,正五品机构,设提举二人,同提举、副提举、提控案牍各一人。

八作司,设达鲁花赤一人,提领、大使、副使各一人。

饩廪司,设大使一人,副使一人。

尚供总管府,正三品机构,设达鲁花赤一人,总管一人,并正三品;同知一人,从四品;副总管一人,从五品;判官一人,正六品。胥吏编制：经历、知事、提控案牍各一人，令史、译史、知印、奏差若干人。

香河等处巡检司，设巡检一人，司吏一人。

景运仓，设提点一人，从五品；大使一人，正六品；副使一人，正七品。

法物库，从九品机构，设大使、副使各一人。

云需总管府，设达鲁花赤一人，总管一人，并正三品；同知一人，从四品；副总管一人，从五品；判官一人，正六品；经历一人，知事一人，提控案牍一人。

38. 大都路都总管府

机构沿革

元代初期，大都路为燕京路，总管大兴府。中统五年（1264），称中都路。至元九年（1272）改为大都路。至元二十一年（1284），专设大都路总管府，为从三品机构，设都达鲁花赤、都总管等职官。至元二十七年（1290），升为都总管府，晋级正三品，辖一府十一州。凡本府官吏，只有达鲁花赤一人及总管、推官，专治路政，其余皆分任供需事务，故此，大都路总管府又称供需府。

机构职能

大都路总管府掌一路之政，大都路兵马都指挥使司掌京城盗贼奸伪鞫捕事务，狱司掌囚系狱具事务。

机构编制

大都路总管府为正三品机构，设达鲁花赤二人，都总管一人，副达鲁花赤二人，同知二人，治中二人，判官二人，推官二人，经历二人，知事二人，提控案牍四人，照磨兼管勾一人，令史九十五人，译史二人，回族令史一人，通事、知印各二人，奏差二十一人。

下属机构：大都路兵马都指挥使司，正四品机构，设都指挥使二人，副指挥使五人，知事一人，提控案牍一人，吏十四人。司狱司，设司狱一人，狱丞一人，狱典二人。左、右警巡院，正六品机构，设达鲁花赤各一人，使各一人，副使、判官各三人，典史各三人，司吏各二十五人。大都警巡院，正六品机构，设达鲁花赤一人，使一人，副使二人，判官二人，典史二人，司吏二十人。大都路提举学校所，正六品机构，设提举一人，教授二人，学正二人，学录一人。

管领诸路打捕鹰房总管府，正三品机构，设达鲁花赤一人，总管一人，副达鲁花赤一人，同知一人，副总管一人，经历、知事各一人。

宛平县，正六品机构，设达鲁花赤一人，尹一人，丞三人，主簿三人，尉一人，典史三人，司吏二十六人。

大兴县，正六品机构，设达鲁花赤一人，尹一人，丞一人，主簿二人，尉一人，典史三人，司吏十五人。东关厢巡检司，从九品，设巡检三人，司吏一人。西北、南关厢两巡检司，从九品，设巡检三人，司吏一人。

39. 侍正府

机构沿革

侍正府是元代内廷服务机构，设立于至顺二年（1331），为正二品机构。因为有服务宫廷的职能，因此侍正府成为一个庞大的机构。在至元六年（1269）的时候，侍正府就设立起居注和左、右补阙，掌随朝省、台、院、诸司奏闻纪录。至元十五年（1278），改由给事中兼修起居注，左、右补阙改为左、右侍仪奉御兼修起居注。侍正府其他机构有将作院，至元三十年（1293）设立。该院设院使一人，经历、都事各一人。至元三十一年，增加院使二人。元贞元年（1295），又增加二人。延祐七年（1320），取消院使二人。侍正府还有一个重要机构，即诸路金玉人匠总管府，中统二年（1261）设立，最初名称为金玉局，至元三年（1266），改为总管府，设总管一人，经历、提控案牍各一人。至元十二年（1275），又设同知、副总管各一人。至元二十五年（1288），设达鲁花赤一人。大德四年（1300），设副达鲁花赤、副总管各一人。

机构职能

侍正府掌管内廷近侍与警卫，除了保障皇帝的饮食起居和安全外，还负责皇帝的起居注。将作院掌管金玉珠翠、犀象宝贝、冠佩器皿，以及织造刺绣、段匹、纱罗等各种工艺奢侈品。诸路金玉人匠总管府掌管打造宝贝金玉冠帽、系腰束带、金银器皿，并总诸司局事务。

机构编制

侍正府设侍正十四人，正二品；同知二人，正三品；参府二人，从三品；侍判二人，正四品；经历一人，从六品；都事一人，从七品；照磨一人，从八品。领速古儿赤四百人（警卫）、奉御二十四人。胥吏编制：掾史八人，译史四人，通事、知印各二人，宣使八人，典吏五人。

奉御二十四人，正五品；尚冠奉御二人，从五品；尚冠副奉御二人，从六品；尚衣奉御二人，从五品；尚衣副奉御二人，从六品；尚鞶奉御二人，从五品；尚鞶副奉御二人，从六品；尚沐奉御二人，从五品；尚沐副奉御二人，从六品；尚饰兼尚辇奉御二人，正六品；尚饰兼尚辇副奉御二人，正七品；奉御掌簿四人，从七品。

给事中兼修起居注二人，正四品。右侍仪奉御同修起居注一人，左侍仪奉御同修起居注一人，令史一人，译史四人，通事兼知印一人。

将作院设院使七人，正二品；同知二人，正三品；同佥二人，正四品；院判二人，正五品；经历一人，从五品；都事一人，从七品；照磨管勾一人，正八品。胥吏编制：令史六人，译史、知印各二人，宣使四人。

诸路金玉人匠总管府，设达鲁花赤二人，正三品；总管二人，正三品；副达鲁花赤二人，正四品；同知二人，从四品；副总管二人，正五品；经历一人，从七品；知事一人，从八品。胥吏编制：照磨、管勾各一人，令史五人，译史一人，奏差二人。

玉局提举司，从五品机构，设提举一人，正七品；同提举一人，从七品；副提举一人，正八品。

金银器盒提举司，从五品机构，设提举一人，正七品；同提举一人，从七品；副提举一人，正八品；吏目一人。

玛瑙提举司，从五品机构，设提举一人，正七品；同提举一人，从七品；吏目一人。

阳山玛瑙提举司，从五品机构，设提举一人，正七品；同提举一人，从七品；副提举一人，正八品。

金丝子局，从五品机构，设大使一人，从五品；副使一人，正七品；直长一人。

鞓带斜皮局，从八品机构，设大使、副使各一人。

瓘玉局，从八品机构，设大使一人。

浮梁磁局，正九品机构，设大使、副使各一人。

画局，从八品机构，设大使一人。

妆钉局，从八品机构，设大使一人。

大小雕木局，从八品机构，设大使一人。

宣德隆兴等处玛瑙人匠提举司，正六品机构，设提举一人，从七品；副提举一人，从八品。

温犀玳瑁局，从八品机构，设大使一人。

上都金银器盒局，从六品机构，设大使一人，副使一人，直长一人。

漆纱冠冕局，设大使、副使各一人。

大同路采砂所，设大使一人。

管匠都提领所，从七品机构，设都提领一人。

监造诸般宝贝官，正五品机构，设达鲁花赤二人。

收支诸物库，从八品机构，设大使、副使各一人。

行诸路金玉人匠总管府，设达鲁花赤、总管各一人，并从三品；同知一人，正五品；副总管一人，从五品；经历一人，从七品；知事一人，从八品；提控案牍一人。

异样局总管府，设达鲁花赤一人，总管一人，并正三品；同知一人，从四品；副总管一人，从五品；经历一人，从七品；知事一人，从八品。

异样纹绣提举司，设提举一人，从五品；同提举一人，正七品；副提举一人，正八品。

绫锦织染提举司，设提举一人，从五品；同提举一人，正七品；副提举一人，正八品。

纱罗提举司，设提举一人，从五品；同提举一人，正七品；副提举一人，正八品。

纱金颜料总库，设大使、副使各一人，从九品。

大都等路民匠总管府，设总管一人，从三品；同知一人，正五品；副总管一人，从五品；经历一人，从七品；知事一人，从八品；提控案牍一人。

备章总院，正六品机构，设大使、副使各一人。

尚衣局，设达鲁花赤一人，从五品；提举一人，从五品；同提举一人，正七品；副提举一人，正八品；都目一人。

御衣局，设达鲁花赤、提举各一人，从五品；同提举一人，正七品；副提举一人，正八品；都目一人。

御衣史道安局（至元二年以史道安掌御衣，故以此命名），从六品机构，设大使、副使各一人。

高丽提举司，从五品机构，设提举一人。

织佛像提举司，从五品机构，设提举、副提举各二人。

侍正府因为是服务皇宫的机构，在职官编制上能得到优先照顾，仅三品大员就有三十多人，正二品侍正十四人。

40. 通政院

机构沿革

至元七年（1270），初立诸站都统领使司，至元十三年（1276），改为通政院。至元十四年（1277），分置大都、上都两个通政院；至元二十九年（1292），又设江南分院，大德七年（1303）取消。至大元年（1308），升格为正二品，至大四年撤销通政院，将其职能划归兵部。当年又设大都上都通政院，但其职能范围已经大大缩小。

机构职能

元代的通政院与后代的通政使司职能有着很大区别，元代的通政院主要掌管驿站。

机构编制

大都通政院设院使四人，从二品；同知二人，正三品；副使二人，从三品；佥院一人，正四品；同佥一人，从四品；院判一人，正五品；经历一人，从五品；都事一人，从七品；照磨兼管勾承发架阁一人，正八品。胥吏编制：令史十三人，通事一人，知印二人，宣使十人。上都通政院设院使、同知、副使、佥院、判官各一人，经历、都事各一人，品级与大都通政院相同。胥吏编制：令史四人，译史三人，通事一人，知印一人，宣使十人。

41. 中政院

机构沿革

元贞二年（1296），设立中御府，为正三品机构。大德四年（1300），中御府升格为中政院，为正二品机构。至大三年（1310），又升为从一品机构。中政院设院使七人，同知、佥院、同佥、院判各二人。至大四年(1311)，省中政院并入典内院。皇庆二年(1313)，恢复中政院，设官如旧。内设机构有中瑞司、内政司等。中政院也是机构庞大，人员众多，下属机构遍布全国各地，凡是能给中宫带来利益的，都设有其办事机构。

机构职能

掌中宫财赋营造供给与中宫警卫以及汤沐邑的管理。中瑞司掌奉宝册，内正司“掌百工营缮之役，地产孳畜之储，以供膳服，备赐予”。尚工署“掌营缮杂作之役，凡百工名数，兴造程式，与其材物，皆经度之，而责其成功”。[53]

机构编制

中政院设院使七人，正二品；同知二人，正三品；佥院二人，从三品；同佥二人，正四品；院判二人，正五品。幕职设司议二人，从五品；长史二人，正六品；照磨兼管勾承发架阁一人，正八品。胥吏编制：蒙古族必阇赤四人，掾史十二人，回族掾史二人，怯里马赤二人，知印二人，宣使十人。

中瑞司，设卿五人，正三品；丞二人，正四品；典簿二人，从七品。胥吏编制：写懿旨必阇赤四人，译史一人，令史四人，知印一人，通事一人，奏差二人，典吏二人。

内正司，设卿四人，正三品；少卿二人，正四品；丞二人，从五品；典簿二人，从七品；照磨兼管勾一人，正九品；胥吏若干人。其下属机构尚工署，设令一人，从五品；丞二人，从六品；书史一人，书吏四人。尚工署直属机构：玉列赤局，从七品机构，设提领一人，大使一人，副使一人，直长二人。赞仪署，正五品机构，设提领一人，大使一人，副使一人，直长二人。管领六盘山等处怯怜口民匠都提举司，正四品机构，设达鲁花赤一人，都提举一人，同提举二人，副提举二人，知事一人，提控案牍一人，吏四人，奏差二人。

奉元等路、平凉等处、开城等处、甘肃宁夏等路、察罕脑儿等处长官司，共计五处，均为正五品机构，各设达鲁花赤一人，长官一人，副长官一人，提控案牍一人，都目一人，吏十人。其下属机构有提领所十个，均为正七品机构，各设提领一人，同提领一人，副提领一人，典史一人。

翊正司，正三品机构，设令五人，正三品；丞四人，正四品；典簿二人，从七品；照磨一人，从八品。胥吏编制：译史二人，令史六人，知印二人，通事、奏差、典吏各二人。其直属机构：管领上都等处诸色人匠提举司，从五品机构，设达鲁花赤一人，提举一人，并从五品；同提举一人，从六品；副提举一人，从七品。胥吏编制：直长一人，都目一人，吏目一人，司吏四人，部役二人。管领随路打捕鹰房纳绵等户提举司，从五品机构，设达鲁花赤一人，提举一人，并从五品；同提举一人，从六品；副提举一人，从七品。胥吏编制：直长一人，都目一人，吏目一人，司吏四人，部役二人。管领归德亳州等处管民提领所，从七品机构，设提领一人，同提领一人，副提领一人，典史一人，司吏一人。

典饮局，正七品机构，设大使二人，副使二人，典史一人，攒典二人。

管领大都等路打捕民匠等户总管府，正三品机构，设达鲁花赤一人，总管一人，并正三品；同知一人，正四品；副总管一人，正五品；经历一人，从七品；知事一人，从八品。胥吏编制：提控案牍照磨一人，译史一人，令史、奏差各四人。

在京提举司两个，从五品机构，设达鲁花赤一人，提举一人，从五品；同提举一人，从六品；副提举一人，从七品；都目一人。涿州、保定、真定、冀宁、河南、大名、东平、东昌、济南等路提举司，共计十个，各设达鲁花赤一人，提举一人，同提举一人，副提举一人，都目一人。

提领所二十五处，每处各设提领一人，同提领一人，副提领一人，典史一人。

管领诸路打捕鹰房民匠等户总管府，正三品机构，设达鲁花赤一人，总管一人，正三品；同知一人，正五品；副总管二人，从五品；经历一人，从七品；知事一人，从八品。胥吏编制：提控案牍一人，照磨一人，译史一人，令史四人，奏差二人。

大都等路、冀宁等路、南阳唐州等处、河南路府等处管民提举司，从五品机构，每司设达鲁花赤一人，提举一人，同提举一人，副提举一人，都目一人，吏二人。

大都保定、河间真定、南阳邓州、济南嵩汝、汴梁裕州、汝济陈州、唐州泌阳、襄阳湖阳、晋宁、冀宁等处提领所，正七品机构，每所提领二人，同提领一人，副提领一人，典史一人，司吏二人。

江浙等处财赋都总管府，正三品机构，设达鲁花赤一人，都总管一人，并正三品；同知一人，正五品；副总管一人，从五品；经历一人，从七品；知事一人，从八品；照磨一人，提控案牍一人，从九品。胥吏编制：译史一人，令史十五人，奏差十五人，典吏二人。直属机构：平江、松江、建康等处提举司，正五品机构，每司各设达鲁花赤一人，提举一人，同提举一人，副提举一人，都目一人，吏目一人，司吏六人。丰盈库，设提领一人，大使一人，副使一人，典吏一人。织染局，设局使一人，典吏一人。

管领种田打捕鹰房民匠等户万户府，正三品机构，掌归德、亳州、永、宿二十余城各蒙古、汉军种田户差税。设万户一人，经历一人，知事一人，提控案牍一人，令史四人。

管领大名等处种田诸色户总管府，正五品机构，设总管一人，副总管一人，都目一人。

管领本投下大都等处诸色户计都达鲁花赤，正五品机构，设达鲁花赤一人，提控案牍一人，都目一人。

管领大都河间等路打捕鹰房总管府，正五品机构，设总管一人，副总管一人，都目一人，司吏二人。

管领东平等路管民官，正五品机构，设总管一人，相副官一人，都目一人，吏一人。

管领大名等路宣抚司、燕京路管民千户所，从七品机构，设提领一人，副提领一人。

管领曹州等处本投下民户、管领东明等处本投下户计、管领蒲城等处本投下诸色户计、管领汴梁等路本投下种田打捕躯户四提领所，正七品机构，各设提领二人，同提领、副提领各一人，典史各一人，司吏各一人。

海西辽东哈思罕等处鹰房诸色人匠怯怜口（怯怜口，蒙古语，意思是惰民，主要指投下军州的农民）万户府，正三品机构，设达鲁花赤一人，万户一人，副万户一人，经历一人，知事一人，提控案牍兼照磨一人，译史一人。直属机构镇抚司，设镇抚一人，吏一人。哈思罕等处打捕鹰房怯怜口千户所，从五品机构，设达鲁花赤一人，千户一人，副千户一人，吏目一人，司吏四人，弹压一人，部役二人。诸色人匠怯怜口千户所，从五品机构，设达鲁花赤一人，千户一人，副千户一人，都目一人，司吏四人。肇州等处女直千户所，设达鲁花赤一人，千户一人，副千户一人，吏目一人，司吏四人。

辽阳等处金银铁冶都提举司，正四品机构，设都提举一人，同提举一人，副提举一人，提控案牍一人，译史一人，吏六人，奏差二人。

管领本位下怯怜口随路诸色民匠打捕鹰房都总管府，正三品机构，设达鲁花赤一人，都总管一人，并正三品；同知一人，正五品；副总管一人，从五品。首领官：经历一人，从七品；知事一人，从八品；照磨一人，从九品。胥吏编制：令史十二人，译史四人，通事、知印各二人,奏差十人,典吏六人。

管领诸路打捕鹰房民匠等户总管府,正三品机构。设达鲁花赤一人,总管一人,并正三品;同知一人,正五品;副总管一人,从五品。首领官:经历一人,从七品;知事一人,从八品;提控案牍一人,从八品;照磨一人,从九品。胥吏编制:令史四人,译史一人,奏差二人。其直属机构:大都等路管民提举司,设达鲁花赤一人,同提举一人,副提举一人,都目一人。大都保定提领所,设提领二人,同提领一人,副提领一人,典史一人。河间真定提领所,设提领二人,同提领一人,副提领一人,典史一人。唐州提举司,设达鲁花赤一人,提举一人,同提举一人,副提举一人,都目一人。南阳邓州提领所,设提领二人,同提领一人,副提领一人,典史一人。唐州泌阳提领所,设提领二人,同提领一人,副提领一人,典史一人。襄阳湖阳提领所,设提领二人,同提领一人,副提领一人,典史一人。汝宁陈州提领所,设提领二人,同提领一人,副提领一人,典史一人。河南提举司,设达鲁花赤一人,提举一人,同提举一人,都目一人。汴梁裕州提领所,设提领二人,同提领一人,副提领一人,典史一人。河南嵩汝提领所,设提领二人,同提领一人,副提领一人,典史一人。南阳唐州提领所,设提领二人,同提领一人,副提领一人,典史一人。冀宁提举司,设达鲁花赤一人,提举一人,都目一人。冀宁提领所,设提领二人,同提领一人,副提领一人,典史一人。晋宁提领所,设提领二人,同提领一人,副提领一人,典史一人。宝昌库,设提领一人,大使一人。梁家寨银场、明世银场、密务银场、宝山银场、烧炭峪银场、胡宝峪金场、七宝山甜炭场金银场提领所,俱从七品机构,每所各设提领一人,同提领一人,副提领一人。铁冶管勾所二处,各设管勾一人,同管勾一人,副管勾一人。

奉宸库,五品机构,设提点四人,副使二人,提控案牍一人,库子六人。

广禧库,设达鲁花赤一人,提举一人,大使一人,副使二人,提控案牍一人,库子四人。

42. 大宗正府

机构沿革

大宗正府在元代机构设置中排列前位,突出蒙古族皇族的尊贵,我们根据其职能及实际地位将其列在太子宫官的前面。元代初期没有国家机构,只是设置断事官,称之为札鲁忽赤,会决宗室之间的内部庶务。大宗正府的机构编制在各个时期变化较大。至元二年(1265),设断事官十人。至元三年,设八人。至元九年,大宗正府只管理蒙古族公事,以诸王为府长,其他都是御位下及诸王有封国者以及怯薛奉旨署事。至元十四年,设断事官十四人。至元十五年,设十三人。至元二十一年,设二十一人。至元二十二年,增至三十四人。至元二十八年(1291),增至四十六人。大德四年(1300),取消断事官五人。皇庆元年(1312),取消二人,将管理的汉人刑名划归刑部。泰定元年(1324),设札鲁忽赤四十二人,令史改为掾史。致和元年(1328)规定,上都、大都所属蒙古人并怯薛军站色目人凡是与汉人发生纠纷与刑事案件的,归宗正府处断,其余路府州县汉族人、蒙古族人、色目人之间发生的词讼,归有司刑部掌管。

机构职能

凡是诸王驸马投下蒙古人、色目人等,应犯一切公事,以及汉人奸盗诈伪、蛊毒厌魅、诱掠逃驱、轻重罪囚,以及边远出征官吏、每岁从驾分司上都存留住冬诸事,都由札鲁忽赤断理。

机构编制

设札鲁忽赤四十二人,从一品;郎中二人,从五品;员外郎二人,从六品;都事二人,从七品;承发架阁库管勾一人,从八品。胥吏编制：掾史十人，蒙古族必阇赤十三人，通事、知印各三人，宣使十人，蒙古书写一人，典吏三人，库子一人，医人一人，司狱二人。

43. 储政院

机构沿革

整个元代，还没有一个机构像辅佐太子的机构那样，撤销又建立，建立又撤销，反反复复。至元十九年（1282），设立詹事院，为辅佐太子的机构，设左、右詹事各一人，副詹事、詹事丞、院判各二人，胥吏六十二人，另外设宫臣宾客二人，左右谕德、左右赞善各一人，校书郎二人，中庶子、中允各一人。至元三十一年（1294），太子裕宗去世，将詹事院的钱粮选法工役，划归太后位下，并设立徽政院掌管钱粮选法工役。大德九年（1305），复设詹事院，不久即撤销。大德十一年，重新设立詹事院，为从一品机构，设官十二人。至大四年（1311）又撤销。延祐四年（1317）恢复，延祐七年又撤销。泰定元年（1324），撤销徽政院，改立詹事院。天历元年（1328），改詹事院为储庆使司。第二年，撤销储庆使司，复立詹事院。不久改立储政院。

机构职能

詹事院"备左右辅翼皇太子"，储政院家令司"掌太子饮膳供帐仓库"。延庆司"掌修建佛事"。[54] 储政院还有众多机构，各有职能。

机构编制

储政院设院使六人，正二品；同知二人，正三品；佥院二人，从三品；同佥二人，正四品；院判二人，正五品；司议二人，从五品；长史二人，正六品；照磨二人，管勾二人，俱正八品。胥吏编制：掾史十二人，译史四人，回族掾史二人，通事、知印各二人，宣使十人，典吏六人。

家令司,正三品机构,设家令、家丞各二人,典簿二人,照磨一人。

典幄署,设令、丞各二人,书史、书吏各二人。

府正司,从三品机构,设府正、府丞各二人,典簿二人,照磨一人。

资武库,设提点一人,大使一人。

鞶用库,设提点一人,大使一人。

延庆司,正三品机构,设使二人,同知一人,副使、典簿各二人,照磨一人。

典用监,设卿四人,太监二人,少监二人,丞二人,经历、知事各一人,照磨一人。

典医监,正三品机构,设达鲁花赤二人,卿三人,太监二人,少监二人,丞二人,经历、知事各一人,胥吏十八人。直属机构:广济提举司,设达鲁花赤一人,提举、同提举、副提举各一人。行典药局,设达鲁花赤一人,大使、副使各二人。典药局,设达鲁花赤一人,大使、副使、直长各二人。

典牧监,正三品机构,设卿二人,太监二人,少监二人,丞二人,经历、知事各一人,照磨一人,胥吏十六人。

储膳司,正三品机构,设卿四人,少卿二人,丞二人,主事二人,照磨一人,令史六人,译史、通事、知印各二人,奏差六人,典吏四人。

典宝监,正三品机构,设卿、太监、少监、丞各二人,经历、知事各一人,胥吏八人。

掌谒司,正三品机构,设司卿四人,少卿四人,丞二人,典簿二人,典书九人,奏差二人,知印、译史、通事各一人。

甄用监,正三品机构,设卿三人,太监、少监、丞各二人,经历、知事、照磨各一人。

延福司，正三品机构，设令、丞各四人，典簿二人，照磨一人。

章庆使司，正三品机构，设司使四人，同知、副使、司丞各二人，经历、都事各二人，照磨、管勾各一人。

奉徽库，从五品机构，设提点、大使各二人，副使四人，库子六人。

寿和署，正五品机构，设署令四人，署丞六人。

上都掌设署，正五品机构，设署令五人，署丞二人。

掌医监，正五品机构，设监官一人，达鲁花赤一人，卿四人，太卿五人，太监五人，少监六人，丞二人。

修合司药正司，从五品机构，设达鲁花赤一人，副使、直长各二人，掌药六人。

行箧司药局，从五品机构，设达鲁花赤一人，使、副使各二人。

广济提举司，从五品机构，设达鲁花赤、提举、同提举、副提举各一人。

群牧监，正二品机构，设卿三人，太卿、少卿、监丞各二人。

掌仪署，正五品机构，设令、丞各二人。

上都掌仪署，正五品机构，设令、丞各二人。

江西财赋提举司，从五品机构，设达鲁花赤一人，提举、同提举、副提举各一人。

织染局，设局使、副使、局副各一人，相副官一人。

桑落娥眉州管民提领所，设提领、副提领各一人。

封郭等州管民提领所，设提领、同提领、副提领各一人。

龙兴打捕提领所，设提领、副提领各一人。

鄂州等处民户水陆事产提举司，设达鲁花赤一人，提举、同提举、副提举各一人。

瑞州上高县户计长官司，从五品机构，设达鲁花赤一人，长官、副长官各一人。

左都威卫使司，正三品机构，设使三人，副使二人，佥事二人，经历、知事、照磨各一人。下属机构：镇抚所，设镇抚二人，都目一人。行军千户所，设千户二人，副千户二人，知事、弹压各一人，百户二十人。屯田左、右千户所，设千户二人，都目一人，弹压一人，百户每所二十人。弩军千户所，设千户二人，都目一人，弹压一人。资食仓，设大使一人，副使一人。

右都威卫使司，正三品机构，设卫使三人，副使二人，佥事二人，经历、知事、照磨各一人。镇抚司，设镇抚二人，都目一人。行军千户五所，正四品机构，设千户五人，副千户五人，知事五人，百户五十人，弹压五人。屯田千户所，正五品机构，设千户二人，弹压一人，百户七人，都目一人。广贮仓，从九品机构，设大使一人，副使一人，攒典一人。

卫候直都指挥使司，正四品机构，设达鲁花赤二人，佩三珠虎符；都指挥使二人，佩三珠虎符；副指挥使二人，佩双珠虎符；知事一人，提控案牍一人，令史四人，译史、通事各一人，奏差二人。下属机构：百户所六个，从七品机构，每所设百户二人。仪从库，从七品机构，设大使二人，副使一人。

内宰司，正三品机构。设内宰六人，司丞四人，典簿二人，照磨一人，令史十二人，译史、知印、通事各二人，奏差六人，典吏四人。下属机构：典膳署，五品机构，设令二人，丞二人，书吏二人，仓赤三十五人。洪济镇，设提领三人。柴炭局，从七品机构，设提领一人，大使一人，副使一人。藏珍、文成、供须三库，从五品机构，各设提点二人，大使二人，副使二人。提举备用库，从五品机构，设达鲁花赤一人，提举一人，大使一人，提控案牍一人。嘉酝局，正五品机构，设提点二人，大使二人，副使二人，书史一人，书吏四人。西山煤窑场，设提领一人，大使一人，副使二人。保定等路打捕提领所，从七品机构，设提领四人，典史一人。广惠库，设大使一人，副使一人。丰裕仓，从七品机构，设监支纳一人，仓使一人，攒典二人。备物库，从七品机构，设大使二人，副使二人，库子二人，攒典二人。

管领怯怜口诸色民匠都总管府，正三品机构，设达鲁花赤一人，总管一人，并正三品；同知一人，正四品；副总管二人，正五品；经历一人，从七品；知事一人，从八品。胥吏编制：提控案牍、照磨、管勾各一人，令史十人，知印二人，通事一人，译史二人，奏差六人，典史四人。直属机构：管领大都怯怜口诸色人匠提举司，正五品机构，设达鲁花赤一人，提举一人，同提举、副提举各一人，首领官一人，司吏四人，部役二人。管领上都怯怜口诸色人匠提举司，正五品机构，设达鲁花赤一人，提举一人，同提举、副提举各一人，首领官一人，司吏四人，部役二人。典制局，从七品，大使、副使各一人，直长二人。典设署，从五品机构，设令、丞各四人，书史一人，书吏四人。杂造人匠提举司，从四品机构，设达鲁花赤一人，提举一人，同提举、副提举各一人，都目一人，司吏二人，部役二人。杂造局，正九品机构，设院长一人，直长一人，管勾一人。

随路诸色人匠都总管府，正三品机构，设达鲁花赤一人，总管二人，并正三品；同知一人，正五品；副总管二人，从五品。胥吏编制：经历、知事、照磨、提控案牍各一人，令史四人，译史一人，奏差二人，典吏一人。下属机构：上都诸色民匠提举司，从五品机构，设提举一人，同提举、副提举、吏目各一人。金银器盒局，从八品机构，设大使一人，副使一人。染局，正八品机构，设大使一人，副使一人。杂造局，正八品机构，设大使、副使各一人。泥瓦局，设大使、副使各一人。铁局，设大使一人，副使一人。上都葫芦局，设大使一人，副使一人。器物局，设副使一人。研金局，设大使一人。鞍子局，设大使一人。云州管纳色提领所，设提领一人。

大都等路诸色人匠提举司，从五品机构，设提举、同提举、副提举各一人。其下属机构:双线局,设提领一人,副使一人。大小木局,设大使一人,副使一人,直长一人。盒钵局,设大使一人,副使一人,直长一人。管纳色提领一人。

成制提举司,从五品机构,设达鲁花赤一人,提举一人,同提举、副提举各一人,吏目一人,司吏四人,部役二人。

上都、大都貂鼠软皮等局提领所,提设领二人,给从六品印。其下属机构:大都软皮局,设使一人,副使一人。斜皮局,设局使一人,副使一人。上都软皮局,设局使一人,副使一人。牛皮局,设大使一人。金丝子局,设大使一人,副使一人,直长一人。画油局,设大使一人,副使一人,直长一人。毡局,设提领一人,大使一人,副使一人,直长一人。材木库,设大使、副使各二人。玛瑙玉局,设大使、副使各一人,直长二人。大都奥鲁提领所,设提领一人。上都奥鲁提领所,设提领一人,同提领一人。上都异样毛子局,设大使一人,副使一人。上都毡局,设大使一人,副使一人,直长一人。上都斜皮等局,设大使一人,副使一人。蔚州定安等处山场采木提领所,正八品机构,设提领一人,大使一人,副使二人。上都隆兴等路杂造鞍子局,提领一人,大使一人,直长二人。真定路冀州杂造局,设大使一人,副使一人。珠翠局,设大使、副使各一人,直长一人。

管领大都等路打捕鹰房胭粉人户总管府,正四品机构。设达鲁花赤一人,总管一人,首领官一人,令史四人,译史一人,奏差二人。

管领本投下大都等路怯怜口民匠总管府,正三品机构,设达鲁花赤一人,总管一人,同知一人,副总管一人,知事一人,令史二人。其下属机构:织染提举司,正七品机构,设提举一人,同提举一人,副提举一人,都目一人,司吏一人。管民提领所三个,大都路兼奉圣州提领六人,曹州提领二人,河间路提领三人。管地提领所两个，奉圣州提领三人，东安州提领三人。

管领诸路怯怜口民匠都总管府，正三品机构，设达鲁花赤一人，总管一人，并正三品；同知二人，正五品；副总管二人，从五品；经历、知事、提控案牍兼照磨各一人，令史五人，译史一人。其下属机构：河间、益都、保定、冀宁、晋宁、大名、济宁、卫辉、宣德管民提领所，正七品机构，设提领、副提领各一人，相副官二人，典史一人，司吏二人。汴梁、曹州、大同、开元、大宁、上都、济南、真定管民提领所，设提领、副提领、相副官各一人，典史一人，司吏一人。大都、归德、鄂汉管民提领所，设提领、同提领、副提领各一人，相副官大都二人，归德、鄂汉一人，典史、司吏各一人。织染局，正七品机构，设大使、副使、相副官各一人，典史、司吏各一人。杂造局，正七品机构，设大使、副使、相副官各一人，典史、司吏各一人。弘州衣锦院，正七品机构，设大使、副使、直长各一人，典史、司吏各一人。丰州毛子局，正七品机构，设大使、副使各一人，典史、司吏各一人。缙山毛子旋匠局，正七品机构，设大使一人，典史、司吏各一人。徐邳提举司，正五品机构，设提举、同提举、副提举各一人，吏目、司吏各一人。广备库，设大使、副使各一人。

汴梁等路管民总管府，正三品机构，设达鲁花赤、总管、同知、府判各一人，经历、知事、提控案牍各一人。下属机构：常盈库，设大使、副使各一人。新降户、真阳、新蔡、息州、汝宁、陈州、汴梁、郑州、真定提领所，每所设提领各一人，副提领、相副官若干人。汝阳五里冈、许州郾城县、青龙宋冈、陈州项城商水等屯、分山曲堰、许州临颍屯、许州襄城屯、汝阳金乡屯、颍丰堰、遂平横山屯、上蔡浮召屯，汝阳县烟亭屯管佃提领，各设提领二人。

江淮等处财赋都总管府，正三品机构，设达鲁花赤、总管各一人，并正三品；同知一人，正五品；副总管二人，从五品。胥吏编制：经历、知事、照磨兼提控案牍各一人，令史十五人，奏差十五人，译史一人，典吏三人。下属机构：储用库，设提领、大使、副使各一人。杭州织染局，设大使、副使、相副官各一人。扬州等处财赋提举司，设达鲁花赤、提举、同提举、副提举各一人，提控案牍、都目各一人。扬州等处财赋提举司直属机构有安庆等处河泊所，设提领、大使、副使各一人。建康等处财赋提举司，设达鲁花赤、提举、同提举、副提举各一人，提控案牍、都目各一人。建康织染局，设大使、副使、相副官各一人。黄池织染局，设大使、副使、相副官各一人。建康等处三湖河泊所，设提领、大使、副使、相副官各一人。池州等处河泊所，设提领、大使、副使各一人。平江等处财赋提举司，设达鲁花赤、提举、同提举、副提举各一人，提控案牍、都目各一人。杭州等处财赋提举司，设达鲁花赤、提举、同提举、副提举各一人，提控案牍、都目各一人。陕西等处管领毛子匠提举司，设达鲁花赤、提举各一人。

昭功万户都总使司，正三品机构，设都总使二人，正三品；同知一人，从三品；副使二人，正四品。胥吏编制：经历、知事、照磨各一人。令史六人，译史六人，知印二人，怯里马赤二人，奏差六人，典吏四人。

宫相都总管府，正三品机构，设达鲁花赤二人，都总管一人，副达鲁花赤二人，同知二人，副总管二人，经历、知事、提控案牍承发架阁各一人。

织染杂造人匠都总管府，正三品机构，设达鲁花赤一人，总管一人，同知一人，副总管二人，经历、知事、提控案牍、照磨各一人。下属机构：织染局，从七品机构，设大使一人，副使一人。绫锦局，从七品机构，设大使一人，副使一人。纹锦局，从七品机构，设大使一人，副使一人。中山局，从七品机构，大使一人，副使一人。真定局，从七品机构，设大使一人。弘州、荨麻林纳失失局，从七品机构，各设大使一人、副使一人。大名织染、杂造提举司，正六品机构，各设提举、同提举、副提举一人。供用库，从九品机构，设大使、副使各一人。

管领诸路打捕鹰房纳绵等户总管府，正三品机构，设达鲁花赤、都总管、同知、治中、府判各一人，经历、知事、提控案牍各一人。下属机构：管领上都等处打捕鹰房纳绵等户大使司，设大使、副使各一人。管领顺德等处打捕鹰房纳绵等户提领所，设达鲁花赤、提领、副提领各一人。管领冀宁等处打捕鹰房纳绵等户提领所，设提领、副提领各一人。管领大都左右巡院等处打捕鹰房纳绵等户提领所，设提领、副提领各一人。管领固安等处打捕鹰房纳绵等户提领所，设提领、副提领各一人。管领中山等处打捕鹰房纳绵等户提领所，设提领、副提领各一人。管领济南等处打捕鹰房纳绵等户提领所，设提领、副提领各一人。管领德州等处打捕鹰房纳绵等户提领所，设提领、副提领各一人。管领益都等处打捕鹰房纳绵等户提领所，设提领、副提领各一人。管领大同等处打捕鹰房纳绵等户提领所，设提领、副提领各一人。管领济宁等处打捕鹰房纳绵等户提领所，设提领、副提领各一人。管领兴和等处打捕鹰房纳绵等户提领所，设提领、副提领各一人。管领晋宁等处打捕鹰房纳绵等户提领所，设提领、副提领各一人。管领顺州稻田提领所，设提领、副提领各一人。管领怀庆稻田提领所，设提领一人。管领檀州等处打捕鹰房纳绵等户提领所，设提领、副提领各一人。管领大宁等处打捕鹰房纳绵等户提领所，设提领、副提领各一人。管领蓟州等处打捕鹰房纳绵等户提领所，设提领、副提领各一人。管领真定等处打捕鹰房纳绵等户提领所，设提领、副提领各一人。管领赵州等处打捕鹰房纳绵等户提领所，设提领、副提领各一人。管领保定等处打捕鹰房纳绵等户提领所，设提领、副提领各一人。管领冀州等处打捕鹰房纳绵等户提领所，设提领、副提领各一人。管领汴梁等处打捕鹰房纳绵等户提领所，设提领、副提领各一人。广衍库，设大使一人。管领滑山炭场所，设大使一人。

缮工司，正三品机构，设卿二人，少卿二人，丞二人。胥吏编制：经历、知事、照磨兼提控案牍、管勾承发架阁各一人。令史四人，译史二人，知印二人，怯里马赤一人，典吏三人。下属机构：金玉珠翠提举司，设达鲁花赤、提举、同提举、副提举各一人，吏目一人，司吏四人。大都织染提举司，设提举二人，同提举、副提举各一人，吏目一人，司吏四人。大都杂造提举司，设达鲁花赤、提举、同提举、副提举各一人，吏目一人，司吏四人。富昌库，设大使一人，副使一人，库子二人，攒典一人。

内史府，正二品机构，设内史九人，正二品；中尉六人，正三品；司马四人，正四品；谘议二人，从五品；记室二人，从六品；照磨兼管勾承发架阁库，从八品。胥吏编制：掾史八人，译史四人，知印、通事各二人，宣使五人，典吏二人。下属机构：延庆司，正三品机构，设使三人，正三品；同知二人，正四品；典簿一人，从七品。胥吏编制：令史二人，译史、知印、通事各一人，奏差二人。断事官，正三品，十六人，经历、知事各一人，令史三人。典军司，从七品机构，掌控鹤一百二十六人，典军二人，副使二人。

随路诸色民匠打捕鹰房都总管府，正三品机构，设达鲁花赤二人，都总管一人，同知一人，副总管二人，经历、知事、提控案牍各一人，令史四人，奏差二人。下属机构：管领保定等路阿哈探马儿诸色人匠总管府，从三品机构，设达鲁花赤、总管、同知、副总管各一人，知事一人，吏二人。管领曹州东平等路民匠提举司，从五品机构，设达鲁花赤、提举、同提举、副提举各一人。管领大都纳绵提举司，从六品机构，设达鲁花赤、提举、副提举各一人。管领上都大都奉圣州长官司，从六品机构，设达鲁花赤、长官各一人。管领保定织染局，从六品机构，设达鲁花赤、提举、同提举、副提举各一人。管领丰州捏只局，设头目一人。管领打捕鹰房民匠达鲁花赤总管府，正四品机构，设达鲁花赤、总管、同知、副总管、知事各一人，吏二人。管领口子迤北长官司，从五品机构，设达鲁花赤、长官、副长官各一人。管领随路诸色民匠达鲁花赤等官，正五品机构，设达鲁花赤、总管、同知、副总管各一人。管领随路打捕纳绵民匠长官司，从五品机构，设达鲁花赤、长官各一人。管领大都民匠提举司，正七品机构，设提举、同提举、副提举各一人。管领涿州成锦局人匠提举司，从五品机构，设达鲁花赤、提举、同提举、副提举各一人。管领河间民匠提举司，从四品机构，设达鲁花赤、提举、同提举、副提举各一人。管领河间沧州等处长官司，正五品机构，设达鲁花赤、长官、副长官各一人。管领河间临邑等处军民长官司，正七品机构，设达鲁花赤、长官、副长官各一人。

管领随路诸色民匠打捕鹰房等户总管府，从四品机构，设达鲁花赤、总管、同知、副总管、知事各一人，司吏二人。管领涿州等处民匠异锦局，正五品机构，设达鲁花赤、提举、同提举、副提举各一人。管领上用织染局，从七品机构，设提举、同提举、副提举各一人。管领上都大都曲米等长官司，从七品机构，设达鲁花赤、长官、副长官各一人。管领彰德等处长官司，从七品机构，设达鲁花赤、长官、副长官各一人。管领上都大都等处长官司，从五品机构，设达鲁花赤、长官、副长官各一人。管领泰安等处长官司，正七品机构，设达鲁花赤、长官、副长官各一人。管领曹州等处长官司，从五品机构，设达鲁花赤、长官、副长官各一人。

管领随路打捕鹰房诸色民匠怯怜口总管府，从三品机构，设达鲁花赤、总管、同知、副总管各一人，经历、知事、提控案牍兼照磨各一人，司吏二人。下属机构：管领大都上都打捕鹰房纳米面提举司，从五品机构，设达鲁花赤、提举各一人。管领大都涿州织染提举司，从七品机构，设达鲁花赤、提举各一人。管领河间路清州人匠提举司，从五品机构，设达鲁花赤、提举各一人。

管领随路打捕鹰房诸色民匠总管府，正四品机构，设达鲁花赤、总管、同知、副总管、知事各一人。管领大都等处纳绵提举司，正七品机构，设达鲁花赤、提举、副提举各一人。管领大都等处金玉民匠稻田提举司，从五品机构，设达鲁花赤、提举、副提举各一人。管领大都蓟州等处打捕提举司，从五品机构，设达鲁花赤、提举、副提举各一人。杂造局，正六品机构，设达鲁花赤　人，提举、同提举、副提举各一人。怯怜口诸色民匠达鲁花赤并管领上都纳绵提举司，正五品机构，设达鲁花赤、长官、同知、副长官各一人，提控案牍一人。上都人匠提领所，从七品机构，设达鲁花赤、提领、同提领、副提领各一人。上都大都提领所，从七品机构，设达鲁花赤、大使、副使各一人。归德长官司，从六品机构，设达鲁花赤、长官、副长官各一人。管领上都大都诸色人匠纳绵户提举司，从五品机构，设达鲁花赤、提举、同提举各一人。致用库，从七品机构，提领、大使各一人，副使二人。提领司，从八品机构，设提领三人，副提领一人。上都人匠局，从七品机构，设达鲁花赤二人，副使二人。

元代的储政院虽然机构庞大，但是真正辅佐太子的官员并没有多少，大都是与经济利益相关的机构与职官，设立这些机构与职官主要是为了安排人员，尤其是为更多蒙古族人谋取官职。可以说，储政院的绝大多数机构与职官都是与辅佐太子无关的。辅佐太子的储政院，三品以上的大员竟然有一百多人，五品以上的机构有四十多个。元代官场，不仅是权力高低的竞争场所，更是争夺势力范围的场所。太子及其党羽成了皇帝之下的最大势力集团。至元三十一年（1294），忽必烈的太子裕宗去世，忽必烈也于不久后去世。储政院之“钱粮选法工役，悉归太后位下，改为徽政院以掌之”[55]。皇帝去世，太后就凌驾于万人之上，太后遭受晚年丧子之痛，她首先要做的就是将太子的势力收归己有。

44. 诸王傅官

元代有四十五王，每王各设王傅、傅尉、司马三人。王傅，只有宽彻不花、也不干、斡罗温孙三王设立。自三王以下皆称傅尉，在王傅之下，司马之上。王傅、傅尉、司马的设立，各个王之间也多少不同，多的三职皆设，少的只设一职。

45. 都护府

从二品机构，职掌“领旧州城及畏吾儿之居汉地者，有词讼则听之”[56]。设大都护四人，从二品；同知二人，从三品；副都护二人，从四品；经历一人，从六品；都事一人，从七品；照磨兼承发架阁库管勾一人，正八品。胥吏编制：令史四人，译史二人，通事、知印各一人，宣使四人，典吏二人。

元代中央机构编制简表

机构	职官	职能	编制	品级
中书省	中书令	典领百官，会决庶务	1人	
	左丞相		1人	正一品
	右丞相		1人	正一品
	平章政事	统六官，率百司，居令之次	4人	从一品
	左右丞		2人	正二品
	参知政事		2人	从二品
	参议中书省事		4人	正四品
	左司郎中	掌机务，贰丞相	2人	正五品
	右司郎中		2人	正五品
	断事官		41人	正三品
	客省使	裁成庶务，号左右辖	4人	正五品
吏部	尚书	掌天下官吏选授之政令	3人	正三品
	侍郎		2人	正四品
	郎中		2人	从五品

（续表）

机构	职官	职能	编制	品级
户部	尚书	掌天下户口、钱粮、田土之政令	3人	正三品
	侍郎		2人	正四品
	郎中		2人	从五品
都提举万亿宝源库	都提举		1人	正四品
	提举		1人	正五品
	同楬举		1人	从五品
都提举万亿广源库	都提举		1人	正四品
	提举		1人	正五品
	同提举		1人	从五品
都提举万亿绮源库	都提举		1人	正四品
	提举		1人	正五品
	同提举		1人	从五品
都提举万亿赋源库	都提举		1人	正四品
	提举		1人	正五品
	同提举		1人	从五品
提举富宁库	提举		1人	从五品
	同提举		1人	从六品
诸路宝钞都提举司	达鲁花赤		1人	正四品
	都提举		1人	正四品
	副达鲁花赤		1人	正五品
	提举		1人	正五品
	同提举		2人	从五品
宝钞总库	达鲁花赤		1人	从五品
	大使		1人	从五品
大都宣课提举司	提举		2人	从五品
大都酒课提举司	提举		1人	从五品
万亿四库	都提举万亿库		1人	正四品
京畿都漕运使司	运使		2人	正三品
	同知		2人	正四品
	副使		2人	正五品
新运粮提举司	达鲁花赤		1人	正五品
	都提举		1人	正五品
	同提举		2人	从五品
	副提举		1人	从五品
通惠河运粮千户所	千户		1人	正五品
都漕运使司	运使		2人	正三品
	同知		2人	正四品
	副使		2人	正五品
檀景等处采金铁冶都提举司	提举		1人	正四品
	同提举		1人	正五品
大都河间等路都转运盐使司	转运盐使		2人	正三品
	同知		1人	正四品
	副使		1人	正五品
山东东路转运盐使司	运判		1人	正三品
河东陕西转运盐使司	运判		2人	正三品

（续表）

机构	职官	职能	编制	品级
礼部	尚书	掌天下礼乐、祭祀、朝会、燕享、贡举之政令	2人	正三品
	侍郎		2人	正四品
	郎中		2人	从五品
侍仪司	侍仪使		4人	正三品
	知侍仪事		2人	正四品
拱卫直都指挥使司	达鲁花赤		1人	正三品
	都指挥使		4人	正三品
	副指挥使		2人	从三品
	佥事		2人	正四品
仪凤司	大使		5人	从三品
	副使		3人	从四品
教坊司	达鲁花赤		1人	正四品
	大使		3人	正四品
	副使		4人	正五品
会同馆	尚书领会同馆事		1人	正三品
	大使		2人	从四品
兵部	尚书	掌天下郡邑邮驿屯牧之政令	3人	正三品
	侍郎		2人	正四品
	郎中		2人	从五品
大都陆运提举司	提举		2人	从五品
刑部	尚书	掌天下刑名法律之政令	3人	正三品
	侍郎		2人	正四品
	郎中		2人	从五品
工部	尚书	掌天下营造百工之政令	3人	正三品
	侍郎		2人	正四品
	郎中		2人	从五品
诸色人匠总管府	达鲁花赤		1人	正三品
	总管		1人	正三品
诸司局人匠总管府	达鲁花赤		1人	正三品
	总管		1人	正三品
诸路杂造总管府	达鲁花赤		1人	正三品
	总管		1人	正三品
茶迭儿局总管府	达鲁花赤		1人	正三品
	总管		1人	正三品
大都人匠总管府	达鲁花赤		1人	正三品
	总管		1人	正三品
随路诸色民匠都总管府	达鲁花赤		1人	正三品
	总管		1人	正三品
提举都城所	提举		2人	从五品
	同提举		2人	从五品
旋匠提举司	提举		1人	从五品
撒答剌欺提举司	提举		1人	正五品

（续表）

机构	职官	职能	编制	品级
枢密院	知院	掌天下兵甲机密军务	6人	从一品
	同知		4人	正二品
	副枢		2人	从二品
	佥院		2人	正三品
	同佥		2人	正四品
	院判		2人	正五品
	参议		2人	正五品
	经历		2人	从五品
	客省大使		2人	从五品
	断事官		8人	正三品
右卫卫官	都指挥使		3人	正三品
	副都指挥使		2人	从三品
	佥事		2人	正四品
左卫卫官	都指挥使		2人	正三品
	副都指挥使		2人	从三品
	佥事		2人	正四品
中卫卫官	都指挥使		3人	正三品
	副都指挥使		2人	从三品
	佥事		2人	正四品
前卫卫官	都指挥使		3人	正三品
	副都指挥使		2人	从三品
	佥事		2人	正四品
后卫卫官	都指挥使		3人	正三品
	副都指挥使		2人	从三品
	佥事		2人	正四品
御史台	御史大夫	掌纠察百官善恶、政治得失	2人	从一品
	中丞		2人	正二品
	侍御史		2人	从二品
	治书侍御史		2人	正三品
	经历		1人	从五品
殿中司	殿中侍御史		2人	正四品
江南诸道行御史台	御史大夫		1人	从一品
	中丞		2人	正二品
	侍御史		2人	从二品
	治书侍御史		2人	正三品
	经历		1人	从五品
陕西诸道行御史台	御史大夫		1人	从一品
	中丞		2人	正二品
	侍御史		2人	从二品
	治书侍御史		2人	正三品
	经历		1人	从五品
二十二道肃政廉访司	廉访使		2人	正三品
	副使		2人	正四品
	佥事		4人	正五品※

（续表）

机构	职官	职能	编制	品级
大司农司	大司农 大司农卿 少卿 大司农丞 经历	掌农桑、水利、学校与饥荒等政务	4人 2人 2 2 1	从一品 正二品 从二品 从三品 从五品
供膳司	达鲁花赤 提点		1 1	从五品 从五品
永平屯田总管府	达鲁花赤 总管		1 1	从三品 从三品
翰林国史院	承旨 学士 侍读学士 侍讲学士 直学士 待制	纂修国史、典制诰、备顾问	6人 2人 2 2 2 5	从一品 正二品 从二品 从二品 从三品 正五品
蒙古翰林院	承旨 学士 侍读学士 侍讲学士 直学士 待制	掌译写一切文字，及颁降玺书	7人 2人 2人 2人 2人 4人	从一品 正二品 从二品 从二品 从三品 正五品
蒙古国子监	祭酒 司业		1人 2人	从三品 正五品
集贤院	大学士 学士 侍读学士 侍讲学士 直学士 经历	掌提调学校、征求隐逸、召集贤良，凡国子监、玄门道教、阴阳祭祀、占卜祭遁之事	5人 2人 2人 2人 2人 1人	从一品 正二品 从二品 从二品 从三品 从五品
国子监	祭酒 司业	掌国之教令	1人 2人	从三品 正五品

（续表）

机构	职官	职能	编制	品级
宣政院	院使 同知 副使 佥院 同佥 院判 参议 经历 断事官 客省使大使	掌释教僧徒及吐蕃之境而隶治之	10 2人 2人 2人 3人 3人 2人 2人 4人 2人	从一品 正二品 从二品 正三品 正四品 正五品 正五品 从五品 从三品 从五品
大都规运提点所	达鲁花赤 提点		1人 1人	正四品 正四品
上都规运提点所	达鲁花赤 提点		1人 1人	正四品 正四品
崇福司	使 同知 副使 司丞	掌管马儿、哈昔、列班、也里可温、十字寺祭享等事务	4人 2人 2人 2人	从二品 从三品 从四品 从五品
宣徽院	院使 同知 副使 佥院 同佥	掌供玉食	6人 2人 2人 2人 2人	从一品 正二品 从二品 正三品 正四品
太常礼仪院	院使 同知 佥院 同佥 院判 经历	掌大礼乐、祭享宗庙社稷、封赠谥号等事务	2人 2人 2人 2人 2人 1人	正二品 正三品 从三品 正四品 正五品 从五品
典瑞院	院使 同知 佥院 同佥	掌宝玺、金银符牌	4人 2人 2人 2人	正二品 正三品 从三品 正四品

（续表）

机构	职官	职能	编制	品级
太史院	院使 同知 佥院 同佥	掌天文历数	5 人 2 人 2 人 2 人	正二品 正三品 从三品 正四品
奎章阁学士院	大学士 侍书学士 承制学士 供奉学士	提供经史之书，考究帝王之治	4 人 2 人 2 人 2 人	正二品 从二品 正三品 正四品
太仆寺	卿 少卿 丞	阿塔思马匹，受给造作鞍辔之事	2 人 2 人 2 人	从二品 从四品 从五品
尚乘寺	卿 少卿 丞	掌上御鞍辔舆辇	4 人 2 人 2 人	正三品 从四品 从五品
长信寺	卿 少卿 丞	领大斡耳朵怯怜口诸事	4 人 2 人 2 人	正三品 从四品 从五品
长秋寺	卿 少卿 丞	掌武宗五斡耳朵户口钱粮营缮诸事	5 人 2 人 2 人	正三品 从四品 从五品
承徽寺	卿 少卿 丞	掌答儿麻失里皇后位下钱粮营缮等事	5 人 2 人 2 人	正三品 从四品 从五品
长宁寺	卿 少卿 丞	掌英宗速哥八剌皇后位下户口钱粮营缮等事务	6 人 2 人 2 人	正三品 从四品 从五品

（续表）

机构	职官	职能	编制	品级
长庆寺	卿 少卿 丞	掌成宗斡耳朵及常岁管办禾失房子、行幸怯薛台人等衣粮事务	6 人 2 人 2 人	正三品 从四品 从五品
宁徽寺	卿 少卿 丞	八不沙皇后位下	6 人 4 人 2 人	正三品 从四品 从五品
太府监	卿 太监 少监 丞	领左、右藏等库，掌钱帛出纳	6 人 6 人 5 人 5 人	正三品 从三品 从四品 正五品
度支监	卿 太监 少监 丞	掌给马驼刍粟	3 人 2 人 3 人 2 人	正三品 从三品 从四品 从五品
利用监	卿 太监 少监 丞	掌出纳皮货衣物事务	8 人 5 人 5 人 4 人	正三品 从三品 从四品 从五品
中尚监（略）				
章佩监（略）				
经正监（略）				
都水监	监 少监	掌治河渠并堤防水利桥梁闸堰事务	2 人 1 人	从三品 正五品
司天监	提点 司天监 少监	掌历象之事	1 人 3 人 5 人	正四品 正四品 正五品

（续表）

机构	职官	职能	编制	品级
回回司天监	提点 司天监 少监	掌观象衍历	1人 3人 2人	正四品 正四品 正五品
大都留守司	留守 同知 副留守 判官	掌守卫宫阙都城	5人 2人 2人 2人	正二品 正三品 正四品 正五品
上都留守司兼本路都总管府	留守 同知 副留守 判官	掌守卫宫阙都城	6人 2人 2人 2人	正二品 正三品 正四品 正五品
大都路都总管府	达鲁花赤 都总管 副达鲁花赤(下略)	掌一路之政	2人 1人 2人	正三品 正三品 从三品
侍正府 将作院 诸路金玉人匠总管府	侍正 同知 参府 侍判 院使 同知 同佥 达鲁花赤 总管 副达鲁花赤 同知(下略)	掌内廷近侍与警卫	14人 2人 2人 2人 7人 2人 2人 2人 2人 2人 2人	正二品 正三品 从三品 正四品 正二品 正三品 正四品 正三品 正三品 正四品 从四品
通政院	大都院院使 同知 副使 佥院 同佥 上都院院使 同知 副使 佥院 同佥	掌管驿站	4人 2人 2人 1人 1人 4人 2人 2人 1人 1人	从二品 正三品 从三品 正四品 从四品 从二品 正三品 从三品 正四品 从四品

（续表）

机构	职官	职能	编制	品级
中政院	院使 同知 佥院（下略）	掌中宫财赋营造供给等	7人 2人 2人	正二品 正三品 从三品
大宗正府	札鲁忽赤（下略）	掌诸王驸马投下蒙古族、色目人等事务	42人	从一品
储政院	院使 同知（下略）	备左右辅翼皇太子	6人 2人	正二品 正三品

注：※两广、海南道两人。

第三节　元代地方机构编制

元代的地方机构编制，大体上仿照宋、金旧制，初建时期，置路、府（州）、县三级。后增设行中书省作为中央临时派出机关，以加强对地方的控制。创设行中书省有利于中央集权制的加强，这也是中国行政制度中的一大变革。因此，元朝不久后便以行中书省作为一级行政区的机构名称，形成省、路、府（州）、县四级地方政权。

1. 行中书省

机构沿革

简称行省、省，是元朝最高一级的地方行政机构，也是最高一级地方行政区域的名称。行省之制渊源于三国两晋南北朝时期的行台，承继却在金朝。金于中央置尚书省，在各地又置行台尚书省，除不置尚书令外，一切官属与中央相同，但行台官员的品秩，均比中央官员低一等。金章宗时,派遣尚书省宰执出征、戍边或处理地方大事,在职权范围内自行处理事务,称“行尚书省事”或“行省”于某处,意为代表中央的尚书省行使权力,所以,行省是尚书省派出相臣主持的临时机构。

元代沿用金制,但由于元代废除了尚书省和门下省,只置中书省作为中央行政中枢机构,故在地方上称行中书省,以中书省丞相行中书事,作为中书省的临时派出机构。中统、至元开始设立行中书省,“因事设官,官不必备”,行中书省官员都是由派出的中书省官员担任。行中书省丞相,以宰执充任。为了避免地方权重,全部加上某处行中书省衔。至元二十四年(1287),行中书省改为行尚书省,很快又恢复行中书省。至大二年(1309),又改成行尚书省,后又恢复行中书省,行省制度才完全确立下来,成为地方一级行政机构。行省的设置,是元朝地方行政机构的一个重大变化。行省官员的名称、品秩与中书省相同。行中书省职官设置一直变化不定,直到元文宗时才最终定下编制员额。

元仁宗时(1312—1320),已经划分了十一个行省:

1-1. 河南、江北等处行中书省

至元五年(1268),元代撤销随路奥鲁官,令参政阿里佥行省事,于河南等路立省。二十八年(1291),以河南、江北系要冲之地,又新入版图,在汴梁(今河南开封)设立河南江北行省,以控治河南江北地区,统十二路、七府。辖区在今河南黄河以南、湖北长江以北,皖北、苏北地区。

1-2. 江浙等处行中书省

至元十三年(1276),设立江淮行省,驻扬州。至元二十一年,以地理民事不便,将行省移驻杭州。至元二十二年,将江北诸郡划归河南行省,将江淮行省改称江浙行省。江浙行省,统三十路、一府,辖区为今上海、苏南、皖南和浙江、福建两省地区。

1－3. **江西等处行中书省**

至元十四年(1277)设立。至元十五年,并入福建行省。至元十七年,仍设行省于龙兴府(今江西南昌),而福建自为行省,驻泉州。二十二年,以福建行省并入江西行省。二十三年,又以福建省并入江浙行省。本省统有十八路,辖龙兴、吉安、抚州、广州、惠州等州,辖境包括今江西大部和广东省。

1－4. **湖广等处行中书省**

至元十一年(1274),以右丞相伯颜伐宋,设行中书省事于襄阳,称荆湖等路行中书省。至元十三年,取潭州,设鄂州行省。至元十四年,将荆湖等路行中书省移驻潭州(今湖南长沙),改名湖广行省。至元二十八年,湖广行省又迁回鄂州(今湖北武汉一带)。湖广行省,统三十路、三府,辖今湖南、广西两省区及湖北恩施地区以外的江南部分和武汉地区、贵州东部、中部和西北部地区。

1－5. **陕西等处行中书省**

中统元年(1260),以商挺领秦蜀五路四川行省事。中统三年(1262),改立陕西四川行中书省,治京兆(今陕西西安)。至元三年(1266),将行省移驻利州。至元十七年,又移驻京兆。至元十八年,分省四川,不久改立四川宣慰司。至元二十一年,仍然合为陕西四川行省。至元二十三年,四川设立行枢密院,四川不再归陕西行省管辖。陕西行省辖四路、五府,辖区在今陕西省及甘肃黄河和宁夏以东地区。

1－6. **甘肃等处行中书省**

中统二年(1261),立行省于中兴。至元十年(1273)撤销。至元十八年(1281)复立,二十二年又撤销,改立宣慰司。至元二十三年(1286),将中兴省迁至甘州(今甘肃张掖),立甘肃行省。成宗元贞元年(1295)将宁夏行中书省并入甘肃行中书省。甘肃行省辖七路、二州,辖区为今甘肃黄河以西,青海东北部、宁夏及内蒙古西部地区。

1－7. **四川等处行中书省**

元代初期，四川归陕西行省管辖。至元十八年（1281），设立陕西行中书分省四川。二十三年，设立四川行省，省会在成都路（在今四川成都），统九路、五府，以及几十个“蛮夷长官司”，辖区为今四川甘孜、阿坝、雅安以东地区和湖北恩施地区。

1－8. **辽阳等处行中书省**

辽阳行省，至元二十四年（1287）设立，辖七路、一府。辖区大约包括今蒙古国、俄罗斯西伯利亚中部和西部，省会设在辽阳路（今辽宁辽阳）。

1－9. **岭北等处行中书省**

元代初期，元太祖定都哈剌和林河之西，其城名为和林，立元昌路。中统元年，忽必烈迁都中兴，始置宣慰司都元帅府。大德十一年（1307），改立和林等处行中书省，设右丞相、左丞相各一人。至大四年（1311），取消右丞相。皇庆元年（1312），改岭北等处行中书省，驻和宁路（今蒙古国鄂尔浑河上游东岸哈尔和林），统辖今蒙古国大沙漠以北到北冰洋、西至鄂毕河的广大地区，其余大部分地区为诸王封地及部落的游牧地。

1－10. **云南等处行中书省**

元世祖忽必烈攻取云南之后，于至元十一年（1274）设置行省，驻中庆路（今云南昆明）。云南行省，统三十七路、五府。辖区在今云南及四川凉山、贵州西部，以及缅甸北部和老挝、越南部分地区。

1－11. **征东等处行中书省**

至元二十年（1283），以征日本国，在高丽设置征东等处行中书省，完成征东任务，随即撤销。大德三年（1299），复立行省，以元代机构编制进行管理，不久撤销。至治元年（1321）复设征东行省，以高丽王兼领丞相，由高丽王自选行省属官。征东行省，统军民总管府两个、招讨司一个、劝课使五个，辖今朝鲜半岛，省会在高丽京城（今朝鲜开城）。征东行省实际上是一个徒有其名的行省。

在这11个行省外，山西、山东、河北、河南北部、内蒙古中部及东部地区，由中央中书省直辖，称为“腹里”，即内地的意思，不另设行政机构。腹里地区共有二十九路。

元代行省的设置，既加强了元朝的中央集权统治，巩固了多民族国家的统一，也促进了各族人民在政治、经济、文化上的交流。元朝创设的行省制度，对我国后世地方行政制度具有深远的影响。

机构职能

行中书省丞相“掌国庶务，统郡县，镇边鄙，与都省为表里”。行省“凡钱粮、兵甲、屯种、漕运、军国重事，无不领之”。(57)行省左、右丞主要处理行省行政事务。儒学提举司统诸路、府、州、县学校祭祀教学钱粮之事，及考校呈进著述文字。

机构编制

每省设丞相一人，从一品；平章政事二人，从一品；左、右丞各一人，正二品；参知政事二人，从二品（甘肃、岭北二省各减一人）；郎中二人，从五品；员外郎二人，从六品；都事二人，从七品。胥吏编制：掾史、蒙古族必阇赤、回族令史、通事、知印、宣使等，各省根据本省实际设立，多少不一。“掾史、蒙古必阇赤、回回令史、通事、知印、宣使，各省设员有差。”(58)部分地域广大、事务繁多的行省有时设丞相或者左右司合二为一，也置郎中、员外郎、都事，但品秩比中书省官低一等。行省的丞相、平章多由蒙古族亲王以及蒙古族功臣后裔充当，权力极大，总揽一省军、政、财三大权，主要是行政权，但军国大事，无不领之。平章政事是行省的重要官员。

1－12. 行省直属机构

检校所，设检校一人，从七品；书吏二人。照磨所，设照磨一人，正八品。架阁库，设管勾一人，正八品。理问所，设理问二人，正四品；副理问二人，从五品；知事一人，提控案牍一人。都镇抚司，设都镇抚一人，副都镇抚一人。

1－13. **行中书省下属机构**

宣慰司，“掌军民之务，分道以总郡县，行省有政令则布于下，郡县有请则为达于省。有边陲军旅之事，则兼都元帅府，其次则止为元帅府”[59]。

宣慰使司，从二品机构，设宣慰使三人，从二品；同知一人，从三品；副使一人，正四品；经历一人，从六品；都事一人，从七品；照磨兼架阁管勾一人，正九品。设宣慰司的有：山东东西道益都路、河东山西道大同路、淮东道扬州、浙东道庆元路、荆湖北道中兴路、湖南道天临路。

宣慰使司都元帅府，从二品机构，设使三人，同知二人，副使二人，经历二人，知事二人，照磨兼架阁管勾一人。设置宣慰使司都元帅府有：广东道、大理金齿等处、蒙庆等处。

1－14. **诸路万户府**

上万户府，设达鲁花赤一人，万户一人，俱正三品；副万户一人，从三品；经历一人，从七品；知事一人，从八品；提控案牍一人。

中万户府，设达鲁花赤一人，万户一人，俱从三品；副万户一人，正四品；经历一人，从七品；知事一人，从八品；提控案牍一人。

下万户府，设达鲁花赤一人，万户一人，俱从三品；副万户一人，从四品；经历一人，从七品；知事一人，从八品；提控案牍一人。

镇抚司，设镇抚二人（蒙古、汉人参用），上万户府正五品，中万户府从五品，下万户府正六品。

上千户所，设达鲁花赤一人，千户一人，俱从四品；副千户一人，正五品。

中千户所，设达鲁花赤一人，千户一人，俱正五品；副千户一人，从五品。

下千户所，设达鲁花赤一人，千户一人，俱从五品；副千户一人，正六品。

弹压二人，上千户所从八品，中千户所正九品，下千户所从九品。

上百户所，设百户二人，蒙古族一人，汉人一人，俱从六品。

下百户所，设百户一人，从七品。

儒学提举司，设提举一人，从五品；副提举一人，从七品；吏目一人，司吏二人。

蒙古提举学校官，从五品机构，设提举一人，从五品；同提举一人，从七品。蒙古提举学校官至元十八年（1281）设，只有江浙、湖广、江西三省设立。

官医提举司，从六品机构，设提举一人，同提举一人，副提举一人。

两淮都转运盐使司，正三品机构。至元十四年（1277）设，驻地扬州。设使二人，正三品；同知二人，正四品；副使一人，正五品；运判二人，正六品；经历一人，从七品；知事一人，从八品；照磨一人，从九品。两淮督转运盐使司直属盐场二十九所，每场设司令一人，从七品；司丞一人，从八品；管勾一人，从九品。

批验所，掌批验盐引，设提领一人，正七品；大使一人，正八品；副使一人，正九品。

两浙都转运盐使司，至元十四年设，驻地杭州，正三品机构，设使二人，同知二人，运判二人，经历、知事各一人，照磨一人。直属盐场三十四所，每所设司令一人，从七品；司丞一人，从八品；管勾一人，从九品。

福建等处都转运盐使司，正三品机构。至元十四年，设立市舶司，掌管煎盐征课。二十四年，改设盐运司。二十九年撤销，设立提举司。大德四年(1300),恢复都转运盐使司。大德九年又撤销,由元帅府兼掌盐运事务。大德十年,复设都提举司。至大四年(1311),设立福建等处都转运盐使司,隶属行省。福建等处都转运盐使司设使二人,同知二人,运判二人,经历、知事各一人,照磨一人。直属盐场七所,每所设司令一人,从七品;司丞一人,从八品;管勾一人,从九品。

广东盐课提举司。至元二十三年(1286),设市舶提举司。大德四年,改设广东盐课提举司,设提举一人,从五品;同提举一人,从六品;副提举一人,从七品。直属盐场十三所,每所设司令一人,从七品;司丞一人,从八品;管勾一人,从九品。

四川茶盐转运司。至元二年(1265),设兴元四川转运司,专掌煎熬办课。至元八年撤销。至元十六年,复设转运司。至元二十二年,设四川茶盐运司,从三品机构,设使一人,同知、副使、运判各一人,经历、知事、照磨各一人。直属盐场十二所,每所设司令一人,从七品;司丞一人,从八品;管勾一人,从九品。

广海盐课提举司,至元三十一年(1294)设,专职盐课,秩正四品。设都提举二人,从四品;同提举二人,从五品;副提举二人,从六品;知事一人,提控案牍一人。

市舶提举司。至元二十三年(1286),设盐课市舶提举司,隶属广东宣慰司。至元三十年(1293),设海南博易提举司,至大四年(1311)撤销,实行海禁。延祐元年(1314),放宽海禁,设泉州、广东、庆元三市舶提举司。每司提举二人,从五品;同提举二人,从六品;副提举二人,从七品;知事一人。

海道运粮万户府,至元二十年(1283)设立,正三品机构,掌每年海道运粮供给大都。设达鲁花赤一人,万户一人,并正三品;副万户四人,从三品;经历一人,从七品;知事一人,从八品;照磨一人,从九品;镇抚二人,正五品。直属机构海运千户所五所，正五品机构。每所设达鲁花赤一人，千户二人，并正五品；副千户三人，从五品。

2. 路总管府

机构沿革

行省以下为路。至元初设立路总管府。至元二年（1265）规定："以蒙古人充各路达鲁花赤，汉人充总管，回回人充同知，永为定制。"[60]至元三十年（1293），"天下路、府、州、县等二千三十八：路一百六十九，府四十三，州三百九十八，县千一百六十五，宣抚司十五，安抚司一，寨十一，镇抚所一，堡一，各甸部管军民官七十三，长官司五十一，录事司百三，巡院三。官府大小二千七百三十三处，随朝二百二十一；员万六千四百二十五，随朝千六百八十四。户一千四百万二千七百六十"[61]。《元史·地理志》的路、府、州县数："路一百八十五，府三十三……军四，安抚司十五，县一千一百二十七。"[62]元代的路所辖范围比金、宋时小得多。路分两等：十万户以上或虽不足十万户但地位重要者为上路，上路为正三品；十万户以下者为下路，从三品。至元二十三年（1286），设推官二人，专管刑狱。

机构职能

"元路、州、县各立长官曰达鲁花赤，掌印信，以总一府一县之治。"[63]元代路的具体职能有五："户口增、田野辟、词讼简、盗贼息、赋役均。"[64]达鲁花赤、总管兼管劝农事，江北则兼诸军奥鲁。

机构编制

路总管府上路设达鲁花赤、总管各一人，正三品；同知上路总管府事一人，从四品；治中一人，正五品；判官一人，正六品；権官二人，掌刑狱，从六品。下路设达鲁花赤、总管各一人，从三品；同知下路总管府事一人，正五品；判官一人，正六品；榷官一人，从六品。经历一人，知事一人或二人，照磨兼承发架阁一人，译史、通事各一人。各路胥吏多少没有固定的编制，各总管府根据本路事务繁简确定胥吏名额的多寡。

转运司，设提举、同提举、副提举各一人。平准行用库，设提领、大使、副使各一人。府仓，设大使、副使各一人。织染局，设局使一人，副使一人。杂造局，设大使、副大使各一人。惠民药局，设提领一人。税务，设提领一人，大使、副使各一人。

儒学提举司，设提举、副提举各一人。儒学提举司设儒学教授一人，正九品；学正一人，学录一人，蒙古族教授一人，正九品；医学教授一人，阴阳教授一人。

司狱司，设司狱一人，丞一人。

录事司，正八品机构，设达鲁花赤一人，典史一人。

2－1. 散府

散府为元代比较乱的一级行政机构，有的散府隶属于路，有的隶属于宣慰司，有的隶属于行省，还有的直属中书省。有的散府下辖州、县，有的不辖州、县。

散府设达鲁花赤、知府或府尹，均为正四品；同知一人，判官一人，推官一人，知事一人，提控案牍一人。

3. 州

机构沿革

州隶属于路或府，或直隶于省。至元三年（1266），定一万五千户以上为上州，六千户以上为中州，六千户以下为下州。至元二十年，又规定五万户以上为上州，三万户以上为中州，不到三万户为下州。因为州以人口多少而定，一些县就升格为州，就像当代县改市一样。

除了上述州，元代与辽、金一样，还有投下军州。投下军州又叫头下军州。在元朝建立以前，蒙古族就有分封贵族的制度，当他们实现统一后，就将大片的土地与百姓分封给皇族与蒙古族勋臣。这些土地与百姓就称为“阿合塔木儿”，意思是战利品。分给谁，谁就是投主。投下军州的百姓要给投主缴纳丝料。投下主把封户当作自己的属民，对他们进行残酷的剥削压榨，还经常科派劳役。同时他们还不断招收接受投献户口，以增加财富。

机构职能

元代州的职能与路、府职能一样，都是户口增、田野辟、词讼简、盗贼息、赋役均。因为元代考核路府州县官的标准就是以上五项，这五项就是州长官的基本职能。

机构编制

州皆设达鲁花赤、州尹、同知、判官等。上州达鲁花赤从四品，州尹从四品，同知正六品，判官正七品。知事、提控案牍各一人。中州达鲁花赤正五品，知州正五品，同知从六品，判官从七品。吏目、提控案牍各一人。下州达鲁花赤从五品，知州从五品，同知正七品，判官正八品。吏目一至二人。

4. 县

机构沿革

至元三年，合并江北州县规定，六千户以上为上县，二千户以上为中县，不足二千户为下县。至元二十年(1283)又规定江淮以南，三万户以上为上县，一万户以上为中县，一万户以下为下县。

机构职能

对于县长官的职能，忽必烈在诏书中作了明确的规定：“诸县尹品秩虽下，所任至重，民之休戚系焉，往往用非其人，致使恩泽不能下及,民情不能上通,掊克侵凌,为害非一。今拟于省并到州县内,选差循良廉干之人以充县尹,给俸、公田,专一抚字吾民,布宣新政。仍拟以五事考校而为升殿:户口增、田野辟、词讼简、盗贼息、赋役均,五事具备者为上选,三事有成者中选,五事俱不举者黜。"[(65)]从忽必烈的诏书可以看到,县尹的职能一个是治民,一个是布宣新政,再就是宣布朝廷恩泽。

机构编制

上县,秩从六品,设达鲁花赤一人,尹一人,丞一人,正八品,主簿一人,县尉一人,典史二人。中县,正七品,设达鲁花赤一人,尹一人,主簿一人,县尉一人,典史二人。下县,从七品,设达鲁花赤一人,尹一人,主簿一人,县尉一人,典史二人。巡检司,秩九品,巡检一人。

元代在县以下,建立村社、里甲等基层组织。凡五十家编为一社,以汉族地主、乡耆为社长,负责统治基层,催缴税收。但在社长之上,另有蒙古族提点官进行监督,特别是派遣蒙古军队或探马赤军驻社,名义上是与民共同编社,实际上便于军事控制。村社以下有里甲,凡二十户编为一甲,甲有甲主,由蒙古族人和色目人担任,甲主对甲内老百姓有无上权力,甲主的衣食进项,也全部要由所属村民供给。村社、里甲都是元朝统治汉族人的最基层组织。

无论是府,还是州、县,达鲁花赤都是行省、路、府、州、县的一把手都是蒙古族人,汉族官员只是摆设,一切都要由达鲁花赤们说了算。"江淮行省事至重,而省臣无一人通文墨者。"[(66)]不但行省蒙古族官员如此,府州蒙古族官员也是如此。达鲁花赤们既没有文化,也没有管理才能,他们之所以能够担任达鲁花赤就因为他们是蒙古族人。他们懒得处理政务,把一切都交给胥吏去办。蒙古族官员文化水平不高,缺少基本的政务处理能力,只能依靠那些有文化的胥吏。这些胥吏多数都很油滑，善于揣摩长官意图，在落实上级指示精神的时候，既满足了自己的私利，又让达鲁花赤们高兴。有元一代与历代不同，被官场所轻视的胥吏得到信任，一些有才华的胥吏走上领导职位，做了高官。“随路各州、司、县长次正官，但遇差故，将印信吩咐吏目、典史权管，多有不敢处决，两耽事务，恣纵吏目、书吏、典吏人等通同作弊，于民不便。”(67)元朝吏治如此，其结局如何，也就可想而知了。正是由于蒙古族官员的无知少识，才有了元代的“吏治”特色，上上下下都被胥吏所把持。

元代地方机构编制简表

机构	职官	职能	编制	品级
行中书省	丞相	掌国庶务，统郡县，镇边鄙，与都省为表里	1人	从一品
	平章政事		2人	从一品
	左右丞		各1人	正二品
	参知政事		2人	从二品
	郎中		2人	从五品
	员外郎		2人	从六品
	都事		2人	从七品
	检校所检校		1人	从七品
	照磨所照磨		1人	正八品
	架阁库管勾		1人	正八品
	理问所理问		2人	正四品
	理问所副理问		2人	从五品
宣慰使司	宣慰使		3人	从二品
	同知		1人	从三品
	副使		1人	正四品
	经历		1人	从六品
	都事		1人	从七品
宣慰使司都元帅府	使		3人	从二品
	同知		2人	从三品
	副使		2人	正四品

（续表）

机构	职官	职能	编制	品级
诸路万户府	达鲁花赤 万户 副万户 经历	掌国庶务，统郡县，镇边鄙，与都省为表里	1人 1人 1人 1人	正三品 正三品 从三品 从七品
千户所	达鲁花赤 千户 副千户		1人 1人 1人	从四品 从四品 正五品
儒学提举司	提举 副提举		1人 1人	从五品 从七品
官医提举司	提举 同提举		1人 1人	从六品 从六品
路总管府	达鲁花赤 总管 同知 治中 判官 権官	掌户口增，田野辟、词讼简、盗贼息、赋役均	1人 1人 1人 1人 1人 2人	正三品 正三品 从四品 正五品 正六品 从六品
散府	达鲁花赤 知府	掌一府之政	1人 1人	正四品 正四品
州衙门	达鲁花赤 州尹 同知 判官	掌户口增，田野辟、词讼简、盗贼息、赋役均	1人 1人 1人 1人	从四品 从四品 正六品 正七品
县衙	达鲁花赤 县尹 丞 主簿 尉	户口增、田野辟、词讼简、盗贼息、赋役均	1人 1人 1人 1人 1人	正六品 正六品 正八品

注：本表所列职官均为上等路、州、县编制。

总之，元政权是由少数民族建立的大一统政权。元代政权机构的第一个特点就是统治范围广泛。但是，元代统治者在取得统治地位以后，并没有把自己当作国家的主人去管理、治理国家，更没有想着去化解各种民族矛盾。元代的最高统治者中，除了忽必烈是一个明智的帝王，多数皇帝都属昏庸之辈。无论是最高统治阶层，还是地方各级统治者，他们都存在偏见与陋习。当他们依靠好战强悍的军事力量夺取政权之后，并没有像其他朝代的统治者那样，准备好好治理这个国家，而是想着去升官发财。在机构品级与官员配置上，元朝表现得非常慷慨大方，三品以上的官员，在历代都属于配置很少的高官。在元代，三品官员却俯拾皆是。六部尚书在历代一般每部只设一人，即使后来清代设立的尚书也不过二人，但是元代尚书最多的时候达到六人，而且担任这些主官的都是蒙古人与色目人。元代吏治糟糕透顶，谁有“跟脚”谁就做官。谁有“跟脚”谁就能得到好“窠阙”。[68]在这种体制下，提拔官员已经失去了需具备德才兼备品质的标准。元代官员多是文盲武夫，但只要有好跟脚，就可以做官发财。在机构编制设置上，元代没有立足于历代所奉行的精简原则，而是充分体现蒙古族人、色目人做官发财的理念。整个元代的机构编制可以说没有章法，完全是根据蒙古族人做官发财的需要而制定。辅佐太子的詹事府向来是最为“单纯”的机构，是一个文人集中的地方，但是元代的太子宫官几乎是一个包揽各种事务的“大杂烩”机构。可以说，元代在机构编制杂乱程度上创了纪录。元代成为历代机构编制最乱、官员最多的朝代。机构编制可以让更多的人获得官位，但是任何事物都是双刃剑。如果一个国家的机构编制仅仅考虑官员做官发财的需求而忽略老百姓的承受能力，那么这个政权也就危险了。机构庞杂，编制混乱，机构编制不考虑国家和人民的利益，而只考虑当权者的利益，这是元代灭亡的重要原因之一。

元代是一个机构编制严重超编的朝代，官场人员众多，人浮于事，浪费了国家大量资财，加重了百姓的负担。据《元典章》的统计:“内外诸官员数:总员二万六千六百九十员。有品级的二万二千零四百九十员:朝官二千零八十九员(色目人九百三十八员,汉人一千一百五十一员);京官五百零六员(色目人一百五十五员,汉人三百五十一员);外任一万九千九百二十五员(色目人五千六百八十九员,汉人一万四千二百三十六员)。无品级四千二百八员:儒学教授八百七十六员,医学教授二百三十二员,蒙古教授九百二十一员,阴阳教授七十三员,不系常调二千一百六员。”(69) 在元代,中央众多机构的要职几乎都是由蒙古族人担任,地方各级官员也都由蒙古族人担任主要职务,那些涉及经济利益的部门更是为蒙古族人所把持,整个元代的职官超过前朝数倍。至元三十一年(1294)御史台在上奏中指出:“内外官府增置愈多,在京食禄者万人,在外尤众,理宜减并。”(70) 食俸禄的京官就有一万人,那全国有多少食禄者可想而知。元朝政权建立之后,在国家经济极端虚弱的情况下,历代国家机构编制精简的原则却被打破,老百姓的生存情况每况愈下。

元代机构编制空前扩张,地方大员并未同心协力维护朝廷,而是坐观其败,甚至落井下石。如果说元代的机构编制有可圈可点之处,那就是行省制度的确立。创建行省,是中国行政体制中的一大变革,省作为地方一级行政区的名称从此保留下来,一直沿用至今。

元代是中国机构编制史上的第二个膨胀期。

注释:

(1)(元)苏天爵:《国朝文类》卷四〇《经世大典序录·帝号》。

(2)(明)宋濂:《元史》卷一三八,中华书局 1976 年版,第 3324 页;卷二二,第 493 页。

(3)(明)宋濂:《元史》卷一三八,中华书局 1976 年版,第 3333 页。

(4)(明)宋濂:《元史》卷一三八,中华书局 1976 年版,第 3338 页。

(5)(元)陶宗仪:《南村辍耕录》卷二三《醉太平小令》,中华书局 1959 年版,第 283 页。

(6)(明)宋濂:《元史》卷一四一,中华书局 1976 年版,第 3391 页。

(7)(明)宋濂:《元史》卷八五,中华书局 1976 年版,第 2119 页。

(8)方龄贵:《通制条格校注》,中华书局 2011 年版,第 100 页。

(9)(宋)彭大雅:《黑鞑事略》。

(10)(明)宋濂:《元史》卷八五,中华书局 1976 年版,第 2120 页。

(11)(明)宋濂:《宋史》卷二,中华书局 1976 年版,第 31 页。

(12)彭大雅:《黑鞑事略》。

(13)(元)苏天爵:《元朝名臣事略》,中华书局 1996 年版,第 123 页。

(14)(明)宋濂:《元史》卷二二,中华书局 1976 年版,第 484 页。

(15)李修生:《全元文》,凤凰出版社 1998 年版,第 752 页。

(16)(元)苏天爵:《章疏·灾异建白十事》,《慈溪文稿》卷二六。

(17)(明)宋濂:《元史》卷八五,中华书局 1976 年版,第 2125 页。

(18)(明)宋濂:《元史》卷八五,中华书局 1976 年版,第 2126 页。

(19)(元)欧阳玄:《中书省吏部考功堂记》,《析津志辑佚·朝堂公宇》。

(20)(元)宋褧:《吏部主事厅题名记》,《全元文》卷一二三三。

(21)(明)宋濂:《元史》卷八五,中华书局 1976 年版,第 2131 页。

(22)(明)宋濂:《元史》卷八五,中华书局 1976 年版,第 2126~2127 页。

(23)(明)宋濂:《元史》卷八五,中华书局 1976 年版,第 2136~2140 页。

(24)(明)宋濂:《元史》卷八五,中华书局 1976 年版,第 2140~2141 页。

(25)(明)宋濂:《元史》卷八五,中华书局 1976 年版,第 2142~2143 页。

(26)(明)宋濂:《元史》卷九八,中华书局 1976 年版,第 2512 页。

(27)(明)宋濂:《元史》卷六,中华书局 1976 年版,第 118 页。

(28)《宪台通纪·更提刑按察司为肃政廉访司制》,《永乐大典》卷二八〇八。

(29)(明)宋濂:《元史》卷八六,中华书局 1976 年版,第 2178 页。

(30)(明)宋濂:《元史》卷八七,中华书局 1976 年版,第 2189 页。

(31)(明)宋濂:《元史》卷一五八,中华书局1976年版,第3732页。

(32)(元)黄溍:《上都翰林国史院题名记》,《金华黄先生文集》卷八。

(33)(明)宋濂:《元史》卷八七,中华书局1976年版,第2191~2192页。

(34)(明)宋濂:《元史》卷八七,中华书局1976年版,第2190页。

(35)(明)宋濂:《元史》卷八七,中华书局1976年版,第2191页。

(36)(明)宋濂:《元史》卷一〇,中华书局1976年版,第201页。

(37)(明)宋濂:《元史》卷八七,中华书局1976年版,第2192页。

(38)(明)宋濂:《元史》卷四,中华书局1976年版,第68页。

(39)(明)宋濂:《元史》卷八七,中华书局1976年版,第2193页。

(40)(明)宋濂:《元史》卷二〇五,中华书局1976年版,第4570页。

(41)(明)宋濂:《元史》卷一一,中华书局1976年版,第223页。

(42)(明)宋濂:《元史》卷八七,中华书局1976年版,第2193页。

(43)(明)宋濂:《元史》卷八七,中华书局1976年版,第2193页。

(44)(明)宋濂:《元史》卷八七,中华书局1976年版,第2202页。

(45)(明)宋濂:《元史》卷八八,中华书局1976年版,第2220~2221页。

(46)(明)宋濂:《元史》卷一八二,中华书局1976年版,第4207页。

(47)(明)宋濂:《元史》卷九〇,中华书局1976年版,第2288页。

(48)(明)宋濂:《元史》卷九〇,中华书局1976年版,第2289页。

(49)(明)宋濂:《元史》卷九〇,中华书局1976年版,第2289~2290页。

(50)(明)宋濂:《元史》卷九〇,中华书局1976年版,第2290页。

(51)(明)宋濂:《元史》卷九〇,中华书局1976年版,第2295页。

(52)(明)宋濂:《元史》卷九〇,中华书局1976年版,第2277~2279页,第2282页。

(53)(明)宋濂:《元史》卷八八,中华书局1976年版,第2231页。

(54)(明)宋濂:《元史》卷八九,中华书局1976年版,第2243~2244页。

(55)(明)宋濂:《元史》卷八九,中华书局1976年版,第2243页。

(56)(明)宋濂:《元史》卷八九,中华书局1976年版,第2273页。

(57)(明)宋濂:《元史》卷九一,中华书局1976年版,第2305页。

(58)(明)宋濂:《元史》卷九一,中华书局1976年版,第2305页。

(59)(明)宋濂:《元史》卷九一,中华书局 1976 年版,第 2308 页。

(60)(明)宋濂:《元史》卷六,中华书局 1976 年版,第 106 页。

(61)(明)宋濂:《元史》卷一七,中华书局 1976 年版,第 376 页。

(62)(明)宋濂:《元史》卷五八,中华书局 1976 年版,第 1346 页。

(63)(明)叶子奇:《草木子》卷三下《杂制篇》,中华书局 1959 年版,第 64 页。

(64)(明)宋濂:《元史》卷八二,中华书局 1976 年版,第 2038 页。

(65)方龄贵:《通制条格校注》卷六《选举・五事》,中华书局 2011 年版,第 259 页。

(66)(明)宋濂:《元史》卷一七三,中华书局 1976 年版,第 4038 页。

(67)《元典章》卷一二《吏部・吏制》。

(68)元代官场语言很有时代地方特色,很朴实,没有汉族古文的遣词造句。有关系叫跟脚,官缺叫窠阙,回避叫自已地面休做官,皇帝批评官员贪赃枉法,叫"做起贼来"。

(69)《元典章》卷七《吏部一・官制》"内外诸官员数"条。

(70)(明)宋濂:《元史》卷一八,中华书局 1976 年版,第 383 页。

第八章 明代机构编制

第一节 明代历史发展概况

元代统治者依靠暴力夺取政权，但是在建立政权之后，并没有想办法去缓和民族矛盾，反而扩大了民族矛盾，利用政权的强制力，将北方大片的农民耕地变成蒙古族人的牧场，使得广大农民失去赖以生存的基础。元代还将百姓分为四等，蒙古人为第一等，色目人为第二等，早期接受蒙古族统治的北方汉人为第三等，江南地区的汉民族及其他少数民族地区人民为第四等。根据等级的不同，元代统治者又做出了不同的歧视性规定，进一步加剧了民族矛盾。封建社会一直存在的阶级矛盾如今又增加了令人无法容忍的民族压迫。元朝各级官员文化水平普遍较低，缺少管理经验，却贪污受贿、欺男霸女、勒索百姓。元朝各级官员只考虑自己的仕途，却不曾为百姓考虑。有些开明的汉族官员虽然知道这样的统治不可能长久维持，却无计可施，许多正直的官员受到排挤和打压。元代统治者成为中国历代王朝最野蛮的统治者之一。元朝末年，江南地区的百姓实在无法忍受元朝的暴力腐败统治，各地爆发了轰轰烈烈的农民起义。曾是皇觉寺僧人的朱元璋，受元末红巾军农民起义的影响，参加了郭子兴的红巾军，很快由一个普通士兵晋升为红巾军大元帅。元至正十六年(1356)，朱元璋率领大军攻取元集庆路（今南京），改名为应天府，置大元帅府，称吴国公。此时，朱元璋不但有军队，还有领土，于是便模仿元制，设江南行中书省，同时还设立了行枢密院、帐前总制亲兵都指挥使司等国家机构与职官。每攻占一地，即将元朝的路改为府。朱元璋以应天府为基地，招降纳叛，广罗人才，江南名流刘基、宋濂、章溢、叶琛也都来到他的帐下。

至正二十四年（1364），朱元璋称吴王，设置百官，置中书省，以李善长为中书右相国，徐达为中书左相国，常遇春、俞通海、汤和为中书省平章政事，汪广洋为右司郎中，长子朱标为世子。又设立大都督府，掌管军队。每攻占一地，就设立行中书省、都镇抚司、各卫亲军指挥使司等地方机构与职官。此时元尚未亡，朱吴政权仍带有军事性质，朱元璋亦积极向国家政权过渡，在所辖区域内置行省、提刑按察使司，在少数民族地区设置宣慰司、宣抚司等。

至正二十七年（1367）正月，朱元璋大封功臣，制百官礼仪，以左为上，李善长为左相国，令其制定律令。同时加快了灭元战争，命徐达为征虏大将军，常遇春为副将军，率军二十五万，北取中原，直取元大都。次年，朱元璋即皇帝位，国号明，建元洪武，是为明太祖。明代在建国初期，多沿用元代旧制，中央政府机构设立中书省、都督府、御史台三大机构，分主行政、军事与监察。在三大机构中，中书省权力最大。中书省不但掌管六部及其他所有政府机构，各个省的行中书省也归其直属管辖。元代的绝大部分机构都被朱元璋废除。

朱元璋即位后，首先要做的是加强中央统治。第一步是将元代的行中书省改为承宣布政使司。元代行中书省丞相无所不统，是握有实权的人物，改革后的承宣布政使司之布政使只负责一行省之财政与民政。布政使是皇帝派驻各地的使臣，直接对皇帝负责，而不是对中书省负责。这样就切断了中书省直接控制各省的权力。承宣布政使司的设立为取消中书省做了铺垫。朱元璋在各行省又设提刑按察使司,主管刑名司法。军事则归都指挥使司,这就是人们所说的三司。

在地方行政体制中,朱元璋取消了元代的路,承宣布政使司下属是府与直属布政使的直隶州,再次是州、县。这样,减少了政令下达的层次。换言之,明代的地方行政体制是省、府(直隶州)、县(州)三级制。

地方与中央的矛盾解决后,丞相与皇帝的权力冲突日趋激化。朱元璋采取残酷的杀戮手段,以解决权力矛盾冲突。他先是找理由撤销了李善长的丞相职务,又杀了副丞相汪广洋。1380年,朱元璋以谋反罪杀丞相胡惟庸,株连三万余人。借此机会,取消了中书省,令隶属于中书省的吏、户、礼、兵、刑、工六部直接对皇帝负责,实行六部治国。同时审谕不许嗣君设立丞相,臣下敢提此事者,置重典。

为了便于控制军队,朱元璋于同年将大都督府改为中、左、右、前、后五军都督府。每府设左、右都督,各领所属都指挥使司和卫所。都督虽管辖军政,但不直接统率军队,都督率兵打仗须由皇帝决定,而兵部虽有调兵和任免军官的权力,但不能指挥军队,军权被牢牢掌握在皇帝手中。

“胡惟庸案”后不久,朱元璋于1393年又兴“蓝玉案”。大将蓝玉等一万五千余人被杀,大戮功臣,使人们不敢再觊觎皇位。总之,凡是朱元璋认为对皇权构成威胁的,不管是什么人,都给罗织上谋反的罪名,一律杀无赦。同时,朱元璋还整顿吏治,严惩豪强势力,缓和了阶级矛盾。为了加强对官员的监督监察,他又加强了监察机构设置。都察院下设十三道监察御史,监察御史虽然官位不高,在监察弹劾官员上却有很大权力。为了选拔官吏,朱元璋还加强了科举制度建设。

朱元璋的改朝换代彻底扭转了元代机构编制膨胀的局面,庞大的元代中枢机构,被明代的六部制所取代。很显然,元代的机构编制膨胀,靠其自身的力量,已经无法解决,只有通过改朝换代,才能解决。出身平民的朱元璋亲眼看到了元代基层官员胥吏数量众多给老百姓带来的巨大损害。所以,朱元璋在夺取政权之后,并没有按照元代的机构编制设置国家政权,而是遵循了历代国家机构精简的原则,既保证了皇权的巩固,也降低了国家财政开支,减轻了老百姓的负担。

因为"胡惟庸案"和"蓝玉案"等一系列案件,各级衙门有数万名官员被杀,各个衙门虽然有编制,但是没有官员。为了弥补官员的不足,朱元璋大力兴办学校,各级国子学的生员名额也比历代要多得多。洪武二十六年(1393),中央国子监生员达到八千多人。各个府州县都兴建学校,不但提高了整个国家机构官员的文化水准,而且也提高了整个民族的文化水平。明代对于官员的任职有着严格的文化要求,这是明代与元代的重要不同之处。

在洪武、永乐时期,明代皇权得到空前强化。不管你为明朝立下多大的功劳,不管你在国家政权机构中处于什么样的地位,只要皇帝认为你对皇权构成威胁,他便可以随便找个谋反的罪名就将你满门抄斩。李善长可谓明朝的第一功臣,徐达更是对明朝的建立功不可没,但是在皇权面前这些功劳都显得苍白无力。可以说明朝文武百官都清楚,胡惟庸不可能参加谋反集团,论李善长与朱元璋同胡惟庸的关系,李善长根本就不可能参与胡惟庸的"谋反"活动,但是朱元璋认定李善长参加胡惟庸谋反集团,谁也不敢提出异议。"君叫臣死,臣必须得死"的中央集权制度,虽然强化了皇权,但使文武百官失去了创造力与主动性,文武百官处于极端恐惧之中,根本就没有心思为国为民操心费力。可以说从明成祖之后,朱元璋的后代虽然没有朱元璋的才能与胸怀,但是在暴虐程度上一点也不亚于他。皇权得到空前强化,君臣关系高度紧张,公卿朝不虑夕，有的内阁大学士被皇帝召见时吓得话都不敢说，甚至小便失禁，瘫在地上。皇帝训斥托孤重臣内阁首辅“如斥一奴”。皇帝辱骂科道官为“牲畜”(1)，“君之视臣如狗彘”(2)。伴随着皇权强化的却是皇权的日趋腐朽堕落。

朱元璋在执政时期基本上健全了行政、军事、监察三权分立，共同对皇帝负责的体制。这套国家机器的核心就是巩固皇权，以后虽然有所变化，但也只是很小的变动。

朱元璋总结了历史的经验教训，他严禁宦官干政，还对宦官施加了其他规定，使宦官成为名副其实的宫廷仆役。但这些规定很快就被他的后代破坏殆尽，宦官干政较前代有过之而无不及。

公元1398年，明太祖去世，长孙朱允炆继位，是为惠帝。明惠帝要削藩，引发了“靖难之役”。燕王朱棣攻入南京，取代朱允炆当了皇帝，建元永乐，是为明成祖。明成祖为了巩固皇位，迁都北京，但又不能随意改变祖制，因此在南京保留了原中央机构，又在北京成立了新的中央机构。在南京的六部称为“南六部”，与北京六部相比人数要少得多，权力也小得多。为了保证北京的政治权力运行，明成祖并没有在南京设立寺监，南六部虽然设立了，但是在职官编制上也不是满额配置。南六部无法与北京六部竞争。中央两套机构并存，在中国机构编制史上，为明代所独有。两套六部机构并存，自然也就无法避免权力之争。

建文削藩导致“靖难之役”，但并没有影响明成祖的继续削藩。他解除了藩王的兵权，进一步加强中央集权统治。永乐皇帝又建立了特务机构——东厂。从永乐以后，政治由明转暗。在明成祖后，内阁学士逐渐得到重用，权力日重。不但朱元璋不设宰相的禁令被打破，而且严禁宦官干政的规定也遭到破坏，宦官开始受到宠用，干预朝政。

1435年，不满9岁的明英宗即位。亲政后，他宠任宦官王振，任其为司礼太监。王振利用年幼的皇帝排除异己，成为左右朝政的人物。英宗在王振的蒙蔽下，出征瓦剌部，在怀来城土木堡兵败被俘，全军覆没，王振被乱军杀死，英宗也做了俘虏。于谦组织北京保卫战击退瓦剌也先。英宗在宦官曹吉祥等人的策划下，杀害于谦，成功复辟。英宗并没有吸取土木之变的教训，也没有识破曹吉祥欲图夺权的阴谋，继续宠信宦官。此后的皇帝无不如此。宠用宦官是明朝政治由明转暗、由盛转衰的标志。宠用宦官造成了政局不稳。政局越不稳，皇帝则越重用宦官以维护统治，形成了恶性循环。武宗宠信以刘瑾为首的八个宦官。刘瑾引诱武宗吃喝玩乐，乘机窃取大权，控制特务组织东厂、西厂和锦衣卫，杀戮打击朝中大臣和地方官员。地方长官入京觐见，须向刘瑾纳银二万两，才能见到皇帝。朝中官员出京也须行贿方可离京。到世宗时，宦官表面看来受到抑制，但实际上仍在左右政局，而且又出了奸相严嵩，把持朝政二十年，世宗本人则不理朝政，迷信道教，成了道教徒，这就使朝政更加黑暗。在这一时期，明朝不但内部矛盾尖锐，出现财政危机，而且外部矛盾突出，北方有鞑靼军队入侵，南方有倭寇骚扰，抵抗外敌的官员、将军还受到严嵩的刁难和陷害打击。

明朝的皇帝自太祖、成祖之后，昏庸之辈占据多数。他们宠信宦官，对朝中大臣却视如奴仆，不是杀戮就是鞭笞。明神宗时，张居正出任内阁首辅，进行改革，整顿吏治，明朝政治出现清明迹象，但改革并没办法改变明朝深层次的弊病。神宗后期消极怠政，将近三十年不上朝。皇帝在宫中过着荒淫无度的生活，朝廷许多重要机构没有主官，官员们你争我斗。以顾宪成为首的东林党人要求政治改革，却受到排挤和打击。这边明朝腐败不堪，那边北方女真族努尔哈赤崛起。努尔哈赤利用明朝的腐败与混乱，频频发动进攻，连连得手。明熹宗更是不思国家安危，宠信宦官魏忠贤，导致形成阉党集团，东林党人受到迫害打击。因为阉党集团的后台是皇帝，东林党人在与阉党集团的斗争中吃尽苦头，付出了惨重的生命的代价。

明代的皇帝大多从小生活在宫中，对于外界和百姓的疾苦一无所知，很少能考虑老百姓的利益。明代中期以后，宦官不但擅权，还贪婪无比，百姓不堪其苦。上行下效，皇帝都不以国家为重，藩王一个个也是贪婪无比。明朝延续的时间越长，封的藩王就越多，他们占有的土地也就越多，百姓也就越艰难。明朝腐败不堪，财政越来越困难，国家的财富都集中在藩王与权臣手中。政治腐败造成贪官污吏横行，皇亲国戚更是无法无天，掠夺百姓，民不聊生，使得广大百姓走上反抗道路。在明朝中期，影响比较大的有刘六、刘七起义。到了明末，爆发了高迎祥、张献忠领导的农民起义。高迎祥战死之后，李自成继任起义军首领。1643 年，李自成起义军攻克西安，次年建立大顺农民政权，李自成自称大顺王。李自成的起义军攻城略地，北方的清兵更是大军压境，袁崇焕接连夺取“宁远大捷”和“宁锦大捷”，使努尔哈赤的八旗精兵受到重创，努尔哈赤本人也受伤不治去世，这对清军是沉重的打击。当清兵兵临城下，国家急需卫国干城的时候，崇祯却中了反间计，自毁长城，杀了袁崇焕。李自成攻克北京，崇祯皇帝在煤山(今景山)自缢身亡。崇祯皇帝自缢之际，仍然不认为有愧苍生，而认为都是“诸臣误朕”(3)。明朝灭亡。

第二节　明代中央机构编制

明代的机构编制既有对汉唐的沿袭，也有对元代的继承，还有自己的创造。无论是沿袭继承，还是自己的创造，目的只有一个，即维护皇权的绝对统治地位。虽然朱元璋建立了绝对的皇权统治，但是在机构设置上，他又建立了对皇权的监督制约机构。皇权在明代得到了空前加强，皇权又在有明一代受到前朝所未有的监督制约，对于这一点，我们可以清楚地从明代有关机构设置上看到。

明代的内阁机构是最高行政职能机构，但它作为最高行政机构有一个很长的历史演变过程。《明史·职官志》说："明官制，沿汉、唐之旧而损益之。自洪武十三年罢丞相不设，析中书省之政归六部，以尚书任天下事，侍郎贰之。而殿阁大学士只备顾问，帝方自操威柄，学士鲜所参决。其纠劾则责之都察院，章奏则达之通政司，平反则参之大理寺，是亦汉九卿之遗意也。分大都督府为五，而征调隶于兵部。外设都、布、按三司，分隶兵刑钱谷，其考核则听于府部。是时吏、户、兵三部之权为重。"

明朝无论是中央机构编制还是地方机构编制，可以说都在朱元璋时期基本定型，洪武之后的中央机构编制的最大变化就是内阁机构逐步设立与内阁编制的健全。

一、北京政府机构

1. 三公三孤、太子三师三少

明朝与前朝一样，也设立了太师、太傅、太保等高级名誉职官。太师、太傅、太保为三公，正一品；少师、少傅、少保为三孤，从一品。洪武三年，朱元璋为表彰李善长的功绩，授予他太师衔，徐达为太傅，常遇春为太保。三公三孤"掌佐天子理阴阳，经邦弘化，其职至重"(4)。三公三孤无定员，无专授。三公三孤都是为明朝建立立下特殊功勋的功臣，不轻易授人，但是我们看到，被授予太师、太傅的李善长、徐达都没能善终，被予太保的常遇春则在出征时即去世。在建文和永乐年间罢公、孤官职，仁宗复设。永乐二十二年(1424)八月，复置三公、三少，三公三孤都属于"虚衔，为勋戚文武大臣加官、赠官"，但能够得此虚衔加官的很少，而且得此虚衔加官的人多数没有好的结局，比如张居正，万历九年加太傅，十年加太师。

太子太师、太子太傅、太子太保，都是从一品，其职能是“以道德辅导太子，而谨护翼之”。太子少师、太子少傅、太子少保，均是正二品，职掌“奉太子以观三公之道德而教谕”。[5]太子宫官除了太子少师、少傅、少保，还有太子宾客，为正三品，掌侍太子赞相礼仪，规诲过失。太子太师、太傅、太保和少师、少傅、少保也都是虚衔，一般由朝廷重臣兼任。之所以如此，是因为朱元璋要防止太子宫官与朝廷大臣产生矛盾。因为这些高级职官都是兼职，没有明确的编制限额，往往是根据需要设置。所以，无论是三公三孤，还是三师三少，都是不占国家编制的虚衔，不像其他职官那样，有着严格的编制限制。实际上，明代的三公三孤，或三师三少，因任职条件要求高，更是有着严格的职数限制。

2. 中书省

明代机构编制在洪武时期已经基本定型，可以说，整个明代机构编制基本上都是由朱元璋所定，以后的各个皇帝对于中央机构编制虽然有所增损，但是变化不大。但是，我们必须看到，即使这些变化不大的增损对于明代的机构编制也产生了巨大影响。

作为濠州红巾军领袖郭子兴手下元帅的朱元璋，采纳李善长的建议，过江向江南发展。这一战略决策为朱元璋的事业提供了发展空间，很快，他兼并了张士诚和陈友谅的势力，江南地区大部分为朱元璋所有。至正二十四年(1364)，朱元璋称吴王，设置百官，置中书省，以李善长为中书右相国，徐达为中书左相国，常遇春、俞通海、汤和为中书省平章政事，汪广洋为右司郎中，张昶为左司都事，长子朱标为世子。又设立行中书省、都镇抚司、各卫亲军指挥使司机构与职官。此时元尚未亡，朱吴政权仍带有军事性质，朱元璋亦积极向国家政权过渡，在所辖区域内置行省、提刑按察使司，在少数民族地区设置宣慰司、宣抚司等。可以说，这一时期的机构编制基本上是沿袭元代的机构编制。又设置大都督府、御史台两大机构，与中书省形成中央政权三大机构。中书省主管行政，大都督府主掌军事，御史台主掌监察。

洪武时，朱元璋模仿元朝设立中书省，置左、右丞相。左、右丞相均为正一品。这一时期，以左为上，李善长为左丞相，徐达为右丞相。

中书省除了设置左、右丞相，还设有平章政事，作为丞相的主要助手，为从一品；左、右丞，正二品；丞相府内设机构有左、右司，左、右司设郎中，正五品；员外郎，正六品；都事、检校，正七品；照磨、管勾，从七品；参议府设参议，正三品；参军、断事官，从三品；断事、经历，正七品；知事，正八品；都镇抚司设都镇抚，正五品；考功所设考功郎，正七品。以后将都镇抚司划归大都督府管辖。参议府、考功所也很快撤销，设置直省舍人十人，寻改中书舍人。

在中书省、大都督府、御史台三大机构中，中书省是权力最大、下属机构最多的权力机关，中书省丞相可以说是权势无比。显然，这样的中书省机构与朱元璋加强皇权的思想是格格不入的。朱元璋采取不断减少人员的措施，削弱中书省的职权。洪武九年(1376)撤销平章政事、参知政事等大员。对于朱元璋不停裁撤中书省官员的举措，作为丞相的胡惟庸醉心于行使丞相的权力，并没有意识到皇帝所做的一切都是以自己为目标，还以为这是皇帝对自己的信任，更便于集中丞相的权力。胡惟庸忘乎所以起来，在重大事情上擅自处理，也不向朱元璋汇报，这是朱元璋绝对不能容忍的。朱元璋绝对不容许丞相滥用权力，在朱元璋看来，皇帝之所以尊贵是因为权力都集中在皇帝一人身上，而中书省几乎将国家的权力都集中在丞相一人身上，这就等于架空了皇帝。尽管胡惟庸对朱元璋诚惶诚恐，无比忠诚，但朱元璋绝不允许这样的权臣存在。洪武十三年(1380)正月,忍无可忍的朱元璋终于找到借口,以谋反罪诛杀了丞相胡惟庸,株连官员一万余人。朱元璋来了一个釜底抽薪,撤销了中书省,中书省官员仅仅保留了中书舍人。朱元璋于洪武二十八年(1395),颁发诏谕:“我朝罢相,设五府、六部、都察院、通政司、大理寺等衙门,分理天下庶务,彼此颉颃不敢相压,事皆朝廷总之,所以稳当。以后嗣君并不许立丞相,臣下敢有奏请设立者,文武群臣即时劾奏,处以重刑。”(6)为了防止后世子孙有人提议设立丞相,还将这条诏谕“立为家法”,“后世敢有言改更祖法者,即以奸臣论,无赦”(7)。

罢中书省缩小了中央机构编制,压缩了中央政府机构人员,使得本来就很精简的中央机构编制人员数量大大减少。

历朝历代一直存在着丞相制度,尽管在许多朝代没有丞相的名称,但是丞相作为一种官职、一种机构,一直得以留存,而且有时丞相不只一人,而是多人,比如三省制就是一种群相制。尽管朱元璋精力旺盛,早起晚休,仍难以应付繁重的政务。于是朱元璋设置四辅官,选择一些名儒担任,帮助自己处理政务。对于四辅官的职能,朱元璋也作了规定,“均调四时,德和人天,辅朕以掌民命”,“心常格神,行常履道,佐理赞化,以安民生”(8)。这些名儒虽然学识渊博,但对朝廷政务并不熟悉。他们在帮助朱元璋处理政务上力不从心。朱元璋也意识到了这一点,不久,便将四辅官制度撤销了,内阁应运而生。

3. 内阁

机构沿革

撤销中书省,取消四辅官,朱元璋根据宋朝的殿阁制度设立殿阁,殿阁置大学士。大学士虽然直接服务于皇帝,但是殿阁大学士的品级并不高,一般都是五品官员。大学士“不过侍左右,备顾问而已”，只是帮助朱元璋处理文字材料，正如王世贞所说：“大学士非内阁。”(9)永乐皇帝靖难之变即位，选拔一批年轻干练的亲信官员解缙、黄淮、杨士奇、胡广等人“并值文渊阁”，让他们处理各种机要事务，处理各个衙门的奏章，还协助永乐皇帝处理军务，皇帝出征则随军参赞军务。他们虽然在内阁办公，但他们的品级仍然是五品官，实际职务是侍读、侍讲等。这些大学士虽然固定在内阁办公，但是内阁不是法定意义上的行政机构，内阁并不是一级官署，既没有官印，人员也不固定。内阁无论是与中央各级官署，还是地方各级衙门，都没有任何关系。殿阁大学士只是帮助皇帝处理各个衙门的奏章，无权与各个衙门发生关系。各个衙门的“章疏直达御前，多出宸断。儒臣入直，备顾问而已”(10)。永乐年间的内阁还不是真正意义上的内阁。

从仁宗朝开始，内阁的性质发生变化。首先殿阁大学士不再是五品官，仁宗提升杨荣为太常卿、金幼孜为户部右侍郎、杨士奇为礼部左侍郎、黄淮为通政使，都是三品官。他们虽然身兼其他职务，但是他们的主要职责是在内阁帮助皇帝处理各类政务，并不处理各部的事务，他们的侍郎职务只是一种兼职。因为内阁没有国家编制，他们在内阁拿着一份薪俸，同时还拿着兼任的一份薪俸，也就是说，这些大学士拿着双俸。这些殿阁大学士的品级不断得到提升，有的加衔少傅、少保，杨士奇成为从一品，杨荣、金幼孜与六部尚书相同，为正二品。随后，这些阁臣又分别当上了工、兵、户、礼部尚书。他们虽然担任了少傅、少保、尚书，但他们仍然在殿阁效力。仁宗之所以给他们加衔，一方面是为了让他们多支一份薪俸，另一方面，也是根本的原因，殿阁大学士虽然在皇帝身边效劳，但是社会以尚书为尊。殿阁大学士虽然是皇帝近臣，但是内阁不属于国家的正式机构，这些内阁官员不属于国家正式机构的编制人员，他们的职务提升还不得不借助其他政府机构的职官。殿阁大学士仍然属于近臣，不能像其他中央衙门那样，可以向全国发号施令。要提升他们的官职和地位，皇帝只能采取变通的方法，套用其他机构的职官。之所以如此，是因为至高无上的皇帝也没有权力根据自己的需要随便设立机构、增设职官、增加编制，只能利用其他机构的职官来安排自己的职能人员，否则就显得名不正言不顺，不为官员和社会所认可。这就是国家机构编制的法定性。

到了宣宗时期，内阁一词正式出现。宣宗罢弘文阁，命太常卿、翰林学士杨溥和杨士奇等人"同治内阁事"(11)。这时担任内阁成员的官员多兼任其他官职，而且担任内阁成员的没有专职官员，也没有编制定额，也就是说内阁仍然不属于国家的正式编制官员，他们的编制都在其他各个衙门，更重要的是殿阁大学士虽然贵为天子近臣，但是他们并没有决策权，而只有参谋之责。宣宗去世以后，太子即位，只有九岁，太皇太后将朝政委于"三杨"，所有政令都出自内阁，内阁的地位日渐重要，阁臣的职责日渐扩大，凡诏、诰、制、册文、谕、令、檄等均由阁臣起草，付诸有司执行。各级衙门的题、奏、表、文册等，也由阁臣拆阅，提出处理意见，这样一来，阁臣就直接掌握了国家朝政的处理大权。在永乐时期，阁臣虽然都是皇帝的心腹，但是明成祖规定："内阁不得专制诸司，诸司奏事亦不得相关白。"内阁不得给诸司下指令，诸司也不得向阁臣汇报工作。到正统年间，"政归三杨"(12)。英宗称杨士奇、杨溥为"辅相元老"(13)。内阁虽然被称为辅相，皇帝对于内阁阁臣也十分倚重，但是内阁仍然不属于国家机构，内阁官员仍然属于翰林院文渊阁的编制序列，内阁对外下达文书仍然以翰林院的名义。内阁还不是独立的编制，这就是说内阁虽然地位不断提高，权力日益强化，但仍不属于独立的中央机构。弘治时期，礼部尚书丘濬进入内阁，在参加宴席时，排在吏部尚书之上，这说明内阁的地位高于六部之首的吏部。更重要的是内阁成员已经不再是从翰林学士中选拔，而是从大臣中选任。入了内阁,地位便高于尚书。但是这些进入内阁的朝臣,需要“学术纯正”,“非进士不入翰林,非翰林不入内阁”。进入翰林必须是庶吉士。进士经过深造成为庶吉士,然后才能升为翰林学士。“庶吉士始进之时,已群目为储相。”[14]内阁阁臣的选拔已经形成制度。

第一,成为阁臣必须具有当时的国家最高“学历”。如果不是进士,或者进士没有考上庶吉士,根本就不可能成为翰林学士,也就不可能进入内阁。第二,必须是朝廷重臣。此时的阁臣已经不是纯粹的翰林学士,而是经过多年朝政政务历练的大臣,他们一般在朝臣中具有较高的威望。第三,阁臣的选拔要经过严格的程序,即廷推,如果不经过廷推进入内阁,就会招致朝臣的反对。第四,内阁人员已经列入了朝廷的编制序列,一般是三至四人,而且有了自己的办公地点与内设机构。第五,首辅制度确立。内阁不但人数确定,而且还明确一人为首辅。首辅就成了事实上的丞相。这些特点在嘉靖、万历年间表现得最为充分和明显。第六,内阁衙门的建立。内阁官员虽然存在时间很长,但是没有衙门。正统年间,成立翰林院,将文渊阁正式变成阁臣办公的衙门。文渊阁自明成祖即位,“特简解缙、胡广、杨荣等直文渊阁。参预机务”[15],一直到正统年间才成为内阁衙门。嘉靖年间进行了专门的修缮,不但阁臣有了专门的办公场所,那些具体办理文字业务的书办也都有了办公地点。内阁至此成为真正意义上的国家中央机构。

机构职能

天顺年间明确规定了内阁的职掌:“专掌制敕文书,又任辅导之职,与闻国政。”[16]专掌制敕,也就是赋予其宰相之权。“内阁之官,乃相职也”,“我朝之有内阁,犹前代之有中书省”[17],“内阁典司政本”[18]。嘉靖年间,张璁入阁,对皇帝称,“今之内阁,宰相职也”,要求皇帝责令内阁选拔九卿高官。因为成为首辅,有了票拟之权，自然难免要专权，次辅只能“唯唯”。严嵩为首辅，“俨言以丞相自居”，“事无大小，咸专于己，人有少违，必中以祸”(19)。夏言、严嵩“迭用事，遂赫然为真宰相，压制六卿”。但由于此时票拟已掌于太监手中，“相权转归之寺人。于是朝廷之纪纲，贤士大夫之进退，悉颠倒于其手。伴食者承意指之不暇，间有贤辅，卒蒿目而不能救”(20)。连明世宗都说严嵩“虽无相名，实有相职”(21)。隆庆时期，高拱为首辅，兼掌吏部尚书，他自己都感到权势太重。万历年间的张居正更是一代权相，不但皇帝对他无比尊敬，而且张居正出现在百官面前，“百僚皆惕息”，甚至连其他阁臣，都对张居正说的话“莫敢异同”，“恂恂若属吏”(22)。阁臣之所以权重，有着诸多原因，其中原因之一就是阁臣掌部，兼着六部的职务。

机构编制

明朝的内阁实行的仍然是群相制。内阁阁臣有时候是一人，有时候是多人，一般都是三至四人。人数最多的时候是天启三年，阁臣达到九人。内阁设诰敕房、制敕房，两房均设中书舍人，从七品，无定员。

朱元璋取消中书省以及内阁制度的建立，使得明朝出现了没有丞相的“丞相”——首辅，没有中书省的“丞相府”——内阁。但是我们也必须看到，明朝的内阁制度与中书省制度又有所不同，尽管在嘉靖、万历年间出现了一些强势阁臣，有的还是有名的奸相，比如严嵩，但是明朝的内阁制度与历史上的丞相府和三省制还是有所区别的。这种区别首先表现在首辅远没有历史上的丞相位高权重，其次，内阁作为一级中央政府的最高管理机构，在属员编制上远没有历史上的丞相府多。正是由于明代内阁长期没有取得国家机构的法定编制，所以，内阁在明代一直是一个精简的中枢机构。

4. 六部

三公三孤是虚衔，内阁一直到明中期以后才解决了编制问题。

六部则不同，它属于国家正式编制的衙门。洪武元年设置吏、户、礼、兵、刑、工六部，隶属中书省。各部设尚书、侍郎、郎中、员外郎、主事，尚书正三品，侍郎正四品，郎中正五品，员外郎正六品，主事正七品。洪武六年(1373)，各部设尚书二人，侍郎二人。吏部内设机构为总部、司勋、考功，设郎中、员外郎各一人，主事各二人。十三年，撤销中书省，提升六部级别，各设尚书、侍郎一人，户部因为事务繁重，设侍郎二人。每部内设机构四个，设郎中、员外郎、主事各一人。洪武二十二年，改总部为选部。洪武二十九年(1396)，确定六部内设机构各为四司，统称清吏司。

明成祖迁都北京，北京就成了行在，在北京设立行在六部，但是南京是朱元璋所建都城，明成祖又在南京保留了同样的六部及其他中央机构，在衙门前加上南京，以示区别。南京的中央各部门没有太大权力，很多时候成为被贬官员的安置场所。

明朝初年，六部与前朝一样，属于尚书省或中书省的直属机构，朱元璋撤销中书省之后，实行六部治国，六部直属皇帝管辖，这样，六部的地位为前朝历代所不及。在内阁未有正式编制之前，六部尚书的地位比阁臣还要高。从弘治开始，阁臣才正式成为六部的上司。

明代的六部与历代的六部虽然职能差不多，地位却大相径庭，在机构设置与人员编制上，也与历代有所差异。

对于六部的职能，朱元璋作了详细的规定，对于六部尚书也提出了更高的要求：“六部总领天下之务，非学问博洽、才德兼美之士，不足以居之。”(23)

4－1. 吏部

机构沿革

吏部为六部之首，因为没有丞相，吏部尚书便成为百官之首，成为文武百官的表率。吏部尚书之所以成为百官表率，由其职能所定,“进退庶官,铨衡重地”。朱元璋称“吏曹为六卿之长”[24]。吏部尚书成为百官之首,这是任何朝代所没有过的。在永乐初年,明成祖选拔翰林官员在内阁值班,参谋决策,大学士杨士奇等人加官三孤,兼尚书衔,但是按品叙列,仍然在吏部尚书蹇义、户部尚书夏原吉之下。之后,随着内阁地位的提高、衙门与编制的确定,内阁才成为尚书法定意义上的上司。在弘治六年(1493)二月,朝廷举行宴会,在座位排列顺序方面,大学士丘濬以太子太保、礼部尚书之职,在太子太保、吏部尚书王恕之上。此后,如果侍郎、詹事进入内阁,那么他们上朝的排列顺序也列六部之上。他们虽然原来是尚书的下级,但是一旦进入内阁就成了尚书的上司。

吏部因为是管官的衙门,吏部尚书被称为“天官”,所以,吏部被时人称为“体最尊”,但是“体最尊”的吏部需受司礼监的管控。当太监擅权的时候,吏部的好多职能往往被司礼监给剥夺了。

机构职能

尚书“掌天下官吏选授、封勋、考课之政令,以甄别人才,赞天子治。盖古冢宰之职,视五部为特重”[25]。对于吏部的职能,明代作了规定:吏部尚书,表率百僚,进退庶官,铨衡重地,其礼数殊异,无与并者。因为吏部管官,地位最高,因此没有机构能够与它比拟。

吏部内设机构有司务厅。司务厅“掌催督、稽缓、勾销、簿书”等事务。明初,设主事、司务各四人,为首领官,有主事印。洪武二十九年(1396)改主事为司官,裁司务二人。以后司务二人成为定制。司务厅虽然属于吏部的办公机构,但是级别很低。吏部下设四大机构:文选、验封、稽勋、考功清吏司。

文选清吏司职掌官吏班秩迁升、铨选、改调、注缺、署职、试职、保举、推举等事务。简单说就是协助尚书主管文官的选用。明朝的文官分为九品,每品又有正从之分,共为十八等级。凡是不够九品的称为“未入流”。对于官员的选拔任用称为“选”，每年有大选、急选、远方选、岁贡、就教选等，中间还有拣选、举人乞恩选等。那些参选的官员称为“选人”。文选清吏司负责官员的选拔。“登资簿，厘其流品，平其铨注而序迁之。凡升必考满，若员缺当补，不待考满，曰推升。类推上一人，单推上二人。三品以上，九卿及佥都御史、祭酒，廷推上二人或三人。内阁，吏、兵二部尚书，廷推上二人。凡王官不外调，王姻不内除，大臣之族不得任科道，僚属同族则以下避上。外官才地不相宜，则酌其繁简互换之。有传升、乞升者，并得执奏。以署职、试职、实授奠年资，以开设、裁并、兼摄适繁简，以荐举、起废、征召振幽滞，以带俸、添注寄恩冗，以降调、除名驭罪过，以官程督吏治，以宁假悉人情。”(26) 明朝前期，皇帝对于吏部选拔任用官员一般不加干预，加上前期内阁还不像中后期权力那么大，可以说文选清吏司决定官员的任命。凡是吏部文选清吏司上报的任命官员，皇帝除了自己特旨任命的官员，一般都能批准。所以，文选清吏司成为朝中最有权势的部门，文选清吏司主管官员的选拔任用，连吏部侍郎都无法参与。正是因为文选清吏司权重，才演绎出一幕幕选官用人的惊险故事。

验封清吏司“掌封爵、袭荫、褒赠、吏算之事，以赞尚书”。具体来说就是功臣的封爵、文官的承袭、皇帝对官员的褒奖赠予、诰券的颁发、吏算等事务。明朝规定，没有军功不得封，官员的封号除非是皇帝特旨，否则不得授予。对于封爵官员则发给诰券，诰券分左、右各一份，左藏内府，右给功臣之家。如果要袭封他们的后代，必须要有诰券为凭，根据诰券，核实其功过与宗支远近，给予袭封。袭荫对于高官来说至为重要。明初，自一品至七品，皆得荫一子享受国家俸禄。洪武十六年，对于高官子弟更明确等级规定。在封建社会，封赠复杂烦琐，皇帝不但封赠官员，还封赠夫人。除了封赏，还有褫夺等职能。

稽勋清吏司职掌官员的勋级、名籍、丧养之事。明代文官勋级分为十个等级。正一品，左、右柱国；从一品，柱国；正二品，正治上卿；从二品，正治卿；正三品，资治尹；从三品，资治少尹；正四品，赞治尹；从四品，赞治少尹；正五品，修正庶尹；从五品，协正庶尹。百官升迁用除、降职调用都得写明本人出生年甲、乡贯、出身。这些都属于稽勋清吏司的管理范围。从管理职能上可以看到，稽勋清吏司属于相对轻松的部门。

考功清吏司职掌官吏考课、黜陟之事。明代非常重视对官员的考课，所以，考功清吏司的地位仅次于文选清吏司。“凡内外官给由，三年初考，六年再考，并引请九年通考，奏请综其称职、平常、不称职而陟黜之。陟无过二等，降无过三等，其甚者黜之、罪之。京官六年一察，察以巳、亥年。五品下考察其不职者，降罚有差；四品上自陈，去留取旨。外官三年一朝，朝以辰、戌、丑、未年。前期移抚、按官，各综其属三年内功过状注考，汇送覆核以定黜陟。仓场库官一年考，巡检三年考，教官九年考。府州县官之考，以地之繁简为差。吏之考，三、六年满，移验封司拨用。九年满，又试授官。惟王官及钦天、御用等监官不考。凡内外官弹章，稽其功过，拟去留以请上裁。荐举、保留，则核其政绩旌异焉。”[27]

机构编制

吏部设尚书一人，正二品。左、右侍郎各一人，正三品。司务厅设司务二人，从九品。文选、验封、稽勋、考功四清吏司各设郎中一人，正五品；员外郎一人，从五品；主事一人，正六品。洪武三十一年(1398)增设文选清吏司主事一人。正统十一年(1446)增设考功司主事一人。

4－2. **户部**

机构沿革

吏部因为管官，体至尊；户部则因为管钱管物“权最重”[28]。

洪武元年(1368)朱元璋设置户部。洪武六年(1373),设尚书二人,侍郎二人。户部内设机构分为五科:一科、二科、三科、四科、总科。每科设郎中、员外郎各一人,主事四人。但总科郎中、员外郎各二人,主事五人。洪武八年(1375),中书省奏因户、刑、工三部事务繁多,要求增加内设机构与人员编制,户部五科,每科设尚书、侍郎各一人,郎中、员外郎各二人,主事五人,内会总科主事六人,外牵照科主事二人,司计四人,照磨二人,管勾一人。洪武十三年,与吏部一起提升品级,下设四属部:总部、度支部、金部、仓部。洪武二十二年,改总部为民部。

机构职能

户部"掌天下户口、田赋之政令"。"稽版籍、岁会、赋役实征之数,以下所司。十年攒黄册,差其户上下畸零之等,以周知其登耗。凡田土之侵占、投献、诡寄、影射有禁,人户之隐漏、逃亡、朋充、花分有禁,继嗣、婚姻不如令有禁。皆综核而纠正之。天子耕耤,则尚书进耒耜。以垦荒业贫民,以占籍附流民,以限田裁异端之民,以图帐抑兼并之民,以树艺课农官,以刍地给马牧,以召佃尽地利,以销豁清赔累,以拨给广恩泽,以给除差优复,以钞锭节赏赉,以读法训吏民,以权量和市籴,以时估平物价,以积贮之政恤民困,以山泽、陂池、关市、坑冶之政佐邦国,赡军输,以支兑、改兑之规利漕运,以蠲减、振贷、均籴、捕蝗之令悯灾荒,以输转、屯种、籴买、召纳之法实边储,以禄廪之制驭贵贱。"[29] 户部职能最多,权力最大。从其所管辖的具体事务看,户部既管民政,又管财政,还管土地、税收、水利、漕运、盐政、矿冶、物价、赈灾、俸禄等。

户部四大司又分科办事,民科主管所属省府州县地理、人物、图志、古今沿革、山川险易、土地肥瘠宽狭、户口物产多寡登耗之数;度支科主管会计夏税、秋粮、存留、起运及赏赉、禄秩之经费;金科主管市舶、鱼盐、茶钞税课,及赃罚与贪赃官员没收赃款的保管;

仓科主管漕运、军储出纳料粮。可以说凡是与经济有关的政务都归其管辖。

户部下属机构众多,而且在各个时期都有所变化,其中最重要的就是十三司。十三司,各掌其分省事务,并兼管所分两京、直隶贡赋,及诸司、卫所禄俸,边镇粮饷,并各仓场盐课、钞关。浙江司除了负责本省所管事务,还兼管在京羽林右、留守左、龙虎、应天、龙骧、义勇右、康陵七卫与神机营。江西司兼管在京旗手、金吾前、金吾后、金吾左、济阳五卫。湖广司兼管国子监、教坊司,在京羽林前、通州、和阳、豹韬、永陵、昭陵六卫及兴都留守司。福建司兼管顺天府,在京燕山左、武骧左、武骧右、骁骑右、虎贲右、留守后、武成中、茂陵八卫,五军、巡捕、勇士、四卫各营,及北直隶永平、保定、河间、真定、顺德、广平、大名七府,延庆、保安二州,大宁都司、万全都司,并北直隶所辖各卫所,山口、永盈、通济各仓。山东司兼管在京锦衣、大宁中、大宁前三卫及辽东都司,两淮、两浙、长芦、河东、山东、福建各盐运司,四川、广东、海北、云南黑盐井、白盐井、安宁、五井各盐课提举司,陕西灵州盐课司,江西南赣盐税。山西司兼管在京燕山前、镇南、兴武、永清左、永清右五卫,及宣府、大同、山西各镇。河南司兼管在京府军前、燕山右、大兴左、裕陵四卫,牧马千户所及直隶潼关卫、蒲州千户所。陕西司兼管宗人府、五军都督府、六部、都察院、通政司、大理寺、詹事府、翰林院、太仆寺、鸿胪寺、尚宝司、六科、中书舍人、行人司、钦天监、太医院、五城兵马司、京卫武学、文思院、皮作局,在京留守右、长陵、献陵、景陵四卫,神枢、随侍二营,及延绥、宁夏、甘肃、固原各镇。四川司兼管在京府军后、金吾右、腾骧左、腾骧右、武德、神策、忠义后、武功中、武功左、武功右、彭城十一卫及应天府、南京四十九卫,南直隶安庆、苏州、松江、常州、镇江、徽州、宁国、池州、太平、庐州、凤阳、淮安、扬州十三府,徐、滁、和、广德四州,中都留守司并南直隶所辖各卫所。

广东司兼管在京羽林左、留守中、鹰扬、神武左、义勇前、义勇后六卫,蕃牧、奠靖二千户所。广西司兼管太常寺、光禄寺、神乐观、牺牲所、司牲司、太仓银库、内府十库,在京沈阳左、沈阳右、留守前、宽河、蔚州左五卫,及二十三马房仓,各象房、牛房仓,京府各草场。云南司兼管在京府军、府军左、府军右、虎贲左、忠义右、忠义前、泰陵七卫,及大军仓、皇城四门仓,并在外临清、德州、徐州、淮安、天津各仓。贵州司兼管上林苑监,宝钞提举司,都税司,正阳门、张家湾各宣课司,德胜门、安定门各税课司,崇文门分司,在京济州、会州、富峪三卫,及蓟州、永平、密云、昌平、易州各镇,临清、许墅、九江、淮安、北新、扬州、河西务各钞关。

机构编制

在六部中,户部下属机构众多,因此也是官员编制人数最多的衙门。户部下属官员根据管理权限分为三等,由吏部管理任命的官员为注差,疏名上请任命的为题差,由户部下令任命的称为部差。不同级别的官员,任职时间也各不相同,或三年,或一年,或三个月。

户部设尚书一人,正二品;左、右侍郎各一人,正三品;司务厅,司务二人,从九品;浙江、江西、湖广、陕西、广东、山东、福建、河南、山西、四川、广西、贵州、云南十三清吏司,各设郎中一人,正五品。宣德以后增设山西司郎中三人,陕西、贵州、云南三司郎中各增二人,山东司郎中增一人。员外郎一人,从五品。宣德七年(1432)增设四川、云南二司员外郎各一人。主事二人,正六品。宣德以后增设云南司主事七人,浙江、江西、湖广、陕西、福建、河南、山西七司主事各二人,山东、四川、贵州三司主事各一人。照磨所,照磨一人,正八品;检校一人,正九品;所辖宝钞提举司提举一人,正八品;副提举一人,正九品;典史一人,后来撤销了副提举、典史。钞纸局,大使、副使各一人,后革去副使。印钞局,大使、副使各一人,后俱革去。宝钞广惠库，大使一人，正九品；副使二人，从九品；嘉靖中期革去。广积库，大使一人，正九品；副使一人，从九品；典史一人，嘉靖中期副使、典史俱革去。赃罚库，大使一人，正九品；副使二人，从九品；嘉靖中期革去副使。甲字、乙字、丙字、丁字、戊字库大使五人，正九品；副使六人，从九品；丁字库二人，嘉靖中期革去一人，并革乙字、戊字二库副使。广盈库，大使一人，从九品，副使二人，嘉靖中期革去。外承运库，大使二人，正九品；副使二人，从九品。后大使、副使俱革去。承运库，大使一人，正九品；副使一人，从九品；嘉靖中期革去。行用库，大使、副使各一人，后俱革去。太仓银库，大使、副使各一人，嘉靖中，革去副使。御马仓，大使一人，从九品；副使一人。军储仓，大使一人，从九品；副使一人。后大使、副使俱革去。长安、东安、西安、北安门仓，各设副使一人，东安门仓二人，万历八年（1580）革一人。张家湾盐仓检校批验所，大使、副使各一人。隆庆六年（1572）一并革去。

4 －3. **礼部**

机构沿革

礼部于洪武元年设立。设尚书二人，侍郎二人。礼部下设总部、祠部、膳部、主客部。每部设郎中、员外郎各一人，主事各三人。洪武十三年（1380），提升礼部品级，设尚书、侍郎各一人，每属部设郎中、员外郎、主事各一人，不久增设侍郎一人。洪武二十二年，改总部为仪部。洪武二十九年（1396），改仪部、祠部、膳部为仪制、祠祭、精膳司，主客部为主客司仍旧，统称清吏司。

机构职能

礼部掌天下礼仪、祭祀、宴飨、贡举之政令。封建社会非常重视礼仪，朱元璋更是不例外。所以，仪制清吏司为礼部首司，分掌诸礼文、宗封、贡举、学校之事。天子即位，天子冠礼、大婚，册立皇太子、妃嫔、太子妃、上慈宫徽号、朝贺、朝见、大飨、宴飨、大射、宴射，都有规定的礼仪。经筵、日讲、耕耤、视学、策士、传胪、巡狩、亲征、进历、进春、献俘、奏捷，若皇太子出阁、监国，亲王读书、之藩，皇子女诞生、命名，以及百官、命妇朝贺皇太子、后妃之礼，与诸王国之礼，也都有规定的仪式。凡是传制、诰，开读诏、敕、表、笺及上下百官往来移文，更是有严格规定的程式。包括各级衙门大印的大小尺寸，用什么原料制作以及图案等，也都有不能逾越的规定。比如内阁官印是银印，直纽，方一寸七分，厚六分，玉箸篆文。礼部还有一个直属机构——铸印局，主管各级衙门的官印铸造。礼部比较重要的一个职能是掌管科举考试与对百姓的劝化教育。“以学校之政育士类，以贡举之法罗贤才，以乡饮酒礼教齿让，以养老尊高年，以制度定等威，以恤贫广仁政，以旌表示劝励，以建言会议悉利病，以禁自宫遏奸民。”(30) 祠祭清吏司分掌诸祀典及天文、国恤、庙讳之事。凡天文、地理、医药、卜筮、师巫、音乐、僧道人等，都归祠祭清吏司管理，有兴造妖妄者罪无赦。主客清吏司，分掌诸蕃朝贡接待给赐之事。诸蕃朝贡，辨其贡道、贡使、贡物远近多寡丰约之数，以确定迎送、宴劳、庐帐、食料、赏赉的等次。“凡审言语，译文字，送迎馆伴，考稽四夷馆译字生、通事之能否，而禁饬其交通漏泄。”凡朝廷赐赉之典，各省土物上贡，也都归其掌管。精膳清吏司分掌宴飨、牲豆、酒膳之事。

机构编制

礼部置尚书一人，正二品；左、右侍郎各一人，正三品。司务厅，司务二人，从九品。仪制、祠祭、主客、精膳四清吏司，各设郎中一人，正五品；员外郎一人，从五品；主事一人，正六品。正统六年(1441)增设仪制、祠祭二司主事各一人。又增设仪制司主事一人，教习驸马。弘治五年(1492)增设主客司主事一人，提督会同馆。所辖铸印局，大使一人，副使二人。万历九年(1581)革一人。

因为礼部相对清闲，所以人员编制远没有户部多。但即使看似清闲的衙门，也有非常忙碌的时候，遇上大的活动，比如皇帝即位、娶亲、驾崩、科举以及各种重大祭祀活动，礼部总是忙得不可开交。

4-4. **兵部**

机构沿革

洪武元年(1368)置兵部，洪武六年(1373)，增尚书一人，侍郎一人。内设机构置总部、驾部、职方三部，设郎中、员外郎、主事等。洪武十三年，提升兵部品级，设尚书、侍郎各一人，又增置库部，共四个下属机构。每部设郎中、员外郎、主事各一人。洪武十四年，增设侍郎一人。洪武二十二年(1389)改总部为司马部。洪武二十九年(1396)，将四部名称改为武选、职方、车驾、武库四清吏司。景泰中期，增设尚书一人，协理部事，天顺初罢。正统十年(1445)增设武选、职方二司郎中各一人。成化三年(1467)增设车驾司郎中一人，万历九年(1581)取消。正统十年(1445)增设武选司员外郎一人，弘治九年(1496)增设武库司员外郎一人，后俱取消。嘉靖十二年(1533)，增设职方司员外郎一人。洪武、宣德间，增设武选司主事三人，职方司主事四人。正统十四年(1449)，增设车驾、武库二司主事各一人，后取消。万历十一年(1583)，又增设车驾司主事一人。隆庆四年(1570)，添注侍郎二人，寻罢。万历末年复置。

机构职能

兵部掌天下武卫官军选授、简练之政令，具体说就是武官的任免、考核、训练和调遣军队以及军籍、后勤、驿站等事务。许多时候，兵部尚书、侍郎还要带兵出征打仗。兵部所属武选清吏司掌卫所官员选授、升调、袭替、功赏之事。职方清吏司掌舆图、军制、城隍、镇戍、简练、征讨事务。凡天下地里险易远近，边腹疆界，俱有图本，三岁一报，与官军车骑数目一起上报。车驾清吏司掌卤簿、仪仗、禁卫、驿传、厩牧军务。武库清吏司掌戎器、符勘、尺籍、武学、薪隶之事。

机构编制

兵部设尚书一人，正二品；左、右侍郎各一人，正三品；司务厅司务二人，从九品；武选、职方、车驾、武库四清吏司，各设郎中一人，正五品；员外郎一人，从五品；主事二人，正六品。所辖，会同馆大使一人，正九品；副使二人，从九品；大通关大使、副使各一人，俱未入流。

4－5.**刑部**

机构沿革

洪武元年（1368）置刑部。洪武六年（1373），增尚书、侍郎各一人。内设机构有总部、比部、都官部、司门部，每部设郎中、员外郎各二人，但都官部郎中、员外郎各设一人。总部、比部主事各六人，都官、司门主事各四人。洪武八年，以部事浩繁，增设四科。洪武十三年（1380），刑部与他部一起升格级别，设尚书一人，侍郎一人，仍下设四部，每部设郎中、员外郎各一人，总部、比部主事各四人，都官、司门主事各二人。洪武二十二年（1389），改总部为宪部。洪武二十三年（1390），分四部为河南、北平、山东、山西、陕西、浙江、江西、湖广、广东、广西、四川、福建十二部，浙江部兼掌云南。部各设官，如户部设置。洪武二十九年（1396），改为十二清吏司。永乐元年（1403），以北平为北京。永乐十八年（1420），取消北京司，增置云南、贵州、交阯三司。宣德十年（1435），撤销交阯司，遂定为十三清吏司。

机构职能

刑部与都察院、大理院合称三法司。刑部"掌天下刑名及徒隶、勾覆、关禁之政令"。刑部具体掌管全国的司法行政，草拟法律条文，管理狱政，审核各类案件，组织会审、秋审，解释法律条文，审决囚犯等政务。刑部机构设置：刑部与户部一样，分设十三司。十三清吏司下设科，分理各种政务。十三清吏司各掌其分省份及兼领刑名政务。

浙江司带管崇府、中军都督府、刑科、内官、御用、司设等监，在京金吾前、腾骧左、沈阳右、留守中、神策、和阳、武功右、广洋八卫，蕃牧千户所，及两浙盐运司，直隶和州，涿鹿左、涿鹿中二卫。江西司带管淮、益、弋阳、建安、乐安五府，前军都督府，御马监，火药、酒醋、面筋等局，在京府军前、燕山左、留守前、龙骧、宽河、忠义前、忠义后、永清右、龙江左、龙江右十卫，及直隶庐州府，庐州、六安、九江、武清、宣府前、龙门各卫。湖广司带管楚、岷、吉、荣、辽五府，右军都督府，司礼、尚宾、尚膳、神宫等监，天财库，在京留守右、虎贲右、忠义右、武功左、茂陵、永陵、江淮、济川、水军右九卫，及兴都留守司，直隶宁国、池州二府，宣州、神武中、定州、茂山、保安左、保安右各卫，渤海千户所。福建司带管户部、太仆寺、户科、宝钞提举司、印绶、都知等监，甲字第十库，在京金吾后、应天、会州、武成中、武功中、孝陵、献陵、景陵、裕陵、泰陵十卫，牧马千户所，及福建盐运司，直隶常州府、广德州，中都留守左、留守中、定边、开平中屯各卫，美峪千户所。山东司带管鲁、德、衡、泾四府，左军都督府，宗人府，兵部，尚宝司，兵科，典牧所，会同馆，供用库，戈戟司，司苑局，在京羽林右、沈阳左、长陵三卫，奠靖千户所，及山东盐运司，中都留守司，辽东都司，辽东行太仆寺，直隶凤阳府，滁州、凤阳、皇陵、长淮、泗州、寿州、沂州、德州、德州左、保定后各卫，安东中护卫，潮河、龙门、宁靖各千户所。山西司带管晋、代、沈、怀仁、庆成五府，翰林院，钦天监，上林苑监，南、北二城兵马司，混堂司，甜食房，在京旗手、金吾右、骁骑右、龙虎、大宁中、义勇前、义勇后、英武八卫，及直隶镇江府、徐州，镇江、徐州、沈阳中屯各卫，沈阳中护卫，倒马关、平定各千户所。

河南司带管周、唐、赵、郑、徽、伊、汝七府，礼部，太常寺，光禄寺，鸿胪寺，詹事府，国子监，礼科，中书舍人，神乐观，牺牲所，兵仗局，灵台、钟鼓等司，东城兵马司，教坊司，在京羽林左、府军右、武德、留守后、神武左、彭城六卫，及两淮盐运司，直隶淮安、扬州二府，淮安、大河、邳州、扬州、高邮、仪真、宿州、武平、归德、宁山、神武右各卫，海州、盐城、通州、汝宁各千户所。陕西司带管秦、韩、庆、肃四府，后军都督府，大理寺，行人司，尚衣监，针工局，西城兵马司，在京府军后、腾骧右、豹韬、鹰扬、兴武、义勇右、康陵、昭陵、龙虎左、横海、江阴十一卫，及河东盐运司，陕西行太仆寺，甘肃行太仆寺，直隶太平府，建阳、保定左、保定右、保定中、保定前各卫，平凉中护卫。四川司带管蜀府，工部，工科，巾帽、织染二局，僧道录司，在京府军、金吾左、济川、武骧右、大宁前、蔚州左、永清左、广武八卫，及直隶松江、大名二府，金山、怀安、怀来各卫，神木千户所。广东司带管应天府，在京锦衣、府军左、虎贲左、济阳、留守左、水军左、飞熊七卫，及直隶延庆州，怀来千户所。广西司带管靖江府，通政司，五军断事司，中城兵马司，宝钞、银作二局，在京羽林前、燕山右、燕山前、大兴左、通州、武骧左、镇南、富峪八卫，及直隶安庆、徽州二府，安庆、新安、通州左、通州右、延庆、延庆左、延庆右各卫。云南司带管顺天府，太医院，仪卫、惜薪等司，承运库，及直隶永平、广平二府，镇海、真定、永平、山海、卢龙、东胜左、东胜右、抚宁、密云中、密云后、大同中屯、潼关、营州五屯、万全左、万全右各卫，宽河、武定、蒲州各千户所。贵州司带管吏部，吏科，司菜局，及长芦盐运司，大宁都司，万全都司，直隶苏州、保定、河间、真定、顺德五府，苏州、太仓、蓟州、遵化、镇朔、兴州五屯，忠义中、涿鹿、河间、天津、天津左、天津右、德州、宣府左、宣府右、开平、保安、蔚州、永宁各卫，梁城、兴和、广昌各千户所。照磨、检校，负责照刷文卷，计录赃赎。司狱，率领狱吏，管理囚犯。明代刑部这些分工，让人看了眼花缭乱，没有章法，也没有规律可循。

机构编制

刑部设尚书一人，正二品；左、右侍郎各一人，正三品。司务厅，司务二人，从九品。浙江、江西、湖广、陕西、广东、山东、福建、河南、山西、四川、广西、贵州、云南十三清吏司，各设郎中一人，正五品；员外郎一人，从五品；主事二人，正六品；照磨所，照磨，正八品；检校各一人，正九品；司狱司，司狱六人，从九品。

4－6. 工部

机构沿革

吴元年，朱元璋设置将作司，设卿一人，正三品；少卿，正四品；丞，正五品；左、右提举司提举，正六品；同提举，从六品；司程、典簿、副提举，正七品；军需库大使，从八品；副使，正九品。洪武元年，成立工部，将作司划归工部。洪武六年，设尚书、侍郎各一人，内设机构有总部、虞部、水部、屯田四部。总部置郎中、员外郎各二人，其他部各一人。总部主事八人，其他部各四人。又置营造提举司。洪武六年(1373)，将作司改为正六品，所属提举司，改为正七品。接着又设置营造提举司及营造提举分司，每司设正提举一人，副提举二人，隶将作司。洪武八年(1375)，增立四科，科设尚书、侍郎、郎中各一人，员外郎二人，主事五人，照磨二人。洪武十年(1377)，撤销将作司。洪武十三年(1380)定官制，设尚书一人，侍郎一人，四属部，以屯田部为屯部，各郎中、员外郎一人，主事二人。洪武十五年(1382)增侍郎一人。洪武二十二年(1389)，改总部为营部。洪武二十五年(1392)，置营缮所。改将作司为营缮所，正七品，设所正、所副、所丞各二人，由工匠精艺人员担任，也就是说由专业技术人员担任所正、所副、所丞。洪武二十九年(1396)，又改四部为营缮、虞衡、都水、屯田四清吏司。嘉靖后添设尚书一人，专门管理大型土木工程。另外，还有提督易州山厂一人，掌督御用柴炭之事。

机构职能

工部尚书，掌天下百官、山泽之政令。营缮清吏司掌宫殿、陵寝、城郭、坛场、祠庙、仓库、廨宇、营房、王府邸第等工程营建以及卤簿、仪仗、乐器的制作。下属工厂有神木厂、大木厂、黑窑厂、琉璃厂、台基厂等。虞衡清吏司掌山泽采捕、陶冶事务，诸如鸟兽之肉、皮革、骨角、羽毛，以及可供祭祀、宾客、膳羞的各种日用品。都水清吏司主掌川泽、陂池、桥道、舟车、织造、券契、量衡、漕运、灌溉等事务。屯田清吏司掌屯种、抽分、薪炭、夫役、坟茔之事。除此之外，工部还有各种物料库、营缮所、文思院、皮作局、鞍辔局、宝源局、颜料局、军器局、节慎库、织染所、杂造局、抽分竹木局、大通关提举司、柴炭司等机构。这些机构大多数是为朝廷服务的。

机构编制

工部设尚书一人，正二品；左、右侍郎各一人，正三品。司务厅，司务二人，从九品。营缮、虞衡、都水、屯田四清吏司，郎中各一人，正五品；后增设都水司郎中四人，员外郎一人，从五品；后增设营缮司员外郎二人，虞衡司员外郎一人。主事二人，正六品；后增设都水司主事五人，营缮司主事三人，虞衡司主事二人，屯田司主事一人。所辖营缮所所正一人，正七品；所副二人，正八品；所丞二人，正九品。文思院大使一人，正九品；副使二人，从九品。皮作局，大使一人，正九品；副使二人，从九品，以后撤销。鞍辔局，大使一人，正九品；副使一人，从九品。隆庆元年（1567），大使、副使俱革。宝源局大使一人，正九品；副使一人，从九品，嘉靖间革。颜料局，大使一人，正九品，后革除。军器局大使一人，正九品；副使二人，后取消一人。节慎库，大使一人，从九品。嘉靖八年（1529）设织染所、杂造局，设大使一人，正九品；副使一人，从九品。广积、通积、卢沟桥、通州、白河各抽分竹木局，大使各一人，副使各一人。大通关提举司，提举一人，正八品，万历二年（1574）取消。副提举二人,正九品,典史一人,后来副提举、典史都被撤销。柴炭司,大使一人,从九品,副使一人。

5. 都察院

机构沿革

吴元年设立御史台,设左、右御史大夫,从一品;御史中丞,正二品;侍御史,从二品;治书侍御史,正三品;殿中侍御史,正五品;察院监察御史,正七品;经历,从七品;都事,正七品;照磨、管勾,正八品。朱元璋以邓愈、汤和为御史大夫,刘基、章溢为御史中丞。洪武九年(1376),撤销侍御史及治书、殿中侍御史。十年七月,诏遣监察御史巡按州县。洪武十三年(1380),专设左、右中丞,正二品;左、右侍御史,正四品,罢御史台。洪武十五年,设都察院,设监察都御史八人,正七品。分监察御史为浙江、河南、山东、北平、山西、陕西、湖广、福建、江西、广东、广西、四川十二道,各道置御史或五人,或三四人,正九品。每道铸印两枚,一枚由担任御史时间最长的人掌管,一枚藏在内府,遇有案件持印而出,案件处理完毕交回大印。御史大印四个大字“绳愆纠缪”。洪武十六年,升都察院为正三品,设左、右都御史各一人,正三品;左、右副都御史各一人,正四品;左、右佥都御史各二人,正五品;经历一人,正七品;知事一人,正八品。十七年,升都御史为正二品,副都御史为正三品,佥都御史为正四品,十二道监察御史为正七品。这样,都察院就与六部平级,合称为七卿。永乐元年(1403),改北平道为北京道。永乐十八年(1420),罢北京道,增设贵州、云南、交阯三道。洪熙元年(1425),称行在都察院,同六部,又定巡按以八月出巡。宣德十年(1435),罢交阯道,始定为十三道监察御史,终明十三道监察御史不变。

机构职能

都察院“职专纠劾百司,辩明冤枉,提督各道,为天子耳目风纪之司”。“凡百官猥茸贪冒坏官纪者，劾。凡学术不正、上书陈言变乱成宪、希进用者，劾。遇朝觐、考察，同吏部司贤否陟黜。大狱重囚会鞫于外朝，偕刑部、大理谳平之。其奉敕内地，拊循外地，各专其敕行事。”十三道监察御史在内两京刷卷，巡视京营，监临乡、会试及武举，巡视光禄，巡视仓场，巡视内库、皇城、五城、轮值登闻鼓、巡盐、巡漕、巡关、儹运、印马、屯田、监军纪功、代天子巡狩。巡视各地，对府州县官考察，举劾尤专，大事奏裁，小事立断。按临所至，必先审录罪囚，吊刷案卷，有故出入者理辩之。诸祭祀坛场，省其墙宇祭器。存恤孤老，巡视仓库，查算钱粮，勉励学校，表扬善类，翦除豪蠹，以正风俗，振纲纪。凡朝会纠仪，祭祀监礼。凡政事得失，军民利病，皆得直言无避。有大政，集阙廷预议焉。不管是官员违法乱纪、贪污受贿，还是刑事案件、朝廷重大活动，凡是有官员活动的地方，就有都察院官员的身影，甚至连国家的仓库，御史都要进行巡视纠察。为了充分发挥都察院的职能，要求都察院官员可以风闻而奏，“诸御史纠劾，务明著实迹，开写年月，毋虚文泛诋，讦拾细琐”。出按复命，都御史覆劾其称职不称职以闻。都察院无所不察，但对御史也要求特别高，不仅任职条件要求高，工作标准要求高，而且管理也非常严。“凡御史犯罪，加三等，有赃从重论。”(31)

明代监察制度不但监察巡视文武百官，还监察制约皇帝与皇权。朱元璋虽然对臣下要求严苛，官员不能对其有半点不尊，但是朱元璋赋予监察官员封驳诏议之权，凡是认为圣旨有不合适的地方，可以封驳不予下发。朱元璋还规定，朝廷举行廷议，御史要参加。如果认为所议有错误，御史要当即进行纠正。明代的监察制度是中国历史上比较成功的监察制度，作为监察官员不但要监察百官，还要监察皇帝。朱元璋说：“臣不谏君，是不能尽臣职；君不受谏，是不能尽君道。臣有不幸，言不见听，而反受其责，是虽得罪于昏君，然有功于社稷人民也。”(32)明代的监察制度培养了一大批忠于职守、不怕杀头的监察官员。明武宗在佞臣江彬的唆使下，要出关游玩，派太监开关门。守关指挥使因为没有巡关御史孙玺的同意，不敢开关门，明武宗虽然是皇帝，但是过不了巡关御史这一关。有明一代，御史监察制约皇权的例子数不胜数。自洪武、永乐之后，明代的皇帝多是昏庸之辈，有的可以说是昏庸透顶，但是明代仍能延续近三百年，与明代有监督制约皇权与百官的监察制度有着直接的关系。(33)

都察院直属机构有十三道。十三道分别是：

浙江道，协管中军都督府，在京府军左、金吾左、金吾右、金吾前、留守中、神策、应天、和阳、广洋、武功中、武功后、茂陵十二卫，牧马千户所，及直隶庐州府，庐州、六安二卫。

江西道，协管前军都督府，在京府军前、燕山左、龙江左、龙江右、龙骧、豹韬、天策、宽河八卫，及直隶淮安府，淮安、大河、邳州、九江、武清、龙门各卫。

福建道，协管户部，宝钞提举司，钞纸、印钞二局，承运、广惠、广积、广盈、赃罚、甲乙丙丁戊字、天财、军储、供用、行用各库，在京金吾后、武成中、飞熊、武功左、武功右、武功前、献陵、景陵、裕陵、泰陵十卫，及直隶常州、池州二府，定边、开平中屯二卫，美峪千户所。

四川道，协管工部，营缮所，文思院，御用、司设、神宫、尚衣、都知等监，惜薪司，兵仗、银作、巾帽、针工、器皿、盔甲、军器、宝源、皮作、鞍辔、织染、柴炭、抽分竹木各局，僧、道录司，在京府军、济州、大宁前、蔚州左、永清左五卫，蕃牧千户所，及直隶松江府、广德州，金山、怀安、怀来各卫，神木千户所，播州宣慰司，石砫、酉阳等宣抚司，天全六番招讨司。

陕西道，协管后军都督府，大理寺，行人司，在京府军后、鹰扬、兴武、义勇右、横海、江阴、康陵、昭陵八卫，敢勇、报效二营，韩、秦、庆、安化四府，及直隶和州，保定左、右、中、前四卫。

云南道，协管顺天府，广备库，在京羽林前、通州二卫，及直隶永平、广平二府，通州左、通州右、涿鹿、涿鹿左、涿鹿中、密云中、密云后、永平、山海、卢龙、抚宁、东胜左、东胜右、大同中屯、营州五屯、延庆、延庆左、延庆右、万全左、万全右各卫，居庸关、黄花镇、宽河、武定各千户所。

河南道，协管礼部、都察院、翰林院、国子监、太常寺、光禄寺、鸿胪寺、尚宝司、中书舍人、钦天监、太医院、司礼、尚膳、尚宝、直殿等监，酒醋面局、钟鼓司、教坊司，在京羽林左、留守前、留守后、神武左、神武前、彭城六卫，伊、唐、周、郑四府，及两淮盐运司，直隶扬州、大名二府，扬州、高邮、仪真、归德、宁山、潼关、神武右各卫，泰州、通州、汝宁各千户所。

广西道，协管通政司，六科，在京燕山右、燕山前、大兴左、腾骧左、腾骧右、武骧左、镇南、沈阳左、会州、富峪、忠义前、忠义后十二卫，及直隶安庆、徽州、保定、真定四府，安庆、新安、镇武、真定各卫，紫荆关、倒马关、广昌各千户所。

广东道，协管刑部，应天府，在京虎贲左、济阳、武骧右、沈阳右、武功左、武功右、孝陵、长陵八卫，及直隶延庆州，开平中屯卫。

山西道，协管左军都督府，在京锦衣、府军右、留守左、骁骑左、骁骑右、龙虎、龙虎左、大宁中、义勇前、义勇后、英武、水军左十二卫，晋府长史司，及直隶镇江、太平二府，镇江、建阳、沈阳中屯各卫，平定、蒲州二千户所。

山东道，协管宗人府，兵部，会同馆，御马监，典牧所，大通关，在京羽林右、永清右、济川三卫，及中都留守司，辽东都司，直隶凤阳府，徐、滁二州，中都留守左、留守中、凤阳、凤阳中、凤阳右、皇陵、长淮、怀远、徐州、滁州、泗州、寿州、宿州、武平、沂州、德州、德州左、保定后、沈阳中各卫，洪塘千户所。

湖广道，协管右军都督府，五城兵马司，在京留守右、武德、忠义右、虎贲右、广武、水军右、江淮、永陵八卫，辽、梁、岷、吉、华阳五府，荆、襄、楚三府长史司，及兴都留守司，直隶宁国府，宁国、宣州、神武中、定州、茂山各卫。

贵州道，协管吏部，太仆寺，上林苑监，内官、印绶二监，在京旗手卫，及长芦盐运司，大宁都司，万全都司，直隶苏州、河间、顺德三府，保安州、苏州、太仓、镇海、蓟州、遵化、镇朔、兴州五屯，忠义中、河间、天津、天津左、天津右、宣府前、宣府左、宣府右、开平、保安右、蔚州、永宁各卫，嘉兴、吴淞江、梁城、沧州、兴和、长安、龙门各千户所。

十三道监察御史的监察范围之广，分工之细，是值得后人借鉴的。可以说，国家所有的政府机构，包括最基层的卫所，都明确划入明代监察御史的巡视范围。这是任何朝代的监察所不曾有过的。

除了十三道，还有其他监察机构：

总督漕运兼提督军务巡抚凤阳等处兼管河道，总督蓟辽、保定等处军务兼理粮饷，总督宣大、山西等处军务兼理粮饷，总督陕西三边军务，总督两广军务兼理粮饷带管盐法兼巡抚广东地方，总督四川、陕西、河南、湖广等处军务，总督浙江、福建、江南兼制江西军务，总督陕西、山西、河南、湖广、四川五省军务，总督凤阳地方兼制河南、湖广军务，总督保定地方军务，总督河南、湖广军务兼巡抚河南，总督九江地方兼制江西、湖广军务，总理南直隶、河南、山东、湖广、四川军务，总理河漕兼提督军务，总理粮储提督军务兼巡抚应天等府，巡抚浙江等处地方兼提督军务，巡抚福建地方兼提督军务，巡抚顺天等府地方兼整饬蓟州等处边备，巡抚保定等府提督紫荆等关兼管河道，巡抚河南等处地方兼管河道提督军务，巡抚山西地方兼提督雁门等关军务，巡抚山东等处地方督理营田兼管河道提督军务，巡抚辽东地方赞理军务，巡抚宣府地方赞理军务，巡抚大同地方赞理军务，巡抚延绥等处赞理军务，巡抚宁夏地方赞理军务，巡抚甘肃等处赞理军务，巡抚陕西地方赞理军务一员，巡抚四川等处地方兼提督军务，巡抚湖广等处地方兼赞理军务，巡抚江西地方兼理军务，巡抚南赣汀韶等处地方提督军务，巡抚广东地方兼赞理军务，巡抚广西地方，巡抚云南兼建昌、毕节等处地方赞理军务兼督川、贵粮饷，巡抚贵州兼督理湖北、川东等处地方提督军务，巡抚天津地方赞理军务，巡抚登莱地方赞理军务，巡抚安庐地方赞理军务，巡抚偏沅地方赞理军务，巡抚密云地方赞理军务，巡抚淮扬地方赞理军务，巡抚承天赞理军务，抚治郧阳等处地方兼提督军务，赞理松潘地方军务等。

这些总督、提督、巡抚都是明代各个时期皇帝根据需要派遣的监察监督官员，是派出机构，事情处理完毕，这个机构也就随之撤销。都察院的派出人员，到了清朝成了一省最高衙门的长官。有明一代，共设置总督十五处，巡抚三十余处。这些总督、巡抚有的设置时间很长，成为中央驻各地的派出机构，有的则是临时性的，完成任务就回京交差，这样的总督、巡抚都是短暂的。一般来说，专业性的总督多是长期机构与职官，巡抚也多是长期性的派出机构，他们都成为布政司、按察司、都指挥使司的上级。无论他们权力多大，他们都不是国家法定意义上的一级地方政权。

机构编制

都察院因为监察范围广，官员编制数额也比其他衙门要多。都察院长官为左、右都御史，正二品；左、右副都御史，正三品；左、右佥都御史，正四品。经历司，经历一人，正六品；都事一人，正七品；司务厅，司务二人，从九品。照磨所照磨，正八品；检校一人，正九品；司狱司司狱一人，从九品。司狱最初设六人，后革去五人。

在外巡按,北直隶二人,南直隶三人,宣大一人,辽东一人,甘肃一人,十三省各一人。清军、提督学校,两京各一人,万历末年,南京增设一人。巡盐,两淮一人,两浙一人,长芦一人,河东一人。十三道监察御史一百一十人,正七品。浙江、江西、河南、山东各十人,福建、广东、广西、四川、贵州各七人,陕西、湖广、山西各八人,云南十一人,贵州七人。这是固定的编制,被皇帝派出去的总督、提督、巡抚等,有的加都御史或副、佥都御史衔,绝大多数并非都察院编制官员,有的是尚书,有的是侍郎或者其他官员。那些总督、提督、巡抚之所以加上都察院编制则是为了便于监督监察地方官员与政务。当然也有很多都察院的官员直接奉命代理各省总督、提督巡抚地方政务,如永乐十八年(1420),右都御史王彰奉命巡抚河南。

6. 宗人府

机构沿革

宗人府在明代国家机构编制中是第一编,是排在所有政府机构前列的机构,这主要是由于宗人府是管理皇族的机构。朱元璋虽然出身于贫苦的农民家庭,但他当了皇帝,朱氏家族就成了皇族。虽然历代统治者都对皇族高度重视,但还是没有像明代这样,将宗人府或者宗正寺抬到国家第一机构的高度。

洪武三年(1370),朱元璋设立了大宗正院。洪武二十二年(1389)改为宗人府,以秦王朱樉为宗人府令,晋王朱棡、燕王朱棣为左、右宗正,周王朱橚、楚王朱桢为左、右宗人。但是,朱棣之后,那些亲王逐一被削藩,宗人府的职务又成了勋戚大臣的兼职,好多职能也都移交礼部。

机构职能

宗人府主要管理皇族九族属籍,编修玉牒,记载宗室子女嫡庶、名封、嗣袭、生卒、婚嫁、谥葬等。宗族有什么要求,宗人府要立即向皇帝汇报。皇族子弟需要提升的，也要由宗人府提交名单，担任要职的，必须报告皇帝批准。凡是犯罪的按照所犯罪行轻重进行处罚，一般是降级，或者贬为庶人，但不能加以刑罚。

机构编制

宗人府虽然级别很高，宗人令，左、右宗正，左、右宗人都是正一品，但都是兼职。宗人府具体办事机构为经历司，设经历一人，正五品，具体负责各种文书往来。

7. 通政使司

机构沿革

通政使司的前身是察言司，设立于洪武三年，掌四方章奏，不久即被撤销。洪武十年，置通政使司，建文时期，改司为寺，成祖恢复通政使司。

机构职能

通政使司掌受内外章疏敷奏封驳之事。凡四方陈情建言，申诉冤滞，或告不法等事，于底簿内誊写诉告缘由，赍状奏闻。凡天下臣民实封入递，即于公厅启视，节写副本，然后奏闻。五军都督府、六部、都察院等衙门，有事关机密重大者，其入奏仍用本司印信。凡诸司公文、勘合辨验允当，编号注写，公文用“日照之记”、勘合用“验正之记”盖章。凡是外地的题本、奏本，在京的奏本，通政使司受理登记，在早朝时汇总上报皇帝。如果有不经通政使司而自己送进朝廷的，通政使司要进行奏参驳正。凡是官员或者老百姓有重大事情要向皇帝汇报的，通政使司官员可随时向皇帝报告。通政使进宫有专门的红牌，上写“奏事使”。只要通政使司官员持牌进宫，任何人不得阻拦。凡抄发、照驳诸司公移及勘合、讼牒、勾提件数、给繇人员，月终类奏，岁终通奏。凡议大政、大狱及会推文武大臣，必参预。这一切都是为了使通政使司能及时了解情况，便于向皇帝汇报。通政使司的工作独立性很强。

机构编制

通政使司设通政使一人，正三品，通政使为九卿之一。左、右通政各一人，誊黄右通政一人，正四品；左、右参议各一人，正五品。其属，经历司，设经历一人，正七品；知事一人，正八品。

8. 大理寺

机构沿革

吴元年（1367），朱元璋设大理司，置大理司卿，正三品。洪武元年（1368）取消。洪武三年置磨勘司，设司令、司丞。洪武七年增设司令一人，司丞五人，首领官五人，分为四科。磨勘司，掌管诸司刑名、钱粮，凡是有冤案、滥用职权隐匿案情的情况，都要审查清楚上报皇帝，稽其功过以闻。洪武十年取消大理寺的设置，洪武十四年，重新设置大理寺，但是大理寺级别降低了，由原来的正三品卿降为正五品，左、右少卿从五品，左、右寺丞正六品。其他属官有左、右寺正各一人，寺副各二人，左评事四人，右评事八人。又置审刑司，共平庶狱。凡大理寺所理之刑，审刑司复加详细审核。审刑司设左、右审刑各一人，正六品；左、右详议各三人，正七品。洪武十七年（1384），改建刑部、都察院、大理寺、审刑司、五军断事官署。洪武十九年（1386）撤销审刑司。洪武二十二年（1389）恢复，卿秩正三品；少卿二人，正四品；丞三人，正五品。其左、右寺官如故。洪武二十九年（1396）又撤销。建文初复置，改左、右寺为司，寺正为都评事，寺副为副都评事，司务为都典簿。成祖初，仍置大理寺，但职官恢复到洪武时期。将左、右二寺评事所管辖业务进行均等划分，职官也进行重新划分，原来左评事四人，右评事八人，统一为左、右评事各六人。永乐年间恢复大理寺旧制，对大理寺所辖案件也进行了划分规定，两京、五府、六部、京卫等衙门刑名，属左寺。

顺天、应天二府，南、北直隶卫所、府州县并在外浙江等布政司、都司、卫所刑名，属右寺。弘治元年，裁减右评事四人。万历九年(1581)，更定左、右寺分理天下刑狱，浙江、福建、山东、广东、四川、贵州六司道，归左寺管辖审理，江西、陕西、河南、山西、湖广、广西、云南七司道，归右寺管辖审理。

机构职能

大理寺为国家的慎刑机构，"掌审谳平反刑狱之政令"(34)。明朝的司法程序是三法司会审，初审以刑部、都察院为主，复审以大理寺为主。明代初期，大理寺复审案件不但置有刑具，还有本寺的牢狱。弘治以后，大理寺复审案件只是查阅案卷，不需要传审人犯。左、右寺分理京畿、十三布政司刑名之事。凡刑部、都察院、五军断事官所推问狱讼，都要将所审案件档案送到大理寺复审，如果大理寺需要审理人犯，随时到刑部、都察院、五军断事官处提审人犯。左、右寺正根据自己所辖地区案件范围进行复审。如果所审案件符合法律规定，没有冤情，方可上报最后裁定，如果认为不合法律规定或者有冤情，发回刑部、都察院、五军断事官重审，称之为照驳。如果发回三次还认为审理不当，就要对审案官员进行纠参，称之为参驳。如果大理寺认为刑部、都察院、五军断事官审理的案件与法律不符，有出入，大理寺就将案件交由他司再讯，称之为番异。他司审理大理寺还不满意，就请九卿会讯，称之为圆审。已经审理完毕，也认为很公允，但是口供不明，大理寺可将人犯移来再讯，曰追驳。屡次追驳仍然不合，则请旨发落，称之为制决。明代规定，案件虽然审理完毕，但未经大理寺复审，任何司法衙门不得擅自发落。

机构编制

大理寺置大理寺卿一人，正三品；左、右少卿各一人，正四品；左、右寺丞各一人，正五品；左、右寺正各一人，正六品；寺副二人，从六品，后革右寺副一人；评事四人，正七品。初设右评事八人，后革四人。司务厅，司务二人，从九品，司务掌出纳文书。

9. 詹事府

机构沿革

詹事府为辅导太子与亲王的机构。

明代初期，朱元璋设置大本堂，搜集古今图籍藏于其中，征召四方名儒训导太子、亲王。这些辅导太子与亲王的除了高官兼任的太子太师、太傅、太保，太子少师、少傅、少保及宾客外，还有左、右詹事，同知詹事院事，副詹事，詹事丞，左、右率府使，同知左、右率府事，左、右率府副使，谕德，赞善大夫，这些职官也都由勋旧大臣兼任。直接辅导太子、亲王学习的有文学、中舍、正字、侍正、洗马、庶子及赞读等官。洪武十五年(1382)，设左、右春坊，置庶子、谕德、中允、赞善、司直郎，又各设大学士。随后又设立司经局，置洗马、校书、正字等。洪武二十二年(1389)，置詹事院。二十五年，改院为府，设詹事，正三品，春坊大学士正五品，司经局洗马从五品。洪武二十九年(1396)，增设左、右春坊清纪郎、司谏、通事舍人。建文中期，增少卿、寺丞各一人，宾客二人。又置资德院资德一人，资善二人。其属官有赞读、赞书、著作郎各二人，掌典籍各一人。成祖执政后恢复旧制。

机构职能

前面已经提到，为了避免朝廷官员与太子宫发生摩擦与矛盾，朝廷重臣一般都兼任太子太师、太子太傅、太子太保。三师“掌以道德辅导太子，而谨护翼之”。太子少师、少傅、少保则“掌奉太子以观三公之道德而教谕焉”(35)。三少虽然都是正二品，但地位都高于六部尚书。太子宾客为正三品，“掌侍太子赞相礼仪，规诲过失”(36)。

无论是太子太师、太子太傅、太子太保，还是太子少师、少傅、少保以及太子宾客，都是由高官兼职，他们公务繁忙，很难将精力全部放在辅导太子上。所以，真正辅导辅佐太子的，还是詹事府詹事。詹事，“掌统府、坊、局之政事，以辅导太子。少詹事佐之”(37)。詹事负责与坊、局翰林官员轮流给太子进讲《尚书》《春秋》《资治通鉴》《大学衍义》《贞观政要》等书。

詹事府通事舍人，掌东宫朝谒、辞见之礼，承令劳问之事，凡廷臣朝贺、进笺、进春、进历于太子，则引入而举案。春坊大学士，“掌太子上奏请、下启笺及讲读之事，皆审慎而监省之。庶子、谕德、中允、赞善各奉其职以从。凡东宫监国、抚军、出狩，及朝会出入，覆启，画诺，必审署以移詹事”(38)。司直、清纪郎，负责太子宫的监察，掌弹劾宫僚，纠举职事，文华殿讲读毕，诸臣班退，有独留奏事及私谒者，则共纠之。司谏，掌箴诲鉴戒，以拾遗补过。凡有向东宫汇报工作的，与司直、清纪一起执笔纪令旨，规正其谬误。洗马，掌经史子集、制典、图书刊辑之事，立正本、副本、贮本以备进览。凡天下图册上东宫的，都由太子洗马负责收藏保管。校书、正字，掌缮写装潢，诠其讹谬而调其音切，以佐洗马。

机构编制

詹事府置詹事一人，正三品，主持詹事府工作；少詹事二人，正四品；府丞二人，正六品；主簿厅，主簿一人，从七品；录事二人，正九品；通事舍人二人。左春坊，大学士一人，正五品；左庶子一人，正五品；左谕德一人，从五品；左中允二人，正六品；左赞善二人，从六品；左司直郎二人，从六品。左清纪郎一人，从八品，不常设。左司谏二人，从九品，不常设。右春坊编制员额与左春坊相同。司经局，洗马一人，从五品；校书二人，正九品；正字二人，从九品。

詹事府因为集中了许多博学多才的儒生文人，而且他们又都是帝师，所以好多人往往在太子即位之后都身居国家要职。能够在詹事府担任职务的人，必须具有很高的文化水平，能够称得上儒学泰斗。所以，即使担任兼职的尚书、侍郎也必须是大学士，也就是说必须是庶吉士。

10. 翰林院

机构沿革

翰林院与詹事府都属“文翰清贵之司”。吴元年（1367），朱元璋就设置了翰林院，为正三品机构。翰林院设学士，正三品；侍讲学士，正四品；直学士，正五品；修撰、典簿，正七品；编修，正八品。洪武二年（1369），置学士承旨，正三品，后改学士承旨为学士，从三品。侍讲学士，正四品；侍读学士，从四品；修撰，正六品；待制，从五品；应奉，正七品；典籍，从八品等官。洪武十三年（1380），增设检阅一职，为从九品。十四年（1381），定学士为正五品，革去承旨、直学士、待制、应奉、检阅、典簿，设孔目、五经博士、侍书、待诏、检讨。建文时期，翰林院机构与人员有所调整，仍设承旨，改侍读、侍讲学士为文学博士，增设文翰、文史二馆，文翰馆安置侍读、侍讲、侍书、五经博士、典籍、待诏等高级知识分子。文史馆主要官员职能为修撰、编修、检讨。改孔目为典簿，改中书舍人为侍书，以隶翰林。又设文渊阁待诏及拾遗、补阙等官。成祖即位后恢复朱元璋旧制。第二年九月，明成祖选拔侍讲、侍读、编修、检阅等官参预机务，谓之内阁。解缙、胡广等人虽然入值文渊阁，仍然属于翰林院编制。洪熙年间以后，杨士奇等人加官至太师太保，礼绝百僚，开始不到翰林院办公。正统七年（1442），新的翰林院落成，学士钱习礼不为杨士奇、杨溥等人安排办公桌椅，认为翰林院不是三公衙门。杨士奇、杨溥知道后，让工部为自己准备办公桌椅，让礼部安排桌椅位次，在二杨看来，内阁就是翰林的职务。对下使用大印仍然是翰林院之印，对外仍然称呼自己是翰林院，以后则称内阁。看来内阁虽然是皇帝的近臣参谋，但不如翰林院地位重要。从成化年间开始，礼部尚书、侍郎必须是翰林，吏部两侍郎必有一人出身翰林。凡是翰林院出来的官员，六部尚书都兼学士，侍郎则兼侍读、侍讲学士。詹事府以及坊、局官员，根据其品级，必带翰林院官衔。詹事、少詹事带学士衔，春坊大学士、庶子、谕德、中允、赞善、洗马等则带侍讲、侍读学士衔。

翰林院史官，洪武十四年（1381）定置修撰三人，编修、检讨各四人。以后一甲进士都授予修撰、编修和检讨，庶吉士毕业留馆任职，也都是担任修撰、编修和检讨，这样修撰、编修、检讨越来越多，也就没了定员限制。嘉靖八年（1529）规定，侍讲、侍读、修撰各三人，编修、检讨各六人，皆从吏部推补，就像各个衙门推选官员一样。不久皇帝又以侍从人少为由，下诏以方正有学术水平的人充任翰林院官员。以后庶吉士毕业，仍然除授史官职务，没有编制数额限制。

庶吉士，洪武初年曾有六科庶吉士。从洪武十八年（1385）开始，凡是进士在翰林院、承敕监等近侍者，都称庶吉士。永乐二年（1404），明确在翰林院的进士才称庶吉士。这些进士都是由文学优等及善书者充任。三年以后进行考试，根据成绩决定去留。留下的二甲授编修，三甲授检讨；没有留在翰林院的，则任命为给事中、御史，或者外放担任州县长官。宣德五年（1430），开始任命学士教习。万历以后，职掌教习的，专以吏、礼二部侍郎二人兼任。

洪武三年（1370），朱元璋设置弘文馆学士，以胡铉为学士，刘基、危素、王本中、睢稼兼弘文馆学士，不久撤销。宣德年间，复建弘文阁于思善门右，以翰林学士杨溥掌阁印，接着并入文渊阁。

洪武三年，朱元璋置秘书监，为正六品衙门，设监丞一人，直长二人。不久将监丞改为令丞，设令一人，丞、直长各二人，掌内府书籍。洪武十三年，并入翰林院典籍。

起居注，吴元年(1367)定为正五品机构。洪武四年(1371)改为正七品。洪武六年(1373)升从六品。洪武九年(1376)定起居注二人，后取消。洪武十四年(1381)复置，从七品，不久撤销。至万历年间，命翰林院官兼任起居注。

机构职能

翰林院学士掌制诰、史册、文翰之事，制定法规制度，校正文书，备天子顾问。凡经筵日讲，纂修实录、玉牒、史志诸书，编纂六曹章奏，皆奉敕而统承之。在翰林院学士诸多职能中，最重要的是起草制诰，其中一名学士专掌皇帝的诰敕。翰林院之所以尊贵在于其能够为皇帝起草各种诰敕。掌管起草皇帝诰敕的往往都是阁臣，从嘉靖六年开始以侍讲、侍读、编修、检讨等官掌管诰敕。翰林院学士还参与国家的大政事、大典礼活动，与大臣会议，与诸司参决国家大政。学士虽然只是五品官，但如果皇帝车驾幸太学听讲，或者参加郊祀庆成等宴席，学士侍坐于四品京卿之上。

侍读、侍讲，掌讲读经史。

五经博士，初置五人，各掌专经讲义，以后成了优待圣贤先儒后裔的世袭职衔，不治院事。

史官，掌修国史。凡天文、地理、宗潢、礼乐、兵刑诸大政，及诏敕、书檄，批答王言，皆籍而记之，以备实录。国家有纂修著作书籍，则分掌考辑撰述之事。经筵充展卷官，乡试充考试官，会试充同考官，殿试充收卷官。凡记注起居，编纂六曹章奏，誊黄册封等都是其职责。

庶吉士，读书翰林院，以学士一人教习之。

侍书，掌以六书供侍。

待诏，掌应对。

孔目，掌文移。

机构编制

翰林院设学士一人，正五品；侍读学士、侍讲学士各二人，从五品；侍读、侍讲各二人，正六品；史官修撰，从六品；编修，正七品；检讨，从七品；庶吉士，无定员。《五经》博士九人，正八品；典籍二人，从八品；侍书二人，正九品；待诏六人，从九品；孔目一人，未入流。

11. 国子监

机构沿革

明初，即置国子学。吴元年(1367)，定国子学官制，增设祭酒、司业、典簿。祭酒，正四品；司业，正五品；博士，正七品；典簿，正八品；助教，从八品；学正，正九品；学录，从九品。洪武八年(1375)，又置中都国子学，为正四品机构，由国子学官员兼领中都国子学事务。洪武十三年(1380)，改典膳为掌馔。洪武十四年(1381)，在鸡鸣山下改建国子学，设博士、助教、学正、学录、典乐、典书、典膳等官。洪武十五年，改国子学为国子监，为从四品机构。国子监设祭酒一人，司业一人，监丞、典簿各一人，博士三人，助教十六人，学正、学录各三人，掌馔一人。官员品级不变。洪武二十六年，罢中都国子监。永乐元年，于北京置国子监，设祭酒、司业、监丞、典簿、博士、学正、学录、掌馔各一人，助教二人。之后，国子监官员不断增加，助教增至十五人，学正增至十一人，学录增至七人。以后革去助教二人，学正四人，学录二人。朱元璋非常重视国子监的工作，国子监的祭酒与司业，一般都是从翰林院学有专长的官员中选任。

机构职能

国子监是明代的高等学府，又是国家的教育管理机构，既是培养学生的地方，又是官场，其职能也就不同于其他机构。国子监最高长官祭酒、司业，掌国学诸生训导之政令。凡是举人、贡生、官生、恩生、功生、例生、土官、外国生、幼勋臣及勋戚大臣子弟，只要进入国子监，就有按照监规对其进行训导教育之责，"造以明体达用之学，以孝弟、礼义、忠信、廉耻为之本，以六经、诸史为之业，务各期以敦伦善行，敬业乐群，以修举古乐正、成均之师道"[39]。对于违纪不服从命令者给予监规处理。对于屡教不改的，则开除。如果国子监的学生考取进士，就等于取得了做官的资格，这些新进士释褐，换上官服，祭酒接受他们的拜见之礼。

监丞掌绳愆厅，负责对违纪学生的监规惩罚，同时参领监务。无论是老师还是学生，受到处罚后还需在集愆册上记录在案。

博士掌分经讲授，并按时进行考试。助教、学正、学录掌率性、修道、诚心、正义、崇志、广业六堂的上课。典簿，掌文移金钱出纳支受。典籍掌管国子监的书籍。掌馔职掌饮馔，也就是后勤服务。

机构编制

国子监设祭酒一人，从四品；司业一人，正六品。绳愆厅，监丞一人，正八品；博士厅，《五经》博士五人，从八品；率性、修道、诚心、正义、崇志、广业六堂，助教十五人，从八品；学正十人，正九品；学录七人，从九品；典簿厅典簿一人，从八品；典籍厅典籍一人，从九品；掌馔厅掌馔二人，未入流。

12. 太常寺

机构沿革

太常寺与光禄寺、鸿胪寺都属礼仪机构，均归礼部管辖。历代皇帝都非常重视封建礼仪，皇帝的尊严通过礼仪得到充分体现。当年汉高祖刘邦就是因为叔孙通的礼仪而体会到皇帝的尊贵。

吴元年，朱元璋就设置太常司。太常司设太常司卿，正三品；少卿，正四品；丞，正五品；典簿、协律郎、博士，正七品；赞礼郎，从八品。洪武初期，又设置各祠祭署，设署令、署丞。洪武十三年，更定协律郎等官品秩。协律郎正八品,赞礼郎正九品,司乐从九品。洪武二十四年,改各署令为奉祀,署丞为祀丞。洪武三十年,改太常司为太常寺。洪武二十五年,定寺丞为正六品。建文中,增设赞礼郎二人,太祝一人。天坛祠祭署改为南郊祠祭署,泗州祠祭署改为泗滨祠祭署,宿州祠祭署改为新丰祠祭署,孝陵置钟山祠祭署。成祖初,改天坛为天地坛,其他全部恢复洪武旧制。洪熙元年,置牺牲所,吏目典掌文移。洪武三年,曾经设置神牲所,设廪牲令、大使、副使等官,洪武四年革去。

机构职能

太常寺主官为太常,“掌祭祀礼乐之事,总其官属,籍其政令,以听于礼部”(40)。太常寺职掌祭祀。在封建社会,祭祀为国家的重大活动,朱元璋强调“国莫重于祭祀”,不敢有半点马虎。凡是天神、地祇、人鬼,岁祭都有祭祀活动。好多活动,皇帝也要参加。每到年末,太常寺都要把第二年的祭祀活动安排上呈皇帝审批,然后下发至各个衙门。无论是哪种祭祀活动,都有复杂的仪式程序,这一切都由太常寺安排。

机构编制

太常寺设卿一人,正三品;少卿二人,正四品;寺丞二人,正六品。典簿厅典簿二人,正七品;博士二人,协律郎二人,正八品;嘉靖中增至五人。赞礼郎九人,正九品,嘉靖中增至三十三人,后革二人。司乐二十人,从九品,嘉靖中增至三十九人,后革五人。天坛、地坛、朝日坛、夕月坛、先农坛、帝王庙、祈谷殿、长陵、献陵、景陵、裕陵、茂陵、泰陵、显陵、康陵、永陵、昭陵等祠祭署,各设奉祀一人,从七品;祀丞二人,从八品;牺牲所,吏目一人,从九品。

太常寺还有一个直属机构,提督四夷馆。四夷馆为明代国家翻译机构。

最初四夷馆隶属翰林院,选国子监生担任翻译。自永乐五年

(1407),为接待外国朝贡人员,特设蒙古、女直、西番、西天、回回、百夷、高昌、缅甸八馆,每馆设译字生、通事,做翻译工作。宣德元年(1426),兼选官民子弟,学习外国语言。弘治七年(1494),划归太常寺管辖,设太常寺卿、少卿各一员为提督。嘉靖中,裁卿,保留少卿。正德年间,增设八百馆。万历年间又增设暹罗馆。提督四夷馆作为翻译机构,设少卿一人,正四品,主持提督四夷馆。

13. 光禄寺

机构沿革

朱元璋于吴元年(1367)置宣徽院,设院使,正三品;同知,正四品;院判,正五品;典簿,正七品。内设机构有尚食、尚醴局。局设大使,从六品;副使,从七品。洪武元年,改为光禄寺,设光禄卿,正四品;少卿,正五品;寺丞,正六品;主簿,正八品。内设机构有尚食等局,又将太常司供需库划归光禄寺管理。洪武二年(1369),设直长四人,遇有皇帝在御前赏赐百官宴席,直长负责办理宴席的赏赐。洪武四年(1371),又设置法酒库,设内酒坊大使,从八品;副使,从九品。洪武八年(1375),改寺为司,将光禄司卿的级别提升为从三品,少卿从四品。以寺丞为司丞,从六品;主簿为典簿,从七品;增设录事,从八品。光禄司内设机构大官、珍羞、良酝、掌醢四署,每署置令一人,从六品;丞一人,从七品;监事一人,从八品。孳牧所大使一人,从九品,副使一人,未入流。洪武十年,定光禄司散官品秩。因为光禄司负责宴会宴席,人员较多,有的是内官,有的是流官,有的是庖人,嘉靖年间光厨师就有4100多人。这些人出身不同,统一授散官。内官在光禄寺任职的,按照内官散官给授。流官除授,依照文官散官给授。庖人除授的,卿从三品,授尚膳大夫;少卿正五品,授奉膳大夫;司丞从六品,授司膳郎;各署丞从七品，授掌膳郎；监事从八品，授执膳郎。不久撤销各局库，设置司牲司，改孳牧所为司牧司。后来司牧司改为司牧局。洪武三十年，将光禄司复改为光禄寺，机构仍旧。建文时期提升少卿、寺丞品秩，少卿升四品，寺丞升五品。增设司圃所，改司牲司为孳牲所。成祖即位，又恢复洪武旧制。正统六年（1441），裁四署冗员，裁署正四人，署丞五人，监事七人。嘉靖七年（1528），撤销司牧局。万历二年（1574），添设银库大使一人。

机构职能

光禄寺卿“掌祭享、宴劳、酒醴、膳羞之事，率少卿、寺丞官属，辨其名数，会其出入，量其丰约，以听于礼部”(41)。遇有祭祀活动，同太常寺一同组织。因为皇帝的各种活动安排所需物品都是由光禄寺负责，从采购到制作，都是由光禄寺官员把持，所以，光禄寺成为明朝腐败和浪费现象最严重的机构。朝廷虽然专门派有科道官员“察其出入，纠禁其奸弊”，但是无济于事。光禄寺大官署负责供应祭品宫膳、节令筵席、蕃使宴犒。珍羞署负责供应宫膳肴核。良酝署负责供应酒醴之事。掌醢署负责供应饧、油、醯、酱、梅、盐之事。司牲养牲，负责供应各种动物。各种祭享宴会仪式所用物品成了无底洞，很多都被光禄寺中饱私囊。到了明朝后期，这种现象变得愈发严重。

机构编制

光禄寺设卿一人，从三品；少卿二人，正五品；寺丞二人，从六品。典簿厅典簿二人，从七品；录事一人，从八品。大官、珍羞、良酝、掌醢四署设署正各一人，从六品；署丞四人，从七品；监事四人，从八品。司牲司大使一人，从九品；副使一人。司牧局，大使一人，从九品，嘉靖七年革。银库，大使一人。当然，这只是光禄寺在国家编制的官员，还有众多的服务人员，也都有非领导职务——散官，这些机构占用了国家大量的编制。

14. 太仆寺

机构沿革

洪武四年(1371),在答答失里营所设置群牧监,利用水草饲养战马。因为这些战马都是为了军队作战需要,所以群牧监直属兵部。洪武六年,又在滁州设置群牧监,不久改为太仆寺,为从三品机构,设卿、少卿、寺丞、首领官知事、主簿各一人。洪武七年,增设牧监、群官二十七处,隶太仆寺。各群牧监令,正五品;丞,正六品;镇抚,从六品。除此之外,还有群头十人、吏目一人。洪武十年,增置滁阳等各牧监及所属各群,改牧监令、丞为监正、监副。监正,从八品;监副,正九品;御良,从九品;后又定监正为正九品。洪武二十二年(1389),定滁阳等十二牧监,每监设监正一人,监副二人,录事一人。在来安等地设一百二十七群,每群设群长一人。洪武二十三年(1390),增置江东、当涂二牧监及所属各群,罢乌衣等五十四群,设永安等七群。共有牧监十四,牧群九十七个。洪武二十八年(1395),取消群牧监。洪武三十年(1397),置行太仆寺于北平,级别如太仆寺。建文期间太仆寺机构变化较大,成祖时期全部恢复洪武旧制。永乐元年,改北平行太仆寺为北京行太仆寺。永乐十八年(1420)定都北京,以行太仆寺为太仆寺。洪熙元年(1425),复称北京行太仆寺。正统六年(1441),定为太仆寺。在滁州的太仆寺改为南京太仆寺。寺丞,初置四人,正统中,又增八人,共十二人,以一人领京卫,一人领顺德、广平二府,一人领开封、卫辉、彰德三府,九人分领顺天、保定、真定、河间、永平、大名、济南、兖州、东昌九府孳牧、寄牧所属马匹。弘治六年(1493)革四人。正德九年(1514)复增一人,专领寄牧之事。嘉靖八年(1529)又革三人,共六人分领,三年更代,以寄牧所在府州县兼管马政。隆庆三年(1569)又革三人,只设三人,以一人提督库藏兼协理京边,二人分理东西二路各马政。

机构职能

太仆寺主管马政。太仆寺设卿一人，掌牧马之政令，以听于兵部。少卿二人，佐理太仆寺事，一人督管营马，一人督管畿马。寺丞分理京卫、畿内及山东、河南六郡孳牧、寄牧马匹。凡军民孳牧，视其丁产，授之种马。牡十之二，牝十之八，为一群。南方以四牝一牡为群。岁征其驹，称备用马，供应部队将士。将士使用不了，则寄牧于畿内府州县。三岁后太仆寺官员在御史监督下对所饲养马匹进行烙印，健良马匹供应部队，羸劣淘汰。主簿典勾省文移。大使典贮库马金。

机构编制

太仆寺设卿一人，从三品；少卿二人，正四品。正德十一年(1516)增设一人。寺丞四人，正六品。主簿厅主簿一人，从七品。常盈库大使一人。太仆寺所辖各牧监，监正一人，正九品；监副一人，从九品；录事一人。后监正、监副、录事俱革，只设群长一人。

15. 鸿胪寺

机构沿革

吴元年(1367)朱元璋设立百官，置侍仪司，品秩从五品。洪武四年设侍仪使，从七品；引进使，正八品；奉班都知，正九品；通赞、通事舍人，从九品。洪武九年，改侍仪使为殿庭仪礼司，设使一人，正七品；副三人，正八品；承奉一人，从八品；鸣赞二人，正九品；序班十六人，从九品；九关通事使一人，正八品；副六人，从八品。洪武十三年(1380)，改使为司正，分左、右司副各一人，序班人员增加至四十四人，取消承奉，增设司仪四人。洪武二十二年(1389)，增设左、右司丞四人，正九品。洪武三十年(1397)，仪礼司改为鸿胪寺，提升品秩为正四品衙门，设官六十二员。卿以下员数、品级如前所列。建文时期机构有所变化，成祖即位后，全部恢复旧制。

机构职能

鸿胪寺，掌朝会、宾客、吉凶仪礼之事。凡国家大典礼、郊庙、祭祀、朝会、宴飨、经筵、册封、进历、进春、传制、奏捷等，都各有规定的礼仪安排程序。凡是地方官员朝觐皇帝，外国官员入贡，百官使臣回京复命、谢恩等，都由鸿胪寺官员引奏。司仪主管陈设、引奏，外使来朝必须先在鸿胪寺演习朝见仪式。司宾掌外国朝贡使者，根据外官的职务等级教给他们拜跪礼节。鸣赞掌仪礼，凡内赞、通赞、对赞、接赞、传赞都由其主持。序班掌侍班、齐班、纠仪及传赞。

机构编制

鸿胪寺设卿一人，正四品；左、右少卿各一人，从五品；左、右寺丞各一人，从六品。主簿厅主簿一人，从八品。司仪、司宾署署丞各一人，正九品；鸣赞四人，从九品；后增设五人。序班五十人，从九品，嘉靖三十六年（1557）革去八人，万历十一年（1583）复设六人。

16. 尚宝司

机构沿革

朱元璋在攻下南京后，就设立符玺郎，正七品。吴元年改尚宝司卿，秩正五品，以侍从儒臣、勋卫领之，如耿瑄以散骑舍人、黄观以侍中、杨荣以庶子为卿。尚宝司因为有保管皇帝印玺的职责，所以不是随便什么人都可以担任的，勋贵大臣子弟也要有皇帝的圣旨才能担任。

机构职能

尚宝司“掌宝玺、符牌、印章，而辨其所用”[(42)]。皇帝的玉玺宝印有二十四种。最早有十七枚，嘉靖十八年增制七枚，共二十四枚。“皇帝奉天之宝”为唐、宋传玺，祭祀天地使用；颁发诏令或者赦免，则用“皇帝之宝”；册封、赐劳，则用“皇帝行宝”；诏亲王、大臣及调兵，则用“皇帝信宝”；上尊号，则用“皇帝尊亲之宝”；谕亲王，则用“皇帝亲亲之宝”“天子之宝”祭祀山川、鬼神“天子行宝”册封外国及赐劳。总之，不同的用途使用不同的宝印。这些皇帝宝印，必须奏请批准之后方可使用。每遇大朝会，尚宝司官两员，以宝导驾，等到皇帝升座，各置宝印于龙案上，立待殿中。朝会结束，捧宝印分行，至中极殿，放置案上出宫。如果皇帝出巡，尚宝司官员则奉各种宝印扈从。到了年终，将各种宝印送到钦天监，选择吉日用香物入水，在皇极门洗宝，并且要向皇帝奏明一年内各种宝印的使用次数。不管是请宝、用宝、捧宝、随宝、洗宝还是缴宝，皆与内官尚宝监俱。

尚宝司除了有保管、使用皇帝的各种宝印的职能，还负责保管皇帝的各类金牌。根据不同用途，颁发给不同官员的金牌分为五种。皇帝的令牌分为六种，牙牌分为五种，祭牌有三种，颁发使用这些金牌、令牌都是尚宝司的职能。

机构编制

尚宝司设卿一人，正五品；少卿一人，从五品；司丞三人，正六品。吴元年设一人，后增二人。

17. 六科

机构沿革

明初，朱元璋设给事中，正五品。洪武六年，设给事中十二人，秩正七品，分为吏、户、礼、兵、刑、工六科，每科二人，铸给事中印一枚，推年长者一人掌之。洪武九年，定给事中十人。十年，六科给事中隶属承敕监。洪武十二年，改隶属通政司。洪武十三年，置谏院，左、右司谏各一人，正七品；左、右正言各二人，从七品。洪武十五年，又置谏议大夫，随后撤销。洪武二十二年，改给事中为源士，增至八十一人。未几，恢复给事中名称。洪武二十四年，确定给事中每科编制，每科设都给事中一人，正八品；左、右给事中二人，从八品。给事中四十人，正九品。建文时期，改都给事中为正七品，给事中，从七品，取消左、右给事中，增设拾遗、补阙。成祖即位取消拾遗、补阙，恢复左、右给事中，也是从七品。为了监督方便，将六科办公机构由原来的砖门内尚宝司西搬到午门外。永乐年间发生火灾，给事中衙门被烧毁，遂移至午门外东西两侧，每夜一科轮流值宿。宣德八年(1433)，增户科给事中，专理黄册。

机构职能

六科给事中"掌侍从、规谏、补阙、拾遗、稽察六部百司之事。凡制敕宣行，大事覆奏，小事署而颁之；有失，封还执奏。凡内外所上章疏下，分类抄出，参署付部，驳正其违误"。六科给事中具体分工是：

吏科，凡吏部引选，则掌科(即都给事中，以掌本科印，故名，六科同)同至御前请旨。外官领取任命证书，要先到吏科签字画押。内外官考察自陈结束后，吏科与各科一起上奏汇报考察情况，拾遗纠察那些没有发现问题的不称职官员。

户科，"监光禄寺岁入金谷，甲字等十库钱钞杂物""内外有陈乞田土、隐占侵夺者，纠之"。

礼科，"监订礼部仪制，凡大臣曾经纠劾削夺、有玷士论者纪录之，以核赠谥之典"。

兵科，"凡武臣贴黄诰敕，本科一人监视。其引选画凭之制，如吏科"。

刑科，"每岁二月下旬，上前一年南北罪囚之数，岁终类上一岁蔽狱之数，阅十日一上实在罪囚之数，皆凭法司移报而奏御焉"。

工科，"阅试军器局，同御史巡视节慎库，与各科稽查宝源局”[43]。

从六科的职能可以看到，他们的主要工作是针对六部职能而设，六部的任何工作都在他们的监督之下。六部是表，六科则是里，被人称之为“表里六曹”，但因为六科是六部的监督者，“六部之官，无敢抗科参而自行者”[44]。六科虽然各有分工，但他们的共同职能则是“主德阙违，朝政失得，百官贤佞，各科或单疏专达，或公疏联署奏闻”。监督各部各有分工，但又不局限于分工，“虽分隶六科，其事属重大者，各科皆得通奏”[45]。但如果某事属于某科管辖范围，在一同上奏的时候，要将某科列在前面。凡是日朝，六科轮流派一人立殿左右，持笔记圣旨。文武百官的题奏，六科要每天加以整理，五日一汇总报内阁，备编纂。各个衙门奉旨处理的事务，也要分门别类，审核其落实圣旨的速度，五日一注销。如果宦官传达圣旨，六科官员必须接着向皇帝汇报，确认是否有这样的圣旨，得到皇帝的认可才能将圣旨下发。乡试考试充任考试官，会试充任同考官，殿试充任受卷官。册封宗室、诸蕃或告谕外国，充正、副使。登闻鼓楼，六科每天派一人与锦衣卫官员轮流值班监督。接受百姓和官员的上访信件，则具本封好上奏皇帝。如果遇到处决囚犯，有投信喊冤的，则令停止行刑，请旨裁决。凡是国家大事廷议，大臣廷推，大狱廷鞫，六科掌科都要参与监督。六科在监督各个衙门上的职权甚至超过了都察院。

因为六科级别较低，所以被人称为“以小制大”。

机构编制

吏、户、礼、兵、刑、工六科各设都给事中一人，正七品；左、右给事中各一人，从七品；给事中，吏科四人，户科八人，礼科六人，兵科十人，刑科八人，工科四人，都是从七品，后增减员数不常。万历九年(1581)裁兵科五人，户、刑二科各四人，礼科二人。十一年复设户、兵、刑三科各二人，礼科一人。

18. 中书科

机构沿革

洪武七年，设直省舍人十人，从八品，隶属中书省。洪武九年，改为中书舍人，正七品，又改从七品，隶属承敕监。洪武九年设令一人，正六品；丞二人，从六品；不久改令正七品，丞正八品。十年改令、丞为承敕郎，设二人，从七品。给事中、中书舍人都隶属承敕监。建文时期，取消中书舍人，改为侍书，由从七品升为正七品，入文翰馆，隶属翰林院。成祖恢复旧制。将中书科衙门设于午门外，定中书科中书舍人编制二十人。其恩荫带俸人员，不在编制名额之内。永乐初年，命内阁学士典掌机务，诏册、制诰皆归内阁，而誊副、缮正都是中书舍人办理，完成任务就离开内阁。宣德初年，选拔有文采善于书写的官员在内阁之西小房办公，称之为西制敕房。掌诰敕学士则在内阁东面办公，他们拟好诰敕交给中书誊写，称之为东诰敕房。正统以后，学士不能从事诰敕，内阁全部委于中书、序班、译字等官，东诰敕房成了内阁的直属办公机构。嘉靖末年，诏赦、敕革之类，必由阁臣拟定，翰林诸臣不得参预。嘉靖二十年（1541），选各部主事，大理寺评事，带原衔值班诰敕、制敕房。嘉靖四十四年（1565），两房中书舍人缺乏，令吏部考选举人为中书舍人。隆庆元年（1567），令两房办事官不得升列九卿。因为中书省被撤销，作为唯一保留的中书省官员，中书舍人也就成了一般官员。

机构职能

中书科舍人掌书写诰敕、制诏、银册、铁券等事。凡大朝会，则侍班伺候。东宫令节朝贺，则导驾侍班于文华殿。册封宗室，充任副使。参与乡试、会试、殿试具体事务。大祀南郊，则随驾供事。中书舍人没有高低之分，中书科大印由中书舍人任职时间长、资历深者掌管。文华殿舍人,职掌奉旨书写书籍。武英殿舍人,职掌奉旨篆写册宝、图书、册页。内阁诰敕房舍人,掌书办文官诰敕,番译敕书,并外国文书、揭帖,兵部纪功、勘合底簿。制敕房舍人,掌书办制敕、诏书、诰命、册表、宝文、玉牒、讲章、碑额、题奏、揭帖一应机密文书,各王府敕符底簿等。

机构编制

中书舍人二十人,从七品。直文华殿东房中书舍人,直武英殿西房中书舍人,内阁诰敕房中书舍人,制敕房中书舍人,都是从七品,无定员编制,各个时期变化较大。

19. 行人司

机构沿革

洪武十三年(1380)置行人司,设行人,正九品。左、右行人,从九品。不久改行人为司正,左、右行人为左、右司副,设行人三百四十五人。担任行人的多是孝廉,没有官场经历,往往奉使多不称旨,朱元璋确定行人司编制为四十员,担任行人职务的都是进士。行人司官员如果不是皇帝的圣旨,任何衙门与官员不得调遣。行人司官员渐渐被人看重。建文时期罢行人司,将行人隶属鸿胪寺。明成祖恢复洪武旧制。

机构职能

行人司的专门职责就是捧节、奉使。凡颁行诏赦,册封宗室,抚谕诸蕃,征聘贤才,以及皇帝赏赐、慰问、赈济、军旅、祭祀等,皆得参与。每岁朝审,行人持节传旨法司,遣戍囚徒,送五府填精微册,批缴内府。

机构编制

行人司设司正一人,正七品;左、右司副各一人,从七品;行人三十七人,正八品。

20. 钦天监

机构沿革

朱元璋渡江占领南京后即设立了太史监，太史监长官为太史令，下设通判太史监事，佥判太史监事，校事郎，五官正，灵台郎，保章正、副，挈壶正，掌历，管勾等官，以刘基为太史令。吴元年，改监为院，正三品。院使，正三品；同知，正四品；院判，正五品；五官正，正六品；典簿、雨旸司、时叙郎、纪候郎，正七品；灵台郎、保章正，正八品，副，从八品；掌历、管勾，从九品。洪武元年(1368)，改太史院为司天监，设监令一人，正三品；少监二人，正四品；监丞一人，正六品；主簿一人，正七品；主事一人，正八品；五官正五人，正五品；五官副五人，正六品；灵台郎二人，正七品；保章正二人，从七品；监候三人，正八品；司辰八人，正九品；漏刻博士六人，从九品。又设置回回司天监，设监令一人，正四品；少监二人，正五品；监丞二人，正六品。洪武三年(1370)，改司天监为钦天监。洪武四年(1371)，朱元璋专门下诏钦天监官员职专司天，非特旨不得升调。为了调动钦天监官员终身从事天文事业的积极性，制定了钦天监官员散官制度。对不同级别的钦天监官员授予不同的散官职位。洪武十四年，改钦天监为正五品，设令一人，丞一人，属官五官正以下，员数如前所列。洪武二十二年(1389)，改令为监正，丞为监副。洪武三十一年(1398)，撤销回回钦天监，将其职能划归钦天监。

机构职能

钦天监"掌察天文、定历数、占候、推步之事"[46]。凡日月、星辰、风云、气色，钦天监正率领属官进行测候，如有变异，密疏奏闻皇帝。钦天监分天文、漏刻、回回、历四科。每年的冬至，呈奏第二年的《大统历》，移送礼部颁行。凡祭日，提前一年选择好吉日上呈皇帝，并通知太常。凡是营建、征讨、冠婚、山陵之事，都由钦天监选择地点与动工日期。大朝贺，于文楼设定时鼓、漏刻报时，司晨、鸡唱，日月交食，先期算其分秒时刻、起复方位以闻，下礼部，移内外诸司。钦天监官员是专业人才，不但不允许改任他官，还提倡子承父业。五官正推历法，定四时，司历、监候为其助手。灵台郎辨日月星辰之躔次、分野，以占候天文之变。观象台四面，面四天文生，轮司测候。保章正专志天文之变，定其吉凶之占。挈壶正知刻漏。孔壶为漏，浮箭为刻，以考中星昏旦之次。漏刻博士定时以漏，换时以牌，报更以鼓，警晨昏以钟鼓，司晨为其助手。

机构编制

钦天监置监正一人，正五品；监副二人，正六品；主簿厅，主簿一人，正八品；春、夏、中、秋、冬官正各一人，正六品；五官灵台郎八人，从七品，后革四人。五官保章正二人，正八品，后革一人。五官挈壶正二人，从八品，后革一人。五官监候三人，正九品，后革一人。五官司历二人，正九品；五官司晨八人，从九品，后革六人。漏刻博士六人，从九品，后革五人。

21. 太医院

机构沿革

太医院虽然属于医疗部门，但是它同样是一处衙门。

朱元璋在未建立政权之前就设置医学提举司，设提举，从五品；同提举，从六品；副提举，从七品；医学教授，正九品；学正、官医、提领，从九品。随后不久将医学提举司改为太医监，设少监，正四品；监丞，正六品。吴元年，改监为院，设院使，正三品；同知，正四品；院判，正五品；典簿，正七品。洪武三年，置惠民药局，作为太医院的直属机构。同时在各级政府也都设立医学官员，府设提领，州县设官医。凡是贫穷有病的军民，给以医药进行治疗。洪武六年，在皇宫设置御药局。御医局为正六品机构，设尚药、奉御二人，直长二人，药童十人，这些人员全部由太监担任。设御医四人，以太医院医士充任。凡收受四方贡献名药及储蓄药品，由奉御一人保管。凡供御药饵，医官在御医局制作，太医院官诊视。洪武十四年（1381），改太医院为正五品，设令一人，丞一人，吏目一人。属官御医四人，俱如文职授予散官职务。洪武二十二年（1389），复改太医令为院使，丞为院判。嘉靖十五年（1536），改御药房为圣济殿，又设御药库，御医在御药库轮流值班。

机构职能

太医院掌医疗之法。明代将医术分为十三科，大方脉、小方脉、妇人、疮疡、针灸、眼、口齿、接骨、伤寒、咽喉、金镞、按摩、祝由。医官、医生、医士，都是专门学习医学的，太医院内的医生一般都是医家子弟，由朝廷选择老师进行业务培训。一试、再试、三试，如果三试成绩还不合格，就将其黜陟。四方送来药品，院官收贮生药库，根据各种药物对燥热潮湿环境的耐受度进行区分保管，礼部要派一名官员进行监督。给皇帝看病，太医院使、判、御医一同会诊，太监在内局选用药物，连同药方，写明药性、证治之法上奏。烹调御药，院官与内臣监视。每二剂合为一，煮熟之后，分盛两个器皿，一个御医、太监先尝，一个进御。并且有专门的历簿记载，写明药物使用缘由与使用日期，钤印盖章，以备考察。王府人员有病，太医院奉旨遣官或医士前往。文武大臣及外国君长有疾，亦奉旨往视。将诊视情况具本上奏。外府州县置惠民药局。边关卫所及人聚处，各设医生、医士或医官。这些医生、医士或者医官全部由太医院试遣。年终对他们的工作情况进行考核，排列名次，凭此进行赏罚黜陟。

机构编制

太医院设院使一人，正五品；院判二人，正六品；御医四人，正八品。后增至十八人，隆庆五年（1571）定御医编制十人。生药库、惠民药局，各设大使一人，副使一人。

22. 上林苑监

机构沿革

洪武二十五年(1392)，商议设置皇家园林上林院，并且选好地址与图纸。朱元璋看了图纸，认为上林院太大，妨碍百姓生活，没有批准。永乐五年(1407)，设置上林苑监，设良牧、蕃育、嘉蔬、林衡、川衡、冰鉴及典察左右前后十属署。洪熙中期，将十署合并为蕃育、嘉蔬二署。以良牧、川衡并蕃育，冰鉴、林衡并嘉蔬，典察左右前后四署也分别并入。宣德十年(1435)，定四署。正德间，增设监督内臣共九十九人。嘉靖元年(1522)，裁减八十人，撤销蕃育、嘉蔬二署典署，林衡、嘉蔬二署录事。

机构职能

上林苑监正掌苑囿、园池、牧畜、树种之事。凡禽兽、草木、蔬果，率其属督其养户、栽户，以时经理其养地、栽地而畜植之，以供祭祀、宾客、宫府之膳羞。上林苑土地东至白河，西至西山，南至武清，北至居庸关，西南至浑河。上林苑范围之内，禁止百姓围猎。良牧署负责饲养牧牛羊豕，蕃育署负责繁育鹅鸭鸡，林衡署负责果实、花木培育种植，嘉蔬署负责莳艺瓜菜种植。

机构编制

上林苑设左、右监正各一人，正五品；左、右监副各一人，正六品；监正、监副后不常设，以监丞署职。左、右监丞各一人，正七品；典簿厅典簿一人，正九品；良牧、蕃育、林衡、嘉蔬四署各置典署一人，正七品；署丞一人，正八品；录事一人，正九品。

23. 中、东、西、南、北五城兵马指挥司

机构沿革

明初，置兵马指挥司，设都指挥、副都指挥、知事，后改设指挥

使、副指挥使,各城门设兵马。兵马指挥司为正四品机构。洪武元年,命在京兵马指挥司并兼管市司,每三日一次校勘街市斛斗、秤尺,稽考牙儈姓名,稳定物价。洪武五年,又设兵马指挥司分司于中都。洪武十年(1377),定京城及中都兵马指挥司为正六品机构。都指挥、副都指挥改为指挥、副指挥,专掌京城巡捕社会治安。洪武二十三年(1390),设置中、东、西、南、北五城兵马指挥司,但中城称中兵马指挥司。建文时期,改为兵马司,改指挥、副指挥为兵马、副兵马。永乐元年恢复洪武旧制。永乐二年(1404),设北京兵马指挥司。

机构职能

兵马指挥司指挥掌巡捕盗贼,疏理街道沟渠及囚犯、火禁之事。兵马指挥司官兵虽然都是军官,管的却是地方社会治安。凡京城内外,各划地管辖。境内有游民、奸民则逮捕治罪。兵马指挥司又是安排皇亲国戚的衙门,凡是亲王、郡王妃父无官职者,亲王妃父亲授兵马指挥,郡王妃父亲授副指挥。当然他们担任兵马指挥、副指挥,只是名义上的,不管具体事务。

机构编制

五城兵马指挥司各设指挥一人,正六品;副指挥四人,正七品;吏目一人。

24. 僧录司、道录司

机构沿革

朱元璋当过僧人,对于僧道有着特殊的感情,所以,专门设立了僧录司、道录司,以管理天下僧人、道人。

洪武元年(1368),朱元璋就设立了善世、玄教二院,洪武四年(1371)取消。朱元璋知道僧道在社会上的影响,也知道他们生活的艰难,于洪武五年(1372),发给僧道度牒。洪武十一年(1378),

建神乐观于郊祀坛西,设提点、知观。提点从六品,知观从九品。洪武十五年(1382)升提点正六品,知观从八品。凡遇朝会,提点列于僧录司左善世之下,道录司左正一之上。洪武十五年,设置僧录司、道录司。天下僧人分为三等:禅、讲、教。道分二等:全真与正一。虽然给了僧道官职地位,但是不给俸禄,隶属礼部,当了和尚、道士可以免除徭役,于是好多人想尽办法投充和尚、道士。在洪武六年(1373),全国僧人、道人就达到96000多人,而且许多僧人、道人因为有朱元璋的庇护,无法无天,"蠹财耗民,莫此为甚"(47)。朱元璋对僧人、道士特殊礼遇,还让他们中的一部分人担任了高官。这些僧人、道人的徒子徒孙因为师父受到皇上的宠信,无法无天。大理寺卿李仕鲁劝谏朱元璋不要宠信这些僧人、道人,被朱元璋当场打死,少卿陈汶辉被迫投金水桥自杀。几年之后,朱元璋也渐渐发现僧人、道人的嚣张之处,于洪武二十四年(1391)清理释、道二教,三年发一次度牒。府州县寺观,保留最大的一所,僧道府不得过四十人,州三十人,县二十人。规定老百姓中,男人不到四十岁,女人不到五十岁,不得出家。洪武二十八年(1395),令天下僧、道赴京考试发给度牒,考试不合格的,则不发度牒。永乐皇帝也是严格限制僧、道人数,后来,明代政治越来越腐败,皇帝不是信佛,就是礼道,有的僧人被授予法王、佛子、大国师等封号,有的道士被授予大真人、高士等封号,赐银印蟒玉,加太常卿、礼部尚书及宫保衔,有些还被封了伯爵。皇帝虽然对僧人、道人宠幸无比,但是这些职务毕竟不占国家的正式编制,"皆一时宠幸,非制也"(48)。国家甚至利用好多人愿意当僧人、道人的思想,出卖度牒。度牒的价格根据明代各个时期的经济情况而定,差异也很大。

机构职能

僧、道录司掌天下僧道。在外府州县有僧纲、道纪等司,分掌其事,俱选精通经典、戒行端洁者充任。神乐观掌乐舞,以备大祀天地、神祇及宗庙、社稷之祭，隶太常寺。僧录司与道录司互不统属。

机构编制

僧录司设左、右善世二人，正六品；左、右阐教二人，从六品；左、右讲经二人，正八品；左、右觉义二人，从八品。

道录司设左、右正一二人，正六品；左、右演法二人，从六品；左、右至灵二人，正八品；左、右玄义二人，从八品；神乐观提点一人，正六品；知观一人，从八品，嘉靖年间取消。龙虎山正一真人一人，正二品。

好多僧人、道人都因之有了很高的级别。

25. 教坊司

教坊司设奉銮一人，正九品；左、右韶舞各一人，左、右司乐各一人，均为从九品；掌乐舞承应，以乐户充之，隶礼部。嘉靖中，又设显陵供祀教坊司，设左、右司乐各一人。

26. 宦官

机构沿革

在明代，宦官机构是一个庞大的机构，其机构之庞大，人员数量之庞杂，不亚于中央政府机构。在历朝历代，还没有一个朝代有如此庞大的宦官机构，这些机构对于国家政权的危害也就更加巨大。

洪武二年，朱元璋制定内侍官制时，专门对吏部交代："内臣但备使令，毋多人。古来若辈擅权，可为鉴戒。驭之之道，当使之畏法，勿令有功，有功则骄恣矣。"(49) 朱元璋对于历代太监给国家造成的危害可以说非常清楚，他曾经对身边的侍臣说："朕观《周礼》，奄寺不及百人。后世至逾数千，因用阶乱。此曹止可供洒扫，给使令,非别有委任,毋令过多。"朱元璋告诫臣下,也是告诫自己:"此曹善者千百中不一二,恶者常千百。若用为耳目,即耳目蔽;用为心腹,即心腹病。驭之之道,在使之畏法,不可使有功。畏法则检束,有功则骄恣。"朱元璋严禁宦官干预政务,对于干预政务的宦官毫不留情地予以惩罚,并且规定宦官不能识字,严禁诸司与宦官往来,并于洪武十七年在宫中立下铸铁牌:内臣不得干预政事,犯者斩。对于宦官的危害朱元璋不可谓不清楚,对于宦官的管理不可谓不严格,但实际上,明代的宦官祸患根源都在朱元璋身上。洪武二十五年(1392),"命聂庆童往河州敕谕茶马,中官奉使行事已自此始"[50]。

朱元璋在吴元年设置内史监,设监令,正四品;丞,正五品;奉御,从五品;内史,正七品;典簿,正八品;皇门使,正五品;皇门使副,从五品。后改置内使监、御用监,各设令一人,正三品;丞二人,从三品;奉御,正六品;典簿,正七品;皇门官门正,正四品;皇门官正副,从四品;春宫门官正,正五品;春宫门官副,从五品;御马司司正,正五品;御马司司副,从五品;尚宝兼守殿、尚冠、尚衣、尚佩、尚履、尚药、纪事等奉御,俱正六品。朱元璋为宦官干政打下了基础,宦官们不但有了专属机构,还有了与诸司相同的品级。洪武二年,定置内使监奉御六十人,尚宝一人,尚冠七人,尚衣十人,尚佩九人,尚药七人,纪事二人,执膳四人,司脯二人,司香四人,太庙司香四人,涓洁二人。置尚酒、尚醋、尚面、尚染四局,局设正一人,副二人。置御马、御用二司,司设正一人,副二人。内府库设大使一人,副使二人。内仓监设令一人,丞二人。又设置东宫典玺、典翰、典膳、典服、典药、典乘兵六局,每局设局郎一人,丞一人。又置门官,午门等十三门各设门正一人,副一人。东宫门官,春和门等四门,各设门正一人,副一人。洪武三年,设置王府承奉司,设承奉正一人,承奉副二人。典宝、典服、典膳三所,各设正一人,副一人。门官设门正一人，副一人。改内使监、御用监为从三品单位，内史监令、御用监令从三品，丞正四品。皇门官、春宫门官品级为从四品，门正从四品，副正五品。洪武四年，不但授予宦官品级，还确定了宦官的散官职务。正四品，中正大夫。从四品，中侍大夫等。所有品级的宦官都有散官，也就是说，宦官也有非领导职务。洪武六年，改御用监为供奉司，为从七品单位，设官五人。内仓监为内府仓，以监令为大使，监丞为副使。内府库为承运库，仍设大使、副使。增置纪事司，正七品单位，司正为首领。朱元璋参考前代对于宦官的惩戒管理制度，设置内正司，设司正一人，正七品；司副一人，从七品，负责纠劾宦官失仪和违纪等不法行为。不久将内正司改为典礼司，又改为典礼纪察司，并提升其品秩。司正升正六品，司副升从六品。洪武十年(1377)，设置神宫内使监，设监令，正五品；丞，从五品。司香奉御，正七品；典簿，从九品；天地坛、神坛各祠祭署，设署令，正七品；丞，从七品；司香奉御，正八品；甲、乙、丙、丁、戊五库，各设大使，正七品；副使，从七品。皇城门官端门等十六门，各设门正，正七品；门副，从七品。洪武十二年(1379)，更置尚衣、尚冠、尚履三监，针工、皮作、巾帽三局。改尚佩局为尚佩监。洪武十六年(1383)，置内府宝钞广源、广惠二库，职掌出纳楮币，广源库掌管入库，广惠库掌管出库。宝钞广源库设大使一人，正九品，用流官；副使一人，从九品，用内官。宝钞广惠库，设大使二人，正九品；副使二人，从九品。流官与内官兼用。洪武十七年，更定太监诸监、库、局品职。内官监，设令一人，正六品；丞二人，从六品；典簿一人，正九品。神宫监，设令一人，正七品；丞一人，从七品；奉御一人，正八品。尚宝监，设令一人，正七品；丞一人，从七品。尚衣监，设令一人，正七品；丞一人，从七品；奉御四人，正八品。尚膳监设令一人，正七品；丞一人，从七品。司设监设令一人，正七品；丞一人，从七品；奉御四人，正八品。司礼监设令一人，正七品；丞一人，从七品。御马监设令一人，正七品；丞一人，从七品。直殿监设令一人，正七品；丞四人，从七品；小内使十五人。宫门承制，设奉御五人，正八品；宫门守门官，设门正一人，正八品；副四人，从八品。内承运库，设大使一人，正九品；副使二人，从九品。司钥库设大使一人，正九品；副使四人，从九品。巾帽局设大使一人，正九品；副使一人，从九品。针工局设大使一人，正九品；副使一人，从九品。织染局设大使一人，正九品；副使一人，从九品。颜料局设大使一人，正九品。司苑局设大使一人，正九品。司牧局设大使一人，正九品。这些品级的人员都从太监中选用。

洪武二十八年(1395)，重定内官监、司、库、局与诸门官，并东宫六局、王府承奉等官职秩。内官监十一个：神宫监、尚宝监、孝陵神宫监、尚膳监、尚衣监、司设监、内官监、司礼监、御马监、印绶监、直殿监。十一监皆设太监一人，正四品；左、右少监各一人，从四品；左、右监丞各一人，正五品；典簿一人，正六品；长随、奉御，正六品。

午门、东华门、西华门、玄武门、奉天门、左顺门、右顺门各设门正一人，正四品；门副一人，从四品。

钟鼓司、惜薪司各设司正一人，正五品；左、右司副各一人，从五品。

兵仗局、内织染局、针工局、巾帽局、司苑局、酒醋面局、内承运库、司钥库、内府供用库，每局库设大使一人，正五品；左、右副使各一人，从五品。东宫典玺、典药、典膳、典服、典兵、典乘六局，各设局郎一人，正五品；局丞二人，从五品；只有典玺局增设纪事、奉御，正六品。亲王府承奉司设承奉正，正六品；承奉副，从六品。典宝所设典宝正一人，正六品；典宝副一人，从六品。典膳所，设典膳正一人，正六品；典膳副一人，从六品。典服所，设典服正一人，正六品；典服副一人，从六品。门官设门正一人，正六品；门副一人，从六品。又设内使十人，司冠一人，司衣三人，司佩一人，司履一人，司药二人，司矢二人。各公主下设中使司，司正、司副各一人。洪武三十年，置都知监，设太监一人，正四品；左、右少监各一人，从四品；左、右监丞各一人，正五品；典簿一人，正六品。银作局设大使一人，正五品；副使一人，从五品。

朱元璋虽然规定太监不得干政，并且对干政的太监给予严厉惩罚，但是他很快就推翻了自己的规定，洪武二十五年(1392)，朱元璋任命宦官聂庆童去河州敕谕茶马。明成祖更是不停地以太监为使，最有影响力的就是郑和七次出使海外了。到了宣德四年(1429)，专门设立内书堂，命大学士教授小太监识字，朱元璋的“太监不许识字读书”的制度被彻底废止。宣德皇帝还赐给太监免死牌，太监享受与勋臣一样的待遇。整个明朝，权势无比的太监数不胜数，英宗时有王振，宪宗时有汪直，武宗时有刘瑾，熙宗时有魏忠贤。太监不但可以出使，还可以监军监税。在明代政治舞台上，宦官可以说是无处不在。

机构职能

宦官的职能表面看来是洒扫，实际上非常复杂，凡是宫中的各种活动，都由宦官来承担。

十二监。司礼监掌督理皇城内仪礼刑名，及钤束长随、当差、听事各役，关防门禁，催督光禄供应等事。掌印太监掌理内外章奏及御前勘合。秉笔、随堂太监掌章奏文书，根据内阁的阁票代替皇帝批朱，也就是批圣旨。秉笔、随堂太监负责“掌章奏文书，照阁票批朱”。阁臣递进宫中的阁票，皇帝不可能逐一批红，尤其是那些消极怠工，只知道在豹房荒淫无度的皇帝以及天天忙于木工活的皇帝，只能依靠秉笔、随堂太监批红。没有太监的批朱，阁臣们的阁票就是白拟，发不出去。秉笔太监权力之大可想而知。“凡内之传宣，外之奏请属焉。”[51]秉笔太监不但掌管批朱，还主管特务组织东厂、西厂。掌司各掌所司。典簿典记奏章及诸出纳号簿。内官监掌木、石、瓦、土、塔材、东行、西行、油漆、婚礼、火药及米盐库、营造库、皇坛库,凡国家营造宫室、陵墓,并铜锡妆奁、器用暨冰窨诸事。御用监,凡御前所用围屏、床榻诸木器,及紫檀、象牙、乌木、螺甸诸玩器,皆由御用监制造。仁智殿监工掌武英殿中书承旨所写书籍画册等,奏进御前。司设监掌卤簿、仪仗、帷幕诸事。御马监负责管理宫中使用的马匹。神宫监掌太庙各庙洒扫、香灯等事。尚膳监掌御膳及宫内食用并筵宴诸事。尚宝监掌皇帝宝印保管,凡使用皇帝宝印,外尚宝司到太监尚宝司请旨,批准之后,到女官尚宝司领取,尚宝监监视用印官员使用完毕,登记收回。印绶监掌古今通集库,并铁券、诰敕、贴黄、印信、勘合、符验、信符诸事。直殿监掌各殿及廊庑扫除事。尚衣监掌御用冠冕、袍服及履舄、靴袜之事。都知监掌各监行移、关知、勘合之事,以后负责随驾前导警跸。

四司。惜薪司掌所用薪炭之事。钟鼓司掌管出朝钟鼓,及内乐、传奇、过锦、打稻诸杂戏。宝钞司掌造粗细草纸。宝钞司虽然名叫宝钞,但不是铸币单位,而是制造草纸。混堂司掌沐浴之事。

八局。兵仗局掌制造军器。银作局掌打造金银器饰。浣衣局掌宫人年老及罢退废者,发此局居住,唯有此局不在皇城内。巾帽局掌宫内使帽靴,驸马冠靴及藩王之国诸旗尉帽靴。针工局掌造宫中衣服。内织染局掌染造御用及宫内应用缎匹。酒醋面局,掌宫内食用酒醋、糖酱、面豆诸物。酒醋面局与御酒房不相统辖。司苑局掌蔬菜、瓜果。

宦官机构除了人们所熟悉的二十四衙门,还有其他机构。内府供用库掌宫内及山陵等处内官食米及御用黄蜡、白蜡、沉香等香。内承运库掌大内库藏,凡金银及诸宝货总隶之。御酒房掌造御用酒。御药房职掌御用药饵。御茶房掌供奉茶酒、瓜果及进御膳。牲口房掌收养异兽珍禽。刻漏房掌管每日时刻,每一时即令直殿监官入宫换牌,夜报刻水。更鼓房职掌宫内打更,由犯罪的宦官担任。甜食房掌造办虎眼、窝丝等糖及诸甜食,隶御用监。弹子房专备泥弹。灵台掌观星气云物,测候灾祥。条作掌造各色兜罗绒及诸绦绶,隶属御用监。盔甲厂掌造军器。安民厂掌造铳炮、火药之类。提督东厂掌刺缉刑狱之事。文书房掌收通政司每日封进本章,并会极门京官及各藩所上封本,其在外之阁票,在内之搭票,一应圣谕旨意御批,俱由文书房落底簿发。凡升任司礼监的宦官,必由文书房太监出。文书房如同外廷詹事府、翰林院。文书房虽然不属二十四衙门,地位却高于好多监司机构。礼仪房掌一应选婚、选驸马、诞皇太子女、选择乳妇诸吉礼。中书房掌管文华殿中书所写书籍、对联、扇柄等件,承旨发写,完日奏进。还有其他诸多宦官机构,职掌都是各种服务性事务。

机构编制

十二监:司礼监为二十四衙门第一监,设提督太监一员,掌印太监一员,秉笔太监、随堂太监。书籍名画等库掌司、内书堂掌司、六科廊掌司,典簿无定员。内官监,掌印太监一员,下设有总理、管理、佥书、典簿、掌司、写字、监工等,编制没有定员。御用监,掌印太监一员,里外监,把总二员,下设有典簿、掌司、写字、监工等,编制无定员。司设监编制与内官监相同。御马监,掌印、监督、提督太监各一员。腾骧四卫营各设监官、掌司、典簿、写字、拿马等员。神宫监,掌印太监一员,佥书、掌司、管理,编制无定员。尚膳监,掌印太监一员,提督光禄太监一员,总理一员,管理、佥书、掌司、写字、监工及各牛羊等房厂监工无定员。尚宝监,掌印太监一员,佥书、掌司无定员,掌宝玺、敕符、将军印信。印绶监,编制与尚宝监同。直殿监,编制与尚宝监同。尚衣监,掌印太监一员,管理、佥书、掌司、监工无定员。都知监掌印太监一员,佥书、掌司、长随、奉御无定员。

四司：惜薪司，掌印太监一人，总理、佥书、掌道、掌司、写字、监工及外厂、北厂、南厂、新南厂、新西厂各设佥书、监工，俱无定员。钟鼓司，掌印太监一人，佥书、司房、学艺官无定员。宝钞司，掌印太监一人，佥书、管理、监工无定员。混堂司，掌印太监一员，佥书、监工无定员。

八局：兵仗局，掌印太监一人，提督军器库太监一人，管理、佥书、掌司、写字、监工无定员。银作局，掌印太监一人，管理、佥书、写字、监工无定员。浣衣局，掌印太监一人，佥书、监工无定员。巾帽局，掌印太监一人，管理、佥书、掌司、监工无定员。针工局，编制同巾帽局。内织染局，编制同浣衣局。酒醋面局，编制同浣衣局。司苑局，编制同浣衣局。

内府供用库设掌印太监一员，总理、管理、掌司、写字、监工无定员。司钥库，人员配置同上。内承运库，掌印太监一员，近侍、佥书太监十员，掌司、写字、监工无定员。甲字库、乙字库、丙字库、丁字库、戊字库、承运库、广盈库、广惠库、赃罚库各设掌库一员，贴库、佥书无定员。

御酒房设提督太监一员，佥书无定员。御药房，提督太监正、副二员，分两班。近侍、医官无定员。御茶房设提督太监正、副二员，分两班，近侍无定员。牲口房设提督太监一员，佥书无定员。刻漏房设掌房一员，佥书无定员。甜食房设掌房一员，协同无定员。弹子房设掌房一员，佥书数员。灵台设掌印太监一员，佥书近侍、看时近侍无定员。条作设掌作一员，协同无定员。盔甲厂、安民厂各设掌厂太监一员，贴厂、佥书无定员。午门，东华门，西华门，奉天门，玄武门，左顺门，右顺门，左红门，右红门，皇宫门，坤宁门，宫左门，宫右门，东宫春和门、后门，左、右门，皇城、京城内外诸门，各设门正一员，管事无定员。提督东厂，掌印太监一员，掌班、领班、司房无定员，贴刑二员。提督东厂是一个庞大的机构，一开始提督从各个监中选用，后来由司礼监中秉笔太监第二人或第三人担任。审讯人犯的刑官，则由锦衣卫千百户担任。司礼监掌印，权势如同朝廷的内阁首辅，掌管东厂，权势如同刑部。秉笔太监、随堂如同内阁中的辅臣。掌印太监、秉笔太监都有自己的掌家、掌班、司房等。提督西厂，不常设，只有汪直、谷大用掌权时设置过。刘瑾曾经设过西内厂，但在他倒台后也被撤销。提督京营提督太监、坐营太监、监枪、掌司、佥书俱无定员。文书房，设掌房十人。礼仪房设提督太监一员，由司礼、掌印或秉笔太监兼领，下属太监有掌司、写字、管事、长随等，无定员。中书房设掌房一人，散官无定员。御前近侍也叫乾清宫管事，督理御用诸事，属于皇帝身边的近侍太监。南京守备设正、副守备太监各一员。天寿山守备设太监一员。湖广承天府守备设太监一员。织造，提督太监南京一员，苏州一员，杭州一员。除此之外，各省各镇无不有镇守太监。广东、福建、浙江三市舶司也各设太监提督。可以说，太监无处不在，无时不在，有的常设，多数提督太监不常设，需要就设。《明史》这样总结宦官："英之王振，宪之汪直，武之刘瑾，熹之魏忠贤，太阿倒握，威福下移。神宗矿税之使，无一方不罹厥害。其他怙势薰灼，不可胜纪。……庄烈帝初翦大憝，中外颂圣。既而镇守、出征、督饷、坐营等事，无一不命中官为之，而明亦遂亡矣。"[52]

27. 女官

机构沿革

宫里宫外除了数不胜数的太监，还有无数的女官。

吴元年，朱元璋在内宫设置六尚局。洪武五年，定为六局一司。六局是尚宫、尚仪、尚服、尚食、尚寝、尚功。一司为宫正司。尚宫二人，尚仪、尚服、尚食、尚寝、尚功各一人，宫正二人，均正六品。六局分领二十四司，每司或二人或四人。司记、司言、司簿、司乐、司宝、司衣、司饰、司醖、司药、司供、司舆、司苑、司珍、司彩、司计各二人。司闱、司籍、司宾、司赞、司仗、司馔、司设、司灯、司制各四人。女史十八人。洪武十七年，更定女官品秩。尚宫、尚仪、尚服、尚食、尚寝、尚功、宫正各一人，正五品；二十四司正六品。增设二十四掌，正七品。宫正司增设司正，正六品。洪武二十二年，授宫官敕。女官在宫中服务或五载六载，可以回家孝敬父母，听婚嫁。年高者许归，愿留者听。现授职者，家给予禄。洪武二十七年（1394），又重定品职。增设二十四典，正七品。改二十四掌为正八品。尚仪局增设彤史，正六品。宫正司增设典正，正七品。自六尚以下，员数俱如前所列。凡宫官一百八十七人，女史九十六人。

机构职能

明代女官共分六局。

尚宫局掌导引中宫。凡六局出纳文籍，都要有尚功局盖印。需要外出采购物品，请旨批准后，交付内官监，内官监接到文书，移文外监办理。尚仪局掌礼仪起居之事。尚服局掌供服用采章数目。尚食局掌膳羞品齐之数，凡以饮食进御，尚食先品尝之。尚寝局掌天子宴寝。尚功局掌督女红之程课。宫正司掌纠察宫闱、戒令、谪罚之事。

机构编制

尚宫局设尚宫二人，正五品。下属有四领司：司记司设司记二人，正六品；典记二人，正七品；掌记二人，正八品，女史六人；司言司设司言二人，典言二人，掌言二人，女史四人。司簿司设司簿二人，典簿二人，掌簿二人，女史六人。司闱司设司闱六人，典闱六人，掌闱六人，女史四人。

尚仪局设尚仪二人，正五品。下属有四领司：司籍司设司籍二人，典籍二人，掌籍二人，女史十人。司乐司设司乐四人，典乐四人，掌乐四人，女史二人。司宾司设司宾二人，典宾二人，掌宾二人，女史二人。司赞司设司赞二人，典赞二人，掌赞二人，女史二人。除此之外还有彤史二人，正六品。

尚服局设尚服二人，正五品。尚服局下设四领司：司宝司设司宝二人，典宝二人，掌宝二人，女史四人。司衣司设司衣二人，典衣二人，掌衣二人，女史四人。司饰司设司饰二人，典饰二人，掌饰二人，女史二人。司仗司设司仗二人，典仗二人，掌仗二人，女史二人。

尚食局设尚食二人，正五品。尚食局下设四领司：司膳司设司膳四人，典膳四人，掌膳四人，女史四人。司酝司设司酝二人，典酝二人，掌酝二人，女史二人。司药司设司药二人，典药二人，掌药二人，女史四人。司饎司设司饎二人，典饎二人，掌饎二人。

尚寝局设尚寝二人，正五品。尚寝局下设四领司：司设司设司设二人，典设二人，掌设二人，女史四人。司舆司设司舆二人，典舆二人，掌舆二人，女史二人。司苑司设司苑二人，典苑二人，掌苑二人，女史四人。司灯司设司灯二人，典灯二人，掌灯二人，女史二人。

尚功局设尚功二人，正五品。尚功局下设四领司：司制司设司制二人，典制二人，掌制二人，女史四人。司珍司设司珍二人，典珍二人，掌珍二人，女史六人。司彩司设司彩二人，典彩二人，掌彩二人，女史六人。司计司设司计二人，典计二人，掌计二人，女史四人。

宫正司设宫正一人，正五品；司正二人，正六品；典正二人，正七品，女史四人。

总之，明代宦官机构可谓五花八门，宦官不但像政府衙门一样，有机构、有编制，其机构与编制人数甚至还超过了在京官员机构与编制人数,如在成化年间,光掌印太监就有60人。掌印太监比在京衙门的尚书侍郎还要多!明朝的宦官绝不仅仅是供洒扫,他们的职能很广,不但能出京,而且遍布全国各地,不但像地方官员那样治民,而且还监军、监税,兼理司法,无所不监,东厂比刑部、都察院还让人恐惧。正是在这种环境下,权势超过阁臣的大宦官层出不穷。尽管这些掌印太监、秉笔太监一个个都非常恶劣,给国家政权造成巨大危害,但是杀掉一个,又会出现一个更恶劣的来取代他。

明朝虽然对政府机构、政府官员进行严格控制,甚至连阁臣都没有正式编制,但是宦官们的编制应有尽有。

二、南京政府机构

两套中央政府机构并行,这是明朝机构编制最大的特点。永乐四年(1406),明成祖迁往北京,在北京设置行部尚书。明成祖迁往北京,连九卿的官印也要带上。太子在南京监国,大小事务全部交与太子处理。永乐十八年(1420),南京各个衙门全部迁往北京,南京六部仅存礼、刑、工三部,各有一侍郎,南京的官员在职衔上加上"南京"二字。仁宗时补设官属,形成了两套中央机构的格局。由于皇帝不在南京,南京衙门无论是在职能,还是在编制数额上,与北京中央衙门相比,都处于明显劣势,很多官职设置都不到位。

应天府和顺天府一样,不属于地方机构编制而属于中央机构编制。二者的机构设置与人员编制,都非常精练。

机构编制

府尹一人,府丞一人,治中一人,通判二人,推官一人,经历、知事、照磨、检校各一人。儒学教授一人,训导六人。所辖上元、江宁二县,知县各一人,县丞一人,主簿一人,典史一人。司狱司,司狱一人。织染局，大使一人，左、右副使各一人。都税司、宣课司四个，分别是龙江、江东、聚宝门、太平门。税课局两个，各设大使一人，副使一人或二人。龙江递运所，大使、副使各一人。批验所设大使一人。河泊所，官一人。龙江关、石灰山关，设大使各一人，副使四人。

1. 南京宗人府

同北京的宗人府一样，因为宗人府是管理皇族的机构，所以，尽管南京宗人府没有多少职能，更不为人们所看重，对国家机器正常运转也无甚影响，但还是排在各部的最前面。宗人府虽然地位最高，可那些皇族已经不是洪武时期的皇族了，他们大都离开京城，到自己的封地不得离开。所以，南京的宗人府也就没有多少亲王兼任职务了，只剩下一个经历司处理日常事务。

经历司，经历一人。经历司经历，品秩与北京相同。

2. 吏部

尚书一人，右侍郎一人。六部侍郎，从弘治开始便没有左侍郎，只设右侍郎，万历三年，取消侍郎。到天启年间，每部增设侍郎一人，崇祯年间取消。

吏部下属机构有：司务厅，司务一人。文选、考功、验封、稽勋四清吏司，各设郎中一人，主事一人。验封、稽勋二司主事后来被撤销。南京官员的任免虽然由北京吏部决定，但是官员的考察，则由南京考功司主掌。

3. 户部

尚书一人，右侍郎一人，司务一人，照磨一人。十三司，郎中十三人，员外郎九人，浙江、江西、湖广、广东、广西、福建、山西、陕西、云南九司各一人,嘉靖三十七年(1558),削减山西、陕西二司员外郎各一人,隆庆中削减广西、云南二司员外郎各一人。主事十七人,山西、广东、广西、云南四司各二人,隆庆三年(1569)革去广东司主事一人。所辖宝钞提举司设提举一人。广积库、承运库、赃罚库、甲乙丙丁戊五字库、宝钞广惠库、军储仓各设大使一人。长安门仓、东安门仓、西安门仓、北安门仓各设副使一人。龙江盐仓检校批验所设大使一人。隆庆三年,取消宝钞司提举、军储仓大使。

总督粮储一人。嘉靖以前,特设都御史,嘉靖二十六年(1547)取消,以户部右侍郎加都御史衔领之。

4. 礼部

尚书一人,右侍郎一人,司务一人。仪制、祠祭、主客、精膳四司各设郎中一人。仪制、祠祭二司,各设主事一人。所辖铸印局,副使一人。教坊司,右韶舞一人,左、右司乐各一人。

5. 兵部

尚书参赞机务一人,右侍郎一人,司务一人。武选、职方、车驾、武库四司,郎中四人,员外郎二人,武选、武库无员外郎。主事五人。车驾主事二人。所辖典牧所,提领一人,正八品。会同馆、大胜关各设大使一人。兵部尚书参赞机务,这是兵部尚书与其他部的最大不同。参赞机务,自宣德八年(1433)黄福始。成化二十三年(1487),始奉敕谕,专以本部尚书参赞机务,同内外守备官操练军马,抚恤人民,禁戢盗贼,振举庶务。兵部尚书成了南京六部权力最大的尚书。

6. 刑部

尚书一人,右侍郎一人,司务、照磨各一人。十三司郎中十三人，员外郎五人，但只有浙江、江西、河南、陕西、广东五司设员外郎。主事十四人，广东司二人。分掌南京诸司，及公、侯、伯、五府、京卫所刑名。司狱二人。

7. **工部**

尚书一人，右侍郎一人，司务一人。营缮、虞衡、都水、屯田四司，郎中四人，员外郎二人，营缮司一人，都水司一人。嘉靖三十七年(1558)，取消都水员外郎。主事八人，营缮司三人，屯田司一人，其余各二人。所辖营缮所，所正、所副、所丞各一人。龙江、清江二提举司各设提举一人。文思院、宝源局、军器局、织染所、龙江抽分竹木局、瓦屑坝抽分竹木局各设大使一人，嘉靖三十七年(1558)，革除文思院大使。

8. **都察院**

右都御史一人，右副都御史一人，右佥都御史一人，司务、经历、都事、照磨各一人，司狱二人。嘉靖三十七年(1558)，取消司狱一人。隆庆四年(1570)，取消都事。浙江、江西、河南、山东、山西、陕西、四川、云南、贵州九道，各设御史二人。福建、湖广、广东、广西四道，各设御史三人。职掌刷卷、巡仓、巡江、巡城、屯田、印马、巡视粮储、监收粮斛、点闸军士、管理京营、比验军器等监察事务。与兵部、兵科一同清军。偕同户部、户科稽核后湖黄册。

提督操江一人，以副佥都御史担任，掌长江上、下江防务。

9. **通政使司**

设通政使一人，右通政一人，右参议一人，掌收呈状，付刑部审理。经历一人。

10. **大理寺**

卿一人,右寺丞一人,司务一人,左、右寺正各一人,左、右评事各三人。隆庆三年,撤销左、右评事各一人。

11. **詹事府**

主簿一人。

12. **翰林院**

学士一人,不常置,以翰林坊局官署职。孔目一人。

13. **国子监**

祭酒一人,司业一人,监丞一人,典簿一人,博士三人,助教六人,学正五人,学录二人,典籍一人,掌馔一人。嘉靖三十七年,取消助教二人及掌馔。隆庆四年,撤销博士一人,学正一人。

14. **太常寺**

卿一人,少卿一人,典簿一人,博士一人,协律郎二人,赞礼郎七人,嘉靖中,撤销赞礼郎一人。司乐二人。各祠祭署合奉祀八人,祀丞七人。天、地坛奉祀一人、祀丞一人。山川坛、耤田奉祀一人。祖陵奉祀、祀丞各一人。皇陵奉祀、祀丞各二人。孝陵、扬王坟、徐王坟各奉祀一人,祀丞一人。嘉靖后,撤销天地坛、祖陵、扬王坟三祠祭署祀丞。

15. **光禄寺**

卿一人,少卿一人,隆庆四年(1570),撤销少卿。典簿一人。大官、珍羞、良酝、掌醢四署署正各一人,署丞一人。嘉靖中,撤销良酝、掌醢二署署丞。万历中，撤销珍羞署丞。

16. **太仆寺**

卿一人，少卿二人，寺丞二人，隆庆中，撤销少卿一人，寺丞一人。主簿一人。

17. **鸿胪寺**

卿一人，主簿一人。司仪、司宾二署，各设署丞一人，鸣赞四人，序班九人。

18. **尚宝司**

卿一人。

19. **行人司**

左司副一人。

20. **钦天监**

监正一人，监副一人，主簿一人。五官正一人，五官灵台郎二人，五官监候一人，五官司历一人。

21. **太医院**

院判一人，吏目一人。惠民药局、生药库，各设大使一人。

22. **五城兵马司**

指挥各一人，副指挥各三人，吏目各一人。万历中，每城撤销副指挥二人。

23. 王府长史司

机构沿革

洪武三年(1370),朱元璋设置王相府,设左、右相各一人,正二品;左、右傅各一人,从二品;参军府,参军一人,正五品;录事二人,正七品;纪善一人,正七品。这些官员的品级都很高,他们虽然任职于各个王府,但都属于朝官之列,国家根据需要与朝官相互任命。又设置典签司、谘议官,用以授给勋臣,地位高于左、右相,但都是兼职。同年设置王府教授。洪武四年(1371),更定王国官制。王国左、右相,正二品;文武傅,从二品;参军,从五品;录事,正七品;审理正,正六品;副,正七品;纪善,正七品;各署典祠正、典宝正、典仪正、典膳正、典服正、工正、医正,均为正七品;副,并从七品;牧正,正八品;副,从八品。洪武九年(1376),改参军为长史,罢王傅府及典签司、谘议官,增设伴读四人,选老成明经慎行之士担任,侍读四人,收掌文籍。不久改王相府所属奉祠、典宝、典膳、良医、工正各所正并纪善俱为正八品;副,从八品。洪武十三年(1380),罢王相府,升长史司为正五品,置左、右长史各一人,典簿一人,王府孳牲所、仓库等官俱为杂职。洪武二十八年(1395),设置靖江王府谘议所谘议、记室、教授各一人。建文中,增设亲王宾辅二人,伴读、伴讲、伴书各一人,长史三人。郡王宾友二人,教授一人,记室二人,直史一人,左、右直史各一人,吏目一人,典印、典祠、典礼、典馔、典药五署官各一人,典仪二人,引礼舍人二人,仪仗司,吏目一人。其宾辅、三伴、宾友、教授进见时,侍坐,称名而不称臣,礼如宾师。成祖初,恢复洪武旧制,改靖江王府谘议所为长史司。郡王府增设教授一人。洪武七年,公主府设家令一人,正七品;司丞一人,正八品;录事一人,正九品。洪武二十三年(1390),改家令司为中使司,以内使为之。

机构职能

王府长史司长史，掌王府之政令，辅相规讽以匡王失，率领王府臣僚各供其职，总理王府一切事务。凡是请名、请封、请婚、请恩泽，及陈谢、进献表启、书疏等，都由长史为王上奏。如果王有过错，要追责长史。朱元璋对于王府长史人选非常重视，凡是有过错的官员不得任命为长史。长史属官，审理掌推按刑狱，禁诘横暴，无干国纪；典膳掌祭祀、宾客，王妃膳羞；奉祠掌祭祀乐舞；典宝掌王宝符牌；纪善掌讽导礼法，开谕古谊，及国家恩义大节，以诏王善；良医掌医；典仪掌陈仪式；工正掌缮造修葺宫邸、廨舍；伴读掌侍从起居，陈设经史；教授掌以德义迪王，校勘经籍。凡宗室年十岁以上，入宗学，教授与纪善为导师。引礼掌接对宾客，赞相威仪。

机构编制

王府长史司设左、右长史各一人，正五品。其下属机构职官有，典簿一人，正九品。审理所审理正一人，正六品；副一人，正七品。典膳所典膳正一人，正八品；副一人，从八品。奉祠所奉祠正一人，正八品；副一人，从八品；典乐一人，正九品。典宝所典宝正一人，正八品；副一人，从八品。纪善所，纪善二人，正八品。良医所，良医正一人，正八品；副一人，从八品。典仪所，典仪正一人，正九品；副一人，从九品。工正所，工正一人，正八品；副一人，从八品。以上各所副官，嘉靖四十四年(1565)一并革去。伴读四人，从九品，后只设一人。教授无定员，从九品。引礼舍人三人，后革二人。仓大使、副使各一人，库大使、副使各一人。仓、库副使后俱革。郡王府，教授一人，从九品，典膳一人，正八品。镇国将军，教授一人，从九品。

明代中央机构编制简表

机构	职官	职能	编制	品级
内阁	阁臣	掌制敕文书,又任辅导之职,与闻国政	无定员	
吏部	尚书 左、右侍郎 郎中 员外郎	掌天下官吏选授、封勋、考课之政令	1人 各1人 4人 4人	正二品 正三品 正五品 从五品
户部	尚书 左、右侍郎 郎中 员外郎	掌天下户口、田赋之政令	1人 各1人 13人 13人	正二品 正三品 正五品 从五品
礼部	尚书 左、右侍郎 郎中 员外郎	掌天下礼仪、祭祀、宴飨、贡举之政令	1人 各1人 4人 4人	正二品 正三品 正五品 从五品
兵部	尚书 左、右侍郎 郎中 员外郎	掌天下武卫官军选授、简练之政令	1人 各1人 4人 4人	正二品 正三品 正五品 从五品
刑部	尚书 左、右侍郎 郎中 员外郎	掌天下刑名及徒隶、勾覆、关禁之政令	1人 各1人 13人 13人	正二品 正三品 正五品 从五品
工部	尚书 左、右侍郎 郎中 员外郎	掌天下百官、山泽之政令	1人 各1人 4人 4人	正二品 正三品 正五品 从五品
都察院	左、右都御史 左、右副都御史 左、右佥都御史	专纠劾百司,辨明冤枉,提督各道,为天子耳目风纪之司	各1人 各1人 各1人	正二品 正三品 正四品
通政使司	通政使 左、右通政 誊黄右通政 左、右参议	掌受内外章疏敷奏封驳	1人 各1人 1人 各1人	正三品 正四品 正四品 正五品

（续表）

机构	职官	职能	编制	品级
大理寺	大理寺卿 左、右少卿 左、右寺丞	掌审谳平反刑狱之政令	1人 各1人 各1人	正三品 正四品 正五品
詹事府	詹事 少詹事	掌辅导太子	1人 2人	正三品 正四品
翰林院	学士 侍读学士 侍讲学士	制诰、史册、文翰，制定法规制度，校正文书，备天子顾问	1人 2人 2人	正五品 从五品 从五品
国子监	祭酒	高等学府，教育管理	1人	从四品
太常寺	卿 少卿	掌祭祀礼乐之事	1人 2人	正三品 正四品
光禄寺	卿 少卿	掌祭享、宴劳、酒醴、膳羞之事	1人 2人	从三品 正五品
太仆寺	卿 少卿	主管马政	1人 2人	从三品 正四品
鸿胪寺	卿 左、右少卿	掌朝会、宾客、吉凶仪礼	1人 各1人	正四品 从五品
尚宝司	卿 少卿	掌宝玺、符牌、印章	1人 1人	正五品 从五品

第三节　明代地方机构编制

明代不仅中央机构精简，地方机构编制也非常精简。这种精简是对历代机构编制优良传统的继承与发扬。这种优良传统也被之后的朝代继承下来，包括清朝、北洋军阀与民国政府，尽管社会经济已经发生了巨大变化，但地方政府机构精简的原则保持不变。

之所以如此，恐怕与历代统治者基于这样的认识不无关系：增加机构与编制必然要加重百姓的负担，增加机构编制并不是解决国家机构任务繁重的唯一办法，相反，精简机构编制才是给政府减负、提高政府机构办事效率的最有效途径。

在明代地方行政机构一节中，我们首先介绍明朝廷派往各省的派出机构。

明代最早派出的巡抚是太子朱标，他奉命巡抚陕西。从洪熙元年（1425）开始，对于各地出现的问题，朝廷不停地派出巡抚进行处理。这些巡抚一般都是处理完了百姓所反映的问题就回朝复命。宣德元年（1426），以广西按察使胡概为大理寺卿，与四川参政叶春巡抚南直、浙江，一直到宣德五年（1430）才回任，前后历时将近五年。从此之后，巡抚就长期驻守一地。巡抚所到，地方长官必须听从他的调遣与询问，因为巡抚是钦差大臣。巡抚外出挂的牌子都是“巡抚某某等处都御史”，而且也都“开府建牙”[(53)]。巡抚已经不是以往的钦差大臣了，而是地方一级权力机构，省级机构三司已经成为巡抚事实上的下级。根据《明史·职官志》可以看出，明代共列明的巡抚有33个，有相当一部分巡抚已经成为事实上的一省最高行政长官。正因如此，到了清代，巡抚就成了一省最高行政长官。有一些巡抚带有临时派遣性质，还有的巡抚带有战区司令长官的性质，他们的巡抚任务主要带有军事防御性质，比如大同、天津、宣府、密云等地的巡抚。还有的巡抚的设置则纯粹是为了偏远地区的治理需要，比如南赣、松潘、偏沅等地的巡抚。

巡抚的职能也非常明确。抚巡地方，考察属吏，提督军务。这三项职能第一项属治民，第二项属治吏，第三项属于治军，而治民正是地方最高长官所具备的职能。这说明巡抚虽然是挂着都察院招牌的派出机构，但是职能已经主要不是监察，而是治民了。嘉靖十一年(1532)对于巡抚的职能又作了明确规定:"凡徭役、里甲、钱粮、驿传、仓廪、城池、堡隘、兵马军饷,及审编大户粮长、民壮快手等项地方之事,俱听巡抚处置。"(54) 好多时候巡抚还兼着提督的职能,主管一省之军队。这又提高了巡抚作为地方最高行政长官的权力。可以说,从明朝中期以后,明代的地方政治体制已经由省级机构三司并立向巡抚一级执政过渡。碍于朱元璋的祖宗之制,巡抚作为一省最高行政长官还没有取得法律意义上的机构编制认可,但他又是事实上的一省最高长官机构。按照编制序列,巡抚不属于地方机构编制序列,而属于中央机构——都察院的序列编制。

这是明代地方机构编制的最大特点。

1. 顺天府

机构沿革

顺天府应该是地方机构,但是明朝一直将顺天府列入中央机构编制序列,就像汉代的三辅一样。三辅虽然是地方机构,三府长官却是中央政府编制。

顺天府即北平府。洪武二年置北平行省。九年改为北平布政司,皆以北平为会府。永乐初,改为顺天府。永乐十年(1412),升为府尹,正三品,机构与职官设置如应天府。顺天府设通判六人,一人管粮,一人管马,一人清军,一人管匠,一人管河,一人管柴炭。嘉靖八年(1529)减去管河、管柴炭二人。万历九年(1581)减去清军、管匠二人。万历十一年复设一人,兼管军匠。

机构职能

顺天府尹,"掌京府之政令。宣化和人,劝农问俗,均贡赋,节征徭,谨祭祀,阅实户口,纠治豪强,隐恤穷困,疏理狱讼,务知百姓之疾苦"(55)。除此之外,顺天府尹还要主持各种祭祀活动,每年的立春、迎春、进春则祭先农之神,主持乡饮酒礼,平抑京城物价,准备皇宫需要的各种生活用品和建筑材料。当然,对府尹来说,最重要的还是与各部官员一起按时上朝。府丞除了协助府尹处理日常工作之外,就是管理学校。治中,参理府事,以佐尹丞。通判,分理粮储、马政、军匠、薪炭、河渠、堤涂之事。推官,负责司法与监察。

机构编制

顺天府设府尹一人,正三品;府丞一人,正四品;治中一人,正五品;通判六人,正六品;嘉靖后革去三人。推官一人,从六品;儒学教授一人,从九品;训导一人。经历司,经历一人,从七品;知事一人,从八品;照磨所,照磨一人,从九品;检校一人。所辖宛平、大兴二县,知县各一人,正六品;县丞二人,正七品;主簿无定员,正八品;典史一人。司狱司,司狱一人,从九品。都税司,大使一人,从九品;副使一人。宣课司、税课司,大使各一人,从九品。税课分司有二副使各一人。递军所、批验所大使各一人。

明代一省最高行政机构是布政司、按察司、都指挥使司三大司。

2. 布政司

机构沿革

朱元璋占领集庆路(南京)后,即仿照元代行省机构设立江南行中书省,自领江南行中书省。攻克婺州后,又在此设置中书分省,作为地方最高行政机构。以后,每攻克一地,即设置行省。行省最高行政长官为行省平章政事,从一品;左、右丞,正二品;参知政事,从二品;左、右司,郎中,从五品;员外郎,从六品;都事、检校,从七品;照磨、管勾,从八品;理问所,正理问,正四品;副理问,正五品;知事,从八品,不久,改知事为提控案牍。到洪武九年,共建浙江、江西、福建、北平、广西、四川、山东、广东、河南、陕西、湖广、山西十二个行省，将行省机构统一命名为承宣布政使司，取消行省平章政事，左、右丞等官，改参知政事为布政使，正二品，为一行省最高长官。布政使的副职为左、右参政，从二品。将左、右司改为经历司。洪武十三年（1380）改布政使为正三品；参政，从三品。洪武十四年，增设左、右参议，正四品，又增设左、右布政使各一人。洪武十五年（1382），置云南布政司。洪武二十二年（1389），将布政使提升为从二品。建文时期升布政使为正二品，裁一人。成祖恢复洪武旧制。永乐元年（1403）以北平布政司为北京。永乐五年（1407），置交阯布政司。永乐十一年（1413），置贵州布政司。宣德三年（1428），撤销交阯布政使司，除两京布政使司外，定为十三布政使司，设置藩司衙门，与六部同级。布政使进京则为尚书、侍郎，副都御史出京则为布政使。

机构职能

布政使司长官为布政使。布政使“掌一省之政，朝廷有德泽、禁令，承流宣播，以下于有司”[56]。这是法律规定的布政使职掌，具体说来主要有以下几点：第一，官员考核。行省僚属任职期满，布政使负责对其进行考核，不但考核其工作成绩，还考核其是否廉洁、称职，将其材料报巡抚、按察使，由巡抚、按察使上报吏部和都察院。第二，朝觐皇帝。明代规定，各个行省的府、州、县主官每隔三年，要由布政使带领进京朝觐皇帝，接受皇帝的考核。这无论是对布政使，还是对府、州、县正印官来说，都是头等大事，任何人都不敢有半点马虎，平时在地方八面威风的正印官此时一个个诚惶诚恐。第三，户口、田亩登记。明代每十年就要对全国的户口与田亩进行一次全面清查登记，这对布政使来说，是一项大工程。会户版以登民数、田数。第四，主持本行省的科举考试事宜。第五，按时发放宗室、官吏、师生、军伍的俸禄与廪粮。第六，各种祭祀。祀典神祇，谨其时祀。各种祀典是国家的重要内容，对于布政使来说，主要是主持一年四季的各种祭祀，祭祀神祇。第七，各种民政事务，抚恤鳏寡孤独，表扬孝悌贞烈，救济水旱疾疫灾祲。第八，各种贡赋徭役，根据各府州县土地、人民数量丰瘠多寡确定征收额度。第九，一行省大兴革及诸政务确定之后请示巡抚、按察使或者总督，遇到国家大型庆祝活动或者国丧，派遣属官到京师朝贺或吊祭。如果天子即位，则布政使亲至京城参加庆贺活动。总之，一行省所有重大事务，布政使无一不参与决策制定，并督促贯彻落实执行。

参政、参议本来属于布政使的助手，但是自永乐之后，长期分守各道，负责派管粮储、屯田、清军、驿传、水利、抚民等政务，参政、参议就成了一道的行政长官。有的道是参政为长官，有的道是参议为长官。这样，各个道就成为布政使司的派出机构，参政、参议就成了各道的派出长官。由于南京与北京不设布政使司和按察司，也没有参政、参议、副使、佥事等职务，下面所属各道就由近省的布、按分司带管。

经历、都事，掌文书的收发，照磨、检校掌勘理卷宗，理问则掌管一省刑名。

机构编制

承宣布政使司设左、右布政使各一人，从二品；左、右参政，从三品；左、右参议，无定员，从四品。参政、参议因事添设，各省不等，有的多，有的少。经历司，经历一人，从六品；都事一人，从七品。照磨所，照磨一人，从八品；检校一人，正九品。理问所，理问一人，从六品；副理问一人，从七品；提控案牍一人。司狱司，司狱一人，从九品；库大使一人，从九品；副使一人，仓大使一人，从九品；副使一人。杂造局、军器局、宝泉局、织染局大使各一人，从九品；副使一人。这是各个行省衙门的一般编制，各个行省不同，所辖衙门也不同。

布政使司参政、参议分守诸道表[1]

布政使司	道名	驻地	所辖府(州)县
浙江	杭嘉湖道	驻省(杭州)	杭州、嘉兴、湖州府
	宁绍台道	驻省	宁波、绍兴、台州府
	金衢严道	驻省	金华、衢州、严州府
	温处道	驻省	温州、处州府
江西	南瑞道	驻省(南昌)	南昌、瑞州府
	湖东道	驻广信	广信、建昌、抚州府
	湖西道	驻临江	吉安、临江、袁州府
	饶南九江道	驻九江	饶州、南康、九江府
	赣南道	驻南安	赣州、南安府
山东	济南道	驻省(济南)	济南府
	东兖道	驻省	东昌、兖州府
	海右道	驻省	青州、登州、莱州府
山西	冀宁道	驻省(太原)	太原府
	河东道	驻蒲州	平阳府
	冀北道	驻大同	大同府
	冀南道	驻汾州	潞州府及沁、泽、辽、汾四州
陕西	关内道	驻省(西安)	西安府
	关西道	驻凤翔	平凉、凤翔
	西宁道	驻凉州	凉州、肃州府
	关南道	驻兴安	汉中府
	河西道	驻庆阳	庆阳、延安府
	陇右道	驻巩昌	巩昌、临洮府
河南	大梁道	驻省(开封)	开封、临德府
	河南道	驻河南	河南府及汝州
	汝南道	驻南阳	南阳、汝宁府
	河北道	驻怀庆	彰德、卫辉、怀庆府
湖广	武昌道	驻省(武昌)	武昌、汉阳、黄州府
	下荆南道	驻郧阳	襄阳、郧阳府
	上荆南道	驻澧州	荆州、岳州府
	荆西道	驻安陆	安陆、德安府
	上湖南道	驻衡州	衡州、永州府
	下湖南道	驻长沙	长沙、宝庆府
	上江防道	驻荆州或岳州	武昌以上
	下江防道	驻蕲州	汉阳以下

（续表）

布政使司	道名	驻地	所辖府(州)县
福建	兴泉道 福宁道 漳南道 建南道	驻泉州 驻兴化 驻漳州 驻延平	兴华、泉州府 福州府及福宁州 汀州、漳州府 建宁、邵武、延平府
广东	岭东道 岭西道 罗定道 海北道(2) 岭南道	驻潮州 驻高州 驻罗定州 驻廉州 驻南雄	惠州、潮州府 肇庆、高州府 罗定州 雷州、廉州府 广州、韶州、南雄府
四川	川西道 川北道 上川东道 下川东道 上川南道 下川南道	驻省(成都) 驻保宁 驻重庆 驻涪州 驻雅州、嘉定 驻叙州、泸州	成都、龙安府及潼川州 保宁、顺庆府 重庆府 夔州府 雅州府及建昌行都司 叙州、马湖府
广西	桂平道 苍梧道 左江道 右江道	驻省(桂林) 驻梧州 驻浔州 驻柳州	桂林、平乐府 梧州府 南宁、浔州、太平府 柳州、庆远、思恩、思明、镇安府
贵州	安平道 贵宁道 新镇道 思仁道	驻省(贵阳) 驻省 驻平越 驻思南	安顺、平越等军民府 贵阳府 平越、镇远府 思州、思南、铜仁、石阡府
云南	临安道 腾冲道 澜沧道	驻临安 驻腾冲 驻澜沧	临安等处地方 腾冲等处地方 澜沧等处地方

(1)本表参考《中国政治制度史》布政使司参政、参议分守诸道表。
(2)《明史》卷七五《职官四》为岭北道,《明会典》卷一二八为海北道。

布政使司除了分守道,还有督粮道、督册道等。督粮道十三布政使司每司设一员,俱驻省城。督册道则只在江西、陕西等省设置。

3. 提刑按察使司

机构沿革

提刑按察使司与布政使司和都指挥使司并称为行省三大司。

吴元年(1367)朱元璋即设置各道按察司,设按察使,正三品;副使,正四品;佥事,正五品。洪武十三年(1380),改按察使为正四品,随后撤销,洪武十四年又恢复,并设置各道按察分司。洪武十五年(1382),又设置天下府州县按察分司,凡是官吏贤否、军民利病,皆得廉问纠举。洪武十六年(1383),改按察使为从三品;副使二人,从四品;佥事从五品。各行省按察使司副使、佥事多少不等,根据分道的多寡而定。洪武二十二年(1389),重新确定按察使为正三品。洪武二十九年(1396),设按察分司为四十一道。直隶六个:淮西道、淮东道、苏松道、建安徽宁道、常镇道、京畿道。浙江两个:浙东道、浙西道。四川三个:川东道、川西道、黔南道。山东三个:济南道、海右道、辽海东宁道。河南两个:河南道、河北道。北平两个:燕南道、燕北道。陕西五个:关内道、关南道、河西道、陇右道、西宁道。山西三个:冀宁道、冀北道、河东道。江西三个:岭北道、两江道、湖东道。广东三个:岭南道、海南道、海北道。广西三个:桂林苍梧道、左江道、右江道。福建两个:建宁道、福宁道。湖广四个:武昌道、荆南道、湖南道、湖北道。洪武三十年(1397),设云南按察司。以前云南的按察司由布政使司兼理。建文时,改为十三道肃政按察司。成祖即位后,恢复洪武旧制。永乐五年,设置交阯按察司,各按察司增设佥事。因为督军卫屯粮,增加浙江、江西、广东、广西、湖广、河南、云南、四川佥事各一人,陕西、福建、山东、山西各二人。永乐十二年(1414),置贵州按察司。宣德五年(1430)取消交阯按察司。除了两京不设按察司,全国共设按察司十三个。正统三年(1438),增设理仓副使、佥事,又设佥事与布政司参议各一员于甘肃,监收仓粮。正统八年，增设佥事，专理屯田。景泰二年（1451），增巡河佥事。以后各省根据本省事务因事增设，或置或罢。

机构职能

按察司按察使，“掌一省刑名按劾之事。纠官邪，戢奸暴，平狱讼，雪冤抑，以振扬风纪，而澄清其吏治”(57)。对于重大案件，按察司要与布政使、都指挥使司会议决定，然后报告抚、按，由抚、按上报六部和都察院。朝觐庆贺吊唁礼仪规定，皆如布政使司。按察司副使、佥事，分道巡察。布政司佥事称为分守道，按察司的佥事则称为分巡道。这是在名称上的区别，当然在职能上更是有较大的区别。分守道管治民，分巡道则管监察司法。即使是按察司本身的道也有区别，比如兵备、提学、抚民、巡海、清军、驿传、水利、屯田、招练、监军等道，虽然都是按察司副使或者佥事，但所负责的具体事务不同。这些监察属于业务性的，如整饬兵备道、协堂道、水利道、管河道等。由于业务不同，分道的佥事也不同，有的只有一人，有的则是两人。另一种也就是固定的分巡道。分巡道主要是官吏监督监察和司法监督监察。如四十一道就是固定的分巡道。

机构编制

按察司设按察使一人，正三品；副使，正四品；佥事无定员，正五品，根据各行省道的多少而视情设置佥事。按全国道的数额，佥事应在五十个左右，不会太多。经历司，经历一人，正七品；知事一人，正八品。照磨所，照磨一人，正九品；检校一人，从九品。司狱司，司狱一人，从九品。

4. 都指挥使司

机构沿革

都指挥使司与布政使司、按察司合称三大司。

明初，对国家来说，依靠军队夺取政权、巩固政权是第一位的事情，各个行省都设置了行都督府。这些行都督府在机构编制设置上都如同都督府。同时又设置了都卫指挥使司（简称都卫）。洪武四年（1371），设置各都卫断事司，以理军官、军人词讼。都卫的军官从朝廷选任升调，不许世袭。洪武七年，置西安行都卫指挥使司于河州。八年十月，朱元璋下诏将各都卫统一改名为都指挥使司（简称都司）。当时改设都指挥使司的共有十三个：燕山都卫改为北平都司、西安都卫为陕西都司、太原都卫为山西都司、杭州都卫为浙江都司、江西都卫为江西都司、青州都卫为山东都司、成都都卫为四川都司、福州都卫为福建都司、武昌都卫为湖广都司、广东都卫为广东都司、广西都卫为广西都司、定辽都卫为辽东都司、河南都卫为河南都司。行都司三，西安行都卫为陕西行都司，大同都卫为山西行都司，建宁都卫为福建行都司。十五年，增置贵州、云南二都司。后以北平都司为北平行都司，永乐元年（1403）改为大宁都司。宣德中，增置万全都司，至此全国共计有都司十六个。十三省都司之外还有辽东、大宁、万全三个行都司。又于建昌置四川行都司，于郧阳置湖广行都司。行都司全国共计五个。

都卫指挥使司直属机构为卫指挥使司，设官如京卫。设指挥使、同知、佥事，分理屯田、验军、营操、巡捕、漕运、备御、出哨、入卫、戍守、军器诸杂务。卫指挥使司属下为所，所有千户所。明代初期，朱元璋设置千户所，设正千户，正五品；副千户，从五品；镇抚、百户，正六品。又设置万户府，设正万户，正四品；副万户，从四品；知事，从八品；照磨，正九品。不久，因名不副实而取消万户府。核定诸将所部有兵五千者为指挥使，千人者为千户，百人者为百户，五十人为总旗，十人为小旗。洪武七年（1374），申定卫所之制一卫统十千户，一千户统十百户，百户领总旗二，总旗领小旗五，小旗领军十。每卫设前、后、中、左、右五千户所，大体上以五千六百人为一卫，一千一百二十人为一千户所，一百一十二人为一百户所，每百户所设总旗二人，小旗十人。洪武二十年（1387），以指挥使掌印，同知、佥事各领一所。洪武二十三年（1390），又设军民指挥使司、军民千户所，全国共计内外卫有五百四十七个，所二千五百九十三个。自卫指挥以下其官多世袭，士兵也是父子相继。

机构职能

都司都指挥使掌一方之军政，各率其卫所以隶于五府，而听于兵部。凡都司并流官，可以世袭，每年抚、按对其一年的任职情况进行考察，五年考选军政，根据考选结果决定其去留。都指挥使及同知佥事，常以一人统司事，称为掌印，一人练兵，一人屯田，称为佥书。巡捕、军器、漕运、京操、备御等诸项杂务，由其指挥决定。经历、都事，掌文移。断事，理刑狱。

机构编制

都指挥使司设都指挥使一人，正二品；都指挥同知二人，从二品；都指挥佥事四人，正三品。经历司经历，正六品；都事，正七品。断事司断事，正六品；副断事，正七品；吏目各一人。司狱司司狱，从九品；仓库、草场，大使、副使各一人。行都指挥使司，编制与都指挥使司相同。

除了三大司，地方机构还有众多特殊机构：

土官，宣慰使司，设宣慰使一人，从三品；同知一人，正四品；副使一人，从四品；佥事一人，正五品。经历司，经历一人，从七品；都事一人，正八品。

宣抚司，设宣抚使一人，从四品；同知一人，正五品；副使一人，从五品；佥事一人，正六品。经历司，经历一人，从八品；知事一人，正九品；照磨一人，从九品。

安抚司，设安抚使一人，从五品；同知一人，正六品；副使一人，从六品；佥事一人，正七品；其属，吏目一人，从九品。

招讨司，设招讨使一人，从五品；副招讨一人，正六品；其属，吏目一人，从九品。

长官司，设长官一人，正六品；副长官一人，从七品；其属，吏目一人，未入流。

蛮夷长官司，设长官、副长官各一人，品级同长官司。除此之外还有蛮夷官、苗民官及千夫长、副千夫长等官。

军民府、土州、土县，设官如府州县。

5. 行太仆寺

洪武三十年（1397），朱元璋于山西、北平、陕西、甘肃、辽东等省设置行太仆寺。山西、北平、陕西每个行太仆寺设少卿一人，丞三人；甘肃、辽东，每寺设少卿、丞各一人，由致仕的指挥、千百户担任。永乐四年（1406）规定，行太仆寺官员设置按照治所所辖卫所镇抚首领官吏设置。永乐十八年（1420），以北京行太仆寺为太仆寺。宣德七年（1432），发充犯了死罪应当充军的人在陕西行太仆寺养马。弘治十年（1497），选任有才能与威望的人员补用太仆寺官员。嘉靖三年（1524）增设陕西、甘肃二寺少卿各一员，分管延绥、宁夏两处马厂。

行太仆寺设卿一人，从三品；少卿一人，正四品；寺丞无定员，正六品；主簿一人，从七品。行太仆寺掌各边卫所营堡马政，听命于兵部，其工作布、按二司不得干预。马匹出了问题，也由兵部根据情况给予处罚。

6. 苑马寺

永乐四年（1406），设置北直隶、辽东、平凉、甘肃苑马寺。五年，增设北直隶苑马寺六监二十四苑。顺义、长春、咸和、驯良四苑，隶清河监。水州、隆萃、大牧、遂宁苑，隶金台监。汧池、鹿鸣、龙河、长兴苑，隶涿鹿监。辽阳、龙山、万安、蕃昌，隶卢龙监。清流、广蕃、龙泉、松林苑，隶香山监。河阳、崇义、兴宁、永成苑，隶通州监。六年增甘肃、平凉二寺监。每寺各六监二十四苑。永乐十八年(1420)，撤销北京苑马寺，并入太仆寺。正统四年(1439)，撤销甘肃苑马寺，改牧恩军于黑水口，隶长乐监。弘治二年(1489)，撤销平凉寺丞一员。

苑马寺设卿一人，从三品；少卿一人，正四品；寺丞无定员，正六品；主簿一人，从七品；各牧监，监正一人，正九品；监副一人，从九品；录事一人，各苑圉长一人，从九品。苑马寺卿掌六监二十四苑之马政，听命于兵部。

7. 都转运盐使司

都转运盐使司设都转运使，掌盐监事务。同知、副判为分司主官。都转运盐使司全国设有六个：两淮、两浙、长芦、河东、山东、福建。分司共有十四个：两淮都转运盐使司辖泰州、淮安、通州三处分司，两浙都转运盐使司辖嘉兴、松江、宁绍、温台分司，长芦都转运盐使司辖沧州、青州分司，山东都转运盐使司辖胶莱、滨乐分司，河东都转运盐使司辖解盐东场、西场、中场分司。

都转运盐使司设都转运使一人，从三品；同知一人，从四品；副使一人，从五品；判官无定员，从六品；经历司经历一人，从七品；知事一人，从八品；库大使、副使各一人。所辖各场盐课司大使、副使，各盐仓大使、副使，各批验所大使、副使均一人，都是未入流。

8. 盐课提举司

盐课提举司设提举一人，从五品；同提举一人，从六品；副提举无定员，从七品；吏目一人，从九品；库大使、副使一人。所辖各盐仓大使、副使，各场、各井盐课司大使、副使，并一人。盐课提举司共有七个：四川、广东海北、黑盐井、白盐井、安宁、五井、察罕脑儿。

在辽东设有辽东煎盐提举司。各提举司设提举，正七品；同提举，正八品；副提举，正九品。

9. 都转运司

明初，在两淮设置都转运司。吴元年，在杭州设置两浙都转运司，都转运使为正三品；同知，正四品；副使，正五品；运判，正六品；经历，正七品；知事，正八品；照磨、纲官，正九品。

10. 市舶提举司

吴元年，设置市舶提举司。洪武三年，罢太仓、黄渡市舶司。洪武七年，罢福建泉州、浙江明州、广东广州三市舶司。永乐元年复置，设官如洪武初制，任命宦官主持市舶提举司。嘉靖元年(1522)，给事中夏言上奏倭祸起于市舶，撤销福建、浙江二市舶司，只保留广东市舶司。

市舶提举司设提举一人，从五品；副提举二人，从六品；吏目一人，从九品。市舶提举司掌海外各国朝贡市易。

11. 茶马司

洪武中，置洮州、秦州、河州三茶马司，设司令、司丞。十五年改设大使、副使各一人，不久撤销洮州茶马司，以河州茶马司兼领。洪武三十年(1397)，改秦州茶马司为西宁茶马司。设大使一人，正九品；副使一人，从九品；掌市马交易。

12. 知府衙门

机构沿革

明初，改诸路为府。洪武六年，分天下府为三等：粮二十万石以上为上府，知府为从三品；二十万石以下为中府，知府正四品；十万石以下为下府，知府从四品。以后知府统一为正四品。洪武七年(1374)，减北方府州县官三百零八人。洪武十三年(1380)，选国子学生二十四人为府州县官。六月罢各府照磨，洪武二十七年(1394)恢复。宣德三年(1428)取消交阯布政司，国家共有一百五十九府。

机构职能

知府，掌一府之政，宣风化，平狱讼，均赋役，以教养百姓。每三年，对属下官员进行全面考核，将考察结果上报于省，由省布政司上报吏部。凡是国家有朝贺、吊祭活动，知府要根据布政使司的安排一同进京朝贺或吊唁，直隶府则不用与布政使司同行，单独进京朝贺或吊唁。凡是诏赦、例令、勘札到府，要谨慎拜受，安排贯彻落实。凡是一府政务，都要进行管辖约束，根据事务的轻重，大事告知抚、按，布、按，批准以后方可实行。凡是科举贡举，提调学校，各种祭祀，统由知府职掌。至于籍帐、军匠、驿递、马牧、盗贼、仓库、河渠、沟防、道路等事务，虽有专门的官员管理，但知府要负总责，负有监督检查之责。同知、通判分掌清军、巡捕、管粮、治农、水利、屯田、牧马等事。同知通判无常职，无定员。边府同知多者至六七人。推官理刑名，赞计典。经历、照磨、检校掌收发上下文件，磨勘六房宗卷。

机构编制

知府一人，正四品；同知，正五品；通判无定员，正六品；推官一人，正七品。经历司经历一人，正八品；知事一人，正九品。照磨所，照磨一人，从九品。检校一人。司狱司司狱一人。

13. 知州衙门

机构沿革

明代的州很特殊，无论是属州，还是直隶州，它们都直属布政使司管辖。有的州尽管没有辖地，论面积与人口也就是一个县，而且与县一个级别，但是直属省辖，不归府管。一般来说，州都是地理位置与经济状况比较好、比较重要的地区。明代共有二百三十四个州。明代的州有两种:一种是属州,一种是直隶州。属州视为县,直隶州视为府,但无论是属州还是直隶州,它们都是同一级别。

机构职能

知州,掌一州之政。这一州之政实际就是一县之政,县官的职能也就是知州的职能。

机构编制

州设知州一人,从五品;同知,从六品;判官,从七品。同知、判官无定员,根据其所任职州的事务繁简而确定同知与判官编制员额。如果州面积不足三十里又无属县,裁去同知、判官。下管县的州,裁去同知,只设判官。吏目一人,从九品。

14. 知县衙门

机构沿革

吴元年,定县为三等:缴纳税粮十万石以下为上县,知县为从六品;六万石以下为中县,知县为正七品;三万石以下为下县,知县从七品。以后统一为正七品。凡新授的县官,国家给上任的路途费。知县尽管级别较低,但为明代重要职官。中国封建社会除了极少数的朝代,绝大多数朝代都对知县非常重视。县成为国家历代一直未改的基层地方政权机构。

机构职能

知县,掌一县之政。具体说有以下几点:第一,赋役,岁会实征,十年造黄册,作为征收各种赋役的依据。明代的赋有金谷、布帛及诸货物,役有力役、雇役、借倩不时之役。承担赋役的多少由知县根据一年的天时情况、土地丰耗、人户贫富,对各户进行调剂,制定应纳徭役数额。如果遇到灾年则向知府请示给予减免。第二,养老、祀神、贡士、读法、表善良、恤穷乏、稽保甲、严缉捕、听狱讼,都属知县的具体职责,"皆躬亲厥职而勤慎焉"。第三,向国家按时缴纳土特产品。"若山海泽薮之产,足以资国用者,则按籍而致贡。"(58)

机构编制

知县一人,正七品;县丞一人,正八品;主簿一人,正九品;典史一人。

县丞、主簿为知县的主要属官,分掌一县粮马税收、巡捕事务。典史掌文移出纳,如果没有县丞,或者没有主簿,则分管县丞主簿的事务。在明代,包括其他很多朝代,国家虽然对于县的编制有县丞、主簿,但是很多县并不是全都配齐,尤其是那些小县,一般都很少配备县丞、主簿,但典史一般都能配齐。典史往往不仅担任本职工作,还要承担县丞、主簿的任务。明代明确规定,一个县若编户不及二十里者并裁。

知府、知州、知县一直被历代视为牧民官,朱元璋对于府州县官尤为重视。洪武元年,征天下贤才为府州县官,下旨对任命的府州县官给予很多赏赐,以利于他们廉洁勤政。朱元璋要求吏部:"任官惟贤才,凡郡得一贤守,县得一贤令……何忧不治。"(59)洪武三十七年,定府州县条例八事,颁示天下,永为遵守。如果发现哪个府州县官廉能正直,朱元璋必遣行人司官员赍敕前去慰劳赏赐,增加薪俸。朱元璋要求吏部对于各县编制官员设置,根据户口多少区别对待,很多县并不设丞与主簿。

明代共有县一千一百七十一个。

在府州县三级政府机构中,除了府衙、州衙、县衙,还有其他一些机构,这些机构构成府、州、县三级衙门的组成部分。

15. 儒学

机构沿革

明代初期,设置儒学提举司,主管教育事务。洪武二年

(1369),朱元璋下诏天下府州县皆立学。洪武十三年(1380),将各州学正由从九品改为未入流。洪武二十四年(1391),定儒学训导在杂职之上,也就是说在未入流之上。洪武三十一年(1398),朱元璋下诏各州县负责教育的学官实行回避,由其他府州县人员充任。正统元年(1436)设提督学校官。

机构职能

各府州县儒学教授、学正、教谕掌教诲所属生员,训导为教授、学正、教谕的助手,协助他们进行教学。明代规定生员分为廪膳生和增广生。两种生员都有规定的人数,府学生员四十人,州学三十人,县学二十人。对于成绩优异的府州县儒学,朝廷给予奖励,这种奖励的条件就是看其在乡试考试中考取举人数量的多寡。

机构编制

府,教授一人,从九品,训导四人。州,学正一人,训导三人。县,教谕一人,训导二人。

16. 巡检司

洪武二年,朱元璋因广西地邻近瑶、壮等少数民族地区,在关隘冲要之处设立巡检司,巡警捕盗,以后巡检司在全国各地开始设置。巡检司设巡检、副巡检,都是从九品,主缉捕盗贼,盘诘奸伪。凡是各府州县关津要害处都设立巡检司,巡检、副巡检督率徭役弓兵,维持当地治安。

17. 驿

驿设驿丞,主管邮传迎来送往。对于来往官员的舟车、夫马、廪糗、庖馔、裯帐,根据他们的品级和家属仆人的数量,提供供应服务。无论是巡检还是驿丞,各地设置多少不一,往往根据各地地理环境情况而定。

18. 税课司

明代初期，在京收税机构为宣课司，府州县收税机构则为通课司，以后统一改为税课司、局。在府称之为税课司，在县称之为税课局。各设大使一人，从九品，掌管税收之政。凡是商贾、僧屠、杂市，都有规定的征收数额，所征税收上交府或县。民间买卖土地房屋按百分之三征税。

19. 仓

设大使一人，府从九品。州县未入流，副使一人，库大使一人。

20. 织染杂造局

府织染杂造局设大使一人，从九品。州织染局设大使，未入流，副使一人。

21. 河泊所

掌收鱼税，设闸官、坝官，掌启闭蓄泄。洪武十五年，定天下河泊所共二百五十二个，一年征收课粮五千石以上至万石的，设官三人；千石以上设二人；三百石以上只设一人。

22. 批验所

设大使一人，副使一人，掌验茶盐引。

23. 递运所

设大使一人，副使一人，掌运递粮物。

24. 铁冶所

洪武七年初置。全国共有铁冶所十三所，每所置大使、副使各一人。大使，正八品；副使，正九品，以后全部改为未入流。设大使一人，副使一人。

25. 医学

府设正科一人，从九品。州，典科一人。县，训科一人。这些医官是洪武十七年设立的，虽然设有官职，但是国家不给俸禄。

26. 阴阳学

府设正术一人，从九品，州设典术一人，县设训术一人。阴阳学官与医学官一样，都是洪武十七年设置的，设官不给禄。

27. 僧纲司

府设都纲一人，从九品，副都纲一人。州僧正司设僧正一人。县设僧会司，僧会一人。

28. 道纪司

府设道纪司，都纪一人，从九品，副都纪一人。州设道正司，道正一人。县设道会司，道会一人。僧纲司、道纪司也是洪武十七年设置，设官不给禄。

在这里我们还需要对明代的基层组织作一下简单的介绍。

明代基层政权的主要组织形式是里甲，根据《明会典》和《明史》记载，明代每 110 户为一里，在这 110 户当中，推选十户富者为里长，其余百户为十甲，在这十户当中，又推选一户为甲首。无论是里长，还是甲首，都不属于国家的行政编制，也就是说，里长不属于官员。

明代地方机构编制简表

机构	职官	职能	编制	品级
顺天府	府尹 府丞 治中 通判 推官 经历司经历 知事 照磨所照磨	掌京府之政令	1人 1人 1人 6人 1人 1人 1人 1人	正三品 正四品 正五品 正六品 从六品 从七品 从八品 从九品
行省布政使司	左、右布政使 左、右参政 左、右参议 经历司经历 都事 照磨所照磨 检校 理问所理问 副理问 司狱司司狱 库大使 仓大使 杂造局、军器局、宝泉局、织染局大使	掌一省之政	各1人 各1人 无定员 1人 1人 1人 1人 1人 1人 1人 1人 1人 各1人	从二品 从三品 从四品 从六品 从七品 从八品 正九品 从六品 从七品 从九品 从九品 从九品 从九品
提刑按察使司	按察使 副使 佥事 经历司经历 知事 照磨所照磨 检校 司狱司司狱	掌一省刑名按劾之事	1人 1人 无定员 1人 1人 1人 1人 1人	正三品 正四品 正五品 正七品 正八品 正九品 从九品 从九品

（续表）

机构	职官	职能	编制	品级
都指挥使司	都指挥使 都指挥同知 都指挥佥事 经历司经历 都事 断事司断事 副断事 司狱司司狱	掌一方之军政	1人 2人 4人 1人 1人 1人 1人 1人	正二品 从二品 正三品 正六品 正七品 正六品 正七品 从九品
知府衙门	知府 同知 通判 推官 经历司经历 知事 照磨所照磨	掌一府之政	1人 1人 无定员 1人 1人 1人 1人	正四品 正五品 正六品 正七品 正八品 正九品 从九品
知州衙门	知州 同知 判官 吏目	掌一州之政	1人 无定员 无定员 1人	从五品 从六品 从七品 从九品
知县县衙	知县 县丞 主簿	掌一县之政	1人 1人 1人	正七品 正八品 正九品

总之，明代国家机构继元之后，来了个大精简。明代无论是在中央机构，还是地方机构的设置上，都比较合理。这与朱元璋亲眼看到元代机构膨胀、官满为患的现实是分不开的。作为平民出身的皇帝，朱元璋自然清楚国家机构编制膨胀不仅危害百姓，更不利于国家的长治久安。朱元璋的国家机构编制大精简，主要是为巩固皇权而服务的。朱元璋知道，要巩固皇权，必须要对皇权加以约束。有明一代，皇权得到空前强化，但是皇权又从来没有受到如此程度的制约。自洪武、永乐之后，明代有为之君不多，有的甚至非

常荒唐可笑，他们对于臣下动辄鞭笞羞辱，臣下却仍然保持着对皇帝的忠诚。皇帝消极怠工，但臣下多忠于职守，保证了国家机器的正常运转。明代国家机构虽然精简，宦官机构却空前健全。宦官有了独立的机构，这使得明代宦官在干政上更加得心应手，为患也就更烈。尽管宦官是有组织有系统地进行干政擅权，但同时宦官也遇到前所未有的制约，这与明代的监察制度分不开。明朝皇帝虽然多昏庸，皇权却延续了近三百年，这与明代有一套比较完善精简的国家机构编制有着直接关系。朱元璋从建立吴国之时，就开始建立国家机构编制，等到明朝建立，又进一步加以完善。朱元璋果断废除了历时一千年之久的丞相制度，目的是巩固皇权。朱元璋的过人之处在于他明白，皇权必须要有制约。绝对的皇权失去制约是不可能长久的，必须建立起严密的监察制度。明代的监察制度不仅监督文武百官，还监察制约皇帝，这是其他朝代所不及的。

注释：

(1)(明)于慎行:《谷山笔麈》卷六。

(2)陈登原:《国史旧闻》“明世皇权”条(第3册)。

(3)(清)张廷玉:《明史》卷二四，中华书局1974年版，第335页。

(4)(清)张廷玉:《明史》卷七二，中华书局1974年版，第1731页。

(5)(清)张廷玉:《明史》卷七二，中华书局1974年版，第1731页。

(6)《明太祖实录》卷二三九。

(7)(明)余继登:《典故纪闻》卷五，中华书局1981年版，第95页。

(8)《明太祖实录》卷一三三。

(9)(明)王世贞:《弇山堂别集》卷七，中华书局1985年版，第127页。

(10)(清)张廷玉:《明史》卷一〇九，中华书局1974年版，第3305页。

(11)《明宣宗实录》卷六。

(12)《明通鉴》卷一八，第391页。

(13)(明)张元忭:《馆阁漫录》卷二,明不二斋刻本。

(14)(清)张廷玉:《明史》卷七〇,中华书局1974年版,第1702页。

(15)(明)张元忭:《馆阁漫录》卷五,明不二斋刻本。

(16)(明)陈子龙:《皇明经世文编》卷一二七,明崇祯平露堂刻本,第1066页。

(17)《明世宗宝训》卷六,第558页。

(18)(明)徐学谟:《世庙识余录》卷一七,明徐光稷活字印本。

(19)《明世宗实录》卷三九五。

(20)(清)张廷玉:《明史》卷七二,中华书局1974年版,第1730页。

(21)《明世宗实录》卷五一七。

(22)《张太岳全集》书牍。

(23)(清)张廷玉:《明史》卷七一,中华书局1974年版,第1712页。

(24)(明)陈仁锡:《皇明世法录》卷二,台湾学生书局1965年版,第320页。

(25)(清)张廷玉:《明史》卷七二,中华书局1974年版,第1734页。

(26)(清)张廷玉:《明史》卷七二,中华书局1974年版,第1735页。

(27)(清)张廷玉:《明史》卷七二,中华书局1974年版,第1737~1738页。

(28)(宋)陈仁子:《文选补遗》,上海古籍出版社1993年版,第184页。

(29)(清)张廷玉:《明史》卷七二,中华书局1974年版,第1740~1741页。

(30)(清)张廷玉:《明史》卷七二,中华书局1974年版,第1748页。

(31)(清)张廷玉:《明史》卷七三,中华书局1974年版,第1769页。

(32)(明)余继登:《典故纪闻》卷二,中华书局1981年版,第20页。

(33)白品海:《论明代监察制度对皇权与相权的制约》,《文史哲》1998年第2期。

(34)(清)张廷玉:《明史》卷七三,中华书局1974年版,第1781页。

(35)(清)张廷玉:《明史》卷七二,中华书局1974年版,第1731页。

(36)(清)张廷玉:《明史》卷七二,中华书局1974年版,第1731页。

(37)(清)张廷玉:《明史》卷七三,中华书局1974年版,第1783页。

(38)(清)张廷玉:《明史》卷七三,中华书局1974年版,第1784页。

(39)(清)张廷玉:《明史》卷七三,中华书局1974年版,第1789页。

(40)(清)张廷玉:《明史》卷七四,中华书局1974年版,第1796页。

(41)(清)张廷玉:《明史》卷七四,中华书局1974年版,第1798页。

(42)(清)张廷玉:《明史》卷七四,中华书局1974年版,第1803页。

(43)(清)张廷玉:《明史》卷七四,中华书局1974年版,第1805~1806页。

(44)(清)顾炎武:《日知录》卷九,甘肃民族出版社1997年版,第442页。

(45)(清)张廷玉:《明史》卷七四,中华书局1974年版,第1806页。

(46)(清)张廷玉:《明史》卷七四,中华书局1974年版,第1810页。

(47)(清)龙文彬:《明会要》卷三九,中华书局1956年版,第694页。

(48)(清)张廷玉:《明史》卷七四,中华书局1974年版,第1818页。

(49)(清)张廷玉:《明史》卷二,中华书局1974年版,第23页。

(50)(清)张廷玉:《明史》卷七四,中华书局1974年版,第1826页。

(51)(明)徐复祚:《花当阁丛谈》卷一。

(52)(清)张廷玉:《明史》卷七四,中华书局1974年版,第1827页。

(53)(明)陆容撰,李健莉校点:《菽园杂记》,上海古籍出版社2012年版。

(54)《明会典》卷二一一《都察院》。

(55)(清)张廷玉:《明史》卷七四,中华书局1974年版,第1816页。

(56)(清)张廷玉:《明史》卷七五,中华书局1974年版,第1839页。

(57)(清)张廷玉:《明史》卷七五,中华书局1974年版,第1840页。

(58)(清)张廷玉:《明史》卷七五,中华书局1974年版,第1850页。

(59)《明会要》卷四一,中华书局1956年版,第724页。

第九章　清代机构编制

第一节　清代历史发展概况

努尔哈赤,依靠父祖"遗甲十三副"毅然起兵,发起了统一本部族的战争,经过三十多年的浴血奋战,基本上统一了女真族各个部落,同时也拉起了反明的旗帜,先后攻陷了抚顺、沈阳、辽阳、广宁等近百座城池。到明万历四十四年(1616),自称大汗,定都赫图阿拉(今辽宁抚顺新宾满族自治县永陵镇),建立了国号为后金的奴隶制政权。

在统一过程中,努尔哈赤以氏族部落组织为基础,创建了八旗制度,"以旗统人,即以旗统兵。盖凡隶于旗者,皆可以为兵"(1)。就是把所有的女真人分编在黄、红、蓝、白、镶黄、镶红(红旗镶白边,其余镶红边)、镶蓝和镶白八色旗内,每旗七千五百人,旗设甲喇、牛录等各级首领。三百人为一牛录,五牛录为一甲喇,设甲喇额真(汉文作参领)为长官,五甲喇为一固山,设固山额真(都统)为其长官,也就是管旗大臣。固山额真之上是贝勒。担任贝勒的都是努尔哈赤的兄弟子侄。贝勒又分主旗贝勒和一般贝勒,主旗贝勒也就是八旗最高长官。八旗的官员全部由女真族贵族担任,一般女真人都是旗人,"出则为兵,入则为民",平时耕猎,战时出征,其首领既是政治长官,又是军事统帅和生产的组织者。

努尔哈赤时代由于经济落后,国家草创,统治区域狭小,人口不多,其国家机关及其职官设置自然很不完善。在中央大汗之下,仅有五大臣议政,札尔固齐(审判官)十人负责诉讼,以及八旗总管大臣管理军事,其他执行机关还没有具体化,当时无论是国家机构还是官制,都非常简单。努尔哈赤时期最有影响力的制度就是所谓的八和硕贝勒共治国政制度。也就是八旗旗主共治国政,不但重大的军事活动由八和硕贝勒共同开会决定,而且他们还有权决定新的汗位,八和硕贝勒可以废除汗,也可以任命新汗。所以,每次开会,作为汗的努尔哈赤要想按照自己的设想决定某项重大活动,必须要征询其他和硕贝勒的建议。

在努尔哈赤之子皇太极继位之前,后金的都城已迁至沈阳。皇太极虽然继承汗位,但也面临兄弟子侄的权力争夺变数。皇太极即位后,改女真族族名为满洲,改国号为清,自称皇帝,成为明朝雄踞东北的一大割据势力。在八和硕贝勒共治国政的制度下,“有人必八家分养之,地土必八家分据之,即一人尺土,贝勒不容于皇上,皇上亦不容于贝勒,事事掣肘,虽有一汗之虚名,实无异于正黄旗一贝勒也”[(2)]。皇太极原为正白旗旗主,担任汗之后,与正黄旗互换旗帜,成为正黄旗旗主。

八和硕贝勒共治国政制度严重制约了皇太极的汗权。皇太极采取了一系列的步骤,首先是打击三大贝勒,在天聪三年(1629)借口“一切机务辄烦诸兄经理,多有不便”,取消了三大贝勒“按月分直国中一切机务”的权力。[(3)]同年,设置文馆,其官员负责翻译汉文书籍,记载本朝史事。天聪四年(1630)以二贝勒阿敏在进攻明朝时,擅自放弃永平城等十六条罪状,将其幽禁起来,并夺其人口、牲畜、奴仆、财物。天聪五年(1631)以三贝勒莽古尔泰“抽刃出鞘”对汗大不敬为罪名撤销其旗主,由和硕贝勒降为一般的多罗贝勒,彻底改变了原来的三大贝勒与皇太极一起南面坐受的规制,实现了皇太极一人独坐的局面。又仿明制设吏、户、礼、兵、刑、工六部，每部以贝勒为首长，下有承政三人，满族、蒙古族、汉族各一人，再下有参政八人和满族、汉族启心郎若干人。天聪八年（1634）皇太极通过决议："俘获之人，不比如前八分均分"，"当补壮丁不足之旗"。[4]给大贝勒代善罗织四条罪名，将其正蓝旗交给皇太极长子豪格指挥，这样，皇太极除了自己的正黄、镶黄旗，共治三旗，占据绝对优势。

天聪十年（1636），改文馆为内三院：内国史院、内秘书院、内弘文院。三院成为满族独创的机构，各设大学士一人。内国史院负责记注诏令，编撰史书；内秘书院撰拟各国往来文书，并录各衙门奏疏；内弘文院为皇帝进讲经史，颁布制度等。这时的内三院已经具备了内阁的雏形。大学士取得撰拟对内对外诏诰敕令的权力，削弱了诸议政王公贝勒的权力，参与国家大事，成了皇帝的助手。同时还设立了都察院，至此，军政分离。

皇太极在调整政治制度、集中汗权的同时，为实施进军中原、取代明朝的既定国策，也为了达到既能维护漠南蒙古各部的稳定，又能借助其力量的目的，加封漠南蒙古各部落首领以王、公等爵位，设置了中央机构蒙古衙门，专管漠南蒙古地区事务。

上述一系列机构的设置，使清朝的统治机构和官制复杂化，并日趋完善。但是，由于清朝从原始社会进入奴隶社会，继而发展到封建社会，历时较短、速度较快，以致在入关前其原始社会末期部落酋长军事民主制的残余势力仍然存在。皇太极慑于贵族的力量，在沈阳宫中建立了"十王亭"，凡有军国大事，都集众宗室贵族大臣议事于亭中。这表明满族贵族势力很大，制约着皇权的发展。

清人入关后仿照明朝内阁制度，置内三院于六部之上成为内阁，行使中央政府职权。皇太极入关之后创建了汉军八旗和蒙古八旗，这些旗的固山额真由皇太极任命。顺治十五年（1658）改内三院为内阁，大学士加殿阁名衔。一开始为四殿二阁：中和殿、保和殿、文华殿、武英殿、文渊阁、东阁。乾隆十三年（1748），裁中和殿，增加体仁阁，成为三殿三阁的定制。有清一代，内阁“赞理机务，表率百僚”，大学士是辅助皇帝统领百官、综理政务、统治全国各民族的最高官员。

清朝内阁虽然沿袭明制，但与明朝内阁又不尽相同。一是明朝内阁处在初创阶段，而清朝内阁则进一步完善，其机构完备，职掌明确，是明朝内阁不能与之相比的；二是明朝内阁大学士参与机要事务，而首辅大学士俨然以宰相自居，曾几度出现独揽朝政和阁权的局面，清朝内阁只能在皇帝和议政大臣的控制下，办理日常事务，不能向六部发号施令，仅起上呈下达的作用；三是明朝内阁权力很大而大学士的官品不高，清朝内阁的权力日益削弱而大学士的官品很高，但这仅是最高荣誉称呼而已。

清代为了进一步加强皇权，限制议政王大臣和内阁的权力，康熙十六年（1677）十一月，康熙皇帝在皇宫内设立了南书房，把特颁诏敕的撰拟权改由南书房翰林院掌控，以改变内阁批答奏折，军国机要被议政处所垄断的局面，推选品才兼优的词臣入值，称“南书房行走”，组成皇帝处理政务的机要秘书班子。但自雍正时期成立军机处之后，南书房不再参与机密事务，而专管诗文书画等事宜。

雍正八年（1730）十二月，因西北两路用兵而特设军机房（后改为军机处）。召怡亲王胤祥和蒋廷锡、张廷玉两大臣入内供职。从表面看设立军机处是为了保守军事机密和迅速传达皇帝圣旨，故设之于乾清宫西侧，实际上是雍正皇帝为了进一步加强皇权，而把一切军国机要掌握在自己手中。此后，一般政务仍由内阁经办，军国大政则由军机大臣面奉皇帝训示，拟旨缮发。这样，议政王大臣和内阁就形同虚设了。

军机处是封建专制主义中央集权高度发展的产物，其特点是处理政务迅速而机密，但本身没有独立性，也非正式衙门，也就没有专门的机构编制。军机大臣由亲王大臣兼任，不是实官，其下有军机章京（满语，汉译官员之意）若干名，他们都是皇帝的内廷使臣，没有官称，因此大小无专官，也是军机处的一个显著特点。事实证明，随着军机处的建立，清朝专制主义中央集权的发展达到了本朝的顶峰，而且从总体上看，也比明朝有过之而无不及，达到了中国封建社会的顶峰。

清朝的六部，大体上与明朝六部相同，连设立的官员数额都以明制为基础，不同之处是，清朝的户部为十四司，刑部为十八司，六部中增添了七品小京官若干人，又在正规职官下设有笔帖式（满语，汉译文书之意）。六部长官尚书、侍郎也负责国务，其中两人还在军机处供职，其余长官也定期朝见皇帝，汇报本部事务。六部之中，户部是唯一的财政总机关，故权势最重，与唐、宋时期不同。唐宋财政机构除了户部，还有三司使等机构。清朝重要官员的任命权在军机处，吏部的事务只限于稽考中级以下官员的资历，根据案例予以准驳，故权力不及明朝的吏部。由于重文轻武的习气，武官的任免不为时人所重视，所以，清朝兵部向来受冷落，至于军政军令，更非兵部所能过问。刑部是一个专业性机构，不谙习律令就无法胜任，故长官之中必有一人是本部司官出身，由其主持本部事务。工部因在外河工不由本部经手，只是在宫廷典礼时才有办事的机会，甚为清闲。至于礼部，几乎不用处理什么事务。清朝六部官员中最突出的就是部办（书吏）的权势很重，他们父子师徒据为永业，舞文弄法无所不精，尤其是吏、户两部的部办，几乎所有官员都得和他们处理好关系，如若不然，其公文必被留难。部办没有俸禄保障，常以索贿取得，美其名曰“部费”。各省的官署也同样为胥吏所操纵，致使清朝官场昏庸与胥吏奸诈的现象尤为突出。

清朝以满族为统治民族，具有鲜明的民族特点。综观清朝初

期和中期,在中央集权程序、机构规模、官员数量等方面,都超过了明朝。在机构编制上有以下几个突出特点:

第一,机构多元。

以辅助皇帝的中枢机关而论,先有议政王大臣会议,后有内阁、南书房和军机处。之后议政王大臣会议被废除,南书房的性质也发生了变化,剩下内阁和军机处。虽然权归军机处,但是内阁的作用也不容忽视。再以行政机关而论,中央六部之外,又设许多院、寺。各部、院机构重叠,尤以财政、典礼、刑法方面为甚,例如礼部掌典礼、学校和科举,与太常寺、光禄寺机构重复,职责不清;兵部名义上是全国最高军事机关,但军务由军机处秉承皇帝意图指挥;刑部管理刑法案件,另有都察院、大理寺也管此事。在地方上,省级保留了明朝的布、按二司,又于二司之上设一巡抚,再于一省或数省之上设一总督。这种多元设置,造成机构庞杂,职责不清,互相牵制,行政效率低下。这固然有利于中央集权,但会造成官僚队伍庞大。清朝在机构与职官设置上的这些弊端,在其他王朝也表现得非常明显。这种多元设置对于后代也有很大影响。

第二,官员复职。

官员复职,究其原因,盖为清朝以少数民族统治广大汉族民众,如不与汉族地主阶级实行联合统治,江山必不稳固,这就迫使清朝统治者以各种途径吸收汉族地主阶级知识分子参与政权管理。但为了维护满族贵族的族权地位,不使大权旁落,除少数机构不设汉族官员外,一般机构官员均为满汉复职,设一汉族官员,必设一满族官员。各个机构的满族官员地位都高于汉族官员,就像元朝的达鲁花赤一样。例如,内阁满族大学士名列汉族大学士之上。不仅如此,各个机构的权力都掌握在满族官员手中。比如各部尚书,汉族尚书实际就是侍郎,甚至还不如满族侍郎的权力大。这种情况,在清朝的初期和中期,汉族官员无力与之抗争,只有承受。到了清朝后期，满族官员日趋腐败，执政能力也日益下降，汉族官员的地位才慢慢上升。这个上升期，主要是从太平天国时期开始的。在镇压太平天国起义军的军事行动中，汉族官员发挥了决定性的作用，从而大大提高了汉族官员的地位，迫使清朝政府不得不给汉族官员以应有的地位。以前的汉族官员，都不过是官场的点缀而已。尽管清朝各个衙门的官员都是复职，但由于清朝对于各个衙门的职数做了严格的限制，所以，整个清朝衙门的领导职数还不算庞大，无论是尚书还是侍郎职数，都能为国家财政支出能力所承受。

第三，文尊武卑。

同品级的文武官员，论权力，武官在文官之下，各文官大都是实职，而武官有的是虚衔，要转实官相当不易，还得降低品级。各省区的绿营提督，虽然品级与总督、巡抚相同，但按期阅兵不由提督主持，反而是总督、巡抚的职责。清朝翰林出身的文人，可以领兵作战，可以当帅，武官却不能担任文官的职务。这种重文轻武的风气由来已久，从宋、明相承至清。重文轻武虽然避免了唐朝藩镇割据的弊端，但是削弱了国家武装力量，不利于抵御外侮。宋朝之所以屡败于辽、金、元，其重要原因就是军事实力有限，而且宋朝到了关键时刻，多是文官主战，武官主和，武官成了投降派。明朝的军队面对八旗兵更是一败涂地。清代的军队面对外敌也是如此。

第四，京官贵于外官。

满族是清朝的统治民族，自然享有多种特权，特别是宗室成员做官，多在京城，官位显赫，权势极大。道员以下的职官从不授予他们，一般满族和蒙古族贵族做官，也没有官品七品以下的职官。外官微职多由汉族人充任。京官贵于外官的表现有以下两点：一是京官外放比较容易，反之外官内升相当困难，有的还得降低品级。二是同品级的京、外官荫子做官，京官比外官优越。尽管如此，由于京官俸禄微薄，虽然外官薪俸也不高，但外官中饱私囊的机会远比京官要多。比如总督、巡抚就可以支配地方上的各项杂税收入，为京官所不及。

第五，引见制度。

在我国封建社会，一般中小官员，特别是地方官员，极难亲睹圣颜，偶逢机会，也须有高级官员的引领，这种中下级官员由王公大臣引领面见皇帝的形式就是引见。地方官员朝见皇帝出现于封建社会早期，但直到明朝，还只是皇帝临时性的活动，很少举行。到了清代乾隆年间，引见制度最终定型，成为官制的重要组成部分之一。其应用范围很广，在官员的选拔任用、升调补选以及降革处罚等环节形成完整严密的制度。一位中下级官员，不管他是何种民族，在入仕之初及此后的宦海沉浮中，都不可避免地要和引见制度发生联系，这是前代所没有的，也是清朝官制的特点之一。

清王朝虽然已经处于封建社会的末期，但是清王朝与历代王朝不同的是，励精图治有为之君要比其他朝代多。

第二节　清代中央机构编制

清代的中央机构编制虽然对前代官制多有继承，但是出现了根据满族统治需要设置的机构，同时也反映了满族一开始作为奴隶制部落的特点。

1. 议政王大臣会议

议政王大臣会议虽然不是一个机构，但它是努尔哈赤政权以及后来清王朝的决策机关，《清史稿·职官一》第一句话就是："太祖肇基东土，国俗淳壹，事简职专，置八旗总管大臣、佐管大臣董统军旅，置议政五大臣、理事十大臣厘治政刑，任用者止亲贵数臣，官称职立,人称官置,兴也勃焉。"在努尔哈赤时代,职官机构简单,还带有原始会议性质。议政王大臣会议在实际上就成了努尔哈赤时代的最高国家决策与行政机构,因为它还具有其他行政职能。所以,当谈到清代的中央机构时,不能不首先介绍议政王大臣会议。

议政王大臣会议又称"国议",初步形成于清朝的奠基者努尔哈赤统治时期。当时设八位议政王、八名大臣,全由满族王公贵族担任。"为了审理国家的事情,选出了正直贤良的大臣八员。次又选出审事官四十人(十八个审判官),不许吃酒肴、不贪金银,以事情的是非公正的判断。五日一次,集合诸贝勒大臣们于衙门,(对天焚香叩首,)使他们相议。把事情公正的审断,定为常规。"(5)通过这一资料我们可以看到,参加议政王大臣会议的都是做事公正的大臣与贝勒,他们通过议论,可以举贤任能,罢黜奸臣,处理本民族内部的各种民事、刑事纠纷,甚至废立国汗(君),提出有益于国家的大政方针,后来发展到可以议论、判断贵族的是非,议国政之得失,讨论攻战大事等。最有影响力的是努尔哈赤时代的费英东等五大臣,"凡军国重务皆命赞决焉"(6)。应当说这种议政方式对于后金的立国发挥了积极的作用,因为这种议政方式虽然不利于汗的集权,但能够发挥集体的智慧。到了皇太极时期,议政王大臣会议又有了新的变化。我们知道,皇太极是通过议政王大臣会议上台的,所以,他上台之后必须遵循议政王大臣会议的规定。皇太极在原来的基础上,又增加了八大臣及十六大臣。八大臣每个旗一人,"总理一切事务""凡议政处,与诸贝勒偕坐共议之。出猎行师,各领本旗兵行,凡事皆听稽查"。这八位议政王就是各个旗的固山额真,他们议决的事情谁也不能改变。十六位大臣分为两组,一组"佐理国政,审断狱讼,不令出兵驻防",一组"出兵驻防"。参加议政王大臣会议的人变多了,不只是原来的五位大臣,而是又增加了众多大臣,这些新增加的大臣都是新手,不是努尔哈赤时代的老臣，这就便于皇太极操纵会议方向，有利于皇太极的汗位权力巩固与发展。清朝入关之后，面临着更多的问题与矛盾，议政王大臣会议更是发挥着重要作用，议政王大臣会议所议论的事情更多、更广泛，也就是说议政王大臣会议的职权在不断扩张，尽管顺治、康熙等皇帝按照明朝制度建立了一套中央政府行政管理机构，但是这套机构必须听从议政王大臣会议的指令，而不是仅仅听从皇帝一人的命令。皇帝要加强皇权，议政王大臣会议又要行使自己的权力，这必然会产生矛盾。从康熙开始，皇帝逐渐限制议政王大臣会议的职权，限制、裁减、罢免斥退一些议政大臣，比如很多郡王去世之后，不再安排继任的郡王参加议政王大臣会议。这样，议政王大臣会议的权力逐渐缩小。雍正皇帝成立军机处，国家的军国要务更是不需再经过议政大臣讨论处理，那些议政大臣成了虚衔。到乾隆时期，明确宣布："所有议政空衔，著不必兼充，嗣后该部亦毋庸奏请。"(7)议政王大臣会议寿终正寝。

2. 内阁

机构沿革

明代的内阁被清朝所沿袭。我们知道，明代的内阁其在成立初期权力有限，内阁官员级别也比较低，到了中期以后，内阁成为事实上的丞相，不但参与批答大臣们的奏章，还代替皇上撰拟圣旨。明代的皇帝到了中后期不是庸碌无能，就是对皇帝职权消极怠工，这就给内阁掌权提供了机会，"阁职渐崇""六部承奉意旨，靡所不领，而阁权益重"(8)。清代虽然沿袭了明代的内阁制度，但是在职能上有很大不同，最大的不同就是明代内阁已经成为事实上的中枢机构，而清代的内阁则只是皇帝的办事机构。

内阁是内廷殿阁的意思，它是皇帝之下的政权中心，总理全国政务的最高官署，是封建专制政治的产物。清朝内阁虽沿袭明制，但两者又有不同。后金天聪三年(1629),皇太极创建文馆。文馆的主要任务就是选拔一些有学问的文人翻译汉文儒家经典书籍,同时把国家发生的重大事件记录下来,还负责将国家用兵大事及各部所办事务、外国来往信件等编辑成史书。这时候的文馆还属于不伦不类的机构,其办事人员虽然都是文人,但是授予他们的都是参将、游击等职务。皇太极为适应称帝后国家机构变化的需要,将文馆机构扩张,改为内国史院、内秘书院和内弘文院。这就是清代初期的内三院。内国史院职掌记录皇帝起居、诏令以及收藏"御制"文字,同时还负责撰拟皇帝的各种公文等。内秘书院职掌与"外国往来书状",敕谕、祭文等,并登记书录各个衙门的奏疏。内弘文院职掌注释阐述古今政事得失,为天子"进讲",为皇子"侍讲"。崇德元年制定内三院机构编制:内国史院设大学士一人,学士二人;内秘书院设大学士二人,学士一人;内弘文院设大学士一人,学士二人。除此之外,还有一些举人为办事人员。从内三院的机构人员编制我们可以看到,它已经初步具有内阁的特点。

顺治元年(1644),顺治皇帝进入北京,一切都按照明朝中央机构的名称与规模进行设置,并明确内三院的级别为二品衙门,与六部同级。同时将翰林院合并到内三院,内三院的名字都加翰林,内国史院称内翰林国史院,内秘书院称内翰林秘书院,内弘文院称内翰林弘文院。这样大学士就成了翰林大学士。内三院在编制上也有了变化,大学士人数不断增加,最多的时候满族、汉族大学士达到十六人。大学士属官有学士、典籍、侍读、中书等。学士,满族、汉军各三人,汉族学士无定员。典籍,满族、汉族、汉军各三人。侍读满族十一人,蒙古族、汉族、汉军各三人。中书,满族七十五人,蒙古族十九人,汉族三十六人,汉军十三人。内三院已经成为最为庞大的中央机构。顺治六年(1649),重新核定内三院编制,每院设学士、侍读学士、侍讲学士、侍读、侍讲各一人,整个内三院机构编制大大压缩。顺治八年(1651)明确规定大学士品级与各部尚书相同,学士与侍郎品级相同。大概是一下子压缩那么多编制,内三院人手不够,每院增加侍读学士三人,同时裁减侍读各二人。顺治十五年(1658),清王朝参照明制,改内三院为内阁,大学士加殿、阁衔,称保和殿大学士、中和殿大学士、文华殿大学士、武英殿大学士、文渊阁大学士、东阁大学士。虽然都是大学士,但是满族大学士与汉族大学士级别相差很大,满族大学士为一品,汉族大学士只是正五品。从汉族大学士的品级可以看出,这些汉族大学士不像满族大学士那样有决策权。康熙即位后,恢复内三院旧制,定大学士编制,满族、汉族各三人;学士,满族、汉族各十二人;增设侍读学士,满族、蒙古族各三人。康熙九年(1670)划一汉族官品,统一大学士为正二品,又将内三院改为内阁。恢复后的内阁大学士无定员,下设满族学士二人,满族、蒙古族、汉族侍读学士八人,满族、蒙古族、汉族侍读十二人,满族、汉族典籍六人。康熙十年(1671)又增加满族、汉族学士八人。康熙十六年(1677)增加满族侍读三人。雍正八年(1730)将满汉大学士的品级统一升为正一品,通称"中堂",大学士成为职位最高的官员。"清大学士满、汉两途,勋高位极,乃以相授……其品列,皆首文班。任军机者,自亲王外,其领袖者必大学士,唐、元三公尚不及也。"(9)清代的内阁大学士又像明朝那样,成了事实上的丞相。乾隆四年(1739)增加协办大学士满族、汉族各一人。乾隆十三年(1748)裁撤中和殿,增加体仁阁,形成内阁三殿三阁的格局。乾隆皇帝吸取明朝内阁权重的教训,一下子将内阁大学士的品级由正一品降为正五品,大学士由一品大员变为普通办事人员。内阁人员的编制也被大大压缩。

机构职能

内阁"掌议天下之政"(10),"钧国政,赞诏命,厘宪典,议大礼、大政"(11),"赞理机务,表率百僚"(12)。内阁大学士的职掌让人认为该职位就是宰相,所以,乾隆说:“夫宰相之名自明洪武时已废而不设,其后置大学士。我朝亦相沿不改,然其职权仅票拟承旨,非如古所秉钧执政之宰相也。”(13)内阁大学士的职权虽然不是宰相,但个别内阁大学士看上去还是如宰相一般。“雍正时,青海告警,复分其职设军机处,议者谓与内三院无异。顾南书房翰林虽典内廷书诏,而军国机要综归内阁,犹为重寄。至本章归内阁,大政由枢臣承旨,权任渐轻矣。”(14)“雍正以后,承旨寄信由军机处,内阁宰辅,名存而已”(15),“凡明发谕旨,皆由军机撰拟,寄信上谕,亦由军机封发,而内阁之任遂轻。是后凡阁臣不入枢府者,则一切要政皆不得预闻,宰相备位而已”(16)。阁臣成了闲曹。

内阁的常务工作是:宣布皇帝的诏令;草拟和传达皇帝的上谕;处理奏章;凡遇隆重典礼和祭祀等活动,由内阁筹办和主持仪式;组织编写书籍和收藏档案材料;会试充任考官等。内阁下属有机构典籍厅、满本房、汉本房、蒙古本房、满签票处、汉签票处、诰敕房、稽察房、收发红本副本处、饭银库、副本库、批本处。满本房又分为南、北二厅。南厅掌关防,也就是印信。内阁不像其他衙门,有专门的官印,内阁用印就使用典籍厅的关防。这种关防又不同于衙门正式的官印,这也是清代内阁不像明朝有职有权的原因之一——没有官印。典籍厅分南、北二厅。南厅掌收发办理文稿,官员考绩,这种考绩主要是内阁内部官员的考绩。同时管理“吏役”的日常事务。清代虽然在编的正式官员不多,但是各个衙门使用的各种“吏役”,也就是胥吏很多,各个衙门的具体业务都由吏役来完成。北厅主要掌章奏,拟办各种汇报材料、向皇帝请旨及各种进奏贺表;办理大典事务,国家举行的各种大典虽然由礼部等机构负责,但因为内阁属于中枢机构,所以,也要参与筹办各种大典礼仪的准备工作;用宝、洗宝,使用皇帝的各种宝印,用过之后都要进行清洗封存;收藏保管皇帝批发的各类红本以及各种图籍,全部都要记录在案备查。

满本房主要校阅满文题本，掌管实录库及皇史宬（档案库），收发进呈实录，增修世爵谱册，缮写各种满文制诰、谕旨、庆贺表文等。

汉本房职掌收发各省各衙门通本，根据轻重缓急翻译成满文；翻译各种满文上谕、碑文等；缮写木单，各级机构进呈题本，汉族中书缮写一本，同时进呈皇帝。

蒙古本房掌蒙古文、回文、藏文等各种文字本章，翻译外国公文；管理蒙文实录、圣训等。

满签票处掌拟满文签票、发递本报（皇帝出巡，官员们给皇帝的题本，满签票处要将所办奏章按发报日期，递送到皇帝出巡的行在）、承宣谕旨、记载谕旨等。

汉签票处掌拟汉文签票、记载汉文档案、撰拟“御制”文字，诸如制、诏、诰、敕、祭告祝文等。

诰敕房掌管汉签票处撰拟的各种诰敕，由其进行审查校阅，盖印。

稽察房。雍正五年（1727）规定，凡是各部院衙门每月办结或未结的工作每月报内阁，专门成立稽察房对各衙门已结未结工作进行审核察查。

收发红本副本处。凡是皇帝批发过的红本交给红本处，每日六科给事中领出抄写，年终收回，红本处告知典籍厅，收入红本库保管。

饭银库，又叫饭银处，负责收管各省总督、巡抚及布政使咨送的饭银，按照规定在内阁各级官员中进行分配。

副本库负责掌管各种文件档案副本。

批本处掌送内阁的各种批本保管收藏。

另外，内阁还负责各种书籍的修撰。

机构编制

内阁主要官员有：大学士，三殿（保和、文华、武英）三阁（体仁、文渊、东阁）满族、汉族各二人，皆正一品。大学士编制各个时期不一，有时多，有时少，品级也不同。大学士照例要冠以殿阁的名称，如保和殿大学士（乾隆以后不再使用）、体仁阁大学士等，只是一种荣誉性质的虚衔，没有什么实际意义。协办大学士，满族、汉族各一人，从一品，不加殿阁衔，他们大多是六部中某部的尚书，可直称为某部尚书，是大学士的副官和助手。内阁学士，满族六人，汉族四人，兼礼部侍郎衔，从二品，主掌传达诏命和奏章及对政事发表意见。侍读学士，满族四人，蒙古族、汉族各二人，从四品，管理奏章并进行翻译，虽然叫侍读学士，但不侍读，也不由文学之士担任。侍读，满族十一人，蒙古族、汉军、汉族各二人，正六品，专掌校对奏章，检查手续是否完备。内阁中书，定额满族七十人，蒙古族十六人，汉军八人，汉族三十人，又称中书舍人，办理奏章翻译和各种手续，为皇帝草拟命令等。另有贴写中书，满族四十人，蒙古族六人，皆从七品，负责作文、记事、翻译、缮写等。笔帖式十人，旗人担任，负责书写皇帝的命令。笔帖式六、七、八品不等，他们虽然文化水平不高，但是因为受过一定教育，提升很快。

典籍厅学士十人（满族六人，汉族四人），典籍，满族、汉军、汉族各二人，正七品，供事二十二人。满本房侍读学士二人，侍读四人，中书三十九人，贴写中书二十四人，供事三人。汉本房侍读学士四人，满族、汉族各二人；侍读五人，满族三人，汉族二人；中书四十二人，满族三十一人，汉军八人，汉族三人；贴写中书十六人，都由满族人担任；供事三人。蒙古本房侍读学士二人，侍读二人，中书十六人，贴写中书十六人，全部由蒙古族人担任。满签票处侍读三人，全部由满族人担任；中书二十二人，其中满族二十人，蒙古族二人；贴写中书八人，全部都是满族人；供事四人。汉签票处侍读二人,中书二十七人,供事四人,全部由汉族人担任。诰敕房官员编制无定员,由大学士从汉侍读、中书中选用。稽察房职官由大学士从满族、汉族侍读、中书中委派,无定员。收发红本副本处官员由大学士从满族、汉族中书中委派,无定员。饭银处,无定员,由大学士从满族侍读、典籍、中书中委派。副本库无定员,由大学士从满族、汉族中书中委派。批本处满族翰林官员一人,中书七人。

3. 军机处

机构沿革

军机处是“办理军机处”的简称。其办公地点为“值房”,又称“军机堂”。军机处设立于雍正时期。军机处的设立时间有种种说法,大体时间比较一致,就是雍正元年(1723)为了平定青海罗卜藏丹津叛乱期间设立的。军机处与内阁不同的是,军机处衙门设在内宫,而内阁设在宫外。军机处当初是为了青海用兵机密与快速而置。到了后来,军机处所处理的事情就不再是军事,而是朝廷政务,内阁的很多权力都被军机处取代。但是军机处在乾隆时期一度被废除,改为“总理事务处”。乾隆二年(1737)又恢复办理军机处,简称军机处。一直到宣统三年(1911)设立责任内阁,执政一百八十多年的军机处才寿终正寝。军机处“枢廷义取慎密,有官而无吏。……凡收发文移,登记档案及奉寄旨并饬封存之件,皆章京亲自料简”(17)。

军机处虽然靠近皇帝,权力很大,但不是国家的正式机构,也没有专门的办公机构,所以被称为“办理军机处”。在清朝的一些会典中也没有将军机处列入编制之内。嘉庆年间修订的会典,将军机处列入其中,此时的军机处才成为国家的正式机构,而且成为中国历史上权位最重、机构精练、办事效率最高的中央最高机构。

到后来,军机处已经不是当初设立时处理军务的机构,而是为了加强皇权统治而存在。军机处成为重要机构,军机大臣成为朝廷重臣。

机构职能

对于清代的军机大臣,史书有各种各样的描写。"军机者,宰相之职,天下事无所不综。"(18)"掌军国大政,以赞机务。"(19)"军国大计,罔不总揽。自雍、乾后百八十年,威命所寄,不于内阁而于军机处,盖隐然执政之府矣。"(20)军机处已经超越内阁,军机大臣就像明代的内阁一样,成了事实上的宰相。

军机处的职掌可归纳为办文牍和备顾问两项,具体任务就是协助皇帝撰写谕旨和处理奏章;审核内阁、翰林院拟写的谕旨;考察军事行动山川路线与兵马钱粮供应;商议大政和决议大狱;为皇帝准备处理政事的资料;参与官员的任免和科举考试;奉派出京查办事件和陪同皇帝出巡、狩猎,作为扈从常侍,以备顾问,还要查阅国家大的典礼旧案以及各种文字材料出处,比如乾隆皇帝喜欢作诗、引用典故,章京们不但要帮他誊写,还要查明引用典故的出处来源。

机构编制

军机处虽然是皇帝的御用机构,但是人员编制并不多,仅设军机大臣、军机章京两个职位,没有办事人员,这可以说是中国历史上一种独特的御用机构。军机处军机大臣名额并不固定,由皇帝安排,最初只有三人,后增至四到八人,最多时达十一人。军机大臣的任用由皇帝决定,开始时在大学士中选任,后来也在六部尚书和侍郎、院寺堂官中挑选,少数人是从年久的军机章京中升任。初任职者称为军机大臣上学习行走,时间长了,改称军机大臣上行走,简称军机大臣,俗称"大军机"。他们每天按皇帝的旨意拟写谕旨,承办各种政事,办事迅速,从不敢拖延。从后来的军机大臣可以看出，尽管有亲王不能担任军机大臣的规定，但许多首席军机大臣都是亲王，难怪人们说，军机大臣唯用亲信，不问出身。军机大臣属官军机章京，俗称“小军机”。或从六部司员和内阁中书里考取选用，或从各中央机关抽调任用，其任务是缮写谕旨，记载档案，查核奏议，作为皇帝和军机大臣的秘书。章京也是满族、汉族人员各两班，每班八人，各设 领班，叫作达拉密章京。军机章京各个时期也是设置无定员，根据需要随时增加或者减少。有时人手不够就设置额外章京。

军机处的下设机构内翻书房，设管理大臣，由满族军机大臣兼任，负责翻译谕旨、御论、册祝文字。另有提调、协办提调各二人，收掌官、掌档官各四人，翻译四十人。宣统初，改隶翰林院。方略馆，总裁由军机大臣兼任。提调、收掌，满族、汉族各二人。纂修，满族三人，汉族六人。校对，无员限，六部司员、内阁中书兼充。各职能人员有任务就集中，任务结束就各回原单位。

内翻书房承担了大量的翻译任务，各个衙门由内阁抄出的谕旨，有的要翻译成汉文，有的要翻译成满文，都要由内翻书房负责翻译。还有其他文字材料，都要翻译成满文。“方略馆以枢臣总领，于事无所不当问，馆书无不汇集。”[21]除了编写方略，还要处理其他文字材料。

4. 主要政务机构——六部

议政王会议、军机处为清代的决策机构。清代的决策机构是精简的，国家事务的落实贯彻还要政务机构去完成。清代的主要政务机构与明代一样，也是六部。

清代的六部设立于天聪五年（1631），皇太极为了提高汗权，削弱诸王权势，模仿明代官制“爰定官制，设立六部”[22]，各以贝勒一人为长官，主持部务。六部除了贝勒兼管，置承政四人，满族二人，蒙古族、汉族各一人。工部，满族一人，汉族二人。参政八人，工部置蒙古族、汉族各二人，共十二人。启心郎一人，工部置汉族二人。崇德三年(1638)重新规定六部编制，定承政一人，左参政二人，右参政三人(户部四人)，启心郎三人，满族一人，汉族二人。理事官四十三人，吏、礼二部各四人，户、兵二部各十人，刑部六人，工部九人。副理事官六十五人，吏部六人，户、兵二部各十六人，礼部七人，刑部八人，工部十二人。额哲库二人。顺治元年(1644)按照六部长官的传统设置，停止贝勒兼任六部长官，将承政改为尚书，参政改为侍郎，理事官为郎中，副理事官为员外郎，额哲库为主事。顺治五年(1648)定满族、汉族尚书各一人。顺治八年(1651)恢复亲王、郡王兼管部务。满族尚书，满族、汉族左、右侍郎，亦无员限。汉族右侍郎兼翰林院学士衔，非翰林出身者不兼。十五年(1658)定满族、汉族侍郎各一人。从康熙之后，各部尚书、侍郎、郎中、员外郎、主事等职官多少不一，时多时少。这种情况都是与满族人的需要有着直接的关系。

4-1. 吏部

机构沿革

吏部是天聪五年(1631)沿袭明制设立的第一个部，以贝勒一人主管部务。下设满族承政二人，蒙古族、汉族承政各一人，参政八人，启心郎一人，掌管文官的任免。崇德三年(1638)，六部定承政一人，左参政二人，右参政三人，理事官四十三人，副理事官六十五人，满族启心郎一人，汉族启心郎二人，额哲库二人。顺治元年(1644)取消贝勒总理部务，将承政改为尚书，参政改为侍郎，理事官改为郎中，副理事官改为员外郎，额哲库改为主事。顺治五年(1648)定满族、汉族尚书各一人，仍然由亲王、郡王管理部务。顺治十五年(1658)定满族、汉族左、右侍郎各一人。雍正以后常以大学士监管部务。

机构职能

吏部"尚书掌铨综衡轴,以布邦职"。《清史稿·职官志》对于吏部职掌的描述过于概括抽象,具体说来吏部就是主管文职官员的挑选、考察、任免、升降、调动和封勋等事务。当然,吏部在官吏的任用管理上,又不能简单地用这样的语言进行总结概括。吏部只能管理中、下级官吏,高级官员一般都是由军机处秉承皇帝旨意任免,吏部也只能是办理手续。同时,各省督、抚对于地方官员的任用也有很大权力,而督、抚所管理任用的官员也多是中、下级官员。侍郎为吏部尚书的主要副手。堂主事掌吏部文案章奏。司务职掌各种文件出纳。其他部都与吏部一样,设有堂主事与司务,主管本部的日常工作。吏部内部有四大机构,分别是文选清吏司、考功清吏司、稽勋清吏司、验封清吏司。文选清吏司职掌官员的品级与选补升调任用。清代的官员与明代一样官分九品,每品中又分正、从两级,共十八个等级,不够九品等级的则称未入流。文选清吏司内设机构有:本房、题稿房、印房、都吏科、都书科、求贤科、开设科、缺科、升调科、册库、笔帖式科、典史科、凭科等房科。考功清吏司掌官员的考课。清代考绩三年一考。京官的考绩称京察,外官的考绩称大计。考功清吏司内设机构有:本房、印房、都吏科、山东甲、江南甲、北直甲、广东甲(据明清史专家张德泽考证,以上科可能是档案库)、火房等。稽勋清吏司掌管官吏的更名改籍,终养服制,兼稽核在京文官的俸禄。稽勋清吏司内设机构有:本房、甲库、贴黄科、都吏科、八旗科及山东、山西、陕西等科。另外,稽勋清吏司还有稽俸厅,掌管满、汉官员的俸银、禄米事宜。验封清吏司掌管官吏的封赠袭荫和土司嗣职之事。验封清吏司内设机构有:本房、印房、都吏科、京官科、外官科、土官科、内考科、外考科等。

吏部除了四司,还有清档房、本房、司务厅、督催所、当月处等机构。清档房掌管吏部档案。本房掌管誊抄满文、汉文的题本。

司务厅负责外省衙门文件的收发登记,分交各司办理,也就是吏部的办公室。督催所掌督催四司所办事务。当月处掌管吏部大印,并负责收发在京各衙门来往文件,分交各司办理。

机构编制

最初吏部设尚书二人,满族尚书一品,汉族尚书则是二品。顺治十六年(1659)将满族尚书改为二品,康熙六年(1667)恢复为一品,康熙九年(1670)又改为正二品。雍正八年(1730)将满族、汉族尚书都定为从一品,其他各部也是如此。左、右侍郎,最初满族、汉军侍郎二品,汉族侍郎三品。顺治十六年改满族侍郎为三品,康熙六年(1667)恢复满族、汉军侍郎二品,汉族侍郎三品,康熙九年(1670)又改为正三品。雍正八年俱定为从二品。其他各部也是同样,满族、汉族侍郎一人。堂主事一人,最初为四品,顺治十六年(1659)改为六品,康熙六年(1667)升为五品,康熙九年(1670)定为正六品。清档房,满族二人;汉本房,满族二人,汉军一人。司务厅司务,最初从九品,乾隆三十年(1765)定为正八品,满族、汉族各一人。缮本笔帖式,十二人。文选、考功、验封、稽勋四清吏司郎中,最初为三品,顺治十六年改为五品,不久升四品,康熙六年改为三品,九年定正五品,各部郎中也是同样。郎中,满族九人,文选四人,考功三人,验封、稽勋司各一人。蒙古族一人,在文选司。汉族五人,文选二人,余各一人。员外郎最初四品,顺治十六年(1659)改为五品。康熙六年(1667)恢复为四品,康熙九年(1670)定为从五品。宗室一人,在稽勋司。员外郎编制,满族八人,文选三人,考功、验封司各二人,稽勋一人。蒙古族一人,设于考功司。汉族六人,文选司三人,其他三司各一人。主事,宗室一人,在稽勋司设。经承,满族四人,每司一人,蒙古族一人,在验封司。汉族七人,文选三人,考功二人,其他两司各一人。笔帖式,宗室一人,满族五十七人,蒙古族四人,汉军十二人。另外还有学习行走,额外司员、七品小京官。

4-2. 户部

机构沿革

天聪五年(1631),设立户部。与吏部一样,由贝勒一人管理户部。户部下设满族承政二人,蒙古族、汉族承政各一人,参政八人,启心郎一人。户部的职能是掌管天下赋税与户口。崇德三年(1638)裁去蒙古族、汉族承政,设满族承政一人,左参政二人,右参政四人,理事官十人,副理事官十六人,启心郎满族一人,汉族二人,额哲库二人。顺治元年(1644),停止贝勒管理部务,模仿明制,设立尚书,由满族人担任,无定员。尚书之下设满族、汉族左右侍郎各一人,其中右侍郎掌管钱法堂事。郎中,满族十八人,蒙古族四人,汉军二人。员外郎,满族三十九人,蒙古族五人,汉军六人。堂主事,满族四人,汉军二人。顺治五年(1648)规定满族、汉族尚书各一人,为从一品。其他职官在各代也多有变化。表面看来,户部同吏部一样,都是设立满族、汉族尚书,但是那些汉族尚书只是陪衬,真正掌权的都是满族尚书。"凡指麾一切者,谓之当家,部事向皆满尚书当家,汉尚书伴食而已。""若管部为满大学士,或汉人而兼军机,则实权在管部;若汉大学士管部,尚书则满人而兼军机,则管部绝不过问。"(23)各部都是如此。

机构职能

《清史稿·职官志》称户部:"尚书掌军国支计,以足邦用。侍郎贰之。右侍郎兼掌宝泉局鼓铸。"户部是国家财政最高机构,事务繁多,它所管辖的有户籍、土地、农垦、货币、租税、漕运、救荒、官吏俸饷等。它一方面是财务行政的监督机构,另一方面又兼管国库的开支,还带有民政的任务,并且直接负责造币、运输、仓储等业务,户部可以说是一个国家的综合经济管理部门。户部因为所管事务多,在机构设置上也就与其他部不同。户部根据各省情况,按省设司,共十四个清吏司,这十四个清吏司各掌分省民赋及八旗诸司稟禄、军队粮饷、盐课、钞关、杂税等。十四个清吏司除了完成自己分管的职能任务，还兼管其他事项，比如江南司兼掌审核江宁、苏州织造，江宁、京口驻防俸饷，各省平余地丁逾限未结事务。江西司兼掌各省协饷。浙江司兼掌审核杭州织造支销，杭州、乍浦驻防俸饷，及各省民数与粮食产量。总之，十四个清吏司都有兼掌的任务。从这些兼掌的职能可以看出清代户部管理工作的混乱，职能相互交叉不分。

户部除了十四清吏司，还有司务厅、督催所、当月处、监印处、南北档房、井田科、八旗俸饷处、现审处、饭银处、捐纳房、钱法堂、宝泉局以及各个库房。

司务厅为户部的办公厅，负责收发外省衙门来往文件，根据处理权限，交部长官或各司处理，同时还负责本部吏员和工役的管理。督催所、当月处职能与吏部督催所、当月处同。监印处负责监管户部大印，每月由十四清吏司司员分日轮流值班，满族、汉族各二人，同时还负责管理盐茶引大印。两人管户部大印，两人管茶引、盐引大印。南北档房之南档房掌管满族档案，每三年稽查八旗人数，编造各旗丁档，并负责管理户部满族官员的升迁。所以，南档房官吏都是满族人。北档房掌管户部满文、汉文题本、奏折和各省报解户部的饷银。井田科掌管核实八旗土地，内府庄户以及没收官府土地征收税租。八旗俸饷处专门负责八旗官兵的饷银、赏恤，并负责八旗档案。现审处掌管审理八旗户口、田房诉讼，对触犯刑律的，会同刑部一起办理。饭银处掌管各省递解户部饭食银的收支。这部分饭食银主要用于户部官员的养廉及生活补助。同时还要分出一部分补贴军机处、兵部、刑部机关食堂。管理这项工作的司员满族、汉族官员各二人，由尚书在户部郎中、员外郎、主事、七品小京官中轮流派任，每人只能在职两年。在清代，卖官是国家的一项制度，打着“赈济灾民”，或者“军饷不继”等名号卖官。

为了卖官，专门在户部设立了捐纳房。钱法堂是掌管钱币的机构。钱法堂由户部满族、汉族右侍郎监管，下设满族、汉族主事各一人，从户部司员中委派。办事官员有经承。铸币机构为宝泉局，宝泉局设满族、汉族监督二人，监督从各部司员中派任，两年一任。铸币机构也是个肥缺，所以需要轮流担任。宝泉局属官有局大使一人，笔帖式四人，均由满族人充当。宝泉局下设东、西、南、北四厂，设大使、经承等官吏。

户部还有三大库（银库、缎匹库、颜料库）和众多的直属仓场与税关。三大库之一是银库，也就是国家的金库，所以至关重要，专门设管库大臣，从王大臣中简派，三年一任。管理三库的行政机构为"档房"，又称"总档房"。仓场设仓场衙门，仓场总督由户部侍郎兼任，下属机构有坐粮厅、大通桥监督与京通十三仓监督。税关共计有四十五个，这些税关有的由户部直管，有的由地方官员兼管。

机构编制

户部衙门大，下属机构多，人员编制也就比其他部要多。

户部尚书，满族、汉族各一人；左、右侍郎，满族、汉族各一人；堂主事，南档房满族二人，北档房满族、汉军各二人；司务厅司务，满族、汉族各一人；缮本笔帖式二十人。江南、江西、浙江、湖广、福建、山东、山西、河南、陕西、四川、广东、广西、云南、贵州十四清吏司：郎中，宗室一人，江西司置；满族十七人，江南、浙江、河南、山西、陕西、四川、广东、广西、贵州司各一人，福建、湖广、山东、云南司各二人；蒙古族一人，山西司置；汉族十四人，每司各一人。员外郎，宗室二人，广东、广西司设置；满族三十六人，山西司一人，浙江、江西、河南、四川、广东、湖广司各二人，江南、陕西、广西、山东、云南、贵州司各三人，福建司五人；汉族十四人。主事，宗室一人，浙江司置；蒙古族一人，福建司置；满族、汉族各十四人。笔帖式，宗室一人，满族一百人，蒙古族四人，汉族十六人。井田科由福建司选派满族郎中主管，下设郎中、员外郎、主事，由尚书选派，无定员。八旗俸饷处由陕西司掌管，设满族郎中、员外郎、主事等，无定员，另有额定经承八人。现审处设郎中、员外郎、主事，无定员。饭银处官员由尚书在郎中、员外郎、主事及七品小京官当中轮派。捐纳房司员满族、汉族各六人，由尚书在部内郎中、员外郎、主事、七品小京官中委派，两年一换。内仓设满族监督二人，在部内司员中轮派，固定官员经承一人。南北档房，南满洲堂主事二人；北档房满族、汉族领办各二人，满族、汉族总办各六人；汉字堂主事，满族二人，汉军二人，笔帖式二十人。司务厅，满族、汉族司务各一人，经承二人。督催所郎中、员外郎、主事等无定员，额定人员经承二人。当月处、监印处人员也都由其他各司官员轮流派任。钱法堂由户部满族、汉族右侍郎兼管，下设满族、汉族主事各一人，从户部各司员中派任，经承四人。宝泉局满族、汉族监督各一人，局大使一人（满族），笔帖式四人（满族），经承四人。三大库郎中三人，员外郎六人，司库五人，大使四人，笔帖式十三人（满族），库使二十六人，经承六人。户部仓场衙门，满族、汉族侍郎各一人，笔帖式六人（满族），经承八人，门吏一人。坐粮厅，满族、汉族各一人，经承十八人。大通桥监督，满族、汉族各一人，经承二人。京通十三仓监督，满族、汉族各二人，经承二十六人，攒典二十八人。户部人员编制比较混乱，有的属户部直管，有的属地方道员兼管，还有的属内务府管理。

与明朝类似，清朝在入关之后，还在盛京沈阳保留了一套机构，当然，这套机构的规模与明代的南京机构相比要小得多。盛京设立内大臣驻守，在不同时期设立了户部、礼部、兵部、刑部、工部，唯独没有吏部，因为盛京没有用人权，也就没有必要设立吏部。盛京户部设侍郎一人，掌管盛京财政，主要是征收粮庄、盐庄、棉花庄的钱粮。侍郎下设堂主事一人，郎中三人，员外郎六人，主事五人，正关防郎中、副关防员外郎各一人，司库二人，库使八人，笔帖式二十三人。盛京户部内部机构有经会司、粮储司、农田司、银库、内仓。经会司设郎中一人，员外郎二人，主事二人，笔帖式若干人。经会司职掌银钱物品出纳。粮储司设郎中一人，员外郎二人，主事二人，笔帖式若干人。粮储司职掌粮食出纳，比如各个衙门官员的俸米、口粮等，都由粮储司掌管。农田司设员外郎二人，主事一人，笔帖式若干人，管庄六品官三人。农田司职掌开垦田亩与牧地税收等。银库掌关防郎中一人，副关防一人，司库二人，笔帖式若干人。内仓设正副监督各一人，笔帖式若干人。

4－3. **礼部**

机构沿革

礼部于天聪五年(1631)设立，是满族模仿明代设立的第三个部。以贝勒管部，下设满族承政二人，蒙古族、汉族承政各一人，参政八人，启心郎一人。崇德三年(1638)改为满族承政一人，左参政二人，右参政三人，理事官四人，副理事官七人；启心郎，满族一人，汉族二人，额哲库二人。顺治元年(1644)，取消贝勒管理部务，设立满族、汉族尚书为主官，无定员。满族、汉族左右侍郎各一人，郎中满族四人，汉军八人；员外郎，满族六人，汉军五人；堂主事，满族三人，汉族一人；司主事四人，蒙古族章京二人，汉族司务二人。顺治十五年(1658)取消汉军侍郎。郎中，满族四人，十八年增二人。员外郎六人，十二年增四人。堂主事二人，司主事四人，蒙古族章京二人。康熙九年(1670)改郎中、员外郎各一人，康熙三十八年(1699)取消。汉军郎中八人，康熙九年省七人，雍正五年(1727)全部取消。员外郎五人，康熙三十八年(1699)取消二人。礼部仪制、祠祭、主客、精膳四司，设汉族郎中、员外郎、主事各一人。顺治二年(1645)省主客、精膳员外郎各一人。满族读祝官六人，顺治九年(1652)省四人。康熙十年(1671)改隶太常寺。皇史宬尉，正七品，满族三人。司牲官，正七品，蒙古族二人。铸印局，满族员外郎一人。以上三员不久撤销。汉族大使一人。顺治五年（1648），定满族、汉族尚书各一人。康熙五十七年（1718），增置蒙古族郎中、员外郎、主事各一人。雍正元年（1723），以亲王、郡王、大学士领部事，随时简任，不经常设置，往往根据需要而设。乾隆三年（1738），增设铸印局汉族员外郎、笔帖式、署主事各一人。

礼部会同四译馆最初设满族稽察大臣二人，从部院司寺堂官内简派。提督馆事兼鸿胪寺少卿一人，从礼部郎中内选任，职掌宾客接待与言语翻译。汉族大使一人，正九品。正教、序班，汉族二人，朝鲜族通事官八人。顺治元年（1644），会同四译馆一分为二，会同馆归礼部，以主客司主事满族、汉族各一人掌管。四译馆属隶翰林院，以太常寺汉族少卿一人主管。四译馆分设回回、缅甸、百夷、西番、高昌、西天、八百、暹罗八馆，以译远方朝贡文字。置序班二十人，十五年（1658）定正教、协教各八人。康熙年间缩减至九人。乾隆十三年（1748），将四译馆划归礼部，更名会同四译馆，改八馆为西域、百夷馆，以礼部郎中兼鸿胪寺少卿衔一人摄之。

机构职能

礼部“尚书掌五礼秩叙，典领学校贡举，以布邦教。侍郎贰之。典制掌嘉礼、军礼。稽彝章，辨名数，颁式诸司。三岁大比，司其名籍。四方忠孝贞义，访懋旌闾。祠祭掌吉礼、凶礼。凡大祀、中祀、群祀，以岁时辨其序事与其用等。日月交食，内外诸司救护；有灾异即奏闻。凡丧葬、祭祀，贵贱有等，皆定程式而颁行之。勋戚、文武大臣请葬祭、赠谥，必移所司核行。并籍领史祝、医巫、音乐、僧道，司其禁令，有妖妄者罪无赦”[(24)]。礼部的职掌在各部当中，可以说是最详细、最全面的，充分体现了封建社会礼制治国的特点。因此可以将礼部的职能分为几类：祀典、庆典、军礼、丧礼、接待外宾、学校和科举等。祀典包括祭天地、神祇、太庙、陵寝、历代帝王、先圣先哲等。这些属于“吉礼”。庆典包括皇帝登基、传位、亲政、婚嫁、寿辰、册封等,这些属于“嘉礼”。军礼包括阅兵、亲征、命将、纳降、凯旋、献俘等,丧礼包括皇帝、太后、皇后、妃子、太子、亲王的葬礼。礼部还负责接待外宾。学校和科举更是礼部主管的大事。仪制清吏司主管嘉礼和军礼活动,下设建言科、王府科、印信科、学政科、火房等;祠祭清吏司主管吉礼和凶礼活动,下设祭祀科、僧道科、时宪科等。在这里祠祭清吏司所以设僧道科,因为他们还负责僧录司、道录司的管理工作。僧道官员的选拔任用由内务府办理,礼部发给任命状。主客清吏司主掌嘉宾礼仪接待,下设赏赐科、四译科、芽茶科、火房等。

礼部所主管的嘉礼内容非常广泛,其中就包括了对外贸易,礼部主要掌管东南方向的海路来华贸易,西北陆地贸易则由理藩院负责管理。精膳清吏司掌管典礼宴席事务。精膳清吏司下设勘合科、俸粮科、下程科、厨役科、火房等单位。礼部除了四大司,还有铸印局、会同四译馆、清档房、汉本房、司务厅、督催所、当月处、书籍库、板片库、南库、养廉处、地租处等。铸印局掌管铸印。清代大印分宝、印、关防、图记、条记五种,不同等级的人用不同等级的大印。比如各省总督、巡抚等使用的是关防。会同四译馆主要任务是翻译。清档房主要掌管档案,不仅有满文档案,也有汉文档案。汉本房主要职责是文字秘书。司务厅主要任务是来往文件登记以及科举文件与吏役的管理使用。督催所对礼部各司所办事情进行督办。当月处负责收缴保管在京衙门的文书材料。书籍库是礼部的图书资料室。板片库保管国家重要法规图书,比如《大清会典》《大清通礼》等板片的保管。南库主要保管各种试卷、旧的印信及封王的册子等。养廉处掌管户部养廉银的发放。地租处掌管礼部所属土地地租的收缴。除了以上机构,还有一个重要衙门——寝陵礼部衙门,任务是保养各处皇帝陵墓。礼部还有一个下属机构,乐部。

机构编制

礼部设满族、汉族尚书各一人，为礼部的最高行政长官。左、右侍郎满族、汉族各一人。堂主事，清档房满族二人，汉本房满族、汉军各一人。司务厅司务，满族、汉族各一人。笔帖式，宗室一人，满族三十四人，蒙古族二人，汉军四人。典制、祠祭、主客、精膳四清吏司：郎中，满族六人，典制司、祠祭司，各二人，其他一人；蒙古族一人，主客司设置；汉族四人，每司各一人。员外郎，宗室一人，主客司置；满族八人，典制、祠祭司各三人，其他各一人；蒙古族一人，祠祭司设置；汉族二人，典制、祠祭司各一人。主事，宗室、蒙古族各一人，精膳司设置；满族三人，典制、祠祭、精膳司各一人；汉族四人，每司各一人。铸印局，汉员外郎、满族署主事、汉族大使，未入流，各一人。堂子尉，满族八人，七品二人，八品六人。

礼部虽然杂务多，但是人员编制不多。这与清代很多寺都承继传统的礼仪职能有直接的关系。许多礼仪活动，需要诸多同类性质的机构一起去完成。

同户部一样，在盛京也有礼部。盛京礼部主掌盛京各种祭祀活动。盛京礼部分为左、右司，左司掌管祭祀物品，右司掌管供应各陵的祭物。盛京礼部也没有尚书，只有侍郎一人，为正二品，宗室主室一人，堂主事二人，员外郎两司共四人，读祝官八人，赞礼郎十六人，笔帖式十人。盛京礼部事情较少，人员编制也很少，总共有四十二名官员。

4－4. 兵部

机构沿革

兵部设立于天聪五年（1631），由贝勒掌管部务，下设满族承政二人，蒙古族、汉族承政各一人，参政八人，启心郎一人。崇德三年（1638）撤销蒙古族、汉族承政，设满族承政一人，左参政二人，右参政三人，理事官十人，副理事官十六人，满族启心郎一人，汉族启心郎二人，额哲库二人。顺治元年（1644）设满族、汉族尚书，无定员；满族、汉族左右侍郎各一人；郎中，满族八人，蒙古族四人，汉军二人，汉族四人。员外郎，满族八人，蒙古族四人，汉军六人，汉族四人。顺治五年（1648）定满族、汉族尚书各一人。雍正元年（1723）开始以大学士兼理部务。

机构职能

尚书职掌军事与武官的考核任免。武官的任免包括职务的任免提升、品级与官阶，同时还负责武官的科举考试。兵部与其他各部一样，也是设四个清吏司。武选清吏司负责武职官员的品级与选补升调，同时还负责考察各地地势是否险要，以便建立驻防营地，同时还负责少数民族土司武职官员的承袭封赠。武选清吏司下设都统房、升调科、将才科、诰敕科及山东、广东、福建、浙江、河南、江南、云南、湖南、陕西、甘肃、四川、贵州等科。职方清吏司负责军官的叙功，核实功过，进行赏罚，抚恤军人家属。职方清吏司下设承发科、督漕科、关引科、黄旗科、白旗科、红旗科、蓝旗科、直隶甲、两江甲、川陕甲等科。车驾清吏司掌管全国马政与文书传递。车驾清吏司下设驿传科、脚力科、马政科、马档房、递送科等。武库清吏司职掌国家军队的兵籍、军器和武科举。武库清吏司下设督学科、编军科、俸粮科、五府科、营科等。兵部其他单位还有会同馆，管理部队的馆所。捷报处，掌管各地军队的报告。档房，又称满档房，掌管兵部档案与起草奏折。本房，又称汉档房，主要负责兵部文字材料。司务厅掌管外省衙门来文登记，然后分司处理。督催所和当月处与其他部职能相同。

机构编制

兵部设满族、汉族尚书各一人，左、右侍郎，满族、汉族各一人。堂主事，清档房满族二人，汉本房满族二人，汉军一人。司务厅司务，满族、汉族各一人。缮本笔帖式十五人。武选、车驾、职方、武库四清吏司：郎中，宗室一人，车驾司设；满族十一人，武选清吏司三人，职方清吏司五人，车驾清吏司一人，武库清吏司二人；蒙古族一人，武选司设，汉族五人，职方清吏司二人，其他各一人。员外郎，宗室一人，车驾清吏司置；满族九人，武选清吏司四人，职方清吏司、车驾清吏司各二人，武库清吏司一人；蒙古族三人，职方、车驾、武库司各一人；汉族四人，武选、职方司各二人。主事，满族、汉族各四人，每司各一人。笔帖式，宗室一人，满族六十二人，蒙古族、汉军各八人。会同馆侍郎一人，由兵部尚书从侍郎中简派，满族、汉族监督各一人，也是从司员中选派，额外员外郎二人。捷报处编制无定员，由尚书从郎中、员外郎、笔帖式中选派负责捷报处的日常事务。档房设清字堂主事二人(满族)，经承二人。本房设汉字堂满族主事二人，汉军一人，笔帖式十五人，堂书若干人。司务厅除了司务满族、汉族各一人，还设经承二人。督催所与当月处的官员也都是从四司官员中派任。

除了北京兵部，还有盛京兵部。盛京兵部设立比较晚，于康熙三十年(1691)设立。盛京兵部职掌盛京的军事、邮传及军官的铨选。盛京兵部内设机构分左、右司，每司设郎中主持工作。盛京兵部职官有侍郎一人，郎中二人，员外郎四人，堂主事二人，主事二人，笔帖式十二人，驿站正、副监督各一人，全部都是满族人，总计二十五人。

4－5. 刑部

机构沿革

刑部于天聪五年(1631)设立，贝勒主持部务，下设满族、汉族承政各二人，蒙古族承政一人，参政八人，启心郎一人。崇德三年(1638)改为满族承政一人，左参政二人，右参政三人，理事官六人，副理事官八人，满族、汉族启心郎三人，额哲库二人。顺治元年

(1644)设立满族、汉族尚书,无定员,满族、汉族左、右侍郎各一人,满族郎中六人,汉军郎中四人,满族员外郎八人,汉族员外郎十二人,满族堂主事五人,汉军堂主事一人,满族司主事十四人,满族司库一人,汉族司务二人。下设江南、浙江、福建、四川、湖广、陕西、河南、江西、山东、山西、广东、广西、云南、贵州十四司,设满族郎中六人,顺治五年(1648)增八人。员外郎八人,顺治五年增加十人。堂主事五人,司主事十四人。顺治五年,定满族、汉族尚书各一人,取消贝勒主持部务。员外郎十二人,康熙三十八年(1699)取消八人,雍正五年(1727)全部取消。堂主事一人。雍正五年(1727)增江南、湖广、陕西司汉郎中各一人。顺治十五年(1658)减湖广、广西、云南、广东司员外郎各一人。雍正十二年(1734),以亲王郡王主管部务。以后刑部各个时期的编制多有变化,但总体来说,精简的时候多,增加的时候少。汉军郎中四人,雍正五年省。

机构职能

刑部尚书掌国家司法政令,"折狱审刑,简核法律,各省谳疑,处当具报,以肃邦纪"(25)。侍郎为尚书助手。刑部按照各省名称下设十七清吏司,分掌各省司法。直隶司除了主管本省司法还兼掌八旗游牧、察哈尔左翼所属,并兼理京畿道御史、顺天府、东西陵、热河都统、围场总管、密云副都统、山海关副都统、古北口、张家口、独石口、喜峰口、芦峰口、塔子沟、三座塔、八沟、乌兰哈达、喀拉河屯、多伦诺尔案件。奉天司兼掌吉林、黑龙江所属案件,并兼理宗人府、理藩院案件。江苏司兼掌各省刑事减免案件,凡是遇到大赦,也由其办理,同时还兼管江南道御史、江宁将军、京口副都统、漕运总督、南河总督案件。总之,刑部十七清吏司掌兼理工作,刑部职能让人眼花缭乱。贵州司本来是主管司法的业务部门,但该司在处理正常业务的同时,还兼理刑部各司的人事任免工作。如果不是刑部工作人员,很难了解刑部各司的职能。刑部下属还有督捕司，掌管八旗及各省逃亡人犯的缉拿。提牢厅掌管监狱囚犯与狱卒管理。赃罚库掌管犯罪赃罚款的收缴保管，按时送交户部。刑部工作最多、任务最重的还是秋审处。秋审处主管每年秋天全国刑事案件的审核，谓之“秋审”。一开始这项工作由四川、广西二司掌理，雍正十二年（1734），专门成立总办秋审处，负责对各省报上来的大案进行审核。对于刑部羁押的人犯审理称之为朝审，每年八月，会同九卿、詹事、科道一起审核量刑。与御史、大理寺官在刑部审理案件称之为小三法司。审结完毕上报长官。都御史、大理卿在刑部与尚书、侍郎审理的案件是大案，有些是皇帝交办的案件，称之为大三法司。减等处负责对各类案件的减等处理。赎罪处负责对官员犯罪缴纳款项赎罪的处理。清档房除了刑部的文字材料，还负责刑部旗籍官员的任免，其他诸如汉档房、饭银处、司务厅、督催所、当月处都与其他各部职能相同。需要说明的是，刑部还有一个重要机构——律例馆。律例馆掌修各种律例。清代以律例为法，凡是以前判过的案件，就成为后来执法者的成例。五年之内审理过的案件都要进行整理，称之为小修，十年重编称之为大修，作为以后审理案件的法律依据。律例馆一般都要由尚书或侍郎担任总裁官。另设提调一人、纂修四人，具体办理律例馆的事务。这些提调、纂修都是刑部内部官员。

机构编制

刑部设满族、汉族尚书各一人，左、右侍郎满族、汉族各一人。堂主事，清档房满族二人，汉本房满族三人，汉军一人。司务厅司务，满族、汉族各一人。缮本笔帖式四十人。直隶、奉天、江苏、安徽、江西、福建、浙江、湖广、河南、山东、山西、陕西、四川、广东、广西、云南、贵州十七清吏司：郎中，宗室一人，湖广司置；满族十五人，除奉天、湖广两司；每司各一人；蒙古族一人，奉天司设；汉族十九人，湖广、陕西司各二人，其余每司各一人。员外郎，宗室二人，广东、云南司各一人;满族二十三人,其中江苏、湖广、河南、山东、陕西、广东司各二人,其他都是一人;蒙古族一人,直隶司设;汉族十九人,直隶、浙江司二人,其余司一人。主事,宗室一人,广西司置;满族十五人,除奉天、湖广二司外,每司各一人;蒙古族一人,山西司设;汉族十七人,每司各一人。督捕清吏司:郎中,满族、汉族各一人。员外郎,满族一人。主事,满族、汉族各一人。笔帖式,宗室一人,满族一百零三人,蒙古族四人,汉军十五人。提牢厅主事,满族、汉族各一人。司狱,从九品,满族四人,汉军、汉族各一人。赃罚库,正七品,满族一人。库使,未入流,满族二人。

盛京刑部设立于康熙元年(1662)。盛京刑部职掌盛京旗人及边外蒙古案件。盛京刑部的内设机构有肃纪前司、肃纪左司、肃纪右司、肃纪后司。肃纪前司、左司负责盛京十五城旗人狱讼案件以及旗人与汉族人的民事交涉案件。肃纪右司掌蒙古族狱讼案件。肃纪后司掌讯办私刨私贩人参案件。盛京刑部设侍郎一人,郎中四司共四人,员外郎六人,堂主事二人,主事六人。司狱二人,司库一人,库使二人,笔帖式三十一人,蒙古族二人,汉军五人。盛京刑部总人数五十五人。

4 -6. **工部**

机构沿革

工部设立于天聪五年(1631),以贝勒管理部务,下设满族承政二人,蒙古族、汉族承政各一人,满族参政八人,蒙古族、汉族承政各三人,满族、汉族启心郎三人。

崇德三年(1638)改设承政一人,左参政三人,右参政三人,理事官九人,副理事官十二人,启心郎三人,额哲库二人。

顺治元年(1644),取消贝勒主管部务,模仿明代设立尚书为工部长官。与刚开始设立的其他部一样,都是尚书无定员。顺治五年(1648),定满族、汉族尚书各一人。参政改为侍郎,满族、汉族侍郎各一人，其中右侍郎兼管钱法。康熙十八年（1679）增满族侍郎一人兼管钱法。理事官改为郎中，满族、蒙古族、汉族、汉军共计十七人，其中满族郎中八人，一人管节慎库。顺治十二年（1655）增八人，雍正五年（1727）增一人。副理事官改为员外郎，满族、蒙古族、汉族与汉军共计二十五人，其中满族员外郎九人。顺治十二年（1655）增八人，康熙五十七年（1718）增一人，雍正五年（1727）增一人。额哲库改为主事，其中堂主事四人，司主事二十一人，满族堂主事三人，清文二人，清汉文一人。增设笔帖式一百一十人。雍正元年（1723），命亲王、郡王、大学士摄部事，不久取消。雍正七年（1729），增置宝源局大使二人。

机构职能

《清史稿·职官志》讲："尚书掌工虞器用，辨物庀材，以饬邦事。"《光绪会典》对于工部尚书的职能讲述得更加明确："掌天下造作之政令与其经费。"具体讲就是掌管土木工程与工程开支及皇宫所需要的各种器物。侍郎为尚书的助手，其中右侍郎兼掌宝源局钱币铸造。工部内设机构有营缮、虞衡、都水、屯田四清吏司。营缮清吏司掌管营建工程，包括坛庙、宫府、城郭、仓库、廨宇、营房等工程以及工程的造价等。虞衡清吏司掌山泽采捕、陶冶器用、军队服装和武器军火等。虞衡清吏司已经名不副实，其掌管山泽采捕的职能被内务府承担，剩下的就是"别东珠之等"[26]。即使武器弹药也都是工部生产后交予内务府的，因为内务府直属皇帝。工部类似于军工部，其下属单位多是军工部门。工部下属有军需库、硝磺库、铅子库、炮子库、官车处等。都水清吏司"掌河渠舟航，道路关梁，公私水事"[27]，即江防工程、海防工程、造船工程，并负责征收来往船只的货税、竹木税。因为掌管竹木，所以凡是朝廷需要的竹木器具都由工部提供。工部还要为皇宫提供夏天降温所需要的冰块，并设有专门的冰窖进行存放。屯田清吏司掌修陵寝工程，王、公、百官坟茔都由工部按照规格提出不同的修建要求。大型祭祀活动所需要的薪炭以及各个衙门所需薪炭也都由屯田清吏司提供。工部还负责征收一部分税收,用来满足工程支出需要。从屯田清吏司的职能我们可以看到,屯田司也是名不副实,虽然挂着屯田的招牌,但是并不履行与屯田相关的职能。除了四清吏司,工部重要的部门有制造库、节慎库、料估所等。制造库掌管各种物品的制造与收储。制造库下属单位有银作、镀作、皮作、绣作等。节慎库掌管工程款的出纳。料估所主管各项工程款的预算。

除了以上库,工部还与其他部一样,设有清档房、汉档房、黄档房、督催所、当月处、饭银处等。这些机构的职能都与其他各部相同,唯一不同的就是黄档房。黄档房主管国家的整个工程预算开支。除此之外,工部还有以下几个重要单位:钱法堂,由工部满族、汉族右侍郎兼管,主要负责管理铸币衙门宝源局。为了工程建设需要,钱法堂、宝源局负责铸造货币,自己使用。铸造货币的材料是来自云贵地区的铜与铅,对于每年铸造钱数的多少也都有明确的规定。宝源局所铸货币还有一部分用于军队开支。管理火药局,主管火药制造,设管理大臣二人,皇帝钦派一人,另一人由工部尚书或侍郎担任。火药分为几个等级,最好的可以制作洋枪洋炮。直年河道沟渠处,掌管京师五城河道沟渠的清理,设管理大臣四人,一人为工部堂官,其他为奉宸苑、颐和园、步军统领衙门堂官各一人充任。督理街道衙门,主管京师街道平整修治,一开始由工部派员担任,可见清代对于城市建设的高度重视。陵寝工部衙门也是工部的重要机构,主要职能是管理保护皇陵。清代工部的职能绝大部分是为皇室服务的。

机构编制

工部设尚书,满族、汉族各一人。左、右侍郎,满族、汉族各一人。堂主事,清档房满族三人,汉本房满族、汉军各一人。司务厅司务，满族、汉族各一人。缮本笔帖式，宗室一人，满族十人。营缮、虞衡、都水、屯田四清吏司：郎中，宗室一人，屯田司设；满族十六人，其中营缮、虞衡各四人，都水五人，屯田三人；蒙古族一人，营缮司置；汉族四人，每司一人。员外郎，宗室一人，虞衡司设；满族十六人，营缮、虞衡各四人，都水五人，屯田三人；蒙古族一人，营缮司置；汉族四人，每司各一人。主事，宗室一人，屯田司设；满族十一人，营缮、屯田各二人，虞衡三人，都水四人；蒙古族一人，营缮司置；汉族六人，营缮、都水各二人，虞衡、屯田各一人。笔帖式，宗室一人，满族八十五人，蒙古族二人，汉军十人。制造库，郎中，满族二人，汉族一人；司库（正七品）、司匠［最初为七品，康熙九年(1670)定为从九品］，均是满族二人，库使（未入流），满族二十一人。节慎库，满族郎中、员外郎各一人，司库二人，库使十二人。硝磺库、铅子库，满族员外郎、主事各一人。

盛京工部设立于顺治十六年(1659)，主掌盛京营缮工程。盛京工部设侍郎一人，宗室主事一人，堂主事二人。盛京下设左、右司，郎中各一人，员外郎各二人，主事各一人。左司掌木税与工程，右司掌苇税与工程。四品官一人，六品官一人，满族、汉军参用。黄瓦厂五品官一人。司库二人，库使八人。笔帖式十七人，其中一人为汉军，其他均为满族人。

5. 理藩院

机构沿革

如果说其他中央机构是清代对历代的模仿，那么理藩院则是清代的独创。“遐荒绝漠，统治王官，为有清创制。”

崇德元年(1636)设立蒙古衙门，崇德三年(1638)，更名理藩院，设承政，左、右参政各一人，副理事官八人，启心郎一人。顺治元年(1644)，改承政为尚书，参政为侍郎，满族、蒙古族参用。副理事官为员外郎，设二十一人。启心郎三人，满族一人，汉军二人，十五年（1658）取消。顺治十六年（1659），“定以礼部尚书衔掌院事，侍郎衔协理院事”[28]。至顺治十八年（1661），顺治皇帝似乎感到这种方式不妥，专门下旨：“理藩院职司外藩王、贝勒、公主等事务及礼仪、刑名各项，责任重大，非明朝可比，凡官制体统，应与六部相同，理藩院尚书照六部尚书入议政之例”[29]，明确规定理藩院尚书列六部工部尚书之后。理藩院设录勋、宾客、柔远、理刑四司。理藩院原没有郎中编制，此时增加满族、蒙古族郎中十一人，员外郎二十一人。康熙二十年（1681），增加满族、蒙古族员外郎八人。乾隆四十二年（1777），减少蒙古族员外郎一人。康熙三十八年（1699），将柔远司分为前司和后司。雍正元年（1723），以王、公、大学士领院事。乾隆二十二年（1757），改录勋司为典属，宾客司为王会，柔远后司为旗籍，前司仍称柔远。乾隆二十六年（1761），将旗籍、柔远合并，增设徕远司。乾隆二十七年（1762），又恢复旗籍、柔远司。

机构职能

理藩院的职掌是“掌外藩之政令，制其爵禄，定其朝会，正其刑罚”[30]。理藩院的职能具体说就是掌蒙古族、回族王公、土司等官员的封袭、年班、进贡、随围、给俸；满族、蒙古族联姻与公主下嫁；蒙古各旗会盟、划界、驿道、商贸；修订惩治少数民族犯罪的法律，参加少数民族案件的审理，凡是判处遣罪以上的案件，均报理藩院会同三法司一同审理。理藩院还负责少数民族对外通商贸易。理藩院还负责办理俄国的外交事务，设有招待俄使和俄商的俄罗斯馆。

清朝对于民族事务非常重视，一般都是王公和大学士兼理理藩院。在清朝盛世时期，理藩院对国内少数民族地区的政治、经济、军事、司法、宗教和交通等各方面的事务无所不管。

理藩院所辖有六个清吏司:旗籍清吏司、典属清吏司、王会清吏司、柔远清吏司、理刑清吏司和徕远清吏司。旗籍清吏司专掌科尔沁等四十八个部落(内札萨克)的疆域、袭封、会盟、军旗、驿递等事务。典属清吏司专管青海和新疆各部旗(外札萨克)的疆域、袭封、会盟、军旗、驿递和蒙古、西藏各地喇嘛之事。王会清吏司专管内札萨克各部旗的俸禄、朝贡和赏赐等,皇帝每年到热河打猎,此司要负责札萨克王公的朝觐和率其官兵参加围猎。柔远清吏司专管外札萨克和喇嘛俸禄、朝贡之事。理刑清吏司专管外藩各部的刑罚之事,但大案须报理藩院审核。徕远清吏司主管新疆回部的札萨克和四川土司的封爵、朝贡、觐见等事,兼管回城卡伦外游牧的布鲁特人各部落的朝贡事务。

机构编制

理藩院设管理院务大臣一人,由满族人担任,都是大学士。尚书一人,左、右侍郎各一人,由满族人担任,有时也由蒙古族人担任。额外侍郎一人,由有贤能的蒙古族贝勒、贝子担任。堂主事,满档房满族二人、蒙古族三人,汉档房汉军一人。领办处,员外郎、主事,满族、蒙古族各一人。司务厅司务,满族、蒙古族各一人。笔帖式,满族三十六人,蒙古族五十五人,汉军六人。旗籍、王会、柔远、典属、理刑、徕远六清吏司:郎中,宗室一人,柔远司置;满族三人,旗籍、王会、典属司各一人;蒙古族八人,旗籍、王会、理刑司各二人,典属、徕远司各一人。员外郎,宗室一人,旗籍司置;满族十人,王会、柔远、典属、理刑司各二人,旗籍、徕远司各一人;蒙古族十八人,旗籍司二人,王会司三人,柔远司五人,典属司六人,理刑、徕远司各一人。主事,满族二人,旗籍、典属司各一人;蒙古族七人,柔远、典属、理刑司各一人,王会、徕远司各二人。笔帖式,满族三十六人,蒙古族五十五人,汉军六人。银库,司官二人,司库一人,库使、笔帖式各二人。经承二人,贴写书吏二人。

6. 都察院

机构沿革

崇德元年(1636),皇太极登皇帝位,改国号为清,仿明制设立都察院。都察院设承政一人,左、右参政各二人。顺治元年(1644),改承政为左都御史,满员一品,汉员二品。参政为左副都御史。顺治三年(1646)定左副都御史为满族、汉族各二人,五年定左都御史为满族、汉族各一人,顺治十六年(1659)改左都御史为正二品。雍正八年(1730)升从一品,左副都御史,正三品。右都御史为总督兼衔,右副都御史为巡抚、河道总督、漕运总督兼衔。司务,后改经历,满族、汉族各一人。都事,满族二人,乾隆十七年(1752)改满族、汉族各一人;汉军一人,康熙三十九年(1700)取消。设十五道。每道设监察御史,满族六人,河南、江南、浙江、山东、山西、陕西掌印各一人。各道人员编制,各个时期变化较大,乾隆十四年,按道定编制名额。在十五道中,只有河南、江南、浙江、山东、山西、陕西六道授印信,掌印监察御史称为掌道,其他监察御史称为协道。京畿道虽然发给印信,但并没有设立专门的监察御史。湖广等八道没有印信的则隶属于有印信的六道监察御史,这些监察御史因为没有印信故被称为坐道,不治事。掌河南道兼理福建道,掌江南道兼理江西、四川道,掌浙江道兼理云南道,掌山东道兼理广西道,掌山西道兼理广东、贵州道,掌陕西道兼理湖广道。以后各道都发给印信,都成为掌道,互不隶属。都察院六科原来是独立的机构,给事中也没有定员限制。顺治十八年(1661),定满族、汉族都给事中,左、右给事中各一人,都给事中由左给事中转,左给事中由右给事中转。康熙三年(1664),六科只留满族、汉族各一人。五年(1666),改都给事中为掌印。雍正初,将六科划归都察院,施行台省合而为一。

顺治初，还设有巡按御史，每省一人，顺治十七年(1660)取消。又设立巡盐御史，两淮、两浙、长芦、河东各一人，以后时停时设。顺治初年还设巡漕御史一人，顺治十四年(1657)停。其他还有各种名目的御史，也是时设时停。

机构职能

都察院主管对政府官员的监督与弹劾，有权参与讨论皇帝交由的议案，也有权参加最后的司法审判，如果诸王大臣有不法行为，可以列罪奏劾，即使奏事不实，也不坐罪。但是在清代，这些监察官员却无法完全履行职能，而且清代的都察院权力远远不如前代的监察御史，尤其是不如明代的监察御史监督范围那么广，根本就不可能对皇帝的圣旨提出不同意见，也不能起到拾遗补缺的作用。对皇帝和权贵，监察御史绝不敢放声高论。康熙皇帝在三十六年(1697)的上谕中说："近时言官奏疏寥寥，虽间有人奏，而深切时政从实直陈者甚少。"(31)乾隆皇帝也说："科、道为朝廷耳目之官……乃数年中条奏虽多，非猥琐陋见，即剿袭陈言，求其见诸施行，能收实效者何事乎？近日即科、道官核敷者，亦属寥寥，即间有条奏，多无可采。"(32)乾隆皇帝所说的道即十五道监察御史，科即六科给事中。

六科属于言官，监督是其职能，但是清代的六科，科抄成了它的主要职能。按照清朝的规定，凡是红本到了内阁，六科立即派人去领取，称为接本，然后分科稽核。六科将副稿与皇帝批发的红本进行核对，如果发现有私自更改之处，立即奏参。如果发现消息提前泄露，也要对其奏参查处。如果各部不能及时将文件交六科稽核，六科也要对其提出批评。各个衙门每月分两次将自己所办事项造册送交六科进行注销。逾限不报送，六科即可进行奏参。六科每天派给事中到内阁接收题本，按题本内容，抄给各个关系衙门分别承办。这种抄写的题本就叫科抄。科抄分正抄与外抄，交给承办衙门的那份叫正抄,交给其他关系衙门的那份叫外抄。如果是机密文件,则不抄。科抄成为六科的主要任务,其次的任务才是监督监察六部。吏科稽核铨选,注销吏部、顺天府文卷。吏部所举行的京察、大计,吏科都要派人全程参加。司道以下官员接到任命之后,五日之内,由吏部文选司填写任命书盖印之后,送吏科填写时限。逾期不报,吏科即予以注销。户科稽核财赋,注销户部文卷。礼科稽核典礼事务,注销礼部、宗人府、理藩院、太常寺、光禄寺、鸿胪寺、国子监、钦天监文卷。兵科稽核军政事务,注销兵部、銮舆卫、太仆寺文卷。刑科稽核刑名案件,注销刑部文卷。监察刑事案件可以说是刑科的重要任务,秋审、朝审案件,由各道具题后,由刑科复奏,批复之后,密封交刑部施行。处决犯人,刑科还要亲临现场监场。工科稽核工程,注销工部文卷。另外,除了正抄、外抄,各科还要抄写两份,一份叫史书,供史官编写历史之用,一份叫录书,存于六科,作为档案保存。在抄写的过程中,如果发现不合适的题本,允许各科进行驳正。当然,这种驳正远没有明朝给事中封驳的力度之大。至于六科的"谏诤"职能更是徒有虚名。对于六科的监督监察权力虽然规定了"有封驳即闻"的职权,但是言官们谁也不敢封驳,因为那些阁臣一般都是亲王,至于皇帝的旨意,即使看着有明显不妥,也只能睁一只眼闭一只眼,不像明代监官那样拼死一谏。另外,六科还负责颁发内阁给官员的敕书。官员任职期满交还六科,由六科送还内阁。

清代将整个国家的监察分为十五道。十五道监察御史的职责是弹举官邪,布陈治道,核实本省的刑事案件,除此之外,还各有分工。京畿道负责掌核直隶、盛京刑名,稽查内阁、顺天府以及大兴、宛平二县;河南道掌核河南刑名,稽查吏部、詹事府、步军统领衙门及五城都察院;江南道掌核江苏、安徽刑名,稽查户部、宝泉局、三库、左右翼税务衙门及在京仓库;浙江道掌核浙江刑名,稽查礼部、都察院；山西道掌核山西刑名，稽核兵部、翰林院、六科、中书科、总督仓场、坐粮厅、大通监督、通州仓库；山东道掌核山东刑名，稽查刑部、太医院；陕西道掌核陕西、甘肃、新疆刑名，稽查工部、宝源局；湖广道掌核湖南、湖北刑名，稽核通政使司、国子监；江西道掌核江西刑名，稽查光禄寺；福建道掌核福建刑名，稽查太常寺；广东道掌核广东刑名，稽查大理寺；广西道掌核广西刑名，稽查太仆寺；云南道掌核云南刑名，稽查理藩院、钦天监；贵州道掌核贵州刑名，稽查鸿胪寺。从各道监察御史的职能可以看出，监察御史除了监察官员，就是监察司法。除了十五道，还有巡仓科道官，巡漕科道官和巡查科道官。

光绪三十二年(1906)，十五道监察御史增设为二十道。各道在职能上也作了调整，不再监察中央机关，而只监察本省。实际上，到了清朝末期，作为监察机构，别说是监察中央机构，就是省级及以下机构也难以进行有效监察。

清代都察院继承古代御史台的规制，不在行政系统之内。监察御史、给事中(合称科道)不能兼任行政职务。在都察院内部，没有长官和属员之分，科道官都有单独发言权，低级官和士人如有建议，可由都察院代奏。官吏有冤抑或百姓有所控诉而行政官不予处理，或处理失当的，也可向都察院陈述。吏部官员有过失，也由都察院议定处分。但这些科道官常因派系不同，互相挟嫌报复，皇帝借此作为平衡内部力量、调节矛盾的工具。但我们必须看到，皇帝毕竟赋予监察御史替老百姓说话的权力，当老百姓遇到难以申诉的冤屈时，监察御史可能会利用自己的职权为民断明冤屈。所以，对于历代的监察制度，我们都要认识到它积极的一面。

清代除了都察院、六科给事中、十五道监察御史，还有五城察院。设立五城察院是为了防止地方官员给京官送礼钻营，“五城御史督令司、坊官员时加访缉”，“五城御史各率所属，办理地方之事，厘剔奸弊，整顿风俗”[33]。五城察院分东、西、南、北、中五城，长官为“巡城御史”。巡城御史从科道官中选拔，一年更换一次。实际上，五城察院的主要职能不是稽查，而是负责刑事案件的处理。与五城察院关系密切的单位是五城兵马司。清代还设有稽察宗室御史处和稽察内务府御史处，都是针对宗室事务与内务府所管事务进行稽查。稽察宗室御史处，又叫“稽察宗人府衙门”，以十五道中的宗室御史兼管，一人为协理，主要监察宗人府各种账目。

机构编制

都察院长官为左都御史，满族、汉族各一人。左副都御史，满族、汉族各二人，他们共掌院务。右都御史、右副都御史为督、抚的兼衔，借此对其辖境内于行政权外兼行监察权，以表明其地位的特殊。经历司经历，满族、汉族各一人。都事厅都事，满族、汉族各一人。六科给事中，吏、户、礼、兵、刑、工六科掌印给事中，满族、汉族各一人。给事中，满族、汉族各一人。笔帖式八十人，吏、户、兵、刑各十五人，礼、工各十人。经承六十三人。十五道监御史，满族、汉族各一人，笔帖式二人，经承二人。五城察院设巡城御史，满族、汉族各一人，经承二十人。兵马司设指挥、副指挥、吏目各一人。宗室御史处以十五道之宗室御史二人兼管，下设经承三人。稽察内务府御史处以协理陕西道及贵州道满御史二人兼管，下设经承三人。

7. 通政使司

机构沿革

通政使司设立于顺治元年(1644)，设满族、汉族通政使各一人，左通政使各一人，汉族右通政使二人，乾隆十年(1745)撤销汉族右通政使一人，乾隆十三年(1748)汉族右通政使全部撤销。左参议，满族、汉族各二人，康熙五十三年(1714)撤销汉族参议一人，乾隆十三年满族、汉族各撤销一人。右参议，汉族二人，康熙三十八年(1699)撤销一人，乾隆十三年全部撤销。满族、汉族司务各一人，后改经历。知事，满族二人、汉军一人，乾隆十七年改满族、汉族各一人。康熙六十一年(1722)，将登闻鼓划归通政使司。乾隆十三年，改左通政使为副使，去左、右衔；参议也是如此。

机构职能

通政司掌收受各省题本，拆读之后送交内阁，对于各省题本的办理时间按照规定的时限进行监督稽核。遇到疑案大狱，有旨令九卿审议，通政使便可参与九卿会议审议。由于京官的奏章可以直呈内阁，所以，通政使司只相当于皇帝的外收发室，权力远不及明代大。雍正以后，重要公文都是由军机处直送皇帝，事情更少。地方奏章上达时，通政使司看过之后，把内容作一摘要，用黄纸抄好贴在奏章之后，以便皇帝能迅速了解其内容，这叫"贴黄"。通政使司已经不是原来意义上的通政使司，实际上是一种摆设。对清朝的皇帝来说，他们需要的信息，并不需要通政使司这条渠道来获得，他们需要的是更机密、更快速的渠道。通政使司的功能是给皇帝提供一些社情民意信息。

通政使司内设机构有奏科、稿房、吏房、礼房、工房、火房、登闻鼓厅等。

机构编制

清代的通政使司处理的事务少，编制也就比其他部门要少。通政使，司设通政使，满族、汉族各一人。通政副使，满族、汉族各一人。参议，满族、汉族各一人。经历司经历，满族、汉族各一人。知事，满族、汉族各一人。笔帖式，满族六人，汉军二人。

8. 大理寺

机构沿革

大理寺设立于顺治元年(1644)，职能是平反案件。大理寺卿,满族、汉族各一人。满族大理寺卿为正二品,汉族大理寺卿为正三品,顺治十六年(1659)并定为三品。少卿,满族一人、汉族二人,乾隆十三年(1748)裁去少卿一人,正四品。满族寺丞一人,正五品,康熙三十八年(1699)撤销。汉族司务二人,顺治十五年(1658)定满族、汉族各一人。左、右寺正,满族、汉军、汉族各一人;左、右寺副,满族、汉族各一人,康熙三十八年撤销。堂评事,满族、汉族各一人;左、右评事,满族、汉族各一人。顺治十一年(1654),差寺正、寺副各一人充当各省恤刑官,刑部差郎中、员外郎十三人,不久便被撤销。乾隆十七年(1752),改左、右寺正为寺丞。

机构职能

大理寺职掌平反全国重大案件,与刑部、都察院称为三法司。凡是案件都要由刑部审理定案,都察院负责参核,大理寺则负责案件的平决。如果大理寺认为所判案件公允,案件成;如果认为不公允,发回刑部重审。如果两次审谳还认为不公允,或者有冤案,则上报朝廷由皇帝裁决。刑部的朝审、秋审,大理寺都要参与。大理寺直属机构有左、右丞,分掌核办京城与各省重大刑名案件。

机构编制

大理寺设卿,满族、汉族各一人;少卿,满族、汉族各一人。堂评事,满族一人。司务厅司务,满族、汉族各一人。左、右寺丞,满族、汉军、汉族各一人。左、右评事,满族、汉族各一人。笔帖式,满族四人,汉军二人。大理寺属于人员编制比较少的衙门,尽管它的职责比较重大,但是大理寺的职能到了清代已经不为统治者所重视。在顺治年间编制只有十六人,到乾隆年间才增加到二十一人。正因如此,大理寺虽然还与刑部、都察院并称三法司,但是在机构序列上已被列入一般中央事务机构。

9. 翰林院

机构沿革

清初年，在盛京设立文馆，天聪十年(1636)改文馆为内三院，称内翰林国史院、内翰林秘书院、内翰林弘文院。顺治元年(1644)，设翰林院，定掌院学士一人为翰林院长官，同时掌院学士兼礼部侍郎衔。侍读学士、侍讲学士各二人。十五年(1658)各增二人。其他职官有修撰、编修、检讨、庶吉士，无定员。翰林院官员都是饱学之士，无论是掌院学士，还是庶吉士，都是汉族人。典簿二人，十五年改一人为满缺。孔目一人，十五年增满族一人。顺治二年(1645)并入内三院，十五年(1658)，恢复旧制，增设满族掌院学士一人，兼礼部侍郎衔。顺治十八年(1661)将翰林院重新并入内三院。康熙九年(1670)，满族、汉族侍读学士、侍讲学士、侍读、侍讲各三人，典簿、孔目各一人，待诏各二人。雍正八年(1730)升掌院学士为从二品。大学士、尚书内特简，满族、汉族各一人。乾隆五十八年(1793)取消掌院学士兼侍郎衔。置待诏六人，满族四人，汉族二人。

机构职能

翰林院"掌国史笔翰，备左右顾问"。掌院有两个职能，一是撰著国史论文，二是充当皇帝的顾问。正是因为在皇帝身边充当顾问，所以翰林院掌院学士成为一种显职。侍读学士掌"撰著记载"[34]。翰林院撰写的公文很多，包括祝文、册文、宝文以及皇帝赐给内外文武官的祭文、碑文。纂修实录、史、志，充任提调、总纂、纂修、协修等官。南书房侍直伺候皇帝，尚书房教习，咸与其选。主持科举考试，礼部在进士录取完毕后，将名单报给翰林院，由翰林院奏请"御试"，也就是由皇帝进行最后考试。御试一般在保和殿，叫作"朝考"。朝考虽然只是形式，却是进士的最高荣誉。凡是在朝考中被皇帝钦点授官的,交给吏部办理;凡是被授予庶吉士的,则入翰林院庶常馆学习。庶吉士入馆学习,翰林学士充当老师教授。

翰林院国史馆主要掌修国史。历来撰修国史都是国家的重要大事,虽然参与撰修国史的官员很多,比如总裁由皇帝特简,总校也由皇帝从侍郎中特简,但具体负责撰修的都是翰林院侍读学士、侍读等。充当经筵讲官,为皇帝进讲,这是翰林院的又一项重要工作。皇帝每年都要举行春秋两次经筵典礼。每次进讲翰林院都要提前拟定好题目和要讲的内容,经皇帝审阅通过之后,再备课。给皇帝授课在文华殿进行,讲完之后还要恭请皇帝"御论",对这次讲经作出评价。参加讲经的官员都要由翰林院请旨简派。

翰林院直属机构有庶常馆、起居注馆、国史馆。

庶常馆是优秀进士深造的地方。在庶常馆学习的进士称为庶吉士。庶吉士学习三年期满,由皇帝进行御试,分发任用,称之为"散馆"。根据考试成绩授予编修、检讨或者留部任司员,或是分发各地任知县。起居注馆负责皇帝起居注记录,皇帝的一言一行都要记录在案。翰林院起居注馆不但负责记载皇帝的日常起居,还充当皇帝的顾问,充当日讲官,"日讲官掌侍直起居,记言记动"(35)。翰林院还负责给皇帝上课。国史馆主要职能是修撰国史。

机构编制

翰林院官员编制在各个时期变化较大,很多职官不像其他衙门那样固定。一般来说,翰林院设掌院学士,满族、汉族各一人。侍读学士、侍讲学士,满族二人,汉族三人。侍读、侍讲,满族三人,汉族四人。修撰、编修、检讨无定员。主事,满族二人、汉军一人。典簿,满族、汉族各一人。孔目,满族、汉族各一人。待诏,满族、汉族各二人。笔帖式,满族四十人,汉军四人。

翰林院庶常馆编制，满族、汉族教习各一人，由吏部开列翰林院掌院学士、内阁学士，题请皇帝"钦派"，或者从大学士、尚书、侍郎中特简。小教习数人，从侍读学士中选用。提调二人，供事二人，由掌院学士从编修、检讨中选用。提调与供事负责庶常馆的行政事务。起居注馆是专门记载皇帝言行起居的机构，设日讲起居注官，满族十人，汉族十二人。这些工作除了翰林院掌院学士、詹事府詹事兼任，一般都是由翰林院侍读学士及詹事府少詹事担任。除了日讲起居注官，还有主事，满族二人，汉族一人；笔帖式，满族十四人，汉军二人；供事二人。国史馆在乾隆之前为独立机构，从乾隆开始为翰林院隶属机构。国史馆设总裁，特简，无定员。提调，满族、汉族、蒙古族各二人。总纂，满族四人，汉族六人，蒙古族二人。纂修无定员。

10. 詹事府

机构沿革

顺治元年（1644）仿明制设立詹事府，置少詹事一人，主掌詹事府。当年就将詹事府撤销，并入内三院。顺治九年（1652）恢复詹事府，设詹事一人，少詹事二人，主簿一人，录事、通事舍人各二人。左、右春坊庶子、谕德各一人，中允、赞善各二人，司经局洗马一人，正字二人。这些官员都是由汉族人担任，以内三院的官员兼职兼摄。专置满洲詹事一人，掌府印。顺治十五年（1658），又撤销詹事府。康熙十四年（1675），恢复詹事府，设满族、汉族詹事各一人，汉族詹事兼翰林院侍读学士衔。少詹事各二人，汉族少詹事兼翰林院侍讲学士衔。詹事府本是太子宫官，但从康熙之后，不再设立太子，詹事府辅佐太子的职能也就自然取消，詹事府虽然还继续保留，但是职能已经变了，只剩下"文学侍从"[36]，"掌经史文章"[37]。因为失去了辅佐太子的职能，詹事府编制也就不断缩减。

机构职能

从康熙开始,为了遏制皇子之间的争斗,不再设立太子,詹事府辅佐太子的职能也随之失去。按理说,既然詹事府已经失去其职能,就应该撤销,但它还是被保留下来,詹事府詹事与少詹事的职能变成了掌文学侍从,遇到经筵典礼,则充当讲官。詹事与少詹事因为都是高水平的文臣,仍然能够接近皇帝。除此之外,詹事府官员还承担编纂书籍、典试提学等事务,与翰林院官员享受同等待遇。詹事府左、右春坊,左、右庶子,左、右中允,左、右赞善没有辅佐太子的任务,就掌记注与撰修,与翰林院官员执行同一项任务,只是单位隶属不同。为了方便这些官员的工作,他们都兼着翰林院侍读、侍讲、编修、检讨的官衔。詹事府司经局掌经籍、典制、图书刊刻收藏与保管。主簿掌管文移案牍。詹事府虽然没有辅佐太子的职能,但其机构仍然能够保留下来,乾隆帝对此作出了解释:"储贰未建,其官原可不设。第以翰林叙进之阶,故留以备词臣迁转地耳。"(38)也就是说,詹事府成了进入翰林院的中转站。所以,詹事府虽然职能有限,很多官员的前途却是不可估量的。

机构编制

詹事府设詹事,主持詹事府的工作,正三品,少詹事为副职,正四品,都是满族、汉族各一人。内设机构左春坊、右春坊、司经局。左春坊左庶子,正五品。左中允,正六品。左赞善,从六品。右春坊右庶子、右中允、右赞善,品秩俱同左。司经局洗马,从五品。主簿,满族、汉族各一人。笔帖式六人,供事十人。

11. 太常寺

机构沿革

太常寺虽然沿袭明制而设,隶属于礼部,但是清代太常寺的职权不如明朝大,经费也有限,主要掌管外廷宴会和祭品。内务府设立后,太常寺主管内廷宴会和祭品的职权被内务府取代,太常寺变成了清闲衙门。乾隆十三年(1748),开始任命大臣兼管寺事,到乾隆十四年(1749),太常寺又成为独立机构,仍以满族礼部尚书兼管寺事,它在诸寺中的地位仅次于大理寺。

机构职能

太常寺掌管坛庙祭祀礼仪。清代坛庙祭祀分大祀、中祀、群祀。在祭祀前,太常寺将参加祭祀的承祀官、分献官名单列出,报请皇帝钦派,并会同礼部参加礼仪预习。在皇帝祭祀的时候,太常寺卿与少卿充当赞礼官。太常寺内设机构有博士厅、典簿厅、工程处、寺库、祠祭署、牺牲所等。博士厅掌考查祝文、礼节、规定仪式,并负责题奏文移。典簿厅负责管理本寺吏员人役,以及参加各种典礼活动所需要的乐生、舞生、执事生及厨艺人员安排。工程处掌管坛庙的修建、卫生保洁等。寺库掌管各种祭器、果品及坛庙修建工程款。祠祭署主管整个祠祭活动安排。牺牲所掌管祠祭用的牛、羊、猪等。乾隆二十六年(1761),牺牲所划归内务府庆丰司管理。

机构编制

设满族大臣管理部务,太常寺卿,满族、汉族各一人,正三品。少卿,满族、汉族各一人,正四品。寺丞,满族、汉族各二人,正六品。赞礼郎,宗室二人,满族、汉族二十八人;学习赞礼郎,宗室四人,满族五人,汉族十四人。读祝官,宗室一人,满族十一人;学习读祝官,宗室三人,满族五人。博士,满族一人,汉军一人,汉族一人。典簿,满族、汉族各一人。笔帖式,满族九人,汉军一人,满族司库一人,满族库使二人,经承八人。

从太常寺的机构编制我们可以看到,这种没有实际意义的机构,安排了众多的满族官僚。很多八旗子弟虽然没有什么能力,但是必须给他们安排一个清闲且收入高的差事。他们虽然居官位,但并不干实事。

12. 光禄寺

机构沿革

光禄寺设立于顺治元年(1644),不是独立机构,光禄寺的工作由礼部进行安排。顺治十八年(1661),直接将光禄寺划归礼部。康熙十年(1671)光禄寺从礼部独立出来。乾隆十三年(1748)以后,规定由满族大臣一人总理寺务,光禄寺的地位自此固定。

机构职能

光禄寺职掌"燕劳荐飨,辨品式,稽经费",也就是说,光禄寺掌管各种典礼宴席的准备以及"蕃使廪饩,具差等以供"[39],根据外国使者的等级供给不同等级的接待规格。如果有大的典礼祭祀活动,光禄寺卿会同太常寺卿一起验看牺牲(准备祭祀用的马、牛、羊等)是否达到标准。典礼结束,将这些牺牲呈请皇帝批准颁发给各个衙门共享祭品。光禄寺直属机构有大官署、珍馐署、良酝署、掌醢署。大官署掌管猪肉的征收、宴席桌椅用具以及征收菜园租金。珍馐署掌管典礼宴席所需的各种禽类、鱼类以及祭祀用的各种器皿。良酝署掌管羊、酒与酿酒的器具,并负责供应宫内羊肉、牛奶。掌醢署掌供应油、盐、酱、醋、香烛等。因为有专门的菜园,还负责征收菜园租税,在银库保管,以备需要。光禄寺的机构除以上四署,还有督催所、典簿厅、当月处、银库、黄策房等机构。

机构编制

光禄寺设特简大臣管理寺务,下设光禄寺卿,满族、汉族各一人,从三品。少卿,满族、汉族各一人,正五品。大官署署正,满族、汉族各一人;署丞,满族二人。珍馐署署正,满族、汉族各一人;署丞,满族二人。良酝署署正,满族、汉族各一人;署丞,满族二人。掌醢署署正,满族、汉族各一人;署丞,满族二人。典簿,满族、汉族各一人；经承一人；银库，满族司库二人；库使八人；经承一人。

13. 鸿胪寺

机构沿革

鸿胪寺同光禄寺一样，都是沿明制于顺治元年（1644）设立的。鸿胪寺一开始也不是独立机构，而是由礼部代管。顺治十六年（1659）从礼部独立出来，十八年（1661）又划归礼部。康熙十年（1671）又独立办公。雍正四年（1726）又隶属礼部。乾隆十四年（1749），以满族尚书兼管鸿胪寺事。

机构职能

鸿胪寺职掌"朝会、宾飨赞相礼仪，有违式，论劾如法"[40]，也就是主掌朝会与国家宴会的礼仪活动。如果发现哪个官员违犯礼制，就要进行纠劾，甚至当场罢免。鸿是声，胪是传，当皇帝临朝时，大声传导，让官员们提前知道，按照礼仪行跪拜礼。皇帝在保和殿组织贡士考试，也由鸿胪寺官员引导贡士入场，贡士按照鸿胪寺官员的传导，礼拜如仪。皇帝出巡各地，官员如何接驾，更是必须按照鸿胪寺官员的传导进行，不得逾越。鸿胪寺直接服务于皇帝，最能体现皇帝在礼仪上的至高无上。

机构编制

鸿胪寺除了主管的礼部满族尚书，还设鸿胪寺卿，满族、汉族各一人，正四品；少卿，满族、汉族各一人，从五品；鸣赞，满族十四人，汉族二人；学习，满族四人，序班，汉族四人；主簿，满族、汉族各一人；笔帖式，满族四人。

14. 太仆寺

机构沿革

太仆寺也是顺治元年（1644）沿明制而设的。最初的太仆寺并没有专门的机构，而是设在兵部的武库司。当年太仆寺被撤销，其职能合并到户部与兵部。顺治二年(1645)恢复太仆寺,但其一直没有办公衙门,直到雍正三年(1725)才建衙办公。清朝太仆寺的地位与明朝太仆寺的地位相差甚远,明代的太仆寺起码是皇帝重视的对外保密单位。太仆寺初设置满族、汉族卿各一人,满族、汉族少卿五人,乾隆四十四年(1779)派大臣一人兼管,嘉庆十三年(1808)停止派遣兼管大臣,由太仆寺卿掌管寺务。

机构职能

太仆寺职能是掌管牧马。太仆寺主管的牧场都在蒙古地区,宫廷及京师范围内的马匹、牧地,则由内务府上驷院掌管。遇皇帝出行到外地,卿和少卿必须有一人随行,供应马匹和骆驼载运巡行物品。太仆寺掌管的牧场,四百匹为一马群,每马群设一牧长、牧副。每年夏季,卿、少卿各一人须去牧场清点马匹数量并造册登记。张家口外的牧场,设左、右翼,左、右翼各设总管一人,正四品,都是由蒙古族人担任。太仆寺设左、右司,负责对左、右翼两牧场饲养马匹的考核与记功奖罚。

机构编制

太仆寺设卿,满族、汉族各一人,正四品;少卿,满族、汉族各一人,从五品;左、右司设员外郎,满族、蒙古族各二人;主事,满族、蒙古族各二人;笔帖式十六人;司书一人;主簿一人;经承六人,厅书一人。

15. 国子监

机构沿革

沿明制于顺治元年(1644)建立,为全国最高学府。国子监归礼部管理,顺治十五年(1658)国子监从礼部独立出来。康熙二年(1663)又划归礼部管理,康熙十年(1671)又将国子监确立为独立机构。雍正二年(1724)开始以特简大臣总理监事。国子监也随着每次机构调整而发生人员变动。

机构职能

国子监是国家的最高学府,同时也是国家教育的政令机构,除了对国子监生员进行教学,还负责全国各地府学、县学工作的监督指导。每年祭孔大典,国子监官员都要充任各项执事官,也就是说,祭孔也是国子监的一项职能。国子监内设机构有绳愆厅、博士厅、典簿厅、典籍厅、六堂、南学、八旗官学、算学、档子房、钱粮处等机构。绳愆厅掌管制定学生管理规定,稽查教习、学生学习情况。博士厅职掌课程经义,检查监生的作业情况。典簿厅掌管国子监的章奏和文件与国子监大印。典籍厅掌管图书板片。六堂是监生学习的场所,六堂助教实际具有教师性质。另外,国子监还兼管俄罗斯馆、琉球学等。

机构编制

国子监设管理监事大臣一人;祭酒,满族、汉族各一人;司业,满族、蒙古族、汉族各一人;监丞,满族、汉族各一人;博士,满族、汉族各一人;典簿,满族、汉族各一人;汉族典籍一人;八旗官学助教,满族二人,蒙古族一人;笔帖式,满族四人,蒙古族二人,汉军二人;经承十三人。

16. 钦天监

机构沿革

清代的中央机构基本上都是沿袭明制于顺治年间设立的,作为天文机构的钦天监也是如此。钦天监于顺治元年(1644)设立时,隶属礼部,分天文、时宪、漏刻、回回四科,置监正、监副、五官正、保章正、挈壶正、灵台郎等职官。顺治十五年(1658)钦天监从礼部独立出来,到康熙二年(1663)又划归礼部。康熙四年(1665)增设满汉监正、监副。雍正三年(1725)以汤若望"令修时宪,领监务”。乾隆十年(1745)钦天监从礼部独立出来,并设立管理监事大臣分工监管。随着钦天监的几次变化,其职官设置也随之发生变化,这种变化就是满族人职官的数量与其他机构一样,逐渐增加。为了保证天文工作专业人员终生从事天文事业,清代规定,钦天监官员升转之后不得离开钦天监。

机构职能

钦天监是掌管天文、气象、历法、漏刻等事务的机构。它主要为皇室的祭祀和占卜服务,但对农业生产也能起到一定作用。钦天监负责每年历书的编辑,每年二月就开始呈阅皇帝审批编辑明年的历书。新的历书以满文、蒙古文与汉文三种文字同时印刷。时宪科具体负责此项工作。天文科掌管天象,漏刻科掌候时、择日、择地;候时就是在谯楼值班报时打更;择日就是国家有什么大的祭祀、朝会、工程兴建活动,选择良辰吉日;择地就是为皇宫建设施工,尤其是为皇陵选择适宜地点。

机构编制

钦天监设监正,满族、汉族各一人;监副,满族、汉族各一人。时宪科五官正,满族、蒙古族各二人,汉军一人。春官正、夏官正、中官正、秋官正、冬官正各一人,都由汉族人担任,司书一人。博士,满族四人,蒙古族二人,汉族十六人,汉军一人。天文科五官灵台郎,满族二人,蒙古族一人,汉族四人,汉军一人。监候,汉族一人,博士,满族四人,汉族二人。漏刻科挈壶正,满族一人,蒙古族一人,汉族二人。司晨,汉军一人,汉族七人。主簿厅主簿,满族、汉族各一人。另外还有笔帖式,满族十一人,蒙古族四人,汉军二人。

在中央二级衙门中,钦天监成为编制最多的机构之一,甚至比很多一级衙门职官编制还要多。这说明清代中央虽然严格限定机构官员编制人数,但对于业务部门,坚持从宽从需的原则。

17. 宗人府

机构沿革

宗人府设立于顺治九年(1652),在清廷所有机构中,是设立比较晚的衙门。宗人府是一个特殊的机构,体现了“家天下”的特点。宗人府是专管皇室宗族的机构。因为皇族尊贵,所以有专门的机构管理皇族事务,而且在机构序列安排上,宗人府排在所有中央机构的前面,用以突出宗人府的地位。清代的宗人府虽然沿袭明制,但是与明代有很大的区别。明代的宗人府职官都是由皇族兼任,虽然有宗人府机构,但不是有实权的衙门。清代的宗人府不但有机构,还有职官,宗人府是实实在在的衙门,而且是排在各衙门之前,被皇帝认为是最重要的衙门。这样的排列无非是要证明皇族地位的重要性以及皇族在社会中地位的特殊性。当然,我们在介绍清代机构时,不可能按照清廷的规定,将其排在所有政府机构之前,因为我们是根据各个机构在政府中的地位与作用来划分的。

机构职能

满族皇亲国戚分为宗室和觉罗两个等级,凡属于努尔哈赤之父塔克世这一直系的是宗室,束黄金带,载入黄册;而属于塔克世叔伯兄弟旁系的是觉罗,束红带,载入红册。宗人府的任务是处理宗室的谱牒、爵禄、教戒、赏罚、祭祀等事项。在修宗室玉牒的时候,成立专门机构修玉牒。宗人府左、右翼分掌宗室与觉罗的承袭、文武官员的俸级、升迁、降革、教养、抚恤、户口、田亩、刑名等事务,宗室与觉罗罪犯也单独关押在空房。

机构编制

宗人府设宗令一人,左、右宗正,左、右宗人各一人。最初以亲王、郡王为宗令,贝勒、贝子兼任宗正,镇国公、辅国公为宗人,以后就打破了这些限制。府丞,汉族一人,正三品。左、右司正理事官,正五品；副理事官，从五品。主事二人，委署主事二人。银库由宗人府堂官一人兼管，司官二人，笔帖式四人。黄档房司官、笔帖式无定员。空房，司官二人，笔帖式四人。左、右翼宗学，总理学务王二人，稽察京堂官三人，总管四人，副管十六人，满书教习六人，汉书教习八人，骑射教习六人。八旗觉罗学，每旗各有一所，总理王公一人，稽察觉罗学京堂官左、右翼各四人，副管各二人等。

18. 内务府

机构沿革

清代一入关就设立了内务府，管理宫廷的各项财务开支，各种典礼、工程建设，稽查保卫、刑罚，太监、宫女以及内务府本身官员的管理使用。因为皇宫事务多，内务府无法兼顾，顺治十年（1653）模仿明代的二十四衙门，设立十三衙门，包括司礼监、御用监、御马监、内宫监、尚膳监、尚衣监、尚宝监、司设监、尚方司、惜薪司、钟鼓司和兵仗局、织染局。顺治皇帝鉴于历代宦官之祸，规定太监最高官阶不得超过四品，不准擅离皇城外出，特立铁牌于宫内，严禁太监干政。到顺治十八年（1661），又废除十三衙门，设立内务府。此机构建立后，宦官失去官署，不能专权，使清朝宦官之害不如明朝那么深重。清代专门设立"敬事房"管理太监。尽管清代采取有效措施，对太监的势力进行遏制，但是清代还是出了大太监安德海、李莲英等人。

清朝不但有宗人府，还有内务府，这又是与历代的不同之处，表明清朝更加重视皇族宗室的利益。内务府总管一开始为三品官，雍正十三年（1735）定为正二品。内务府总管从侍卫、内三院（上驷院、武备院、奉宸院）卿，以王公、内大臣、尚书、侍郎兼任。总管大臣属官有堂郎中一人，正五品，主事二人，委署主事兼笔帖式一人，共管文官的选任与奏章公文。

机构职能

内务府全称"总理内务府衙门"，长官为"总管内务府大臣"，简称“内务府总管”，没有编制名额限制。内务府的职责是管理宫廷事务，是照料皇族生活的新创机构，职权广泛，官署庞大，官员众多，有无数的宦官、近役、军丁，职官达三千多人，比六部还多一千三百多人，这是以皇权为核心的专制主义政治特点在国家机构编制上的突出反映。清朝对各个政府机构的编制严格限制，对宗人府与内务府的编制却没那么多限制。

内务府下辖七司三院，另有造办处，管理宫内各种手工业。敬事房则管太监。

七司为广储司、都虞司、掌礼司、会稽司、慎刑司、营造司、庆丰司。

广储司，掌管府藏与出纳，下有银库、缎匹库、衣库、皮库、茶库（兼收人参等贵重药材）、瓷器库。苏州、杭州的织造也属广储司管领。都虞司就是总管山泽之官，掌管所属武职官的铨选任用及打牲（打猎）、捕鱼等事。掌礼司掌管内务府的礼乐，管理祭祀、宴会、礼仪、乐舞等事项。会稽司掌管内务府帑项出纳和皇室庄田与庄丁的编审及其赋税收支事项，还管理挑选秀女入宫和收录太监等事。慎刑司管理宫廷罪犯的处理。营造司掌管皇宫修缮工程，初名叫惜薪司，顺治时期叫内工部，康熙十六年（1677）改为营造司。庆丰司最初叫三旗牛羊群牧处，康熙二十三年（1684）设立庆丰司。庆丰司掌管牛羊牧场和宫中肉类、乳品的供应。

除广储司设总管郎中外，他司均设郎中、员外郎、主事、委署主事各官。

三院是上驷院、奉宸苑（院）、武备院。上驷院管理宫廷马匹，专供宫内使用。奉宸苑（院）管理皇室园林如圆明园、清漪园（颐和园的前身）等。武备院管理御用武器和赏赐支出。

内务府除了七司三院等机构外，还有三大殿（太和殿、中和殿、保和殿）、宁寿宫、文渊阁、武英殿修书处、御书房、养心殿造办处等十几个机构。总之，内务府不但机构庞大，人员同样众多。内务府人员多为八旗子弟，多数专横跋扈，贪婪无比。内务府成为所有部门中任务最轻松又最容易发财的衙门。明朝对于宗室子弟，可以让他们养尊处优，但是不让他们拥有权力，而且到了一定年龄，就得离开京城，就国居住，不到朝觐的时间，任何人不得进京，哪怕是皇帝的亲兄弟也不行。这种制度从汉朝建立之后，就是如此，并被历代严格执行。清王朝作为少数民族建立的政权，撤销了这条皇室的铁律。宗室子弟不但养尊处优，而且身居要职，真正体现了“家天下”的特征。清朝始终坚持的是让宗室子弟、八旗勋贵掌握朝廷政权，让满族官员掌握地方政权。也正因如此，清朝不敢预设太子，使得皇室势同水火，皇子之间、皇族之间甚至满族人之间，形如仇敌。如果皇帝再稍微软弱一点，形势将会不可收拾。

机构编制

内务府是清代机构最庞大、人员编制最多的机构。

内务府设总管大臣，无员限，往往是根据需要而设，从满族大臣内特简。最初为从二品，乾隆十四年(1749)定正二品。内务府属官堂郎中、主事各一人，笔帖式三十六人。

广储司设总管六库郎中四人，其中二人由各部员司兼任。银、皮、磁、缎、衣、茶六库郎中四人。银库二人，兼司皮、磁二库郎中。缎库二人，兼司衣、茶二库郎中。员外郎十八人。六品司库六人，每库各一人。八品司匠六人，银、磁、衣三库各二人。副司库十二人，库使八十人。织造，苏州、杭州各一人，从司员内奏简。六品司库各一人，库使、笔帖式各二人。

都虞司设郎中二人，员外郎五人，主事一人，委署主事一人，笔帖式二十五人，书吏三人。都虞司在吉林松花江设有打牲乌拉处，设有总管一人，翼长二人，委署翼长四人，骁骑校七人，委署骁骑校十一人,委署章京八人,委官十四人,笔帖式六人,仓官一人,委署笔帖式二人。都虞司还负责考核在内务府任职的书吏,这些书吏任职五年期满,由都虞司进行考核排列等第,送礼部铨选任用。在内务府任职的胥吏也有前途,能够转为正式品官。都虞司还有三旗包衣骁骑、护军、前锋三营。三旗为镶黄、正黄、正白三旗,三旗包衣的训练经费由都虞司支出。都虞司还有一个养鹰鹞处,任职的都是王公、御前大臣和侍卫官。

掌礼司设郎中二人,员外郎六人,主事一人,委署主事一人,赞礼郎十七人,司俎官五人,司祝十二人,司香三十人,司碓三十七人,司爨十九人,笔帖式二十一人,书吏三人。与掌礼司有关的单位有御茶膳房、中正殿、雍和宫、升平署及各处陵园。御茶膳房设管理事务大臣,无定员,尚膳正、尚膳副、尚茶正、尚茶副、尚膳、尚茶、主事、笔帖式等三十余人。中正殿设管理王大臣,无定员,下设员外郎、副内管领、笔帖式等八人。雍和宫设总理事务王大臣,无定员,下设兼管司员、内管领、笔帖式、领催等十余人。升平署主管宫廷奏乐演出活动,设管理事务大臣一人,从内务府大臣中简派,下设司员二人,笔帖式二人,副催长二人,披甲二人。各处陵园除了管理事务大臣,还设有郎中、员外郎、主事、尚茶正、尚膳正、内管领、笔帖式等官员。

会稽司设郎中二人,员外郎五人,主事一人,委署主事一人,笔帖式二十五人,书吏三人。与会稽处有关的单位有三旗庄头处和掌关防处。三旗庄头处设郎中一人,员外郎六人,委署主事一人,笔帖式十一人,书吏三人。掌关防处又叫"掌关防管理内管领事务处",俗称"关防衙门",主要任务就是宫内房屋的修葺、裱糊、洒扫及督办油、盐、茶等。由内务府郎中一人、员外郎一人兼管,下设内管领、副内管领各三十人,笔帖式八人。掌关防处职掌皇宫的一切卫生,雇有四五千人的"苏拉"(差役)从事各种劳动。

营造司每年派总管大臣值年管理。下设郎中二人，员外郎六人，主事一人，笔帖式二十五人，书吏三人。营造司下设七库三作。七库设库掌、副库掌各二人，库守四至十一人。三作设司匠、委署司匠、库掌、副库掌若干人。除此之外，还有官房租库与总理工程处。官房租库由内务府派大臣轮年管理，下设郎中、员外郎、笔帖式十人。总理工程处，乾隆年间派内务府大臣三人掌管，嘉庆年间改简派满洲大学士尚书一人、满族六部侍郎一人、内务府大臣一人为总理大臣，三人各带属官主持各种工程。

庆丰司每年派总管大臣值年管理。下设郎中二人，员外郎五人，主事一人，委署主事二人，笔帖式十四人，书吏二人。庆丰司各个牧厂也都设有众多职官。

慎刑司设郎中二人，员外郎四人，主事一人，委署主事一人，笔帖式十九人，书吏三人。

上驷院兼管大臣无定员，设卿二人，堂主事二人，委署主事一人，笔帖式十一人。上驷院分左、右二司，左司掌查验马驼饲养繁育之事，设郎中一人，员外郎二人，主事一人，委署主事一人。右司掌俸饷刍豆。上驷院还设有阿敦侍卫十五人，负责护卫皇帝与调试御马，司鞍长三人，副司鞍长二人。蒙古族医师长三人，副医师长二人。上驷院的各个马厩也都设有职官负责管理。

武备院设兼管大臣，无定员。卿二人，郎中一人，主事二人，笔帖式二十四人。凡是皇帝出巡，伞盖、兵仗都由武备院准备。除此之外，武备院还有御鸟枪处和内火药处。御鸟枪处设管理大臣，无定员，蓝翎总承、副总承各二人，鸟枪长五人，内火药库设库长二人，库守九人。

奉宸苑（院）设兼管大臣，无定员。下设卿二人，郎中一人，员外郎四人，主事一人，委署主事一人，苑丞十人，苑副十九人，委署苑副十人，笔帖式十五人。奉宸苑南苑另设郎中一人，员外郎二人，主事一人，苑丞七人，苑副十三人，笔帖式五人。

奉宸苑（院）虽然是管理皇家园林的总机构，但是圆明园、畅春园、清漪园（万寿山）、玉泉山及香山不归其管理，另有专门的机构管理。掌管圆明园的为总管事务大臣，无定员，下设郎中、主事、员外郎、苑丞、苑副、笔帖式、库长、库守等五十余人。畅春园设总管大臣，无定员，下设郎中、苑丞、苑副等官。颐和园、静明园（玉泉山）、静宜园（香山）设总管大臣，特简，无定员，下设郎中、员外郎、苑丞、苑副、笔帖式等七十余人。因为三园有众多的船只，又设御船处。御船处设统领大臣，无定员，下设司员、笔帖式、司匠、催长。

皇帝驻跸的地方，比如热河行宫等也都设有总管一人，副总管一人，苑丞、苑副各四人，千总、委署四十六人。其他诸如汤泉、盘山等行宫也设有总管、苑丞、苑副、千总、委署千总等职官。

内务府其他机构有：

三大殿（太和殿、中和殿、保和殿），内务府司员、内管领一人兼管，下设领催六人，苏拉十二人。宁寿宫设郎中二人，员外郎二人，主事一人，委署主事一人，笔帖式三人，书吏一人。管理慈宁宫、寿康宫处，由内务府司员二人兼管，下设司员二人，笔帖式、委署催长、披甲人、苏拉等十余人。御药房于寿药房设管理大臣，无定员，设主事、委署主事、兼管司员、兼管内管领、兼管副内管领、库掌。除了以上官员，御药房与寿药房真正干实事的则是大量的医务人员，这些医务人员不属于职官的序列，属于差役，被称为“苏拉医生”。文渊阁内务府大臣一人提举阁事，下设兼管司员四人，笔帖式四人，供事二人。另有领阁事、值阁事、校理、检阅等官，由内阁、翰林院、詹事府官员兼任。武英殿修书处设管理王大臣，无定员，兼管司员二人，正监造员外郎一人，副监造副内管领二人，委署主事一人，库掌三人，委署库掌六人，笔帖式四人。另外还有总裁、提调、总纂、纂修等二十余人，由皇帝与翰林院派任。御书处设管理王大臣，无定员，兼管司员三人，库掌二人，委署库掌六人。除此之外，还有刻字、裱作等一百余人。养心殿造办处，设管理大臣二人，总管郎中二人，员外郎二人，主事一人，委署主事一人，库掌十人，委署库掌十四人，笔帖式十五人。造办处下属有众多的房、作，各房、作设催长、副催长、委署司匠、库守等职官，各种工匠五百余人。咸安宫官学，设管理大臣一人，从内务府大臣中简派。协理事务大臣一人，从六部满堂官中简派。总裁，满族二人，汉族四人，都必须是翰林院官员。总管七人，从内务府司员中派任，满文、汉文教习十八人。

敬事房，又名宫殿监办事处，设总管三人，督领侍一人，正侍二人，副侍总管六人，委署总管无定额。执守侍、首领、侍监、笔帖式各二人。皇宫各个门房都有负责具体事务的太监，这些太监也都有官品，但是这些官品只能对内证明其在太监中的地位，不像明代宦官那样，与外官对等。

内务府在盛京也有内务府，称之为盛京内务府，设总管大臣一人，由盛京将军兼任，下设会稽、掌礼、都虞、营造四司及文渊阁、三旗制造库、黑牛馆等。各司库设主事、委署主事、笔帖式、司库、催长、厩长、内管领、仓长、骁骑校、领催等职官。

除了上述衙门，服务皇帝的机构还有銮仪卫、尚虞备用处、虎枪营、善扑营，等等。

从以上机构设置我们可以看到，内务府作为服务皇室的机构是如此庞大，让人们领略了什么是“家天下”。据清史研究专家统计，内务府所属单位有五十多个，职官不包括太监就有三千人之多。内务府表面看来主要管理皇帝的家事，实际上还负责处理很多国事。因为封建社会是“家天下”，皇帝的家事在很多时候并不仅仅是家事，更是国事。内务府的职官绝大多数是旗人，很多文化水平较低，没有特长，但都在内务府谋到了官职，而且品级都不低。

内务府的职官同样属于国家机构的职官序列，内务府让更多的满族人谋到了职官与特权。内务府不但管钱，也管物，国家的财物都必须首先满足皇帝的需要，这就让内务府的官员得到了发财的机会。应该说，清代在机构编制上，继承了机构精简的优良传统，但也存在内务府这种规模庞大的机构。

清代中央机构编制简表

机构	职官	职能	编制	品级
内阁	三殿三阁大学士	掌议天下之政	满族、汉族各2人	正一品
	协办大学士		满族、汉族各1人	从一品
	内阁学士		满族6人，汉族4人	从二品
	侍读学士		满族4人，蒙古族2人，汉族2人	从四品
军机处	军机大臣	军国大计，罔不总揽	无定员	
	军机章京		无定员	
吏部	尚书	掌铨综衡轴，以布邦职	2人	从一品
	左、右侍郎		满族、汉族各2人	从二品
	满族郎中		9人	正五品
	蒙古族郎中		1人	正五品
	员外郎		15人	从五品
户部	尚书	掌军国支计，以足邦用	满族、汉族各1人	从一品
	左、右侍郎		满族、汉族各1人	从二品
	满族、宗室郎中		18人	正五品
	汉族郎中		14人	正五品
	满族、宗室员外郎		38人	从五品
	汉族员外郎		14人	从五品

（续表）

机构	职官	职能	编制	品级
礼部	尚书	掌五礼秩叙,典领学校贡举,以布邦教	满族、汉族各1人	从一品
	左、右侍郎		满族、汉族各1人	正三品
	满族、蒙古族郎中		7人	正五品
	汉族郎中		4人	正五品
	满族、蒙古族、宗室员外郎		10人	从五品
	汉族员外郎		4人	从五品
兵部	尚书	掌军事与武官考核任免	满族、汉族各1人	从一品
	左、右侍郎		满族、汉族各1人	正三品
	满族、蒙古族、宗室郎中		13人	正五品
	汉族郎中		5人	正五品
	满族、蒙古族、宗室员外郎		13人	从五品
	汉族员外郎		4人	从五品
刑部	尚书	掌国家司法政令	满族、汉族各1人	从一品
	左、右侍郎		满族、汉族各1人	正三品
	满族、蒙古族、宗室郎中		17人	正五品
	汉族郎中		19人	正五品
	满族、蒙古族、宗室员外郎		26人	从五品
	汉族员外郎		19人	从五品

（续表）

机构	职官	职能	编制	品级
工部	尚书 左、右侍郎 满族、蒙古族、宗室郎中 汉族郎中 满族、蒙古族、宗室员外郎 汉族员外郎	掌工虞器用、辨物庀材，以饬邦事	满族、汉族各1人 满族、汉族各1人 18人 4人 18人 4人	从一品 正三品 正五品 正五品 从五品 从五品
理藩院	管理院务大臣 尚书 左、右侍郎	掌外番政令	1人 1人 各1人	从一品 正三品 正五品
都察院	左都御史 左副都御史 十五道掌印监察御史	主管对官员的监督与弹劾	满族、汉族各1人 满族、汉族各1人 满族、汉族各1人	从一品 正三品 从五品
通政使司	通政使	掌收受各省题本	满族、汉族各1人	正四品
大理寺	大理寺卿 少卿 左、右寺正	平反全国重大案件	满族、汉族各1人 满族、汉族各1人 满族、汉族各1人	正三品 正四品 正六品

（续表）

机构	职官	职能	编制	品级
翰林院	掌院学士	掌国史笔翰，备左、右顾问	满族、汉族各1人	从二品
	侍读学士		满族2人，汉族3人	正四品
	侍讲学士		满族2人，汉族3人	正四品
	侍读		满族3人，汉族4人	从四品
	侍讲		满族3人，汉族4人	从四品
詹事府	詹事	掌辅导太子	满族、汉族各1人	正三品
	少詹事		满族、汉族各1人	正四品
	左春坊左庶子		满族、汉族各1人	正五品
	右春坊右庶子		满族、汉族各1人	正五品
	司经局洗马		满族、汉族各1人	从五品
太常寺	管理寺事大臣	掌祭祀礼乐之事	满族、汉族各1人	特简
	卿		满族、汉族各1人	正三品
	少卿		满族、汉族各1人	正四品
光禄寺	管理寺事大臣	掌燕劳荐飨，辨品式，稽经费	1人	特简
	卿		满族、汉族各1人	从三品
	少卿		满族、汉族各1人	正五品

(续表)

机构	职官	职能	编制	品级
鸿胪寺	卿 少卿	掌朝会、宾飨赞相礼仪	满族、汉族各1人 满族、汉族各1人	正四品 从五品
太仆寺	卿 少卿	掌管牧马	满族、汉族各1人 满族、汉族各1人	正四品 从五品
国子监	祭酒	高等学府，教育管理	满族、汉族各1人	从四品
内务府(略)				

第三节　清代地方机构编制

清代地方机构编制沿袭了明代的行省制度。清代行省制度与明代不同的是行省长官发生了变化。明代行省长官为布政使、按察使、都指挥使三足鼎立，各司其职，没有上下等级之分。清代的三司则全部降了一级，而明代的派出机构总督、巡抚在清代则成了名正言顺的一省最高行政长官，三司则成了总督、巡抚的下级。在少数民族边疆地区，机构编制又有所不同。

一、内地机构编制

1. 省级机构

清代的十八省，分别是直隶、山东、山西、河南、江苏、安徽、江西、福建、浙江、湖北、湖南、陕西、甘肃、四川、广东、广西、云南、贵州。清代的省级机构为总督衙门或巡抚衙门。

2. 总督衙门

机构沿革

清代沿袭明制,在省级机构设立总督衙门或巡抚衙门,即使作为总督,对其职能也有着不同的限定,许多总督都有着不同的职能权限任命划分。

2-1. 直隶总督

直隶总督的任命衔为“总督直隶等处地方提督军务、粮饷、管理河道兼巡抚事”。顺治五年(1648)设直隶、山东、河南三省总督,顺治十五年(1658)裁三省总督改为直隶巡抚,顺治十八年(1661)恢复直隶总督,康熙三年(1664)又改为直隶、山东、河南总督,康熙八年(1669)裁撤。康熙五十四年(1715)加巡抚以总督衔。乾隆十四年(1749)直隶总督兼河道总督。乾隆二十八年(1763)裁撤直隶巡抚,由总督兼巡抚事。

2-2. 两江总督

两江总督的任命衔是“总督两江等处地方提督军务、粮饷、操江、统辖南河事务”。两江总督最初为江南(含江苏、安徽两省)、河南总督,后改为江南、江西总督。顺治四年(1647)设江南江西河南总督,十八年(1661),江南江西分置总督,康熙四年(1665)复并为一。其后又有反复。雍正元年(1723)以两江总督总理江苏、安徽、江西三省,被授予兵部尚书兼都察院右都御史衔,驻江宁。

2-3. 闽浙总督

闽浙总督的任命衔是“总督闽浙等处地方提督军务、粮饷兼巡抚事”。顺治二年(1645)设福建总督,兼辖浙江,顺治十五年(1658)福建浙江分设总督,康熙十二年(1673)浙江总督撤销,直到乾隆元年(1736)名称定为闽浙总督(驻福州)。

2－4. **湖南湖北总督**

湖南湖北总督的任命衔是“总督湖北湖南等处地方，提督军务、粮饷兼巡抚事”。顺治元年(1644)设湖广总督，驻武昌，康熙七年(1668)撤销，九年复置，康熙十九年(1680)改川湖总督为湖广总督。康熙二十六年(1687)改为湖北湖南总督。

2－5. **陕甘总督**

陕甘总督的任命衔是“总督陕甘等处地方提督军务、粮饷、管理茶马兼巡抚事”。顺治元年(1644)设陕西总督，兼辖四川。康熙三年(1664)陕西总督改为山陕总督，十四年(1675)又改为陕甘总督，康熙十九年(1680)仍改陕甘为山陕，辖四川如故。雍正元年(1723)总理陕西、甘肃、四川三省军务，总督被授予兵部尚书兼都察院右都御史衔。雍正九年(1731)谕仍专辖陕、甘。乾隆十九年(1754)陕甘总督由西安移驻兰州，兼甘肃巡抚事。乾隆二十四年(1759)别置甘肃总督，驻肃州，移川陕总督驻四川。后来，又重命名为陕甘总督，还驻兰州，并兼巡抚事。

2－6. **四川总督**

四川总督的任命衔为“总督四川等处地方提督军务、粮饷兼巡抚事”。顺治十四年(1657)之前，四川由陕甘总督兼辖，顺治十四年设四川总督，驻重庆，康熙七年(1668)改为川湖总督，迁至荆州。康熙十九年(1680)，四川归陕甘总督兼辖。雍正九年(1731)另设四川总督，驻成都，十三年撤销。乾隆十三年(1748)因金川用兵，始定为专缺，兼巡抚事。乾隆二十四年(1759)兼辖陕西，寻停兼辖。

2－7. **两广总督**

两广总督任命衔为“总督两广等处地方，提督军务、粮饷兼巡抚事”。顺治元年置广东总督，兼辖广西。康熙二年(1663)设广西总督，移广东总督驻廉州，三年复并为一，其后又有分合。

2－8. **云贵总督**

云贵总督的任命衔为“总督云贵等处地方提督军务、粮饷兼巡抚事”，总督在昆明、贵阳两地轮流办公。康熙元年（1662），云南、贵州各设总督，三年合二为一，总督驻贵阳。康熙十二年（1673），两省总督又一分为二，后又合二为一。康熙二十六年（1687），云贵总督移驻昆明。雍正十年（1732），兼辖广西；十二年，恢复掌管两省。

从以上我们可以看到，总督的共同点就是政务、军务兼管，而且很多都身兼巡抚事。总督一般以军务为主，除了个别兼兵部尚书衔，一般都是兼兵部右侍郎衔。同时，总督还有监督、监察地方的职责，所以总督又兼都察院右都御史衔。从总督的兼衔，我们能看到清代总督带有明代总督的影子。

机构职能

总督是节制一省乃至数省的地方最高行政长官，从各个总督的任命衔可以看出，总督与巡抚的共同之处就是他们均为地方大员，都主持一方之政。同时可以看到，总督与巡抚虽然都是地方大员，两者却有着明显的区别：“总督专重典兵，巡抚专重吏治。”[41]这就是说，总督侧重于军事，巡抚侧重于民事。从清初总督的设置也可以看到这一点，总督的设立多是因为当地军事地位重要，或者因为战事。总督的任命衔都有提督军务的职能，提督军务离不开粮饷，因此又加上一项粮饷的职能。至于其他职能，则是根据当地实际情况而定，比如直隶总督有管理河道的职能，两江总督有管理漕江的职能，陕甘总督有管理茶马的职能。应当说，清代在任命总督时对其职能权限的划定还是比较合理的，当地有什么重要的政务，就赋予总督什么样的职能，而不是不管有没有这项事务，都统一授予总督同样的职能。从各个总督的任命衔中可以看到，总督的基本职能有三项：第一，管理地方职能。总督所辖地方范围内，行政大权归其掌握。这就是老百姓所说的“下马管民”。第二,提督军务。这是总督与巡抚的最大区别,巡抚虽然也有维护地方社会治安之责,但是一旦遇到大的动乱,总督出面平息就是其义不容辞的责任。西部的准噶尔叛乱,大小金川的叛乱,都是总督出征平息。这就是老百姓所说的“上马管军”。第三,粮饷。粮饷不同于田赋,田赋由巡抚管理,粮饷用于军事,军事行动离不开粮饷。为了保证行军打仗有粮,几乎所有总督都被清廷赋予管理粮饷的职能,而不是依靠巡抚帮忙筹饷。至于其他职能,则是根据当地情况而定,都是个例,不带有普遍性。总督是武职,巡抚一般是文职。总督俗称制军、制台、制宪、都堂或部堂,是地方最高军事长官,负有保卫疆土之责。巡抚虽然也有维护地方治安的职能,但他不能去平息大的军事行动。正因如此,总督的直属官员多是军官。

总督的职能,根据史书记载,可以归纳如下:

“掌综治军民,统辖文武,考核官吏,修饰封疆。”这是《清朝通志》对总督的职能归纳。

根据有关史料,总督的职能可归纳为以下几点:

第一,所辖范围文武官员的任免。凡是总督所管辖的范围之内,文武官员的考核、任用、提升,都归其掌握。文职道、府以下官员,武职副将以下的军官都由总督奏请补署、任免、升调。第二,文武官员的考核。清代非常重视对官员的监察与考核,所以清代在对总督的任命上一般都是兼都察院右都御史衔,就是明确监督、监察属官是其重要职能之一。不同于都察院的是,总督不但监督、监察文官,还监督、监察武官。第三,充当科举监临官。地方乡试,总督与巡抚都是监临官,负责一省或数省的科举考试。与巡抚不同的是,总督不但主持文科乡试,还主管武举考试。第四,提督军务。具体说就是节制指挥绿营兵。他们无权指挥八旗军队,那都是皇帝与亲王的嫡系部队,但是绿营军则都在他们的管辖范围。第五,监督藩司所掌全省财政收支情况,并负责向朝廷报告。第六,掌管一省的最高审判权。凡是流罪以上的案件,总督具有最后的决定权。第七,具有一定的外交权。尤其是沿海边疆地区的总督,他们都有权直接处理外交事务。第八,单独上折奏事。对于地方大事,总督有权直接向皇帝上奏折,提出自己的意见,皇帝对于各省总督的奏折也都非常重视,一般都能采纳其意见。如果本省事务需要各部院协商处理,总督也可上奏折或者直接与各部院协商。总督向皇帝上奏折,有时候单独呈上,有时候与巡抚一同上折。

机构编制

清代在机构编制上非常明确,总督衙门为一省或数省的最高行政军事机构,但总督与巡抚衙门的内设机构缺少记载。对于总督手下的军官的记录倒是比较清晰,根据光绪《大清会典》卷五二《兵部》载,总督手下有副将、参将、游击、都司、守备、千总、把总等武官。根据《光绪会典事例》,各省总督中设有笔帖式,每个总督府笔帖式名额多少不详。各个总督府设有各种胥吏,胥吏名额各省不一,最多的闽浙总督有五十九人,最少的湖南湖北总督衙门只有二十人。戈什哈是总督的侍从武官,也就是侍卫长。

除了以上总督,还有专职总督,专职总督是就国家某项事务所设立的总督。专职总督有漕运总督与河道总督等。

2-9. 漕运总督

机构沿革

漕运一直是京师粮食供应的主要渠道,明代专门设有漕运总督,主管运往京师的粮食漕运。清沿明制,也设立漕运总督,主管漕运。漕运总督设立于顺治元年(1644),驻淮安。漕运总督衙门称"总漕部院衙门"。漕运总督辖山东、河南、江苏、安徽、江西、浙江、湖北、湖南八省漕政。因为事务繁忙,顺治四年(1647),以满族侍郎一人襄治漕务。康熙二十一年(1682),"定粮艘过淮,总漕随运述职”。咸丰十年(1860),令节制江北镇、道各官。

机构职能

漕运总督俗称“漕台”或“漕帅”,是正二品官员。漕运总督按例兼兵部侍郎衔和都察院右副都御史衔。漕运总督的职能就是在江南征收漕粮,通过水路运往京城。凡是征粮起船,漕运总督亲自稽查,不敢马虎,率领运粮船只,检查河道,确保畅通。当漕粮到达天津之后,漕运总督要进城向皇帝述职汇报。京城文武百官与军队将士吃粮是头等大事,所以,漕运无论是对于明代还是对于清代都至关重要。具体管理漕运的官员是督粮道。督粮道掌管征收漕粮与督押运输。南方各省的督粮道将漕粮押运到临清关,经山东督粮道验收完毕,就可以返回,再由山东督粮道运往京城,抵达通州之后交接完毕,督粮道即可返回山东,最后一拨漕粮船一般要由漕运总督押运。

机构编制

漕运总督与总督、巡抚一样,也是虽有衙门,但没有内设机构,既然没有内设机构,也就没有属官。漕运总督手下只有一些书吏,共有书吏二十余人。漕运总督的所有安排就通过这些书吏去贯彻执行。漕运总督衙门虽然没有内设机构,但是有军队。为了保证漕运畅通,漕运总督之下有巡漕御史、督粮道、管粮同知、通判等官员。这些官员可以视为总督的属官。巡漕御史共有四人,一驻淮安,一驻济宁,一驻天津,一驻通州。督粮道有八人,山东、河南、浙江、江西、湖北、湖南各一人,江苏二人,一人为江安粮道,一人为苏松粮道。各个督粮道有库大使一人。典吏,各个粮道多少不一,少的一二人,多的八人,最多的是河南道,有十六人。

2-10. 河道总督

机构沿革

河道总督俗称“河台”或“河帅”,为治河最高长官。顺治元年

(1644),只设河道总督一人,驻济宁,称总河,主要任务是治理黄河、大运河。康熙十六年(1677),移驻清江浦。康熙二十七年(1688),还驻济宁。康熙四十四年(1705),山东河道由山东巡抚兼管。雍正二年(1724),置副总河,驻武陟,专理北河。雍正七年(1729),改总河为总督江南河道,驻清江浦,副总河为总督河南山东河道,驻济宁,分管南北两河。雍正八年(1730),增设直隶正、副总河,为河道水利总督,驻天津,主管直隶河道河务。自是北河、南河、东河为三督。雍正九年(1731),置北河副总河,驻固安,并置东河副总河,移南河副总河驻徐州。雍正十二年(1734),移东河总督驻兖州。乾隆二年(1737)撤销副总河,将其职能划归直隶总督。乾隆十四年(1749),取消直隶河道总督。咸丰八年(1858)撤销南河河道总督,将其业务划归漕运总督管辖。河道总督只剩下驻济宁的河道总督。

机构职能

河道总督的职能是“掌治河渠,以时疏浚堤防,综其政令”[42]。河道总督主掌河道的岁修、抢修和平时的淤泥疏通。大运河是保证京师文武百官与将士吃粮的唯一通道,所以,保证大运河畅通,意义重大。黄河年年都要决口,确保黄河防汛期间不决口更是关系到黄河两岸百姓的命运。河道总督一方面要保证运河畅通,另一方面要防止黄河决口。黄河决口一直是清代统治者难以解决的大问题。除了黄河、大运河,保证其他河道安全畅通也是河道总督的重要职责。

机构编制

河道总督,江南一人,山东、河南一人。直隶河道以总督兼理。河道总督没有内设机构,协助河道总督处理日常公务的是胥吏。河道总督虽然没有内设机构,下属机构却是职官满员。

河道总督下属单位是管河道衙门。清代各个河段都设有管河道。管河道与地方分守道、分巡道一个级别。全国共有直隶、山东、河南、江苏四省设有管河道，计十一人，直隶五人，山东、河南、江苏各二人。其中，直隶永定河道（驻固安）、山东运河道（驻济宁）、江苏淮徐河道以及淮扬河道（驻淮安）为专职管河道，其他管河道都是由当地巡道兼管。

管河道属官有同知、通判、州同、州判、县丞、主簿、巡检。直隶管河道有同知十人，通判五人，州同三人，州判十人，县丞二十二人，主簿二十二人，巡检九人。山东管河道有同知三人，通判五人，州同二人，州判二人，县丞五人，主簿十二人，巡检一人。河南管河道同知五人，通判三人，州判一人，县丞十人，主簿八人，巡检一人。江苏管河道同知四人。

3. 巡抚衙门

机构沿革

清代在一省中既设有总督衙门，又设有巡抚衙门。总督与巡抚都是一省最高行政长官，但是从总督与巡抚的兼衔以及总督的兼管区域范围可知，总督比巡抚权力大得多。清代并不是每个省都设立巡抚，有的省由总督代替巡抚；有的则是因为特殊情况不设巡抚，如东北三省；有的省不但设有巡抚衙门，还设有总督衙门，一个省设有两个最高行政机构。

3－1. 山东巡抚

山东巡抚的任命衔是“巡抚山东等处地方提督军务、粮饷兼理营田”。山东巡抚于顺治元年（1644）设，驻济宁。在山东还设有海防巡抚，驻登州（今山东蓬莱），顺治九年（1652）撤销。康熙四十四年（1705）兼管山东河道，康熙五十三年（1714）兼管临清税关。乾隆八年（1743）加提督衔。

3－2. 江苏巡抚

江苏巡抚的任命衔为“巡抚江苏等处地方提督军务兼理粮

饷”。顺治元年(1644),置江南巡抚,驻苏州,辖江宁、苏州、松江、常州、镇江五府。顺治十八年(1661),江南分省,更名江苏巡抚。以后江苏巡抚也兼提督衔。

3-3. **山西巡抚**

山西巡抚的任命衔为“巡抚山西等处地方提督军务兼理粮饷”。顺治元年设,驻太原。雍正十二年(1734),管理提督军务。乾隆四十三年(1778),兼山西盐政。

3-4. **河南巡抚**

河南巡抚的任命衔为“巡抚河南等处地方提督军务、粮饷兼理河道、屯田”。河南巡抚于顺治元年(1644)设立,驻开封。康熙十七年(1678)兼管河南岁修工程,乾隆五年(1740)加提督衔。

3-5. **安徽巡抚**

安徽巡抚的任命衔为“巡抚安徽等处地方提督军务、节制各镇兼理粮饷”。顺治元年(1644),设凤庐(凤阳、庐州)巡抚,驻淮安,以操江管巡抚事佐之。顺治六年撤销,顺治十六年复设。康熙元年(1662),将江南操江事务划归总督,设安徽巡抚,驻安庆。康熙三年(1664),裁撤凤阳巡抚,将凤阳等地划归安徽巡抚管辖。嘉庆八年(1803),安徽巡抚加提督衔。

3-6. **江西巡抚**

江西巡抚的任命衔为“巡抚江西等处地方提督军务、节制各镇兼理粮饷”。顺治元年(1644)设立,驻南昌。同时设有南赣巡抚,驻赣州,康熙三年(1664),撤销南赣巡抚,由江西巡抚管辖。乾隆十四年(1749),加提督衔。

3-7. **台湾巡抚**

台湾巡抚的任命衔为“巡抚台湾等处地方提督军务兼理粮饷”。顺治元年(1644),设福建巡抚,驻福州。光绪十一年(1885),台湾建行省,改福建巡抚为台湾巡抚,福建巡府事由闽浙总督兼管。

3－8. **浙江巡抚**

浙江巡抚的任命衔为“巡抚浙江等处地方提督军务、节制水陆各镇兼理粮饷”。浙江巡抚于顺治元年(1644)设置,驻杭州。雍正五年(1727),改为总督。雍正十三年(1735),仍为巡抚,兼总督衔。乾隆元年(1736),又改为总督,三年改为巡抚,并兼管盐政。以后加提督衔。

3－9. **湖北巡抚**

湖北巡抚的任命衔为“巡抚湖北等处地方提督军务兼理粮饷”。顺治元年(1644),设湖广巡抚,驻武昌。康熙三年(1664),更名湖北巡抚。光绪二十四(1898)年撤销,寻复置,三十二年(1906)又省。

3－10. **湖南巡抚**

湖南巡抚的任命衔为“巡抚湖南等处地方提督军务、节制各镇兼理粮饷”。顺治元年(1644),设偏沅巡抚,驻偏桥镇,同时设置抚治郧阳都御史,驻沅州,十八年(1661)取消。康熙三年(1664),湖南分省,移驻长沙。雍正二年(1724),更名为湖南巡抚。

3－11. **陕西巡抚**

陕西巡抚的任命衔为“巡抚陕西等处地方提督军务、节制各镇兼理粮饷”。陕西巡抚设立于顺治元年(1644),驻西安,定为满缺。同时设立延绥(延安、绥德)巡抚,驻榆林。康熙元年(1662),撤销延绥巡抚,将其管辖区域划归陕西巡抚管辖。雍正九年(1731),以兵部尚书史贻直署巡抚,开始使用汉族人担任陕西巡抚,并加提督衔。

3－12. **广东巡抚**

广东巡抚的任命衔为“巡抚广东等处地方提督军务兼理粮饷”。广东巡抚于顺治元年(1644)设,驻广州。雍正二年(1724),

兼太平关务。

3－13. **广西巡抚**

广西巡抚的任命衔为“巡抚广西等处地方提督军务兼理粮饷加节制通省兵马”。广西巡抚于顺治元年(1644)设,驻桂林。雍正九年(1731),广西巡抚加节制通省兵马。

3－14. **云南巡抚**

云南巡抚的任命衔为“巡抚云南等处提督军务兼理粮饷”。云南巡抚于顺治元年(1644)设,驻云南府。雍正四年(1726),命江苏布政使鄂尔泰为巡抚,兼总督事。雍正十年(1732),升总督,兼巡抚事。张广泗继之,亦兼巡抚。乾隆十二年(1747),授图尔炳阿为巡抚。

3－15. **贵州巡抚**

贵州巡抚的任命衔为“巡抚贵州等处地方提督军务兼理粮饷加节制通省兵马”。贵州巡抚于顺治十五年(1658)设置。顺治十八年(1661),停提督军务。乾隆十二年(1747),以苗患又恢复提督军务,第二年加节制通省兵马衔。乾隆十八年(1751),巡抚加节制通省兵马成为定制。

3－16. **新疆巡抚**

新疆巡抚的任命衔为“巡抚新疆等处地方提督军务兼理粮饷”。顺治元年(1644),置甘肃巡抚,乾隆十九年(1754)省。光绪十年(1884),新疆建省,置甘肃新疆巡抚,驻乌鲁木齐。

东北三省不设巡抚,由盛京将军管理。

机构职能

关于巡抚的职能,在每个巡抚的任命衔上也都作了明确的规定。但显然,这种职能规定是非常简单的。《清史稿》对巡抚的职掌作了较为详细规定:“掌宣布德意,抚安齐民,修明政刑,兴革利弊,考核群吏,会总督以诏废置。标下有参将、游击等官。其三年大比充监临官，武科充主试官，督、抚同。”就职能而言，巡抚更侧重于民事，而且“会总督以诏废置”，也就是说，有些大事要会同总督共同请示皇帝诏命，以决定废置。

巡抚的职能可归纳为以下几点：第一，主管一省民政事务，凡属与民政有关的政务都在巡抚的管辖范围之内。巡抚的主要任务是抚安齐民。第二，宣布朝廷的德意，也就是负责对百姓的道德教育。第三，监督、监察所属官员，职能与总督同。第四，主管乡试。在乡试举行时与总督一同为监临官。第五，监督、监察全省税务。第六，管理漕政。管理漕政对于一些省的巡抚来说，没有这项职能，所以在对巡抚的任命衔上有的有规定，有的没有规定。第七，如果有战事，则协助总督筹措粮饷。

机构编制

巡抚衙门有无内设机构，未见历史文字记载。与总督衙门一样，巡抚衙门有胥吏协助巡抚处理日常事务。按理说，沿海省份巡抚衙门管辖的事务比较多，而且多是重要省份的巡抚，他们雇用的胥吏应该多，但是反而不如偏远省份的巡抚衙门多。胥吏最多的是陕西、贵州二省，胥吏有四十人，新疆有三十六人，其他省份一般是二十至三十人不等。总督衙门与巡抚衙门事务繁多，显然这些胥吏是不够的，但是国家又没有其他职官编制，督抚要办好事，只能自己雇用办事人员。这些办事人员就是幕僚与书吏。幕僚、师爷成为清代没有国家编制的重要官吏。他们不但为总督、巡抚出谋划策，而且还要亲自去落实。

4. 都转盐运使司

机构沿革

盐运使司既是中央驻省单位，又是各省管理机构。盐运使，包括许多盐法道都是由地方巡抚、道员兼管。

清初，设立巡盐御史主持盐政。康熙十二年（1673），将巡盐御史改为盐政，设都转盐运使，由总督、巡抚兼任。长芦盐政，咸丰十年（1860）划归直隶总督兼理。河东盐政于雍正二年（1724）取消，归川陕总督兼理，乾隆四十三年（1778）归山西巡抚兼理，嘉庆十二年（1807）改归河东道管理。两淮盐政，道光十一年（1831）归两江总督兼理。两浙盐政，雍正三年（1725）取消，归浙江巡抚兼理。乾隆五十八年（1793）盐政独立，嘉庆二十五年（1820）仍归巡抚兼理。

机构职能

盐运使、盐法道“掌督察场民生计，商民行息，水陆挽运，计道里，时往来，平贵贱，以听于盐政”[43]。其具体职掌就是根据各个盐场的生产与需求情况不断调整盐价，并将调整情况上报盐政。运同、运副、运判，掌分司产盐生产，辅运使、盐道以治其事。同知掌掣盐政令。提举主掌盐场监督监察。场大使掌盐场、盐池、盐井的生产，既受运同、运判的指挥，又受盐运使或盐法道的调遣。

机构编制

在清代，不设盐运使的省份就设盐法道。盐运使为从三品官，盐法道则是正四品官。盐运使，奉天、直隶、山东、两淮、两浙、广东、四川各一人。盐法道，江南、江西、福建、湖北、湖南、河南、山西、陕西、四川、广西、云南各一人，甘肃二人。其中有两人是分守道兼，六人是分巡道兼。运同，长芦、山东、广东分司各一人。运副，两浙分司一人。监掣同知，山西、河东、两淮、淮南、淮北各一人。盐课提举司提举，云南三人。运判，直隶蓟永分司、两淮海州通州泰州分司、两浙嘉松分司各一人。盐课司大使，直隶八人，山东八人，山西三人，两淮二十三人，福建十六人，两浙三十二人，内崇明巡盐大使一人。四川五人，广东十二人，云南七人。盐引批验所大使，直隶二人，山东二人，两淮二人，四川三人，其中重庆、嘉定府由经历兼任，遂宁县由县丞兼任。两浙四人，广东一人。长芦、两淮、两浙、山东、广东库大使各一人，隶属盐运使；山西、福建、四川、云南各一人，隶属盐法道。经历，长芦、两淮、两浙、山东、广东各一人，隶属盐运使。山西一人，隶属盐法道。知事，两淮、广东各一人。巡检，长芦一人，两淮二人，山西二人。

在清代，共有十八个行省，北京称顺天府，沈阳叫奉天府。与明代不同的是，清代无论是顺天府，还是奉天府，都属于地方机构编制序列，不属于中央机构编制序列。因为两府特殊，在“地方机构编制”一节中，我们首先介绍顺天府与奉天府。

5. 顺天府

机构沿革

清代定都北京之后，将北京改为顺天府，设尹一人，丞一人，兼提督学政衔。治中三人，通判三人，经历、照磨、司狱各一人，推官、知事、检校、递运所大使、库大使、张家湾宣课司大使各一人。在康熙年间，先后取消推官、知事、检校、递运所大使、库大使、张家湾宣课司大使等。儒学汉族教授一人，训导六人。顺治二年（1645）取消训导四人，康熙四年（1665）全部取消，康熙五年又设一人。京卫武学汉族教授一人，训导二人，顺治二年（1645）全部取消训导，康熙十五年恢复一人。

顺天府辖京县两个，大兴县与宛平县。康熙十五年（1676），并入京州县十九个，同时将遵化升格为直隶州，不隶属于顺天府管辖。乾隆八年（1743），定顺天府辖二十四州、县。嘉庆十八年（1813），定所属官吏归府尹考察。

顺天府辖区分为四路厅。

西路厅辖大兴、宛平、涿州、良乡、房山。

东路厅辖通州、蓟州、香河、三河、武清、宝坻、宁河。

南路厅辖霸州、固安、保定、文安、大成、永清、东安。

北路厅辖昌平州、顺义、怀柔、密云、平谷。

顺天府所辖五州十九县，除了大兴、宛平是京县，归顺天府直接领导外，其他各个州县因不是京县，属于双层领导，既属顺天府管辖，又归直隶省领导。这些州县官员的任免，顺天府要会同直隶省一起办理。

顺天府在机构职官设置上设兼管府尹事大臣。兼管大臣从汉族大学士、尚书、侍郎内特简。

机构职能

府尹掌清肃邦畿，布治四路，在京县颁政令条教，也就是颁行地方法规。如果天子举行春耕仪式，府尹要准备各种春耕播种农具。天子执耒耜做耕播的样子，府尹要在后面撒种。天子举行完仪式，府尹再带领百姓把这块土地耕种完毕。按时收缴田赋，上交户部。每年都要举行乡饮典礼，乡试则担任监临官。尹丞主管学校政令，乡试担任提调官。治中为府尹助手，主持府内事务，遇有乡试，兼乡试场务。通判掌主牙税，经历、照磨掌出纳文书。司狱掌罪囚羁押管理。儒学职掌京畿学务，每三年到学政上报一次学生学习情况。大兴、宛平二县各掌其县政令，与五城兵马司分片而治。因为是京县，大兴、宛平知县要比外县品级、服饰都高一个等级。

府尹下属机构有经历司、照磨所、司狱司。经历司掌管文件的收发，照磨所掌管府内文件的起草、核对及乡试卷子的弥封，司狱司掌管刑部所判徒刑人犯的收押与转递。

机构编制

尹，正三品，丞，正四品，各一人。属官有：治中一人，正五品。通判一人，正六品；经历司经历一人，从七品。照磨所照磨一人，司狱司司狱一人，从九品。经历司、照磨所、司狱司官员品级比较低，都由汉族人担任。儒学教授，正七品；训导，从八品，满族、汉族各一人。所辖四路厅，正五品。二十州、县的知州、知县，正七品，各一人。大兴、宛平二县知县各一人，正六品。县丞正七品，四人，其中大兴县一人，宛平县三人。巡检，从九品，七人，其中大兴县三人，宛平县四人。典史，闸官，崇文门副使，都属于未入流。在府衙门中还有很多胥吏，如经历司有经承、攒典各二人，照磨所有经承、攒典各二人，司狱司有经承、攒典各一人。据《光绪会典事例·书吏事例》，顺天府府尹还有堂房、本房、承发房与吏、户、礼、兵、刑、工六房，这九个房共有书吏十六人，这些书吏就是历代衙门中的胥吏。他们虽然承担了各个衙门的主要事务工作，但都不属于职官的编制，而属于胥吏。胥吏不但待遇低，而且在官场没有地位。

6. 奉天府

机构沿革

清天命十年（1625），努尔哈赤自辽阳迁都沈阳。天聪八年（1634），沈阳改名盛京。顺治元年（1644），以盛京为留都，顺治十年（1653），设辽阳府，顺治十四年（1657）改辽阳府为奉天府，设奉天府尹。乾隆二十七年（1762），奉天府尹受盛京将军节制。乾隆三十年（1765），实行军民分治，奉天府由五部侍郎一人兼管。光绪二年（1876），府尹加二品衔，以兵部侍郎、右副都御史行巡抚事。

奉天府辖五府、四厅、六州、二十六县。

机构职能

府尹“掌留都治化与其禁令，小事决之，大事以闻”(44)。府丞掌学校，兼稽核宗室、觉罗官学、义学等。也就是说，府丞就是奉天府的学政。治中掌巡查边防、督征赋税、节制军营，并兼管驿站。经历司、司狱司与顺天府相同。

机构编制

奉天府兼管府事大臣一人，从盛京五部侍郎内特简，后归将军兼管。尹，满族一人；丞，汉族一人。治中、围场通判、库大使、经历、司狱、巡检兼司狱、府学教授各一人。海防同知、军粮同知各一人。与顺天府一样，奉天府也有众多的胥吏在衙门担任各种工作。

7. 提督学政

机构沿革

提督学政，俗称“学台”，提督学政衙门称“学院”。清初，各省设督学道，督学道按照按察使佥事衔配置，从各部郎中进士出身者中选用。只有直隶差督学御史一人，后称顺天学政，全称是“提督顺天等处地方学政”。顺天学政隶属直隶总督。顺治七年(1650)，制定学道考选部属制度，由内阁与吏、礼二部会同考选学道官员。顺治十年(1653)改用翰林官担任督学道，十一年(1654)又按佥事衔安排督学道。康熙二十三年(1684)明确规定，以后各省督学道全部从各部侍郎、京堂、翰林、詹事、科道官中选任。雍正四年(1726)，将各省督学统一为学院，凡是提督学政都加编修、检讨衔。这样，提督学政就高了一个品级。有清一代，非常重视学校教育，无论在学政的配置，还是在省级机构的排列上，督学都处于优先位置。雍正曾经说过：“督学一官，尤人伦风化所系，遴选各省学臣，倍加郑重。”(45)

机构职能

提督学政“掌学校政令，岁、科两试。巡历所至，察师儒优劣，生员勤惰，升其贤者能者，斥其不帅教者。凡有兴革，会督、抚行之”(46)。从这里，我们将提督学政的职能归纳如下：第一，掌管一省的学校政令，督察全省学校。第二，对全省所属学校进行巡视，主持各个学校生员的岁试与科试。(各省学政要在三年大比之内，对全省府、州学校生员逐个进行考试，称之为岁试。为了迎接乡试和全国的科举考试，对生员进行预试，称之为科试。)第三，参加督抚主持召开的各种兴革大事，凡有兴革大事，学政无不会同督抚商办，并且有权直接向皇帝汇报情况。

机构编制

各省设提督学政一人，学政任期一般是三年。各府、厅、州、县设教授、学正、教谕、训导等官。学政衙门一般都有书吏若干，协助学政处理日常事务。这些胥吏少者二三人，多者十几人。

8. 布政使司

机构沿革

明代省级政权机构是三司并立，清代在继承明代制度的同时，又进行了某些改革，三司不再是一省最高行政机构，而变成总督、巡抚的下属机构，并且取消了都指挥使司，强化了学政衙门的地位。

布政使司俗称“藩司”，布政使称“藩台”“方伯”，为从二品官，地位仅次于巡抚。

清初，各省设左、右布政使各一人，顺治十八年（1661），规定江南、安徽布政使各二人。康熙二年（1663）分陕西布政使司为陕西、甘肃布政使司，设布政使各二人。康熙三年（1664），又将湖广布政使司分为湖北、湖南布政使司，去掉各省左、右布政使，只设布政使一人。康熙六年（1667），改江南右布政使为江苏布政使，左为安徽布政使；陕西左布政使为西安布政使，右为巩昌布政使；湖广左布政使为湖北布政使，右为湖南布政使，定山东、山西、河南、江苏、安徽、江西、福建、浙江、湖北、湖南、四川、广东、广西、云南、贵州布政使各一人，陕西二人，改左、右布政使为守道。康熙七年（1668），定山西、陕西、甘肃为满洲缺。雍正时期又开始使用汉族人为三省布政使。康熙八年（1669），置直隶守道一人，主管财政，改西安布政使为陕西布政使；将巩昌布政使徙驻兰州，为甘肃布政使。雍正二年(1724),改直隶守道为布政使。布政使司设左、右参政、参议。左、右参政、参议编制多少根据需要设置,一般各省守道都兼布政使司参政、参议衔。乾隆十八年(1753),停止各省守道兼布政使、参政、参议衔。乾隆二十五年(1760),以江宁钱谷事务繁剧,增设布政使一人。全国共设二十位布政使,其中江南布政使司二人,贵州因为行政事务少,不设布政使。直隶省则因为地处京畿,地位重要,不设布政使,而设口北道,掌管财政,并且兼山西布政使。布政使司内设机构经历司、照磨所、理问所等,也根据各省布政使司的变化而变动。

机构职能

“布政使掌宣化承流”,正因如此,布政使司的全称为“承宣布政使司”,上承下宣,地位仅次于督抚。作为承宣布政使司的主官,布政使的职能有以下几点:第一,承宣朝廷命令,下达于各道、府、州、县,督促朝廷政令与督抚政令的贯彻落实。第二,掌管一省财政收支,主管赋税征收,一省官吏俸禄从藩司支出。第三,为全省府、州、县官表率,并负责对他们履职情况“上下其考,报督、抚上达吏部”。第四,管理本省乡试,担任提调官,“升贤能,上达礼部”。第五,每十年统计全省户籍,“均税役,登民数、田数,上达户部”(47)。第六,参加督、抚会议,重大事务与督、抚商议而后议行。布政使一人要对朝廷各部负责。

布政使司下属机构经历司掌管文书收发。照磨所负责照刷案卷,具有监督性质。理问所负责刑名案件审判。库大使则负责仓库的管理。

机构编制

承宣布政使司设布政使,省各一人,从二品。左、右参政、参议,无定员。经历司经历一人,正六品;都事一人,从七品;照磨所照磨一人,从八品;理问所理问一人,从六品;库大使一人,正八品;

仓大使一人,从九品。各省布政使司还都设有胥吏,有典吏、攒典等。四川布政使司使用典吏最多,有七十余人,最少的是江苏,虽然有两个布政使司,但典吏只有二十几人。布政使司各个内设机构经历司、照磨所、理问所设有攒典,人数多少不一。

9. 按察使司

机构沿革

按察使司也叫臬台。清代的按察使司不但机构与明代相同,职能也相同。

清初,各省置按察使一人,副使、佥事根据各省实际设置。直隶不置按察使,设大名巡道兼河南按察使衔,通永(通州、永平)天津巡道兼山东按察使衔,霸昌(霸州、昌平)井陉巡道兼山西按察使衔。雍正二年(1724)改直隶按察使衔,各个巡道兼副使、佥事衔。顺治三年(1646),增设江宁按察使一人。康熙三年(1664),增设江北按察使,驻泗州;湖广按察使,驻长沙;甘肃按察使,驻巩昌。康熙六年(1667),定江苏、安徽、湖北、湖南、陕西、甘肃、浙江、江西、福建、山东、山西、河南、四川、广东、广西、云南、贵州各一人,名曰巡道。康熙七年,定山西、陕西、甘肃为满洲缺。雍正年间开始使用汉族人担任三省按察使。康熙八年(1669),增设直隶巡道一人,主管刑名案件。雍正二年(1724),改直隶巡道为按察使。乾隆十八年(1753),停各省巡道兼按察使副使、佥事衔。按察使司内设机构经历司,安徽、湖南、甘肃、贵州不设,其他省均设。知事,江西、福建、山西、广东、广西各一人。照磨,安徽、福建、浙江、湖南、甘肃、贵州各一人。检校,康熙六年定江西、福建、山西、陕西各一人,康熙三十九年取消。司狱,因时因地,设置不同。

机构职能

按察使司按察使"掌一省刑名按劾之事,以振风纪而澄吏治"。

按察使的职能可以概括为以下几点:第一,掌一省的刑名案件,是一省的最高法官。重大案件要与布政使会商审定,主持每年的秋审。第二,掌管对一省官吏的监督监察,通过惩治贪官污吏,澄清吏治。第三,遇到三年一次的乡试,担任监试官。第四,担任针对官吏的大计考核、考察的考察官。第五,管理一省的驿传。

按察使司下属知事掌勘察刑名。司狱掌检察系囚。经历司、照磨所职掌与藩司之经历司、照磨所相同。

机构编制

提刑按察使司设按察使一人,正三品。经历司经历,一人,正七品;知事,一人,正八品;照磨所照磨,一人,正九品;司狱司司狱,一人,从九品。除了经历、照磨、司狱,各个机构还都有一批胥吏办理具体事务。这些胥吏有的是典吏,有的是攒典,还有众多的狱卒。

10. 道员衙门

机构沿革

清代初年,各省布政使司、按察使司都设有副职,不久,将副职改为布政使左、右参议,这些参议被派往本省某地,称之为分守道;按察使副使、佥事,被派往某地执行监察任务,称之为分巡道。这些道员有的只管辖一府,有的数道同辖一府,更多的是管辖数府之地。顺治十六年(1659),明确各道兼布政使司、按察司衔。康熙六年(1667),全国共有分守道与分巡道一百零八人,以后各省道员不断增加,有的道员统辖全省,有的管辖三、四府州,管辖范围没有统一的标准,担任道员职衔也没有统一标准,由京堂等官补授的称为参政道,以掌印给事中、知府补授的称为副使道,以科道官补授的称为参议道,以郎中、员外郎、主事、同知补授的称为佥事道。无论担任分守道,还是分巡道,都是这种情况。而且,同是道员,但因为道员衔不同，级别也就不一样，如参政道为从三品，副使道为正四品，参议道为从四品，佥事道为正五品。虽都是道员，但有四个等级。乾隆十八年(1753)，罢参政、参议、副使、佥事诸衔，统一定为四品官。道员本来是临时差遣，此时变成了管理府州的一级机构，道员的职能也发生了变化，由原来的监察为主，变成了行政为主。乾隆二十八年(1763)，乾隆再次颁旨："外省知府，向为正四品，而巡道各视兼衔为差等，则有三、四、五品之不同。今道员既经裁去兼衔，统为正四品，知府乃其所属，自应量为区别，着将各省知府改为从四品。"(48)道员与知府在等级上有了区别，道员就成了知府名正言顺的上司。这说明清代最高统治者已经进一步认识到道员在国家政权机构中的地位与作用，国家不可能通过布政使司、按察使司两司实行对全省各地的有效统治，所以在法律上将道员的地位明确，从而彻底改变道员的派出机构性质。以后分守道与分巡道有的加兵备衔，有的没有加兵备衔，加兵备衔的道员有八十余人。乾隆四十一年(1776)，下诏要求道员挂布、按二司衔的，准许上封奏事。嘉庆四年(1799)，又以道员职司巡察，与科道之职相同，允许言事，可以密折奏事，这就增加了道员的权力，提高了其地位。

除了分守道与分巡道，其他的诸如兴屯道、海防道、巡海道、江防道、马政道等，后来都予以撤销。再诸如督粮道、管河道、盐法道、驿传道、茶马道、屯田道、兵备道等，这些也都是专职道，与分守道、分巡道不同，他们只对某项工作负责，没有分守道、分巡道的守土之责。

机构职能

道员的职掌："分守、分巡及粮储、盐法各道，或兼兵备，或兼河道，或兼水利，或兼学政，或兼茶马屯田，或以粮盐兼分巡之事，皆掌佐藩臬，核官吏，课农桑，兴贤能，厉风俗，简军实，固封守，以倡所属,而廉察其政治。”[49]

道员的职能可归纳如下:

第一,作为藩臬的主要辅佐助手,掌管地方政务。劝课农桑,选拔贤能,整治习俗。第二,负责掌管所辖地的官吏考核、监督监察与司法审判。监督监察本来就是分守、分巡的职能,当道员成为名正言顺的一级政府机构的时候,这项职能更不会弱化。司法是臬司的职能,那些分巡道自然更有权处理各种刑事案件。第三,守土有责,确保所在地区社会秩序的安定。一般道员都兼兵备道,掌管驻扎本地区的军队,一旦发生大的治安案件或者混乱,道员就有权调动军队进行镇压。第四,密折举报地方官员,甚至检举上司之责。“各省道员职司巡查,与在京科道有言责者相等。”道员身任地方,“目击本省政务民情者,较为真知灼见”“均着照藩、臬两司之例,准其密折封奏”。[50]第五,兼职之责。几乎大部分道员都有兼职,比如山东济东泰武临道,兼驿传、水利,黑龙江兴东道,兼营务、垦务、木植、矿产等,所兼之职自然也是其重要职能。

机构编制

有清一代,道这一级是机构最精简的一级。道员衙门有道员主官一人,正四品,属下都是杂职人员。也就是说,其手下人员几乎都是胥吏,最重要的职官有库大使,从九品,属于杂职。仓大使,关大使,都是未入流。其他还有典吏、攒典等胥吏人员,多的十几人,少的只有一两人。与督抚一样,道员也都有自己的幕僚班子,幕僚的多少都是根据本人工作事务繁简与自身的经济状况而定的。

11. 知府衙门

机构沿革

明代的知府为一省的二级机构,清代增加道员衙门这一级,知府衙门就成了三级机构衙门。清代初期,知府为正四品官,乾隆十八年(1753)改为从四品。清代将府、州、县划分为四等,最要缺、要缺、中缺、简缺,担任知府的多是汉族人。嘉庆年间,知府为承上接下的要职,严谕各督、抚考核。知府虽然是承上接下的要职,但因为级别低,满族子弟皆不屑担任。据《光绪会典》记载,全国共设知府一百八十八个。

机构职能

“知府掌总领属县,宣布条教,兴利除害,决讼检奸。三岁察属吏贤否,职事修废,刺举上达,地方要政白督、抚,允乃行。”[51]对于知府的职能,雍正帝在其训谕中也作了规定:“国家亲民之官,莫先于守令。盖州县官与民最亲,而知府又与州县官最亲,凡州县兴利除弊之事,皆于知府有专责焉。是知府一官,分寄督、抚、监司之耳目,而为州牧县令之表率,承流于上,宣化于下,所系綦重矣。”[52]知府总领属县,是县的直接上司,上级所有政令法律条文都通过知府传达贯彻;在一府辖地之内主持各种兴利除害事业;三年大计,按照大计考核要求,对所属官吏进行考核,并将考核结果上报;地方需要兴办重大事务要向督抚汇报,得到批准方可进行。知府下属同知、通判,掌管粮盐、捕盗、江海防务、河工水利、清军理事、安抚少数民族诸要职。同知、通判有的属知府管辖,有的直属布政使管辖。归布政使管辖的全国有二十二个,在规格上同直隶州。知府内设机构有经历司、照磨所、司狱司、儒学等。

机构编制

知府衙门设知府一人,从四品。同知,正五品。通判,正六品。同知、通判无定员,根据各地情况而定。经历司经历一人,正八品;知事一人,正九品。照磨所照磨一人,从九品。司狱司司狱一人,从九品。儒学教授一人;训导一人。还有的知府衙门设有库大使、仓大使、宣课司大使、税课司大使、检校等职官,一般都是一人。知府衙门也都雇有一批胥吏，各个衙门所用胥吏多少不一，多者二十人，少者几人。

12. 直隶厅、散厅衙门

厅并非一级行政单位，而是布政使、知府属官同知、通判的办事机构。由于同知、通判长期驻守一地，久而久之，厅就成了一级地方机构。有的厅直属布政使管辖，有的厅属知府管辖。属布政使管辖的厅称直隶厅，其级别与府、直隶州相同。根据《光绪会典事例》，全国共有直隶厅四十一个，这些直隶厅的长官多数是同知，少数是通判。显然同知为长官的直隶厅级别要高一些，而通判为直隶厅长官的级别要低一些，因为同知是正五品，通判是正六品。属于知府管辖的厅自然要低一等，称之为散厅。

无论是直隶厅还是散厅，不但有属官，还有内设机构，这是其与道员的不同之处，甚至是与总督、巡抚的不同之处。一般来说，知府有什么样的机构，直隶厅与散厅就有什么样的机构。厅的属官有经历、知事、照磨、库大使、司狱等。对于经历司、照磨所、司狱司的设置，各个厅各有不同。比如经历司共有七个省设，照磨所有十个省设，司狱司有七个省设。各个厅一般都设有儒学，各儒学设有教授、学正、教谕、训导等。除了以上官员，各个厅都设有典吏若干人，协助同知或通判工作。很多厅还设有攒典等胥吏。

13. 直隶州、散州衙门

机构沿革

直隶州“其规制与知府同，惟无倚郭县，其所治州即以知州行知县事”(53)。这些直隶州知州，虽然叫知州，但是所做的工作与知县是一样的。全国直隶州有七十六个，散州四十八个。知州最初为从五品。乾隆三十五年(1770)改直隶州知州正五品。

机构职能

"知州掌一州治理。属州视县,直隶州视府。"(54) 但是这些州不像知府那样,有下属的县,知州的职能就是知府、知县的职能。知州属官州同、州判,分掌粮务、水利、防海、管河诸职。以下属官统称吏目,巡检司设巡检,掌管捕盗、审理囚犯、典簿录。驿丞主管邮递与迎送过往官员。闸官掌管水闸开启、关闭。

机构编制

直隶州、散州设知州一人,正五品。州同,从六品,州判,从七品,均无定员。其他属官有巡检、驿丞、闸官、税课司大使等。各个省巡检、驿丞、闸官等设置情况不一,有的设置有的不设置。这些吏目为一州胥吏的首领官,其他胥吏有攒典等。

14. 知县衙门

机构沿革

县制一直是中国封建社会的传统建制,清朝也不例外。顺治十二年(1655),下谕吏部将州、县分为三等。知县一直是明代台谏官员的后备队伍,清代也遵循明制,只要台谏官员缺乏,就从知县中选任。康熙二十九年(1690),康熙皇帝再次要求九卿从知县中察举台谏官员。有清一代,县的数目变化较大,繁要的县升为州,事简的州降为县。据《清史稿》,全国共有县一千三百五十八个。

机构职能

知县为一县之长,简称县令或令尹。知县又称为亲民官,凡是一县之政,无所不管。知县的具体职能有以下几项:第一,主掌一县的赋役,征收赋税,选用徭役。国家的赋税与各地的工程都需要知县来完成,根据上级的要求,结合本地丰歉实际,确定征收赋税的数额。上级或本地的工程需要多少徭役人数，也都由知县决定。第二，听讼断狱。知县既是一县之长，又是一县的最高法官，一县发生的案件都要由县长来审明断理。第三，教化百姓。“劝农赈贫，讨猾除奸，兴养立教。凡贡士、读法、养老、祀神，靡所不综。”(55)知县掌一县治理，决讼断辟，县丞、主簿分掌粮马、征税、户籍、缉捕、河防等事务。典史则掌管狱囚。无论是县丞，还是主簿，各个县并不统一必设，很多县不是缺少县丞，就是缺少主簿。各个县根据本县实际，县丞或主簿可设可不设。

机构编制

县设知县一人，正七品。县丞一人，正八品。主簿正九品，无定员。典史一人，属未入流。其他属官有巡检、驿丞、闸官、税课大使、库大使、仓大使、河泊所大使等。这些属官在全国各县也是设置情况不一，有的省设得多，有的省设得少，甚至还有好多省根本就不设置。比如驿丞，全国只有八个省设，其他省均未设。各个县也都设有儒学，儒学设教谕一人，训导一人，掌管本县生员的学习。医学在府称正科，在州称典科，在县则称训科，各一人。阴阳学在府称正术，在州称典术，在县称训术，各一人。僧纲司在府称都纲、副都纲，在州称僧正司僧正，在县称僧会司僧会，各一人。道纪司在府称都纪、副都纪，在州称道正司道正，在县称道会司道会，各一人。

清代地方机构编制简表

机构	职官	职能	编制	品级
总都衙门	总督	掌综治军民，统辖文武，考核官吏，修饰封疆	1人	从一品
	漕运总督	征收漕粮	1人	从一品
河道总督	河道总督	治理黄河、大运河	1人	从一品

（续表）

机构	职官	职能	编制	品级
巡抚衙门	巡抚	掌宣布德意，抚安齐民，修明政刑，兴革利弊等	各1人	从二品
都转盐运使司	盐运使	掌督察盐政	1人	从三品
顺天府	府尹	掌清肃邦畿，布治四路	1人	正三品
	丞		1人	正四品
	治中		1人	正五品
	通判		1人	正六品
	经历司经历		1人	从七品
	照磨所照磨		1人	从九品
	司狱司司狱		1人	从九品
	儒学教授		满族、汉族各1人	正七品
	训导		1人	从八品
奉天府	府尹	掌留都治化与其禁令，小事决之，大事以闻	1人	
	丞		1人	
	治中		1人	
	围场通判		1人	
	库大使		1人	
	经历		1人	
	司狱		1人	
	巡检兼司狱		1人	
	府学教授		1人	
学院	提督学政	掌学校政令	1人	
布政使司	布政使	掌宣化承流	1人	从二品
	经历司经历		1人	正六品
	照磨所照磨		1人	从八品
	理问所理问		1人	从六品
	库大使		1人	正八品
	仓大使		1人	从九品
按察使司	按察使	掌一省刑名按劾之事	1人	正三品
	经历司经历		1人	正七品
	知事		1人	正八品
	照磨所照磨		1人	正九品
	司狱司司狱		1人	从九品

（续表）

机构	职官	职能	编制	品级
道员衙门	道员	分守、分巡及粮储、盐法各道	1人	正四品
知府衙门	知府 同知 通判	掌总领属县，宣布条教，兴利除害，决讼检奸	1人 无定员 无定员	从四品 正五品 正六品
知州衙门	知州 州同 州判	掌一州治理	1人 无定员 无定员	正五品 从六品 从七品
知县县衙	知县 县丞 主簿	掌一县之政	1人 1人 无定员	正七品 正八品 正九品

清代无论是中央机构，还是地方衙门，编制都从严设置。从清代自上到下的机构编制情况可以看到，越是清闲的衙门，官员的编制越宽松，越是没有实质职能的机构，他们的人员编制越庞大，尤其是内务府机构人员庞大，多数人无所事事。与之相对，总督、巡抚作为一方大员，竟然没有内设机构。作为总督、巡抚衙门，他们无法与内务府及礼仪衙门相比。府州县一级衙门虽然有内设机构，但是在职官配置上也非常精练，几乎就没有副职。各部实行官员复职，但部级官员一般是四人左右，最多不会超过六人，其他机构也是如此，非常精简。所以，无论是中央衙门，还是地方机构，他们要处理各种政务，必须雇用一大批胥吏。

清代胥吏因为担任工作的衙门不同，称呼也不同，即使在中央各个衙门也有不同的称呼。在宗人府、内阁、中书科、翰林院、詹事府等衙门的胥吏叫作“供事”，在六部、都察院、理藩院、内务府、太常寺等衙门的胥吏叫作“经承”。经承根据其所从事的工作又分为堂吏、门吏、都吏、书吏、知印、火房、狱典等。除了这些名称，礼部还有儒士，户部有攒典。总督、巡抚、学政，以及各仓各关的胥吏称为“书吏”。书吏的工作是起草文书、造报册籍、核算账目、保管档案、登记各个衙门来往公文。有的还收受刑名词讼、审判纪录。总之，凡是衙门的文字材料及其他工作，都是胥吏的职责。总督、巡抚除了雇用书吏外，还雇用承差。道府州县雇用的胥吏则称为典吏。一个道只有道员一人。一个府州县也只有知府、知州、知县一人，即使他们有三头六臂，如果没有胥吏为他们做大量的工作，他们也会天天疲于奔命。所以，这些衙门长官都是“与胥吏共天下”(56)。

同各个衙门的编制人数有着严格的限制一样，清代各个衙门的胥吏人数也有着严格的限制，并不是本衙门自己想雇用多少人就雇用多少人。清代对各个衙门的胥吏使用人数都有明确的规定。比如宗人府的胥吏有堂供事、经历供事，共计十四人。当然这些都是从事文字工作的，那些从事体力劳动的胥吏不包括在内。内阁虽然是一个大衙门，但雇用的各类胥吏也只有六十二人。最多的是户部，有胥吏二百三十八人。整个中央衙门雇用胥吏一千二百余人。地方各个衙门在雇用胥吏人数上差距也很大，闽浙总督衙门雇用的人数最多，近六十人，其次是陕甘、四川总督，都是四十六人，最少的是两江总督，三十人。巡抚衙门胥吏最多的是山东、贵州，四十人，其余大多数都是二十余人。在省级机构中，布政使司是胥吏最多的部门，甚至比巡抚衙门还要多。各个省雇用的胥吏有时候并不与其政务的繁简程度成正比，很多政务较少的偏远地区的衙门反而比经济发达、政务较多的地区使用的胥吏还要多。两江总督、江苏巡抚以及其他衙门，都不如贵州等偏远地区的衙门使用的胥吏多。县一级衙门胥吏一般在十人左右。

清代的府、州、县衙门组织不健全，都没有属员，即使有也只是简单的几个佐员，不像唐宋的府州设有录事参军等，地方长官也没有任命僚属的权力，执行公务全靠胥吏。由于官府缺乏办公经费，官员俸禄又很低，胥吏几乎就没有俸禄，他们之所以愿意充当公差，主要的好处就是不负担徭役，再就是可以捞取好处。所以，这些胥吏就公开贪污营私，加剧了吏治的腐败。

清代，各个衙门中除了有相当数量的胥吏承担着衙门的各种行政事务外，总督、巡抚、道员、知府、知州、知县还通常要聘请几名能干又有学问的人帮办事务，这些人叫作幕宾，俗称师爷。例如河南巡抚田文镜聘请邬思道为幕宾，河道总督靳辅聘请陈璜为幕宾等。督、抚的师爷无定额，可多可少，自己根据事务和关系安排。县的师爷一般都有定额，一般大县二人，分管钱粮和刑名；小县一人，无所不管。师爷不是朝廷命官，不占正式编制，各级地方官以宾礼相待，合则留，不合则去，年终支付报酬，一般在千两以上。谁聘请的师爷，谁支付酬金。对于这笔钱，知县要通过县税收来解决。县长的俸禄收入，只能养家糊口，不可能再有钱支付师爷的费用。由于师爷与长官关系密切，所以，很多师爷狐假虎威，为非作歹，贪赃枉法，是老百姓的祸害。

二、边疆地区机构编制

清代边疆地区采取的是不同形式的地方机构编制，可以说因地制宜，根据不同地区原有的官制，结合内地官制，形成了具有当地特色的机构编制管理制度。

清代对于边疆少数民族地区的机构编制采取了一种特殊的方式，以驻扎大臣的方式管理边疆少数民族地区行政。这些驻扎大臣一般都是高级军官，既管军，又治民。这些高级军官以不同的军衔出现在各个边疆少数民族地区。这些军衔既有将军、都统、副都统，也有大臣、总管、盟长、札萨克等。

1. 盛京、吉林、黑龙江

前文在介绍奉天府的时候,在奉天府府尹之下有与汉族官制相同的府州县,但那只是管理汉族百姓的机构,对于满族事务的管理,则由三位将军负责。这三位将军就是盛京将军、吉林将军、黑龙江将军。

清廷进入北京之后,盛京就成了留都,清廷派一名内大臣留守。顺治三年(1646)改称奉天昂邦章京,佩镇守总管之印。康熙元年(1662)改名镇守辽东等处将军。乾隆十二年(1747)定名镇守盛京等处将军,简称盛京将军。除了盛京将军,还有吉林将军、黑龙江将军。吉林将军原称宁古塔昂邦章京,驻守宁古塔。康熙十五年(1676)移驻吉林,改称吉林将军。吉林一直没有府州县建制,到乾隆以后才有了厅的建制。黑龙江将军建立于康熙二十九年(1690),驻黑龙江(即瑷珲),康熙三十八年(1699)移驻齐齐哈尔,除了管理满族事务,还管理索伦族(鄂温克族旧名)、达斡尔族和鄂伦春族事务。

2. 蒙古地区

清朝管理蒙古地区的将军有察哈尔都统、副都统各一人,康熙十四年(1675)设口外游牧察哈尔八旗,设总管、副总管各一人,掌察哈尔军政及察哈尔八旗事务。察哈尔都统衙门有总管、副总管、副参领、骁骑校等,明确的编制还有笔帖式四人。察哈尔都统衙门下设游牧处,设理事官八人,每人管理一旗。

热河最初只设副都统,乾隆四十年(1775)设都统,都统衙门有随同办事的理藩院司员一人,刑部司员一人,理刑笔帖式二人,主事一人,印房笔帖式二人。乾隆四十四年(1779)改为蒙古理事官。都统之下设总管、翼长、协领、佐领、防御、骁骑校等职官。

归化城(呼和浩特市旧称)设副都统一人,副都统之下有参领、佐领、前锋校、骁骑校等职官。

内蒙古科尔沁二十四部，共分四十九旗，封有亲王、郡王、贝勒、贝子、镇国公、辅国公、台吉等。管理一旗事务的叫“札萨克”。四十九旗之上又设有盟，分为六盟，每盟设盟长、副盟长。每盟设备兵札萨克一人，管理盟的具体事务。

外蒙古地区于雍正九年（1731）设定边左副将军（从一品），驻乌里雅苏台，所以又称乌里雅苏台将军。下设参赞大臣二人，共掌喀尔喀四部（土谢图汗部、赛音诺颜部、车臣汗部、札萨克图汉部），以及后来归附的额鲁特部、辉特部、唐努乌梁海部事务。在科布多设参赞大臣、办事大臣等衙门。这些将军、大臣衙门有总管、参领、佐领、骁骑校等官员，还有一批笔帖式。在库伦设办事大臣、帮办大臣各一人，掌管蒙古对外贸易。属官有印房章京、理刑司员、管理商民事务司员、印务处笔帖式等职官。外蒙古共设七盟，每盟设盟长、副盟长。

3. 青海地区

乾隆元年（1736），在西宁设办事大臣（从二品）。西宁办事大臣衙门属官有理藩院司员一人，笔帖式三人，三年一任。青海五部共有二十九旗，每旗各设札萨克管理旗务。

4. 新疆地区

伊犁将军，乾隆二十七年（1762）设，助手为参赞大臣，统辖新疆全境。伊犁将军下设领队大臣四人，以及总管、副总管、协领、佐领、防御、骁骑校等职官。这些总管、副总管分驻惠宁城与惠远城。

乌鲁木齐都统，乾隆三十八年（1773）设，主乌鲁木齐军政，属官有副都统，下设吐鲁番、巴里坤、古城、库尔喀喇乌苏领队大臣，各一人，其他属官有协领、佐领、防御、骁骑校等。

哈密办事大臣，乾隆二十九年（1764）设，掌哈密屯政与粮储。助手为帮办大臣，属官有印房章京、骁骑校、笔帖式等。

塔尔巴哈台（今新疆塔城地区）参赞大臣，乾隆二十九年（1764）设，掌管塔城军政。以后增设领队大臣一人，属官有印房章京、骁骑校、笔帖式等。

喀什噶尔参赞大臣与帮办大臣，乾隆二十四年（1759）设。参赞大臣属官有总管、参领、防御，参赞大臣内设机构有印房、回务处与粮饷局，设章京、笔帖式等职官。

叶尔羌办事大臣及帮办大臣，乾隆二十四年（1759）设。帮办大臣兼理粮饷。属官有印房章京、回务章京、笔帖式等。

和阗办事大臣，乾隆三十年（1765）为副都统，四十二年（1777）改为办事大臣，并兼领队。属官有章京、笔帖式。

阿克苏办事大臣，设立于乾隆二十四年（1759），主管阿克苏地区政务，属官有章京、笔帖式等。

乌什办事大臣，最初是副都统，乾隆二十四年（1759）改设办事大臣，三十年（1765）取消，喀什噶尔参赞大臣与帮办大臣移驻乌什，设置领队大臣一人。乾隆四十四年（1779）领队大臣移驻阿克苏。乾隆五十二年（1787），参赞、帮办各大臣还驻喀什噶尔，恢复乌什办事大臣。属官有协领、佐领、防御、骁骑校，还有印房章京、管理粮饷官、笔帖式等。

另外，库车办事大臣、喀喇沙尔办事大臣也都是乾隆二十四年（1759）设立的。新疆其他地区也根据其实际，办事大臣为其最高长官。

除了朝廷驻新疆各部的办事大臣，清廷还设总理回务札萨克郡王一人，协理图撒拉克齐二人，一驻哈密，一驻辟展。

新疆本地最高官员为阿奇木伯克，“掌综回务”。清代在新疆原来回部伯克制的基础上，对其进行改造。“伯克，回语官长之称。”[57]清代按照官员的品级对新疆的伯克进行划分，根据其管辖地域的大小授予不同等级的伯克。伊犁、喀什噶尔、叶尔羌、和阗、伊里齐城、库车及所属沙雅尔、喀喇沙尔,库尔勒及所属布古尔,阿克苏及所属赛里木,设阿奇木伯克各一人,都是三品官。喀什噶尔所属牌素巴特、英吉沙尔,和阗所属哈拉哈什城、玉陇哈什村、策勒村、克里雅城、塔克弩喇村,阿克苏所属拜城设阿奇木伯克各一人,都是四品官。其他地方的伯克四品至六品不等。对于这些伯克,清廷也都赏给"顶翎",颁发官印。这些伯克不得像以前那样世袭,凡有三品至五品的伯克缺出,由各个办事大臣或领队大臣提出名单报参赞大臣,由参赞大臣咨报理藩院任命。五品以下的伯克则报参赞大臣任命。伯克也实行回避制度,凡是本城的人不能担任本城的伯克。对于担任伯克的官员,清廷还发给养廉银,同时参照原来回部惯例,发给"钱币、地亩及供役之人"(58)。清廷还规定,回部阿珲(阿訇)不得干预地方政事。乾隆二十五年(1760)六月谕令:"晓示各城回人,嗣后诸事,惟听阿奇木等伯克等办理,阿珲不得干与。"(59)清代通过改造新疆的官制落实对新疆的统治。

伯克只是对新疆地方官员的总称,对于担任不同职能的伯克又有不同的称呼。阿奇木伯克,负责"总办该处一切事务",阿奇木是维吾尔语"公平"的意思,虽然都称阿奇木伯克,但品级区别很大,有三品、六品不等。伊沙噶(伊什罕)伯克,是阿奇木伯克的助手,伊沙噶(伊什罕)是司门,协助阿奇木管理城门与庄事,一般是四品官。噶杂纳齐伯克掌保管地亩钱粮,噶杂纳齐是典守仓库的意思。商伯克主掌征收钱粮。"商"出于准噶尔语的"布",即输布于准部的意思。哈子伯克掌管刑名审判,哈子是审问的意思。帕察沙布伯克掌管抓捕盗贼之事。斯帕哈子伯克掌管办理头目的诉讼。拉雅哈子伯克掌管百姓之间的诉讼。还有各种各样其他的伯克,只要分管某项事务就称之为伯克,有的属于三品,有的属于七品,高低不一,更多的伯克则没有品级。

5. 西藏地方机构

西藏办事大臣始于雍正五年(1727),最初设二人,总理前后藏事务,驻前藏,每年两人轮流到后藏视察地方事务,并巡视边界。以后改为西藏办事大臣一人,帮办大臣一人,分驻前、后藏。

对于西藏办事大臣的职掌,乾隆五十八年(1793)清廷作了明确的规定:“驻藏大臣督办藏内事务,应与达赖喇嘛、班禅额尔德尼平等,自噶伦以下番目及管事喇嘛,分系属员,事无大小,均应禀驻藏大臣办理以肃纪纲。”[60] 西藏办事大臣的具体职掌:考察唐古特(清代对藏族人的称呼)官、喇嘛官、操练藏族士兵、防守关隘、考核财赋、平议刑罚、拟定法律条文等。

西藏办事大臣衙门主管属官有:理藩院司官一人,随印笔帖式一人。理藩院司官、笔帖式与西藏办事大臣为衙门主要官员,三年一轮换。其他属官有:粮务一人,主管仓库、粮饷,承办西藏办事大臣交办的审理案件事项。副粮务一人,主掌监造银钱。通事译字四人,负责唐古特、廓尔喀文字翻译。在扎什伦布、拉里、察木多各设粮务一人,负责审核、发放该处兵饷及西藏办事大臣交办事项。

西藏达赖喇嘛一人,主管全藏政令,驻拉萨,班禅喇嘛一人,驻扎什伦布,主管后藏寺院与其教民,并接受驻藏大臣领导。

西藏地方政府为噶厦。

自乾隆十五年(1750)发生驻藏大臣傅清、拉布敦被杀事件之后,清廷宣布“噶伦事务不可一人专办”,设立由三名贵族和一名僧侣组成的西藏地方政府。四名噶伦地位平等,没有高低之分,“公同办事”,四噶伦遇有重大事情需要处理,“禀知达赖喇嘛与驻藏大臣,遵其指示而行”[61]。这就是说,地方政府——噶伦之上的领导人为达赖喇嘛与驻藏大臣。

达赖喇嘛下面设译仓及秘书处。噶伦决定的事情必须通过译仓审核,加盖达赖喇嘛的印信,才能生效。这就把噶伦的权力限制在达赖喇嘛的职权之内,实现了政教合一。噶伦如果缺出,由驻藏大臣会同达赖喇嘛从低一级的官员中请旨补放。

西藏地方政府其他属官有:仔琫三人,四品,掌管商上事务。"商上"的意思是"库藏出纳之所",也就是掌管仓库的官员。商卓特巴三人,四品,掌管库务。叶尔仓巴一人,五品,掌管粮食。朗仔辖二人,掌管拉撒番民。协尔帮二人,掌管刑名。硕第巴二人,掌管布达拉一带百姓。六品达琫二人,掌管马厂。大中译二人、卓尼尔三人,七品小中译三人。大中译、卓尼尔、小中译为协助噶厦办事的官员。四品戴琫六人,五品如琫十二人,六品甲琫二十四人,七品定琫一百二十人。第巴十三人,其中管草第巴一人,糌粑、柴、帐房第巴各二人,门、牛羊厂第巴各三人。五品边营官二十三人。江卡、喀喇乌苏、官觉、补人、工布硕卡、绒辖尔营各一人。堆噶尔本、错拉、拍克里、定结、聂拉木、济咙、博窝、达巴喀尔营各二人。喇嘛营一人,无顶戴。大营官十九人。桑昂曲宗、工布则岗、昔孜、协噶尔、纳仓营各一人。乃东、琼结、贡噶尔、仑孜、江孜营各二人。喇嘛营四人。六品中营官五十九人。七品小营官二十五人。后藏唐古特三品大营官四人,六品中营官十七人,七品小营官十有六人。僧官有国师、禅师、札萨克大喇嘛、札萨克喇嘛、大喇嘛、副喇嘛等。西藏地方官员分卫、藏、喀木、阿里四部,各设噶布伦掌治其地,职任綦重。仔琫以下为佐理国事官,戴琫以下为各城典兵官。

6. 土司、土官

清代沿袭明制,在少数民族地区实行土官制度,就是任用当地人担任土官,掌管本地政务。

土官都是世袭,土官世袭有着严格的程序。土官分为文官与武官两种。无论是文官世袭,还是武官世袭,都必须经过清廷的批准。文官归吏部验封清吏司任命,武官归兵部武选司任命。无论是文官,还是武官,都归各省督抚管辖。雍正、乾隆年间,改土归流,将土官改为流官。

土府官文职官有:土知府(从四品)、土同知(正五品)、土通判(正六品)、土推官(正七品)、土经历(正八品)、土知事(正九品)。

土州职官有:土知州(从五品)、土州同(从六品)、土州判(从七品)、土吏目(从九品)。

土县职官有:土知县(正七品)、土县丞(正八品)、土主簿(正九品)、土典史(未入流)。

除此之外,还有土巡检、土驿丞等。

武职有:指挥使(正三品)、指挥同知(从三品)、指挥佥事(正四品)、千户(正五品)、副千户(从五品)、百户(正六品)、百长(未入流)。

宣抚使司宣抚使(从四品)、宣抚使司同知(正五品)、宣抚使司副使(从五品)、宣抚使司佥事(正六品)。

安抚使司安抚使(从五品)、安抚使司同知(正六品)、安抚使司副使(从六品)、安抚使司佥事(正六品)。

招讨使(正五品)、招讨副使(正六品)。

长官司长官使(正六品)、长官司副长官(正七品)。

这些土官分布在甘肃、青海、四川、西藏、广西、云南、贵州等省区,有蒙古、藏、苗、瑶、壮、黎、彝族等少数民族。这些职官的具体编制情况是:

甘肃省土官,没有文职,只有武职。甘肃省设指挥使八人(正三品),分别设在河州、狄道州、平番县等地,下设有指挥同知(从三品)七人、指挥佥事(正四品)八人、千户(正五品)七人、副千户(从五品)二人、百户(正六品)九人,管理甘肃境内四十二个土司。这些武官级别都比较高,连百户都是正六品官。除此之外,还有土守备、土千总、土把总等。以上土官都归陕甘总督管辖。

西宁千户一人,百户二十三人,百长二十六人。

西藏百户十五人,百长五十二人。

四川宣慰使司宣慰使七人,从三品。宣抚使五人,从四品。安抚使司安抚使十六人,从五品。长官司长官三十七人,正六品。副长官一人,正七品。千户四十一人。百户一百五十九人。

广西长官司长官二人,副长官司二人。

云南指挥使司指挥使二人,指挥同知一人。宣慰使司宣慰使一人。宣抚使司宣抚使七人,副使三人。安抚使司安抚使二人。长官司长官三人,副长官司二人。

贵州长官司长官六十五人,副长官十九人。

四川土通判二人,土知事一人,土巡检二人,副巡检一人。

广西土知州二十五人,土州同一人,土知县四人,土州判一人。不管理土峒的土官有正六品土官二人,从六品、正八品、正九品土官各一人,从九品土官一人,未入流土官二人。

云南土知府二人,土同知一人,土知州四人,土州同三人,土州判二人,土知事一人,土县丞五人,土主簿二人,土典史一人,土巡检十九人,土驿丞三人。不管理苗裔村寨的土通判二人,正八品土官一人。

贵州土同知二人,土通判、土推官各一人,土县丞五人,土主簿二人,土吏目一人,土巡检二人。不管理土峒的,正六品、正七品土官各一人,正八品土官三人,正九品、从九品土官各二人。

四川土游击一人,土都司一人。屯守备十二人,土千总七人,屯千总十九人,土把总七人,屯把总三十四人。

云南土都司一人,土守备五人,土千总十八人,土把总三十六人。

甘肃土守备一人,土千总十六人,土把总二十人。

贵州土千总十人，土把总一人，不管理村寨的湖北世袭千总衔十人，湖南千总衔十三人，把总衔五十二人。贵州六品武土官二人，七品武土官四人。

总之，清代在中央机构编制与地方机构编制工作上，都是围绕着如何巩固皇权、如何维护皇族的利益、如何维护满族利益而展开的。无论是在机构设置上，还是在人员安排上，都优先考虑满族统治集团的利益，而不是优先考虑全民族的利益。出于强化皇权、巩固满族统治的需要，清代在国家机构编制上实行满族、汉族官员双职并存的制度，为了满族八旗子弟做官的需要，建立了庞大的内务府，但就整个国家机构编制而言，清代各级政权机构编制是精简的，这一点是必须要肯定的。但是我们也要看到，就封建王朝而言，清代是有为之君最多的一个朝代，表现在机构编制上，也就能够继续坚持历代奉行的机构设置精简的原则，在一定程度上减少了国家财政开支，减轻了百姓负担。

清代无论是中央政权机构编制，还是地方政权机构编制，都借鉴吸收历代政权机构编制经验，并加以完善。清代的国家机构编制紧紧围绕着如何维护皇权这个中心，将皇权制度推上了顶峰。物极必反，当皇权制度走向顶峰的时候，也就预示着皇权制度的没落与结束，也就预示着一个新时代的到来。

注释：

(1)《清朝文献通考》卷一七九《兵考一》。

(2)《天聪朝臣工奏议》卷上胡贡明《五进狂瞽奏》。

(3)《清太宗实录》卷五“天聪三年正月丁丑”。

(4)《清太宗实录》卷二〇“天聪八年九月甲戌”。

(5)广禄、李学智译注：《清太祖朝老满文原档》第1册，“中研院”历史语言研究所1970年版，第50页。

(6)(清)昭梿：《啸亭杂录》卷二《五大臣》。

(7)《清高宗实录》卷一三八九“乾隆五十六年十月乙丑”。

(8)(清)张廷玉:《明史》卷七二,中华书局1974年版,第1734页。

(9)(清)赵尔巽:《清史稿》卷一七四,中华书局1976年版,第6089页。

(10)光绪《大清会典》卷二《内阁》。

(11)(清)赵尔巽:《清史稿》卷一一四,中华书局1976年版,第3267页。

(12)《乾隆会典》卷二。

(13)《清高宗实录》卷一一二九。

(14)(清)赵尔巽:《清史稿》卷一一四,中华书局1976年版,第3269页。

(15)(清)赵尔巽:《清史稿》卷一七四,中华书局1976年版,第6089页。

(16)(清)何圣生:《檐醉杂记》。

(17)(清)梁章钜、朱智:《枢垣记略》卷二二,中华书局1984年版,第271页。

(18)《光绪东华录》“(光绪)二十七年四月”。

(19)(清)赵尔巽:《清史稿》卷一一四,中华书局1976年版,第3270页。

(20)(清)赵尔巽:《清史稿》卷一七六,中华书局1976年版,第6229页。

(21)(清)梁章钜、朱智:《枢垣记略》卷二八,中华书局1984年版,第341页。

(22)《清太宗实录》卷九“天聪五年七月庚辰”。

(23)(清)徐珂:《清稗类钞》第3册,中华书局1984年版。

(24)(清)赵尔巽:《清史稿》卷一一四,中华书局1976年版,第3280页。

(25)(清)赵尔巽:《清史稿》卷一一四,中华书局1976年版,第3288页。

(26)《光绪会典》卷五九。

(27)(清)赵尔巽:《清史稿》卷一一四,中华书局1976年版,第3292页。

(28)(清)赵尔巽:《清史稿》卷一一五,中华书局1976年版,第3300页。

(29)《光绪会典事例》卷二〇。

(30)《光绪会典》卷六三。

(31)《光绪会典事例》卷九九八。

(32)《光绪会典事例》卷九九九。

(33)《光绪会典事例》卷一三一。

(34)(清)赵尔巽:《清史稿》卷一一五,中华书局1976年版,第3310页。
(35)(清)赵尔巽:《清史稿》卷一一五,中华书局1976年版,第3312页。
(36)《光绪会典》卷七〇。
(37)《历代职官表》卷二六。
(38)《光绪会典事例》卷一〇五七。
(39)(清)赵尔巽:《清史稿》卷一一六,中华书局1976年版,第3317页。
(40)(清)赵尔巽:《清史稿》卷一一六,中华书局1976年版,第3318页。
(41)《清朝续文献通考》卷一三二《职官一八》。
(42)(清)赵尔巽:《清史稿》卷一一六,中华书局1976年版,第3341页。
(43)(清)赵尔巽:《清史稿》卷一一六,中华书局1976年版,第3350页。
(44)(清)赵尔巽:《清史稿》卷一一六,中华书局1976年版,第3335页。
(45)《清世宗实录》卷三。
(46)(清)赵尔巽:《清史稿》卷一一六,中华书局1976年版,第3345页。
(47)(清)赵尔巽:《清史稿》卷一一六,中华书局1976年版,第3346页。
(48)《高宗纯皇帝实录》卷六九一。
(49)《清朝通典》卷三四《职官一二》。
(50)《清朝续文献通考》卷一三四《职官二〇》。
(51)(清)赵尔巽:《清史稿》卷一一六,中华书局1976年版,第3356页。
(52)《清世宗实录》卷三。
(53)《清朝通典》卷三四《职官一二》。
(54)(清)赵尔巽:《清史稿》卷一一六,中华书局1976年版,第3357页。
(55)(清)赵尔巽:《清史稿》卷一一六,中华书局1976年版,第3357页。
(56)(清)徐珂:《清稗类钞·例吏利》,中华书局1984年版。
(57)《西域同文志》卷一二。
(58)《清高宗实录》卷六四九。
(59)《清高宗实录》卷六一五。
(60)《卫藏通志》卷一二。
(61)《清高宗实录》卷三八六。

第十章　晚清机构编制

第一节　晚清政治发展概述

1840 年的鸦片战争，打开了中国的大门。但是，帝国主义列强并不满足于他们从第一次鸦片战争中得到的利益，于 1856 年又发动了第二次鸦片战争。随后，帝国主义列强又在中国的土地上发动了争夺权益的战争。俄国与日本在中国的东北交战，列强在中国的国土上交战，清政府却宣布中立，让老百姓彻底看清了清政府的腐败无能的本质。

西方列强无法用先进的工业产品打开中国自给自足的自然经济市场的大门，他们就选择了鸦片。鸦片这种消磨人意志的毒品非常符合腐朽官僚的需求，为鸦片销售找到了市场。英国继 17 世纪 40 年代最早爆发资产阶级革命之后，于 18 世纪又率先实现“工业革命”，成为当时世界上最强大的资本主义工业国。英国每年的煤产量可以达到 3000 多万吨，生铁产量达到 140 万吨，机械纺纱业所用的棉花量达到 5. 2 亿多磅，筑成铁路数千公里。当时英国已有 2/3 的劳动人口从事工业生产，但是他们生产的工业产品无法打开中国的市场，反倒利用不是本土产品的鸦片一下子冲开了中国市场的豁口，不但造成中国大量白银外流，国家财政收入减少，严重损害民众的身心健康，更加剧了官场的腐败。鸦片战争前夕有人估计，在京官员中有十分之一二，地方官员中有十分之二三，吸食鸦片，至于“刑名、钱谷之幕友，则有十分之五六，长随、胥吏更不可胜计”。“享受”鸦片毒品的不仅有各级官吏，也有一些下层劳动者。他们本无吸食鸦片的经济条件，然而一旦染上毒瘾就不能自拔，不但身体受损，丧失了劳动能力，往往还伴随着品质、道德的沦丧。鸦片严重毒害了中国人的身心健康。

清朝后期的政治制度已腐朽不堪，但是皇帝仍然骄妄自大，沉醉在“天朝上国”的迷梦之中。封疆大吏则愚昧闭塞，官场贪污成风，吏治腐败不堪，贪污在清朝统治集团中成为一种不可遏制的“流行病”。虽然国家也多次对贪污腐败案件进行查处，但所查处的案件也只是所有官场腐败案件的一个零头而已。在思想统治上，经过历代不断被解释填塞的孔孟思想早已失去了任何进步意义，成为束缚人们思想的桎梏。孔子思想到了后期，变得更加神圣，任何人都不敢有所异议，稍微持有不同观点，就会被视为离经叛道，就会受到法律的严惩。

鸦片战争，让清朝的官僚与军队领略了列强的船坚炮利。洋枪洋炮的威力，使他们对洋人充满了畏惧，也有一些官员看到，中国要自强，必须向列强学习，他们不敢学习西方先进的政治制度和先进的文官制度，在他们看来，只要制造出西方的枪炮就能使中国强大，就能维持清政府的统治，他们根本就没有想到学习西方先进的文官制度、学习西方先进的宪政制度。清政府要的是先进的武器与腐朽落后的皇族统治。于是，洋务运动在中国应运而生。洋务运动的推动者虽然有清朝高官中的少数有识之士，但更多的是汉族官僚。汉族官僚在国家的富强发展上没有满族官僚的诸多顾虑。他们希望通过洋务运动，让清朝也像西方国家一样，能够具备船坚炮利的实力。

鸦片战争之后，清政府的表现不仅让中国人民看到了中国封建政治制度的日趋没落，也暴露了封建官制远远落后于时代发展需要的局限性。鸦片战争的失败首先是清朝落后腐朽的封建政治制度的失败，其次才是军事的失败。尽管清朝已经走向没落，但是作为最高统治者的皇帝与执政皇族，依然坚信自己是天朝上国，对于那些科技生产力高度发达的西方国家仍然视其为落后没有教化的蛮夷，认为只有封建制度才是最完美的社会制度，闭关锁国是保证清朝统治的最有效的国策。

伴随着列强对中国各种贸易的开展，他们也逐步要求清朝改革旧的机构官制，要求清朝的官制适应他们的贸易需要。这就迫使清朝统治者对于落后的封建官制进行迫不得已的微小改革。中国延续两千多年的封建思想统治，使人们无法认识到封建官制对于社会经济发展的阻碍作用，许多人已经形成思维定式，无法从经济发展角度去看待机构官制，从而对官制进行改革。但随着官制的不断改革，改革机构官制也就成为一种趋势。

清朝的机构官制改革首先是从列强的贸易需求开始的。当时西方列强在中国的贸易始于南方。清廷虽然有理藩部，但是不负责沿海的对外贸易，主管列强对外贸易的是十三行。十三行又叫公行、洋行、洋货行、外洋行，被清廷授权管理进口洋货和出口本地货品。随着鸦片战争的结束，十三行已经彻底没落，西方列强急需有一个官方的贸易机构，以便将列强的货物运往中国，也需要有官方的机构官员接待受理，于是，就有了五口通商大臣。

随着洋务运动的开展，中国的对外贸易有了较快发展，清代的管理机构愈发不适应社会的发展，已经被越来越多的有识之士所认清，改革现有的官制机构，建立宪政制度，成为整个社会的强烈呼声。旧的官制尤其是皇族把持的机构虽然没有多少用处，却权大职高，人员膨胀，符合形势发展需要的机构与职官又没有建立起来。在这种形势下，清政府不得不对旧有官制进行修补。官僚队伍中的一些有识之士，也都根据鸦片战争后的形势，开展了一些新政，于是，有了戊戌变法。戊戌变法对中国的发展是一次机遇，对清朝来说，也是一次难得的机遇。变法的核心就是推行宪政，实行内阁制，改革撤销毫无用处的旧有国家机构。但是这次历史机遇被慈禧太后与一帮极端守旧的顽固官僚破坏了。戊戌变法从表面上看是光绪皇帝失败了，慈禧太后胜利了，但是整个清朝的命运也因戊戌变法的失败而被决定了。戊戌变法尽管遭到以慈禧太后为首的极端保守势力的反对与扼杀，但还是有些新的机构与职官建立起来。同时也让人们认识到封建官制已经严重制约了中国民族经济的发展，所以，在民众的呼吁与部分官员的积极倡议下，清廷开始逐步进行官制改革。即使到了清王朝的最后关头，清廷顽固守旧派还是对机构改革消极应付，死守着权力不放。皇族内阁的建立既是清廷顽固守旧派对权势的留恋，也是最后的挣扎。封建制度必然要被宪政制度所代替，这是历史发展的必然，但历史往往都是这样，在关键时刻，极少数保守权贵将象征国家复兴的改革大业毁于一旦。这种局面在不同历史时期进行着不同的演绎。

清代的机构编制史告诉人们，越是抱着旧有官制不放，越是对自己的权位恋恋不舍，那权位就失去得越快。越是不想改革，越是用改革的旗号应付、糊弄百姓，自己的政权只能被人民所推翻，这是历史发展的必然。伴随着辛亥革命的枪声，帝制的结束，内务府、军机处等皇族机构也就彻底失去了存在的基础，成为历史。

第二节　晚清中央新设机构编制

在第九章，我们已经对清代中央机构编制与地方机构编制作了介绍，本章不再重复，主要介绍晚清时期新设立的中央与地方机构编制。

1. 通商大臣

鸦片战争以前，清朝实行闭关锁国政策，对外贸易只限于广东、福建两省，贸易的方式也只限于民间，由商行代办，这些商行就是近代史上赫赫有名的十三行。受中国传统农本工商末的重农抑商思想的影响，在统治者看来，从事工商业的都是只知道追逐财利之徒，作为国家，既不想与民争利，也不屑为之，以致在政府机构中，既没有专管通商的机构，也没有负责对外贸易的官员。户部虽然是国家的财政部，但是封建国家的财政是土地财政、农业财政，所以，户部虽然是财政管理部门，但是没有对外贸易职能。1840年，英国发动了侵略中国的鸦片战争，腐朽无能的清政府战败求和，于1842年8月29日签订了中国近代史上的第一个不平等条约——《南京条约》。根据这个不平等条约，中国开放广州、福州、厦门、宁波、上海等五处为通商口岸。外国资本主义入侵中国，使中外交涉、通商事务不断增加。外国侵略者暗示清政府设置一个专职的大臣总揽通商事务，该大臣必须相当于总督的地位。清政府经常办理对外交涉的耆英认为，对英、法、美等国，断不能“绳之藩属之礼”。所以，清廷虽然有对外衙门理藩院，但是决不能让理藩院办理与西方列强的贸易事务，如果用对待藩属的礼节对待列强，是万万行不通的。耆英虽然属于没有骨气的投降派，但是他的“不能用对待藩属的礼节对待列强”的观点，还是较为明智的。耆英奏请皇帝“与其争虚名而无实效，不若略小节而就大谋”。耆英的奏请理由看上去很滑稽，效果却是有的。耆英一生虽然碌碌无为，但就这一点来看还是有功的。道光皇帝不得不采纳这一“权宜之计”，批示“只可如此办理”。根据这一原则，清政府设置了办理各国通商事务的大臣——“五口通商大臣”。

五口通商大臣不是专设的职官，也没有专门的衙门，一般由所在地总督兼任。这就是说，五口通商大臣与清廷的其他任何机构不同，虽然设置了五口通商大臣的职位，也有经过皇帝御批设立的主管对外贸易的长官，却没有机构，而且这种职务只是一种兼职。五口通商大臣的设立一方面说明清代设立这种职官是迫不得已，应付洋人，另一方面说明清廷还继续坚持闭关锁国国策，根本就没有对外发展贸易的观念思想，仍然是自给自足的自然经济思想在束缚着统治者的头脑。五口通商大臣在较长时间内是由投降派、满族亲贵耆英兼任的，并且随着耆英职务的调整，南北移动了两次。1842 年 10 月，耆英任两江总督，兼办苏、浙、闽三省通商事务。1844 年 3 月，耆英调任两广总督，随着耆英南下，五口通商大臣成了两广总督的兼差。五口通商大臣作为中国最早设立的一种掌管对外贸易的职官，看上去实在有些不伦不类。首先它不像古代那样，一种职官就是一个机构。中国古代早期的职官与机构没有明确的界限，职官就是机构，职官就代表着机构，但是实在不能说五口通商大臣是一种机构。古代早期的职官因为职官与机构还没有明确的界限，所以，一个职官代表着一个衙门，但是秦汉之前的职官很少有兼职的，而五口通商大臣则成了总督的兼职。这种兼职表面看来是为了突出对列强要求的重视，但是它不符合中国传统的机构编制要求。而且五口通商大臣名义上是办理通商事务，实际上是代表清政府处理外交事务。耆英从 1843 年曾先后两次南下与西方侵略者交涉，签订了《五口通商章程》《虎门条约》《望厦条约》《黄埔条约》。此外，他还与比利时、荷兰、西班牙、普鲁士、丹麦等国代表签订了不平等条约。五口通商大臣成了不挂外交大臣官衔的外交大臣。

外国侵略者为了扩大对中国的侵略，进一步攫取利益，发动了第二次鸦片战争，战争以清政府的失败而告终。1858 年、1860 年清政府先后与外国侵略者签订了屈辱的《天津条约》和《北京条约》。根据这两个条约规定，清政府除开放原有五口通商口岸外，又开放了营口、烟台、汕头、琼州、汉口、九江、南京、镇江、天津等地为通商口岸。

2. 总理各国事务衙门(外务部)

机构沿革

第二次鸦片战争后，由于增开通商口岸、公使驻京，中外交涉日益频繁。由地方官兼差的五口通商大臣和南、北洋通商大臣主管对外交涉，已不能满足西方列强日益增长的胃口。为了进一步控制清政府，外国侵略者多次要求建立一个专门办理对外事务的机构。应该说，尽管列强是为了他们自己办理交涉事务方便，但清政府也必须设立这样的对外机构。只是孤陋寡闻、自以为是的清政府无法认识到这一点。为了获取外国侵略者的支持，奕䜣等人秉承列强的意旨，于 1861 年 1 月 13 日奏请设立总理各国事务衙门。咸丰皇帝予以批准，但将职权限制在通商范围，即“京师设立总理各国通商事务衙门”。这进一步表现出清政府不愿也不敢与列强打交道的恐惧思想。奕䜣等人一方面感到这样的衙门职权实在太小，另一方面害怕列强不满意，竭力要求取消“通商”二字。咸丰皇帝只好同意取消“通商”二字，改称总理各国事务衙门。总理各国事务衙门成立前，奕䜣曾派人征求列强的意见，受到各国公使的欢迎与嘉许。总理各国事务衙门的设立虽然满足了帝国主义入侵的需要，但它毕竟是国家适应整个世界局势的一种新式机构，作为对外机构，已经不是所谓的天朝理藩院，而是一种新式的外交机构与商务衙门。

我们也看到，总理各国事务衙门作为办理洋务的机构，满足了帝国列强的需要，但显然不如人意。首先，总理各国事务衙门虽然是一个正式的机构，但没有固定的编制。总理各国事务衙门的大臣、总办章京、帮办章京们，虽然在该衙门任职，但编制都不在这里，他们都是其他衙门的司员，都是六部根据总理各国事务衙门所遇到的业务而派遣本部官员充任的，今天是这个司员，明天可能又是另一个官员。这些章京也不是每天都到衙门，而是五日为一班，轮流前往。这是清朝衙门多少年的积习，许多衙门因为无所事事，也就不用每天处理事务。这些章京们根本就没有考虑到总理各国事务衙门打交道的对象不是中国的官员，而是讲究工作时效的外国使臣与商人。封建章京对洋人都心怀恐惧，尽量回避，更何况他们无法从洋人身上得到好处，也就缺乏积极性，其办事效率也就可想而知。

机构职能

对于总理衙门的职能，《光绪会典》有这样的规定："掌各国盟约，昭布朝廷德信，凡水陆出入之赋，舟车互市之制，书币聘飧之宜，中外疆域之限，文译传达之事，民教交涉之端，王大臣率属定议，大事上之，小事则行。"(1) 从这里可以看到，总理各国事务衙门就是职掌与各国订约，以及水陆交通贸易、关税、定界、海防、传教等事务。从总理各国事务衙门的职能上可以看到，此时的总理衙门已经与通商大臣有了很大的区别，它已经是一个比较规范的国家机构，但是还没有国家的正式编制，是一个各个部门官员临时拼凑起来敷衍洋人的大杂烩。对于洋人来说，是否有编制是无所谓的事情，只要达到目的就行。本来总理衙门的主要职责是处理外交与贸易相关事务，但由于外国侵略者在中国的利益投入不断增加，列强通过总理衙门而控制清政府，干涉中国的内政，列强有了新的需求。洋人提出的要求，总理衙门就得尽快回应。这样，总理衙门的职能就不断增加，不仅主管外交，还负责管理通商、海防、军务、开矿、关税、制造、教育等，成了一个权力大、职权广、居于六部之上、与军机处平行的机构，被外国侵略者视为"帝国政府（指清政府)的内阁”。

总理各国事务衙门内设机构有:英国股,负责与英吉利、奥斯马加(奥地利)两国的交涉及各国通商及关税。法国股,负责与法兰西、荷兰、日斯巴尼亚(西班牙)、巴西各国的外事交往,并掌管、保护民教及各国招用华工事务。俄国股,负责与俄罗斯、日本两国的外事交往,并掌管陆路通商、边防、疆界事务。美国股,负责美利坚、德意志、秘鲁、意大利、瑞典、挪威、比利时、丹麦、葡萄牙等国外交事务,并掌管参加各国工会,保护华工事务。海防股,掌管南北洋海防,凡是长江水师、北洋海军、沿海炮船厂购买轮船、枪炮、弹药、制造机器、电线、铁路以及各省矿务都属总理各国事务衙门的职权。海防股实际是中国海军部的雏形。除此之外,还有司务厅、清档房等,司务厅属于总理各国事务的办公厅,清档房则属于该衙门的秘书处与档案室。

根据外事活动的需要,清政府还设立了同文馆,主要学习外国语言文化与科学。被封建统治者奉为经典的“四书五经”,对洋人来说一钱不值,根本无法与洋人打交道。清朝官员与洋人打交道时面对各种新语言、新知识,简直一筹莫展。于是,清王朝不得不设立同文馆,学习外国新的语言与知识。一开始,同文馆学制三年,光绪二十一年(1895)改成八年,课程包括语言文字、天文、数学、物理、历史、地理、政法等学科。光绪二十四年(1898),又创办京师大学堂。同文馆的各个学科改为京师大学堂课程。光绪二十八年(1902),同文馆并入京师大学堂。京师大学堂即后来的北京大学。

在总理各国事务衙门中,还有一个重要机构,即总税务司。该司成立于咸丰十一年(1861),负责全国海关关税和行政事务。最早设在上海,同治四年(1865)迁到北京。总税务司设总税务司长一人,掌管全国海关税务和行政人事权。下设副总税务司,内设机构有总务、机要、统计、汉文、铨叙科。但是，无论是总税务司，还是副总税务司，都是由外国人担任，也就是说，中国的海关一直是由外国人管理着，外国人一直把持着中国的对外经济命脉。总税务司名义上是总理各国事务衙门的下属机构，实际它是总理各国事务衙门的“太上皇”。总税务司的官员，有职有权的都是外国人，中国人在里面只能当帮办。

总理衙门是为适应列强侵略中国的需要而建立的，它受列强的影响和控制，是一个不完全独立的半殖民地性质的政府机构。它的设立是清政府统治机构半殖民地化的重要标志。殖民地的痕迹最容易从机构与职官上表现出来。我们之所以将总理衙门视为中国半殖民地化的重要标志，并不是说这种机构不该设置，而是因为这种机构并不是清政府根据世界形势的发展、为了适应世界经济潮流而主动与国际接轨设立的，它是列强为了自己侵略与贸易的需要促使清政府设立的，清政府并不是总理衙门的主动设置者。一个政府在职官设置上要受制于列强，充分说明清政府的无能与腐朽。

机构编制

总理各国事务衙门简称“总理衙门”，又称“总署”或“译署”，仿军机处的体系，设有大臣和章京两级。总理大臣又分为不同等级，第一级总理大臣，由皇帝特简，从亲王、郡王、贝勒中选任，第二级以军机大臣身份兼任。第三级是总理大臣上行走，在内阁与各部院堂官内选任。总理大臣没有定额。章京一级的官员分为四种，即总办章京、帮办章京、章京、额外章京，负责办理具体事务，草拟奏章，综理文书等。总办章京，满族、汉族各二人；帮办章京，满族、汉族各一人；章京，满族、汉族各十人；额外章京，满族、汉族各八人。另外，还有“额外行走”，满族、汉族各四人。总理各国事务衙门还有供事十六人，到同治年间增加到四十四人，苏拉（差役）十二人，领催马甲八人。司务厅行走八人，供事二十四人。清档房提调二人，督修五人，承修、校对各五人，供事二十五人。总理各国事务衙门下设英国、法国、俄国、美国、海防五股，负责对外交涉及各项“洋务”。总理各国事务衙门的这些编制都是虚构的。之所以说其是虚构的，是因为这些官员都不是该衙门的正式官员，他们都没有该衙门的正式编制，他们的编制都在原来的机构。从总理各国事务衙门的编制我们可以看到，清廷对洋务、对洋人是多么心虚恐惧，在设立机构上，多么迫不得已与无奈，设立一个处理外务的机构不是采取积极的态度，而是消极应付。他们根本就不知道这样的机构对一个国家的重要性。

总理各国事务衙门成为晚清权力最大、事务最多的衙门。这种情况一方面说明清朝在机构改革上取得了较大进展，另一方面说明了各个衙门对于总理各国事务衙门设立的极大抵触。六部一院还有其他衙门都成了“甩手掌柜”，将本该属于自己衙门的业务甩给了总理各国事务衙门。各个衙门一致推诿，总理各国事务衙门自然不可能一一办妥，更不可能提高办事效率。“凡策我国之富强者，要皆于该衙门为总汇之地，而事较繁于六部者也。夫铨叙之政，吏部主之，今则出洋大臣期满，专由该衙门请旨，海关道记名，专保该衙门章京，而吏部仅司注册而已。出纳之令，户部掌之，今则指拨海关税项、存储出洋公费，奚由该衙门主持，而户部仅司销核而已。互市以来，各国公使联翩驻京，租界约章之议，燕劳赍赐之繁，皆该衙门任之，而礼部主客之仪如虚设矣。海防事起，力求振作，采购战舰军械，创设电报邮政，皆该衙门专之，而兵部武库、车驾之制可裁并矣。法律本掌于刑部，自各国以公法相持，凡交涉词讼之曲直，悉凭律师以为断，甚或教案一出，教士多方袒护，畸轻畸重，皆向该衙门理论，而刑部初未与闻也。制造本隶于工部，自各国船坚械利，耀武海滨，势不得不修船政、铁政，以资防御，迄今开办铁路，工作益繁，该衙门已设有铁路、矿务总局矣，而工部未遑兼顾也。是则总理衙门之事，固不独繁于六部，而实兼综乎六部矣。”(2)

从总理各国事务衙门的职能，我们看到，它不仅是个洋务机构，更像一个政务中心，各个政府机构的职能都在这个政务中心得以落实。而且，总理各国事务衙门也确实是晚清的一个综合政务中心，而不是一个对外交涉的专门洋务机构。总理各国事务衙门本身就是一个由六部与理藩院司员组成的办事机构。本来这些公务都是由六部与理藩院来完成的，现在则是集中在一个新的机构来完成。前来办公的司员都是抱着临时工作的心态，可以说几乎没有人将其当作自己的本职工作来办理，其办理的结果也就可想而知。清朝各个衙门平时就是互相拆台、推诿扯皮，如今将这些官员集中起来，更是为他们推诿扯皮创造了条件。清廷虽然按照洋人的要求建立了专门的衙门，但是腐败的吏治无法达到洋人的目的。洋人多来办理商业业务，讲究的就是效率，而清朝官员最不看重的就是工作效率。习惯了没有好处不办事的清朝官员既不敢向洋人索取好处，又不甘心痛痛快快为洋人办事，这样的衙门自然难以让洋人满意，也难以让国人满意。

3. 南、北洋通商大臣

总理各国事务衙门成立之后，清政府鉴于新开放的口岸太多，五口通商大臣职能权限已经不符合现实发展要求，于是，将五口通商大臣改为南洋通商大臣，同时设置了江、浙、闽、粤、内江各口通商事务大臣，掌管除北方三口（营口、天津、烟台）之外的13个已开口岸的通商事务，起初沿用“五口通商大臣”的名称，或称“上海通商大臣”和“上海钦差大臣”的名称。南洋大臣的职掌：“掌中外交涉之总务，专辖上海入长江以上各口，其闽、粤、浙三省则兼理焉。”(3)“同治元年设办理通商事务大臣，统辖江、楚、苏、浙、闽、粤六省口岸，驻扎上海……所有上海及长江一带中外交涉事件，以通商大臣为专管，各督抚为兼管。”(4)实际上，南洋通商大臣的专职只是暂时的，1863 年，南洋通商大臣由江苏巡抚李鸿章兼任。1865 年，李鸿章调任两江总督，南洋大臣又归两江总督兼任。此后，由两江总督兼任南洋大臣遂成定制。

北洋通商大臣于 1861 年 1 月设立，初名三口通商大臣，驻天津，负责营口、天津、烟台三口外交通商事务。北洋大臣的职掌是："掌北洋洋务、海防之政令，凡津海、东海、山海各关政悉统治焉。……凡招商之务，则设局派员以经理之。其安设各路电线亦如之。”(5)北洋通商大臣不但掌管三口通商，而且掌管直隶省交涉及北洋洋务、海防、招商、各路电线等项事务。它的实权在南洋大臣之上。中央没有独立的外交外贸机构，而将此项工作交给地方大员办理，表现出封建官制在近代史上的不成熟。一开始，洋务派首领奕䜣的得力助手崇厚担任此职。但是，三口通商大臣不是固定的职务，也没有专门的衙门机构，只是一个临时性的差使，这样北洋通商大臣在处理事务的时候，地方官员不但不协助，反而坐观成败，看其热闹，甚至处处掣肘。这也是清代官场的传统思维定式。1870 年 10 月，三口通商大臣改为“北洋通商事务大臣”，由直隶总督李鸿章兼任。由直隶总督兼任北洋通商大臣成为定制。

南、北洋通商大臣虽然都兼任洋务差事，但是他们并不对总理各国事务衙门负责，他们直接对皇帝负责。这就等于在总理各国事务衙门之外，又多了两个洋务机构。这就加剧了洋务衙门互相之间的扯皮、掣肘。

4. 督办政务处

帝国主义列强的胃口越来越大，总理各国事务衙门根本无法满足他们的要求。光绪二十六年(1900),德、日、俄、法、英、美、意、奥八国借口中国政府排外,组成八国联军,进攻中国。清政府不能抵御,北京被攻陷,清政府与列强签订丧权辱国的《辛丑条约》。面对一次次战败丧权辱国,清政府看到了自己的弱点,发现这些年所谓的改革都是从皮毛上学习西方,并没有真正从本质上去学习西方。改革几十年,国家并没有真正强大,所谓的洋务运动的强大,在列强面前不堪一击。几十年来,"积弊相仍,因循粉饰",只是模仿学习"西艺之皮毛",而没有学习其"富强之始基",也就是不敢学习西方的政治制度。光绪皇帝要求各地官员上书条陈,建言改革:"军机大臣、大学士、六部、九卿、出使各国大臣、各省督抚,各就现在情弊,考酌中西政治,举凡朝章国政、吏治民生、学校科举、军制财政,当因当革,当省当并,如何而国势始兴,如何而人才始盛,……各举所知,各抒所见,通限两个月内奚条议以闻。"(6)很多地方大员纷纷上书,主张只有变通政治、改革官制,才有出路。适应舆情,真正开始改革,清政府于光绪二十七年(1901)成立督办政务处。"光绪二十七年(1901)设政务处,以军机大臣领督办事,参预大臣无定员。"

督办政务处为主持机构改革的主管机构,以庆亲王奕劻、大学士李鸿章、荣禄、昆冈、王文韶、户部尚书鹿传霖为督办政务大臣,具体负责各项官制改革,地方大员刘坤一、张之洞也参与了机构改革。督办政务处设提调、帮提调、总办、帮总办各二人,章京八人,委员二人。这些人员都是从军机处章京以及各部司员中抽调的。政务大臣除了军机大臣,其他人员则是由内阁、翰林官员兼任。督办政务处成为军机大臣控制的一个所谓的主管改革的机构。军机大臣本来就是封建统治的落后产物,让他主持国家机构改革,结果可想而知。

5. 外务部

机构沿革

光绪二十七年(1901)六月,改总理各国事务衙门为外务部。需要指出的是,将总理各国事务衙门改为外务部,实际是由美日公使向奕劻提出的。列强在审议《辛丑条约》合议大纲中提出:"总理各国事务衙门必须革故鼎新……其如何变通之处,由诸国大臣酌定,中国照允施行。"在《辛丑条约》中又特别写明:"将总理各国事务衙门按照诸国酌定改为外务部,班列六部之前。"(7) 光绪二十七年(1901)三月,美日公使代表各国向奕劻、李鸿章交涉改组总理各国事务衙门问题,接着西班牙公使葛罗干领衔向清廷发来照会:"将总理各国事务衙门改为外务部,冠于六部之首。管部大臣以近支王公充之。另设尚书二人,侍郎二人。尚书中必须有一人兼军机大臣。侍郎中必须有一人通西文西语。均作为额缺,予以厚禄。"(8) 西方公使与清廷打交道久了,也知道了编制的重要性,特别强调外务部官员,"均作为额缺",不能兼职。

中国的机构设置已经不由清政府掌控了,而是完全由列强来决定,清政府只是"照允施行",连讨价还价的余地都没有了,甚至连机构的官员人选,列强都决定好了。六月,清廷按照列强要求,下谕:"从来设官分职,惟在因时制宜。现当重定合约之时,首以邦交为重,一切讲信修睦,尤赖得人而理。从前设立总理各国事务衙门办理交涉,虽历有年所,惟所派王大臣等多系兼差,恐未能殚心职守,自应特设员缺,以专责成。总理各国事务衙门着改为外务部,班列六部之前。"(9) 外务部不但在机构序列排列上,而且在人员安排上,都是按照列强的要求。外务部由光绪皇帝下旨,才落实了编制。

1901 年 7 月 24 日,清政府将总理各国事务衙门改为外务部。

清政府对维新人士的建议不屑一顾,甚至对其大加杀戮,对列强的要求却必须遵从,照办不误。虽然外务部的设立是列强干预的结果,但毕竟是一种新式职官,反映了时代的要求。

外务部的设立虽然是列强的主意,清廷设立外务部也是迫于列强的压力,但光绪谕旨中所说也确实是事实。总理各国事务衙门虽然有了机构,却没有人员编制,从上到下,无论是王大臣,还是额外行走,都是借调人员。他们无论干什么都是怀着临时任职心态,再加上各部的职权被总理各国事务衙门夺去,抽调这些部门的官员到此办事,他们本身岂能对总理各国事务衙门没有情绪,更何况清朝已经到了末世,整个官场腐败不堪,本身办事效率就低下,由一帮临时抽调来的人组成一个对外要求高效率的机构,其办事效率也就可想而知。

机构职能

外务部"掌主交涉,昭布德信,保护侨人佣客,以慎邦交"。和会司"掌使臣觐见,盟约赏赉,兼司领事更替,司员叙迁"。考工司"掌司铁轨、矿产、电线、船政,凡制造军火,聘用客卿,招工、游学诸事,各擅其职"。榷算司"掌蓄货海舶征榷贸易,综典国债、邮政,勾检本部暨出使度支"。庶务司"掌江海防务,疆域界址,凡传教、游历,赏恤、禁令,裁判狱讼,并按约以待"。[10]司务厅掌来往文书及杂务工作。五处为俄、德、法、英、日五处,负责与各国的外交事务。外务部还有其他内设机构,没有对外职能。

机构编制

总理各国事务衙门改为外务部后,以亲王为总理,下设会办大臣、会办大臣兼尚书各一人,左、右侍郎各一人,左、右丞各一人,左、右参议各一人,额外司员、七品小京官等。这些官员都是外务部的固定编制人员。内设四司、一厅、五处。各司设郎中一人,主持本司工作,属官有员外郎、主事各二人,额外行走各六人。司务厅设司务二人，五处为俄、德、法、英、日五处，每处各设翻译官三人。从光绪二十八年（1902）开始，派出使大臣。一等出使大臣，正一品，特简。参赞，正三品。通译官，正五品，无定员。二等出使大臣，正二品，特简。参赞官，一开始为四品，后改从四品。英、俄、德、日、奥、意、和（荷兰）、比各一人。法、日、葡各一人。美、墨、秘、古各一人。分馆二等参赞官二人，日斯巴尼亚（西班牙）一人，葡萄牙一人。二等参赞兼总领事三人，墨西哥一人，秘鲁一人，古巴一人。三等参赞八人，英、法、德、俄各一人，美、日各二人。二、三等通译官，一、二等书记官，商务委员，武随员，各个使馆均一人，只有奥、意、和（荷兰）、比不置三等通译官、武随员。分馆二等通译官、书记官各一人。总领事十三人。新加坡、澳洲、南斐洲（南非）、加拿大各一人，隶属英国使馆管辖。海参崴一人，隶属俄罗斯使馆管辖。墨西哥、古巴、金山、小吕宋、美利滨（墨尔本）、巴拿马各一人，隶属美国使馆管辖。横滨、朝鲜各一人，隶属日本使馆管辖。除此之外，还有领事等。

宣统三年（1911），新内阁成立，取消总理、会办，改尚书为大臣，侍郎为副大臣。

6. 宪政编查馆

机构沿革

光绪皇帝在戊戌变法中，根据维新人士的建议，撤销了詹事府、通政司、光禄寺、鸿胪寺、太仆寺、大理寺六个衙门。这六个衙门最能反映封建官制腐朽落后的特征以及封建礼教的腐朽虚伪统治，但是，随着戊戌变法的失败，这些衙门又被慈禧太后迅速恢复。慈禧太后的决定虽然误国，却得到一批守旧腐朽官僚的一致拥护。越是没有意义、腐朽的机构，越不能撤销，这是保守落后势力的特征。保守势力不想触动自己的既得利益，总想千方百计维护旧的官制。因为,官制最能代表自己的利益,当然,也最能反映一个政权是进步还是落后。戊戌变法昙花一现,其中一个重要原因,就是变法损害了中央机构中一帮官僚的利益。他们为了维护自己的既得利益,都非常一致地团结在慈禧太后周围,对改革派进行反扑镇压。正因如此,进行机构改革者,无不慎之又慎,他们为了自己的权益,为了官僚们的权益,明明知道这些机构没有用处,这些官员都是冗员,甚至是误国之源,但国家还是在施政时首先维护他们的利益。养这些官僚虽然对国家无益,但是对当权者有用,当权者总是优先考虑当权者的利益。光绪二十六年(1900),八国联军攻入北京,然后逼迫中国进行庚子赔款,这再次深深刺痛了中国人民的心。一批有识之士,不甘中国的前途毁在清廷权贵手中,强烈要求清廷进行机构改革,学习西方宪政。清廷不得不裁撤詹事府与通政司,以应付舆情。"詹事府系前明官制,名实本不相符,应即归并翰林院。……至通政司,专管题本,现在改题为奏,其官缺着即一并裁撤。"(11)显然,清廷裁撤詹事府与通政司的理由过于牵强,而且被清廷权贵把持的类似机构一点没有被触动。直到光绪三十三年(1907)统一厘定官制,才将太常、光禄、鸿胪三寺并入礼部,将太仆寺并入兵部,把这些机构合并。大理寺改为大理院,人员编制得到加强。这样的改革,百姓不满意,自然又是舆论大哗。在改革大势逼迫下,清政府,或者说是慈禧太后及其代表的顽固守旧派,尽管对于宪政非常不满,但也不得不做出假立宪的样子,成立宪政编查馆。

清政府于1905年决定派考察政治大臣,分赴东、西洋各国考察政治。次年设立考察政治馆。考察政治期间,由政务处王大臣管理,设提调二人,其主要任务是研究各国政治可以效法者,编纂成书进呈,供慈禧太后与守旧官僚决策。虽然成立了考察政治馆,但是其内部机构设置未见有文字记载。或者说,清政府虽然派出高官考察,但根本就没有想着改革官制,西方的资本主义官制他们根本就不想学,也不敢学,只是让几个王公大臣看了几处西洋景。考察政治馆只是临时凑齐几个人,摆摆改革的样子,应付一下舆论。当然,可以相信,考察的五大臣,尽管多是保守官员,但通过走马观花也看到了清朝与西方列强的差距,这种差距不仅表现在经济、教育与科技发展上,还表现在政治制度、官制上。清朝关起门来称"天朝",自以为最完美,出洋考察的大臣尽管都戴着封建的有色眼镜,但也不得不承认"天朝"与西方的巨大差距。但西方的文官制度,这些官员无论如何也不敢接受,一旦接受了,他们的权威就会一落千丈,他们的特权就失去了。实行宪政,作为皇族更是不愿接受。历史上的变法,无不是进行修补工作,但变法者无不是头破血流。当权者往往都是既得利益者,这些既得利益者,尽管清楚制度的弊端必须进行改革,但是谁也不愿意改革。在国家前途与个人既得利益上,官员毫无疑问要站在后者立场上,维护、维持个人的既得利益。

机构职能

1907 年,考察政治馆改称宪政编查馆。

改为宪政编查馆以后,由军机处王大臣督饬,设提调二人综理馆中一切事务。1911 年,又决定内阁总理大臣、协理大臣均兼充宪政编查馆大臣。宪政编查馆的职掌是:议复奉旨交议有关宪政折件,及承拟军机大臣交付调查各件;调查各国宪法,制定宪法草案;考核法律馆所订法典草案,各部院、各省所订各项单行法及行政法规;调查各国统计,颁成格式,汇成全国统计表及各国比较统计表。

机构编制

宪政编查馆内部机构设置有二局三处。

编制局:设局长一人,承提调之命管理局务;副局长一人,协助局长管理局务。下设三科:第一科,掌属于宪法之事;第二科,掌属于法典之事;第三科,掌属于各项单行法及行政法规之事。

统计局:设局长、副局长各一人,下设三科:第一科掌属于外交、民政、财政之事;第二科,掌属于教育、军政、司法之事;第三科,掌属于实业、交通、藩务之事。

上述各科,根据事务繁简,酌设科员三至四人分司科务。

庶务处:专司收发文书,款项出入及各项杂务。设总办一人,商承提调督率本处委员,办理一切庶务。

译书处:掌翻译各国书籍。无定员,视必要"取足备用"。

图书处:设收掌二人,专管收藏中外书籍。

另外,宪政编查馆设总核二人,掌稽核各项奏咨文牍及官报事件。

可以说,从1906年成立考察政治馆到1911年,对清王朝的生存来说,是关键性的六年,如果在这六年内能够卓有成效地进行政治体制改革和机构编制改革,一定会得到人民的支持,从而延长清王朝的寿命,但是统治者在这一关键时期,只是拖延应付。他们根本就没有想到,人民不会再给他们拖延变法改革的时间。统治者总是高估自己的力量,低估人民的力量。

1911年5月17日,清政府颁布内阁属官官制,宪政编查馆被撤销。

光绪三十二年(1906),以载泽为首的考察各国政治的五大臣回国,他们在向慈禧太后汇报时,认为西方各国之所以富强在于实行宪法、实行宪政,在指出原有官制的弊端后,提出厘正各部名称。接着进行了清代最后一次机构编制改革,这次机构改革就是统一厘正官制。清廷宣布的上谕:"时处今日,惟有及时详晰甄核,仿行宪政,大权统于朝廷,庶政公诸舆论……廓清积弊,明定责成,必从官制入手,亟应先将官制分别议定,次第更张……以预备立宪基础。"(12)此次官制改革由庆亲王奕劻与孙家鼐、瞿鸿禨总负责。庆亲王在上奏的厘定官制方案中指出,清代官制的弊端有三点:权限不分,职任不明与名实不副。厘定官制的指导思想"首分权以定限"。提出立法、行政、司法三权分立。立法无法立即推行,设立资政院作为临时立法机构。厘正后的行政各部分别是:外务部、吏部、民政部、度支部、礼部、学部、陆军部、法部、农工商部、邮传部、理藩部。

厘正后的各部机构编制:各部设尚书一人,侍郎二人。各部设立承政厅,安置原先任职的左、右丞,设参议厅安置左、右参议,其他属官仍然是郎中、员外郎、主事等,根据各个部事务繁重而定名额。外务部是由外国列强决定的,外务部职官均不得兼任其他官缺。

这次厘正官制表面看来提出了三权分立,实际只是形式,更重要的是亟须改革厘正的衙门基本上都保留下来或者是合并,比如将礼仪机构太常寺、光禄寺、鸿胪寺合并到礼部,使得礼部更加庞大。清朝的这次官制改革,满族权贵掌握的部门几乎一动未动,内阁、军机处、外务部、吏部、学部、宗人府、翰林院、銮仪卫、内务府、各旗营、侍卫处、步军统领衙门等部门都被完整地保留下来,好像其他机构应该厘正,而这些该厘正撤销的宗室机构却在厘正之外。清朝最后的改革只是将一些机构进行了合并,人员不动,国家编制不但没有减少,反而继续增加。可以说这次厘正官制改革,只是厘正了部分衙门的名称,将几个衙门进行了合并,整个政权的机构框架并没有发生改变,只是借用了一下西方三权分立的名称,主持朝廷大政的还是皇帝,还是军机处。

光绪三十二年(1906)的厘正官制改革只是增加了一些新的部,而且这些新增加的部多是原来的衙门换了个名称,比如理藩院换成了理藩部,大理寺换成了大理院。那些多余而臃肿的宗室机构几乎没有被触及,被完全保留下来。这种厘正官制改革,人民群众自然不会满意，革命党人更是不会同意。当然我们必须看到，清王朝的厘正官制改革虽然纯属糊弄百姓，但他们还是坚持了机构编制精简的原则，没有借厘正官制的机会滥增职官编制。

厘正后的各部机构编制：

7. 民政部

机构沿革

光绪二十七年（1901）二月设立京城善后协巡总局，第二年四月又设立工巡局。光绪三十一年（1905）设立巡警部，所有工巡局的业务，均归巡警部管辖。清廷又下谕各省也都设立巡警。

巡警部设尚书一人，左、右侍郎各一人，左、右丞各一人，左、右参议各一人。

巡警部内设机构有警政、警法、警保、警学、警务五司。五司设郎中五人，员外郎十六人，主事十六人，小京官四人，书记官三十人。

巡警部还设有习艺所，设员外郎一人，主事二人。除此之外，巡警部还设巡警学堂与消防队。

光绪三十二年（1906）改巡警部为民政部。宣统三年（1911）改尚书为大臣，侍郎为副大臣。

机构职能

民政部尚书“掌主版籍，整饬风教，绥靖黎物，以奠邦治”(13)。承政厅负责民政部的总务工作，参议厅则负责制定法令章程。民治司掌管编审户口，兼掌地方乡政。警政司掌管巡察禁令，并分管稽查行政司法。疆里司掌管经界图志，审验官民土地。营缮司掌陵寝工程，修治道路，并负责保护古迹祠庙。卫生司掌管医生检定防疫，建设病院。民政部下属机构有豫审所、路工局、教养局。豫审所后划归大理院。民政部还有内城巡警总厅、外城巡警总厅、内外城预审厅、缉探总局、教育局等。这些机构的职责就是负责京城与外城的社会治安，具有警察的职能。光绪三十四年(1908)设立内外城禁烟总局，归内外城巡警总厅管辖。

机构编制

民政部设尚书一人，后改称民政大臣。左、右侍郎各一人，后改称副大臣。左、右丞各一人，左、右参议各一人。承政厅设员外郎、主事、小京官各四人。参议厅设参事二人。民治、警政、疆里、营缮、卫生五司设郎中八人，民治、警政、疆里司各二人，其他两司各一人。员外郎十六人，民治、警政、营缮司各四人，其他各二人。主事十八人，民治、警政司各五人，营缮司四人，其他各二人。小京官每司各一人。习艺所员外郎一人，兼任消防队总理。主事二人，五品警官各五人，消防队三人，习艺所二人。七品警官各九人，消防队六人，习艺所三人。九品警官各十二人，消防队各八人，习艺所各四人。习艺所与消防队均隶属于警政司。七品艺师各一人，隶属营缮司。七品医官各一人，隶属卫生司。八品录事二十人，九品录事三十二人。

8. 度支部

机构沿革

度支部为户部改制。光绪二十九年(1903)三月设立财政处，由那桐主持，其官衔为：办理财政处事务。这次厘正官制将财政处并入度支部。

机构职能

度支部尚书“掌主计算，勾会银行币厂，土药统税，以经国用”。田赋司掌田亩财赋，稽核八旗内府庄田地亩。漕仓司掌管漕运核销，仓谷积存，各省粮饷。税课司掌管“商货统税，校比海关、常关赢绌”(14)。管榷司掌管盐法杂税，盘查道运，各库赈敛，土药统税等。通阜司掌管矿政币制，稽检银行币厂。库藏司掌管国库储藏，典守颜料、缎匹库。廉俸司掌管核发官禄，审计各个衙门职钱与餐费。军饷司掌管军队粮食，检查勾稽各省报解军粮。制用司掌管工程银两，兼管司杂支例支。会计司掌管国用出纳，审计公债外债。金银库掌管金银货币。收发稽察处掌管各司经办事务稽查，由原来的督催所而改。度支部下辖币制司。庶务处，下设调查、筹办、稽核、编译股。

户部本来就是庞大的机构，改为度支部以后，还是同样庞大，其下属重要单位有：清理财政处、大清银行、造币总厂等。宣统元年(1909)，因为各省盐务纠纷日多，又设盐政处。宣统三年(1911)改为盐政院。

机构编制

度支部设尚书，以后改称度支大臣、副大臣，各一人。左、右丞各一人，左、右参议各一人。承政、参议厅设郎中各三人，员外郎四人，主事三人。田赋、漕仓、税课、管榷、通阜、库藏、廉俸、军饷、制用、会计司，设郎中三十一人，制用司四人，其他各司三人。员外郎四十四人，制用司六人，田赋、库藏各五人，其他各司四人。主事三十五人。田赋、管榷、通阜、廉俸、会计司各四人，其余各三人。金银库郎中一人，员外郎四人，主事二人。收发稽察处设员外郎一人，主事二人。

度支部还设提调、帮提调二人，由本部丞、参兼任。总办、帮总办各一人，总核坐办科员，无定员。各省清理财政正监理官二十人，奉天、直隶、江苏、安徽、山东、山西、河南、陕西、甘肃、新疆、福建、浙江、江西、湖北、湖南、四川、广东、广西、云南、贵州各一人。副监理官二十四人，奏派吉林、黑龙江、江宁、两淮各一人，其他同正监理官。正监督、副监督各一人。储蓄银行总办一人，分行总办二十人。津、沪、汉、济、奉、营、库、重、广、赣、晋、汴、浙、闽、吉、秦、皖、湘、滇、宁各一人。造币总厂，正监督一人，副监督二人。

9. 学部

机构沿革

学部由礼部的部分职能机构演变设立。光绪二十二年（1896），清廷设立管理官书局大臣。管理官书局最初是京师强学书局，主要研究时务，该年由清廷收归官办。光绪二十七年（1901），任命尚书张百熙充管学大臣，管理大学堂事。光绪二十九年（1903），改称学务大臣。至此厘正官制改为学部。

机构职能

学部"掌劝学育材，稽颁各学校政令，以迪民智"(15)。总务司掌管机要文移，审核图书典籍。专门司掌管大学及高等学校，政艺专业等。普通司掌管师范、中小学校。实业司掌农工商学校，并审核各省实业情况。会计司掌管教育经费支出，发放教育器材。

机构编制

学部设学部尚书、侍郎一人，以后尚书与侍郎改称学部大臣与副大臣。下设左、右丞，左、右参议各一人。参事司参事四人。司务司司务二人。总务、专门、普通、实业、会计五司各设郎中二人。员外郎十五人，总务司五人，普通司四人，其他司各二人。主事十八人，总务、普通司各六人，其他各二人。一等书记官十一人，二等书记官十七人，三等书记官十五人。

学部下属机构有国子监丞一人，典簿四人，典籍四人，文庙奉祀官二人。正通赞官、副通赞官各二人。二、三等书记官各三人。

京师大学堂设总监督一人。经、法、文、工、商五科监督各一人。教务、庶务、斋务各设提调一人，聘请具有专门业务的学者担任。京师大学堂创建于光绪二十五年（1899），由大学士孙家鼐兼任京师大学堂总监督，此次厘正官制改革定为专官担任。

10. 陆军部

机构沿革

陆军部由兵部改制而成,同时将练兵处与太仆寺并入陆军部。太仆寺是历经很多朝代的老衙门,练兵处则是光绪二十九年(1903)设立的。一开始,“命户部右侍郎铁良会同袁世凯办理京旗练兵事宜”。[16]光绪三十年(1904),以庆亲王奕劻总理练兵事务,袁世凯为会办练兵大臣,铁良为襄办练兵大臣。练兵处设有练兵处提调,由徐世昌担任,刘永庆、段祺瑞、王士珍分别担任军政、军令、军学三司正使。练兵处训练的新军成为北洋军阀的基础。同年五月,设立京畿督练所,宣统二年(1910)撤销,取消尚书、侍郎与左、右丞和左、右参议,设大臣、副大臣为陆军部长官。两厅十司改为八司(增设承政司,取消军乘、军计、军学三司)两处(军学处、审计处)。陆军部兼管单位还有海军处与军谘处。海军处设立于光绪三十三年(1907),于宣统二年(1910)在海军处的基础上成立海军部。军谘处也是与海军处同一年成立,主掌国家筹防用兵,并将练兵处的军令司职能划归军谘处。军谘处设管理军谘处事务大臣。军谘处下设一、二、三、四与测地司。各司设司长一人,科长、科员若干人。宣统元年(1909)军谘处从陆军部分出,由贝勒载涛、毓敏管理。军谘处下设军谘使二人,内设机构有总务厅与一、二、三、四厅和测地、制图局。总务厅设副官一人,各厅设厅长、副官各一人。厅下设科,科设科长、科员、录事等。测地局设班员十几人。制图局设局长一人,科员二人,军谘处总人数一百六十余人。

机构职能

陆军部“掌主陆军,稽颁营制饷章,以巩陆防”[17]。参事厅掌法律章制,检察官掌察军队、学校、局厂,部副官掌传宣命令。承政厅掌出纳文移,旌别员司功过。军衡司掌管军官的班秩、阶品。军制司掌管军队编制征调、军械制造、军事交通建筑，并负责验收检查。军计司掌管军官功过评议。军乘司掌管军台、驿站和军马。军需司掌管军人粮饷物品，并兼管军需人员的教育。军医司掌防疫、治疗，兼掌军医升迁教育。军法司掌管犯罪军人的审判、监狱，制定军事条约。军实司掌管器械弹药。军牧司掌管军队所需马匹的饲养。军学司掌管军人学校教育、队伍操演训练。除了两厅十司还有捷报处与马馆。海军处主掌国家海军事务，军谘处主掌国家防务。

机构编制

陆军部设尚书，左、右侍郎各一人。后改尚书为大臣，侍郎为副大臣。承政、参议厅设左、右丞，参议，各一人。一、二、三等谘议官、检察官，正、副从事官，无定员。承政厅下设秘书、典章、庶务、收支四科，每科设科长一人，科员若干人。军衡、军制、军乘、军计、军实、军需、军学、军医、军法、军牧十司各设司长一人。军衡司设考绩、任官、赏赉、旗务四科。军制司设搜简、步兵、马兵、炮兵、工兵、辎重、台垒七科。军需司设统计、粮服、建筑三科。军医司设卫生、医务二科。军实司设制造、保储二科，科长各一人。军法司设监长、协参领各一人，司法官十四人，看守官三人。审计处设处长、副官各一人，科长二人，综察、核销科各一人，科员二十八人，每科十四人。承政司设承发官十二人，承政二人，其余各一人，译员五人，绘图员、艺师、艺士各二人。各司处共设录事一百一十六人，郎中十六人，员外郎十八人，主事二十二人，笔帖式一百一十人。捷报处设总办一人，差官数十人，各省提塘官十余人。马馆设监督一人。

11. 海军部

机构沿革

清代的海军创立时间并不短，在光绪十一年(1885)，设立海军衙门,醇亲王奕𫍽总管,大学士李鸿章专职筹办。光绪十三年(1887),北洋海军建成。甲午海战,清朝海军遭到惨败。光绪三十三年(1907),设立海军处,隶属陆军部,为再建清朝海军做准备。海军处设正使、副使各一人。承发官二人,录事四人。海军处设机要、船政、运筹三司,每司设司长、副官各一人。机要司设制度、筹械、驾驭、轮机科。运筹司设谋略、教务、测海科,每科各设科长一人。船政不分科。承发官三人,每司各一人。一、二、三等科员十八人。机要十二人,运筹六人。船政司设考工官五人,艺师三人,船政一人,运筹二人,艺士四人,船政司、运筹司各二人。股长、股员根据各个司工作繁忙轻重确定。录事十八人。第二年,海军处由三个司增加到六个司,分别是海政、船政、筹备、储蓄、医务、法务司。不久又设主计处,设计长、副长各一人。宣统元年,命肃亲王善耆等筹备海军,分秘书、庶务两司,置一、二、三等参谋官,并设第一、第二、第三、第四四司,置司长以下各职。夏天改命贝勒载涛等任筹办海军大臣,增设医务司。第二年,订海军暂行官制,改第一司为军制司,第二司为军政司,第三司为军学司,第四司为军防司,医务司为军医司,秘书司为军枢司,庶务司为军储司,另设军法司,共有八司。取消参赞等职务。宣统二年(1910)改海军处为海军部,取消军防司。海军部置大臣、副大臣各一人。

机构职能

海军部大臣“掌主海军,稽核水师及司令部,以固海疆”(18)。参谋掌参订改革。参事掌法律章制。秘书掌机密文移。军制司掌管海军规章制度与任用法规,甄别水师人员功过、封荫、赏恤等。军政司掌管船舰制造,检校器械与军港工程。军学司掌管海军学校教育及舰队训练。军枢司掌管海军文牍典章及相关文字材料。军储司掌管经营费用。稽核司掌管海军粮廪服装与其他物品。军法司与陆军部一样,掌管犯罪军人的审判、监狱,制定军事条约。

军医司掌防疫、治疗，兼掌军医升迁教育。军计司掌管军官功过评议。

机构编制

海军部设海军大臣一人，副大臣一人。一等参谋官二人，二等参谋官四人，参事官二人，秘书官六人。参谋官、参事官与秘书官均属于文官，但是资格相当于军官。司电员、艺师、艺士，有的属于海军官佐，有的属于文官学生。录事，从文官学生及额外军官、军佐中任用，无定员。军制、军政、军学、军枢、军储、军法、军医七司各设司长一人。科长二十一人，军制司设科五个，有制度、考核、铨衡、驾驶、轮机科。军政科设科三个，制造、建筑、器械科。军学司设科五个，教育、训练、谋略、侦测、编译科。军枢司设科三个，奏咨、典章、承发科。军储司设科三个，收支、储备、庶务科。军医司设科二个，医务、卫生科。其他司均设科一个。一、二、三等科员六十人，军制、军学司各十四人，军枢、军储司各十人，军政司八人，军医四人。一等司法官二人，二、三等司法官，学习司法官八人。主计处计长一人，科长二人，主计、统计科各一人。各司处录事四十八人。

12. 法部

机构沿革

法部由原来的刑部改名而来。如果说将刑部改为法部有变化的话，就是内设机构做了调整，由原来的十七清吏司调整为八司，同时增加了一些新的机构。至此职掌刑罚的刑部换了新的名称——法部。法部下属单位有京师高等审判厅、检察厅、京师内外城地方审判厅、检察厅、京师初级审判厅、检察厅等。光绪三十三年（1907）又成立修订法律馆，宣统三年（1911），法律馆改为法制院。

机构职能

法部尚书“掌主法职，监督大理院及京、外审判、检察，以维法治”。[19]审录司执掌朝审录囚，复核大理院、审判厅所审理的刑名案件，并兼稽查云南、贵州、广东、广西、察哈尔左翼案件。制勘司执掌秋审案件，兼稽查四川、河南、陕西、甘肃、新疆、乌里雅苏台、科布多案件。编置司职掌盗犯减等，确定编发监狱关押，兼掌稽核奉天、吉林、黑龙江、山东、山西、察哈尔右翼、绥远城、归化城案件。宥恤司职掌恩诏大赦，清理监狱，兼管稽核江苏、安徽、江西、福建、浙江、湖北、湖南案件。举叙司职掌法部官员的升迁调补，奖励惩罚与征考法官、律师、书记。典狱司职掌修缮监狱与监狱监管安全。都事司负责翻译章奏以及罪犯的档案。会计职掌财用出入，核算罪犯罚金。京师高等审判厅掌治厅务，监督下级审判。京师高等检察厅职掌纠正同级审判，监督下级检察。

机构编制

法部设尚书，左、右侍郎，宣统三年(1911)改法部尚书为法部大臣，侍郎为副大臣。左、右丞，左、右参议各一人，参事四人。审录、制勘、编置、宥恤、举叙、典狱、会计、都事八司，设郎中二十五人，审录司四人，宗室一人，其余司各三人。员外郎三十四人，制勘、编置司各五人，内宗室各一人，其余司均四人。主事三十三人。宥恤司五人，宗室一人，其余司俱是四人。收发所员外郎、主事各二人。七品小京官二十六人，宗室二人。八品录事五十三人，九品录事三十人，宗室各二人，额外录事数百人。法律馆特派大臣管理，下设提调二人，总纂四人，纂修、协修各六人。法律馆下设编案、译书、庶务三处，设总办一人，译员、委员无定员。监狱正管守长二人，由小京官兼任，副管守长六人，由八、九品录事兼任。监医正、监医副各一人。

京师高等审判厅设厅丞一人，刑科、民科设推事十二人。刑科、民科一二庭各三人。典簿厅典簿二人,主簿四人,九品录事六人。检察厅设检察长一人,检察官四人,典簿、主簿各一人,九品录事二人。看守所所长一人,所官一人,录事六人。京师地方审判厅,设厅丞一人。刑科、民科推事三十人,民、刑一二庭各六人,三庭各三人。典簿二人,主簿二人,录事十四人。京师初级审判厅,刑科、民科推事各一人,录事二人。京师初级检察厅检察官二人,录事一人。

13. 农工商部

机构沿革

光绪二十九年(1903)七月,清廷下谕设立商部,"现在振兴商务,应行设立商部衙门,商部尚书着载振补授,伍廷芳补授商部左侍郎,陈璧着授商部右侍郎"[(20)]。

商部成立之后,将光绪二十四年(1898)设立的矿务铁路总局并入商部。商部设尚书一人,左、右侍郎各一人,左、右参议各一人。商部内设机构有保惠、平均、通艺、会计四司与司务所。每司各设郎中、员外郎、主事各二人,司务所设司务二人。商部成立之后,不但办理商务,还主管农工铁路矿务。光绪三十二年(1906)厘正官制,将商部改名为农工商部。改平均司为农务司,将户部农桑等业务划归农务司。改通艺司为工务司,主管铁道事务,将其划归邮传部。改保惠司为商务司。司务所与会计司合并为庶务司。宣统三年,改尚书为大臣,侍郎为副大臣。农工商部成立当年设立农事试验场与京师商务总会。除此之外还有工艺局、劝工陈列所、化分矿质所、度量权衡局、商标局、商律馆等机构。光绪三十四年(1908)设立自来水公司。

机构职能

农工商部大臣主掌农工商政令,专司推演实业,以厚民生。农务司职掌农桑、屯垦、树艺、畜牧并兼管各省水利，管理全国水利开支。工务司职掌综事训工，制器尚象，并勘探各省矿产，指导开采。商务司职掌商埠管理，励民同货，修订专利保险约章，稽颁保护诉讼禁令。庶务司掌章奏文移，计会司掌管农工商部的收支以及本司的官员升迁。

机构编制

农工商部设尚书（宣统三年改尚书为大臣）一人，左、右侍郎（宣统三年改左、右侍郎为副大臣）各一人，左、右丞，左、右参议各一人。郎中十二人，农务、工务、商务、庶务四司各三人，员外郎十六人，每司四人，主事十八人，庶务司六人，其他三司各四人。除此之外还有一二等艺师、一二等艺士各二人。

14. 邮传部

机构沿革

邮传部设立之前，清代交通行政没有专管机构，各类交通由不同的部门管理。负责航运业务的船政招商局归北洋大臣管理，内地商船则归工部管辖，邮政则隶属于总税务司，铁路、电政业务另派大臣主管。铁路曾经改归商部管辖。邮传部设立之后，才将各项交通部门统一管理。邮传部下属机构有邮政总局、铁路总局、电政总局、电话局、交通银行、北京银行等。

机构职能

邮传部“掌主交通政令，汽行舟车，电达文语，靡所不综，以利民用”[(21)]。船政司职掌船行律令，兼掌营造船坞，测量沙线。路政司职掌议定道路律令，兼掌厘定轨制，规划路线。电政司掌议定电律，兼司官商局则例，海陆线规程。邮政司掌议定邮律，兼掌邮局汇兑，邮盟条约。

机构编制

邮传大臣、副大臣，各一人。左、右丞，左、右参议，各一人。承政、参议两厅佥事，正五品。员外郎，主事，小京官，各二人。船政、路政、电政、邮政四司，郎中各二人，员外郎十人，船政、邮政各二人，路政、电政各三人。主事二十人，船政、邮政各四人，路政、电政各六人。小京官各二人。八、九品录事无定员。邮政总局局长由副大臣兼任。总办，由法国人担任。铁路总局提调二人。京汉路局总办、提调各一人，南局、京局会办各一人。京奉路局总办二人，提调各一人。京张铁路总办、会办，各一人。沪宁路局总办一人。吉长路局、广九路局总办、提调各一人。张绥铁路总办、会办各一人。萍株铁路、正太路局、汴洛路局、道清路局总办各一人。电政总局局长一人，提调二人。分局总办、帮办、提调各一人。各省分局总办各一人。电话局总办、会办各一人。天津、广州、太原、烟台总办各一人。交通银行总理、帮理各一人。北京总银行，上海、汉口、广州分银行，总办各一人。天津、营口管理各一人。差官三十四人。提塘官十三人。

15. 大理院

机构沿革

大理院即原来的大理寺。大理寺原来的职能是平反刑名案件，改为大理院之后，其职能发生了重要变化，成了审判诉讼案件。大理院的品级也提高了一个等级，由正三品提升为正二品，人员编制也有所增加。宣统元年（1909），改刑科四庭为民科三庭，设推事各十四人。宣统三年（1911），增设总检察厅典簿一人。

机构职能

大理院正卿“掌申枉理谳，解释法律，监督各级审判，以一法权”。大理院推丞掌民事、刑事案件的审判。大理院审理为终审。法庭审判，由推事五人一起会审，称之为合议制。大理院下设总检察厅，职掌大理院的民事、刑事案件的检察事务，监督各级检察厅，调度司法警察官吏。

机构编制

大理院设正卿、少卿各一人。刑科、民科设推丞各一人。推事二十八人，刑科、民科第一庭各四人，第二、三庭各五人。典簿厅都典簿一人，典簿四人，主簿六人，八、九品录事三十人。总检察厅厅丞一人，检察官六人，主簿二人，八、九品录事四人。看守所所长一人，所官四人，九品录事二人。

这次厘正官制可以说是清政府在行将就木的时候，进行的一次不得已的官制改革。这次官制改革有以下几个方面的原因：第一，面对列强入侵，中国百姓强烈要求改革腐朽落后、不合时宜官制的大趋势。戊戌变法虽然失败了，但是改变清朝落后统治的要求深入人心，改革官制已经成为一种社会趋势。腐朽的清朝统治者高层，包括慈禧太后，如果不做出一副改革的姿态，是会面临民意质疑的。一旦让革命党人得手，就不是改革的问题，而是革命了。第二，清朝统治集团内部开明人士的推动。到了清末，一些满族有识之士也愈发认识到，再不改革，清朝就要彻底灭亡了。他们为了挽救清王朝，不停劝说慈禧太后进行官制改革，特别是出洋考察五大臣的建议，对慈禧太后产生触动。多少年来，清朝官员从来不知道外国是什么样子，当他们出去一看，才明白清朝官制是多么不合时宜、多么可笑，再不进行改革，不仅仅是贻笑大方，还会使清朝灭亡。第三，帝国主义列强为了满足对中国进一步殖民地化的需要，非常需要清政府改革落后的官制。帝国主义需要大力发展对中国的殖民地贸易，但是早期按照他们要求所成立的总理各国事务衙门，已经无法满足他们的要求，他们迫切需要改革清王朝旧有官制，建立与他们的殖民地贸易掠夺相适应的官制。第四，各省督、抚的改革要求。到了清朝后期，担任各省督、抚的多是汉族官员，尤其是沿海地区的督、抚，他们与列强接触多了，认识更深入了一步。这些督、抚已经不是鸦片战争初期那些只能看到列强船坚炮利的官员，到了后期，特别是甲午海战的失败，使他们看到了资本主义制度的优越性，尤其是日本明治维新的成功，给这些督、抚很大启示，他们中的很多人也都迫切希望改革官制。诸多因素促成了这次官制改革。但是，由于慈禧太后等封建势力的顽固性，国家机构改革变成了应付与糊弄，使得清王朝再也没有改革的机会。

这次厘正官制改革最大的成绩就是资政院的成立。

16. 资政院

机构沿革

如果说这次官制改革有新意的话，就是资政院的设立。

光绪三十三年（1907）清廷颁布谕旨："立宪政体，取决公论，上下议院，实为行政之本。中国上下议院一时未能成立，亟以设资政院，以立议院基础，着派溥伦、孙家鼐充该院总裁。"[22]资政院从光绪三十三年（1907）八月下谕成立，直到宣统二年（1910）九月，才正式发挥职能。但是各省谘议局的成立时间比较早。应该说，清朝作为一个帝制政权，能够设立资政院，还是难得的。当然，清廷要设立资政院作为议院的基础，也是迫不得已。在资政院的设立上能拖延一天就拖延一天，至于议院何时设立恐怕也是遥遥无期。清廷似乎意识到无论是资政院，还是谘议局，都与清廷是格格不入的。果不其然，各省谘议局成立之后，就迅速开展活动，他们联合各省督、抚要求清政府"速开国会，成立责任内阁"。

机构职能

根据资政院章程第一条规定："资政院以取决公论，预立上下院基础为宗旨。"这既是资政院的宗旨，也可以看作其职能之一。章程还规定：凡国家岁入、岁出、法典章程、公债税率及"奉旨"交议之事，都要经过资政院议员议决，会国务大臣奏报皇帝裁决。

机构编制

一开始,资政院设总裁二人,王公大臣"著有勋劳、通达治体者,由特旨简充"(23)。宣统二年(1910)改为总裁、副总裁各一人,从三品以上大臣内简充。总裁之下设协理四人,帮办、参议三人。秘书厅设秘书长一人,一、二、三等秘书官各四人。议员,宗室王、公世爵十六人,满族、汉族世爵十二人,外藩王、公世爵十四人,宗室、觉罗六人,中央各部院官三十二人,硕学通儒纳税多者各十人,这些纳税多者一般规定资产在一百万元以上。以上议员都由皇帝钦选。各省谘议局六人,从而各省谘议局的议员都是民选,由各省谘议局互选本省议员。这些议员不是皇族,就是高级官僚,从各省推咨议局选举的民选议员只有六人,从而保证清廷权贵的绝对多数。

17. 责任内阁

机构沿革

清朝的厘正官制改革自然不会使人民满意,整个社会可以说是风雨飘摇,清朝岌岌可危,执政的仍然是一帮守旧的亲王。各个省要求缩短预备立宪时间,提前召开国会,实行责任内阁,实行宪政。在舆论压力以及革命党人的频频攻击下,清政府不得不把预备九年立宪时间缩短为五年,于 1911 年 5 月颁布《新内阁官制》,成立了皇族内阁。责任内阁下设外交、民政、度支、学部、陆军、海军、法部、农工商、邮传、理藩十部。撤销内阁、军机处、会议政务处、宪政编查馆、吏部、中书科、稽查钦奉上谕事件处、批本处等衙门,改礼部为典礼院,监政处为监政院,军谘处为军谘府,成立弼德院、法制院、盐政院。内阁总理大臣为庆亲王奕劻,协理大臣为那桐、徐世昌,加上十名部长,共有十三名内阁成员。在这十三名内阁成员中,满族贵族占九人,汉族官僚只有四人。在满族贵族中,皇族又占了七人。所以,本届内阁被讽为"皇族内阁"。皇族内阁一成立，就遭到立宪党人的反对。立宪党人原想在这次官制改革中能够多占据几个席位，却未能如愿，大失所望。清朝自建立之日起，哪里听到过反对的声音，立即下令驱逐立宪党人出京。清朝廷直到此时，仍然没有认清社会发展的大趋势，还是皇帝独尊，一家天下。清朝皇族连唯一的盟友——立宪党人都失去了，彻底成了孤家寡人。皇族内阁成了清王朝灭亡的助推器。皇族内阁不但让立宪党人不满意、民众不满意，一些高级将领也不满意，他们联名上书年内召开国会，由国会起草宪法，组织责任内阁。资政院作为刚刚诞生不久的民主机构表现出难得的胆略与气魄，明确提出"内阁应负责任，国务大臣不任懿亲"(24)，要组织完全责任内阁，皇族不能担任内阁总理大臣。资政院提出由资政院起草宪法，并接着颁布《宪法重大信条十九条》，其中一条"皇族不得为总理大臣及其他国务大臣并各省行政长官"，"皇室大典不得与宪法相抵触"(25)，这就等于彻底剥夺了皇族的权力。此时，武昌起义已经爆发，中华民国已经成立，面对种种逼宫不臣行为，清廷也只有接受，奕劻辞去内阁总理大臣职务，摄政王载沣宣布退位。最后宣统皇帝宣布退位，清朝政权终结，两千多年的封建机构编制宣告结束。

机构职能

责任内阁的职掌是参画机要，处理国政。国家颁布法律、敕令及有关国务的谕旨，总理大臣、协理大臣会同关系大臣签名，如果涉及各部全体成员的，则全体署名。阁丞综理阁务，下设承宣厅、制诰局、叙官局、统计局、印铸局。承宣厅掌管宣布诏令、办理案折、文移、图书保管、档案、会计与庶务；制诰局掌管起草诏令、制敕、管理藩封勋级；叙官局掌管官吏考核与行政效率；统计局掌管统计与年鉴刊行；印铸局掌管颁发官印与编辑官报。

机构编制

责任内阁设总理大臣一人，协理大臣一人，国务大臣十人。国务大臣是十个部的大臣。阁丞一人,承宣厅设厅长、副厅长各一人,四局设局长、副局长各一人。属官还有佥事、印铸艺师、艺士、录事。所辖法制院设院长、副院长各一人,参议四人。参事、佥事、录事根据事务繁简设置。

表面看来,这次机构改革幅度确实很大,统治封建社会数千年的机构寿终正寝,但对统治者来说,他们无论怎样改革,都必须首先考虑官僚的利益。宣统三年(1911)八月新成立的内阁奏请留用各衙门的奏折很能说明问题:"承宣厅所管事项,原系旧日军机处职掌,又益以办理会议及全阁文牍、会计,从前章京员额无多,势难再减。此外添调通晓计学人员一员,专办会计。制诰局、叙官局,原系旧日内阁、吏部职掌,均酌留旧员十分之二。制诰局又有吏部、外务部、陆军部划拨事项,随送人员,亦分别酌留。统计局、印铸局,原系旧日宪政编查馆职掌。统计局原有兼差人员,多已回原衙门,所余员数,不敷分布,不能不量予调用。印铸局除原有十数员外,酌量添调,并留有礼部随事拨送数员。总计留调人员,尚资得力,拟请留阁任用。"(26)应该说,清代的各级机构除了服务皇宫的机构膨胀外,各个衙门还是非常精简的,所以,尽管这次官制改革力度很大,但官员的出路还是有的。新成立的责任内阁也想表现出自己致力于宪政的态度,但是国人并不买账,奕劻的责任内阁成了短命内阁,随后被袁世凯所代替。

18. 弼德院

机构沿革

清廷在设立责任内阁的同时,设立了弼德院。设立弼德院的目的似乎冠冕堂皇,"设立弼德院,以重宪政始基"。设立弼德院是为了夯实宪政的基础。如果清王朝还能继续统治几年,弼德院的权限恐怕不可估量,因为"该院权限与内阁相维系,所关重要,必须同时并设，用备顾问”[27]。弼德院与内阁相并行，并相互制约，它不仅仅具有皇室顾问的职能，而且是用来维护皇权、制约内阁的机构。当皇帝无法约束内阁的时候，就可以通过弼德院发号施令。

机构职能

弼德院“掌参预密勿，朝夕论思，并审议洪疑大政”[28]。参与机密事务，审议“洪疑大政”，弼德院有特定的上奏权力，上奏有面奏和奏片，所奏之事都是皇帝特旨需要咨询的大事，而且上奏的事情不登官报，也就是说，弼德院是一个高度机密机构，是清政府的顾问委员会。

机构编制

弼德院设院长、副院长各一人，顾问大臣三十二人，参议十人。内设机构有秘书厅，设秘书长一人，秘书官一、二等各三人，三等六人。这些顾问大臣都是清廷勋贵，为了安置这些人而设立了弼德院这个顾问机构，而且这帮遗老都是说话有一定分量的守旧派。

19. 典礼院

机构沿革

典礼院由礼部改制而成。到了近代，礼部的职能可以说被逐步剥离。礼部本来主掌部分外交业务，负责接待外国来宾，因为成立了总理各国事务衙门，接待来宾的业务交给了总理衙门。光绪三十一年(1905)成立学部，原来由礼部管理的教育事务又移交给学部。礼部的职能只剩下典礼职能，而且典礼机构还有太常寺、光禄寺、鸿胪寺等。随着皇权的没落，封建典礼内容越来越不被人重视，被视为国家机构的累赘。但礼部的机构仍旧很庞大，而且在光绪三十二年(1906)将太常、光禄、鸿胪三寺的职能划归礼部。可以说，礼部仍然是一个庞大的机构。很显然，这样的机构在国家多次机构改革，尤其是厘正官制改革后，仍然存在是不合时宜的。但是，清廷又不想丢掉维持自己统治的封建礼制。礼部在无法继续存在于十部之中的情况下，于宣统三年（1911）被改为典礼院。对于设立典礼院，清廷专门有谕作出说明："典礼事宜，至为隆重，亟宜设立专院，恪躬将事，着即将典礼院官制颁布，以礼部改设典礼院。所有礼部旧管事项有关行政者，均划归各行政衙门办理。其各衙门旧管之关于典礼，无关行政，应归该院办理事项，即划入该院管理。"按照这一谕旨，乐部划归典礼院。礼部退出了行政序列。新设立的典礼院下设总务厅与礼制署、祠祭署、奉常署、精膳署四署。

机构职能

《宣统政纪》对典礼院的职掌作了这样的规定："掌朝廷坛庙、陵寝之礼乐及制造、典守事宜，并修明礼乐，更定章制。"[29]《清史稿·职官志》作了这样的描述："掌院学士掌修明礼乐，典领朝会，虔肃明禋。"典礼院的这些职掌由下设四署来实施。礼制署掌朝会庆典，祠祭署掌坛庙陵寝，奉常署掌赞引宾导，精膳署掌筵燕祭品。

机构编制

典礼院设掌院学士、副掌院学士各一人。掌院学士与副掌院学士级别很高，由皇帝特简。学士、直学士各八人。总务厅厅长一人。簿正、典簿、司库，无定员。礼制、祠祭、奉常、精膳四署设署长各一人。一、二、三等佥事，鸣赞，序班，录事等根据事务繁简而设置。读祝官、赞礼郎、陵寝各官设置如故。这样，清廷就可以将中央机构的多年闲员统统拢在典礼院内。

20. 军谘府

机构沿革

责任内阁的设立让清廷感到大权旁落，于是，在设立十部的同时，将其他机构换个名号，提升级别，保留了封建统治所需要的机构。宣统元年(1909)五月,清廷将陆军部所属的军谘处分离出来,宣统三年(1911)又将军谘处升格为军谘府。军谘府下设五厅与测地局,将制图局改为军事官报局。

机构职能

清廷在解释由军谘处升格为军谘府时规定了其职掌:"秉承诏命,翼赞军谟。"(30)军谘府成了清廷的参谋本部。作为参谋本部有特定奏事权。军谘府特定奏事章程规定,军谘府奏事均是面奏,或者使用奏片,所奏之事都是军机、军令大事,而且军谘府奏事不得登官报。

机构编制

军谘府设军谘大臣二人。军谘大臣由郡王贝勒载涛、贝勒毓朗担任。军谘使二人,副官二人,递事长一人,递事员五人。军谘府五厅各设厅长一人(总务厅厅长由军谘使兼任),副官一人。每厅下设四科,各设科长一人,科员若干人。还有庶务、文牍、收支、编纂、译述、校对等,无定员。测地局设局长一人,司务三人,股长、班长、班员若干人。军事官报局设正、副局长各一人。军谘府共设录事六十三人。另设参议官十五人,由各省协都统及正副协参领兼任。

21. 盐政院

机构沿革

宣统元年(1909),为了统一盐政,设立盐政处。但是各省盐政存在的推诿扯皮、各自为政的现象并没有得到解决。到了宣统三年(1911),也就是清王朝终结之年,盐政处的级别得到提升,设立盐政院,以贝子衔镇国公载泽为"督办盐政大臣",以产盐的各省督抚为"会办盐政大臣",设立盐政大臣主管盐政,盐政大臣由国务大臣兼任。

机构职能

盐政院主管盐政,盐政院丞掌佐理盐纲。南盐厅掌淮、浙、闽、粤盐务，北盐厅掌奉、直、潞、东盐务。

机构编制

盐政院除了督办盐政大臣与盐政大臣外，设盐丞一人，总务厅厅长一人，参议、南盐厅厅长、北盐厅厅长各一人，参事二人，一、二、三、四等佥事，一、二、三等录事，无定员，根据事务繁简设定。

以上为光绪与宣统时期的中央机构编制改革变动情况。应当说，这一时期，机构编制改革变动较大，尤其是责任内阁时期的机构编制改革。但是，皇权已经走上了末路，而且清朝错过了戊戌变法的改革时机，顽固守旧势力只知道维护自己的既得利益，而不从长远考虑。以后在形势逼迫之下，不得不进行官制改革，但当人们对清政权彻底失望时，无论怎样改革，也无论改革力度有多大，都难以得到人民的拥护。更重要的是，清政府进行官制机构改革的前提是维持皇室的统治，社会需要的是废除清政府的一家皇权统治，这种在根本问题上的不一致无法满足人民的要求，也就决定了清朝的命运。

第三节　晚清地方机构编制

就地方机构编制改革而言，地方的改革力度远比中央要小，主要地方机构经历了两千多年的沿革，已经基本定型，为整个社会所认可，更重要的是地方政权机构受清政府影响较小，而受历代机构影响较大。当然，在清代，尤其是近代，一些新的机构与职官是历代所没有的，这是由历史发展进程决定的。

1. 谘议局

机构沿革

光绪三十三年（1907），清廷下令各省督抚在省会设谘议局，

"前经降旨于京师设立资政院，以树议院基础，但各省亦应有采取舆论之所，俾其指陈通省利弊，筹划地方治安，并为资政院储才之阶，着各省督抚均在省会速设谘议局。……凡地方应兴应革事宜，议员公同集议，候本省大吏裁夺实行。遇有重大事件，由该省督抚奏明办理。将来资政院选举议员，可由该局公推递升。如资政院应需考察询问等事，一面行文该省督抚转饬，一面径行该局具复。该局有条议事件，准其一面秉知该省督抚，一面经禀资政院查核"。[31]

光绪三十四年(1908)，宪政编查馆上奏各省谘议局章程，光绪立即批准，令各省在一年之内建立起省谘议局，而且把各省建立谘议局作为筹备立宪的第一件大事。宣统元年(1909)，各省按照要求都建立了谘议局。

机构职能

按照清政府的《谘议局章程》规定，谘议局是"各省采取舆论之地"，属于"民意"机关。谘议局的具体职责是：议决本省兴革事项；议决本省岁出岁入预决算、税法、公债及担任义务的增加；议决本省单行章程规则的增删和修改及权利的存废；选举资政院议员；申复资政院、督抚咨询事件；公断和解决本省自治会的争议，接受自治会或人民陈请建议事件等。谘议局所有议决的事件，都要经过督抚的同意。

机构编制

资政院和谘议局已经属于议会性质的组织，对于担任省议员的资格，清廷作了五条规定：曾在本省地方办理事务及其他公益事务三年以上著有成绩；曾在本省或外国中学堂及与中学同等或中学以上之学堂毕业得有文凭；有贡举生员以上出身；曾任实缺职官文官七品，武官五品以上，未被参革；在本省地方有五千元以上营业资本或不动产。

谘议局设正副议长，主持谘议局事务。谘议局议员的人数各省不一。奉天五十人，吉林三十人，黑龙江三十人，顺直一百四十人，江宁五十五人，江苏六十六人，安徽八十三人，江西九十七人，浙江一百一十四人，福建七十二人，湖北八十人，湖南八十二人，山东一百人，河南九十六人，山西八十六人，陕西六十三人，甘肃四十三人，新疆三十人，四川一百零五人，广东九十一人，广西五十七人，云南六十八人，贵州三十九人。全国共选出议员一千六百七十七人。各省的议员与中央资政院不同的是，议员都是本省产生的，没有皇帝钦定的。尽管清政府对于资政院和各省的谘议局作了种种限制规定，对普通百姓来说，对议员还是不够了解，但是各省选出的议员很多都是资产阶级、小资产阶级以及地主阶级要求改革的人，而且他们都具有新思想、新思维，谘议局毕竟具有议会的特征，很多省的谘议局在成立之后，就立即开展工作。各省谘议局的立宪派议员纷纷发表演说，批评时政。江苏谘议局议长张謇联合十三省谘议局议员组成“国会请愿联合会”，并联合各省政团、商会和海外华侨向清政府请愿，要求“速开国会，组织责任内阁”。还有很多省的议员到督抚衙门前请愿，要求召开国会，这又是清政府所意想不到的。清政府没有想到，民主制度、议员制度对于独裁专制会造成巨大的冲击。清朝统治者对于各省谘议局很是惶恐，之前还说谘议局是“采取舆论之所”，要求各省在年内速速设立，随后又对迅速各省谘议局作出限制，对于各省发表的与帝制不协调的言论进行严厉批评，认为有的地方议员“借口立宪”“肆意簧鼓”，是随意“紊乱政体”“妨害治安”。宣统皇帝在上谕中直言：“民情固不可不达，而民气断不可使嚣。”[32]对于外国人提出的要求，清朝皇帝总是要求国人“不得干预外交妄生议论”“团体原宜团结，而断不可有仇视外洋之心，权利故当保全，而断不可有违背条约之举”。[33]各省对于清政府拖延立宪时间呼声很高，要求清朝皇帝缩短预备立宪时间，提前召开国会，实行“责任内阁”。作为御用工具的资政院只是按照资政院的权限上奏，也激怒了皇帝：“设立责任内阁事宜，朝廷自有权衡，非该院总裁等所得擅预。”(34)

2. 提学使司

机构沿革

光绪三十二年(1906)，由学部、政务处奏议，裁撤各省学政，改设提学使司。光绪当即予以批准，各省设立提学使一人，“所有各省学政，一律裁撤”(35)。各省撤销学政，设立提学使。东北三省本来就没有设立学政，也就没有可撤销的机构，直接设立提学使。提学使主持一省学校教育工作。提学使衙署称“提学使司”，设有专署。按《学务官制章程》规定，提学使衙门可沿用旧学政衙门，其原学政不与督抚同城者，应改归一律同城。

机构职能

提学使职掌“教育行政，稽核学校规程，征考艺文师范”(36)。各驻防学堂，也划归提学使管辖。提学使对科长以下各员有权选用派委；劝学所总董有权札委、更换；对所属州县之学务应予考成，均申详督抚办理。凡学务议长、议绅之才品学识，亦由提学使密陈督抚转咨学部察核；其所属高等学堂以下各学堂监督、堂长及教员等，均由提学使聘用，受其节制、考核，并随时详请督抚举劾；所需经费，应会同藩司筹划，详请督抚办理；其所办一切事务，均应随时禀报督抚，由督抚咨报学部。提学使亦于每学期及年终，将本省学堂办理一切情形及学务人员情况，详报于学部考核；如遇紧要事件拟出省考察时，须电请学部允准。

机构编制

各省提学使司设提学使一人，提学使内设机构设总务、专门、普通、实业、图书、会计六科。每科设科长一人，科员若干人。提学使司还可以设立学务公所，学务公所人员都是当地议长、议绅，一起讨论办学事宜。提学使属官还有“省视学”六人，承提学使之命，巡视各府、厅、州、县之学务。

3. 提法使司

机构沿革

光绪三十三年（1907），各省按察使司改为提法使司，按察使改为提法使。因为提法使司东北三省未曾设立，清廷谕旨由东北三省先设，“直隶、江苏两省，风气渐开，亦应择地先为试办”[(37)]，其他各省也都跟着改设。

机构职能

提法使“掌司法行政，督督各级审判厅，调度检察事务”[(38)]。依宪政编查馆奏定考核提法使官制规定，提法使掌管全省司法行政事务，并监督各级审判厅、检察厅及监狱。提法使具体职掌权限，分为以下六项：

一、凡遇省内各级审判厅及各级检察厅对现行各项法律有疑义不能决定时，提法使应详拟解释，申请大理院核示。

二、对各死罪案件，由提法使备缮供勘，详请督抚具奏，交大理院覆判。法部核定，汇集具奏。军流以下人犯，由提法使汇案详督抚咨报法部。

三、提法使对于本省各级审判厅、检察厅，均得随时亲往视察或派员往视，并将巡视之情况申报总督、巡抚及法部。

四、提法使在筹办司法一切事宜时，应随时申报该管总督、巡抚，并转咨法部。年终，亦应汇造表册，报部审核。

五、提法使按监狱法督饬办理本省监狱事宜。

六、提法使对所属科长及以下各官员，依《考用提法司属员章程》规定，负责考试、录用及考核。

机构编制

各省提法使司设提法使一人。提法使内部机构有总务、民刑、典狱三科。每科设科长一人,秉承提法使之命,综理本科事务。各科分设一等科员一人,二等科员一至四人不等,由提法使酌量各科事务繁简而定。各科配置书记五人,受科长、科员指挥,缮写文件、办理庶务。书记员按章考试,合格者由提法使详请督抚酌情录用,并报法部存案。

提法使司直属高等审判厅,设厅丞一人。商埠分厅,由推事长代替厅长。刑科、民科设推事六人,典簿一人,主簿二人,录事无定员。检察厅设检察长一人,检察官一人,录事二人。地方审判厅设推事长一人,刑科、民科推事六人,典簿、主簿根据各个地方审判厅的事务繁简而定,或一人或不设,录事无定员。检察厅设检察长一人,检察官一人,录事二人,看守所所官一人,录事无定员。初级审判厅设推事二人,如果审判事务繁重可设三至四人,录事无定员。省监狱设管狱官一人,副管狱官一人,课长三人,文牍、守卫、庶务各一人,所长二人,教诲、医务各一人。府监狱设管狱官一人。州、县副管狱官一人。光绪三十四年(1908),奉天设模范监狱,设正管狱官,宣统二年(1910),又增设副管狱官。以后各府、厅、州、县也都仿效奉天增设正副管狱官。但天津、保定、湖北监狱未设专官。

从提法使的机构与职官设置来看,尽管清朝已进入封建社会的末期,在这一时期处处表现出的都是腐朽没落,但是这些新机构与职官的使用,却显现出现代文官制度的影子。提法使司一般官员的录用采取考试形式,而且都强调专业对口,这在当时不能不说具有很大的进步意义。

4. 劝业道

机构沿革

光绪三十三年(1907),随着中央厘正官制的改革,奕劻等总核官制大臣将奉旨拟定的《外省官制通则》奏请钦定颁行。在这些外省机构中就有劝业道。光绪三十四年(1908)五月,农工商部拟定劝业道官制,宪政编查馆七月上奏,立即得到批准,并公布施行。各个省按照要求设立劝业道。各个省设立劝业道时间不一致,有的早,有的晚,比较晚的是江苏、山西、甘肃、福建、黑龙江等省。农工商部与劝业道的设立说明统治者已经放弃重农抑商的传统国策,实业救国已经为统治者所接受。原来发展商业实业,只是一部分官员与中小资产阶级的共识,如今各省设立掌管实业的机构,将直接有利于工商业的发展。

机构职能

劝业道掌全省之农工、商业、交通、矿务、邮传等各项实业之管理,其具体职掌包括:

对本职所涉各项实业,应随时进行详细调查,认真揣度,何以兴办农工,何以升发矿务,何以推广船路、邮电,均应得有成见,以呈明农工商部、邮传部及本省督抚,设法筹办。劝业道有督饬地方官奉行兴办实业之责,并应随时考察所属人员办事勤惰。劝业道对本省原设农会、商会等,有劝导和稽查之责;对本省原设工商局、铁路局、电报局、邮政局以及商办铁路公司等所办一切事宜,劝业道应会同各该管人员筹商并督饬保护;对省内设立实业及交通各学堂以及各公司、局、厂等,除由农工商部、邮传部或督抚奏派大员特办,均由劝业道随时考察。凡本省原设工商矿各局厂,有不便归并劝业道的,可将旧有尚称得力的总办,改为会办、坐办,仍旧分任局所事务,由劝业道总司稽核办理。如系农工商部、邮传部在各该省特设专局,亦可按照规定交由劝业道兼辖。劝业道亦有兼理本省其他事务的,如四川省劝业道兼管水利事务等。

机构编制

各省劝业道设道员一人。劝业道内设六科,每科设科长、副科长各一人,科员根据各科的事务繁重情况设置,或二至三人,或四至五人。

在省级机构中,除了以上机构,还有如下机构:

5. 民政使司

民政使司设民政使一人,主掌百姓户籍。佥事一人,一等、二等、三等科员各一人。一、二等医官,无定员。

6. 交涉使司

交涉使司设交涉使一人,主掌一省外交。设佥事,科员,一、二等译官若干人。交涉使司有的省设,有的省不设,根据有无外交事务而定。

7. 度支使司

度支使司设度支使一人,主掌财赋。设佥事,科员,一、二等库官若干人。

总体来说,就新官制而言,清代地方机构编制变化不大,交涉使司、民政使司、度支使司等机构有的省设,有的省不设,它们在地方机构中不具有代表性。

总之,晚清国家机构编制,尤其是中央机构编制,适应列强掠夺的需要,发生了较大变化。在这些变化中,列强起了一定的作用,但还是一批中华爱国志士发挥了主要作用。尽管戊戌变法失败了,但是戊戌变法所反映的必须改变清政府不合理的、落后的国家机构编制,以富国强兵,洗刷鸦片战争以来诸多国耻的决心,成为国人的共识。晚清政府在迫不得已的情势下,进行了一系列国家机构编制改革。但是,这些改革与国家民族的发展是很不相称的,正是由于清朝统治者对于国家或民族最需要的改革消极应付,才加速了自己的垮台。

辛亥革命的枪声，结束了两千余年的帝制，封建的机构编制也随之寿终正寝，成为历史。清朝最高统治集团，直到最后时刻，还幻想着通过维持皇族机构编制以维系皇权，但已无力回天。国家机构编制是维护皇权的首要手段，同时也是颠覆皇权的主要杠杆。国家机构编制虽然是上层建筑，但也有其存在发展的规律。机构编制发展规律要求各种政权在设立国家机构的时候，必须以天下为公。坚持以天下为公，才能坚持国家机构编制精简的原则。多数封建王朝都无法做到以天下为公，他们总是以皇室贵族为公，按照皇室贵族做官发财的需要设置国家机构编制。清代的军机处、内务府就是最典型的例证。担任军机大臣的不是皇叔，就是皇弟、皇侄。庞大的内务府更是清一色的八旗子弟。表面上看，军机大臣、内务府官员都是最忠于清朝皇帝的忠臣，实际上，他们恰恰是清朝的掘墓人。清代当权者的刚愎自用、不思进取，在军机大臣身上表现得最为明显。八旗子弟的贪婪无知在内务府官员身上得到最充分的体现。清代入关之后，很快就形成了清朝勋贵利益集团，清朝统治者利用国家机构编制固化了这个利益集团的利益，使这个利益集团各类人物的贪婪合法化。国家一旦形成利益集团，国家机构编制就变成了利益集团谋取私利的工具，国家之公也就无法得以体现。利益集团总是利用国家政权，利用国家机构编制，巩固其利益根基，国家机构编制精简的原则就必然遭到破坏，随之出现国家机构编制膨胀。一旦膨胀，就必然对政权产生副作用。总结封建社会机构编制发展史，凡是机构编制膨胀的王朝无不是短命的王朝。魏晋南北朝十几个王朝，无不想着自己的天下长治久安，但一个个都是短命王朝。他们无不是通过增加机构编制、滥设机构职官以换取士族对自己政权的支持，但他们提拔的官员有的成了自己的掘墓人，更多的成了新朝的拥护者。皇帝成了走马灯，臣下则变成了三朝元老。元朝是一个实力强大的王朝，为了维护元朝的统治，元代统治者无论是在中央机构编制，还是在地方机构编制上，都超额配置了众多官员，依靠这些官员维持自己的统治。这些官员可以说是国家的鹰犬，密切监视着百姓的一举一动，但当红巾军起义反抗之时，各级官吏又都成了多余的存在，甚至是元朝灭亡的看客。元代统治者对于各级官吏利益的考虑不可谓不周到，但效忠者凤毛麟角。一般来说，历代王朝在其初期，一般都能坚持国家机构编制精简的原则，既保证了国家机构的效能运转，又减少了国家财政开支，减轻了百姓的负担。随着时间的推移，统治者更加考虑官僚的利益而逐渐忽略老百姓的利益，国家机构逐步官僚化，国家利益部门化，掌权者失去民心，也就必然要被其他政权所取代。在封建社会，改朝换代成为解决国家机构编制膨胀的最有效的手段之一。

注释：

(1)沈云龙:《光绪会典》卷九九，台湾文海出版社 1966 年版，第 436 页。

(2)国家档案局明清档案馆:《戊戌变法档案史料》，中华书局 1958 年版，第 179～180 页。

(3)沈云龙:《光绪会典》卷一〇〇，台湾文海出版社 1966 年版，第 450 页。

(4)(清)刘锦藻:《清朝续文献通考》卷一一八，浙江古籍出版社 1988 年版，第 8780 页。

(5)沈云龙:《光绪会典》卷一〇〇，台湾文海出版社 1966 年版，第 451 页。

(6)(清)朱寿朋:《光绪朝东华录》，清宣统元年上海集成图书公司本，第 4601 页。

(7)《辛丑条约》附件"一八"。

(8)《李文忠公全集·奏稿》卷八〇，民国景金陵原刊本，第 2353 页。

(9)(清)朱寿朋:《光绪朝东华录》,清宣统元年上海集成图书公司本,第4685页。

(10)(清)赵尔巽:《清史稿》卷一一九,中华书局1976年版,第3447页。

(11)(清)朱寿朋:《光绪朝东华录》,清宣统元年上海集成图书公司本,第5578页。

(12)(清)朱寿朋:《光绪朝东华录》,清宣统元年上海集成图书公司本,第5242页。

(13)(清)赵尔巽:《清史稿》卷一一九,中华书局1976年版,第3452页。

(14)(清)赵尔巽:《清史稿》卷一一九,中华书局1976年版,第3454页。

(15)(清)赵尔巽:《清史稿》卷一一九,中华书局1976年版,第3455页。

(16)(清)朱寿朋:《光绪朝东华录》,清宣统元年上海集成图书公司本,第4735页。

(17)(清)赵尔巽:《清史稿》卷一一九,中华书局1976年版,第3458页。

(18)(清)赵尔巽:《清史稿》卷一一九,中华书局1976年版,第3461页。

(19)(清)赵尔巽:《清史稿》卷一一九,中华书局1976年版,第3462页。

(20)(清)朱寿朋:《光绪朝东华录》,清宣统元年上海集成图书公司本,第4768页。

(21)(清)赵尔巽:《清史稿》卷一一九,中华书局1976年版,第3467页。

(22)(清)朱寿朋:《光绪朝东华录》,清宣统元年上海集成图书公司本,第5406页。

(23)《大清光绪新法令》,清宣统元年上海集成图书公司本,第43页。

(24)沈云龙:《宣统政纪》卷六二,台湾文海出版社1986年版,第1118页。

(25)沈云龙:《宣统政纪》卷六五,台湾文海出版社1986年版,第1171页。

(26)沈云龙:《宣统政纪》卷六〇,台湾文海出版社1986年版,第1045~1046页。

(27)沈云龙:《宣统政纪》卷五二,台湾文海出版社1986年版,第912页。

(28)(清)赵尔巽:《清史稿》卷一一九,中华书局1976年版,第3469页。

(29)沈云龙:《宣统政纪》卷五六,台湾文海出版社 1986 年版,第 983 ~ 984 页。

(30)(清)赵尔巽:《清史稿》卷一一九,中华书局 1976 年版,第 3468 页。

(31)(清)朱寿朋:《光绪朝东华录》,清宣统元年上海集成图书公司本,第 5749 页。

(32)(清)朱寿朋:《光绪朝东华录》,清宣统元年上海集成图书公司本,第 5806 页。

(33)(清)朱寿朋:《光绪朝东华录》,清宣统元年上海集成图书公司本,第 5488 页。

(34)沈云龙:《宣统政纪》卷四五,台湾文海出版社 1986 年版。

(35)(清)朱寿朋:《光绪朝东华录》,清宣统元年上海集成图书公司本,第 5184 页。

(36)(清)赵尔巽:《清史稿》卷一一九,中华书局 1976 年版,第 3472 页。

(37)(清)朱寿朋:《光绪朝东华录》,清宣统元年上海集成图书公司本,第 5536 页。

(38)(清)赵尔巽:《清史稿》卷一一九,中华书局 1976 年版,第 3472 页。

第十一章 北洋政府机构编制

第一节 北洋政府历史发展概况

1911年10月10日,武昌起义爆发,次日宣布成立中华民国军政府鄂军都督府,随后全国大部分省区陆续宣布独立,脱离清政府统治,建立地方军政府。按照中国同盟会1906年制定的革命方略之规定,中华民国军政府为起义地区建立的革命政权组织。这些地方性的军政府,实际上成为临时政权机关,为建立全国统一的中华民国临时政府奠定了基础。

1911年11月15日,在上海成立"各省都督府代表联合会",为统一政府成立之前的各省联合机构。同年11月30日,各省代表在汉口召开第一次会议,决议以鄂军都督府为中央政府大都督,代行中央政府之职权。12月又通过《中华民国临时政府组织大纲》,为南京中华民国临时政府建立之先声。

1911年12月29日,17省都督府代表会依据《中华民国临时政府组织大纲》有关规定,选举孙中山为临时大总统。1912年1月1日,孙中山于南京举行就任宣誓典礼,3日成立中央政府,宣告中国历史上第一个资产阶级民主共和国正式成立,统治中国两千多年的封建帝制从此结束。中华民国临时政府定都南京(简称南京临时政府),以红黄蓝白黑五色旗为国旗,以1912年1月1日为民国纪元。是月28日,成立临时参议院。3月颁行《中华民国临时约法》。

中华民国临时政府在南京成立后,北方大部分地区仍属于大军阀袁世凯的势力范围。经南北议和的协议,临时参议院于1912年2月15日选举袁世凯为临时大总统。3月10日,袁世凯正式就任中华民国临时大总统,孙中山于4月1日辞职,辛亥革命的成果被袁世凯窃取。中华民国政府北迁,定都北京,称"北京政府"。按照《中华民国临时约法》的规定,"中华民国之主权属于国民全体""以参议院、临时大总统、国务院、法院行使其统治权"。中央政治体制采行责任内阁制,参议院(国会)为国家立法和权力机关;大总统为国家元首;国务院(内阁)为国家行政中枢,国务总理为行政首长,与各部总长同属国务员,通过国务会议处理政务,对参议院负责。这个依法建立的中华民国被北洋军阀窃权之后,便不断遭受摧残,在"民国"招牌之下异化为各种封建军事独裁政权。在1915年袁世凯称帝和1917年张勋复辟时期,"民国"招牌也曾被抛弃过。

1912年12月初至1913年3月,北京中华民国临时政府举行第一届国会大选。1913年4月8日,中华民国第一届国会在北京召开。中华民国中央政府体制逐渐确立,但国家政权落入袁世凯等北洋军阀手中。1913年10月6日,中华民国国会选举袁世凯为第一任大总统。这个政府冠以中华民国的招牌,以共和制的名义,进行了长达十五年的军阀统治,直到1928年6月,第二次北伐的国民革命军攻进北京,最后掌权的奉系军阀垮台为止。袁世凯上台后,进行临时政府改组,以唐绍仪任内阁总理,随即又迫使主张调和南北矛盾的唐绍仪辞职,换赵秉钧组成御用内阁。《中华民国临时约法》对袁世凯并无约束力,但国会中同盟会成员占多数,南方多数省份的政权也掌握在同盟会手中,资产阶级革命派具有与北洋派一争高下的军事实力。在这一时期，政党林立，舆论活跃，全国大小党派团体上百个，报刊几百家，资产阶级民主气氛浓厚。在众多政党中，国民党为主要政党。国民党领导人希望通过和平的方式建立资产阶级议会民主制度，发展实业。袁世凯则暗中集聚力量，文武并用，另有目的。1913 年初，大选揭晓，国民党获胜。为了除掉将来登基的绊脚石，袁世凯指使人刺杀了宋教仁。宋教仁遇刺后，孙中山在 7 月发动二次革命，李烈钧奉孙中山的命令，在江西湖口宣布独立，组织讨袁军，“二次革命”爆发。江苏、上海、安徽、湖南、广东、福建等地先后宣布独立。国民党人由于仓促应战，缺乏统一领导，在“二次革命”中被北洋军打败。

二次革命失败后，北洋军阀形式上统一了全国政权。袁世凯召开国会，于 10 月被选举为正式大总统。1914 年 5 月 1 日，袁世凯废除《中华民国临时约法》，公布《中华民国约法》，实行总统制，总统独揽一切大权。袁世凯统治期间，镇压了革命派的活动，北洋派也保持着大体上的一致，因而政局相对稳定，北洋军阀政府的行政、立法、司法各种体制的基础多在这一时期奠定，一些法规、条例都在这一时期公布施行。从 1915 年春开始，袁世凯在英、美等国的支持下，积极准备改行帝制。北洋军阀集团虽然视国民党为死敌，但是在议会中又不能没有国民党的席位。北洋军阀无论是谁上台，都打着民主共和的旗号。他们也都利用国会、议员、宪法、选举、内阁作为牟取集团和个人私利的工具。袁世凯当政期间，亲手导演了八次阁潮。袁世凯以“政党内阁”之名，行“内阁政党”之实。(1) 袁世凯自认为刺杀宋教仁之后，就再也没有人敢对他推行帝制说三道四，于是以“府院一体”之名，行“屈天下奉一人”。(2) 由于同盟会的内部分化，袁世凯拉拢部分革命党人与之“合作”，实现了国家短暂的“稳定”与“统一”。

袁世凯通过收买政党，组织团体，请愿威胁，包围国会，强迫投票当上洪宪皇帝。袁世凯于1915年12月12日宣布恢复帝制,下令改1916年为洪宪元年,废除民国纪元。但经过辛亥革命,民主共和的观念深入人心,加之袁世凯在北洋派内部排挤手握兵权的段祺瑞、冯国璋等人,北洋派内部出现分裂。以孙中山、黄兴为代表的革命党人坚持反袁,组织了中华革命党与中华革命军,在沪、鲁、陕等地发动起义,但影响不大。进步党联合西南地方势力,反袁复辟。1915年12月25日,蔡锷在云南首义,护国战争爆发,在全国反袁的浪潮下,袁世凯被迫于1916年3月22日宣布取消帝制,恢复中华民国,让段祺瑞组阁,“树责任内阁之先声,为改良政府之初步”(3)。段祺瑞虽然被袁世凯视若股肱,但是他并不买账。袁世凯称帝,那些部下无一不是拥戴者,但是当袁世凯的倒行逆施惹怒天下之人的时候,袁世凯手下最得力的干将们一个个通电独立。袁世凯于1916年6月6日病死。至此,北洋军阀政府袁世凯统治时期宣告结束。

1916年6月6日袁世凯死后,黎元洪出任大总统。黎元洪继任大总统之后,《中华民国临时约法》、国会等民主形式也已恢复。段祺瑞以国务总理身份把持北洋政府实权,北洋派系矛盾逐渐激化。首先是府院之争。担任民国大总统的黎元洪不甘心总统府手无实权,要与大权在握的国务院进行较量。黎元洪得到部分国会议员及对段祺瑞不满派别的支持。段祺瑞要对德宣战,黎元洪则反对参战。黎元洪解散国会,免去段祺瑞的职务。段祺瑞立即进行反击,煽动督军团叛乱。1917年7月,黎元洪邀请张勋调停。张勋借黎元洪邀请“调停”之机,率领五千“辫子军”进京,请出宣统皇帝复辟帝制。张勋的倒行逆施引发全国民众的一致反对,段祺瑞果断率兵打败张勋,成了“再造共和”的英雄。府院之争落下帷幕,黎元洪下台,冯国璋代理大总统,段祺瑞重任国务总理,把持北洋政府。皖系政府对外以参战为名,签订了中日军事协定,借款编练参战军;对内奉行武力统一全国的政策。后来段祺瑞废除《中华民国临时约法》,由皖系安福俱乐部包办国会选举,1918 年 8 月成立新的国会,选北洋元老徐世昌为大总统,派兵讨伐南方护法运动,皖系势力发展到了高峰。

皖系虽然控制了北京政府,但不能控制北洋各派,对非北洋系的西南军阀更是鞭长莫及。皖系军阀扩张的同时,其他大小军阀也在扩充各自的实力,直、奉两系的扩展尤其迅速。直系兵精械足,不甘久居人下,首先在与南方军政府作战问题上和皖系产生矛盾。直系军阀在前线自行停战,其停战主和言论,迎合了全国民众渴望和平的心理。直系极力攻击皖系卖国,一时又赢得了人心。1919 年巴黎和会时,皖系政府的表现导致五四运动的爆发,使其陷于完全孤立的境地。直系在政治、军事上都占据优势,第一次世界大战结束后,西方列强卷土重来,压制日本的扩张,依靠英美支持的直系在与皖系的争斗中又多了一重筹码。1920 年 7 月,直皖战争终于爆发。后来皖系战败,直系入主北京政府,皖系统治时期结束。

直系军阀获胜后,曹锟、吴佩孚成了北京政府的新主人。曹锟、吴佩孚上台之后,实行武力统一政策。这一政策遭到非直系军阀的反对,各省以“民主”“自治”“联省自治”以及其他各种名义进行抗争。昔日倒皖的盟友奉系,因为胜利果实分赃不均,在组阁问题上与直系互相指责,矛盾愈演愈烈。1922 年 4 月,爆发了第一次直奉战争,直系击败奉系,独占北京中央政权。

直系先打着“恢复法统”的旗号,恢复国会,逼徐世昌下台,迎黎元洪复任大总统。继之又对黎元洪“逼宫夺印”,接着高价收买国会议员,于 1923 年 10 月通过贿选让曹锟当上了大总统,举国哗然,民心尽失。奉系兵败退出关外,宣布“闭关自治”,皖系不甘失败,企图卷土重来,南方的孙中山寻找盟友,形成了孙、皖、奉“反直三角同盟"。直系内部则因争权夺利而四分五裂,冯玉祥自成一派,且与反直联盟暗中交合。1924 年 9 月,第二次直奉战争爆发,奉军大举进攻,直军作战不利。10 月,冯玉祥发动北京政变,囚禁曹锟,直系腹背受敌,吴佩孚兵败,直系军阀统治时期告终。

直系垮台,奉系控制了北洋政府,抬出皖系首领段祺瑞临时执政,奉系则在幕后操纵。段祺端提出召开"善后会议",各派军阀之间争权夺利。北方的奉系与冯玉祥国民军系首先发生矛盾,奉系与吴佩孚重新携手,共同反冯,1926 年初将冯部挤出华北。在奉系内部,郭松龄于 1925 年底联合冯玉祥倒奉,由于日本的干涉而失败。同时,东南孙传芳与奉军激战,成为五省霸主。1926 年 4 月,段祺瑞下台。1926 年 7 月,国民革命军开始北伐,北伐军先后打败吴佩孚、孙传芳。1927 年 6 月,张作霖在北京组织安国军政府,自任大元帅,联合各派军阀,进行最后挣扎。面对北伐军的强烈攻势,张作霖于 1928 年 6 月下令退出京津,向东北收缩。张作霖在回经沈阳途中,发生"皇姑屯事件",被炸身死。1928 年 6 月 8 日,国民军进入北京,北洋政府统治结束。同年 12 月 29 日,张学良宣布"东北易帜",全国实现了形式上的统一。

第二节　南京中华民国临时政府机构编制

一、南京中华民国临时政府中央机构编制

南京中华民国临时政府设临时大总统与总统府。

机构沿革

1911 年 12 月 29 日,17 省都督府代表会依据《中华民国临时政府组织大纲》有关规定,选举孙中山为临时大总统。1912 年 1 月 1 日,孙中山于南京举行就任宣誓典礼,3 日成立中央政府,宣告中国

历史上第一个资产阶级民主共和国正式成立,统治中国两千多年的封建帝制从此结束。中华民国临时政府定都南京(简称南京临时政府),以红黄蓝白黑五色旗为国旗,以 1912 年 1 月 1 日为民国纪元。1 月 28 日,成立临时参议院。3 月颁行《中华民国临时约法》。南京中华民国临时政府存在的时间虽然很短,其机构和职官设置还不完善,但它在中国历史上毕竟是第一个资产阶级民主共和制的政府,它是开创性的,具有深远的历史影响。因此,本书专列一节叙述。中华民国开始效仿美利坚合众国政府,采行总统制,不设国务总理,由大总统实际兼任行政首长,直接领导中央行政各部。

机构职能

大总统有统治全国和统率陆海军、任免部长、决定官制,以及对外宣战、媾和、缔约等权利。大总统与参议院之关系为同意权与复议权并行。

总统府秘书处掌管总统府总务组、军事组、外交组、民事组、电务组、官报组、收发组;法制局开始称法制院,后改称法制局,掌管编纂与修订法令、法规事宜;铨叙局掌管官员的任免、升迁及颁予阶位、勋章、荣典等事务;铸印局掌管制造官用文书、票券、印信、关防等事务;公报局掌管编纂、印刷、发行政府公报、缙绅录等事务;稽勋局掌管调查开国之役应赏应恤之人,制定应赏应恤条例。

机构编制

临时政府设大总统一人,副总统一人。大总统为孙中山,副总统为黎元洪。

秘书处设秘书长一人,秘书若干人。总务组、军事组、外交组、民事组、电务组、官报组、收发组各设官员若干人,官员最多的是总务组、军事组与电务组,各设四人。外交组、民事组各三人,官报组二人，收发组一人。参军处设参军长一人。法制局设局长一人，副局长一人，秘书一人，参事数人。铨叙局未见官员编制。铸印局未见官员编制。公报局设局长一人，编纂员若干人。稽勋局未有官员编制。中央临时裁判所，设所长及枢密顾问、政治顾问、参议和参赞等官职。

二、中央行政各部

根据《中华民国临时政府中央行政各部及其权限》规定，中央行政共设九部，直属大总统。大总统与各部部长组成“国务会议”，处理重要政务。

1. 陆军部

机构职能

陆军部管理陆军，经理军事教育、卫生、警察、司法和军队编制，监督所辖军人军佐。

机构编制

陆军部设总长一人，次长一人，秘书长一人。一等顾问官、二等顾问官各数人。秘书处设秘书长，副官处设副官长，军衡局、军务局、军械局、军需局、军学局、军医局、军法局各设局长、副官等官职。各局下面分科办事。

2. 海军部

机构职能

海军部管理海军一切军政事务，监管所辖军人军佐。

机构编制

海军部设总长一人，次长一人，秘书长一人。军政局、船政局、教务局、经理局、司法局设局长、副官等。军械处、上海要港司令处职官不详。另设北伐海军总司令。

3. 外交部

机构职能

外交部管理对外交涉和外国人事务以及外国侨民，保护在外商业，监督外交官及领事。

机构编制

外交部设总长一人，次长一人，秘书长一人。外政司、商务司、编译司、庶务司设司长、主事或佥事等重要职官。该部另设驻沪通商交涉使。

4. 财政部

机构职能

财政部管理会计、库帑、赋税、公债、钱币、银行、官产事务，监督所辖各官署及府、县与公共之会的财产。

机构编制

财政部设总长一人，次长一人，承政厅设秘书长一人，会计司、库务司、钱币司、赋税司、公债司设司长、主事或佥事。直属机构有中央造币厂和江南造币厂。

5. 内务部

机构职能

内务部管理警察、卫生、宗教、礼俗、户口、田土、水利工程、善举公益及行政事务，监督所辖官署及地方官。

机构编制

内务部设总长一人，次长一人，承政厅设秘书长一人。民治局、警务局、疆理局、卫生局、礼教司各设局长、司长、主事或佥事等。禁烟所设总理、顾问等重要职官。

6. 教育部

机构职能

教育部管理教育、学艺及历象事务，监督所辖各官署学校，统辖学士教员。

机构编制

教育部设总长一人，次长一人，秘书长一人。普通教育司、高等教育司、社会教育司各设司长、主事或佥事等。

7. 司法部

机构职能

司法部管理民事、刑事诉讼和户籍、监狱，保护出狱人员，以及管理其他司法行政事务，监督法官。

机构编制

司法部设总长一人，次长一人，承政厅设秘书长一人，法务司、狱务司各设司长、主事或佥事。

8. 实业部

机构职能

实业部管理农、工、商、矿、渔、林、牧猎及度量衡事务，监督所辖各机构。

机构编制

实业部设总长一人，次长一人，秘书长一人。农政司、工政司、商政司、矿政司各设司长、主事或佥事。

9. 交通部

机构职能

交通部管理道路、铁路、航路、邮信、电报、船舶及运输造船事务，统辖船员。

机构编制

交通部设总长一人，次长一人，秘书长一人。承政厅、邮政司、船政司、路政司、电政司各设司长、主事或佥事。

南京中华民国临时政府其他中央行政机构有：招商总局，主要职官为督办、总办；中央银行，主要职官为监督、副监督。

南京中华民国临时政府虽然成立了，但是很多立宪党人和旧官僚总长并没有到任。他们一来没有成为实权总长，二来不想当临时总长，因为政府名称是南京中华民国临时政府。内务总长程德全声称自己在上海养病，交通总长汤寿潜不但辞去总长，还远走南洋。实业总长张謇对该项职务更是不感兴趣，黎元洪也没有到任。更重要的是这些立宪党人和旧官僚看到手握重兵的袁世凯对南京中华民国临时政府虎视眈眈，不敢贸然加入。到职就任的都是革命党人。

三、中央军事机关

南京中华民国临时政府中央军事机关，除上述掌办军事行政的陆军部、海军部外，还设置有以下几个专门军事机关：

1. 总参谋部

总参谋部掌管军务，直属大总统，设总长、次长各一人。总参谋部下设总务局、陆地测量局及第一至第四局。

2. 大元帅大本营

大元帅大本营为战时最高军事统帅机关，由大总统兼任陆海军大元帅，下设总站总监，作战局、兵站局。

3. 南京卫戍总督府

南京卫戍总督府为统辖南京卫戍勤务之军事机关，直隶属于大总统。设总督一人，统辖指挥卫戍区内之驻军、宪兵、要塞等。总督府设参谋长一人，辖区内分东、西、南、北司令部。

4. 南京留守府

南京留守府为处理南京中华民国临时政府北迁善后事宜之特殊军事机关。1912 年 4 月 6 日正式成立，直隶于大总统，有“维持整理南方各军与南京地面之责”。南京留守府设留守一人，总参谋长、秘书长各一人，分设政务、军务共七处。该机构于同年 6 月 14 日撤销。

四、临时参议院

机构沿革

临时参议院是中华民国临时性国会，其前身是“各省都督府联合会”。机构于 1912 年 1 月 28 日由十七省区都督府选派的议员和代理员 42 人在南京组成，4 月 29 日迁至北京正式开院，至翌年 4 月正式国会开幕时，该院即宣告解散。

机构职能

临时参议院拥有立法、制宪、财政预决算和选举临时大总统、副总统，以及弹劾、咨询等职权。

机构编制

临时参议院设议长、副议长各一人，内置全院委员长、财政案件审查长、法律案件审查长、外文案件审查员、请愿案件审查员等职。

南京临时政府虽然存在时间短暂，只有三个月，但是公布了具有划时代意义的第一部资产阶级宪法性文件——《中华民国临时约法》（简称《临时约法》）。《临时约法》明确了三权分立体制，规定了人民享有的民主权力："中华民国人民，一律平等，无种族、阶级、宗教之区别。"人民享有选举、参政等"公权"和居住、言论、出版、集会、信教等"私权"。孙中山幻想用《临时约法》将袁世凯的权力限制在法律规定的范围之内，使他即使当了大总统也必须按照《临时约法》行事，但是孙中山没有考虑到，这些法律对于军阀来说，几乎没有任何约束力。

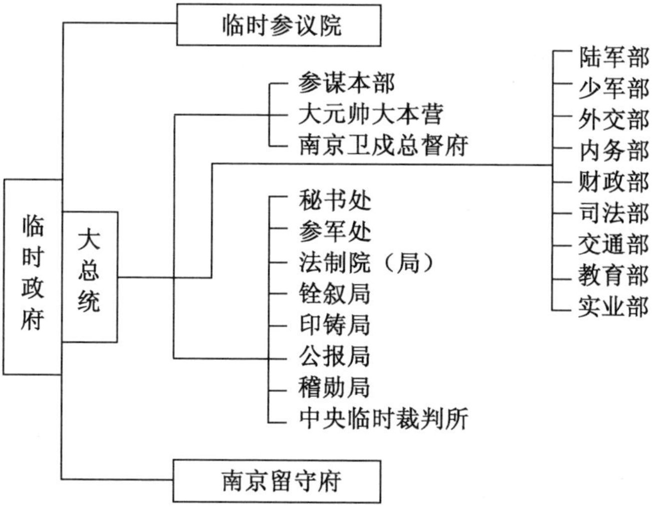

五、南京临时政府地方机构编制

机构沿革

辛亥革命后，在南方省份，政权发生了巨大变化。凡是被义军占领的省，都设立军政府或都督府。显然，军政府或都督府都是临时性的省级机构。各个省不但机构名称不一致，而且内设机构差别也很大。有的军政府设有枢密院、参议院、民政部、军政部(军务部)、财政部、外交部、司法部、教育部、交通部、实业部、警务处(军务处)等,有的还专门设置军政分府。1912 年 2 月 4 日,南京中华民国临时政府因为中央行政机构设部,故电令各省都督府将所设之"部"一律改为"司"。2 月 19 日电令各省裁撤军政分府。南京临时政府辖区,包括江苏、上海、浙江、安徽、福建、江西、湖南、湖北、广东、广西、四川、云南、贵州、陕西、山西等十五省区。在山东、河南、直隶、甘肃、新疆以及东北三省,虽曾建立过军政府,但均属所在省临时性或局部性的政权,这些军政府在当时只控制了本省部分地区,就全省政局而言,仍属清王朝或北洋军阀统治区域。

机构职能

军政府或都督府掌管一省军民两政。各省都督府一般设司令部,专管军事;民、财两司由地方官主持,以倡"军民分治"。

机构编制

各省一般设都督一人,都督府下设部、院、局、司、处等机构。各省的机构编制只是将机构名称作了规范,但是机构编制没有统一的要求。

省下设县,清代在省下按行政区划所设之道、府、直隶州的封建建制被取消。由于当时正处于由清王朝的帝制向共和制变革时期,新的地方政权尚未得到巩固,许多地方的清王朝旧势力和革命党人组织领导的革命力量还在继续进行较量。凡义军和革命派统治的县,一般建有临时性的县军政府,其县级军政职务亦是临时性的。县以下新的地方行政管理体制尚未建立。

第三节 北洋政府中央机构编制

中华民国临时政府在南京成立后,北方大部分地区仍属于袁世凯的势力范围。经南北议和的协议,临时参议院于1912年2月15日选举袁世凯为临时大总统。3月10日,袁世凯正式就任中华民国临时大总统,孙中山于4月1日辞职,辛亥革命的成果被袁世凯窃取。中华民国政府北迁,定都北京,通称"北京政府"。这个政府冠以中华民国的招牌,以共和制的名义,进行了长达十五年的军阀统治。1928年6月,第二次北伐的国民革命军攻进北京,最后掌权的奉系军阀垮台。

1. 大总统(总统府)

机构沿革

辛亥革命后,国家统治者由皇帝换成了大总统。北洋军阀时期的大总统充分体现了军阀执政的特点。大总统有时候权力很大,有时候只是一个傀儡。北洋军阀时期的大总统大体分为以下几个阶段。第一阶段属临时约法时期(1912年3月10日至1914年5月1日;1916年6月7日至1924年11月2日)。根据《临时政府组织大纲》的有关规定,北洋政府临时大总统、副总统由临时参议会选举产生,正式大总统、副总统根据《大总统选举法》由正式国会选举。但在正式宪法未颁布前,大总统之职权暂以《临时约法》的规定行使,即规定大总统任期五年,可连选连任一次。第二阶段为新约法时期(1914年5月1日至1916年6月6日)。该时期是袁世凯统治的中后期。袁世凯于1914年5月1日公布其御用的《中华民国约法》,即《新约法》。这是对《临时约法》的篡改和否定。同年12月29日又公布由"约法会议"奉命制定的《大总统选举法》,其中规定须在国内住满二十年才可以拥有大总统被选举资格,实际上是对革命党人的排斥。同时规定大总统任期10年,没有连任的限制次数。大总统任期未满去职时,应在3日内补选,副总统只能"代行"三天,不能继任大总统。1916年6月6日袁世凯死后，由副总统黎元洪“接任”大总统，这里的“接任”是当时通电中的措辞，意思含糊，故引起新旧约法之争的风波。6 月 29 日，北洋政府命令恢复《临时约法》，使风波告一段落。此后，皖系直系军阀相机操纵中央政权，但在法统上亦属《临时约法》的基本范畴。第三阶段为临时执政时期（1924 年 11 月 24 日至 1926 年 4 月 20 日）。此时的大总统桂冠似乎成了“不吉利”的帽子，在北京执政的段祺瑞不愿戴在头上，便换了一个名堂——临时执政。1924 年 11 月 24 日，段祺瑞在北洋军阀“推戴”下就任中华民国临时执政，即日公布《中华民国临时政府制》，临时政府废止“法统”和责任内阁制，不设国务总理。临时执政兼任行政首长，直接指挥各部，统率陆海军，对外代表国家，总揽军民两政，集总统与总理大权于一身。临时政府设国务员若干人，由临时执政任命，掌行政各部。临时执政通过国务会议操纵议决重要国务。这种“府院合一”的政治体制，是军事独裁统治的一种特殊形式。1926 年 12 月 26 日，在全国民主革命浪潮不断高涨的冲击下，段祺瑞被迫公布《修正临时政府制》，增设国务员与国务总理，恢复责任内阁。但是，在军阀独裁制下，责任内阁没有实质权力，依然是傀儡。1926 年 1 月 4 日又改行 1916 年 7 月官制。4 月 20 日，段祺瑞被迫下野，中央政府元首顿成虚位，暂以国务总理“摄行”临时执政职权，成为临时政府与军政府之间的一种过渡性中央政权。第四阶段为军政府陆海军大元帅时期（1927 年 6 月 18 日至 1928 年 6 月 3 日）。1926 年北伐军节节胜利，直、皖系军阀相继失败，北洋政府中枢元首处于虚位状态，于是北洋军阀的各种残余势力不得不推出距南方较远而实力较雄厚的奉系军阀头目张作霖。走马进京的张作霖既不喜欢大总统桂冠，也不喜欢临时执政之衔，他给自己安排了一个叫作“安国军大元帅”的职位，用来施行大总统职权。1926 年 12 月 1 日，张作霖就任安国军总司令。1927 年 6 月 18 日，喜欢别人称呼他“张大帅”的张作霖，似乎对安国军总司令不满意，将安国军总司令改成安国军大元帅（即陆海军大元帅），同时颁布《中华民国军政府组织令》，建立军政府。军政府不设任何代议机关和民意机关，由大元帅总揽陆海军全权，在军政府期间代表中华民国行使统治权，用大元帅代行大总统。大元帅下置国务院。国务院由国务员组成，辅佐大元帅处理政务。国务员包括国务总理及各部部长。

可以说，北洋军阀统治时期，大总统既是军阀们的目标，又是军阀们的克星。习惯了以命令行事的军阀并不喜欢通过选举当大总统，军阀同样不喜欢议会的约束。

机构职能

大总统的主要职权是：代表国家公布法律、发布命令、任免国务员及外交大使等重要官员；统率陆海军队；依法宣布戒严；对外宣战、媾和及缔结条约；授予勋章和其他荣典；发布大赦、特赦等。

大总统与官制相关的职权有：制定官制官规，任免国务员和其他官员，但是任免国务员和外交大使、公使，须经过参议院同意；国务员如果受到参议院的弹劾，临时大总统应免去其职务，并经参议院复议一次。袁世凯为了当皇帝，利用《临时约法》中关于总统“得颁给勋章并其他荣典”的条文，接连颁布勋章令、给勋条例、勋位令、陆海军奖章令、陆海军叙勋条例，而且特别说明，他所颁布的勋令与亲王、郡王、贝勒、贝子以及公、侯、伯、子、男等同挂钩，暗示人们他要当皇帝。

大总统的这些职权也是临时执政或大元帅的职权。

机构编制

根据《中华民国临时约法》，总统府设大总统、副总统各一人，秘书长一人（1914 年 5 月至 1915 年 8 月，秘书厅改为内史监，以后又改为秘书长）。

根据 1914 年 5 月 3 日公布的《大总统府政事堂组织令》，政事堂下设法制局、机要局、铨叙局、主计局、铸印局。各局设局长一人,左、右丞各一人,参议八人,所长一人,参事、佥事、主事若干人。

北洋政府历届总统及任职时间

职务	姓名	任职时间
临时大总统	袁世凯	1912 年 3 月 10 日—1913 年 10 月 10 日
大总统	袁世凯	1913 年 10 月 10 日—1916 年 6 月 6 日(其中 1916 年 1 月 1 日—3 月 23 日称洪宪皇帝)
大总统	黎元洪	1916 年 6 月 7 日—1917 年 7 月 31 日(1917 年 7 月 1 日张勋拥宣统帝复辟。7 月 14 日黎元洪通电辞职,7 月 6 日冯国璋通告就任代理大总统)
大总统	冯国璋	1917 年 7 月 6 日—1918 年 10 月 10 日
大总统	徐世昌	1918 年 10 月 10 日—1922 年 6 月 2 日
大总统	黎元洪	1922 年 6 月 1 日—1923 年 6 月 13 日
国务院摄行大总统	高凌霨	1923 年 6 月 14 日—1923 年 10 月 10 日
大总统	曹锟	1923 年 10 月 10 日—1924 年 11 月 2 日
摄行大总统	黄郛	1924 年 11 月 2 日—1924 年 11 月 24 日
临时执政	段祺瑞 (虚位)※	1924 年 11 月 24 日—1926 年 4 月 20 日 1926 年 4 月 20 日—1926 年 5 月 12 日
国务院摄行大总统	颜惠庆 杜锡珪 顾维钧	1926 年 5 月 13 日—1927 年 6 月 16 日
军政府大元帅	张作霖	1927 年 6 月 18 日—1928 年 6 月 3 日

※本时期因段祺瑞辞职,临时执政成虚位。

2. 国务院（内阁）

机构沿革

《中华民国临时约法》的宗旨，是实行责任内阁制，以国务院为行政中枢，国务总理和各部部长同属国务员，国务总理居于行政首长地位。但在整个北洋政府统治期间，内阁多次受到冲击，除袁世凯称帝、张勋复辟时曾短暂取消共和制，袁世凯统治的中后期和段祺瑞临时执政政府时期，也曾取消责任内阁制。其余较长时间虽在形式上存在内阁制，但实际上内阁成为军阀统治的工具。

北洋军阀时期的内阁也分为几个不同的时期，第一个时期是袁世凯统治前期（1912 年 3 月至 1914 年 5 月）。首届国务院于 1912 年 3 月成立，由唐绍仪任国务总理，3 月 30 日组阁。1912 年 6 月 15 日，因为袁世凯不经内阁副署，就直接发表任命王芝祥为南方军宣慰使，破坏责任内阁，唐绍仪提出辞职。6 月 17 日，袁世凯接受唐绍仪的辞呈。6 月 29 日，袁世凯提出由陆徵祥组阁。此时，各部部长已经辞职六人。袁世凯将内阁名单提交参议院，动用军队强迫参议院通过内阁成员名单。1912 年 7 月 27 日，参议院有人提出陆徵祥失职案。8 月 20 日，陆徵祥告病假，内阁总理由内务总长赵秉钧兼代。赵秉钧因为与宋教仁遇刺案有着直接关系，1913 年 5 月 1 日告病假，陆军总长段祺瑞兼代总理。7 月 16 日，赵秉钧辞免。7 月 17 日陆军总长段祺瑞卸任兼代总理，交通总长朱启钤暂代总理。1913 年 7 月 31 日，袁世凯向国会提出由热河都统熊希龄组阁。9 月 11 日，熊希龄内阁成立。

第二个时期为袁世凯统治后期（1914 年 5 月至 1916 年 6 月）。国务院于此期间被取消，责任内阁制被废弃，而在总统府内设置政事堂，从而确定了袁世凯独裁的总统集权的政治体制，在组织上为其称帝做准备。1914 年 5 月 3 日，袁世凯颁布《大总统府政事堂组织令》,根据这一《组织令》取消了国务院,在总统府设立政事堂。取消国务总理,设置国务卿。根据《组织令》,政事堂于5月4日成立。政事堂下设机要局、法制局、铸印局、主计局和司务所。袁世凯对于现代机构与职官,尤其是对国务院与总理似乎充满了仇恨,尽管他也曾担任过此项职务。在他看来,国务院与皇帝是格格不入的,要当皇帝,必须先撤销国务院与国务总理。因为政事堂毕竟是一种封建职官,而不是共和制的产物。据《新约法》规定:"行政以大总统为首长,置国务卿一人赞襄之。"这样,国务卿只有幕僚身份,同秘书长职务相近,没有国务员的性质。政事堂职官除国务卿外,还置左丞和右丞各一人,"赞助国务卿与闻政事"。置参议八人,审议法令。袁世凯通过政事堂可以把一切实权集中在总统府内。徐世昌为第一任国务卿,任职期限从1914年5月1日至1915年10月27日。1915年10月27日,徐世昌以"病假"为由辞去国务卿一职。随即国务卿一职由外交总长孙宝琦兼代,随后又由陆徵祥兼代国务卿。1916年4月21日,再次修改政事堂组织令,稍微增加国务卿职权,同时取消左、右丞。12月21日,免去徐世昌的国务卿职务,由陆徵祥出任国务卿。在这期间,袁世凯冒天下之大不韪,当起"洪宪皇帝"。在全国上下一片反对声中,袁世凯不得不取消帝制,宣布撤销"承认帝位案",取消"洪宪"年号,重新任命徐世昌为国务卿,陆徵祥仍然任外交总长。1916年4月22日,参谋总长段祺瑞代替徐世昌为国务卿。5月4日,袁世凯公布《修正政府组织令》,5月8日撤销政事堂,恢复国务院,由国务卿总理国务,着手恢复责任内阁。虽然恢复了国务院,但是国务院总理没有恢复,国务卿就成了国务总理。6月6日袁世凯毙命,黎元洪以副总统身份接任大总统职务。

第三个时期为皖、直系军阀统治时期(1916年6月至1924年11月)。国务院建制基本沿袭1916年5月4日公布的《修正政府组织令》编制。国务院内官署为秘书厅、法制局、统计局、铸印局等。在此期间，先后有段祺瑞、伍廷芳、李经羲、汪大燮、王士珍、钱能训、龚心湛、靳云鹏、萨镇冰、颜惠庆、梁士诒、周自齐、王宠惠、唐绍仪、王正廷、张绍曾、高凌霨、孙宝琦、顾维钧、黄郛等人担任或代理、摄行国务总理并组阁。首先国务总理段祺瑞与大总统黎元洪在对德参战问题上发生矛盾，段祺瑞以辞职相威胁。1916 年 11 月 13 日，黎元洪以国务员伍廷芳副署命令，免去段祺瑞的内阁总理职务，由伍廷芳代理内阁总理。1917 年 5 月 25 日，黎元洪向国会提出由李经羲继任内阁总理，并获得两院通过。5 月 28 日正式任命李经羲为内阁总理，但此时李经羲尚未入京，以步军统领江朝宗代理内阁总理，并以江朝宗的名义解散国会。6 月 14 日，李经羲与张勋一同进京，就任内阁总理。1917 年 7 月 1 日，张勋复辟，李经羲内阁垮台。1917 年 7 月 2 日，黎元洪任命段祺瑞为内阁总理，将命令送到天津。段祺瑞在天津马厂誓师，讨伐张勋。7 月 12 日攻入北京，张勋逃到荷兰驻华公使馆。7 月 17 日段祺瑞内阁成立。“再造共和”的段祺瑞更是不把黎元洪放在眼里，黎元洪唯有辞职。副总统冯国璋继任大总统。11 月 16 日，冯国璋、段祺瑞之间的矛盾暴露出来。

段祺瑞对南方用兵失败，被迫辞去内阁总理一职。11 月 22 日冯国璋以外交总长汪大燮为代理总理。1917 年 11 月 30 日，汪大燮辞职，参谋总长王士珍任内阁总理。汪大燮从 11 月 22 日到 11 月 30 日担任代理总理，历时八天。12 月 1 日，王士珍发布内阁成员名单。但是段祺瑞、冯国璋矛盾日趋尖锐，王士珍左右为难，一再要求辞职，不得允许，干脆拒不履职。1918 年 2 月 20 日，冯国璋只好派内务总长钱能训代理内阁总理。3 月 8 日，段祺瑞与段派军阀“督军团”对冯国璋施压，王士珍化装逃离北京，去了天津。3 月 23 日，王士珍免职，冯国璋在督军团的压力下重新任命段祺瑞为内阁总理组阁。3 月 29 日段记内阁成立。9 月 4 日,段祺瑞收买的"安福国会"选举徐世昌为大总统,10 月 10 日,徐世昌就职,冯国璋解职。段祺瑞虽然逼迫冯国璋下台,但是也惹怒了曹锟、张作霖等军阀。在军阀们的一片反对声中,段祺瑞、冯国璋同时下台。1918 年 12 月 14 日,徐世昌就任大总统后,因为在南方问题上与督军团有矛盾,徐世昌与各个军阀反复商量,才得到允许让钱能训正式组阁。1919 年 1 月 11 日,钱记内阁成立。在钱能训担任内阁总理期间爆发了震惊中外的五四运动。学生的诉求严惩卖国贼曹汝霖、陆宗舆与章宗祥,徐世昌与钱能训自然不敢按照学生的诉求惩罚三人,于是,他们一起向"安福国会"要求辞职。1919 年 6 月 13 日,钱能训辞免内阁总理,财政总长龚心湛兼代内阁总理。龚记临时内阁持续到 9 月 24 日,陆军总长靳云鹏在各派军阀的一致同意下组阁。1919 年 11 月 5 日,靳云鹏被正式任命为内阁总理。12 月 4 日,靳记内阁在征得各派军阀同意认可之后,正式成立。靳云鹏虽然也是军阀,但是当了内阁总理之后并不顺利,其间先后四次辞职未得允许,1920 年 5 月 14 日得到允许后,由海军总长萨镇冰临时代理内阁总理。1920 年 8 月 9 日,在直皖战争中,皖系失败,"安福三总长"(财政总长李思浩、司法总长朱深、交通总长曾毓隽)被撤职,7 月 28 日,免去段祺瑞、徐树铮等人的一切职务,8 月 3 日,解散安福俱乐部。靳云鹏内阁在直奉军阀的同意下成立。

1921 年 4 月 25 日,靳云鹏内阁在交通系"财政倒阁"下,内阁成员几乎是大换血。1921 年 9 月 17 日,靳云鹏因为财政困难辞职。10 月 18 日,靳云鹏重任内阁总理。12 月 17 日,靳云鹏因财政困难与奉系军阀的反对而辞职。1921 年 12 月 18 日,外交总长颜惠庆临时代理内阁,24 日结束。24 日,梁士诒由奉系军阀推荐,组成内阁。1922 年 1 月 5 日,梁记内阁遭到直系各省军阀的反对,1 月 25 日,梁士诒既不辞职,也不履职,去了天津。徐世昌仍以颜惠庆代理内阁。到 4 月 9 日,看到梁士诒拒不辞职,也拒绝继续代理下去,徐世昌只好让教育总长周自齐兼署内阁总理。1922 年 5 月 10 日,第一次直奉战争结束,直系获胜,吴佩孚在保定召开会议,讨论恢复法统,驱逐徐世昌,曹锟再次当上总统,电请王士珍组阁。直系军阀孙传芳电请南北总统(孙中山、徐世昌)同时下野,国会举行集会,斥责徐世昌为非法总统。6 月 2 日,徐世昌宣布辞职,下令国务院摄行总统职权。内阁成员拒不执行。6 月 11 日,黎元洪入京,通电"暂行大总统职权",同时任命颜惠庆署理内阁总理。但是颜惠庆只答应署理到国会复会(8 月 1 日)为止,到 7 月 31 日,颜惠庆不愿继续署理下去,黎元洪只好让王宠惠暂时代理几天。1922 年 8 月 5 日,黎元洪为了促进"统一",以南方名流唐绍仪为内阁总理进行组阁。内阁名单发表了,但是还有财政、内务、司法总长没有到任。这边名单刚公布,8 月 6 日,吴佩孚就提出不同意见,主张由王宠惠组阁。8 月 9 日,王宠惠提出辞职,推荐张绍曾代理内阁。8 月 26 日,黎元洪向国会提出唐记内阁名单,但国会因为唐绍仪本人没有同意担任总理,而将内阁咨文退回。9 月 14 日,王宠惠与全体阁员集体辞职。唐绍仪内阁无法成立,黎元洪只好采纳吴佩孚的建议,由王宠惠组阁。

9 月 19 日,王记内阁组成。10 月 11 日,国会举行开幕式,黎元洪与王宠惠前去祝贺,遭到不少议员的反对,主要原因还是直系军阀内部意见不统一。10 月 12 日,王宠惠内阁提出总辞职。11 月 18 日,财政总长罗文干突然被逮捕,内阁处于无人负责状态。11 月 27 日,参议院通过审查王宠惠议案。11 月 29 日,黎元洪派汪大燮署理内阁总理,汪记内阁成立。11 月 30 日,汪大燮通电就职,但是因为自己兼任财政总长与黎元洪意见不合,当天辞职,随即又通电复职。12 月 1 日,国会"要人"通电反对汪记内阁,曹锟还有其他直系军阀也都通电反对汪记内阁。12 月 11 日,汪大燮力辞内阁,黎元洪派王正廷暂时代理。12 月 14 日,王正廷通电就职。12 月 15 日,参议院在打斗中通过了张绍曾内阁案。1923 年 1 月 4 日,张记内阁名单公布,但是阁员尚未经过国会同意。1 月 12 日,王正廷不愿就任司法总长,冯玉祥推荐程克继任。1 月 19 日,张记内阁除施肇基,均获国会通过。3 月 8 日,张记内阁不能让直系军阀完全满意,本身内阁成员也意见不统一,于是进行总辞职,3 月 19 日又复职。6 月 6 日,直系军阀酝酿要"选举"曹锟为大总统,迫使黎元洪退位,就首先将目标对准张记内阁,强迫其集体辞职。张绍曾当天离京去津。6 月 13 日,黎元洪也受到直系军阀的多方胁迫,狼狈逃离北京。6 月 14 日,高凌霨以内务总长的身份召开国务院特别会议,直系军阀多人参加,议决以国务院摄行总统职权。直系军阀纷纷通电拥护。6 月 16 日国会两院召开秘密会议,同意内阁摄行总统职权,但部分议员通电反对。10 月 5 日,曹锟"当选"总统,10 月 10 日就职。总统虽然选举出来了,内阁却因国会与直系军阀的不满,一直难以组阁。直到 1924 年 1 月 9 日,才由孙宝琦组阁,获得国会通过。5 月 28 日,孙宝琦因为曹锟对自己多次表示厌恶,提出辞职,曹锟暂时没有找到合适的替代人选,予以挽留。7 月 2 日,孙宝琦与财政总长王克敏发生冲突,曹锟袒护王克敏,孙宝琦当即提出辞职,曹锟即刻批准,以顾维钧为代理总理。7 月 5 日,曹锟向国会提出以颜惠庆组阁,但国会意见分歧很大,直到 9 月 14 日颜惠庆才得以组阁成功。1924 年 10 月 25 日,第二次直奉战争直系兵败,曹锟被监视居住,作为曹锟的内阁总理,颜惠庆于 10 月 31 日辞职。黄郛被任命为代理内阁总理(摄行总统职权)。1924 年 11 月 15 日段祺瑞被张作霖、冯玉祥等公推为"临时总执政",11 月 24 日,黄记内阁解职。

第四个时期为临时执政时期(1924 年 11 月至 1927 年 6 月)。1924 年 11 月 15 日,段祺瑞入京就任临时总执政。同日,公布《临时政府组织条例》,《条例》规定,不设内阁总理,由临时执政主持国务会议,任命各部部长。这样就加强了军阀的独裁统治,将形式上的国会也抛弃了。段祺瑞的独裁统治遭到各方面的反对,1925 年 12 月 26 日,公布修正《临时政府组织条例》,仍设国务院,置内阁总理,以许世英为内阁总理。许世英担任内阁遭到各方面的反对,公布的内阁成员名单,南方"要人"教育总长易培基、内务总长于右任、司法总长马君武均未到任,许世英干的内阁难以为继,于 1926 年 2 月 20 日辞职,由陆军总长贾德耀代理。3 月 4 日,由贾德耀代理继任内阁总理。1926 年 4 月 20 日,段祺瑞为各派军阀所抛弃,逃往天津。贾德耀也于同日辞职,胡惟德代理总理。1926 年 4 月 25 日,直奉联军击败国民军,一致主张恢复"宪法"与颜惠庆内阁。5 月 13 日,颜惠庆全体阁员满怀信心地宣布"依法复职"。6 月 22 日,颜记内阁尚未就任,刚举行完第一次会议,就被通知辞职,由海军总长杜锡珪代理总理。杜锡珪内阁是奉系军阀推荐的,但是他的任职过程也不顺利,他于 9 月 20 日辞职。1926 年 10 月 1 日,外交总长顾维钧组成临时内阁,杜锡珪专任海军总长。

第五个时期为军政府时期(1927 年 6 月至 1928 年 6 月)。在陆海军大元帅下置国务院,以国务员组成,辅佐大元帅处理政务。国务员包括国务总理及各部总长,均由大元帅任免,内阁制名存实亡。1927 年 1 月 12 日,顾维钧在奉系支持下改组内阁。1927 年 6 月 20 日,张作霖令潘复组阁,顾记内阁免职。1927 年 7 月 12 日公布的《国务院官制》,将参谋本部与航空署并入军事部,府院建制均有重大变动,以确立其军事独裁政治体制。1928 年 6 月 3 日,张作霖离京出关,潘复内阁宣告终结。

机构职能

国务院总理通过国务会议处理重要国务，对国会负责，是国家的最高行政首长。法制局主要职能是：拟定法律、命令案；对法令、命令提出制定、废止或修改意见；审定各部拟定的法律、命令案等。铨叙局主要职能是：荐任官员任免；文官考试资格审查、勋级考核、文官的任免与升迁恩给和抚恤；爵位、勋章、荣典授予等。铸印局主要职能是：印刷官文书用纸；制造勋章、徽章、印信、关防、图记等，刊行公报、职员录、法令全书等；印刷各科单据、簿记和官版书籍。该局掌办各种统计，刊行统计报告，筹划各官署统计会议等。1917 年官制规定该局有五项任务：各部院统计的统一；进行社会统计；编制统计报告；交换全国统计表；组织各官署统计会议。

北洋军阀时期的国务院职能变化较大，国务院的具体职能由各个部来具体落实。

机构编制

国务院设国务总理一人，秘书厅设秘书长一人。1916 年之前的秘书厅除了秘书长，还设有首席秘书、参议等。1913 年 12 月 22 日公布的《修正国务院秘书厅官制》取消了首席秘书。1916 年 5 月 8 日政事堂改为国务院，设国务总理一人，参议十人，秘书厅设秘书长一人，法制局设局长一人，铨叙局设局长一人，统计局设局长一人，铸印局设局长一人。以后国务院内设机构编制变化不大，一直是秘书厅、法制局、铨叙局、统计局、铸印局——一厅四局。变化较大的是参议的设立。民国十五年(1926)段祺瑞逃到天津之后，参议是十八人。民国十六年(1927)顾维钧担任国务总理时参议是二十一人，潘复担任国务总理时参议是二十四人。

北洋政府历届内阁及任职时间

姓名	组阁时间	说明
唐绍仪	1912年3月13日—6月27日	6月17日至29日由外交总长陆徵祥代理
陆徵祥	1912年6月29日—9月22日	8月20日至9月25日由内务总长赵秉钧代理
赵秉钧	1912年9月25日—1913年7月16日	1913年5月1日至7月14日由段祺瑞代理;7月17日至18日由朱启钤代理
段祺瑞	1913年7月19日—7月31日	代理
熊希龄	1913年7月31日—1914年2月12日	
孙宝琦	1914年2月12日—5月1日	代理
徐世昌	1914年5月1日—1916年4月22日	设政事堂,称国务卿,1915年10月27日至1916年3月21日由陆徵祥代理
段祺瑞	1916年4月22日—6月29日	称国务卿
段祺瑞	1916年6月29日—1917年5月23日	改政事堂为国务院,称国务总理
伍廷芳	1917年5月23日—5月28日	暂代
李经羲	1917年5月28日—7月2日	
段祺瑞	1917年7月2日—11月22日	
汪大燮	1917年11月22日—11月30日	暂代
王士珍	1917年11月30日—1918年3月23日	署,1917年2月20日至3月23日由钱能训代理
段祺瑞	1918年3月23日—10月10日	

（续表）

姓名	组阁时间	说明
钱能训	1918年10月10日—12月12日	暂代
钱能训	1918年12月12日—1919年6月13日	暂代
龚心湛	1919年6月13日—9月24日	暂代
靳云鹏	1919年9月24日—11月5日	暂代
靳云鹏	1919年11月5日—1920年5月14日	
萨镇冰	1920年5月14日—8月9日	暂代
靳云鹏	1920年8月9日—1921年12月18日	署，一九二一年五月十日任国务院总理
颜惠庆	1921年12月18日—12月24日	暂代
梁士诒	1921年12月24日—1922年1月25日	
颜惠庆	1922年1月25日—4月9日	暂代
周自齐	1922年4月9日—6月12日	署
颜惠庆	1922年6月11日—8月5日	1922年7月31日至8月5日由司法总长王宠惠代理
唐绍仪	1922年6月11日—9月19日	未任，由教育总长王宠惠代
王宠惠	1922年9月19日—11月29日	署
汪大燮	1922年11月29日—12月11日	署
王正廷	1922年12月11日—1923年1月4日	代理
张绍曾	1923年1月4日—6月6日	
高凌霨	1923年6月13日—1924年1月12日	以内务总长代理，国务院摄行大总统职
孙宝琦	1924年1月12日—7月2日	
顾维钧	1924年7月2日—9月14日	代理

（续表）

姓名	组阁时间	说明
颜惠庆	1924 年 9 月 14 日—10 月 31 日	
黄郛	1924 年 10 月 31 日—11 月 25 日 1924 年 11 月 2 日—1925 年 12 月 26 日	代理，摄行大总统职 不设国务总理
许世英	1925 年 12 月 26 日—1926 年 2 月 5 日	
贾德耀	1926 年 2 月 15 日—4 月 20 日	代理
胡惟德	1926 年 4 月 20 日—5 月 13 日	署
颜惠庆	1926 年 5 月 13 日—6 月 22 日	复任，摄行大总统
杜锡珪	1926 年 6 月 22 日—10 月 1 日	代理，摄行大总统
顾维钧	1926 年 10 月 1 日—1927 年 6 月 17 日	代理，1927 年 1 月 12 日自署
潘复	1927 年 6 月 18 日—1928 年 6 月 3 日	张作霖称安国海陆军大元帅

本表依据刘寿林、万仁元、王玉文、孔庆泰编《民国职官年表》

3. 中央行政各部

国务院下设各部，各部部长和国务总理共同组成内阁；没有国务院时，由大总统或临时执政直辖中央各部。

1912 年 3 月组建的中华民国首届内阁，下设外交、内务、财政、陆军、海军、司法、教育、交通、农林、工商十个部。同年 7 月 18 日，公布了《各部官制通则》，各部及其内部司局组织建制初具规模。翌年 12 月 22 日，公布《修正各部官制通则》(4)，24 日将农林、工商两部合建为农商部，各部、司局之建制有所调整。在 1914 年 7 月 10 日修正各部官制，仍设九部，部下裁局，一律改设为司，建制又有所调整，在 1914 年 5 月至 1916 年 5 月不设国务院期间，各部总长承大总统之命管理本部事务，在法律上没有固定独立行使之职权。

1924 年 11 月至 1925 年 11 月不设国务院期间,临时执政直接指挥各部,实行府院合一。1927 年 7 月 12 日,中华民国军政府公布各部机构编制,部司建制又有较大调整:农商部分设为农工部和实业部,陆军部与海军部以及航空署、参谋本部合建为军事部,实行军令、政令合二为一。部内一般设署、司、局、处等机关。1928 年 4 月 3 日又公布《修正军事部官制》,将部内原参谋、陆军、海军、航空四署合并为参谋、军政两署,下置司、局等机构。

各部设总长一人,由大总统特任,总理部务,并依职权或特别委任发布部令,对地方长官发布训令、指令。部设次长一至二人,简任,辅佐总长办理部务。各部内一般设置总务厅和各司(局)。总务厅一般不设厅长,多由秘书和参赞分掌。总务厅实际是各部的办公厅、秘书处。各司(局)设司(局)长一人,简任,分理本司(局)事务。之下分科办事。各部内除设参事、秘书、佥事、主事等普通部员和技监、技正、技士等技术部员外,有的还根据需要设编纂、视察、视学等特别部员,其中参事与技监为大总统简任,其他为荐任或委任职。

3 -1. **外交部**

机构沿革

外交部于 1912 年设立,内设交际司、外政司、通商司、庶政司。1913 年改设政务司、通商司、交际司。1921 年增加条约司。1928 年分为总务、国际、亚洲、欧美、情报五司。各省设交涉使。外交部直辖的临时性机构还曾设过“太平洋会议筹备处”“善后委员会”“鲁案善后督办公署”“关税特别会议筹备处”“关税特别会议委员会”“法权讨论委员会”“调查法权筹备委员会”“中俄会议委员会”等。

机构职能

外交部管理国际交涉有及有关居留外国人的事宜,并处理在外侨民事务、保护在外商业。

总务厅职能:收集条约及国际互换文件;调查编纂交涉案件;撰辑保存收发或公布文件;管理本部所管官产官物;管理本部经费及各项收入预算决算及会计;稽核直辖各官署会计;编制统计及报告;记录职员进退,典守印信。

政务司职能:政治交涉地土国界交涉;公约及保和会、红十字会;禁令裁判诉讼交犯;在外本国人关系民刑法律;外人传教游历及保护赏恤、调查出入籍。

通商司职能:开埠、设领事、通商、行船;保护在外侨民工商;路矿邮电交涉;关税外债交涉;延聘外人及游学游历;各国公会赛会。

交际司职能:国书赴任文凭及国际礼仪;外国官员觐见及接待外宾;核准本国官民收受外国勋章及驻本国各国外交官领事官侨民等叙勋。

机构编制

外交部设总长、次长各一人,司长三人,参事四人,秘书四人,佥事三十六人,主事六十人。首任总长为陆徵祥。政务司、通商司、交际司各设司长一人。外交部直辖机构驻外大使馆及公使馆、领事馆,其主要官员有全权大使、全权公使、大使馆参赞、公使馆参赞,以及随员等。各省特派交涉员公署设特派交涉员,重要地方并设交涉员。特派员公署设四科,分别掌办总务、交涉、外政、通商事务。设科长四人以下,科员八人以下。

3 -2. **内务部**

机构沿革

内务部开始设总务厅、民治司、职方司、警政司、土木司、礼俗司、卫生司。1914 年后改设民治司、警政司、职方司、考绩司,1914 年增设典礼司。1916 年设民治司、职方司、警政司、土木司、典礼司、考绩司。1918 年内设机构有民治司、职方司、警政司、土木司、礼俗司、卫生司。直辖机构主要有京师警察厅、筹备国会事务局、赈务处、护军管理处、河务局等。

机构职能

管理地方行政及选举、赈恤、救济、慈善、感化、人户、土地、警察、著作出版、土木工程、礼俗宗教、卫生等行政事务。

总务厅职能:本部官产官物、经费及各项收入预算决算会计;稽核直辖各个官署会计;撰辑保存收发文件;编制统计报告;记录职员进退;典守印信。

民治司职能:地方行政及经费;地方自治团体及其他公共团体行政及经费;选举、救济与慈善;国籍及人口户籍;征兵及征发;褒扬节义及其他整饬风化事项;保存古物。

警政司职能:警察;著作权;卫生。

职方司职能:行政区划;土地调查测绘;土地收用及官地收放;河防水利;道路桥梁。

典礼司职能:礼制乐制;祀典行政;祠庙、宗教。

考绩司职能:巡按史及各地方最高行政长官所呈交的地方官吏惩戒、奖恤;各县知事叙等进级;地方行政公署掾属叙等注册;土司承袭。

京师警察厅管理京师市内警察、卫生、消防等。

机构编制

内务部设总长一人,首任总长为赵秉钧,次长二人。各司设司长一人,司下设科,分科办事。参事四人,秘书四人,佥事四十四人,主事九十人,技正四人,技士十人。

京师警察厅设总监一人,都尉九人,技正二人,技士四人。京师警察厅内设机构有总务处、行政处、司法处、卫生处、消防处。

3-3. **财政部**

机构沿革

财政部原设总务厅、赋税司、会计司、泉币司、公债司、库藏司。

1913年后又增设制用局。直辖机构主要有盐务署及盐务稽核所、全国烟酒公卖局及全国烟酒事务署、国税厅总筹备处、印花税处、造币厂、采金局、中国银行、交通银行、关税改良委员会、杂税整理处、清理官产处等。

机构职能

财政部直隶于大总统，管辖会计、出纳、租税、公债、泉币、政府专卖、储金银行及其他一切财政兼监督地方公共团体财政。

总务厅职能：管理本部所管官产官物；本部经费并各项收入预算决算及会计；稽核直辖各官署会计、撰辑保存收发文件；编制统计及报告；记录职员进退；典守印信。

赋税司职能：国税赋课及征收；国税管理及监督；土地清册；赋税调查稽核计算；财政部所管辖税务外一切收入；地方公共团体事项收入。

会计司：总预算决算；特别会计预算决算；主计簿登记及各种计算书检查；编制岁入岁出统计书；支付预算；预备金支出；金钱及物品会计；公共团体岁计。

泉币司职能：整理币制；调查货币；货币计算；金属货币及生金银出入；监督造币厂、监督银行；发行纸币；稽核准备金；国内外金融。

公债司职能：公债募集发行；公债出纳管理；公债债本付息；公债注册更名；公债簿籍登记及公债计算书调制；整理公债；地方公债稽核；财政证券。

库藏司职能：国资运用出纳；发款命令稽核；国库出纳管理；国库出纳计算书，国库簿登记；监督金库；监督出纳官吏；政府各种基金；诸金保管物。

机构编制

财政部设总长一人，首任总长熊希龄，次长二人。各司设司长一人,参事四人,秘书四人,佥事四十人,主事七十人,技正一人,技士二人。国税改良会设会长一人,副会长一人。杂税整理处设总办一人,中国银行设总裁一人,副总裁一人。驻外财政专员一人,关税改良委员会设委员长一人,副委员长一人,杂税整理处设督办一人,清理官产处设总办一人。盐务处设督办一人,盐务署设署长一人(袁世凯时期署长由财政总长兼任),参事二人,厅长二人,秘书二人,佥事八人,主事二十人。盐务署内设机构有总务处、场产厅、运销厅。

3 -4. **陆军部**

机构沿革

陆军部开始设军衡司、军务司、军械司、军学司、军需司、军法司、军医司、军马司,后增总务厅,军马司改称军牧司。直辖机构主要有陆军监狱、陆军测量局等。

机构职能

管理陆军军队。

总务厅职能:掌管机密及陆军文库;典守印信;部内军官军佐及军用文官任用;公文函电纂辑保存收发及部内会计;编制各种统计及报告;征发物件表及征发报告;部内风纪;本部官产官物管理。

军衡司职能:陆军官佐及军用文官任免;调查各兵科人员;考绩表、兵籍战时名簿及军用文官名簿;保管军官、军佐、军用文官及战时职员表;赏赉叙记章褒章及赏给;编纂年格名簿;休假;陆军军人结婚,废兵处置;养赡。

军务司职能:陆军建制编制及训练;军队配置;陆军军旗;整旅计划准备执行;陆军礼节服制徽章;军队军纪风纪;编拟战时各项规则;戒严及征发;征募召集及解兵退伍;操练场所;军队内务卫戍勤务及宪兵服务;各兵科及军乐队;兵科军官军士以下人员调用及补充;要塞建筑及其他要塞地带管理;要塞兵备;重炮兵设置及分

配;运输通信电气电信电灯轻气球发行器;要塞司令处陆地测量部及交通部队;水陆交通。

军械司职能:军用枪炮弹药制式筹划、支给、交换及检查;军火禁令;各项器具材料整理及检查;军用器具材料制式筹划支给交换;要塞备炮;军队通信及铁道气球飞行器用器具材料支给交换;攻城守城交通所用兵器器具材料备办;技术审检院、兵工厂军械局。

军学司职能:军队教育及训练改良;拟定各兵科操典及教范;军队校阅及特种兵演习;所辖各学校一切章程制定及其筹办;拟定所辖各学校教育纲领及计划并审查各教科书;所辖各学校职员奖罚;所辖各学校学生奖罚及考试。

军需司职能:军需运用;各军需处;各军需官勤务;各军需处人员教育考绩及补充;军政经费出纳及预决算;俸给及旅费;军服整理及检查;军服粮秣制造购买;军用土地及建筑;陆军所属官产。

军医司职能:军医兽医各种诊疗机关;战时卫生勤务各种规则;防疫及卫生试验;卫生报告统计及调查。

军法司职能:陆军军法;陆军监狱;赦免及罪人处置;陆军司法官及监狱职员考绩与补充;高等军法会审。

军牧司职能:军马监及牧场管理;军马供给喂养保存及征发;改良马种及购买军马。

机构编制

陆军部设总长一人,首任总长为段祺瑞,次长二人。参事四人,秘书四人,副官六人,纂译官四人,各司设司长一人。京畿军政执法处,设处长一人,科长及一等军法官五十人;科员及二三等军法官及司副官二百人,技正四人,技士八人。陆军监狱设典狱一人,书记二至四人,看守长一至四人,技士二人。

3-5. 海军部

机构沿革

海军部原设军衡司、军务司、军械司、军学司、军需司、军法司，后增设总务厅。直辖机构主要有海军总司令处（公署）、海军舰队司令处、各海军港、海道测量局等。

机构职能

管理海军军队。

总务厅职能：掌管海军机密及海军文库；典守印信；征发物件表报告及统计；公文函件纂辑及收发；部内军官佐及军用文官任用；部内风纪。

军衡司职能：海军官佐及军用文官进退任免；调查海军各项人员；考绩表、兵籍战时名簿及军用文官名簿；保管军官军佐、军用文官及战时职员表；编纂年格名簿；恩赉叙勋记章褒章及赏给；休假；废兵处置。

军务司职能：海军建制编制；戒严；舰队配置；校阅舰队操演；战时各项规则；舰队军风军纪；海军礼节服制徽章；海军军旗；海军船路；测绘江海各线路；军港要港；领海界线；万国航行通用语；航路人员考绩。

军械司职能：海军、台垒、厂坞、营库、桥梁、码头、灯塔杆、浮桩等建筑的修理与管理；海军枪炮、水雷、鱼雷、火药、子弹及其他一切军械制式支给的交换检查；海军所需机器用具材料制式的支给交换；海军通用气球器具材料及其支给交换；各项器具材料的经理与检查；船坞设配及管理；航艇制造修理；舰艇购买监察等。

军学司职能：所辖各学校章程制定与筹办；拟定各学校教育纲领与计划审查并检查各教科书；教职员的奖罚；舰队操演等。

军需司职能：军服经理与检查；军服粮炭给与；战时粮炭给与与战时准备；经费出纳预算与决算；会计稽核；海军官地；军需处人

员考绩等。

军法司职能：海军司法官及海军监狱官职员的考绩；战时捕获审检；赦免在监人员等。

机构编制

海军部设总长一人，首任总长为刘冠雄。次长一人，参事四人，秘书四人，副官十人，视察八人，司长六人。科长五十人，科员一百人，技正四人，技士八人。海军部下设海军总司令与第一舰队和第二舰队，设司令各一人。海军练习舰队设司令一人。

3－6. 司法部

机构沿革

司法部内设总务厅、民事司、刑事司、监狱司，直辖机构主要有特种司法事务委员会、司法储材馆等。

机构职能

管理民事刑事、非诉讼事件人户籍登记，监狱及出狱人保护事务及其他一切司法行政。

总务厅职能：法院设置废止及其管辖区域分划变更；司法官及其他职员考试任免；律师事项；稽核罚金赃物；本部经费及各项收入预算决算、会计；司法经费与稽核直辖各官署会计；本部所管官产官物；撰辑保存收发文件；编制统计报告；记录职员进退；典守印信。

民事司职能：民事；非讼事件；民事诉讼审判之行政事项；公证；人户登记。

刑事司职能：刑事；刑事诉讼审判及检察行政；赦免、减刑复权及执行刑罚；国际交付罪犯。

监狱司职能：监狱设置废止及管理；监督监狱官；假释缓刑及出狱人保护；犯罪人异同识别。

机构编制

司法部设总长一人，首任总长为王宠惠。次长一人，参事四人，司长三人，秘书四人，佥事十九人，主事六十人，技正一人，技士十人。法典编查会设会长一人，副会长二人。

3 -7. **教育部**

机构沿革

教育部内设总务厅、普通教育司、专门教育司、社会教育司。直辖机构主要有中央观象台、编译馆等。

机构职能

管理教育、学校与历象。

总务厅职能：直辖学校及公立学校职员；学校卫生；学校图书馆、博物馆等修建；教育会议与教育博览会；本部经费并各项收入预决算与会计；学校经费及稽核直辖各官署会计；本部所管官产官物；撰辑保存收发文件；编制统计及报告；记录职员进退；典守印信。

普通教育司职能：师范学校、中小学校与蒙养园事务；盲哑学校及其他残废特种事务；学龄儿童就学、检定教员、整理私塾；小学校基金；地方学务机关设立与变更等。

专门教育司职能：大学、高等专门学校事务；实业教育；外国留学生事务；历象、博士会、国语统一会；医士药剂士考委会、各种学术会；授予学位等。

社会教育司职能：通俗教育及讲演会、感化；通俗礼仪、文艺音乐、演剧；美术馆及美术展览会、博物馆、图书馆、公众体育等。

机构编制

教育部设总长一人，首任总长为蔡元培，次长一人。各司设司长一人。参事三人，秘书四人，视学十六人，佥事二十四人，主事四十二人，技正一人，技士二人。学术评定委员会设委员八人。

3 -8. **农商部(农林部)**

机构沿革

1912 年设立农林部，1913 年农林部与工商部合并组成农商部。农商部内设总务厅、农林司、垦牧司、山林司、水产司、矿政监督署、观测所及附设地质调查所、林业处、商标局等。1927 年 6 月，撤销农林部，成立农工部与实业部。

机构职能

管理农林、水产、牧畜、工商、矿事务。

总务厅职能：管理本部所管官产官物；本部经费与各项收入预算决算及会计；稽核直辖各官署会计；撰辑保存文件，编制统计报告；记录职员进退；典守印信。

矿政司职能：矿业提倡奖励；矿业特许及撤销；矿业税；矿业诉愿；矿业监督；矿业警察、矿区勘定；矿业调查；官营炼厂、矿业用地、冶业监督、分析矿质等。

农业司职能：农林业保护监督奖励改良；农产物及蚕丝；耕地整理及水利；气候测验及天灾虫害预防善后；官有荒地处分、官有林与保安林、狩猎；农会及农业林业各团体、万国农会与考察外国农业。

工商司职能：商业保护监督奖励及改良；官办工商业；工商业团体、工厂监督检查、工人保护与教育、工商业调查及商品陈列检查试验；度量衡器制造检查及推行；交易场及各种公司设立核准及监督；商标特许及专卖；保险运送外国贸易等。

渔牧司职能：水产监督保护；渔业监督保护；公海渔业奖励；渔业团体；牧畜改良、种畜检查及兽疫等。

观测所职能：气象观测、气候调查与观测所用器械检定。

机构编制

农商部设总长一人，首任农林总长宋教仁，工商总长陈其美（未到任）。次长一人，司长四人，参事四人，秘书四人，佥事三十二人，主事五十人，技监二人，技正十六人，技士三十二人。农商部所属机构有筹办全国油矿处，设督办，为熊希龄。全国水利局，设总裁，为张謇。其他还有会办导淮事宜、万国农会常驻员、督办浦口商埠事宜、督办汉口建筑商场事宜等机构与官员。

矿政监督署下设第一至第八区，分别设署长一人，佥事一人，主事一至四人，技士二至八人。

观测所设所长一人，技正一人，主事三人，技士若干人。

3 -9. **交通部**

机构沿革

交通部原设路政司、邮政司、电政司、航政司。1913 年改路政司为路政局，邮政司、电政司、航政司合并为邮传局，增设经理司。1914 年恢复路政司，增设路工司、铁路会计司、邮传会计司，改邮传局为邮传司，改经理司为综核司。

机构职能

管理路政、邮政、电政、航政，监督水路运输及关于电气化事业，经营全国路邮航电事业。

总务厅职能：撰辑保存收发文件，编制统计报告；记录职员进退；典守印信；管理本部经费预算决算与会计。

路政司职能：筹划铁路建设，管理国有铁路业务及附属营业；监督地方公共团体及民业铁路；监督陆上运输业等。

路工司职能：管理国有铁路工务；监督地方公共团体及民业铁路工务；铁路材料购买、制造、分配、保管。

邮传司职能：邮务、邮务汇兑及储金；电报、电话及其他电气业；航业及航路标识；监督造船、船舶、船员及水上运输业。

综核司职能：监督本部所辖路、电、邮、航各官署会计及一切经费出入册报；汇核路、电、邮、航预算决算；经理本部及所辖路、电、邮、航各官署公产公物；经理本部内外国债。

铁路会计司职能：稽核各路进出款目册报；稽核各路预算决算；管理各路公产公物。

邮传会计司职能：电、邮、航各项进出款目册报；稽核电、邮、航各项预算决算；管理电、邮、航各项公产公物。

机构编制

交通部设总长一人，首任总长唐绍仪（兼）。次长二人，司长六人，秘书四人，参事四人，佥事三十二人，主事七十人，技监二人，技正十二人，技士二十二人。汉粤川铁路设督办一人，詹天佑为首任督办。各铁路设会办、督办，陇秦豫海铁路设督办，浦信铁路设督办，同成铁路设督办，同成铁路设会办。

4. 总统直辖机关

4－1. 参谋本部

机构沿革

参谋本部在南京临时政府时期就已成立，政府北迁后，随着第一任内阁阁员名单的发表，参谋总长亦即任命。1912 年 10 月 30 日公布了《参谋本部官制》。张作霖军政府统治时期，把参谋本部并入军事部，改设参谋署，内部组织照旧。

机构职能

参谋本部的职权是：掌管全国国防用兵事宜；统辖全国参谋将校并监督其教育，管辖陆军大学、海军大学、陆军测量；监督各国驻华武官，以及掌办军事交通等。

机构编制

该部设总长（参谋总长）一人，由上将或中将担任，统辖本部，并辅佐大总统统筹军务。第一任总长为黎元洪，次长一人；中将或少将，简任，辅佐总长；次长之下设高级副官二人。参谋本部直属机构设第一至第七局，1915 年改为第一至第六局及制图局。各局分科办事，各设局长一人，少将或上校，简任。设科长、副官、科员等，评事员额以 160 人为限。另设调查员若干人，平时以 60 人为限。

4-2. 将军府

机构沿革

对于军阀政权来说，有了军队和武器，几乎就有了一切。袁世凯为控制军队，于1914年6月30日下令裁撤各省都督，在京师特设将军府，直属人总统，派遣将军督理各省军务。7月18日公布《将军府编制令》，规定了各种将军名号，各将军都冠有名号。当时公布的将军名号系用“武”或“威”字加上一个地名，用谥号之类的简称作为冠字。派驻各省的冠“武”字，如驻江苏的冯国璋是“宣武上将军”，驻安徽的倪嗣冲是“安武将军”。留在京师将军府的冠以“威”字，如段祺瑞是“建威上将军”，蔡锷是“昭威将军”。但东三省比较特殊，如奉天的张锡銮是“镇安上将军”，吉林的孟恩远是“镇安左将军”，黑龙江的朱庆澜是“镇安右将军”。各省以文官（巡按使）兼充督理军务的，则只“加将军衔”。各省将军府衙门称将军行署。将军府于1925年元旦被临时执政段祺瑞下令撤销。

机构职能

将军府是军事上的最高顾问机构。将军府事务由大总统特任上将军一人管理，称“管理将军府事务”。上将军和将军承大总统之命，会议军务，检阅陆、海军，或派驻各省，组织将军行署，督理军务。

机构编制

将军府设上将军和将军，均不定额，由大总统特别任命。将军府设参军若干人，由大总统任命，位次于将军。参谋四人，副官四人。将军府内置事务厅，设厅长一人，事务员四人，参事、副官各四人，秘书、书记各二人。

根据袁世凯的《将军行署编制令》，将军行署除将军，设参谋长一人，参谋四至六人。副官长一人，副官三至六人。书记官二人。

将军行署下设军务课、军需课、军法课、军医课。各课设课长一人,课员二至四人。

4－3. 审计处(审计院)

机构沿革

1912 年设立审计处,1914 年改设审计院,均为全国最高审计机关。审计处主要掌理全国国会监督事务。1914 年 6 月,公布《审计院编制法》,8 月公布《审计院分掌事务规程》,这两个文件对相关事务作了规定。

机构职能

审计处负责审计国家的岁出、岁入和一切财政规程,主要任务是稽核支出、审计决算、检查国库、检查簿记、检查官产、检查国债。

根据 1914 年 6 月颁布的《审计院编制法》,审计院的职能是审定国家岁出岁入决算;对于各官署职官于出纳事项有违背法令或不正当情形须呈报大总统;对于预算及财政专项依据审计经验向大总统陈述意见。

院长总理全院事务,指挥监督所属职员。

机构编制

审计处设总办一人,内分设五股,每股设主任一人,办事员二十五人。各股分课办事。

审计院直属大总统,设院长一人,由大总统特任;副院长一人,简任。审计院内设第一至第三厅,处记室、外债室、审计决算委员会等机构,全院共设审计官十五人,协审官二十七名。各厅设厅长一人,每厅由审计官三至四人组成。书记官长一人,书记官五人。

4－4. 蒙藏事务局、蒙藏院及其他蒙古事务机关

机构沿革

1912 年设有直属国务院的蒙藏事务局,1914 年改为直属大总统的蒙藏院。1922 年 8 月,陆军部组织蒙藏善后委员会,处理蒙藏善后事宜,10月正式成立,1923年5月裁撤。

机构职能

蒙藏事务局、蒙藏院掌管蒙藏官员接待和翻译事务,实际具有清代理藩院的职能。蒙藏委员会,掌办研究和调查有关蒙藏事宜。

机构编制

蒙藏事务局设总裁、副总裁各一人,均简任;参事二人,秘书二人,佥事八人,主事十二人,职事官四人。经国务总理,酌设名誉顾问。蒙藏事务局设总务处和民治、边卫、功业、封赉、宗教五科与蒙藏委员会。

蒙藏院设总裁、副总裁各一人。内设总务厅、秘书厅、第一司、第二司,分科办事。蒙藏院设参事二人,司长二人,秘书二人,佥事十二人,编纂四人,编译官十人,主事二十四人,科长、翻译官若干人等。

陆军部蒙藏善后委员会由总长兼任会长,委员长由总统特派。设委员十二人,置秘书长一人,秘书六人,后又增加专门委员若干人。

蒙古宣慰使,直属大总统,其行署设参议六人,秘书长一人,秘书二至四人,随员六至十人。

5. 国务院直属机构

5－1. 法制局

机构沿革

法制局于1912年在南京中华民国临时政府时期就已设立,政府北迁后,于同年7月明确直属国务院。1914年至1916年改属政事堂,洪宪帝制取消后仍属国务院。1923年12月临时政府下令将其废止,另设临时法院。1927年7月军政府恢复法制局,亦属国务院。直属国务院法制方面的机构还有法典编纂委员会、修订法律馆等。

机构职能

法制局主要职能：拟定法律、命令案；对法令、命令提出制定、废止或修改意见；审定各部拟定的法律、命令案等。

法制局长承国务卿（总理）之命管理本局事务，监督所属职员。

机构编制

法制局设局长一人，简任；参事八人，秘书一人，佥事二人，主事四人，必要时得设编译员四人，调查员若干人。[5]

5－2. **铨叙局**

机构沿革

铨叙局于1914年建立，直属国务院，不久改属政事堂，1916年仍属国务院，1924年11月改属临时执政，1925年12月复设国务院后，仍隶属国务院。

机构职能

铨叙局主要职能：荐任官员任免；文官考试资格审查、勋级考核、文官的任免与升迁、恩给和抚恤；爵位、勋章、荣典授予等。

局长承国务卿（总理）之命管理本局业务，监督所属职员。

机构编制

铨叙局设局长一人，简任；秘书一人，参事二人，佥事四人，主事八人。铨叙局内部机构设叙官、典试、恩恤、荣典、勋章、庶务六科。每科设科长一人，科员若干人。

5－3. **铸印局**

机构沿革

铸印局于1912年设立，归属国务院，袁世凯设立政事堂之后归属政事堂，1916年仍属国务院。

机构职能

铸印局主要职能：印刷官文书用纸；制造勋章、徽章、印信、关防、图记等;刊行公报、职员录、法令全书等;印刷各科单据、簿记和官版书籍。

机构编制

铸印局设局长一人,简任;秘书一人,参事二人,佥事四人,主事八人,技正二人,技士六人,其他办事人员若干。

5 -4. **统计局**

机构沿革

1912 年在国务院设立审计处,1914 年改为主计局,1916 年 5 月裁撤主计局,改设统计局。

机构职能

统计局掌办各种统计,刊行统计报告,筹划各官署统计会议等。1917 年官制具体规定该局有五项任务:各部院统计的统一;进行社会统计;编制统计报告;交换全国统计表;组织各官署统计会议。

机构编制

该局设局长一人,简任;参事四人,佥事十人,主事若干人。

5 -5. **全国水利局**

机构沿革

全国水利局于 1914 年设置。

机构职能

掌办全国水利并沿岸垦辟事务。

机构编制

该局设总裁、副总裁各一人,视察二人,佥事二至六人,主事八至十二人,技正二至六人,技士十至十六人。内置四科,各设科长一人,科员若干人。各地设水利分局,设局长分理。

5 -6. **币制局**

机构沿革

币制局于 1914 年 3 月设立,12 月并归财政部。1915 年 1 月设币制委员会,1918 年复设币制局,直属国务院,12 月复裁,仍归财政部。

机构职能

该局主要职权:监督全国造币厂;监督中国银行、国民银行发行券;监督、整理各省官银钱号;筹办其他关于币制的事项。

机构编制

币制局原设督办一人,后设总裁一人,特任;副总裁一人,简任;评议员若干人,秘书三人,并得设临时特派员、调查员和外国顾问(由财政部顾问兼充)等。内设钞券处和圜法处,各设处长一人,副处长一人,处员若干人。1918 年仍设督办一人,由财政部总长兼任,总裁一人。内置参事室、调查室、秘书处、泉币处、钞券处、技正办公室等。

5-7. 国史馆、国史编纂处

机构沿革

国史馆于 1912 年 10 月设置,直属大总统,1917 年暂时停办,之后另设国史编纂处,开始设于北京大学文科中国史学门,1919 年 8 月改属国务院。1927 年 9 月,军政府公布《国史馆官制》,复称国史馆,仍属国务院。

机构职能

国史馆主要编纂国史。

机构编制

国史馆原设馆长一人,纂修四人,协修八人,秘书一人,主事二人。国史编纂处设处长一人,总纂一人,主任编纂四人,编纂若干人。1927 年复设的国史馆设监修一人,由国务院总理兼领,馆长一人,总纂一人,纂修十二人,协修二十四人。国史馆置典籍厅,设厅长一人,典籍四人,主事三人,采访员若干人。

5－8. **礼制馆(礼制处)**

机构沿革

礼制馆于1914年设立,直属政事堂,1916年停办。1920年4月在国务院内附设礼制处。1927年9月仍设礼制馆,直属国务院。

机构职能

礼制馆职掌修订民国礼制。

机构编制

礼制馆最初设馆长一人,由国务卿兼领,副馆长二人,由政事堂左丞和右丞兼领。另设总编纂一人,主任编纂五人,提调一人,帮调二人,评议员若干人。礼制馆内置文书、庶务股。礼制馆改为礼制处后设处长、副处长各一人,总纂一人,编纂若干人。1927年恢复礼制馆,设总裁一人,由国务总理兼领,副总裁一人,由内务总长兼领。馆长一人,总纂二人,编纂二十四人。国史馆设置有事务厅和五个股,负责国史馆的具体业务。

5－9. **侨工事务局、侨务局**

机构沿革

第一次世界大战期间,北洋政府招募和派遣大批华工奔赴欧洲,为组织管理此事,于1917年设立侨工事务管理局,直属国务院。该机构为临时性的,战事结束后撤销。侨工事务局撤销后,于1922年成立侨务局,隶属国务院。

机构职能

掌办关于本国在外侨民的移殖和保护事项的调查工作。

机构编制

侨工事务局设局长一人,委员若干人。侨务局设总裁一人,副总裁一人,以及参事、佥事、秘书、编译、主事、评事等职。

5－10. **经济调查局**

机构沿革

经济调查局于1920年设立,直属国务总理。

机构职能

经济调查局职掌国内经济状况的调查与研究。

机构编制

经济调查局设总裁一人，副总裁二人，参议十二至十六人。经济调查局下设调查委员会与总务处。调查委员会由委员长、副委员长、专任委员等组成。总务处下设科，分科办事。

5－11. 中央税务、海关机构

机构沿革

清光绪三十二年(1906)设立税务处，主要职能是监督海关。由于海关实权早已落入洋人之手，所谓税务处的指挥、命令、监督和协同办理等，往往是徒有虚名。当时海关的行政范围，包括不属于税务性质的各个方面，机构和人员编制都很特殊。就机构编制而言，由以下三个部分组成：征税部或税课司、工务部或工程局(设于上海)、总税务司署(设在北京)。征税部或税课司，相当于各国关税行政部分，其职员分为三种：内班或征税科；外班或稽查科；海班或巡稽科。内班具有管理职能，外班具有监视职能。海事部或海政局，专管用吨税收入而举办的海事行政，该部设于上海。清代各关监督均由地方官员兼任，1912 年 7 月改由财政部直辖。除保留四海关仍由地方官员监管，其他均设海关监督，共二十六处(其中有六处兼管他关)。各地海关均设税务司。

机构职能

职能是监督海关，掌管海关税收。总税务司署为海关行政主管机构。

机构编制

税务处置督办一人，北洋军阀政府的税务处首任督办为孙宝琦。会办一人，提调一人，帮办提调一人。税务处设置三股四科。

征税部或税课司下设四科。工务部或工程局下设三科。据

1916年6月统计,全国海关人员为7646人,其中华员6515人,洋员1231人。华员虽然占据多数,但都是办事人员,各个部门掌权的几乎都是洋人。总税务司署设税务局、汉文局、统计局、审计局、伦敦局、人事局。各地海关均设税务司,繁盛的地方增设副税务司一人或二人。各个税务司一般设置六科。

5-12.航空署

机构沿革

北京政府于1919年开始购置飞机专供商业和练习之用。当时成立两个航空机构:一是国务院直辖的航空事务处,一是交通部的航空事宜筹备处,于直皖战争后撤销。1920年,国务院所辖的航空事务处改称航空署,仍隶属国务院。1927年北京军政府成立时,该署并入军事部。

机构职能

航空署的职能是建立中国的航空事业。

机构编制

航空署设督办一人,特任;署长一人,简任;参事二人,秘书二人,佥事十人,主事二十四人,技正四人,技士十二人。航空署内设机构有总务处、军事厅、机械厅、航运厅、经理厅。厅下设科,分科办事。航空署的直属机构还有南苑航空学校、清河航空厂、东三省航空处、京汉航空线管理局筹备处等。

6.中央司法机构

北洋军阀政府的司法制度基本上沿用清末旧制,其主要特点是:第一,采用大陆制司法制度,即把行政诉讼和普通民事、刑事诉讼分开,各设不同的法院管辖。第二,采行"四级三审"制度,即审判机关共分四级设置:第一级为初级审判厅,第二级是地方审判厅,第三级是高等审判厅,第四级是大理院。各级审判机关和检察机关是平行设置的，职权是完全分开的，其系统分别是：大理院（分院）——高等审判厅（分厅）——地方审判厅——初级审判厅；总检察厅（分厅）——高等检察厅（分厅）——地方检察厅——初级检察厅。中央司法机关主要是大理院和总检察厅，另设专司行政诉讼的平政院，也曾设过执行官吏纠弹的肃政厅，以及负责官员惩戒的文官高等惩戒委员会和司法官惩戒委员会。

6－1. 大理院

机构沿革

大理院为国家最高审判机关，成立于1912年5月。北洋军阀政府考虑到各省因距京城较远，或交通不便，在省高等审判厅内设大理分院，设民事和刑事各一庭，这样有些必须报大理院的案子，就可以在各省大理院分院处理。1917年大理院又增设高等捕获审检厅。

机构职能

大理院的职能：第一，终审那些不服地方高等审判厅第二审判决而上告的案件，或不服高等审判厅的决定或命令，按照法令而抗告的案件；第二，第一审并终审依法属于大理院特别权限的案件。大理院院长总理全院事务，并监督行政事务。

机构编制

大理院设院长一人，特任。下设京师高等审判厅、京师高等捕获审检厅、书记厅及总务处、民刑事处。京师高等审判厅设厅长一人，京师高等捕获审检厅设厅长一人。总务处分设文书、券牍、统计等科。民刑事处分设民事科和刑事科。书记厅设书记官长一人。以后各处分科有所调整，并增设编辑处。大理院因事繁多，又增设民事和刑事各若干庭，分别执行审判案件。各庭设庭长一人，由推事或推丞兼充，设推事若干人，推事又称庭员。庭长、推事、推丞等，统称审判官。

6-2. 总检察厅

机构沿革

总检察厅为最高司法检察机关，成立于1912年8月。

机构职能

总检察厅的职能：第一，遵照刑事诉讼法律或其他法令的规定，实行搜查处分，提起公诉，实行公诉，并监察判决的执行；第二，遵照民事诉讼法律或其他法令的规定，为诉讼当事人或公益代表人实行特定事项。总检察厅设检察长监督总检察厅事务。

机构编制

总检察厅设检察长（或称总检察长）一人，简任，设检察官二人以上。据1920年4月规定，总检察厅置书记处，分设文牍、统计、会计、庶务四科，各科设主任书记官一人。

需要说明的是，总检察厅也属于大理院，并不是独立的机构。

6-3. 平政院

机构沿革

平政院为国家最高行政诉讼机关，成立于1914年3月。平政院初期置肃政厅。

机构职能

平政院执行对官吏的纠弹，平政院兼具行政诉讼和弹劾两种职权。平政院院长指挥、监督全院事务。

机构编制

根据1914年3月31日公布的《平政院编制令》，平政院设院长一人，特任，直属大总统；设评事十五人，简任。平政院分设三庭，执行审理权，由评事五人组织。平政院下置书记处，分置记录、文牍、会计、庶务四科，由书记官分掌。

7. 其他中央机构

北洋军阀政府直属机构，在不同时期，还曾设过临时稽勋局

(1912 年初至 1914 年 1 月)、全国经界局(1915 年初至 1920 年 8 月)、参战督办(1916 年初至 1919 年 7 月)、边防督办(1919 年 7 月至 1920 年 7 月)、步军统领衙门(原为清代守卫京师的机构,民国时期保留,组织和官员亦未变动,1924 年 11 月裁撤)、京师警察厅(沿袭清末旧制)等。

8. 国会

机构沿革

北洋政府在名义上维持民主共和体制,大部分时间设有两院制的国会。按《临时约法》规定,其国会可以说兼有三重性质:立法机关、民意机关、制宪机关;除了立法权和制宪权,还有弹劾权和同意权,而国会在法律上是不能被解散的,但实际上国会一再受威胁、干涉、迫害,最终被撤销。因此,北洋政府时期的国会,有它特殊的发展过程,不但曲折复杂,断续而分裂,腐朽而蜕化,而且还多次出现过"冒牌"和变种。临时参议会在南京临时政府时期建于南京,4 月 29 日迁至北京,1913 年 4 月 8 日自行解散。北洋政权第一届国会于 1913 年 4 月 8 日根据《国会组织法》产生,到 1924 年 11 月 24 日结束,前后达十二年之久,其间被解散中断两次,实际存在时间约四年。张勋复辟帝制失败后,段祺瑞于 1917 年 8 月 2 日成立御用国会,称"第二届国会",又叫"新安会"。由于它是由段祺瑞御用政客团体安福俱乐部一手包办制造的,故称"安福国会"。这个国会实际存在两年。

机构职能

临时参议会不仅是最高立法机关,又被赋予"制宪"任务,并由该院选举临时大总统、副总统。

第一届国会由参议院与众议院组成,主要职能是选举总统、副总统。第二届国会虽然是御用国会，就其职能来说，与第一届国会相同。

机构编制

临时参议院由全体议员组成。参议员由各省都督府派遣，每省三人为限，在北京开院时共到参议员 113 人，由参议员互选议长、副议长及全院委员长。

第一届国会参议院议员（简称参议员）274 名，众议院议员（简称众议员）596 人。两院议员共 870 人。

国会两院均设议长、副议长各一人，由议员互选。两院各设三种委员会：全院委员会，两院均由全体议员组成，由委员长一人主持。常任委员会，选举各项常任委员，组成委员会。特别委员会，两院为审查特别事件，设特别委员会，员额依院议决。众议院所派委员由议长指定，参议院所派委员由议长审定或由议员互选。以第一名委员为委员长。

第二届国会亦由众议院和参议院两院组成，两院议员名额共 574 人，其中众议员 406 人，参议员 198 人。

9. 参政院

机构沿革

北洋军阀时期还设有参政机构——参政院。袁世凯根据约法会议制定《参政院组织法》，代行新约法中的“立法院”职权。但是参政院的性质只是大总统的咨询机构。

机构职能

根据大总统的咨询，审议重要政务。虽然只是咨询机构，没有立法职权，但是参政院又具有某些特权，可制定法令。

参政院秘书厅掌理预备会议及议事、文书记录、书屋会计等。秘书长承院长之命，综理厅务、指挥监督所属职员。

机构编制

参政院设院长一人,副院长一人,参事五人。秘书长一人,秘书六人,佥事八人,主事十六人,速记、书记员若干人。

10. 其他几种组织

民国初年的临时参议院和第一届国会,均按当时的组建程序成立,在当时是合法的,而且具有一定的积极意义。此外,还有一些所谓立法机关、造法机关或其他代理机关,在维持北洋政权方面起过一些作用。这种组织除上述第二届国会外,其他主要还有:国会第一期常会(1914 年 1 月 10 日第一次解散);政治会议(1913 年 12 月 15 日至 1914 年 6 月 20 日);约法会议(1914 年 3 月 18 日至 1915 年 3 月 18 日);国会第二期常会(1917 年 6 月 12 日第二次解散);临时参议院(段祺瑞掌权设立,1917 年 11 月 10 日至 1918 年 8 月 12 日);国会第三期常会(1924 年 11 月 24 日取消);善后会议(1925 年 2 月 1 日至同年 4 月 21 日);临时参政员(1925 年 7 月 30 日至 1926 年 4 月 20 日)等。

北洋军阀中央机构编制表

机构	职官	职能	编制	备注
大总统府	大总统	代表国家公布法律、发布命令、任免国务员及外交大使等重要官员,统率陆海军队,依法宣布戒严,对外宣战、媾和及缔结条约、授予勋章和其他荣典,发布大赦、特赦等	大总统 1 人 副总统 1 人	

（续表）

机构	职官	职能	编制	备注
政事堂	国务卿 左、右丞 局长 所长	赞襄总统 赞助国务卿与闻政事	1人 左、右丞各1人 4人 1人	在政事堂之前设责任内阁，袁世凯为当皇帝做准备，改国务院总理为国务卿
国务院	内阁总理 参议 秘书长 局长	通过国务会议处理重要国务，对国会负其责任	1人 10人 1人 4人	
外交部	外交总长 次长 司长 参事 秘书 佥事	管理国际交涉及关于居留外国人的事宜，以及在外侨民事务、保护在外商业	1人 1人 3人 4人 4人 36人	
内务部	内务总长 次长 司长 参事 秘书 佥事	管理地方行政及选举、赈恤、救济、人户、土地、警察、著作出版、卫生等行政事务	1人 2人 5人 4人 4人 44人	

（续表）

机构	职官	职能	编制	备注
财政部	财政总长 次长 司长 参事 秘书 佥事	管辖会计、出纳、租税、公债、泉币、政府专卖、储金银行及其他一切财政	1 人 2 人 5 人 4 人 4 人 40 人	
陆军部	陆军总长 次长 参事 司长 秘书	管理陆军军队	1 人 2 人 4 人 8 人 4 人	
海军部	总长 次长 司长 参事 秘书	管理海军军队	1 人 1 人 6 人 4 人 4 人	
司法部	总长 次长 司长 参事 秘书	管理民事刑事、非诉讼事件人户籍登记，监狱及出狱人保护事务及其他一切司法行政	1 人 1 人 3 人 4 人 4 人	
教育部	总长 次长 司长 参事 秘书 佥事 视学	管理教育、学校与历象	1 人 1 人 3 人 3 人 4 人 24 人 16 人	

（续表）

机构	职官	职能	编制	备注
农商部（农林部）	总长	管理农林、水产、牧畜、工商、矿事务	1人	
	次长		1人	
	司长		4人	
	参事		4人	
	秘书		4人	
	佥事		32人	
交通部	总长	管理路政、邮政、电政、航政，监督水路运输及电气化事业，经营全国路、邮航、电事业	1人	
	次长		2人	
	司长		6人	
	参事		4人	
	秘书		4人	
	佥事		32人	
审计处（审计院）	院长	审定国家岁出岁入决算	1人	
	副院长		1人	
	厅长		3人	
	审计官		15人	
国史馆	馆长	编纂国史	1人	
	纂修		4人	
	协修		8人	
	秘书		1人	
国史编纂处	处长		1人	
	总纂		1人	
	纂修		12人	
大理院	院长	终审案件	1人	
	厅长		2人	
	书记官长		1人	

说明：北洋军阀各个时期机构编制多有变化，本表主要依据北洋军阀政府早期机构编制资料。

第四节 北洋政府地方机构编制

北洋政府之地方机构，为省、道、县三级建制。其省(区)设置沿袭清末旧制。全国划分为直隶、奉天、吉林、黑龙江、山东、河南、山西、江苏、安徽、江西、福建、浙江、湖北、湖南、陕西、甘肃、新疆、四川、广东、广西、云南、贵州等 22 个省，“京兆”(顺天府)、热河、察哈尔、绥远、边川(西康)5 个“特别行政区”，以及宁夏、青海、蒙古、西藏 4 个“地区”。

由于这一时期政情复杂，国家分裂，地方割据势力不断扩张，各省区之军政、行政建制，均有所差异，特别是在南方联省自治时期以及 1926 年广州国民政府北伐之后，各省情形更为复杂，“总司令”“总裁”“联合会”“省务院”等名号纷出。这些地方职官任命“虽与法不符”，但“查有实据”。按照北洋政府不同时期的规定，省级政权机构往往是军政与行政交叉，有时军政合一，有时军政分设。所以，这一时期的地方机构编制也就显得杂乱。

以下分述省级地方行政、军政、立法机关及省下各种机关与职官。

1. 省级行政机构

机构沿革

省行政机构，当时也称民政机关。省行政长官开始称都督、督军、民政长、督办等。1914 年 5 月改称巡按使，1916 年 7 月改称省长。其相应的公署亦先后称行政公署、巡按使公署、省长公署。省级公署所属各职能机构开始称司，一般设内务司、财政司、教育司、实业司及总务处。1914 年以后改称厅，具体机构也有所调整，一般设政务厅、财政厅、教育厅、实业厅和警务厅等。

民国元年(1912),省级行政长官尚无统一的制度,在本年先后任命"民政长"的有山西、湖北、四川、福建、江苏、江西等省。其余各省实际上也都有主管或兼管省行政的长官,一般由军政长官"都督"兼管,也就是说,各省长官都是由军阀担任。各省省公署也叫"都督府"。凡由民政长官兼任军政长官的,一般另设军务厅,使其军政机构与民政机构分立。军务厅设厅长一人,由兼理军务的行政长官荐请任命。厅内分置军务、军需、军法各科,掌办有关事务。员额根据情况拟定,资陈陆军部叙等。

1913年1月6日,北洋政府公布《划一现行各省地方行政官厅组织令》(简称《划一令》),统一规定各省行政长官称民政长,省行政机关称行政公署。省设民政长一人,总理全省政务,由中央任命。已设民政长的照旧,其余各省则按照1月10日命令一律暂由都督兼任。以后又陆续任命文人任民政长。袁世凯为当洪宪皇帝,于1914年5月公布《省官制》,省民政长改称巡按使,行政公署改称巡按使公署。各个省并没有完全遵照执行袁世凯的《省官制》,很多省根据自己的实际,设立了适合本省的机构。1916年袁世凯死后,北洋政府于7月6日下令改巡按使公署为"省长公署",改"巡按使"为"省长",其机构设置与职权范围无多大变化。实际上,各个省的行政长官就没有统一过。各个省虽然设立了省长,但是实际掌权的还是督军或者督办。如果督军或者督办兼任省长,那么省长就有职有权,如果不是兼职,省长就很容易成为傀儡,就像中央政权一样,总理如果不是军阀,或者后台不是军阀,那么这个总理不但是傀儡,且随时会被换掉。山东省长龚积柄任职不到半年,就让督办张宗昌把省长职务给兼去了。

机构职能

巡按使、省长管辖全省民政官吏和巡防、警备队;受中央政府的特别委任,监督财政和司法行政以及其他特别官署的行政事务。巡按使、省长依职权特别委任,得发布省令。对所辖地方官吏的命令或处分认为违背法令或妨害公益、侵越权限时,得予以纠正或撤销,按规定对所属下级官员进行任免、考核与惩戒。

总务处是民政长的办公室和秘书处,主要职权是办理机要、印信、统计、人事、记录、文书、会计、庶务等项。

1914 至 1917 年的政务厅,是巡按使公署的综合办公机构和省级行政机关的中枢,主要职能是管理选举、行政区划、户籍、赈济、征兵、土地调查、行政警务与监察、道路、海港、河道工程、著作出版、医疗卫生、整饬礼俗、宗教、古物保存,以及地方交通行政事项。

民国初财政司的主要职能是:管理地方税收;编制地方预算、决算;监督地方岁出岁入以及管理地方公债等。

教育司主要职能:管理公立中等和初等学校、私立大学、公私立专门学校和外国留学生,以及各种社会教育;管理科学文化艺术事业,包括国语统一、各种学术、图书馆、博物馆、动植物园,以及戏剧、音乐、美术等事业。

实业司主要职能:负责管理工业、矿业、商业、农业、林业、渔业、牧业等事业,并着重对上述各业进行产品经营、科学实验、技术推广、调查统计、鼓励与奖励、监督检查、保险与保护,以及有关社会集团事务的事项。

机构编制

省行政机构设省长(都督、督军、巡按使)一人。在民政长行政公署时期,省级机构有总务处和内务司、财政司、教育司、实业司等机构,各设处长与司长。巡按使公署时期省级机构有政务厅和财政厅,原来的总务、内务、教育、实业四司,改为科,隶属政务厅。政务厅成为一省综合办公机构。在省长公署时期各省的行政机构有政务厅、财政厅、教育厅、实业厅、警卫处、省会警察厅、特派交涉员、盐运使、高等审判厅、高等检察厅等机构。

总务处分科办事,内设秘书、科长等,有的省区还另设技正、技士等职。

内务司设司长一人,简任,总理本司事务,以民政长名义执行公务。

政务厅置厅长一人,简任,总理厅务。内设总务、内务、教育、实业四科,职权略同于民国初年的总务处和内务、教育、财政、实业各司,至于各科名称和科内组织,各省略有差别,各科职掌据《省官制》规定,由各省自定,故不尽同。如山东省 1919 年 12 月 26 日公布《山东省长公署组织大纲》,就公署机构设置作了规定,其中政务厅设四科,第一科职掌官吏任免及纪律奖惩等。

1917 年 6 月以后,政务厅内教育科与实业科分别改建为与政务厅相平行的教育厅与实业厅,并另设警务处。政务厅职权范围大大缩小,但仍为巡按使公署的一个综合性的办事机构。

财政司设司长一人,科长、科员若干人,实行分科办事。

财政厅直属中央财政部,管理全省财政,监督所属职员和兼管征收各类事项。财政厅置厅长一人,内设总务、征榷、制用三科,各设科长一人,一、二、三等科员各若干人。各省财政厅的员额不同,编制也不完全一样。

教育厅设厅长一人,简任,厅内分科办事,最多不超过三科,各科设科长一人,科员至多三人,另设视学四至六人和其他组织。1917 年规定,把全国各省分成大、中、小三等,大、中省各设三科,小省设二科。视学掌视察全省教育,不得兼任其他职务。教育厅对全省教育行政人员都有监督指挥权。省立专门学校校长由教育厅长遴选呈省行政长官任命,并监督、备查。省立中学校长均由教育厅长委任，分别呈报省行政长官和教育部备案。

实业司置司长一人，科长、科员若干人，分科办事。

实业厅为中央农商部直属，在执行公务时则受省行政长官的监督。实业厅置厅长一人，简任，由中央按规定直接任命，但事实上受到地方势力的干预。当时实业厅长与财政厅长都属于"肥缺"，为地方势力所争，中央各部实际上无权过问。为此，农商部于1920年呈准公布《实业厅厅长预保及任用办法》，对任职资格加以限制，省行政长官可以预保两员存记，但不得呈请分发。实业厅也是分科办事，科的设置最多不得超过四科。各科设科长一人，科员至多四人，另设技术人员四至六人。

民国初年各省警政缺乏统一制度，较早只是在省会和商埠设地方警察厅，没有管辖全省警政的统一机关。1918年1月公布《各省区警务处组织章程》，各省警政才逐渐统一起来。

警务处置处长一人，简任。1917年因财力有限，国务会议决定处长兼任省会警察厅长。警务处分科办事，最多不超过四科。警务处兼办扩充警员。大县300人，中等县200人，小县100人，并分配经费、训练警察、核定警章。

根据《划一令》规定，省会和商埠设警察厅，承内务总长和各省、道行政官之命，办理警察行政。设警长一人，荐任。厅内分科办事。1914年规定，商埠无设警察厅必要的，设规模略小的警察局，各县设警察事务所，由县知事指挥、监督。

根据1913年内务部公布的《长江及其他水师改组令》规定，原有长江水师及其他水师均改为水上警察，设厅管理。1915年公布的《水上警察厅官制》规定：凡濒海、沿江、滨湖、通河各地，有维持水上治安必要的，得在要冲地方设水上警察厅，次要地方设局。设于省会的直属巡按使，和道尹同驻一地的隶属道尹。

2. 省立法机构

机构沿革

1913年初，各省先后依法成立新的省议会，使省级立法机构的组织形式统一。"二次革命"失败后，袁世凯非法解散国会，省议会也被解散。袁世凯死后，随着国会的恢复，省议会也奉命重新集会，但在军阀割据而且专横暴虐的情况下，各省议会实际上并未完全恢复，即使恢复也很少发挥作用，甚至成了军阀的御用工具。省议会设于省行政长官所在地，由全体省议员组成。省议会的会议分为常会和临时会两种。常会每年举行一次，由行政长官召集，会期60天，必要时延长20天。临时会遇有紧要事件或半数以上议员请求召开时，由行政长官召集，会期至多20天。

机构职能

省议会的职能，主要有以下三项：

第一，议决权。议决本省单行条例，省预算、决算、省税、使用费、规费的征收，省债募集和省库有负增的契约，省财产和营造物的处分和买入，以及上述各项的管理方法等。

第二，监督权。受理本省行政请愿事件；认为省行政长官有违法行为，提出弹劾，经由内务总长提交国务会议惩办；对省内官吏违法、纳贿等事，咨请省行政长官查办。

第三，建议权。对本省行政或其他事件有意见时，可随时向省行政长官提出建议。此外，省议员对本省行政事项有疑义时，提出质问书于行政长官并限期答复。

机构编制

省议会议员的名额，按照1912年9月公布的《各省第一届省议会议员名额表》规定，各省省议会议员名额，少者四十至五十人，多者一百五十人以上。最多的是直隶省，一百八十四人，其他如江苏一百六十人,四川一百四十人,山东一百三十二人,广东一百二十人,湖南一百零八人,陕西八十四人,黑龙江四十人。均按所规定的选举办法产生。议员任期三年,可连选连任。

省议会设议长、副议长各一人,从议员内选举产生,任期与议员同,议长因故不能执行职务时,由副议长代理。省议会设秘书,由议长任免,其员额及办事细则,由各省议会自定。

1921 年 6 月 23 日,北洋政府又颁布《省参事会条例》,根据条例规定,各个省都成立了参事会。省参事会为省行政辅助机关,由省长及参事员十二人组成,由省长担任会长。参事员由省长从所属各厅、处长当中委任三人,省参议会选举六人,另三人则是从本省人士中聘请,这已经不具备议会的性质了。

另外,1920 年,在南方酝酿的联省自治运动期间,先后由省政府当局宣布自治的省区中,湖南、四川、广东等省都颁布过“宪法”,对其本省议会的组织形式和职权均有单独的规定。

3. 地方军政机构

北洋政府时期,各省军政和民政机构并立,名义上是军民分治,但实际上民政往往受军政的支配,民政长官多由军政长官兼任,从而使民政处于附庸地位。北洋军阀统治时期最能体现“有枪就是草头王”的特征。地方军政长官一般由拥有“省军”的军阀充任。地方军政的实质是地方割据。地方军政长官主要有巡阅使、都督或督军、护军使、镇守使。

3－1. 巡阅使

机构沿革

巡阅使是北洋军阀派驻的最高地方军政长官,其管辖范围往往超出一省范围。最早于 1912 年 11 月设置长江巡阅使,后来也设过直鲁豫、东三省、苏皖赣、两湖、两广、热察绥,以及南洋、沿疆等巡阅使,并设直鲁豫、苏皖赣巡阅副使。1924 年,临时执政段祺瑞下令裁撤一切巡阅使。巡阅使按其性质来说,原属一种临时特殊措施,出于对大实力派的安排,未形成一种统一的制度,编制也无统一的规定。巡阅使由大总统特派高级军官(上将或中将)充任,设巡阅使署,有的还兼任省的军政长官和民政长官,如东三省巡阅使张作霖长期兼任奉天省的军政、民政长官。直鲁豫巡阅使曹锟兼任直隶省的军政长官,其后的吴佩孚则不兼任。该职位先后共存在十二年。

机构职能

巡阅使的职权,只应统帅本区内的军队,但实际上既不以军队为限,也不受地区名义的束缚,形成了跨越省级的势力范围。

机构编制

巡阅使一般下设参谋长(有的自称参谋总长),作为使署的幕僚长。参谋长下设处。另设顾问和谘议各若干人,以备咨询。有的设宪兵司令 1 人,宪兵 300 人。还有编外的人员和机构。

3－2. **都督、将军、督军、督办**

机构沿革

北洋军阀时期,省军政的最高长官,在不同时期有着不同的名称,曾先后设过都督、将军、督军、督办等职。

辛亥革命时期,各省起义时一般都设“都督”,统帅军政,并掌管民政,其后原则上实行军民分治,省级军政长官由民政长官兼任的,其军政机构为军务厅,都督在名义上只管军政。1914 年 6 月,袁世凯下令裁撤各省都督,在京师设置将军府,分遣将军掌办各省军政,都督改称将军。袁世凯死后,又于 1916 年 7 月改称“督军”。1922 年第一次直奉战争后,各省军政长官改称“督理军务善后事宜”或“督办军务善后事宜”,简称“督理”或“督办”。1924 年 12 月以后,临时执政段祺瑞陆续任命各省的军政长官,一律称“督办某省军务善后事宜”，普遍简称“督办”。山东省的张宗昌，当地老百姓都称他为“张督办”。

机构职能

主管一省军政。实际多数都督、将军、督办都主管一省民政，如果不担任省长，这些军阀也会想方设法让省长让位。

机构编制

省军政机构主官除了都督、将军或督办，其他军官有参谋长、参谋、副官长、副官、书记官或书记等。下设军务、军需、军医、军法四课。各课设课长一人，课员若干人。

3-3. 护军使

机构沿革

护军使是中央派驻省区的重要军职，但只是一种临时职务，视各地需要派遣。1913年12月规定，护军使分为两种，一种设于无军政长官的省区；另一种设于有军政长官的省区。前者成为实际上的督军或将军，一般冠以省名；后者只管辖省内的某一地区，一般冠以地区名。护军使办公机构为护军使署。

机构职能

从军政方面强化中央集权，控制地方割据。

机构编制

无军政长官的护军使署的编制均比照省军政长官的标准，设参谋长、参谋、副官长、副官、书记官或书记等。有军政长官的护军使署，其编制也参照有军政长官公署的规定，但员额不得超过它的三分之二。护军使署只设军务和军营两课，另设军医和军法官各一人。

3-4. 镇守使

机构沿革

镇守使设于省内重要地区。各省各个时期镇守使的设立多少不一，比如1913年山东设兖州镇守使、曹州镇守使、烟台镇守使。1915年增加济南镇守使。该职按具体情况分为繁、中、简三等缺分。

机构职能

绥靖地方。

机构编制

镇守使由大总统简任（中将或少将），一般由师长、混成旅长、旅长兼充。某些地方也有另设副使的，又称镇守副使。镇守使署设参谋一至三人（上校至少尉各一人），设两人以上的以职务最高的军官为参谋长。设副官一至三人，设两人以上的以职务最高的军官为副官长。设军需官、军医官、法官各一人，书记二人。镇守使还有比较特别的，其职权和编制也不同一般。

3－5. **特别行政区**

特别行政区指未设省的地区。北洋政权时期的特别行政区域划分和行政机构，大体沿袭清末旧制。如二十二个省的建制基本相同（只有局部调整），而未设省的地区，一般采用特殊制度，设立特别行政区。特别行政区可分为三种类型：一是京兆（顺天府）、热河、察哈尔、绥远、川边（西康）五处，称为“特别行政区”。二是宁夏，称为“宁夏护军使辖地”或“宁夏镇守使辖地”。三是青海、内蒙古、外蒙古、西藏等地，仍沿用旧名。机构方面，这些地区不但和行省制度不同，它们彼此之间也不相同。第一类比较接近省的制度，相互间大致类似。第三类差别最大，各不相同，机构方面尤为特殊。

4. **地方司法机构**

省级司法机构由审判机构、检察机构和司法行政机构组成。

4－1. 最高审判厅

机构沿革

省级审判机构为最高审判厅；省级检察机关为最高检察厅。民国初期，省级司法行政机构很不健全，有的省曾设置司法司。1913 年各省按规定设置司法筹备处，不久即撤销，所掌事务由中央司法部高等审判厅或高等检察厅两厅中遴选人员呈请兼管，其后又将所掌职责按其性质分别划归高等审判厅和高等检察厅办理，或两厅会同办理。1914 年又改由各省巡按使监督司法行政事务。各省高等审判厅直属中央司法部。

机构职能

厅长奉特别命令受所在省区行政长官的监督，凡司法上的行政事务应由省区行政长官办理。

机构编制

最高审判厅设厅长一人，简任。最高审判厅下设审判庭，设置多少审判庭，根据各省事务繁简而定。庭长由推事兼充。厅内置书记厅，设书记官一人；分置总务处和民事处，均分科办事。审判案件采取合议制，由推事三人组织合议厅执行。合议审判厅以庭长为审判长。

各省因不同情形，可以于最高审判厅所管辖的地方审判厅内设置高等审判分厅。分厅设民事一庭、刑事一庭，如设两庭以上，以资深推事作为监督推事。

1914 年 9 月规定，凡距省会较远、交通不便的地方，除设分厅，可根据实际需要在道署所在地暂设高等审判分庭。高等审判分庭设推事三人，并配置检察官一人，书记官一至二人，可由道署掾属兼任。

由于当时财政困难，高等审判厅的分厅、分庭在一些地方并未普遍设立。

4－2. **高等检察厅**

各省高等检察厅同高等审判厅相配设置，在省城以外的地方，与高等审判厅相配设置高等检察分厅，由检察官执行公务。高等检察厅由检察长和检察官组成。设检察长一人，简任；检察官二人以上。管辖范围和审判厅相同。高等检察厅依法独立行使职权。厅内置书记室，设书记官一人，分三科办事。同时在高等审判厅分厅相配设置检察官一人，称为分厅检察官。

以上是一般省区级法官与检察官的设置，对于热河、察哈尔、绥远以及东北省区和外蒙古的司法机关的设置，另有专门的规定。

4－3. **县级司法机构**

机构沿革

县级司法机构的设置有两种情况：一种是设置独立的司法机构，即普通司法机构；另一种是兼理司法机构。兼理司法机构又有两种形式，一种设于县知事公署，一种由县行政长官兼理司法。县级普通司法机构有：地方审判厅、地方检察厅、初级审判厅、初级检察厅、地方分厅、地方刑事简易厅。地方审判厅和地方检察厅（合并简称地方审检厅）设置在繁盛大埠或县城。1914 年以后，废除地方审检厅，归并地方审判厅，另设简易庭或地方分庭，受理初级审检厅民事刑事诉讼案件。没有设地方审判厅的地方，司法审判事务由县知事兼理。兼理司法机关指司法事务由县行政长官兼理，而不另设普通法院。地方分庭设于地方审判厅附近各县，亦可设于县知事公署，称为“某处地方审判厅某县分庭”。民国初年，各县多设置审验所，附设于县知事公署内。审验所设帮审员一至三人，书记官一至三人。帮审员的职权是：办理管辖境内民事、刑事诉讼的初审案件，并办理邻县审验所的上诉案件。1914 年后，裁撤审验所。1914 年各地裁撤初级审检厅，许多地方逐渐设置地方刑事简易庭。该庭设于地方审判厅，置主任推事一人，并配置检察官。

据1914年4月公布的《县知事兼理司法事务暂行条例》和《县知事审理诉讼暂行章程》规定，未设法院的各县，应属初级厅或地方厅管辖的第一审民事、刑事诉讼，均由县知事审理，为此，设承审员，最多以三人为限。1922年以后，在未设法院的县，原则上设置县司法公署。

机构职能

初级审判厅的职能，为管辖第一审民事、刑事诉讼案件。地方审判厅则审理一县所发生的民事、刑事诉讼案件。县司法公署的职能是：地方所有初审民事、刑事案件，不论事务轻重大小，概归管理。

机构编制

地方审判厅设厅长一人，并兼充一庭庭长。内设民事和刑事若干庭，每庭设推事二人以上，其中一人充任庭长。另设书记长一人，书记官若干人。厅内置书记室，分四科办事。地方检察厅设检察长一人，检察官二人以上，并设书记长和书记官若干人。厅内一般设总务、侦察、执行等处。

初级审判厅因事繁简不同，设推事一人至二人以上。初级检察厅设检察官一至二人。初级检察厅行政事务，由地方监察厅检察长监督。

县司法公署除县知事外，设审判官一至二人，书记监一人，书记官二至四人。

5. 道、县、市行政机构

5－1. 道尹公署

机构沿革

北洋政府在1913年1月8日颁布《划一现行各省地方行政官厅组织令》，废除清朝的府、州、厅、县制度，在省和县之间设道一级行政组织。全国共设道九十多个,每省辖三至七道,多数省份设四道。每道辖县一般为十几至二十几个。辖县最多的如陕西关中道,辖四十三县,最少者如黑龙江的黑河道,仅辖三县。各道的驻地,就辖区内选定适当的县。驻在省会的道,叫作首道。道的行政首长,为观察使。北洋政府所设的道,实际上不是正式的行政区划,而是分片设置的监察区,因此,道的设置不像省、县两级那样稳定,变化也比较多,其机构也不是很完善,只有行政组织,没有权力(立法)机构。

1914 年,袁世凯实行地方军民分治,于同年 5 月 23 日颁布《道官制》。根据新颁布的《道官制》,观察使改称道尹,由民政长官经由国务总理呈请大总统简任。道的公署初名为观察使公署,根据新官制改称道尹公署。

机构职能

道行政长官的职能:颁行单项行政规程;监督所属官吏;节制调遣驻扎道区范围的巡防队、警备队等;委任对于财政的监督;委任对于司法行政的监督。道尹不但对所属官员负有监督考核之权,还有调动指挥一道地方武装的权力。

机构编制

道尹公署设道尹一人。道尹公署设内务、财政、教育、实业四科,各科设科长一人,科员若干人。各科职权略同于省公署各司。总务由内务科兼办。有的另设秘书一人,掌管机要事项。

5-2. 县知事公署

机构沿革

1913 年 1 月 8 日,北洋政府为了统一地方政权机构,公布了《划一现行各县地方行政官厅组织令》,根据组织令,县行政长官称县知事。1914 年公布的《县官制》明确规定:“县置知事,隶属道尹,为县行政长官。”到 1921 年前后,也有一些省份将县知事改称“县长”。

机构职能

县知事职能广泛,大致可以分为以下三个方面:

第一,关于行政方面的职权。这是县知事本职范围内的主要职能。县知事除办理本县行政事项外,兼办上级所委办事项,以及同邻县协办的各种事项。主要有:发布命令;任命所辖各级行政人员;监督对所辖人员的行政处分;调遣本县警备队等地方武装。

第二,关于立法方面的职权。民国初年实行所谓自治制度,使县知事在立法方面有一定的职权。当时县参事会的会长由县知事兼充,因此,县知事所享有的立法职权较大。在立法方面主要有提议权(可向县议会或参事会提出议案,开会时,县知事均得亲自或派员到会陈述);编制预算、决算权;请求复议权;议案撤销权;紧急处分权。

第三,关于司法方面的职权。1913 年至 1914 年未设法院,各县设有审验所,由县知事执行监察事务,而以帮审员执行审判事务。1914 年后,县知事兼理司法,未设审判厅的各县,第一审的民事、刑事诉讼属于初级厅或地方厅管辖,都由知事审理,而受高等厅的监督。

由于县知事是独任制,与历代封建王朝一样,没有副职,故公署内没有合议制的规定,县中一切政务,都是县知事一人说了算,不存在推诿扯皮现象。

机构编制

根据《县官制》规定,县知事公署下设科。各县因事繁简,分设二至四科,而不是不管大县小县,行政事务多少,都统一设置。北洋政府虽然是中国历史上最腐败的政权之一,但就机构编制来说,还是较为精简的。第一科掌管总务。各科设科长一人,科员二至四人,技士一至三人。当时有的省份,对于县制的规定比较完备,如《浙江省地方官制》规定,县设知事、参事、科长、科员、书记、撰史等。参事辅佐知事总理各科事务。县知事公署分置民政、财政、教育三科。实业、交通等项均属民政科办理。

北洋军阀地方机构编制表

机构	职官	职能	编制	备注
行政公署 巡按使公署 省长公署	民政长 巡按使 省长	掌管一省政务	1人 1人 1人	
政务厅	厅长	选举、行政区划、户籍、赈济、征兵、土地调查、行政警务与监察、道路、海港、河道工程、著作出版、医疗卫生等	1人	
财政司(财政厅)	司长(厅长)	管理全省财政,监督所属职员和兼管征收	1人	
教育厅	厅长	一省教育行政	1人	
实业司 实业厅	司长 厅长	一省实业	1人 1人	
警务处	处长	一省警政	1人	
最高审判厅	厅长	省级审判机构	1人	
高等检察厅	厅长	司法检察	1人	
道尹公署	道尹	掌管一道行政	1人	
县知事公署	县知事	掌管一县行政	1人	

5－3. 县参事会

机构沿革

民国初年各县设有议事会,同时还设有参事会。1914 年停办各级地方自治后,议事会和参事会均撤销。

机构职能

县参事会议决的主要事项有:议决议事会事件的执行方法及其

顺序;县议事会委托代办事项;县知事交与代替县议事会议决的事项;审查县知事提交县议事会的议案;处理选举舞弊的本县全体诉讼以及和解事件;公断或和解城镇乡自治权限以内的事件。县参事会有权会同县知事(或其所派委员)查核自治经费的支收账目。

机构编制

县参事会由县知事兼任会长,参事员由县议事会互选,约当选议员总数的十分之二,一般是四至十二人。另外酌设职员若干人,由县知事派充。

5 -4. 县议事会

机构沿革

县议事会为县立法机构。民国初年各省大都设有县议事会,其制度沿袭清末,略有改变。1914 年 2 月,袁世凯下令停办各级地方自治,县议事会被解散。1916 年袁世凯死后,各县议事会逐渐恢复。1919 年 9 月公布的《县自治法》规定,各县均设县议事会和县参事会。

机构职能

县议事会的主要职权,是对地方自治经费的财政权和对于下级地方组织的公断权,其议决的事项是:第一,县岁出岁入,预算决算;第二,自治经费的筹集和处理办法;第三,城镇乡议事会应议决不能议定的事项;第四,城镇乡相互争议事项的公断或和解。县议事会可推举议员若干人,会同县知事或其所派委员检察各项收支账目。此外,对于地方公益事项,可提出建议。

机构编制

县议事会由议员组成,数额为二十至六十人,按人口多少确定,并按规定的条件选举产生。议事会设议长、副议长各一人,由议员互选。

5 -5. 县其他行政机关

县知事公署还有若干署外的直属机构。这些机构在不同时期设置情况也有所不同。直属机构主要有公款局、劝学所(后改为教育局)、劝业所(或实业公所、实业局)、警察公所,以及县佐等。

5 –6. **市制机构**

机构沿革

市的组织形式萌芽于清末,民初各地在人口比较集中的地方"暂行市乡制",1914 年停办各级自治后,市制亦不存在。1921 年 2 月,广东省公布《广州市暂行条例》,开始了市制新阶段。同年北洋政府公布《市自治制》,划定了几个特别市,随后津沽市和淞沪特别市的建制亦形成。民国初年并没有市级机构,有的省,如江苏省曾于 1911 年 10 月议决《江苏暂行市乡制》,其规定沿袭清末旧制,但把城和镇并称为市,乡则依旧。市的地位仍在县之下,其机构设置略相当于原来的镇。市设有立法机构和行政机构。作为地方行政区划的市,最早是广州市。1921 年公布的《广州市暂行条例》规定,广州市为地方行政区域,由省政府直属,不列入县的行政区划范围,市县分立。北洋政府于 1921 年 7 月公布的《市自治制》,曾在北京和青岛实施。当时规定市分两种,一种是特别市,其地位相当于县。二是普通的市,隶属于县。1925 年临时执政公布《淞沪市自治制》《淞沪市区督办署官制》,1927 年内务部拟定的《直隶津沽市政公署编制草案》等法规以及南方联省自治活动期间对市制所作的规定,对于淞沪市(上海市前身)、津沽市(天津市前身)及浙江、湖南等省内之市的建制,均有较详细的规定。

机构职能

市机构的职能与县有很大不同,主要管理市政事务。

机构编制

民国初年的市行政机构是市董事会,立法机关是市议事会。董事会设总董事长一人,相当于市长;董事一至三人,名誉董事四至十二人。

广州市的行政机构为市政厅，以市长和市政委员会为执行机构，市参事会为审议机关，另设有审计处。广州市设市长一人，市政厅下设财政局、工务局、公安局、卫生局、公用局、教育局等机构。

北京一开始设市政公所，暂由内务总长兼任督办，全称是“督办京都市政事宜”，另设坐办一人，主管市政事务。市政公所设四个处。胶州湾收回后，辟为商埠，设督办一人，会办一人，秘书二人，内置五科，直辖水陆警察，另设财政顾问九人。1922 年定为青岛特别市后，市自治公所直接受商埠督办监督。市自治公所为执行机构，即行政机构。市设自治会为议决机关。特别市另设参事会，为执行辅助机构。

总之，由于资产阶级革命的软弱性和不彻底性，造成了北洋军阀统治的局面。这一时期，是中国最混乱的时期，也是新旧机构编制的交替时期。北洋军阀政府在机构编制上，不得不顺应时代潮流，打着民国政府的幌子与共和的招牌，但实际上是变相的封建军阀统治，在机构编制上打下深深的封建烙印。这一时期国家机构编制的显著特点就是军政不分，军政合一。谁拥有军队，谁就拥有政权，充分体现了什么是军阀统治。赳赳武夫们信奉的是谁有枪有军队，谁就拥有天下，根本不考虑国家和民族的前途，更不会考虑国家的主权完整和百姓的生计、民主、自由与人权。当然，我们也必须看到，辛亥革命后，民主共和思想已经被人民群众所接受，执政的军阀们也必须考虑到这一点。所以，在北洋军阀统治时期，也出现了一定的民主文化氛围。

北洋军阀集团是一个不和谐的集团，是一个只注重眼前利益的集团。内部的不团结，造成了北洋军阀政府掌权者频繁更替的特殊现象。大总统一个个都是短命总统，即使换了称号执政，也难逃脱短命的下场，总理更是经常更换。这样的内阁哪里还有心思去考虑国家的前途命运！历代没有一个时期的国家机构编制像北洋军阀时期那样混乱。北洋军阀是两千年封建帝制结束之后，由封建机构编制向近代机构编制转折时期的扭曲产物，集中体现了封建军阀和封建余孽在封建社会向现代社会过渡时期，对封建机构编制的留恋和对权力的贪婪。但是我们也必须看到，北洋军阀政权比较重视官吏管理制度建设，在较短的时间内设立了许多机构编制法规，尽管这些机构编制法规带有较大的局限性，显得比较粗略，但毕竟是封建社会结束后一种新型的机构编制制度。这种机构编制既受西方文官制度的影响，又受封建机构编制的影响，再加上军阀统治的独裁性，更显得北洋军阀机构编制不伦不类。

北洋军阀政府统治之乱，通过这些国务总理走马灯似的更替可见一斑。有的国务总理担任没有几天就换了，有的尽管是军阀推荐的人选，但也没能长期任职。北洋军阀虽然同出于一个军阀派系，在权力问题上却是水火不容，不知道有多少政客成了军阀权力斗争的牺牲品。在这种乱局之下，执政者哪里还有心思和时间去考虑国计民生？北洋军阀政府创了中国政局紊乱之最，但有一点还是值得肯定的，军阀们虽然不喜欢议会选举，但大多都清楚，民主共和是大趋势，恢复帝制不得人心，也正因如此，在民主共和大形势下，“洪宪帝制”、张勋复辟都成了昙花一现。

注释：

(1)黄远庸:《远生遗著》卷二，商务印书馆1924年版，第153页。

(2)马震东:《大中华民国史》，中华书局1932年版，第367页。

(3)《政府公报》1916年4月22日。

(4)本章凡未注明出处者，均引自《法规类编大全》。

(5)1914年5月17日公布的《大总统政府事堂法制局官制》规定，设参事12人，佥事6人，编译6人，主事10人。

第十二章　国民政府机构编制

第一节　国民政府历史发展概况

袁世凯死后，军阀割据，南方各省逐渐脱离北洋政府。1918 年 7 月，云南和广东、广西退出国会，在广州成立广州军政府，形成南北对峙之势。1923 年，孙中山在广州建立陆海军大元帅大本营（即军政府），并以此为基地，于 1924 年 1 月召开中国国民党第一次全国代表大会，通过了《组织国民政府之必要提案》，公布了孙中山手拟的《国民政府建国大纲》，确立了“国民政府本革命之三民主义、五权宪法，以建设中华民国”之建国纲领。将建国程序分为军政、训政、宪政三个时期。1925 年孙中山应冯玉祥之请，北上商讨国是，不料因病在北京病逝。孙中山逝世后，陆海军大元帅大本营总参议、代行大元帅职的胡汉民，于 1925 年 6 月 25 日公布了《中国国民党执行委员会关于政府改组议决案》。议决设置国民政府、军事委员会、监察院、惩吏院、省政府、审政委员会等机构。7 月 1 日，国民党中央执行委员会公布《中华民国国民政府组织法》，国民政府在广州正式成立。国民政府采取委员制，以汪精卫为主席。国民政府设军事委员会，以蒋介石、汪精卫、谭延闿为常务委员，汪精卫兼任主席，将所属部队统一称为国民革命军，计划北伐。北伐军一路所向披靡，于 1926 年 10 月，占领武汉三镇。11 月 8 日，国民党中央政治会议决定将中央党部和国民政府迁到武汉。12 月 5 日，国民党中央正式宣布中央党部和政府停止在广州办公，各机关工作人员分批前往武汉。1927 年 1 月 1 日，国民政府下令定都武汉，将武昌、汉口、汉阳三镇合建为“京兆区”，2 月 21 日宣布国民政府在“新都”开始办公。2 月 21 日武汉国民政府正式办公。武汉国民政府不设主席，以汪精卫、谭延闿、孙科、徐谦、宋子文五人为常务员。

1927 年，北伐军攻克上海与南京，蒋介石于 3 月抵达上海后，决定实行“清党”，并于 4 月 18 日成立南京国民政府。在成立大会上，发布了中国国民党中央政治会议关于定都南京的宣言以及《国民政府宣言》，提出国民革命方略四条：密切革命军与人民的配合；造成廉洁政府；提倡保护国内实业；保障农工团体利益并扶助其发展。南京国民政府采取委员制，由蒋介石、胡汉民、张静江、吴稚晖等十二人为政府委员，胡汉民为政府主席，蒋介石为国民革命军总司令，吴稚晖为总司令部政治部主任。政府辖区包括江苏、浙江、安徽（一部）、福建、上海、南京、广东、广西等。这样就形成了宁、汉两个国民政府。南京的国民政府实行清党，将共产党排除在国民政府之外。8 月，武汉的国民党与国民政府也开始分共清党，这就为宁汉合作打下基础。在汪精卫的要求下，蒋介石辞去北伐军总司令一职后，宁汉宣布合作。

1928 年 2 月 3 日至 7 日，中国国民党二届四中全会在南京召开，会议通过了“改组国民政府”等议案。规定国民政府接受中国国民党中央执行委员会指导、监督，掌理全国政务，政府委员由国民党中央委员会选举，国民政府设内政、外交、财政、交通、司法、农矿、工商等部以及军事委员会、最高法院、监察院、大学院等。会议推举谭延闿为国民政府主席，蒋介石为军事委员会主席兼国民革命军总司令。同年 8 月，国民党二届五中全会在南京召开，宣称全国进入训政时期，由国民政府执行训政职责，以五院制组成国民政府。同年10月，南京国民政府公布《中华民国国民政府组织法》，规定国民政府总揽中华民国之治权，政府由行政院、立法院、司法院、考试院、监察院组成，设主席一人，委员十至十二人，国民政府主席兼任陆海空军总司令。中国国民党中央执行委员会任命蒋介石为国民政府主席兼陆海空军总司令。

统一后的国民政府继续北伐，1928年6月，革命军进入北京，国民政府在15日发表全国统一的宣言。12月29日，东北的奉系将领张学良通电宣布接受国民政府管辖，国民政府在形式上实现了全国统一。

但统一后不久，国民党内各派军事实力再次爆发武装冲突。1930年爆发阎锡山、冯玉祥、李宗仁等联合反对蒋介石南京政府的中原大战。其间汪精卫在北平召开国民党中央党部扩大会议，阎、冯、桂系出席，在北平成立"国民政府"，选举阎锡山、冯玉祥、李宗仁、汪精卫等七人为委员，阎锡山为主席。张学良表示支持蒋介石，并于9月23日进驻北平。北平国民政府迁往太原，面对战局的不利，阎锡山、冯玉祥11月宣告下野，北平国民政府也随之解散。

1931年，蒋介石在南京汤山软禁胡汉民，同时召开国民会议，通过中华民国约法草案，引起国民党内其他实力派的不满与反对。胡派、汪派、桂系、孙科等在广州召开"国民党中央执监委非常会议"，仿照孙中山护法战争时的做法，在广州另立政府。1931年5月28日成立广州国民政府，汪精卫为主席。九一八事变之后，粤、宁两派息争，于12月22日在南京再次召开国民党四届一中全会，广州政府取消，国民政府由林森任政府主席，孙科为行政院长，蒋介石则宣布下野。以孙科为首的粤系政府无法指挥手下阁员，蒋介石与汪精卫达成协议，孙科于1月24日辞职，蒋介石复出任军事委员会委员长，汪精卫任行政院长。

1937年，抗日战争全面爆发，国民政府于1938年迁都重庆，是为重庆国民政府。1940 年 3 月 30 日，汪精卫在南京成立伪“中华民国国民政府”。1943 年 8 月，林森在重庆病逝。同年 9 月，蒋介石被推选为国民政府主席兼陆海空军大元帅、军事委员会委员长与行政院长。

抗日战争结束后，国民政府还都南京，并于 1946 年颁布《中华民国宪法》。1948 年 3 月 29 日至 5 月 1 日，国民政府召开“行宪国大”，按照《中华民国宪法》选举总统，实行总统制。4 月 19 日，蒋介石当选为中华民国行宪后第一任总统，5 月 20 日就职，国民政府遂改为总统府，从而开始了国民党的“宪政时期”。

1949 年 10 月 1 日，中华人民共和国宣告成立，标志着中华民国在中国大陆政权的结束。

第二节 国民政府中央机构编制

一、军政时期的广州国民政府机构编制（1925 年 7 月—1927 年）

机构沿革

1925 年 7 月 1 日，国民党在广州建立国民政府，随后开始北伐战争，至 1928 年 12 月张学良在东北易帜，宣布接受国民政府领导，国民党的整个北伐战争结束，国民政府在全国取得统治地位。国民政府从在广州建立到 1949 年撤离中国大陆，前后经历了几个阶段：军政时期、训政时期、宪政时期。不同时期的国民政府，机构编制差异很大，经历了由不健全、不完善到健全、完善的过程。这一时期的国民政府，虽然孙中山已经提出《建国大纲》，但由于当时的形势所限，还无法完全按照《建国大纲》的要求去组织国民政府。广州国民政府中央行政体制主要由六部分组成：最高执行机构、行政机构、法制机构、司法机构、监察机构和军事机构。

国民政府最高执行机构是国民政府委员会会议。广州国民政府行政机构有外交、财政、交通、军事、司法五部与教育、侨务委员会。国民政府的一些行政机构虽然公布了,但并没有设立。军事部,虽然名义上成立,但并未组成机构,军事工作由军事委员会负责。国民政府并没有成立司法部,1926 年 1 月 21 日,国民政府正式公布《司法行政委员会组织法》,由司法行政委员会主持司法行政。1926 年 11 月,国民政府改司法行政委员为司法部。广州国民政府之所以高度重视侨务工作,是因为国民党人大多与海外华侨有着密切的关系,广州国民政府离不开华侨的支持。

广州国民政府法制机构为法制委员会。1925 年 10 月 13 日,法制委员会正式开始办公,1926 年 4 月 12 日,将法制委员会改名为法制编审委员会,由国民政府派员组成,其中一人为主席,负责法律起草和审议以及法律的编定和审定。同年 9 月 30 日,该委员会撤销。

广州国民政府司法机构分为司法行政和司法审判。

广州国民政府监察机构为监察院。1925 年 8 月,广州国民政府成立监察院。1926 年 1 月,成立惩吏院,负责对官吏的惩处。凡是行政官员和司法官员有违法失职行为,监察院向惩吏院起诉,给予行政处分,如果涉嫌刑事犯罪,则提交司法机关处理。惩吏院对于监察院的起诉组成合议庭进行审理,惩吏院主席担任庭长。因为惩吏院委员多没有到任,同年五月,惩吏院就被撤销,其工作移交监察院。

1925 年,广州国民政府成立最高军事委员会。1926 年 7 月 5 日公布的《中华民国国民政府军事委员会组织法》,就国民政府军事委员会的机构编制作了规定。

就广州国民政府中央机构而言,由于是初创,各个方面很不健全，但它毕竟是后来国民政府的雏形，为后来国民政府的建立打下了基础，特别是对于北伐战争的胜利起到了组织保障作用。

机构职能

国民政府总揽中华民国之治权；国民政府统帅海、陆、空军；国民政府行使宣战、媾和及缔结条约之权；国民政府公布法律，发布命令；国民政府行大赦、特赦及减刑、复权；国民政府授予荣典。

广州国民政府委员会会议职掌全国政务，常务委员会处理日常政务，国民政府“公布法令及其他关于国务之文书，由主席及主管部部长署名，其不属于各部者，由常务委员会多数署名，以国民政府名义行之”。

广州国民政府外交部，管理国际交涉、在外侨民以及中外通商事务。财政部，管理国民政府财务行政、处理政府预算及监督所属机关。交通部，管理全国路政、电政、邮政、航政及监督一切交通电气事业。司法行政委员会负责民事刑事、非讼事件、人口户籍登记、监狱和出狱人员保护及其司法行政。1926 年 11 月 15 日公布《国民政府司法部组织法》，该法规定：司法部“管理全国司法行政，并指挥、监督省司法行政”，“司法部长于主管事务对于各省、各地方最高行政长官之命令或处分，认为不合法或逾越权限，得呈国民政府取消”。教育行政委员会，管理中央教育机关并指导监督地方教育行政。侨务委员会，管理华侨事务并指导监督海外华侨公共团体的组织进行和归国就学、旅游参观、投资兴办实业等。司法行政归司法部，司法审判归大理院。大理院设立民事庭和刑事庭。大理院还有总检察厅，负责检察工作。

1925 年 7 月 5 日公布的《中华民国国民政府军事委员会组织法》规定，军事委员会统率国民政府所辖陆海军和航空队及一切军事机关，负责国防计划实施、军事动员、军制改革、高级军官及同级官佐的任免，以及陆海军移防、预算、决算及高等军事裁判等。

1927年11月公布《修正国民政府监察院组织法》。该法规定：监察院“受中国国民党之监督、指导与国民政府之命令，掌理监察国民政府所属行政、司法各机关官吏事宜”。

机构编制

据1925年7月1日公布的《中华民国国民政府组织法》，国民政府委员会由四十九名委员组成，其中五人为常务委员会委员，分别是汪精卫、谭延闿、胡汉民、蔡元培、李烈钧。当时不设国民政府主席。

机构有外交、财政、交通、军事、司法五部与教育、侨务委员会。各部设部长一人，各委员会设主任委员一人，委员若干人。

军事委员会由委员若干人组成，其中一人为主席。军事委员会下属机构有：秘书厅、政治训练部、参谋团、海军局、航空局、军需局及兵工厂等。军事委员会直属机构还有国民革命军总司令部，作为负责北伐战争的最高指挥机关。国民革命军总司令部设总司令和参谋长，办事机构有参事厅。参事厅由参谋长、总参议和高等顾问组成，协助总司令处理各项军务。北伐军总司令由军事委员会主席兼任。除此之外，军事委员会另一个重要机构就是黄埔军官学校。黄埔军官学校设校长和党代表，下设政治、军事、教授部和军需、管理、军医三处。黄埔军校校长由蒋介石担任。

监察院由监察委员五人组成，一人为主席。监察院下设第一至第五局和政治宣传科。五局负责人由监察委员分别兼任。后来，将五局一科改为三局一处一科。

二、军政时期的南京国民政府机构编制(1927年4月—1928年10月)

机构沿革

1927年4月18日，国民政府发布《国民政府定都南京宣言》，并于同日在南京开始办公。指出:“南京地位在党务上、政治上、军事上、地理上均较武汉重要,定都以后,本政府所负领导国民革命与建设民国之责任愈益重大。”[1]军政时期的南京国民政府处于南京国民政府“统一建国”时期。该时期中央政权虽有更迭,机构有所变动,但其建制同属“军政时期”体制,即采取二级制:在国民政府委员会下,直接设置并领导中央各部、委、院机关,立法、司法、行政、监察诸权汇一。“五权分立”的政府组织制度尚未实行。

机构职能

1928 年 2 月 13 日颁布《修正中华民国国民政府组织法》,规定“国民政府受中国国民党中央执行委员会之指导及监督,掌理全国政务”。《修正中华民国国民政府组织法》还规定,“国民政府委员处理政务以会议行之。日常政务由常委委员执行之”,“公布法令及其他关于国务之文书,由主席及常务委员二人以上之署名。其与各部有关者,并由该主管部部长连署,以国民政府名义行之”。

机构编制

南京国民政府初建时,暂沿广州国民政府旧制,设立国民政府委员会,设委员 47 人,常务委员 5 人,并于常务委员中推选一人为主席,“处理政务以会议行之,日常政务由常务委员会执行之”[2]。1928 年 2 月 7 日,国民党中央召开四中全会,选出国民政府委员 46 人,南京国民政府主席是谭延闿,常务委员为谭延闿、蔡元培、张人杰、李烈钧、于右任。1928 年 10 月,国民政府由 17 人组成,主席为蒋介石。

国民政府委员会内部办事机构设秘书处、副官处、参事处(厅)、文官处、印铸局、法制局、劳工局与参军处。其中秘书处设秘书长一人,秘书若干人,分总务、机要、撰拟科。副官处设副官长一人,高级副官若干人,分科办事。文官处设文官长一人,文官处文书局局长一人,文官处印铸局长一人,劳工局设局长一人,分科办事。参事处(1928 年改称参事厅)设参事若干人,由国民政府简任。参军长一人,参军十二人,参军处总务局长一人,参军处典礼局长一人。

南京国民政府初建时,设民政、外交、财政、交通、司法等五部和教育行政、法制、财政、外交、建设、预算、财政监理等委员会,以及大学院、监察院等机构。1928 年 2 月 13 日,公布《修正中华民国国民政府组织法》,将民政部改称内政部,另增设农、矿、工、商等部和审计、考试、法制三院,蒙藏、侨务、禁烟等委员会,以及赈务处、中央特种刑事法庭等机构,各部一般设部长、次长、参事、秘书长,以及有关司、局、处等机构和职官,各委员会一般置设主席(或称主席委员)、委员、秘书长等职。

三、训政时期国民政府机构编制(1928 年 10 月—1945 年)

机构沿革

1928 年 10 月 3 日,国民党中央常务委员会通过《中华民国国民政府组织法》,8 日,由南京国民政府正式颁布。10 月 10 日,五院制国民政府在南京宣告正式成立。国民政府下设五院,独立行使行政、立法、司法、考试、监察五种治权。五院分别是行政院、立法院、司法院、考试院、监察院。“五院制”又称“五权分立”。根据孙中山的“五权宪法”建立的中央组织制度,是以中央政府设立的行政、立法、司法、考试、监察五院来行使“五权”,以五权独立,行使“五权分立”。国民政府还设置了参谋本部、军事参议院、训练总监部、军事委员会(1932 年复设)等直属机构。1931 年 6 月 15 日颁布的《中华民国国民政府组织法》变动较大,变动最大之处就是对国民政府主席的职权专门列出一章作了规定。1931 年 12 月颁布的《修正中华民国国民政府组织法》对国民政府主席的职权又作了限定。其中第十一条规定，国民政府主席为中华民国元首，对内对外代表国民政府，但不负实际政治责任。掌握国民政府实权的是行政院。这样，蒋介石辞去了国民政府主席，担任行政院院长。当国民政府主席有了实权，蒋介石又开始担任国民政府主席。

在这一时期，还有一个重要机构，就是国防最高委员会。1939年1月，适应抗战的需要，撤销最高国防会议，成立国防最高委员会。国防最高委员会集党政军权于一体，国民党中央执行委员会所属各部、行政院所属各部委、军事委员会所属各部会都在国防最高委员会指挥之下。国防最高委员会下设有两个重要机构——中央设计局和党政工作考核委员会。为适应抗战的需要，1940年成立了中央设计局和党政工作考核委员会。抗战期间，国民政府机构在中央设计局的主持下，作了较大调整，增设农林部（1939年设立）、全国粮食局（1940年设立，1941年改为粮食部）、水利委员会（1941年设立）、兵役部（1944年设立，1946年撤销）；撤销了国民政府导淮委员会、黄河水利委员会、全国经济委员会、海军部、劳工委员会；将铁道部并入交通部，实业部改为经济部，禁烟委员会、卫生署改隶内政部；国民党中央社会部、司法院行政部、内政部、地政署改隶行政院。

机构职能

1928年10月8日颁布的《中华民国国民政府组织法》，强调了集体领导，规定：国民政府总揽中华民国之治权；国民政府统帅海、陆、空军；国民政府行使宣战、媾和及缔结条约之权；国民政府行大赦、特赦及减刑、复权。国民政府以国务会议处理国务。

国民政府主席职权：代表国民政府接见外使，并举行或参与国际典礼；国民政府主席兼中华民国海、陆、空军总司令，国民政府主席因故不能执行职务时，由行政院院长代理之。1930年11月17

日修正颁布的《中华民国国民政府组织法》规定，国民政府废弃过去的委员会议制，采用以主席为中心的国务会议制，将“国民政府以国务会议处理国务”改为“国民政府会议由国民政府委员组织之。国民政府主席为国民政府会议之主席”。1931 年 6 月 15 日颁布的《中华民国国民政府组织法》第三章，对国民政府主席的职权作了规定：国民政府主席对内对外代表国民政府；国民政府主席兼中华民国陆、海、空军总司令；国民政府主席为国民政府会议之主席；国民政府主席因事故不能执行职务时，由五院院长依次代理之；国民政府五院院长、副院长、陆海空军副司令及直隶于国民政府之各院、部、会长，以国民政府主席之提请，由国民政府依法任免之；国民政府公布法律、发布命令，由国民政府主席依法署名行之。这是一种由委员会议制向主席集权制过渡时期的中央建制，其有利于蒋介石掌控权力。

《中华民国国民政府组织法》这一修订，引起了国民党内部其他派系对蒋介石的不满。1931 年 12 月，国民党四届一中全会议决修改《国民政府组织法》，明确国民政府主席为中华民国国家元首，对内对外代表国民政府，但不负实际政治责任；国民政府主席不得兼任其他官职；国民政府主席任期两年，连任一次；国民政府所有命令、处分以及军事动员之命令，由国民政府主席署名行之，但须经关系院长、部长副署始生效力。同时，将国民政府会议改称国民政府委员会，由国民政府主席及委员组成，取消原设于行政院的国务会议；行政院长负实际政治责任。国民政府主席、五院院长由国民党中央执行委员会选任，“五院”各自对中央执委负责。这就大大限制了国民政府主席的权力。所以，蒋介石没有去当这“有名无实”的国民政府主席，而是选择去担任有职有权，但地位低了一等的行政院长。国民政府主席成了一种象征，一直由林森担任，直至其去世。那些对蒋介石不满的官员，利用国民党中央执行委员会限制他的权力。蒋介石担任行政院长,行政院成了实权部门,而国民政府委员会则成了有名无实的最高权力机关。1943 年 8 月林森去世,蒋介石担任国民政府主席,国民政府主席又成了国家元首和最高代表,对外"代表国民政府接见外使,举行或参与国际典礼",且"兼任陆海空军总司令"。五院正副院长原来由国民党中央执行委员会选任改为由国民政府主席选任,五院院长也由对中央执行委员会负责改为对国民政府主席负责。国民政府主席的任期由任期两年,连任一次,改为任期三年,连选连任。这时候的国民政府起码在表面上部分消除了党凌驾于国之上的现象。这一切,都因为蒋介石是国民党中央执行委员会主席(以后改称总裁)。国民党总裁可以根据需要随时修改《国民政府组织法》。国民政府实际是由国民党中央执行委员会掌控,充分体现了一党执政的特点。《国民政府组织法》还规定,现役军人不得兼任国民政府委员。

中央设计局为国防最高委员会主持政治、经济建设计划的设计与审核机关,局设总裁,由国防最高委员会委员长兼任。中央设计局审议会的主要任务是:政治、经济、建设、计划与预算;党政制度机构及重要法规的调整;重要政策的建议。也就是说,审议会负责战时党政机构的管理与调整。

党政工作考核委员会是战时党政机关的考核机关,主要考核中央及各省党务机关工作成绩,考核中央各部委院及各个行政机关的工作,考核核定设计方案实施进度,考核现行法令实施利弊,进行经济建设情况考核,进行各机关经费人事考核等。

法制局职能:草拟法律、条例,审查法律、条例,刊行现行法规。

参军长承国民政府主席之命,指挥、监督所属参军,掌国民政府典礼及总务。

机构编制

国民政府委员会设主席一人,委员十二至十六人。1931 年后规定国民政府主席、五院院长、副院长为当然委员，并设委员十六至三十二人。不久，又增加为二十四至三十六人。实际上，在1931年国民政府委员近六十人。

国民政府委员会内部办事机构设文官处、参军处、主计处、法制局等机关。文官处置文官长、文书、参赞及文书局、印铸局等职官和机构。

参军处置参军长一人，特任；参军八至十二人。参军处下设典礼局、总务局。典礼局设局长一人，科长二人，科员六至八人。总务局设局长一人，科长二人，科员十至二十人。

主计处置主计长、主计官与岁计局、会计局、统计局等机构和职官（1948年国民政府在主计处的基础上，设立主计部），另设直属警卫团（旅、师、军）。

国防委员会由委员长、委员组成。委员长由国民党总裁蒋介石担任，委员由国民党执行委员会常务委员和国民党监察委员、国民政府五院正副院长、军事委员会委员充任，并由委员长指定十一人为常务委员，组成常务会议。国防最高委员会设常务委员十二人，委员十四人。秘书长一人，副秘书长一人，参事若干人。国民党中央党部秘书长、各部部长、训练委员会主任委员、中央政治委员会秘书长、国民政府文官长、行政院秘书长、军事委员会正副参谋总长、军事参议院院长、军法执行总监、办公厅主任、航空委员会主任、海军司令员、总动员委员会正副主任委员、战地党政委员会正副主任为执行委员。各执行委员根据委员长的指定，可以列席国防最高委员会常务会议。国防最高委员会设秘书厅，协助委员长处理日常事务。国防最高委员会有众多的临时机构，如总动员委员会、物价审查委员会等。

中央设计局为国防最高委员会主持政治、经济建设计划的设计与审核机关，局设总裁，由国防最高委员会委员长兼任。下设审议会、秘书处、设计委员会与预算委员会。审议会由审议员七至九人组成，组成人员由总裁选定，总裁为会议主席。设计委员会的人选也是由国防最高委员会委员长选任，会议召集由中央设计局秘书长召集。预算委员会由九至十五名委员组成，国防最高委员会秘书长、财政部长、财政专门委员会主任委员、国民政府主计长及中央设计局秘书长为当然委员。

党政工作考核委员会设委员长一人、副委员长二人，国防最高委员会推定十四人。五院院长、中央执行委员会秘书长、中央监察委员会秘书长、国防最高委员会秘书长以及党政工作考核委员会秘书长、党务处主任、政务处主任为当然委员。党政工作考核委员会设秘书长一人，承委员长之命，办理该委员会的日常工作。秘书长由国防最高委员会提请国防最高会议指定。

委员会下设秘书处、党务处、政务处。秘书处负责该会文书事务、人事、会计与统计工资。秘书处除秘书长外设秘书、人事、会计、统计四室。秘书室置主任秘书一人，秘书一至三人，室主任三人，科长二人，专门委员三至四人，专员三至四人，助理秘书二至四人，总干事十至十二人，干事九至十一人，助理干事十至十二人，佐理员二十至二十三人。

党务处负责战时党务工作考核。党务处下设秘书室和第一、二组。置秘书一人，组长二人，专门委员十六至二十人，专员八至十二人，总干事七至九人，干事七至九人，助理干事四至六人，佐理员五至六人。

政务处负责行政经济建设工作计划、审核、编制、调查等事项的考核。政务处设秘书室及第一至第七组，置秘书一人，组长七人，专门委员三十至三十四人，专员八至十人，总干事十至十二人，干事六至七人，助理干事六至七人，佐理员五至六人。

党政工作考核委员会每年都组织考察团，对中央和各省市党政机关工作进行实地考察。考察团分为两种,另一种是中央党政机关工作考察团,另一种是地方党政机关工作考察团。

法制局设局长一人,秘书二人,编审六至九人,科长、科员若干人。

应当说,中国人民在国民政府的领导下,进行了艰苦卓绝的抗日斗争,可歌可泣,功垂千秋。但是,我们也应看到,在全国人民抗战期间,前方将士浴血奋战,敌后百姓水深火热,而国民政府的大后方,一批贪官污吏却在醉生梦死,尤其是宋子文、孔祥熙等四大家族趁机大发国难财。尽管宋子文、孔祥熙因为腐败问题而被参政员傅斯年等人弹劾下台,但他们并没有受到法律的惩罚。

四、宪政时期中华民国总统府(1948 年—1949 年 9 月)

机构沿革

首届国民大会原定于 1936 年召开,任务是制定宪法并决定宪法施行的日期。但因全面抗战爆发,原定于当年召开的国民大会不得不延期。1946 年初,政治协商会议决定当年召开制宪国大。参加会议的代表按各党派分配名额,由各党派自行提出,计国民党二百二十名,共产党一百九十名,民盟一百二十名,中国青年党一百名,社会贤达七十名。国民政府为尽早结束训政,决定单方面召集国民大会,此举招致中国共产党反对。11 月 15 日,制宪国民大会在中国共产党缺席,但制宪国大代表仍超过法定人数的情况下在南京召开。12 月 25 日通过了《中华民国宪法》,共十四章一百七十五条,1947 年 1 月 1 日公布,决定于同年 12 月 25 日实行宪政。制宪结束就是行宪,1948 年 3 月 29 日至 5 月 1 日,蒋介石在南京召开“行宪国民大会”,选举总统、副总统,实现“还政于民”。但是,蒋介石似乎对于担任总统并没有太大兴趣,他已经被国民党选举为总裁,不愿意再当有职无权而且随时受到国民大会制约的总统,放出消息说自己不愿意参选总统,打算参选行政院长,同时推举胡适参选总统。国民党中的一些要员自然明白蒋介石的心思,经过一番磋商,给总统以"紧急处分"权。

4月15日,莫德惠、胡适、谷正纲等人署名向"国民大会"提交了提请制定《动员戡乱时期临时条款》案,要求赋予元首以紧急应变的临时权限。这一提案得到通过:"总统在动员戡乱时期,为避免国家或人民遭遇紧急危难,或应付财政经济上重大变故,得经行政院会议之决议,为紧急处分,不受宪法第三十九条或第四十三条所规定程序之限制","前项紧急处分,立法院得依宪法第五十七条第二款规定之程序,变更或废止之"。此后,蒋介石答应参加总统候选。随后,大会急忙做胡适的工作,让其放弃参选,以保证蒋介石当选。毕竟胡适威望很高,难保在选举中出现纰漏,真的让其当选。胡适顾全大局,退出总统候选,由名望不是很高的居正作为陪衬参加总统候选。居正既没有胡适那样的影响力,又是临时换将,自然缺乏竞争力。最后,蒋介石以高票当选总统。

蒋介石作为国民党的总裁,顺利当选国民政府总统,但是在副总统的人选上,蒋介石已经不能左右局势,代表们按照各自的派系,自主投票。国民党内部各派对副总统职位展开了激烈的争夺,经过四次选举,李宗仁当选副总统。5月20日,蒋介石、李宗仁就任国民党政府总统和副总统。

机构职能

宪法对总统的职能作了规定:总统对外代表中华民国,"统帅海、陆、空三军";总统"有权依法公布法律,发布命令";"依法行使缔结条约、宣战、媾和权";"依法宣布戒严及解严",并"有权行使大赦、特赦、减刑及复决之权";还"有权依法任免文武官员"以及向立法院提名行政院院长,向监察院提名司法院院长、副院长、大法官及考试院正副院长,并“有权发布紧急命令”和召集“国民大会”。宪法对于总统的权力作了限制性规定:“总统依法公布法律,发布命令,须经行政院院长之副署,或行政院院长及有关部会首长之副署。”“总统依法宣布戒严,但须经立法院之通过或追认。立法院认为必要时,得决议移请总统解严。”总统发布“紧急命令,为必要之处置,但须于发布命令一个月内提交立法院追认,如立法院不同意时,该紧急命令立即失效”。

宪法还有诸多条款对总统权力作了限定。但随着国民党在军事上节节败退,1948 年 4 月 5 日,行宪第一届国民大会第一次会议召开,通过《动员戡乱时期临时条款》,同年 5 月 10 日公布实施。后经“国大”第二、第三、第四、第五次会议不断修改,扩大了总统的权力:第一,紧急处分权。总统宣布紧急处分,不必根据“紧急命令法”,亦不必在紧急处分一个月内提交立法院追认。第二,连任权。按宪法规定,总统、副总统任期 6 年,只能连任一届。修订后的“临时条款”,规定总统、副总统得连选连任。第三,统帅权。总统担任“国家安全会议主席”,决定“动员戡乱”之策划与大政方针,负责国防的重大政策、国家建设的计划、总体战略及决策的拟定和指导,“国家总动员”的决策及指导,以及战地政务的处理。第四,人事任免权。在“戡乱时期”,总统有权调整中央政府的行政机构、人事机构及组织;总统有权制定办法来充实中央民意代表机构。第五,召集开会权。宪法规定,在“国大”闭会期间,国民大会代表提出创制和复决议案时,“国大”临时会可以召集,也可以不召集。在“戡乱时期”,总统有权决定召集临时会议。第六,宣告“动员戡乱时期”终止权。

总统府内设机构第一局职能:第一,公布法律、发布命令的拟议;第二,文武官员任免;第三,国民大会、立法院行使任命同意权提名;第四,国民大会、五院、国防部参谋本部及省、市政府公文签办;第五,外文函电翻译、签办;第六,政情摘报事项;第七,其他交办事项。

第二局职能:第一,授予荣典事项;第二,玺、印典守事项;第三,印信、勋章制发事项;第四,公文收发、分配、缮校及会议记录、档案管理事项;第五,机要电讯规划、管理事项;第六,资讯业务规划、推动、管理、维护事项;第七,公报编印、发行事项;第八,其他交办事项。

第三局职能:第一,典礼事项;第二,交际事项;第三,事务管理事项;第四,交通管理事项;第五,出纳事项;第六,其他交办事项。

机构编制

根据《中华民国宪法》,中华民国国民政府被中华民国总统府所取代。中华民国总统府设总统一人,副总统一人。

据《中华民国总统府组织法》规定,总统府内设机构有第一至第六局与机要室、侍卫室、人事处、警卫总队等。总统府设秘书长,副秘书长二人,参军长一人,典玺官一人,秘书十六至十八人,参事四至六人,编审十四人,参军1948年是十七人,1949年是二十五人。

第一局设局长、副局长各一人,简任;科长三人,专员二人,速记员二人,均为荐任。科员六十人,书记官四十九人,事务员十三人,雇员五十四人。

第二局设局长、副局长各一人,简任;科长三人,专员二人,荐任。科员十八人,八人荐任,其余委任;书记官十一人,事务员三人,雇员十人。

第三局设中将局长一人,中、少将副局长各一人,少将高级参谋五至七人,上、中、少校参谋十五至二十人,中、少校副官一至四人,上、中尉副官三人。秘书四至七人,四人简任,三人荐任。科员十五至二十三人,书记官十至十五人,绘图员二人,事务员三至六人。科长由高级参谋充任。

第四局设中将局长或简任局长一人，少将或简任副局长一人，技正三至五人，二人简任，三人荐任；科长三人，专员三人，荐任；科员二十人，书记官四人，事务员六人。

第五局设局长、副局长各一人，简任；技正三至五人，二人简任，三人荐任；科长二人，专员二人，荐任；科员二十人，六人荐任，其余委任；技士十人，三人荐任，其余委任；技佐十二人，书记官十九人，事务员六人，技工七十八人。设铸印工厂、制章工厂、印刷工厂，各设厂长一人。

第六局设中将或简任局长一人，少将或简任副局长一人，上校或荐任科长七人，科员十五至三十七人，其中二十六人为荐任，其余委任；书记官十至十五人，事务员十五至三十人，委任；主任医官、副主任医官各一人，荐任或简任；医官五人，荐任；司药三人、看护长一人，委任；雇员三十人。

机要室设主任一人，副主任一人，秘书二人，简任；科长二人，视察二人，荐任；科员三十人，六人荐任，其余为委任；雇员二人。

侍卫室设中将侍卫长一人，少将副侍卫长三人，上、中、少校侍从武官四人，上、中、少校侍卫官十六人，上、中、少校警务员十六人，上、中、少尉侍卫四十二人，中校参谋二人，中、少校副官二人。秘书一人，荐任或简任，书记官二人，事务员二至四人，雇员二人。

人事处设处长一人，简任；科长三至四人，专员三人，荐任；科员三十人，其中十二人为荐任；书记官十六人，事务员一人，委任；雇员九人。

会计处设会计长一人，简任；科长二人至三人，专员二人，荐任；佐理员二十三人，委任；雇员一人。

统计室设主任一人，荐任；佐理员十二人，雇员一人。

总统府设顾问若干人。

总统府设政事顾问委员会、战备顾问委员会、稽勋委员会与中央研究院等。

总统府直辖机关，除“五院”和军事机关，还有“戡乱”建国运动委员会、战略顾问委员会、稽勋委员会、国父陵园管理委员会。上述委员会置主任委员、副主任委员、委员、正副秘书长、战略顾问等职，总统府还直辖中央研究院、国史馆。

历任国民政府主席、总统一览表

<table>
<tr><th>名称</th><th>姓名</th><th>时间</th></tr>
<tr><td>（广州）国民政府委员会主席</td><td>汪精卫</td><td>1925 年 7 月 1 日任职；1926 年 3 月 23 日请假，由谭延闿代理</td></tr>
<tr><td>（武汉）国民政府委员会临时联席会议主席</td><td>徐谦</td><td>1927 年 1 月—1927 年 9 月</td></tr>
<tr><td>（武汉）国民政府委员会主席</td><td>汪精卫</td><td>1927 年 1 月—1927 年 9 月由谭延闿代理，1927 年 3 月 11 日国民党第二届三中全会议决国民政府不设主席</td></tr>
<tr><td rowspan="5">（南京）国民政府委员会主席</td><td>胡汉民</td><td>1927 年 4 月 18 日—1927 年 9 月 17 日</td></tr>
<tr><td>谭延闿</td><td>1928 年 2 月 7 日—1928 年 10 月 8 日</td></tr>
<tr><td>蒋介石</td><td>1928 年 10 月 8 日—1931 年 12 月 15 日</td></tr>
<tr><td>林森</td><td>1931 年 12 月 15 日代理，1931 年 12 月 28 日任职，1943 年 8 月 1 日病故</td></tr>
<tr><td>蒋介石</td><td>1943 年 9 月 14 日—1948 年 5 月</td></tr>
<tr><td rowspan="2">中华民国总统</td><td>蒋介石</td><td>1948 年 4 月 1 日当选，1949 年 1 月 21 日引退</td></tr>
<tr><td>李宗仁</td><td>1949 年 1 月 22 日代理</td></tr>
</table>

五、国民政府五院

1928年10月8日颁布的《中华民国国民政府组织法》规定，国民政府之下设行政院、立法院、司法院、考试院、监察院五院，称之为五权分立。五权分立是孙中山提出的一种政治主张，他认为中国之前历代实行的行政权、考试权和监察权有很大的弊端，而西欧各国所实行的立法权、行政权和司法权的三权分立制度，也不完善，故采取中西结合，提出五权分立。孙中山希望中华民国政府将五权分立作为基本政治制度。孙中山之后的中华民国政府将五权分立作为民国政府的组织架构，以后，又将五权分立的思想观点写入中华民国宪法。

按照国民政府建国大纲的计划，南京国民政府于1928年10月转入"训政时期"，"治权之行政、立法、司法、考试、监察五项，托付于国民政府总揽而执行之"，分别建立了行政院、立法院、司法院、考试院和监察院。1948年5月，国民政府改为总统府后，仍实行"五院制"。

(一)行政院

机构沿革

行政院于1928年10月25日成立，为国民政府最高行政机构。最初行政院设内政、外交、军政、财政、农矿、工商、教育、交通、铁道、卫生十个部及建设、蒙藏、侨务(1929年撤销，1932年恢复)、劳工、禁烟五个委员会，其后又相继设置的机构有赈灾(务)委员会、海军部、实业部、警察总监、全国经济委员会、司法行政部(1931年12月由司法院改隶行政院，1934年又改隶司法院，1942年又划归行政院)、卫生署、财政委员会、故宫博物院等。属行政院直接管辖的还有蒙古地方自治政务委员会及绥远省境内蒙古各盟旗地方自治政务委员会、察哈尔省境内蒙古各盟旗地方自治政务委员会。1931 年 12 月 30 日公布的《修正中华民国国民政府组织法》规定，各委员会除了委员长、副委员长，还设委员若干人。各部部长、委员长负责和管理本部委工作。根据 1936 年 5 月 12 日公布的《行政院组织法》，行政院下设秘书处、政务处。

抗日战争期间，为适应抗战的需要，国民政府增设、撤销、合并了一些行政机构和改变了一些机构的隶属关系。1939 年增设农林部，1940 年设立全国粮食局，1941 年改为粮食部。1941 年设立水利委员会，1944 年设立兵役部。撤销的机构有：国民政府导淮委员会、黄河水利委员会、全国经济委员会、海军部、劳工委员会。将铁道部并入交通部，实业部改为经济部，禁烟委员会、卫生署改隶内政部（1939 年改隶行政院），国民党中央社会部、司法院行政部、内政部、地政署改隶行政院。

抗战胜利后，国民政府行政院及其所属机构又有较大变化。据 1948 年 5 月 19 日国民政府公布的行政院组织法，总统府行政院设内政、外交、国防、财政、司法行政、农林、工商、交通、社会、水利、地政、卫生、粮食、主计等十五个部和资源、蒙藏、侨务三个委员会。行政院各部会长官均为政务委员，另置不管部会的政务委员五至七人。行政院置院长、副院长、秘书长各一人。各部一般置部长、政务次长、常务次长、参事、专门委员等职官。行政院内设机构有司、厅、处、局等，各司、厅、处、局分科办事。各委员会一般置正副委员长或正副主席、委员、参事等职。有的还设有常务委员、专门委员。

1949 年 3 月 15 日，总统府立法院通过简化行政机构案，决定将行政院裁并为内政、外交、国防、财政、教育、司法行政、经济、交通等八部及蒙藏、侨务两个委员会。这次机构裁并可以说是国民政府在大陆的最后一次机构改革。这次机构改革看上去力度很大,试图挽救国民政府的颓势,但大势已去,国民政府已经无法摆脱失败的命运。

机构职能

行政院正、副院长总理行政院事务,监督所属各官署。行政院长、副院长及所属各部部长、各委员会委员长组成行政院会议,以院长为主席。行政院会议主要讨论和议决立法院的法律案、预算案、大赦案、宣战案、媾和案、条约案以及各种国际交涉政务,任免荐任级行政司法官吏,处理各部委之间不能解决的事。行政院各部部长、次长、委员长、副委员长、委员人选,由行政院长提请国民政府主席依法任命。总体来说,行政院在各个时期的职能变化不大。

行政院秘书处负责文书收发、编制与保管,文稿撰拟、翻译,典守印信,会计庶务以及行政院职员的任免等。

政务处负责行政院的会议事项:提交国务会议或国务会议发交行政院的议决事项;向立法院提交或咨送行政院事项;撰拟行政院的各项命令。

机构编制

设正、副院长各一人。1930 年 11 月将行政院会议改称国务会议。行政院设秘书、政务二处,各部委除了设置部长、委员长,还设置政务、常务次长、副委员长,协助部长、委员长工作。1947 年增设政务委员,该院设政务委员二十七人。1948 年设政务委员四十余人,增设副秘书长一人。

行政院内设机构为秘书处和政务处。秘书处设秘书长一人,特任;秘书十至十六人,其中十人为简任,其他为荐任;科长四至七人,荐任,科员二十至二十五人。

政务处设处长一人,简任;参事六至十人,简任;科长四至八人，荐任；编审六至十二人，荐任；科员二十至二十五人，委任。

会计主任一人，统计主任一人，会计科员一至二人，助理员二人至四人，统计员一至二人，助理员二至四人。

1. 内政部

机构沿革

内政部在 1927 年之前为内务部，内政部下属各司各个时期变化较大。1927 年至 1934 年设民政司、土地司、警政司、总务司、礼俗司、统计司与卫生署。各司署设司长、署长一人。1935 年增设统计处，设统计长一人。1936 年 7 月 14 日修正公布的《内政部组织法》，内政部下设总务司、民政司、警政司、地政司、礼俗司、统计处。1943 年内政部内设机构变化较大，有民政司、警政司、总务司、礼俗司、统计处、营建司、户政司、人事处、禁烟委员会等。

机构职能

内政部为中华民国内政行政事务的最高主管机关。内政部部长综理本部事务，监督所属职员及各机关。内政部次长、政务次长、常任次长辅助部长处理部务。内政部对于各省最高行政长官执行内政部主管事务，有指示监督之责；认为有违背法令或逾越权限的，呈请行政院院长提经国务会议议决后，停止或撤销地方法令或终止其权限。内政部经国务会议及立法院议决，可以增设裁并各司及其他机构。内政部职能广泛，人口、地政、户政、综合规划、宗教及礼制、合作及人民团体、役政、警政、地方制度、社会治安、灾害防救、移民、国土管理等事务，都归其管辖。正是由于其职能范围广，被列为第一部。

总务司为内政部办公厅，职能为收发分配、撰拟、保管文件；部令公布；典守印信；记录职员进退；本部经费预算、决算及会计。

统计司职能为人口统计；土地统计；宗教、慈善团体及其他社会团体统计;统计报告及材料搜集、编制及刊行;统计人员训练;编辑公报及例规。

民政司职能:地方行政及经费;地方行政区划;特别市行政之监督;地方官吏之奖惩;地方选举;地方自治;征兵及征发;赈灾、救贫及慈善;涉及国籍的事务;涉及移民事务。

土地司职能:土地测量、调查、登记、整理;土地收用、移民殖边;地权限制及分配;水利调查测绘及水源水道保护;水灾防御;疆界整理及图志征集编审。

警政司职能:警察制度的厘定与机关设置;警察官吏的任免与成绩考核;警察经费;警察教育;行政警察;征兵征发;地方自卫;出版品登记、检查与著作权注册,社会团体立案;禁烟等。

礼俗司职能:厘定礼制;改良风俗;寺庙僧道管理及登记;关于教会立案;名胜古迹古物保存管理。随着内政部内设机构的增多,其职能也不断增加。

机构编制

内政部设部长、次长、政务次长、常务次长各一人,参事若干人。1927年部长为薛笃弼。内政部各设司长、处长与主任、副主任。1936年的《内政部组织法》机构编制为:部长、政务次长、常务次长各一人,秘书六人,参事四人,司长五人,科长十八至二十四人,科员九十至一百一十人,技正八人,技士十二人,编审八人,视察十至十六人,统计长一人,会计主任一人。

1946年内政部又增设方域司、会计处、警察总署、人口局等机构,各设司长、会计长、署长、局长等。1948年又增设调查局、社会司、劳工司、合作司等机构。各司设科长、科员各若干人。内政部部长为特任,次长、参事、司长及秘书二人为简任,秘书、科长为荐任,科员为委任。内政部设技监一人,为简任,技正若干人,其中二人为简任,其他为荐任,技士若干人,为委任。

2. 外交部

机构沿革

外交部在不同时期的机构编制变化也很大。1927 年外交部设部长、次长、政务次长、常务次长、秘书长、参事等职官。外交部下设总务司(该司于当年 11 月撤销,1928 年恢复)、第一司、第二司、第三司、侨务局,各司局设司局长一人。1929 年内设各司名称发生变化,设总务司、情报司、国际司、亚洲司、欧美司等。1940 年外交部内设机构是总务司、情报司、东亚司、亚西司、欧洲司、美洲司、条约司。1943 年增加礼宾司。除此之外,还有会计司、人事处,以及驻联合国办事处等机构。外交部同时负责管理驻外大使馆、公使馆和领事馆。

机构职能

外交部管理国际交涉及有关在外侨民、居留外人、中外商业等行政事务。外交部对于各省最高行政长官执行本部事务有指示监督之责。外交部对于各省最高行政长官的命令或处分认为有违法令或者逾越权限的,可提请行政院长在国务会议上议决停止或者撤销。

总务司职能:部令的公布;机关职员的任命、考成与惩戒;外交官、领事官的进退与甄录;对外交际等事项。

国际司职能:通商交涉;领事馆职务与管辖区域;贸易与海外经济调查公布;保护本国在外留学学生;国籍问题交涉;外国人出入境管理;国际公约;国际公会、赛会等事项。

亚洲司职能:政治交涉;军事外交;侨寓外人保护与取缔;财政借款与铁路外交;订立与解释条约。

情报司职能:国内外情报搜集;宣传外交策略;撰译中外新闻稿件;招待接洽新闻记者等。

根据1936年公布的《外交部处务规程》，参事厅职能为：制定本部法律、命令；审核本部法律、命令；解释本部法律与命令等。

秘书厅职能：部务会议通知与记录；外宾会晤、传译与记录；机要文件的撰拟；办理与外国使馆的接洽等。

机构编制

外交部设部长一人，首任部长为伍朝枢，政务次长、常任次长(1931年改为政务次长、常务次长)各一人，秘书长一人，参事若干人。参事各个时期变化较大，从1928年开始，一般设参事六人以上。除此之外，各个大使馆、领事馆设大使、领事等。

根据1936年公布的《外交部处务规程》，外交部设参事厅、秘书厅、总务司、国际司、亚洲司、欧美司、情报司等。各司设司长一人。

总务司下设文书科、典职科、电报科、交际科、出纳科、庶务科。国际司下设国联科、通商科、侨务科、法令科、护照科、货单签证科。亚洲司下设亚一科、亚二科、研究室。欧美司下设欧一科、欧二科、美洲科、法律科。情报司下设国内科、日苏科、欧美科、新闻科。各科设科长、科员若干人。

会计主任一人，统计主任一人。

3. 军政部(国防部)

机构沿革

1928年6月，奉系军阀张作霖在北伐军的进攻下，被迫退出京津地区，在皇姑屯被炸死。12月，张学良通电易帜。1928年8月，国民党二届五中全会通过“政治问题案”及“整理军事案”，宣布“军政时期”结束，并强调“军政军令，必须绝对统一”，规定在国民政府之下设司法、立法、行政、考试、监察五院，行政院下设军政部、参谋部、训练总监部及军事参议会等。10月，为执行军事整理案，将军事委员会所属各厅改组为军政部、参谋本部、训练总监部及军事参议院，分管全军行政、军令、军训及军事咨询事宜，直隶行政院。军政部即于10月1日组织成立，特任冯玉祥为部长。

1932年之前，军政部既隶属行政院，又隶属军事委员会。

1929年3月底，军政部为整理营产，组设整理营产委员会，由该部主任参事、总务厅长、陆军署长、航空署长、军需署长、兵工署长及军需署营造司长组成，并以军需署长为主席。1932年年初，国民党政府决定重设军委会，并于是年7月16日公布国民党四届二中全会通过的《军事委员会组织大纲》，规定该会为全国最高军事机关，直属国民政府，与国民政府所辖参谋本部、训练总监部、军事参议院及行政院所辖军政部、海军部为指导关系。1932年淞沪抗战开始，1933年3月将航空署所属各科改为处，将其单独划出，归军委会直辖。至此，军政部仅负责陆军行政事务。1934年军政部将原有会计、审核两司合并为部会计长办公处，直隶国民政府主计处，并受该部指挥。同年4月，因军委会组设资源委员会，将军政部兵工署资源司划归资源委员会。1935年因抗战病伤员增加，将军医司划归军委会。军医设计监理委员会改为军医署，隶属军委会，不久又划归军政部。同年3月，军委会为统一全国陆海空军人事，设铨叙厅，将军政部军衡司划归该厅。军政部及附属机关人事，一律改由总务厅办理。

1937年7月，抗日战争全面爆发后，军委会组设军法执行总监部，军政部军法司并入该部。南京陷落后，国民政府于1938年1月颁布《修正军事委员会组织大纲》，规定军事委员会内设委员七至九人，军政部部长为当然委员。其内部组织经过较大调整，下辖军令部、军训部、后方勤务部、海军司令部、航空委员会、防空委员会、军法执行总监部，并直接指挥行政院所属军政部。1938年3月1日，蒋介石下令将隶属前训练总监部之中央各军事学校毕业生调查处划归军政部。

1940 年 1 月 30 日，军政部颁布《军政部暂行军粮经理大纲》及《军政部军粮总局组织规程》，设军粮总局，直隶军政部，掌理全国部队、军事机关、学校军粮现品或委托购办计划筹备一切事宜。军粮总局设局长、副局长，下设五处。同年 3 月 31 日，军委会令颁《军事委员会交通警备司令部组织条例》，设交通警备司令部，直隶军委会，并受军政部、军令部、交通部之指挥监督。1943 年国民政府修正公布《兵役法》，规定军政部为全国兵役行政主管机关，内政部为全国兵役行政协管机关。

1944 年 9 月，经黄山会议决定，将军政部所属军医署、交通司、粮秣司划归后勤部管辖。此时因远征军进入缅甸作战，军运紧急，军政部乃于同年 10 月组成补充兵空运指挥部，以“办理空运业务”。同年 10 月据军委会训令，将兵役署自军政部划出扩编为兵役部，直隶行政院，兼受军委会指挥，办理全国兵役事宜。

1945 年，国民政府为加强军需生产、储备与补给运输的联系，将后勤部改组为后方勤务总司令部（简称后勤总部），隶属军政部，由军政部部长陈诚兼任总司令，掌理全国兵站事宜。原由军政部拨隶后勤部之军医署，按现行组织归还军政部建制，所有后勤总部卫生处所主管的业务，暂由军医署兼办。原由军政部军需署拨隶后勤部的粮秣司，按现行组织划归军政部军需署建制。原属后勤部的经理处、会计处将原有任务及其人员，划归军需署，所有后勤总部经理处主管业务由军需署兼办。原由军政部划拨后勤部的交通司分别编并于军政部军务署。

1945 年 8 月 15 日，日本宣布无条件投降。兵役部缩编为兵役署，并将军法总监部撤销改为军法司，隶军政部。12 月，国民政府于行政院内设战后编余官兵安置计划委员会，并制颁该委员会组织规程。规程规定该会内设主任委员一人，由行政院院长兼任，副主任委员二人，由军政部部长和内政部部长兼任，委员十人，由军政部次长及地政署署长等兼任，并规定本会一切事务由军政部承办，并得向有关机关调用职员。1946 年 5 月 30 日，国民政府下令，撤销军委会及其所属机构及军政部，另于行政院之下成立国防部。国防部于 6 月 1 日正式成立。

机构职能

军政部职能：陆海军行政事宜，包括陆海空军建设、人员马匹补充、交通设备整修和全国总动员筹划；陆海军军费、军械弹药、粮秣、被服及其他军需品筹办分配，场厂仓库管理和工业资源利用；陆海军卫生保健等。根据《陆海空组织大纲》规定，如在战时，为军事指挥便利起见，军政部应与行政院所属财、政、民机关一样，受陆海空总司令指挥。

国防部第一厅是"人事计划厅"，负责人事法规制度，奖惩条例及人事计划的拟定、审核和批准，以及将级和上校级升迁调补及奖惩的签请、审核和批准。第二厅是"情报计划厅"，负责搜集国内外军事情报，并进行整理、分析、判断等，为国防作战计划的制定提供条件，并计划布置保密防谍等活动。第三厅是"作战计划厅"，负责制定国防作战计划，战时下达作战命令，研究战争得失，总结经验教训，颁布作战教令。第四厅是"补给计划厅"，负责拟定、审核和批准有关后方补给勤务的法规、制度，计划作战物资的生产、征购、储备、补充、补给的数量和优先程序，计划平时和战时军事设施及交通、通讯干线的选择与要求，并随时指导实施、检查实施程度。

机构编制

军政部设部长一人，首任部长为冯玉祥。政务次长一人，常务次长一人，主任参事一人。参事各个时期设置不同，1928 年设参事七人。军政部内设机构有总务厅、陆军署、陆军署军械司、陆军署军医司、陆军署军法司、陆军署交通司、兵工署、兵工署军械司、航空署、海军署、海军署海政司、军需署、军需署总务处、军需署营造司、军需署储备司、军需署审核司、军需署会计司。1930 年增设军需署工程处。1932 年增设航空署军务处。各署分别设署长、副署长一人,各厅、司、处设厅长、司长、处长各一人。

军政部内设机构在各个时期变化较大,随着军政部组织法的不断修正而不断调整。1936 年军政部内设机构设总务厅、军务司、军法司、马政司、交通司、兵役司、兵工署制造司、兵工署技术司、兵工署军械司、军需署、军需署储备司、军需署财务司、军需署营造司。1938 年增设兵役署,兵役署下设役征司、征补司、国民兵司。各署设署长、副署长各一人。各厅、司设厅长、司长各一人。

1937 年 9 月 6 日,国民政府重新公布《军政部组织法》,该部改设总务厅、军务、兵役、军政、交通、军法、军需等司,兵工、军医等署及会计处。军政部设部长一人,政务次长、常务次长各一人,参事三至七人,秘书四至十二人,另设厅长一人,署长三人(其中军需署、军医署各设副署长一人,兵工署设参谋一人,司长十一人,处长八人,视察主任一人)。总务厅下设文书、人事、管理、交际四科,掌本部机密等事项。军务司下设军事、兵务、防务、整备、要塞五科,掌军事史研究,陆军建制编制及建设经理等。兵役司下设管区、役务、征募三科,掌理兵役管区规划设置及推行等事项。军政司下设牧政、马事、兽医、屯垦四科,掌普通马政、陆军马政计划、建设、调查等事项。交通司下设总务、设计、通信、运输、汽车五科,掌军事交通通信部队调遣及配备等事项。军法司下设军法行政、执法、监狱三科,管军法官及军人监狱职员人事等事项。军需署下设总务处、财务、储备、营造等司,掌军需行政事务。总务处下设人事、文书、管理三科,掌本署机密等事项。财务司下设经理、出纳、军人储蓄三科,掌军费运用研究审议等事项。储备司下设被服、粮秣、保管三科,掌被服装具、粮秣、营具、消耗品经理、检验、调查等事项。

营造司下设设计、建筑、营产三科，掌营房及军事修建工程设计及审查等事项。兵工署下设制造、技术、军械等司，掌兵工技术、军火制造、军械行政事务。制造司下设事务、会计、考工、核料等科，掌关于各厂及材料保管处库职员任免升补等事项。技术司下设理化研究、设计、教育等处，及弹道、步兵器材、炮兵（要塞）器材、运输器材、特种兵器、工兵器材等科，掌关于兵器、弹药制式划一等事项。军械司下设总务、补充、库储、机械、兵器器材等科，掌编纂械弹及军用器材各种法规历史及统一名称等事项。军医署下设第一、二、三处及视察室，掌军医行政一切事务。第一处下设人事、经理、事务等科及会计室。第二处下设医务、伤病处理、材料三科。第三处下设卫生、教育等科及统计室。会计处掌本部及各军事机关、部队岁计会计事务。

以后每次修订《军政部组织法》，人员就要变动一次。

1946 年设立的国防部内设机构有：部长办公室、总务处、副官处、预算财务司、法规司、人事司、人力计划司、工业动员司、征购司、民用工程司、特种计划司、土地及建筑司、第一至第六厅、新闻局、民事局、保安局、预算局、史政局、监察局、兵役局、测量局、预备干部局、保密局等。国防部设部长一人，首任部长为白崇禧。次长三人，参谋总长一人，参谋次长若干人。各厅、司、局设厅长、司长、局长一人，其他官员有专员、参谋、副官、军需、秘书、书记、司书、译电员等。国防部直属机构有中央训练团、陆军总司令部、海军总司令部、空军总司令部、联合后防勤务总司令部等机构。国防部是一个非常庞大的机构，不但机构多，而且人员编制也多，都是军官。

4. 海军部

机构沿革

军政部成立后，设立海军署。1929 年 4 月，海军署扩大为海军部，脱离军政部改隶行政院。1930 年 2 月 4 日国民政府公布《海军部组织法》。《海军部组织法》与《军政部组织法》一样，多次进行修订。1938 年 1 月 1 日海军部裁撤，改为军事委员会海军总司令部。

机构职能

管理全国海军行政事务。

总务司掌文件及机要；印信典守；战时征发物件表报告及统计；公文函件纂辑保存及收发；部内军官部佐及文职任免；部内风纪；交际、出纳与部内庶务。

军衡司掌海军军官及文官进退任免；调查海军各项人员；考绩兵籍战时名簿及文官名簿；保管军官、文官及战时职员表；编纂表格名簿；海军礼节服制徽章；海军军旗标帜；褒赏及赡恤；休假与官兵退伍处置；海军军人结婚；军法审判及典狱；战时捕获审检等。

军务司掌海军建制及编制；戒严；舰队配置；校阅舰队操演；战时各项规则；各舰队军纪、风纪；审核海军医院、医校及海军红十字会；卫生人员考绩；卫生报告统计及卫生船员学术研究；军港要港；海军运输；兵士征募补充。

舰政司掌稽核各舰艇制造、改造、修理；审拟各舰艇、飞机、潜水艇制造计划及制造方法等图规；各舰艇、飞机、潜水艇器具材料之支给交换；稽核各舰艇之保存及废弃；稽核造船厂坞所用器械物品之保存及废弃；审订购置各舰艇及延聘造船人员等契约；调查各舰艇修造、购买之价目；各舰艇并一切材料之试验及检查；稽核造船所人员工程及成绩；造船厂坞之建筑、改筑及修理；废弃舰艇之变卖；检验舰艇进水及试洋成绩报告；稽核各种机器、电器制造、改造、修理；审议各种机器之制造计划方法；各舰艇局所应用机器及电器之配备供给；调查机器、电器修造、购买价目；各种机器、电器及其材料之试验并检查；拟订造船的各种规则；拟订机器、电器各种规则等。

军学司掌所辖各学校一切章程之制定及其筹办；拟订所辖各学校教育纲领及计划并审查各教科书；所辖各学校职员奖罚；所辖各学校学生奖罚及考试；留外学员学生；练习舰队并规定练习章程；制定海军训练营水鱼雷营训练管理等规则；计划训练改良；编辑及印刷；教育人员考绩事项和其他教育训练等。

军械司掌各舰艇枪炮、水雷、鱼雷、火药、子弹及其他军用器械及一切附属品供给配置；陆上储存枪炮、水雷、鱼雷、火药、子弹及其他军用器械及一切附属品之保管整理；制造、购买枪炮、水雷、鱼雷、火药、子弹及其他军用器械和一切附属品试验检查；各舰艇枪炮、水雷、鱼雷、火药、子弹及其他军用器械和一切附属品调查统计；海军台垒厂库等建筑修理及管理。

海政司掌测绘江、海各航路及军港、要港；调制、颁布航路图志；领海界线及军港开浚；国际航行规则；审查沿江沿海灯塔、灯杆、浮桩；航海保安及颁布航路警告；调制海口潮汐表；设置电求向器与无线电求向器；沿海巡缉捕获及救护海难；海军引水人监督及教练；观测海上气象。

军需司掌军服经理及检查；军服粮煤等补给规定；平时战时粮煤补给及战时粮煤准备；饷项出纳及预算决算；营缮、会计稽核；海军军用；规定俸给及旅费；各种补给及军需规定审查；经理人员考绩。

机构编制

海军部设部长一人，首任部长为杨树庄。海军部设政务次长、常务次长各一人。参事二至四人，秘书六人，副官六人，司长八人，技监一人，科长、科员、技正、技士、司书、副官、书记、译电员若干人。海军部还设编译处、经理处、巡防处、海道测量局等，设处长、局长各一人。

5. 财政部

机构沿革

财政部为各部之中的大部，所设司处有：总务厅、赋税司、钱币司、金融监管局、公债司、国库司、会计司、关税处、盐务处、禁烟处、土地处、烟酒税处、煤油特税处、关务署、印花税处等。1927 年 12 月撤销总务厅，设立总务司与卷烟煤油税处。1929 年设立印花烟酒税处。1931 年设立统税署、税务署、盐务稽核总所，同年将财政部常任次长改为常务次长。1936 年财政部的内设机构是：关务署、税务署、总务司、盐政司、赋税司、公债司、国库司、钱币司、会计处等。1939 年设立田赋管理委员会，盐政署改为盐政司。1941 年统计主任改为统计长，并增置编译若干人。1942 年设立缉私署、直接税处、地方财政司、专卖事业司、人事司、统计处、烟草专卖局、战时货运管理局、贸易委员会。1942 年是财政部机构编制变动最大的一年。中央银行、中中交农四银行联合办事处亦归财政部管辖。

机构职能

财政部职掌全国财政事务，财政部对于各地方最高行政长官执行本部主管事务有指挥监督之责，对于所主管的行政事务如果地方最高行政长官的命令或处分有违法令或者逾越权限，提请行政院会议议决后停止或者撤销。财政部管辖各省区税务、国库、公债、钱币、会计、出纳及其他一切财政，并监督所辖各机关及公共团体财政。

关务署职能：关税政策规划和关税政策审定及施行监督；关务法规的拟定、审核、解释及施行监督；条约上有关税则及通商；倾销货物的防止及征税；进出口货物的免税、减税及退税案件的审核；设置关卡，实行禁令及防止漏税；关税税款的收支稽核；税则争议及关税呈诉案件的处理；官员任免、遣调、训练、考绩监督等。

税务署职能：国内各种货物税、印花税征收、管理与计划、改进；所管各税率的研究与审定；所管各税税务法规的拟定、审核、解释及施行监督；所管各税的减税、免税及退税案件的处理；征税货物及凭证的查验、取缔与防止漏税；所管各税税款的收解、审核与造报；所管各税税率的争议或税务呈诉案件的处理；所管各种税票单证制作印刷、保管、签发与考核；所管各税税务人员的任免、遣调、训练与考绩；所管各税行政监督等。

总务司职能：财政部的文件收发与保管；部令公布；印信典守；职员进退记录；公报编辑与发行；图书编定与保管；本部所用财产、物品的登记与管理；本部所有现金、票据、证券出纳与保管；本部所用票、照、单、证及其他印纸的制印等。

盐政司职能：盐务计划与改进；制盐许可与产盐调节的核定；仓、坨设置、管理及其他盐务工程核定；盐质检查改良的考核；产盐收、放及场价的考核；盐税税率及盐务章则审核与解释；盐及硝黄所用票、照的审核；盐与盐副产物减税、免税案件的审核；盐税收支考核；税警编制审核；盐垦整理与产地测量的规划；硝黄产销改良研究及税费审定；盐务人员任免、遣调、训练、考绩监督等。

赋税司职能：不属于关务、盐务及税务各署、司主管的其他国税研究、计划与筹备；国有财产管理与考核；各级政府间岁入划分考核、改进及补助、协助核议；地方赋税制度的审核与改进；地方赋税减免审核；地方财政收入监督与考核等。

公债司职能：中央公债的募集、偿还与整理；中央公债基金的收拨、管理与应用；公债各种法规的拟定、审核、解释及施行的监督；中央公债条例及长期借贷合同的拟定审核与保管；中央公债债权人的登记与更名；中央公债票及其他负债证券的印制、编号、签证、发行及未发行部分的管理；中央公债票及其他负债证券的销毁；中央公债及其他长期负债登记、报告与按期公告；中央公债债券与政府股票在市场买卖的监督；中央公债实际发行价登记及买卖市价按其登记；地方公债的审核、监督与调查等。

国库司职能：国库金钱、证券出纳、保管与转移事务；国库收支凭证的稽核与经费请领书类的审核；代理国库银行的监督、指挥；各机关出纳监督；各特种基金的保管和运用监督；国有财产收支考核；国库收支状况报告；地方政府公库行政监督等。

钱币司职能：印刷规划整理与硬印化验；货币与生金银进出口稽核；造币厂与印刷局的指挥监督；发行纸币审核、监督与准备金检查公告；银行业、储蓄业与信托业的监督与取缔；交易所、保险业及其他特种金融事业的监督与取缔；国内外金融业的调剂；货币、金融调查；各种奖券监督与取缔等。

会计处职能：中央收入综核；本部及所属机关会计制度审订；本部主管各类预算、决算的筹划、核编；本部及所属机关各类预算、决算征集、审核与整理；本部及所属机关行政预算核定；本部及所属机关经费流用审核与登记；本部及所属机关请款、领款、拨款、解款审核；本部及所属机关收支计算书类的稽核；本部及所属机关账目查核、登记与会计报告的编制；本部及所属机关交代案的审核；本部及所属机关会计人员的任免、遣调、训练、考绩等。

机构编制

财政部同其他各部一样，各个时期内设机构变化较大。1936年修正公布的《财政部组织法》设有关务署、税务署、总务司、盐政司、赋税司、公债司、国库司、钱币司、会计司。

财政部设部长一人，首任部长为古应芬。孙科、宋子文、孔祥熙都曾担任财政部长，而且宋子文、孔祥熙担任财政部长的时间都比较长。次长、政务次长、常任次长各一人，秘书长一人，参事若干人。各个司、厅、局、署设司长、厅长、局长、署长。各司设科长、科员各若干人。部长为特任职，次长、参事、司长及秘书为简任职，秘书、科长为荐任职,科员为委任职。

1936 年的《财政部组织法》设部长、政务次长、常务次长各一人,秘书十至十四人,参事四至六人,署长二人,司长六人,科长十八至二十人,科员一百八十至二百二十人,助理员五十至七十人,技正二至四人,技士六至八人。会计长一人,统计主任一人,科长四人,科员四十至五十人。

关务署下设总务科、关政科、税则科。关务署除设署长,设秘书二人,科长三人,科员二十四至三十人,助理员九至十人,编译二人,视察二人,会计主任一人,统计员一人,科员八至十人,助理员三至五人。

税务署下设第一至第七科。除去署长,设秘书二至三人,科长七人,科员一百至一百二十人,助理员三十五至四十二人,技正一至二人,技士二至四人,编译二人,视察二至六人,调查员四至六人,稽核十二至十六人,印花税督察员十六至二十人,印花监制员四至六人,会计主任一人,统计主任一人,科员二十至二十四人,助理员六至八人。

盐务总局下设总务科、税务科、产销科、税警科、经理科。

盐务总局设总办一人,简派,承财政部长之命总理全局事务,并指挥、监督所属职员。会办一人,科长五人,秘书二人,科员一百至一百五十人,助理员三十五至五十人,技正二至三人,技士四至六人,视察员二人,调查员二至四人。会计主任一人,统计主任一人,科员五十至六十五人。各盐区设盐务管理局。盐务局设局长、副局长各一人,总务科长一人,产销科长一人,税警科长一人,科员、视察员、技术员若干人。

财政部禁烟委员会设主席一人,秘书长一人,委员长一人,副委员长一人,总务处长一人,查验处长一人。

中央银行设理事会,理事会设常务理事与理事若干人,从

1928年至1949年，宋子文一直是常务理事第一人。监事会设监事七人。中央银行设总裁一人，总裁先后由宋子文、孔祥熙担任。副总裁一人。稽核处总稽核一人，秘书处处长一人，发行局局长一人。1931年设立经济研究处，设处长一人。业务局，设总经理一人。汇兑局，设总经理一人。1933年设立国库局，设总经理一人。

"中中交农"四银行联合办事处设主席一人，由蒋介石担任。常务理事三人，一直由孔祥熙、宋子文、钱永铭担任。理事若干人。

6. 教育部

机构沿革

1926年3月在广州成立国民政府，设立教育行政委员会。教育行政委员会委员有蔡元培、李煜瀛、汪精卫、许崇智、褚民谊等人。1927年中华民国定都南京后，中华民国大学院接替教育行政委员会，成为全国最高学术教育机关，由秘书、高等教育、中央研究所等部门分别负责国家的教育工作。大学院院长为蔡元培。1928年蔡元培被免职，蒋梦麟接任。1928年12月11日，中华民国政府公布《教育部组织法》，明确教育部为全国学术、文化及教育行政事务的最高机关。教育部设总务司、高等教育司、普通教育司、社会教育司、蒙藏教育司。1936年公布的第六次修正的《教育部组织法》设立总务司、高等教育司、普通教育司、社会教育司、蒙藏教育司。教育部设立大学委员会、华侨教育设计委员会，1940年增加国民教育司、会计处，1942年增加人事处，1944年增设统计处、国际文化教育事业处。教育部直属机构有国立编译馆、国立边疆文化教育馆等机构。

机构职能

教育部负责学术、文化及教育行政事务，并监督地方政府教育。教育部对于各地最高行政长官执行本部主管事务有指示监督之责。教育部主管事务对于各地方最高行政长官的命令或处分认为有违背法令或者逾越权限的,须由行政院长提请行政院会议议决后停止或者予以撤销。

教育部总务司职能:收发、分配、撰拟、缮校、保存文件;部令公布;典守印信;记录职员进退;编制报告;编印公报与发行;本部官物保管等。

高等教育司职能:大学教育及专门教育;国外留学;各种学术机关指导;学位授予等。

普通教育司职能:中等教育、小学教育、幼稚教育;师范教育;职业教育;地方教育机关的设立与变更等。

蒙藏教育司职能:蒙藏地方教育调查;蒙藏地方各种教育事业的兴办;蒙藏教育事业师资的培养;蒙藏子弟入学的奖励;蒙藏教育事业经费的计划等。

机构编制

大学院设院长一人,副院长一人,秘书长一人,行政处主任一人,参事若干人。下设高等教育处、社会教育处、普通教育处、文化事业处、总务处,各设处长一人。

教育部设部长一人,首任部长为蒋梦麟。政务次长、常务次长各一人,参事若干人。内设机构有总务司、高等教育司、普通教育司、社会教育司、蒙藏教育司等,各设司长一人。秘书四至六人,参事二至四人,督学六至十人,科长十至十八人,科员八十至一百一十人。会计主任一人,统计主任一人。

7. 卫生部(卫生署)

机构沿革

1928 国民政府在内政部成立卫生司,11 月,卫生司升格为卫生部。1935 年 4 月，卫生部并入内政部，成为内政部卫生署。1936 年 11 月，卫生署升格为行政院直属机关，成为行政院卫生署。1938 年 4 月，再次改组为内政部卫生署。1940 年 4 月，又改组为行政院卫生署。1947 年 5 月，国民政府改为中华民国政府，行政院卫生署改为卫生部。1949 年 5 月，又降格为内政部卫生署，8 月，再缩编成为内政部卫生司。

机构职能

卫生部是公共卫生、医疗等关乎全民健康事务的最高主管机关，同时监督各县市卫生局和社会局(处)。

机构编制

卫生部设部长一人，首任部长为薛笃弼；政务次长、常务次长各一人，参事若干人。1928 年的卫生部设总务司、医政司、保健司、防疫司、统计司、中央卫生试验所、中央防疫处等机构，各司设司长一人。

1937 年改为行政院卫生署后设署长一人，秘书一人。下设海港检疫处、总务科、医政科、保健科、会计科、统计科、中央卫生试验所、麻醉药品经理处中央医院、公共卫生人员训练所、西北防疫处、蒙绥防疫处、蒙古卫生院，各设处长、科长、所长、院长等职官。1940 年行政院卫生署设署长、副署长、秘书各一人，下设总务处、医政处、保健处、防疫处；1944 年增加人事处、会计处，各处设处长一人。

1947 年至 1949 年为卫生部，设部长一人，政务次长、常务次长各一人，参事若干人，下设总务司、医政司、保健司、防疫司、会计处。各设司长与会计长。卫生部下属部门还有药品供应处、麻醉品经理处、黑热病防疫处、东南鼠疫防疫处、中央生物化学试验处等机构。

8. 交通部

机构沿革

交通部成立于 1927 年,隶属国民政府,1928 年交通部改隶行政院。1936 年《交通部组织法》经过第三次修订公布。1938 年,铁道部被撤销,铁路业务划归交通部管理。同时,全国经济委员会管辖下的公路处及军委会管辖下的水陆运输联合办事处,也划归交通部管理。交通部职权扩大为规划、建设、管理和经营全国国有铁道、公路、电信、邮政、航空并监督公有及民营交通事业。后来,公路业务两度划归军委会,交通部的基本职能未变。1947 年 1 月,国民政府交通部设立民用航空局。

机构职能

根据 1936 年公布的《交通部组织法》,交通部职能为管理、经营路政、电政、邮政、航政,并监督民营交通事业。交通部对于各地方最高行政长官执行本部主管事务有指示监督之责。交通部就主管事务对于各地方最高行政长官之命令或处分认为有违背法令或者逾越权限情况的,向行政院长提出,经行政院务会议议决停止或者撤销。

总务司职能:收发、分配、撰辑、保存文件;部令公布;典守印信;本部及所属各机关职员任免奖惩事宜;编制报告及刊行出版物;交通部经费预算、决算及会计;所属各机关预算、决算计算书审查编制;稽核及覆核本部及所属各机关收支账款;改良会计及划一簿记;电邮航行政及技术人员训练及教育等。

电政司职能:管理全国电报、电话;发展及改良电报、电话;监督民营电气交通事业;改善电务职工待遇。

邮政司职能:监督考核全国邮政;监督邮政储金及汇兑;管理经营国营邮政航空;监督民营航空承运邮件;改善邮务职工待遇。

航政司职能:管理航路及航行标识及其他一切航政;管理经营国营航业;监督民营航业;船舶发照登记;计划筑港及疏浚航路;管理及监督船员、船舶、造船;改善船员待遇。

机构编制

1927 年设立的交通部内设机构有总务处、路政司、电政司、航政司、邮政司、邮电总局等。交通部设总长一人,第一任总长为王伯群。次长一人,秘书长一人,秘书四至八人,参事二至四人。各司设司长一人,邮政总局设督办一人。1932 年次长改为政务次长、常任次长,常任次长改为常务次长。1932 年增设会计处,设会计长一人。1938 年增设财务司、材料司、人事司与公路运输总局,设司长、局长各一人。1941 年增设人事处、统计处、电信总局、公路总局,各设处长、局长一人。交通部设科长十六至二十人,科员一百二十至二百人。交通部部长为特任,次长、参事、司长及秘书二人为简任,秘书及科长荐任,科员委任。技监一人为简任,技正八人,二人简任,其余为荐任;技士八至十二人,荐任;技佐六至八人,委任。会计主任一人,统计主任一人。

9. 铁道部

机构沿革

1928 年 10 月铁道部正式挂牌成立。11 月 11 日,《中华民国铁道部组织法》正式颁布。铁道部的工作主要是从交通部移交过来的,在移交过程中,不但移交了铁路行政,而且将国道行政以及交通部所管辖的交通大学也移交给了铁道部,一同移交的还有各个铁路设置的中小学。1936 年 11 月 3 日第三次修正公布的《铁道部组织法》下设总务司、业务司、财务司、工务司。全面抗战开始后,国民政府颁布《调整中央行政机构令》,将铁道部、全国经济委员会所管辖的公路处,以及军委会所管辖的水路运输联合办事处合并到交通部。

机构职能

规划建设管理全国国有铁道、国道及监督省有民有铁道。

总务司职能：收发、分配、撰辑、保存文件；部令的公布；典守印信；本部及所属各机关职员的任免、奖惩；编造行政报告；铁道行政与技术人员训练及培训；铁道职工教育与附属学校；本部庶务等。

业务司职能：铁道营业监督、管理、发展及改良；铁道运输整理与机车车辆的调度；铁道运价的规定；国内外联运；铁道营业、设备需要的审定；铁道员工的待遇与保障；铁道警卫的编练指挥；铁道卫生防疫及其他卫生事项；省有、民有铁道业务监督；国际铁道；国道业务等。

财务司职能：铁道款项的支配与保管；铁道货物的整理与偿还；铁道改良、扩充、建设的筹款；铁道财产的处理；铁道土地的收买与处分；铁道经济调查与设计；省有、民有铁道财务的监督；国道财务等。

工务司职能：铁道工务监督、管理、扩充与改良；铁道路线测定及其工程设计；铁道建筑工程监督、管理；铁道路点沿线及附属区域市街港埠建设；铁道工程、机械、建筑材料购置审核；铁道机厂、材料工厂建设管理；省有、民有铁道工务监督；国道工务等。

机构编制

铁道部下设总务、管理、理财、建设、财务、业务与工务司、参事厅、秘书厅、技监室、顾问室、联运处和各委员会、交通大学等。

铁道部设部长一人，首任部长为孙科。下设政务次长、常务次长各一人，秘书四至八人，参事二至四人。各司、厅、室设司长、主任一人。科长十二至十六人，科员一百二十至一百六十人。技监一人，技正十六至二十人，技士二十至三十人，技佐二十至二十四人。会计主任一人，统计主任一人。

10. 社会部

机构沿革

1940年10月11日,国民政府颁布《社会部组织法》,成立社会部。社会部虽然在1940年就已经成立,但其组织机构在1941年才健全起来。社会部设有总务司、组织训练司、合作事业管理局、社会福利司、劳动司、统计处。1944年增设会计处,1947年社会福利司改为福利司,增设社会救济司、工人司、团体司、工矿检查处等。

机构职能

人民团体组织训练与社会福利,社会经常救济(临时灾难赈济由赈济委员会负责);社会保险的规划与倡导实施,社会保险机关的设置与监督,社会保险金库的监督与稽核,社会保险工作人员的培养与选用及考核奖惩;劳动福利设施的计划与指导监督,劳动生活的改良与保障,劳动教育,工厂矿场安全与卫生设备的指导检查,劳动失业及伤害救济抚恤;社会服务的计划推行与监督指导,孤苦儿童的收容教养等。

机构编制

1940年社会部设部长一人,政务次长一人;首任部长为谷正纲。1941年增设常务次长;参事若干人。内设机构有总务司、组织训练司、合作事业管理局、社会福利司、劳动局、统计处、会计处、团体司、工人司、工矿检查处等,设司长、局长、处长等职官。

11. 农矿部

机构沿革

国民政府于1928年设立农矿部,1930年农矿部与工商部合并为实业部,1940年成立农林部。农矿部存在时间较短。

机构职能

农矿部主管农业、矿业与国家林业事务。

机构编制

农矿部设部长一人，首任部长为易培基。下设次长、政务次长、常任次长、秘书长各一人。参事若干人。

农矿部下设总务司、农民司、农务司、农政司、矿业司、矿政司、林政司，每司设司长一人，司下设科，科长若干人，科员若干人。

12. 农林部

机构沿革

1928 年南京国民政府成立后，在行政院设立主管农业的农矿部，1930 年农矿部和工商部合并成立实业部，在实业部设立农林司，主管农业工作。1936 国民政府成立农本局。1938 年，国民政府改实业部为经济部，在经济部设立农林司，主管农林渔牧业。1940 年 1 月 23 日，行政院成立农林部，主管农林行政事务。1940 年 5 月 11 日，颁布《农林部组织法》。1941 年国民政府设立垦务总局，下设五科与秘书、技术、会计室，管辖十一个垦区管理局。1941 年设立粮食增产委员会与附属机关业务审核委员会。1942 年改称业务工作设计审核委员会，1943 年成立设计考核委员会。1944 年成立农业复员专门委员会，1945 年又将其改为农业复员委员会。

机构职能

主管农林行政工作与农林科技实验及农垦等事务。

机构编制

农林部内设总务司、农事司、农村经济司、林业司、渔业司、畜牧司、垦殖司、秘书处、参事处、技术处、会计室、统计室、农业推广委员会、棉产改进处、人事室等机构。农林部直属机构有中央农业实验所、中国农业机械公司、中央林业实验所、中央畜牧实验所等机构。

农林部设部长一人,1940 年首任部长为陈济棠。政务次长、常务次长各一人,参事若干人,各司设司长一人,处室设处长、主任一人。

13. 实业部、经济部

机构沿革

实业部于 1930 年设立,并公布《实业部组织法》,1938 年实业部改为经济部。

机构职能

实业部职能:管理全国实业行政管理,管理工业、矿业、商业、渔牧业、农业,管理度量衡以及国际贸易。实业部是一个综合经济部门。

经济部职能:管理全国经济行政事务。经济部对于各地方最高行政长官执行本部主管事务,负责指挥监督。

总务司职能:收发、分配、撰拟、保存文件;部令公布;典守印信;记录职员进退;出版物编辑与刊行;本部官产、官物保管等。

农业司职能:农业、蚕桑试验、检查、改良、保护;农地改良;病虫害防除与检查;农用器具及种子检查、改良、介绍、奖励;农业团体监督;农田水利;农业调查;农业智识的增进;农业银行的促进;田租调查;农业经济调查等。

工业司职能:国营化学、机械、冶炼及其他工业奖励、保护、监督、改良与推广;制造品的征集、试验与检定;工业专利与特许;国货证明与奖励;工厂登记与考核;工业技师登记与考核;工业团体登记与考核;工业标准;度量衡制造、检定与推行;工业调查等。

商业司职能:国营商业设计与管理;民营商业的奖励、保护、监督、改良与推广;商品陈列、展览;商品检验;商号与商标登记;商业团体登记与监督;商业金融与国际汇兑调查及其调节调研;交易所登记与监督检查;保险公司与特种营业的核准、登记与监督;会计师登记、考核与监督;调节物价与出品销场;商约商税研究;发展国际贸易;商埠、商港的经营;驻外商务官员的指导与监督;商业调查等。

渔牧司职能:渔牧保护、监督与奖励;渔牧机关与渔牧团体的监督;畜产、水产改良与奖进;渔税拟定;家畜改良与卫生;水产、畜牧、种子试验、检查与改良;兽疫调查与防除等。

矿业司职能:国营矿业的筹设与管理;矿业监督、保护与奖进;矿权特许与撤销;矿业登记;矿区税拟定与征收;矿业争议;矿务警察;矿业调查;矿区勘定与矿质分析;矿业用地;地质调查等。

劳工司职能:劳工团体监督;劳动生活改良与保障;工厂、矿场卫生设备的指导、监督与检查;工人智识的增进;工人失业与伤害的救济;劳动保险的促进;工人与雇主之间纠纷调解与劳资协作指导;工人或工会相互间的纠纷;工人工作能率与服务状况考查;劳工移殖与国外侨工保护;国际劳工等。

合作司职能:合作社监督;合作事业计划与促进;合作事业指导与视察;合作资金的调剂;合作人才的训练;合作事业调查等。

机构编制

经济部内设机构各个时期各有不同,主要有总务司、工业司、矿业司、商业司、渔牧司、农业司、劳工司、合作司、商标局、全国度量衡局、国际贸易局、林垦署、资源委员会等机构。其中1936年公布的《实业部组织法》规定:实业部非经立法院决议,不得增设、裁并各司与其他机构。

实业部设部长一人,首任部长为孔祥熙。下设政务次长、常务次长各一人,秘书六至十人,参事四至六人,各司、署、局设司长、局长、署长各一人。科长二十四至三十二人,科员一百二十至一百六十人，技监一至二人，技正二十四人，技士三十二人，技佐二十至三十人；会计主任、统计长一人。

14. 建设委员会

机构沿革

建设委员会设立于1928年，此建设委员会与国民政府首都建设委员会不同。首都建设委员于1929年设立，是为了首都南京的建设而设立，其完成了首都的建设之后于1933年撤销。首都建设委员会规格高，主席由蒋介石兼任，常务委员分别是赵戴文、孔祥熙、宋子文、孙科、刘纪文。建设委员会下设无线电管理处、电气处、水利处、设计处等。建设委员会虽然名称看似宏大，但是影响力有限，其职能与当代的建设相去甚远，职能单一。

机构职能

对国家的建设事业进行设计规划。

机构编制

建设委员会设委员长一人，首任委员长为张人杰。副委员长一人，常务委员、委员若干人。秘书长一人，参事若干人。内设机构有总务处、电气处、水利处、设计处，1932年设立事业处，各处设处长一人。

15. 资源委员会

机构沿革

1932年10月，国民政府成立国防设计委员会，主要任务是从事军事、国际、财经、文教、工矿、交通、农林等方面的调查，写出专题报告。1934年4月，该委员会改组为资源委员会。资源委员会先后隶属于国民政府军事委员会参谋本部、军事委员会、经济部、行政院。抗战胜利后，资源委员会已统领全国（包括台湾省）近千家大中型企业，管辖30多万名员工，成为直属行政院的部会级机构。中国的石油、金属矿藏开采和冶炼、钢铁、电力、煤炭、机械等行业的绝大部分企业都属资源委员会。1949 年资源委员会划归经济部。

机构职能

作为专门负责工业建设的机构，其主要职能是对石油、金属矿藏的开采和冶炼、钢铁、电力、煤炭、机械等业务。

机构编制

资源委员会设委员长一人，第一任委员长为钱昌照。下设副委员长一人，委员若干人，参事若干人。资源委员会内设机构有业务委员会、总务处、财务处、会计处，各设主任委员、处长一人。

16. 工商部

机构沿革

1928 年 2 月 7 日，国民政府设工商部，1930 年 12 月撤销该部。1931 年 6 月行政院成立全国经济委员会，掌理国家经济建设及发展计划设计、审定、监督指导等事项；12 月，国民政府进行中央行政机关改组，工商部被合并到农矿部，下设农业、工业、商业、矿业、渔牧、劳工等司及林垦署。1948 年恢复工商部，1949 年 5 月公布实施《经济部组织法》，工商部被合并到经济部，由经济部统筹主管全国经济行政及经济建设事务。经济部下设商业司。

机构职能

主管国家商业发展事务与工人社会保险等。

机构编制

1948 年设立工商部设部长、政务次长、常务次长各一人，参事若干人。内设机构有总务司、矿业司、管制司、工业司、电业司、商业司、国际贸易司、会计处、统计处等。各司处设司长、处长一人。

17. 粮食部(全国粮食管理局)

机构沿革

抗战期间,国民政府迁至陪都重庆后,为适应抗战需要,解决军粮与民食问题,1940 年 8 月 1 日,国民政府行政院在重庆设立全国粮食管理局。1941 年 5 月 20 日,将全国粮食管理局扩大改组为粮食部。抗战胜利后,粮食部于 1946 年 5 月随行政院迁回南京,并对粮食部内部机构进行改组,采取强硬措施,取缔粮食囤积,稳定粮价,但都未能解决军粮民食问题。1948 年 11 月,南京发生抢米风潮,首都卫戍司令部出动大批军警才将事态平息下去。

机构职能

统筹全国军粮民食,管理全国粮食行政。

机构编制

全国粮食管理局设局长一人,首任局长为卢作孚;副局长三人,主任秘书一人。下设行政管制处、财务处、业务管制处,各处设处长一人。

全国粮食管理局改为粮食部之后设部长一人,首任部长为徐堪;政务次长一人,常务次长一人,参事若干人;下设秘书处、参事厅、总务司、军粮司、民食司、储备司、分配司、财会司、田赋署、调查处、会计处、人事处、储运处、统计室及督导处等机构;各司、署、处设司长、署长、处长。

18. 地政部

机构沿革

根据孙中山的“平均地权”“耕者有其田”的指导思想,国民政府对于地政非常重视,在国民政府统治区域实行二五减租运动。但是二五减租运动遭到地方的阻滞,并没有得到很好的贯彻落实。1942 年设立地政署,1948 年将地政署升格为地政部,作为解决日益突出的土地矛盾的行政机构。

机构职能

管理土地地籍、地权、地价等土地行政。

机构编制

地政署设署长一人，首任署长为郑震宇；下设副署长一人，参事若干人；内设机构有总务处、地籍处、地价处、地权处；各处设处长一人。

地政部设部长一人，首任部长为李敬斋；下设政务次长、常务次长各一人，参事若干人；内设机构有地籍司、地用司、地权司、地价司、总务司、会计处，各司处设司长、会计长一人。

19. 水利部（水利委员会）

机构沿革

1929 年 1 月 26 日，国民政府公布“国民政府黄河水利委员会组织条例”，特任冯玉祥为委员长，但因为经费无着，任命的人员又都有其他职务，所以，条例虽然公布了，但机构并没有成立。1931 年 10 月 24 日，国民政府特任朱庆澜为委员长，也因治理黄河经费无着，机构没有正式成立。但是黄河沿线各省都设立了治黄机构。其他水利机构还有导淮委员会。1941 年在行政院设立水利委员会，委员会下设秘书处、工务处；1944 年增设会计处，1946 年增设总务处。1947 年水利委员会改为水利部。

机构职能

水利部主管国家水政防洪与水文测量等。

机构编制

水利委员会设主任委员一人，首任主任委员为薛笃弼；常务委员四人，当然委员六至七人，委员若干人；秘书长一人。1941 年水利委员会内设机构有秘书处、工务处，各设处长一人。1944 年增设会计处,1946 年设副委员长一人,取消当然委员,设立参事二人。

1947 年水利部部长为薛笃弼,下设政府次长、常务次长各一人,参事若干人。

水利部下设技术厅、参事厅、秘书厅、总务司、水政司、防洪司、渠港司、器材司、会计处等机构,各司处设司长、会计长等。

水利部直属机构有淮河水利工程总局、黄河水利工程总局、长江水利工程总局、华北水利工程总局、珠江水利工程总局,各总局设局长、副局长各一人。汉江工程局、海河工程局、泾洛工程局各设局长一人。

20. 主计部

机构沿革

主计部的前身是国民政府主计处。1930 年国民政府公布《主计处组织法》,成立具有很强独立性的主计处,正式建立具有中国特色的超然主计制度。超然主计制度下的主计处直接隶属于国民政府,不属于行政院,独立办理政府预算、政府会计与统计事务,在地位上与职务上均保持超然与独立,不受干涉地行使对国家财政的监督权力。

机构职能

掌管国家岁计、会计、统计事务。岁计局职能:筹划预算所需事实的调查;各个机关概算、预算及决算表册格式的制定颁行;各机关岁入、岁出概算书的核算与总概算书的编造;依照核定总概算书经核定后的整理;预算内款项依法拨用登记;各机关计算书汇编及报告;各机关岁入、岁出决算书核算及总决算书的编造;各机关财务上增进效能与减少不经济支出研究与报告;各机关间财务上应合办或统筹事务建议;各机关办理岁计事务人员指挥监督等。会计局职能:各机关会计人员任免、迁调训练与考绩;各机关会计表册、书据等格式制定颁行；各机关会计事务指挥监督；各机关会计报告综核记载及总报告汇编等。统计局职能：各机关统计人员任免、迁调、训练及考绩；各机关统计图表格式制定、颁行及一切编制统计办法统一；各机关编制统计范围的划定及统计工作的分配；各机关统计事务指导监督；调查、编制不能属于任何机关范围的统计及各机关未及编制统计；全国统计总报告编纂等。

机构编制

主计部设主计长一人，首任主计长为徐堪；副主计长一人，主计官十人。主计部下设岁计局、会计局、统计局、人事处、总务司，各局司处设局长、副局长、处长、司长一人；其下设秘书、科长、科员若干人。

21. 赈款委员会、赈务委员会、赈济委员会

机构沿革

1928 年国民政府设立赈务处，主管灾区赈济与慈善事务。1929 年撤销赈务处，设立赈款委员会，统一全国赈灾事务。1930 年将赈款委员会改为赈务委员会，隶属行政院，职掌办理灾区赈灾事务，该会下设总务科、筹赈科、审核科。1933 年设立黄河水灾救济委员会。1937 年 7 月，国民政府设立非常时期难民救济委员会；1938 年 4 月，将黄河水灾救济委员会与非常时期难民救济委员会及其他有关赈济机关合并改组为赈济委员会，隶属行政院。

机构职能

赈务处掌理各灾区赈济与慈善事业。赈款的募集、保管与分配，要由赈款委员会开会议定。赈济委员会为社会保障基金管理机构，主要职能为灾区赈款的筹集与发放。

机构编制

赈款委员会设主席一人，首任主席为薛笃弼。赈款委员会设

秘书长一人,常务委员、委员若干人。

赈务委员会设主席一人,主席为许世英;委员长一人,由许世英兼任;常务委员、委员各若干人。赈务委员会下设赈务处,设处长一人,由内政部长兼任。赈务处下设总务科、调查科、赈济科,设科长、科员若干人。

赈济委员会设委员长,委员长由孔祥熙兼任。副委员长一人,常务委员、委员若干人。从 1941 年开始增设参事若干人。

22. 蒙藏委员会

机构沿革

1928 年 3 月国民政府颁布《蒙藏委员会组织法》,12 月任命阎锡山为蒙藏委员会委员长。1929 年 1 月,阎锡山宣誓就任该会委员长职,蒙藏委员会正式办公。蒙藏委员会一开始直属国民政府,后改为行政院所属部会之一,为中央主管蒙藏政务最高机关。蒙藏委员会所掌政务几乎涉及所有蒙古地方、兴安省、察哈尔省、绥远省、热河省和西藏地方、西康省、青海省、甘肃省的民族文化宗教事务。抗战时期,曾参与十四世达赖的认定和坐床仪式,蒙藏委员会委员长吴忠信代表重庆国民政府亲自主持。

机构职能

蒙藏委员会管理蒙古地方(今蒙古国及今俄罗斯唐努乌梁海)、西藏地方及其他各省蒙古族、藏族聚居区的行政、宗教及其他各项事务。

机构编制

蒙藏委员会设委员长一人,副委员长一人。委员在 1928 年为十三人,以后各个时期的委员数额各有不同。如 1940 年第五次修订的《蒙藏委员会组织法》规定:委员为二十一至二十七人,参事若干人。内设机构有蒙事处、藏事处、总务处、驻平办事处,各设处长一人,科长九至十二人。1940 年暂设助理员二十至四十人。调查主任一人,调查员五至十一人,编译主任一人,编译员十至十五人。蒙藏委员会其他内设机构有办公室、参事室、秘书室、编译室、调查室、书记室、人事室等。直属机构还有驻藏办事处、西康通讯社、北平喇嘛寺庙整理委员会等众多机构。

23. 侨务委员会

机构沿革

1927 年国民政府成立后,在外交部设立侨务局,后来在大学院设立侨务教育委员会。1928 年恢复侨务委员会,该会隶属国民政府。1929 年侨务委员会划归党务系统。1931 年 8 月 13 日,国民党中执委会议又决定将侨务委员会划归国民政府,国民党中央另设海外党务设计委员会。侨务委员会划出国民党中执委,却成了没人管理的机构,直到 1932 年 4 月才被确定为行政院所属机构。

机构职能

侨民移殖指导与监督,侨民纠纷的处理,侨民团体管理,归侨投资兴办企业及游历参观的指导或介绍等事关侨民状况的调查。

机构编制

侨务委员会设委员长一人,首任委员长为林森;副委员长一人;下设常务委员若干人,委员若干人,秘书长一人。内设机构有秘书处、侨务管理处、侨民教育处,各处设处长一人。1947 年侨务管理处更名为第一处,下设移民科与侨民指导科。侨民教育处改为第二处,增设第三处(侨民经济处),秘书处改为第四处。第四处下设文书科、事务科、侨务问题研究室,以后又设立了会计室和统计室、人事室。

另外,侨务委员会还在一些地方如上海、广州等地设立侨务局。

24. 建设委员会

机构沿革

国民政府于1928年成立建设委员会，直接隶属于国民政府。

机构职能

遵照国民政府的实业计划，拟制全国建设事业的具体方案，呈请国民政府核办；国民建设有需要指导的，为他们进行设计；办理经国民政府核准试办的各种模范事业。

总务处职能：收发、分配、撰拟、保存文件；公布命令；典守印信；记录本会及所属机关职员进退、考核；议案记录、整理、编制与保管；出版与报告；机械材料的购置等。

设计处职能：全国建设事业调查与设计；国民建设事业指导与促进；鉴定材料、机械标准的制定；制定政府交办的各项建设计划；编制、搜集、整理各项图案等。

事业处职能：建设委员会所办各项模范事业稽核、改良与充实；经国民政府核准试办的模范事业管理等。

机构编制

各部、会长官为建设委员会当然委员，国民政府聘请若干人为建设委员会委员，由国民政府从这些委员中任命委员长、副委员长各一人。委员会设总务处、设计处、事业处。

委员会设秘书长一人，参事二人至四人，各处设处长一人，科长八至十二人，科员四十至六十人，技正八至十六人，技士十二至二十人，会计主任、统计主任一人。

25. 全国经济委员会

机构沿革

1931年6月15日，国民政府立法院公布《全国经济委员会组织条例》。根据此《条例》,国民政府为促进经济建设,改善人民生计,调节全国财政,成立全国经济委员会。全国经济委员会隶属于行政院。同其他机构一样,《全国经济委员会组织条例》也多次进行修正。刚设立的全国经济委员会只设立棉业统制委员会。1934年机构规模迅速扩大,有公路处、水利处、卫生实验处、农业处、蚕业改良委员会、合作事业委员会、驻沪办事处、西北办事处、江西办事处等。1947年全国经济委员会不再设常务委员会,只设委员长一人。

机构职能

负责国家一切经济建设和发展计划的经费,由国库负担的,全国经济委员会负责审定,呈请国民政府核定。对其建设情况,审核其工作与经费。

机构编制

全国经济委员会由委员组成,行政院正副院长,内政、财政、交通、铁道、实业、教育部部长为当然委员,其他委员最多不超过十一人。全国经济委员会设正、副委员长,由行政院正、副院长充任。全国经济委员会设秘书一人,简任;秘书二至四人,两人简任,两人荐任。

1933年修正的《全国经济委员会组织条例》设立常务委员三人,主持全国经济委员会的日常工作。设秘书长一人,秘书四至六人,两人简任,其余均是荐任。技正四至八人,四人简任,其他为荐任。

1936年修正公布的《全国经济委员会组织条例》设常务委员五人,会计主任、统计主任各一人。全国经济委员会根据需要设立顾问与专门人员。全国经济委员会根据工作需要设立处、所,由其处理日常会务工作。

26. 中央研究院

机构沿革

1927 年 10 月 1 日大学院正式成立，随后，蔡元培召集中央研究院筹备会议，通过《中华民国大学院中央研究院组织条例》，确定中央研究院为中华民国最高科学研究机构。1928 年国民政府公布《修正国立中央研究院组织条例》，改中华民国大学院中央研究院为国立中央研究院，特任蔡元培为院长，下设物理研究所等八个研究所。

机构职能

中央研究院为中华民国最高科学研究机构。

机构编制

中央研究院设院长一人，从 1928 年至 1939 年院长为蔡元培，从 1940 年至 1949 年院长为朱家骅。中央研究院设总干事一人。中央研究院下设物理研究所、化学研究所、工程学研究所、地质研究所、天文研究所、气象研究所、社会科学研究所、历史语言研究所。1929 年增设心理学研究所与出版品国际交换处，1933 年增设动植物研究所，1941 年增设数学研究所、动物研究所与植物研究所，1944 年增设医学研究所筹备处。各研究所设所长一人，筹备处设主任一人。

研究院负责行政事务的机构为文书处、会计处、庶务处，各处设主任一人。

27. 故宫博物院

机构沿革

1911 年辛亥革命胜利后，清朝末代皇帝溥仪宣布退位，故宫本应全部收归国有，但根据当时中华民国临时政府拟定的《清室优待条件》，逊帝溥仪被允许“暂居宫禁”。当时的中华民国政府决定，将热河(承德)行宫(即承德避暑山庄)和盛京(沈阳)故宫的文物移至故宫前半部的前朝(外朝)部分,于1914年成立了古物陈列所。溥仪与亡清残余势力经常以赏赐、典当、修补等名目,从宫中盗窃大量文物,引起社会各界的广泛关注。1924年,冯玉祥发动"北京政变",组织摄政内阁,修改对清皇室的优待条件,将溥仪逐出宫禁,成立"办理清室善后委员会",负责清理清皇室公私财产及处理一切善后事宜。1925年9月29日,"办理清室善后委员会"制订并通过了《故宫博物院临时组织大纲》,设临时董事会,由董事蔡元培、熊希龄、张学良、鹿钟麟、许世英、梁士诒、于右任、李煜瀛等21人组成。又设临时理事会"执行全院事务",有理事9人,下设古物馆、图书馆。李煜瀛为临时董事兼理事长,易培基任古物馆馆长,陈垣(一说庄蕴宽)任图书馆馆长。1925年10月10日在乾清门前广场举行盛大的建院典礼,宣布故宫博物院正式成立。

1928年国民政府派易培基接收故宫博物院,公布《故宫博物院组织法》与《故宫博物院理事会条例》,并接任第一任院长。1931年,日本发动"九一八"事变侵占中国东北后,国民政府开始将博物院文物南运。1933年第一批南迁文物抵达上海,这期间南迁文物共五批19557箱,包含古物陈列所、颐和园、国子监等单位文物6066箱。隔年2月,公布《国立北平故宫博物院暂行组织条例》,故宫改隶行政院,命马衡为院长。1936年12月,南迁文物由上海转运南京。1937年1月,故宫博物院南京分院(中央博物院)正式成立。8月,上海爆发淞沪会战,南迁文物再由庄尚严等人将第一批80箱南京文物迁至长沙;隔年11月再转运至贵州安顺暂置(1944年再运往四川巴县)。1937年11月,第二批9369箱文物走水路,经由长江至汉口;1939年5月再移往宜昌、重庆至四川乐山。第三批7286箱文物,由那志良走陇海铁路运至宝鸡;1939年7月,再转卡车经汉中运抵成都,随后又运往峨眉古庙安置,成立故宫博物院峨眉办事处。约2900箱最后南迁至南京的文物因来不及运送，滞留在南京。抗战结束后，杭立武向日本索回其中许多珍贵的图书和艺术品。解放战争后期，杭立武负责运送这批故宫国宝至台湾，中华民国政府本来计划将要迁运台湾的文物运送五次，但因战争形势突变只运送了三次。

机构职能

故宫博物院职掌文物保管。

机构编制

故宫博物院设院长一人，首任院长为易培基；理事长一人，首任理事长为李煜瀛；理事二十六人。下设古物馆、图书馆、文献馆，各设馆长、副馆长一人。1934年设院长一人，馆长一人，秘书一人，理事三十余人。下设总务处，设处长一人。

国民政府其他临时性机构还有战时生产局、善后救济总署、善后事业委员会、物资供应局、新闻局等。这些机构一般设立时间都比较晚。

（二）立法院

机构沿革

1927年，国民政府在南京成立后，按照五院制度，设立了立法院，首任立法院院长为胡汉民。立法院原址选在今南京市白下路273号南京海运学校。立法院成立后，为了与帝国主义列强谈判修改不平等条约，立即赶制各种法律法规。一开始，立法院委员有四十九人。这些委员既有国民党元老，也有专家学者，其中有两名女委员，为郑毓秀和陶玄。抗战期间，立法院与其他四院一起迁至重庆。1946年，国民政府还都南京后，立法院迁到南京市中山北路261号（今105号），与监察院、行政院同在一处办公。应该说，在国民政府统治时期，立法工作进展很快，取得很大成绩，国民政府时期的很多法律都是在这一时期制定的。除制定民法、刑法等基本法律，立法院还同时负责中华民国宪法草案的起草等。立法院确立完善了四个法案体系：国防体系、政治体系、经济体系、司法体系。立法院下设法制委员会、外交委员会、财政委员会、经济委员会、军事委员会。

机构职能

立法院为国民政府的立法机关，其职能通过各个委员会职能体现出来。

秘书处职能：文书收发与保管；文书分配、撰拟与编制；会议记录；本院委任职员的任免；典守印信；会计、庶务等。

统计处职能：调查、编辑全国法律、政治、经济社会统计；编辑刊行统计年鉴与单行报告表册等。

编译处职能：国家法规编辑、刊行；各国法制编译；立法参考资料的检讨等。

机构编制

立法院设院长一人，第一任院长为胡汉民；副院长一人，秘书长一人。第一届立法委员四十九人，第二届立法委员六十七人，第三届立法委员一百零二人，第四届立法委员二百三十人。1947 年颁布《中华民国宪法》，选出行宪后第一届立法委员，共计七百五十九席。

立法院下设法制委员会、外交委员会、财政委员会、经济委员会，各委员会设委员长一人。

立法院内设机构有秘书处、统计处与编译处。秘书处设秘书长一人，简任职；编修四人，简任；科长十至二十人，委任或荐任；科员十至二十人。

编译处设处长一人，简任；编修四至六人，简任；科长十至二十人，委任或荐任。

统计处没有编制资料。

据1936年公布的《立法院组织法》,立法院下设法制委员会、外交委员会、财政委员会、经济委员会、军事委员会。

秘书处设秘书长一人,简任;秘书六至十人,其中四人简任;其他荐任;科长二至四人,荐任;科员二十至二十八人,十人荐任,其他委任;速记长一人,荐任;速记员四人,委任;书记官八人至十二人,委任。

编译处设处长一人,简任;编修四至六人,简任;科员十至二十人,荐任或委任。

会计主任一人,统计主任一人。

(三)司法院

机构沿革

司法院于1928年设立,原司法部改为司法行政部。1928年10月,颁布《国民政府司法院组织法》,司法院由司法审判署、行政审判署和官吏惩戒委员会组成。1928年1月,国民党中央政治会议议决将三署改为司法行政部、最高法院、行政法院与公务员惩戒委员会。1931年修正公布的《修正中华民国国民政府组织法》规定,司法院为国民政府的最高审判机关,司法院长兼任最高法院院长,司法院副院长兼任公务员惩戒委员会委员长。1935年,司法院设立司法院会议,由司法院与直辖机构长官及高级官员组成。1936年增设会计处、统计处。1947年公布的《司法院组织法》设立大法官会议,院长为主席,同时设立法规研究委员会。

机构职能

司法院长综理全院行政事务,掌理司法行政权和司法审判权,并主持召开司法院会议,必要时出庭审理行政法院和公务员惩戒委员会的审判,提出特赦、减刑与复议等;国民政府颁布的涉及司法院的法律命令,必须有司法院长的副署签名。司法院长有权召开最高法院院长与各庭庭长会议,统一解释法令与变更判例,对政府机构与行政官员的违法行为与渎职行为有纠正之权;有向立法院提出法律议案之权。

司法院秘书长承司法院长的命令,处理本院事务,指挥监督所属职员。

司法院会议讨论司法院的法律案与概算案,负责司法机构部分官员的任免及其他事项。

秘书处职能:会议记录;文书收发与保管;文书分配、撰拟与翻译;典守印信;会计庶务。

机构编制

司法院设院长一人(首任院长为王宠惠),副院长一人。

司法院直属机构有秘书处与参事处。

秘书处设秘书长一人,副秘书长一人,简任;秘书六至十人,其中四人为简任,其他为荐任;科员十至二十人,委任。

参事处设参事四至六人,简任。

会计处设会计长一人,统计处设统计长一人。

人事室设主任一人。

考核委员会设委员长一人,委员若干人,委员长由秘书长兼任。

法规研究委员会设委员长一人,委员若干人,委员长由司法院副院长兼任。

1947 年 12 月 25 日公布《司法院组织法》,司法院的机构编制有所增加。大法官会议由十七名大法官组成。司法院设院长、副院长各一人,秘书长一人,均为特任。秘书处设秘书八至十二人,科长三至六人,科员三十至五十人,速记员三人,书记官二十五至三十五人,雇员三十至三十五人,参事六至八人。

司法院内设机构还有会计处、统计处、人事室，各处室设主任一人。

1. 司法行政部(司法部)

机构沿革

1927年国民政府设司法部，下属机构有总务司、民事司、刑事司与监狱司。1928年改为司法行政部，内设机构没有变化。1943年增设人事司、人事处、会计处。1946年增设统计处。

机构职能

根据1929年4月17日公布的《司法院司法行政部组织法》的规定："司法行政部管理全国司法行政事务""司法行政部对于各地方最高级行政长官执行本部主管事务，有指示监督之责""司法行政部就主管事务，对于各地方最高级行政长官之命令或处分，认为有违背法令或逾越权限者，得请由司法院院长提经国务会议议决后，停止或撤销之"。

总务司职能：收发、分配、撰辑、保存文件；部令公布；典守印信；司法院所属各机关职员任免；司法院所属各机关职员惩戒；编制统计报告及刊行出版物；本部所管官产官物；司法机关设置废止及其管辖区域分划变更；司法机关职员训练及教育；律师；稽核罚金赃物及没收。

民事司职能：民事诉讼、审判行政；非讼事件；公证、登记等。

刑事司职能：刑事诉讼、审判及检察行政；特赦、减刑、复权、执行刑罚及缓刑；国际引渡罪犯。

监狱司职能：监狱设置、废止及管理；监督监狱官吏；犯罪人感化、假释及出保人保护；犯罪人异同识别。

机构编制

1928年的司法部部长为王宠惠。司法部设次长、参事、秘书长各一人。总务司、民事司、刑事司与监狱司四司各设司长一人。

司法行政部设部长一人，部长为魏道明；下设政务次长、常务次长各一人。秘书四至六人，参事二至四人，各司处设司长、处长一人。科长十六至二十四人，科员六十至一百人。司法行政部部长为特任职，次长、参事、司长及秘书二人为简任职，其余秘书及科长为荐任职；科员为委任职。

司法行政部设会计主任一人，统计主任一人，技正一人或二人，为荐任职；技士三至五人。

2. 行政法院

机构沿革

1928 年公布的《国民政府组织法》规定，司法院掌理行政审判。在随后公布的《司法院组织法》中设立行政审判署，职掌行政诉讼审判。国民党中央政治会议决定，将行政审判署改为行政法院，隶属司法院，行使行政审判权，纠弹官员违法案件。1932 年国民政府颁布《行政法院组织法》与《行政诉讼法》。1933 年 6 月行政法院正式成立。

机构职能

行政法院掌理全国行政诉讼审判。院长掌理全院行政事务并兼任评事，充任庭长。

行政法院书记官掌理记录、编案、撰拟、统计、收发与典守印信等行政事务。

机构编制

行政法院设院长一人，首任院长是茅祖权。下设庭长二人，其中一人为院长兼任，每庭设评事五人。行政法院设书记官长一人，书记官十至十八人。行政法院的总编制未超过五十人。

作为国家的最高行政法院，机构编制控制在五十人之内，不能不说是高度精简。

3. 中央公务员惩戒委员会（国民政府政务官惩戒委员会）

机构沿革

1928 年国民政府颁布《司法院组织法》，设立官吏惩戒委员会，隶属司法院。1931 年立法院通过的《公务员惩戒委员会组织法》将官吏改为公务员。1932 年，国民政府特任居正为公务员惩戒委员会委员长，随后任命十七人为公务员惩戒委员会委员。居正等人宣誓就职，公务员惩戒委员会成立。

1948 年 1 月 8 日，国民政府公布《国民政府政务官惩戒委员会组织条例》，成立政务官惩戒委员会。国民政府将政府官员分为政务官与事务官。政务官指的是经政治会议议决任命的官员。

机构职能

中央公务员惩戒委员会职能：负责对全国荐任职以上公务员，及中央各个官署委任职公务员的惩戒事宜。公务员惩戒委员会委员长综理会务，监督所属职员，但不得干涉惩戒事项。

政务官惩戒委员会掌管政务官的惩戒。政务官惩戒委员会设常务委员一人，综理会务，指挥、监督所属职员。政务官惩戒委员会秘书处职能：办理会议记录、案件分配；文书收发、保管、撰拟、编制；印信典守等。

机构编制

中央公务员惩戒委员会设委员长一人，首任委员长为居正，委员若干人。1932 年为十九人，1933 年是二十人。

中央公务员惩戒委员会设书记官长一人，荐任或简任；秘书三人，荐任。

1931 年颁布的《公务员惩戒委员会组织法》规定：中央公务员

惩戒委员会设秘书三人，荐任，以一人为主任，承委员长命令，典守印信，分配案件及其他事务。中央公务员惩戒委员会设书记官九至十五人，委任。

书记厅设总务科、文书科、议事科，各科设科长一人。

中央公务员惩戒委员会与行政法院一样，也是高度精简的机构。

政务官惩戒委员会设委员七至九人，由国民政府主席从国民政府委员中提请国务会议议定。

秘书处设主任秘书一人，简任；秘书五至七人，五人简任，其他荐任；主任书记官一人，荐任；书记官七至十一人。

4. 最高法院

机构沿革

1928 年国民政府颁布《国民政府最高法院组织法》，规定最高法院为最高终审审判机关，最高法院于同年成立。1929 年修正《最高法院组织法》，规定每庭设推事五人，一人为庭长。

机构职能

最高法院对于民、刑诉讼事件，依法律行使最高终审审判权。

机构编制

最高法院设院长一人，首任院长为徐元诰。最高法院设书记官长一人，书记官若干人。下设民事、刑事庭，每庭设庭长、推事。1927 年设庭长三人，推事三人。1928 年设庭长十人，推事二十余人。1934 年推事达到五十余人，1936 年达到七十余人。到 1949 年庭长达到三十人，推事达到近百人。

最高法院内设检察署，设检察长一人，书记官长一人，书记官若干人。

（四）考试院

机构沿革

1928年10月10日国民政府任命戴传贤（戴季陶）为考试院院长，随即在南京成立考试院筹备处。随后，《考试院组织法》《铨叙部组织法》《考选委员会组织法》相继于同年10月20日、12月7日与第二年8月1日由国民政府公布。1930年1月，考试院与所属考选委员会（行宪后改为考选部）及铨叙部正式成立。戴传贤兼任考选委员会委员长，副院长孙科、考选委员会副委员长邵元冲、铨叙部部长张难先等宣誓就职。1937年7月，抗日战争全面爆发，同年11月，考试院随同国民政府离京赴渝，至抗战胜利，考试院与下属单位随政府迁回南京。1947年《中华民国宪法》公布并于12月25日施行，《考试院组织法》重新修正公布。1948年7月10日，张伯苓在南京就任考试院院长，第一届考试委员正式就职。1928年至1948年期间，考试院先后制定了《公务员任用法》《现任公务员甄别审查条例》《官吏服务规程》《文武官员宣誓令》《公务员奖惩条例》《文官考试法》等。

机构职能

考试院的主要职能由所属考选委员会与铨叙部承担，考试院院长综理院务，提请国民政府任免考选委员会委员长、副委员长、委员，铨叙部部长、政务次长、常务次长。

考选委员会（考选部）职能：考选各级公职候选人事项；考选任命人员事项；考选专门职业人员事项；办理组织典试委员会事项。

铨叙部职能：公务员登记；考取人员分类登记、公务员成绩考核登记、公务员任免审查；公务员升降转调审查；公务员资格审查；公务员俸给与奖恤审查登记。

秘书处职能：文书收发、编制、保管；文书分配；文书撰拟与翻译;典守印信;会计庶务等事务。

参事处职能:撰拟、审核考选与铨叙法律法令。

机构编制

考试院设院长一人,首任院长为戴传贤,副院长一人。秘书处设秘书长一人,简任;秘书六至十人,四人简任,其他荐任;科长四人,科员二十人。1941 年 8 月 21 日公布的《考试院组织法》增设科长三至五人,科员三十至四十人。参事处设参事四至六人。考试院还设立会计员一人,统计员一人。

1. 考选委员会

机构沿革

1929 年 8 月 1 日,国民政府公布《考选委员会组织法》,1930 年 1 月,考选委员会正式成立。从 1931 年 7 月开始,国民政府考试院每两年举行一次名为"高等考试"的国民政府公务员考试,抗战全面爆发后,国民政府迁都重庆,高等考试也未曾中断。1945 年 4 月 27 日公布第四次修正的《考选委员会组织法》,1948 年 6 月 24 日根据《考试院组织法》考选委员会改为考选部。

机构职能

考选委员会职能:掌管全国考选事宜。考选委员会第一处职能:中央与地方公职候选人考试;第二处职能:任命人员高等考试、普通考试及特种考试;第三处职能:各种依法应领证书的专门职业或技术人员考试;第四处职能:文书、议事、人事、出纳、庶务及调查、登记。

机构编制

考选委员会各个时期机构编制有所不同。1941 年 8 月 21 日公布的《考选委员会组织法》规定:考选委员会设委员长一人,首任委员长由戴传贤兼任,随后由邵元冲担任委员长;副委员长一人,委员二十至四十人。秘书长一人,简任;秘书四至六人,两人简任;其他荐任。处长四人,简任;科长十二至十六人,荐任。科员四十至一百人,助理员二十至四十人。专门委员十五至三十人,编纂十六至三十人,会计主任、统计主任各一人。1945 年 4 月 27 日第四次修正的《考选委员会组织法》,考选委员会机构编制没有多大变化,只是委员减少,由二十至四十人减为十一至十七人。会计室设科员三至六人,助理员一至三人。统计室设科员三至六人,助理员一至三人。考选委员会增加人事室。人事室设主任一人,掌人事管理事务。科员二至四人,助理员一至二人。

2. 铨叙部

机构沿革

铨叙部成立于 1929 年,为考试院直属两大部级机构之一。刚成立的铨叙部设部长、副部长,1932 年开始设立政务次长、常务次长,但当年并没有人担任此职。1933 年开始有人担任政务次长与常务次长。1929 年设秘书长,1933 年撤销秘书长之职。全面抗战开始后,铨叙部于 1937 年 11 月迁到重庆,抗战胜利后迁回南京。

机构职能

根据 1933 年 2 月 24 日修正公布的《铨叙部组织法》,铨叙部职能:掌管全国文官、法官、外交官,以及其他公务员和考取人员的铨叙。1944 年 8 月 15 日第三次修正公布的《铨叙部组织法》规定:铨叙部掌理全国文职公务员及各机关人事机构管理。

登记司职能:公务员调查登记、考取人员登记分发以及其他人员的调查登记与分发。甄核司职能:公务员任免审查;公务员升降、转调审查;公务员叙资审查。考功司职能:公务员考级考成审查;公务员叙级、叙俸审查;公务员其他成绩审查。奖恤司职能:公务员奖励审查;公务员抚恤审查;公务员年金、退休金审查;公务员公益福利。

机构编制

1929 年至 1932 年铨叙部设部长、副部长、秘书长。1933 年撤销秘书长,副部长改为政务次长、常务次长。1929 年铨叙部内设机构有登记司、甄核司、育才司。1933 年 2 月 24 日公布的《铨叙部组织法》,铨叙部内设机构有秘书处、登记司、甄核司、育才司、铨叙审查委员会。1939 年增设参事,内设机构有登记司、甄核司、考功司、奖恤司。1942 年增设总务司。1944 年 8 月 15 日第三次修正公布的《铨叙部组织法》,铨叙部内设机构有:甄核司、考功司、奖恤司、典职司、登记司、总务司、铨叙审查委员会。铨叙审查委员会由次长、参事、司长及有关科长组成,政务次长为主席。铨叙部设参事二至四人,简任;秘书四至六人,二人简任,其他荐任;司长六人,简任;视察八至十二人,二人简任,其他均为荐任。科员一百至一百六十人。助理员四十至六十人。会计主任一人,统计主任一人。

(五)监察院

机构沿革

国民政府监察院于 1928 年 10 月开始筹备,1931 年 2 月正式成立,1948 年 5 月“行宪”以后,国民政府监察院增加了同意权,即总统在任命司法、考试两院正、副院长和大法官、考试委员时,须经国民政府监察院同意。

机构职能

1927 年 10 月 4 日公布的《修正国民政府监察院组织法》对监察院的职能作了明确规定:监察院受中国国民党之监督指导与国民政府之命令,掌理监察国民政府所属行政、司法各机关官吏。监察院的职权:发觉官吏犯罪;弹劾官吏,国民政府与各省政府所属官吏都在弹劾范围之内；考察各种行政事项；中央与地方审计；官厅簿记及表册的统一。当监察官对某官员进行调查时遇有疑问，该官署主官应负责为其进行充分的解答。凡是涉及犯罪的，将其刑事部分交给司法机关。

监察院为国民政府最高监察机构，对国家各级行政机关行使弹劾、纠举、建议、审计、监试及监赈权。监察院长提请国民政府特派监察使分赴各监察区巡回监察，行使弹劾权。

机构编制

监察院设院长一人，首任院长为蔡元培，副院长一人，秘书长一人，参事五至八人。监察委员前期二十人以上，从 1933 年开始一般都在五十人以上。秘书六至十人，科长二十人。从 1935 年开始，设立监察区，计有河北、河南山东、福建浙江、江苏、安徽江西、甘肃宁夏青海、湖北湖南、云南贵州八个监察区。1939 年增加广东广西监察区，1940 年增加山西陕西监察区，1943 年增加新疆监察区，1945 年将浙江单独设为一个监察区，另设福建台湾监察区。1946 年增加四川西康监察区，1947 年增加辽宁安东辽北监察区。各监察区设监察使一人。1949 年增设监察委员行署委员的有苏浙区、甘宁青区、新疆区、云贵区、皖赣区、两广区、豫鲁区、两湖区、晋陕绥区、川康区、闽台区。各区设监察委员行署委员三至四人。

监察院内设机构有秘书处、参事处、会计室、统计室、人事室等，设秘书六至十人，各室设主任一人，科长二十人，科员若干人。

监察院设立审计部行使审计职权。

机构沿革

1928 年 3 月，国民政府公布《审计院组织法》。4 月，颁布《审计法》。7 月，成立审计院，隶属于国民政府，审计范围有所扩大。11 月，又公布了《审计法施行细则》。1931 年 2 月，撤销审计院，成立审计部,隶属于监察院。1938 年 5 月,修正公布《中华民国国民政府审计法》。1928 年 2 月国民政府改组后成立审计院。1931 年 2 月监察院成立后,审计院纳入监察院,改为审计部。审计部在省、直辖市设审计处,各特种公务机关、公有营业机关、公有事业机关也设立审计办事处;中央各机关及其所属机关由审计部审计,中央机关及其所属机关在地方的机构由审计部设在当地的审计处或审计办事处审计,各省、直辖市政府及其所属机关由审计部设在当地的审计处审计,尚未按规定设审计处或审计办事处的地区和机关由审计部审计或者由审计部指定就近的审计处或审计办事处审计。审计机关采用就地审计方式实施审计,但对县或有特殊情形的机关,由审计机关通知并采用报送审计方式审计,每年派员就地抽查。

机构职能

审计人员独立行使审计权,核签支付权。各机关违背审计规定的,审计部不予核签财政支付书,没有审计部门的核签,公库不得付款或转账。审计机关对于各个机关的一切收支,随时进行稽查。审计机关随时调取各个机关簿籍凭证或检查财务,任何机关不得隐瞒。知照司法或公安机关协助权、封锁权,必要时封锁账簿凭证或其他文件,主管长官连带权。

机构编制

审计院设院长一人,首任院长为于右任。副院长一人,下设总务处、第一厅、第二厅,各设处长、厅长一人。审计官十余人。

审计部设部长一人,首任部长为茹欲立,副部长一人,审计官十余人。1931 年审计部设第一厅、第二厅与总务处。1933 年副部长改为政务次长、常务次长,增设第三厅,各设厅长一人。在增加审计官的同时,设立驻外审计官。审计官与驻外审计官逐年增多。1949 年驻外审计官为二十六人。

六、军事委员会

1925年7月1日，军事委员会在广州成立。

机构沿革

根据《军事委员会组织法》，军事委员会受中国国民党之指导及监督管理，统帅国民政府所辖境内海、陆军和航空队，以及一切相关军事机关，研究决定关于国防计划、实施军事动员、军制改革、高级军官及同级官佐任免、陆海军移防、预算、决算、高级军事裁判等及其他与国民政府之政策有关事项。军事委员会实行合议制集体领导，各委员分掌军事委员会内各重要机关，其决议文件由主席署名，以军事委员会名义用命令方式发表。1927年，南京国民党中央执行委员会政治会议决定参照旧制设立军事委员会，并于5月2日公布组织大纲。1928年2月，国民党在南京召开二届四中全会，通过修订的《国民政府军事委员会组织大纲》，规定军事委员会隶属国民政府。北伐结束后，国民政府明令："军事委员会着即裁撤，所有该管一切事宜，限11月10日以前结束，分别移交军政部、参谋部、军事参议院、训练总监部办理。"11月10日，军事委员会通电报告结束。

1937年全面抗日战争爆发后，国防最高会议常务委员第42次会议决议通过军事委员会组织大纲规定，国民政府为战时统辖全国军民作战便利起见，特设军事委员会，直隶于国民政府。军事委员会成为中国战时最高领导机构，是事实上的战时政府，由军事委员会委员长行使陆、海、空军最高统帅权，并授权蒋介石对党政实行统一指挥。在军事委员会内取消常务委员制而改行幕僚长制度，设立参谋总长襄助委员长指导军委会所设各部、会、厅并处理一切业务，以副参谋总长辅助参谋总长处理一切业务。

同时又对所辖机构作了调整：中央党部脱离军事委员会而重归于党的系统；第三、第四部合并于经济部及其他有关各部；参谋本部与第一部合并为军令部；第六部与政训部合并为政治部；训练总监部改为军训部。同年2月，又将军事委员会内有关行政附属机关划归行政院系统；农产、工矿两调整委员会与资源委员会改隶经济部；农产调整委员会和粮食运销局归并于经济部农本局；贸易调整委员会、对外贸易委员会及军事委员会委员长重庆行营管辖禁烟督察处，改隶财政部；农产、工矿、贸易三个调整委员会所设运输联合办事处改隶交通部；禁烟委员会改归内政部。经此次调整，军事委员会由无所不包的组织，逐渐偏重于军事方面的组织。武汉、广州失守后，蒋介石在衡山召开军事会议，宣布抗战进入第二期，军事委员会的组织又有扩充，增加战地党政委员会、运输统制局、后方勤务部，及海军司令部、抚恤委员会等机构。1944年增设兵役部。抗日战争中，军事委员会委员长一直由蒋介石担任。

1945年8月，抗日战争结束，兵役部缩编为兵役署，划归军政部，其他各个军事机构也都移交国民政府军政部。1946年5月31日，国民政府于宣布中国即将实施宪政后，裁撤军事委员会，将其所有职能划归中华民国国防部。

机构职能

军事委员会为国民政府军政最高机关，掌管全国海、陆、空军，负责编制、教育、经理、卫生及充实国防。

机构编制

1925年军事委员会设主任委员，首任主任委员为汪精卫。设委员八人，分别是汪精卫、胡汉民、许崇智、谭延闿、朱培德、伍朝枢、蒋介石、廖仲恺。1926年设主席委员，先后是汪精卫、蒋介石。常务委员为蒋介石、谭延闿、汪精卫、伍朝枢、古应芬、胡汉民、张人杰，委员九人。1927年设主席团委员，有蒋介石、谭延闿、唐生智、程潜、汪精卫、徐谦、邓演达，委员九人。1927 年设常务委员，有胡汉民、何应钦、李鸣钟、阎锡山、杨树庄、李宗仁、李济深，委员八十余人。下设常务委员办公厅，设主任一人，参谋厅、军训厅设厅长、副厅长各一人。兵站监一人，政治训练部主任一人。总务处、航空处、经理处、军事教育处、审计处、交通处、军医处、军法处，各设处长一人，其中交通处设副处长一人。1928 年实行军事委员会主席制，设主席一人，蒋介石担任。常务委员为于右任、白崇禧、李宗仁、李济深、何应钦、朱培德、程潜、冯玉祥、杨树庄、蒋介石、阎锡山、谭延闿，委员一百余人。下设办公厅、参谋厅、军政厅，各设厅长一人，参谋厅、军政厅设副厅长一人。兵站监一人，政治训练部主任一人，副主任一人。总务处、航空处、经理处、军事教育处、审计处、交通处、军医处、军法处、军械处各设处长一人。

1928 年 10 月公布的《国民政府组织法》，不设军事委员会。

1932 年成立的军事委员会设委员长一人，为蒋介石，委员七人。下设办公厅、第一厅、第二厅、第三厅与铨叙厅，设厅长、副厅长各一人，其中铨叙厅设厅长一人，1934 年增设政训处，设处长一人。1935 年军事委员会设委员长一人，委员长为蒋介石，副委员长二人：阎锡山、冯玉祥。设委员八人，当然委员六人。增设委员长侍从室，设第一处、第二处，各设主任一人。审计厅厅长一人，副厅长一人。铨叙厅厅长一人，副厅长一人，调查统计局局长、副局长各一人，政训处处长一人。1936 年委员、当然委员改为常务委员，共八人。1937 年，为适应全面抗战的需要，军事委员会增设秘书厅，设秘书长、副秘书长各一人。军法执行总监，设总监、副总监各一人。第二部至第四部各设部长一人，第一部、第五部、第六部设部长、副部长各一人。第一部掌军令，第二部掌军政，第三部掌经济，第四部掌政略，第五部掌宣传，第六部掌组训。1938 年只设委员长，取消副委员长，设委员与当然委员若干人。增设参谋总长、副参谋总长各一人。增设委员长侍从室第三处，设主任一人，增设战时新闻局，设局长、副局长各一人。1940 年增设外事局，设局长一人。1942 年增设抚恤委员会，设主任一人。1945 年增设战时运输管理局，设局长一人。

1929 年至 1931 年，还设有陆海空军总司令驻各地行营主任。1929 年设武汉、北平、洛阳行营主任。1930 年增设郑州行营、南昌行营。1931 年增设潼关行营，各设主任一人。1933 年陆海空军总司令驻各地行营主任改为军事委员会委员长驻各地行营主任，有武昌行营，设办公厅主任，武昌行营第一、第二、第三、第四厅，各设厅长一人。1935 年设四川行营、宜昌行辕，各设主任一人。1936 年增设广州行营。1937 年设武汉、四川、广州、西安、保定行营，各设主任一人。1938 年增设桂林、天水行营。1939 年增设昆明行营、成都行辕、西昌行辕，各设主任一人。1945 年增设汉中行营、北平行营、东北行营，各设主任一人。1947 年增设西北行辕、重庆行辕，各设主任一人。

1937 年，军事委员会将全国分为六个战区，第一战区司令长官程潜，作战地区平汉路；第二战区司令长官阎锡山，作战地区山西省；第三战区司令长官冯玉祥；第四战区司令长官顾祝同，作战地区苏浙；第五战区司令长官李宗仁，作战地区津浦线；第六战区司令长官冯玉祥。1938 年设十个战区，第一战区司令长官程潜、卫立煌(11 月 28 日任)，作战地区河南及安徽一部；第二战区司令长官阎锡山，作战地区山西与陕西一部；第三战区司令长官顾祝同，作战地区苏南、皖南与浙闽；第四战区司令长官何应钦(1 月 17 日兼，11 月 28 日免)、张发奎(11 月 28 日任)，作战地区两广；第五战区司令长官李宗仁，作战地区皖西、鄂北与豫南；第八战区司令长官蒋介石(1 月 17 日兼)、副司令长官朱绍良(11 月 18 日任)，作战地区甘宁青与绥远一部；第九战区司令长官陈诚(6月14日任)、薛岳(11月28日代)，作战地区鄂南与湘赣；第十战区司令长官蒋鼎文，作战地区陕西省。1944年增加第十一、第十二战区。

1945年之后，各个战区改为绥靖公署。在此之前，军事委员会还在各地设立绥靖公署。1931年设立的绥靖公署有驻豫绥靖公署、驻赣绥靖公署、驻鄂绥靖公署、驻闽绥靖公署、驻陕绥靖公署、广州绥靖公署、南宁绥靖公署、北平绥靖公署、太原绥靖公署。1935年增设驻湘绥靖公署、驻贵绥靖公署、滇黔绥靖公署、川康绥靖公署、驻甘绥靖公署、冀察绥靖公署、广西绥靖公署、江苏绥靖公署。1945年增加徐州绥靖公署、郑州绥靖公署、保定绥靖公署、张垣绥靖公署、西安绥靖公署、川陕鄂绥靖公署。1948年增设衢州绥靖公署、福州绥靖公署、太原绥靖公署、长沙绥靖公署、重庆绥靖公署、桂林绥靖公署等。各公署设主任一人。

七、国民会议(国民大会)

1. 国民会议(国民大会)

机构沿革

1927年4月18日，国民政府在定都南京后，发表《国民政府定都南京宣言》，指出："最短期间开国民会议，废除不平等条约，实现三民主义，使中华民国成独立自由之国家，中华民族成为自由平等之民族，同享民有、民治、民享之幸福。"1928年北伐战争结束，全国实现统一，国民政府即宣布国民政府建国军政时期结束，进入训政时期，然后再进入宪政时期。训政时期的主要任务是，"以文明治理统率国民，建设地方自治"(3)。以地方自治巩固民权，然后由国民选举代表，召开国民大会，创制宪法，实现宪政，使人民享有选举权、创制权、复决权和罢免权。中原大战结束后，召开国民会议的工作提到议事日程。1930 年 11 月国民政府三届四中全会在南京召开,决定 1931 年 5 月 5 日召开国民会议。第一次国民会议制定通过了《国民会议代表选举法》《国民会议组织法》《国民会议代表选举法施行法》《国民会议选举总事务所组织条例》与《国民会议代表选举各省市事务所组织条例》。《国民会议代表选举法》对丁各个地方的代表名额进行了分配。国民会议代表共有五百二十人,各省选出代表四百五十人。各市选出代表二十二人,蒙古选出代表十二人,西藏选出代表十人。海外华侨选出代表二十六人。

国民会议的代表是从下列团体中选举产生的。这些团体分别是:农会、工会、商业及实业团体、教育会国立大学教育立案的大学及自由职业团体、中国国民党。这就是说,只有团体才有选举权和被选举权。如果不成立或者加入一个团体,就没有选举权和被选举权。参加国民会议的还有当然代表。当然代表是出席国民会议的国民党中央执行委员会委员、中央监察委员会委员、国民政府委员。

国民政府从 1933 年成立宪法起草委员会,到 1936 年 5 月 5 日立法院通过《中华民国宪法草案》,前后历时三年多。但是因为抗日战争,修宪的事情就一直拖了下来。1946 年,国民政府召开国民大会,因为这次会议是制定《中华民国宪法》,所以被称为"制宪国大"。因为这部宪法草案是 1936 年 5 月 5 日公布的,故又称"五五宪草"。1948 年 3 月 29 日,国民政府再次召开国民大会,因为这次会议的目的是实施宪法,所以,这次会议被称为行宪国大。行宪国大选举产生了第一届总统。

机构职能

根据 1931 年 4 月 24 日国民政府发布的《国民会议组织法》,国民会议职能是:会议议题的厘正;议事的进行与议事程序的整理;国民会议的行政事项;国民会议代表的保障与惩戒。

机构编制

国民会议设代表资格审查委员会、提案审查委员会、特别审查委员会。国民会议设秘书长一人。秘书长之下设秘书处与警卫处。秘书处设主任秘书一人,由国民政府简派;秘书若干人,简派或荐派;书记员、事务员若干人;警卫处设警卫长一人,简派。

2. 国民政府参政会

机构沿革

1938 年 3 月,国民党召开临时全国代表大会。大会通过了《抗战建国纲领》,决定组织国民参政机关。4 月 12 日,国民政府公布了《国民参政会组织条例》,6 月,国民政府任命汪精卫为国民参政会议长、张伯苓为副议长,同时公布二百名参政员名单。参政员大多是国民党员,只有极少数是中国共产党和其他党派的代表。共产党参政员有毛泽东、陈绍禹、秦邦宪、林祖涵(即林伯渠)、吴玉章、董必武、邓颖超七人。7 月,第一届参政会在武汉召开,一百五十六名参政员出席了会议。会议通过了《拥护国民政府实施抗战建国纲领案》等决议案,发表了《国民参政会首次大会宣言》。国民参政会共历四届,举行大会十三次。

机构职能

国民参政会为咨询机关,有听取国民政府施政报告、询问、建议之权,但所通过的决议案对国民政府并无强制执行的权力。

机构编制

参政会设议长一人,副议长一人,秘书长一人,副秘书长一人。

1940 年 12 月 24 日通过的《参政组织条例》改议长为主席团制,所以,从 1941 年开始设主席团七人,秘书长一人,副秘书长一人。

国民政府中央机构编制简表

机构	职官	职能	编制	备注
国民政府	主席	国民政府主席对内对外代表国民政府;国民政府主席兼中华民国陆、海、空军总司令;国民政府主席为国民政府会议之主席	1人	国民政府主席在各个时期变化较大,有时是名誉职务,有时实际权力很大
	委员		若干人	委员名额各个时期变化较大
文官处	文官长		1人	
参军处	参军长		1人	
主计处	主计长		1人	
行政院	院长	总理行政院事务,监督所属各官	1人	
	副院长		1人	
秘书处	秘书长		1人	
政务处	政务长		1人	
内政部	部长	内政行政事务的最高主管机关	1人	
	政务次长		1人	
	常务次长		1人	
	参事		若干人	
	司长		若干人	
	会计长		1人	
	秘书		2人	简任
外交部	部长	主管外交工作的最高行政机构	1人	
	政务次长		1人	
	常务次长		1人	
	秘书长		1人	
	参事		若干人	
	司长		若干人	

（续表）

机构	职官	职能	编制	备注
军政部 （国防部）	部长 政务次长 常务次长 参事 司长 署长 厅长	掌管陆、海军行政	1人 1人 1人 3至4人 11人 3人 1人	军政部各个时期变化较大
海军部	部长 政务次长 常务次长 参事 司长	管理全国海军行政事务	1人 1人 1人 2至4人 8人	
财政部 禁烟委员会 中央银行理事会 中中交农四银行联合办事处	部长 政务次长 常务次长 秘书长 参事 厅长 司长 局长 署长 主席 常务理事与理事 主席	管辖各省区税务、国库、公债、钱币、会计、出纳及其他一切财政，并监督所辖各机关及公共团体财政	1人 1人 1人 1人 若干人 1人 5人 3人 4人 1人 若干人 1人	 蒋介石兼任
教育部	部长 政务次长 常务次长 参事 司长	负责学术、文化及教育行政事务，并监督地方政府教育	1人 1人 1人 若干人 6人	

（续表）

机构	职官	职能	编制	备注
卫生部	部长 政务次长 常务次长 司长 会计长	公共卫生、医疗等全民健康事务的最高主管机关	1 人 1 人 1 人 4 人 1 人	
交通部	部长 政务次长 常务次长 秘书长 秘书 参事 司长 局长 督办	经营路政、电政、邮政、航政，并监督民营交通事业	1 人 1 人 1 人 1 人 4 至 8 人 2 至 4 人 6 人 3 人 1 人	
铁道部	部长 政务次长 常务次长 司长 主任 会计长	铁路行政与国道行政	1 人 1 人 1 人 7 人 4 人 1 人	
社会部	部长 政务次长 常务次长 司长 局长	人民团体组织训练与社会福利，社会经常救济	1 人 1 人 1 人 5 人 2 人	
农矿部	部长 次长 政务次长 常务次长 秘书长 司长	农业、矿业与国家林业事务	1 人 1 人 1 人 1 人 1 人 7 人	

（续表）

机构	职官	职能	编制	备注
农林部	部长 政务次长 常务次长 司长	农林行政工作与农林科技实验及农垦等	1人 1人 1人 7人	
实业部、经济部	部长 政务次长 常务次长 参事 司长 局长 会计长 统计长	工业、矿业、商业、渔牧业、农业，度量衡以及国际贸易	1人 1人 1人 若干人 8人 2人 1人 1人	
建设委员会	委员长 副委员长 常务委员 秘书长 参事	对国家建设事业进行设计规划	1人 1人 若干人 1人 若干人	
资源委员会	委员长 副委员长 委员 参事	掌管中国石油、金属矿藏开采和冶炼、钢铁、电力、煤炭、机械等业务	1人 1人 若干人 若干人	
工商部	部长 政务次长 常务次长 司长 参事	国家商业发展事务与工人社会保险等	1人 1人 1人 7人 若干人	
粮食部	部长 政务次长 常务次长 参事 司长 署长	统筹全国军糈民食，掌管全国粮食行政	1人 1人 1人 若干人 6人 1人	

（续表）

机构	职官	职能	编制	备注
地政部	部长 政务次长 常务次长 参事 司长	土地地籍、地权、地价等土地行政	1 人 1 人 1 人 若干人 5 人	
水利委员会 水利部	主任委员 常务委员 当然委员 秘书长 部长 政务次长 常务次长 参事 司长 会计长 局长 副局长	国家水政防洪与水文测量等	1 人 4 人 6 至 7 人 1 人 1 人 1 人 1 人 若干人 5 人 1 人 8 人 5 人	
主计部	主计长 副主计长 主计官 局长 副局长	国家岁计、会计、统计事务	1 人 1 人 10 人 3 人 3 人	
蒙藏委员会	委员长 副委员长 委员 参事	管理蒙古地方（今蒙古国及今俄罗斯唐努乌梁海）、西藏地方及其他各省蒙古族、藏族聚居区的行政、宗教及其他各项事务	1 人 1 人 21 至 27 人 若干人	
侨务委员会	委员长 副委员长 常务委员 秘书长	侨民移殖指导与监督，侨民纠纷处理，侨民团体管理等	1 人 1 人 若干人 1 人	

（续表）

机构	职官	职能	编制	备注
立法院	院长 副院长 秘书长 立法委员	国民政府立法机关	1人 1人 1人 若干人	
法制委员会 外交委员会 财政委员会 经济委员会	委员长 委员长 委员长 委员长		1人 1人 1人 1人	
司法院	院长 副院长 秘书长 副秘书长 参事	司法行政权和司法审判权	1人 1人 1人 1人 4至6人	
司法行政部	部长 政务次长 常务次长 秘书 参事 司长	管理全国司法行政事务	1人 1人 1人 4至6人 2至4人 若干人	
行政法院	院长 庭长 评事 书记官长	掌理全国行政诉讼审判	1人 2人 若干人 1人	一人为司法院长兼
中央公务员惩戒委员会	委员长 委员	全国荐任职以上公务员及中央各个官署委任职公务员惩戒	1人 若干人	
最高法院	院长 庭长 推事	民、刑诉讼事件，依法律行使最高审判权	1人 若干人 若干人	
检察署	检察长		1人	

（续表）

机构	职官	职能	编制	备注
考试院	院长 副院长 秘书长 秘书	考选与铨叙	1人 1人 1人 6至10人	
考选委员会	委员长 副委员长 委员 秘书长 秘书	掌管全国考选事宜	1人 1人 20至40人 1人 4至6人	
铨叙部	部长 政务次长 常务次长 司长 秘书	掌管全国文官、法官、外交官等公务员及考取人员的铨叙	1人 1人 1人 6人 4至6人	
监察院	院长 副院长 秘书长 参事 委员	对国家各级行政机关行使弹劾、纠举、建议、审计、监试及监赈权	1人 1人 1人 5至8人 若干人	
审计部	部长 政务次长 常务次长 审计官 厅长	独立行使审计权，核签支付权	1人 1人 1人 10余人 3人	

注：本表为国民政府训政时期中央国家机构编制表，表中所列职官为简任职。

第三节　国民政府地方机构编制

1. 省级机构

1－1. 省政府

机构沿革

中华民国国民政府暨总统府地方政权采用省（市）县二级建制。至1949年9月，全国最多时划分为35个省，即江苏、浙江、安徽、江西、湖北、湖南、四川、西康、河北、山东、山西、河南、陕西、甘肃、青海、福建、台湾、广东、广西、云南、贵州、辽宁、辽东、辽北、吉林、松江、合江、黑龙江、嫩江、兴安、热河、察哈尔、绥远、宁夏、新疆。其中热河、察哈尔、绥远、青海、宁夏、西康六省是1928年后由特别行政区及地区改为省的;安东、辽东、松江、合江、嫩江、兴安六省是由原辽宁、吉林、黑龙江三省的各一部分置建省的;台湾于1945年8月归回中国。特别市建于1929年1月,直隶于国民政府。1930年6月改称直辖市,隶属于国民政府行政院。截至1947年6月,全国共建置南京、北平、上海、天津、青岛、重庆、大连、哈尔滨、沈阳、广州、汉口、西安十二个直辖市。

省级机构为省政府,国民政府多次对《省政府组织法》进行修订。据1927年7月南京国民政府公布的《修正省政府组织法》,省政府下置民政、财政、建设、军事、司法、教育、农工、土地、实业等厅,各厅厅长由省政府委员兼任。1928年4月又公布《修正省政府组织法》,明确省政府机构为一处(秘书处)四厅(民政、财政、建设、教育),必要时得增设农矿厅和工商厅。1928年10月推行五院制后,省政府机关又有部分调整,增设了土地局(后改称地政局)、保安处、审计处、会计处、公安局(后改称警察局)、高等法院、保安司令部等机关。国民政府实行五院制后,省政府改行主席负责制,由国民政府任命省政府主席及委员。这样,将省政府主要官员的任命权集中到国民政府手中。1930年2月3日公布的《省政府组织法》规定,省政府机构设秘书处、民政厅、财政厅、教育厅、建设厅。各省政府必要时还可设立农矿厅、工商厅等机构。1931年3月23日公布的《省政府组织法》裁撤农矿厅和工商厅,改设实业厅,专管农矿工商事务。对于没有设立实业厅的省,其农矿工商业务由建设厅兼管。1934年7月,南昌行营《省政府合署办公办法大纲》规定,为提高效率,省政府实行合署办公。规定合署办公之后,省政府秘书处、民政厅、财政厅、建设厅、教育厅、保安处都并入省政府公署，一切文书由省政府秘书处负责收发，省政府各厅处无论是对上级，还是对下级都不直接发文，而是以省政府的名义行文。对于要求省政府合署办公，各地都比较抵触，所以，推行合署办公的时间各省也前后不一。合署办公不但减少了经费，提高了效率，明确了责任，也精简了人员，弊端就是权力过于集中。

抗战时期，各个沦陷区的省政府根据本省实际，调整省政府组织机构，有的省政府还设有政务、军务、总务各厅。1945 年 10 月，抗战胜利后，撤销了政务厅、军务厅、总务等厅，以后又增设了社会处、卫生处、人事处、田赋粮食管理处、审计处、保安处、警务处、会计处，以及地政局、水利局、合作事业局等机构。有的还设有新闻处、统计处、农林处。在机构设置中，各省略有差异。省政府除了主席、委员外，还设置省政府秘书长。秘书长一般由省政府委员担任。随着国民政府铨叙部的设立，各省还设立了铨叙处和考铨处。

机构职能

省政府为一省政事之执行机关，“依照国民政府建国大纲及中央法令综理全省政务”。

省政府主席职权：召集省政府委员会会议，并担任主席；代表省政府，执行省政府委员会会议决案；监督所属行政机关职务之执行；处理省政府日常事务和紧急事务。

省政府的职权：在不抵触中央法令的范围内发布省令，制定本省单行条例和规程；对于所属机关之命令或处分，认为有违背法令、逾越权限或其他不当行为的，可停止或撤销；明确地方行政区划；议决全省预决算、处分省公产或筹划省公营业、省行政设施或变更；任免省政府所属全省官吏。

省政府所属各厅处局机构，在不同时期变化较大。抗日战争胜利后，所设置机构的数量较之前增加较多。据 1944 年 4 月立法

院公布的《省政府组织法案》,省政府所属机构与职掌为:

秘书处:

掌理文书管理;人事管理;典守印信;审查各机关行政计划工作报告及不属于其他各厅处的事项。

民政厅:

掌理县市政府行政人员提请任免;户籍行政;警察与保卫;土地行政;卫生行政;合作赈济;礼俗宗教;选举禁烟;劳资纠纷与佃户纠纷;地方自治与经费及其他有关民政事项。

财政厅:

掌理田赋税收;省财政预决算;管理公债;金融公库收支;粮食行政;公产管理;市县财政监督及其他有关财政事项。

教育厅:

掌理学校教育;社会教育;学术团体;图书馆;博物馆;公共体育场所及其他有关教育事项。

建设厅:

掌理建设工程;公路;都市建设;航务农林水利;蚕桑渔牧;矿业;工业;公营私营商业;度量衡及其他有关建设行政事项。

社会处:

掌理人民团体;社会运动;社会保险;职业介绍;社会服务及其他有关社会服务事项。

主计处:

掌理岁计;会计;审计及统计事项。

省级司法机关分为司法行政机关与司法审判机关。司法行政由司法厅掌理,不久即裁撤。审判机关为省高等法院,高等法院设院长一人,总理法院所有行政事务。高等法院采取合议制。高等法院配置检察官,如果检察官配置二人以上,则其中一人为首席检察官。检察官职能:实施侦查;提起公诉,协助自诉;担当自诉,指挥刑事审判进行。

机构编制

省政府一开始实行委员会制，由国民政府任命省政府委员七至十一人（最多时规定九至十五人），组成省政府委员会。省政府委员均为简任。省政府委员会设主席一人，由委员互选。以后省政府主席由国民政府从省政府委员中任命。

秘书处设秘书长一人，还设秘书科长、主任、技正、技士、科员若干人。

省政府各厅实行幕僚长制度及分层负责制。各厅设厅长一人，简任，由行政院就省政府委员提请国民政府任命。厅长总理本厅事务，指挥监督所属机关与职员。各厅设秘书一至三人，荐任，承长官之命办理机要文秘事务。各厅都是采取分科办事，根据各自事务繁简设置科数。每科设科长一人，荐任；科员四至十二人，委任。各厅处局还根据需要配设技正、技士、技佐、视察、督学等技术和专业职官，其名额由各有关厅处局长提出，省政府委员会议定。另外，各厅处局还可根据实际需要，酌配雇员。

在抗日战争爆发之前，国民政府各省市县政府机构是非常精简的，无论是机构设置还是官员配置都非常少，这在很大程度上减少了国家的开支和百姓的负担。抗战胜利后，各个省政府机构急剧膨胀，由原来的四厅二处增至三十余个机构。1948 年据专门人士的统计，省政府机关官员人数有四千人之多。

1－2. **省参议会**

机构沿革

根据国民政府立法院 1944 年 3 月通过的《省组织法案》规定，省设省参议会，为一省政事之参议机关。省临时参议会每六个月召开一次，会期一般为两周，必须有半数以上的参议员出席才能举行。省政府主席、秘书长、各厅长及省政府委员，可以出席会议，但没有表决权。抗日战争胜利后，国民党宣布“训政”结束，实施“宪政”，各省临时参议会成为正式的省参议会。

机构职能

省参议会由各县县民大会选举参议员一人共同组成。省参议员职权主要有：第一，建议省政兴革事项；第二，议决有关人民权利义务及省单行规章事项；第三，议决省预算及审核省决算事项；第四，议决省政府交议事项；第五，听取省政府施政报告及向省政府提出询问事项；第六，接受人民请愿事项。

机构编制

省参议会设议长、副议长各一人，由议员互选。设秘书处，承办议长之命办理省参议会一切事务。秘书处设秘书长一人，由国民政府简派，设秘书一至二人，由议长派充。

2. 市级机构

市级机构主要是指市政府。

机构沿革

1927 年 6 月南京国民政府公布《南京特别市暂行条例》，1928 年 6 月 20 日公布《特别市组织法》，规定首都和百万人口以上的都市以及在政治、经济、文化上有特殊情形之都市设立特别市，直隶于国民政府，不入省、县区划。省会城市和人口在 20 万以上的城市，以及在政治经济文化上地位重要，人口在十万人以上者，须设市。区域之规定或变更，需经国民政府核准。实行五院制以后，特别市改隶行政院，称院辖市或直辖市。在抗日战争之前，国民政府设立的特别市有南京、上海、北平、天津、青岛、重庆。普通市有广州、汉口、杭州、汕头、济南、成都、贵阳、长沙、福州、厦门、昆明、开封、桂林、衡阳、南昌、韶关、自贡。直属行政院的有威海卫行政区。除此之外，还有省直属的城市，如包头、武昌等。抗战胜利后，国民政府热衷于特别市和普通市的设立。直辖市由六个增加到十二个。普通市增加到近六十个。直辖市与普通市在隶属关系上也有很大差别。直辖市由行政院监督,直辖市直接对行政院负责,行政院各部委对直辖市同样有领导监督之权。普通市则直接受省政府的监督与指导。这种监督与指导表现在:任免市政府官员;审核市政府预决算;派员视察与调查;定期向省政府汇报工作;批准或批驳市政府的呈请;下发工作纲领;撤销市政府处分等。

机构职能

市长综理全市政务,并监督所属机关。

根据1928年公布的《特别市组织法》,特别市职掌:市财政;市公产管理及处分;市土地;农工商业调查、统计、奖励、取缔;市劳动行政;市公益慈善;市街道、沟渠、堤岸、桥梁建筑及其他土木工程;市内公私建筑取缔;市河道、港务及船政管理;市交通、电气、电话、自来水、煤气及其他公用事业经营与取缔;市公安、消防及户口统计;市公共卫生及医院、菜市、屠宰场、公共娱乐场所建置、取缔;市教育、文化、风纪。

特别市政府"依中国国民党党义及中央法令综理全市行政事务";"特别市政府于不抵触中央法令范围内,对于全市行政事项得发布命令及单行规则";特别市设市长一人,由国民政府任命。

根据1930年国民政府公布的《市组织法》,市政府政务主要有以下项:第一,户口调查与人事登记;第二,育幼、养老、济贫、救灾等设备;第三,粮食储备及调节;第四,农工商业的改良与保护;第五,劳工行政;第六,造林、垦牧、渔猎保护及取缔;第七,民营、公用事业监督;第八,合作社及互助实业的组织与指导;第九,风俗改良;第十,教育及其他文化事项;第十一,公安;第十二,消防;第十三,公共卫生;第十四,医院、菜市、屠宰场及公共娱乐场所的设置与取缔;第十五,财政收支及预决算编造;第十六,公产的管理与处分;第十七,公营业的经营管理;第十八,土地行政;第十九,公用房屋、公园、公共体育场、公共墓地等的建筑修理；第二十，市民建筑的指导与取缔；第二十一，道路、桥梁、沟渠、堤岸以及其他公共土木工程；第二十二，河道、港务及船政管理；第二十三，上级机关委办的事项。

市政府设立市政会议。市政会议主要负责议决秘书处及各局或各科办事细则、单行规则、预决算，整理市财政收入及募集市公债，经营市公产及公营业等。早期的市政会议由市长、秘书长、参事及各局局长组成，成立参议会后，参议员也是市政会议成员之一。此时的市政会议已经具有半立法机构的性质。

机构编制

市政府设市长一人，直辖市在市长之下设秘书长一人，省辖市设秘书主任一人，主掌文书、庶务事项。市政府根据需要设参事、技术人员及视导人员。市政府下设局或科，一般设置民政、财政、教育、社会、地政、卫生、工务、警察等局或科，分掌上述有关政务。

据1947年1月公布的直辖市《组织规程》，直辖市除了市长以外，又增设副市长一人。下设民政、财政、教育、社会、地政、卫生、工务七个局及秘书、会计两个处，分置秘书长、参事、局长、秘书、科长、视察员（视察、督学）、科员、技士、办事员等官职，并得酌用雇员。市政府职官员额及其职务分配，按各市人口多寡及事务繁简于该市市政府组织规程中进行规定。正因如此，各个市的设置有很大的区别，都是根据自己的实际情况设置机构与人数。

总体来说，无论是直辖市（特别市），还是普通市，在机构与职官设置上，都采取精简的原则，不求与省政府机关上下一致对口，作为直辖市来说，更是不求与行政院机关上下协调统一。国民党在当时虽然是一党专政，但无论是省级还是市级，都没有众多的党务机构与人员，如上海市在机构设置上保持着八九个局处的设置，从而保证市政府机构简、人员精。即使是各个市的市政府机构，在机构编制上也不是整齐划一，而是根据自己的工作实际来设置机构编制。

附:各市政府职员名额比较表

(中华民国二十七年公布)

秘书处

市别	秘书	科长	科员	技正	技士	技佐	室主任
上海	3	3	36～48				
广州	4～6	3	65～70	1	1	1	
南京	1～3	2	20～30		1～3		1
汉口	1～3	2	24～36				
重庆	1～3	2	20～30		1～2		2

社会局

市别	秘书	科长	科员	技正	技士	督学	指导员或视察员
上海		4	25～35	2～3	6～10	4	3～16
南京		3	40～58		1～3	2～4	1～3
广州	1	5	60～70		1	8	
重庆	1	3	35～40	1～2	2～4	2	2

公安局或警察局

市别	秘书	科长	科员	督察长	督察员	技士	水巡队长	侦缉队长	警察大队队长
上海		3	50～60	1	28～36		1	1	1
汉口	2	3	30～40	1	10～12	2			
重庆	1	3	35～45	1	10～30		1	1	1

财政局

市别	秘书	科长	科员	技正	技士	技佐
南京	1	3	45～60			
汉口		2	24～30	1	2～4	4～8
重庆	1	3	35～45	1	2	4

工务局

市别	秘书	科长	科员	技正	技士	技佐	工程助理员	测量员（或测绘员）	查勘员
上海		5	10～15	8～12	25～35				
广州	1	4	30～35	1	12	5	10	25	5
南京		2	12～17	3～5	15～19	7～10	25～26	4～6	
汉口		2	12～16	3～5	8～10	10～16			
重庆	1	2	12～17	3～5	12～15	5～10	10～15	4～6	

卫生局

市别	秘书	科长	科员	技正	技士	检验员	检验助理员
上海		3	6～9	3～4	20～30		
南京		2	18～24	1	3～4		
广州	1	3	35～40				
重庆	1	3	35～40	1～2	2～4	2	2

通过以上列表我们可以看到，国民政府的直辖市不但机构设置少，而且各局的人员编制数额也非常少，尤其是领导职务，局长和科长的数额更是非常少，无论是市长、局长，还是科长，都没有副职。

市设参议会，由市民及依法成立的职业团体选举参议员组成。市参议会设议长、副议长，由参议员互选产生。凡是市政会议议决的事项在议决前，都要交市参议会审议，市参议会对于市政兴革，有权向市长提出建议案。据市组织法规定，市参议会要在区民代表会普遍成立后设置，在区民代表会未普遍成立之前，得设置市临时参议会。抗战期间，市临时参议会改为“全市人民代表机关”。抗战胜利后，市临时参议会与省临时参议会一样，去掉了“临时”二字。驻会委员会是参议会闭会期间的常设机构，在参议员中互选五人组成。参议会置秘书处，设秘书长一人，秘书一至二人，办理参议会日常事务。

市以下设区，区内实行保甲制度。根据1930年公布的《市组织法》，五户为一邻，五邻为一闾，二十闾为一坊，十坊为一区。区设区公所，坊设坊公所，闾设闾长，邻设邻长。在区长民选之前，直辖市区长由市政府呈请内政部委任，省辖市由省政府委任。十至三十户为一甲，十甲至三十甲为一保，十保至三十保为一区。区设区民代表会和保民大会。选举代表，每保二人，任期两年，得连选连任。代表会的职权，主要是审议区规约及区与区相互之间的公约，议决区长交议及本区公民建议事项，以及其他有关本区的重要兴革事项。区设区公所，置区长、副区长各一人，任期两年，得连选连任。区公所得置助理及雇员。

保设保办公室，置保长、副保长各一人，由保民大会选举产生。受区长之监督，负责办理本保自治事项及执行政府委办事项。

甲设户长会议，由本甲各户长组织。户长会议职权是选举或罢免甲长及本甲应兴革事项。

3. 督察专员公署（行署）

公署或行署，即行政督察专员公署，是省与县之间的一层行政机关，为省政府的派出机构，当时称“省政府的辅助机关”。

机构沿革

国民政府成立初期，各省对这种机构设置不一，有的称行政委员会，有的称行政督察委员会，还有的称首席县长、县政督察专员。1932年行政院颁布《行政督察专员公署组织条例》称：行政院为整顿吏治，绥靖地方，增进行政效率起见，得令各省划定行政督察区，设置行政督察专员公署，为省政府辅助机关。行政督察区名称按数目字划定,如第一行政督察区、第二行政督察区等。很多省根据本省实际,也制定了相关规定。国民政府还于1932年10月10日公布《剿匪区内各省行政督察专员公署组织条例》。山东省政府在1936年公布《山东省分区设置行政督察专员公署暂行规程》。一开始,行政督察专员公署专员兼任驻地县的县长。抗战时期,国民政府为进一步加强"行政督察专员公署"的职权,通令各省行政督察专员不再兼任县长。同时,将专员公署与保安司令部进行合并,以强化行政督察专员公署专员的行政监督权和军事指挥权。抗日战争胜利后,各省行署继续沿用旧制,在原有的基础上进一步扩充机构与人员,并以组织规程形式予以规定。对于行政督察专员公署的设立,各个省往往根据本省实际设置,多少不一。前期都普遍设置较少,后期逐渐增多。

机构职能

行署的主要任务是秉承省政府之命,在所辖区域内代行省主席职权,对各县进行督导和监察。1932年8月6日行政院公布的《行政督察专员暂行条例》规定:"行政督察专员对于本督察区域内各县市政府地方行政,有随时考察及督促指导之权";"行政督察专员对于本督察区域内各县市认为有必须改革或创办之事,得随时呈报省政府及主管厅核办";"行政督察专员得随时召集督察区域内各县长、市长及各局长举行行政会议,讨论本区域内应兴应革事宜,遇必要时,办理地方自治人员及地方团体代表经行政督察专员之邀请,亦得列席";"行政督察专员对于本督察区域内各县市政府行政人员认为有应行奖惩之必要时,得随时开明事由,密保省政府及主管厅核办";行政督察专员要定期对所辖区域各县市政府工作情况进行巡视。为了维护当地治安,行政督察专员有权调动当地警察保卫团。

行署的主要职责是监督本区域内的市、县行政推行法令。在不抵触中央及省令的范围内，可发布署令，但应呈报省政府及行政院主管部门备案。驻署主任兼本区域内保安司令，负责指挥保安团队和水路公安警察。

机构编制

各公署设专员一人，简任；专员公署设秘书主任一人，科长三人，科员、事务员若干人，视导主任一人，视导员六人；秘书主任、科长、视导主任，荐任。

行署办事机构，由省政府视各行署事务繁简而设定。一般设秘书、政务、保安等处，各配置处长一人，秘书、科长、技士、办事员等若干人，同时配置军事人员若干。

在机构设置完善的省份，其行署一般设主任一人，副主任二人；内设机构一般设政务、保安、秘书、视察、会计等职能处室。

行署设主任一人，驻署主任兼本区域内保安司令。

4. 县政府

4－1. 县政府

机构沿革

国民政府取得全国统一后，将北洋政权的“县知事公署”改为“县政府”。国民政府初期，县政府实行委员制，以县长为一县的最高行政长官。各县根据“区域大小，事务繁简、户口及财赋多少”分为三等。县政府除了设置财政、建设、公安、教育局，还分别设科。一等县设四科，二等县设三科，三等县设二科。县政府各局直接对省政府各厅负责，由此形成了独立系统，不利于县长的管理。1933年，国民政府实行“县政府合署办公制度”，1934 年 12 月又“裁局改科”，以加强县长的权力。据 1939 年 9 月国民政府颁布的《县各级组织纲要》规定，县为地方自治单位。各县按面积、人口、经济、文化、交通等状况，分为三至六等，由各省政府划分，报内政部核定。县以下设乡镇，乡镇以内实行保甲制度。面积大的县，可设区分片管理。

抗战期间，沦陷区的国民政府多数县政府“居无定所”，1944 年 5 月行政院公布《战区各县县政府组织规程》，对于敌占区县政府设置作了规定。战区各县政府在筹设行署时，县长要根据行署的组织与人员、原来县防守区域、国民抗敌自卫总队的调度、壮丁的召集与补充、被占区域内秘密留守人员、县政府所属机关职员疏散与集合、地方公款与钱粮的保管、县政府印信与有关财政簿册串票和其他重要文卷的移置保管、军事设备及可供军用的物资处置、监狱囚犯的处置、文化教育机关处置等诸多因素充分考虑，制定计划，报督察专员公署核准，并转报省政府备案。担任各个战区的县长要由富有军事学识及县政经验的人员担任。战区县所属的壮丁队、警察、保安警察队及一切自卫队，集中编为国民抗敌自卫团，由县长兼任司令。国民政府要求各省根据县组织法纲要规定，分别制定本省的县政府组织规程。各个省大多按照要求制定了自己的县政府组织规程。当然，各个省由于本省情况不同，政府部门的办事效率不同，县政府组织规程制定的时间也前后不一，尤其是沦陷区的各省政府忙于抗日，无暇制定县政府组织规程。而且县政府还经常遭到日寇的袭击，使得县政府时常处于瘫痪状态。各省真正开始制定县政府组织规程，以加强规范县政府组织建设，还是在抗战胜利之后。

机构职能

1928 年 9 月 15 日，国民政府公布的《县政府组织法》规定，县长综理县政，监督所属职员。县政府设县政会议，召开县政会议，县长为主席。县政会议审议县预算、决算，县公债、县公产处分，县公共事业经营与管理。县长受省政府监督指挥，执行中央及省的委办事项。据1930年7月国民政府公布的《县组织法》规定，县政府所设各局及其职掌分别为：公安局，掌户籍、警卫、消防、防疫、卫生、救灾、保护、森林及渔猎等事项；财政局，掌征税、募债、管理公产及其他地方财政等事项；建设局，掌土地、农矿、森林、水利、道路、桥梁工程、劳工、公营业等事项及其他公共事业；教育局，掌学校、图书馆、博物馆、公共体育场、公园等事项及其他文化社会事业。

机构编制

县政府设民政、财政、教育、建设、军事、地政、社会各局（科）。局（科）的多寡以及职掌分配，由省政府依照县的等次及实际需要拟定，报内政部备案。

县政府官员设置：县长、秘书、（科长）局长、督学（视导员）、警佐、科员、技士、技佐、事务员、巡官等。其名额、官等、俸给和编制，亦由省政府依照县的等次及实际需要拟定，报内政部核准。

国民政府时期的县政府总体来说，在机构设置上，坚持了精简的原则，但这条原则也不是由国民政府所独创，从县制建立之日起，历代政权都坚持了这一原则，即使最腐朽反动的北洋军阀政府在县级机构设置上也是坚持精简的原则。历代政府还坚持了这样一条原则，即根据各县区域大小、人口多少、事务繁简、地理位置等因素，将各县分成不同的等级，根据县的等级确定机构与职官的编制员额，确定县级官员的俸禄。这表现了历代政权在县官制度管理上的科学性与合理性。历代在县级机构设置上，都坚持了县级长官负责制，县长官只有一个。县级机构设置从简的原则，体现了历代政权在县级机构管理上的人民性。

4－2. **县参议会**

据历次公布的《县组织法》规定，县设参议会。早期规定县参议会由县民选举之参议员组成，任期三年，每年改选三分之一的参议员。1939 年 9 月规定，县参议会由乡（镇）民代表会选举参议员组成，每乡（镇）选举一人，并得酌加依法成立之职业团体代表为参议员，但不得超过总额的十分之三。

县参议会的职权是：议决县预算、决算及募债事项，议决县单行规则，建议县政兴革事项，审议县长交议事项。

县参议会设议长一人。

4 – 3. **区公所**

民国时期，县以下设区，分片管辖本县的十五至三十个乡（镇）。区署称区公所，为县政府辅助机关，代表县政府督导各乡（镇）办理各项行政及自治事务。在未设区署的区，由县政府派员指导。区置区长一人，指导二至五人，分掌民政、财政、建设、教育、军事等事项，均为有给职。区署所在地，设警察所，受区长指挥，执行地方警察任务。区还设建设委员会，“聘请区内声誉素著之人士担任委员，为区乡村建设之研究、设计、协助、建议之机关”，由区长担任主席。

国民政府地方机构编制简表

机构	职官	职能	编制	备注
省政府	省长 委员	在不抵触中央法令的范围内发布省令，制定本省单行条例和规程；对于所属机关之命令或处分，认为有违背法令、逾越权限或其他不当行为，可停止或撤销；地方行政区划；议决全省预决算、省行政设施或变更；任免全省官吏	1 人 若干人	省政府委员各省各个时期设置不一，一般在八人以上

（续表）

机构	职官	职能	编制	备注
秘书处	秘书长 科长 主任 技正 技士	掌理文书管理、人事管理、典守印信、审查各机关行政计划工作报告及不属于其他各厅处的事项	1人 若干人 若干人 若干人 若干人	
民政厅	厅长 秘书 科长	掌理县市政府行政人员提请任免、户籍行政、警察与保卫、土地行政、卫生行政等民政事项	1人 1至3人 若干人	
财政厅	厅长 秘书 科长 技正 技士	掌理田赋税收、省财政预决算、管理公债、金融公库收支、粮食行政等财政事项	1人 若干人 若干人 若干人 若干人	
教育厅	厅长 秘书 科长 视察 督学	掌理学校教育、社会教育、学术团体、图书馆、博物馆、公共体育场所等教育事项	1人 若干人 若干人 若干人 若干人	
建设厅	厅长 秘书 科长 技正 技士	掌理建设工程、公路、都市建设、航务、农林水利、蚕桑渔牧、矿业、工业、公营私营商业等建设行政事项	1人 若干人 若干人 若干人 若干人	
社会处	处长	掌理人民团体、社会运动、社会保险、职业介绍、社会服务等	1人	
主计处	处长	掌理岁计、会计、审计及统计事项	1人	

（续表）

机构	职官	职能	编制	备注
市政府	市长 秘书长 秘书主任 秘书 局长 参事 科长	综理全市政务，并监督所属机关	1人 1人 1人 若干人 若干人 若干人 若干人	直辖市 省辖市
督察专员公署	专员 秘书主任 处长 科长	秉承省政府之命，在所辖区域内代行省主席职权，对各县进行督导和监察	1人 1人 若干人 3人	
县政府	县长 秘书 局长（科长） 督学（视导员）	综理县政，监督所属职员	1人 1人 若干人 若干人	

5. 其他地方机构

5－1. 蒙古盟部旗、蒙古地方自治区

机构沿革

内蒙古和西藏由于情况特殊，其地方政权机构与全国其他地方有所不同。内蒙古地方机构有蒙古盟部旗、蒙古地方自治政务委员会等机构。1929年5月，国民党中央政治会议议决在蒙古地方行政制度尚未确立之前，地方旗盟组织沿袭旧制。1931年10月，国民政府公布《蒙古盟部旗组织法》。组织法规定，蒙古族各盟部旗人民，“权利义务一律平等”。蒙古各盟及特别旗直隶行政院。“蒙古地方之军事、外交及其他国家行政，均统一于国民政府。”1934年1月7日，国民党中央政治会议议决通过《蒙古自治方案》，3月7日，中央执委会议决建立“蒙古地方自治政务委员会”（简称

"蒙政会"),隶属行政院。是日,国民政府公布《蒙古地方自治政务委员暂行组织大纲》《蒙古地方自治长官公署暂行条例》。为了办理蒙古地方自治区政府,国民政府于1934年3月7日公布了《蒙古地方自治指导长官公署暂行条例》。是年3月13日至29日,指导长官公署与蒙政会分别成立于北平与百灵庙(蒙政会正式成立于4月2日)。1936年7月,蒙政会撤销。

机构职能

蒙古各旗盟长综理盟务,监察所属职员及机关。札萨克综理旗务,盟长会议职掌盟务立法、设计、审议、监督等政务。

蒙古地方自治政务委员会"受中央主管机关及中央指导大员之指导,办理各盟旗地方自治政务,遇有关涉省之事件,应与省政府会商办理"。委员长每两周召开一次委员会会议,为主席。委员长处理会务,监督所属职员及机关。副委员长辅助委员长处理会务。

蒙古地方自治政务委员会秘书厅办理文书、记录、统计、编译、会计、庶务等;参事厅撰拟审核自治会计划、法案、命令等;民治处职掌民治事务;实业处职掌实业;教育处职掌教育;财政委员会办理财政政务。

机构编制

根据《蒙古盟部旗组织法》,盟政府设盟长一人,副盟长一人,帮办旗务等官职。盟长设置随行秘书一至二人。盟长公署设政务、总务两处;旗之职官仍称札萨克(或称总管),设旗务委员会,下置总务、政务两处,各设处长一人。盟旗直隶于中央蒙藏委员会。盟旗主官由国民政府明令任命。盟民代表会议设常任代表五至九人,由全体代表互选。原来的协理、管旗章京、副章京改为旗务委员,佐理旗务。大旗设旗务委员六人,中旗设旗务委员四人,小旗设旗务委员二人。札萨克因事故不能执行旗务,指定一名旗务委员或者由旗务委员互推一人代理。札萨克公署设总务、政务二科，各设科长一人。

蒙古地方自治政务委员会，简称“蒙政会”，设委员九至二十四人，由行政院呈请国民政府任命，并从委员中指定委员长一人，副委员长一人。

蒙古地方自治指导长官公署设正副长官各一人，参赞二人；蒙政会设委员二十四人，从委员中推选委员长一人，副委员长二人。

蒙政会下设秘书、参事二厅，民治、保安、实业、教育四处，并设财政委员会。秘书厅设秘书长一人，简任；秘书四人，荐任。参事厅设参事长一人，简任；参事四人，荐任；参议，由各旗推选一人。处长各一人，简任；财政委员会主任委员一人，简任；委员六至十人，其中秘书长、参事长、主任委员为当然委员。各厅、处、会除参事厅外，均分科办事，设科长十二至十六人。科员四十至六十人。

5－2. 绥远省境内蒙古各盟旗地方自治政务委员会暨指导长官公署

1936年1月，中国国民党中央政治会议议决建立“绥远省境内蒙古各盟旗地方自治政务委员会”（简称“绥境蒙政会”），与百灵庙之蒙政会分立，直隶于国民政府行政院。国民政府同时公布该会《暂行组织大纲》。根据《暂行组织大纲》，绥境蒙政会设委员九至二十四人，从委员中指定委员长一人，副委员长三人。绥境蒙政会内置秘书、参事、民治、实业、治安、卫生等处。2月公布《指导长官公署条例》，设指导长官一人，参赞一人。“绥境蒙政会”成立于伊金霍洛。

5－3. 察哈尔省境内蒙古各盟旗地方自治政务委员会

1936年7月，中国国民党中央政治会议议决建立察哈尔省境内蒙古各盟旗地方自治政务委员会（简称“察境蒙政会”），直隶于行政院，办理锡林郭勒盟所属各旗及察哈尔左翼四旗和四牧群之地方自治事务，并公布该会《暂行组织大纲》。按照《暂行组织大纲》，该会设委员九至二十四人，内中指定委员长一人，副委员长二人，下设秘书、参事、民治、实业、保安、卫生等处。

5 –4. **西藏地方政权**

西藏地方设有政教合一的职官，最高首领是达赖喇嘛，下置司伦，秉承中央派驻官员和达赖喇嘛意志管理西藏政务。1933 年后，司伦成为虚设，由噶伦四名（一僧三俗）作为西藏地方政府主管官员，其办公机关为“噶厦”，又称“噶厦公所”或“噶沙公所”，内设各种牧仲（僧官）、车科尔（俗官）计 175 名。

1931 年 2 月以后，在南京设立办事处。1932 年 4 月，国民政府任命九世班禅额尔德尼为“西陲宣化使”，同年 12 月，在南京国民政府大礼堂举行就职典礼。1935 年 2 月 8 日，西陲宣化使公署正式成立。1938 年 5 月裁撤。

1928 年至 1949 年，国民政府在拉萨设有驻藏办事长官公署。1940 年 4 月至 1949 年，国民政府蒙藏委员会在拉萨设办事处。

总之，国民政府机构编制是自封建社会机构编制结束之后，所建立起来的具有现代意义的机构编制。这种机构编制既有西方文官制度的影子，也有中国国民党政权自己的发明，还有历史的传承。国民政府的五权分立，是在中国国民党中央政治会议领导下的五权分立。分立的内容是有限的，民主制度也是有限的。当然，国民政府机构编制有其值得借鉴之处。第一，继续发扬了中国机构与职官设置精简原则。无论是军政时期、训政时期，还是宪政时期，就整个政府机构来看，上下机构与职官都不是很庞大，即使中国国民党的各级党部，人数也都很少。无论是国民政府中央，还是地方政府的机构与职官，都没有达到人满为患、泛滥成灾的地步。这样，就必然减少国家的财政开支，同时也在一定程度上减轻了百姓的负担。第二，狠抓机构编制法规化建设。国民政府建立之后，虽然战争接连不断,但还是加强了对于机构编制的法规化建设,不但中央政权有一套比较完备的法规制度,即使是地方政府也都建立了各种机构编制管理制度。有些机构编制制度虽然没有得到严格落实,但也发挥过作用,起码在一定程度上做到了机构与职官设置有法可依。

纵观中国机构编制史,无论是古代,还是近代,在机构编制管理上,绝大多数朝代都注重了机构与职官设置的法制性和严肃性,滥设机构与职官的朝代很少,即使在所谓的"十羊九牧"的汉代,地方主要长官也只有一人,而不是多人执政。无论是封建社会,还是北洋军阀与国民政府,在机构编制上大都坚持了精简的原则。我们不能否认,封建社会为了维护皇族的利益,设立了许多与国家管理没有任何关系的机构与职官,但是我们也必须看到,历代统治者大都坚持了机构与职官设置从简的原则。

总之,在机构编制上,无论是封建社会时期,还是北洋军阀、国民政府时期,都有历史继承性。历代统治者,为了巩固自己的政权,在前代机构编制的基础上,建立了有利于自己统治的机构编制。这种历史的继承性,构成了中国机构编制发展史。没有历史,就没有今天,我们研究前代的机构编制,正是为了今天能有所借鉴。

注释:

(1)《中华民国史档案资料汇编》第五辑第一编政治,江苏古籍出版社,1994 年版。本章未注明出处者,均引自此书。

(2)《国民政府公报》第 792 号法规,台湾成文出版社有限公司发行。

(3)中国社科院近代史所:《孙中山全集》卷三,中华书局 1981 年版。

后　记

我在20世纪90年代就构思设想《中国机构编制史》一书，并开始搜集资料，中间因为种种原因耽搁下来。中国机构编制史乏人研究，可供借鉴的经验有限。面对浩如烟海的职官资料，要将其分类归纳整理，形成完整的中国机构编制史，谈何容易。齐鲁书社宫晓卫先生给予我极大鼓励与支持，使我有信心全力以赴撰写本书，并最终得以付梓。所以，本书面世，首先感谢宫晓卫先生。

在撰写过程中，我力求做到：第一，尽可能全面地将各个朝代、各个时期的国家机构编制变化提供给广大读者，为读者提供比较全面的中国国家机构编制史料，突出《中国机构编制史》的史料性特点。第二，在历代机构编制的叙述中，找出其规律性的东西与各个时期的机构编制特点。第三，《中国机构编制史》毕竟是一部史书，史书须有其学术观点，观点也要力求有新意，给人以启发。第四，提供历史借鉴。国家机构编制是国家进行行政管理最主要的手段之一，所以，为当代国家机构编制管理工作提供历史借鉴，也是撰写《中国机构编制史》的目的之一。当然，我们不仅仅为当代，还要为后代提供借鉴。

参与本书撰写的作者还有燕生东、张蔚倩、鹿岱宗。特别是山东师范大学燕生东教授对本书撰写帮助很大，在此表示感谢。

在《中国机构编制史》的撰写过程中，我参考了白钢主编的《中国政治制度史》，安作璋、熊铁基的《秦汉官制史稿》，张德泽的《清代国家机关考略》，陈茂同的《历代职官沿革史》，王仲荦的《北周六典》等书，在此一并向这些著作的作者表示谢意。

国家机构编制已成为国家机构的一项重要职能。国家机构编制膨胀—精简—再膨胀的现实促使我去研究中国机构编制史。由于本人不是史学专业科班出身，所掌握的史学知识完全依赖于自学，全凭自己一生学而不厌与司马迁精神的激励，才得以完成《中国机构编制史》。在该书付梓之时，再次对齐鲁书社原社长宫晓卫先生、社长昝亮先生与策划编辑李军宏女士表示诚挚谢意。本书难免存在错误，欢迎广大读者批评指正。

鹿谞慧

2014 年 7 月于燕山古北口雁庐